세계철학사 3

세계철학사 3

근대성의 카르토그라피

이정우 지음

도서출판 길

소운(逍雲) 이정우(李正雨)는 1959년 충청북도 영동에서 태어났다. 서울대학교에서 공학, 미학, 철학을 공부했으며, 아리스토텔레스 연구로 석사학위를, 미셸 푸코 연구로 박사학위를 받았다. 2000년에 대안공간 철학아카데미를 창설해 시민 교육에 힘썼으며, 현재는 소운서원, 경희사이버대학교, 카이스트에서 후학 양성과 집필에 몰두하고 있다.

소운의 사유는 '전통, 근대, 탈근대'를 화두로 한 보편적인 세계철학사의 서술, 시간·생명·사건 등의 개념들을 중심으로 한 생성존재론의 구축, 그리고 '타자-되기의 윤리학'과 그 정치철학적 구체화의 세 갈래로 전개되어왔다. 초기 저작으로 『소운 이정우 저작집』(전6권, 그린비)이 나와 있으며, 철학사적 저술로 『세계철학사』 4부작(도서출판 길, 2011~2024)이 완간되었다. 아울러 '철학 대계'(그린비, 2022~)로서 1~3권(『신족과 거인족의 투쟁』, 『동일성과 차이생성』, 『파라-독사의 사유: 장자와 철학』)이, '이정우 에크리'로서 『무위인-되기』(그린비, 2023)가 나와 있다. 현재는 철학 대계 4권인 『타자-되기의 에티카』와 에크리 2권인 『아이온의 시간』을 집필하고 있다. paideia@khcu.ac.kr

세계철학사 3
근대성의 카르토그라피

2021년 12월 20일 제1판 제1쇄 펴냄
2023년 12월 31일 제1판 제2쇄 펴냄

2024년 6월 10일 제1판 제3쇄 찍음
2024년 6월 30일 제1판 제3쇄 펴냄

지은이 | 이정우
펴낸이 | 박우정

기획 | 이승우
편집 | 천정은
전산 | 한향림

펴낸곳 | 도서출판 길
주소 | 06032 서울 강남구 도산대로25길 16 우리빌딩 201호
전화 | 02)595-3153 팩스 | 02)595-3165

등록 | 1997년 6월 17일 제113호

아내에게 그리고
건이, 연이에게

여는 말

철학사의 긴 여정을 지나서 이제 현대로 직접 이어지는 시대에까지 도달했다. 서양의 전통과 동양의 전통을 논한 후, 이제 우리에게 가까운 시대(近代)까지 온 것이다. 이 가까운 시대로부터 지금 우리에게 현실로서 나타나 있는 시대(現代)에 이르기까지의 사유를 논함으로써 우리 철학사의 여정은 끝날 것이다.

이제부터 논의할 내용은 근대라는 시대 또는 이 시대의 성격인 '근대성', 그리고 이 근대성의 한계를 돌파하려는 시도들 즉 '탈근대적 사유들'이다.

'근대'는 말 그대로 우리와 가까운 시대이다. 하지만 지금의 우리와 '가깝다'는 것은 도대체 얼마만큼의 시간적 거리를 이야기하는 것일까? 'Le moderne'는 이 말을 쓰던 당대 사람들에게 '현대적인 것'을 뜻했다. 'moderne'는 '현대적인', '최신의'를 뜻했고, 'les modernes'는 '우리 현대인들'을 뜻했다. 이 개념은 중세와 그들을 변별해주던 개념이었다. 서구로부터 이 개념을 수용한 비-서구의 경우, 그것은 '전통'과 대비되는 개념이었다.

그러나 시간이 흐르면서 사람들은 점차 이 개념에 거리를 두게 되었고 이제 그것을 '현대적인 것'이 아니라 "우리 현대에 가까운 것, 중세로부터 변별해 나와서 우리를 지금 이 시대로 데려다준 것"으로 이해하기 시작했다. 이렇게 이 말들은 '현(現)'의 뉘앙스가 아닌 '근(近)'의 뉘앙스를 띠게 되었고, '현'으로서가 아니라 '근'으로서 번역되기 시작했다. 그런데 '근대'를 어떤 특정한 시대가 아니라 우리와 '가까운 시대'라는 동적인 개념으로 번역하자 즉시 골치 아픈 문제, 즉 '가깝다'라는 형용어가 내포하는 상대성의 문제가 등장했다.

그러나 이 '가깝다'라는 말은 양적 의미로서가 아니라 질적 의미로서 이해되어야 한다. 그것은 시간의 외연(代)이 지금과 가깝다는 뜻이 아니라, 삶의 양식에서의 유사성을 뜻한다. 기준이 되는 시점인 '현재'/'현대'에서 출발해 과거로 거슬러 올라가면서 의미심장한 차이들을 읽어내는 과정을 통해 '근'대가 이해된다고 할 수 있다. 역사에 대한 이해는 이 차이들을, 또는 그것들을 분절해주는 특이성들을 어떻게 정위하느냐를 통해 이루어지며, 역사에 있어 늘 시대의 분절이 문제가 되는 것은 바로 이 차이들을 비교하기가 쉽지 않기 때문이다. 이 문제는 사건의 철학의 정교화/구체화를 요구한다.[1] 이런 식의 과정에서 새로운 특이성이 도래하면, 그 전의 시대는 '현대'가 아닌 '근대'가 된다. 예컨대 내가 대학에 다녔던 1980년대에 사르트르는 '현대의 철학자'였지만, 1990년대 이래 이른바 "포스트모던 사회"의 도래를 겪은 오늘날 그는 '근대의 철학자'라고 하기에는 다소 가깝게 느껴지지만 '현대의 철학자'라고 하기에는 이미 약간 멀게 느껴진다. 근대성의 하한선 또한 미묘하다. 갈릴레오나 데카르트는 1980년대에는 분명하게 근대 초기의 철학자들로 다가왔지만, 오늘날의 감각으로는 중세와 본격적인 근대의 과도기에 위치하는 인물들로 느껴진다. 이렇게 새로운 특이성의 도래는 '근'과 '현'에 대한 감각을 바꾸어버린다. 이 저작에서는 대략 17세기에서 19세기 중엽까지를 근대성이 형성된 시대로, 19세기 말에서 20세기

---

1) 따라서 사건의 철학을 역사철학의 지평으로 가져와 발전시킬 필요가 있다. 이에 관련한 간략한 스케치는 『전통, 근대, 탈근대』(그린비, 2012), 43~69쪽에서 행한 바 있다. 사건의 철학에 대해서는 『사건의 철학』(그린비, 2011)에서 논했다.

초를 근대성이 전개되는 동시에 탈근대성이 도래하는 시대로, 그리고 20세기 중엽 이후를 현대성의 시대로 이해했다. 이에 입각해 『세계철학사』의 이 3권은 17세기에서 20세기 초에 이르는 근대성의 형성과 변화를 다루었고, 마지막 4권은 20세기 초에서 오늘날까지 이어지는 탈근대성의 흐름을 다룰 것이다.

 '근대'와 '현대'를 둘러싼 어감상의 차이는 지역적/문화적 권역에 따라서도 다르다. 16~17세기의 유럽은 이미 근대성이 발아하기 시작한 시대로 간주되지만, 명·조선·에도막부 등 동북아 왕조들의 경우 이 시대는 여전히 전통 문화가 전개되던 시대로 간주된다. 그러나 이 또한 문화의 어떤 면에 초점을 맞추는가에 따라 달라진다. 역사를 구성하는 여러 갈래들에 있어 이 왕조들에서도 이미 근대성은 시작되었다고 할 수 있다. 그러나 이후 근대성이 서구에서 급속도로 개화하면서 그 속도 차이가 유라시아 대륙 전체를 휘감았다. 우리는 근대성을 이런 유라시아 대륙의 보편적 지평과 서구와 비-서구 사이의 속도차를 동시에 감안하면서 논해야 한다. 그러나 이 속도 차이는 갈수록 줄어들어 오늘날 세계는 이른바 동기화(同期化)의 시대를 맞이하게 되었다. 그럼에도 표면상의 동시성 아래에는 여전히 간과할 수 없는 지역적-문화적 차이들이 존재한다. 이 철학사는 동·서양의 사상들을 하나의 구도에 담아 논했으나, 양 전통을 하나로 통합하려 하기보다는 다만 일정한 방식으로 접합하려 했을 뿐이다. 이는 통합의 작업이 어렵기 때문이기도 하겠으나, 더 본질적인 것은 무리한 통합이 양 전통의 이질성과 간극을 외면하는 것이 될 수도 있기 때문이다. 본서와 같은 본격적인 세계철학사는 사상 처음으로 시도되는 것이기 때문에, 거기에는 일종의 '모험'도 포함되어 있다. 나는 다만 이 시도가 무모한 용기가 아니라 신중한 균형감각을 통해 이루어졌기를 소망할 뿐이다.

2021년 가을

逍雲

세계철학사 3

근대성의 카르토그라피

4부 시민적 주체와 근대 정치철학

세계철학사 1

지중해세계의 철학

세계철학사 2

아시아세계의 철학

세계철학사 4

탈근대 사유의 지평들(예정 차례)

3부   고난의 시대, 희망의 사유

일러두기

- 인명 및 지명은 가능한 한 국립국어원의 외래어표기법에 따랐으나, 경우에 따라 원래의 발음을 살려 표기하기도 하였다.
- 인물들의 생몰 연도는 브리태니커사전에 따랐다. 브리태니커사전에서도 연도가 분명치 않아 추정한 결과로 나오는 경우가 있으나, 이 책에서는 일일이 "추정"임을 표시하지 않았다.

1부

자연의 새로운 상(像)

사유의 대상을 초보적인 방식으로 즉 외연적인 맥락에서 추상해보면, 대체로 사유하는 주체 자신에 대한 것, 인간 전반 또는 사회와 역사에 대한 것, 그리고 자연이나 우주 또는 보다 넓게는 세계, 존재에 대한 것으로 삼분된다. 이 중 최초의 사유인들(thinkers)을 사로잡은 것은 자기 자신이나 사회/역사보다는 자연/우주였다. 사유의 시선은 우선 바깥으로 뻗어나가 하늘과 땅 그리고 생명체들을 응시했다. 그리고 일정한 시간이 지나 그렇게 응시하는 자기 자신과 자신이 살고 있는 세상에 대해 사유하기 시작했고, 마침내는 사유 자체에 대해 사유하기에 이르렀다. 지중해세계의 철인(哲人)들도 '퓌지스'에 대한 경이에서 철학에 눈떴고, 인도와 동북아의 철인들 역시 우주에 대한, 자연이 드러내 보이는 현상(現象)들에 대한 사색에서 철학을 시작했다.

상고시대에 자연 이해는 주술, 신화, 전설 등과 얽혀 있었으며, 이런 얽힘에서 빠져나오면서 합리적 사유 고유의 세계 이해에 도달하게 된다. 그리고 부분적인 단절이기는 했지만 이런 '인식론적 단절'은 문명사적으로 또는 문화사적으로 거대한 의의를 띤 것이었다. 그리스 자연철학자들의 자연 설명이 불러온 커다란 문화적 충격과 갈등이라든가 동북아세계에서 '역(易)'의 해석을 둘러싸고 벌어진 논전 등이 이런 시대 변화의 광경들을 잘 보여준다. 자연을 무엇으로 이해하는가는 철학적 사유 전반에, 나아가 보다 넓은 사회·문화적 맥락에 큰 반향을 던지곤 했던 것이다.

자연에 대한 이해, 사물에 대한 해석에 있어 특히 큰 문젯거리가 되었던 것은 천문 현상을 둘러싼 논의들이었다. 하늘에서 벌어지는 일들이 지상에서 벌어지는 일들과 무언가 의미심장한 연계성을 띤다는 감각, 인간을 포함한 생명체들의 삶이 천문 현상이라는 어떤 장엄하고 강력한 장 속에 포함되어 흘러가고 있다는 감각이 인간이 가진 가장 생래적인 감각들 중 하나라는 점은 가뭄이나 홍수 등은 말할 것도 없고 일식이나 월식 또는 혜성 등의 현상들이 불러일으켰던 가지가지의 사건들을 상기해보는 것만으로도 충분히 확인된다. 바로 이 때문에 전통 문화에서 천문학은 개별 과학으로서 존립하기보다는 종교적이고 정치적인 함축을 강하게 띠었고, 때로는 주술적·사회적·문화적 함축을 띠는 활동으로서 존재했던 것이다. 전통 사회에서 하늘을 다룬 학문은 '천문학'이 아니라 '우주론'이었다고 하겠다. 하늘에 대한 담론들만큼 강렬하지는 않아도, 땅이라든가 산천초목, 동물, 물체 등에 대한 이해에서의 변환 역시 세계와 인간에 대한 사유에 깊은 영향을 각인하곤 했다.

'근대성'을 견인한 강력한 추동력들 중 하나는 바로 자연에 대한 새로운 이해였다. 그리고 근대성은 자연에 대한 또 하나의 이해를 덧붙이기만 한 것이 아니라 자연을 탐구하는 매우 새로운 방식, 오늘날까지도 이어지고 있는 하나의 독특한 '방법'을 개발해냈다는 데에 그 의미가 있다. 고대에 새로운 자연상의 등장이 문명의 거대한 분절을 가져왔듯이, 이제 16~17세기에 등장한 새로운 자연 이해와 그 이해를 추동한 새로운 방법의 등장은 사유의 역사를 다시 한 번 굵직하게 분절하게 만들 만큼 큰 의의를 띤 것이었다.

1장 '과학기술'의 탄생

오늘날 우리가 익숙하게 사용하는 '과학기술'이나 '이공계' 같은 개념들은 사실 성립한 지가 그리 오래되지 않았다. '과학'/'理'와 '기술'/'工'은 원래 결합되어 사용되지 않았던 개념들이다. '과학'과 '理'는 철학이라는 행위의 한 부분으로서, '자연철학'으로서 존재했다. 그것은 자연/우주의 진리를 관조하는 행위('테오리아')였다. 몇십 년 전만 해도 '理'는 '文'과 결합해 '문리대(文理大)'를 이루었다. 반면 '기술', '工'은 '기예(技藝)', 'technē'(→ars)'의 한 부분이었으며, 후에야 '기술(technology)'과 '예술(art)'로 분화하게 된다. 조선 시대를 떠올려보면, 이 두 계열의 행위가 얼마나 달랐는지 실감할 수 있다. 사실 오늘날에도 과학적 작업과 기술적 작업 사이에는 작지 않은 차이가 있다. 그러나 오늘날 '과학기술'이나 '이공계' 같은 개념은 상당히 익숙한 개념으로 자리 잡고 있다.

이런 변화는 지난 수백 년의 시간에 걸쳐 서서히 이루어진 것이다. 철학의 한 부분이었던 자연철학이 '자연과학'이라는 별도의 분야로 분화하고, 그것이 이전에는 적지 않게 이질적인 행위였던 기술/공예(工藝)와 결합해 '과학기술'이 된 것은 그 하나의 개념이 근대 문명의 전개 전반을 압축하고 있다고 할 수 있을 정도로 큰 변화였다. 이것은 단지 담론공간에서의 어떤 변화, 철학이라는 행위에서 일어난 큰 변화이기만 한 것이 아니다. 그것은 자연과 인간의 관계를, 인류 문명의 성격과 방향을 근본적으로 바꾸어놓은 거대한 역사적 사건이다. 우리는 이 변화를 철학/학문 자체 내에서의 변화로서만이 아니라, 외부의 사물들을 지향하는 인성사적(人性史的) 전환, 문명사적 전환과 연계해 이해해야 한다.

과학기술의 발달은 물질에 대한 인식을 통해, 사물을 조작하는 인간의 능력을 비약적으로 강화했다. 전통 시대에도 동북아, 인도, 이슬람에서는 다양한 기술들이 발전했다. 그러나 이 기술들은 오늘날의 관점에서 보면 현상학적 성격을 띤 것들이었고, 근대 이래의 과학기술처럼 자연을 근저에서 조작하는 행위들은 아니었다. 오늘날의 과학기술은 단지 자연을 응용하는 것이 아니라, 자연은 물론 인간 자체도 조작하는 단계에 이르렀다. 20세기에 이르러 과학기술의 발달은 인류 문명이 여러 한계를 극복할 수 있도록 해준 동시에 인간으로 하여금 이전에는 상상도 할 수 없었던 단말마의 고통을 겪게 만들기도 했다. 과학기술이 도래시킨 가능성과 위협은 오늘날 거의 극한에 다다른 느낌이다.

이 장에서는 근대성의 도래 이래 그것의 중요한 한 축을 이루어온 과학기술이 탄생하게 되는 과정을 음미해본다.

1절 '외물(外物)'에의 지향

주자학은 유·불·도 삼교를 융합해 거대한 종합을 이루었으며, 12세기 이래 500년 세월을 동북아 철학의 일반성으로서 군림했다. 16세기 이래 일어난 반-주자학적 흐름은 두 가지 상이한 방향으로 진행되었다. 양명학은 주자학에 내포되어 있는 객관세계에 대한 탐구 —— 그러나 '본연(本然)'과 '원융(圓融)'을 기초로 하는 도덕형이상학적 구도 위에서의 탐구 —— 를 거부하면서, 인간의 '양지(良知)'를 기초로 하는 지행합일의 사유를 전개했다. 그러나 향후의 사상사를 이끌어간 것은 기학(氣學)의 흐름이었다. 양명학이 근현대 일본 사상사에서 지속적인 역할을 하기는 했지만, 문명사 전체가 이미 객관 지향의 방향으로 흘러가기 시작했다. 동북아의 철학자들은 오랜 시간 '마음'이라는 등불을 들고서 삶의 길을 헤쳐나갔다. 이들에게 객관세계 즉 '외물'은 따라야 할 대상이 아니라 통어해야 할 대상이었다. 따라야 할 것은 외물의 저편에 존재하는 하늘='천(天)'이었고 그와 짝을 이루는 사람의 마음이었다. 그러나 하늘의 빛이 점차 희미해지면서, 사람의 마음은 하늘보다는 오히려 자기 옆의 보다 가까이 존재하는 외물에 쏠리기 시작했다. 기학은 양지에 기반하는 양명학의 주관주의 그리고 리(理)의 선험성에 기반하는 주자학의 선험주의를 반대하면서, '기(氣)'에 대한 보다 객관적인 탐구에 기반하는 내재성의 철학을 전개하고자 했다. 그것은 주자학과 양명학을 극복한 근대적 사상이지만, 형이상학적 틀을 아예 벗어버린 과학기술과도 다른 성격의 철학이었다. 기학은 세계에 대한 전통 철학의 종합적 시각을 잃지 않으면서도, 또한 리의 선험성을 벗어던지고 사물에 대한 내재적 설명을 추구한 철학이었다. 이 점에서 기학은 전통 형이상학의 마지막 형태를 보여준다.

기학에서의 '기'는 불교적 형태의 무(無)=공(空)은 물론이고 도가적 형태의 무=허(虛) 나아가 성리학적 형태의 무=리의 성격까지도 극복한 '유

(有)'이다.[1] 아울러 기는 양명학적 형태의 '심(心)'이 아니라, 객관적인 '물(物)', 더 정확히는 모든 '물'들의 궁극의 차원이다. 이렇게 기학은 무가 아닌 유의 사유, 주관이 아닌 객관의 사유라는 형태를 띤다. 그리고 이 '유'와 '객관성'은 근대성의 중요한 특징을 이룬다. 사람들은 이 특징을 '실(實)'이라는 개념으로 표현하기도 했다. 유와 객관성의 시각으로 사물을 탐구한다는 것은 곧 사물을 내재적으로 보다 가까이에서 설명한다는 것을 뜻한다.[2] 각 사물을 지나치게 넓은 틀 ─ "하늘의 뜻" 같은 식의 이야기 ─ 에 집어넣어 이해하려 하기보다, 그것에 가까운 원리를 동원해 설명하려 한다는 것을 뜻하는 것이다. 이것은 형이상학과 자연철학(오늘날의 과학기술)의 차이이기도 하다. 형이상학은 세계에 대한 근본적-종합적 사유를 추구하지만 바로 그 때문에 개별 현상들의 설명으로서는 너무 느슨한 것이 되고, 자연철학/과학기술은 개별 현상들에 대한 구체적 설명을 추구하지만 그 과정에서 형이상학적 시야를 놓쳐버리게 된다. 말할 필요도 없이, 사유의 역사에서 유독 빼어난 인물들은 'physica'에 기반을 두면서도 'metaphysica' 수

---

1) 그러나 '색즉시공(色卽是空)'일 뿐만 아니라 또한 '공즉시색(空卽是色)'이기에, 불교의 공은 순수 무가 아니라 세계의 어떤 것도 자성(自性)을 가지지 않는다는 것, 결국 세계의 궁극은 생성이라는 것을 말할 뿐이다. 여기에 색이 물질성의 뉘앙스를 띠고 있음을 감안한다면, 불교의 '색=공'은 기학의 '기'와 얼핏 생각하는 것만큼 멀지 않다. 도가사상의 경우 장자의 '허(虛)'는 '기'와 거의 같다고 볼 수 있으며(실제 서경덕은 장자의 큰 영향을 받고 있다.), 노자의 "유생어무(有生於無)" 역시 두 가지 해석 ─ 도·기의 이원적 해석과 기 일원적 해석 ─ 을 가능케 한다.(2권, 4장, 5장)* 아울러 성리학의 경우, 역시 리기 이원의 사유와 나란히 또 하나의 갈래로서 기 일원의 사유를 다듬어갔다.(2권, 10장) 이렇게 본다면 유의 사유, 기의 사유는 무(공, 허, 리)의 사유들과 매우 미묘한 관련을 맺고 있다고 해야 할 것이다. 그러나 근대적인 유의 철학, 기의 철학이 무를 배격하거나 이차적인 존재로 격하하면서 보다 분명한 형태의 기 일원의 사유를 전개해갔음은 사실이다. *특별한 저작명 없이 언급되는 "1권", "2권"은 이 철학사의 1권('지중해세계의 철학')과 2권('아시아세계의 철학')을 말한다.
2) '현미무간(顯微無間)'의 구도는 원래 동북아 사유 전통의 일반적인 특징이지만, 특히 기학의 맥락에서 두드러진다. '기'에 중점을 두는 내재성의 사유는 서경덕, 황종희, 왕부지 등에게서 뚜렷하게 볼 수 있지만, 그 전에는 장재 등에 의해 전개된 바 있고 이후에는 18세기의 대진, 19세기의 최한기 등으로 이어졌다.

준의 사유를 펼칠 수 있었던 인물들이었다. 동과 서에서의 17세기 형이상학자들은 이런 인물들의 전형을 보여준다.

§1. 동북아 자연철학의 성격

과학기술과 형이상학의 거리가 멀었던, 나아가 때로 양자가 서로를 배척하기까지 했던 서구와는 달리, 동북아의 내재성의 철학인 기학에서 자연철학과 형이상학 사이의 거리는 최소화된다.[3] 예컨대 화담(花潭) 서경덕(1489~1546)에게서 '기'는 개별적인 자연현상들을 설명하는 원리이기도 하지만 또한 세계의 궁극의 원리이기도 하다. 그는 부채에 의해 일어나는 바람이라든가 온천에서의 뜨거운 물의 용출(湧出) 등 여러 자연현상들을 기 개념을 가지고서 설명했다. 바람은 부채에서 나오는 것도 아니고 허공에서 나오는 것도 아니다. 그것은 잠재해 있던 기가 부채질을 통해서 한곳으로 쏠리고 흔들려 오름으로써(便盪湧) 생겨난다.[4] 온천물의 경우, 양 속에 음이 있고 음 속에 양이 있기에 하늘에도 음기가 있고 땅에도 양기가 있다는 점이 실마리가 된다.(2권, 3장, 2절에서 논한 '상호 침투적인 동적 상관성'이다.) 감괘(☵)가 잘 보여주듯이, 온천은 음 속의 양을, 물 속의 불을 잘 드러내고 있는 것이다. 온천이란 땅 속의 양기가 모여 솟아오른 것이다.[5] 전자의 설명이 후자의 설명보다 더 실해 보인다. 왜일까? 전자의 경우 설명하는 원리와 설명되는 현상 사이의 거리가 비교적 가까운 데 비해, 후자의 경

3) 이는 오늘날 과학사 저작들과 철학사 저작들을 비교해보면 분명해진다. 서구의 경우 예컨대 17세기를 다룬 과학사 저작들과 철학사 저작들은 그것이 다루는 범위에서나 내용상의 해석에 있어, 나아가 가치평가에 있어 서로 큰 차이를 드러낸다. 반면 동북아의 경우 과학사를 다룬 저작들과 철학사를 다룬 저작들 사이의 거리는 상대적으로 훨씬 가깝다.

4) 徐敬德, 「謝金相國惠扇二首」, 『花潭集校注』, 上海古籍出版社, 2012, 21頁.

5) 徐敬德, 「溫泉辨」, 『花潭集校注』, 132頁.

우 양자가 상대적으로 멀기 때문이다. 전자의 경우, 그 설명 방식은 현대 유체역학의 설명 방식과 본질적으로 차이가 없다. 사실 '기' 개념 자체가 바로 바람 등을 예로 해서 형성된 개념인 것이다. 때문에 기의 형이상학이 그대로 자연철학적 설명 원리로 사용되어도 무리가 없다. 그러나 후자의 경우 설명하는 것과 설명되는 것 사이에 빈 공간이 커서, 즉 중간 단계들이 생략되어 있어 성긴 설명으로 그치고 있다. 온천도 '상호 침투적인 동적 상관성'이라는 음양의 이치를 벗어나지 않는다는 근본 구도는 말해주고 있지만, 그 근본 구도와 문제가 되는 현상 사이가 비어 있는 것이다. 이는 곧 양자 사이의 존재론적 층차(層差)[6]가 너무 큰데도, 형이상학이 곧장 자연철학의 역할을 하고 있기 때문에 생겨나는 문제라고 할 수 있다.

기학적 세계관은 '현미무간'의 입장에 서서, 구체적 현상으로부터 자연철학적 이치 그리고 형이상학적 원리의 차원까지를 연속적으로 파악하는 사유이다. 이 점에서 세계의 존재론적 단절들과 파편화를 극복한 내재적 사유의 전형이다. 그러나 이런 내재성의 사유는, 자체 내의 존재론적 분절들을 내포하고는 있지만, 세계의 존재론적 층차들에 대해 다소 둔감한 특성을 보여준다. 설명하는 것과 설명되는 것이 질적으로 너무 연속적이어서 '인식론적 단절'(바슐라르)이 문제가 되지 않고 있는 것이다.[7] 때문에 이런 사유는 대상의 표면과 심층이 연속적인 경우(예컨대 사람의 얼굴에서 그의 장기들의 건강 상태를 읽어내는 등)에는 일정한 설명력을 가지지만, 상대적으로 불연속적인 경우에는 일정한 한계가 있을 수밖에 없다. 동북아 자연철학이

---

6) '존재론적 층차'를 한 존재론적 층위(ontological layer)와 다른 존재론적 층위 사이의 존재론적 차이로서 정의할 수 있다. 존재 층위들 사이의 '존재론적 거리(ontological distance)'라 말할 수도 있을 것이다. 이전에 정의했던 '의미론적 거리(semantic distance)'의 개념(『진보의 새로운 조건들』)과 맞물려 있는 개념이다.

7) 동북아 자연철학은 이렇게 설명 단계로 볼 때는 현상과 원리의 거리가 너무 멀고(중간 단계들이 생략되어 있고), 역으로 존재론적으로는 양자가 너무 가깝다는 특성을 띤다. 존재론적인 '현미무간'의 성격이 인식론에서의 설명 단계들에 둔감하게 만들었다고 할 수 있다.

오늘날 우리가 생각하는 형태의 과학기술의 방향으로 전개되지 못한 것은 이런 이유 때문이다. 자연철학이 형이상학에 너무 가까이 붙어 있었고, 다시 말해 자연철학이란 그저 형이상학을 자연에 직접 적용한 것 이상이 아니었고, 그래서 자연철학이 사물과 기술의 차원으로 내려와 자연과학으로 구체화되지 못했던 것이다. 다른 각도에서 볼 경우, 동북아 철학자들은 그런 종류의 인식을 추구할 필요를 느끼지 못했다고, 아니 그런 방향으로 나아가는 것을 경계했다고 해야 한다. 동북아 지식인들은 사물들을 설명하고 조작하면 결국 자연과 인간이 갈라서고 소외가 발생한다는 것을 잘 알고 있었다. 이들은 '외물'에 사로잡혀 '존심(存心)'을 잃어버리는 것을 경계했던 것이다. 동북아 지식인들에게 중요했던 것은 인격의 완성과 문화세계/이화세계의 구축이지 외물들을 그것들 자체로서 탐구하는 것이 아니었다. 오히려 그렇게 함으로써 '천인합일'로부터 멀어져가는 것을 두려워했던 것이다.

이 사실은 곧 동북아 사회에서의 사대부 계층과 중인 계층 사이의 간극을 함축한다. 동북아 사유에서 근대적 과학기술이 발달하지 않았다는 것이 동북아 근대에 기술 — 경험적 지식이라는 넓은 의미 — 이 발달하지 않았다는 것을 뜻하지는 않는다. 동북아 지역은 가장 높은 기술 수준을 이어간 지역이었으며, 16세기 이래 서구가 급속한 기술 발전을 이루어갈 때도 그와 대등한 수준을 유지했다. 그러나 사대부와 중인 사이의 넓은 간격은 그들 사이의 상생, 즉 사대부는 경험적 지식들을 흡수하면서 새로운 사상들을 만들어가고 중인들은 수준 높은 과학적-철학적 사유를 익힘으로써 근대적 과학기술자로 발전해가는 과정이 이루어지지 못하게 만든 것이다. 사대부들은 여전히 '천인합일'을 추구하는 전통 지식인들이었다. 그리고 기술자들은 오로지 자신에게 주어진 작업을 잘 해내는 중인 계층, 말 그대로 '장인(匠人)'들이었다. 그들 사이의 간격이 이렇게 넓었기에, 형이상학과 기술이 있었을 뿐 그 사이에 과학이 형성될 소지가 적었던 것이다. 그 사이가 메워지려면 무엇보다도 구체적인 것들에 관심을 가지는 지식인이나 이론적 사유에 관심이 있는 중인 계층이 임계점 이상으로 활성화되어야 했다. 그리고 서구의 경우를 참조할 때, 이런 활성화의 결정적 촉매라 할 자본주의의 추동력이 있어야 했다. 그러나 동북아에서 이런 추동력은 너무 약했다.[8]

§2. 과학혁명의 조건들

동북아 문명의 이런 흐름과는 달리 서구에서는 오늘날 우리가 '과학기술'이라고 부르는 형태의 사유 양식의 원형이 16~17세기에 마련되었다. 여기에는 매우 다양한 맥락들이 작용했다. 동북아의 경우 한편으로 형이상학·자연철학이 다른 한편으로는 기술이 양립해 있었다면, 서구의 경우 형이상학·자연철학과 기술 그리고 신학이 삼각형을 형성했다. 서구 자연철학은 스콜라 형이상학의 그늘 아래 있었고, 이 점에서 동북아 자연철학과 차이가 없었다. 중요한 점은 자연철학과 형이상학이 공히 신학에 종속되었

---

8) 물론 이것이 동북아에서는 자본주의적 사상이 등장하지 않았음을 뜻하지는 않는다. 예컨대 황종희는 일종의 태환제를 기반으로 하는 화폐제도라든가 상공업의 중시 등과 같은 사상을 전개했고(黃宗羲『明夷待訪錄』, 11장), 이시다 바이간은 상업을 '말(末)'로 보는 시각을 비판하면서 쵸닌(町人)의 입장을 대변하는 사상을 전개하기도 했다(石田梅岩, 『石門心學』). 그러나 동북아의 경우 신흥 부르주아 계층의 세력이 사회를 격변시킬 만큼의 힘을 갖추지 못했다.

다른 한편, 흔히 잊기 쉬운 점으로서, 동북아 사상가들은 자본주의적 체제가 불러올 문제점을 상당 부분 미리 감지했으며 이 때문에 맹목적 자본주의의 방향으로 사상과 실천을 전개하지 않았다는 점이 있다. 서구의 경우 자본주의가 폭주한 이후 그것에 대한 윤리적 성찰이 시작되었지만(애덤 스미스의『도덕감정론』이 그 대표적인 예를 보여준다.), 동북아의 경우는 윤리적 성찰의 테두리 내에서 자본주의가 사유되었다고 할 수 있다. 황종희는 새로운 화폐제도를 제시하면서도 동시에 그것이 불러올 폐단을 우려했으며, 이시다 바이간의 '심학(心學)' 역시 오늘날의 눈길로 보면 강한 도덕철학적 성격을 띤 것이었다. 이런 분위기에서 동북아에서는 서구에서처럼 자본주의가 급속히 발달하지 못했지만, 동시에 그것이 불러온 폐해를 겪지도 않았다. 자본주의의 폐해는 서구 제국주의가 밀려 들어오면서 시작된다. 근현대 문명의 역사 전반을 돌이켜 볼 때, 근대 문명이 동북아적 윤리 사상을 근간으로 하지 못하고 자본주의의 폭주를 통해 진행된 것은 인류 역사상 가장 비극적인 일들 중 하나라 할 수 있다.

다는 점이다. 그리고 교회와 대학이 신학과 철학을 담당했으며, 동북아에서와 마찬가지로 기술은 장인 계층에 의해 영위되고 있었다. 의학은 이런 구조를 상징적으로 보여준다. 사회의 상층에 존재했던 의학자는 실제 환자를 다루기보다 갈레노스나 이븐 시나의 의학서를 주석하는 데 몰두했으며, 어쩌다가 행하는 해부학 수업에서는 학자가 아니라 장인으로 대우받았던 외과의사가 시범을 보였다. 실제 손에 피를 묻히는 것은 장인의 일이었지 학자의 일이 아니었으며, 학자란 어디까지나 고중세의 문헌들을 연구하는 사람이었던 것이다. 기술과 자연철학의 거리를 잘 보여주는 예이다. 그리고 '지식'으로 대우받는 모든 담론들은 신학과 형이상학의 그늘 아래에서 논해졌다. 서구에서의 거대한 변모는 이 신학·형이상학으로부터 자연철학이 떨어져 나와 기술과 결합해 과학·기술로 화한 데 있었다. 물론 이런 과정이 완성되려면 이후로도 수백 년의 세월이 지나야 하지만, 16세기에 이미 이런 흐름이 시작되었다고 할 수 있다.

이 과정의 발단을 정확히 잡아내 연역적으로 설명하는 것은 거의 불가능에 가깝다. 역사의 작은 사건들조차도 여러 사건들의 '중층결정(sur-détermination)'에 의해 이루어지기 마련이며, 하물며 이 거대한 시대 전환의 인과 고리를 완벽하게 파악하는 것은 지난한 일이다. 하나의 사건 아래에는 그것을 '사건'이 될 수 있게 해준, 달리 말해 그 사건이 이것들로부터 변별됨으로써 비로소 하나의 사건으로 분절될 수 있었던 많은 사건들이 존재한다.('사건 개별화의 상대성') 아울러 하나의 사건 옆에는 크고 작은 계열화를 통해 그것과 접속해 있는, 그것과 더불어 사건들의 별자리, 특이성들의 장을 이루는 방계 사건들 또한 존재한다. 그러나 또한 이 특이성들도 상대적이며, 따라서 '한 사건의 개별화/분화'에서의 상대성은 수직적 맥락에서만이 아니라 수평적 맥락에서도, 즉 '하나의' 사건(사건들의 한 별자리)이 어떤 범위에서 개별화/분화되는가 하는 맥락에서도 성립한다. 사건들의 이런 수직적-수평적 장에서 하나의 사건이 '중층결정'된다고 할 수 있다. 역사의 사유에는 이 복잡한 사건의 존재론이 요청되며, 때문에 단선적 파악은 불가능하다. 여기에서는 역사적 사건의 일차적인 발단을 어떤 주체(집단적 주체)에서 찾는 입장을 취할 것이며, 이런 패러다임으로 볼 때 우선 서구에서 귀족, 사제, 평민이 아닌 새로운 계층의 등장, 즉 부르주아 계층의 등장을 논의의 실마리로 잡을 수 있다. 즉, 귀족·사제와 평민 계층 사이에 '제3신분'으로서 부르주아 계층이 등장함으로써 서구 사회를 떠받치던 지배 구조, 지식 창출의 양상, 종교/신학과 철학, 과학 그리고 기술에 대한 시각, 가치관과 세계관 등이 송두리째 변하기 시작했다고 할 수 있다.

좁은 의미에서의 부르주아 계층 즉 도시 상공업자들은 상업자본주의를 발달시키면서 힘을 길렀고, 그 힘으로 귀족 계층과 사제 계층에 도전했다. 이로써 서구 사회의 지배 구조는 변하기 시작했다. 넓은 의미에서의 부르주아 즉 도시 시민들은 더 이상 중세적 권위를 맹목적으로 따르지 않았고 자신들의 새로운 문화를 건설하기 시작했다. 바로 이 계층에서 서구 근대를 만든 사상가들과 과학자들이 등장하게 된다. 이들은 자연에 대한 새로운 인식을 창출해냄으로써 큰 힘을 획득했는데, 이는 이들이 외물에 대한 지식을 통해 세계를 변화시키려 했기 때문이었다. 이들은 중세의 마술과는 다른 새로운 마술인 '자연마술(natural magic)'을 토대로 힘을 기르려 했다.[9] 기독교 사회에서는 항상 신학자들과 마법사들이 대립해왔거니와, 더 이상 신학의 권위에 맹목적이지 않게 되었고 또 자신들의 실질적 힘을 가능케

---

9) 중세에도 마술은 지속적으로 영향을 끼쳐왔으며, 신학자들과 마법사들이 대립했다. 그러나 사실 기독교 자체가 마법적인 종교였다고도 할 수 있다. 앉은뱅이를 일어서게 하고 죽은 사람을 살렸다는 예수 자신이 바로 마법사의 면모를 띠고 있지 않았던가. 또한 기독교 성립 이후에도 그 전파 과정에서 각 지역의 다양한 형태의 주술적/마법적 요소들이 덧붙여졌다. 단지 똑같은 일을 교회가 하면 '기적'이고 이단이나 이교가 하면 '마술'이 되었다고 해야 할 것이다.

이것은 또한 국제정치의 문제이기도 했다. 『신약』의 "동방 박사" 이야기는 페르시아의 마기(magi)들이 예수의 탄생을 경배하러 왔다는 이야기를 꾸며냄으로써 동방에 대한 서방의 우위를 주장하고 있다. 신학과 마법의 갈등은 사실상 서방과 동방의 갈등이기도 했다. '매직'이라는 말은 바로 이 '마기'에서 유래한 말이며, 따라서 마법/마술이라는 개념에는 항상 '동방'이라는 뉘앙스가 묻어 있었다.

해줄 지식을 찾던 신흥 부르주아 계층은 과학기술의 전신이라 할 자연마술을 통해 세계를 바꾸기를 원한 것이다. 이렇게 해서 자본주의와 과학기술이 동시에 태어나게 된다.[10] 흔히 과학기술사는 과학자가 자연의 비밀을 밝혀내면 그것이 기술로 응용되고 다시 자본가들이 그 기술을 이용해 자본을 축적했다는 식으로 서술된다. 이는 과학기술사의 어떤 국면들에서는 옳은 서술이다. 그러나 오늘날 분명하게 된 현상, 즉 기업이 자본 축적을 위한 프로그램을 만들고, 그것을 충족시키기 위해 기술을 개발하고, 기술 개발을 위해서 과학 연구를 지원하는 구도는 사실 근대 과학기술의 탄생 시점에서 이미 형성된 구도였다고 해야 한다. 이 구도가 현대적인 형태를 띠는 과정이 결코 단순하지 않았던 것이 사실이지만, 자본주의와 과학기술은 처음부터 쌍둥이로서 태어난 것이다.

인간의 물질적 삶의 형태를 근본적으로 바꾸어놓은 근대적 과학기술이 탄생하려면, 자연철학은 형이상학으로부터 독립해야 했고 기술은 장인 수준에서 벗어나야 했다. 사실 '과학'과 '기술'은 많이 다르다. 오늘날에조차도 과학과 기술 사이에는 일정한 간극이 있으며, 과학자들은 기술자들이 자신들보다 아래라고 생각하고 기술자들은 과학자들을 이론에만 밝은 "먹물"이라고 비웃기도 한다. 그러나 오늘날 과학과 기술은 뗄 수 없이 얽혀 있으며 '과학과 기술'이나 '과학/기술' 또는 '과학·기술'이 아니라 '과학기술'로서 존재한다. 이렇게 되기까지 수백 년의 세월이 걸렸지만 말이다. 어쨌든 16세기 이래 일어난, 과학(자연철학)이 철학(형이상학)으로부터 떨어져 나오고 장인들이 기술자가 되는 과정은 매우 중요하다. 후자에 초점을 맞출 경우,[11] '인식' ─ 여기에서는 어디까지나 자연에 대한 인식을 뜻한

<hr />

10) 아울러 아직 불완전하기는 하지만 이 시점에 근대 민주주의도 점차 현실화되기 시작한다. 이 점에서 자본주의, 과학기술, 민주주의는 세 쌍둥이로서 함께 태어났다고 할 수 있다. 이 셋의 공통점은 바로 모든 것을 그 질적 차이들을 무시하고 수로 등질화한다는(homogenize) 점에 있다. 수적 등질화야말로 근대성의 본질적 측면들 중 하나이다.

11) 전자 즉 과학과 철학의 분리는 철학의 개념 자체를 바꾸기에 이른다. 과거에 철학은 학

다 — 이라는 것이 신학자, 수학자, 철학자에 의해서만이 아니라 장인, 항해사, 군인, 상인 등에 의해서도 발전한다는 사실이 서서히 인정되기에 이른 점이 중요하다. 장인 출신으로서 정교한 실험을 통해 자기에 대한 중요한 발견들(특히 지구가 거대한 구형 자석이라는 생각으로 이끌어간 복각의 발견)을 이루었고, 그 결과를 책(『새로운 인력』, 1581)으로도 써서 남긴 로버트 노먼 같은 인물이 이런 흐름을 잘 보여준다. 역으로 과학자들 중에서도 이런 흐름을 인정하고 대학의 한계를 벗어나 현실적인 학문을 추구한 인물들이 생겨나기 시작했다. 기술자들을 위해 최초로 영어로 수학책을 쓴 로버트 리코드라든가 에우클레이데스의 『원론』에 「수학적 서문」(1570)을 쓴 존 디 같은 인물이 이런 시대상을 잘 나타낸다.[12] 이렇게 구체적 지식과 이론적 지식이 선순환을 이루면서 근대 과학기술의 틀이 잡혀갔다. 기하학과 포술(砲術)이, 천문학과 항해술이, ······ 연결되는 이런 상생 과정이 동북아의 경우보다 더 활발했기 때문에, 서구는 과학기술 발달의 추동력을 얻을 수 있었다.

이렇게 태어난 근대 과학기술은 고대 철학과 여러모로 달랐다. 이들에게 중요했던 것은 고대 철학자들처럼 자연('퓌지스')을 관조하는 것이 아니었

문 — 적어도 순수 학문 — 과 동의어였다. 그러나 17세기부터 자연과학이, 19세기부터 사회과학이 철학으로부터 독립함으로써, 철학은 메타적인 문제들을 다루는 메타과학(meta-science)으로서 재개념화되기에 이른다. 오늘날에도 철학(과 수학)은 메타과학으로서 이해된다. 그러나 이 '메타'라는 말이 구체적으로 무엇을 뜻하는가에 대해서 철학자들은 상이한 입장들을 표명하게 되며, 이로써 19세기 이래 철학의 여러 갈래들이 분기하기에 이른다.

12) 이 서문(John Dee, *The Mathematical Preface to* Elements of Geometry *of Euclid of Megara*)은 당대 대학의 스콜라철학과 각을 세우면서 과학기술의 시대를 웅변하는 대표적인 글이다. 이런 흐름이 특히 영국에서 발달한 것은 영국 귀족들의 성격이 대륙의 귀족들과는 달랐다는 점에서도 연유한다. 예컨대 영국 귀족들은 프랑스 귀족들과는 달리 스스로가 농사를 짓기도 하는 등 육체노동을 경멸하지 않았다. 이 때문에 이들은 장인·상인 등 하위 계층과도 소통할 수 있었다. 그리고 대체로 영국인들은 새로운 발명품들에 대해 열광적인 관심을 가진 사람들이기도 했다. 왕립학회(Royal Society)를 가장 먼저(1660년) 설립한 것도 영국이었다. 이런 흐름은 결국 산업혁명으로 이어진다.

다. 이들은 순수한 철학적 인식을 추구한 것이 아니라 신이 만든 자연의 비밀을 알아내 사물들을 변형하여 이용하고자 했다. 여기에서 작동한 것은 고대적 성찰이나 중세적 신앙이 아니라 근대적 욕망이었고, 새로운 시민계층(부르주아 계층)이라는 역사적 주체가 가졌던 야심이었다.[13] 이 새로운 형태의 지식인들은 '존천리 거인욕(存天理去人欲)'을 지향했던 동북아 철학자들과도, 플라톤적 이상주의를 지향했던 지중해세계 전통 철학자들과도 전혀 다른 종류의 인물들이었다. 이들의 지향점은 어디까지나 외물이었다.

처음에 고대 숭배로부터 시작되었던 르네상스는 점차 그 숭배로부터 이탈하기 시작했다. 고대 문헌 연구에 치중하던 서구 지식계가 지리상의 발견 등을 통해 고대인들의 세계 인식에 잘못이 있다는 것을 비로소 깨닫게 되었고, 이러한 과정이 거대한 인식론적 전환을 가져왔던 것이다. 이제 지식의 근거는 어디까지나 경험이 되어야 했다. "백문이 불여일견(百聞不如一見)"이다. 인도의 인식론을 논하면서 경험, 추론, 유추, 언어(경전들의 권위)를 언급했거니와(2권, 8장, 2절), 지중해세계의 중세에는 경험보다는 오히려 언어, 추론, 유추에 무게중심이 두어졌고, 고대의 철학적 문헌들과 중세의 종교적-신학적 문헌들의 내용이 지식의 일차적 권위를 차지했다. 그러나 새로운 경험들의 증가는 인식론에서 돌이킬 수 없는 변화를 가져온 것이다.

아울러 이 시기에 이르러 저자들은 라틴어가 아닌 자국어로 책을 쓰기 시작했다. 기술자 계층은 그리스어, 라틴어를 몰랐기 때문에 자국어로 저술했

---

13) 프랜시스 베이컨(1561~1626)의『대혁신』(미완성)의 표지는 지브롤터 해협의 '헤라클레스의 기둥'을 지나 지중해로 나아가는 배를 통해 '대항해 시대'를 상징적으로 보여주고 있다. 근대적 인식론과 대항해 시대로의 야심은 이렇게 한 덩어리를 형성했던 것이다. 이들의 이런 욕망을 현실화해준 것은 인쇄술, 화약, 나침판이었다. 셋 모두 동북아에서 발명된 것이었지만, 그것들을 실제 무기화한 것은 대항해 시대의 유럽인들이었다. 16세기 이래 이들은 인쇄술을 통해 지식으로 세계를 정복했고("지식은 힘/권력이다."), 화약을 통해 전쟁으로, 나침판을 통해 항해로 세계를 정복했다. 베이컨은 "어떤 제국도, 어떤 종파도, 어떤 별도 이 세 가지 발명품 이상으로 인간의 생활에 더 큰 힘과 영향을 미치지는 못했다"고 단언했다.(『신기관』, I, §129) 이런 과정을 통해 사회적 계층, 지구 전체에 대한 인식, 유럽과 비-유럽의 관계 등이 크게 변하게 된다.

고, 선구적인 학자들 역시 대학의 권위를 벗어나 자국어로 저술하기 시작했다. 라틴어는 가톨릭의 지배 구조를 떠받치던 언어였고, 대학의 권위를 뒷받침했던 언어였다. 그러나 저자들이 보다 많은 청중을 향해 자국어로 저술하면서 가톨릭과 대학의 지배가 해체되기 시작한 것이다. 여기에 인쇄술의 발달은 그때까지 각종 길드에 갇혀 있었던 새로운 지식들이 널리 퍼져나갈 수 있는 매체상의 환경을 만들어냈다. 자유로운 도시국가였던 베네치아를 필두로 인쇄업이 비약적으로 발달했으며, 이로써 서적이 대량 생산되고 그것을 읽는 독서층이 발달하기 시작했다. 책의 대량 생산과 독서층의 발달이야말로 근대 문명의 한 추동력이 되었다.

§3. 헤르메스주의와 기계론

그러나 16세기 서구에서 경험적 지식들과 그것을 뒷받침한 여러 사회적 장치들이 이렇게 활성화되었음에도, 이 흐름들을 통합해서 설명해줄 과학적-철학적 이론은 아직 나오지 않았다. 이를 위해서는 갈릴레오와 데카르트를 기다려야 했다. 그러나 수학적 역학이나 기계론 철학 같은 이론들이 등장하기 전에 르네상스의 지식들을 뒷받침했던 사상이 존재했다. 그것은 앞에서 언급한 자연마술이었고, 또 신플라톤주의, 헤르메스주의였다. 15세기 후반에 기존의 마술과는 다른 자연마술이 유행하기 시작했고, 이 자연마술은 스콜라철학의 연역적 학문과 종래의 주술적인 마술 양자를 모두 거부하면서 자연에 내재해 있는 숨겨진 힘을 발견해 그것을 응용하고자 했다.[14]

---

14) 아그리파 폰 메테스하임(1486~1535)은 당대까지의 마술을 총 정리한 『오컬트 철학』 3부작(Henry Cornelius Agrippa, *Three Books of the Occult Philosophy or Magic*)을 펴냈는데, 여기에서 자연마술을 자연의 "숨겨진 성질(proprietas occulta/occult property)"을 파악해 "작은 원인으로써 큰 결과를 얻는 것"으로 개념화했다. 훗날 프랜시스 베이컨도,

자연마술이 박물학적이고 실용적인 성격을 띠었고 신흥 부르주아 계층의 야심과 결부되어 있었다면, 신플라톤주의에 기반한 헤르메스주의는 이 시대의 존재론 또는 과학철학의 역할을 했으며 보다 이론적이고 철학적인 성격을 띤 사조였다. 양자는 같은 시대를 풍미했고 서로 얽혀 있었지만, 사실 지향이나 분위기가 사뭇 다른 갈래였다고 보아야 한다. 물론 오늘날의 과학과 기술처럼 양자는 밀접하게 연관되어 있었고, 또 여기에 전통적으로 내려온 물활론, 점성술, 연금술이 섞이기도 했다. 헤르메스주의는 이집트의 현자였던 것으로 추정되는 헤르메스 트리스메기스투스에 근거한 사상으로서, 1471년에 피치노가 『헤르메스 문서』를 번역해 출간함으로써 활성화되었다.(그러나 훗날 이 문헌은 사실상 2세기의 신플라톤주의적 맥락에서 만들어진 문헌이었음이 밝혀지게 된다.) 헤르메스주의는 자연을 영험한 힘으로 가득 찬 곳, 힘— 공감과 반감(인력과 척력)—의 그물망으로 이해했으며, 르네상스 시대의 철학자들은 그 심층적 힘을 읽어내 우주의 신비를 밝혀내고자 했다. 아울러 파라켈수스(1493~1541)가 역설했듯이, 인간을 소우주로 보고 이 소우주로서의 인간에게서 대우주로서의 자연의 생명력을 발견하고자 했다.

이후 서구 근대 전반을 지배했던 철학(인식론과 존재론)은 2장에서 상술할 데카르트(1596~1650)의 기계론이었다. 근대의 초입에서 헤르메스주의, 예컨대 파라켈수스의 '화학철학'과 그에 맞서 나온 데카르트의 '기계철학'이 새로운 과학철학의 헤게모니를 다투었다고 할 수 있으며, 결국 후자가 과학철학의 정통으로 자리 잡게 된다.[15] 우리는 헤르메스주의로부터 기계론

특히 자석을 예로 들면서, 마술을 작은 질료인, 작용인에서 큰 결과/효과를 내는 것으로 파악한다.(『신기관』, II, §51) 결국 마술은 자연에서 인과관계를 찾아내려는 과학적 노력과 작은 원인으로 큰 성과를 이루려는 기술적 야심이 섞여 있는 행위였다고 할 수 있다. 자연마술에 대한 사상은 특히 카르다노와 델라 포르타에 의해 전개되었고, 후자의 『자연마술』(John Baptista Porta, *Natural Magic*)이 그것을 전형적으로 보여준다.

15) 파라켈수스로부터 데카르트로의 이행은 '유사성'의 에피스테메로부터 '동일성과 차이'의 그것으로의 이행이다. 파라켈수스는 여전히 대우주와 소우주의 유비라든가 헤

으로 이행하는 이런 과정을 케플러를 비롯한 여러 과학자들에게서 확인할 수 있다. 그러나 근대 과학기술사 전반을 볼 때, 양자의 관계는 그렇게 간단하지 않다. 예컨대 근대 물리학의 형성에서 중요한 역할을 했고 오늘날에도 '중력' 개념으로서 물리학의 중심에 있는 만유인력 개념은 오히려 헤르메스주의로부터 연원했다고 할 수 있고, 데카르트 기계론과의 투쟁을 통해서 형성된 개념이다. 헤르메스주의와 기계론은 과학적 사유를 추동해온 두 축이라 해야 할 것이다.[16]

얼핏 기계론이 수학적임에 반해 헤르메스주의는 반-수학적으로 느껴질 수 있지만, 사실은 그렇지 않다. 헤르메스주의 역시 신-퓌타고라스주의, 신-플라톤주의에 뿌리 두고 있기 때문에 수학을 지향하는 면도 내포하고 있었고, '우주의 신비'를 기하와 수의 관점에서 접근하기도 했다. 사실 이 시대에 수학은 세 갈래의 흐름에서 공히 추구된 학문이었다. 헤르메스주의는 기하학과 대수학에 다소 신비한 의미를 부여해 우주 비밀을 풀 열쇠 같은 것으로 보았다. 이와 달리 기계론 철학은 수학에서 이런 신비를 모두 걷어

르메스주의, 연금술 등의 틀 안에서 사유했다.("천체들이 생명체들에게 미치는 영향을 ……", "만일 당신이 금을 은으로 또는 은을 금으로 바꾸고자 한다면, ……" Paracelsus, *Les sept livres de l'archidoxe magique*, Éditions Bussière, 1983, pp. 87, 66) 반면 데카르트는 이런 식의 사유를 오류의 원흉으로 고발하고 새로운 에피스테메로의 이행 — 유사성을 통한 존재의 증식이 아니라, 동일성과 차이를 통한 '분석'적 사유로 — 을 제시했다.(RDE, I)

RDE = René Descartes, *Règles pour la direction de l'esprit*. 데카르트의 저작들은 모두 *Oeuvres et Lettres*(Gallimard, 1628/1953)에서 인용했다.

16) 또는 헤르메스주의로부터 기계론이 분화되어 나왔다고도 볼 수 있다. 푸코는 바슐라르와 캉길렘의 인식론을 일반화해 '담론구성체'(/'담론적 형성')의 여러 층을 구분하고, 아래 층위로부터 위 층위가 '분화'되어 나오는 구도를 논한 바 있거니와(『지식의 고고학』, 이정우 옮김, 민음사, 1994), 헤르메스주의와 기계론을 수평을 이루는 두 축으로 볼 것인가 아니면 수직적인 위계 구도에 입각해 볼 것인가는 더 연구해볼 만한 주제이다. 아울러 점성술과 연금술 역시 이런 담론 구성체의 역할을 했다고 볼 수 있다. 예컨대 이 두 지식은 천상과 지상이라는 아리스토텔레스의 이분법을 무너뜨림으로써(점성술) 그리고 물질들 사이의 변환 가능성에 대한 아리스토텔레스적 틀을 깸으로써(연금술), 근대 과학을 가능케 한 '인식론적 장'의 형성에 일조했다.

내고, 근대적 과학기술을 가능케 한 형태의 수학을 추구했다. 마지막으로, 이 시대에 수의 관점에서 세계에 접근하는 데 큰 추동력을 제공한 것은 자본주의 화폐경제였다. 화폐는 근대인에게 세계의 모든 것을 숫자로 등질화하고 숫자로써 비교하게 하는 습성을 제공했다. 게다가 이는 순수 수학적 비교가 아니라 사물의 가치를 매기는 것과 관련된 비교였기에, 더 큰 역사적 함의를 띠었다. 화폐경제는 근대인에게 세계의 모든 것을 양화하고 그 양화를 기초로 사물들의 가치를 재는 관점을 주입했던 것이다. 수비학, 좁은 의미에서의 수학, 그리고 화폐경제가 양화된(quantified) 세계라는 새로운 세계상(Weltbild)을 도래케 한 것이다.

자연마술, 헤르메스주의, 기계론, 그리고 아리스토텔레스의 여전한 영향이 복합적으로 착종된 이런 시대 분위기를 우리는 전·자기학의 개척자인 윌리엄 길버트(1544~1603)라든가 근대 천문학의 개척자인 요하네스 케플러(1571~1630) 같은 인물들에게서 잘 볼 수 있다.

§4. 길버트와 케플러

길버트는 지구가 거대한 자석이라는 점을 확고히 함으로써 근대 자기학을 진수시켰다. 이는 자석과 하늘 사이의 신비한 힘을 이야기했던 헤르메스주의적 구도를 벗어난 것이었다. '베르소리움'(검전기)을 비롯한 장치들의 발명을 포함해, 그가 이런 발견을 위해 걸어갔던 탐구 절차도 적지 않게 근대적이었다. 그러나 그의 사유 양식 전반은 여전히 아리스토텔레스적이었다. 그의 연구는 정량적이기보다는 정성적이었고, 기계론적이기보다는 목적론적이었다. 결정적으로, 길버트는 지구 자체를 활물(活物)로 봄으로써 헤르메스주의의 영향을 여전히 간직했다. 그는 자석에 대한 과학적 탐구의 결론으로서 지구의 영혼을 이야기했다기보다, 지구의 영혼 —— '자기적 영혼(magnetic soul)' —— 이라는 개념을 배경으로 자석에 대한 과학적 탐구를 전개했다고까지 말할 수 있을 것이다.[17] 그리고 바로 이런 관점을 가졌기에, 그는 '중력'의 발견에 이르기까지 전개된 근대 물리학에 결정적인 토대를 마련할 수 있었던 것이다. 이렇게 과학의 역사는 우리가 상상하는 것보다 훨씬 더 복잡하고 굴곡진 과정을 겪어왔다.

케플러는 근대 천문학의 결정적인 문턱을 마련했다. 그 이전에 코페르니쿠스를 비롯한 여러 인물들이 태양중심설과 지동설을 주장했지만, 이 주장들의 성격은 형이상학적인 것이거나 또는 기하학적인 것이었다. 과거의 천문학은 우주의 기하학적 구조와 그것이 띠는 형이상학적 또는 종교적/신학적 의미에 초점을 맞추었으며, 지구, 태양, 행성들·항성들의 전체적인 기하학적 구조에, 그리고 각 천체들의 공간적 위치 및 그 의미의 파악에 주안점을 두었다. 이른바 "코페르니쿠스 혁명"의 의미는 태양을 우주 공간의 중심에 둠으로써 지구를 중심에 두었던 기존의 기하학적 구도 ─ 하늘에서의 변화를 큰 원들과 작은 원들('주전원'들)의 조합으로 얼기설기 맞추어 설명했던 구도 ─ 를 간명화했다는 점에 있다. 이는 '오컴의 면도날'을 실제 보여준 인상 깊은 성과였다. 그러나 그것은 본질적으로 기하학적인 혁명이었다. 달리 말해 거기에는 천문학의 가장 중요한 요소들 중 하나인 천체들 사이의 '힘'에 대한 이론적 고찰 ─ 자연철학적 설명 ─ 이 결여되어 있었다.[18] 이에 비해 케플러는 전통 우주론을 그토록 오래 지배해온 '천구' 개

17) 길버트가 지구는 영혼을 가진 자성 때문에 스스로 회전하고 스스로를 방향 짓는다고 본 것은 현대식으로 보면 이상하게 느껴질지 모르지만, 그의 사유 자체-내적으로는 일관된 것이다. 그리고 그는 이런 구도 하에서 사유했기에 지동설도 받아들일 수 있었던 것이다. 과학사가들이 지구가 생명체라는 주장은 퇴행적이라고 무시하고 지구가 자석이라는 주장만을 전향적이라고 높이 평가하는 것은 16세기 말에 활동했던 길버트에게 자신들의 시대에 도달한 과학의 단계를 거꾸로 투사해서 평가한 결과, 즉 사후적 구성이다. 이것은 진정한 역사학적 관점이 아니다.(야마모토 요시타카, 이영기 옮김, 『과학의 탄생』, 동아시아, 2005, 17장을 보라.) 과학사적 논의는 항상 논의 대상이 그 안에서 형성되고 변형되어간 인식론적 장(champ épistémologique)에 입각해 이루어져야 하는 것이다. 길버트는 현대적 관점에서 볼 때 신비한 생각에 불과한 물활론을 견지했기 때문에, 오히려 지구가 자석이라는 결정적으로 중요한 발견을 할 수 있었다.

념을 걷어내고 태양계 전체를 하나의 역학계로, **동역학계**(dynamical system)로 보았으며, 튀코 브라헤의 상세한 데이터를 사용해서 태양계가 왜 6개의 행성으로 되어 있고, 왜 저런 궤도를 형성하고 있고, 왜 저런 속도로 공전하고 있는지를 총체적으로 **설명**하고자 했다. 아리스토텔레스가 말했듯이, 우리로부터 먼 것을 가지고서 우리로부터 가까운 것을 설명하려 한 것이다. 그리고 아리스토텔레스주의자였던 길버트와 달리 플라톤주의자였던 케플러는 자신의 모든 연구를 정량적으로 진행했다.

케플러의 사유에는 근대 과학기술이 형성되던 시절 그 바탕에 깔려 있던 복잡한 사상적 갈래들이 착종되어 있다. 이 점에서 뒤에서 논할 갈릴레오와 대조적이다. 케플러가 달을 행성에서 제외하고 6개의 행성을 논한 것은 플라톤이 물질 구조의 설명에 이용했던 에우클레이데스 기하학의 다섯 도형(1권, 6장, 1절)을 우주에 적용하기 위한 것이었다. 방향은 반대이지만, 마치 양자역학의 초기에 태양계 구조를 투영해서 원자 구조를 파악하려 한 것과도 같다. 그는 플라톤 자연철학의 그림자를 끝내 벗어나지 못했지만(그리고 그의 역학적 계산은 후대의 관점에서 보면 불완전한 것이었지만), 점차 그로부터 빠져나와 '케플러의 세 법칙'으로 대변되는 그 고유의 수학적 우주론

---

18) 물론 이것이 코페르니쿠스의 『천체의 회전에 관하여』(1543)가 가지는 중요성을 폄하하는 것은 아니다. 예컨대 화성의 역진(逆進) 운동을 설명하기 위해 프톨레마이오스는 무려 80개의 주전원을 만들어야 했으나, 태양을 중심에 놓았던* 코페르니쿠스는 지구의 공전 주기가 화성의 그것보다 2배 빠르다는 사실에 착안해 그 속도차를 가지고서 깔끔하게 설명할 수 있었다. 바슐라르는 과학사의 발전에 있어 '간명성'의 신화를 비판했으나(바슐라르 자신은 주로 양자역학 등 현대 과학을 가지고서 이야기했으며, 사실 지구의 궤도를 원이 아닌 타원으로 본 케플러의 혁명이 이미 이를 잘 보여준다.), 이 경우는 '이론적 간명성(theoretical simplicity)'이 과학적 사유에서 왜 중요한가를 잘 보여준 예라고 하겠다. 나아가 코페르니쿠스가 태양중심설을 주장함으로써 우주의 이미지는 갑자기 크게 넓어졌으며, 이런 변화가 가져온 사상적·문화적 영향 또한 작지 않았다.
*정확히 말해 코페르니쿠스는, 우주의 중심은 행성들이 그리는 이심원들의 평균 중심이 되어야 한다는 기하학적 이유 때문에, 태양 자체가 아니라 태양 근처의 한 점을 '태양계(solar system)' ― 이 개념 자체가 그에 의해 정초된 것이거니와 ― 의 중심으로 보았다.

을 구성하게 된다. 또, 그는 태양에서 방사되는 힘을 『우주의 신비』(1596) 초판에서는 '우주영혼' 개념의 그림자를 안고 있는 '동령(anima motrix)'이라는 말로 불렀다가 재판에서는 '동력(vis motrix)'로 바꿈으로써 헤르메스주의/물활론으로부터 기계론(넓은 의미)으로 옮아가는 과정을 보여주기도한다. 하지만 그는 또한 길버트 자기학의 영향 —— 사실상 그에 대한 다소 과잉된 해석 —— 으로 우주 전체에 대해서는 헤르메스주의적 이미지('힘의 네트워크')를 간직하고 있었는데, 오히려 이 때문에 '중력의 작용(gravitatio)' 개념[19]을 훅, 뉴턴, 라이프니츠 등에게 물려주게 된다. 요컨대 케플러는 신플라톤주의/헤르메스주의라는 지적 토양 위에서 근대 천문학의 토대를 놓은 것이다.

아리스토텔레스의 우주는 위계적인 우주이다. 이 우주에서 만물은 자연스러운 운동(월상에서의 천구들의 원운동과 월하에서의 물체들의 자연적 장소에 입각한 운동)을 영위한다. 이런 운동을 깨는 강제적 운동, 예컨대 인간이 물체를 던지는 경우와 같은 운동이 일어나긴 하지만, 전체적으로 우주는 본래의 모습을 안정적으로 유지하는 세계이다. "자연을 거스르는 어떤 것도 계속될 수는 없다." 세계는 운동하지만 그러나 본질들의 유기적 체계의 테두리 내에서 운동한다. 이 점에서 튀코 브라헤가 카시오페이아 자리에서 신성을 발견한 사건(1572년)과 그 조금 후의 혜성의 출현이라는 사건(1577년)은 큰 의미를 띤다. 월상의 세계에 대한 아리스토텔레스의 구도가

---

19) 케플러는 물체들 사이의 원격 작용(action at a distance), 그것들 사이의 작용과 반작용의 상호성, 인력이 질량*에 비례하고 거리에 반비례한다는 것까지도 파악하고 있었다. 나아가 이 힘이 사물들의 질적 차이와는 상관없이 성립한다는 점을 간파함으로써 "유사한 것들이 잡아당긴다"는 생각에서도 탈피했다. 아울러 밀물과 썰물의 작용에 대한 역학적 설명의 실마리도 잡아냈다. 근대 물리학의 표준적 형태로 평가받는 뉴턴 역학은 케플러의 이런 작업들을 다듬어 완성함으로써 가능했다고 할 수 있다.
  *다만 케플러는 아직 '질량'과 '무게'를 구분하지 못했다. 그러나 케플러는 무거움과 가벼움을 물체의 '본성'으로 보고 그것을 '자연적 장소'에 연결한 아리스토텔레스적 공간 개념을 파기하고, 플라톤처럼 이 개념쌍을 순수하게 '정도'로서, 양적 차이를 통해 구별되는 항들로서 재개념화했다. 이는 커다란 변화라 할 수 있다.

무너지는 중요한 계기가 되었기 때문이다. 아울러 모든 행성들이 태양 주위를 돈다 해도 왜 달만은 지구 주위를 도는가가 의문이었기 때문에, 목성의 위성들의 발견이나 금성의 위상 변화의 발견 또한 큰 의미를 띠었다. 우주는 등질적인 것이 되었다. 아울러 핵심적인 것은 아리스토텔레스에서와 근대 과학에서 '설명하는 것'과 '설명되는 것'이 뒤바뀐다는 사실이다. 고대 과학에서 본래적인 것은 정지이다. 영원한 본질들이야말로 본래적인 것이었기 때문이다. 설명되어야 할 것은 바로 운동이다. 단적으로 말해, 운동이란 일종의 일탈이다. 역으로 근대 과학에서 본래적인 것은 운동이다. 설명되어야 할 것은 바로 정지인 것이다.[20]

20) 고대적 그림자를 안고 있던 케플러의 관성 개념은 '정지관성'이었다. 근대 역학의 형성기에 제기되었던 중요한 한 물음은 위로 던져 올린 돌이 왜 그 자리에 떨어질까 하는 것이었다. 지구가 자전한다면, 돌은 던진 자리보다 더 서쪽에서 떨어져야 할 것이다. 케플러는 모든 것이 지구와 함께 회전한다고 보았다. 자기의 고리가 지구와 함께 회전하기 때문에, 전체가 회전해도 그 안에서는 물체들이 동일한 상대적 위치를 유지한다고 본 것이다. 동일한 상대적 위치를 유지하기에, 외적 힘이 가해지지 않는 한 그 상대적 위치를 바꿀 이유가 없다. 이런 이유로 그는 관성을 정지관성의 개념으로 파악했다. 그러나 묘하게도 바로 이 때문에 그의 정지관성 개념은 아리스토텔레스의 '자연적 장소' 개념을 파괴했다고 할 수 있다. 후자의 경우 모든 물체들은 각각의 자연적 장소를 찾아가려는 내적 경향을 띠고 있다고 이해되기 때문이다. 케플러에게서는 자연적 장소 개념에 기반한 아리스토텔레스적인 질적 위계가 파괴되고, 헤르메스주의에 입각한 힘의 네트워크 개념이 중심을 차지한다. 이 힘의 네트워크의 중심이 태양이고, 그래서 태양이 우주의 중심이 된다. 정지관성 개념은 이 구도에서 성립한다. 이에 비해 훗날 갈릴레오, 데카르트의 관성 원리는, 전자는 천체의 원운동에 입각한 것이고 후자는 직선 운동을 모델로 한 것이라는 점에서 차이가 나지만, 공히 운동에 존재론적 우선성(ontological primacy)을 부여하는 원리였다.

2절 '자연과학적 사유'의 탄생: 근대 역학의 존재론

케플러 등의 새로운 세계관에도 근대 과학적 사유의 특징이 많이 나타나지만, 근대성의 핵심 요소들 중 하나인 '자연과학적 사유'의 특성을 파악하기 위해서는 특히 근대 초 역학의 형성, 아리스토텔레스 역학으로부터 갈릴레오 역학으로의 변환을 살펴볼 필요가 있다. 이 과정은 방법론상에서도 오늘날까지 이어지고 있는 자연과학적 사유의 성격을 최초로 뚜렷하게 보여주는 예이고, 또 그 내용상에서도 이후의 사상사를 지배한 한 갈래인 역학적 세계관(또는 기계론적 유물론)의 기초를 보여주기 때문이다. 게다가 갈릴레오(1564~1642)는 그 인물 자체가 오늘날 우리가 '과학자'라 부르는 존재의 원형적인 이미지, 또는 '대학 교수'라 부르는 존재의 원형적인 이미지를 보여준다는 점에서도 흥미로운 예라 할 수 있다.

§1. 아리스토텔레스의 역학

과학적 사유에서 '운동' 또는 '변화' 개념은 그 중핵에 위치한다. 과학이라는 행위를 단순화해서 말한다면, 그것은 곧 운동의 법칙성을, 수학적으로 말해 함수관계를 발견하는 것이다. 더 적극적으로 나아갈 경우, 그러한 법칙성이 성립하는 원인/이유를 밝히는 것이다. 사실 과학의 의미를 전자에 국한하려는 입장과 후자에까지 확장하려는 입장이 근현대 과학철학에서 길항해왔다. 어느 경우든, 이 세계가 생성/변화/운동한다는 것, 그리고 그 과정에 어떤 법칙성이 존재한다는 것은 모든 과학적 탐구의 출발점을 이룬다.[21] 고대 과학과 근대 과학의 성격은 크게 다르지만(전자는 사변적 맥락에

---

21) 물론 다른 한편 사물들의 공간적 구조에 천착하는 과학들도 꾸준히 이어져온 것이 사실

서 후자는 실용적 맥락 ― 미래의 예측 ― 에서 전개되었다.), 이 점은 양자의 경우 모두에게서 마찬가지이다. 지중해세계에서 이런 탐구의 표준은 아리스토텔레스의 자연철학이었다. 아리스토텔레스의 자연철학은 생명과학 저작들, 물리과학 저작들, 『영혼론』, 『자연학』으로 구성된 방대한 체계이다. 근대 과학은 아리스토텔레스의 이 자연철학 체계를 새로운 패러다임으로 바꾸었거니와, 그 출발점을 이룬 것은 특히 『자연학』과 『천체론』에서 전개된 물리적 운동에 관련된 부분이다. 아리스토텔레스에게서 세계의 생성은 우선 탄생·소멸과 운동으로 양분되고, 다시 운동(kinēsis/movement)은 질적 변화, 양적 증감, 그리고 장소 이동(phora/locomotion)으로 삼분된다. 사실 그것은 자연을 대상으로 해서만 성립한 구도가 아니라, 심리, 윤리, 정치, 역사를 비롯해 세계를 구성하는 모든 차원들을 포괄해 제시된 생성론/존재론이다. 따라서 근대 역학이 아리스토텔레스의 철학을 단번에 무너뜨리고 새로운 세계상을 도래케 했다는 식의 이야기는 잘못된 것이다. 아리스토텔레스 운동론의 총체적 변환을 논하려면 우리의 시야를 17세기 이래 진행된 학문의 역사 전체에 두어야 한다. 근대 역학은 아리스토텔레스의 장대한 철학체계의 아주 작은 어떤 부분을 혁신한 것뿐이다. 그러나 이 부분적인 혁신이 근대 학문 전체의 흐름에 하나의 중요한 분기점을 마련했다는 것 또한 분명한 사실이다.

아리스토텔레스 운동 개념의 가장 일반적인 구도는 잠재태가 현실태의 인도를 받아 그 목적을 향해 나아가는 과정, 그것의 완성태를 향해 나아가는 과정이라고 할 수 있다.(『자연학』, III, 201a/10 이하) 개체의 질료는 그러한

─────────

이다. 보다 즉물적인 예로서, 생명체들의 구조를 파악하는 것은 그것들의 기능을 이해하는 데 핵심이다. 더 심층적인 예로서, 뇌의 구조를 파악하면 그것의 변화를 보다 용이하게 알 수 있다. 나아가 보다 추상적인 경우로서, 계통학은 종들을 집합론적 분류를 통해 정돈함으로써 생명계 전체의 구조를 탐구한다. 나아가 메타적인 성격의 탐구로서, 구조주의적 인간과학을 들 수 있다. 레비-스트로스의 인류학은 사회적 삶의 무의식적 구조를 보여주며, 라캉의 '욕망의 그래프'는 한 인간의 욕망의 복잡한 구조를 보여준다.

완성태로 나아갈 수 있는 잠재성('뒤나미스')을 안고 있고, 그것의 형상＝현실태('에네르게이아')는 이 잠재성을 이끌어 완성태로 완결시킨다. 한 알의 도토리는 자족적 존재가 아니다. 그것은 상수리나무가 될 '수 있는' 가능태로서 존재하며, 상수리나무라는 형상은 그것이 완성태에 도달할 때까지 도토리에서 현실태로서 작동한다. 아리스토텔레스에게서 모든 개체들은 그 안에 결핍을 내장하고 있으며, 이는 곧 그것이 아직 비-자족적임을 함축한다. 때문에 이 비-자족성 즉 결핍이 그것을 운동하게 만들며, 질료의 **결핍성**이 형상/현실태에 의해 채워져나가면서 점차 **자족성**의 차원 즉 완성태의 차원으로 나아간다. 플라톤과 마찬가지로 아리스토텔레스는 모든 존재자들을 '에르곤'의 관점에서 즉 활동/살아-감의 관점에서 본다. 활동을 통해서 스스로의 본질을 잘 실현해나가는 것이 그 존재자의 뛰어남('아레테')이고, 이 뛰어남을 잘 발휘해 자신의 완성태 즉 목적('텔로스')에 도달하는 것이 그 사물의 존재 이유이다. 모든 존재자들은 이렇게 자신의 목적＝완성태에 도달할 수 있는 잠재력을 내포하고 있다. 자연을 철학적으로 설명한다는 것은 바로 이 과정에서의 질료인, 형상인, 작용인, 목적인을 밝혀내는 것이다.

　쉽게 간파할 수 있듯이, 아리스토텔레스의 이런 운동론은 바로 생명체들을 모델로 해서 만들어진 운동론이다. 아리스토텔레스에게 생성의 세계는 곧 생명의 세계이다. 그는 이런 관점에 입각해서 세계를 보았고, 그 세계를 **총체적**으로 설명하고자 했다. 이러한 총체성은 아리스토텔레스 철학의 위대함을 증명하는 것이기도 하지만, 동시에 그의 철학이 약점을 가지게 만든 이유이기도 하다. 그 총체성이 모델로 삼은 중심 영역에서 점차 멀어지는 것에 비례해 그 사유의 한계도 그만큼 두드러지기 때문이다. 근대 역학이 극복하고자 한 운동 개념은 아리스토텔레스 운동 개념 전체가 아니라 세 번째의 운동인 장소 이동이다. 이제 근대 역학에서 문제가 된 것은 더 이상 '장소 이동'이 아니라 '공간 이동' 또는 '위치 이동'이다. 'phora'라는 개념을 둘러싼 이론적 배경 자체가 더 이상 아리스토텔레스의 포괄적 세계가 아니라 좁은 의미에서의 '역학(mechanics)'의 세계로 바뀌었기 때문이다. 근대 역학은 종합적인 철학자 아리스토텔레스의 운동론 전체를 변환한 것이 아니라, 역학에 관계되는 맥락을 따로 떼어내어 어떤 별도의 학문을 만들었다.[22] 그리고 이런 식의 과정은 다른 영역들로 계속 번지면서 근대 내내 계속된다. 아리스토텔레스라는 거인의 세계가 하나하나 해체되어 여러 별도의 개별 과학들이 형성되어간 것이다.

아리스토텔레스의 우주는 '장소들'로 구성된 우주이다. 그것은 오늘날 우리에게 익숙한 우주, 즉 추상공간, 좌표계, 역학적 함수관계 등으로 구성된 등질적인 우주가 아니다. 그것은 구체적인 '자리'와 '의미', '역사'를 담고 있는 장소들의 세계이다. 그래서 지·수·화·풍 4원소는 각각의 '자연적 장소'를 함축하고 있으며,[23] 달 위의 세계와 달 아래의 세계는 서로 다른 '곳'으로서 취급된다. 모든 사물들은 특정한 본질을 내포하고 있고, 그 본질에는 그것이 우주에서 차지할, 질적으로 구분되는 장소도 함축되어 있다. 아리스토텔레스의 세계는 '에르곤', '뒤나미스', '아레테'의 세계이며, 질적으로 상이한 — 이 질적 상이성에는 장소적 차이 또한 포함된다 — 본질들

---

22) 'phora'를 따로 떼어내고 새로운 연구 방법을 구축해 그것을 새롭게 연구하는 것과 모든 생성을 'phora'로 환원해야 한다고 주장하는 것은 서로 다른 성격의 행위이다. 전자는 하나의 개별 과학이고 후자는 하나의 철학(형이상학)이기 때문이다. 어떤 개별 과학의 성과를 어디까지나 그 영역에서의 성과로 받아들이는 입장과 그것을 확장해서 일종의 철학체계를 구성하는 입장이 서구 근대 내내 이어져왔다. 그리고 개별 과학들의 수가 늘어나면 늘어날수록 개별 과학을 철학으로 둔갑시키려는 시도들도 그만큼 복잡다단한 방식으로 전개되어왔다고 할 수 있다. 이러한 흐름의 최초의 예가 데카르트적 환원주의에 입각해 근대 역학체계를 세계 전체로 확장한 기계론적 유물론 — 고대 원자론의 근대적 버전 — 이라고 할 수 있으며, 그 그림자는 오늘날까지도 사라지지 않고 있다.

23) 물·불·공기·흙은 질적으로 상호 변환된다. 때문에 네 원소가 모두 제자리를 찾음으로써 세계가 영원히 정지해버리는 것은 아니다. 그리고 아리스토텔레스는 이 질적 변환에는 태양의 영향이 크게 작용한다고 보았다. 결과적으로 우주 전체의 장소적 구조는 네 원소의 질적 변환(alloiosis)과 역동적으로 얽혀 있다고 할 수 있다. 이런 변환 과정에는 물론 양적 증감의 측면도 가미되며, 이 세 차원의 운동이 모두 고려되어야 아리스토텔레스 운동론의 전모가 파악된다.

(내적 경향들)이 유기적 총체를 이루는 세계이며, 모든 것들이 '텔로스'의 연계 고리를 따라 운동하는 세계이다.

§2. 아리스토텔레스 극복의 길

아리스토텔레스와 대조적으로 근대 역학은 사물의 본성에 대한 사유와 아무런 상관이 없었다. 갈릴레오는 물체의 운동은 그것의 본성과 무관함을 강조했다. 대포에서 발사되어 날아가는 탄환에는 '뒤나미스', '에르곤', '아레테', '텔로스' 같은 것이 전혀 존재하지 않는다. 내적 경향성이나 그 경향성이 함축하는 장소 또한 존재하지 않는다. 후대의 언어로 정리해서, 그것은 단지 '외부적 힘'과 '관성'에 따라 움직일 뿐이며 또 그것에 물리학적으로 고유한 무엇이 있다면 그것은 '질량'뿐이다. 14세기 스콜라 자연철학에서의 존재론 혁명에 대해 강조했거니와(1권, 12장, 5절), 물리학적 맥락에서 '운동'이란 사물의 본성에 관련된 것이 아니라 단지 사물의 '상태'일 뿐이다. 사물 자체는 그저 x로 놓으면 그만이고, 파악의 대상은 어디까지나 공간·시간에 관련해서 그것의 'phora'일 뿐인 것이다. 이것은 어떤 특별한 발견이라기보다도 특정 영역을 바라보는 새로운 관점/입장을 분명히 한 것이라고 할 수 있다. 문제의 초점은 아리스토텔레스가 생명의 차원과 물리의 차원 사이에 존재하는 존재론적 분절을 예민하게 고려하기보다는 연속적인 방식으로 파악했다는 점에 있다. 근대 역학은 이 체계에서 물리적 측면을 따로 떼어내어 그 부분을 탐구하는 새로운 패러다임을 만들어냈다.

아리스토텔레스에게서 강제적 운동은 힘을 가하는 물체가 힘을 받는 물체에 접촉해 힘을 전달하는 것으로 이해된다. 상식적으로 당연하게 생각되는 구도이다. 하지만 예컨대 돌멩이가 그것을 던진 손을 떠나서 한동안 날아가는 이유는 무엇일까? 손이 계속 돌멩이를 밀고 있지 않은데도 돌멩이는 어떻게 힘을 전달받는 것일까? 아리스토텔레스는 운동을 전달하는 '매체'의 역할에서 해답을 찾는다. 공기, 물 등 매체들이 휘돌아서(피사체의 앞에서 밀린 매체가 흩어지는 것이 아니라 뒤로 돌아가 이번에는 피사체를 밀어) 돌멩이를 계속 추진한다고 본 것이다.(『자연학』, VIII, 266b/27 이하) 아리스토텔레스는 이런 구도에서 물체 운동에서의 시간, 거리, 속도의 관계(속도는 이동 시간에 반비례하고 이동한 거리에 비례한다는 것), 가해진 힘과 돌멩이의 무게가 나타내는 저항에 따른 속도 변화(속도는 가해진 힘에 비례하고 돌멩이의 무게에 반비례한다는 것)를 연구했다. '그 자체로서 존재하는 것'과 이것에 '부대해서 존재하는 것'을 존재론적으로 명백히 구분해 실체-성질 구도의 사유를 전개했던 그에게 성질들을 독립시켜 비교·계산하는 것은 불가능한 것이었고 또 불필요한 일이었다. 시간, 거리, 무게 등은 모두 실체의 부대물이라 보았던 그에게, 이것들을 따로 떼어내 다루는 것은 고양이 없이 그 미소만 따로 떼어내 생각하는 것과 같은 기이한 일이었다.[24] 존재론에서 바로 이런 생각을 극복한 것이 14세기 자연철학이었고, 갈릴레오의 시대 정도가 되면 이제 이런 변화는 당연한 것으로서 받아들일 정도가 되었다. 존재론적으로 독립된 존재들이 아닌 것들을 따로 떼어내고 또 서로를 양적으로 자유롭게 비교·계산하는, 아리스토텔레스의 경우와는 판이한 구도가 도래한 것이다.[25]

---

24) 그러나 아리스토텔레스와 다른 존재론을 취했던 플라톤에게서는 이것이 그만큼 기이한 일이 아니다. 이전의 저작들에서도 논의했듯이, 플라톤이 아리스토텔레스보다 오히려 현대 과학에 더 가깝다는 사실을 확인해주는 대목이다.

25) 그러나 이것이 아리스토텔레스의 존재론은 '틀린' 것이고 새로운 존재론이 '맞는' 것임을 뜻하지는 않는다는 사실을 잘 음미해볼 필요가 있다. 어떤 특정한 맥락에서(이 경우 역학의 맥락에서) 그런 존재론을 취할 필요가 있다는 것과 그 존재론이 '옳다'는 것은 다른 문제인 것이다. 역학이라는 특정한 맥락을 위해 이런 식의 존재론 혁신이 필요했다고 해서, 그 존재론이 존재론 자체의 맥락에서 아리스토텔레스의 존재론보다 더 '진리'인가 하는 것은 따져볼 문제이다. 아니, 애초에 양자의 비교는 짝이 잘 맞지 않는 비교라 하겠다. 짝이 맞는 비교는 아리스토텔레스의 세계와 근대 역학을 철학화한 기계론적 유물론의 세계일 것이다. 그러나 어쨌든 이런 혁신이 새로운 형태의 존재론적 설정(ontological commitment)을 제시함으로써 사유의 새로운 지평을 열었음은 분명하다.

6세기에 활동한 필로포노스는 매체가 휘돌아 피사체를 민다는 아리스토텔레스의 생각을 비판하면서, 피사체에 힘이 가해질 때 힘이 직접 전달되어 그것이 계속 움직인다고 주장했다.[26] 이런 식의 힘 개념은 이슬람 철학자들을 거쳐 스콜라철학으로 이어져, 뷔리당 등의 '임페투스(impetus)' = 운동력 개념으로 화하게 된다. 뷔리당은 이 임페투스가 약해지는 것이 아니라 그대로 피사체에 보존된다고 보았고, 따라서 진공에서라면 그것이 항구적으로 나아갈 것이라 보았다. '관성' 원리의 선구라고 볼 수 있다.[27] 뷔리당은 임페투스가 피사체의 질량과 속도에 비례한다고 보아, 훗날 데카르트가 정의한 '운동량'의 개념에 근접하고 있다.[28] 이후 스콜라 철학자들은 피사체의 궤적을 정교하게 파악하기 시작한다. 던져진 물체는 포물선을 그린다. 처음에는 강제적 운동을 하지만, 나중에는 자연적 운동이 가해지기 때

---

26) 필로포노스의 이런 생각은 진공에 관련해서도 중요한 함축을 띤다. 아리스토텔레스의 경우, 진공에서 물체가 이동한다면 매체의 저항이 없기 때문에 속도가 무한이 된다는, 달리 말해 시간이 제로가 된다는 이상한 결론이 나온다. 이 때문에 아리스토텔레스는 진공이 존재할 리 없다고 보았다. 반면 필로포노스의 경우, 힘이 물체에 직접 내장되기 때문에 오히려 진공에서 그 이동 속도가 보다 순수한 형태로 나타난다는 결론이 나온다. 이후 역학의 문제들은 진공의 존재 여부의 문제와 얽혀 논의된다.

27) 그러나 근본적인 면에서 이 관성 원리는 근대 역학에서의 관성 원리와 다르다. 임페투스 이론에서의 관성은 피사체에 임페투스가 계속 힘을 가함으로써 성립한다. 역으로 말해, 임페투스가 소멸되면 피사체는 정지한다. 여기에서 피사체의 운동은 어디까지나 강제되는 것으로 이해되며, 정지 상태가 물체의 '본래적인' 상태로서 이해된다. 정지를 본래적인 것으로 본 고대 철학의 입장이 여전히 유지되고 있는 것이다. 반면 근대 역학에서 관성은 물체들이 본래 등속으로 운동하고 있다고 가정하며, 오히려 가속이나 감속(정지는 단지 감속의 극한치로서 이해된다.)이란 외부 요인에 의한 것으로서 이해된다. 갈릴레오가 항구적인 등속 원운동을 하는 천체들에서 관성의 원리를 읽어낸 것도 이런 맥락에서이다.

28) 자유낙하 운동의 경우, 아리스토텔레스는 물체의 무게를 가해진 힘으로 간주해서 낙하 속도는 물체의 무게에 비례하고 매체의 저항에 반비례한다고 보았다.(『자연학』, IV, 214b/12 이하) 그리고 아리스토텔레스학파는 가속도가 붙는 것은 물체가 낙하하면서 무게가 늘어나기 때문 또는/그리고 아래의 공기가 희박해지기 때문이라고 보았다. 이에 비해 뷔리당은 낙하 속도가 물체의 무게에 비례하는 것은 맞지만, 가속도가 붙는 것은 물체가 낙하하면서 그 임페투스가 증가하기 때문이라고 설명했다.

문이다. 아리스토텔레스의 경우 하나의 실체에 두 모순된 술어가 붙을 수 없기 때문에, 두 가지 운동을 합성해서 궤도를 설명하기가 어려웠다. 그러나 성질들에 독자적인 존재론적 위상을 부여했던 14세기 스콜라 철학자들은 두 성질을 독립적으로 파악한 후 그것들을 합성해 전체 궤도를 설명하고자 했고, 이 설명 방식은 이후 계속 세련된다. 14세기 자연철학에서의 이런 진보는 레오나르도 다빈치, 귀도발도 델몬테, 니콜로 타탈리아(아르키메데스의 저작들을 라틴어로 번역한 인물), 조반니 베네데티 등으로 이어진다. 이 궤도가 깔끔하게 설명되려면 무한소미분의 발명을 기다려야 하지만, 갈릴레오는 이 흐름을 이어받아 오늘날 기초 물리학에서 배우는 '평행사변형의 법칙'으로 일차 완성하기에 이른다.

오렘(1330~1382)은 역학 연구의 방법을 한 단계 더 끌어올렸다. 오렘은 질을 양화하고 그것을 그래프로 표시하는, 과학기술이 추구하는 방법의 원형을 만들어낸 인물이다. '질의 강화와 약화'를 양화해 파악하고자 한 옥스퍼드 '계산학파'의 기법[29]을 받아들인 오렘은 특히 이 양화를 그래프로 표시해 시각화하는, 즉 공간화하는 기법을 개발해 근대 역학을 넘어 근대 과학기술 전반의 중요한 한 기법을 정착시켰다. 그는 등속운동, 등가속운동, 부등가속운동을 그래프로 나타냄으로써 이 기법이 얼마나 유용한지를 증명했고, 특히 이 과정에서 (근대 역학의 구도와는 다른 구도 아래서이긴 했지만) '등가속운동'을 개념화하고 계산하는 기법을 마련하기에 이른다.

그러나 이런 성과들은 어디까지나 스콜라철학의 틀 내에서 이루어졌다는 점을 간과해서는 곤란하다. 14세기 자연철학자들의 작업에는 반-아리

---

29) 질을 양으로 환원하는 것은 근대 과학기술, 아니 근대 문명 전체를 추동해온 결정적인 경향들 중 하나이다. 앞에서 지적했듯이, 이는 모든 것을 화폐의 양으로 환원하는 자본주의, 그리고 나중의 일이지만 모든 가치를 대중의 머릿수로 판단하는 민주주의 — 정확히 말해서 대중주의(민주주의와 대중주의의 관계에 대해서는 뒤에서 다룬다.) — 와 쌍을 이룬다. 질을 양으로 환원하는 이 경향은 근대 문명의 가장 심각한 병폐들 중 하나이지만, 과학기술의 맥락에 한해서는 자연의 어떤 측면을 드러내주는 중요한 존재론적 의의를 갖는다.

스토텔레스적 측면과 아리스토텔레스적 측면이 복잡하게 착종되어 있었다. 이들의 성과가 본격적인 근대 역학의 패러다임으로 편입되기 위해서는 르네상스 시대에 이루어진, 앞에서 논했던 다양한 기술적-실험적 성과들이 통합되어야 했고, 나아가 기술·실험과 수학 양자가 보다 직접적이고 유기적으로 통합되어야 했다. 14세기의 존재론적-수학적 혁명과 르네상스 시대의 기술적-실험적 혁명이 수준 높게 통합됨으로써만 근대 역학은 본격적인 궤도에 오를 수 있었다. 이런 수준은 갈릴레오에 이르러서야 달성되었다.

§3. 근대적 역학의 탄생

갈릴레오가 운동에 대한 어떤 새로운 이론을 만들어낸 것은 아니다. 오히려 그의 사유의 핵심은 운동의 문제와 힘의 문제를 자신의 탐구 영역에서 배제해버린 데에 있다. 갈릴레오는 운동과 힘의 문제, 그것들의 본체와 이유의 문제는 결국 알 수 없는 것이라고 보았다. 이 점에서 케플러와 대조적이다. 케플러는 헤르메스주의를 바탕으로 했기 때문에 우주(태양계)에 포괄적인 동역학적 모델을 적용했다. 그러나 갈릴레오는 헤르메스주의를 비롯한 기존의 형이상학들을 자신의 탐구에서 일소하고자 했기 때문에, 이런 식의 존재론적 동역학 모델을 완전히 포기하고 물체들의 운동을 수학적으로 파악하는 것에 탐구를 국한했다. 예컨대 "태양 흑점의 본질을 연구하려드는 것은 쓸데없는 짓이며, 우리가 할 수 있는 것은 그것의 위치, 이동, 모양, 크기, 불투명도, 가변성, 생산, 산일 같은 성질들을 규명하는 것일 뿐"[30]이라는 그의 말은 이 점을 극명하게 보여준다. 갈릴레오는 인식의 대상을

---

30) Galileo Galilei, *History and Demonstrations on Sunspots*, in *The Essential Galileo*, Hackett Publishing com., 2008, p. 102.

현상계에 국한했다. 그는 현상을 '설명'하려 하기보다는 그 수학적 구조를 파악하려 했다. 에른스트 마흐의 표현에 따르면, "경제적으로 기술하려" 했다. 그에게 사물들의 본질이 있다면, 그것은 그것들의 수학적 이치였다. 자연이란 "수학의 언어로 쓰인 책"이며,[31] 과학자의 역할은 이것을 명시적으로 드러내는 것뿐이다. 이렇게 그의 과학철학은 케플러의 그것보다는 오히려 코페르니쿠스의 그것에 더 가깝지만, 그는 후자보다 수학의 존재론적 위상을 좀 더 본질적인 것으로 보았다. 이 점에서 그는 플라톤주의자였지만, 구체적인 탐구 방식에 있어서는 아르키메데스의 후예이기도 했다.[32] 그에게 물체에 힘을 가하는 비-물체적인 것이라는 형이상학적 사유는 버려야 할 유산이었고, '떨어진 거리에서의 작용'은 신플라톤주의의 그림자에 불과했다. 또, 자발적 운동 같은 것은 생명체의 문제이기에 그의 관심사가 아니었다. 갈릴레오의 특징은 자신의 탐구 영역과 탐구 방식을 확실하게 제한한 것이었고, 이것이 자연철학자로서의 그의 성공의 비결이었다.[33]

---

31) "철학(자연과학)은 우리 눈앞에 끝없이 펼쳐져 있는 이 모든-것을-담은 책, 이 우주에 담겨 있다. 그러나 우선 그것에 사용된 언어를 이해하고 부호들을 알지 못한다면, 우리는 이 책을 읽을 수가 없다. 그것은 바로 수학의 언어로 쓰여 있으며, 그 부호들은 삼각형, 원, 그리고 다른 여러 기하학적 도형들이다. 이것들이 없이 우리는 그것(책-우주)의 단 한 단어도 읽어낼 수 없으며, 결국 어두운 미로에서 끝도 없이 헤매게 될 것이다." (Galilei, *The Assayer*, in *The Essential Galileo*, p. 183)

32) 알렉상드르 코이레가 강조했듯이, 갈릴레오는 관찰이나 실험·조작보다는 핵심 가설들 —— 이상적 상황(예컨대 마찰이 없는 바다)을 가정하고서 설정한 가설들 —— 에서 출발해("ex hypotheseōs/ex suppositione") 수학적 추론을 행했다는 점에서 플라톤적이다. 그러나 그의 수고(手稿)에 대한 연구를 통해 밝혀졌듯이, 갈릴레오는 아르키메데스와 같이 수학적 측면과 기술적-실험적 측면을 함께 갖춘 인물로서 자신의 이론을 중요한 국면들에서 실험으로 확증하기도 했다. 그는 에우클레이데스 기하학의 공간에서 이론을 구성했지만, 필요할 경우 실험을 통해서 자신의 이론을 확증해나갔다. 하지만 갈릴레오의 실험들에는 정교성이 떨어지는 경우들이 있었고, 그가 실험보다는 이론을 우선시한 것, 때로 고집한 것은 사실이다.

33) 그의 빼어난 업적으로 손꼽히는 가속도 탐구에 관련해서도, 그는 가속도의 원인 탐구는 배제했으며 단지 물체의 가속도가 "어떻게" 붙는가를 수학적으로 서술하고자 했을 뿐이었다.* 그는 데카르트와 마찬가지로 '비-합리적인' 존재들을 모두 배제하고자 했기

여기에서 우리는 전통적인 철학자와는 매우 다른, 이전에는 볼 수 없었던 어떤 새로운 유형의 지식인이 탄생했음을 알 수 있다. 갈릴레오에게서 우리는 전통적인 철학자가 아니라 바로 오늘날의 과학자의 이미지를 본다.

갈릴레오가 이룩한 역학적 성과들은 오늘날의 기초 물리학에서도 가르칠 정도로 긴 생명력을 담고 있으며, 그만큼 단단한 내용을 담고 있다.[34] 이 갈릴레오의 역학에서 그 기초적 모습을 볼 수 있고, 그 후 계속 발전해 오늘날까지 이른 '과학적 사유'의 기본틀은 무엇인가? 첫째, 연구하고자 하는 대상을 세계에서 분절해낸다. 현대식으로 말해 어떤 '계(system)'를 분절해낸다. 이 점에서 과학적 사유는 철학적 사유와 다르다. 철학적 사유가 세계를, 삶을 그 전체로서 보려는 데 핵심이 있다면, 과학적 사유는 반대로 세계의 어떤 부분을 오려내서 '대상화'함으로써 시작한다. 둘째, 이 계를 구성하는 주요 요소들을 변항(變項/variable)으로서 잡아낸다. 즉, 시간에 따라 양적으로 변화하는(때로는 계속 유지되는) 핵심적인 존재단위들(entities)을 설정한다. 이것이 과학기술이라는 행위의 핵심적인 존재론적 설정이다. 예컨대 낙하 운동의 경우 시간(t), 거리(s) 등이 될 것이고, 천문학적 계의 경우 질량(m), 거리(R), 힘(F) 등이 될 것이다. 물론 이 변항들을 어떻게

때문에, 오히려 어떤 면에서는 아리스토텔레스적인 구도에 머무는 모습을 보였다. 그는 자연적 운동과 강제적 운동을 구분하는 구도를 유지했고, 원운동을 하는 천체들의 운동을 '관성적인' 것으로 보았으며, 물체들의 낙하 운동도 "자연스러운" 운동, 물체들의 "자연적 경향"에 의한 운동으로 처리했다. 이 점에서 아리스토텔레스적 존재론을 철저하게 와해시키고 완전히 새로운 존재론을 진수했으나, 구체적인 "어떻게"를 다루는 데에는 서툴렀던 데카르트와 대조적이다. 오늘날 자연과학자들이 갈릴레오를 그들의 선구자로 여기고, 철학자들은 데카르트를 그들의 선구자로 여기는 것도 이런 맥락에서 음미해볼 수 있다. 우리는 '과학적인' 사유와 '철학적인' 사유의 분기를 갈릴레오와 데카르트에게서 분명하게 볼 수 있다.

*사실 갈릴레오가 운동론만을 전개한 것은 아니다. 그는 물질론을 구축해서 그의 운동론을 정초하고자 했다. 그러나 그의 물질론은 그 자체로서도 여러모로 혼란스럽고, 또 운동론과의 연계성도 느슨하다.

34) 갈릴레오 역학의 상세한 내용은 마흐, 『역학의 발달: 역사적-비판적 고찰』(고인석 옮김, 한길사, 2014), 233~275쪽에 잘 설명되어 있다.

설정하느냐는 맥락에 따라 달라진다. 이 변항들 중 가장 근본적인 변항, 정확히 말하면 '선택의 여지가 없는' 변항은 t이다. 왜일까? 앞에서 말했듯이, 과학의 기본 목적은 운동의 법칙성을 잡아내는 것이다. 그런데 운동이란 항상 시간에서의 운동이다. 따라서 모든 변항 중 가장 일차적인 변항은 바로 시간이라는 변항인 것이다. 셋째, 이 변항들에 관한 데이터를 모아[35] 그것들 사이의 함수관계, 특히 미분방정식을 사용한 함수관계를 잡아낸다. 이 함수관계가 확증되면 그것은 '법칙'으로 승격된다.[36] 예컨대 물체의 낙하 법칙은 $s = \frac{1}{2}gt^2$이라는 법칙을 통해 표현되고, 천체들 사이의 중력은 $F = g\frac{m_1 m_2}{R^2}$ 라는 법칙을 통해 표현된다. 그런데 변항들은 모두 정적인 항들이 아니라 차이생성(differentiation)을 겪는 항들이다. 그래서 예컨대, 후대의 기호를 써서, $v = k\frac{s}{t}$로 수식화되는 속도는 이 점을 고려할 경우 $dv = k\frac{ds}{dt}$로 쓸 수 있고, 또 가속도는 $da = k\frac{dv}{dt} = k\frac{d^2 s}{dt^2}$로 쓸 수 있다. 모든 변항은 사실상 시간의 변항이므로, 모든 x는 결국 $\frac{dx}{dt}$라 할 수 있다. 모든 과학 법칙의 단 하나의 절대적 매개변수는 곧 dt인 것이다. 그리고 일종의 보조 장치

---

35) 시간이 가장 기본적인 변항이기에 데이터의 축적은 결국 시계열에서의 축적이다. 따라서 근대 과학의 발달은 곧 시계라는 장치의 발달과 궤를 같이한다고 할 수 있다. 잘 알려져 있듯이, 시계 자체가 서구 근대 철학자들을 매료했다. 갈릴레오 시대만 해도 시계가 발달하지 않아 그는 자신의 맥박수를 가지고서 운동을 측정해야 했다. 이상적인 시계는 일정한 주기를 유지하면서 영구히 반복 운동하는 것이어야 했다. 1658년 하위헌스(/호이겐스) ── 바로 빛을 파동으로, 즉 주기적 운동으로 보았던 인물 ── 에 의해 추시계가 발명되고, 이 기계를 통해서 과학적 데이터의 축적 역량이 크게 진보하게 된다. 진자에서 확인할 수 있는 반복 운동이 이 모든 과정의 근간에 있으며, 이런 기계적 반복(mechanical repetition)의 이미지는 근대성의 심장부에 존재하는 이미지이다.

36) 보다 수학적인 과학이 '함수관계'에 초점을 맞춘다면, 보다 경험적인 과학은 '인과관계'에 초점을 맞춘다. 예컨대 일산화탄소 중독에 관한 클로드 베르나르의 연구가 잘 보여주었듯이, 관찰한 결과(일산화탄소에 중독된 동물들의 피가 진홍색을 띠는 것)를 설명할 수 있는 인과관계에 대한 가설들(모세혈관에서 산소와 탄소가 교체되지 못한 것이다, 아니다 혈구 안의 어떤 물질이 일산화탄소와 결합해 혈구가 응고하는 것이다 등)을 세우고 그것들을 검증할 수 있는 각각의 실험을 여러 차례 되풀이해서 결론을 이끌어낸다.(『실험의학 입문』) 물론 대부분의 과학적 탐구에서 인과관계의 파악과 함수관계의 정식화는 함께 추구된다.

로서, 이 함수관계를 그래프로써 나타낸다. 그래프는 과학적 탐구에 본질적인 것은 아니지만 비시각적인 것을 시각화함으로써 큰 발견적(heuristic) 역할을 한다. 넷째, 이렇게 얻어낸 수학적 이론을 검증하기 위해 그 이론에 있어 중요한 부분 — 그곳을 실증할 경우 그 이론의 설득력이 비약적으로 높아질 수 있는 부분 — 에 관련해 실험을 즉 '결정적 실험(crucial experiment)'을 행한다.[37] 이렇게 실험을 통해 이론의 타당성을 확증한다. 다섯째, 모든 운동 법칙은 결국 시간의 함수이므로, 시간-변항의 각 함숫값은 곧 해당 시간에서의 그 운동 법칙 전체의 함숫값을 산출한다. 따라서 운동 법칙에 미래의 어떤 시간을 대입하면 미래의 해당 계의 상태를 예측할 수 있다. 예컨대 천문학에서, 훗날 라플라스가 장담하게 되듯이, 물리법칙과 해당 초기조건(initial condition)만 주어지면 어떤 시간에서의 우주의 상태도 예측 가능하다는 것이다.

물론 모든 과학적 활동을 이 틀로 환원할 수는 없다. 갈릴레오 이후 4세기 동안 전개된 과학기술의 역사는 극히 복잡하다. 그러나 갈릴레오에서 시작해서 그 연장선상에서 전개된 과학기술의 핵심 갈래는 기본적으로 바로 위와 같은 구도를 통해 진행되었다고 할 수 있다.[38] 이렇게 대상을 분절

---

37) '결정적 실험'의 고전적인 예로는 (보론에서 자세히 살펴볼) 뉴턴의 광학 실험을 들 수 있다. 그는 여러 실험들을 통해 '백색광이 변형되어 여러 색들이 나타난다'는 가설(데카르트의 가설)과 '여러 색들이 섞임으로써 백색광이 만들어진다'는 가설 사이에서 양자택일의 기로에 놓이게 된다. 이때 그는 여러 개의 프리즘과 볼록렌즈 등을 사용해서 결정적 실험을 행함으로써 후자의 결론을 이끌어냈다.(Newton, *Opticks*, Dover Publications, 1704/2012, Book I, Part II, proposition XI/problem VI) 이 대목은 과학자로서의 뉴턴의 뛰어남을 인상 깊게 보여주는 대목이며, 과학적 실험과 추론이 어떻게 엮여 탄탄한 이론이 탄생하는가를 잘 보여주는 대목이다.

38) 다만 근대의 자연철학자들은 아직 기하학적 추론을 선호했고, 또 앞에서 내가 정리한 것 같은 수학적 논증 방식이 확립되어 있지도 않았다. 그래서 그들의 실제 텍스트를 읽는 것은 오늘날의 첨단 과학책을 읽는 것보다 오히려 더 어렵다. 데카르트와 페르마가 해석기하학을 통해서 이미 새로운 이정표를 마련했지만, 사람들이 이 이정표를 따라가기 시작한 것은 한 세기가 지난 뒤부터였다. 18세기가 되어 미분방정식이 실제 활용되기 시작했고, 19세기에 이르러서야 비로소 자연과학의 언어로서 일반화된다. 라그랑주

하고, 측정·양화해 변항들의 함수관계를 파악하고, 그 주요 부분들을 실험해 이론을 확정하고, 그렇게 확립된 가설·이론·법칙을 통해 사물들의 상태를 예측하고 나아가 조작·변형하는 과학적 행위는 그때까지 내려오던 철학적 행위와는 매우 판이한 성격을 띠었으며, 때문에 이때부터는 철학에서 독립해 '과학(scientia)'으로, 그리고 나중에는 기술과 결합해(사실 처음부터 결합되어 진행되었지만) '과학기술'로 독립하기에 이른다. 철학에서 자연철학 분야가 별도의 분야로 떨어져 나오게 되는 것이다. 오늘날 과학기술과 철학은 서로 성격이 매우 다른 분야로 인식되고 있다. 그리고 과학기술은 물질세계를 조작·변형함으로써 인간세를 변화시키기 시작했고, 인류문명의 형태를 크게 바꾸어놓았다. 과학기술은 근대적 사유의 성취에서 빼놓을 수 없는 한 갈래인 동시에, 또 탈근대성이 그 폐해와 싸워야 할 주요문제가 되었다고 할 수 있다.

§4. 철학자에서 과학자로

이러한 역사적 변환에서 갈릴레오라는 인물은 특히 흥미롭다. 그에게서 이와 같은 과학기술의 성격이 매우 선명한 형태로 형성되었기 때문이다. 이 때문에 갈릴레오는 과학기술의 상징이 되었고, 또 교회와의 불화라는 사건으로 인해서 '과학의 순교자'로서 영웅시되기도 했다. 그러나 실상은 매우 다르다. 갈릴레오가 피사 대성당의 램프를 통해서 진자의 등시성

는 1788년에 이러한 흐름에서 결정적 이정표인 『해석적 역학』을 출간하면서, 그 서론에서 "이 책에는 그림이 하나도 없다"라고 득의양양하게 밝히고 있다. 그리고 그는 수학을 역학의 한 분야로 본 뉴턴에 대립적으로, "해석학을 선호하는 사람들은 이제 역학이 해석학의 새로운 분야로 편입되었음을 기쁘게 바라볼 것"이며 "해석학의 영역을 이렇게 넓힌 것에 대해 내게 감사할 것"이라고 선언한다.(Joseph-Louis Lagrange, *Mécanique analytique*, Mallet-Bachelier, 1853, p. 11) 행성의 운동에 대한 케플러의 '면적속도 일정의 법칙'에 대한 양자의 설명을 비교해보면 그 차이를 확연히 느낄 수 있다.

을 발견했다든가, 피사의 사탑에 올라가 자유낙하 실험을 함으로써 아리스
토텔레스 물리학이 극적으로 타파되었다든가 하는 이야기들은 모두 근거
가 희박한 이야기들이다. 이런 이야기들은 갈릴레오에게 뭔가 드라마틱한
이미지를 입히려는 후대인들의 날조에 불과하다.[39] 또, 갈릴레오가 종교재
판을 받고 나오면서 "그래도 지구는 돈다"라고 했다는 유명한 이야기 역시
아무런 근거가 없는 이야기이다. 갈릴레오는 자신의 물리학이 기독교적 세
계관과 배리된다고는 전혀 생각하지 않았으며, 교회에 맞설 생각도 없었던
인물이다. 오히려 조르다노 브루노를 비롯한 다른 인물들이 그랬다고 할
수 있다. 그는 그저 자신의 분야에서 성공하고 싶었고, 더 많은 연봉을 받고
싶었고, 더 많은 성과들을 남기고 싶었던, 오늘날의 대학 교수와 하등 다를
바 없는 한 사람의 학자였다. 그는 새로운 세계를 꿈꾼 사상가/철학자가 아
니었으며, 세계를 실제 바꾸고자 한 혁명가는 더더욱 아니었다. 그는 한 사
람의 과학자/대학 교수 그 이상도 이하도 아니었다.

　갈릴레오에게 극적인 픽션들을 덧붙이고, 나아가 마치 과학의 순교자나
되는 듯이 날조한 이런 이야기들이 많이 만들어진 이유는 무엇일까? 그것
은 세계가 점차 자본주의적-과학기술적 세계로 화해가면서 자본주의-과
학기술 연합체가 자신들의 '시원'이라고 생각한 인물에게 바치는 오마주에
서 유래했다. 서구 문명을 이끌어간 자본주의적-과학기술적 힘이 함축하
는 가치에 동조하는 사람들이 갈릴레오를 자신들의 영웅으로 만들었다고

---

39) 이런 이야기의 또 다른 판본인, 뉴턴이 사과나무에서 사과가 떨어지는 것을 보고서 만
유인력을 생각해냈다는 이야기도 (설사 역사적으로 이것이 사실이라 하더라도) 마찬가
지이다. 과학적 발견에 대한 이런 식의 이야기들은 과학적 사유의 본성에 대한 심각한
왜곡이라는 점에서 그저 웃고 넘길 이야기만은 아니다. 만유인력 같은 생각은 뉴턴 이
전에도 많은 사람들이 했던 생각이고, 신비적인 생각이기 때문에 오히려 합리적 정신의
소유자들은 모두 배척했던 생각이다. 그리고 뒤에서 이야기하겠지만, 뉴턴의 만유인력
은 그가 오늘날의 눈길로 볼 때 오히려 비-과학적인 면이 있었기 때문에, 헤르메스주의
와 연금술의 신봉자였기 때문에 (발견한 것이 아니라) 설정한/받아들인 "형이상학"인
것이다.

58

할 수 있다. 그러나 그런 이야기들은 근거가 없거나 과장된 이야기들일 뿐이다.

이와 반대로 어떤 사람들은 갈릴레오야말로 오늘날 현대인들이 겪고 있는 폐해의 '원흉'이라고 지목하기도 한다. 핵무기, 살인가스, 산업재해를 비롯한 숱한 직접적 고통들은 물론이고, 세계를 양화하고 조작해서 일종의 기계로 만들어 삶의 의미와 가치를 황폐하게 만들어버린 근대 문명의 출발점이 바로 갈릴레오라는 것이다. 그러나 이 또한 후대의 경험을 갈릴레오에게 사후적으로 투사한 것일 뿐이다. 앞의 과장이 자본주의-과학기술이 만들어낸 문명에 동조하는 사람들의 날조라면, 이 지탄은 바로 이 문명에 환멸을 느끼는 사람들이 갈릴레오에게 투사한 잘못된 비난이라고 할 수 있다. 어느 경우든 결국 후대의 가치를 갈릴레오에게 투사한 과장들이라 해야 할 것이다. 거듭 말한다면, 갈릴레오는 과학자로서는 천재적인 인물이었지만 인간적으로는 보수적이고 사욕(私慾) 많았던[40] 한 사람의 학자/교수였을 뿐이다.

다른 한편 갈릴레오(와 특히 그 후의 뉴턴)는 또한, 물질세계를 정복한 서구가 비-서구 지역들을 물리력으로 정복하면서 그러한 힘의 원천이 된다고 생각했던 인물, 자신들의 최대 무기인 과학기술을 비-서구인들에게 과시하기 위해 만들어낸 이미지라고도 할 수 있다. 사실 갈릴레오에게, 나아가 16~17세기 과학기술의 창도자들 자신들에게 이미 그런 욕망이 잠재해 있었다. 이런 욕망은 그 후 현실이 되어 폭주에 폭주를 거듭하게 된다. 과학기술이라는 사유-실천 형식은, 특히 그것이 자본주의나 국가와 결합할 경우, 어떤 **맹목성**을 내장할 수밖에 없기 때문이다. 서구 문명에서 성립한 과학기술이라는 사유 형식이 역사적으로 무수한 문제들을 만들어냈다는 것,

---

40) 갈릴레오는 자신이 발견한 별에 자신을 후원해준 거족(오늘날로 말하면 재벌 가문)의 이름을 붙임으로써 그들에게 아부했다. 이는 현대적인 의미에서 과학자가 대기업에 종속되는(더구나 갈릴레오의 경우에는 자발적으로) 최초의 예이다.

서구 자체에서는 물론이고 비-서구 지역까지도 그러한 문제들에 연루시켜 왔다는 것은 분명한 사실이다. 과학기술의 남용과 오용이 어떤 몸서리치는 비극을 가져왔는지를 20세기는 뼈아프게 겪어왔다. 그러나 이상하게도 사람들은 스마트폰이나 우주 개발, 인공지능 등에 열광할 뿐, 이러한 역사를 너무나 쉽게 잊어버리는 것 같다. 인간이란 불나방 같은 단순한 존재인 것일까. 어쨌든 오늘날 과학기술적 사유는 인류의 운명을 쥐고 있는 중차대한 문제임에 틀림없고, 근대성을 극복하고서 탈-근대적 삶으로 나아가려는 우리가 다루어야 할 핵심적인 문제들 중 하나임에 틀림없다.

보론 1: 과학에서의 실험의 중요성 —— 근대 과학의 사유 기법을 떠받치는 두 축은 수학화의 축과 실험의 축이다. 고전 역학의 구조에만 초점을 맞추다 보면, 근대 과학의 형성에서 실험이 맡은 결정적인 역할을 자칫 간과할 수 있다. 각주 37에서 '결정적 실험'을 언급했거니와, 광학에서의 데카르트와 뉴턴(1642~1727)의 실험은 결정적 실험이 무엇인지를 특히 인상 깊게 보여주는 예이다.

이미 그로스테스트, 로저 베이컨 등이 빛을 탐구했거니와(1권, 12장, 5절), 17세기 과학이 주력을 쏟은 탐구 대상들 중 하나도 빛이었다.(현대 물리학의 출발점에도 빛이 있다.) 데카르트도 「빛에 관하여」(1632)와 「굴절광학」, 「기상학」[41]에서 빛의 문제를 다루었다.

데카르트가 빛을 다룬 방식은 그의 사유의 성격을 단적으로 보여준다. '코기토'와 '신'을 제외한 모든 것을 'res extensa'(물질-공간 쪼가리들)로 본 그의 형이상학에 충실하게도, 그는 우선 '빛'이라는 개념에 포함되어 있는 신화적, 종교적, 형이상학적, 문학적 요소들을 모두 제거한다.[42] 그리고서

---

41) 이 두 논문은 『방법 서설』의 일부이다. 『방법 서설』은 간략하게 줄인 제목이고, 이 저작의 본래 제목은 『방법 서설, 굴절광학, 기상학, 기하학』이다.

42) 데카르트 같은 철학자가 이런 방식을 취하는 것과 개별 과학자로서의 물리학자가 이런 방식을 취하는 것은 그 의미가 사뭇 다르다는 점에 주의할 필요가 있다. 개별 과학자인

빛을 철저하게 그의 기계론에 입각해 설명한다.

그는 빛이 작은 입자들로 되어 있고 이 입자들은 거시세계, 정확히는 중간세계에서 공(예컨대 테니스공)이 움직이는 것과 같은 방식으로 움직인다고 생각했으며, 이런 가정하에서 빛의 직진, 반사, 굴절을 기하학적으로 설명했다.(「굴절광학」, II) 굴절에 대한 설명은 이후 스넬에 의해 수학적으로 다듬어져 '스넬의 법칙'이 된다.

데카르트는 특히 그의 굴절광학을 무지개 현상에 적용해 인상 깊게 설명했다.(「기상학」, VIII) 기상 현상들 중 무지개는 각별한 의미를 띤다. 하늘에 장엄한 궁(弓)을 그리면서 나타났다가 이내 사라지고, 색의 띠를 '빨주노초파남보'로 펼쳐 보여주는 무지개는 자연현상을 넘어 신비하고 아름다운(또는 불길하고 두려운) 존재이기도 했다. 이 무지개에 대해서도 데카르트는 자신의 원리를 고수해 철저하게 기계론적으로 설명했다.

데카르트의 기계론에서 모든 자연현상은 물질쪼가리들이 특정한 방식으로 운동한 결과이다. 무지개 같은 기상학적, 광학적 현상 역시 물질쪼가리들의 운동으로써 설명되어야 했다. 아리스토텔레스에게서처럼 무지개가 자체적으로 그 실체와 속성들을 갖추고 있는 것이 아니라, 물질쪼가리들의 운동의 효과일 뿐인 것이다. 데카르트가 이런 전제를 놓고서 무지개를 탐구해 들어간 과정은 오늘날까지 이어지고 있는 '과학적 탐구'의 원형을 생생하게 보여준다.

물리학자가 이렇게 빛을 추상화해(전체로부터 어떤 부분을 따로 떼어낸다는 의미) 하나의 '대상'으로서 획정(劃定)하는 것은 당연한 것이다. 생물학자가 어떤 말의 소유자가 누구인지를 따지지는 않으며, 지질학자가 어떤 돌의 가격이 얼마 나가는지를 따지지는 않으며, 경제학자가 어떤 책의 내용이 무엇인지를 따지지는 않듯이 말이다. 개별 과학은 세계-전체로부터 어떤 부분을 떼어내 그것을 자신의 '대상'으로 삼음으로써 성립하는 것이기 때문이다. 그러나 철학자가 이런 방식을 취하는 것은 단지 그 대상을 추상화하는 맥락에서가 아니라 어디까지나 그의 존재론/형이상학의 입장에서 세계 전체에 대해서 어떤 관점을 취하는 것이다. 그 의미가 전혀 다르다고 할 수 있다. 물리학자의 경우와 달리, 철학자가 그렇게 한다면 그것은 세계-전체에 대한 그의 존재론이 바로 그런 성격을 띤다는 점을 드러내는 것이다.

그는 우선 인위적으로 무지개를 만들어서 그것을 관찰하고(실험 1), 그것의 심층적 메커니즘을 모델화했으며, 그 메커니즘에 입각해 이론을 구성했다. 그리고 다시 여러 실험들을 조작해 그 데이터를 모으고(실험 2), 그 데이터를 해석함으로써 무지개에 대한 자신의 이론을 확증하고자 한 것이다.

데카르트는 무지개를 자연 그대로의 상태에서 관찰하는 데 만족하지 않고, 인위적인 방식으로 그것을 만들어 조작해보았다. 유리 구에 물을 채워서 인공 물방울을 만든 후 그것을 여러 가지 방식으로 조작함으로써 무지개가 만들어지는 방식들을 탐색한 것이다. 그리고 이 방식들을 지배하는 것은 곧 굴절광학의 메커니즘임을 간파해냈다. 물방울 안에서의 빛의 반사와 굴절을 통해서 무지개가 여러 가지 방식으로 만들어지는 것을 밝힌 것이다.[43] 인공적인 장치들을 만들어 조작해보고, 수학적인 모델링을 통해서 이론적 설명을 꾀하는 이런 식의 탐구 방식은 오늘날에는 익숙한 풍경이지만, 자연철학사 전체를 놓고서 볼 때는 하나의 결정적인 지도리를 만들어낸 것이다.

데카르트는 무지개 생성을 보다 구체적으로 설명하기 위해 중요한 실험 장치를 고안한다. 유리 선반을 검은색 종이로 가리되, 빛이 통과할 수 있는 작은 구멍만 남겨놓는다. 그리고 그 위에 프리즘을 올려놓고서 빛을 통과시킨다. 그렇게 하면 무지개를 만들어낼 수 있다.(그림 1) 이 실험을 통해 데카르트는 물방울의 모양이나 그 안에서 빛이 꺾이는 각도 등은 무지개 생성의 결정적인 원인이 아님을 확인했다.

데카르트는 그의 형이상학에 입각해 모든 자연현상을 'res extensa'로서의 물질쪼가리들을 가지고서 기하학적으로 설명했는데, 맛을 음식물 입자들의 기하학적 성질들로써 설명한 대목이 전형적이다. 그는 무지개의 경우

---

43) 데카르트의 저작들에는 지금 관점에서 봐도 제법 정교한 그림들이 많이 들어 있는데, 이것은 인쇄술의 발명이 학문적 탐구에 어떤 길을 새롭게 마련해주었는지를 잘 보여주는 예이다. 과학 저작들, 특히 자연과학 저작들에서 그림은 매우 큰 역할을 한다.

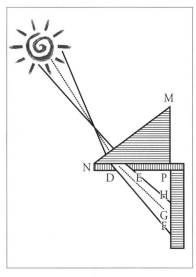

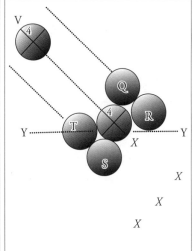

그림 1   그림 2

에도 이런 식으로 접근했다.(그림 2)

빛 입자(V)가 물방울 입자(YY)에 부딪칠 때, 짧은 순간이기는 하지만 먼저 부딪친 부분과 나중에 부딪칠 부분 사이에 속도 차이가 생겨나고, 이 차이 때문에 빛 입자가 회전하게 된다. 그리고 (와류 이론에서와 마찬가지로) 이 회전은 주변 입자들로 전달된다. 데카르트는 이때 회전이 빠른 입자는 빨간색의 감각을, 느린 입자는 파란색의 감각을 일으킨다고 보았다. 이 대목에서 데카르트의 논의는 물방울 입자 내부에서 일어나는 변화에 대한 치밀한 기하학적 분석과 수량화된 데이터의 분석을 통해 진행되며, 겨우 17세기 초의 문헌인데도 그 기본 성격은 오늘날의 입자물리학 텍스트를 보는 것처럼 느껴지기까지 한다. 더구나, 나중에 언급하겠지만 데카르트는 이런 식의 설명 방식을 생명과학에까지 일관되게 밀어붙인다. 데카르트의 무지개 탐구는, 갈릴레오의 자유낙하 탐구와 더불어 '과학적 탐구'가 무엇인지를 범형적(範型的)으로 보여준다.

그러나 본질적으로 이런 설명은 우리가 원자론에 대해 제기했던 의

문 — 공간적-양적 본질로부터 어떻게 갑자기 질적 현상이 튀어나올 수 있는가? — 을 피해 갈 수가 없다. 입자들의 회전 속도차에서 왜 갑자기 붉은색, 파란색 같은 질들이 튀어나오는 것일까? 물론 데카르트의 시대에는 입자물리학도 전자기학, 파동역학도 신경과학도 없었기 때문에, 설명하는 것과 설명되는 것 사이의 이런 휑한 간극은 어쩔 수 없었다고 할 수 있을 것이다. 그러나 이런 과학들이 상당 수준 발달한 오늘날까지도 위의 의문은 논리적으로 여전히 남는다. 현대 심리철학에서 'qualia'가 자주 문제가 되는 것도 이 때문이다.(이 점에 대해서는 4권, 9장에서 다룰 것이다.)

데카르트의 광학은 무지개색들이 백색광이 특정한 조건들에서 다른 방식으로 나타난 색들일 뿐이라는 가정을 담고 있었다. 뉴턴은 단색광들 각각이 별도의 색이며 그것들이 합쳐질 때 그 효과로서 백색광이 생겨난다는 점을 밝힘으로써 데카르트의 이 가정을 교정했다. 이는 광학의 역사에 있어 중요한 성취로 기록된다.

뉴턴은 데카르트의 경우(그림 1)에 비해 프리즘과 스크린 사이의 거리를 크게 잡았다. 그 결과 (오늘날에도 교과서에서 자주 볼 수 있는) 프리즘을 통과한 빛이 무지개 띠를 만들어내는 놀라운 광경을 목도하게 된다. 또 절반은 적색으로 절반은 청색으로 칠한 색실을 프리즘에 통과시켜볼 때는 서로 끊어진 것처럼 보인다는 사실도 확인하게 된다. 이런 실험들을 놓고서 그는 적색광이 청색광보다 프리즘에서 덜 굴절한다는 결론을 내린다. 데카르트가 간파해냈듯이 '굴절'에 핵심 메커니즘이 있는 것이다. 백색광이 프리즘을 통과할 때 굴절률의 차이 때문에 그 안에 섞여 있던 단색광들이 제 모습을 드러낸다고 보았던 것이다.

뉴턴은 이 점을 확인해보기 위해 뛰어난 실험을 고안한다.(그림 3) 하나의 구멍(F)을 통해 들어온 태양광선이 프리즘(ABC)을 통과하게 하고, 이 프리즘을 조금씩 회전시켜 여러 스펙트럼이 만들어지게 했다. 그러고서 다시 작은 구멍(G)으로 그때그때의 단색광을 내보내, 각각이 다시 하나의 구멍(g)과 프리즘(abc)을 통과해 스크린(MN)에 맺히도록 했다. 단색광들이 백색광의 변형태라면, 조건들을 다양하게 바꿀 경우 단색광들이 서로에게로 변환될 것이다. 그러나 그런 변환은 일어나지 않고, 하나의 단색광이 어떤 조건에서든 그 색을 유지했다. 이로써 하나의 백색광이 단지 여러 단색광들로 보이는 것일 뿐이라는 데카르트의 생각이 파기되고, 각각의 동일성을 갖춘 단색광들이 모두 합쳐져 있을 때 그 효과로서 백색광이 생겨난다는 점이 밝혀지기에 이른다.

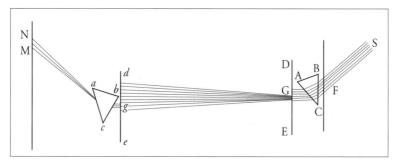

그림 3 뉴턴의 결정적 실험

뉴턴은 단색광들의 혼효가 백색광을 만들어내리라는 그의 예상을 확증하기 위해 다시 정교한 실험장치를 만들어냈다.(그림 4) 하나의 이론이 정립되었을 때 그 이론의 설득력을 결정적으로 높이기 위해서는, "이 이론이 맞다면, 관찰/실험을 통해서 ~한 현상을 확인할 수 있어야 한다"는 것을 보여주어야 하는 것이다. 이전 실험과 동일하게 구멍 F를 통한 빛이 프리즘 ABC를 통과하면서 스펙트럼을 만들어내게 한 후, 이번에는 그 스펙트럼의 자리에 볼록렌즈를 설치했다. 그리고 볼록렌즈를 통과하면서 빛이 다시 모이는 자리에 또 하나의 프리즘을 설치했다. 그 프리즘에서 빛은 백색광을 유지했다. 그리고 다시 이 빛을 세 번째 프리즘에 투사했을 때 스펙트럼이 다시 나타났다. 이런 실험을 통해 단색광들이 모이면 백색광이 되고, 백색광이 분해되면 다시 단색광들이 나타난다는 사실이 확증되었다.

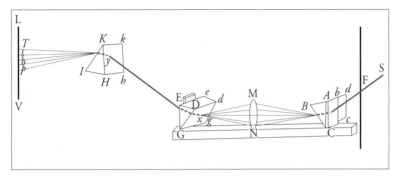

그림 4 뉴턴이 직접 고안한 프리즘 실험의 설계도

어떤 과학 이론은 그것에 입각해 기술적 장치들을 개선할 수 있을 때 그 설득력을 더욱더 높일 수 있다. 뉴턴은 그의 광학 이론에 입각해 망원경을 크게 개선함으로써 그 이론의 가치를 더욱 높일 수 있었다.

굴절 개념에 기반한 데카르트의 무지개 연구, 그리고 데카르트의 광학을 정교한 실험 장치들로 완성도 높게 개선한 뉴턴의 연구는 지금까지도 이어지고 있는 '과학적 탐구'의 전범을 보여준다.

보론 2: 과학기술과 '진보' —— 17세기를 전후해서 일어난 새로운 형태의 사물 이해, 자연 이해의 흐름은 근현대 철학의 전개 과정 전체에 심대한 파장을 던졌다. 이 문제와 관련해 등장한 하나의 물음은 "왜 동양, 특히 동북아에서는 과학기술적 사유가 발달하지 못했는가?"라는 물음이다.

그러나 엄밀하게 말한다면, 이런 식의 물음은 잘못 제기된 것이다. 더 정확히 말해, 단지 사후적으로 제기된 물음일 뿐이라고 할 수 있다. "A가 왜 발생했는가?"라는 물음과 "A가 왜 발생하지 않았는가?"라는 물음은 대칭적인 물음이 아니다. 전자의 물음은 실제 존재하게 된 것에 대한 물음이다. 그러나 후자의 물음은 실제로는 존재하지 않는 것에 대한 물음이다. 후자의 물음은 존재하는 것들 바깥의 그 어떤 것에 대한 물음이라고 할 수 있다. 그래서 이 경우 우리는 차라리 "왜 하필이면 '왜 A가 생겨나지 않았는가?'

라고 묻는가?"라고 물어야 할 것이다. 생겨난 것에 대해서는 '바로 그' 생겨난 것에 대해 물을 수 있지만, 생겨나지 않은 것들에 대해서는 하필이면 '그 어떤' 것에 대해 물을 이유가 없기 때문이다. 그럼에도 우리가 이런 물음을 던지는 것은 이미 일어난 어떤 것을 다른 **맥락**에 투사해서 그 비-발생에 대해 묻기 때문이다. 이미 일어난 것에 대한 관심과 지향을 실제 역사의 바깥으로 투사해 일어나지-않은 어떤 것을 의문시하고 있다고 할 수 있다. 따라서 이것은 현실성에 대한 물음과는 성격을 달리하는, 가능성에 대한 물음이다. 그러나 가능성에 대한 물음은 딱히 그 대상이 정해져 있지 않은, 어떤 특정한 것이 물음의 대상으로서 정해져 있어야 할 이유가 없는 임의적인 물음이다. 그런데도 왜 사람들은 이런 식의 물음을 던질까? 이는 그들이 해당 과거 —— 역사에서의 의미심장한 차이가 도래한 순간 —— 로부터 자신들의 시대를 잇는 시간-선에 일정한 결정론을, 뒤에서 미는 (좁은 의미에서의) 인과론이든 앞에서 끌어당기는 목적론적 인과론이든 어떤 인과론을 투영하기 때문이다. 그러나 이는 현재에 이르기까지의 역사적 과정에 필연성을 부여하는 사후적 관점인 것이다.

물론 동북아 지역이 상대적으로 높은 기술문명을 영위했던 지역이라는 점(중국[44]이 주변 지역들을 지배할 수 있었던 이유들 중 하나도 높은 기술력에 있었다.), 지식층의 수준이 매우 높았다는 점 등을 감안할 때, 이 물음이 무의미한 것은 아니다. 우리는 어떤 시점에서 특정 사안의 잠재성이 비교적 높을 경우 그 사안의 미래(그 시점과 현재 시점 사이의 시간)에 관해 사후적 질문을 던질 수 있다. 예컨대 "어제 먹구름이 그토록 짙게 끼었었는데, 왜 비가 오지 않았을까?"라고. 그러나 지금 우리의 물음은 이런 단순한 경우와는 전혀 성격이 다른 물음이다. 성격이 전혀 다르다는 것은 역사라는 거대한 차

---

44) 2권에서 강조했듯이, '중국'은 어떤 특정한 국가를 가리키는 말이 아니라 특정한 지역 및 그것에 결부되어 있는 문화를 가리키는 개념이다. 물론 맥락에 따라서는 특정 시점에 이 중국을 차지하고 있는 국가를 가리킬 수도 있다. 따라서 '중화인민공화국'과 '중국'은 전혀 다른 개념이며, 전자는 현재 후자를 차지하고 있는 국가라고 할 수 있다.

원에 이렇게 눈에 빤히 보이는 인과관계를 투영할 수 없다는 것을 뜻한다. 그럼에도 역사에 대한 결정론적인 시각은 그러한 물음이 종종 제기되도록 만들었다.

이러한 물음에는 또한 일정한 내포가 깃들어 있기도 하다. 동북아에서 왜 먼저 과학기술이 발달하지 '못했을까'라는 물음은 곧 과학기술의 발전은 인류 역사에서 긍정적인, 때로는 거의 당위적인 가치를 가진다는 판단을 은연중에 깔고 있다고도 볼 수 있다. 그러나 과학기술, 특히 기술문명이 가져온 세계가 과연 긍정적이고 심지어 당위적인지는 매우 의심스럽다. 기술문명은 전쟁을, 물론 모든 전쟁이란 비참하지만, 이전과는 비교도 할 수 없이 참혹하게 만들었고, 마침내 인류 전체가 멸망할 수 있는 지경에 이르게 만들었다. 공중 폭격, 독가스, 마루타, 고엽제, …… 악몽과도 같은 경험들이 20세기를 수놓았다. 기업의 이익 추구로 인한 폐해 또한 숱한 극악한 경험들을 낳았고, 세상을 온통 오염시켰다. 그런데도 사람들은 기이하다 싶을 정도로 이런 비극들에는 무관심하고, 과학기술이 가져오는 흥미/재미와 '부가가치'에만 관심을 쏟는다. 드론이 가져올 편리와 부가가치에는 관심을 가져도 (최근 중동에서 무차별로 이루어지고 있는) 무인폭격의 섬뜩함은 잘 이야기하지 않는다. 인공지능에 열광하면서도 그것이 가져올 불행들에 대해서는 거의 '숙명'처럼 받아들이는 듯하다. 이런 흐름은 대중매체/대중문화에 의해서 점차 공고한 것이 되고 있다. 따라서 위와 같은 물음은 결국 자본주의-과학기술-대중매체에 의해 형성된 가치를 밑에 깔고서 제시되는 물음이라고 할 수 있다.

그래서 이런 가치와는 반대의 가치를 가진 경우, 오히려 물음을 반대로 던져야 할 것이다. "왜 서양에서는 세계에 대한 형이상학적 비전이 몰락하고, 외물에 집착함으로써 마음을 잃어버리는[玩物喪心] 과학기술이 기형적으로 발달했는가?"라고. 그래서 자연 파괴, 인간성 소외를 비롯한 숱한 고통들을 가져왔느냐고. 그러나 오늘날 이런 식으로 물어보는 사람은 거의 없다. 왜일까? 그것은 우리가 자본주의적 가치에 이미 강하게 세뇌되어 있기 때문이다. 자본주의와 과학기술은 운명공동체이다. 자본주의는 신기술을 발명해야 이익을 볼 수 있고, 신기술은 자본을 통해서 일반화될 수 있기 때문이다. 기업들의 막강한 힘은 경제만 좌우하는 것이 아니다. 돈의 힘이 정치는 물론이고 사람들의 **생각, 감정, 문화**도 지배하고 있는 것이다. 예컨대 한국에서 이런 흐름은 지난 몇십 년 사이에 주도적인 흐름이 되었다. 여기에 최근에는 뇌과학 등을 동원한 속류 유물론이 사회를 휩쓸고 있다. 요컨대 자본주의-과학기술의 '가치'는 단지 경제나 사물의 영역에서만이 아니라, 대중매체와 대중문화를 매개로 해서 사회적-문화적 차원에서도 일반화되고 있는 것이다. 위의 물음은 역사에 대한 학문적 물음조차도 바로 이런 가치에 물들어 있음을 잘 보여주는 경우라 하겠다.

오늘날 우리는 사상사 나아가 문명사를 바라보는 시선을 근본적으로 바꾸어야 한다. 자본주의-과학기술 복합체로 이루어진, 신제품 생산과 그것의 소비에 삶의 의미를 두는 가치/시선을 전제하고서, 그러한 가치/시선을 과거로 투영해 역사를 해석하는 이데올로기의 일방적 성격을 간파해내야 하는 것이다. 역사를 바라보는 균형 감각이 필요하다. 그리고 이런 감각을 가지고서 볼 때, 동북아 지식인들이 왜 외물을 조작하려는 경향 — '기심(機心)' — 을 경계하면서 내면 가꾸기에 힘썼는가를 좀 더 잘 이해할 수 있다. 이들은 물질문명의 폭주가 가져올 파괴와 혼란을 이미 감지(感知)하고 있었던 것이다. 그렇기 때문에 이 문명에서 물질문명은 지식인들보다는 장인들에게 맡겨져 있었고, 이 두 집단 사이의 거리는 멀었다. 그리고 동북아 지식인들은 그 거리를 메울 수도 있었을 자본주의적 경향에 대해서도, 특히 윤리 없는 상업의 위험성에 대해서도 충분히 감지하고 있었다. 그러나 오늘날 돈을 많이 버는 사람들, 신기한 물건을 만들어내는 사람들, 감각적 쾌락을 주는 사람들은 상찬의 대상이 되지만, 이런 가치들의 폭주를 경계했던 선철들의 지혜는 "고리타분한" 것으로 매도되기 일쑤이다. 바로 그런 가치/시선이 이미 현실을 장악하고 있기 때문이다. 우리는 발걸음을 멈추고[45] 근대 과학기술문명의 세계사적/인류사적 함축에 대해 다시 한 번

곰곰이 생각해보아야 하는 게 아닐까? 왜 사람들은 자연에 대한 경외심이나 자연과의 합치를 잃어버리고 인간이 만든 장난감들에만 열광하는지, 왜 우리 선철들이 그토록 애써 가꾸었던 '사람의 마음'을 헌신짝처럼 내던지고 사물의 조작과 계산에만 몰두하고 인간 스스로를 그런 틀 속에 밀어 넣어 물화(物化)하고 있는지, 왜 사람과 사람의 관계는 소홀히 하면서 외물이 가져다주는 흥미와 이익에는 그토록 집착하는지 생각해본다면, 우리는 근대성과 과학기술문명에 대해 보다 균형 잡힌 시선을 가지게 되지 않을까? 무엇이 진정한 진보인지에 대해서 깊이 생각해봐야 하지 않을까?[46]

인간에게 자연이란 자신의 근본인 동시에 대상이기도 하다. "흙에서 나와 흙으로 돌아간다"라는 말처럼, 인간은 자연의 산물이며 자연으로 돌아가는 존재이다. 그러나 또한 자연은 인간에 의해 인식되고 변형되는 대상이기도 하다. 자연을 '自然'으로서 인식하는 존재도 인간이고, 그것을 자신을 위한 것으로 만드는 존재도 인간이다. 자연과 인간은 이런 역설의 관계를 맺는다.[47]

---

45) 세계의 본성이 '생성'에 있기 때문에 멈출 수는 없을 것이다. 그러나 '성'으로 '생'을 통어하는 것이 무엇보다도 중요하다. '生'은 양의 기운을 타고서 움직이고 만들어내고 달려가지만, '成'은 음의 기운을 통해서 제어하고 갈무리하며 도탑게 보듬는다. 오늘날의 세계는 '생'이 폭주함으로써 '성'이 그것을 갈무리하기에 역부족인 세계라 하겠다.

46) 묘하게도 자본주의-과학기술-대중매체/대중문화 복합체로 형성된 가치체제(regime of values)에서는 '진보'를 "진화"라고 부른다. 진보와 진화는 전혀 다른 개념이건만(전자가 이성과 의지의 차원이라면 후자는 순수 자연적 과정이며, 전자가 카이로스의 시간에서 이루어진다면 후자는 극히 긴 시간에서 성립하는 것이며, 전자가 당위적 개념이라면 후자는 순수 자연적 메커니즘의 개념이다.), 최근에 이르러 진보의 뜻으로 "진화"를 사용하는 것이 거의 일상화되고 있다. 왜 이 복합체는 진보라는 말을 배제하면서 "진화"라는 말을 기이한 방식으로 사용하는 것일까? 이 점 또한 진지하게 생각해볼 거리이다.

이런 이유 때문에, 인간이 자연을 무엇으로서 인식하는가('자연철학')는 철학 전체에서 큰 비중을 차지한다. 사유의 역사에서 근대라는 분기점을 만들어낸 핵심적인 규준들 중 하나가 자연관에서의 거대한 변화이다. 외물들에 대한 새로운 관심들의 증폭과 그 연장선상에서 이루어진 실험적 탐구, 그리고 아리스토텔레스로부터 플라톤(과 아르키메데스)으로의 전환이라는 철학사적 장에서 등장한 수학의 새로운 활용이라는 두 흐름이 만나 근대 과학과 새로운 자연상을 탄생시켰다고 할 수 있다. 이렇게 형성된 근대 과학, 새로운 자연상은 향후의 철학사적 전개에 세 갈래의 큰 영향을 미치게 된다.

우선 새로운 자연철학의 등장은 철학의 개념 및 시대의 과제에 큰 파급을 불러온다. 지중해세계에서 'philosophia'란 오늘날의 철학, 자연과학, 사회과학[48]을 총괄하는, 순수 학문 전체였다. 그러나 자연철학에서 일어난 급격한 변화는 철학 전체에 구조적인 변동을 가져오게 된다. 이후에도 상당한 시간이 걸리게 되지만('과학'이라는 말은 19세기가 되어서야 등장한다.), 자연철학이 철학 전체로부터 독립해 하나의 독자적인 행위로서, '자연과학'으로서 성립하게 되는 것이다. 이와 맞물려서 전통 자연철학과 새로운 자연철학을 비교하는 과정에서 '인식'이라는 것 자체에 큰 관심이 두어지게 된다. 물론 전통 철학 체계들에서도 인식론은 중요한 분야로서 포함되었지만, 새롭게 도래한 담론-장에서 인식론은 특히 뜨거운 관심사로서 부각되기에 이른다. 근대 철학의 초입부에서 '자연과학'과 '인식론'이 시대의 과

---

47) 자연주의와 인간중심주의는 서로 대립하는 듯 보이지만, 사실상은 중요한 공통점을 가진다. 그것은 바로 이 역설적 구조를 이해하지 못하고 일방향적인 사유를 펼친다는 점이다. 파라-독사의 사유가 결여되어 있는 것이다.
48) 사회과학, 인간과학, 인문과학, 인문학을 구분해서 생각할 수 있다. 사회과학(social sciences)과 인간과학(sciences humaines) 사이에는 큰 차이가 없지만, 후자는 주로 프랑스에서 사용하는 개념이다. 양자가 어떤 전공들을 포함하는가에는 일정한 차이가 있다. 인문과학은 7장에서 논할 '고증학' 같은 분야를 가리키는 말로서 적절하다. 인문학은 과학과 더불어 학문의 양대 축("humanities and sciences")을 이룬다.

제로서 동시에 탄생하게 되는 것이다. 그리고 지난 4세기 동안 자연과학과 인식론은 복잡하게 얽히면서 오늘날에 이르게 된다.

인식론이라는 이 과제에 최초로 체계적인 답안을 내놓은 것이 데카르트의 '합리주의'이다. 데카르트의 영향은 두 갈래로 나뉜다. 하나는 "cogito ergo sum"을 중심으로 하는 형이상학적 인식론상의 영향이고, 다른 하나는 '기계론'을 중심으로 하는 방법론상의 영향이다. 이런 나뉨 자체가 철학으로부터의 자연과학의 분화와 관련된다. 이후 서구 철학은 데카르트 합리주의에 대립한 경험주의, 그리고 그 후의 선험철학과 변증법, 베르그송의 직관 이론 등 여러 대표적인 인식론들을 배출하게 된다.

영국 경험론은 데카르트의 본유관념 개념을 비판하면서, 대상에 대한 지각을 출발점으로 인식론을 구성한다. 데카르트가 사물의 현상을 넘어선 본질을 찾았다면, 지각에서 출발하는 경험주의는 본질 개념을 기각하고 주체('지성')가 지각의 결과들('관념들')을 어떻게 조직하는가에 초점을 맞추었다. 이런 관점은 버클리에게서 특히 선명하게 나타나며, 우리는 데카르트와 버클리를 대조해봄으로써 서구 근대 인식론의 전체 구도를 파악할 수 있다. 칸트는 이 양자를 종합하기 위해 본질을 인정하되 그것을 불가지의 물(物) 자체로 규정하고, 현상을 인식의 대상으로 삼되 그 인식 가능성의 근거를 (버클리처럼 신에게 두기보다) 인간-주체에 둠으로써 선험철학을 진수한다. 그리고 이후의 철학자들은 칸트의 이 물 자체에 대해 일정한 관점을 취함으로써 여러 독자적인 인식론을 제시하게 된다.

새롭게 등장한 자연철학이 가져온 또 하나의 흐름은 새로운 형이상학의 등장이었다. 새로운 'physica'에 새로운 'metaphysica'가 조응한 것이다. 사실 이 시대의 학자들은 여전히 고전적인 의미에서의 철학자들이었다. 그들은 자연철학, 형이상학, 윤리학을 함께 추구했던 대(大)철학자들이었다. 오늘날 정치학자로만 이해되는 홉스나 경제학자로만 이해되는 애덤 스미스도 사실은 여전히 이런 대철학자의 전형을 보여주는 인물들이다.

그러나 자연철학에서의 거대한 혁명이 철학의 구도를 바꾸어놓기에 이른 것이 사실이다. 이미 지적했듯이 갈릴레오나 뉴턴 같은 인물들은 더 이상 고전적인 철학자들이 아니었으며, 오늘날의 관점에서 보면 자연과학자들이었다고 할 수 있다. 또, 17세기 최고의 사상가라 할 수 있을 스피노자는 당대의 자연철학을 흡수하기는 했지만 스스로가 자연철학에 몰두하지는 않았다. 이 시대에 스스로가 자연철학을 갱신하고 또 그 위에서 형이상학을 구축했던 대표적인 두 인물은 데카르트와 라이프니츠였다.

데카르트는 기계론적 자연철학과 합리주의 인식론을 구축했을 뿐만 아니라, 형이상학에서도 고대의 플라톤과 아리스토텔레스에 버금가는 새로운 체계를 창조해냈다. 그리고 스피노자와 라이프니츠는 데카르트의 형이상학과 대결하면서, 오늘날까지도 자주 참조되는 위대한 형이상학 체계들을 구축할 수 있었다. 데카르트, 스피노자, 라이프니츠의 형이상학이 플라톤과 아리스토텔레스를 이어 형이상학의 제2의 시대를 연 것이다. 이들의 형이상학에는 공히 새로운 자연철학의 세계상이 짙게 녹아 있다.

마지막으로 새로운 자연철학의 흥기는 윤리학과 정치철학에도 큰 영향을 각인했으며, 멀리 보면 (「보론 2」에서 논했듯이) 근현대 문명이 봉착해야 했던 거대한 문제를 배태했다. 오늘날 과학기술은 환경 파괴를 비롯한 사회적 맥락에서나 인간 소외를 비롯한 형이상학적 맥락에서나 심각한 문제를 야기하고 있다. 그러나 이 문제를 해결해나가는 데에도 과학기술의 역할이 필요하다는 점에서 상황은 역설적이다. 과학기술의 윤리적 문제가 기업의 논리, 자본주의의 논리에 의해 묵살되거나 현실 정치의 맥락에서 왜곡되는 한, 문제의 해결은 요원하다. 여기에 대중매체가 과학기술에 대해서 보수적인 태도를 취함으로써 문제는 더욱 가중되고 있다. 핵무기는 현대인들에게 '공포에 의한 평화'를 선사하고 있다.

인간사의 모든 문제가 그렇듯이, 여기에서도 결국 열쇠는 대중이 쥐고 있다. 만일 대중이 예술적 식견을 키우고 고급 수준의 문화를 향유하기를 원한다면, 세상을 뒤덮고 있는 저질 문화는 자연스럽게 자취를 감출 것이다. 만일 대중이 탄탄한 철학적/사상적 교양 위에서 스스로의 삶을 영위하기를 원한다면, 사회에 창궐하는 온갖 비이성적 행태들, 단체들은 자취를 감출 것이다. 과학기술의 문제도 마찬가지가 아닐까. 대중이 역사에서 과학기술이 가져온 잔혹하기 이를 데 없는 비극들에는 관심이 없고 기업들이 눈앞에 펼쳐놓는 신기한 기물(器物)들에만 현혹된다면, 과학기술이 불러오는 역운(逆運)은 점차 심각해져 급기야는 통제 불능의 상태로 빠져들 것이다. 과학기술은 과학기술자들만의 문제가 아니다.[49] 그것은 인류의 운명을 쥐고 있는, 모든 사람이 비판적 안목으로 그 방향과 속도를 조절해가야 할 중차대한 사안인 것이다. 모든 사람들이 과학기술에 대한 균형 잡힌 교양을 쌓고 이 사안에 동참해야만 인류에게 미래가 있을 것이다.

---

49) 어떤 사람들은 과학기술은 그것 자체로서는 중립적인 것이며, 문제는 그것이 어떻게 사용되는가에 있다고 말한다. 그러나 이것은 중대한 오류이다. 오늘날의 과학기술은 **결코 중립적인 것이 아니다.** 그것은 애초에 기업의 자본주의 논리와 국가들의 권력 다툼에 뗄 수 없이 연결되어 있다. 만일 과학기술자들이 기업과 정부의 비-윤리적인 요구에 응하지 않았다면, 기업가들과 정치가들이 어떻게 그런 악행들을 저지를 수 있었겠는가? 그 모두가 돈과 자리를 탐한 과학기술자들이 협력해서 가능했던 일들이다.

2장 근대적 합리성의 탄생

르네상스 시대에 시작된 역사의 거대한 변화를 철학으로 추수해 새로운 시대를 사유한 대표적 인물은 데카르트이다. 데카르트는 그때까지 이루어진 자연철학의 성과들을 '기계론'의 자연관으로 종합하고, 그러한 탐구에 함축되어 있던 새로운 형태의 사유양식을 '합리주의' 인식론으로 정식화했으며, 물질과 정신의 '이원론' 형이상학을 진수했다. 데카르트가 정식화한 기계론, 합리주의, 이원론은 이후에 전개될 근대 철학, 아니 근대성 전체를 정초(定礎)했다고 할 수 있다.[1] 헤겔은 데카르트를 "근대 철학의 아버지"라 불렀다.

데카르트는 자신의 시대에까지 흘러온 '전통'에 총체적으로 괄호를 치고

---

1) 데카르트는 이렇게 자연철학·인식론·형이상학을 정초하긴 했지만, 윤리학·정치철학을 비롯한 실천적인 철학들은 체계적으로 개진하지 못했다. 오히려 『성찰』의 서문에서 이런 문제들은 관습이나 학교, 교회에 맡겨야 한다는 입장을 밝히고 있다. 그러나 『정념론』 및 서간들(예컨대 엘리자베스 공주에게의 서한들)에서 그의 도덕철학을 읽어낼 수 있다. 이 때의 '도덕'의 뉘앙스는 칸트적 뉘앙스보다는 오히려 몽테뉴로 대변되는 르네상스 '모럴리스트'들(1권, 12장, 4절에서 다루었던, 이른바 "프랑스 모럴리스트들")의 '모럴'의 뉘앙스에 가깝다.

세계 이해를 위한 전혀 새로운 원리를 찾았다는 점에서 혁신적이었다. 이전까지 전통은 'tra-ditio'라는 말 그대로 오랜 세월을 고전으로서 전해진, 진리를 찾기 위해서는 그것에 의존해야 할 강력한 권위였다. 그러나 데카르트는 자신이 배웠던 이전의 어떤 지식에도 만족하지 않고, 진리의 준거를 오로지 "나 자신"과 "세계라는 커다란 책"에 두는 입장을 표명한다.(『방법 서설』, I) 기존의 권위에 일체 괄호를 치고 인식 주체와 인식 대상으로서의 '나' — 데카르트는 서술의 주체를 '나'로 한 최초의 본격적인 철학자로 일컬어진다 — 와 '세계'에만 눈길을 주는 이런 태도는 중세적 전통에서 보면 놀라운, 아니 경악할 만한 무엇이었다. 이렇게 기성의 사상들을 물리치면서 "지금까지의 철학자들은 ~, 그러나 ~"라는 식으로 사유를 아예 새로운 '정초(foundation)' 위에 세우려는 태도는 서구 근대 철학자들에게서 자주 나타나는 특유의 태도이다. 데카르트는 아무리 많은 책을 읽어도 그것만으로는 진리 획득에 도움이 되지 않는다고 생각했고, 스콜라철학을 공부하면서 행했던 토론 — 그리스 철학에서의 "dia-logos" — 에 대해서도 부정적이었다.[2] 그에게는 오직 '이성'이라는 '자연의 빛'만이 필요했다.

---

2) 데카르트가 평생 대학 바깥에서 사유를 전개한 것도 이와 연관된다. 데카르트만이 아니라 17세기의 대부분의 천재들 — 17세기는 "천재들의 시대"였다 — 은, 나아가 그 이후의 철학자들도 대학 바깥에서 자율적인 사유를 전개했다. 그러나 대략 칸트와 헤겔의 시대부터 철학자들은 대학을 중심으로 활동하기 시작하며, 대부분의 철학자들이 곧 대학 교수들인 시대가 전개된다.
고대와 중세에 학문이란 개인이 하는 것이 아니라 항상 집단적인, 공동체적인 행위였다. 데카르트에 이르러 우리는 이 전통과 상당히 다른 유형의 지식인, 이른바 "고독한 천재"라는 새로운 유형의 지식인을 만나게 된다. '천재'라는 개념 자체가 서구 근대 문화의 산물이다. 이런 유형의 지식인들은 이후 서구의 근대 사상계 전반을 지배하게 된다. 서구 근대의 천재 사상가들(과학자들, 예술가들 포함) 중 결혼을 하지 않고 독신으로 산 사람들이 유난히 많다는 점, 그리고 나중에는 미치거나 자살한 사람들이 적지 않다는 점도 이사실과 무관하지 않아 보인다.

1절 합리주의 인식론

데카르트는 자신의 시대가 매우 많은 과학적, 문화적 성취를 이룬 시대라는 감각을 가지고 있었고, 때문에 전통에 과감하게 단절을 선언할 수 있었다. 그러나 그는 동시에 당대가 그 성과에 걸맞은 철학적 정초를 아직 이루지 못했다고 생각했다.[3] 이런 문제의식에서 그는 획기적인 인식론적 정초의 작업에 들어간다.

§1. "cogito ergo sum."

당대에 풍부하게 이루어졌던 과학적 성과들과 대조적으로, 오히려 널리 퍼졌던 인식론은 회의주의였다. 이 회의주의는 특히 1560년대에 섹스투스 엠피리쿠스의 저작들이 라틴어로 번역되면서 활기를 띠기 시작했고, 이후 근현대 철학의 흐름에 지속적인 영향을 미치게 된다. 데카르트는 행동의 차원에서는 회의주의를 거부한다. 현실을 살아가기 위해서는 회의만 하고 있을 수 없다는 것이다. 비록 완벽하게 정초된 행동이 아니라 해도, 끝도 없이 회의하기보다 때로는 선택과 실천을 감행해야 할 것이다. 사실 이것

---

3) "그렇게나 많은 사람들이 사회의 관습, 식물의 특성, 천체들의 운행, 광물을 비롯한 여러 자연물들의 변화에 대해 그토록 꼼꼼하게 연구하고 있지만, 그 누구도 〔이 모든 것들의 기초이자 평가 기준이라 할〕 양식(bon sens)이나 보편적 지혜(sagesse universelle)에 대해서는 유념하지 않는다."(『정신 지도를 위한 제 규칙』, I) 특정한 분야에 대한 인식이 아니라 인식 그 자체를 탐구의 대상으로 삼는 인식론은 전통 철학에서도 중요한 비중을 차지했지만, 이제 근대 철학에 이르러 논리학, 존재론/형이상학, 윤리학, 정치철학 등과 더불어 철학의 핵심 분야로서 자리 잡게 된다. 과거의 인식론은 한 철학자의 철학체계의 일정한 부분으로서만 기능했지만, 철학적 성격의 작업과 과학적 성격의 작업이 점차 분화되면서 인식론은 메타적 사유로서의 철학의 성격을 특히 잘 드러내주는 분야로서 기능하게된다.

은 완화된 회의주의의 주장과도 다르지 않다. 완전히 만족할 만한 집을 짓기 위해 노력하는 사람이라 할지라도, 그동안에 살 수 있는 임시 거처는 마련해야 하는 것과 같은 이치이다.[4] 이에 비해 이론적 사유의 경우 데카르트는 회의주의를 일단 받아들인다. 진리를 탐구하기 위해서는 일생에 한번은 모든 것을 회의해봐야 한다는 것이다.(『철학의 원리』, I, §1) 그러나 이런 회의주의 수용은 사실은 그것을 극복하기 위한 전략이었다. 데카르트는 회의주의를 일단 받아들이지만, 결국에는 그것을 물리칠 수 있는 '아르키메데스의 점'을 찾고자 했던 것이다. 역으로 섹스투스 엠피리쿠스가 당대에 살았다면, "또 하나의 도그마가 출현했군!"이라고 하면서 데카르트와 논전을 펼쳤을 것이다. 데카르트가 회의주의와의 이 대결을 통해 최종적으로 제시한 해결책은 어떤 것인가? 그 유명한 "나는 사유한다, 고로 나는 존재한다"라는 테제이다.

시대를 정초하고자 했던 데카르트에게 중요했던 것은 방법, 또는 결국 같은 것이지만 확실성이다. 근대의 철학자들에게는 늘 이 '방법'이, 길 잃은 자들에게 불빛을 보여주는 길이, 다른 모든 것들의 토대가 되는 '확실성'이 중요했다. 『방법 서설』은 곧 근대 철학의 서설이었다. 데카르트는 회의주의를 거부하는 것이 아니라 오히려 그것을 끝까지 밀어붙여 그 극한에서 사태를 역전시키는 전략을, 이른바 '방법적 회의'를 구사했다. 『향연』의 소크라테스가 에로스의 사다리를 타고 올라가면서 절대의 사랑과 아름다움을 발견해낸 것과 대조적으로, 데카르트는 회의의 망치로 겉으로 단단해 보이는 지식의 지반들을 하나하나 해체해 그 근거를 무너뜨린다. 하지만 그 역시 이 과정의 마지막에서, 절대의 회의와 불안감이 아니라 오히려 그가 가장 '확실한' 것으로서 선포하게 될 제1원리를 발견해내었다.

---

4) 그러나 데카르트는 이 임시 거처를 자신이 직접 짓고자 하기보다는 교회, 정부, 대학, 관습, 여론 등에 따르는 것으로 대신하고자 했다. 데카르트의 이런 태도는 그의 저작들 여러 곳에 등장하며, 이론 철학에서의 그의 야심, 혁신성, 자신감과 묘한 대조를 이룬다.

데카르트는 어떤 과정을 통해서 이 제1원리를 이끌어내었는가? 바로 다음과 같은 과정을 통해서이다.(재구성한 것임)[5]

무엇이 확실한가? 나는 내가 직접 보고 들은 많은 것들, 또 남에게 전달받아 간접적으로 지각한 것들, 이런 것들과 더불어 살아가지 않는가, 하니 내가 늘 함께하고 또 더불어 살아가는 이 감각적 경험들은 확실한 것이 아닌가? — 하지만 아니다. 확실해 보이는 이것들이 때때로 나를 속인다는 것을 여러 번 경험하지 않았는가? 감각은 믿을 만한 것이 못된다.

하지만 내 이 손, 이 다리도 환상인 것일까? 발가벗고 있으면서도 비단옷을 입고 있다고 우기는 식의 미친 자들과 내가 똑같지 않다면야,[6] 어찌 이를 환상이라 할 수 있겠는가? 그렇지는 않을 것이다. 환상이 아닌 지각도 분명 존재한다. — 하지만 꿈은? 저 극동의 장자(莊子) 말마따나, 내가 지금 꿈을 꾸고 있는 게 아니란 보장이 있다던가? 내가 확실하게 지각하고 있다고 믿는 것들이 사실상 꿈속의 환상이 아니라는 보장이 있단 말인가?

하지만 꿈속에서는 모든 게 명석하고 판명하게 나타나지는 않는다. 그리고 실물과 그림이 다르듯이, 꿈속의 이미지들은 잘 보면 결코 실물과 똑같지는 않다. 꿈과 현실은 분명 다르다. 현실의 실물들은 확실히 존재한다. — 하지만 실물들이라 해서 온전한 실재라 할 수 있을까? 꿈속의 것들과 실물은 분명 구분되지만, 일찍이 플라톤이 간파했듯이, 실물 자체도 참된 실재가 아니지 않을까? 그것들은 우리의 주관에서 유래하는 사물들의 겉모습들에 불과한 것이 아닐까?

하지만 이런 것들에 비해 더 단순하고 보편적인 것들, 참되고 실재하는 것들이 존재하지 않는가. 바로 물체적인 것들과 그 연장(延長), 연장을 가진 사물들의 형태, 양 또는 크기, 그리고 수, 또 마찬가지로 그것들의 장소, 지속시간, 그리고 이와 유사한

---

5) 이 과정은 『방법 서설』(1637), IV 및 『철학의 원리들』(1644), I, §§1∼7에서도 전개되지만, 가장 인상 깊게 서술된 곳은 『성찰』(1670)의 1, 2부이다.
6) 이 철학사에서 굵게 표시된 부분은 필자가 강조한 것이고, 밑줄 친 부분은 인용되는 원저자가 강조한 것이다.

성격의 것들만은 실재하는 것들이 아닌가? 그렇기에 물리학이라든가 천문학, 의학 같은 과학들이 우리에게 참된 지식들을 주고 있는 것이 아닌가. —— 하지만 다시 회의의 기운이 모락모락 피어오른다. 이런 학문들도 결국 의심스럽고 불확실하긴 마찬가지 아닐까? 지금까지 이런 학문들을 공부하면서 자주 느꼈듯이, 갖가지 오류와 엉터리 같은 추론들로 가득 차 있지 않은가.

이 세상에는 정말 내가 회의하지 않을 수 있는 게 없을까? 회의주의자들이 결국 옳은 걸까? 행동에 있어 임시 거처에서 살 수밖에 없듯이, 이론 철학에서조차 임시 거처 이상의 집을 지을 수는 없는 걸까? 아니다. 확실한 것이 있다. 바로 수학이 있지 않은가! 수학보다 확실한 것이 세상에 어디 있겠는가? 내가 잠이 든다고 둘 더하기 셋이 여섯이 되겠는가? 삼각형의 내각의 합이 190°가 되겠는가? —— 하지만 더 생각해보자. 과연 어떻게 될지, 회의를 더 극한으로 밀어붙여보자. 내가 수학을 가지고서 행하는 인식 행위들조차도 혹시 잘못될 수 있는 게 아닐까? 아니 나는 지금 어떤 거대한 착각을 범하고 있는 게 아닐까? 신께서 나로 하여금 착각을 범하도록 하고 있는 게 아니라는 보장이 어디에 있는가? 그분이 자기 의지로 할 수 없는 일이 어디에 있겠는가? 아니, 이런 생각은 불경할 수 있으므로, 차라리 이렇게 바꿔 말해보자. 어떤 심술궂은 악신(惡神)이 나를 농락하고 있다고 한다면 어쩌할 것인가? 내가 이 사과를 맛있다고 느낄 때, 이 지식이 맞다고 생각할 때, 심지어 수학 문제를 풀고 있을 때, 사실은 이 악신에 의해 속고 있는 것이라면 어쩌할 것인가?

이런 생각, 끝내기 힘든 이 생각, 가슴속에 박힌 가시와도 같은 이것이 나를 아프게 한다. 마치 깊은 물 속에 떨어져, 바닥에 발을 디딜 수도 없고 그렇다고 물 위로 헤엄쳐 오르기도 힘든 상황에서 허우적거리는 것처럼. 차라리 이 모든 것을 그만두고, 그저 평범한 일상생활에 만족하는 게 낫지 않을까? 맛있는 술을 마시고, 친구들과 당구를 치고, 숙녀들과 담소를 나누는 등 즐거운 시간을 보내면서, 때때로 나를 잡아당기는 철학이라는 이 무거운 돌을 그만 내던져버리는 게 낫지 않을까? 꿈속의 행복이 가짜라는 걸 알면서도, 그 달콤함에서 깨어나기 싫어서 계속 더 자고 싶어 하는 사람처럼 말이다. —— 하지만 저 빛은 무엇일까? 나에게 희망의 섬광을 던지는 이 빛은? 그렇구나! 그것은 다름 아니라 바로 내 안에서, 내 마음속에서 빛나고 있었구나! 확실한 것은 있다. 바로 내가 이렇게 회의하고 있다는 것, 그러니까 사유하고 있다는 것 말이다. 내가 사유하는 모든 것이 불확실하다 해도, 지금 내가 이렇게 회의하고 있다는 것 자체는 확실하지 않은가! 나는 분명히 사유하고 있다, 그렇다면 나는 분명 존재하고 있는 것이다. 나는 사유한다, 고로 나는 존재한다(je pense, donc je suis)!

이것이 근대의 초입부에서 이루어진 파천황(破天荒)의 대반전 드라마이다. 이성과 광기의 경계를 아슬아슬하게 넘나들면서 전개되는 이 기이한 논리의 사슬을 보라. 투명한 합리주의의 대변자로 이해되는 데카르트이지만, 그 합리주의는 광기의 언저리까지 갔다 돌아온 사람만이 자신 있게 주장할 수 있었던 합리주의가 아니었을까? 숱한 역경을 헤치고 나아간 모험의 끝에서 스스로를 되찾은 이성의 오뒤세이아, 끝도 모를 해체의 심연에서 돌연 일어나 우뚝 선 '사유하는 나'. 이 인식론적 연극은 많은 사람들을 매료했고 또 많은 사람들로부터 공격의 화살을 받기도 하면서 근대적 사유의 역사에 긴 그림자를 드리우게 된다.[7]

데카르트가 말하는 '사유' 개념은 매우 넓은 뜻으로 쓰인 것이며, 정신활동 일반을 말한다.[8] 사유＝정신활동이란 "우리 스스로 직접적으로 통

---

7) 데카르트의 논변을 더 밀고 나갈 경우, 내가 회의하기에 즉 사유하고 있기에 나는 존재한다는 이 결론 자체도 회의할 수 있지 않을까? 악신이 나로 하여금 "je pense, donc je suis!"라고 믿게 만들고 있는 게 아니라는 보장이 있는가? 그러나 데카르트는 바로 이렇게 또한 번의 회의를 하고 있는 나는 사유하고 있고 존재하고 있다고 말할 수 있을 것이다. 그리고 이 또한 악신의 장난이라고 회의할 경우, 다시 이 회의의 사실 자체가 나의 사유와 존재를 확인해준다고 할 수 있다. 데카르트는 이 점을 분명히 하지 않았지만, 데카르트 논변이 완성되려면 이런 식의 무한소급의 구도로 가야 한다고도 볼 수 있다. 이렇게 데카르트를 더 데카르트답게 해석할 경우, '사유하는 나'는 항상 속고 있는 나에 대해서 사유하면서 스스로를 주체로서 정립할 수 있다. 이렇게 해석할 경우, 데카르트적 주체성은 어떤 **실체적 동일성으로서보다는 끝없이 스스로가 스스로를 대상화할 수 있는 주체적 활동성**으로서 이해되어야 할 것이다.
8) 에릭 캔델과 래리 스콰이어는 『기억의 비밀』(전대호 옮김, 해나무, 2016)이라는 책에서 "우리가 우리 자신인 것은 단지 우리가 생각하기 때문이 아니다. 우리는 우리가 생각해

각(統覺)하는(의식적으로 지각하는) 한에서, 우리 안에서 일어나는 모든 것"이다.(『철학의 원리』, I, §9)[9] 그래서 이해하는 것, 의지하는 것, 기억·상상하는 것만이 아니라 느끼는 것 또한 사유하는 것이다. 그리고 "cogito, ergo sum"에서 'ergo'는 'cogito'에서 'sum'이 추론되어 나온다는 뜻이 아니라, 'cogito'이므로 당연히 'sum'임을 뜻한다. 이 점에서 'ergo'는 '즉(卽)'이다. "나는 사유한다, 즉 나는 존재한다." 추론은 개념들이나 논리를, 수학의 경우라면 다른 공리, 정리 등을 매개로 해서 이끌어내는 것이지만, 'cogito'와 'sum'의 관계는 "내가 존재하지 않는다면 당연히 사유할 수 없으므로, 내가 사유한다는 것은 곧 내가 존재한다는 것이다"라는, "내가 정신활동을 행하고 있는 한, 곧 나는 존재한다"라는 **함축**의 관계이다. 내가 사유한다는 것에는 이미 내가 존재한다는 것이 접혀-있다(im-pliqué). '즉'이란 이런 함축을 뜻한다.

그런데 이 존재하는 나는 도대체 무엇일까? 내가 무엇인지를 묻는다는 것은 곧 나에 대해 'ti esti?'라고 묻는 것이다. 나를 나이게 해주는 것, 그것은 바로 내가 사유한다는 것이었다. 내 몸, 세계, 내가 있는 장소가 없어도

온 것을 기억할 수 있기 때문에 우리 자신이다"라고 말하면서 데카르트를 비판하고 있는데, 이는 엉뚱한 비판이다. 데카르트의 'cogito'에는 당연히 기억이 포함되기 때문이다. 데카르트의 '코기토'는 기억을 포함한 모든 정신활동을 뜻한다. 데카르트가 말하려는 것은 정신활동이 없는 나라는 개념은 성립하지 않는다는 것이다.

아울러 저자들은 "정신의 모든 활동이 우리 몸의 특화된 한 부분, 곧 뇌에서 비롯된다고 믿는다"라고 말하면서, "나는 뇌를 가졌다, 고로 생각한다"라고 데카르트의 명제를 뒤집어야 한다고 주장한다. 하지만 저자들은 앞 명제와 뒤 명제의 사이에 존재하는 심각한 존재론적 차이를 잘 인식하고 있지 못한 듯하다. 뒤의 명제는 저자들이 의도한 것과는 반대로 오히려 생각하는 것은 바로 '나'라는 것을 잘 나타내고 있지 않은가. 내가 위를 가지고서 먹고, 귀를 가지고서 듣고, 입을 가지고서 말하듯이, 내가 바로 내 뇌를 가지고서 생각한다는 것을 말하고 있지 않은가. 저자들의 의도와 반대로, 뒤의 명제는 내 뇌가 생각하는 것이 아니라 내가 내 뇌를 가지고서 생각한다는 것을 잘 표현해주고 있다. 4권, 9장에서 이 문제를 자세히 다룰 것이다.

9) '통각(apperception)'의 개념은 스피노자와 라이프니츠로 이어지며, 칸트의 '선험적 통각' 개념을 거쳐 헤겔의 '자기의식' 개념으로까지 발전해간다.

내 사유가 없을 수는 없지만, 역으로 다른 모든 것이 존재한다 해도 내가 사유하고 있지 않다면 나는 존재하지 않는다.[10] 아리스토텔레스 이래의 정의에 따르면, 다른 것들이 없어도 그것은 존재하고 인식될 수 있지만 다른 것들은 그것이 없으면 존재할 수도 없고 인식될 수도 없는 무엇, 그것을 '실체(우시아)'라 부른다.[11] 따라서 이렇게 말할 수 있다. 나의 실체는 바로 나의 사유라고. 또, 사유하는 한에서 나는 하나의 실체라고. 나는 결국 '사유하는 실체', '사유하는 것(res cogitans)'이다. 나는 **사유를 본질로 하는 실체이다.**(『방법 서설』, IV) 이는 곧 나는 내 몸이 존재하지 않아도 존재하지만, 내 마음/정신이 존재하지 않을 경우에는 존재하지 않음을 뜻하기도 한다.[12] 나에게 내 마음과 내 몸은 그 존재론적 위상이 전혀 다른 것으로서, 나는 내 몸이 아니라 내 마음이다. 여기에서 우리는 모든 사유의 출발점을 외부가

---

10) 이것은 내가 즉 '사유하는 나'가 현실적으로 몸 없이 존재한다는 것을 뜻하지 않는다. 인간은 항상 마음과 몸으로서 이원적으로 존재한다. 데카르트가 말하고자 하는 것은 정신의 존재, 사유하는 나의 존재는 몸의 존재를 전제하지 않는다는 것이다. 마음과 몸의 결합은 어디까지나 두 실체로서 결합되어 있을 뿐이다. 양자는 실체적으로 구별된다.* 양자는 서로를 참조함 없이 자체에 즉해서 존재한다. 그러나 데카르트에게서 철학의 제1원리는 신체에서가 아니라 사유하는 나에게서 발견된다. 따라서 양자는 비-대칭적이다.
*『철학의 원리』, I, §§61~63에서 정의된 실체적 구분(/실재적 구분), 양태적 구분, 개념적 구분(/형식적 구분. "사유에 의해 이루어지는 구분") 사이의 구별은 매우 중요하다.
11) 스피노자는 '실체(substantia)'를 이렇게 정의한다. "자체에 즉해서 존재하고 자체에 즉해서 인식되는 것, 즉 그것의 형성을 위해 다른 어떤 개념들도 필요로 하지 않는 개념."(『에티카』, 1부, 정의 3)
12) 현대인에게 충격적으로 들리는 이 주장을 데카르트는 『굴절광학』 등에서 더 실감 나게 주장한다. 데카르트는 우리가 어떤 대상을 보고서 그것의 이미지를 얻을 때, 우리의 뇌에 생겨나는 이미지는 그 대상의 실제 이미지와는 다른 것이라고 보았다. 따라서 사실은 우리의 마음이 그 이미지를 해석/번역해서 그 대상을 보는 것이다. 이 해석/번역이 일어나는 곳, 즉 신체와 정신을 연결하고 있는 장소가 그 유명한 '송과선'이다. 따라서 그는 대상을 진짜 보는 것은 우리의 눈이 아니라 마음이라고 생각했다. 우리는 신체의 눈이 아니라 '정신의 눈'으로 보는 것이며, 자연철학적인 빛(lux)이 아니라 형이상학적인 빛(lumen)으로써 보는 것이다. 그러니까 우리가 몸을 가지지 않는다면 우리는 오히려 더 잘 볼 수 있다!

아니라 내부에, 객체가 아니라 주체에 두는 주체철학의 출발점을 발견하게 된다.

§2. 명석·판명한 관념들

이제 데카르트의 이상의 논변을 재음미하면서 몇 가지 추가적인 사항들을 논할 수 있다. 첫째, 데카르트는 참되고 확실한 인식 근거를 찾아서 "나는 사유한다, 고로 나는 존재한다", "나는 사유를 본질로 하는 실체이다"라는 토대를 세웠거니와, 이제 논의를 보다 일반적인 지평으로 넓혀 "어떤 명제를 참되고 확실하다고 할 수 있는 근거는 무엇일까?"라는 물음을 던질 수 있다. 달리 말해, 이미 참되고 확실한 명제를 발견했으므로 이렇게 물을 수 있다. 무엇이 이 명제를 참되고 확실하게 만들었던 것일까? 달리 말해, 이 명제가 어떤 성격을 갖추고 있었기에 참되고 확실한 것일 수 있었을까? 이에 대해 데카르트는 이 명제가 명석(明晳)하고 판명(判明)했기(clair et distinct) 때문에 그랬던 것이라고 말한다. 이를 일반화해서 말하면 이렇게 정식화할 수 있다: 하나의 명제는 그것이 명석하고 판명할 때 참되고 확실하다고 할 수 있다. 명석하다＝명료하다는 것은 우리 정신에 직접 현존(現存)하는, 그래서 그것을 가리는 어떤 것(선입견, 기억, 감정 등)도 없이 투명하게 빛나는 것이다. 애매하다(ambigu)는 것은 그 반대로 무엇인가가 이런 투명한 현존을 방해함으로써 직접적으로 현존하지 못하고 있다는 것이다. 판명하다＝분명하다는 것은 타자와의 섞임이 전혀 없어 그 온전한 개별성에서 파악된다는 것이다. 모호하다(vague/confus)는 것은 타자와의 섞임이 있어 그 처음과 끝을 깔끔하게 끊어 개별화하기 힘들다는 것이다. "명료하게 말하시오"란 당신 말을 불투명한 구석이 없이 투명하게 말하라는 것이고, "분명하게 말하시오"라는 것은 이런 이야기인지 저런 이야기인지를 딱 끊어서 말하라는 것이다. 서구 근대의 인식론적 출발점에는 이렇게 밝음, 맑음, 투명함, 확실함, 똑 끊어짐, 의심할 수 없음 같은 가치가 들어서게 된다.

다음으로 우리는 이렇게 물을 수 있다. 우리 정신의 활동, 즉 사유는 무엇으로 구성되어 있는가? 앞에서 정신활동의 종류를 동사적 맥락(이해하는 것, 의지하는 것, ……)으로써 들었거니와, 정신 속에 무엇이 채워져 있기에 그것들을 가지고서 이해하고 의지하고 ……하는 것일까? 데카르트는 이에 대해 'idées'라 답한다. 때로 단 하나의 개념 — 대개의 경우 개념-뿌리 — 이 한 문명의 역사적 흐름 전체의 윤곽을 온축하곤 한다. 우리는 서양 문명사에 있어 'idea' 개념에서 이런 경우를 발견한다. 이 개념은 플라톤에게서 '이데아'였다. 그것은 즉자적 존재, 자체에 즉해서 존재하는 것이었고, 영원하고 자기동일적인 본체였다. 그러나 이제 데카르트에 이르러 이데아는 인간의 **영혼/정신**으로 그 자리를, 존재론적 자리를 옮긴다. 그리스 철학에서 이데아들은 자체의 공간에서 자족하는 것들이었고, 중세 일신교의 세계에서는 신의 지성/마음속으로 그 자리를 옮기게 되지만, 이제 데카르트에 이르러 그것들은 인간의 영혼 속에 새롭게 자리를 잡게 된다. 이데아들은 객관적으로 존재하는 즉자적 실재가 아니라 우리의 영혼/정신 속에 들어 있는 것들로서, 이제 그것들은 '이데아들'로 읽히기보다 '이데들'로 읽히게 된다.[13] 이것은 서양 철학사에 있어 가장 극적인 전환들 중 하나이다. 이제 'idea'는 '念'이다. 글자 그대로, 지금 내 마음을 채우고 있고 활동하고 있는 것, 이것이 'idée'이다. 그것의 핵심적인 기능/활동은 무엇인가? 바로 무엇인가를 '관(觀)'하는 것이다. '관'은 단시 '시(視)'하는 것이 아니다. '관'은 현상들을 '시'하는 것이 아니라, 현상들을 뚫고서 그 너머의 본체/본질을 파악하는 활동을 나타낸다. 때문에 데카르트에게서 이데아들이 영혼 쪽으로 옮겨

---

13) 스피노자는 '관념'을 이렇게 정의한다. "정신의 개념, 즉 사유자로서의 정신이 형성하는 개념."(『에티카』, 2부, 정의 3) 이 정의에 대해 스피노자는 다음과 같이 의미심장한 설명을 덧붙인다. "내가 '지각'보다는 '개념'이라 한 것은 지각이라는 말은 정신이 대상에 의해 겪음(대상으로부터 작용을 받음)을 가리키는 데 비해, 개념이라는 말은 정신의 활동을 표현해주기 때문이다."

왔다 해서 그것들이 한갓된 주관을 채우고 있는 것들 —— 오늘날 사람들이 이해하는 바의 '관념들', "그건 너무 관념적인 얘기처럼 들리는데"라 할 때의 관념들 —— 인 것은 아니다. 그것은 주체 쪽으로 자리를 옮겨 오긴 했지만, 본체와 여전히 연결되어 있는 존재들이다.[14]

그러나 이 연결에서의 방향은 역전된다. 플라톤에게서 우리의 영혼은 이데아라는 동일성에서 출발해 그것을 모방한다. 나아가 국가를 포함해 우리의 삶의 모든 측면들은 어떻게 이 이데아에게로 가까이 다가가 그것을 잘 모방하느냐를 핵심으로 한다. 플라톤에게서의 이 모방(mimēsis)은 이제 근대 철학에 이르러 표상(représentation)으로 바뀐다. 문제는 관념들로부터 출발해 어떻게 세계의 본질을 표상해내느냐이다. 인간은 자신의 정신 속에 존재하는 관념들로부터 출발해 사유한다. '모방'에서 '표상'으로. 모방도 표상도 공히 '재현'이다. 거기에는 '존재와 사유의 일치'라는 서구 철학사

---

14) 물론 경험을 통해서, 감각작용을 통해서 영혼 속에 형성된 관념들도 존재한다. 이런 관념들은 보다 수동적인 방식으로, '지각(perception)' = 겪음을 통해서 형성되는 관념들이다. 데카르트 철학의 제1원리는 '사유하는 나'이기 때문에, 이런 관념들은 논리적으로 나중에 신체가 논의되고 지각이 논의되면서 등장하는 관념들이다. 합리주의와 경험주의의 핵심적인 차이는 경험주의자들의 경우 모든 관념들을 바로 이런 형태의 관념들로 본다는 점에 있다. 경험주의자들에게 관념은 외부 사물의 표상물, 등가물, 심상(心像)이다. 그러나 데카르트의 경우, 관념은 외부 대상과 상관없이 그 자체로서 존립하는 존재이며, 상관하는 경우에도 단지 외부 사물의 표상물, 후대의 표현으로 '반영'인 것이 아니라 일단 형성된 후에는 스스로가 외부로 나아가 사물들과 일치하는 주체적이고 활동적인 존재이다. 이 때문에 데카르트에게서는 관념들의 '형상적 실재성(réalité formelle)'과 '대상적(objective) 실재성' 또는 '표상적(représentative) 실재성'이 구분된다. 스피노자도 같은 맥락에서 관념들의 '형상적 존재(l'être formel)'와 '대상적 존재(l'être objectif)'를 구분한다.(이런 식의 구분은 라이프니츠에게서도 나타나지만, 라이프니츠는 데카르트·스피노자와 용어를 정확히 반대로 사용한다는 점에 주의하자.) 이렇게 관념들에 형상적 실재성을 부여하는 17세기 형이상학자들의 개념화는 'idea'를 객관적 실재로 보는 플라톤적인 '이데아'와도 또 그것을 외부 사물의 모사물로 보는 영국 경험론에서의 '관념'과도 다르다. 오늘날의 어감으로 볼 때, 이들의 관념들은 오히려 이념(理念)들이라 부르는 것이 더 어울린다고 할 수 있다. 그리고 이런 뉘앙스에서의 관념 개념은 훗날의 독일 관념론(이념론)으로 이어진다.

의 중심 테제가 작동하고 있다. 그러나 이제 재현의 방향은 바뀐다. 이데아들로부터가 아니라 관념들로부터. 객체에서 주체의 방향이 아니라 주체에서 객체의 방향으로.[15] 이로써 '합리(合理)'의 의미가 달라진다. 플라톤적 합리에서의 '리'는 곧 객체적 이데아이다. 그래서 '합리'란 곧 이 이데아에 근거함을 뜻한다. 그러나 데카르트적 합리에서의 '리'는 주체적 이성이다. 그래서 '합리'란 곧 이성에 근거함을 뜻한다. 플라톤으로부터 데카르트로 이행하면서 서구의 합리주의는, 존재와 사유의 일치를 기초로 하는 재현의 사유라는 성격을 벗어난 것은 아니었지만, 하나의 거대한 전환을 겪기에 이른 것이다.

§3. 본유관념들

이 맥락을 보다 뚜렷하게 드러내는 것이 곧 '본유관념들(idées innées)'이다. 본유관념들이란 우리의 영혼 속에 본래적으로 존재하는[本有] 관념들이다. 그리고 이 본래적 관념들은 참되고 확실한 관념들, 달리 말해 명석하고 판명한 관념들이다. 본유관념들이란 애초에 경험을 통해서 우리의 마음 속에 생겨난 관념들이 아니다. 예컨대 논리학적이고 수학적인 관념들은 경험을 통해 형성된 것들이 아니라 우리에게 주어져 있는 것들이다. 그리고 이 본유관념들을 가지고서 세계를 탐구할 때 우리는 과학적 성과를 거둘 수 있다. 예컨대 기하학의 정리들을 가지고서 세계를 탐구함으로써 우리는

---

15) 이런 방향 전환은 데카르트의 방법적 회의에 이미 함축되어 있다. 데카르트는 A라는 사물이 있어 a라는 관념이 존재하는 것이 아니라, a라는 관념이 먼저 있고 그것에 해당하는 A가 존재하는가의 여부를 따질 수 있다고 본다.(『철학의 원리』, I, §11) 우선 사유하는 나의 확실성이 먼저 확보되고, 그 결과 내 사유를 채우고 있는 관념들의 존재가 먼저 확보되고, 그 후 그 관념들의 작용(idéation)이, 그것들의 지시대상들(idéats)의 존재 여부가 논의된다고 할 수 있다. 참된 인식을 얻기 위해 우선 주관적인 요소들을 모두 제거하고 동일자/동일성, 즉 즉자적 존재(on kath'auto)를 찾았던 고대 철학과 대조적이다.

감각적 현실을 넘어서는, 사물들의 수학적 이치를 파악해낼 수 있다. 갈릴레오가 했던 작업이 바로 이런 것이었다. 데카르트의 이런 구도는 곧 인식주체에서의 '순수사유(noēsis)'와 '감각작용(aisthēsis)'을 구분하고 인식 대상 쪽에서 각각의 대상인 'noēton'과 'aisthēton'을 구분했던 플라톤과 같다. 차이가 있다면, 데카르트의 경우 'noēton'을 세계의 수학적 본질까지만 말할 뿐 이데아까지는 말하지 않는다는 점이다. 하지만 여기에서 '존재와 사유의 일치', 재현의 사유는 생생하게 보존되어 있다.

그러나 도대체 무엇이 이 일치를 보장해주는 것일까? 내가 내 관념을 가지고서 사물을 인식한다 할 때 내 관념이 그 사물의 본질과 일치한다는 것을 어떻게 확신할 수 있을까? 혹시 나는 그저 내 관념을 그 대상에 투영해서 자의적으로 "그것은 ~한 것이다"라고 판단해버리는 것은 아닐까? 이제 데카르트는 이 점을 보완하기 위해서 자신의 인식론을 형이상학적으로 다시 정초하고자 한다. 그 출발점은 사유하는 나 안에 본유관념으로서 '신의 관념'이 존재한다는 사실이다. 데카르트는 이렇게 묻는다: "어떻게 유한한 나 안에 무한한 신의 관념이 존재하게 되었을까?", "어떻게 불완전한 나 안에 완전한 신의 관념이 존재하게 되었을까?" 무한한/완전한 존재에서 무엇인가가 덜어내어져 유한한/불완전한 존재가 될 수는 있어도, 유한한/불완전한 존재에 무엇인가가 어디인가로부터 더해져 무한한/완전한 존재가 된다는 것은 있을 수 없다. 후자의 경우는 "ex nihilo nihil fit"를 위반하는 경우이다. 그렇다면 있을 수 있는 결론은 하나이다. 본유관념들은 신에 의해 내 영혼에 넣어진 것이다. 신은 자신의 관념들[16]을 가지고서 세계를 창조했

---

16) 플라톤에게서 이데아들은 조물주의 바깥에 엄존하는 객관적 진리이며, 조물주는 이 이데아들을 보고서 코라를 빚는다. 그러나 중세 철학에서 이 이데아들은 신의 지성 속으로 넣어져 이해된다. '이데아들'이 신의 '관념들'이 된 것이다. 데카르트에게서 이 신의 관념들은 창조의 '말씀' ── 지금의 맥락에서는 '자연법칙들' ── 일 뿐만 아니라, 인간 영혼에 넣어진 본유관념들이기도 하다. 결국 본유관념을 통해서 세계의 진리를 발견하는 것은 원래 하나를 이루었으나 두 장소에 분배되었던 것들이 그 장소적 제한을 떨쳐내고 다시 합일하는 과정이라고 할 수 있다. 예컨대 기하학을 가지고서 자연법

고, 동시에 그 관념들을 인간의 영혼에 넣어주었다.(『방법 서설』, V) 넓혀 생각할 경우, 본유관념들이란 결국 신이 그것들을 가지고서 세계의 진리를 인식하라고 내 안에 넣어준 "진리의 씨앗들"이다.[17] 요컨대 신은 사유하는 나 안에 그 자신의 관념을 포함해 본유관념들을 진리의 씨앗들로서 내 안에 넣어주었고, 나는 이 관념들을 가지고서 신의 존재와 세계의 진리를 파악해낼 수 있다. 이것은 플라톤 상기설의 기독교 버전이라 하겠다. 이렇게 데카르트는 '본유관념들의 존재'와 '신의 존재' 그리고 '존재와 사유의 일치'라는 세 테제를 하나의 구도 안에서 동시에 정립하고 있다.

§4. '합리주의'의 방법

데카르트는 "cogito, ergo sum"이라는 제1원리, 사유하는 실체로서의 나, 명석하고 판명한 관념들과 이 본유관념들에 의한 실재의 표상, 이 표상을 보장해주는 신의 존재를 정립함으로써 그의 인식론의 초석으로 삼았다. 이 초석 위에서 그는 다음과 같은 탐구 방법을 제시한다.(『방법 서설』, II)

첫째, 내가 **명증성/자명성**(évidence)을 가지고서 인식하는 것 이외에는 어

칙을 발견하는 것은 신이 자연을 만들면서 거기에 부여했던 관념들(자연의 수학적 이치)과 인간의 영혼에 넣어주었던 수학적 진리가 과거의 합일을 되찾는 것이 된다. 수학적 언어를 가지고서 자연이라는 책을 읽어낼 때 갈릴레오가 했던 행위가 바로 이것이다. 데카르트의 이런 구도에 따르면, 과학적 진리의 발견이란 바로 신의 정신에 하나로서 존재했으나 그 후 각각 다른 장소(자연과 영혼)로 분가했던 이데아-쌍둥이가 다시 만나 서로를 알아보는 과정이다(바로 너였구나!). 『방법 서설』 5장에서는 이 관념들을 'notions'이라는 용어로 지칭하기도 한다. 이 용어는 이하 '사념(思念)'으로 번역한다.

17) 데카르트는 "자연이 인간 정신에 새겨준, 진리의 제1의 씨앗들"이라는 표현도 썼다. (『정신 지도를 위한 제 규칙』, IV) 이는 곧 '이성이라는 자연의 빛'과 동일한 것을 뜻한다고 볼 수 있다. 자연의 빛이란 이성으로 하여금 존재의 진리를 인식할 수 있게 해주는, 존재와 사유의 일치를 보장해주는 빛이다. 물론 데카르트에게서 이 빛은 신에서 유래한 것이다.

떤 것도 참으로서 받아들이지 않는다. 즉, 성급함과 선입견을 신중하게 피한다. 그리고 내 정신에 충분히 명석하고 판명하게 나타나 있어 내가 그에 대해 조금도 회의하지 않을 수 있는 것만을 내 판단 속으로 받아들인다.

둘째, 내가 검토해나아갈 각각의 어려운 항을 가능한 한 그리고 더 나은 해결책으로서 받아들일 수 있는 한 최대한 세분한다.

셋째, 계단을 오르듯 한 단계씩 올라가기 위해, 가장 단순하고 가장 쉬운 대상들에서 시작해 가장 복잡한 인식에까지 사유의 순서에 따라서 진행해간다. 서로 간에 본래 순서가 없는 것들에까지도 순서를 부여한다.[18]

넷째, 어떤 것도 빠트리지 않았음을 확인하기 위해 전체 사항을 매거(枚擧)하고 검토한다.

첫 번째 원리가 기본 원칙이라면, 다른 세 원리는 실질적 방법이라 할 수 있다. 첫 번째 원리가 인식을 위해 주체가 우선 갖추어야 할 조건이라면, 다

---

18) 이상의 내용은 『정신 지도를 위한 제 규칙』(III)의 다음 구절과 비교해볼 만하다. "우리 지성*의 활동에 있어, 오류에의 어떤 두려움도 없이 사물에 대한 인식에 도달하도록 인도해주는 것은 단 두 가지밖에 없다. 직관과 연역이 그것이다./ 나는 직관(intuition)이라는 말을 (…) 순수하고 주의 깊은 정신의 개념화, 우리가 이해하고 있는 것에 대해 어떤 회의도 남기지 않는 평이하고(facile) 판명한 개념화로 이해한다. (…) 직관은 오로지 이성의 빛에서 연원하며, 연역보다도 더 단순하기에 더 확실하다. 그래서 우리는 자신이 존재한다는 것, 사유한다는 것을, 삼각형은 세 선분에 의해서, 원은 하나의 표면에 의해서 정의된다는 것 등등을 직관을 통해 볼 수 있다./ 직관의 이 자명성과 확실성은 단일한 명제에 대해서만이 아니라 모든 종류의 추론에 대해서도 요청된다. (…) [~한 결론이 순서에 입각해] 필연적으로 도출된다는 것을 직관을 통해 보아야 한다./ 우리는 왜 직관에다가 또 다른 인식 형태인 연역을 더해야 하는가 하고 자문할 수 있을 것이다. (…) 왜냐하면 많은 것들이, 그것들 자체는 자명하지 않다 해도, 기지의 참된 원리들에서 출발해 [필연적인 순서에 따라] 연역되기만 하면 또한 확실하게 인식되기 때문이다."
*데카르트에 있어, 나아가 서구 근대 철학자들에 있어 '지성(intellect/entendement)'이란 '이성(raison)'과 유사한 개념이지만, 주로 합리적 이성, 과학적 인식 능력이라는 뉘앙스를 띤다. 훗날 칸트는 이를 '오성(Verstand)'이라 불러 '사변적 이성'과 구분해 개념화한다. 데카르트는 인식을 위한 기능으로서 지성, 상상, 감각, 기억 네 가지를 들면서, 지성만이 진리를 파악할 수 있지만 상상, 감각, 기억의 도움을 받을 필요가 있다고 보았다.(같은 책, XII)

른 세 원리는 인식의 실제 진행 과정을 가리킨다. 이 과정의 핵심은 분석과 조합(/종합)에 있다. 합리주의적 사유의 일차적 작업은 분석이다. 언어학자들은 언어를 그 요소들로 분석하고, 의학자들은 신체를, 물리과학자들은 물체를, …… 분석한다. 합리주의의 가장 원초적인 이미지는 곧 분석에 있다. 분석을 통해 어떤 최종적인 단위를, 더 이상 분석할 수 없는 '단순한 것'을 발견해낸 후, 이 요소들을 조합해서 전체를 재구성한다. 합리주의는 기계론(넓은 의미)보다 넓은 개념이지만, 사실 합리주의를 특징짓는 가장 일차적인 이미지는 바로 기계의 이미지이다. 분석과 조합의 과정은 곧 해체와 조립의 과정이라 하겠다. 이것은 또한 **환원주의** 인식론이기도 하다. 사물에는 그것의 궁극 요소(들)가 있고, 그것을 이것(들)으로 환원해 볼 때 그것을 인식할 수 있다는 입장이다. 플라톤은 분석과 환원을 구분했지만(『파르메니데스』), 데카르트에게서 분석의 목표는 곧 환원이라고 할 수 있다. 데카르트의 이런 구도는 이후 서구 합리주의의 핵심 패러다임으로 작용하게 된다.

데카르트의 사유에서 이렇게 수학적 사유 구도가 핵심 역할을 하지만, 실험이나 기계 제작 등 구체적인 작업의 측면도 또한 중요했다. 데카르트는 『철학의 원리』 서문에서 철학(/학문)을 하나의 나무에 비유하면서, 그 뿌리를 형이상학에, 줄기를 자연철학(오늘날의 자연과학)에, 그리고 세 개의 가지를 의학, 기계학(오늘날의 공학), 도덕학(/윤리학)에 할당했다. 그리고 『방법서설』 VI에서는 자신이 걸었던 학문적 여정을 형이상학 → 자연철학 → 응용 학문(의학, 기계학, 도덕학)으로 정리했다. 데카르트 자신은 이렇게 직관과 연역을 핵심으로 하는 수학적 사유의 길을 걸었지만(위의 철학-나무에는 수학이 빠져 있는데, 수학은 형이상학과 자연철학 사이에 위치한다고 할 수 있을 것이다.), 마지막의 구체적인 학문들의 경우에는 실험이 중요하다는 사실을 명시하고 있다. 데카르트의 사유는 흔히 형이상학적이고 수학적인 이미지를 띠고 있지만, 그는 다루는 대상이 구체적이 되면 될수록 형이상학적-수학적 원칙만이 아니라 구체적인 실험이나 기계적 조작이 필요하다는 사실을 분명하게 알고 있었다. 예컨대 그의 무지개 연구는 이 측면을 특히 잘 보여준다. 그리고 그는 다년간 해부에 몰두하기도 했다. '합리주의와 경험주의'라는 교과서적인 도식이 합리주의를 일면적으로 이해하게 만들 수 있다는 점을 알려주는 대목이다.

데카르트의 합리주의 인식론은 '근대적 합리성'의 원형을 이루었다. 그러나 철학=학문이 여러 과학들로 점차 분화되고 '철학'은 점점 그 고유한 영역으로 축소되면서, 데카르트의 사유는 그 후 이원적인 구도로 수용되었다고 할 수 있다. 과학자들은 그의 형이상학 부분은 거부하거나 관심을 두지 않았고, 그의 과학 방법론 부분에서만 영향을 받았다. 데카르트가 제시한 합리주의적 과학 방법론은 세부적인 면들에서 변화를 겪었지만, 어떤 면에서는 오늘날까지도 그 기본 형태가 보존되고 있다. 그것은 '합리적 사고' 자체로서 굳어졌으며, 전문적인 철학적-과학적 맥락에서는 극복의 대상이 되었지만, 일상적 맥락에서는 너무 당연해서 굳이 논의의 대상이 되지 않는 일종의 '무의식' 또는 '상식'으로서 유지되고 있다. 반면 좁은 의미에서의 철학자들은 데카르트가 제1원리를 찾아낸 과정과 그 형이상학적 사유 내용에 집요한 관심을 보였으며(『성찰』은 오늘날까지도 '살아 움직이는' 텍스트이다.), 어떤 면에서 본다면 근대 철학 전체가 이 부분을 둘러싸고서 전개되었다고 할 정도로 큰 영향을 받았다. 근대의 다양한 분야의 철학자들이 그의 철학을 논박했거니와('본유관념'을 비판했던 경험주의자들, 이원론을 비판했던 스피노자와 라이프니츠, 힘 개념의 부재를 비판했던 뉴턴과 라이프니츠, 수학적 학문 이념을 비판했던 비코, 합리주의를 비판했던 파스칼, 원자론적 비판을 전개한 가상디 등), 그의 사유가 이런 광범위한 비판의 대상이 되었다는 사실 자체가 그의 철학사적 위상을 잘 드러내주는 것이라 하겠다.

보론: 코기토와 광기 ── 『성찰』의 1부에서, 그리고 6부에서는 더욱 강한 어조로 데카르트는 꿈과 생시의 구분에 대한 회의를 표명한다. 그러나 이 회의는 데카르트 자신에 의해 극복된 것으로 처리되며 그의 논의는 "cogito, ergo sum"을 향해 나아간다. 그리고 오류 또한 진리의 앞길을 막지

만 결국 극복되는 것으로 처리된다. 다시 말해 꿈과 오류는 '코기토'로 나아가는 과정을 가로막는 장애물들이지만 궁극적으로는 극복되는 것들이며, 이런 극복 과정이 코기토를 더욱 극적으로 만들어준다.

하지만 광기의 경우는 어떨까? 푸코는 데카르트가 꿈이나 오류, 환각의 가능성은 피해 갔지만 광기의 위험은 피해 가지 못했다고 본다. 내가 꿈이나 오류, 환각에 빠질 수 있다. 그러나 나는 결국 그것들을 극복할 것이고 코기토의 진리에 도달할 수 있다. 그 결정적인 근거는 내가 사유한다는 것. 그것만은 부정할 수 없다는 사실이다. 하지만 광기는? 광기는 사유 자체를 와해한다. "광기로부터 사유를 보호하는 것은 진리의 영속성이 아니라 미칠 가능성의 부정이다. 광기의 불가능성은 사유의 대상이 아니라 생각하는 주체의 본질이다."[19] 나는 내가 꿈, 오류, 환각에 빠질 수 있다고 가정할 수는 있지만 미쳤다고 가정할 수는 없다. 그 순간 사유는 그친다. 푸코는 서구의 고전 시대는 광기의 배제라는 조건 위에서 수립했음을 역사적 연구를 통해서 밝히고자 했으며, 데카르트의 사유에서 그 철학적 징후를 읽어내었다.

하지만 데카르트가 회의의 마지막 단계에서 악신을 끌어들인 것을 생각해보자. 악신의 가정은 우리가 어떤 것을 진리라고 생각하고 있을 때조차도 사실은 악신에게 속고 있음을 뜻하지 않는가. 그리고 "악령에 사로잡혔다", "귀신 들렸다" 같은 표현이 시사하듯이, 이때 우리는 광기에 사로잡혀 있는 것이 아닌가? 그래서 이 단계에서 데카르트는 아예 철학 자체를 포기할 뻔하지 않았는가? 이 경우 사실 "나는 회의하고 있다. 따라서 어쨌든 나

---

19) 미셸 푸코, 이규현 옮김, 『광기의 역사』, 나남, 2003, 115쪽. "누구나 '회의의 어떤 근거'를 찾기 위해 자신이 꿈을 꾼다고, 또는 자신이 꿈꾸는 주체와 동일하다고 가정할 수 있다. 이 경우에는 진리가 여전히 꿈의 가능조건으로 나타난다. 이와 반대로 사유를 통해서조차 미쳤다고 가정할 수는 없다. 왜냐하면 광기는 바로 사유의 불가능의 조건이기 때문이다. (…) 꿈이나 환각은 진리의 구조 자체 속에서 극복된다. 그러나 광기는 회의하는 주체에 의해 배제된다. 회의의 주체가 생각하지 못한다는 것과 그가 존재하지 않는다는 것은 있을 수 없는 것이기 때문이다."

는 사유하고 있는 것이고 고로 존재하고 있는 것이다"라는 결론으로 나아가는 것도 쉬운 일이 아니다. 악신이 나로 하여금 이렇게 회의하게 만들고 있는 것이 아니라는 보장이 어디 있단 말인가. 내가 "내가 사유하는 모든 것이 불확실하다 해도, 지금 내가 이렇게 회의하고 있다는 것 자체는 확실하지 않은가! 나는 분명히 사유하고 있다. 그렇다면 나는 분명 존재하고 있는 것이다. 나는 사유한다, 고로 나는 존재한다!"라고 환희에 차 외칠 때, 저 위에서 악신이 배꼽을 잡고 웃고 있다면 어찌할 것인가? 그렇기 때문에 데카르트는 악신이 우리를 속이는 것 '일 수도 있다'고, 그렇게까지 생각해보자고 개연적으로만 표현했을 것이다. 이렇게 본다면, 데카르트는 이 드라마의 앞부분에서는 광기를 간단히 물리치고 있지만("발가벗고 있으면서도 비단옷을 입고 있다고 우기는 식의 미친 자들과 내가 똑같지 않다면야"), 뒷부분에서는 사실상 우리가 총체적인 광기에 사로잡힐 수 있는 극단적 지경을 상정하고 있다고 보아야 한다.[20]

냉정하게 판단해서, 이 지경으로부터 '코기토'의 발견으로 넘어가는 과정에는 작지 않은 비약이 삽입되어 있다고 하지 않을 수가 없다. 따라서 문제의 핵심은 이런 회의와 그것의 극복이 이어지는 **과정**(각주 7에서 이 점을 지적했다.) 즉 회의와 확실성 사이의 투쟁 및 그 과정이 궁극적으로 이성의 승리로 끝날 것이라는, 더 정확히 말해 이성의 승리에 의해 주도되고 있다는 **믿음** ─ 말할 필요도 없이, 지금 이성이 주연이고 악신이 조연이라는 것을 보장해주는 존재는 신이다 ─ 에 있다고 보아야 한다. 그것은 "일생에 한번은"(하지만 한번으로 끝날 수 있을까?) 모든 것을 해체하고 새로이 출발점

---

20) 이 점에 관련해서 데리다는 푸코의 테제에 비판을 가한 바 있다.(자크 데리다, 남수인 옮김, 『글쓰기와 차이』, 동문선, 2007, 55~103쪽) 이에 대해 푸코는 두 번에 걸쳐 응답했으며(Michel Foucault, "Mon corps, ce papier, ce feu", *Dits et écrits*, Gallimard, 1994, II, pp. 245~267; "Réponse à Derrida", *Dits et écrits*, II, 281~296), 데리다는 푸코 사후에 이 문제를 우회적으로 다시 다루었다.(자크 데리다, 「'프로이트에게 공정하기': 정신분석학 시대의 광기의 역사」, 『『광기의 역사』 30년 후』, 박정자 옮김, 시각과 언어, 1997, VII)

에 서보는 인식론적 통과의례, 인식론적 연극인 것이다. 이렇게 본다면, 데카르트는 광기를 단순 배제한 것이 아니라 오히려 광기와 이성을 직조하고 이성에 승리자의 역할을 부여하는 과정에서 광기를 막강한 조연/악역으로 배치하고 있는 것이라고 볼 수 있다. 역으로 말해, 이성의 광휘 ── 깊고 어두운 동굴의 절망적인 끝에서 예기치 않게 비추는 환희의 빛 ── 는 바로 이 막강한 악역을 누름으로써만, '배제'한다기보다는 그것에 대해 '승리'를 거둠으로써만 성립한다고 해야 할 것이다.

2절 기계론적 자연철학

오늘날 철학과 자연과학/과학기술은 거의 완전히 분리되어, 철학자는 자연과학적 성과들을 참조는 하지만 스스로 자연과학적 탐구를 실행하지는 않는다. 그러나 이런 분리는 천천히 진행되어왔으며, 사실상 20세기 후반에 이르러서야 뚜렷해졌다고 할 수 있다. 갈릴레오가 이미 특정한 분야로 분과화된 학자의 이미지를 보여주었지만, 데카르트는 세계를 종합적으로 인식하고자 하는 전통적인 철학자상을 여전히 보여준다. 따라서 아리스토텔레스와 진정으로 짝이 맞는 인물은 갈릴레오가 아니라 데카르트라 하겠다. '아리스토텔레스로부터 데카르트로'의 이행은 서양 문명에서 이루어진 거대한 변화를 압축적으로 보여준다. 데카르트는 신과 영혼에 대한 형이상학적 사유를 이어, 물리과학(천문학, 역학, 광학, 기상학)과 생명과학(생리학, 해부학, 심리학)을 포괄하는 광대한 자연철학적 작업을 수행했다. 그러나 그의 자연철학은 형이상학과 수학만큼 인상적이지는 못했다.[21] 그는 추상

---

[21] 수학 분야에서 데카르트는 기호의 편리한 사용 방식을 창안해냄으로써 이 분야를 혁신했다. 예컨대 그는 상수를 a, b, c로 표시하고, 변수를 x, y, z로 표시하는 방식을 수립했다. 그리고 근, 평방, 입방을 R, Q, C로 표시해서 1R+4Q-7C 식으로 썼던 것을 $x + 4x^2 - 7x^8$으로 쓰는 등 혁신적으로 간편화했다. 이전의 수학 기호 사용법은 현대인이 상상할 수도 없을 정도로 어렵게 되어 있었으나(조지프 마주르, 권혜승 옮김, 『수학 기호의 역사』, 반니, 2017), 데카르트와 라이프니츠 등의 혁신을 통해 오늘날과 같은 형태를 갖추기 시작한다. 데카르트의 『기하학』은 현대인이 기호의 낯섦에 거의 봉착하지 않고서 읽을 수 있는 최초의 책이다. 데카르트는 이 외에도 여러 수학적 성취를 이루었지만, 가장 결정적인 것은 역시 해석기하학의 수립이라고 할 수 있다. '데카르트 좌표계(Cartesian coordinates)'를 축으로 하는 해석기하학은 대수학과 기하학을 통합적으로 사유할 수 있는 틀을 제시했다. 또, 이 기하학은 중요한 존재론적 공헌을 담고 있다. 에우클레이데스 기하학에서 수학적 도형들은 즉자적으로 그리고 무-시간적으로 주어진다. 그러나 해석기하학의 도형들은 일정한 과정을 따라서 형성되는 도형의 개념을 함축하고 있으며, 이는 훗날 미적분으로 일차 완성되는 해석학("연속적 변화의 수학")으로의 힘찬 일보를 내디딘 것이었다. 에우클레이데스 기하학으로부터 해석기하학으로의 이행은 플라톤적 존재론으로부터 근대적 존재론으로의 이행이라는 사상사적 흐름과 조응한다.

적-이론적인 사유의 전개에서는 탁월했으나, 구체적인 사물을 다루는 분야에서는 갈릴레오보다, 아니 파스칼보다도 못했다. 그러나 이는 그의 지적능력이나 탐구 수행 방식 때문이라기보다는 오히려 그가 자연철학의 토대로서 수립한 기계론의 성격 때문이었다. 기계론이 그의 자연철학에서의 도약을 가로막았다고 할 수 있다. 하지만 다른 한편, 데카르트의 기계론은 근대 자연과학 전체를, 어떤 면에서는 현대 자연과학까지도 정초해준 핵심적인 사유이기도 하다. 기계론은 한편으로(구체적인 과학적 성과들에서) 데카르트 자연철학의 질곡이기도 했고, 다른 한편으로(근대 과학의 철학적 정초로서) 근대 과학기술의, 아니 어떤 면에서는 근대 문명 자체의 핵심적인 사유이기도 했다. 기계론의 이런 모순된 두 얼굴, 이런 양면성은 도대체 어디에서 유래하는 것일까?

§1. '기계론'이란 무엇인가

기계론(mécanisme)이란 말 그대로 자연을 하나의 기계로 간주하는 관점을 뜻한다. 우주는 하나의 거대한 기계, 당시 사람들이 즐겨 사용하던 비유로 하면 거대한 시계이다. 데카르트는 자연을 하나의 기계로 간주하고서 그 작동 이치를 설명하고자 했다. 이것이 기계론 즉 '메커니즘'이다. 우리가 오늘날 '~의 메커니즘'이라는 말을 쓸 때, 바로 기계론적 관점에서 그것을 생각하고 있는 것이다.

현재의 우리는 '역학'이라는 말을 상당히 추상적인 개념으로, 세계를 바라보는 물리학적 패러다임들 중 하나인 '역학'(고전 역학, 유체역학, 열역학, 파동역학, 양자역학 등)으로 이해하지만, 데카르트 당대에 이 말은 실제 기계들을 다루는 장인들의 작업을 뜻했다. '기계들을 잘 다루는 것' 정도를 뜻했다고 볼 수 있다. 따라서 '역학'이라는 말의 초기 용법은 문자 그대로 기계들을 분석하는 것을 뜻했으며, '기계론'이란 곧 세계를 기계 다루듯 분석하고 조작한다는 것을 뜻했다. 그러나 데카르트에게서 이 말은 좀 더 무거운 존재론적 의미를 띠게 된다. 그것은 사물들을 다루는 방식이 아니라, 세계 자체가 하나의 기계라는 존재론적 설정을 뜻한다. 자연은 기계들, 일상의 기계들이라기보다는 극히 추상적인 기계들(abstract machines)의 집합이다. 전체로서 볼 때 자연은 하나의 극히 복잡한 추상기계인 것이다. 그것은 근대적 자연관을 결정적으로 모양 지은 패러다임이다.

자연을 하나의 기계로서 다룬다는 것은 다음 몇 가지를 함축한다. 첫째, 자연이 기계라면 틀림없이 그 기계를 만든 제작자가 존재할 것이다. 둘째, 기계란 부품들로 이루어져 있기 때문에, 기계의 작동을 잘 알려면 그것을 해체해서 그 부품들을 정확히 확인하고 다시 조립해서 전체를 이해할 필요가 있다. 셋째, 기계는 '자발성(spontanéité)'을 가지지 않는 불활성(不活性)의 존재이므로, 그것의 운동을 설명하려면 외부에서 힘이 가해지고 그 힘이 계속 전달되는 모델로써 생각해야 한다. 넷째, 기계란 어떤 특정한 유용성/실용성을 함축하고 있으므로, 이런 관점에서 그 가치와 의미에 대해 생각해보아야 한다.

첫 번째 문제에 있어 데카르트는 일신교의 세계인 서구에서 사유한 사람답게 자연의 제작자는 바로 신이라고 보았다. "처음에 나는 존재하는 모든 것들의 또는 존재할 수 있는 모든 것들의 원리들 즉 제1원인들을 일반적으로 찾아보려고 했다. 그 결과 세계를 창조한 신 말고는 달리 생각할 수가 없었다. 그리고 우리의 영혼에 자연적으로(신에게서 유래하는 자연의 빛으로써) 존재하는 진리의 씨앗들 외에 그것들(만물)을 이끌어낼 수 있는 것은 없었다."(『방법 서설』, VI) 이는 데카르트가 속했던 문화의 형이상학적 전제로서 생각될 수도 있지만, 상대적으로 더 객관적인 이유도 있었다. 고대 과학과 근대 과학에서 '설명하는 것'과 '설명되는 것'이 위치를 바꾼다는 점을 지적했거니와, 운동을 세계의 본연으로 볼 경우 애초에 이 운동이 어디에서 오는지를 설명해야 하기 때문이다. 이에 대해 데카르트는 신이 곧 운동의 제1원인이라고 생각했던 것이다. 그리고 신은 우주의 운동량을 언제나 일정하게 유지시키고 있다고 보았다.(『철학의 원리』, II, §36) 요컨대 데카르트에게 물질세계는 신이 창조한 거대한 기계이며, 신은 이 기계가 닳지 않고 항상 일정한 운동량을 유지하도록 해준다는 것이다.

§2. 'res extensa'

기계론의 둘째 부분, 즉 기계란 부품들로 이루어져 있기 때문에, 기계의 작동을 잘 알려면 그것을 해체해서 그 부품들을 정확히 확인하고 다시 조립해서 전체를 이해할 필요가 있다는 생각은 앞에서 논했던 합리주의 과학 방법론을 자연철학에 그대로 적용한 것이다. 그러나 가장 단순한 것을 찾는다 할 때, 이는 기계적인 해체 이전에 우선 존재론적인 분석을 요청한다. 즉, 자연세계에 있어 궁극의 '실재'가 무엇이냐를 탐색하는 작업을 요청한다. 잘 알려져 있듯이, 이 실재는 곧 'res extensa'이다. 앞에서 '나'=정신을 '사유를 본질로 하는 실체'로 정의했거니와, 물체란 바로 연장(延長)을 본질로 하는 실체, '연장된 것'이다. 데카르트는 우리가 물체에서 감각하는 것들, 예컨대 감촉/촉감, 색, 무게, 온도, 맛, 소리, 냄새 등은 물체 자체(물체의 실체)와 우리의 신체가 만나서 이루어지는 결과들일 뿐이며, 물체 자체 즉 물체의 실재가 아니라고 보았다. 우리가 물체에서 명석하고 판명하게 인식할 수 있는 것은 그 연장뿐이다.[22]

> (…) 물질의 또는 물체 일반의 본성은 그것이 단단한 사물 또는 무거운, 특정 색을 띤, …… 사물이라는 점에 있는 것이 아니라, 오로지 그것이 길이, 넓이, 깊이에 있

---

22) 우리가 오늘날 물질적 실체에 대해 가장 먼저 떠올리는 이미지인 질량(/무게)도 배제되고 있다는 점에 주목하자. 데카르트는 신이 지구를 만들 때 물체에 무게를 부여하지 않았다고 보았다.(『방법 서설』, V) 그리고 뒤에서 논하겠지만, 질량과 결부되어 있는 힘 즉 중력 역시 배제된다.

어 연장된 하나의 실체(une substance étendue)라는 점에 있다.(『철학의 원리』, II, §4)[23]

나는 물체들의 물질에 관련해, 가능한 모든 방식으로 분할될 수 있고, 형태를 띨 수 있고, 운동할 수 있는 물질, 다시 말해 기하학자들이 양(quantité)이라고 부르면서 증명의 대상으로 삼는 물질 외의 것은 알지 못한다. 그리고 나는 이 물질에 있어 그것의 분할〔크기〕, 형태, 운동 외의 것은 고려하지 않는다.(같은 책, II, §64)

데카르트는 헤르메스주의를 철저하게 거부했으며, 제1성질과 제2성질을 구분함으로써 자연에서 수학적 파악이 가능한 측면만을 실재로서 인정했다. 데카르트에게 가장 단순하고 쉬운 것, 따라서 설명의 출발에 두어야 할 것은 이 물질-공간 쪼가리들이었으며, 이 근본 요소들을 조합해서 자연 세계를 설명하는 것이었다. 데카르트는 이런 존재론적 구도에 입각해 세계를 '범-기하학화(pan-geometrization)'의 방식으로 파악하고자 했다. 이것이 이후 근대 과학사를 추동해온 한 주요 갈래인 '보편 수학'이다.(『정신 지도를 위한 제 규칙』, IV)

데카르트의 연장 개념에 관련해 몇 가지 사실을 분명히 할 필요가 있다.(『철학의 원리』, II, §5 이하) 우선 연장은 물체의 실질적 연장을 가리킨다. 물체가 팽창해서 안에 빈 곳이 있을 경우, 그것은 그 물체의 연장에 속하지 않는다. 한 물체의 연장은 타일 깔기에서와 같이, 물질-쪼가리들이 'partes extra partes'의 방식으로 결합되어 있는 것을 기준으로 파악되어야 한다. 또, 자연을 이 연장들의 총체로 생각할 때 거기에는 어떤 특정한 중심이 없

---

23) 데카르트는 『성찰』, II에서 유명한 '밀랍의 예'를 통해서 이 점을 역설한다. 벌집에서 갓 떼어낸 한 조각의 밀랍은 여러 성질들(맛, 냄새, 색, 모양, 크기, 감촉/촉감, 소리 등)을 띠고 있다. 그러나 그 밀랍에 불을 가까이 대면 이 성질들은 모두 변해버린다. 그렇다면 이러한 변화 이후에도 유지되는 이 밀랍의 본질은 무엇인가? 바로 그 밀랍의 연장이라고 데카르트는 말한다. 그리고 감각이나 상상이 아닌 우리의 지성만이 이 본질을 파악할 수 있도록 해주었다는 점이 중요하다.

다. 배 안에 가만히 앉아 있는 사람은 바다를 축으로 보면 이동하고 있는 것이고, 배를 축으로 보면 정지해 있는 것이다. 일반적으로 말해, 연장들의 위치와 운동은 상대적인 방식으로 파악된다. 우주는 등질적이며, 중요한 것은 좌표의 원점을 어디로 잡느냐 하는 것일 뿐이다. 세 번째로 중요한 사실로서 데카르트는 진공의 존재를 부정한다. 그에게서 공간과 물질은 개념적으로만 구분되며, 실재하는 것은 물질-공간이기 때문이다. 넷째, 데카르트는 더 이상 나눌 수 없는 원자/미립자 같은 것은 없다고 보았다. 연장을 가진 이상 분할 가능하다. 또 하나, 세계의 연장은 비한정적이다(indéfini).[24] 그리고 연장으로 이루어진 이 세계는 질적으로 단 하나의 등질적 세계이다. 이질성은 현상적인 차원에서만 존재하며, '여러 세계'를 가능케 하는 궁극적인 이질성 같은 것은 존재하지 않는다.

§3. 운동의 이론

결국 데카르트에게 자연의 실재란 크기, 형태, 운동(/배치)에 의해서만 구분되는, 비-한정적으로 분절된 무한정한 'res extensa'들의 총체이며, 다른 모든 경험적 현상들은 이 연장들의 운동의 결과로 이해된다. 이것은 극단적인 환원주의의 세계이다. 그렇다면 '운동'이란 무엇인가? 존재론적 설정이 정립된 후 이제 논의는 운동으로 옮아간다. 이것은 기계론의 세 번째 문

---

24) 데카르트는 '무한(infini)' — 중세적인 '현실적 무한/실무한' — 은 신에 대해서만 쓸 수 있는 개념이라 보면서, 수학적 대상들이나 자연적 사물들에 대해서는 '비-한정' — 고대적인 '잠재적 무한/가무한' — 개념을 사용한다.(『철학의 원리』, I, §27) 현대식으로 보다 정교화한다면, 신은 즉자적 무한, 자체로서의 무한이라고 할 수 있으며, 데카르트가 말하는 'indéfini'는 '비-한정(indefinite)'과 '무한정(unlimited)'의 의미를 동시에 담고 있다고 할 수 있다. 비-한정은 어떤 사물이 여러 가지 방식으로 존재할 수 있어 딱히 정해져 있지 않음을 뜻하고, 무한정은 어떤 사물이 존재할 수 있는 방식에 한도가 없음을 뜻한다. 연장은 비-한정적인 동시에 무한정적이다.

제에 해당한다. 데카르트는 '운동(mouvement)'을 다음과 같이 정의한다.

운동이란 한 장소로부터 다른 장소로 [이동에 의해] 가면서 이루어지는 것이다. 오로지 이것만이 운동이며, 자연에 있어 다른 형태의 운동은 가정할 필요가 없다.(『철학의 원리』, II, §24)

운동이란 (…) 물질의 한 부분 즉 한 물체가 그것에 바로 접해 있는 (…) 것들의 이웃[위치]25)에서 어떤 다른 것들의 이웃으로 이동하는 것(transport)이다. 물체 또는 물질의 한 부분이라는 말로써 나는 (…) 함께 이동되는 모든 것을 뜻한다.(같은 책, II, §25)

앞의 인용에서 데카르트는 아리스토텔레스와 달리 오로지 'phora'만을 운동으로 인정하고 있으며,26) 뒤의 인용에서는 '플레눔'(진공이 없는 물질-

---

25) 데카르트의 자연은 '플레눔'을 이루기 때문에, 모든 위치는 그 주변의 이웃이다. 그래서 모든 운동은 결국 이웃관계에서의 차이생성을 뜻하며, 세계는 어항 속에서 물고기들이 움직이는 것과 같은 형태로 운동한다고 할 수 있다. 이러한 운동은 플레눔에서의 접촉에 의한 운동(action by contact)이기 때문에, 원격작용은 인정되지 않는다. 데카르트에게 원격작용 같은 것은 마술에 불과했다. 데카르트를 떠나서, 우리의 합리적 지성에 입각할 때 원격작용은 있을 수 없다고 해야 할 것이다. 그러나 근대 물리학은 원격작용, 특히 중력 개념을 기반으로 개화할 수 있었다. 이 문제를 어떻게 생각해야 할 것인가? 또 하나, 데카르트의 경우 운동의 자발성도 인정되지 않으며 '자기운동자(auto kinoun)'는 있을 수 없다. 물체들은 오직 바깥에서 주어지는 운동에 의해서만 운동하며, 이 바깥의 운동의 시원은 신이다. 데카르트는 비-물체적인 것이 물체적인 것을 움직일 수 없다고 보았기에, 여기에서 모순이 나타난다. 하지만 17세기 서구 사유에서 신은 '데우스 엑스 마키나'로서 어디에서나 특권을 가지고서 나타난다. 17세기의 서구 사유는 매우 과학적이고 합리적으로 보이면서도, 다른 한편 매우 신학적이고 종교적이라는 이중의 얼굴을 띠고 있다. 이 점은 2부에서 논의할, 동북아에서 흥기한 철저히 내재적인 사유와 대조적이다.
26) 앞에서 언급했듯이, 아리스토텔레스의 운동론 전체를 바꾸는 것과 공간 이동을 따로 떼어서 다른 이론을 제시하는 것은 상당히 다른 행위이다. 전자가 데카르트의 작업이라면, 후자는 갈릴레오의 작업이다. 전자가 새로운 형태의 존재론의 등장이라면, 후자는 어떤 새로운 분야를 개척한 것이라 할 수 있다. 전자는 아리스토텔레스의 틀 전체를 바꾸려 한 것이고, 후자는 아리스토텔레스의 어떤 특정한 영역을 완전히 새로운 형태의 탐구 분야로서 떼어낸 것이다. 양자의 차이를 다시 한 번 음미해볼 수 있다.

공간 전체) 안에서의 운동 개념을 설명하고 있다. 플레눔에서의 장소란 결국 이웃관계를 통해서 정해지는 것이기 때문에, 데카르트는 후자의 규정이 엄밀한 규정이라고 보았다. 아울러 데카르트는 운동 개념에 관련해 다음 몇 가지를 분명히 하고자 했다. 정지와 운동은 단지 양태적 구분일 뿐이다. 정지해 있는 물체를 일정 정도로 움직이는 것과 같은 정도의 노력이 운동하는 물체를 정지시키는 데에도 필요하며, 결국 정지와 운동은 존재론적으로 차이 나는 것이 아니라 그저 양적으로 계산 가능한 양태들일 뿐이다. 또, 물체들의 운동은 서로 상대적이다. A가 B의 오른쪽으로 움직였다면, 그것은 또한 그만큼 B가 A의 왼쪽으로 움직였다는 것을 뜻하기도 한다. 그러나 A가 B의 오른쪽으로 움직였다고, 지구가 A의 왼쪽으로 움직였다고 할 수는 없다. 지구의 정지를 가정했기 때문에 A와 B의 운동을 상대적으로 말할 수 있었던 것이니 말이다. 현대식으로 말해, 운동의 준거-틀(frame of reference)을 어떻게 세우느냐가 중요하다고 할 수 있다. 세계는 등질적이고, 중심의 문제는 원점을 어디로 잡느냐의 문제일 뿐이다. 하나의 물체 안에서 많은 운동들이 벌어진다 해도 그 물체가 하나인 한 전체로써는 하나의 운동을 한다고 할 수 있다. 배 안의 선원이 시계를 들고서 걸어갈 때, 시계 안에서 수많은 톱니바퀴들이 움직이고 있지만 시계 자체는 하나의 운동을, 배에 대해서든 바다 또는 지구에 대해서든 하나의 운동을 한다고 할 수 있다. 또 하나, 방금 든 시계의 예에 이미 함축되어 있듯이, 한 물체의 구성부분들에서 갖가지 운동이 일어나고 있다 해도 그 물체의 결과적인 운동은 결국 하나이다. 역으로 앞에서 언급했던 '평행사변형의 법칙'에서처럼, 하나의 운동은 여러 운동들로 분석해서 파악될 수 있다.

물질/연장 개념과 운동 개념을 이렇게 파악한 후, 데카르트는 '자연의 세 법칙'을 제시했다.(『철학의 원리』, II, §§37~42)

법칙 1: 모든 사물은 타자가 그것을 변화시키지 않는 한 기존 상태를 유지한다.

법칙 2: 운동하고 있는 모든 물체는 자신의 운동을 직선으로 계속하려는 경향을 띤다.

법칙 3: 운동하고 있는 물체가 자신보다 더 강한 다른 물체를 만날 경우, 그것은 자신의 운동에서 아무것도 잃지 않는다. 그리고 자신보다 더 약한 물체를 만날 경우, 그것에 가하는 운동만큼을 잃어버린다.

첫 번째 법칙은 '관성의 법칙'이다. 신이 세계에 운동을 부여했고 이 운동은 신의 개입이 없는 한 지속되며, 외부적인 힘이 가해질 때만 변화를 겪는다는 생각이다. 이에 입각할 때 오랫동안 논의되어온 문제, 즉 힘을 가한 손에서 떨어진 물체가 왜 계속 날아가는가라는 문제에 대해서도 데카르트는 관성의 법칙에 따라 그것이 멈출 이유가 없기 때문이라고 답한다. 오히려 설명되어야 할 것은 일정 시간이 지난 후 그것이 왜 멈추는가이다. 두 번째 법칙은 '직선운동의 법칙'이라고 부를 수 있거니와, 데카르트는 끈에 묶은 물체를 돌릴 때 그 물체는 매순간 원의 접선 방향으로 날아가려 한다는 점을 예로 들면서 이 법칙을 설명하고 있다. 이는 갈릴레오의 경우와는 달리 운동의 본래적인 형태를 직선운동으로 보는 관점이다. 세 번째 법칙은 '운동량 보존의 법칙'이라고 할 수 있다. 데카르트는 이 법칙에 입각해 운동량에 관한 7개의 규칙을 제시했으나(『철학의 원리』, II, §§46~52), 현대적 관점에서 보면 아직 불완전한 것이었다. 특히 데카르트에게서는 질량의 개념이 확립되어 있지 않았고, 스칼라와 벡터가 구분되어 있지 않았다. 그러나 근대 역학의 발달사에서 중요한 과도기적 역할을 했다고 할 수 있다.

§4. 합리주의적 기계론의 함정

데카르트는 이상의 철학적 기초 위에서 그의 자연과학을 전개했다. 데카르트의 우주는 연장을 본질로 하는 물질-쪼가리들이 서로 충돌함으로써 갖가지 현상들을 일으키는 곳으로서, 진공이 없기 때문에 이들의 충돌은 물질-쪼가리들이 거대한 와류(vortex)를 형성해 회전하는 과정에서 이루어지는 것으로 상정되었다. 이 와류의 중심에는 태양이 있고(데카르트는 수많은 태양계들이 존재한다고 보았다.), 이 태양을 중심으로 와류가 형성되어 여러 행성들이 만들어진다. 태양을 중심으로 대(大)와류가 흐른다면, 지구를 포함한 각 행성들을 중심으로 다시 소(小)와류가 흐른다. 데카르트는 이런 구도 하에서 혜성, 조수간만의 차, 자석, 빛의 굴절, 색, 무지개 등 여러 천문학적, 지구과학적, 광학적 현상들을 설명했다. 데카르트는 『티마이오스』를 따라서 이 모두를 그저 "그럼직한 이야기"라고 말했으나, 자신의 이론이 실제 자연에 대한 설명으로서 기능하기를 희망했다고 할 수 있다. 데카르트의 물리과학은 의미 있는 대목들도 있었지만, 여러 면에서 불완전한 것이기도 했다. 그는 개별 현상들을 구체적으로 탐구하기보다는 이미 알려져 있는 탐구 성과들을 중세 형이상학과 르네상스 헤르메스주의를 완전히 배제할 수 있는 방식으로 그리고 총체적인 방식으로 해석할 수 있는 거대 이론의 구성에 몰두했다. 개별 성과들과 거대 이론이 마치 타일 깐 듯 완벽히 들어맞기를 요구하는 것은 지나친 것일 수 있다. 그러나 자연과학의 구체적인 성과들(예컨대 케플러의 법칙들)과 그의 기계론적 자연철학 사이의 간극은 결코 작지 않았다. 그렇지만 데카르트의 자연철학/거대이론은 17세기 자연 연구에서 결정적인 패러다임으로서 기능했다. 이 거대 이론과 구체적인 성과들 사이의 간극을 메워 근대 자연과학 체계의 완성도를 높이는 것이 이후의 과학자들에게 주어진 과제였다.

데카르트 자연과학의 성격이 더 극적으로 나타난 곳은 생명과학이었다. 데카르트는 그의 기계론을 생명체에도 적용하고자 했으며, 생명체를 좀 복잡할 뿐 그 평형추들이나 톱니바퀴들을 분석함으로써 얼마든지 설명할 수 있는 것으로 생각했다. 그는 생명과학에서 기존의 모든 "신비한" 개념들을 제거하고자 했다. 이 때문에 그는 혈액 순환을 발견한 하비(1578~1657)의 업적을 칭찬하면서도 그에게 남아 있는 아리스토텔레스적 관점과 생명의 물질로의 환원 불가능성 같은 생각들을 잘라내버리고자 했다. 그는 영혼을 신체로부터 완벽히 분리해내었기 때문에 오히려 미련 없이 생명체들을 기계로 환원하고자 했다고 할 수 있다.[27] 그의 이런 설명은 오늘날의 관점에서 보면 매우 조잡한 것이었지만, 전체적으로는 근대 생명과학의 진로를 예견한 것이었다. 물리과학에서도 그렇거니와 생명과학에서도 데카르트의 사유는 너무나 합리적이어서 오히려 한계를 내포하는 아이러니한 모습을 보였다. 그는 헤르메스주의가 역설했던 '힘' 같은 개념을 제거하고자 했기 때문에 오히려 뉴턴의 힘, 라이프니츠의 에네르기 개념에 도달하지 못했고, 또한 물질과 다른 '생명'의 고유함 같은 것을 쳐내버리려 했기 때문에 오히려 하비처럼 생명체의 특이성을 파악하지 못했던 것이다. 그는 근대적인 합리성에 도달하지 못해서가 아니라 오히려 너무 멀리 가버려서 이런 중요한 발견들을 놓쳤다고 할 수 있다. 그러나 구체적 과학에서 드러난 그의 이런 한계는 인식론=과학철학이라 할 수 있는 원칙론에서는 오히려 성공적이었다. 그의 극단적 기계론은 근대 과학의 전체 프로그램으로서는 이후의 과학사 전체를 예기했다고 할 수 있는 것이다. 어떤 극단적인 경지를 고집스럽게 밀고 간 그의 사유는 바로 그 때문에 구체적 탐구들에 있어 한계를 드러냈지만, 또한 동시에 바로 그 때문에 어떤 원칙론으로서, 비전으로서는 강력한 힘을 발휘한 것이다.[28] 앞에서 데카르트 기계론의 두 얼굴을 언

---

27) 데카르트는 완벽한 심신 이원론을 전개했기 때문에, 그의 사유에서 '영혼(âme)'에는 '생명'이라는 뜻이 전혀 없다. 원래 생명의 뜻을 담고 있는 'psychê' = 'anima'를 잇고 있는 '영혼' 개념이지만, 데카르트에게서 영혼은 오로지 순수한 정신으로서 이해된다. 마찬가지로 물질에는 연장 외의 그 어떤 속성도 존재하지 않으며 물질세계 그 어디에도 생명이 설 자리는 없다. 데카르트 스스로가 주장했듯이, 원칙적으로 순수하게 기계적인 방식으로 생명체 ─ 생명체와 하등의 다를 바가 없는 로봇 ─ 를 만들어낼 수 있다. 데카르트에 있어 생명은 그 존재론적 위상을 완전히 박탈당한다. 데카르트의 세계는 생명이라는 것이 별도로 존재하지 않는 세계이다.

28) 이 점은 그의 사유를 다시 한 번 갈릴레오의 그것과 비교할 경우 더욱 분명하게 드러난다. 갈릴레오는 아래로부터의 과학자였다. 그는 자신의 영역을 정확히 한정했고, '어떻게?'라는 물음에 자신의 탐구를 한정했다. 그리고 어느 선 이상으로 사변을 펼치는 것에 대해 망설였다. 때문에 그의 사유는 (그의 방법론을 제외하면) 철학으로서는 중요하게 논의되지 않지만, 과학으로서는 오늘날까지도 살아남았다고 할 수 있다. 반대로 데카르트는 위로부터의 철학자이다. 그는 아리스토텔레스를 부분적으로가 아니라 완전히 대체

급한 것은 바로 이런 이유에서였다. 맹자의 사유가 순자의 사유보다 비-현실적이고 고집스럽기 때문에 오히려 더 지속적인 영향을 끼친 것을 상기시킨다.

기계론의 마지막 네 번째 문제는 유용성/실용성의 문제이다. 이에 대해서는 다음 구절이 참조가 된다. "대학에서 가르치는 이 사변적인 철학(스콜라철학) 대신에 우리는 철학의 구체적인 실천을 모색할 수 있고 그로써, 기술자들의 다양한 성과들이 보여주고 있는 것만큼이나 분명하게, 불, 물, 공기, 천체, 우주, 그리고 우리를 둘러싼 만물의 힘과 작동을 인식함으로써 그것들을 (기술자들을 훨씬 능가해) 광범위하게 응용할 수 있을 것이다. 그리고 이것이 우리를 대자연의 주인이자 소유자로 만들어줄 것이다."(『방법 서설』, VI) 베이컨 등에게서도 보았던, 서구 근대 지식인들의 야심과 욕망을 여기에서도 확인할 수 있다. 우리는 이들의 이런 야심과 욕망이 100퍼센트 이상 실현되어 세계의 거의 모든 것을 포획하고, 그래도 성이 차지 않아 무섭게 폭주하는 시대를 살고 있다.

보론: 가상디의 기계론 비판 —— 데카르트의 기계론은 17세기 철학 전체의 출발점이 되었고, 큰 영향을 끼친 만큼이나 많은 논박들에 부딪치기도 했다. 가상디(1592~1655)는 그의 원자론에 입각해 기계론을 논박한 경우이다. 가상디의 사유는 전반적으로 볼 때 철학적 독창성보다는 철학사적 박식함을 특장으로 하고 있다. 갈릴레오, 데카르트, 홉스 등이 그들의 철학 자체로써 아리스토텔레스를 극복했다면, 가상디는 주로 철학사적 작업을 통해 아리스토텔레스의 한계를 논박하는 데 많은 노력을 기울였다. 아울러 그는 아리스토텔레스를 논박하는 데 들인 노력만큼이나 큰 노력을 에피쿠

할 수 있는 거대한 체계를 구축하고자 했다. 때문에 그의 사유는 철학으로서는 "근대 철학의 아버지"라 불릴 정도의 위상을 얻게 되지만, 그의 탐구가 보다 구체적인 영역으로 내려가면 내려갈수록 점점 더 조잡해지는 것을 확인할 수 있다.

로스학파의 원자론을 부활시키는 데 쏟았다. 사실 그 이전에 루크레티우스의 『사물의 본성에 관하여』의 발견은 르네상스 시대를 뒤흔든 큰 사건이었다. 게다가 가상디는 원자론이 기독교를 밑받침할 수 있다고 믿었는데, 이는 예전부터 원자론과 기독교가 맺어온 적대 관계를 생각해보면 무척이나 흥미로운 생각이다.(반면 이슬람교에서는 알-아샤리 이래 이런 발상이 지속적으로 더구나 주류로서 이어져왔다.)

가상디는 아리스토텔레스에 대해서만이 아니라 데카르트에 대해서도 각을 세웠다. 형이상학의 맥락에서, 『성찰』에 대한 다섯 번째 비판이 가상디의 것이다. 그러나 전반적으로 그다지 정곡을 찌르는 비판들로 보이지는 않는다. 가상디의 핵심적인 공헌은 데카르트의 기계론을 공격하면서 근대적 원자론의 전개를 위한 몇 가지 개념적 토대를 놓은 점에 있다. 그 중심에는 공간, 물질, 운동의 개념을 둘러싼 대립이 있다. 사실 거리를 두고서 보면, 데카르트와 가상디 사이의 차이는 그들이 공히 그 안에서 사유했던 인식론적 장의 공통성에 비하면 미미한 것이었다. 이들은 'phora'의 특권, (천구와 자연적 장소가 해체된) 등질적인 우주공간을 비롯해 많은 개념들을 공유했다. 하지만 데카르트가 플라톤의 코라 개념을 변형해 'res extensa' 개념에 공간과 물질을 합치시켜놓았다면, 가상디는 에피쿠로스 원자론을 이어받아 공간과 물질을 분리하고 물질에 대한 공간의 선차성을 분명히 했다. 물질적 실체를 데카르트적인 물질-공간 쪼가리가 아니라 원자로 상정했으며, 데카르트적인 와류가 아니라 원자들의 충돌이라는 에피쿠로스적인 세계에 입각해 그의 자연철학을 전개한 것이다. 이것은 곧 진공의 존재를 인정하는 논리이기도 하며, 물체들을 그것들이 들어 있는 공간의 기하학적 성격에 기반해 탐구할 수 있는 존재론적 배경을 마련한 것이기도 하다.[29]

---

29) 등질적인 즉 등방적(等方的/isotropic)이고 등측적(等測的/isometric)인 공간이 허용하는 양화 가능성/측정 가능성은 가상디와 데카르트가 공유하는 개념이다.(Pierre Gassendi, *The Selected Works of Pierre Gassendi*, Johnson Reprint Corp., 1972, pp. 383 ff) 그러나 데카르트가 해석기하학과 '데카르트 좌표계'의 개념을 확립함으로써 후자의 영

이런 구도는 뉴턴을 거쳐 근대 역학의 일반적인 기초로 자리 잡게 된다.

데카르트가 이후의 서구 철학사에 끼친 영향은 지대했다. 그가 남긴 합리주의 인식론, 기계론적 자연철학, 그리고 (함축적으로만 논의했지만) 몸과 마음의 이원론을 포함하는 새로운 형이상학은 근현대 철학이라는 마라톤의 출발선과도 같은 역할을 해왔다.

그러나 이 영향은, 그의 사유를 직접적으로 이은 일부 갈래들을 제외한다면, 대개는 그에 대한 논박의 형태로 이루어졌다는 점이 흥미롭다. 오늘날에 그는 거의 "동네북"이 되었다. 그러나 이렇게 끝없이 공격을 당한다는 것, 4세기가 지난 지금까지도 논박의 대상이 된다는 것 ― 예컨대 심신론 (mind-body problem) 및 그것과 관련되는 제 과학에서는 처음에 데카르트의 이원론을 기각하는 것으로부터 논의를 시작하고 있다 ― 자체가 그의 철학사적 위치를 잘 보여준다고 하겠다.

자연철학의 맥락에서 데카르트를 극복하고자 한 인물들로 가상디, 뉴턴, 라이프니츠 등을 들 수 있다. 가상디의 원자론, 뉴턴의 역학, 라이프니츠의 동역학은 기계론의 결함을 극복하면서 전개된 자연철학이다. 뉴턴과 라이프니츠는 기계론에 결여되어 있는 '힘'(뉴턴의 'force', 라이프니츠의 (훗날의 용어로) 'Energie')에 근거하는 자연철학을 펼쳤다. 아울러 기계론 극복은 모든 것을 'res extensa'로 환원하려는 방향에 맞서 사물들의 '질'을 살리려는 방향으로도 전개되었다. 계통학, 임상의학뿐만 아니라 부(富)의 분석, 일반 문법도 질들의 차이에 주목하고 그것들을 분류하는 것에 몰두했다. 이후에도 자연철학＝자연과학은 데카르트적 환원주의에 반(反)하는 다양한 존재

향이 결정적인 것이 되었다.

자들(entities)을 발견하고 그것들을 다루는 유체역학, 열역학, 통계역학, 파동역학, 양자역학 등을 전개함으로써 데카르트로부터 완전히 벗어나게 된다. 아울러 19세기에 등장한 '생기론'은 데카르트와 대척적인 생명존재론을 제시했고, 이 바탕 위에서 '생물학'이 성립하기에 이른다. 그리고 이런 흐름은 진화론(특히 다윈 진화론)의 도래로 결정적인 분기점을 맞게 된다. 아리스토텔레스 자연철학의 물리학(역학) 부분에서 균열이 남으로써 새로운 물리과학의 시대가 시작되었듯이, 데카르트 자연철학의 생물학 부분이 파기됨으로써 새로운 생명과학의 시대가 시작된 것이다. 데카르트의 기계론은 고중세의 자연철학과 결정적으로 대비되는 새로운 패러다임을 제시했고, 이후의 자연철학들은 이 패러다임을 이으면서도 그 내용을 끝없이 개혁해가면서 오늘날에 이른 것이다. 3장에서 이상의 내용을 다룰 것이다.

다른 갈래에 비해 비교적 데카르트를 직접 잇고 있다고 볼 수 있는 것은 스피노자와 라이프니츠의 형이상학이다. 스피노자(1632~1677)는 몸과 마음에 관한 데카르트의 이원론, 신의 존재까지 감안하면 삼원론을 일원론의 구도로 통합하고자 했다. 세 실체라는 데카르트의 구도는 한 실체와 무한한 속성들(우리가 알 수 있는 것으로는 몸, 마음의 두 속성)의 구도로 바뀐다. 형이상학에서의 이런 전환은 서구 문명 전체에 관련해서도 거대한 혁명을 담고 있는 사건이었다. 데카르트의 삼원론, 스피노자의 일원론에 비해, 라이프니츠(1646~1716)는 다원론의 형이상학을 전개했다.[30] 모든 모나드는 각

---

30) 사실 라이프니츠의 경우는 다소 복잡한데, 신과 신이 창조한 모나드들이라는 구도로 보면 그의 사유는 이원론이다. 또, 신도 모나드라는 해석을 채택할 경우, 모든 것이 모나드라는 의미에서는 일원론이라고도 할 수 있다. 하지만 모든 모나드들이 질적으로 다르다는 점에 초점을 맞추면 다원론이다. 여기에 그의 사유에서 물질적 차원을 어떻게 해석할 것인가라는 난제도 있다.
신을 접어둔다면, 관점에 따라 그의 사유는 일원론("유심론")으로 볼 수도 있고 다원론으로 볼 수도 있다. 그러나 모든 것이 모나드이기에 일원론이라는 다소 싱거운 구도보다는, 모든 모나드들이 질적으로 다르다는 다원론에 초점을 맞출 때 라이프니츠 사유는 매력적인 것이 된다. 여기에서는 라이프니츠 형이상학을 이원론, 일원론의 측면도 인정하면서 다원론으로 이해할 것이다.

각의 질적 차이를 갖춘 개별자이며, (전통 사유의 관점에서 보면 낯설게도) 각각의 개별자는 각각의 본질을 가진다. 말하자면, 라이프니츠는 데카르트, 스피노자에게서 굵직하게 범주화되어 있던 것들을 가루로 만들어 그것들을 다시 계열화해 모나드들을 사유했다고 할 수 있다. 아울러 라이프니츠는 '잠재성과 현실성'이라는, 데카르트나 스피노자에게는 낯선 존재론적 구도를 정립함으로써 이후 형이상학의 흐름에 지대한 영향을 끼친다. 이후 서구 형이상학은 독일 이념론, 베르그송, 하이데거, 들뢰즈 등으로 이어지거니와, 이런 흐름에서 데카르트는 늘 핵심적인 준거점의 역할을 하게 된다. 4장과 5장에서 스피노자와 라이프니츠의 형이상학을 다룰 것이다. 그리고 3부, 9장에서는 독일 이념론을 다룰 것이며, 4권에서는 베르그송 등의 형이상학을 다룰 것이다.

데카르트 형이상학의 극복 과정은 서구와는 다른 철학 전통, 특히 동북아 전통과도 밀접한 관련성을 가진다. 동북아 근대를 관류한 핵심적인 형이상학은 기 일원론이었다. 일찍이 장재가 기 일원론을 정립했지만, 16세기의 서경덕, 17세기의 왕부지 등은 (서구 자연철학만큼 급진적이지는 않았지만) 새롭게 도래한 자연철학의 토대 위에서 근대적인 형태의 기 일원론을 제시했다. 그리고 이 흐름은 18세기의 대진, 19세기의 최한기까지 이어진다. 기 일원론은 스피노자의 일원론과 공명하지만, 전자에는 후자에서와 같은 속성들의 불연속은 포함되지 않는다. 기 일원론은 아울러 서구의 근대 초 철학들을 지배한 결정론이 아니라 기에서의 생(生)의 측면과 성(成)의 측면을 함께 고려하는 사유를 전개했다. 이 형이상학은 때로 '유기체철학'이라 불리지만, 사실 기 일원론은 유기체철학이 빠지기 쉬운 전체주의와 목적론에 갇히지 않은 보다 유연한 사유를 펼쳤다는 점에서, 오히려 더 현대적이라 할 수 있다. 데카르트 형이상학을 결정적으로 극복하고서 현대 형이상학을 세운 인물은 베르그송이거니와, 기의 철학과 베르그송의 생명철학은 친연성이 높다.[31] 최한기의 '神氣'로부터 베르그송의 'esprit'로의 이행은 근대적인 유물론과 실증주의를 극복한 형이상학적 흐름으로 평가할 수 있으며,

최한기로부터 베르그송으로 이행하는 과정은 충분히 탐구해볼 만한 가치가 있다. 6장에서는 왕부지의 형이상학을 다루고, 7장에서는 최한기의 형이상학을 다룰 것이다.

데카르트의 합리주의는 근대 자연철학과 형이상학의 토대가 되었다.[32] 인식론의 맥락에서 이 합리주의와 각을 세운 것은 영국의 경험론자들이다. 경험론자들에게 인식의 근거이자 출발점은 인간의 감각이 객관적 사물들을 만나 이루어지는 지각, 그리고 지각의 결과로 생겨나는 '관념들'/'인상들'이다. 합리주의자들이 고대 자연철학의 전통을 잇고 있다면, 경험주의자들은 소피스트들의 전통을 잇고 있다. 흔히 근대 자연철학의 두 정초로서 합리주의와 경험주의를 논하지만, 자연철학은 지각에서 출발하는 것이 아니기 때문에(실험은 이미 이론을 전제한다.), 경험주의는 자연철학의 정초라는 맥락보다는 근대적인 주체의 정립이라는 맥락에서 읽는 것이 더 의미있다.[33] 경험주의자들은 인간의 마음이라는 우주를 치밀하게 들여다봄으로써, 이후 오늘날까지 이어지는 주체론의 토대를 닦았다는 점에서 큰 의미를 부여받을 수 있다. 이 경험주의는 그 후에도 칸트와 독일 이념론자들의 선험적 주체의 철학, 19세기 이래의 실증주의, 20세기의 현상학, 베르그송,[34] 들뢰즈 등 경험주의적인 철학자들에게 큰 영향을 끼치게 된다. 8, 9장,

---

31) 양자의 결정적인 차이는 기 일원론이 '神氣'도 어디까지나 기의 일종으로서 이해하는 반면, 베르그송에게서는 '물질'과 '기억'이 이원론을 형성한다는 점이다. 최한기의 『신기통』과 베르그송의 『물질과 기억』을 비교하는 것은 흥미로운 작업일 것이다.

32) 다만 1장의 '보론 1'에서 논했듯이, 자연철학에서는 수학을 포함하는 합리주의 인식론 못지않게 실험이 결정적인 역할을 한다는 점을 잊지 말자.

33) 경험주의를 과학철학의 맥락에서 읽는다면, 그것은 베이컨 철학의 정교화 정도의 의미를 가질 뿐이다. 다만 관찰을 중심으로 하는 경험적인 과학들, 질의 과학들, 귀납적 과학들의 전개에는 경험주의가 일정한 역할을 했다고 보아야 한다. 경험주의 과학철학의 이런 흐름은 19세기의 존 스튜어트 밀에게까지 이어진다.

34) 데카르트는 사물의 본질과 현상을 날카롭게 구분하고, 현상을 일종의 환각, 기껏해야 대상의 표면과 주체의 표면이 만나 형성되는 이미지의 차원으로 보았다. 반면 버클리는 현상이 곧 존재라는 점을 역설함으로써 현상 너머의 존재 같은 것은 없음을 분명히 했다. 앞에서 데카르트와 버클리가 서구 근대 인식론의 대척점을 이룬다고 했던 것은 이

112

그리고 4권에서 이상의 내용을 다룰 것이다.

이 외에도 데카르트와 각을 세운 흐름들로는 유물론, 비-합리주의를 들수 있다. 유물론은 데카르트의 삼원론을 일원론으로 통합하고자 한 스피노자와는 달리, 신과 정신을 탈락시키고 물질만을 실체로 보는 다른 형태의 일원론(/환원주의)을 추구했다. 8장에서 다룰 18세기 계몽사상, 특히 전기계몽사상에서 이런 흐름은 두드러진다. 이후 이 흐름은 11장에서 다룰 변증법 계열에서의 유물론으로 이어지거니와, 여기에서 '유물론'이란 이전과는 다른 뉘앙스를 띠게 된다. 그것은 때로 사적 유물론(마르크스)이나 변증법적 형태의 유물론(엥겔스 등)을 뜻하기도 하고, 때로는 인식론에서의 반영주의 및 그와 유사한 형태의 이론들(레닌 등)을 뜻하기도 한다. 유물론은 그 후로도 이어져 오늘날에 이르거니와, (4권에서 다룰) 심신 문제에서의 부대현상론이나 비-환원주의적 유물론은 그 대표적인 예들이다. 전자는 정신을 신경운동의 부수물 정도로 봄으로써 유물론을 전개하고 있고, 후자는 기존 유물론과 달리 비-환원주의적인 형태의 유물론을 개진하고 있다. 에피쿠로스학파와 스토아학파의 대비에서도 보았듯이, 유물론은 이름은 하나지만 사실 그 '물(물질)'을 무엇으로 규정하는가에 따라서 상당히 다른 형태의 사상들이 된다. 그러나 어떤 형태의 유물론이든 데카르트의 이원론(/삼원론)이 일차적인 논박의 대상인 것은 마찬가지이다.

비-합리주의의 흐름 역시 데카르트가 만든 사유 패러다임을 주적으로 삼아 전개되었다. 데카르트 당대에 파스칼이 그랬고, 이성과 계몽의 시대인 18세기에도 디드로의 『라모의 조카』나 루소의 저작들은 그런 패러다임과 대립했다. 19세기에는 낭만주의라든가 쇼펜하우어, 키르케고르, 니체 같은 독자적인 철학자들이 합리주의적 이성의 일방적인 군림에 저항했고, 20세

런 이유에서였다. 칸트는 사물의 본질(물 자체)을 인정하되 그것을 알 수는 없다고 보고, 인식의 대상을 현상에 국한하되 열쇠는 주체에게 있다고 봄으로써, 양자를 화해시키고 있다. 베르그송은 데카르트는 사물들을 우리에게서 너무 멀리 놓았고 버클리는 너무 가까이 놓았다고 보고, 그 사이를 취함으로써 새로운 인식론을 진수한다.

기에도 (4권에서 다룰) 베르그송이나 실존주의자들을 비롯한 비-합리주의 계열의 철학자들이 이어졌다. '비-합리주의'는 물론 반(反)합리주의가 아니며, '비-'라는 접두어가 붙은 모든 사조가 그렇듯이 매우 다양한 형태들을 내포한다. 예컨대 키르케고르의 비-합리주의와 베르그송의 비-합리주의에서 각각이 겨냥하는 합리주의는 상이하다. 합리주의라는 개념이 모호하거니와, 비-합리주의는 더더욱 모호하다. 이런 모호함을 극복할 방법이 곧 합리주의를 정확히 데카르트의 그것으로 이해하는 것이다. 그런 기준축을 놓고서 논할 때, 합리주의나 비-합리주의는 좀 더 명료한 개념을 획득한다. 데카르트의 철학이 '합리주의' 개념에 푯대를 세워주고 있는 것이다. 이것이 서구 근현대 철학사에서, 나아가 세계 근현대 철학사에서 데카르트라는 준거점을 파기할 수 없는 이유이다.

이런 여러 반(反)데카르트적 흐름들과 구분되는 또 하나의 흐름은, 형이상학과 수학을 토대로 학문의 체계를 세우고자 한 데카르트의 구도와 달리 자연과학과 인간과학(/정신과학/문화과학) 또는 인문학을 대비(對比)하는 학문 구도를 추구한 갈래이다. 비코에게서 이미 데카르트주의와 대결하려는 이런 경향이 등장한다. 인문학의 경우는 비교적 간단하다. 인문학과 과학은 단적으로 대비되며, 오늘날의 학문세계를 양분하고 있다. 미묘한 경우는 '인간과학'이다. 인간과학은 인문학과 달리 어디까지나 '과학'이다. 그럼에도 그것은 과학을 데카르트적 뉘앙스에서의 과학과 동일시하는 것에 반대한다. 비-과학이 아니라 다른 과학을 추구한 것이다. 4권에서 다룰 신칸트학파의 정신과학, 문화과학, 그리고 구조주의적 인간과학이 그 대표적인 예를 보여준다.

데카르트는 자신이 긍정적인 방식으로 영향을 끼친 점 못지않게, 근현대의 많은 사조들이 그를 물리쳐야 할 출발점으로 삼았다는 점에서 극히 중요한 역할을 했다고 할 수 있다. 오늘날에는 근대 철학의 아버지라기보다는 할아버지라고 해야 하겠지만, 이 할아버지의 사유는 지금도 여전히 살아 있다.

3장 과학혁명의 전개

데카르트의 기계론은 자연세계를, 말하자면 완벽히 **표백했다**. 그것은 세상의 모든 색들을 순백색의 투명한 추상기계로 환원한 사유였다. 그가 그린 자연세계는 고대의 질적-목적론적 형이상학과 중세의 신학적 자연철학 그리고 르네상스 시대의 헤르메스주의를 완전히 탈색해버린 세계였다. 그러니만치 그것은 이론적인 면에서, 데카르트 자신이 누누이 갈망했듯이 확실하고 자명하고 명석·판명한 세계였다. 그러나 이런 이론적 투명성은 현실을 그 이론으로 환원한 대가로서 가능한 것이었다. 때문에 자연이 그것으로부터 일탈하는 현상들을 내보일 때마다 이 이론은 그 투명성을 일정 정도씩 양보하면서 새로운 존재자들을 받아들일 수밖에 없었다. 물리과학 외의 영역들에서는 말할 것도 없고, 이 분야 자체 내에서만 해도 힘, 파동, 에네르기에서부터 오늘날의 힉스 입자라든가 중력파 등등 데카르트 기계론에 비추어볼 때 이질적인 많은 존재들을 긍정할 수밖에 없었다. 지난 4세기에 걸쳐 진행되어온 자연과학의 역사를 일관되게 바라볼 수 있는 한 관점은 이것이다: 데카르트에 의해 일단 완전히 표백되었던 자연에 다시 새로운 존재자들이 계속해서 받아들여져온 역사.

흔히 '과학혁명'은 17세기 갈릴레오 이래 전개되어온 과학상의 혁명을 말한다. 하지만 우리는 근대 과학의 역사에서 두 번의 혁명을 만나게 된다. 두 번째 혁명은 열역학, 파동역학, 진화론 등으로 대표되는 19세기의 과학혁명이다. 사실 존재론적 수준으로 두 과학혁명을 파고들면, 두 번째 과학혁명이 보다 급진적이다. 첫 번째 과학혁명을 떠받치는 존재론은, 여러 근본적인 혁신에도 불구하고, 전통 존재론과 연속적인 측면을 여전히 많이 내포하고 있다. 반면, 두 번째 과학혁명을 떠받치는 존재론은 전통 존재론으로부터 급진적으로 이탈한 존재론이다. 갈릴레오, 데카르트, 뉴턴, 라이프니츠 등의 세계는 플라톤과 아리스토텔레스의 세계로부터 크게 일탈했음에도 여전히 그 그림자 안에 있었다. 그러나 볼츠만, 맥스웰, 다윈의 세계는 이미 매우 다른 세계이다.

이 장의 1절은 1차 과학혁명 내에서의 변화를 다룬다. 그것은 곧 데카르트 기계론과의 투쟁을 통해서 전개된 힘의 과학과 질의 과학이다. 2절에서는 2차 과학혁명, 새로운 과학혁명을 열역학과 진화론을 중심으로 다룬다.

1절 힘의 과학과 질의 과학

우선 17세기(와 18세기)에 이루어진 과학혁명 내에서 새로운 단계를 만들어낸 두 가지 과학을 살펴보아야 할 것이다. 힘의 과학과 질의 과학이 그것이다.

데카르트의 자연철학은 힘의 범주를 제거해버린 세계이다. 이는 한편으로 그가 세계의 운동을 신에 의해 만들어진 것으로 보았기 때문이고, 다른 한편으로 와류를 통해서 자연현상을 설명할 수 있다고 보았기 때문이다. 반대 방향으로 말해, 와류의 흐름 자체가 힘 개념을 함축한다고도 볼 수 있지만 힘 자체는 이 자연철학의 영역에서 빼내어져 신이라는 형이상학의 영역으로 전가되고 있다. 데카르트의 '직선운동의 법칙'을 반전시켜 '원심력' 개념을 제시하고 정량화했던($F_{cf} = \dfrac{mv^2}{r}$) 크리스티안 하위헌스(1629~1695) 역시 힘을 자체로서의 존재가 아니라 다만 물질이 띠는 속성/경향 정도로 파악했다.[1] 이에 비해서 '힘'이라는 것을 자연철학의 핵심 전제로 삼고, 힘의 과학을 구축한 대표적인 인물은 뉴턴과 라이프니츠였다.

---

1) 사실 위의 공식은 현대적인 공식이며, 하위헌스에게서는 질량 개념도 또 중력 개념도 명확히 확립되어 있지가 않았다. 그의 역학의 이론적 기반은 여전히 데카르트 기계론이었다. 위의 공식은 데카르트에서 뉴턴 — 하위헌스의 '원심력' 개념을 '구심력' 개념으로 변환시킨 — 으로 이행하는 과도기적 사유를 정확히 보여준다. 또 하나, 하위헌스의 중요한 공헌은 토리첼리(1608~1647), 갈릴레오 등을 이어받아 훗날 '질점(mass-point)'이라 불리게 될 개념을 세운 점에 있다. 질점 개념도 근대 과학의 표백된 세계를 잘 보여주는 개념이지만, 데카르트의 기하학적 세계에 비해 질량(과 그것에 결부되어 있는 힘)이 실재로서 새롭게 부여된 세계를 보여준다. 이 개념은 뉴턴의 『프린키피아』에서 위력을 발휘하게 된다. 아울러 힘의 문제와 더불어 진공의 문제도 시대의 화두가 되었다. 토리첼리, 파스칼 등의 실험을 통해 진공의 존재가 인정되기에 이른다.

§1. 기계론의 극복

데카르트의 기계론은 영국으로 건너가서 보일, 후크, 뉴턴 등에게 큰 영향을 주며, 이 영국 과학자들 특히 뉴턴에 의해 근대 역학체계가 완성되기에 이른다. 베이컨의 경험주의 인식론의 세례를 받은 영국 과학자들은 연역적인 사변보다는 실험을 통한 귀납의 방법으로 자연에 접근했다. 데카르트로부터 합리주의적-기계론적 사유를 이어받고 베이컨으로부터 경험주의적-실험적 사유를 이어받아 양자를 함께 추구함으로써, 결국 이들은 근대 자연철학의 높은 경지에 이를 수 있었다. 그러나 여기에 힘 개념에 관련해 길버트, 케플러 등의 신플라톤주의/헤르메스주의가 또한 결정적인 영향을 끼쳤다는 점 또한 빼놓을 수 없다.

로버트 보일(1627~1691)의 사유는 데카르트의 기계론을 이어받은 것이었으며, 그는 자신의 자연철학을 '입자철학'이라고 불렀다.[2] 그러나 그는 자연의 여러 영역들을 연구하는 과정 — 그의 연구는 오늘날의 물리학보다는 화학에 가깝다 — 에서 기계론의 추상성을 조금씩 극복해가는 모습을 보여준다는 점에서 흥미롭다. 예컨대 그는 진공에 관한 실험을 통해서 생명체와 불의 지속에 공기가 필수적이라는 사실을 발견했고, 공기 중에는 일반 물질과는 다른 어떤 물질 — 오늘날의 산소 — 이 존재한다는 것을 예견했다. 이는 모든 물질을 완벽히 등질적인 것으로 보는 데카르트의 생

---

2) 화학의 역사에서 보일의 사유는 파라켈수스적 화학으로부터 기계론적 화학으로 이행하는 과정의 정점에 위치했다. 보일은 데카르트의 영향과 가상디의 영향을 동시에 받았다. 때문에 이 입자는 데카르트의 'res extensa'일 수도 있지만 가상디의 원자일 수도 있었다. 특히 진공펌프를 통해서 진공의 존재를 확인한 보일에게 데카르트적 플레눔은 받아들일 수 없는 것이었다. 하지만 기계론적 원칙을 고수한 그는 떨어진 거리에서의 작용(원격작용)은 인정하지 않았다. 그러나 베이컨주의자이기도 했던 보일은 이 존재론적 문제를 더 이상 심각하게 파고들지 않았다. 그에게 이런 이론들은 연구의 시작을 위한 작업가설(working hypothesis)이면 족했고, 발견을 위한 계기들이면 족했다. 이런 식의 태도는 뉴턴에게서도 발견되며, 대체로 영국, 넓게 말해 영어사용권 학자들을 특징짓는 태도라고 할 수 있다.

각에 의문을 제기하면서 공기의 **다질성**(heterogeneity)을 드러낸 것이다. 오늘날의 눈길로 보면 너무나도 당연해 보이지만, 데카르트의 그림자를 벗어나 이 단계로 나아가는 과정은 결코 간단한 것이 아니었다. 나아가 그는 화학의 여러 주제들을 연구하는 과정에서 '열소(熱素/caloric)'라든가 '연소(燃素/phlogiston)'를 비롯한 특수한 물질들을 도입하지 않을 수가 없었다. 데카르트에게 물질이란 연장을 기하학적 도형과 구분할 수 있도록 해주는, 연장을 '채우고 있는' 어떤 것 이상의 의미를 가지지 못했다. 그러나 보일의 연구는 물질이란 나름의 활성을 내장하고 있는 실체라는 것, 그리고 물질에는 간단히 일원화할 수 없는 다질성이 있다는 것을 차례차례 드러낸 것이다.[3] 이렇게 물질 자체에 '힘'과 '질'을 내장시킨 것은 데카르트 기계론으로부터 탈피하는 중요한 계기를 이루게 된다.[4]

---

3) 다른 한편 그는 차가움과 뜨거움을 아리스토텔레스적인 질적 대립으로 보기보다는 한 가지 속성의 '정도'로 보고 측정을 통해 등질화했다는 점에서도 주목할 만하다. 물질의 측면에서는 데카르트적 등질성을 극복했으나, 이 측면에서는 오히려 수학적 등질성을 도입함으로써 과학적 정확성을 확보했다고 할 수 있다. 데카르트의 물질을 질적으로 다원화한 동시에 물질의 속성들을 측정하고 양화하는 방식을 확보했다는, 이 이중적인 공헌은 과학자로서 보일의 뛰어남을 잘 보여준다. 다른 한편, 보일은 한편으로 기계론을 견지하면서도 다른 한편으로는 '숨겨진 성질들'을 긍정했다. 이는 곧 경험주의 인식론을 취한다고 해서 형이상학적 존재들을 부정할 필요는 없다는 입장이다. 오히려 경험적으로 연구할 수 있는 차원과 그렇지 않은 차원을 분명히 구분함으로써 형이상학적 차원 — 차라리 종교적/신비주의적 차원 — 을 비-합리적으로 긍정할 수 있다는 생각이다. 1권에서도 여러 번 언급했듯이, 형이상학은 거부하지만 형이상학적 차원 자체는 오히려 비-합리적으로 긍정하는 이런 태도는 서양 근대 경험주의 철학자들에게서 종종 발견되는 구도이다.

4) 뉴턴은 힘의 측면에서, 입자들 사이의 인력과 척력에 대한 가정 — '친화도(affinity)'에 대한 가정 — 을 제시함으로써 후대 화학에 중요한 영감을 제공하게 된다.(Isaac Newton, *Opticks*, Book 3, Part 1, Question 31) 뉴턴은 인력과 척력 개념을 도입함으로써, 물질과 운동이라는 두 원리에 입각했던 데카르트의 자연철학을 물질, 운동, 힘이라는 세 원리에 입각한 자연철학으로 변환시켰다. 아울러 뉴턴이 미시세계에 대해 가진 이미지는 거시세계에 대해 가진 이미지와 유비적인 것이었고,* 거시세계와 미시세계 사이의 이런 유비는 이후의 과학사에서도 중요한 역할을 하게 된다.

  * 다만 뉴턴은 미시세계에 관련해서는 '선택적 친화성'을 주장한 데 비해, '만유인력'이라는 말 자체가 드러내고 있듯이 거시세계에 관련해서는 보편적인 인력을 주장했다.

보일의 연구를 이어받은 후크(1635~1703)는 다양한 과학적 성취를 이루었지만,[5] 철학적으로 핵심적인 것은 인력 개념을 구체화한 점에 있다. 후크 역시 데카르트 기계론의 세례를 받았으나 그로부터 점차 벗어남으로써 보일보다 더 본격적으로 힘에 대한 사유를 펼쳤다. 후크는 『혜성론』(1678)에서 "자석과 철이 서로를 끌어당기듯이, 태양의 중력(gravitating power)이 그 주위를 도는 행성들과 지구에 인력을 미치고 (…) 행성들과 지구도 태양에 인력을 미친다"고 했다.[6] 이 책의 전체 맥락을 보면 만유인력을 논한다고 보기에는 아직 무리가 있지만, 고전 역학의 중력 개념에 결정적인 한 걸음을 내디디고 있음을 볼 수 있다. 후크는 행성들이 궤도로부터 접선 방향으로 이탈하지 않고 태양 주위를 계속 도는 것도 바로 이 중력 때문이라고 생각했다. 관성에 의해 접선 방향으로 날아가려는 힘과 태양이 잡아당기는 힘의 동시작용으로 인해 행성이 태양을 돈다는 구도에 도달한 것이다. 데카르트의 관성 개념과 직선운동 개념이 중력의 개념을 만남으로써 천문학적으로 결실을 맺었다고 할 수 있다. 베이컨도 운동의 종류를 분류하는 과정에서 "달이 바닷물을 끌어 올린다거나 (…) 항성천이 행성을 원지점으로 끌어당긴다거나 태양이 금성과 수성을 일정한 거리 이상으로는 멀어지지 않게 당기는" 운동에 대해 언급했지만(『신기관』, II, §48), 후크는 보다 구체적인 연구들을 진행하는 과정에서 중력의 존재를 점점 더 긍정하

---

5) 보일의 조교였던 후크는 보일이 진공펌프를 만들고 '보일의 법칙'을 발견하는 것을 도왔다. 그는 또한 현미경을 사용해서 미시세계를 정교하게 파악했고(그가 그린 벼룩 그림은 지금도 생물학 책에서 간혹 볼 수 있다.), 특히 세포를 발견함으로써(물론 그가 세포의 개념을 세운 것은 아니었고, 세포의 존재를 발견하고 그것에 'cell'이라는 이름을 붙인 정도였지만) 이후 생물학 발달의 초석을 놓게 된다. 근대 이후의 인간을 지배하는 가장 기본적인 감수성들 중 하나는 바로 '마이크로'에 대한 감수성이다. 전통 시대를 살던 사람들과 현대인을 가르는 가장 기본적인 감수성의 차이들 중 하나는 바로 '미시세계'에 대한 감수성이라고 할 수 있다.(물론 동시에 거시세계에 대한 감수성도 함께 발달했지만.) 이런 감수성의 출발점을 잡는다면 바로, 네덜란드의 레벤후크와 더불어 후크를 들어야 할 것이다.

6) Robert Hooke, "Cometa", *Lectures and Collections*, London, 1678, p. 12.

기에 이른다. 결국 그는 데카르트식의 '접촉에 의한 작용'을 벗어나 '떨어진 거리에서의 작용'으로 기울어지게 된다. 나아가 후크는, 당대에 이미 알려져 있던 것이긴 하지만, 중력이 물체들 사이 거리의 제곱에 반비례한다는 정량적 파악에도 도달했다. 그러나 공사다망했던 그는 이 연구를 집요하게 추진하지는 못했다.

§2. 뉴턴의 종합

케플러, 갈릴레오, 데카르트에서 출발해 보일과 후크가 닦아놓은 길을 완성한 인물은 뉴턴이다. 뉴턴 역시 데카르트의 영향을 받았으나 그로부터 점차 벗어났으며, 떨어진 거리에서의 작용을 기반으로 그의 역학체계를 구축했다. 여기에는 갈릴레오를 논할 때 언급한 인식론적 입장과 뉴턴의 정신세계를 깊숙이 지배했던 종교적-신비주의적 영향이 동시에 작용했다고 할 수 있다. 뉴턴은 마음 깊이 종교적인 인물이었고, 퓌타고라스·플라톤·신플라톤주의/헤르메스주의에 경도되었던 인물이다. 게다가 연금술에 깊이 빠져 이 중세적 마술에 많은 시간을 바치기도 했다. 그는 물활론까지 나아간 것은 아니었어도 물질을 보다 역동적이고 생동감 있는 존재로서 파악하고자 했고, 연금술 연구에 몰두했던 것도 이 때문일 것이다. 그리고 길버트, 케플러, 보일, 후크 등이 이미 떨어진 거리에서의 작용으로 가는 길을 닦아놓았기 때문에, 그는 중력 개념 나아가 만유인력 개념을 도입하는 데 큰 저항감을 느끼지 않았다. 기계론의 눈으로 보면, '떨어진 거리에서의 작용'은 영락없이 일종의 마술과 같은 것이다. 그래서 뉴턴의 만유인력 개념은 오래도록 강력한 비판들에 직면해야 했다. 뉴턴은 우주에 편재한 이 힘의 근원, 우주의 제1원인은 데카르트의 경우와 마찬가지로 신이라고 생각했다. 데카르트가 형이상학에서 출발해 자연철학으로 나아갔다면, 뉴턴은 자연철학에서 출발해 종교/신학으로 나아갔다. 두 사람의 차이를 잘 음미해볼 필요가 있다. 그러나 뉴턴은 자연철학의 맥락 자체 내에서는 철저히 수학적 현상주의의 입장을 취했다.[7] 자연철학에 대한 형이상학적 정초는 부인하면서 자연철학의 끝에 종교/신학을 놓는 이런 구도는 뉴턴 사유의 이율배반적 구조를 보여준다. 그리고 이런 이율배반적 모습은 서양의 근대 철학자들에게서 심심찮게 볼 수 있는 구도였다. 그러나 자연철학에 국한해서 본다면, 그의 사유는 데카르트의 기계론과 헤르메스주의적 세계관 그리고 갈릴레오의 수학적 물리학의 탁월한 종합으로 평가되어야 할 것이다.

『프린키피아』(1687)에서 뉴턴은 다음 여덟 가지 정의들을 논의의 기초로 삼았다. ① '물질의 양'(질량)은 그것의 밀도와 부피로부터 생겨나는 물질의 측도(측정치)이다.[8] ② '운동의 양'(운동량)은 속도와 물질의 양으로부터 생겨나는 운동의 측도이다.($p = mv$) ③ '물질에 내재하는 힘(inherent force)'(관성력)은 모든 물체들로 하여금, 정지해 있는 경우든 등속직선운동을 하고

---

7) 그는 "나는 (스콜라 철학자들의 '실체적 형상' 같은 식의) 가설을 만들지 않는다"라고 선언했지만, 사실 그의 수학적 현상주의 아래에는 힘의 형이상학이 깔려 있다고 볼 수 있다. 중요한 것은 그가 그저 헤르메스주의의 영향 하에 힘 개념을 도입한 점에 있는 것이 아니라, 그 힘을 정량화함으로써 거기에 수학적 실재성을 부여했다는 점에 있다. "힘의 종류나 그 물리적(물질적) 성질을 규정하려 하기보다는 단지 그 양과 수학적 비율만을 고찰하고자 한다"라는 말도 이런 맥락을 담고 있다.(Newton, *The Principia*, University of California Press, 2016, Book I, Section 11, Scholium) 뉴턴에게 수학은 역학과 별개인 형식과학이 아니라 어디까지나 역학의 한 부분이었음을 이해하는 것이 중요하다. 『프린키피아』에서 그가 오늘날 같으면 간단한 미분방정식 몇 개로 설명할 수 있는 현상들 ── 더구나 그 자신이 바로 미분법의 창시자이다 ── 을 고집스럽게 복잡한 기하학을 동원해 설명한 것도 이런 맥락에서 이해할 수 있다. 그러나 오일러, 라그랑주, 야코비, 해밀턴 등에 이르면 미분방정식을 사용한 연구가 일반화되기에 이르러, 근대 과학서들을 장식했던 기하학적 그림들은 점차 사라지게 된다.

8) 개념 자체만 놓고 본다면 여전히 데카르트적이다. 사실 물체의 본질이 연장이냐 질량이냐는 거의 선택의 문제일 수도 있다. 이후의 자연철학이 질량을 선택했다면, 그것은 어떤 확고한 존재론적 이유 때문이라기보다는 물리학의 실제 과정을 통해서 질량 개념이 보다 많은 성과들을 낳게 해주었기 때문이라고 할 수 있다. 어떤 개념의 존재론적 위상은 결국 그것의 다산성(多産性) 정도에 입각해 평가되어야 한다는 것이 근대 학문의 기초 이념들 중 하나로 자리 잡게 된다. 이는 경험주의나 수학적 현상주의, 조작주의 등을 택하는 입장들에서 특히 그렇다.

있는 경우든, 가능한 한 그것의 상태를 유지할 수 있도록 해주는 저항력[변화에 저항하려는 힘]이다. ④ '외부에서 가해진 힘(impressed force)'[충격력]은 한 물체에 가해진, 정지해 있는 경우든 등속직선운동을 하고 있는 경우든 그것의 상태를 변화시키는 활동이다. ⑤ '구심력'이란 물체들을 [그것들이 속한] 모든 변/면(sides)으로부터 잡아당기는, 어떤 점을 향해 마치 그것이 중심인 듯이 끌어당기는, 아니면 어쨌든 당기는 힘이다.[9] ⑥ 구심력의 절대량은 이 힘을 한 중심으로부터 주변으로 전파시키는 원인의 효율에 다소간 비례하는 [그 힘의] 측도이다. ⑦ 구심력의 가속량은 주어진 시간에 그것이 일으키는 속도에 비례하는 이 힘의 측도이다. ⑧ 구심력의 동력량은 주어진 시간에 그것이 일으키는 운동(motion)에 비례하는 이 힘의 측도이다.

이 정의들에 이어 등장하는 것은 유명한 세 운동법칙이다. 질량, 운동량, 힘을 정의하고 이어 운동의 법칙들을 정의하는 이 방식은 17세기 내내 이어온 자연철학의 사유 양태를 이어받아 종합하고 있다. ① 모든 물체는 외부에서 가해진 힘들에 의해 상태 변화를 겪지 않는 한 그 정지 상태 또는 등속직선운동의 상태를 유지한다.(관성의 법칙) 뉴턴이 이 법칙의 성립에 '절대공간'을 필요로 했던 이유는 뒤따르는 주해를 비롯한 여러 곳에 설명되어 있다. 하위헌스, 라이프니츠, 버클리 등은 이 개념을 강도 높게 비판했고, 이 문제는 '마흐의 원리'를 거쳐 상대성 이론에서 일정 수준의 해결책을 얻게 된다. ② 운동에서의 변화는 가해진 동력(motive force)에 비례하며,[10]

---

9) '잡아당기는'은 'draw', '끌어당기는'은 'impel', '당기는'은 'tend'를 번역한 것이다. 이 힘의 예로서 뉴턴은 '중력(gravity)'과 '자기력(magnetic force)'를 들고 있다. 중력은 물체들을 지구 중심으로 당기고, 자기력은 철을 자석으로 당긴다. 후크가 밝혔듯이, 행성들이 접선 방향으로 날아가지 않고 태양 주위를 돌 수 있게 하는 힘도 바로 이 힘이다. 결국 구심력은 원심력과 반대 방향으로 작용하는 힘이다. 뉴턴은 구심력의 양을 절대량(absolute quantity), 가속량(accelerative quantity), 동력량(motive quantity)으로 분류하고, 각각을 정의 6, 7, 8에서 서술한다.

10) 뉴턴이 생각하는 힘의 핵심은 물체의 관성을 이겨내면서 그것의 운동 상태를 변화시키는 힘이었다. "운동에서의 변화"란 바로 한 물체의 운동 상태에서 일어나는 변화를 가리키며, '동력'이란 바로 이런 변화를 일으키는 힘을 가리킨다.

그 힘이 가해진 바의 직선에 따라 발생한다. 이 법칙은 좀 더 다듬어져 $F=ma(=\mathrm{m}\frac{dv}{dt}=\mathrm{m}\frac{d^2s}{dt^2})$로 공식화되고, '가속도의 법칙'으로 불리게 된다.[11] ③ 어떤 작용에 대해서도 항상 등가의 반작용이 존재한다. 달리 말해, 두 물체의 상호 작용은 항상 등가적으로 또 반대 방향으로 이루어진다.(작용-반작용 법칙) 뉴턴은 이런 법칙들에 입각해서 케플러의 법칙들을 수학적으로 정밀하게 증명했고(1권), 데카르트의 와류 이론을 대체할 이론으로서 '유체동역학'을 새롭게 진수했으며(2권), 만유인력의 법칙("모든 물체는 그 질량에 비례하는 중력을 서로에게 가한다.")에 입각해[12] 조석 간만의 차에 대한 설명을 비롯해 오늘날 천체물리학에서 배우는 기초적인 개념들, 설명들, 법칙들을 수립했다. 아직 불완전한 대목들도 있었으나, 『프린키피아』는 17세기의 역학과 천문학을 종합하고 그 완성도를 한껏 높인 저작이었다.

---

11) 간단히 말해 제1법칙은 외력이 없으면 속도는 변하지 않는다는 것을, 제2법칙은 외력이 있을 때 속도가 변한다는 것을 말하고 있다. 그래서 제1법칙은 제2법칙의 특수한 경우로도 볼 수 있다. $F=0$인 경우, ma는 0이다. 질량이 0일 수는 없으므로 a가 0이 된다. 즉 가속도가 없다는 것, 속도는 변하지 않는다는 것이다. 힘과 가속도는 상관적이다. 여기에서 질량이 가속도에 저항한다는 점이 중요하며, 이는 제3법칙과도 연계되고 또 후에는 상대성 이론에서도 중요한 역할을 하게 된다.

12) 앞에서도 언급했듯이, 뉴턴은 『프린키피아』 말미의 '일반적 주해'에서 자신이 중력의 원인을 발견한 것은 아니며 그것에 대한 가설을 세우지 않는다고 말한다. 그러나 만유인력이야말로 형이상학적 가설, 그것도 비-합리적인 성격의 가설이라 해야 할 것이다. 뉴턴은 데카르트처럼 세계를 완벽한 투명성에 입각해 설명할 수 있다고 믿지 않았다. 그에게 세계는 기본적으로 신비한 것이다. 철저하게 합리적인 기계론을 추구했기 때문에 자연철학에서 어떤 한계에 봉착했던 데카르트와 대조적으로, 뉴턴의 이런 비-합리적 태도가 그의 만유인력 가설을 가능케 했다고 할 수 있다. 그가 하고자 한 것은 현상들을 수학적으로 설명하는 것이었으며, 그 원인은 모르지만 만유인력을 전제할 때 이런 설명이 실제 성과를 거둘 수 있다고 본 것이다. 뉴턴에게 수학적 현상주의라는 과학과 신비주의라는 종교/신학은 양립 불가능한 것이 아니라 오히려 상보적인 것이었다. 과학에서 형이상학을 건너뛰고(오히려 형이상학을 부정하면서) 종교/신학으로 넘어가버리는 이 구도는 과학자들(과 경험주의 철학자들)에게서 자주 발견되는 구도이다. 본 철학사의 이전 논의들에서 여러 번 언급했던, 자아의 내면에서 초월로 건너뛰는 구도와 비교해볼 만하다.

§3. 라이프니츠의 동역학

뉴턴과 더불어 라이프니츠도 근대적인 힘의 과학을 완성한 인물이었으나, 양자에게서 힘의 개념은 다른 방식으로 파악되었다. 뉴턴과 마찬가지로 라이프니츠는 '힘'의 개념 위에 자연철학을 세우고자 했으며, 이 점을 명시하기 위해 이를 '동역학(dynamique)'이라는 이름으로 불렀다. 그러나 그의 힘 개념은 뉴턴에게서처럼 물체와 물체 사이에 존재하는 만유인력이 아니라, 물체 자체에 내재하는 것이었다. 이 점에서 오히려 하위헌스의 힘 개념에 가까웠다. 하지만 라이프니츠의 힘 개념은 하위헌스의 그것에 비해 훨씬 심오한 의미를 띠고 있다. 그것은 자연철학적 맥락에서 훗날의 '에네르기(/에너지)'에 해당하는 것이었으며, 또한 철학적 맥락에서의 힘(스피노자의 'potentia', 니체의 'Macht', 베르그송의 'vie' 등)의 뉘앙스도 띠고 있었다. 그는『동역학 요강』에서 힘 개념을 다음과 같이 정리하고 있다.[13]

본래적-능동적 힘	본래적-수동적 힘
파생적-능동적 힘	파생적-수동적 힘

뉴턴이 철학사적 소양이 거의 없는, 과학과 종교를 직접 연결해 사유했던 인물이라면, 라이프니츠는 철학사 전체를 심도 있게 파악했던 인물이다. 때문에 양자에게서의 종교적 맥락도 그 성격이 판이했다. 또, 라이프니츠는 데카르트와 대조적으로 전통과 근대를 조화시키려 노력했다. 특히 자연

---

13) Leibniz, *Specimen Dynamicum*(1695), in *Leibniz: Philosophical Essays*, Hackett, 1989. 이 저작은 라이프니츠가 그 이전에 쓴『물체의 힘과 법칙의 동역학』(*Dynamica de potentia et legibus naturae corporeae*, 1689~1690)의 요약본이다. 그러나『동역학 요강』은『물체의 힘과 법칙의 동역학』이 포함하고 있는 정교한 물리학적 논의들을 누락하는 대신, 그 책에는 없는 동역학의 형이상학적 기초를 다루고 있다. 따라서 전자는 단순히 후자의 요약본이라고만 볼 수는 없으며, 양자가 구체적 탐구와 원리론으로서 서로를 보완한다고 할 수 있다.

철학의 맥락에서, 데카르트가 전통 세계관과 완벽히 단절되는 세계를 그려냈다면 라이프니츠는 아리스토텔레스로 대변되는 전통 사유 ── 라이프니츠는 중세의 스콜라철학과 아리스토텔레스 자신의 사유를 명확히 구분했다 ── 와 17세기에 이루어진 새로운 사유를 아우르는 종합적인 사유체계를 구축하고자 했다.[14] 실제 그는 근대에 있어 고대의 아리스토텔레스에 버금가는 철학체계를 구축한 인물로 평가된다.(물론 그와 데카르트 양자 모두는 기독교 전통 안에 있었으며, 스피노자처럼 급진적인 철학을 전개하지는 못했다.) 지금의 맥락에서 라이프니츠의 이런 종합적 면모는 '본래적 힘'과 '파생적 힘'을 동시에 인정하는 점에서 잘 드러난다. 본래적이고 능동적인 힘은 곧 만물의 형이상학적 실체이고, 완성태와 동일시된다. 결국 아리스토텔레스의 '영혼', '실체적 형상' 개념이 '본래적-능동적 힘'이라는 개념으로 환골탈태해 새롭게 살아난다고 할 수 있다. 핵심적인 것은 '형상'으로부터 '힘'으로의 변환이다. 파생적 힘은 곧 자연철학적 힘이다. 라이프니츠는 양자를 동시에 긍정함으로써 종합적 틀을 마련했다.

'본래적'과 '파생적'이 형이상학적 힘과 자연철학적 힘의 구분을 뜻한다면, '능동적' 힘과 '수동적' 힘은 형상적 힘과 질료적 힘의 구분을 뜻한다. 본래적-수동적 힘은 곧 사물들의 질료적 측면이 띠는 형이상학적 힘으로서, 내용상으로는 '저항의 힘'과 '투과 불가능성의 힘'을 뜻한다. 외부에서 어떤 작용이 가해졌을 때, 사물들은 그 작용에 저항하고 그것이 자신에게 들어오지 못하도록 방어한다. 자연철학적으로는 바로 이것이 '관성'에 해당하겠지만, 이 힘은 본래적 힘이기에 형이상학적 뉘앙스를 띤다. 이 힘은

─────

14) 데카르트와 라이프니츠의 이런 차이는 이후 18세기 계몽사상의 흐름 전체를 지배하게 된다. 주로 18세기 전반에 전개된 전기 계몽주의는 데카르트의 입장을 더 극단화해 유물론적인 철학을 세웠으며, 그 위에서 서양의 전통을 송두리째 부정하고 급진적 사회사상을 전개했다. 이런 흐름은 볼테르, 백과전서학파 등에서 절정을 이룬다. 그러나 루소 이래의 후기 계몽주의는 오히려 라이프니츠(와 스피노자)의 입장에 따라 계몽사상이 해체해버린 전통을 근대성과 화해시키는 데 주력하게 된다. 이런 흐름은 낭만주의와 독일 이념론에서 절정을 이룬다.

17세기 철학에서 빈번히 사용되었던 개념으로 하면 '코나투스'로 칭하는 것이 적절하거니와, 라이프니츠는 이 개념을 그의 동역학 논문들에서 '순간적 운동'이라는 뜻으로 쓴다. 그러나 라이프니츠의 용어법을 떠나 논의한다면, 이 힘은 바로 코나투스라고 할 수 있다. 본래적-능동적 힘이 한 사물의 '형상'이 본원적으로 내포하는 본질적 힘이라면, 본래적-수동적 힘은 한 사물의 '질료'가 타자들과의 관계에 있어 내포하는 코나투스의 힘이라 할 수 있다.

자연철학적인 힘은 파생적 힘, 즉 각 사물이 일정한 역학계에서 운동하는 과정에서 드러나는 동역학적 힘이다. 파생적-능동적 힘을 라이프니츠는 '살아 있는 힘(vis viva)'이라 일컫는다. 이 개념은 라이프니츠가 하위헌스의 사유를 이어받아 데카르트를 극복하는 과정에서 정립되었다. 데카르트의 운동량은 '외연×속력'으로 규정되었다. 이는 후에 '질량×속도'로 수정되거니와, 라이프니츠는 하위헌스의 연구 성과를 따라 운동량을 mv가 아니라 mv^2으로 수정하고 이를 '살아 있는 힘'으로 불렀다.[15] 이 힘은 후에 $\frac{1}{2}mv^2$으로 수정되며, 오늘날의 운동에너지에 해당한다. 라이프니츠는 비탄성 충돌의 경우 전체 힘에서 'vis viva'가 사라지지만 미세한 부분들에 흡수된다고 봄으로써 이후의 '에네르기 보존의 법칙'을 예기했지만, 에네르기들 사이의 전환 개념으로까지 발전시키지는 못했다. 라이프니츠는 이 힘개념이 단지 자연철학의 한 법칙/공식이라는 의미를 넘어 형이상학적 의

---

15) Leibniz, *Discours de métaphysique*, Éd. Flammarion, 2011, §17. 라이프니츠는 같은 책의 다음 절에서 다음과 같이 말한다. "자연의 모든 특수한 현상들이 그것들을 이해하는 인물들에 의해 수학적으로 또는 기계론적으로 설명될 수 있다 해도, 물체들의 본성과 역학 자체의 일반 원리들은 기하학적이기보다는 형이상학적이며, 물체적 질량이나 외연에 속하기보다는 현상들의 원인들로서의 어떤 비가시적인 형상(形相)들 또는 본성들에 속한다." 여기에서 비가시적인 형상들 또는 본성들이란 본래적-능동적 힘(실체로서의 힘)을 가리키며, 자연철학에 국한해서는 파생적-능동적 힘('vis viva')을 가리킨다. 라이프니츠는 뉴턴의 수학적 현상주의를 비판하면서 자연철학적 탐구의 형이상학적 기초로서 '힘(potentia/puissance)'을 제시하고 있다.

미, 즉 자연철학의 근본 원리라는 의미를 띤다고 생각했다. 라이프니츠가 이 '살아 있는 힘'에 대비적으로 '죽어 있는(잠들어 있는) 힘'이라 부른 것은 바로 위치에너지(mgh)에 해당한다. 수학적으로 약간 불완전했지만 그리고 아직 충분한 실증성에는 도달하지 못했지만, 라이프니츠의 이 '살아 있는 힘'과 '죽어 있는 힘' 개념쌍은 데카르트의 외연의 세계를 넘어 힘의 세계를 펼친 것이며, 뉴턴의 만유인력과는 또 다른 의미에서의 힘 개념을 정립한 것이었다.

라이프니츠에게 물질/물체란 무엇인가라는 물음은 논쟁적인 문제이다. 그러나 라이프니츠가 물질을 모나드에 비해 이차적인 실재로 보았음은 분명하다. 그에게 물질이란 무수한 모나드들의 집적에서 기인하는 광학적 효과라 할 수 있을 것이다. 그리고 뉴턴의 절대공간과 절대운동(절대공간에 기준해서의 운동)을 부정한[16] 그는 운동을 어디까지나 운동의 **주체**에 뿌리 두고 있는 것으로 파악했다. 그러나 라이프니츠에게 진정한 실재는 비-물체적 존재인 모나드이다. 그렇다면 자연철학적 맥락에서 물체의 운동의 주체는 무엇인가? 바로 힘이다. 라이프니츠는 운동이란 상대적인 것이지만, 즉 데카르트의 경우에서처럼 어떤 물체가 운동했는지는 준거-틀에 따라 달라지는 문제이지만, 정확히 어떤 물체의 힘이 변했는가에 입각해 운동의 준거를 세울 수 있다고 생각했다. 이 때문에 라이프니츠의 운동 법칙은 데카르트의 그것과 달라진다. 그러나 라이프니츠는 '떨어진 거리에서의 작용'이라는 뉴턴의 가정을 물리치고 데카르트의 '접촉에 의한 작용'을 받아들였기 때문에, 그의 운동 법칙들은 곧 충돌에 관한 법칙들이 된다. 그는 충돌에 있어서의 '살아 있는 힘'의 보존, 각각의 속도의 보존, 그리고 (현대식으로 말해) 운동량의 보존에 입각해 그의 동역학 법칙들을 논구했다.

---

16) 뉴턴은 『프린키피아』 서론의 첫 번째 주해에서 절대공간과 절대운동을 논했지만, 라이프니츠는 공간을 '공존의 질서'로, 시간을 '계기의 질서'로 정의하면서 공간과 시간보다 사물들과 사건들에 더 큰 실재성을 부여했다. 그에게서는 공간과 시간도 사물들·사건들에 상대적이다.(Leibniz and Clarke, *Correspondence*, Hackett, 2000, pp. 14ff)

라이프니츠의 '힘의 과학'은 그 근간을 갈릴레오와 데카르트 이래 전개된 수학적-기계론적 사유 갈래와도 또 길버트와 케플러 이래 전개된 헤르메스주의적 사유 갈래와도 달리한다. 그것은 근대 과학의 성과들을 (스콜라 전통과 구분되는 형태의) 아리스토텔레스 사유와 천재적으로 종합한 사유이다. 그것은 근대 과학의 전개 과정에 놓고서 간단히 이해·평가하기 힘든 독특한 사유라 할 수 있다.[17] 그러나 라이프니츠의 사유는 힘의 과학만이 아니라 질의 과학에서도 주요한 역할을 했다.

§4. 질의 과학

원자론에 대해 논하면서, 오직 기하학적 크기, 모양, 배치만을 가진 원자들이 어떤 식으로 결합된들 우리가 경험하는 세계의 질적 풍요로움을 설명할 수 있겠는가라는 의문을 제기했었다.(1권, 4장, 3절) 환원주의는 그것이 제시하는 '실재'와 우리가 경험하는 현실 사이에 거대한 간극을 도입한다. 이런 의문은 원자론과는 다른 방식으로이지만 역시 세계를 'res extensa'로 환원하는 데카르트식 기계론의 경우에도 똑같이 제기된다. 이 때문에 물리과학에서 '질량'이라는 물질의 실체성과 '힘'이라는 역학적 실재를 도입하지 않을 수가 없었다. 그러나 물리적 세계처럼 등질적인/균일한(uniform) 세계가 아닌 생명, 인간, 문화의 차원에서 이런 의문은 훨씬 강하게 제기된

---

17) 자연철학이 자연과학으로서 분화해 이미 별도의 영역을 형성하는 오늘날, 과거의 철학자들이 오늘날의 자연과학에 해당하는 인물인가 아니면 종합적인 성격의 철학자인가를 잘 보고서 이해하는 것은 중요하다. 예컨대 뉴턴의 경우 (만유인력이나 절대공간·절대시간 등의 사상적 배경 같은 몇 가지 문제만 덮어둔다면) 그의 다른 측면들을 모두 접어두고 자연철학만 떼어서 보는 것은 큰 문제가 없지만, 라이프니츠 같은 종합적 철학자의 경우 그의 자연철학은 반드시 그의 철학 전체에 비추어서 이해해야 한다. 어떤 특정한 분야의 역사를 다룬 책들(예컨대 과학사)이 전통 철학자들을 다룰 경우 거기에 나타나는 그들의 모습은 거의 항상 크게 왜곡된 모습이라는 점에 주의해야 한다.

다. 비-물리적 차원에서는 질을 공간 또는 양으로 환원할 경우 어떤 구체적인 인식도 이루지 못하기 때문이다.[18] 고전 시대(대략 17·18세기)의 질의 과학은 데카르트의 환원주의의 길이 아니라 라이프니츠의 종합주의의 길을 따랐다.[19]

---

18) 이것을 "질은 양으로 환원할 수 없다"라는 테제와 혼동하면 곤란하다. 어떤 질도 양으로 환원 가능하다. 그리고 그 역도 마찬가지이다. 문제의 핵심은 질을 양으로 환원할 경우, 또 반대로 양을 질로 환원할 경우 설명하는 것과 설명되는 것 사이의 간극이 너무 커져버린다는 데 있다. 돼지와 만년필은 모두 '하나'라는 양으로 환원될 수 있다. 그러나 이 '하나'라는 양적 규정은 돼지와 만년필에 대해서 그것들이 공히 개별자들이라는 것 외에 아무것도 알려주는 것이 없다. 양자의 '외연'을 특화할 경우 이제 알려주는 것이 하나 더 늘겠지만, 그렇다고 우리가 돼지와 만년필에 대해 알고 있는 질적 차이에 대해 별달리 더 잘 알려주는 것도 없는 것이다. 더구나 지금 우리가 예컨대 한국의 돼지, 데이비스의 만년필 식으로 말하지 않고 '돼지', '만년필'이라고만 말한 것 자체가 이미 상당한 추상화를 전제하는 표현임을 감안하자. 양과 질을 둘러싼 논의의 핵심은 양자가 서로에게 환원되느냐 안 되느냐에 있는 것이 아니라, 그렇게 환원했을 경우 도대체 얼마만큼의 **설명력이 있느냐**의 문제이다.

이것은 한 이론이 다른 이론을 스스로에게 환원하는 것과 스스로의 안에 **포괄하는** 것이 다르다는 문제와도 연관된다. 예컨대 무지개의 물리방정식은 무지개의 다질성('빨주노초파남보'의 분절과 차이생성)을 특정한 영역으로 환원하기는 하지만 포괄하고 있지는 못하다. 파동방정식을 아무리 들여다보고 계산해봐도 거기에서는 빨주노초파남보가 아니라 흑백(글자와 종이)만이 보일 터이니 말이다. 이는 그 반대의 경우도 마찬가지이다. 이런 고려는 뒤에 논할, 스피노자로부터 바슐라르에 이르기까지 전개된 '인식론적 단절'의 사유에 뭔가 독단적인 것이 포함되어 있지 않은가 하는 의구심을 주기에 충분하다.

19) 데카르트는 "만일 누군가가 동물의 어떤 종(예컨대 인간)의 종자를 그 모든 부분들에 있어 인식한다면, 그는 이 지식만을 가지고서 확실한 이성과 수학을 사용해 그 종자가 후에 도달할 모든 형태와 구조를 연역할 수 있을 것"이라고까지 말했거니와(『동물의 형성』), 19세기에 라플라스가 천문학의 영역에서 할 말을 17세기에 그것도 생물학의 영역에서 하고 있다. 물론 그가 실제 행한 작업은 조악한 것이었다. 하지만 데카르트의 기계론은 '의역학(iatromechanics)' 같은 분야를 낳기도 했으며, 오늘날의 생화학 등에 이르기까지의 근대 생물학사 전체를 생각해보면 역시 물리과학에서와 마찬가지로 근대 과학의 전체 프로그램으로서 기능했다고 할 수 있다. 반면 생태학 등을 비롯해 분석·환원보다는 종합·조화를 추구하는 생명과학/생명사상의 흐름은 라이프니츠를 잇고 있다. 이렇게 보면 데카르트의 환원주의와 라이프니츠의 종합주의 ── 다원성을 우선 인정한 후에 그것들을 보다 넓은 틀로 종합해가는 학문 ── 는 근대 과학의 역사가 드러내는 두 경향을 대변한다고 볼 수 있다.

질의 과학에서 활용된 라이프니츠의 논리학/존재론은 곧 '마테시스 (mathesis)'=일반 대수학, 즉 척도와 순서에 관한 보편 과학이다. 때로 척도는 순서로 환원되기 때문에, 마테시스는 곧 순서의 보편 과학이라고도 할 수 있다. 기계론이나 수학적 현상주의와는 달리, 마테시스의 과학은 현상적 질들을 세심하게 분석하고 그것들을 추상공간에 안착시키는 것을 목표로 한다. 이 추상공간은 곧 각 질들이 일정한 순서에 따라 계열화되고 최종적으로는 거대한 장을 이루도록 하는, 기계론에서의 연장의 공간이나 수학적 과학들에서의 기하학의 공간과는 다른 성격의 공간이다. 존재론적 층위는 상이하지만, 이는 곧 20세기 후반 구조주의 학문들에서 말하는 '구조'이다. 그러나 이 구조는 현대 구조주의에서와 같은 무의식적 구조가 아니라 가시성(visibilité)의 바로 아래에 존재하는 공간, 순서들의 장, '표'이다. 이 과학은 실재를 위해 현상을 희생시키기보다는 현상들 자체의 로고스를 드러내고자 한다는 점에서 데카르트 전후의 물리과학과는 성격을 달리한다. 그러나 이 과학 역시 정도는 크게 다르지만 세계를 표백하기는 마찬가지인데, 왜냐하면 르네상스 시대에 사물들에 부여되었던 매우 다양한 형태의 '상징적 의미'들, 마술적 관계들과 힘들을 완전히 소거하고 모든 질들을 잘 다듬어진 구조라는 격자에 따라 배열하고자 했기 때문이다. 잘 보기 위해서는 많이 봐야 하는 것이 아니라 오히려 질의 '과학'에 본질적이지 않은 것들을 모두 솎아내어 버리는 노력이 필요했다. 그리고 이 과정에서, 라이프니츠의 '조합술(ars combinatoria)'에 기반한 기호체계가 다듬어지기 시작한다.[20] 사물들의 질과 그것을 지시하는(오직 지시할 뿐인) 기호, 그리고 그

---

20) "기호들의 체계는 완벽한 상태일 경우 기본적인 것(가장 단순한 차원으로 최종적으로 분석된 질들)을 명명할 수 있는 단순하고 절대적으로 투명한 언어이며, 또한 모든 가능한 결합을 결정하는 (일반대수학적) 연산들 전체이다. (…) 고전주의적 사유를 고고학적 가능조건의 차원에서 검토한다면, 17세기 초에 기호와 유사성(르네상스 시대의 에피스테메)이 분리됨으로써 개연성, 해석, 조합, 체계, 보편 언어라는 새로운 형상들이 서로를 야기하거나 배척하는 연속적 주체들처럼 보이기보다는 오히려 불가피한 것들의 통합 조직망으로 드러나게 되었다는 것을 누구나 알아차릴 수 있다."(미셸 푸코, 이규현

것에 상응하는 관념이라는 삼자가 거울같이 투명한 '표상'의 관계를 맺는 세계가 도래한 것이다.

이 표상의 세계는 '계통학(taxinomie)'의 세계이다. 마테시스는 논리학·수학에 뿌리 두고 있는, 엄밀하지만 추상적인 구조이다. 그러나 질의 관점에서 본 세계는 정리하기 힘들 정도로 복잡·다양한 세계이며, 또한 그 시간적 변화도 상당히 불규칙하다. 따라서 실제의 질의 과학은 이 현실과 마테시스의 질서 사이에서 최적을 추구하게 된다. 다시 말해 질적 현실을 탐구하되 그것을 최대한 마테시스의 틀에 담으려 했던 것이며(그렇지 않다면, 이 노력은 '과학'이 될 수 없을 것이다.), 반대 방향으로 말해 마테시스를 추구하되 이 복잡·다양하고 가변적인 현실을 최대한 감안해서 형식화하려 했다고 할 수 있다. 이런 노력을 통해 다듬어져간 계통학은 물리과학을 지배했던 수학적 물리학과는 다른, 생명과학, 인간과학 전반을 주도해간 질의 과학이었고 또 "통일과학(taxinomia universalis)"이었다. 통일과학의 성격을 띠었기에, 언어학, 생물학, 경제학 등 이 시대 질의 과학자들은 여러 분야들을 이 계통학의 방식으로 함께 연구하곤 했다. 나아가 고전 시대의 화학 역시 데카르트식의 물리과학이 아니라 라이프니츠식의 질의 과학에 속했다. 라부아지에는 표상이라는 에피스테메에 근거해 화학물질들을 기호화하고 분류하고자 했던 것이다.[21] 이 시대의 정신은 세계의 모든 것을 분류하고자 한, 그래서 자신의 친구들까지도 분류했던 린네에게서 특히 잘 드러난다.

고전 시대에 이루어진, 특히 생명과학에서 이루어진 이런 계통학적 연구

옮김, 『말과 사물』, 민음사, 2012, 108~109쪽) 르네상스 시대에는 사물들 자체가 어떤 숨겨진 의미를 담고 있는 기호(상징)였지만, 고전 시대에 이르러 기호는 인간이 작위적으로 만든 것이 되며 사물들은 이 기호의 '지시대상'으로 화한다. 사물들이 무엇인가를 말하는 것이 아니라, 인간의 기호체계가 사물들을 그것에 맞추어 정돈해 보게 되었다. 그리고 기호는 관념의 대리물이므로, 이제 관념과 기호 그리고 지시대상의 삼자가 일-대-일 사상(寫像) 관계를 이루게 된다.

21) Antoine-Laurent de Lavoisier, *Traité élémentaire de chimie*(FB Éditions, 1789), 2부의 '표들(tableaux)'을 참조.

는 흔히 '박물학/자연사(natural history)'라고 불렸다. 자연사는 가시성으로 드러난 모든 생명체들(과 사물들 일반)을 그 형태, 크기, 색깔, 운동 등 여러 측면들에 초점을 맞추어 관찰하고 분류하려 했다. 예컨대 식물들은 수, 형태, 비례, 배치 —— 이 규준들의 조합 전체가 "구조"를 형성했다 —— 에 따라서, 예컨대 수술과 암술의 수, 꽃받침의 형태, 수술과 암술의 비례, 꽃의 요소들의 배치 등에 따라서 분류되었다.[22] 이 과정에서 분류의 유의미한 단위들은 '형질'이라 명명되었다. 그러나 형질들의 분절은 간단치 않았다. 그리고 형질들의 다양성은 분류를 어렵게 했다. 때문에 분류를 추구하는 방식에서도 연역적인 성격의 '체계'와 귀납적인 성격의 '방법'이 나란히 진행되었다.[23] 계통학은 마테시스라는 이론적 구도와 복잡·다단하고 가변적인 현실 사이의 최적화를 통해 성립한다고 할 수 있거니와, 자연사적 탐구의 이러한 진행 과정에서 형성된 타협안 —— 과학적 일반성과 경험적 실증성의 최적화 —— 이 바로 '종' 개념이었다.[24] 역으로 종 개념의 확립은 가시적 형질들의 분류에 기준-축을 제공해주었다. 그리고 생명의 세계 전체는 "자연에는 비약이 없다"라는 라이프니츠의 연속성의 원리에 입각해, 종들의 연속적인 계열화를 통해 이해되었다.[25] 이로써 질의 과학은 본궤도에

---

22) 그렇다고 해서 고전 시대의 질의 과학이 데카르트적 합리주의와 대립했다고 말할 수는 없다. 질의 과학으로서는 추상적인 마테시스로부터 어떻게 풍요로운 질의 세계로 내려갈 것인가에 못지않게 어떻게 이 질의 세계로부터 마테시스라는 이상으로 올라갈 것인가가 중요했던 것이다.

23) 프랑수아 자콥, 이정우 옮김, 『생명의 논리』, 민음사, 1994, 88쪽 이하 참조.

24) '종'이라는 공간적 동일성의 발견은 자연스럽게 그 짝으로서의 시간적 동일성의 발견, 즉 생식·유전·발생의 생물학을 발전시켰다. 그러나 전자의 인상 깊은 전개에 비해 후자는 아직 걸음마 단계에 있었다. 이 관계가 역전되면서, 즉 가시적 형질들과 비가시적 메커니즘들 사이의 관계가 드러나면서 본격적인 의미에서의 '생물학'이 탄생하게 된다. 이 탄생의 특이점에 '조직화(의 도안)' 개념이 위치한다.

25) 자연에서의 연속성과 불연속성 또한 핵심적인 사유-축들 중 하나이다. 라마르크의 "진화론"을 지배한 것은 연속성의 구도, 중세적 '위계=하이어라키'의 그림자를 그대로 안고 있는 사다리의 이미지였다.(Jean-Baptiste Lamarck, *Philosophie zoologique*, Union générale d'édition, 1968, ch. 6) 따라서 이것은 생명의 심장부에서 시간을 발견한 것이

접어들게 된다.

자연사는 고전 시대 질의 과학의 한 분야일 뿐이다. 언급했듯이 이 시대에는 자연사, '부의 분석', '일반문법'뿐만 아니라 화학 역시 일종의 계통학의 성격을 띠었고, 의학 또한 질병분류학의 형태를 띠었다. 자연사에서의 '형질'이 정상적인 생명체가 드러내는 질적 차이들이라 한다면, 임상의학에서의 '질병'은 병리적인 생명체가 드러내는 질적 차이들이다. 이렇게 본다면, 이 시대의 이 여러 과학들을 어떤 공통의 인식론적 장 안에서 성립한 상이한 버전들로서 이해할 수 있다. 또 이렇게 볼 때 우리는 기계론적 과학에만 주목해온 기존의 과학사 이해를 넘어, 고전 시대의 과학을 데카르트적 환원주의를 기반으로 하는 물리과학 분야와 라이프니츠적 종합주의를 기반으로 하는 질적 과학(다양한 영역들을 포함하는)으로 대별해볼 수 있을 것이다. 힘의 과학이 물리과학에 있어 데카르트적 기계론을 극복해가는 과정을 보여준다면, 같은 기계론 극복의 맥락이지만 질의 과학은 이와는 계통을 달리하는 또 하나의 인식론적 장을 보여준다.

보론 1: 환원주의에 대하여 ─ 근대의 과학기술, 특히 데카르트의 기계론은 환원주의를 근대 학문의 주요 패러다임으로 만들었다. 근대의 학문은, 사실상 오늘날의 학문에 이르기까지도 줄곧 환원주의와 반환원주의의 길항을 겪어왔다. 사실 생각해보면, 철학은 애초에 환원주의적 사유, 동일성의 사유에서 출발했었다. 1권(1장의 결론 부분)에서 논했듯이, 철학의 출발점 자체가 세계의 무한한 차이생성으로부터 근원적 동일성으로의 이행, '하나'로의 환원에 있었던 것이다. 사실 환원주의라는 개념을 매우 넓게 쓴다면, 인간이 언어로써 세계를 서술하는 한, 자신의 지성에 세계를 넣어서

─────

아니라, 단지 고전 시대의 '표' 또는 생명의 사다리에 시간 지표를 붙여준 것일 뿐이었다. 라마르크 하면 흔히 떠올리는 '용불용설'이나 '획득 형질의 유전'은 이 위계질서를 흐트러뜨리는 요인들 ─ 조금씩 깊은 의미를 획득해가던 '환경' 개념에 입각해 이해된 ─ 을 설명하기 위해 도입된 보조 가설들이라 해야 할 것이다.

정리하는 한, 모든 지식/학문은 환원주의적이다. 어떤 철학자들이 지식 자체를 존재에 대한 일종의 폭력으로 보는 것도 이 때문이다. '현미무간'을 역설했던 동북아 사유도 마찬가지이다. 예컨대 만물을 '기'의 표현으로 이해한 것도 일종의 거대한 환원주의인 것이다. 동일성을 통해 차이생성을 인식하려는 것은 인간 지성 자체의 특성이라 해야 할 것이다. 그리고 이 지성의 힘으로 인간은 스스로의 문명을 건설해왔고, 근대에 이르면 과학기술의 형태로 도약했다고 할 수 있다. 그러나 이런 사유는 동시에 세계의 차이생성을 동일성으로 환원하는 폭력을 내장하고 있으며, 명시적인 환원주의는 바로 이런 경향을 노골화한 것이라고 볼 수 있다.

이 점에서 본다면 소피스트들의 등장은 오히려 환원주의의 폐해를 극복하게 해준 중요한 철학사적 국면이라고 평가할 수 있다. 후대의 철학자들은 이미 형성된 학문의 이념에 따라 이들의 극단적 상대주의를 비롯한 해체적인 사유를 비난하곤 했지만, 그리고 이들이 이 해체적 사유를 비-도덕적인 방식으로 휘둘렀던 것은 사실이지만, 이들의 허무주의, 회의주의, 상대주의는 자연철학자들의 환원주의를 해체했다는 상당히 중요한 사상사적 의의를 담고 있다고 보아야 한다. 그리고 바로 이들과의 투쟁을 통해서 소크라테스, 플라톤, 아리스토텔레스의 사유 — 자연철학자들의 환원주의와 소피스트들의 해체주의 사이에서 성립한 사유 — 가 가능했던 것이다.

아테네의 이 철학은 '에르곤'에서 출발하는 사유였다. 즉, 인간의 '활동(work)'에서 출발하는 사유였다. 그리고 이 활동을 중심으로 잠재력('뒤나미스'), '~다움'('아레테'), 목적('텔로스') 등을 사유한 전통이었다. 이 철학 전통에서 극단적인 환원주의와 해체주의는 극복되고 세계의 '다(多)'와 '운동'의 측면을 그 '본질'과 '조화'의 측면과 화해시킨 수준 높은 사유가 가능했다. 이 점은 아테네의 세 철학자들 모두에게 공통적이다. 흔히 플라톤의 철학은 소크라테스의 사상을 '실체화'했고, 또 아리스토텔레스의 철학에 비해 초월적인 나아가 신비하기까지 한 철학으로서 이해되어왔다. 그리고 이는 분명 어느 정도 사실이다. 그러나 플라톤에게서 이상태('이데아')와 현실태를 이어주는 가장 핵심적인 관계는 '미메시스'＝모방이다. 모방은 모방하는 것과 모방되는 것의 연속성을 전제한다. 플라톤의 철학에서 이상과 현실, 이데아계와 현실계는 근본적인 수준에서 볼 때 연속적이다. 플라톤이 설명을 위해서 자주 이분법적인 논변을 구사하고, 두 차원의 간극을 역설한 것은 사실이다. 그러나 이상이 현실과 단적으로 불연속적이라면 그것은 애초에 '이상'으로서의 역할을 할 수가 없다. 핵심적인 것은 바로 이상과 현실의 사이였다. 이 점에서 플라톤과 아리스토텔레스의 차이 또한 일반적으로 논의되는 만큼 큰 것이 아니다. 신플라톤주의가 등장하기 이전에도 플라톤의 철학은 현실성과 가능성 사이에서의 연속성의 철학이었던 것이다. 이런 성격을 띤 아테네 철학은, 이후 다른 유형의 여러 철학들이 등장했음에도 또 일신교의 세계에서 변형을 겪었음에도, 긴 시간 동안 세계 이해의 기초로서 기능할 수 있었다. 이는 이 사유 전통이 인간의 삶을 그만큼 잘 개념화해주었다고 여겨졌기 때문이다.

그러나 근대에 이르러 강한 형태의 환원주의가 재등장한 것은 사유의 역사에 커다란 분기점을 찍은 사건이라 할 수 있다. 데카르트의 기계론 등 근대적인 학문에서 다시 일반적인 직관/상식에 반하는 이질적인 세계관이 등장하기에 이른다. 현상과 본질 사이에 깊은 골이 파이게 되고, 이 간극은 고대 자연철학자들의 사유에서 보았던 간극과 유사한 그 무엇이었다.(더구나 이 자연은 더 이상 '퓌지스'가 아니었다.) 근대 철학자들은 종종 아리스토텔레스를 '비-경험적'이라고 비난했지만, 사실 이 고대 철학자야말로 경험에 충실했던 인물이며 오히려 근대 철학자들이 경험과의 단절을 보여주었다고 해야 한다. 근대 철학자들은 감각적 차원과 가지적 차원 사이에 인식론적 단절을 도입했다는 점에서 플라톤을 이었지만, 이 단절은 앞에서 언급한 플라톤에서의 연속성에서 벗어나버린 단적인 단절이었다.

플라톤은 현실세계가 이데아계의 "그림자"라고 했다. 이 말은 단순한 비유가 아니라 거의 문자 그대로의 의미에서 받아들여야 한다. 현실세계는 이데아계를 '모방'하고 있으며, 따라서 양자의 관계는 실물과 그림자의 관계인 것이다. 실물과 그림자는 어디까지나 연속적이다. 그러나 그림자에도 여러 종류가 있으며, 실물을 최대한 반영하고 있는 경우로부터 그것만 봐서는 실물이 무엇인지 가늠이 되지 않는 경우까지 수많은 단계들이 있다. 플라톤에게서 중요한 것은 바로 그림자들 사이의 이 거리 — 이데아계를 기준으로 측정된 거리 — 였다. 그러나 데카르트로 대변되는 근대 과학적 사유에서 이 거리/'정도'는 사라진다. 현상은 실재보다 못한 것이라는 존재론적 구도가 현상은 주관의 산물일 뿐이라는 인식론적 구도로 전환된다. '제1성질들'과 '제2성질들'은 그 연속성을 상실하고, 달리 말해 이데아들과 그 그림자들이라는 구도(이 구도에서는 모든 성질들이 각자의 해당 이데아들을 가진다.)가 제1성질들과 제2성질들이라는 구도로 대체되고, 실재와 현상 사이에는 움푹 간극이 파이기에 이르렀다. 이 점에서 근대 기계론은 플라톤 존재론에서의 불연속적인 측면을 기형적으로 극단화한 것이라고 할 수 있다.

그러나 이 구도의 존재론이 단지 현상들의 수학적 서술인지(앞에서 '수학적 현상주의'라는 말을 썼다.) 아니면 다른 형태의 플라톤주의인지는 논쟁의 대상이 될 수 있다. 17세기 과학혁명의 핵심이 자연의 수학적 파악에 있음은 틀림없다. 새로운 기술들의 발달로 인한 실험 장치들의 발명이 근대 과학기술의 중요한 추동력이었음은 분명하지만, 철학적 수준, 이론의 수준에서 근대의 자연과학을 가능케 한 것은 수학의 새로운 발명과 활용에 있다고 해야 한다. 그렇다면 이 수학은 사물들을 어떤 한 측면으로 환원해('질점' 개념이 잘 보여주듯이) 그것들을 기하학적으로 서술하는 것인가? 아니면 그 이상의 존재론적 함의를 띠는가? 현상들을 어떤 양적 변수들로 환원하고 (『프린키피아』가 잘 보여주듯이) 그것들 사이의 관계를 기하학적 추론을 통해서 전개할 때의 근대 자연과학은 전자의 수준에서의 사유라고 보아야 할 것이다. 그러나 라이프니츠가 'vis viva' 개념을 수학화하려 노력한 대목에서는 후자의 맥락을 느낄 수 있다. 전반적으로 볼 때 근대 자연과학은 수학적 현상주의에 머물렀다고 할 수 있고(앞에서 언급한, 현상들의 "경제적 서술"), 이 점에서 뒤에서 논하겠지만 현대 자연과학이 띠고 있는 수준과 같은 존재론적 함축은 아직 띠고 있지 않았다고 보아야 할 것이다.

이 문제는 17세기에 실제 이루어진 자연철학적 성과들과 데카르트의 기계론 프로그램 사이의 괴리와 연관된다. 17세기에 실제 이루어진 성과들, 갈릴레오나 뉴턴 등의 수학적 현상주의는 그 인식론적 입장과 존재론적 의의가 일정하게 제한된 성과들이었다. 오히려 그랬기 때문에 실제 자연과학적인 결실을 이루었다고 해야 할 것이다. 반면 데카르트의 기계론 프로그램은 엄청나고 극단적인 환원주의 프로그램이었다. 그리고 앞에서 지적했듯이, 오히려 이 점이 데카르트로 하여금 자연철학적 결실을 맺지 못하게 만들었다고도 할 수 있다. 흔히 과학사적 저작들에서는 갈릴레오, 데카르트, 뉴턴, 라이프니츠를 나란히 놓고서 이들의 자연철학을 논하지만, 사실 갈릴레오-뉴턴의 물리학과 데카르트의 기계론 및 그것을 극복하려는 라이프니츠의 자연철학은 그 담론 성격이 크게 다른 작업들이다. 17세기 자연철학을 단일한 구도에서 파악하는 것은 오류이다.

18세기의 많은 인물들은 데카르트 기계론을 밑에 깔고서 환원주의적 자연철학을 전개했다. 그러나 이런 시도들은 과학적으로도 부정확한 것들이었고 철학적으로도 피상적인 것들이었다. 한편으로는 물리학적 성과들에 과도한 존재론적 위상을 부여함으로써 철학적으로 피상적인 것이 되어버렸고, 다른 한편으로는 이런 구도가 구체적이고 정밀한 과학적 결실을 맺지 못하게 만들었다고 할 수 있다. 물리학적 탐구 성과들에 과잉된 존재론적 위상을 부여하는 것도, 또 데카르트 기계론에 넓은 환원주의 프로그램 이상의 구체적인 인식론적 위상을 부여하는 것도 무리인 것이다. 물론 이미 지적했듯이, 근대 과학의 '이념'으로서 줄곧 작동한 것은 바로 이 프로그램이었다.

보론 2: 철학사적 개념들, '기계론'의 예 ── 이런 복잡한 구도는 이후 전개될 자연과학의 역사 전체와 연관된다. 17세기 이래 전개된 자연과학의 역사는 데카르트의 환원주의 프로그램과 실제 이루어지는 과학기술적 탐구들 사이의 연계성이 계속 재조정되어가는 과정이었다. 이는 '기계론'이라는 말의 내용이 계속 달라져온 점에서 잘 나타난다. 이 과정은 말과 그것이 가리키는 것 사이의 관계에 관련해 흥미로운 문제를 제기한다. 기계론이 지칭하는 내용은 계속 달라져갔다. 그런데도 왜 사람들은 이 말을 계속 쓰는 것일까? 이미 뉴턴과 라이프니츠에 의해 'res extensa'와는 다른 물리적 실재가 제시되었고, 그 후에도 열, 에네르기, 전자기장을 비롯해 오늘날의 초끈, 힉스 입자 등 다양한 실재들이(더구나 이는 물리과학의 예만을 든 것이다.) 발견되었음에도, 데카르트가 생각한 기계론적 세계상은 비교의 대상조차 될 수 없는 다양하고 입체적인 자연상이 도래했음에도, 왜 사람들은 여전히 '기계론'이라는 말을 쓰는 것인가? 오늘날 '기계론'이라는 말을 쓴다면, 그것은 도대체 어떤 이론을 가리키는 것일까? 다른 개념들, 예컨대 '목적론', '생기론' 등의 개념들도 마찬가지이다. 이는 하나의 철학적 개념과 구체적인 과학적 탐구 성과들 사이에서 계속적인 개념적 재조정(conceptual re-regulation)이 이루어지기 때문에 생기는 문제이다. 철학적 개념은 과학의 실제를 반영하면서 계속 그 함의를 바꾸어나가지만, 개념 그 자체는 좀체 바뀌지 않는 것이다. 하나의 과학적 이론은 시간이 지나면 파기되지만, 철학적 개념이 파기되는 경우는 극히 드물다. 하나의 철학적 개념은 마치 하나의 생명체처럼 차이생성을 계속 소화해내면서 스스로의 동일성을 바꾸어나가는 존재이다. '기계론'이라는 말 역시 과학의 역사가 배태해내는 차이생성을 계속 소화해내면서 그 동일성을 바꾸어왔다고 할 수 있다.[26] 이

---

26) 바로 이런 이유 때문에 우리는 어떤 철학적 이론을 비판할 때 정확히 어느 시기의 어떤 이론을 가리키는지를 분명히 해야 한다. A는 T_1 시대의 B 이론을 염두에 두고서 그것을 비판하지만, 그 비판의 시점에서 B 이론은 이미 새로운 형태를 띠고 있는 경우가 많다. 그럴 경우 A는 T_2 시대에 이미 달라져 있는 B 이론을 그것의 T_1 시대의 형태를 놓고서 시대착오적으로 비판하고 있는 것이다. 우리는 사유의 역사에서 이런 경우를 수없이 확인할 수 있다. 이미 '정보' 개념을 함축하는 현대 생물학에 대해 근대 기계론에나 해당하는 식의 비판을 가한다거나, 기존의 생기론과는 전혀 다른 형태를 띠고 있는 들뢰즈

점에서 철학적 개념은 과학적 개념과 성격을 크게 달리한다. 만일 과학적 개념이 이런 식으로 변화해간다면(예컨대 $E = mc^2$이 세월이 흐르면서 $E = mc^3$, mc^4 등으로 바뀌어간다면), 그 개념은 오히려 부정확한 것이 되어버릴 것이다. 물론 사태는 훨씬 복잡한데, 많은 개념들이 과학들과 철학의 교집합에서 성립하기 때문이다. '힘' 개념은 그 전형적인 예라 하겠다. 어쨌든 메타적 성격이 매우 강한, 철학적 성격이 두드러진 개념들은 이와 같이 생명체처럼 성장해간다는 점을 찬찬히 음미해볼 필요가 있다.

물론 이런 개념들 중에는 새로 태어나는 개념들도 있고 멸종하는 개념들도 있다. 그러나 핵심적인 철학적 개념들은 가장 넓고 깊은 차원에서 작동하는 개념들이다. 그것은 어떤 사물이나 사실이나 사건을 가리키는 개념들도 아니고, 하나의 실험 결과라든가 법칙, 관계, 작동원리 등을 가리키는 개념들도 아니다. 철학적 개념이란 이 모든 것들이 그 위에서 이루어지는 메타적 개념들이다. 때문에 이 메타적 개념들은 수적으로 적지만 그 생명은 극히 길다. 시간, 공간, 힘처럼 거의 항구적으로 회자되는 개념들도 있고, '시뮬라크르'처럼 수천 년 전에 파묻혀버려 거의 멸종했다가 '시뮬레이션', '시뮬라시옹'으로 화려하게 부활한 개념도 있다. '기계론'이라는 개념 역시 지난 수백 년 동안 변형되어오면서 주요하게 기능해온 개념이다. 그리고 어떤 면에서 본다면, 기계론 같은 철학적 개념들/이론들은 간단하게 검증할 수도 논증할 수도 없는 것들이다. 그것은 간단한 사물, 사실, 사건 등의 차원에서 기능하는 개념들이 아니기 때문이다. 물론 철학 이론에서도 논증과 검증은 중요하다. 사실 철학은 논증을 생명으로 하며, 논리학이 그 기초라는 점은 잘 알려져 있다. 그러나 철학에서 검증 또한 중요하다. 검증이란 어

의 생명철학을 (19세기 생기론을 염두에 두면서) 생기론이라고 비판하는 경우가 그런 경우들이다. 또 다윈의 진화론이 '기계론적'이라고 할 때, 이 말이 무슨 뜻인지를 이해하기는 무척 어렵다.(다윈이야말로 환원주의에 빠지지 않은 대표적인 과학자이다.) 어떤 철학적 성격의 이론들을 비판할 경우 그 비판은 반드시 **정확한 철학사적 맥락**을 전제해야 한다. 그렇지 않은 모든 비판들은 엉뚱한 과녁을 맞히고 있는 것이다.

떤 '데이터'를 통해서 이루어진다. 인류학적 이론은 현지 조사의 데이터를 통해서, 뇌과학 이론은 뇌에 대한 검사들을 통해서, 지구과학 이론은 지층들의 탐사를 통해서…… 이루어진다. 그렇다면 철학적 이론의 데이터는 무엇일까? 그것은 바로 인간의 **삶** 전체, 인간이 살아온 역사 전체와 다양한 과학들이 발견한 결과들 전체, 그리고 문화예술이 창조해낸 문화 전체, 이 전체가 철학의 데이터이다. 따라서 예컨대 '기계론'이라는 철학적 개념/이론의 '검증'은 바로 지난 수백 년간 전개되어온 (역사와 문화는 접어놓더라도) 학문적 성과들 전체를 놓고서 이루어져야 한다. 목적론, 생기론, 유기체론, 유물론을 비롯한 다른 개념들/이론들도 모두 마찬가지이다. 철학적 개념/이론을 둘러싼 논의는 구체적인 차원들에서 이루어지는 논의가 아니라 그러한 구체적인 것들 모두를 전제하고서 그 위에서 이루어지는 '신들의 전쟁'인 것이다.[27]

---

27) 따라서 1장의 보론 2에서 제기했던 문제, 즉 "왜 동양, 특히 동북아에서는 과학기술적 사유가 발달하지 못했는가?"라는 물음에 대해서도, 가능한 여러 설명들이 존재하겠지만 가장 본질적인 것은 동북아 지식인들이 기계론과 같은 철학적 입장/비전을 생래적으로 거부했기 때문이라고, "사물을 변화시키되 사물에 의해 변화되지 않는 것"(化物而不爲物化)을 지향했기 때문이라고 답할 수 있다. 이렇게 볼 때 위의 물음 자체가 이미 이와 같은 철학이 아닌 다른 철학(서구중심주의와 자본주의적-과학기술적 철학)을 전제하고서 제기된 물음이라는 점이 분명해진다. 진짜 물어야 할 것은 "왜 서양, 특히 서구에서는 삶을 철저하게 물화(物化)하는 자본주의적-과학기술적 사유가 발달했는가?"이다.

2절 새로운 과학혁명

데카르트의 합리주의·기계론 철학과 갈릴레오 이래의 고전 역학적 탐구가 이룬 성과들은 지금의 눈길로 보면 세계를 그야말로 극단적으로 단순화하고 추상화함으로써 가능했던 사유였다. 데카르트의 'res extensa'는 결국 자연을 에우클레이데스 공간 — 다만 물질로 차 있는 공간 — 으로 환원해, 자연현상을 기하학적으로 연구한 것이었다.

그러나 이런 극단적인 환원주의로는 생명 현상에까지 갈 것도 없이(데카르트에게 역사-문화적 차원은 애초에 염두에 없었다.) 물리 현상들조차 잘 설명이 되지 않았다. 때문에 이후의 자연철학자들은 '힘'이라는 결정적 요소를 도입함으로써, 물체들 사이의 역학을 구축했다. 그러나 이 경우에도, 뉴턴의『프린키피아』가 잘 보여주듯이(1권, 3장에서 케플러의 타원 궤도로부터 중력 법칙을 유도하는 장면이 백미이다.), 핵심은 태양계를 에우클레이데스 공간으로 투영해서 그 기하학적 구조를 파악한다는 것이었다. 특히 '질점'이라는 구상을 통해서 천체들을 기하학적 점들로 대체해 탐구했다는 점이 중요하다. 이 역시 극단적인 단순화와 추상화였으며, 탐구 대상이 우주공간에서 운행하는 천체들이었다는 점에 그 성공의 비결이 있었다.

이렇게 고전 역학의 성공은 사실 자연을 공간에 투영해 분석하는 단순화와 추상화에 근거한 것이었다. 고전 시대를 풍미한 질의 과학들은 이런 환원주의를 거부하고 어디까지나 질적 차이들에 세심하게 주목하면서 탐구를 진행했지만, 사실 그 밑에 깔린 존재론적 토대는 고전 역학의 경우와 유사했다. 이 질의 과학 또한 궁극적으로는 거대한 '표'로 귀결되는 분류공간을 구상해 그 칸들에 질들을 분류해 넣는 작업이었기 때문이다. 방식은 다르지만, 이 또한 자연을 — 이 경우에는 물체들보다는 생명체들을 — 추상화해 어떤 공간 속에 투영하는 작업이었다. 다만 힘의 과학의 공간이 기하학적 공간이었다면, 질의 과학의 공간은 분류를 위한 다이어그램이었다는 점에 큰 차이가 있었다.

§1. 19세기의 과학혁명

이렇게 고전 시대의 과학은 사물들, 현상들, 사건들을 추상공간에 넣어 그것들을 기하학화하는 작업이었다. '데카르트 vs. 버클리'로, 또 '뉴턴/클라크 vs. 라이프니츠'로 대변되는 근대 철학 특유의 인식론적 난제가 생겨난 것도 이 점과 연관된다. 그리고 핵심적인 것은 이 공간이 곧 넓은 의미에서의 에우클레이데스 공간이었다는 점이다. 그래서 이 시대의 과학들은 그 근본에 있어 그리스 존재론 ─ 특히 플라톤과 에우클레이데스 ─ 의 연상선상에서 성립했다고 할 수 있다. 이 점에서 19세기에 이루어진 제2의 과학혁명이야말로 고전 시대의 과학혁명을 훨씬 뛰어넘는 혁명이었다. 그것은 그리스 존재론의 그림자를 벗어나 극히 새로운 세계를 발견하고 구성한 존재론적 혁명이었다.

이 점은 우선 수학 ─ 개별 과학이 아니라, 철학과 더불어 선험적 과학의 또 하나의 축을 형성하는 학문 ─ 에서 확인되며, 이는 곧 고전 시대 과학의 선험적 조건이었던 에우클레이데스 공간 자체에서의 큰 변환이다. 2,000년을 넘게 이어져온 에우클레이데스 공간의 유일성과 절대성이 무너진 것은 사유의 역사에서 결정적인 존재론적 사건들 중 하나이다. 과학은 사물을 공간화해서 보는 행위이기에, 공간에서의 근본적 변화는 과학의 혁신을 가능케 하는 선험적 조건이 마련된 것이기도 하다. 특히 리만 다양체는 공간에 대한 혁명적인 사유를 제시했으며, 후에 상대성 이론 등 개별 과학들에 응용됨으로써 현대 과학을 이끈 중요한 동력들 중 하나로 작동한다. 아울러 다양체 개념은 베르그송의 질적 다양체, 들뢰즈의 잠재적 다양체(와 들뢰즈/가타리의 '매끄러운 공간')로 발전해가면서, 철학적 사유가 새로운 방향으로 나아가는 데에도 큰 역할을 하게 된다.[28]

물리과학에서는 고전 역학의 시스템을 넘어 새로운 존재자들을 대상으로 하는 여러 역학들이 탄생한다. 유체역학, 열역학, 파동역학, 양자역학 등이 그것이다. 유체역학은 흐르는 물질을 역학의 대상으로 삼았다는 점에서 흥미롭다. 역학의 대상은 일차적으로 '물체'로서, 고체가 주요 연구 대상이다. 이 점에서 유체역학은 자연과학의 외연 자체를 넓힌 심대한 성취라 아니할 수 없다.[29] 열역학은 자연을 이해하는 완전히 새로운 패러다임을 도래시켰는데, §2에서 이를 자세히 논할 것이다. 파동역학 역시 자연의 이미지를 근본적으로 갱신한 새로운 사유였다. 수학에서의 해석학의 발달과 맞물리면서, 파동역학은 이전의 철학자들이 거시적인 이미지로서만 직관했던 우주의 율동을 실험적-수학적으로 구체화하는 업적을 이루었다. 해석학과 파동역학의 조응은 수학과 물리과학의 조응을 특히 인상 깊게 보여주는 예이다. 전기와 자기의 연구로 구체화된 파동역학은 그 전체적인 이미지에 있어 동북아의 기학적 세계관과 상통한다는 점에서도 흥미롭다. 물리과학에서의 이런 혁신들은 20세기에 이르러 양자역학을 통해 또 한 번의 거대한 도약을 이룬다. 유체역학, 열역학, 파동역학으로 이어지는 19세기 물리과학에서의 혁명은 17세기 혁명의 의미를 훨씬 뛰어넘는, 존재론적 차원에서의 혁명이었다.[30]

---

28) 리만과는 다른 방향에서 'Mannigfaltigkeit' 개념을 일신한 또 한 사람의 수학자는 칸토어이다. 칸토어의 집합론은 리만 다양체에 비해 플라톤적 사유를 보다 많이 간직하고 있다.(Georg Cantor, *Grundlagen einer allgemeinen Mannigfaltigkeitslehre*, Daniel Burckhardt, 1883/1998) 현대의 플라톤주의자인 바디우가 칸토어에 경도되고, 반(反) 플라톤주의자인 들뢰즈가 리만에 경도된 것도 이런 맥락과 연관된다.

29) 들뢰즈와 가타리는 '왕립과학'과 '유목과학'의 개념 쌍을 통해서 이 점을 흥미진진하게 분석해준다. Deleuze et Guattari, *Mille plateaux*, Éd. de Minuit, 1980.

30) 아울러 이 과학들은 현실에도 광범위하게 응용되었다. 유체역학은 댐 건설이나 비행기 운행을 비롯한 다양한 분야들에 응용되었다. 열역학은 각종 열기관의 제작을 비롯해 여러 관련되는 분야들에 응용되었다. 파동역학/전자기학은 굳이 예를 들 것도 없이 현대 문명 자체를 만들어낸 주요 동력들 중 하나였다. 19세기에 이런 과학들이 현실에 응용되면서 세계는 급변하기 시작했고, 이런 흐름은 본격적인 '모더니티'를 도래시킨 주요 동력들 중 하나였다.

화학은 1800년을 전후해서 본격적인 개별 과학 분야로서 확립된다. 잘 알려져 있듯이, 이는 플로지스톤 이론이 파기되고 '탈-플로지스톤 기체'로 이해되었던 기체가 '산소'라는 별도의 기체(원소)임이 밝혀진 것을 분기점으로 한다. 현대 화학은 넓은 의미에서의 원자론, 마치 레고 놀이와 같이 원소들을 합성하고 분해하는 사유의 전형이다. 따라서 원소들 사이의 불연속을 기초로 하며,[31] 더 이상 하위 구성 요소들로 분해되지 않는 궁극의 동일성인 원소들을 찾아내고, 그것들 각각의 성질들 및 그것들의 전반적인 관계들을 파악하는 것이 중요하다. 이렇게 체계화할 때 우리는 하나의 '깔끔한' 이론체계를 가질 수 있게 된다. 라부아지에(1743~1794)는 물질이 연소할 때 무게가 주는 것이 아니라 오히려 는다는 사실에 착안해 플로지스톤 개념을 파기하고 산소 개념을 화학의 초석으로 삼았다. 그 전에 산소는 근본 물질인 플로지스톤을 결여하고 있고 그래서 다른 물질에서 플로지스톤을 빼내 자체에는 모자란 그것을 채운다고 생각되었다. 연소란 플로지스톤이 소비되는 과정이기에 산소를 넣으면 물체들이 더 잘 연소된다고 보았던 것이다. 그러나 라부아지에의 이론에 따르면, 연소란 오히려 어떤 물질이 산소와 결합하는 것으로 이해되어야 한다. 라부아지에는 플로지스톤이라는 보편적 물질을 파기하고, 산소를 필두로 각각 환원 불가능한 원소들을 동정(同定)하고 그것들의 관계-망을 총체적으로 파악한 주기율표를 작성함으로써 화학 혁명을 이루었다.[32] 앞에서 보았듯이, 어떤 면에서 그에게

---

31) 멘델의 유전 법칙이 특히 잘 보여주듯이, 다음 두 경우는 존재론적으로 크게 다르다. 예컨대 요소 a, b, c, d, e가 있을 때, ① 이것들이 결합을 한다 해도 요소들이 불연속을 유지하면서 각각의 동일성을 유지하는 경우. 이 경우, 예컨대 a와 b가 결합된 결과인 M 안에는 여전히 a와 b가 각각의 동일성을 유지하면서 들어 있다. M은 이들의 결합이 가져온 거시적 결과일 뿐이다. ② 이 요소들이 결합할 경우, 요소들 각각은 사라지고 M이 독자적 동일성을 가진 존재로서 탄생하는 경우.

32) **플로지스톤 이론과 산소 이론** —— 플로지스톤 이론은 여러 물질들에 공통되는 '플로지스톤'을 상정하고서 수소를 '과-플로지스톤 물'로 산소를 '탈-플로지스톤 물'로 보았고, 두 물질이 합성되어 물이 된다고 보았다. 반면 산소 이론은 수소와 산소를 별개의 동일성을 가진 물질로 보았고, 양자가 합성되었을 때 물이 된다고 보았다. 산소 이론이 화학

는 고전 시대의 계통학이라는 에피스테메가 여전히 작동하고 있었다. 나아가 라부아지에는 생명체의 호흡이란 사실상 일종의 연소임을 밝혀냄으로써, 물리과학과 생명과학 사이에 매우 의미심장한 가교를 놓기도 했다.[33]

　화학이 개별 과학으로서 성립한 때와 거의 같은 시기에 생물학 역시 개별 과학으로서 성립했다. 19세기의 생물학은 고전 시대의 그것처럼 식물들의 가시적 성질들을 분류하는 것에 만족하지 않았다. '생기론'의 철학을 통해 비로소 '생물학'으로서 개별화된 이 과학은 이제 동물들의 심층으로 들어가 기관들의, 나아가 그 하위에 이르기까지의 부분들의 구조를 밝혀냈고, 이 과정에서 그 이전에는 단지 각별히 복잡한 물체 정도로 이해되던 "organization" 개념이 마침내 '유기체'/'조직화'의 개념으로 새롭게 탄생하기에 이른다. 나아가 더 중요하게는, 생명체의 이 부분들을 정합적으로 조직해주는 보다 이론적인 개념으로서 '조직화의 도안(plane)' 개념이 등장함으로써 생명체 이해는 일정 수준을 넘어서게 된다. 게다가 생명체의 유의미한 최소 단위로서의 세포의 발견은 이 도안의 뉘앙스를 훨씬 고도의 이론적 깊이를 가진 개념으로 만들어주었다. 생명 개념은 이전과는 비교도 할 수 없는 깊이와 역동성을 갖추게 된 것이다. 여기에 19세기에 생물학과

체계를 보다 깔끔하게 정리할 수 있었다. 그러나 바슐라르가 '간명함(깔끔함)의 신화'에 대해 논했거니와, 타일 깔기나 레고 맞추기 같은 성격을 가지고 있는 이런 체계가 꼭 '진리'인 것은 아니다. 베르그송이 논했듯이, 인간의 지능은 모든 것을 더 이상 나눌 수 없는 동일성들로 분해하고 그것들을 공간화해서 'partes extra partes'로 짜 맞추었을 때 만족한다. 그러나 이 표면상의 깔끔함이 일종의 착시로서 우리를 속일 수도 있다. 플로지스톤 이론은 산소 이론이 물리친 애매모호하고 사변적인 이론으로 치부되지만, 오히려 그 안에는 이후 19세기 전반에 걸쳐 드러날 자연의 보다 심오한 측면들이 배태되어 있었다. 그리고 이런 잠재성은 이후 실제 여러 맥락들에서 구체적으로 드러나게 된다. 다음을 보라. 장하석, 전대호 옮김, 『물은 H_2O인가?』, 김영사, 2021.

33) 다른 한편, 물리학·화학의 기술적 응용은 공장 등에 의한 환경오염, 시안화칼륨(KCN)을 사용한 대량학살, 기업들의 화학물질 방류에 의한 인명 살상을 필두로 마침내 핵전쟁에 이르기까지 현대 문명의 거대한 질곡을 낳기도 했다. 과학기술의 발달은 사람들이 겪어야 했던 단말마적 고통과 참혹한 상황들의 원천으로 작동해왔다. 과학기술의 발달과 그 응용은 현대 문명의 'Gift(악이자 독)'라 할 수 있다.

나란히 성립한 화학이 이 조직화의 도안을 또 다른 차원에서 이해할 수 있게 해주었다. 생명체 내에서 보이지 않게 작동하는 무수한 화학적 회로들이 기관들에서 세포들에 이르기까지의 조직화만이 아니라 그 안에서 이루어지는 화학적 반응들의 조직화까지도 드러내 보여준 것이다. 19세기 생물학이 드러낸 생명세계의 장관은 파동역학 등이 드러낸 물리세계의 장관에 못지않은 것이었으며, 이 두 세계가 함께 보여준 자연의 새로운 모습은 무척 감동적인 것이었다.

그러나 19세기 생물학 혁명의 진면목은 이런 공간적 측면에서만이 아니라 시간적 측면에서도 음미되어야 한다. 고전 시대의 과학은 공간적 과학이었다. 19세기 과학의 의미는 우선은 이 공간을 한층 심층화한 것에 있지만, 더 근본적으로는 과학적 사유의 축을 공간에서 시간으로 바꾸었다는 점에 있다. 물리과학에서도 그렇지만(유체역학에서의 유속 문제, 파동역학에서의 주파수 개념, 화학반응에서의 속도 등등), 특히 생명과학에서 시간은 본질적인 것이 된다. 기계적으로 움직이는 물리적 대상들과 시간을 존재론적 원리로 하는 생명체들은 본질적으로 다른 것이다.[34] 19세기에는 지구과학도 발전하기 시작했고, 지구는 더 이상 정적인 방식이 아니라 지각 변동을 비롯한 다양한 동적인 변화를 겪어왔고 지금도 겪고 있는 곳으로서 새롭게 이해되었다. 곳곳에서 발견되는 화석들 또한 지구와 그곳에서 살던 생명체들에 대해 많은 것을 알려주었다. 이런 과정들을 통해 생명계는 '종'이라는 동일성을 벗어나 시간 속에서 간단(間斷) 없이 역동적으로 변해온 것으로 이해되기 시작한다. 그리고 이 두 갈래의 흐름이 교차하면서 '환경' 개념도 다듬어지게 된다. 이 모든 것이 생명의 심장부에는 시간이 깃들어 있음을 가리켰다. '진화'의 시대가 온 것이다.

---

34) 이 점은 20세기의 생성존재론에서 특히 강조되었던 사항이거니와, 최근에 후쿠오카 신이치는 이 점을 "높은 해상도"로 보여주었다.(『생물과 무생물 사이』, 김소연 옮김, 은행나무, 2008)

17세기의 과학혁명보다 훨씬 심오한 의미를 띤 19세기 과학혁명을 (지면 관계상) 주마간산식으로 훑어보았거니와, 우리는 이런 흐름에서 20세기 생성존재론의 형성에 특히 중요한 영향을 끼친 두 과학, 즉 열역학과 진화론을 좀 더 상세하게 살펴보자.

§2. 열역학적 세계관의 탄생

19세기 후반 이래 전개된 열역학은 큰 존재론적 함의를 내포하고 있다.[35] 이 과학을 통해서 성립한 '에네르기'의 개념, 열역학 제2법칙이 띠는 우주론적 함의, 그리고 진화론과 열역학이라는 두 과학 사이의 미묘한 관계 등은 과학의 역사에서 중요한 분기점과 문제를 가져왔으며, 형이상학적 맥락에서는 생성존재론의 전개에 중요한 역할을 했다.

물리과학에서 19세기 후반에 이루어진 가장 큰 개념적 성과는 '에네르기' 개념(과 '파동' 개념)의 발명과 그것의 본성에 대한 발견이었다. 철학사적으로는 특히 라이프니츠, 셸링과 연계된다. 데카르트의 기계론을 극복해 나가는 첫걸음으로서 뉴턴과 라이프니츠의 '힘의 과학'이 있었다. 라이프니츠의 'vis viva'는 뉴턴의 'force'와는 다른 개념이었다. 라이프니츠의 이 개념은 수학적 변용을 거쳐($mv^2 \rightarrow \frac{1}{2} mv^2$) '운동 에네르기' 개념으로 화하거니와, '에네르기' 개념은 결정적으로 중요한 개념으로 자리 잡게 된다.[36]

---

35) 전반적으로 볼 때 19세기 물리과학의 전개는 19세기 초에 셸링이 그렸던 자연의 이미지를 실험적-수학적 엄밀성의 수준에서 구체화한 것이며, 그 결과 자연은 예전과는 판이한 성격의 장엄함과 율동으로 다가오게 된다. 해석학적 언어로 표현되기 시작한 '파동' 개념은 생성존재론의 맥락에서도 특히 중요하고 매력적인 개념이다. 그러나 빛의 탐구 과정에서 새로운 문제들(에테르의 존재 문제, 흑체 복사 문제 등)이 불거져 나왔고, 이를 해결하는 과정에서 다시 양자역학이 도래하게 된다. 이 과정은 여기에서 따로 다루지 못하지만, 생성존재론은 물론 과학철학적 논의들에서도 중요한 배경이 된다.

36) 하나의 닫힌 계에서, 이 '살아 있는 힘'과 (샤틀레 부인이 발견한) '죽어 있는 힘(vis

148

이후 셸링은 우주의 근원적 힘을 상정했고, 이 근원적 힘이 전기, 자기, 열 등 여러 형태로 나타난다는 생각을 개진했다. 아울러 그 결과로서 열, 전기, 자기 등은 결국 상호 전환되는 하나의 힘임을 강조했다. 이로써 자연철학의 시선은 더 이상 물체와 공간이 아니라 물질, 에네르기, 장(場)에 두어지게 된다. 물리과학은 점점 자연의 심층으로 파 들어가게 되며, 어느 순간 고전 시대의 과학들은 표면적이고 추상적인 것들로 느껴지게 되었다. 에네르기 개념의 성립과 에네르기의 다양한 표현 양태들 및 그 양태들 사이의 상호 전환이라는 생각은 물리세계의 상을 크게 바꾸어놓는다.

이런 변혁의 완성은 마이어, 줄, 헬름홀츠를 비롯한 여러 과학자들의 헌신을 통해서 가능했다. 마이어(1814~1878)는 셸링의 통찰을 처음으로 구체적인 방식으로 입증하기 시작한 인물이다. 의사였던 그는 인체의 체온 조절에 대한 그의 관찰에서 힌트를 얻어 열과 일의 상호 전환을 고찰했으며, 나아가 '에네르기'의 존재와 다양한 형태의 '에네르기'들의 상호 전환이라는 보다 일반적 지평으로 연구를 확대했다. 그의 이런 에네르기 개념은 열을 '칼로릭'이라는 물리적 실체로 보는 기존 관념을 극복한 것이었다. 마이어의 연구는 오늘날 '열의 역학적 등가'라는 값을 얻어내는 데에까지 진전된다. 마이어는 자신의 사유를 생명의 차원까지 확장해 생명체들의 활동 역시 에네르기 개념을 바탕으로 이해할 수 있다는 혁명적인 발상으로까지 나아갔다. 그러나 그의 성과는 좀체 과학계에 받아들여지지 않았다. 독일인인 마이어의 풍부한 철학사적 소양은 경험주의 국가 영국에서는 아이러니하게도 거부감과 비웃음의 대상이 되었다. 절망에 빠진 그는 3층 방에서 뛰어내려 자살을 시도하기까지 했다.[37] 다행히도 그는 인생 황혼에 이르러

---

mortua)'의 합, 즉 운동에너지와 위치에너지(잠재에너지)의 합은 일정하다는 점이 확인됨으로써 '에너지 보존의 법칙'(열역학 제1법칙)이 성립하기에 이른다.

[37] 흥미로운 사실은 19세기 후반에서 20세기 전반에 걸쳐 마이어를 필두로 볼츠만, 리만, 칸토어 등 과학적 사유를 혁명적으로 바꾸어놓은 사람들이 대개 "형이상학자"라는 비난을 들어야 했다는 사실이다. 이는 19세기 실증주의가 천재들의 독창적인 사변을 억눌

자신의 이론이 유럽 학계에서 환호받는 광경을 목도할 수 있었다. 마이어의 삶은 과학이란 사회적-문화적 활동이라는 점을 선명하게 예시해준다.

줄(1818~1889)은 마이어와 대조적인 전형적인 영국 과학자, 아니 발명가였다. 그는 전기모터의 제작에 열중했고, 그 과정에서 일과 열 사이의 관계를 확인하게 된다. 그는 마이어의 사유를 보다 꼼꼼히 검증할 수 있는 장치를 만들어냄으로써(오늘날에도 교과서에서 볼 수 있는, 물통 속에 수차(水車)를 넣은 장치), 특히 열과 일의 상호 전환을 실증적으로 보여줌으로써(1c = 4.154J, 나중에 4.186J로 수정됨) 에네르기 개념을 구체화했다. 오늘날 사용하는 에너지 양의 측정 단위는 그의 이름을 따고 있다. 아마추어 발명가였던 줄의 노력 역시 처음에는 학계에 잘 받아들여지지 않았다. 그러나 톰슨, 패러데이 등이 그를 지지함으로써 줄의 에너지 물리학이 수용되기 시작한다.

철학자이기도 했던 헬름홀츠(1821~1894)는 그때까지 이루어진 여러 성과들을 논리정연하게 정돈해 처음으로 열역학의 이론적 체계를 세울 수 있었다. 아리스토텔레스가 분명히 했듯이, 이론 체계란 보다 근본적인 것으로 덜 근본적인 것을 설명하는 것이다. 데카르트가 『성찰』의 서문에서 강조했듯이, 똑같은 내용들일지라도 그것들을 어떻게 논리적으로 배치하느냐가 중요하다. 헬름홀츠는 그런 사유를 할 능력이 있었다. 그는 영구기관의 제작이 불가능하다는 점[38]을 발판으로 삼아 열역학의 제1법칙인 '에너지 보

렀기 때문이다. 이런 과정이 한참 진행된 후에야 사람들은 과학에 대한 철학을 바꾸기에 이른다. 이 과정에 대해서는 4권의 4장에서 다룰 것이다.

38) **영구기관** —— 영구기관이란 외부에서 에너지를 투입하지 않아도 영구적으로 일을 하는 기관이다. '카르노 기관'으로 유명한 사디 카르노(1796~1832)가 이미 "한 열원(熱源)으로부터 얻은 열을 모두 일로 바꿀 수는 없다"(후대의 열역학 제2법칙)는 것을 논증했거니와, 헬름홀츠는 영구기관이 불가능하다는 것을 근거로 에너지 보존의 법칙을 논증하고자 했다. 어떤 기관도 일을 하면 에너지를 방출한다. 이 법칙의 핵심은 에너지가 그대로 보존된다는 뜻이 아니라 열 에너지와 일 에너지를 합한 에너지 전체는 항상 일정하다는 뜻이다.($\Delta E = Q + W$) 그러나 에너지 보존의 법칙은 어디까지나 닫힌 계에서 성립하는 법칙이다. 완벽하게 닫힌 계란 자연에 존재하지 않으며 인위적으로 만들기도 불

존의 법칙'을 분명하게 정식화했다. 한 계의 에너지의 총량은 불변이며, 한 종류의 에너지가 다른 종류의 에너지로 전환될 수는 있어도 새로운 에너지가 무로부터 솟아오를 수는 없는 것이다. 이제 "ex nihilo nihil fit"라는 존재론적 원리는 새로운 뉘앙스를 획득하기에 이른다. 이 법칙은 수학에서의 '퓌타고라스의 정리'와 마찬가지로 이후 물리과학의 문제들을 해결해나가는 데 거의 만능열쇠의 역할을 하게 된다.

열역학 제1법칙이 열과 일의 등가성에서 근거를 얻었다면, '엔트로피의 법칙'이라고도 불리는 열역학 제2법칙은 열-일 전환에서의 비대칭성에서 근거를 얻었다. 일은 열로 전환된다. 그러나 그 과정에서 소모되는 열은 다시 일로 전환되지 않는다. 마찬가지 이치로, 한 쇠막대의 뜨거운 쪽의 열이 차가운 쪽으로 퍼져서 전체 온도가 평균이 되는 일은 있어도, 차가운 쪽의 열이 뜨거운 쪽으로 몰려서 이쪽이 더 뜨거워지는 경우는 없다. 에너지의 총량은 일정할지라도, 그 질적 변화에는 일정한 방향성이 있다. 고전 역학의 세계는 가역적 세계였다. 그것은 무한과 영원의 형이상학이 지배했던 17세기의 맥락에 잘 부합하는 세계였다. 그러나 19세기의 열역학이 제시한 세계는 불가역적 세계였다. 그리고 켈빈 등의 노력에 의해 이런 불가역성은 열역학의 범위 내에서만이 아니라 물리세계 전반을 지배하는 보편적 원리임이 드러나게 된다. 물리적 존재들은 '자발적으로' 흩어지는 경우는 있어도 자발적으로 모이는 경우는 없다.[39] 이제 우주는 항구적으로 완벽히 돌아가는 시계의 이미지가 아니라 언젠가는 꺼질 운명의 난로의 이미지로 다가서게 된다. 현대적인 시계의 발달이 바로 엔트로피 법칙과의 투쟁을 통해 이루어져왔음은 시사적이다. 시계란 엔트로피 법칙을 거스르면 거스를수록 더 완전한 것이 되기에 말이다.

가능하다는 점에 주의해야 한다.

[39] 이때의 '자발적으로'는 생물학적 맥락에서의 '자발적으로'가 아니라 물리학적 맥락에서 "인위적인 조작이 가해지지 않을 경우", "외부에서 에너지가 주입되지 않을 경우"를 뜻한다.

물리 현상이 불가역적이라 함은 물리적 존재들이 그 형상(形相), 리(理)를 잃어버림을 뜻한다. 즉, 현대식으로 말해서 물질을 일정하게 조직하고 있는 정보를 상실함을 뜻한다. 한 물리적 존재의 형상이란 내용상 그것을 바로 그런 형태로 조직하기 위해 필요한 정보와 같은 것이기 때문이다.("information"이라는 말은 시사적이다.) 물리적 현상이 불가역적이라 함은 이 형상/정보가 자발적으로 해체될 수는 있어도 복구될 수는 없음을 뜻한다. 간단히 말해 이는 물리계의 '무질서도(disorderity)'가 증가한다는 것이다. 고전 역학이 설정했던 가역적 세계는 진정한 의미에서의 '과정'이라기보다는 평형상태의 지속일 뿐이다. 우리가 실제 세계에서 만나는 것은 대부분 불가역적 과정들이다.

열기관에 대한 카르노의 작업을 이어받아 연구하던 클라우지우스(1822~1888)는 이 무질서도를 '엔트로피'라 명명하고('Entropie'는 변화를 뜻하는 그리스어 'hē tropē'를 현대적으로 표기한 것이다.)[40], 수학적으로는 '$S = \frac{Q}{T}$'로 공식화했다(Q는 열에너지, T는 절대온도). 열역학 제2법칙은 결국 S는 항상 증가한다는 것을 뜻한다. S가 증가하는 정도는 곧 불가역적인 과정에서 증가한 무질서도의 크기이다. 클라우지우스는 열역학의 두 법칙을 "우주의 에네르기는 일정하다", "우주의 엔트로피는 최대값에 도달하려 한다"로 정식화했다. 후에 어떤 사람들은 이 생각을 토대로 우주의 '열사(熱死)'를 논하기에 이른다. 그러나 우리는 우주-전체에 대해 알지도 못하며(앞에서 지적했듯이, '전체' 개념을 단순하게 생각하면 곤란하다.), 우주 전체를 등질적인 것으로 취급하는 것이 가능한지도 확신할 수 없다.

---

40) 이 표기법은 묘하다. 단어에 정관사를 붙여 하나로 만든 것도 특이하며(말하자면 'the change'를 '더체인지'로 음역한 것과 같다.), 정관사 '헤'를 '에'로 바꾼 것도 이상하다. (원래대로 하면 '헤트로페'가 되어야 하며, 변형한다 해도 '헨트로피'가 되어야 한다.) 클라우지우스는 이 말의 발음을 '에네르기'의 발음과 비슷하게 만들고 싶었다고 그 이유를 설명한다.(Rudolf Clausius, *The Second Law of Thermodynamics*, ed. by J. Kestin, Halsted Press, 1976, pp. 186~187)

온도를 열역학적 계 내의 입자들이 내포하는 평균 운동에너지로 파악했던 맥스웰(1831~1879)은 유명한 '맥스웰의 정령' 이야기를 만들어내 이 법칙을 공격하기도 했다. 이야기의 핵심은 정령이 빠른 입자들과 느린 입자들을 작위적으로 갈라놓음으로써 엔트로피를 낮출 수 있다는 점에 있다. 즉, 입자들이 흐트러짐의 방향이 아니라 정돈됨의 방향으로 가도록 만드는 것이 적어도 사고실험으로는 가능하다는 것이다. 그러나 이런 경우에조차도 정령은 일을 해야 하며, 그로써 에너지를 소비해야 한다고 봐야 하지 않을까. 결국 입자들은 균일하게 흐트러질 수밖에 없는 것이다. 그런데 (구체적인 내용은 같지 않지만) 실제 우리는 이렇게 정령처럼 행함으로써 엔트로피를 낮추는 존재를 알고 있다. 다름 아닌 우리 생명체들이다. 생명체는 엔트로피 법칙에 저항함으로써 자신의 동일성을 유지하고 더 중요하게는 개선해나가기 때문이다. 그리고 진화의 과정이란 오히려 엔트로피를 낮춤으로써 새로운 질서를, 새로운 '형상'을, 새로운 복잡성을 창조해온 과정이었다. 물론 생명체의 이런 활동이 결국 주변 물리계의 엔트로피를 높이게 되며, 따라서 생명계의 활동이 물리계의 엔트로피 법칙을 궁극적으로 부정하는 것은 아니다. 그러나 이 사실은 '물질'과 '생명'이 환원주의적 관계(생명에서 물질로)나 일방향적 관계(물질에서 생명으로)가 아니라 비-환원적 관계, 이원적이고 **쌍방향적인 관계**를 가진다는, 철학적인 맥락에서 결정적으로 중요한 사실이다.

시간을 전과 후로 이어지는 사건들의 계열이 띠는 방향성으로 이해한다면, 제2법칙은 시간의 불가역성, 이른바 '시간의 화살'을 함축한다. 고전 역학의 세계는 빨리 흘러도 심지어 거꾸로 흘러도 그 본질에 변화가 없는 세계이다. 그러나 열역학의 세계는 명백히 시간의 **방향성**을 가지는 세계이다. 그리고 이 방향성이 어디를 향하고 있는가는 오늘날의 우주론에 이르기까지 줄곧 탐구되어왔다. 고전 역학의 세계가 끝없이 반복되는 진자의 세계라면, 열역학의 세계는 거대한 난로의 열이 서서히 식어버리는 세계이다. 이 방향성을 나타내는 지표가 곧 엔트로피의 증가이다. 엔트로피의 증가는 우주에서의 시간의 방향성을 뜻한다. 그러나 생명의 시간은 가역적 시간도 아니고 엔트로피의 시간도 아니다. 그것은 우주의 방향성을 거스르는 반(反)엔트로피의 시간이다.

볼츠만(1844~1906)은 미시세계에 대한 가설 ─ 실증주의가 지배하던 당시에는 "형이상학적"이라고 강하게 공격받았던 가설 ─ 에 입각해 열역학을 통계역학으로 발전시켰다.[41] 이 역학은 콩트, 마흐 등 실증주의자들이 거부했던 원자론 모형을 사용했고, 이는 19세기 정신을 뛰어넘는 것이었다. 볼츠만 이론에는 이런 철학적 논쟁점 외에도 물리학적 논쟁점이 있었다. 그는 미시차원에 고전 역학의 방정식들을 적용해 거시적인 열역학 현상들을 설명했다. 이때 미시세계의 가역성과 거시세계의 불가역성 사이에 모순이 발생한다. 여러 사람이 그 모순을 공격했으나, 볼츠만은 원자들 하나하나는 가역적이지만 계 전체는 불가역적일 수 있음을 논증했다. 또 하나, 수학적인 논쟁점도 있었다. 그의 이론이 성립하려면 분자들의 수가 매우 많아야 한다. 분자들이 몇 개에 불과하다면 계 자체가 가역적일 수도 있다. 그러나 이는 특수한 경우이고, 대부분의 화학적 계는 상당수의 분자들로 이루어진다. 볼츠만은 '대수(大數)의 법칙'에 입각해 그의 주장을 논증해갔다. 그래서 '통계역학'이다. 그는 여러 학자들의 공격을 받았고, 이런 사태는 결국 그를 자살로 몰고 갔다. 그의 공식($S = k \cdot logW$. W는 무질서도)은 지금도 그의 묘비에 새겨져 있다.

'에네르기' 개념과 '엔트로피' 개념, 오늘날 우리가 자연을 인식할 때 수시로 꺼내 드는 핵심적인 개념-열쇠들에 속하는 이 두 개념의 등장은 자연에 대한 우리의 이해를 대폭 바꾸어놓았다. 그러나 더욱더 흥미로운 것은 이 열역학이 그것과 더불어 또 하나의 혁명적 과학이라 할 진화론과 맺는 관계이다.

---

41) 볼츠만 이론의 기초는 『기체론 강의』(이성열 옮김, 아카넷, 2017)의 서론에서 볼 수 있다.

§3. 진화론적 세계관의 탄생

서구 사유의 역사에서 진화론은 심대한 존재론적 의의를 내포한다. 서구 철학이 이해한 생명 개념은 아리스토텔레스의 질료-형상설에 입각한 것이었다. 개체들은 질료라는 가능태가 형상이라는 현실태를 통해 조직된 것이었다. 생물학적 맥락에서 해석한다면, 형상이란 훗날에 등장한 '조직화의 도안'과도 같은 것이고, 생명계는 이 작은 유기체들이 더 큰 유기체들＝보편자들(종, 유)과 집합론적 관계를 이룬 것으로서 이해되었다. 아리스토텔레스의 세계는 작은 동그라미들과 큰 동그라미들이 유기적으로 조화를 이루고 있는 거대한 원환과도 같은 세계이다. 아리스토텔레스의 철학에는 'eidos'라는 말이 형상이라는 뜻과 종(種)이라는 뜻을 함께 가지고 있다는 점이 적절히 반영되고 있음을 볼 수 있다. 이 'eidos'는 중세 철학에 이르러 'species'(라틴어 발음 '스페키에스')로 계승된다. 이 말 역시 형상(forma)의 뜻과 종의 뜻을 동시에 가진 말이며, 오늘날의 'species'로 그대로 이어지고 있다. 'eidos → species'라는 끈이 아리스토텔레스와 중세 철학을 이어주고 있는 것이다. 르네상스 시대에 이르기까지 이런 생명존재론은 계속 이어졌다.

이 생명존재론의 핵심에는 종의 불변성이 놓여 있다. 아리스토텔레스적 원환의 세계는 항구적인 것이었다. 중세에는 여기에 세계는 신의 피조물이라는 이미지가 덧씌워졌다. 이런 생명존재론은 단순히 아리스토텔레스 철학과 기독교의 권위 때문에 유지된 것이 아니었다. 과학적 탐구의 범위에 들어오는 시간의 길이가 비교적 짧았을 때, "콩 심은 데 콩 나고 팥 심은 데 팥 난다"는 것은 너무나 당연한 진리였다. 그러나 과학적 탐구의 시간 길이가 점차 늘어나면서 이 안정적이고 원융한 세계 곳곳에서 균열이 일어나게 된다. 이런 변화는 우선 지질학을 통해서 일어났다. 지구는 안정적이고 지속적인 곳이 아니라 길고 다양한 변화를 겪어온 곳으로 이해되기 시작했다. 그러나 생명계와 물리계는 여전히 명확히 구분되었다. 지구의 변화는 생명계 바깥에서 일어난 변화에 불과했다. 하지만 과학적 탐구들이 진행되면서, 지구의 변화는 단지 생명체들을 둘러싼 주변이 아니라 생명계와 내적으로 맞물리면서 영향을 주고받는 '환경(milieu)'이라는 점이 점차 뚜렷해졌다. 나아가 육지 동물들과 바다 동물들의 상관성을 비롯한 여러 지식들이 서서히 증폭되기에 이른다. 이런 과정을 통해서 종의 불변성은 흔들리게 되고, 사람들은 이제 종'의 기원'을 찾기에 이른다. '진화론'의 시대가 열린 것이다.

고전 시대에 진화론의 여러 선구자들이 있었지만, 뚜렷하게 체계적인 진화론이 제시된 것은 라마르크(1744~1829)의 『동물철학』(1800)에서였다. 라마르크는 생명체의 내부에 끝없는 차이생성(구조와 기능의 복잡화=분화)에의 충동/잠재력을 상정했고, 다른 한편 생명체들과 환경의 역동적인 상호 작용을 밝혀냈다. 이로써 진화론의 윤곽이 잡히게 된다. 그러나 그의 진화론은 여전히 고전 시대의 '하이어라키'를 유지하는 일방향적 진화론이었다. 그것은 고전 시대의 '표'를 시간-축 위에 재배치한 것이었다. 생명체들의 분산, 그것들을 창조한 시간의 틈, 그리고 변이의 우연성을 통해 이 하이어라키를 무너뜨린 것은 얄궂게도 반(反)-진화론자인 퀴비에였다. 라마르크는 18세기적 자연사=박물학과 19세기적 진화론의 경계선상에 있었다. 그가 진화의 원동력으로 상정한 것은 '용불용(用不用)'의 원리와 '획득 형질의 유전'의 원리였지만, 언급했듯이 이 원리들은 고전 시대의 하이어라키를 여전히 전제한 채 거기에 진화의 실제를, 그 복잡성을 반영하고자 만든 보조적인 원리들이었다. 환경에 적응해야 하는 외적 상황과 기능의 복잡화를 향한 내적 노력은 용불용의 원리에 따라 형질들의 변환을 가져오고, 이 획득 형질들은 유전됨으로써 하이어라키적인 진화의 원동력이 된다. 그러나 유전학이 발달함으로써, 특히 바이스만(1834~1914)이 체세포와 생식세포 사이에 벽을 쌓은 이후, 진화의 원동력으로서의 용불용 및 획득 형질 유전의 원리는 파기되어버린다.

다윈(1809~1882)에게서 이전의 표나 하이어라키는 거의 무너진다. 생명계의 특징은 오히려 계속되는 발산, 분기에 있다. 진화의 전체 모습은 큰 가지, 작은 가지가 잔뜩 달린 나무를 거꾸로놓은 것과 유사하다. 이 과정을 지배하는 것은 생명의 연속성, 조화 등이 아니다. 진화에는 우연이 가득 차 있다. 진화론은 우연적으로 생성하는 '사실들'을 연구의 대상으로 하며, 어떤 아프리오리한 가정도 의심스러운 것이 된다. 다윈에게서 연구의 단위는 개체도 아니고 종도 아니다. '개체군'이 논의의 핵심에 놓인다. 따라서 연구의 방법에서도 통계적인 방식이 중요한 위치를 차지한다. 물론 이런 방법은 개체들을, 더 중요하게는 개별 상황들을 모두 등질화한다는 근본 한계를 내포한다. 그러나 진화론은 애초에 경험하기 힘든 차원을 많은 간접적인 증거들을 동원해 추론하는 학문이다. 그 과정에서 통계는 필수적으로 요청된다고 하겠다.

뛰어난 이론들이 대개 그렇듯이 다윈의 진화론은 많은 사실들을 설명해주지만, 그 설명의 원리는 매우 간명하다. 변이, 생존경쟁과 적응, 그리고 자연도태, 적자생존.[42] 생명체는 우연적인 변이를 겪으면서 매우 다양한 변종들을 산출한다. 라마르크에게서와는 달리, 어떤 내적인 방향성이나 목적은 없다. 진화의 핵심적인 프로세스는 이 변종들이 주어진 환경에 적응해야 하는 외적 상황에서 벌어진다. 그리고 자연은 주어진 환경에서 보다 유리한 개체들을 '선택'하고, 그렇지 못한 개체들을 '도태'시킨다. 이 과정을 통해서 점점 우월한 존재들이 선택되고 생명의 형식은 갈수록 정교해진다.

---

42) "인간에게 쓸모 있는 변이(사육을 통한 품종 개량)가 일어나는 것을 분명히 볼 수 있으므로, 각 생물에게 있어 거대하고 복잡한 생존투쟁을 위해 뭔가 도움이 되는 다른 변이가, 수천 세대를 거듭하는 동안 이따금 일어난다고 생각할 수 없을까? (…) 다른 개체에 비해 뭔가 조그만 이점이라도 가진 개체가 생존과 번식을 위한 기회를 가장 많이 가진다고 생각할 수 없는 것일까? (…) 이렇게 유익한 개체적 차이와 변이는 보존되고, 유해한 변이는 버려지는 것을 가리켜 나는 '자연도태' 또는 '적자생존'이라고 부른다."(찰스 다윈, 송철용 옮김, 『종의 기원』, 동서문화사, 1859/2019, 155쪽) 물론 자연도태가 유일한 원리는 아니며, 성(性)도태를 비롯한 다른 원리들도 존재한다. 생명체에게 가장 일차적인 것은 생존하는 것이지만, 성을 비롯해 다른 측면들도 중요하기 때문이다. 아울러 다윈이 '획득 형질의 유전'에 대한 생각을 라마르크와 공유했다는 사실도 기억해둘 만하다.

진화에 전체적인 줄거리가 존재하는 것은 이 때문이다. 다윈의 진화론은 오늘날의 표준적인 진화론의 출발점을 이룬다.[43]

보론: "natural selection"이라는 표현 —— 이 표현은 마치 자연에 어떤 의지가 있어서 자연이 어떤 생명체는 존속시키고 어떤 생명체는 절멸시키는 것 같은 인상을 준다. 물론 'choice'가 아니라 'selection'을 쓰고 있기 때문에, 이런 의인화가 다소 약화되어 있기는 하다. 어떤 자동 키가 곡식을 까불러 잡티들을 빼낼 때, 그 키가 잡티들은 걸러내고 곡식 알맹이들은 남겨두는 'selection'을 했다고 표현할 수도 있겠기에 말이다. 그렇지만 예컨대 "자연은 오직 자연이 보살피는 생물의 이익을 위해 선택한다. 선택되는 모든 형질은 그 선택이라는 말이 내포하고 있는 것처럼 모두 자연에 의해 훈련되는 것이다"[44] 같은 구절은 수사로 이해해야 할지 문자 그대로 이해해야 할지 혼동스럽다.

다윈의 이런 표현은 그가 사육사에 의한 품종 개량이라는 모델을 자연에 그대로 투사한 데에서 유래한다. 실제 『종의 기원』은 1장에서 사육과 재배 과정에서 발생하는 변이를 논하고 2장에서는 그 논의를 자연상태에서 발생하는 변이로 이어간다. 이런 유비적 구조로부터 두 가지 사유 경향이 무의식적으로 형성되는데, 그 하나는 진화를 일으키는 주체가 마치 자연인 것처럼 생각하는 경향이고, 다른 하나는 진화란 일종의 '개량'이라고 생각하는 경향이다. 그러나 이 두 생각은 모두 문제점을 안고 있다.

자연환경"이" 살아남을 생명체들을 '선택'한다는 생각은 진화에서 진정한 주체가 무엇인가라는 문제를 혼란스럽게 만든다. 진화하는 존재, 살아남기도 하고 사라지기도 하는 **주체는 결국 생명체들**이다. 어떤 사람들은 진화

---

43) 다윈의 진화론에 대해서는 『신족과 거인족의 투쟁』(한길사, 2008), 『소은 박홍규와 서구 존재론사』(도서출판 길, 2016)에서 자세히 다루었다.
44) 다윈, 『종의 기원』, 158쪽.

의 주체를 종(또는 개체군)으로 잡기도 하고, 또 어떤 사람들은 결국 유전자라고 주장하기도 한다. 그러나 종(개체군)이나 유전자가 어떤 동일성을 갖춘 채 행동하고, 타자와 복잡한 관계를 맺으면서 자기차이화하고, 살아남으려고 분투하고, 욕구하고 사랑하고 미워하고, …… 한다는 것은 난센스이다. 그런 이론적 존재들은 세계를 이해하기 위해 개념적으로 구성된 것들이고, 방법적으로 의미 있는 것들이다. 그러나 이런 존재들을 탈맥락화해 존재론적 우선성을 부여하는 것은 별개의 문제이다. 종(개체군)은 인간이 그렇게 하나로 묶어 보는 것에 불과하고, 유전자는 그저 어떤 물질 덩어리일 뿐이다. 이런 개념들은 이론적으로 매우 유용하고 의미 있는 것들이지만, 그것들을 진정한 의미에서의 개체들처럼 취급하는 것은 의인적인 것이거나 수사적인 것에 불과하다. 요컨대 살려고 애쓰는 것은 어디까지나 개별 생명체들이며, 자연환경은 그것의 조건으로서 그저 거기에 있을 뿐이다. 그래서 "natural selection"이란 자연"이" 생명체들을 선별하는 과정('자연선택')이 아니라 생명체들이 자연에 적응해가면서 살아남는/남지 못하는 과정('자연도태')으로 이해되어야 한다.

또, 사육사들이 품종을 개량하듯이 자연이 생명체들을 점점 개량해나간다는 생각은 정당화될 수 있을까? 무엇인가가 살아남았기에 우월한 것일까, 아니면 우월한 존재이기에 살아남은 것일까? 전자가 옳은 것이라면, 진화에 딱히 어떤 줄거리가 있을 이유도 없지 않을까? 살아남음은 주어진 환경에 상관적으로 상당 부분 우연히 결정되기 마련인데, 게다가 그런 우연이 계속해서 쌓여야 진화의 방향성이 존재할 수 있을 터인데, 진화에 줄거리라는 것이 있을 수 있겠는가? 반대로, 만일 우월한 생명체를 정의할 수 있다 해도, 숱하게 많은 변수들을 내포하는 생존경쟁에서 그 우월함이 꼭 법칙대로 실현되리라는 보장도 없다고 보아야 하지 않을까. 생명의 세계는 물리세계가 아니다. 아니 더 근본적으로, 우월한 생명체와 열등한 생명체라는 구분이 의미가 있는 것일까? 특히 인간의 경우, 자식을 10명 낳은 범상한 인물이 위대한 문화적 업적을 남긴 독신자보다 더 우월한/진보한 존재라고 말하는 것은 참으로 우스꽝스러운 것이 아니겠는가? 설사 인간 외의 생명체들에 국한한다 해도, '진화했다'는 것과 '진보했다'는 것은 분명 다른 것을 의미한다고 보아야 한다. 그럼에도 "進化"라는 번역어는 이미 진화에 대한 목적론적 이해를 전제하고 있다. 이 문제는 결국 'natural selection' 이라는 용어를 어떻게 이해하느냐의 문제라고 할 수 있다.

19세기에 진화론의 발달과 열역학의 발달은 묘한 상황을 불러왔다. 열역학은 엔트로피가 점차 증가하는 세계, 시간이 일방향으로 흘러가는 세계, 형상들이 점차 해체되어버리는 세계를 보여주었다. 반대로 진화론은 엔트로피를 낮추는 존재들의 세계, 시간을 거꾸로 돌리기도 하는 세계, 형상들이 보존될 뿐만 아니라 더 중요하게는 새로운 형상들이 계속 탄생하는 세계를 보여주었다. 두 세계는 공히 고중세의 나아가 근대의 정적인 세계와는 다른 동적인 세계를 보여주지만, 그 방향은 반대인 것이다. 생명체들은 정보를 증가시켜 엔트로피를 낮춘다. 그리고, 특히 인간의 경우, 세계에 작위를 가해 사태를 거꾸로 되돌리기도 한다. 생명체들은 자신의 형상을 보존하며, 보존이 힘들 경우 자신의 핵심 정보를 후대에 남김으로써 생명을 이어간다. 게다가 진화의 과정은 새로운 형상들을 계속 발명해낸다. 물리세계는 등질화의 세계이지만, 생명의 세계는 다질화(becoming-heterogeneous)의 세계이다. 물리세계는 다양체들을 해체해나가는 세계이지만, 생명의 세계는 끝없이 새로운 다양체들이 창조되는 세계이다.

베르그송(1859~1941)은 열역학 제1법칙과 제2법칙의 인식론적 위상을 달리 보았다. 전자는 에너지 '보존'의 법칙이고, 후자는 에너지 '하락'의 법칙이다. 제1법칙은 양적 법칙이며, 따라서 측정 방식에 상대적이다. 게다가 에너지의 종류는 하나가 아니라 여러 가지이다. 때문에 에너지들 사이의 질적 차이나 양적 측정의 방식들을 이 법칙에 맞도록 조정해야 한다. 이런 점에서 베르그송은 이 법칙은 규약적인 성격이 크다는 것을 지적한다. 게다가 핵심적인 것은 이 법칙이 어디까지나 닫힌 계를 전제한다는 점이다. 하지만 사실 자연 그 어디에도 닫힌 계는 없다. 이 법칙이 말해주는 것은 인위적으로 구축된 닫힌 계 내에서 에너지들이 상호 전환된다 해도 그 총량은 불변이라는 것뿐이다. 이에 비해서 제2법칙은 그 근본에 있어 질적인 법칙이다. 그것은 규약의 성격을 띠고 있지 않으며, "어떤 기호도 매개시키지 않고서도, 어떤 측정 장치들도 매개시키지 않고서도, 우리에게 물리세계가 나아가는 방향을 가리킨다는 점에서, 물리법칙들 중 가장 형이상학적인 것"이다.(EC, 244)[45] 때문에 베르그송은 물리세계의 근본 방향을 엔트로피 증가의 방향으로 보았다.

그러나 앞에서 지적했듯이, 생명세계는 이와 반대의 방향으로 흐른다. 생명체들은 엔트로피를 낮추어 그 형상을 보존할 뿐만 아니라,[46] 진화 과정 전체는 새로운, 더 복잡한(엔트로피를 더 교묘하게 낮춘, 정보의 축적 방식을 개선한) 형상들의 창조를 보여준다. 베르그송은 열역학과 진화론이라는 두 과학을 종합함으로써, 생명에서 "물질이 하강하는 사면을 거슬러 올라가려는

---

45) EC = Henri Bergson, *L'Évolution créatrice*, PUF, 1907. 여기에서 '형이상학적'이란 곧 시간에 대한 중요한 인식을 내포한다는 뜻이다. 열역학 제2법칙은 물리 현상들이 나아가는 보편적인 방향을 보여주며, 그로써 시간의 불가역적 방향을 가리키고 있다는 점에서 '형이상학적'이다.

물리세계가 도달하게 되는 곳은 형상들이 와해되고 물질만이 출렁이는 세계이다. 베르그송은 이 상태를 "무한정 서로 반복하는 원초적인 진동들의 상대적 안정성"(EC, 244)으로 파악했다. 이 상태는 『물질과 기억』에서 물질을 "무수한 진동들로 와해되며, 간단없는 연속성 내에서 연결되어 결합되어 있으며, 떨림이 있는 그만큼 모든 방향으로 흐르는" 것으로 파악한 것과 통한다.(MM, 234) (MM = Bergson, *Matière et mémoire*, PUF, 1896/2012)

46) 슈뢰딩거는 엔트로피의 마이너스인 이것을 '네겐트로피'로 부르면서, 베르그송과 같은 취지의 논지를 전개했다.(『생명이란 무엇인가』, 전대호 옮김, 궁리, 1967/2007, 6장) 이후 생명과학은 분자생물학을 통해서 비약적으로 발전하게 되며, 이어서 복잡계 과학과도 연관을 맺으면서 이어지고 있다. '자기조직화' 개념은 그 심장부에 위치하고 있다.

노력"을 발견한다. 생명이란 엔트로피의 사면을 거슬러 올라가려는 노력이다. 우리는 생명을 순수한 **창조적 활동성**으로 규정할 수 있다. 그리고 이 활동성은 물질의 하강과 반대 방향을 취하는 상승의 운동이다. 따라서 이 두 방향의 운동성은 상추(相推)·상마(相磨)하면서 말하자면 타협점을 찾는다. 이 과정에서 그 타협점으로서 생겨나는 존재들이 바로 유기체들이다.

> 생명은 운동이며, 물질은 그 역의 운동이다. 그리고 이 두 운동 각각은 단순하다. 세계를 채우고 있는 물질은 간단없는 흐름이며, 그것을 가로지르면서 생명체들을 마름질해내는 생명 또한 간단없다. 이 상반된 흐름에서, 생명은 물질을 거스르지만 물질 또한 생명으로부터 무엇인가를 얻는다. 이로써 양자 사이에서 일종의 타협안이 생겨나거니와, 그것이 바로 유기화(organisation)이다.(EC, 250)

현상적인 유기체들은 상호 불연속을 이루지만, 이들은 연속적 물질과 연속적 생명의 투쟁의 결과물들인 것이다. 베르그송의 이런 생각은 데미우르고스가 형상들을 코라에 구현하는 구도가 아니라 데미우르고스＝생명이 코라와 상반된 운동을 하면서 형상들을 낳는 구도라고 할 수 있다. 베르그송은 바로 이런 구도에 입각해, 물질과 생명의 투쟁 그리고 유기물들의 탄생을 논했다. 이런 과정 전체가 바로 '진화'의 과정이다.

지금까지 1부에서는 17세기와 19세기 두 번에 걸쳐 이루어진 자연관에서의 거대한 변환을 다루었다. 인간은 자연의 산물이면서도 자연을 대(對)할 수 있다. 자연을 거리를 두고서 바라볼 수 있고, 그것을 자신의 인식의 틀로써 개념화해 인식할 수 있다. 이 인식의 틀도 자연에서 온 것일까? 난해한 문제이지만, 설사 그렇다 하더라도 그것은 인간이 자연과 불연속을 이루면서 그것을 '인식'할 수 있게 해준다는 점에서 본질적으로 새로운 차원이다. 그리고 자연을 어떤 식으로 인식하는가는 인식의 맥락에서만이 아니라 인간 자신의 존재의 맥락에서도, 나아가 삶을 둘러싼 가치의 문제에까지도 중대한 함축을 던진다.

지중해세계 철학의 전통, 인도 철학의 전통, 동북아 철학의 전통은 각각 다른 자연 개념을 발전시켜갔다. 이들 사이의 의미심장한 차이들에도 불구하고, 고중세의 자연철학은 기본적으로 자연에 대한 관찰, 일상 언어에 의한 개념화에 입각한 사유였다. 다른 한편, 경험의 축적에 힘입은 여러 기술적 성과들이 있었다. 그러나 자연철학과 여러 기술적 성과들 사이에는 일정한 거리가 있었고, 형이상학과 기술 사이의 이 거리는 그 중간에서 과학이 꽃필 수 있는 가능성을 제한했다.[47] 서구는 르네상스 시대에 만들어진 다양한 기술적 장치들과 데카르트가 구축한 새로운 형태의 합리주의 정신을 결합함으로써 고중세 자연철학과 구분되는, 특히 고전 역학에서 정점을 이루는 자연철학을 구축할 수 있었다. 뉴턴의 천문학과 광학은 그 절정의 업적을 보여준다.

데카르트의 철학(합리주의, 기계론, 이원론)과 고전 역학의 체계는 이전에는 볼 수 없었던 전혀 새로운 자연상을 도래시켰다. 이것이 서구에서 발원한 근대성＝'모더니티'의 한 축을 형성한다.

이 근대성은 지금까지 우리가 논해왔듯이 자연의 등질화, 양화, 공간화, 또 기계적 인과론, 물질과 정신, 본질과 현상의 이원론, 형상으로부터 법칙으로의 이행, 그리고 자연의 대상화, 기계화, 나아가 결정론, 환원주의 같은 요소들로 이루어져 있다. 그리고 근대성의 이 축은 근대성의 다른 한 축인 자본주의 및 또 다른 한 축인 국민국가와 밀접하게 얽히게 된다. 자본주의와 과학기술의 결합, 국민국가와 과학기술의 결합, 결국 **자본**과 **국가** 그리고 **과학기술**의 삼위일체는 오늘날까지도 이어지는 근대성의 핵심이다. 자본은 상업자본주의, 산업자본주의, 금융자본주의를 거치면서 오늘날에 이르렀고, 국민국가는 '글로벌'화(세계화와 정보화)를 겪으면서 한때 소멸론까지

---

47) 물론 이것은 어디까지나 회고적 관점일 뿐이다. 1장의 보론 2에서 논했듯이, 전통 사회에서는 형이상학과 기술 외에 따로 과학을 발전시켜야 할 이유가 없었다.

나돌았지만 오늘날에도 여전히 굳건히 남아 있다. 우리는 과학기술을 세계 인식의 토대로 삼고 그것에 자본과 국가[48]가 결합해 자연과 인간을 대상화하고 '효율적으로 관리하는' 삶의 양태를 근대성＝모더니티로 규정할 수 있다.

'탈-근대성'이란 바로 이런 근대성에 저항하면서 그 대안들을 추구해온 경향으로 규정할 수 있다. 이는 과학기술에 관련해서는 자연의 착취, 환경 파괴, 인간 소외 등에 대해 반성하는 데에서 출발한다. 이는 철학의 수준에서는 등질화, 기계적 인과론, 결정론, 환원주의를 비롯한 근대 과학기술의 토대를 메타적으로 반성하고, 자연에 대한 그리고 자연과 인간의 관계에 대한 새로운 길들을 모색하는 것을 뜻한다. 그리고 자본과 국가에 관련해서는 노동력 착취, 국가 폭력, 제국주의, 파시즘으로 치달은 근현대사를 근본부터 반성하는 데에서 출발한다. 그리고 이는 철학의 수준에서는 근현대의 다양한 정치철학, 이데올로기 등과의 대결을 뜻한다. 물론 이 두 갈래는 거시적으로 보면 얽혀 있다.

그러나 지난 역사를 몇백 년간 근대성이 지배하다가 어느 순간 탈근대성이 도래한 역사로 생각하는 것은 심각한 단순화이다. 데카르트를 근대성의 출발점으로 본다면, 근대성 극복은 사실 그 직후부터 시작되었다고 해야 한다. 근대성을 하나의 동일성으로 보기보다 시간이 흐르면서 그 자체도 계속 변해온 것으로 보아야 한다. 탈근대성도 마찬가지이다. 탈근대성을 데카르트적 세계의 극복으로 본다면, 탈근대성은 근대성과 거의 동시에 시작된 것이나 다름없다. 탈근대성 역시 시간이 흐르면서 그 의미가 계속 변해왔다고 보아야 한다. 앞에서 근대성을 규정했거니와, 이런 근대성은 지금까지도 여전히 우리 삶의 근저에서 작동하고 있다. 그리고 탈근대성 역시 계

---

48) 오늘날 여기에 대중매체와 대중문화가 결합해 있다고 할 수 있다. 물론 이 네 가지 심급이 조화로운 일체를 이루고 있는 것은 아니며, 그 사이에도 여러 형태의 불연속과 갈등이 존재한다. 그럼에도 현대인의 평균적인 일상성을 지배하는 것이 이 네 심급으로 이루어진 사각의 링인 것은 분명하다.

속 그 강고한 동일성에 저항해왔다. 그래서 우리는 지난 몇백 년간의 사상적-역사적 흐름을 보다 세심하게 짚어볼 필요가 있다. 지금은 우선 자연철학의 맥락에서 짚어보자.

자연철학/과학기술의 맥락에서 출발점이 되는 근대성은 앞에서 지적했듯이 대상화, 등질화, 결정론, 환원주의를 비롯한 여러 요소들로 이루어져 있다. 근대 자연철학은 자연을 대상화하고(자연은 더 이상 '퓌지스'가 아니다.), 그것을 인간이 정복해서 유용하게 이용하는 재료로 만들었다. 또 자연의 모든 것들을 등질화해서 양화하고 공간화하고 측정하고 함수화하고 계산할 수 있는 대상으로 만들었다. 또, 자연을 기계적 인과에 따라 움직이는, 시계처럼 결정되어 있는 것으로 파악했다. 아울러 어떤 최종적인 요소들이 형성하는 존재면으로 다른 모든 존재면들을 환원했다.[49] 그러나 과학적 근대성의 이런 요소들은 과학의 역사가 전개되면서 그 성격을 계속 달리하게 되며, 그래서 과학사의 흐름을 따라가면서 논할 필요가 있다.

자연의 대상화에 초점을 맞춘다면, 고전 시대의 자연철학＝과학기술은 아직 자연의 대상화를 본격적으로 밀어붙이지는 않았다. 아직 그럴 기술이 부족했다고 말하는 것이 더 정확할 것이다. 자연 착취의 야망은 이미 베이컨과 데카르트 등의 저작들에 명확히 표명되어 있으나, 그것을 현실화할 기술이 아직 개발되지 못했다. 본격적인 자연 착취는 19세기 중엽부터 시작된다. 산업자본주의의 등장과 더불어 본격적으로 시작된 것이다. 제국주의자들은 식민지를 재료 착취의 근간으로 삼았다. 20세기에 이런 착취와 그 결과 도래한 핵무기의 위협, 환경 위기로 자연을 대상화해온 근대성은

---

49) 이런 흐름의 극한에는 인간의 경우가 있다. 즉, 과학기술적 근대성을 인간에까지 투영하고자 하는 흐름이 있다. 인간은 대상화되며 거기에서 어떤 유용성을 뽑아낼 수 있는 원천이 된다("human resources"). 또 인간은 그 개인적 고유성을 박탈당하고 과학적 분석의 '데이터'로, 함숫값으로 화한다. 아울러 인간은 자유롭고 인격적인 존재로서가 아니라 그 자연적 조건들(예컨대 뇌)에 의해 결정되어 있는 복잡한 기계로서 다루어진다. 마지막으로 인간 역시 세포이든 미립자이든 그 어떤 존재면으로 모두 환원될 수 있는 존재로 간주된다.

극에 달했고, 이런 흐름은 지금도 계속되고 있다. 이런 흐름이 가져온 위기는 생태학적 사유를 비롯해 다양한 형태의 탈근대적 사유와 실천을 도래시켰고, 오늘날에도 우리는 자연을 둘러싼 근대적인 착취와 그것에 대한 탈근대적인 저항을 목도하고 있다.

등질화와 환원주의 같은 이론적인 면에 초점을 맞출 경우, 자연철학의 전개는 고전 시대와 19세기로 나누어 이해할 수 있다. 라이프니츠와 뉴턴은 이미 데카르트의 환원주의에 저항하면서 자연철학에 '힘'이라는 존재를 도입했다. 데카르트에 의해 극단적인 환원을 겪은 후의 자연철학에 새로운 존재를 도입한 것이다. 아울러 고전 시대의 질의 과학 역시 데카르트적 환원주의에 저항하면서 세계의 다양한 질들을 세심하게 파악함으로써 다른 과학의 가능성을 열었다. 이렇게 힘의 과학과 질의 과학은 데카르트적인 등질화, 환원주의를 극복하려 했다고 할 수 있다. 그러나 넓은 시각에서 본다면, 기계론을 보완하면서 성립한 힘의 과학은 물론이고 사각형의 다이어그램에 생명체들을 분류해 넣으려 한 질의 과학도 등질화, 환원주의를 벗어난 것은 아니었다. 멀리 보아, 이 시대의 과학은 여전히 고대적인 본질주의의 성격을 이어받은 것이었다. 여러 면에서 많은 변화가 도래했음에도, 플라톤적 또는 아리스토텔레스적 본질주의는 고전 시대에도 여전히 작동하고 있었다. 그러나 19세기의 열역학과 진화론의 등장은 이런 흐름을 크게 바꾸어놓았다. 자연은 더 이상 순환적이고 영원한 것이 아니게 되었고, 또 진화론에서 두드러지듯이 단적으로 등질화할 수 있는 것도 아니게 되었다. 고전 시대의 과학과 19세기의 과학은 그 성격을 상당히 달리한다.

그러나 물론 열역학과 진화론에도 등질화, 환원주의의 논리는 작동한다. 사실 사물을 등질화하고 환원주의적 사유를 구사함으로써 구체적인 차원들을 속아내고 법칙적인 것을 파악하려는 것은 '과학'이라는 행위 자체의 본질이라고 할 수 있다. 하지만 바로 그렇기 때문에, 이런 일반적인 규정에 그치기보다, 실제 과학사를 수놓은 각 과학 이론들에서 그 등질화와 환원주의가 구체적으로 어떤 식으로 설정되어 있는가를 파악하는 것이 중요하다. 탈근대 사유의 근본적인 한 추동력은 고대 자연철학 이래로 철학을 지배해온 동일성의 사유를 극복하는 것이다. 과학적인 사유는 그 본성상 동일성의 사유이지만, 탈근대 사유의 이런 흐름은 과학의 성격을 어느 정도 바꾸어놓기에 이르렀다. 오늘날에도 자연 파악은 근대성의 유산과 탈근대적 관점들이 뒤섞인 성격을 보여주고 있다.

근대 과학적 사유에서 결정론 또한 핵심적이다. 과학이란 사물들에서 동일성의 측면, 법칙성의 측면을 찾는 행위이기에, 결정론을 전제하지 않는다면 과학적 행위 자체가 성립하지 않는다. 그러나 이미 열역학과 진화론에서 그랬듯이 지속적인 자연 탐구는 오히려 그 심장부에서 우연의 개념을 읽어내기에 이른다. 우연 자체는 형이상학의 문제이거니와, 과학은 이 우연을 과학의 본성을 유지하면서도 어떻게 취급할 것인가를 숙고해왔다. 그 결과 19세기에 탄생한 확률과 통계는 현대적인 과학적 탐구의 중요한 요소가 된다. 양자역학에서는, 적어도 그 해석의 갈래에 따라서는 우연을 물질 자체가 띠고 있는 존재론적 성격으로 인정하기에 이른다. 플라톤의 '코라'가 되살아났다고도 할 수 있을 것이다. 현대 과학은 근대 과학의 단적인 결정론을 벗어나 보다 복잡한 논리 위에 서 있다.

요컨대 17세기에 도래한 새로운 자연상, 데카르트의 철학과 갈릴레오 이래의 고전 역학이 빚어낸 자연상은 근대성의 핵심적인 축들 중 하나로 역할해왔으며, 그 후 자체 내에서의 변화(고전 시대의 힘의 과학, 질의 과학, 19세기의 열역학과 진화론 등)와 탈근대적 자연철학(생태학적 사유, 등질화와 환원주의에 대한 비판, 비결정론 등)의 도전을 겪으면서 오늘날에 이르고 있다. 오늘날에도 자연에 대한 과학 및 형이상학의 사유는 근대성과 탈근대성의 문제에서 핵심적인 축들 중 하나를 이루고 있다.

2부

표현의 형이상학

기계론은 근대라는 새로운 시대의 벽두에서 신들의 전쟁을 알린 서막이었다. 더 구체적으로, 기계론과 그것에 기반한 신·영혼의 형이상학 즉 데카르트의 형이상학이야말로 그 서막이었다. 그렇다면 이 새롭게 도래한 형이상학을 맞이해 그것과 정면으로 대결을 벌인 형이상학은 어떤 형이상학일까? 1부에서 자연철학의 맥락을 논의했다면, 이제 이 2부에서는 형이상학의 맥락을 논한다. 우리는 데카르트에 반(反)해 등장한 형이상학을 '표현주의(expressionism)'라 부를 수 있다. 이 2부에서는 17세기 이래 전개된 표현주의 형이상학들과, 19세기의 사유들이 이 형이상학들의 한계를 어떻게 극복해나갔는가를 다룬다.

17세기 유럽의 두 위대한 형이상학자 — 스피노자와 라이프니츠 — 는 데카르트 환원주의를 대체할 수 있는 새로운 형이상학을 창조해냄으로써 사유의 역사에 있어 높은 봉우리를 만들어냈다. 그리고 맥락은 다소 다르지만, 동북아 근대를 수놓은 기 일원론의 사유 역시 이 두 형이상학 체계와 어깨를 나란히 하는 위대한 체계를 창조해냈다. 우리는 17세기 이래에 전개된 이 형이상학(들)의 세계를 '표현주의'의 관점에서 논할 것이다. 그렇다면 '표현'이란 무엇인가?

우선 표현을 한 존재면(plane of being) — 존재론적 뉘앙스에서의 '장소'라고 부를 수 있을 것이다 — 이 다른 존재면으로 번역되는 것으로 정의하자. 작곡가는 마음속에 떠오른 악상을 악보로 옮겨 적는다. 악상은 작곡가의 마음에서 생겨나는 것이고 옮겨 적은 악보는 종이 위에 적힌 기호들이다. 양자는 존재론적 위상을 전혀 달리한다, 즉 서로 다른 존재면을 형성한다. 그럼에도 작곡가의 마음-면과 악보 위의 기호-면은 상응한다. 서로 전혀 다른 존재면들이지만 후자는 전자가 (존재론적 맥락에서) 번역된 것이다. 우리는 이런 관계/행위를 표현이라고 할 수 있다. 이제 오케스트라는 이 악보를 보면서 연주를 한다. 그 결과 울려 퍼지는 소리는 작곡가의 마음-면과도 또 악보 위의 기호-면과도 전혀 다른 존재면에 속하는 무엇이다. 그럼에도 이 소리-면은 그 기호들을, 나아가 작곡가의 마음을 표현하고 있다. 다시 이 소리는 청중의 마음속에 들어가 울려 퍼진다. 그러나 소리의 울려 퍼짐과 청중의 마음속에서의 울려 퍼짐 역시 서로 존재론적 위상을 달리한다. 나아가 한 청자가 (예컨대 라울 뒤피가) 자신이 들었던 음악의 감동을 그림으로 그린 경우, 상응의 치밀함은 다소 떨어지겠지만 역시 일종의 번역이 작동하고 있다. 현대적인 맥락에서, 사람들이 서로 e-메일을 주고받는 과정을 생각해보는 것도 좋을 것이다. 결국 표현이란 상이한 **존재면들** 사이에서의 **번역**이다.

이런 번역은 상호적이고 입체적으로 이루어지지만, 대개의 경우 그 출발점은 누군가의 '마음'이다. '표현'의 상식적 의미 — 누군가가 마음속에 담겨 있는 바를 바깥으로 끄집어내는 것 — 는 이 점을 반영한다. 그러나 존재론적인 지평에서 본다면, 이런 표현은 표현이 띨 수 있는 하나의 양상 — 물론 가장 중요한, 아니면 최소한 가장 기초적인 양상 — 일 따름이라고 할 수 있다. 표현주의에 입각할 경우 모든 존재면들은 서로를 표현한다. '마음'이 이런 과정들에서의 특이점을 형성한다는 것은 분명하지만, 원칙적으로 표현주의는 존재면들 사이의 보편적인 상호 번역으로 이해될 수 있다. 물론 구체적인 맥락에서, 그 표현은 일방향적일 수도 있고 어딘가에서 끊기거나 희석될 수도 있다.

이 **표현주의**는 환원주의의 대척점에 놓인다. 표현주의의 입장에서 볼 때 환원주의는 세계의 많은 존재면들 중 어느 하나에 특권을 부여하고, 다른 모든 존재면들을 그 존재면으로 환원해 설명하려는 존재론이기 때문이다. 더구나 이런 환원주의가 명확한 어떤 철학적 사유에 입각해서가 아니라 그 저 어떤 개별 과학 — 언어학, 생물학, 물리학, 정신분석학, 사회학 등 — 의 성과들을 단순히 세계 전체에 '투영'하는 것에 불과할 때 그것은 사이비 존재론을 형성할 뿐이다.

나는 우선 스피노자와 라이프니츠 그리고 기 일원론을 이 표현주의의 개 념에 입각해 일관되게 논의할 것이다.

4장 환원에서 표현으로

표현주의적 사유에서 우리는 세 가지 형태를 구분해볼 수 있다. 하나는 **형이상학적 표현주의**로서 세계에서의 모든 표현들의 출발점(이자 도달점), 중심, 근거, 원리가 되는 존재, 차원을 설정하는 사유들이 이에 속한다. 그 반대편에는 표현들의 그 어떤 출발점, 중심, 근거, 원리도 설정하지 않는, 존재론적 설정에 있어 형이상학적 표현주의와 대척을 이루는 표현주의가 있다. 이 표현주의에서는 오로지 무한한 표현들의 '향유'가 중요할 뿐이다. 우리는 이를 편의상 **미학적 표현주의**라 부를 수 있다. 그리고 이 양 극단 사이에는 일정한 주요 출발점들을, 다원적인 중심, 근거, 원리를 설정하는 표현주의들이 존재한다. 이를 **방법론적 표현주의** 또는 다원적 표현주의라 불러볼 수 있을 것이다. 여기에서 '방법론적'이란 특정 존재면(들)에 특권을 부여하는 것은 아니지만, 탐구의 맥락에 따라서 방법상 몇 개의 존재면에 축을 두고서 사유를 진행한다는 뜻을 담고 있다. 이 장에서 다룰 표현주의는 형이상학적 표현주의 사유들이다. 우리는 스피노자의 철학에서 표현주의, 특히 형이상학적 표현주의의 원형을 볼 수 있다.[1]

1절 스피노자의 신-즉-자연

스피노자의 사유는 17세기 유럽이 배태한 가장 혁명적인 사유이자, 서양 철학사의 흐름에 거대한 전환점을 가져온 대(大)사건이다. 스피노자의 사유는 서양 고·중세 철학의 근본 토대를 와해했으며, 동시에 현대 사유의 토대를 마련했다. 스피노자를 축으로 철학의 역사는 굵은 분절을 겪게 된다.

스피노자 사유의 이런 혁명성은 우선 그의 신 개념에서 나타난다. 스피노자는 그의 『에티카』[2]에서 서양(/지중해세계)을 떠받쳐왔던 목적론적 존재론과 제작적 세계관, 인격신 개념과 성직자들의 기만, 인간중심주의와 무지한 자들[3]의 미신을 해체한다. 목적론적 세계관을 해체하고 인과론적 세계관[4]을 세우는 것이 스피노자 사유의 중요한 한 초석이다. 사람들, 특히 사

---

1) 미리 말한다면, 스피노자를 그 고전적인 이미지인 형이상학적 표현주의의 구도가 아니라 오히려 경험론적인 방식 — 경험-존재면을 축으로 또는 적어도 출발점으로 하는 사유 — 으로 읽는 것도 가능하다. 현대의 여러 주석가들(예컨대 들뢰즈, 발리바르 등)은 오히려 이 구도로 스피노자를 읽고 있고, 실제 이렇게 독해된 스피노자는 무척 매력적이다. 그러나 여기에서는 17세기 형이상학의 맥락에서, 그 고전적인 이미지에서 출발한다.

2) 스피노자 전집으로는 다음 판본을 참조했다. Benedictus Spinoza, *Oeuvres complètes*, Gallimard, 1995. 『에티카』의 경우 다음 판본도 참조했다. Spinoza, *Éthique*, Éd. de Seuil, 1999. 이하 책명을 명기하지 않은 모든 스피노자 인용은 『에티카』에서의 인용이다.

3) 스피노자에게서 '무지한 자들'이란 사물들을 '인식'하지(comprendre) 못하고 단지 감각적으로 '표상'할(imaginer) 뿐인 사람들을 말한다. 현대어에서 '지각'과 '상상'은 분명하게 구분되지만, 스피노자의 'imagination'은 지각과 상상을 모두 뜻한다. 다시 말해, 이미지작용은 지각의 경우든 상상의 경우든 사물들을 이미지의 수준에서 인지하는 것을 뜻한다. 스피노자에게서 '인식'이란 항상 원인의 인식을 말한다. "주어져 있고 결정되어 있는 한 원인으로부터 필연적으로 하나의 결과가 따라 나온다. 그러나 역으로 그 어떤 결정된 원인도 주어져 있지 않다면, 그로부터 하나의 결과가 따라 나올 수는 없다."(1부, 공리 3) "결과의 인식은 원인의 인식에 의존하며 그것을 포함한다(함축한다)."(1부, 공리 4)

4) 목적론적 인과의 거부는 근대 철학자들의 공통된 경향이었고, 아리스토텔레스와 그들 사이의 변별점이었다. 스피노자는 이미 『형이상학적 사유』(2부, 10장)에서 "창조는 작용인 외의 모든 원인들을 부정/배제한다"는 생각을 전개했다. 스피노자가 말하는 '원인들의 인식' — 스피노자에게서의 인식이란 항상 원인들의 인식이다 — 이란 인과관계의 '연

물들의 원인에 무지한 사람들은 자기 자신을 세계에 투영해 사물들을 목적론적 연관관계로써 생각하고, 그런 의인적인 생각을 뒷받침하기 위해 창조주/인격신의 존재를 주장하며, 세계의 악의 원인을 오히려 자신들에게 덮어씌우는 성직자들에게 우롱당한다.(1부, 보론)

§1. 전통의 해체

스피노자는 우선 목적론적 세계관을 비판한다. 모든 인간은 사물들의 원인을 모른 채 태어나며, 자신들에게 유용한 것을 찾으려는 욕망을 가지고 있고 또 스스로 이를 의식하고 있다. 그들은 자신들의 욕망과 의지의 원인을 모르기 때문에 스스로를 자유롭다고 생각하며,[5] 유용성에 대한("사물들을 보기 위한 눈, 음식을 씹기 위한 이빨, 인간에게 양분을 제공해주기 위한 식물과 동물, ……") 주관적인/인간중심적인 판단을 근거로 세계를 보기 때문에 목적론적 세계관을 가지게 된다. 그리고 그들은 이 목적론적 체계가 어떻게 생겨난 것인지를 알 수가 없었기에, 제작적 세계관에 입각해 어떤 신(들)이 이 세계를 만들었다고 상상하기에 이른다. 그리고 목적론적 세계관 자체가 인간의 자기중심적 관점에 불과했기에, 이들은 신(들)이 바로 자신들을 위

쇄'의 인식이다. 이는 곧 사물들에서의 '함축하는(envelopper)' 관계를 뜻한다. A가 B를 함축한다는 것은 "A이면 곧 B"임을 뜻하며, 이는 A가 B로 표현됨을, B가 A를 표현함을 뜻하는 것으로 이해할 수 있다. 스피노자에게서의 인과관계란 외적인 인과가 아니라 이런 내재적 인과를 뜻하며, 동북아 사유에서의 '생(生)'의 논리와 통한다. 스피노자의 세계는 이런 의미에서 무한한 표현의 세계이다. 스피노자의 인과관계는 스토아학파가 말하는 '원인들의 그물(nexus causarum)', '물체들을 묶고 있는 총체적 끈(nexus totalis naturae)' 등과 통하며, 세계 전체에 대한 이해도 스토아적 의미에서의 'fatum'과 통한다. 그러나 스토아학파의 체계와 스피노자 고유의 표현주의는 상이한 존재론이다.

5) 스피노자는 데카르트가 『성찰』 4부에서 의지의 자유를 역설했던 점을 비판한다. 이 문제는 정념론과 연계되며, 『에티카』 5부의 서론은 이 정념론을, 특히 정신이 의지를 통해서 신체에 작용을 가한다는 주장(『정념론』, I, §41 이하)을 비판한다.

해서 이 세계를 만들어주었노라고 착각하기에 이른다. 하지만 자연에는 인간에게 무익한 것들은 물론 해로운 것들 나아가 공포스럽기까지 한 것들("폭풍, 지진, 질병 등")이 그득하지 않은가? 왜 신들은 세계를 이 모양 이 꼴로 만들었을까? 여기에서 그들은 자학적인 논리를 만들어낸다. 이 모든 것은 우리 인간이 잘못했기 때문이라고, 신들에게 불경했기 때문이라고. 하지만 아뿔싸! 저렇게 독실하고 선한 피에르는 벼락에 맞아 죽고, 저렇게 불경스럽고 악독한 폴은 로또를 맞아 떵떵거리고 있지 않은가? 이게 도대체 어떻게 된 일이란 말인가? 하지만 그들은 새롭게 생각하지를 못한다. 세계 전체에 대해서 완전히 새롭게 사유하기를 두려워한다. 그저 우리가 신의 원대한 뜻을 어찌 알랴 하고 읊조리면서. 스피노자는 그때까지 내려온 이런 **목적론적 전도**(목적론적 착각 때문에, 원인과 결과를 거꾸로 생각한 것)를 강도 높게 비판하면서, 자신의 시대는 이제 수학[6]을 비롯한 과학적 성취들을 통해서 이런 무지에서, 이런 전도에서 벗어나기에 이르렀다고 선언한다.

이어 스피노자는 지중해세계 즉 일신교 문명의 형이상학적 기초였던 목적론적 인격신 개념을 무너뜨린다. 첫째, 목적론적 세계관에 따르면 신과 "피조물들"은 그 완전성의 정도에서 전도되어버린다. 신은 가장 완전한 존재이다. 그리고 그로부터 파생되는 존재자들은 그 파생의 순서가 나중일수록 그만큼 덜 완전하다. 그러나 목적론에 입각할 경우 뒤에 오는 것은 앞에 오는 것의 목적이 되고 앞에 오는 것의 완성품이 되므로,[7] "피조"의 아랫단

---

6) 스피노자에게서 수학은 사물들의 양화라는 맥락에서보다는 이성의 논리적/정합적이고 보편적인 사유 양식으로서 의미를 가진다. 『에티카』가 기하학적 방식에 따라 서술되어 있는 것도 이 때문이다. 그러나 스피노자는 데카르트식의 선형적이고 연역적인 수학을 중시하지는 않았으며, 『에티카』 역시 선형적-연역적 방식보다는 상호 참조의 방식으로 읽어야 한다. 또, 정의나 공리 등을 앞에 놓는 구도도 논의의 출발을 위한 것일 뿐 절대적 출발점이나 독단적인/자의적인 전제로 이해되어서는 안 된다.

7) 스피노자는 '완전하다'라는 개념은 인간이 자신의 의도(예컨대 집을 짓는 것)가 얼마만큼 수행되었는지에 기준해 말하는 것이라는 점을 지적한다. 따라서 목적인은 인간 저편에 있는 것이 아니라, 바로 인간 자신의 욕망이다. "음악은 우울한 사람에게는 좋은 것이지만, 불행을 겪은 사람에게는 나쁜 것이고, 귀먹은 사람에게는 좋은 것도 아니고 나쁜 것

계로 갈수록 사물들은 점점 완전해진다는 기이한 모순이 생겨난다. 목적론적 인격신 개념이 자체 모순을 내포하는 것이다. 둘째, 이 세계관에 입각할 경우 신이 세계를 창조한 것은 그가 자신의 결핍을 메우기를 욕망했기 때문이 된다. 목적을 향해 움직인다는 것은 결국 결핍을 메우기 위해 행위한다는 것이기 때문이다. 창조 이전에는 신 바깥에 그 무엇도 없었고 따라서 목적으로 할 바의 것도 존재하지 않았다. 따라서 신은 자신에게 결핍되어 있는 그것을 자신의 바깥에 창조해서 그것을 위해서 활동하는 셈이 된다. 이 또한 부조리한 결론이 아닐 수 없다. 셋째, 목적론을 주장하는 신학자들/형이상학자들은 우리가 사물들의 원인을 모른다는 것을 이용한다. 우리는 사물들에 대한 어떤 설명에 대해 계속해서 "왜?"라고 물을 수 있다. A라는 현상(예컨대 인간 신체의 경이로운 조직화)을 a라는 원인으로 설명해주어도, 그들은 다시 "왜 a인가?"라고 물을 것이고, 그것에 대해 다시 b라는 설명을 제공해도 또다시 "왜 b인가?" 하고 묻는 과정이 계속될 것이다. 이렇게 진행될 경우, 인간의 지식은 유한하기 때문에 어디에선가는 한계에 부딪친다. 그러면 이들은 "옳다구나!" 하면서, 더 깊은 원인을 계속 탐구할 생각은 하지 않고, "신의 의지"를 끌어들이는 것이다. 제작적-목적론적 세계관에서의 "신의 의지(뜻)"란 결국 '무지의 도피처'인 것이다.[8] 그리고 이 도피처

도 아니다." 그러나 사람들은 이 개념을 자연*에까지 투영해 목적론적-제작적 세계관을 주장하며, 그렇게 함으로써 위계적인 세계관을 세운다.(4부, 서론)

* 스피노자가 말하는 '자연'은 중세의 제작적 세계관에서 말하는 자연이나 근대 이래 '문화'와 대비되는 어떤 존재영역으로서의 자연이 아니라, 헬라스 철학에서의 '퓌지스'이다. 스피노자에게서는 '신 즉 자연(Deus sive Natura)'이 궁극의 실재이다.

8) 다른 각도에서 볼 경우, 이들 — 스피노자가 비판하는 사람들 — 은 위와 같은 인과적 설명에 대한 대안으로서 목적론적 설명을 제시한다고 볼 수 있다. 목적론적 설명에는 내적 목적론과 외적 목적론이 있으며, 내적 목적론이 한 개체의 부분들 사이에 존재하는 놀라운 조화를 역설한다면 외적 목적론은 개체들 사이의 관계에서 확인되는 목적연계성을 역설한다.(물론 후자의 설명이 더 어렵다.) 전자의 예로서 키케로의 『신들의 본성에 관하여』(II, §133 이하)를 들 수 있고, 후자의 예로서는 마이모니데스의 『방황하는 자들을 위한 인도』(III, 19)를 들 수 있다. 물론 이런 목적론적 설명들의 최고/최종 원리는 신(들)이다.

에 안주하기보다 더 깊은 원인을 '인식'하려는 사람들은 오히려 "믿음이 부족한" 사람들로 매도된다. 이 무지의 도피처야말로 성직자들이 자신들의 권위를 유지할 수 있도록 만들어주는 장소이기 때문이다.[9] 그래서 이들은 '인식'하려는 사람들을 싫어하고 두려워하며, 무지한 자들('믿는' 자들)을 좋아하고 반기는 것이다.

나아가 스피노자는 이런 식의 세계관에 입각해 존속하는 인간중심주의를 비판한다. 인간은 신이 "자신의 형상을 따라 인간을 만들었다"면서 스스로를 "만물의 영장"으로 만들고, 자신의 가치를 세계에 투영해 선과 악(/좋음과 나쁨), 질서와 무질서＝혼란, 아름다움과 추함, 따뜻함과 추움 등과 같은 이항대립적 가치론을 구축한다. 그러나 이런 가치론은 그저 사물들의 표피/외양의 감각표상(이미지 수준의 표상)에 입각한, 사물들의 참된 원인을 몰라서 내리는 주관적/인간중심적 가치론일 뿐이다. 나아가 각인(各人)의 뇌/신경체계는 모두 다르기 때문에 감각표상에 입각한 인지는 개인마다 다를 수밖에 없어, 객관적인 인식을 주지 못한다. 감각표상에 의한 인지는 한편으로 인간의 보편적인 주관일 뿐만 아니라, 다른 한편 다시 각 개인의 주관이기도 한 것이다. 자연철학적 맥락에서 갈릴레오, 데카르트 등이 '제1성질'과 '제2성질'의 구분을 통해 주장했던 바를 스피노자는 보다 넓은 맥락에서 논하고 있다고 할 수 있다. 스피노자는 인간을 "국가 안의 국가처럼" 이해하려는 사람들을 비판하면서, 감정을 다룰 때조차도 인간의 행동과 욕동[10]을 "선과 면, 혹은 입체"를 다루듯이 다루어야 함을 천명한

---

9) 근대의 인과론적 세계관의 도래에 맞서기 위해 성직자들이 내세운 중요한 개념이 '기적'이다. 스피노자는 『신학-정치론』 6장에서 기적 개념을 집중적으로 해체한다. 기적을 비롯한 신학적 미신들에 대한 스피노자의 해체는 곧 지중해세계를 지배해온 권력에 대한 급진적인 공격과 맞물려 있다.

10) "각각의 사물들(＝존재자들)은 자체에 즉해 존재하는 한 자신의 존재를 보존하려고 노력한다."(3부, 정리 6. 유명한 '코나투스'의 정리) "이러한 노력을 정신에만 연관시킬 때 그것을 '의지'라 부르고, 정신과 신체에 동시에 연관시킬 때 그것을 '욕동(appétit)'이라 부른다." (…) 욕동과 욕망(désir) 사이에는 아무런 차이가 없다. 다만 일반적으로 욕망

다.(3부, 서론) 인간중심주의에 대한 스피노자의 이런 비판은 르네상스 인본주의와는 확연한 대조를 이루며, 20세기 중반 구조주의의 등장 이래 전개된 인간중심주의 비판이 왜 '스피노자 르네상스'와 나란히 진행되어왔는지를 설명해준다.

목적론적 존재론, 인격신 개념, 그리고 인간중심주의에 대한 스피노자의 이런 비판은 다시 "성경"에 대한 비판으로 이어진다. 스피노자의 "성경" 비판을 한마디로 요약하면, "'성경'은 한 권의 텍스트이다"라고 할 수 있다. 우리는 다른 모든 텍스트들과 마찬가지로 "성경" 역시 한 권의 텍스트로서 읽고 해석해야 한다. "성경"이란 유대민족이라는 어떤 민족의 역사와 사상을 기록해놓은, 한 권의 텍스트 이상도 이하도 아니다. 오늘날 (무지한 자들을 제외한) 우리에게는 너무나도 당연한 이 주장이 당시에는 충격 그 자체였다. 스피노자는 대부분의 사람들이 이 한 권의 텍스트를 신성시하고 그런 믿음에 입각해 얼토당토않은 주장과 행동을 일삼는다고 지적한다. 성직자들과 신학자들은 "신의 뜻"이라는 이름 아래 갖가지 불합리하고 부조리한 일들을 저지르고, 이 텍스트의 권위를 내세워 자신들의 권력을 강화한다.(『신학-정치론』, 1장) 스피노자는 이 텍스트가 '진리'를 담고 있다는 생각을 비판한다. 진리는 적합한 관념들 — 명석하고 판명한 관념들 — 에 의해서만 성립하거니와,[11] '자연의 빛'에 비추어 볼 때 "성경"은 진리를 담고

은, 인간이 자신의 욕동을 의식하는 한에서, 특히 인간에 관련된다. (…) 욕망은 자기의 식을 동반하는 욕동이다."(3부, 정리 9, 주해)

* 이 명제를 의지와 욕동 사이에는 '단지' 정신에만 연관되느냐 정신과 신체에 동시에 연관되느냐의 차이만이 있을 '뿐'이라는 뜻으로 이해하면 곤란하다. 오히려 이 명제는 의지라는 것은 신체와 정신을 분리해서 이야기할 때 '에나' 성립하는 것이며, 사람들이 이런 불가능한 분리를 전제하고서 말하는 이 의지라는 것은 허구적인 것'일 뿐'임을 뜻한다. 이는 곧 심과 신을 실체적으로 구분되는 두 실재로 보는 데카르트의 이원론을 겨냥한 비판이기도 하다. 스피노자는 데카르트가 의지의 자유를 강조한 것도 바로 그 이원론의 구도에 입각했기 때문이라고 보았다. 2부의 명제 48~49에서는 의지/자유의지 개념에 대한 상세한 비판이 전개된다.

11) "나는 '관념'이라는 개념을 정신의 개념, 즉 사유하는 존재로서의 정신이 형성하는 개

있는 텍스트가 아니다. 그렇다면 "성경"은 거짓된 텍스트인가? 그러나 스피노자는 '진리'와 '의미'를 구분하며, "성경"은 진리를 담고 있지 않지만 의미를 담고 있다고 말한다. "성경"은 우리에게 교훈적 이야기와 윤리적 가르침을 주는 책이지 과학적-철학적 진리를 말해주는 책이 아니라는 것이다. 스피노자는 이렇게 "성경"마저 해체함으로써 서구 문명의 근간을 강렬하게 뒤흔들어놓게 된다.[12] 『신학-정치론』이 보수적인 자들에 의해 "사악한 문서", "지옥에서 버려진 책" 등으로 격렬하게 비난받은, 아니 차라리 저주받은 것도 무리가 아니다.

§2. 실체와 속성

스피노자는 이렇게 철학에서의 혁명일 뿐만 아니라 서양 문명 전체에서의 거대한 혁명이라고 할 급진적인 사유를 전개했다. 그렇다면 스피노자 자신이 생각하는 신은 어떤 존재일까? 스피노자는 신 개념과 그 관련 개념들을 다음과 같이 정의한다.(1부, 정의 3~6)

념*으로 이해한다."(2부, 정의 3) "나는 '적합한(adéquat) 관념'이라는 개념을 하나의 관념으로, 대상과의 관계에서가 아니라 자체에 즉해서 고려된 한에서 참된 관념의 모든 내적(intrinsèque) 특성들 또는 규정들**을 담고 있는 관념으로 이해한다."(2부, 정의 4)
  * '사유하는' 존재로서의 정신이 형성하는 존재로서의 '개념'은 '지각하는' 존재로서의 정신에서 형성되는 존재로서의 '이미지'와 대비된다. 정신의 이런 능동성/활동성과 수동성이라는 양면성은 스피노자의 정신 개념 이해에서 중요하다. 데카르트를 논할 때 언급했던, 'idée' 개념의 근대적 변환을 다시 음미해볼 수 있는 대목이다.
  ** "참된 관념과 적합한 관념 사이에서 나는 오로지 다음 차이만을 봅니다. '참되다'라는 말이 관념과 그것이 지시하는 것(idéat)의 일치에만 관련된다면, '적합하다'라는 말은 자체에 즉해서의 관념의 본성에 관련된다는 것입니다."(「서한 60: 치른하우스에게」)
12) 스피노자의 이런 비판은 이후 서구 지식인들에게 지속적인 영향을 끼치게 된다. 예컨대 계몽시대 후기의 독일 지식인들은 스피노자를 통해서 루터의 성서주의를 극복하게 된다.

나는 '실체(substance)'라는 개념을 자체에 즉해서 존재하고 자체에 즉해서 생각되는, 즉 그 개념이 (…) 다른 어떤 것의 개념을 필요로 하지 않는 것으로 이해한다.

나는 '속성(attribut)'이라는 개념을 지성이 실체로부터 그것〔실체〕의 본질을 구성하는 것으로서 지각하는 것으로 이해한다.

나는 '양태(mode)'라는 개념을 실체의 변양들,[13] 즉 타자에 즉해서 존재하며 나아가 타자에 즉해서 생각되는 것으로 이해한다.

나는 '신(Dieu)'이라는 개념을 어떤 절대적으로 무한한 존재, 즉 (각각이 영원하고 무한한 본질을 표현하는) 무한한 속성들에 의해 구성된 실체로 이해한다.

여기에서 실체, 속성, 양태의 개념들과 신 개념은 성격이 다른 개념들이다. 앞의 세 개념은 기능적인, 순수한 개념이고 마지막 개념은 내용적인, 지시대상을 가지는 개념이다. 스피노자는 실체, 속성, 양태라는 기능적 개념들을 활용해서 신이라는 실질적 개념을 정의하고 있다. 실체의 정의는 전통적으로 내려온 정의와 별반 다르지 않으며, 아리스토텔레스의 'on kath' auto'(자체로써의 존재)에 해당한다. 그리고 양태의 정의는 아리스토텔레스의 'on kata symbebēkos'(실체에 부대하는 존재)에 해당한다. 문제가 되는 개념, 스피노자 철학 이해에서 첫 번째 난코스인 개념은 바로 '속성' 개념이다.

본래 "attributum" 개념은 "S is P"라는 명제 형식에서 P에 들어오는 것들을 가리켰다. '성질(quality)', '술어(predicate)', '특성(property/characteristic)' 등의 유사어이다. 그러나 이 말은 스피노자의 생각을 제대로 표현하지 못하며, '속성'이라는 번역어도 마찬가지이다. 이 개념에 대한 스피노자의 생각은 유니크하며, 스피노자는 달리 다른 표현을 찾을 수 없기 때문에 이 용

---

13) 스피노자는 'affections'을 쓰고 있지만, 'modifications'이 더 적절한 표현이다. '변양(變樣=modification)' —— 또는 변양태 —— 이란 곧 양태(mode)의 변화/생성을 뜻하기 때문이다.

어를 선택했을 것이다.

한 실체의 본질은 그것이 없을 경우 그 실체가 더 이상 그것일 수 없는 것이다. 예컨대 물질-실체의 본질은 연장이며, 정신-실체의 속성은 사유이다. 연장이 없다면 물질은 물질이 아니고, 사유가 없다면 정신은 정신이 아니다. 지성이 실체에게서 그 본질로서 지각하는 것이 그것의 속성이다. 이 속성들은 실체의 부분들이 아니다. 아래의 그림에서 토끼와 오리가 전체의 부분이 아니라, 외연적으로 전체 자체와 똑같은 것과 마찬가지이다.

이 그림은 오리와 토끼를 합쳐놓은 것이 아니다. 이 전체는 오리이기도 하고 토끼이기도 하다. 그림은 어디까지나 하나이며, 오리도 토끼도 바로 이 하나이다. 이 점에서 그림 전체는 오리와도 토끼와도 같지 않으며, 하나의 본질이 아니라 두 개의 본질을 가진다. 이 그림-전체가 실체라면 오리와 토끼는 속성들이다.[14] 외연상 실체와 속성은 같다. 다만 이 하나의 실체는 하나의 본질로서가 아니라 오리라는 본질과 토끼라는 본질, 이 두 가지 본질로서 존재한다. 이는 하나의 수학적 존재가 기하학의 존재면에서 표현되기

---

14) 스피노자에서의 '속성'과 '특성'을 혼동하면 안 된다. 일반적으로 속성과 특성은 큰 차이가 없지만(성질들 중 주요한 것들, 특별한 것들이 속성/특성이다.), 스피노자에게서 두 개념은 전혀 다른 개념이다. 특성들이란 말하자면 위의 그림에서 그림이 둥글둥글하다거나, 검은색으로 그려져 있다거나 하는 사실들에 해당한다. 스피노자는 1부의 정리 11～15에서 무한성, 분할 불가능성, 유일성, 전일성(全一性)을 신의 '특성들'로서 들고 있다. 『데카르트 철학의 원리』 정리 19와 『에티카』 1부 정리 19에서는 신의 '영원성'을 논하고 있다.

도 하고("반지름이 R인 원"이라는 도형) 또 대수학의 존재면에서 표현되기도 하는(x² + y² = R²이라는 수식) 것과 같다. 또, 드 브로이의 '물질-파' 개념15)이 물질과 파를 합쳐놓은 것이 아니라, 동일한 하나의 물리적 실체가 물질'이기도 하고' 파'이기도 한' 것과 같다. 다만 스피노자에게서 속성은 무한하다. 따라서 위 그림이 오리와 토끼만이 아니라 다른 무한한 것들로서도 존재하는 경우를 생각해보면 될 것이다.16) 하나의 실체는 무한한 속성들로, 존재 면들/차원들로 표현된다. 이 점에서 한편으로 보면 실체와 속성들은 같은 하나이지만, 다른 한편으로 보면 실체는 각각이 무한한 속성들을 무한히 포함한다고 할 수 있다.

그런데 이상하지 않은가? 속성이란 "지성이 실체로부터 그것의 본질을 구성하는 것으로서 파악하는 것"이라 했다. 그렇다면 지성 자체는 실체 바깥에 존재하는가? 물론 아니다. 스피노자에게서 실체의 무한한 속성들 중 두 속성이 바로 연장-속성과 사유-속성이다.(2부, 정리 1, 2) 그렇다면 지성이란 사유-속성의 변양태라 해야 할 것이다. 하지만 바로 이 변양태가 실체에게서 그것의 본질들=속성들을 파악한다고 했다. 그렇다면 지성의 존재론적 위상은 도대체 무엇인가? 1부, 정리 19의 증명에서 그 열쇠를 찾을 수 있다. 이 증명에서 "우리는 정의 4에 따라 신의 속성들이라는 말을 신성한 실체[신]의 본질을 표현하는 것 즉 신에 속하는[포함되는] 것으로서 이해해야 하며, 속성들 자체가 포함해야 하는 것이 바로 이 실체이다"(인용자 강조)라는 구절을 발견할 수 있거니와, 여기에서 '표현하다'와 '속하다'/'포함

---

15) Louis de Broglie, *Physique et microphysique*, Albin Michel, 1947, pp. 21~42. 두 속성이 한 실체의 표현인 경우와, 양자가 서로 간에 연속적 변형(continuous transformation)을 통해 이행하는 경우는 다르다. 급변론에서의 급변이나(René Thom, *Stabilité structurelle et morphogénèse*, Dunod, 1984) 초끈 이론에서의 '이중성(duality)' 같은 경우는 후자의 경우이다.

16) 이 사실은 매우 중요한데, 헤겔의 스피노자 독해가 한계를 가지는 이유도 이 점에 대한 오해에서 유래한다. 이 문제는 피에르 마슈레의 『헤겔 또는 스피노자』(진태원 옮김, 그린비, 2010), 128~182쪽에서 정치하게 논의되고 있다.

하다'가 모두 같은 것을 뜻함을 알 수 있다.(아울러 같은 의미로 '함축하다'라는 용어도 사용된다.) 그리고 이 구절에서 잘 드러나듯이, 실체와 속성들은 일방적으로가 아니라 상호적으로 포함하고 있음을 알 수 있다. 우리의 그림을 생각해보면 당연하다고 할 수 있다. 여기에서 스피노자는 논거로서 정의 4를 들고 있는데, 정의 4에는 이 모든 개념들이 등장하지 않는다.(이 점에서도 스피노자는 이 용어들을 애초에 같은 의미로서 쓰고 있음을 알 수 있다.) 정의 4에 등장하는 개념은 오히려 '지각하다'이다. 따라서 정의 4와 이 정리 19의 증명을 연결해볼 경우, "지성이 실체로부터 그것의 본질을 구성하는 것으로서 지각하는 것"이라는 말은 결국 실체의 본질이 지성에 의해서가 아니라 지성에서 표현되는 것이라는 뜻임을 알 수 있다. 지성은 사유-속성에 속하며, 따라서 실체가 속성들로 표현될 때 당연히 지성에게서도 표현된다. 이것이 지성이 '지각한다'는 말의 뜻이다. 따라서 이 '지각하다'를 사유-속성이 실체의 '바깥'에서 그 본질들을 읽어내는 것으로 이해하는 것은 오해이다.[17)]

속성들은 무한하지만 우리가 알 수 있는 속성은 사유-속성과 연장-속성

---

17) 앞에서도 인용했지만, 스피노자가 관념을 "정신의 개념, 즉 사유하는 존재로서의 정신이 형성하는 개념"(2부, 정의 3)으로 정의한 후에 "나는 지각이라는 말보다는 개념이라는 말을 썼는데, 왜냐하면 지각이라는 말은 정신이 대상의 작용을 받는 것처럼 보이지만 개념은 이와 반대로 정신의 능동적 활동을 표현하고 있는 것으로 보이기 때문이다"라는 설명을 붙인 점도 참조가 된다. 이를 지금의 맥락에 투사해보면, 실체가 표현될 때 지성을 포함하는* 사유-속성 또한 그 표현을 겪는다고 할 수 있다. 이것이 지성이 "지각한다"는 말의 뜻이다.**
   * 이때의 '포함'은 물론 외연적인 맥락에서의 포함을 뜻한다. 이런 혼동을 피하기 위해 앞으로 스피노자적 뉘앙스에서의 '포함하다'라는 말은 쓰지 않을 것이다.
   ** 그러나 1부 정리 4의 증명에서는 "존재하는 모든 것은 자체에 즉해서 존재하거나 타자에 즉해서 존재한다.(공리 1) 즉, 정의 3과 5에 따라, 지성 바깥에는(/지성을 제외하면) 실체들(속성들)과 그것들의 변양들만이 존재한다"라고 되어 있다. 그러나 여기에서의 '바깥'은 공간적 뉘앙스에서의 바깥이 아니라 논리적인/정신적인 바깥을 뜻한다. 뒤에서 논하겠지만, 스피노자에게서 지성 더 넓게 말해 사유-속성은 연장-속성과는 구분되는 특성을 가지며, 두 속성이 단순히 대칭을 이루지는 않는다. 사유-속성은 연장-속성을 나아가 그 자신을 '대(對)'하기 때문이다.

둘 뿐이다. 사유와 연장이라는 두 본질의 개념은 데카르트를 잇고 있지만, 스피노자에게서 속성들은 무-한정한 것이 아니라 무한하다는 점을 잊지 말아야 한다. 거듭 말하지만, 속성들은 외연상 똑같은 하나이면서도 내용상 공통된 측면이 하나도 없는 묘한 관계를 가진다. 앞의 그림-전체에서, 외연상 오리와 토끼는 완전히 하나이지만 내용상 각각은 완전히 다른 존재인 것이다. 그리고 하나의 동일한 실체임에도, 사유-속성으로 표현되는 실체(정신 '으로서의' 실체)와 연장-속성으로 표현되는 실체(물체 '로서의' 실체) 사이에는 어떤 공통점도 없다. 따라서 양자는 원인과 결과의 관계를 맺을 수도 없으며, 어느 하나로부터 다른 하나가 산출되지도 않는다.[18] 그래서 우리가 경험하는 숱한 존재자들, 즉 양태들은 결국 사유-속성의 표현들이거나 아니면 연장-속성의 표현들이며, 이것들은 데카르트에게서의 사유-실체와 연장-실체의 경우처럼 온전히 불연속을 이루는 두 실체의 표현들이 아니라 한 실체의 두 속성들의 표현들인 것이다. 슬픈 마음과 눈물을 흘리는 얼굴은 상이한 두 실체의 표현들이 아니라 한 실체가 한편으로 사유-속성으로 다른 한편으로 연장-속성으로 표현되고 있는 것이다.

스피노자가 생각하는 이 실체가 내용상으로는 곧 신이다. 스피노자의 '신(Dieu)'은 어떤 절대적으로 무한한 존재, 즉 무한한 속성들에 의해 구성된 실체이다. 신은 무한한 속성들 —— 그 각각이 무한한 —— 로써 스스로를 표현하는 존재이다. 스피노자는 신을 '자기원인'으로서 파악한다. 스피노자에게 '원인'이란 A를 A로서 존재하고 활동하게 만드는(사실 스피노자에게

---

18) '산출' 개념은 동북아 사유에서의 '生' 개념과 통한다. 스피노자의 사유는 서구 중세를 지배해온 '作'의 사유로부터 '生'의 사유로 이행하고 있다. 어떤 면에서, 스피노자의 사유는 '化'의 사유로 보이기까지 한다. 세계에는 실체(/속성들)와 그것(들)의 표현인 양태들 외에는 다른 어떤 것도 존재하지 않기에 말이다. 그러나 '표현'은 A가 B로 표현되는 것이지 아예 A가 B가 되는 것은 아니다. 따라서 스피노자의 사유는 '化'의 사유가 아니라 '生'의 사유라고 해야 한다. 세계가 이슈바라의 현현이라는 생각은 세계의 모든 것들이 이슈바라 '이다'라는 뜻이지만, 세계가 신의 표현이라는 생각은 모든 것들이 신'이 표현된' 것들이라는 뜻이다.

서는 '존재한다'는 것은 곧 '활동한다'는 것이다.[19]) 작용인이다. 따라서 자기원인이란 자기를 존재하게 만드는 원인이 바로 자기 자신임을 뜻한다. 즉, 자기원인의 존재와 활동은 타자를 작용인으로서 가지지 않는다. 자기원인이란 그 "본질/본성이 존재를 함축하는 것"이다. 본질이 존재를 함축한다는 것은 존재가 없다면 그것은 곧 그것이기를 그친다는 것이다. 이는 달리 말해, 그것은 본성상 존재한다는 것, 그것이 그것인 한 존재하지 않을 수가 없다는 것, 필연적으로 존재한다는 것이다. 그래서 스피노자는 "신, 즉 (그 각각이 하나의 영원하고 무한한 본질을 표현하는) 무한한 속성들로 구성된 하나의 실체는 필연적으로 존재한다"(1부, 정리 11)고 말한다.[20] 그리고 신 바깥에는 아무것도 없다. 신 바깥에 무엇인가가 존재한다면 신은 그 무엇에 의해 제약될 것이고, 그럴 경우 이미 신은 전일(全一)한 존재이기를 그칠 것이다. 따라서 세계는 신에 의해 신 바깥에 만들어진 것이 아니다. 세계는 신이 무한한 속성들/존재면들로 그리고 다시 무한한 양태들로 **표현된** 것이다. "신적 본성의 필연성으로부터 무한히 많은 것들이, 즉 무한지성 — 실체로서의 신이 아닌, 사유-속성 측면에서의 신 — 의 범위에 속하는 모든 것들이 무한히 많은 방식으로 따라 나와야 한다."(1부, 정리 16)

이렇게 스피노자가 새롭게 개념화한 신은 지중해세계를 지배해온, 그리

---

19) 인식론적으로 이는 곧 사물들에 대한 인식은 다름 아닌 그 **활동들**에 대한 인식임을 함축한다. 개별자들의 정의(본질의 정식화)가 '발생적 정의'여야 하는 것도 이 때문이다.(TIE, §72, §95) 예컨대 원은 "한 점으로부터 일정한 거리에 있는 점들의 집합"과 같은 정적인 방식보다는 "한 직선의 한끝을 고정시켰을 때, 다른 한끝이 회전함으로써 만들어지는 도형"과 같이 동적인 방식으로 정의되는 것이 좋다. 따라서 사유-속성과 연장-속성도 어떤 정적인 실체의 이미지에 입각해서가 아니라 '사유하는 활동'으로서 그리고 말하자면 '연장하는 활동'으로서 정의되어야 할 것이다. 이는 실체/속성들의 경우만이 아니라 개별자들의 경우도 마찬가지이다. 한 개별자의 '존재'는 곧 그의 '활동'이다. TIE = Spinoza, *Tractatus de Intellectus Emendatione* (*Traité de la réforme de l'entendement*).

20) 스피노자는 이 존재론적 증명 외에도, 세 종류의 '신 존재 증명'을 더 제시한다. 다음에 잘 정리되어 있다. Spinoza, *Éthique*, introduction, traduction, notes et commentaires de Robert Misrahi(PUF, 1990), Notes de la partie I, 30, pp. 336~338.

스·로마·유대의 종교로부터 중세 일신교들을 거쳐 데카르트 등이 활동했던 당대에까지 이어져 내려온 전통적인 신 개념과 전혀 다른 개념이었다. 이 신은 세계를 창조한 신이 아니라 세계로써 스스로를 표현하는 신이며, 세계 바깥의 초월적 존재가 아니라 세계에 내재하는 또 세계가 그에 내재하는 존재이며, 지성·권능·의지를 가지고서 어떤 선택에 의해 세계를 창조했고 또 그 후에도 거기에 개입하고 있는 인격신이 아니라 오로지 자신의 내적 자율성과 필연성에 따라 자신을 표현/전개하는 신이며,[21] 물질의 차원을 배제하는 '순수 현실태'로서의 신이 아니라 물질의 차원을 자신의 한 본질로 가지는 즉 그 한 측면에서 물질적 존재인 신이다. 이렇게 스피노자는 신 개념에 거대한 혁명을 도래시킴으로써 철학사에 굵은 분기선을 그었다.

§3. 양태들의 세계

신의 표현은 처음에는 무한양태들을 통해서 이루어지고, 그 후에는 유한양태들을 통해서 이루어진다. 물론 여기에서의 앞뒤는 논리적 전후이지 시간적 전후는 아니다. 시간이란 신에 대해서가 아니라 유한양태들에 대해서 성립하는 범주이다.

"필연적으로 무한한 방식으로 존재하는 양태들"인 무한양태들은 양태들이긴 하지만 무한한 양태들이다. 스피노자는 직접적인("신의 각 속성들의 절대적 본성으로부터 필연적으로 따라 나오는") 무한양태들로서 사유-속성의 경

---

21) 스피노자의 구도에서 신의 지성, 권능, 의지 중 오직 권능 ── 역능(potentia/puissance) ── 만이 신의 본성에 속한다. 신의 '존재'는 곧 그 '역능'/'활동'이다.("신의 역능은 그의 본질 자체이다." 1부, 정리 34) 신의 의지 또는 목적에 기대는 논변들에 대한 비판으로는 1부 정리 33의 주해를 참조.

우 '신의 무한지성'(또는 '신의 관념'[22]])을 그리고 연장-속성의 경우 '운동과 정지'를 들고 있다.[23]] 그리고 간접적인, 즉 "필연적이고 무한한 방식으로 존재하는 변양에 의해 변양된 한 속성으로부터 필연적으로 따라 나오는" 무한양태로서는 "세계의 얼굴-전체(facies totius universi)" 즉 일상적 의미에서의 세계-전체를 들고 있다. 신의 무한지성과 운동과 정지는 각각 정신적 양태들과 물질적 양태들의 선험적 조건의 역할을 한다고 할 수 있고, "세계의 모든 얼굴"은 모든 구체적인 양태들 즉 개별 정신들과 개별 신체들의 실질적 '전체'의 지평 — 일상적 의미에서의 정신적 '우주'와 물리적 '우주' — 을 형성한다고 할 수 있다. 이 장의 서두에서 표현주의를 규정했거니와, 무한양태들과 구체적인 개별자들 사이에 좀 더 다양한 존재면들을 삽입해서 생각한다면 스피노자의 구도를 보다 입체적으로 만들 수 있을 것이다.

우리가 구체적으로 경험하는 것들은 유한양태들이다. 유한양태들은 자기원인이 아닌 우연적 존재들로서, 신이 스스로를 표현한 결과들이다. 이것

---

22) "신에게는 그의 본질에 관한 그리고 또한 이 본질로부터 필연적으로 따라 나오는 모든 사물들에 관한 관념이 필연적으로 존재한다."(2부, 정리 3) "신의 관념(idée de Dieu), 즉 그로부터 무한한 사물들이 무한한 방식으로 따라 나오는 관념은 유일할 수밖에 없다."(2부, 정리 4) 신의 관념 즉 무한 관념은 모든 속성들에 대한 관념이자 신 자신에 대한 관념이기도 하다.

23) 사실 애초에 연장-속성 자체가 활동하는 실체이지 죽어 있는 물질-공간이 아니다. 스피노자에게서 존재한다는 것은 곧 활동한다는 것이며, 이 원리는 사유-속성에만이 아니라 물론 연장-속성의 경우에도 해당한다. 따라서 여기에서 운동과 정지는 별개의 두 양태라기보다는 연장-속성의 어떠한 양태들에도 항상 동반되는 능산적 측면과 소산적 측면을 뜻한다고 볼 수 있다. 어떤 면에서는 정지가 중요한데, 절대 정지의 상태에서 연장-속성은 파르메니데스적 구가 되어버리지만(이는 속성 개념 자체가 애초에 거부하는 상태이다.) 절대 운동 상태의 경우 그 어떤 질서도 없는 '화이트 노이즈' 상태가 되어버리기 때문이다.(1권, 3장, 2절을 보라.) 세계의 모든 사물들(의 운동)에는 운동의 측면과 정지의 측면이 적절히 배분되어 있으며, 이 때문에 우주의 질서 있는 운동이 가능하다고 할 수 있다. 뒤에 논하겠지만, 그리고 상이한 존재론적 구도 하에서이긴 하지만, 이는 왕부지 등의 기 일원론에서 음이 양을 잘 통어할 때에 세계의 질서와 조화가 가능하게 되는 이치와 유비적이라고 할 수 있다.

이 세계는 우연적이라는 것을 뜻하지는 않는다. 우연성은 양태들의 차원에서만 성립할 뿐, 신에게는 우연성이라는 양상이 존재하지 않는다. A가 번개에 맞아 죽은 것은 우연한 사건이지만, 신의 차원에서 볼 때는 그의 필연적 펼쳐짐의 한 국면일 뿐이다. 우연성은 필연성 및 불가능성에 대한 인간의 무지에 기반하고 있는 것이다.[24] 그러나 스피노자는 구체적 현상들을 신을 끌어들여 설명하는 게으른 인과론의 폐단을 잘 알고 있었다. 이 경우 모든 것은 (이제 신의 '뜻'이 아니라) 신의 '표현'의 결과로서 "설명될" 것이기 때문이다. 양태들 사이의 구체적인 인과관계는 그 자체의 차원에서 설명되어야 한다. 그래서 스피노자는 양태들은 수직적으로는 신의 표현물들이지만, 수평적으로는 서로 간에 인과관계를 맺는 존재들임을 지적한다. 양태들은 원인-결과의 연쇄를 이룬다.[25] 이는 곧 모든 유한양태들은 관계를 통해 변

---

24) 이는 가능성에 대해서도 마찬가지로 말할 수 있다. 스피노자는 우연성과 가능성을 다음과 같이 구분한다. "나는 개별 사물들에 관련해, 단지 그 본질들에만 주목했을 때, 그 존재를 필연적으로 정립하는 것 또는 그 존재를 필연적으로 배제하는 것을 전혀 발견하지 못할 때, 그것들을 우연적(contingent)이라고 부른다."(4부, 정의 3. 인용자 강조) "나는 개별 사물들에 관련해, 그것들을 산출해내었으리라 추측되는 원인들에 주목했을 때, 이 원인들이 정말 그것들을 산출해내도록 되어 있는지를 알 수 없을 경우, 그것들을 '가능하다(possible)'고 부른다.(4부, 정의 4)
    스피노자에게서 이성적으로 사유한다는 것은 곧 필연성의 양상을 통해 사유하는 것이다. "사물들을 우연적인 것들로서가 아니라 필연적인 것들로서 파악하는 것은 이성의 본성이다."(2부, 정리 44) 이 정리의 따름정리 1의 주해에서 논의되고 있듯이, 우연은 이미지 수준에서의 인식과, 특히 이미지들의 동요와 밀접한 관련을 가진다. 그리고 이 수준에서의 인식은 시간의 국면들(현재, 과거, 미래) 및 개별 상황들과 연관된다. 반면, 따름정리 2의 증명에서 논하고 있듯이, 이성을 통한 인식은 사물들을 "영원의 상(相) 하에서(sub aeternitatis specie)" 그리고 보편적 지평에서 인식하는 것이다.

25) 스피노자는 결정론자이지 숙명론자는 아니다. 합리주의자로서 그는 세계의 가지성(intelligibility)을 확신했으며, 따라서 세계의 인과관계를 읽어내는 것은 신을 이해하는 것이라고 보았기 때문이다. 신에 대한 상이한 개념화를 접어둔다면, 사실 이는 17세기 서구 철학자들의 일반적인 믿음이었다. 나아가 신의 활동을 인식한다는 것은 곧 인간의 유한지성을 신의 무한지성과 합치하는 경지로 넓혀나가는 것이고, 그 궁극에서는 신 자체와 합치해나가는 것이기도 하다. 그의 결정론은 숙명론의 뉘앙스에서가 아니라 오히려 세계의 합리성/가지성과 이성의 역량 및 신에의 사랑이라는 맥락에서 독해되어야 한다.

해감을 뜻한다. 무엇인가가 무한하다는 것은 그것의 타자가 존재하지 않는다는 것을 뜻한다. 반면 어떤 타자가 존재할 경우 그것이 이것을 제한할 것이고 따라서 이것은 무한할 수 없다. 무엇인가에 의해 제한된다는 것은 그것이 무한하지 않기에 어딘가에서는 자신과 타자가 부딪치는 경계를 가진다는 것을 뜻한다. 이 경계에서 '관계(relation)'가 형성된다. 유한하여 타자와의 관계를 통해서 일정하게 제약된다는 것은 그것이 자기원인이 아니라는 것을 뜻한다. 자기의 존재 양태가 타자에 의해 제약되고 있다는 것은 그것의 존재=실존이 그것의 본질에 함축되어 있지 않다는 것, 즉 그것이 필연적으로 존재하는 것이 아니라는 것을 뜻하기 때문이다. 이렇게 양태들은 신이 표현된 것, 즉 '능산적 자연'이 표현된 결과로서의 '소산적 자연'이다. 따라서 스피노자의 능산적 자연과 소산적 자연 개념은 토마스 아퀴나스의 경우와는 판이한 구도를 띠기에 이른다.(1부, 정리 29, 주해) 물론 두 자연이 있는 것은 아니다. 능산적 신의 측면과 소산적 신의 측면을 구분할 수 있을 뿐이다. 데카르트의 경우 자연은 극단적인 기계론으로 설명되지만, 그 형이상학적 기초는 인격신에 의한 목적론적 창조 — 시계공에 의한 시계의 제작 — 라는 구도이다.[26] 반면 스피노자에게서 '자연'은 어디까지나 절대 일원적인 구도 하에서 이해되며, 다만 능산적 측면과 소산적 측면의 두 측면을 띠고 있는 것으로 개념화되고 있다.

유한양태들은 곧 개별자들이거니와, 개별자들에 대한 스피노자의 사유

---

26) 데카르트의 사유에서 기계론만 남기고 신과 영혼을 제거할 때 기계론적 유물론이 성립하며, 이 세계는 각 부분들은 필연(기계론적 법칙)에 의해 지배되지만 그 전체는 아무런 필연(형이상학적 필연)도 없는, 철저히 우연인 세계이다. 이와 대조적으로 스피노자의 세계는 세계의 부분들은 우연적이지만 그 전체는 필연인 세계라고 할 수 있다. 이런 구도는 이미 그리스 비극이나(예컨대 오이디푸스는 여러 우연들을 겪으면서 아버지를 죽이고 어머니와 성교하는 지경에 이르지만, 그 전체는 신탁에 의해 이미 예언된 필연/운명이다.) 기독교 서사(예수는 여러 우연들을 거쳐 십자가 위에서 숨을 거두지만 그 전체는 신에 의해 기획된 섭리/운명이다.) 등에서 나타나는 구도이지만(1권, 9장의 결론 부분), 스피노자의 경우에는 초월적 신탁, 섭리 등은 없으며 세계 자체 즉 신의 내재적 필연이 있을 뿐이다.

에서 가장 특징적인 것은 그것들의 '본질'을 인정한다는 점에 있다. 아리스토텔레스가 개체를 실체로 봄으로써 (일상적으로는 당연한 것이지만) 그리스 철학사에 하나의 파격을 가져온 것이 사실이지만, 그에게서 개체는 과학적 사유의 대상이 아니다. 과학이란 보편적이고 필연적인 것을 다루는 행위이기에 개별자들은 과학의 대상이 될 수 없다. 그러나 스피노자(와 라이프니츠)는 개체 '의 본질'을 논함으로써 철학사에서의 또 하나의 굵은 분절선을 그었다. 세계가 가지적이라 할 때, 스피노자의 가지성은 개체에게까지도 내려가는 것이다.[27] 이는 모든 존재자들이 신의 역능의 표현이라는 것을 생각해보면 자연스러운 결론이기도 하다. 그리고 신에게서도 그렇듯이 개체들의 경우에도 존재한다는 것은 곧 활동한다는 것이다. 스피노자가 코나투스 즉 자신을 보존하려는 노력을 언급할 때, 이 '보존'이라는 말은, 그 말이 풍기는 이미지와는 달리, 모든 개체들은 자신의 **활동**을 지속하고자 한다는 것을 뜻한다. 모든 개체들은 '존재하려는 힘(vis existendi)'을 내포하고 있으며, 스피노자에게서 이 힘이란 곧 모든 개별자에 내재한 역능, 활동하려는 힘이다.

---

27) 그러나 스피노자에게서의 개체의 본질을 고전적인 의미에서의 본질 개념을 통해서 이해하면 곤란하다. 고전적인 본질 개념은 개체들의 가변성을 넘어서서 존재하는 그것들의 **불변적 동일성**이었다. 그리고 개체들은 이 본질의 예화(例化/instantiation)로 이해되었다. 본질이 물질에 구현되는 예화 과정에서 개체들 사이의 차이가 생겨난 것으로 이해된 것이다. 그러나 스피노자에게서 개체의 본질은 이런 예화의 구도로 이해되지 않고, 각 객체의 고유한 본질을 통해서 이해된다. 나아가 각 객체의 본질이 각각의 불변적 동일성인 것도 아니다. 스피노자가 뜻하는 개체적 본질은 각 개체가 각각의 **독특성**을 갖추고 있음을 뜻한다. 그리고 이 독특성은 불변의 무엇이 아니라 오히려 각 개체의 **고유한 활동성**을 뜻한다. 말하자면 스피노자에게서는 각 개체들이 모두 '하이케이타스'라고 할 수 있을 것이다.

2절 정신과 신체 그리고 인식

인간 역시 이런 개별자들 중 한 종류이다. 인간은 유한양태에 속하며, 따라서 자기원인이 아닌 존재, 필연적으로 존재하는 것이 아닌 존재, 우연적인 존재이다. 우연에 대한 아리스토텔레스의 정의를 참조해 말한다면, 존재할 가능성이 있지만 존재하지 않기도 하고 또 존재하지 않을 가능성이 있지만 존재하기도 하는 그런 존재자이다. 물론 이 우연적 결과, 즉 '사실'을 주재하는 것은 신적 인과이며, 우연은 어디까지나 유한양태인 인간에게서 성립한다.

§1. 삶의 고뇌와 사유의 빛

따라서 인생이란 기본적으로 힘겨운 것이다. 왜일까? 인간 역시 모든 유한양태들처럼 코나투스에 따라서 활동하지만, 그 활동의 지속은 그 자신에 의해서 결정되지 않기 때문이다. 인간은 거대한 인과의 그물망 속에서 살아가며, 자신이 충분히 인식할 수 없는 어떤 인과관계의 영향에 따라서 그 운명의 부침을 겪는다. 신의 필연은 인간의 운명이다. 인간이란 바람에 흔들리는 갈대처럼 우왕좌왕하면서 살아가기 마련이다. 역학(易學)의 개념으로 말해, 인간은 '봉변(逢變)'을 당하는 존재이다. 사람들이 어리석게도 큰 돈을 주고 점을 치고, 아직 당하지도 않은 사고 때문에 비싼 보험료를 내고, 미래가 던지는 불안을 해소하려 애를 쓰며 사는 것도 모두 유한양태가 피치 못하게 겪어야 할 봉변을 최소화하기 위해서인 것이다. 스피노자가 파악한 인생은 붓다나 장자가 파악한 그것과 다르지 않다. 그렇다면 인간은 이렇게 홍수에 휩쓸려가는 개미들처럼 갈팡질팡 살다가 먼지처럼 흩어져야 하는 가련한 존재인가? 스피노자는 그렇게 생각하지 않았다. 그의 철학은 삶의 저 고통의 밑바닥으로부터 신에의 사랑을 통해 지복(至福)에 도달하는 저 최상의 경지에 이르기까지, 인생이라는 것을 극히 큰 진폭 속에서 바라본다. 그 점에서 빼어난 철학이다.[28]

인간은 무엇을 통해서 이 삶의 고난을 헤쳐나갈 수 있는가? 스피노자는 "인간은 사유한다"(2부, 공리 2)라고 말한다. 이 공리는 단순히 어떤 사실을 확인하는 명제가 아니라, 스피노자 사유의 모든 함축들을 압축하고 있는 명제이다. 이 명제는 데카르트의 "나는 사유한다"와 의미심장한 대조를 이룬다. 스피노자가 생각하는 "인간은 사유한다"는 어떤 개인의 경험/깨달음 속에서 빛나는 주체적 진리가 아니다. 그것은 인간이라는 존재가 가지는/가질 수밖에 없는 필연적인 그 무엇이다. 인간이란 정신적 존재이고 사유하는 존재이다. 여기에 그의 모든 가능성이 있다. 하지만 이상하지 않은가? 모든 유한양태들이 실체의 표현이라면, 즉 무한한 속성들의 표현이라면,[29] 만물은 사유-속성과 연장-속성 그리고 그 외의 무한한 속성들을 동등하게 머금고 있지 않겠는가? 어찌 인간만이 사유하는 존재일까? 사실 엄밀히 말한다면, 모든 양태들 심지어 돌멩이조차도 정신-실체/사유-속성을 머금고 있어야 한다. 이는 신일지라도 그 한 측면은 물질-실체/연장-속성이라는 사실과 대칭을 이루는 사실이라 하겠다. 따라서 문제의 핵심은 "인간은 사유한다"라는 명제를 "인간은 이성적으로 사유할 수 있다"라는 명제로 이해

---

28) '빼어난 철학'은 (현대 서양의 어떤 철학들처럼) 삶의 밑바닥만 긁어대면서 허우적대는 우울한 사유도 아니며, 또 (동양의 어떤 철학들처럼) 천하태평의 낙관과 지당한 말씀만 늘어놓는 밋밋한 사유도 아니다. 빼어난 철학은 삶의 고뇌를 정면으로 응시하면서도 희망을 노래하는 사유이며, 또 초탈과 행복의 경지를 추구하면서도 생(生)의 힘겨움을 외면하지 않는 사유이다. 요컨대 빼어난 철학이란 삶의 가장 낮은 바닥으로부터 가장 높은 가능성까지를 모두 조망하면서 전개되는 철학이다. 스피노자의 철학이야말로 바로 이런 철학이라고 할 수 있다.

29) 이미 지적했듯이, 실체의 표현은 시간적인 것이 아니라 논리적인 것이며 시간은 유한양태들의 문제이다. 따라서 모든 속성들은 함께, 굳이 시간적 표현을 쓴다면 동시에 표현된다. 즉물적인 예를 든다면, 우리의 그림에서 오리가 녹색으로 변하면 당연히 토끼 또한 녹색으로 변한다. 모든 실체들은 동시적으로 표현된다고 할 수 있다.

하는 것이다. 인생은 고(苦)이다. 그러나 인간은 이성을 통해서 삶을 헤쳐나갈 수 있으며 원칙적으로는 지복에까지 도달할 수 있다.[30] 스피노자가 흔히 '합리주의자'로 불리는 것도 이런 맥락에서이다.

그러나 스피노자는 인간을 특권화하기를 원치 않는다. 인간의 정신·이성은 함부로 다른 차원(예컨대 물질적 차원)으로 환원되어서는 안 되지만, 역으로 초월적인 그 무엇으로 특권화되어서도 안 된다. 정신, 이성, 사유는 인간의 인간-됨의 핵심이지만, 어디까지나 물질, 감정, 연장과 함께 내재적으로 논의되어야 한다. 이는 스피노자의 관점/방법이기도 하지만 그 이전에 그의 존재론이 애초에 함축하고 있는 바이기도 하다. 데카르트에게서 세 실체로서 실재적으로 구분되는 신, 영혼, 물질은 스피노자에게서 신으로 일원화되며, 영혼＝정신과 물질은 신의 두 속성이 된다. 정신과 물질은 신의 두 측면이고, 신은 그 전체일 뿐이다. 신의 표현은 곧 정신의 표현이고 물질의 표현인 것이다. 정신/사유-속성을 구성하는 것은 관념들이고, 물질/연장-속성을 구성하는 것은 물체들이다. 그래서 스피노자는 "관념들의 질서와 연결[순서, 이웃관계]은 사물들의 질서 및 연결과 같다"(2부, 정리 7)라고 말한다. 관념들의 질서 및 연결, 즉 정신은 사물들의 질서 및 연결과 다르지 않은 것이다.

그러나 잘 생각해보면, 이 정리는 이중의 의미를 담고 있다. 이 정리는 정신이 다른 속성들과 마찬가지로 신의 표현의 한 측면임을 말하고 있지만, 그 안에 함축되어 있는 의미는 정신이 특수한 속성이라는 것임을 행간에서 읽어낼 필요가 있다. 우선 이 정리는 신체와 정신의 "평행론"을 말하는 것이 아니다. 정신과 신체는 평행을 달리되 일-대-일 사상(mapping)을 이루는 그런 관계를 맺지 않는다. 정신-신체 관계는 정신-물질 관계의 한 특수

---

30) 지복에 도달하는 것은 인간됨의 완성을 이루는 것이다. "학문에 있어, 우리의 목표[지복에 도달하는 것]를 현실화해주지 않는 것들은 무용한 것들로서 기각되어야 할 것이다. (…) 우리의 모든 행위와 사유는 이 유일한 목표를 향해야 한다."(TIE, §16)

한 경우로서, 신의 동시적 표현일 뿐이다. 즉, 동일한 실체의 표현의 두 측면일 뿐이다. 정신과 신체는 하나의 존재를 단지 두 방식으로 표현하고 있을 뿐이다. 더구나 위의 정리는 "관념들의 질서 및 연결은 **사물들**의 질서 및 연결과 같다"고 되어 있지 "물체들/신체들의 질서 및 연결과 같다"고 되어 있지 않다.[31] 이 명제는 정신과 신체의 관계에 대한 명제가 아니라, 정신과 다른 모든 속성들의 관계에 대한 명제이다. 그래서 정신도 신의 다른 무한한 속성들과 마찬가지로 동시에 표현되지만, 그런 표현을 반성할 수 있는 속성임을 뜻하는 것으로 이해되어야 한다. 정신도 무한한 속성들 중 하나이지만 그 표현들 전체 ── 자기 자신의 표현을 포함해서 ── 를 반성, 이해할 수 있는 특별한 속성인 것이다. 한 개인의 예를 든다면, 날씨가 추우면 몸이 오그라들고 마음도 위축된다. 몸의 오그라듦과 마음의 위축됨은 별개의 것이 아니라 한 존재의 두 가지 표현일 뿐이다. 그러나 마음은 이 위축됨을 의식한다. 즉, 그 사태를 반성하고 이해한다. 그리고 그러한 의식을 또한 의식한다. 정신-실체는 자기이해, 자기의식을 갖춘 속성인 것이다. 따라서 정리 7은 양면적으로 이해되어야 한다. 그것은 **한편으로** 정신-실체/사유-속성도 다른 속성들과 똑같은 방식으로 변한다는 것을 뜻하지만, **동시에 다른 한편으로** 다른 속성들 전체의 변화와 그 자신의 변화를 의식, 반성한다는 것을 뜻하는 것이다.[32] 이를 속성을 논할 때 "지성이 (⋯) 지각하는 것"이라는 구절에 관련해 논했던 내용과 연계할 경우 사태가 보다 더 분명해짐을 알 수 있을 것이다. 아울러 앞에서 언급했던 '무한지성', '신의 관념'과 연계할

---

31) 스피노자에게서 '사물(res)'들이란 모든 것을 포괄적으로 지칭하는 용어이다. 따라서 모든 속성들과 모든 양태들을 뜻한다.

32) 달리 말해, 정신은 관념들을 가지는 동시에 자신이 관념들을 가지고 있다는 것에 대한 관념을 가진다고 할 수 있다.* 이는 참된 관념을 가지고 있을 경우에 특히 그렇다고 할 수 있다. "참된 관념을 가지고 있는 사람은 동시에 그가 참된 관념을 가지고 있다는 것을 알고 있으며, 그의 인식의 참됨에 대해 의심할 수 없다."(2부, 정리 43)
  * 연장-속성은 부분들이 외재적으로 관계를 맺지만("partes extra partes"), 사유-속성의 부분들은 내재적으로 관계를 맺는다("partes intra partes").

경우 더더욱 분명해질 것이다. 스피노자는 정신/사유를 어디까지나 다른 속성들과 함께 내재적으로 다루지만, 동시에 그 독자의 성격 또한 분명히 하고 있다.

§2. 신체와 정신의 관계

모든 사물들은 유한양태들이며, 사유-속성과 연장-속성 그리고 다른 무한한 속성들이 표현된 것이다. 따라서 스피노자에게서는 정신과 물질의 이원론 같은 것은 없으며, 모든 사물들은 (인간이 실제 알 수 있는 것에만 초점을 맞출 경우) 오리-토끼 그림에서처럼 정신의 측면과 물질의 측면을 동시에 갖추고 있다. 그러나 각 개체들에게서 그 구체적 비율은 다르며, 스피노자는 사유-속성이 제로에 수렴하는 개별자들 즉 물체들을 따로 독립시켜 논한다. 스피노자에게서 '신체'와 '물체'의 날카로운 구분은 없으며, 'corpus/corps'는 양자를 포괄한다. 그러나 『에티카』 2부의 정리 13과 정리 14 사이에서 펼쳐지는 물체론(과 신체론)은 일단 물체들을 따로 추상해서 다루고 있다고 볼 수 있고, 말하자면 스피노자식의 자연철학이라고 할 수 있다. 스피노자의 핵심 관심은 인간의 삶에 있기 때문에, 자연철학은 그의 주 관심사가 아니다. 이 점에서 17세기 서구의 다른 철학자들과 구분된다. 당대의 대다수 철학자들은 순수하게는 자연철학에 관심을 쏟았고, 현실적으로는 외물의 정복이라는 객체적인 욕망에 차 있었기 때문이다. 대조적으로 스피노자는 『에티카』 2부의 서론에서 그의 관심사가 정신과 지복에 있음을 분명히 한다. 그의 자연철학은 이 목적을 위한 한도 내에서 간략히 논의된다.

스피노자의 물체론은 데카르트 등의 그것에서 크게 벗어나지 않는다. 그러나 스피노자의 자연철학은 물체의 운동과 정지를 대등하게 보았다는 점에서 독특하며, 그리스 자연철학과 근대 자연철학의 어느 편에 서지 않고 독자의 이원적 구도를 제시한다. 사실 운동과 정지는 다름 아니라 연장-속성의 직접적 무한양태이다. 그에게 물체를 근본적으로 지배하는 것은 관성의 법칙이 아니다. 연장-속성은 '능산적 자연'이다. 관성의 법칙은 '소산적 자연'에서 성립한다고 해야 할 것이다. 이 점에서 그의 자연관은 데카르트의 그것보다는 오히려 라이프니츠의 그것에 더 가깝다. 그리고 한 물체의 빠름·느림을 그것의 핵심 성격으로 본다는 점이 스피노자 물체론의 특징이다. 모든 물체들은 결국 연장-속성의 표현물이므로 실체적으로는 구분되지 않으며, 오로지 빠름과 느림에 의해서만 구분된다. 다른 자연철학들에서도 속력/속도는 중요한 문제이지만, 스피노자에게서는 이 개념들이 물체의 본질적인 특징으로서 이해된다. 운동·정지와 더불어 느림·빠름이 물체를 지배한다고 할 수 있다. 그리고 모든 물체들은 그 운동/정지와 느림/빠름에 있어 인과적으로 운동한다. 스피노자는 이런 물체들에는 가장 단순한 것들로부터 복합체들, 복합체의 복합체들을 거쳐 가장 복잡한 것들까지 여러 등급들이 있다고 보았고, 이 구도에서 볼 때 모든 물체들의 인과적 운동 전체가 바로 연장-속성에서의 '세계의 얼굴-전체'라 할 수 있다.

　스피노자의 자연철학은 데카르트의 환원주의와는 전혀 다른 존재론적 설정을, 즉 개체 —— 물론 극히 다양한 층위에서의 개체들이 존재한다 —— 의 개체성을 확립하는 설정을 세운다. 따라서 물체적 운동도 어디까지나 개물(個物)들 사이의 물리적 관계라는 측면에서 사유한다. 이 점에서 17세기 자연철학의 수학적 현상주의와도 기계론적 환원주의와도 나아가 다른 어떤 사유들과도 변별된다. 그리고 이 사실은 그의 신체론의 맥락에서도 중요하다. 스피노자가 관심을 가지는 것은 물체들 자체보다는 신체이다. 그가 물체들을 다루는 것은 오로지 인간 신체의 변양이 결국 다른 물체들과의 물리적 관계를 통해서 이루어지기 때문일 뿐이다. 그리고 정신은 물체들과 직접 관련 맺는다기보다는 결국 (물체들과 함께 변양되는) 신체와 관련 맺는다고 해야 한다. 비에 맞아 내 몸이 젖을 때 그 젖는 느낌은 비 자체의 성질을 느끼는 것이 아니라 비에 젖은 내 몸의 상태를 느끼는 것이다. 스피노자는 인간 신체가 극히 복합적이고 유연하며 가소적(可塑的, plastique/flexible)

이고 능동적인 존재임을 지적한다.[33] 이 사실은 신체와 맞물리는 정신에게도 중요한 함축을 띤다.

스피노자에게서 정신과 신체, 마음과 몸은 어떤 관계를 가지는가? 데카르트적 이원론을 거부하는 그에게서 양자의 관계는 어떻게 정의되는가? 스피노자에게서 정신은 신체의 관념이다. 내가 손으로 야구공을 잡을 때, 이 두 물체의 운동, 내 입장에서 볼 때 내 손의 변양은 일정한 느낌을 가져온다. 즉, 내가 가지는 느낌은 곧 내 손의 변양의 관념이라고 할 수 있다. 이미 말했듯이, 스피노자는 관념들의 형상적 존재(데카르트의 '형상적 실재성')와 대상적 존재(데카르트의 '대상적 실재성' 또는 '표상적 실재성')를 구분한다.[34] 관념들의 형상적 존재는 대상들과의 관계를 떠나서 관념들 자체에서 성립하는 존재이며, 이는 곧 모든 관념들이 '신의 관념'의 개별적 표현임을 뜻한다. 그에 비해 관념들의 대상적 존재는 한 관념이 특정 대상과의 관계 하에서 가지는 존재로서, 개별 존재자에게서 활동하는 그리고 대상과의 관계 하에서 성립하는 존재이다. 신의 관념은 무한하지만 유한지성인 인간 정신의 관념은 유한하다.("인간 정신은 신의 무한지성의 일부 (…)." 2부 정리 11의 따름정리) 그리고 구체적인 경험들을 통해서 정신의 세계를 확장해간다.[35] 그

---

33) 스피노자의 신체론은 근대의 어떤 철학자의 신체론보다도 심오하다. 데카르트에게 신체는 단지 복잡한 물체이다. 라이프니츠에게 신체는 모나드들이 무수히 집적되었을 때 나타나는 일종의 착각이다. 영국 경험론자들이나 칸트에게 신체는 인식 주체에게 외부적 자극들을 전달해주는 감광판 같은 것이다. 그러나 스피노자는 "인간의 신체는 자기의 활동역량을 증대시키거나 감소시키는 많은 방식으로 자극받을 수 있고, 또한 그 활동역량을 증대도 감소도 하지 않는 다른 방식으로 자극받을 수도 있다"라고 말한다.(3부, 공준 1) 우리는 신체가 얼마만큼의 역능을 품고 있는지 아직 모른다.

34) 데카르트의 경우 본유관념들은 신이 인간의 영혼에 넣어준 것이다. 그러나 스피노자에게 본유관념들이 있다면, 그것들은 신의 관념 안에 있다. 신과 영혼이 분리되지 않고, 영혼=정신이란 단지 신의 한 속성 즉 신이 표현되는 한 얼굴일 뿐이기 때문이다. 사실 모든 관념들이 신의 관념의 부분들이기 때문에, 스피노자에게서는 본유관념들이 특화될 이유도 없다. 그 대신, 뒤에서 보겠지만, 그에게 중요한 것은 실제 인식 과정에서 나아가 삶에서 핵심적 역할을 하는 '공통 사념들'이다.

35) 신의 관념에 있어 관념들은 물체들이 인과관계를 맺는 것과 마찬가지로 인과관계를 맺

러나 경험에 있어, 일반적인 상응 이론들에서처럼 관념들과 물체들이 상응하는 것은 아니다. 속성들은 서로 간에 인과관계를 맺지 않는다. 결국 관념들 사이에서의 인과와 물체들 사이에서의 인과는 한 인과의 두 표현일 뿐이다. 야구공을 잡았을 때의 내 신체의 변양이 내 정신에서의 변양을 야기한 것이 아니다. 내가 야구공을 잡았을 때 신체적 변양과 정신적 변양이 나-전체의 변양의 두 측면으로 동시에 생겨나는 것일 뿐이다. 그러나 이 인과를 관념을 통해서 의식하는 것은, 반사/반성하는 것은 정신이다. 이것이 "정신은 신체의 관념"이라는 말의 뜻이다.

§3. 세 종류의 인식

앞에서 인간의 신체는 극히 복합적이고 유연하고 가소적이며 능동적임을 언급했거니와, 이는 곧 정신에 관련해서도 성립한다. 정신-신체 이원론을 거부하는 스피노자의 구도에서는 당연한 귀결이라 하겠다. 신체의 변양과 그에 맞물려 생성하는 정신의 활동은 우리가 '지각'이라 부르는 과정을 형성하며,[36] 이 과정에 대한 관념 차원에서의 반성이 '인식'을 형성한다. 그

는다. 그러나 인간은 우발적 상황에서 살아가면서, 타자들과의 관계를 통해서 조금씩 그 인과관계를 발견해간다. 이 점에서 스피노자의 구도는 플라톤 '상기설'의 구도와 통하며, 베르그송의 기억론과도 통한다. 세 사람의 존재론적 구도가 모두 다르기는 하지만, 공히 관념들의 확장, 정신세계의 확장은 현실적 경험들의 축적을 통해서만 이루어지는 것이 아니라 오히려 그 전에 이미 존재하는 광대한 차원(이데아계, 신의 관념, 기억의 잠재성)을 경험을 통해 현실화해내는 것이라고 본다. 단, 고전적인 철학자들인 플라톤과 스피노자의 경우 이데아계, 신의 관념이 그 전체로서 선재(先在)하지만, 베르그송의 잠재성은 그 본질에 있어 '열려 있는' 것이라는 점에 큰 차이가 있다.

36) 스피노자에게서 '지각'은 '경험'과 거의 같은 것을 뜻한다. 그러나 이것이 그가 영국 경험론자들처럼 경험을 지각으로 환원했음을 뜻하지는 않는다. 영국 경험론자들에게서의 '지각'은 감각지각이라는 좁은 의미를 가지지만, 스피노자의 지각 개념은 성리학자들에게서와 같은 넓은 의미를 가지기 때문이다. 스피노자에게서는 정신이 신체의 변양과 맞물려 행하는 활동 전체가 지각이다.

러나 지각은 그 자체로써 인식을 주지는 않는다. 인간의 지각/경험은 기본적으로 주관적인 것이기 때문이다. 우리가 물을 마시면서 지각할 때, 이 과정은 물의 본성과 우리 몸의 본성, 그리고 이 과정을 지각하는 우리 정신의 본성이 모두 연계되어 이루어지는 과정이다. 그러나 우리는 이 과정 전체를 주재하는 인과를 잘 알지 못한다. 사실 우리가 지각하는 것은 이 과정이 가져오는 우리 몸의 변양일 뿐이다.(2부, 정리 16의 따름정리 2) 우리는 이 과정의 인과관계를 인식하는 것이 아니라 그것이 결과적으로 가져다주는 우리 몸의 변양을 주관적으로 지각할 뿐이다. 우리의 경험은 일차적으로는 우리에게 이미지 차원의 지각을 줄 뿐이다. 이 이미지 차원에서만 살아갈 때, 우리는 앞에서 언급했던 '무지한 자들'로서 살아간다. 학문적 노력을 하지 않는 한, 인간이란 자신의 주관적 경험의 차원[37]에서 살아갈 수밖에 없다.

하지만 이미지작용의 수준이 진정한 인식의 수준이 아니라 해도, 그 수준 자체 내에서도 인식의 정도는 성립한다. 플라톤이 '통념(doxa)'과 '순수사유(noēsis)'를 나누었지만 다시 통념 내에서 감각지와 경험지를 나눈 데서도 알 수 있듯이, 이미지작용의 축적은 단순한 감각지로부터 구분되는 경험지를 가져다준다. 이런 경험지를 가능케 하는 핵심적인 요인은 인간의 정신은 '현존'을 넘어선다는 사실에 있다. "인간 정신은 매우 많은 수의 실재들을 지각할 수 있는 소질을 갖추고 있으며, 신체가 보다 많은 방식의 배치 가능성을 가질수록 이런 소질은 더욱 커진다."(2부, 정리 14) 만일 인간의

---

37) 이 차원은 곧 인간적 실존에 있어 '수동적'이고 인식에 있어 '부적합한' 차원이다. "나는 적합한 원인이라는 말로써 그 자체로써 그 결과를 명석하고 판명하게 지각할 수 있게 해주는 원인을 뜻한다. 그리고 부적합한 또는 부분적인 원인이라는 말로써 그 자체로써는 그 결과를 이해할 수 있게 해주지 못하는 원인을 뜻한다."(3부, 정의 1) "나는 우리가 그것의 적합한 원인인 어떤 것이 우리 안에 또는 바깥에 산출되었을 때, 즉 (앞의 정의에 따라) 우리 안에서 또는 바깥에서 우리의 본성으로부터 오직 이 본성만으로써 명석하고 판명하게 이해될 수 있는 어떤 것이 따라 나올 때, 우리가 능동적으로 활동한다고(능동적이라고) 말한다. 그러나 반대로 우리 자신이 그 부분적 원인일 뿐인 어떤 것이 우리 안에서 산출되거나 또는 우리의 본성으로부터 따라 나올 때, 우리는 수동적이라고 말한다."(3부, 정의 2)

지각이 현존의 장에서만 성립한다면 경험지는 불가능할 것이다. 그러나 정신은 현존을 넘어 기억(과거의 지각)과 상상(미래의 지각)의 활동을 통해서 경험지를 축적해간다. 물론 상상은 대상의 현존에 대한 지각의 경험과 어떤 식으로든 닿아 있어야 한다. 그렇지 않은 상상 ──『지성교정론』(§50 이하)에서는 이를 "fiction"이라는 말로 가리키고 있다 ── 은 오류의 근원이다.[38] 물론 닿아 있을 경우에도 그것이 대상의 본성을 파악하고 있는 것은 아니다. 지각의 경험은 어디까지나 이미지의 차원에서, 신체적 주관에서 이루어지기 때문이다. 그러나 이 차원 내에서도, 경험의 축적은 우리에게 사물들에 대한 보다 넓고 깊은 인식을 줄 수 있다.

스피노자는 이 이미지작용에 입각한 인식과 원인의 인식에 입각한 인식 ── 엄밀히 말하면 이 경우만이 '인식'이다 ── 을 분명하게 구분한다. 우리가 이미지의 차원에서 태양을 볼 때 그것은 200피트 정도 떨어진 곳에서 빛나는 노란 쟁반 같은 것으로 보인다. 그러나 천문학은 우리에게 태양이란 지구로부터 엄청나게 멀리 떨어져 있는 거대한 불덩어리라는 점을 가르쳐준다.(2부, 정리 35의 주해) 이 양자 사이에는 현대식으로 말해 '인식론적 단절'(바슐라르)이 존재한다. 물론 우리가 천문학을 통해서 태양을 인식했다고 해서, 우리에게 태양이 달리 보이는 것은 아니다. 여전히 태양은 200피트 정도 떨어진 곳에서 빛나는 노란 쟁반 같은 것으로 보인다. 이미지 차원의 인식은 지성 차원의 인식을 통해 소멸되는 것이 아니라 자체의 차원으로 남는다. 따라서 이미지작용을 통해 인식하는 차원과 사물들의 원

---

38) 정신은 어떤 것이 현존하지 않을 때에도 그것의 이미지에 의해 지배당할 수 있다.(2부, 정리 17) 이는 정신으로 하여금 오류를 범하게 만드는 원천들 중 하나이다. 하지만 허구적 관념('픽션')은, 그것이 단순한 자의적 상상이 아니라 지각과 상관적으로 기능하는 한에서, 인간이 닿을 수 없는 가능의 영역(물론 신의 차원에서 볼 때 가능이란 없다.)을 상상적으로 그려봄으로써 경험지의 확장을 위해, 나아가 오성지의 확장을 위해서까지도(예컨대 기하학에서의 상상력의 역할을 생각해보라. 힐베르트의 『기하학과 상상력』) 중요한 역할을 할 수 있다. 스피노자의 이런 논의는 현대 과학철학과 예술철학에서의 상상력의 역할에 대한 역설을 연상시킨다(예컨대 바슐라르의 『새로운 과학정신』 외).

인에 대한 인식을 통해 인식하는 차원을 분명히 구분해야 할 것이다. 감각지 · 경험지의 차원과 오성지 · 이성지의 차원을 분명하게 구분한 플라톤과 마찬가지로 스피노자 역시 두 차원의 인식을 분명하게 구분한다. 부적합한 관념들 즉 부분적이고 혼란스러운 관념들에 의한 인식과 적합한 관념들 즉 명석하고 판명한 관념들(지성의 관념들)에 의한 인식은 분명하게 구분되어야 하는 것이다.

그렇다면 지성에 의한 인식이란 어떤 것인가? 첫째, 그것은 외부 사물들과 접촉하면서 이루어지는 신체적 경험의 수준에 머무는 것이 아니라 정신의 관념들/개념들을 통해서 이루어지는 인식이다. 경험주의자들 또는 인식론적 반성이 충분치 않은 과학자들이 생각하는 것처럼 '경험'을 한다고 해서, '실험'을 한다고 해서 인식이 이루어지는 것이 아니다. 정신의 관념/개념을 통한 합리적 사유/이론을 통해서 경험이 개념화되어야 인식이 성립하는 것이며, 일정한 이론적 맥락이 전제되어야 실험도 의미를 가지는 것이다. 이론/개념/사유 없이 무작정 경험, 실험만 해도 인식이 이루어진다는 생각은 단순한 생각이다. 둘째, 지성적/합리적 인식은 보편성을 가지는 인식이다. 스피노자는 '공통 사념들(notions communes)'이라는 개념을 통해 이 점을 강조한다. 사유-속성과 연장-속성이라는 개념 자체가 모든 정신들의 공통성과 모든 물체들의 공통성이라는 생각(그리고 2부, 정리 7이 함축하듯이, 양자의 일치 — 사유와 존재의 일치 — 라는 생각)을 함축한다. 이런 존재론적 배경 하에서, '공통 사념들'을 통한 보편적인 인식이야말로 지성적/합리적 인식이라고 말할 수 있게 된다.[39) 이 두 가지 조건이 지성적/합리적

---

39) **공통 사념** — 이 공통 사념들을 공리들/전제들로부터 연역된 개념들인 '제2차 개념들'과 혼동하면 안 되고, 또 막연한 전체를 가리키는 '초월적 명사들'("존재", "사물", "어떤 것" 등)은 물론 부분적/주관적 경험들을 추상해서 얻어내는 '보편적 개념들'("인간", "말", "개" 등)과도 혼동하면 안 된다. '공통 사념들'이란 본래 공리들을 뜻했으나, 스피노자에게서는 사물들에 대한 구체적인(문자 그대로의 의미에서) 연구를 통해서 얻어지는 일반적 사념들을 뜻한다. 즉, 탐구의 출발점인 공리, 정의, 가정 등을 뜻하기보다는 탐구의 결과로 얻어지는 법칙(운동의 규칙성), 구조(물체(들)의 부분들 사이에서 확인

인식의 조건이다.

요컨대 스피노자는 이미지 차원의 인식 즉 지각과 그것을 통해서 형성되는 일상적 언어들(또는 직접적 지각에 근거하지도 않은, 그저 언어를 통해서만 전해 들은 이야기들)에 의해 이루어지는 인식을 '제1종 인식' 또는 '통념'(그리스 철학에서의 'doxa') 또는 '이미지작용'이라 부른다. 이 제1종 인식은 앞에서 말했듯이 자체의 차원에서 심화되어갈 수 있지만, 또한 우리가 범하는 오류/거짓의 발원처이기도 하다. 이에 비해 공통 사념들에 입각한 지성적 인식, 합리적 인식을 '제2종 인식' 또는 '이성'이라 부른다. 스피노자는 이렇게 "Imaginatio"와 "Ratio"를 분명히 구분한다.

그러나 스피노자는 여기에 다시 '제3종 인식' 또는 '직관지(science intuitive)'의 존재를 제시하고 있으며, 이 직관지는 "신의 어떤 속성들의 형상적 본질에 대한 적합한 관념으로부터 사물들의 본질에 대한 적합한 인식으로

되는 관계들의 체계), 조리(생명체(들)의 부분들 사이에서 확인되는 유기적 관계들) 등을 뜻한다. 그것은 사물들 위로 추상된 관념이 아니라 말하자면 사물들을 관류하는 관념이다. 근대 과학의 발달을 배경으로 하는 이 개념은 2종 인식에 상응한다.

들뢰즈는 이 2종 인식이 1종 인식에 기반을 둔다고 보고 있으나('구체적인' 탐구의 결과. 『스피노자의 철학』, 박기순 옮김, 민음사, 2001, 140~146쪽), 바슐라르는 양자를 '인식론적 단절'의 맥락에서 읽는다. 고도의 인식에 관한 한 바슐라르의 지적이 올바르다고 할 수 있으나, 문제를 인식론적 회귀*로 확장할 경우 들뢰즈의 지적 또한 음미해볼 필요가 있다. 스피노자에게서 공통 사념들의 개념은 인식론적 맥락만이 아니라 실천적인 맥락과도 연계되기 때문이다. 사실 그에게서 앎과 삶은 항상 굳게 맞물려 있다. 우리는 공통 사념을 통해 우연한 상황들에 휘둘리는 우리의 실존을 벗어날 실마리를 잡아낼 수 있다. 그리고 그로써 능동적 존재로 화해갈 수 있으며, 적합한 관념들을 통해 2종 인식에 도달할 수 있다. 나아가 "적합한 관념은 표현적이며, 그것이 표현하는 것은 곧 신의 본질이다. 어떤 공통 사념이든 우리에게 신의 영원하고 무한한 본질에 대한 인식을 직접 준다. 우리가 적합한 관념, 다시 말해 표현적 관념을 가질 때마다 그 관념은 우리에게 그것이 표현하는 것에 대한 인식을, 따라서 곧 신의 본질 자체에 대한 적합한 인식을 준다."(『스피노자와 표현의 문제』, 이진경 외 옮김, 인간사랑, 2003, 379쪽)

*특정한 인식을 위해 그 대상을 추상해 인식론적 단절을 통해 그 본질을 인식할 수 있다. 그러나 그 인식 결과는 다시 추상 이전의 **전체**로 편입되어 들어와 우리의 삶 전체의 맥락에서 의미를 부여받아야 한다. 이 과정을 인식론적 회귀라 부르자.

나아가는" 인식이다. 이로써 정신은 "신의 영원하고 무한한 본질에 대한 적합한 인식"을 얻을 수 있다. 스피노자에게서 직관지는 두 가지 의미를 가진다. 하나는 그것이 어떤 대상/분야에 대한 인식이 아니라 존재 전체에 대한 인식이라는 점이며, 다른 하나는 그것이 인식 자체에만 연관되는 것이 아니라 자유로운 인간 및 궁극의 행복에 연관된다는 점이다. 이런 맥락에서 이 인식은 『에티카』의 5부에서 다루어진다. 즉, 직관지란 종합적인(단지 여러 지식들을 통합한다는 의미가 아니라 그것들을 '一以貫之'한다는 의미에서) 인식이자 동시에 실천적인 인식이라고 할 수 있다.

결국 스피노자가 말하는 세 종류의 인식이란 오늘날의 상식적 인식, 과학적 인식, 철학적 인식을 뜻하는 것으로 볼 수 있다.

3절 욕망과 감정의 철학

'자유인'과 '지복'에 대한 추구는 감정의 문제를 실마리로 한다. 스피노자는 감정을 통어할 수 있는 능력의 부재 상태, 감정에 휘둘리는 상태를 '예속상태'라 규정한다. 자유인과 지복에의 길은 이 예속상태의 극복을 실마리로 한다. 이를 위해서는 무엇보다도 감정이라는 것을 분명하게 파악해야 하고, 그것을 극복할 수 있는 길을 찾아내야 한다. 스피노자에게서는 무엇보다도 이것이 '에티카'의 의미라고 할 수 있다.

§1. 감정론의 기초

감정(affect)이란 무엇인가? 스피노자는 감정을 다음과 같이 정의한다.

> 감정이란, 사람들은 이를 "영혼의 수동성/겪음"이라 부르거니와, 혼란된 관념이다. 이 혼란된 관념으로 인해 정신은 신체(또는 신체의 어떤 부분)의 이전보다 더 큰 또는 더 작은 존재역량(force d'exister)을 긍정하게 된다. 또, 이 혼란된 관념이 생겨날 경우 정신 자체는 곧 다른 대상이 아닌 바로 그 대상을 사유하게 된다.(3부, 감정의 일반적 정의)

> 나는 감정이라는 말을 신체의 변양들, 그것(신체)의 활동역량(puissance d'agir)을 높이거나 낮추는, 촉진하거나 억제하는 변양들로, 그리고 동시에 그것들의 관념들로 이해한다.
> 우리가 이 변양들 중 하나의 적합한 원인일 수 있을 경우 해당 감정을 하나의 능동(적 활동)으로서 이해할 것이다. 그 반대의 경우라면, 하나의 수동(적 활동)으로서 이해할 것이다.(3부, 정의 3)

요컨대 감정이란 신체 변양의 관념, "신체의 상태를 드러내는 이미지작용"(4부, 정리 9의 증명)이다.[40] 즉, 신체의 변양에 관련해 형성되는 관념 — 이미지 수준의 관념, 혼란된 관념 — 이다. 달리 말해, 감정이란 신체의 다양한 변양들에 맞물려 생성하는 관념에 의해 형성되는 정신의 사건이다. 『에티카』에서 변양은 복수로 쓰이고 감정은 단수로 쓰인다는 사실이 함축하듯이, 변양들은 다양하지만 그 결과인 감정은 대개의 경우 하나이다. 이 점에서 인간에게 있어 감정은 일종의 종합을 통해서 형성된다고 할 수 있다.[41] 스피노자의 이런 감정 개념은 데카르트와 대조적이다. 심신 이원론을 견지하는 데카르트에게 정신/의지는 신체와 독립된 실체이다. 그리고 정신은 뇌의 한 부분 — 솔방울처럼 생겼다고 해서 그가 '송과선(松果腺)'이라고 부른 부분 — 을 통해서 신체를 움직인다. 예컨대 "자신의 몸을 어떤 다른 방식으로 나아가게/움직이게 하고 싶을 때[하고자 의지할 때], 이 의지는 송과선으로 하여금 '동물정기'를 이 효과에 봉사하는 근육들 쪽으로 보내게 만든다."(『정념론』, I, §43) 그러나 이런 식의 이원론[42]은 물질과는 전

---

40) 서구어에서 '~tion'은 흔히 '~의 작용', '화(化)'를 뜻한다. 'image'와 'imagination', 'sign'과 'signification', 'class'와 'classification', 'concept'과 'conception' 등. 그러나 스피노자의 용어법에서 'affect/affectus'와 'affection/affectio'는 이런 식의 관계를 가지지 않음에 주의해야 한다. 'affection'이 'affect'의 작용/변화인 것이 아니다. 'affection'은 실체/속성의 양태상의 변화, 즉 변양을 뜻한다. 혼동을 피하기 위해서는 (앞에서 언급한) 'modification'을 쓰는 것이 좋을 것이다.(이 말은 'mode'의 작용, 변화라는 뜻을 정확히 나타내고 있다.) 반면 'affect'는 신체의 변양과 맞물려 생성하는 정신에서의 변화, 이미지-관념 상의 변화를 가리킨다. 내가 차가운 물을 마심으로써 내 몸이 변양될 때 이는 내 정신에서의 "아! 차가워"라는 이미지-관념 상의 변화와 맞물린다.

41) 안토니오 다마지오는 감정에 대해 다음과 같이 말한다. "느낌[감정]을 형성하는 필수 내용은 특정 신체 상태의 지도이다. 느낌의 기질(substrate)은 신체 상태를 지도화하는 한 무리의 신경 패턴이며, 그것을 통해 신체 상태에 대한 심상[이미지-관념]이 생겨날 수 있다. 느낌의 본질은 관념 — 신체에 대한 관념, 특히 신체의 특정 상태에 대한 관념, 신체의 내부와 특정 상황에 대한 관념 — 이다."(『스피노자의 뇌』, 임지원 옮김, 사이언스북스, 2007, 107쪽)

42) **정신과 신체, 하나인가 둘인가?** — 정신과 신체 사이의 데카르트적 이원론은 널리 알려져 있는 테제이지만, 사실 데카르트는 정신과 신체의 뗄 수 없음, 그 합일을 역설하기도

혀 별개의 실체인 정신이 어떻게 물질을 작동하게 할 수 있는지 등을 비롯한 많은 문제점들을 드러낸다.(『에티카』 3부, 정리 2의 주해를 숙독할 필요가 있다.) 스피노자의 경우, 정신과 신체의 이런 식의 분리는 생각할 수 없다. 신체의 변양들에 상응하는, 그것들과 동시에 표현되는 관념이 바로 감정이다.

감정에 대한 스피노자의 사유에서, 감정의 능동성과 수동성 개념은 중요한 역할을 한다. 감정에 휘둘릴 것이냐 아니면 감정을 선용(善用)할 것이냐, 이것이 문제이다. "인간은 감정의 동물"이고, 누구도 감정을 벗어날 수는 없다. 스피노자는 스토아학파의 방식('자연과의 합일')으로든 데카르트의 방식('의지의 자유')으로든 정신이 감정을 온전하게 통제할 수 있다고는 보지 않았다. 그에게는, "주어진 것을 선용하라"고 그리스인들이 말했듯이, 감정을 잘 통어하고 그것을 행복을 위한 거름으로 삼는 것이 중요했다. 감정의 능동성과 수동성이 중요한 것은 이런 맥락에서이다. 관건은 주체가 그 신

했다. 데카르트는 "몸과 마음의 구분을 잘 생각해본" 사람이라면 양자의 통합을 애매한 이야기로 볼 것이며, 몸과 마음의 "통합과 분리를 동시에 생각하는 것은 모순된 것"이라고 분명히 밝히고 있다.(「엘리자베스 공주에게의 서한, 1643년 6월 28일」) 그리고 이는 그가 『성찰』 2부에서 신체의 존재를 알지 못하고서도 나를 사유하는 존재로서 생각할 수 있다고 했을 때 분명히 했던 점이다. 하지만 그는 또한 "철학하지 않을 때(sans philosopher)", 즉 감각과 이미지작용에 입각해 인지할 때 누구나 스스로에게서 심신의 합일을 경험한다는 점을 지적한다. 자신이 몸과 마음을 통합해 가진 하나의 'personne'라는 것이다. 게다가 그는 다른 편지에서(「엘리자베스 공주에게의 서한, 1643년 5월 21일」) 이 '심신 합일'을 '존재론적 원리들', '연장', '사유'와 더불어 기초 사념들 중 하나로 열거하기까지 한다. 결국 데카르트는 철학적으로 엄밀하게 말할 경우 이원론은 필연적인 결론이지만, 철학을 떠나서 생각해볼 때면 몸과 마음이 하나라는 것, 우리 각자는 유일한 '페르손느'라는 것이 원초적 사념이라는 점을 인정하고 있는 것이다. 데카르트는 심신의 이원성과 심신의 합일을 형이상학적 진리와 현상학적 진실로서 또는 이론적 진리와 실천적 진실로서 양립시켰다고 할 수 있다.(이 점에 관련해 『성찰』과 『정념론』을 비교해서 숙독할 필요가 있다.) 그리고 보기에 따라서, 데카르트가 송과선 운운하면서 심신 사이의 작용을 논하는 자연철학적 논의는 이 형이상학적 진리와 현상학적 진실 사이에 위치한다고 할 수도 있을 것이다. 스피노자는 데카르트에게서 나타나는 이런 불연속성들을 제거하고 완벽하게 일원적인 사유를 구축했다고 할 수 있으며, 이런 관계를 우리는 후에 칸트와 포스트-칸트 철학자들 사이에서도 확인할 수 있다.

체 변양들의 적합한 원인인가 부적합한 원인인가에 있다. "우리의 정신은 어떤 상황에서는 작용을 가하고 어떤 상황에서는 작용을 받는다. 적합한 관념들을 가지는 한에서는 필연적으로 (…) 능동적이며, 부적합한 관념들을 가지는 한에서는 필연적으로 (…) 수동적이다."(3부, 정리 1) "정신의 능동은 오로지 적합한 관념들에서만 생겨나며, 수동은 부적합한 관념들에만 의존한다."(3부, 정리 3) 이 구도는 스피노자 사유의 핵심적인 구도이다. 이 구도 위에서 다시 스피노자는 인간(의 삶)에 대하여 다음과 같은 구도를 제시한다.(3부, 정리 4~9)

하나의 사물(존재자)은 어떤 외부의 원인에 의해서만 파괴될 수 있다.(정리 4)

사물들은 하나가 다른 하나를 파괴할 수 있는 한에서 서로 대립적인 본성에 속한다. 즉, 동일한 주체 안에 함께 존재할 수 없다.(정리 5)

각각의 사물은, 자체 안에/자체로서 존재하는 한, 자신의 존재를 보존하려고 노력한다.(정리 6)

각 사물이 자신의 존재를 보존하려고 애쓰는 노력은 각각의 현실적 본질에 다름 아니다.(정리 7)

각 사물이 자신의 존재를 보존하려고 애쓰는 노력은 유한한 시간이 아니라 비-한정적인(indéfini) 시간을 내포한다.(정리 8)

정신은, 그것이 명석하고 판명한 관념들을 가지고 있는 한에서건 아니면 혼돈된 관념들을 가지고 있는 한에서건, 비-한정적인 시간에 걸쳐 자신의 존재를 보존하려고 노력하며, 자신의 이런 노력을 의식한다.(정리 9)

주해: 이 노력을 정신에만 연관시킬 때 그것은 '의지'라 불리지만(따라서 이런 경우는 추상적으로만 성립한다.), 정신과 신체에 동시에 연관시킬 때는 욕동(Appétit)이라 불린다. 바로 이 욕동이 인간의 본질 자체, 즉 그로부터 그 자신의 보존에 봉사하는 모든 행동들이 필연적으로 따라 나오는 본질에 다름 아니다. (…) 그리고 욕동과 욕망(Désir) 사이에는 아무런 차이가 없으며, 단지 (…) 욕망은 스스로에 대한 의식을 동반한 욕동일 뿐이다. (…)

우리가 어떤 사물을 좋은 것이라고 판단해서 그것을 향해 노력하고 의지하고 추구/욕망하는 것이 아니다. 반대로 우리가 어떤 것을 향해 노력하고 그것을 의지하고 추구하기 때문에 또는 욕망하기 때문에 그것을 좋은 것이라고 판단하는 것이다.

정리 4와 5는 전통 논리학의 세 원리인 동일률, 모순율, 배중률과 연관시켜 해석할 수 있다. A는 A이다. 하나의 존재자는 외부적인 원인이 그것에 작용하지 않는 한 그 존재자 '이다'. 그리고 A는 비-A가 아니다. A는 외부적인 원인이 작용하지 않는 이상 비-A가 아니다. 그리고 하나의 존재자는 A이거나 비-A이다. A인 동시에 비-A인 존재자는 없다. 그래서 하나의 존재자는 그것과 대립적인 외부 원인에 의해서만 파괴될 수 있으며, 자체 내에 자신의 파괴를 함축하는 비-자기를 내포할 수 없다.

이런 논리적 토대 위에서 (앞에서도 일부 인용했었던) 정리 6~9는 '코나투스'의 개념을 제시한다. 이미 언급했듯이, 스피노자에게서 '존재'와 '활동'은 같은 것을 뜻한다. 따라서 "자체 안에/자체로서 존재하는 한"이라는 말은 자신의 활동을, 활동역량을 상실하지 않는 한이라는 뜻이며, "자신의 존재를 보존하려 노력한다"는 것은 그 말이 풍기는 이미지와는 달리 자신의 활동을 지속하려 한다는 것을 뜻한다. 바로 이 노력이 사물의 역능이고, 또 그것의 현실적인, (잠재적인 것이 아니라) 실제 활동하는 본질이다. 하나의 사물은 외부 원인에 의해서만 파괴될 수 있기 때문에, 이 노력의 시간이 언제 끝나는가는 정해져 있지 않다. 달리 말해, 한 사물이 스스로 이 노력을 끝내는 일은 없다.(이 때문에 스피노자는 자살을 자연의 순리를 거스르는 부정적인 것으로 평가한다.) 인간의 본질에 대한 이런 파악에 근거해 스피노자는 윤리학적으로 혁명적인 명제를 제시한다. "우리가 어떤 사물을 좋은 것이라고 판단해서 그것을 향해 노력하고 의지하고 추구하는/욕망하는 것이 아니다. 반대로 우리가 어떤 것을 향해 노력하고 그것을 의지하고 추구하기/욕망하기 때문에 그것을 좋은 것이라고 판단하는 것이다." 요컨대 '욕망'으로부터 '가치'가 나오는 것이지, '가치'로부터 '욕망'이 나오는 것이 아니다.[43] 스피노자의 이 윤리학 혁명, 가치론 혁명은 '전통으로부터 근대로'의 이행에 있어 나타난 결정적인 요소들 중 하나이며, 스피노자의 이후 논변들 나아가 근현대 철학 전반의 논변들의 기초로 자리 잡게 된다.[44]

인간은 살아가면서 늘 변양을 겪는다. 달리 말해, 인간의 본질은 욕망이며 자신의 활동역량의 펼침이기에 필연적으로 끝없이 변양된다.[45] 변양의 상황에 따라서 인간의 정신은 때로 더 큰 완전성 ── 사물들 사이에서 성립하는 중세적 위계에서의 완전성이 아니라 한 사물의 자체 내적 완전성 ＝ 실재성 ＝ 활동역량 ── 으로 이행하기도 하고 또 때로는 더 작은 완전성으로 이행하기도 한다. 바로 전자의 이행을 겪을 때 정신은 '기쁨'을 느끼고, 후자의 이행을 겪을 때 '슬픔'을 느낀다. 기쁨과 슬픔은 정신의 완전성에서의 어떤 절대치를 뜻하지 않는다. 완전성에 있어 위로의 또는 아래로의 이행이 가져오는 감정인 것이다. 스피노자는 인간의 본질 자체인 욕망, 그리고 가장 기초적인 두 감정인 이 기쁨과 슬픔으로부터 다른 모든 감정들이

---

43) 따라서 선/좋음과 악/나쁨에 대한 규정도 바뀐다. "나는 선/좋음이라는 말로써 우리가 '우리 자신에게 유용하다'고 확실하게 아는 것으로 이해한다."(4부, 정의 1) "나는 악/나쁨이라는 말로써 우리가 '어떤 선/좋음의 소유에 방해가 된다'고 확실하게 아는 것으로 이해한다."(4부, 정의 2) "탐욕이 많은 인간은 돈 많은 것을 최고선이라 생각하며, 반대로 돈이 없는 상태를 최대악이라고 판단한다. 허영심/명예욕이 강한 인간은 명예를 가장 강하게 욕망하며 치욕을 가장 두려워한다. 그리고 질투심 많은 인간은 타인의 불행을 가장 기쁘게 생각하며, 타인의 행복을 가장 속 쓰리게 생각한다."(3부, 정리 39의 주해)

44) 스피노자의 가치론이 전통 가치론들에 대해 가지는 관련성에 대해서는 알렉상드르 마트롱의 『스피노자 철학에서 개인과 공동체』(김문수·김은주 옮김, 그린비, 2008), 122쪽 이하를 보라. 스피노자의 이런 개념화는 그 출발점에 있어 토머스 홉스의 그것과 유사하다. 『에티카』 3부의 감정론은 『리바이어던』의 1장 6절에서 전개되는 정념론을 확대·정교화하고 있다. 후대의 철학자가 전대 철학자의 작업을 이어받으면서도 어떻게 발전시켜나가는가를 확인해볼 수 있는 좋은 예이다.

45) 스피노자는 '욕구'와 '욕망'을 명확히 구분하지 않았고, 욕망 개념을 포괄적으로 사용했다. 현대적 맥락, 특히 라캉 이후의 맥락에서 볼 때 욕구는 인간의 생물학적 본능이고 욕망은 각별히 인간적인 것으로 변별해볼 수 있다. 그리고 특히 이성(異性)을 향한 욕구와 욕망은 '욕정'으로 특화할 수 있다. '욕심'은 보다 포괄적인 용어로서 사용할 수 있다.

파생된다고 본다.(욕망은 감정이라기보다는 모든 감정들의 원인, 가능조건이라 해야 할 것이다.) 예컨대 기쁨과 슬픔의 감정을 신체와 더불어 말하는 경우가 '쾌감(快感)'과 '고통(苦痛)', '상쾌(爽快)'와 '우울(憂鬱)'이다. 달리 말해 신체를 함께 고려했을 때의 기쁨이 쾌감과 상쾌이고 슬픔은 고통과 우울이다. 쾌감과 고통은 신체의 일부가 관련될 때 성립하고, 상쾌와 우울(축 처짐)의 쌍은 신체 전체가 관련될 때 성립한다. 이뿐만이 아니라 다른 모든 감정들도 기쁨과 슬픔의 파생태라고 할 수 있다. 다만 '사랑'과 '미움'은 특별히 기초적인 감정이라고 할 수 있는데, 외적 원인의 관념을 동반하는 기쁨이 사랑이라면 슬픔은 미움이다. 즉, 기쁨·슬픔과 사랑·미움은 같은 것이지만 전자는 정신의 감정 자체이고 후자는 어떤 특정한 외적 원인이 존재할 때의 기쁨·슬픔이라고 할 수 있다. 스피노자의 이런 개념화 또한 인간 존재에 대한 의미심장한 함축을 던져주고 있다.

'욕망'으로부터 '가치'가 나오는 것이지 '가치'로부터 '욕망'이 나오는 것이 아니라고 했거니와, 우리는 우리 욕망의 원인을 충분히 알지 못한다. 즉, 그것에 대한 적합한(명석하고 판명한) 관념들을 가지고 있지 않다. 바로 그렇기 때문에 우리는 어떤 대상에 대한 사랑과 미움의 원인이 바로 그 대상의 가치에 있다고 착각한다. 이는 앞에서 논했던 '목적론적 전도'의 가치론적 버전이며, 스피노자 혁명이 존재론에서 가치론으로 이어지는 국면을 음미해볼 필요가 있다.

§2. 감정의 변이

감정의 개념을 논했거니와, 이제 감정이 다양한 형태들로 변이되는 국면들과 그것들이 함축하는 존재론적·가치론적/윤리학적·정치철학적인 의미를 음미해보자.

우선 감정의 변이는 전이 또는 연합의 과정을 통해서 이루어진다. 내가 어느 때 몸이 축 처져 우울했는데 시원한 우유를 먹고 상쾌한 상태가 되었다면, 후에도 몸이 축 처져 우울할 때면 시원한 우유가 생각날 것이다. 하나의 감정은 그것과 연합되어 있는 다른 감정을 불러일으키거나 다른 감정으로 전이된다.[46] 그렇기 때문에 하나의 사물은 우연히 내 감정의 원인이 될 수 있다. 내가 한때 붉은 벽돌로 된 집에서 뱀을 보고 두려워한 적이 있다면 그 후에도 붉은 벽돌로 된 집은, 그것이 자체로서는 나에게 아무 특별한 감정의 원인이 되지 않음에도, 감정의 전이/연합을 통해 내 두려움의 원인이 될 수 있다. 이렇게 '유사성'에 의한 연상(聯想)은 인간의 감정생활에서 중요한 역할을 한다. 연합되어 있는, 서로 전이되는 이미지들의 연상이 감정의 변이를 단순한 '원인-결과의 일대일 대응'을 넘어 보다 복잡한 것으로 만든다고 할 수 있다.[47] 감정의 이런 다양화는 결국 인간이 시간의 세 차원을 동시에 살아간다는 사실에서 연유한다. 인간이 시간적 존재가 아니라면 그에게 '희망(希望)'이나 '불안(不安)'/'두려움'/'공포(恐怖)'(미래에 대한 불확실한 기쁨과 슬픔. 양자는 상이한 비율로써 항상 섞여 있게 마련이다. 불안 섞인 희망, 희망 섞인 불안), (미래가 현재가 되었을 때의) '환희(歡喜)'와 '절망(絶望)'/

---

46) 스피노자는 모든 것에 관련해 감정의 전이/연합을 일으키는 것으로 화폐를 언급한다. 화폐는 모든 것의 등가물(equivalent)이기 때문에, 사람들은 결국 화폐를 사랑하게 된다. 즉, 화폐는 모든 기쁨의 원인이 된다. "사람들은 원인으로서의 화폐의 관념을 동반하지 않는 어떤 종류의 기쁨도 더 이상 상상할 수 없기 때문"이다.(4부, 부록 28) 그리고 마침내는 화폐가 가져오는 기쁨과 무관하게 오로지 화폐 그 자체만을 욕망하는 지경에 달하게 된다.(이것이 수전노이고, 마르크스가 수전노에서 자본주의의 원형을 발견했다는 사실은 시사적이다.) 17세기 네덜란드에서 살았던 스피노자는 자본주의가 가져올 인간/삶의 변화를 이미 간파해냈다고 할 수 있다.

47) 특히 내게 기쁨을 주는 어떤 것이 내게 거의 같은 정도의 슬픔을 주는 어떤 것과 유사하다면, 나는 양가감정을 느낄 것이다. 스피노자는 정신의 이런 상태를 "영혼의 동요"라 부른다.(3부, 정리 17의 주해) 한때 사랑했지만 나를 떠났던 연인이 얼마 전 자동차 사고로부터 내 아들을 구해준 사람이었다는 사실을 안 나는 양가감정에 휩싸일 것이다. 나아가 하나의 동일한 대상이 여러 감정들의 원인이, 나아가 서로 대립적인 감정들의 원인이 될 수도 있다. 연산군에게 생모인 폐비 윤씨는 사모(思慕), 애련(哀憐), 원망(怨望)을 비롯한 매우 여러 가지 감정의 원인이 되었을 것이다.

'낙담(落膽)', 그리고 (석연치 않았던 과거의 일이 좋게 해결되었을/되지 않았을 때의) '안도(安堵)'/'안심(安心)'/'희열(喜悅)'/'다행스러움'과 '실망(失望)'/ '후회(後悔)'/'회한(悔恨)' 같은 감정은 생겨나지 않을 것이다.[48] 인간은 시간적으로 현재만이 아니라 과거·미래도 함께 살아가는 존재이며, 공간적으로 사물들/이미지들을 주관적으로 연결하면서 살아가는 존재이다. 인간의 이런 본성이 감정의 다양한 변이를 가져온다.

감정의 전이/연합과 더불어 스피노자는 또한 감정적인 **동일시/동일화** (identification)를 그 중요한 과정으로서 다룬다. 동일시는 내가 아닌 타자의 감정에 내 감정을 투사해 그 감정을 자신의 것으로 느끼는 것이다. 사람은 자신이 사랑하는 존재가 파괴되는 것을 볼 때 그 존재와 자신을 동일시함으로써 슬픔을 느끼게 될 것이고, 반대로 미워하는 존재가 파괴되는 것을 볼 때 그 파괴하는 존재와 자신을 동일시함으로써 기쁨을 느끼게 될 것이다. 전쟁터에서 전우의 죽음은 슬프지만, 적의 죽음은 기쁘다. 결국 자신이 사랑하는 것의 기쁨과 슬픔이 내 기쁨과 슬픔이 되고, 자신이 미워하는 것의 기쁨과 슬픔이 내 슬픔과 기쁨이 된다고 할 수 있다. 다만 미워하는 것의 슬픔이 가져오는 기쁨은 순수한/직접적인 기쁨이 아니기 때문에, 이런 기쁨은 항상 마음의 내적 갈등을 동반한다. 적의 죽음을 보면서 기쁨과 동시에 일말의 슬픔을 느끼는 것은 이 때문이다. 그리고 이는 기본적으로 적도 나의 동류(同類)라는 사실에서 유래한다. 나아가 동일시는 나와 대상의 2자 관계를 넘어 나와 대상 그리고 타인이라는 3자 관계가 될 때 더욱 복잡해진다. 어떤 타인이 내가 사랑하는 것에 기쁨을 줄 경우 나는 그 타인을 사랑하게 될 것이고, 슬픔을 준다면 나는 그 타인을 미워하게 될 것이다. 예컨대 내가 사는 집 앞을 깨끗하게 해주는 사람에게는 좋은 감정을 느끼고, 반

---

48) 비겁(卑怯), 수치(羞恥), 공황상태(恐慌狀態)도 미래와 관련되는 감정들이다. 하고 싶은 것을 하려고 하지 않거나 하고 싶지 않은 것을 하려고 하는 것이 '비겁'이다. 치욕스러운 미래를 뚫고 나아가지 못할 때 느끼는 감정이 '수치(심)'/비굴(卑屈)함이다. 그리고 이러지도 저러지도 못하면서 폐색되어 있는 상태가 '당황(唐慌)'/'공황상태'이다.

대로 더럽게 하는 사람에게는 불쾌한 감정을 느낄 것이다.

　인간의 삶은 이렇게 3자 관계, 나-대상-타인과의 관계에 돌입하면서 더욱 복잡하고 역동적인 것이 된다. 많은 감정들이 이런 관계에서 성립한다. 다른 사람의 불행/슬픔에 대한 동일시는 '연민(憐憫)'/'동정(同情)'의 감정이며, 다른 사람의 행복에 대한 동일시는 '동감(同感)'이라고 부를 수 있다. 그런데 이 연민/동정/동감은 특히 자신과 동류인 존재에게 느끼는 감정이다. 달리 말해 인간이 인간에게 느끼는 감정이다.[49] 이 사실은 스피노자의 정치철학에서 중요한 역할을 한다. 또 타인을 기쁘게 해주는 사람에게 느끼는 사랑을 '호감(好感)'/'공감(共感)'이라고 부를 수 있고, 반대로 타인에게 해를 끼치는 사람에게 느끼는 미움을 '분개(憤慨)'/'의분(義憤)'이라고 부를 수 있다. 또, 타인의 불행을 보고서 기뻐하고 행복을 보고서는 슬퍼한다면, 이는 '질투(嫉妬)'/'시기(猜忌)'라 할 수 있다. 인간에게 질시(嫉猜)의 감정은 특히 강하다. 사람과 사람 사이의 모든 불쾌한 나아가 불행한 관계의 시발점은 곧 질시에 있다. 훗날 장-자크 루소는 이런 정념의 기원을 추적하게 된다.[50]

---

49) 보다 일반적으로 다음과 같이 말할 수 있다. "우리와 동류인 그러나 우리로서는 그에 대한 아무런 감정도 가지고 있지 않은 그런 존재가 어떤 감정을 겪는 것을 지각/상상할 (imaginer) 경우, 우리는 그것만으로 어떤 유사한 감정을 겪게 된다."(3부, 정리 27) 바로 동류이기 때문에, 우리는 타인에게 어떤 경우에는 연민/동정을 느끼게 되고 어떤 경우에는 '경쟁심(競爭心)'/'호승심(好勝心)'을 느낀다고 할 수 있다. 그리고 연민/동정을 느끼는 동류를 도와주고 싶은 감정은 '친절(親切)', '호의(好意)'/'온정(溫情)'/'자비심(慈悲心)'/'박애심(博愛心)'이라 불린다. 이 감정은 인간의 사회성의 핵심 계기로서 기능한다.

50) "우리 정념의 근원, 다른 모든 정념의 기원이자 시발점인 것, 인간과 함께 태어나서 인간이 살아 있는 한 인간을 떠나지 않는 유일한 정념이 있다면 그것은 곧 자기애(amour de soi)이다. (…) 자기애는 언제나 훌륭하며 자연의 질서에 부합한다. (…) 자기 자신만 생각하는 자기애는 자신의 진짜 욕구만 충족되면 만족한다. 하지만 이기심(amour propre)은 자기를 남들과 비교하기 때문에 절대 만족하지 않으며 만족할 수도 없다. (…) 앙심 깊고 성을 잘 내는 정념은 이기심에서 유래한다."(루소, 김중현 옮김, 『에밀』, 한길사, 2011, 380~382쪽)

그런데 앞에서 "욕망으로부터 가치가 나오는 것이지, 가치로부터 욕망이 나오는 것이 아니다"라고 했다. 하지만 사람들은 자신이 욕망하는 대상이 객관적으로 선하다고 생각하고, 혐오＝반(反)욕망하는 대상이 악하다고 생각한다. 아니, 착각한다. 이런 착각은 감정의 맥락에서도 그대로 성립한다. 그래서 사람들은 자신이 사랑하는 대상에 대해서는 '과대평가'에 빠지게 되고, 미워하는 대상에 대해서는 '과소평가'에 빠지게 된다. 인간이 이미지/감정의 차원에서 대상을 볼 때 그 "인식"은 주관적인 것에 그치는 것이다. 그런데 때로 사람은 과대평가의 대상의 자리에 자기 스스로를 놓기도 한다. 즉 자기가 자기를 사랑함으로써, 달리 말해 자신을 사랑의 대상으로 삼아 그것에 대해 과대평가하기도 한다. 이런 경우는 '오만(傲慢)'/'교만(驕慢)'/'거만(倨慢)'/'자아도취(自我陶醉)'라고 부른다. 그런데 이런 오만이 객관적 사실을 통해서 깨져버릴 때 느끼게 되는 감정은 '굴욕(屈辱)'/'치욕(恥辱)'/'모멸감(侮蔑感)'이다. 반대로, 사실이 아님에도, 그런 오만을 부추기는 사태가 발생할 경우 그 사람은 '오만방자(傲慢放恣)'/'우쭐함'이라는 감정을 가지게 된다. 이와 대조적으로, 굴욕의 감정이 매우 강하게 되면 그 사람은 역으로 '자기비하(自己卑下)'/'자기모멸감(自己侮蔑感)'에 빠지게 된다. 반면 스스로의 오만함을 깨닫고 반성할 경우, 이는 인격 성숙의 중요한 한 계기가 될 수도 있다.

§3. 행위와 감정

감정의 다양한 변이를 '전이/연합'의 과정과 '동일시/동일화'의 과정에 초점을 맞추어 언급했거니와, 이제 논해야 할 것은 보다 능동적인 맥락 즉 인간의 행위에 연관되는 감정들이다. 다시 말해 지금까지의 감정들이 대개 그것들을 수동적으로 '겪는' 과정에 초점을 맞춘 것들이었다면('~한 상황에서는 ~한 감정을 느낀다'의 구조), 지금부터는 주체가 어떻게 행위/실천하느냐라는 상대적으로 능동적인 맥락에서의 감정론을 펼친다('~게 할 경우 ~한 감정을 느낀다'의 구조). 가장 기초적인 정리는 다음이다.

> 우리는 우리에게 기쁨을 주리라고 지각/상상하는 모든 것의 도래를 촉진하려 노력하며, 이와 반대의 경우 즉 우리에게 슬픔을 주리라고 지각/상상하는 모든 것의 도래를 물리치려 또는 파괴하려 노력한다.(3부, 정리 28)
> 우리는 또한 타인들이 기쁘게/긍정적으로 생각할 것으로 지각/상상하는 모든 것을 행하려 노력하며, 반대로 타인들이 혐오스럽게/부정적으로 생각할 것으로 지각/상상하는 모든 것을 행하지 않으려 노력한다.(3부, 정리 29)

정리 28이 절대적인 맥락에서의 논의라면, 정리 29는 타인들/사람들과의 관계라는 맥락에서의 논의이다. 정리 28은 너무나 당연하게 느껴지는데, 바로 그만큼 근본적인 원리이기 때문이다. 인간은 자신의 기쁨을, 궁극적으로는 행복을 추구하는 존재라는 점을 밝히고 있다. 정리 29는 인간이란 '인정'을 추구하는 존재라는 점을 말하고 있다.

우리의 행위와 감정이 연관되는 대부분의 맥락은 타인과의 관계에 있어서이다. 사람이란 결국 사람들의 세계에서 태어나, 사람들과 함께 살다가, 사람들의 배웅을 받으면서 떠나는 존재이다. 다른 모든 것들은 그저 인생(人生)의 배경일 뿐인 것이다. 그래서 인간의 모든 행위는, 더 정확히는 모든 행위의 의미는 어떤 형태로든 타인과의 관련 하에서 이루어진다. 타인과의 관계에서 가장 핵심적인 것은 곧 인정이다. 인간에게는 여러 종류의 욕망이 있지만, 타인들의 인정을 구하는 것만큼 인간적인 욕망은 없다. 그래서 인생은 먹고살려는 투쟁, 이성(異性)을 차지하려는 투쟁, 돈을 많이 벌려는 투쟁, 높은 자리에 오르려는 투쟁, …… 등으로 점철되지만, 가장 인간적이고 근본적인 투쟁은 결국 인정을 둘러싼 투쟁, '인정 투쟁'이다. 사람과 사람 사이에서 벌어지는 모든 드라마들, 그것들은 결국 인정 투쟁의 드라마인 것이다. 사람들이 타인들의 인정을 받으려고 행위할 때의 감정이 '인정욕(認定欲)'이다. 그러나 이 인정욕이 지나쳐 자신과 타인을 불행하게 만드는 데 이르기까지 밀고 나갈 때의 감정은 '야심(野心)'/'야망(野望)'/'야욕(野慾)'이라 불린다. 그리고 누군가가 자신을 기쁘게 해주었을 때 느끼는 감정이 '고마움'/'기특(奇特)함'/'감사(感謝)'함이라면, 반대의 경우에 느끼는 감정은 '불쾌함'/'혐오(嫌惡)'/'분개'라 할 수 있다. 아울러 자신의 인정욕이 현실화되었을 때 느끼는 감정은 '명예심(名譽心)'/'성취감(成就感)'이지만, 그것이 좌절되었을 때 느끼는 감정은 '치욕'/'수치'라 할 수 있다. 그러나 이와 달리 타인을 의식하기보다는 스스로의 성취에 주안점을 두었을 때의 현실화의 경우는 '자족감(自足感)'/'뿌듯함'이라 할 수 있고, 그 반대의 경우는 '자괴감(自愧感)'/'자책감(自責感)'/'(자기에 대한) 실망감'이라 할 수 있다.

인정욕이 지나칠 때 그것이 야욕/권력욕으로 전도된다고 했거니와, 이 전도된 인정욕이 후대의 표현으로 곧 '권력에의 의지'이다. 인정에의 과도한 욕망은 곧 권력에의 욕망에 다름 아니기 때문이다. 이때 사람과 사람 사이 관계의 본질은 곧 권력이 된다. 권력에의 의지는 권력을 맛본 자들에게 더욱 심하게 나타난다. 그래서 이 의지는 권력이 없는 사람들에게서가 아니라 오히려 권력을 가진 자들에게서 더욱 강하게 나타난다. 그러나 근본적으로 보면, 권력에의 의지는 인간의 본성 자체라 할 것이다. 만일 '정치'라는 것을 곧 권력 배분(empowerment)을 둘러싼 인간 드라마라고 규정한다면, 인간의 삶은 근원적인 수준에서 정치적 삶이라 할 수 있다. 바로 이런 이유 때문에, 스피노자의 사유는 이제 이 지점쯤부터 조금씩 정치철학적 함축을 띠어간다. 그 구체화는 물론 『정치론』(과 『신학-정치론』)에서 전개되지만, 행위/실천을 논의하는 이 대목부터 그의 사유는 이미 함축적으로 정치철학이라고 할 수 있다. 그의 정치철학은 홉스(1588~1679)와의 이론적 대결을 통해 전개된다. 홉스는 인간의 권력에의 의지를 다음과 같이 파악한다.

인간의 욕망은 그 목적이 단1회의, 혹은 단 한순간의 향락에 있는 것이 아니라 장래 의 욕망에의 길을 영구히 확보하는 데 있기 때문이다. 따라서 만족된 생활을 획득하 는 것, 그리고 만족된 생활을 확보하는 것은 모든 인간의 자발적 행위[의 목적]이며 자연적 성향이다. (…) 모든 인간에게 발견되는 일반적 성향으로서 죽을 때까지 계 속되는 권력(power)에 대한 끊임없는 욕망을 제일 먼저 들고자 한다. (…) 잘살기 위한 더 많은 힘과 수단을 획득하지 않으면, 현재 소유하고 있는 힘이나 수단조차 확보할 수 없기 때문이다.(『리바이어던』, I, §11)

인간의 이런 본성은 그들로 하여금 "만인에 대한 만인의 투쟁"을 살게 만 들며, 잘 알려져 있듯이 이런 상황의 해소는 오로지 작은 권력들의 양도를 통한 거대한 권력의 탄생에 의해서만 가능하다. 홉스에게서 사람과 사람 사이의 적대적 관계의 해소는 오로지 **외부적인** 방식으로만 가능하다. 스피 노자는 홉스의 이런 현실 이해에 공감하면서도 그의 해결책에는 동의하지 않는다. 홉스의 인간 이해는 사람과 사람의 관계를 필연적으로 주인-노예 의 관계로 귀착시킨다. 그리고 그 해결책은 다시 (근대적 형태로 완화되기는 했지만 결국) 거대화된 주인-노예 관계이다.

반면 지금까지 스피노자의 감정 이해에서 보았듯이, 스피노자가 파악하 는 인간은 훨씬 다면적이고 입체적이다. 그의 감정론을 유심히 보면 많은 감정들이 **상대적(雙對的)**으로 되어 있다. 예컨대 그에게는 미래에 대한 불안 만 있는 것이 아니라 희망도 있으며, 타인에 대한 불쾌함이 있다면 고마움 도 있다. 아울러 그의 감정론에서는 항상 **정도**가 고려된다. 그래서 인정욕은 그 자체로서 부정적인 것이 아니라 그것이 과도해질 때 부정적이 된다. 즉, 타인에 대한 지배욕으로 타락하는 것이다. 인정욕은 무조건 타인을 이기려 는 감정이 아니라 타인의 사랑을 받으려는 감정이다. 다만 그것이 지나치 게 될 경우 야망 나아가 야심이 되는 것이다. 스피노자에게 감정의 전이/연 합, 동일시는 사람과 사람이 서로 적대적이 되기 이전에 존재하는 원초적 감정이다. 그렇기 때문에 스피노자에게서 사람들 사이의 갈등은 단지 외부적인 방식으로가 아니라 내부적인 방식으로 해소 가능하다. 스피노자는 맹자처럼 인간의 본래적 선함을 역설하지는 않지만(그에게 인간은 이중체이다.), 인간에게는 순자의 경우처럼 외적 장치들(禮)로써만이 아니라 자체에 주어진 내적 본성으로 좋은 관계를 맺어갈 수 있는 가능성이 본래적으로 내재되어 있다고 본 것이다.[51] 앞에서 인용한 정리 27이 중요한 이유는 여기에 있다. 인간관계가 주인-노예 관계로 타락하는 것은 존재론적 본연이 아니라 현실적 과정의 결과이다. 그리고 외부적인 방식의 해결책이 모색되는 것은 바로 이 국면에서이며, 바로 그렇기 때문에 윤리학만이 아니라 정치철학이 요구되는 것이다. 정리 28과 29는 이러한 논의 전개 과정에 있어 매듭에 위치한다.

서로 사랑하면서 살 수 있는 가능성을 내장하고 있는데도, 사람과 사람은 왜 갈등관계에 들어가고 주인-노예의 관계에까지 이르는가? 이는 인정에의 갈구가 권력에의 의지로 타락하고, 명예의 추구가 지배의 추구로 타락하기 때문이다.[52] 그래서 인간은 점점 추해진다. 그래서 작게는 개인들 사이에서의 경쟁, 질시, 모략이 일어나고, 크게는 집단들 사이에서의 충돌

---

51) 이는 가족의 문제에 관련해서도 확인된다. 가족이라는 존재론적 단위를 어떻게 이해·평가할 것인가의 문제는 사유의 역사 자체만큼이나 긴 역사를 가진다. 가족을 어떤 눈길로 보는가는 한 사상의 성격을 파악하는 리트머스 시험지이다. 유교가 가족을 모든 윤리와 행복의 출발점으로 본다면, 불교는 깨달음을 위해서는 가족을 떠나야 한다("무소의 뿔처럼 혼자서 가라")고 본 대표적인 경우이다. 스피노자는 유교처럼 가족에 특권을 부여하지는 않았지만, 사람과 사람의 좋은 관계의 본래적 가능성이 실현되는 장소 또는 그 증거가 바로 가족이라고 생각했다.

52) "본성상 각인은 타인들이 그 자신의 성향에 따라 살기를 욕망한다. 하지만 모두가 다 그렇게 욕망하기 때문에 결국 서로가 서로에게 장애가 되어버린다. 그리고 모든 사람들이 각각 모두에게 칭찬받거나 사랑받고 싶어 하기 때문에, 급기야 모두가 서로를 증오하게 되어버린다."(3부, 정리 31의 주해)
하지만 이미 말했듯이 스피노자는 감정을 쌍대적으로 파악하지 일방적으로 파악하지 않는다. 방금 말한 자기에로의 동일화에 대칭적으로 타자에로의 동일화가 존재한다. 그것은 곧 인간이란 "타인의 욕망을 욕망한다"는 것이다.(이 테제는 후에 헤겔과 라캉에 의해 발전된다.) 인간이란 자기에로의 동일화와 타자에로의 동일화를 잇는 끈 위에서 우왕좌왕하면서 살아간다.

나아가 전쟁까지도 일어나게 된다. 사람과 사람 사이의 갈등은 갈등의 소재가 되는 대상이 명확히 존재할 때 더 뚜렷한 형태로 나타난다. 서로 공유할 수 없는 재화/돈, 공유할 수 없는 자리, …… 등이 모두 갈등의 대상이 된다.(역으로 생각해보면, 사람과 사람 사이의 갈등을 줄이는 핵심적인 방법은 결국 '공통적인 것'을 어떻게 만들어가느냐에 있다고 하겠다.) 자신이 사랑하는 대상이 자신의 것이 아니라 타인의 것이 될 때, 또는 자신이 사랑하는 사람이 자신이 아니라 어떤 타인을 사랑할 때 느끼는 감정 — 영혼의 동요 — 이 '질투'이다. 그리고 자신이 일방적으로 사랑하는 어떤 사람이 부재할 경우 느끼게 되는 감정은 '사모'/'그리움'/'서운함'이라고 할 수 있다.

인생을 살아가면서 부닥치게 되는 봉변들 중 하나는 누군가가 딱히 이유도 없이 나를 미워하거나 사랑하는 경우이다. 후자의 경우는 모르되 전자의 경우는 우리를 매우 당혹스럽게 만드는 상황들 중 하나이다. 이때 내가 알고 있지 못하지만 어떤 원인이 있는 경우도 있고, 또 내 실제 행위와는 전혀 상관없이 상대방의 질시·열등의식(劣等意識)에서 유래한 것일 수도 있다. 앞의 경우 이는 나에게 반성의 기회를 줄 수 있고, 뒤의 경우 상대방에게 '분노(憤怒)'/'노여움'을 느끼게 된다. 그리고 내가 느낀 분노를 되돌려주려 할 경우 이것이 '복수심(復讐心)'을 형성한다. 반대로 후자의 경우, 실제 어떤 원인이 존재함을 알게 될 경우 나는 뿌듯하게 될 것이고 그렇지 않을 경우에는 '감사'/'송구(悚懼)함'/'감지덕지(感之德之)'를 느낄 것이다. 그러나 어떤 과정을 통해 그 사람이 내가 미워하는 사람이었음을 알게 될 경우(예컨대 최근에 나와 사랑에 빠지게 된 남자가 알고 보니 바로 내 아버지의 원수인 경우), 그리고 내 미움이 사랑을 능가할 경우, 내가 느끼게 되는 감정이 '잔인(殘忍)함'이다.

§4. 복합적 감정들

지금까지의 논의는 비교적 간단한 경우들을 두고서 행한 것이지만, 사실 우리의 삶은 훨씬 복잡하다. 이런 복잡함을 스피노자는 여러 각도에서 지적한다. 인간관계는 2자 관계가 아니라 3자 나아가 다자 관계가 되면 더욱 더 복잡해진다. 예컨대 인간은 자신이 사랑하는 사람을 미워하는 사람이 있다면 그를 미워할 것이며, 그 역도 마찬가지일 것이다. 또 감정은 '일반화의 오류'를 통해서 퍼져나가는데, 자신이 사랑하거나 미워하는 사람에 대한 감정은 그 사람이 속한 일반성(계급, 인종 등)으로 확대된다. 이렇게 해서 인종주의와 계급적 편견이 자리 잡게 된다. 아울러 감정은 여러 사람들에게 배분되기도 한다. 즉, 자신의 기쁨/슬픔의 원인이 어떤 특정 인물에 있는 줄 알았으나 사실은 여러 인물들에 공히 있을 경우 감정은 그 여러 인물들로 배분된다. 감정은 관련되는 상황에 따라 이런 식으로 갖가지 파생태들로 변이되어가거니와, "서로 다른 사람들이 동일한 하나의 대상에 의해 상이한 방식으로 변양될 수 있고, 동일한 한 사람이 동일한 하나의 대상에 의해 상이한 시간에 상이한 방식으로 변양될 수도 있기에 (…) 어떤 사람이 사랑하는 것을 어떤 사람은 미워하고, 어떤 사람이 두려워하는 것을 다른 사람은 두려워하지 않으며, 동일한 사람이 이전에 미워했던 것을 지금은 사랑하고 이전에 두려워하던 것에 지금은 용감하게 맞서는 것을 볼 수 있다. (…) 그래서 인간은 감정에 있어서나 판단에 있어서나 변화를 겪는다."(3부, 정리 51 및 주해) 게다가 주체를 변양시키는 대상의 종류만큼이나 많은, 또 세상에 존재하는 주체의 수만큼이나 많은 파생태들이 존재한다. 그래서 인간의 감정과 판단은 주관적이며, 그 주관 때문에 '후회'하기도 하고 '자기만족'에 빠지기도 한다.

스피노자는 '경탄(驚歎)'이 깃드는 감정들은 별도의 군으로 다룬다. 경탄이란 어떤 대상이 다른 것들과 특이하게 구분되는 독특성을 띠고 있을 때 느끼는 감정이다. 그 반대의 감정은 범상한 대상들에 대해 느끼는 '경멸감

(輕蔑感)'/'멸시(蔑視)'이다. 그러나 정확히 말하자면, 스피노자는 경탄 자체는 감정이 아니라고 보았다.(3부, 감정들의 정의) 데카르트는 경탄을 사랑, 미움, 욕망, 기쁨, 슬픔과 더불어 6가지 기초 감정들에 포함시켰지만(『정념론』, II, §69), 스피노자에게 경탄이란 감정론에 속하기보다는 차라리 인식론에 속한다고 할 수 있다. 그것은 인식론적인 **주목** 또는 주목할-게-없음과 관련된다고 하겠다. 그러나 경탄은 감정들과 결합함으로써 여러 파생적 감정들을 낳는다. 두려움을 동반하는 경탄의 감정은 '공포'/'전율(戰慄)'/'경악(驚愕)'이라고 할 수 있으며, 맥락에 따라서는 '숭고(崇高)'와 관련될 수도 있을 것이다.[53] 또 남다른 인물에 대한 경탄은 '존경심(尊敬心)'으로 나타나며, 반대로 남달리 나쁜 인물에 대한 경탄은 '섬뜩함'/'분노'로, 그리고 남달리 아둔한 인물에 대해서는 '모멸감(侮蔑感)'으로 나타난다. 아울러 경탄이나 존경을 동반한 보다 큰 감정은 '열광(熱狂)'/'찬탄(讚嘆)'/'숭상(崇尙)'으로 나타난다. 반대로 경탄이나 존경과는 반대되는 경우에 대해서는 '냉소(冷笑)'의 감정을 느끼게 된다.

§5. 능동적 감정

감정이란 기본적으로 겪는 것, 수동이다. 그리고 좋은 감정들도 있지만 대개의 경우 우리는 감정에 의해 "휘둘린다". 그러나 스피노자는 수동적 감정과 대비되는, 능동성이 보다 적극적으로 개입되는 감정들 또한 논한다. 그리고 이런 감정들은 우리가 감정의 늪에서 빠져나와 자유인이 될 수 있게 해주는 실마리이기 때문에 무척 중요하다. 그러나 능동적 감정이 '결과

---

53) "숭고한 것에 마음을 빼앗기는 것(Wohlgefallen)은 긍정적인/적극적인 쾌감보다는 경탄이나 경외를, 다시 말해 부정적인/소극적인 쾌감이라고 불릴 만한 것을 담고 있다." (칸트, 『판단력 비판』, §23)

적'으로 사랑으로 귀착하는 감정을 뜻하지는 않는다. 예컨대 미움의 감정이 사랑의 감정으로 변하는 경우가 있다. 내가 누군가를 미워했음에도 불구하고 상대가 내게 사랑을 보여주는 경우이다.(3부, 정리 43~44) 이 경우에는 사랑이 오히려 더 커진다. 그러나 이 경우는 자신의 노력을 통해 사랑을 만들어내는 것이 아니라 상대의 예기치 않았던 호의 덕분에 상황이 좋아지는 것에 불과하다. 이는 주체 쪽에서 볼 때는 우연히 도래하는 상황이며, 자신의 노력을 통해 만들어가는 사랑이 아니다. 따라서 이 경우는 어디까지나 겪음/수동의 맥락에 속한다. 능동적인 감정은 보다 적극적인 의미에서 주체의 욕망 또는 기쁨과 관련되는 감정이다.[54] 그리고 능동적 욕망/기쁨은 스피노자의 『에티카』 전체에서 주요한 역할을 맡는다.

> 수동적인 기쁨이나 욕망 이외에, 능동적으로 활동하는 한에서의 우리와 관련되는 다른 기쁨과 욕망의 감정들이 존재한다.(3부, 정리 58)
> 능동적으로 활동하는 한에서의 정신에 관련되는 모든 감정들 가운데에서 기쁨 또는 욕망에 관련되지 않는 것들은 존재하지 않는다.(3부, 정리 59)
> 주해: 〔자신의 능동적 활동을〕 이해하는 한에서의 정신에 관련되는 감정들에서 연원하는 모든 활동들을 나는 '정신력(精神力)'이라 부르고, 이것을 '용기(勇氣)'와 '고귀(高貴)함'/'너그러움'으로 나눈다. 그리고 용기를 한 개인으로 하여금 이성의 명령에 따라서만 자신의 존재〔활동역량〕를 보존하려고 노력하는 욕망으로 이해하며, 고귀함/너그러움을 이성의 명령을 따라서만 타인들을 돕고 우애(友愛)/친절(親切)/환대(歡待)로 타인들과 함께하려 노력하는 욕망으로 이해한다. 그래서 나

---

54) 정신의 능동성에 관련해서 다음 정리들(3부, 정리 53~55)을 참조. "정신은 자기 자신과 자신의 활동역량을 응시할(contempler) 때 기쁨을 느낀다. 그리고 자신과 자신의 활동역량을 보다 분명하게 지각할수록(imaginer) 더욱더 큰 기쁨을 느낀다." "정신은 자신의 활동역량을 긍정하는/정립하는(poser) 것만을 지각하고자 노력한다." "정신은 자신의 무력함〔활동역량의 약함〕을 지각할 때, 바로 그 때문에 슬픔을 느낀다." 앞의 두 경우가 자기애, 자족감, 자긍심(自矜心)의 감정과 관련된다면, 뒤의 경우는 자괴감, 수치심, 후회의 감정과 관련된다.

는 행위자의 유익함만을 겨냥하는 활동들을 용기에 연관시키고, 타인의 유익함까지도 겨냥하는 활동들을 고귀함/너그러움에 연관시킨다. 해서 절제, 금주, 그리고 위험에 처해서의 침착함은 용기에 속하는 것들이고, 겸손(謙遜), 관용(寬容) 등은 고귀함/너그러움에 속하는 것들이다.

처음에 우리는 감정을 "신체의 변양들에 관련해 형성되는 관념 — 이미지 수준의 관념, 혼란된 관념"으로 정의했다. 그래서 지금의 인용문들의 경우 "능동적으로 활동하는 한에서의", "이해하는", "이성의 명령을 따라서만"이라는 구절이 중요하다. 감정은 수동적이고 혼란스러운 관념이거니와, 이는 기쁨의 경우조차도 마찬가지이다. 그러나 감정은 능동적이고 이해하는(이성의 명령에 따라서만 노력하는) 관념의 인도를 받는 한에서 능동적인 욕망과 기쁨으로 화할 수 있다. 감정 자체는 본래 수동적이고 혼란스러운 것이지만, 이성의 인도를 받을 경우 우리는 능동적이고 이해하는 감정 즉 정신의 힘(용기와 고귀함)을 가질 수도 있는 것이다. 이 점은 스피노자의 에티카에서 지복으로 향하는 길을 열어주는 실마리이다.

4절 예속된 삶과 자유로운 삶

§1. 감정과 이성

스피노자 윤리학의 궁극 목표는 어떻게 예속상태(감정에 지배되는 상태)를 벗어나 이성에 따르는 삶을 살 것인가, 그로써 지복에 도달할 것인가에 있다. 이 점에서 그의 철학함은 헬레니즘 시대 철학자들의 풍모, 특히 스토아 철학자들의 풍모와 유사하다.[55] 그러나 스피노자는 이성을 일방적으로 찬양하거나 이성에 의한 감정의 정복을 간단하게 주장하지는 않는다. 오히려 그는 이성의 한계가 무엇인지, 역으로 말해 감정의 힘이 얼마나 강한지를 충분히 숙지하고 있다. 정신과 신체를 독립적 실체로 보는 데카르트의 경우와 달리 스피노자에게서는 이런 이원론이 성립하지 않는다. 신체가 다른 물체들과 끝없이 관계 맺으면서 변양되어간다면, 이런 상황은 정신에 관해서도 똑같이 성립한다. 삶이란 기본적으로 한 개체인 내가 어찌할 수가 없는 어떤 거대한 흐름에 떠밀려가는 형국을 띤다. "인간이 자신의 존재를 보존할 수 있게 해주는 힘은 제한되어 있으며, 외부적 원인들의 힘에 의해 무한히 압도당한다."(4부, 정리 3) 그래서 인간은 늘 수동적 감정 즉 '정념'에 예속당해 살아간다.

전통적으로 윤리학적 사유의 한 축을 이루는 것은 좋음/선과 나쁨/악이라는 가치이다. 그러나 이미 말했듯이, 스피노자에게 선과 악은 객관적 가

---

55) 헬레니즘 시대의 다른 학파들보다 특히 스토아 철학자들과 유사한 이유에는 그에게 정치철학이 중요하다는 점도 포함된다. 『에티카』는 형이상학/존재론(1부), 영혼론/심리철학 및 인식론(2부), 인성론/인간존재론 특히 감정론(3부), 가치론/윤리학(4, 5부)을 전개하고 있지만, 그의 에티카가 보다 구체적인 맥락을 띠기 위해서는 반드시 정치철학으로 보완되어야 했다고 할 수 있다. 『정치론』(과 『신학-정치론』)은 이런 맥락에서 집필된 저작이다.

치의 문제가 아니라 주체의 욕망 및 활동역량의 가감(기쁨과 슬픔, 사랑과 미움)의 문제이다. 그리고 이 문제는 감정의 문제를 그 핵으로 하며, 결국 감정에 지배되느냐 그것으로부터 해방되느냐가 핵심이다. 이 때문에 스피노자 윤리학의 핵심 문제-틀은 노예와 자유인의 문제-틀, 예속된 삶과 자유로운 삶의 문제-틀이다. 스피노자는 "만일 인간이 태어나면서부터 자유로운 존재라면, 그는 자유로울 동안에는 선과 악의 개념을 결코 형성하지 않을 것"이라고 말한다.(4부, 정리 68) 결국 선과 악이란 인간 실존의 상황 속에서 형성되는 관념들(기쁨과 슬픔의 감정들)이며, 더 본래적인 것은 인간이 예속상태로 살아가느냐 자유로운 상태로 살아가느냐의 문제인 것이다.

　스피노자는 한 감정의 힘은 다른 감정의 힘에 의해서만 통어된다고 보았다. 다시 말해 이성/지성이 자체의 힘만으로 감정 또는 이미지의 차원을 통어하지는 못한다.[56] 바로 그렇기 때문에 사람들은 어떤 길을 인식하고서도 그 길을 걷지는 못하는 것이다. 스피노자는 '지'와 '행'의 합일에 대한 소크라테스적인 생각에는 동의하지 않는다. 그래서 스피노자에게서는 이성이 어떤 초월적 차원을 형성하고 그 초월적 차원을 통해 선/행복을 찾는다는 개념은 없다. 삶은 코나투스를 본질로 하며, 코나투스의 문제점은 코나투스 자체의 차원에서 내재적으로 해결해나가야 한다. 그러나 이것이 이성의 무력함이나 무용성을 말하는 것은 물론 아니다. 이성은 자체로서 독립해서가 아니라 그것이 감정 — 정념을 통어할 수 있는, "능동적으로 활동하는 한에서의", "이해하는" 감정 — 이 됨으로써 감정을 통어할 수 있다. 참된 인식은 참된 인식 자체로써가 아니라 감정(신체 변양의 관념)의 차원으로 화함으로써 수동적 감정들, 정념들을 통어할 수 있는 것이다. "선과 악에 대한 참된 인식은 그 인식이 참인 한에서는 어떤 감정도 통어할 수 없다. 오직 그것이 일종의 감정으로서 생각되는 한에서만 통어할 수 있다."(4부, 정리 14) 선

---

56) 이것은 설사 천문학적 법칙을 앎으로써 이미지 차원을 넘어섰다 해도 태양은 여전히 어제와 똑같이 보인다는 인식론적 사실의 감정론적 버전이라고 할 수 있다. 인식론에서의 이미지의 차원과 인성론에서의 수동적 감정(정념)의 차원은 밀접하게 얽혀 있기 때문이다.

과 악에 대한 참된 인식이란 결국 주체의 욕망과 기쁨·슬픔에 대한 참된 인식, 적합한 인식이며, 이때에만 주체는 스스로에 대한 적합한 원인으로서 활동할 수 있기 때문이다. "수동적인 감정〔정념〕은 우리가 그것에 대한 명석·판명한 관념을 형성하면 그 순간 수동적이기를 그친다. (…) 우리가 감정을 보다 잘 인식함에 따라, 그것은 우리의 통어 아래로 들어오며 정신은 그만큼 그것을 덜 겪게 된다."(5부, 정리 3과 따름정리)

스피노자는 이렇게 이성의 인식 — 앞에서 보았듯이 그 극한은 곧 신에 대한 인식이다("우리의 정신은 참된 인식을 가질 때 신의 무한지성의 일부가 된다." 2부, 정리 43의 주해) — 으로써 능동적 감정을 득(得)하고,[57] 그런 감정으로써 자신의 코나투스를 이어갈 때에만 노예가 아닌 자유인으로서 살아갈 수 있다고 본다. 그는 이성이 가리키는 이런 삶의 방향을 '이성의 명법'이라는 이름 하에서 다음과 같이 정식화한다.

> 이성은 자연=신과 대립하는 어떤 것도 요구하지 않기에, 각자가 스스로를 사랑하고, 스스로에 유익한 것(그에게 진정으로 유익한 것)을 찾고, 한 인간을 보다 큰 완전성으로 진정 이끌어갈 모든 것을 추구하기를, 요컨대 각자가 가능한 한 자신의 존재를 보존하고자 노력하기를 요구한다.(4부, 정리 18의 주해)

스피노자의 이 명법은 서구를 지배해왔던 유대-기독교적 명법과 선명하게 대조되며, 그리스-로마적 명법에 더 가깝지만 그보다 더 급진적이다. 중세적/유대-기독교적 눈길로 볼 때 이 명법은 부도덕한 것으로 보이겠지만, 스피노자는 오히려 도덕 — 더 이상 '도덕'이 아니라 '에티카'이지만 —

---

57) 스피노자는 4부 정리 38~58에서 3부에서 논했던 감정들을 가치평가하고 실천적 맥락에서 다시 논한다. 특히 "이성의 인도에 따라 살아가는 사람은, 자신이 할 수 있는 한, 타인이 자신에게 가지는 미움, 분노, 경멸 등의 감정들을 사랑으로써 즉 너그러움으로써 갚고자 노력한다"라는 정리가 중요하다.(정리 46) 마트롱은 이 내용을 간명하게 도표화해주었다.(『스피노자 철학에서 개인과 공동체』, 719쪽)

의 기초는 바로 "각자가 스스로를 사랑하고, (…) 자신의 존재를 보존하고 자 노력하는 것"이라고 보았다.

§2. 지복을 향해

이렇게 할 수 있는 힘을 스피노자는 '덕'이라고 부른다. 덕/탁월함은 곧 역능이다. 그것은 "자신의 본성의 법칙들에 의해서만 이해될 수 있는 활동 들을 수행할 힘을 가진 한에서의 인간의 본질 또는 본성 자체이다."(4부, 정 의 8) 그래서 덕=역능의 기초는 코나투스이며, 행복의 기초는 바로 코나 투스에 있다. 그리고 덕이야말로 인생의 최고 가치이다. 스피노자의 사유 는 존재(신=자연)에 대한, 생명/삶에 대한 긍정과 사랑이며, 여기에는 각 존재의 자율성 — 임의대로/우발적으로 행위할 수 있는 힘이 아니라 자신 의 본성의 법칙들에 따라서 행위할 수 있는 힘[58] — 도 포함된다. 그리고 같은 본성을 가진 개체들이 힘을 합할 때 그들의 코나투스와 행복 또한 그만 큼 커진다. 그래서 스피노자는 "인간에게 인간만큼 유익한 존재는 없다"고 말한다.[59] 바로 그렇기 때문에 사람들이 자신들의 존재를 유지해가는 데 에는 "그들의 몸과 마음이 말하자면 하나의 몸과 마음과도 같이 모든 면에 서 조화를 이루는 것, 그들이 함께 자신들의 존재를 보존하고자 최선을 다

---

58) 스피노자에게 자유(의 기초)란 필연의 인식이다. "정신은 모든 사물들을 필연적인 것들 로 인식하는 한에서 감정들에 대한 보다 큰 지배력을 가진다. 즉, 감정들에 의해 덜 휘둘 린다."(5부, 정리 6)

59) 이것은 "인간은 인간에 대해서 늑대"라는 홉스의 명제와 대조된다. 물론 이성에 따라 사 는 사람들은 극히 드물다. 오히려 사람들은 서로를 질시하고 그래서 끝없이 불화를 일 으킨다. 도의심(道義心)과 정직함을 가지고서 사는 사람들보다는 비열(卑劣)한 사람들 이 더 많을지도 모른다. 그러나 스피노자는 풍자가들, 신학자들, 우울증 환자들의 염세 주의를 거부하며, 사람은 사람 없이 살 수 없으며 사람은 사람으로 인해 위대해질 수 있 다는 생각을 견지한다.

해 노력하는 것, 함께 모두의 공통된 유익함을 지향하는 것"보다 더 훌륭한 방법은 없다. 바로 그렇기 때문에 이성에 인도되는 사람, 즉 이성의 안내를 받아 자신의 유익함을 지향하는 사람이 자신을 위해서 추구하는 것은 바로 "타인들을 위해 욕망하고, 타인들에게 정의롭고 신망 있으며 고결한/정직한 존재가 되는 것" 외의 다른 것이 아닌 것이다.(반대로 사람들이 서로 부딪치는 것은 바로 그들의 정념 때문이다.) 바로 이것이 "각자가 스스로를 사랑하고, (…) 자신의 존재를 보존하고자 노력하는 것"이 부도덕한 것이기는커녕 도덕의 견고한 기초가 되는 이유이다.[60] 그리고 이런 세계, 공동체[61] ── 이성에 따라 사는 사람들의 공동체, 자유인들의 공동체, 현자들의 공동체[62] ── 가 바로 스피노자적 뉘앙스에서의 유토피아일 것이다.

현자들의 공동체까지는 아니어도 한 개인이 큰 위해 없이 자신의 본성/코나투스를 실현해갈 수 있는 여건을 갖춘 사회/국가가 전제되었을 때, 그가 이를 수 있는 최고의 경지는 어떤 것일까? 이 물음은 우리를 스피노자 철학의 출발점이었던 신＝자연의 차원으로 다시 데려간다.[63] 핵심적인 출

---

60) "각인이 자신에게 고유하게 유익한 것을 더 많이 추구할수록, 사람들은 그만큼 더 서로에게 유익한 존재가 된다. 왜냐하면 각인이 자신의 고유한 유익함을 추구하고 스스로를 보존하려 노력하면 할수록 그들은 덕을 갖추게 되며, 또는 같은 것이지만, 그 자신의 본성의 법칙들에 따라 행위할 수 있게 되는, 다시 말해 (3부, 정리 3에 따라) 이성의 인도에 따라 살 수 있게 되는 역능이 더 커지기 때문이다. 그런데 (4부, 정리 34에 따라) 사람들이 인간의 본성에 가장 합치하는 것은 그들이 이성의 인도에 의해 살아갈 때이다. 따라서 각인이 자신에게 고유하게 유익한 것에 최선을 다하는 그만큼 사람들은 서로에게 유익한 존재가 될 것이다."(4부, 정리 35의 따름정리 2)
61) 앞에서 이미지 차원과 적합한 관념의 차원이라는 구도와 정념(수동적 감정)의 차원과 능동적 감정의 차원이라는 구도의 상응을 언급했거니와, 이 구도는 다시 '자연상태'와 '문명상태(état civil)'의 구분과 맞물린다. 스피노자에게 자연상태란 인간이 주어진 감정에 예속되어 불안정하게 또 서로 싸우면서 살아가는 상태이고, 문명상태는 그 치유책으로서 등장하는 상태로 이해된다.(『정치론』, II, §14 이하)
62) 이성에 따라 사는 사람들, 자유인들, 현자들이 어떤 존재들인가는 『에티카』 4부의 정리 59~73에서 다루어진다.
63) 『에티카』는 신＝자연의 형이상학(1부) → 심신론·인식론·감정론(2부와 3부) → 가치론/윤리학(4부와 5부)으로 전개된다. 그러나 우리는 오히려 신＝자연에 관한 논의를

발점은 '신에 대한 사랑'이다. "정신의 지고의 선은 신의 인식이며, 정신의 지고의 덕은 신을 인식하는 것"(4부, 정리 28)일 뿐만 아니라, "자신과 자신의 감정을 명석하고 판명하게 인식하는 사람은 신을 사랑하는 법"(5부, 정리 15)이기 때문이다. '신에 대한 인식과 사랑'이야말로 감정의 질곡을 벗어나 지복으로 나아갈 수 있게 해주는 열쇠이다. 스피노자는 이렇게 말한다.

> 감정들에 대한 명석하고 판명한 인식 그리고 특히 신에 대한 인식 자체에 근거하는 3종 인식의 힘이 어떤 것인지 (…) 알 수 있다. 이 감정들이 (그것들이 수동적인 것들[정념들]인 한에서) 이 인식에 의해 절대적으로 제거되지는 않는다 해도, 적어도 정신의 가장 작은 부분으로 축소되어 통어된다. 나아가 이 인식은 영원부동의 (…) 존재를 향한 사랑을 낳는다. 그래서 일상적인 사랑에 내재하는 어떤 악덕들에 의해서도 훼손될 수 없으며, 오히려 계속 커져서 정신의 가장 큰 부분을 점하고 그것에 심대한 영향을 줄 수 있다.(5부, 정리 20의 주해)

스피노자는 이렇게 신에 대한 사랑을 통해 지복으로 향하는 길을 제시하면서, "하지만 고귀한 모든 것들은 어렵고 또 드물다"라는 말로 『에티카』를 끝내고 있다.

스피노자의 표현주의는 세계 전체를 궁극의 원리인 신=자연의 표현으로 봄으로써, 실재와 현상 사이를 여러 존재면들로 분절하면서도 그 사이에서의 연속성 — 어디까지나 **표현적 연속성** — 을 사유하고자 했다. 그리고 이 표현은 양태들의 관점에서 본다면 우발성을 내포하지만, 신=자연

마지막에 두고서 『에티카』를 재구성해 읽을 수도 있다. 이 경우 3부(인간의 현실로서의 감정의 문제) → 2부(몸과 마음의 관계와 인식의 문제) → 4부(이성의 역능과 행복의 가능성) → 1부(신=자연에 대한 포괄적인 사유) → 5부(지복의 경지)로 읽어나갈 수 있다. 이는 신에서 출발하는 연역적/합리주의적 스피노자라기보다는 감정에서 출발하는 귀납적/경험주의적 스피노자라 할 수 있다.

의 관점에서 본다면 철저하게 인과 — 외적 인과가 아닌 내적 인과, '生'의 인과 — 에 의해 지배되는 세계이다. 이 점에서 스피노자의 세계는 내재적이고 결정론적인 표현주의의 세계이다. 아울러 스피노자의 세계는 존재가 곧 생성인 역동적인 세계이기도 하다. 이 점에서 현대 생성존재론의 선구를 이룬다고도 볼 수 있다. 이 세계는 초월적이고 목적론적인 중세적 세계와 거대한 단절을 이루는 세계이며, 기계론적이고 이원론적인 데카르트의 세계와도 대조되는 세계이다. 이 세계에서 신적 표현의 끄트머리에 위치한 유한양태로서의 인간은 (양태의 수준에서 볼 때) 우연적 힘들의 장 속에서 표류하면서 힘겨운 삶을 살아야 한다. 스피노자는 이런 삶의 극복을 위해 어떤 초월적 길을 제시하지 않는다. 그에게는 인간의 정신도 데카르트에게서와 같은 초월성을 가지지 못한다. 그러나 인간의 정신이 신체를 떠난 존재가 아니듯이 인간의 신체 또한 정신을 떠난 존재가 아니기에, 인간은 이성적 사유와 능동적 감정을 푯대로 삼아 신에 대한 사랑과 지복의 경지에 다가갈 수 있다.

스피노자의 철학은, 그의 생애와 더불어 그리고 이 양자의 연계성에 있어, 우리에게 경탄의 염과 더불어 다가온다. 그는 삶에서 겪은 모든 극악한 경험들을 초연하게 소화해내고, 스스로 택한 가장 낮은 곳에서 충만한 영혼으로서 살았다. 그리고 그 과정에서 당대의 가장 찬연한 철학사적 위업을 이루었다. 다소 단적으로 말해, 스피노자 이후의 철학이란 결국 (새로운 역사적 경험, 과학적 성과, 문화적 체험 등을 매개해서)『에티카』를 새롭게 써나가는 행위일 것이다. 그래서 우리는 헤겔의 말에 충분히 공감할 수 있다. "당신은 스피노자주의자이거나, 아니면 철학자가 아니다."

스피노자의 철학은 그것이 세상에 알려지기 시작한 17세기 말 이래 지속적으로 영향을 끼쳐왔다. 그러나 모든 위대한 철학체계가 그렇듯이, 그가 끼친 영향, 그에 대한 해석은 각 시대, 각 맥락에 따라 다른 얼굴로 나타났다. 계몽의 시대였던 18세기에 스피노자는 플라톤과 기독교로 대변되는 서구의 전통을 무너뜨리고 새로운 세계를 연 철학자로서 각광받았고, 또 그만큼 반(反)계몽주의자들에게는 부정의 대상으로서 경원시되었다. 이후에도 그의 얼굴은 계속 달라지거니와, 그의 사유가 철학적으로 가장 심도 있는 뉘앙스를 띠게 되는 것은 18세기 말~19세기 초의 독일 고전 철학(과 20세기 후반 이래의 프랑스 철학)에서였다.

이 시대는 한편으로 계몽[64]의 열기를 계속 이어가려는 사상가들과 계몽에 저항하려는 또는 적어도 그것에 회의를 느끼는 사상가들이 격전을 벌인 시대, 계몽과 반-계몽의 전쟁이 벌어진 시대였다. 이 시대에 스피노자는 칸트와 더불어 후기 계몽주의의 양대 지주를 형성했으며, 또 바로 그렇기 때문에 반-계몽주의자들[65]의 표적이 되기도 했다. (『신학-정치론』을 극화한 『현자 나탄』[66]으로 유명한) 스피노자주의자 레싱이 괴체라는 목사와 벌인 논쟁이 그 대표적인 예이다. 스피노자가 진보적 지식인들에게 끼친 영향은 매우 컸기 때문에, 수구적인 기득권 세력(성직자들, 귀족들, 교수들 등)이 자신의 '정통성'을 승인받기 위해서는 일단 스피노자를 부정하는 통과의례를 치러야 했다. 스피노자는 "무신론자들의 왕자"였고, 심지어 사탄 자체와 동일시되기도 했다. 그는 '사상 검증'을 위한 리트머스 시험지였다. 수구 세력

---

64) '계몽(啓蒙)'이라는 번역어는 'Lumières', 'enlightenment', 'Aufklärung'의 번역어로는 다소 부족하다. 사제권력과 귀족권력을 무너뜨리고 새로운 세상을 만들려 했던 이 흐름은 '광명(光明)' 정도가, 또는 조어한다면 '명화(明化)' 정도가 원의에 부합하는 번역일 듯하다. 계몽은 광명/명화에 포함되는 한 측면이라고 해야 할 것이다.

65) '후기 계몽주의'와 '반-계몽주의'를 단순한 대립자로 보는 것은 오해의 소지를 담고 있다. 후기 계몽주의 자체가 이미 18세기 중엽에 절정에 달한 계몽주의를 수정하려는 방향성을 담고 있었으며, 이 수정된 계몽주의로부터 극단적인 수구적 반-계몽주의 사이에 여러 유형의 후기~반-계몽주의들이 존재했다고 보아야 한다.

66) 고트홀트 레싱, 윤도중 옮김, 『현자 나탄』, 지만지, 2019.

은 스피노자의 철학이 일반화될 때 그들이 그토록 오랜 세월 누렸던 기득권이 와해되리라는 것을 간파했던 것이다. 스피노자는 "성서"가 한 권의 책 이상도 이하도 아님을 밝혀냈고, 이후 역사를 주도해갈 민주주의의 철학적 초석을 세웠다. 기득권자들에게 그는 두려운 존재였다.

스피노자 비판자들이 그의 사유에서 초점을 맞춘 것은 ① 모든 것을 이성적으로 해명하고자 하는 그의 합리주의, ② 인격신/초월신을 부정한 그의 신 개념, 즉 범신론,[67] ③ '숙명론'으로 이해된 그의 결정론, ④ 그리고 기독교와 "성서"에 대한 그의 급진적 비판이었다.

그들 중 일정 정도 철학적 소양을 갖춘 인물로서 야코비(1743~1819)를 들 수 있다. 헤겔과는 대조적으로 야코비는 이렇게 주장했다. 당신은 철학자이거나, 아니면 스피노자주의자가 아니다. 야코비에게 스피노자는 철학의 최후의 귀결점이다. 철학자는 결국 스피노자주의자이다.(사실 이것은 레싱의 생각이었다. 그는 "스피노자의 철학 외에 다른 철학은 존재하지 않는다"고 생각했다.) 역으로 말해, 철학자가 아니라면 스피노자주의자가 아니다. 여기에서 야코비가 생각하는 철학자-아님이란 곧 신앙을 이성에 복속시키지 않는 사람이라는 뜻이다. 그는 스피노자의 합리주의를 공격함으로써 계시종교를 방어하고자 했다. 야코비는 스피노자의 철학을 끝까지 따라갈 경우 결국 숙명론에 도달한다고 보았다.[68] 그는 '목숨을 건 도약'을 통해 신앙으

---

67) 스피노자의 철학이 과연 '범신론'인지에 대해서는 논쟁이 있을 수 있다. 다만 이 시대의 많은 사람은 스피노자를 옹호하기 위해서든 논박하기 위해서든 그를 범신론자로 받아들였다. 독일인들의 중요한 정신-축들 중 하나였던 루터주의에 관련해, 이는 두 가지 함의를 띠었다. ① 범신론자들은 스피노자의 비판을 받아들여, 루터가 "성서"에 부여한 권위를 받아들이지 않았다. ② 범신론자들과 루터주의자들은 신과의 직접적인 교통을 추구했지만, 양자에서의 신은 전혀 다른 신이었다.

68) Friedrich Heinrich Jacobi, *Über die Lehre des Spinoza in Briefen an den Herrn Moses Mendelssohn*, Holzinger, 1785/2017, S. 87~89. 야코비의 스피노자 비판에서 주목할 대목은 그가 스피노자를 철저한 기계론적-유물론적 철학자로 해석하면서, 이런 철학이 가져올 귀결은 결국 (그가 나중에 쓴 용어로) 니힐리즘일 뿐이라고 비판한 대목이다. 이 지적은 스피노자에 대한 지적으로서는 잘못된 것이지만(스피노자의 철학을 자연철학

로 나아가야 함을 역설했다. 스피노자에 대한 공격은 사실 철학 자체에 대한 공격이었고 또 계몽정신에 대한 공격이었다.[69] 야코비는 스피노자 철학이 무신론과 숙명론에 이를 수밖에 없다고 강변했으며, 피히테에게 보내는 서한에서는 철학의 귀결점은 '니힐리즘'이라고 표현했다.('니힐리즘'이라는 용어는 이런 묘한 맥락에서 근대 철학에 도입된다.) 니힐리즘으로부터 벗어나는 길은 오로지 신앙에의 귀의일 뿐이라는 것이다. 피히테, 셸링, 헤겔에게서 절정에 달하는 당시 진보적 지식인들의 사유는 바로 보수적 기득권자들이 스피노자 즉 철학/계몽에 대해 퍼부은 이런 식의 공격에 맞서면서 전개되었다.

야코비식의 공격에 대한 중요한 응답들 중 하나는 헤르더(1744~1803)의 것이다.[70] 헤르더는 스피노자의 철학을 야코비와 반대의 방식으로 해석했다. 헤르더는 스피노자를 자연주의자이되 환원주의자는 아닌 철학자로서 독해한다. 다시 말해 초월적 신을 거부하되 유물론을 주장하는 것은 아니라는 것이다. 이 둘 사이에서 양자택일을 해야만 한다는 것이 바로 야코비의 생각이었다.

그리고 핵심적인 것은 스피노자에게서 '자연 = 신'은 '퓌지스'의 뉘앙스를 띤다는 점이다. 그에게 능산적 자연과 소산적 자연의 구별은 매우 중요

적 결정론으로 축소하고 있기 때문에), 한 가지 중요한 논점을 내포하고 있다. 그것은 곧 자연철학을 형이상학으로 그대로 확대했을 때 어떤 귀결이 나오는지를 잘 지적하고 있다는 점이다. 오늘날 자연과학으로부터 함부로 철학적 결론들을 이끌어내는 속류 유물론이 판치고 있는 현실을 생각한다면, 야코비의 지적은 정당하고 예언적이다. 야코비는 스피노자를 이런 식의 유물론으로 부당하게 축소 왜곡해 비판했지만, 역으로 보면 (그의 본래 의도와 관계없이) 바로 이런 식의 유물론이 형이상학 행세를 할 때 나올 수 있는 폐단이 무엇인지를 일찍이 간파했던 것이다.

69) 야코비는 흄과 피히테에게도 유사한 비판을 가했다. 야코비는 흄에 대해서는 호의를 표하기도 했는데, 그것은 흄의 인식론이 띠고 있는 경험주의적 성실성을 존경했기 때문이라기보다는 그의 회의주의가 철학이 결국 빠져들 수밖에 없는 곤경을 잘 보여준다고 생각했기 때문이었다.

70) Johann Gottfried Herder, "Gott, Einige Gespräche", *Herder's Werke*, Bd.V, Aufbau-Verlag, 1787/1978.

하다. 스피노자는 한편으로 고전 역학의 그림자 아래 있었지만, 다른 한편으로 신-즉-자연, 속성들의 무한성, 그리고 능산적 자연의 개념을 통해 그 그림자로부터 벗어난 인물이다. 그의 결정론 역시 이 세 개념들에 비추어 정확히 이해되어야 한다. 그에게 고전 역학의 세계상은 어디까지나 자연철학에 국한된 것이며, 『에티카』 2부 중간에 일종의 보론처럼 삽입되어 있을 뿐이다.(다만 그는 스콜라철학과 데카르트로부터는 충분히 벗어나지 못했다.) 그런데도 야코비는 그의 철학을 무신론, 유물론, 숙명론, '허무주의'로 해석했던 것이다. 헤르더는 야코비가 스피노자에게 씌운 구속복을 벗겨내고, 스피노자의 진면목을 드러내었다.

스피노자에 대한 이런 해석은 사실 헤르더 자신의 철학에 대한 해설이기도 하다. 헤르더는 초월적 정신(/신)과 기계적 물질이라는 데카르트적 이분법을 극복하고자 했으며, 양자 사이에서 생기론, 유기체주의, 목적론을 구축함으로써 일원론적 형이상학을 구성했다. 그에게서 정신은 생명의 고도화된 형태이고, 물질은 생명의 저급한 형태이다. 정신과 물질이 그 사이에 거대한 심연을 두고서 마주 서 있는 것이 아니다. 정신, 생명, 물질은 연속적이며, 정신과 물질은 생명의 양 끝인 것이다. 헤르더가 활동하던 시기가 바로 생기론을 통해서 물질과 생명이 구분되고 그로써 '생물학'이 성립하던 시기, 더 넓게 보면 독일 고전 철학에 의해 'Naturphilosophie'가 성립함으로써 19세기 과학의 개념적 선구를 이룬 시기라는 점을 상기하자. 사실 헤르더 자신이 바로 이 '자연철학'의 구축자들 중 한 사람이다. 스피노자를 이렇게 해석할 때, 그의 사유는 '니힐리즘'이 아니라 오히려 건강한 자연주의 — 거듭 말한다면, 이때의 '자연'은 바로 신-즉-자연, 능산적 자연, 무한한 속성을 품은 실체이다 — 위에서 도덕, 종교, 정치를 정초해줄 수 있는 철학인 것이다. 헤르더를 매개한 이런 스피노자주의는 후기 계몽주의 시대 독일 사상가들에게 지대한 영향을 끼치게 된다.

스피노자 해석에서 가장 예민한 대목은 그의 결정론 부분이다. 스피노자는 목적론을 단호히 거부했으며, 그의 사유에는 서구 근세 철학 전체를 뒤덮고 있는 결정론의 그림자가 드리워져 있다. 이에 비해 헤르더의 생기론은 목적론을 그 필수적인 요소로 포함하고 있으며, 이 때문에 헤르더는 스피노자 철학에 라이프니츠 철학을 가미해 목적론적 성격을 보완하고자 했다. 그러나 두 가지 문제가 나타난다. ① 라이프니츠 철학 역시, 스피노자의 경우와 성격이 크게 다르지만, 마찬가지로 결정론적이라는 사실이다. 다시 말해, 스피노자에 라이프니츠를 가미한다 해도 결정론을 벗어나는 것은 아니다. ② 헤르더의 목적론 자체는 칸트의 정교한 비판이 대상이 된다. 바로 칸트 철학이 물질(『순수이성 비판』)과 정신(『실천이성 비판』)에 대한 데카르트적 이원론을 구축했다가, 그 사이가 허전해서 생명(『판단력 비판』)으로 그 간격을 메운 철학이기 때문이다. 헤르더가 생명이라는 중심에서 시작해 물질과 정신 양 끝을 설명한다면, 칸트는 물질과 정신의 이원론을 수립한 이후 양자를 생명으로 잇고 있는 것이다. 두 철학자의 관계는 무척 흥미롭다. ①에 관련해서 19세기에는 비-결정론적 사유가 전개된다. ②에 관련해서 목적론을 둘러싼 논쟁은 이후에도 철학사를 관류한다. 전자에 대해서는 다음 장의 결론 부분에서 다룰 것이며, 후자에 대해서는 9장에서 다룰 것이다.

독일 고전 철학의 절정을 이루는 피히테, 셸링, 헤겔에게도 스피노자는 매우 중요했다. 자연과 자유의 이분법을 구축한 칸트에 맞서, 이들은 자연과 자유가 일원적으로 통합된 사유를 구축하고자 했다. 자유에 초월적 위상을 주기보다 세계에 내재화시키고자 했으며, 역으로 세계를 기계론의 잔영에서 끄집어내 그 안에 자유를 품을 수 있는 차원으로 새롭게 사유하고자 한 것이다. 이들의 이런 포스트-칸트적 사유가 참조할 철학사적 원형은 물론 스피노자의 철학이었다. 그러나 이들이 스피노자에 대해 공통으로 품었던 불만은 스피노자의 결정론적 철학이 그들의 자유의 철학과 양립할 수 없다는 점이었다. 그렇기 때문에 이들은 칸트의 자유를 스피노자의 자연(=신)에 내재화하고자, 스피노자의 자연에 칸트의 자유를 내재화하고자 했다. 우리는 3부의 9장에서 그 구체적 내용을 다룰 것이다.

5장 표현주의의 두 길

라이프니츠의 철학은 스피노자의 그것과 대조적이다. 아니, 라이프니츠의 철학은 결국 스피노자를 극복하고 그가 해체하고자 했던 전통을 완전히 새로운 형태로 재구축하려 한 것이었다. 그것은 이론적으로는 제작적 세계관의 부활을, 실천적으로는 기독교 왕국의 재구축을 꿈꾼 것이었다.

라이프니츠는 한편으로 근대의 환원주의적 자연철학이 형해화(形骸化)한 세계에 아리스토텔레스적 총체성과 생기를 회복시키고자 했고, 다른 한편으로는 몰락과 혼돈의 극에 달한 유럽 ─ 30년 전쟁(1618~1648)으로 갈기갈기 찢어진 유럽 ─ 에 기독교적 가치를 중심으로 한 조화 나아가 통합을 회복하고자 했다.[1]

---

1) 라이프니츠는 유럽의 통합만이 아니라 세계 전체의 통합도 희구했다. 그가 중국의 철학에 큰 관심을 보였던 것도 이 때문이다.(『라이프니츠가 만난 중국』, 이동희 편역, 이학사, 2003) 그는 당대 중국의 군주(강희제)를 크게 상찬했는데, 이는 그가 강희제 같은 훌륭한 군주가 나타나 유럽 통합에 기여하기를 바랐기 때문이다. 실제 그는 당대의 여러 군주들을 찾아다니면서 그들을 계몽하고자 했는데, 이는 18세기에 등장할 '계몽 군주' 개념을 선취한 것이다.

1676년 가을에 있었던 스피노자와 라이프니츠의 만남은 철학사상 가장 극적이고 의미심장한 만남들 중 하나이다. 은둔에 가까운 삶을 살면서 위대한 철학을 구축하고 있던 중견 철학자와 철학적 야심만큼이나 세속적 야심 또한 컸던 젊은 철학자의 만남이었다. 라이프니츠는 이 며칠간의 만남에서 자신의 시대에 창조되고 있던 이 철학이 명시적으로 또 함축적으로 전개하고 있는 사유가 얼마나 반-시대적(unzeitlich)인가를 알아채고 경악과 전율을 느꼈을 것이다. 그리고 실증적으로 확인할 수는 없지만, 바로 그 순간이 이 철학자의 사유 방향이 뚜렷하게 구체화된 시점이 아니었을까 싶다. 때로 어떤 철학자의 적대의식이 누구를(어떤 집단을) 향하고 있는가를 간파해낼 때 그 철학의 성격 전반이 홀연히 명확해지곤 한다. 우리는 라이프니츠의 철학을 반-스피노자주의로 파악함으로써 그 사유의 전체 정향을 분명하게 포착할 수 있다.

1절 모나드의 존재론

§1. 제작적 세계관의 부활

라이프니츠는 데카르트와 마찬가지로 신 — 물론 자신이 속해 있는 일신교 문명에서 말하는 신 — 을 세계 이해의 최고 원리로 삼았다.[2] 세계는 신에 의해 창조/제작되었으며, 사물들은 '피조물'들이다.

그렇다면 신은 무엇을 창조했는가? 데카르트가 연장-실체와 사유-실체의 이원론 사유를 전개했고 스피노자가 완전한 일원적-내재적 사유를 전개했다면, 라이프니츠는 다원론적 사유를 전개했다고 할 수 있다. 모든 것을 신에게 '귀일'시킨다는 초월적 측면에서는 일원론일 수 있지만, 세계 전체에 대한 설명을 놓고 본다면 다원론이다. 아낙사고라스의 세계에서 그랬듯이, 라이프니츠의 세계에는 질적으로 다른 무수한 실체들이 존재한다. 물론 이 모두가 '모나드'로 불린다는 점에 초점을 맞출 경우 사실상 '신과 모나드들'이라는 이원 구도라고 할 수 있지만,[3] 모나드들의 구체적 내용에 초점을 맞출 경우 그의 사유는 무한한 질적 차이를 인정하는 다원론이다.(질적 과학이 라이프니츠를 철학적 근간으로 한 것도 이런 맥락에서이다.) 다시 말해 개체들 각각의 본질을 인정하는, 따라서 무수한 개체들의 다원적 세

---

2) 사실 스피노자를 예외로 하면 17세기 서구의 거의 모든 철학자들이 이런 테두리를 벗어나지 않았다. 그러나 라이프니츠의 경우는 그가 스피노자의 철학을 알았고 그것에 대한 대항의식에 입각해 의식적으로 일신교 전통을 새로이 하려 한 인물이라는 점에서 고유의 의미를 갖는다. 갈릴레오, 데카르트, 뉴턴 등이 그저 전해 내려오던 것을 그대로 받아들인 사람들이라면, 라이프니츠는 그것을 (그 해체를 의식하면서) 새롭게 정초하려 했다는 점에서 이들과 차원을 달리한다.

3) 신 자신은 과연 모나드인가? 이 물음은 라이프니츠 전문가들 사이에서 자주 논쟁의 대상이 되는 물음이다. 만일 그렇다고 한다면, 라이프니츠 사유는 모나드 일원론이라고도 할 수 있다.

계를 펼치는 사유라 하겠다.

그러나 엄밀히 말해 라이프니츠의 세계는 일상적인 맥락에서의 개체들의 세계는 아니다. 신은 카이사르를 창조한 것이 아니라 카이사르의 설계도, 즉 카이사르-모나드를 창조했다. 건축가가 단번에 어떤 집을 짓는 것이 아니라 우선 집의 설계도를 짓는 것과 마찬가지라 하겠다. 비-물질적인 설계도를 우선 그려놓은 후에 그 설계도를 시간, 공간, 물질이라는 구체적 조건들을 갖추어 현실에 나타나게 하는(具顯) 구도, 지금의 예로 하면 설계도를 건축 재료들에 '구현하는(embody)' 구도인 것이다. 제작적 세계관은 기본적으로 구현의 세계관이며, 라이프니츠의 존재론은 구현의 존재론의 전통을 잇고 있다.

건축가가 설계를 할 때 그 설계를 위한 요소들이 존재한다. 선이라든가 점, 각도, 색깔, 무게, …… 같은 무수한 요소들이 잠재적으로 존재하고, 건축가는 그것들 중 어떤 것들을 선택해서 조합한다. 예컨대 건물 전체는 직사각형으로, 현관은 타원 곡선으로, 지붕은 붉은 기와로, 높이는 20미터로 등등, 다양한 요소들을 조합해서 하나의 건물을 설계한다. 신도 마찬가지이다. 다만 건축가의 경우에는 이런 요소들이 자신의 바깥에 객관적으로 존재하는 반면, 신의 경우 이 요소들은 신의 지성을 채우고 있는 신적 관념들이다. 그렇다면 신이 사물들을 설계할 때 사용했던 이 비-물질적 요소들, 관념들은 과연 무엇이었을까? 신은 카이사르를 '로마에서 태어나다', '갈리아를 정복하다', '카토와 대립하다', '루비콘 강을 건너다', '폼페이우스와 싸우다', '클레오파트라와 사랑에 빠지다', '브루투스 등에 의해 죽다'를 포함하는 무수한 사건들을 조합함으로써 만들었다고 할 수 있다. 현실의 사건들은 바로 신의 관념들의 구현이다. 이 하나하나의 사건들을 라이프니츠는 '빈위(賓位, attribut)'라고 부른다.('attribut'라는 개념의 사용이 스피노자와 너무도 대조적임에 주의하자.) 신은 이런 빈위들을 이어서, 즉 '계열화'해서 모나드를 만들었다. 이 점에서 모나드들은 사건-선(events-line)들, 사건-계열들, 또는 사건-연속체들이라고 할 수 있다. 신의 지성 속에는 '세계'라는 것을 이룰 수 있는 무한한 관념-사건들이 잠재해 있고, 신은 그중 어떤 것들을 꺼내서 계열화함으로써 사건-선들 즉 모나드들을 만들어낸 것이다. 라이프니츠를 통해 서구의 제작적 세계관은 이전과는 매우 상이한 형태를 취하게 된다.

§2. 모나드란 무엇인가

모나드 개념의 두드러진 특징은 그것이 질적 연속체라는 점에 있다. 일반적으로 연속체는 '하나'이며 따라서 질적 차이는 여러 연속체들 사이에 존재한다. 그러나 모나드-연속체는 무한한 질들로 되어 있는 연속체이다. 일정하게 분절된 빈위들(예컨대 한 팔을 들어 올리는 사건) 내의 빈위들을 합쳐 하나의 빈위로 간주한다 해도(수학에 유비해서, 한 유리수와 바로 다음 유리수 사이의 무한 분할이 가능한 무리수들은 접어둔다 해도), 하나의 모나드는 질적으로 다른 무수한 빈위들로 구성된다. 이 '질적 복수성'은 곧 내적 복수성이다. 철수, 영희, 앙드레 세 사람 사이에서 성립하는 외적 복수성이 아니라, 철수의 신체를 구성하는 부분들에서와 같은 내적 복수성이라고 할 수 있다. 질적 무한을 내포하면서도 어디까지나 내적이기에 분할 불가능하며, '모나드'(하나)라는 이름은 이 점을 함축한다. 모나드는 논리적으로 분석 가능할지언정 물리적으로 분할 가능하지는 않다. 라이프니츠에게는 분할 불가능한 개체(in-dividuum)-임이 실체-임의 핵심적인 규준이다.("진정 '하나의' 존재가 아닌 것은 결코 하나의 '존재'가 아니다.") 질들을 외적으로 보기보다 내적 연속성으로 보는 이런 존재론은 매우 독창적인 것이며, 훗날 리만, 베르그송, 들뢰즈 등에 의해 다듬어지는 '다양체' 개념의 전신을 이룬다.

질적 연속체, 내적 복수성으로서의 모나드는 '하나'/개별자이다. 그러나 라이프니츠와 아리스토텔레스가 공히 개별자들을 실체로 보았음에도, 양자에게서 그 실제 내용은 많이 다르다. 아리스토텔레스의 개체는 형상과 질료로 구성된 현실의 개체이지만, 라이프니츠의 개체는 모나드이다. 아리스토텔레스는 개체를 다시 형상과 질료로 분석해서 봐야 했고, 그 과정에서 개체의 본질적 측면과 비본질적 측면(질료에서 유래하는 측면)을 구분해야 했다. 그리고 플라톤의 영향 하에서 형상들만을 가지적인 것, 과학적 연구의 대상이 되는 것으로 보는 한편 질료적 측면은 우발적인 것들로 취급했다. 반면 라이프니츠는 모나드들 하나하나를 모두 가지적인 것들로서 규정했다. 모나드를 구성하는 빈위들 하나하나가 모두 규정성들의 계열체이고 원칙적으로 분석 가능하다. 빈위들의 총체로서의 모나드는 하나의 '완전개념(/완전사념)' ── 라이프니츠는 때로 'heccéité'(하이케이타스)라고도 말한다 ── 이며, 모나드 자체가 전적으로 규정되어 있는 존재이다. 그래서 아리스토텔레스에게서는 '견성(犬性)'은 성립해도 '뽀삐성' 같은 것은 성립하지 않지만, 라이프니츠의 경우에는 '뽀삐성'이 어디까지나 하나의 '완전'개념으로서 성립한다.[4] 외연과 내포가 반비례한다는 점을 생각해볼 때, 라이프니츠의 완전개념은 곧 내포가 무한하고 외연이 단 하나인 그런 개념이라 하겠다. 아리스토텔레스의 경우 개체는 더 이상 (유, 종, 종차에 따라 위계를 형성하는) 개념적 존재가 아니라 직관/지각에 의해 확인해야 할 존재이다. 그러나 라이프니츠의 세계는 모든 개체들이 곧 각각의 개념들인 그런 세계이다. 따라서 라이프니츠의 세계에서 **모든 차이는 개념적 차이**이다. 아울러 아리스토텔레스의 형상 역시 가지적이고 분석 가능한 것으로 이

---

4) 그렇다면 라이프니츠는 질료/물질을 어떻게 취급하는가? 대부분의 구현의 철학에서는 구현의 터인 물질/질료를 실재로서 인정한다. 그러나 라이프니츠는 오직 모나드들만을 실재로 간주하며, 물질이란 무수한 모나드들이 응집되어 있을 때 그것에 대해 우리가 가지게 되는 혼란스러운(개별 모나드들로, 나아가 모든 빈위들로 분석되지 않은) 지각으로 보았다. 달리 말하면, 우리가 '물질'로서 지각하는 것들은 궁극적으로는 그리고 원칙적으로는 비-물질적인 빈위들로 온전히 분석할 수 있는 어떤 덩어리이다.(뒤에서 보겠지만, 살로몬 마이몬은 인식론적 구도에서 이 논제를 다시 취한다.) 또, 앞에서 보았듯이 공간과 시간 역시 파생태일 뿐 본연의 실체는 아니다. 라이프니츠에게는 오직 모나드만이 실체이며(때문에 그의 사상은 때로 '유심론(唯心論)'이라고 불린다.), 다른 모든 존재자들(entities)은 모나드의 파생태들이다.

244

해되지만 어디까지나 하나의 구의 이미지로써 덩어리로 이해되는 반면(오히려 플라톤의 이데아들은 이와 같은 성격을 탈피한다.), 라이프니츠의 모나드는 하나의 선이라는 것, **선형성**을 통해서 이해된다는 것 또한 중요한 차이이다.

이 선형성은 미분법(과 적분법)이라는 맥락에서의 선형성과도 밀접한 관련을 가진다.(라이프니츠가 미분법의 창시자라는 것을 상기하자.)[5] 각각의 모나는 연속체이다. 키케로가 원로원에서 연설을 했다. 즉, 신이 키케로에게 부여한 빈위들 중 하나가 '모일 모시에 원로원에서 연설하다'라는 빈위이다. 그러나 이 연설 또한 여러 사건들로 분절된다. 그리고 생각해보면 이 분절은 어디에선가 끝나는 것이 아니다. 키케로가 손을 한번 들어 올린 것조차도 궁극적으로는 무한히 분석된다. '실수의 연속성'이라든가 미분법에서의 'dx' 등을 떠올려보자. 모나드의 사건들은 무한히 분절된다. 라이프니츠는 세계를 기본적으로 연속적인 것으로 파악한다.('연속성의 원리') 그러나 사건들에는 각각의 '사건화의 높이'가 존재하며, 지하철을 만들 때 우선 주요 역들, 환승역들을 정해놓고 그다음 그 사이들을 메우기 마련이듯, 신이 하나의 모나드를 만들 때 그 모나드의 주요 사건들을 배치하고서 그 사이를 점차 작아지는 사건들로 메워나갔다고 할 수 있다. 이 주요 사건들을 현대적 맥락에서는 '특이성들(singularités)'이라 부른다. 요컨대 하나의 모나드는 '사건 개별화에서의 상대성 원리'에 따라 상이한 사건화의 높이를 가진 사건들의 연속체이다.

이 때문에 라이프니츠에게서 '식별 불가능자 동일성의 원리'는 극히 미

---

5) 라이프니츠는 또한 여러 흥미로운 기계들을 만들어낸 인물이기도 했다. 그중에는 당대 거의 모든 지식인들의 흥미를 자아내던, 그리고 많은 사람들이 몰두했던 시계 제작도 포함된다.(토마스 데 파도바, 박규호 옮김, 『라이프니츠, 뉴턴 그리고 시간의 발명』, 은행나무, 2016) 라이프니츠의 발명들 중 가장 중요한 것은 오늘날의 컴퓨터로 이어지는 발명들이라 할 수 있으며, 그는 하드웨어적 맥락과 소프트웨어적 맥락 모두에서 중요한 발판을 만들어냈다.

세한 방식으로 작동한다. 스피노자의 경우 이 원리는 속성이라는 거시적인 측면에서 작동하지만("자연계에는 똑같은 본성/속성을 가진 둘 또는 그 이상의 실체가 존재할 수 없다."『에티카』, 1부, 정리 5), 라이프니츠의 경우 각 모나드들 사이에서 작동하기 때문이다. 각 모나드가 그 세세한 측면들에서조차 분명한 규정성들로 되어 있는 한, 그것들 중 하나만 달라도 두 모나드는 다른 것이 된다. 아무리 봐도 똑같이 생긴 두 나뭇잎도 끝까지 보면 결국 다른 점이 나타난다. 그리고 이런 경험적 확인을 넘어, 개개의 모나드들이 모두 유일무이한 개념적 존재라는 것 그리고 모든 차이는 개념적 차이라는 것을 생각해본다면, 결국 두 모나드가 같다는 것은 그 무한한 빈위들이 완전히 합치한다는 것을 뜻함을 알 수 있다. 무한한 빈위들이 모두 같기는 어렵기 때문에, 개념적으로 완전히 합치하는 개체들/모나드들은 존재하기 어렵다. 존재한다면, 그 둘은 하나의 모나드이다. 이것이 곧 라이프니츠적 맥락에서의 식별 불가능자 동일성의 원리이다.[6] 아울러 하나의 모나드와 그것과 살짝살짝 다른 모나드들의 관계는 무엇일까? 우리가 아는 관우-모나드와 완벽히 똑같지만 청룡언월도가 아닌 방천화극을 사용하는 관우 — 라이프니츠의 용어로 '모호한 관우' — 는 어떻게 이해되어야 할까?[7] 이 측면들

---

6) 이 원리는 또한 개체화의 원리이기도 하다. 각 모나드들 사이의 차이란 결국 그 빈위들에서의 차이이며, 빈위들이 완벽히 같은 두 개체는 이 원리에 따라 사실 한 개체일 뿐이다. 따라서 소크라테스의 술어들과 소크라테스라는 우시아를 구별할 필요가 없다. 소크라테스는 그의 술어들의 총합 '이다'. 다른 술어/빈위가 있을 경우, 그 모나드는 다른 모나드이다. 이런 맥락에서 라이프니츠는 개체화의 원리란 곧 차이의 원리라고도 말한다.(NE, 186) NE = Gottfried Wilhelm Leibniz, *Nouveaux essais sur l'entendement humain*, par Jacques Brunschwig, Flammarion, 1990.

7) 이 문제는 '관(貫)세계적 동일성'의 문제라고 할 수 있다. '청룡언월도가 아니라 방천화극을 사용하는 관우', '수염이 못생긴 관우', '장비보다 나이가 어린 관우' 등 — 이른바 '모호한 관우'들 — 은 모두 관우일까 아니면 어떤 다른 존재들일까? 모두 다른 존재들이라면 왜 우리는 이들을 '관우'라 부르는가? 같은 존재들이라면 같음과 다름은 어디에서 갈라지는가? 예컨대 다른 것은 다 같은데 수염이 못생긴 관우라면 몰라도, 조조의 장수로서 평생을 마친 관우라면 더 이상 우리가 아는 그 관우로서 생각되지는 않을 터이다. 4권에서 이 문제를 다룰 것이다.

을 질료의 측면으로 처리하는 아리스토텔레스에게서는 이런 문제가 생기지 않는다. 이런 문제들과 더불어 라이프니츠의 이 흥미로운 존재론은 숱한 물음들을 불러일으킨다. 라이프니츠가 이 기이하고도 흥미진진한 존재론을 고수하는 이유는 이 세계의 그 어떤 세세한 규정성도 모두 신에게로 귀속시키기 위한 것이다.

§3. 가능세계론

이는 양상론적 측면에서도 마찬가지이다. 스피노자는 "사물들은 신＝자연에 의해 지금 산출되어 있는 것과는 다른 어떤 방식으로도, 또 다른 어떤 순서로도 산출될 수 없었다"(『에티카』, 1부, 정리 33)고 했지만, 라이프니츠는 이 양상론을 겨냥해 제작적 세계관에 걸맞은 양상론을 펼친다. 제작적 세계관을 견지하려면 이 세계는 반드시 우연적인 것이어야 한다. 세계가 자체로서 필연적으로 생성해간다면, 거기에는 창조주의 의지가 개입할 여지가 없기 때문이다. 애초에 (중세에) 우연성은 신의 섭리에 위배되는 것으로서 인식되었다. 이 세계가 신에 의해 창조되었다면, 모든 것은 어떤 필연성을 가지고서 움직여야 한다.[8] 기사들의 결투 결과로 정의를 가리는, 현대인들에게는 부조리하게 보이는 관습도 이런 맥락에서 이해할 수 있다. 우연성이라는 개념 안에는 신에 관련해 '제멋대로'라는 뉘앙스가 묻어 있었다. 그러나 중세의 끝에서 어떤 철학자들(둔스 스코투스, 윌리엄 오컴 등)은 오히

---

8) 거꾸로 말해, 사물들의 원인에 원인을 계속 물어갈 경우 반드시 유일한 최초의 원인으로서의 신에 도달해야 한다. "신의 유일성을 보여주는 주장은 이러하다. 존재하는 사물들의 세계 속에 생긴 것들은 (…) 모두 다 자신의 존재 이전에 적절한 원인들을 필요로 한다. (…) 그런데 이 각각의 원인들 역시 창조되어야 하는 것이기 때문에 또 다른 원인을 필요로 한다. 원인에 원인이 꼬리를 물고 상향적으로 진행하다가 마침내 원인들의 '원인자', 즉 그 모든 원인들을 창조하고 존재하게 하는 '그'에게 이르게 되는 것이다."(이븐 할둔, 김호동 옮김, 『역사 서설』, 까치, 2003, 417쪽)

려 세계가 완벽히 우연적이어야 한다고 생각했다. 지구가 태양 주위를 도는 것도, 세상에 남자와 여자라는 두 성만이 존재하는 것도, 제국 로마가 멸망했던 것도 모두 우연적인 것이다. 태양이 지구 주위를 돌 수도 있었고, 물이 위로 올라갈 수도 있었고, 남자와 여자 그리고 x라는 세 성이 존재할 수도 있었다. 그러나 세계는 결과적으로 우리가 사는 이런 세계가 된 것이다. 왜? 신이 그것을 선택했기 때문이다. 신의 '의지'를 부정하지 않기 위해서 이 세계는 우연적인 것 또는 가능적인 것이, 요컨대 선택된 것이 되어야 했다. 세계가 우연적이 됨으로써 솎아내어진 필연성, 세계가 우연적임에도 역설적으로 필연적으로 그렇게 된 이유 — 말하자면 '우연성의 필연성' — 는 모두 신으로 귀속되어야 했다. 이 논리는 모순된 논리이지만, 기독교 신학의 세계에서는 신이 창조한 세계의 **궁극적** 필연성을 부정하는 것은 있을 수 없었다. 결국 이 논리에서는 세계를 우연적으로 만들면 만들수록 오히려 신의 권능은 더욱더 위대해진다. 이렇게 천문학적 법칙성도, 생물학적 이치도, 또 역사적 흐름도 모두 세계로부터 솎아내어져 신의 의지로 귀속되어야 했던 것이다. 라이프니츠는 스피노자를 극복하기 위해 이 사유 노선을 잇고자 했다.

그런데 생각해보자. 신이 카이사르-모나드를 만들었다면, 그는 필연적으로 폼페이우스 등의 모나드도 만들었어야 한다. 카이사르-모나드의 중요한 한 특이성이 '폼페이우스와 싸우다'인데 폼페이우스-모나드가 존재하지 않는다면 어찌될 것인가. 따라서 신이 카이사르-모나드를 만들었다면 그는, 다른 모든 요소들은 모두 다 접어두고 인간 모나드들만, 그것도 핵심 모나드들만 생각한다 해도, 최소한 카토, 키케로, 폼페이우스, 클레오파트라, 브루투스의 모나드를 만들어야 한다. 그런데 이 모나드들 또한 하나의 연속체/선이다. 따라서 우리는 카이사르-선의 어떤 주요 지점들이 이 네 선들과 각각 교차하는 구조를 떠올릴 수 있다. 하지만 클레오파트라-모나드 또한 마찬가지 아닌가? 다른 모든 것을 접어둔다 해도, 우리가 알고 있는 것과 같은 이 세계가 성립하기 위해서 이 모나드는 최소한 카이사르-모나드와 안토니우스-모나드, 옥타비아누스-모나드라는 세 모나드와 교차해야 한다. 게다가 우리는 지금 다른 모든 측면들을 솎아내고 극단적으로 추상화해 생각하고 있다. 그것도 로마라는 세계의 어느 한 시기만을 떼어내서 말이다. 이렇게 생각해볼 때, 우리는 라이프니츠가 그리는 '세계'라는 것이 어떤 것인지를 알 수 있다. 그에게 '세계'란 (인간으로서는 도무지 가늠이 되지 않는) 무수한 모나드-선들이 형성하는 그물망인 것이다. 라이프니츠의 신은 기하학자가 아니라 계열학자이다.

건축가가 집을 지을 때 단 하나의 설계도만 그리지는 않는다. 많은 설계도를 그려놓고 그중의 하나를 선택해서 재료들에 구현한다. 마찬가지로 계열학자로서의 신은 방금 설명한 구도에 입각해 무수한 '세계'들을 설계했다. 이 하나하나의 세계를 라이프니츠는 '가능세계'라 불렀다. 예컨대 악티움 해전에서 옥타비아누스가 승리한 세계도 있고, 반대로 안토니우스-클레오파트라가 승리한 세계도 있다. 이 두 세계는 모순된 세계가 아니라 불-공가능한(in-compossible) 세계이다. 이 두 세계는 그중 어느 한 세계만이 가능하고 다른 한 세계는 불가능한 관계 즉 모순관계를 맺는 것이 아니라, 양자 모두 가능한 세계들이지만 단지 함께-가능하지는-않은 두 세계인 것이다. 역으로 말해, 하나의 세계란 곧 공-가능한 모든 것들의 총체라고 할 수 있다. 앞에서 말한 특이성들, 그중에서도 특히 중요한 특이성들은 바로 공가능하지 않은 두 세계 또는 여러 세계가 거기에서 갈라지는 분기점들이라 할 수 있다. 악티움 해전은 옥타비아누스가 승리한 세계(우리의 이 현실세계)와 안토니우스-클레오파트라가 승리한 세계가 갈라지는 사건인 것이다.

그렇다면 하나의 물음이 제기된다. 그 수많은 가능세계들 중 왜 신은 하필이면 지금 이 세계를 창조한 것일까? 라이프니츠의 대답, 즉 신이 이 세계를 최선의 세계로 판단했기 때문이라는 대답과 그것에 대한(사실은 모페르튀를 겨냥한 것이었지만) 볼테르의 비웃음은 잘 알려져 있다. 사실 라이프니츠의 낙천주의는 겉보기처럼 그렇게 간단한 것은 아니며 그의 '최적화' 개념과 연계해서 이해해야만 하지만(ET, I, §§7~8),[9] 어쨌든 이런 세계관은 특히 계몽시대에 접어들면서 많은 사람들의 반감을 샀다. 라이프니츠의 형이상학은 철학의 역사에서 최후의 제작적 세계관을 보여준다.

---

9) ET = Leibniz, *Essais de théodicée*, par J. Brunschwig, Flammarion, 1969(라이프니츠, 이근대 옮김, 『변신론』, 아카넷, 2014). 라이프니츠의 '낙천주의(optimisme)'는 바로 이 세계가 '최적화(optimisation)'되어 있다는 생각을 가리킨다. '낙천주의'는 '최적화주의'의 귀결일 뿐이며, 'optimisme'은 정확히는 '최적화주의'로 번역해야 한다. 『모나드론』에서는 이를 다음과 같이 설명한다. "신의 관념들 안에는 가능한 무한한 세계들이 존재하며, 그것들 중 하나만이 실존할 수 있으므로, 신이 그 하나만을 특별히 선택해야 했던 충분한 이유가 존재함에 틀림없다."(§53) "그리고 이 이유는 적합성(convenance), 즉 이 세계들이 포함하는 완전도들(degrés de perfection)에 있을 수밖에 없다. 각각의 가능한 존재들은 각각이 내포하는 완전성에 따라 실존을 요청할 권리가 있기 때문이다."(§54) 여기에서 완전도들 즉 적합성이란 다양성과 단순성을 '최적'으로 포함하는 것을 뜻한다. 다시 말해, 신은 모든 가능세계들 중에서 최대의 다양성(모나드들의 그물망이 가장 다양할 수 있는 경우)과 동시에 최대의 단순성/질서(그럼에도 그 전체가 수미일관할 수 있는 경우)를 갖춘 세계, 오케스트라에 비유한다면 최대의 다양한 악기들이 최고의 하모니를 이룰 수 있는 세계를, 또 타일 깔기에 비유한다면 가장 많은 형태들과 색들이 가장 완벽하게(타일들이 겹치지도 않고, 또 빈 곳도 없이) 깔리는 세계를 택해 실존하게 만든 것이다. 따라서 신이 이 세계를 택한 것은 어디까지나 논리적인 이유에서였다고 볼 수 있다.("Cum Deus calculat, fit mundus.") 라이프니츠의 사유에서는 신일지라도 논리를 어길 수는 없다.

'완전도'라는 개념의 또 하나의 맥락은 모나드들의 수준에 관련된다. 모나드들은 그 완전도에 따라서 수준차를 가지며, 크게는 생명체의 수준에 달한 '완성태(엔텔레케이아)', 동물의 수준에 달한 '영혼', 인간의 수준에 달한 '정신', 마지막으로 신의 수준이 구분된다. 이 점에서 라이프니츠는 중세적인(오늘날까지도 상식을 형성하는) 위계(하이어라키)를 그대로 잇고 있다.

2절 모나드들의 상호 표현

§1. 상호 표현

스피노자와 마찬가지로 라이프니츠 역시 모나드들의 이해에서는 생성존재론의 입장을 취했다. 즉, 모나드들은 자체 내에 '활동성'을 내장하고 있으며(M, §10),[10] 그 빈위들을 차례로 펼친다.

모나드가 펼쳐지는 것은 그것이 '욕동작용(appétition)'을 내장하고 있기 때문이다. 욕동작용은 한 모나드에 있어 하나의 빈위로부터 그다음 빈위로 계속 이행하도록 만드는 힘이다. 하나의 모나드가 주름인 한에서 이 욕동작용은 결국 이 주름을 펴는 것이라 할 수 있다. 앞에서(3장, 1절) 라이프니츠에게서의 '본래적-능동적 힘'에 대해 언급했거니와, 욕동이란 결국 이힘에 해당한다고 볼 수 있다. 라이프니츠가 중세적인 제작적 세계관을 재공식화하고자 한 것은 사실이지만, 그의 사유에는 생성존재론적인 측면 또한 내재한다. 바로 어떤 모나드이든 그것이 '존재'한다는 것은 곧 그것의 빈위들이 펼쳐진다는 것을 뜻하기 때문이다.

한 모나드의 펼쳐짐은 상호 표현을 함축한다. 제갈량이 자신의 빈위를 펼치는 과정을 몇 가지 특이점들만 꼽아 생각해보자. '유비를 만나 융중대(隆中對)를 논하다' → '적벽대전에서 눈부신 외교를 펴다' → '백제성에서 탁고(託孤)를 받다' → '오장원의 별로 스러지다'. 하지만 이미 논했듯이, 제갈량의 이런 펼쳐짐이 가능하려면 최소한 유비-모나드, 장소, 노숙 등 오(吳)

---

10) M = Leibniz, *Monadologie* in *Principes de la Nature et de la grâce fondés en raison, Principes de la Philosophie ou Monadologie*, PUF, 1954. 『이성에 근거한 자연과 은총의 원리』는 "실체란 활동성을 가진 존재이다"(§1)라는 명제로부터 시작된다. 모나드들의 활동성은 자발성(spontanéité)이라고 할 수 있지만, 애초에 신에 의해 제작된 것이라는 점에서 근대적인 의미에서의 자발성이라고는 할 수 없다.

의 신하들-모나드, 유선-모나드, 사마의-모나드가 전제되어야 한다. 제갈량의 '유비를 만나 융중대를 논하다'라는 빈위는 유비의 '제갈량을 만나 융중대를 논하다'라는 빈위와 반드시 함께 펼쳐져야 한다. 그때에만 이 펼쳐짐은 의미를 가진다. '적벽대전에서 눈부신 외교를 펴다'의 경우에는 매우 많은 모나드들과 함께 펼쳐져야 할 것이다. 한 모나드의 모든 빈위들은 각각에 상관적인 다른 모나드들의 빈위들과 함께 펼쳐져야 하며, 이는 다른 모나드들, 결국 모든 모나드들에서도 마찬가지이다. 따라서 적어도 하나의 세계에서 즉 공가능한 모나드들로 구성된 하나의 가능세계에서 모든 모나드들은 함께 펼쳐져야 한다. 이 함께-펼쳐짐을 라이프니츠는 '표현' 또는 '상호 표현(s'entr'expression)'이라 부른다.[11] 라이프니츠는 '표현' 개념을 다음과 같이 설명한다.

'표현한다'는 것은 표현되는 역상(譯相)[12]에 상응하는 역상을 나타내는 것을 뜻한다. (…) 예컨대 한 기계의 모듈은 바로 그 기계를 표현하고, 원근법으로 그린 데생은 (…) 한 입체를, 담론은 사유와 진리를, 아라비아 숫자는 수를, 대수방정식은 기하학적 도형을 표현한다. 이 표현들에 공통적인 점은 표현하는 것의 역상을 살펴보는 것만으로도 표현되는 것에서 그에 상응하는 특성을 알게 된다는 점이다. 이로

---

11) "이제 모든 창조된 사물들 각각에게서, 나아가 모든 사물들 사이에서 성립하는 이 연결(liaison) 또는 대응(accommodement)이 각각의 단순 실체들이 다른 모든 것들을 표현하는 관계들을 가지도록, 그리고 결과적으로 우주의 항구적인 살아 있는 거울이 되도록 만든다."(M, §56)

12) '역상'이라 번역한 "habitudines"는 "존재방식"(블라발), "행동"(세르), "특징"(부키오), "비율관계(rapports)"(부종) 등 다양하게 번역된다. 하나의 곡이 연주될 때 악보와 소리에 공통된 것(번역을 가능하게 해주는 것), 즉 물질적 측면을 초월해(음표와 소리는 물질적으로는 분명히 다르므로) 양자에 공통된 것에 해당한다. "Isomorphism"에서의 "morphē" 즉 '에이도스'에 해당한다고 하겠다. 나는 이를 '표현/번역의 형상(形相)', 간단히 '역상(eidos of translation/expression)'이라 부를 것이다. 악보가 소리로 표현된다는 것은 악보-존재면의 형상이 소리-존재면의 형상으로 번역된다는 것을 뜻한다. 그리고 이렇게 표현/번역되는 한에서의 형상들이 곧 역상들이다.

부터 우리는 표현하는 것이 표현되는 것과 유사할 필요가 없다는 것, 단지 [양자 사이에서] 역상의 어떤 유비가 존재하기만 하면 된다는 것을 알 수 있다.[13]

라이프니츠는 존재면들 사이에서의 표현 — 역상들의 번역관계 — 에 대해서 명료하게 개념화해주고 있다. 라이프니츠 사유에서 최소 단위의 존재면들은 곧 모나드들이다. 그리고 모나드들의 상호 표현이란 결국 서로가 서로를 번역함으로써 상관적으로(correlatively) 표현된다는 것, 함께-맞물려-펼쳐진다는 것을 뜻한다.

§2. 지각의 이론

모나드들의 함께-펼쳐짐은 상관적 빈위들 사이의 지각의 관계를 함축한다. 아킬레우스-모나드 내의 '헥토르를 죽이다'라는 빈위는 헥토르-모나드 내의 '아킬레우스에게 죽임을 당하다'라는 빈위와 상관적이며, 이 상관성에는 우선 이 상태에서의 두 모나드 사이의 지각이 함축되어 있기 때문이다.[14] 그러나 짐작할 수 있듯이, 상호 표현이라는 라이프니츠의 존재론 때문에 그의 지각 개념은 독특한 형태로 제시된다.

순수한 하나 즉 단순 실체 [모나드] 내에 여럿을 내포·표상하고 있는 일시적인 상

---

13) Leibniz, "Qu'est-ce que l'idée", *Discours de métaphysique et autres textes*, par Christiane Frémont, Ed. Flammarion, 2011, p. 114.

14) 이 예가 함축하듯이, 함께-펼쳐짐에는 능동-수동 관계가 나타난다. "피조물들은 그것이 [상대적으로] 완전한 한에서 바깥에 작용을 가한다(agir)고 할 수 있고, 불완전한 한에서 타자에 의해 작용을 받는다(pâtir)고 할 수 있다. 그래서 우리는 모나드가 분명한 지각들을 가지는 한 그에 능동성(action)을 귀속시키고, 모호한 지각들을 가지는 한 수동성(passion)을 귀속시킨다."(M, §49) 라이프니츠에게서 모든 모나드들은 각각의 완전도를 가지며, 완전도에서의 차이를 통해 상호 간의 능동/수동의 관계를 맺는다.

태가 바로 우리가 지각작용이라고 부르는 것이다. 앞으로 분명해지겠지만, 지각작용(perception)은 통각작용(aperception)이나 의식과는 구분되어야 한다. 바로 이 점에서 데카르트주의자들은 오류를 범하고 있다. 즉, 그들은 우리가 통각하지 못하는 지각작용들을 무시하고 있는 것이다. 바로 이 때문에 이들은 오직 정신들만이 모나드라는 것, 동물들이나 다른 완성태들의 영혼들은 존재하지 않는다는 것을 주장한 것이다. 또 그들은 대중이 그렇듯이 긴 잠존(潛存)과 절대적 죽음을 구분하지 못했으며, 때문에 또한 전적으로 분리된 영혼들이라고 하는 스콜라적 편견으로 빠졌을 뿐 아니라, 영혼들의 소멸 가능성을 긍정하는 의견으로 기울어지기까지 했다.(M, §14)

일반적으로 지각('per-ception')이란 감각기관을 가진 인식 주체가 어떤 대상을 감각하고, 그 감각을 인식의 수준으로, 개념/정신의 수준으로 가져가는 과정을 가리킨다. 지각이란 관계 맺음의 일종이고, 관계 맺음이란 대개 외부적인 것이기에 지각 역시 외부적인 것 즉 타자와의 마주침이라는 계기를 내포하고 있다. 반면 라이프니츠의 경우 지각은 '내적 활동'이다. 아킬레우스는 자신의 빈위를 펼치는 것이고 헥토르 역시 자신의 빈위를 펼치는 것뿐이다. 지각이라는 관계는 각자에게 내부적이며, 그 외부(양자의 상응)는 신에 의해서만 주재된다. 두 시계를 동시에 맞추어놓으면 양자가 계속 일치하겠지만, 그 일치는 양자의 외부적/열린 관계가 아니라 각각에 내적이며 결국 그것들을 맞추어놓은 시계공에게 원인이 있는 것과 마찬가지이다. 지각이 "단순 실체 내에 여럿을 내포·표상하고 있는 일시적인 상태"라 할 때, 이 여럿은 빈위들이며 모나드는 빈위들을 내포한다(envelopper). 그러나 라이프니츠에게서 내포와 표상은 같은 것이다. 본래 표상이란 지각과 마찬가지로 외부적으로 성립하는 것이지만, "헥토르와 싸우다"라는 한 내포는 "아킬레우스와 싸우다"라는 내포와 표현/번역의 관계에 있고 따라서 표상은 이미 정해져 있기 때문이다. 한 모나드의 빈위들은 이미 그것들과 상관적인 빈위들을 자체 내에서 모두 표상하고 있다. 그리고 이 표상의

어느 한 상태(미분법에 유비한다면 dx)가 바로 한 지각이다.[15]

스피노자가 의식의 유무를 둘러싸고서 '욕동'과 '욕망'을 구분했듯이, 라이프니츠는 의식 유무를 기준으로 '지각'과 '통각'을 구분한다. 라이프니츠에게서 한 세계 내의 모든 모나드-계열체들은 공가능한 관계를 맺고 있으며, 한 모나드의 모든 빈위들은 그 자체가 지각을 형성한다. 이로부터 놀라운 결론이 나온다. 한 모나드는 결국 우주 전체를 지각한다고 해야 하기 때문이다. 한 모나드의 빈위들은 다른 무한한 빈위들과 맞물려 우주 전체를 표현하고 결과적으로 우주 전체를 지각한다. 하지만 경험상 각 개체들은 우주의 일부분만을 지각할 뿐이다. 라이프니츠는 일상적 맥락에서의 이 지각을 '통각'이라고 불러 구분한다. 지각이 애매하고 모호한 지각인 반면, 통각은 명석하고 판명한 지각이다. 전자가 무의식적 지각이라면, 후자는 의식적 지각이다. 그래서 의식적 지각은 무의식적 지각이라는 광대한 바다에 떠 있는 하나의 섬과도 같다.[16] 마치 dx 들의 미분적 연속체의 어느 한 영역이 적분을 통해 일정한 값을 얻게 되는 것과도 같다. 라이프니츠는 이 미분적 지각을 '미세지각(petites perceptions)'이라 부른다. 지각의 무한소들이라 할 수 있을 것이다. 이 미세지각들은 사실 빈위들 자체이며,[17] 애초에 신이 세계를 창조할 때 사용한 원초적 요소들이다.

---

15) 우리에게 지각이란 기본적으로 신체적 과정을 기초로 하며, 오늘날로 말하면 신경계와 밀접한 관련을 가지는 과정이다. 그러나 라이프니츠에게 지각은 어디까지나 비-신체적인 모나드와 모나드 사이에서의 함께-펼쳐짐의 과정이며, 기계적 메커니즘의 문제가 아니다.(M, §17) 지각하는 어떤 기계의 몸을 확대해서 그 안에 들어갔을 때, 거기에서 우리가 발견할 수 있는 것은 기계의 부품들일 뿐 빈위들은 아니라는 것이다. 현대식으로 말해 우리가 극미화(極微化)된 잠수정을 타고 누군가의 뇌를 헤집고 돌아다녀본들, 우리가 발견하는 것은 뇌의 생물학적 부분들일 뿐 그 사람의 관념들 ─ 현대식으로 말해 'qualia' ─ 이나 생각, 감정 등이 아닌 것과도 같다.

16) 이 점에서 라이프니츠는 '무의식' 개념의 선구를 이룬다고 할 수 있다. 고전적인 철학들과 근현대 철학의 중요한 한 변별점이 무의식 개념에 있거니와, 라이프니츠의 이 무의식 개념은 후에 베르그송으로 이어진다.

17) 역으로 말해 각각의 빈위들은 애초부터 각각의 지각들이다. 이것은 곧 각각의 빈위는 처음부터 어떤 독립된 존재자가 아니라 다른 모나드들과의 관계를 함축하는 존재자임을

§3. 영혼과 신체

라이프니츠는 모나드가 원초적인 지각 수준을 넘어 통각 수준의 인식행위를 할 때 그것을 '영혼'이라고 부른다. 라이프니츠에게 영혼은 모나드라는 층위에서 성립하는 것이며, 영혼에게는 죽음이 있어도 모나드에게는 죽음이 없다고 보았다. 영혼으로서의 헥토르가 트로이 성벽 아래에서 비참한 죽음을 맞이했다 해도, 헥토르-모나드 자체는 항존한다는 것이다. 헥토르-영혼은 실존하는(exist) 것이지만, 헥토르-모나드는 잠존하는(subsist) 또는 내존하는(insist) 것이기 때문이다. 라이프니츠에게 실존하는 세계는 광대하게 잠존하는/내존하는 세계-전체의 어느 한 국면일 뿐이다. 또, 모든 것이 연속적이며 또 '정도'에 따라 존재하기에 라이프니츠의 세계는 'res cogitans'와 'res extensa'가 날카롭게 나뉘는 이분법적 세계가 아니라, 모든 것이 연속성을 이루는 세계이다. 모든 것은 모나드들로서 연속적이며, 그 위에서 영혼의 여러 수준들(광물, 식물, 동물, 인간)이 구분될 뿐이라고 할 수 있다. 순수정신으로서의 'res cogitans'와 순수물질로서의 'res extensa'의 이분법이 모나드들의 연속적 정도차를 기반으로 하는 위계라는 구도로 대치되고 있다. 말할 필요도 없이 인간은 이 위계의 꼭대기에 자리를 잡는다.

그렇다면 정신 수준의 모나드인 인간에게 신체는 어떤 의미를 가지는가? 라이프니츠에게 신체와 정신은 데카르트에게서와 같은 두 실체를 구성하지 않는다. 또, "정신은 신체 변양들의 관념"이라고 했던 스피노자의 구도와도 다르다. 그에게 신체는 무수한 모나드들의 집합체이며, 정신은 신체를

뜻한다. 무송에게 "반금련을 형수로 두다"라는 빈위가 있다는 것은 즉 이 빈위가 반금련에 대한 무송의 지각관계에 다름 아니라는 것을 뜻한다. 잠재적 차원에서 보면, 무송의 빈위가 있고 반금련의 빈위가 있어 후에 양자가 관계를 맺는 것이 아니다. 각각의 빈위가 애초에 상호 관계로써 빈위로 성립해 있는 것이다. 흔히 폐쇄적인 생각의 예로서 "모나드에는 창이 없다"라는 라이프니츠의 명제를 들지만, 이는 잘못된 예이다. 라이프니츠의 사유 구도에서 모나드들 사이에는 애초에 창이 있을 이유가 없다.

'표현'한다. 즉, 정신과 신체는 인과관계를 맺지 않으며 단지 표현의 관계를 맺는다.[18] 그리고 모나드들의 표현이 이미 신에 의해 조율된 것이라면, 정신과 신체의 관계 역시 당연히 이런 조율에 입각해 이해된다. 이로부터 유명한 '예정조화'의 이론이 등장한다. 라이프니츠에게서 예정조화란 단순한 사변의 결과가 아니라 모든 모나드들이 우주 전체를 표현한다는 그의 표현주의 존재론으로부터 필연적으로/논리적으로 따라 나오는 귀결일 뿐이다. 일찍이 아리스토텔레스가 지적했듯이, 학문 수준의 담론에서는 한 사유/과학에서 무엇이 더 원리적인 것이고 무엇이 더 결과적인 것인지, 논리적으로/존재론적으로 어떤 것이 앞서는 것이고 어떤 것이 뒤따라 나오는 것인지를 파악하는 것이 핵심적으로 중요하다. 앞에서 논한 '낙천주의' 등 라이프니츠의 사유를 그가 내린 형이상학적 결론들을 가지고서 이해하는 것은 그에 대한 피상적인 이해에 이르게 한다. 라이프니츠의 존재론을 정확히 파악해 그것으로부터 그러한 결론들이 어떻게 유도되는지를 이해할 필요가 있다. 핵심적인 것은 표현주의이고, 예정조화설이란 단지 그 논리적 결과일 뿐이다.

하지만 만일 모든 모나드들이 우주 전체를 표현한다면, 그것들은 모두 같은 것들이고 따라서 세계에는 단 하나의 모나드만이 존재한다는 결론이, 아니 세계란 다른 것이 아니라 단 하나의 모나드일 뿐이라는 기이한 결론이 나오지 않겠는가? 모나드들의 구분은 어디에서 유래하는가? 라이프니츠는 각각의 모나드들이 명석·판명하게 지각하는 범위는 모두 다르다는 점을 지적한다. 각각의 모나드들은 각각의 '관점'에 따라서(이 관점은 인

---

18) 라이프니츠에게서 물체란 무수한 모나드들의 집합이 현상적으로 나타난 모습일 뿐이다. 따라서 영혼과 신체의 표현관계는 사실상 모나드들 사이의 표현관계의 한 국면일 뿐이다. 무수한 모나드들이 집적되어 있을 때, 그것이 하나의 개체가 되기 위해서는 어떤 '지배 모나드'가 있어야 한다. 지배 모나드와 이와 연관되는 "실체적 결속(vinculum substantiale)"의 문제는 오늘날 '정신과 신체 그리고 뇌'의 문제와 연계해 논해볼 만한 주제이다. 다음을 보라. 西川アサキ, 『魂と体, 脳』, 講談社, 2011.

식론적 개념이 아니라 존재론적 개념이다. 즉, 각 모나드의 존재론적 상황을 가리킨다.) 세계의 일정 부분만을 의식적으로 지각하는 것이다. 그렇다면 각 모나드의 관점은 어디에서 유래하는가? 바로 그것들에 결부되어 있는 신체에서 유래한다고 할 수 있다. 따라서 라이프니츠의 경우 각 모나드의 신체가 지각을 만들어내는 것이 아니다. 오히려 모든 모나드들은 이미 우주를 무의식 수준에서 지각하고 있으며, 각각의 신체 때문에 일정 범위 바깥의 우주가 배제되는 것이다. 어두운 구름들을 그림으로써 결과적으로 달[月]이 만들어지듯이, 일정 범위 외의 지각들이 무의식의 어둠 속에 잠김으로써 바로 그 범위의 지각이 밝게 드러나는 것이다. 이 범위를 결정하는 것이 바로 각 모나드에 결부되어 있는 신체이다. 라이프니츠에게서 지각이란 무엇인가를 더하는 행위가 아니라 오히려 무엇인가를 빼는 행위라 하겠다.[19]

§4. 인식론

이렇게 모나드들은 각 신체에 의해 제약된 지각을 하게 되지만, 정신적 수준의 모나드인 인간은 단순한 지각 이상의 인식을 행하는 존재이다. 그렇다면 라이프니츠의 인식론은 어떤 것인가?

대부분의 근대 철학자들이 그렇듯이, 라이프니츠의 인식론 역시 관념에서 실마리를 찾는다. 라이프니츠는 데카르트·스피노자와 마찬가지로 'idée'를 '이데아'로서가 아니라 능동적인 방식으로 즉 인식 주체가 사물들을 사유하기 위해 구사하는 관념으로 이해한다. 그리고 그 역시 명석한 관

---

19) 그런데 신체란 다름 아니라 무수한 모나드들의 집적체이다. 이렇게 생각해보면, 한 모나드의 관점이란 결국 그것에 직접적으로 결부되어 있는 다른 모나드들의 전체적 얼개/상황/배치에 의해 결정된다고 해야 한다.
    지각이란 무엇인가를 더하는 것이 아니라 오히려 무엇인가를 남겨놓고 나머지를 덜어내는 것이라는 이 생각은 후에 베르그송의 『물질과 기억』의 지각론으로 이어진다.

념과 애매한 관념, 판명한 관념과 모호한 관념을 구분한다.

그러나 라이프니츠의 용어법은 데카르트의 그것과 또 스피노자의 그것과 달라 혼동을 준다. 라이프니츠에게서 '명석한 관념과 애매한 관념'은 오히려 데카르트의 판명한 관념과 모호한/혼란스러운 관념의 쌍에 더 가깝다. 게다가 라이프니츠에게서의 이 구분은 관념들 자체에서의 판명/모호를 뜻하기보다 대상들을 명확히 구분할 수 있게 해주는 관념과 그렇지 못한 관념을 뜻한다. 누군가가 '빨간색'이라든가 '금성' 같은 관념을 명석하게(데카르트의 용어로는 판명하게) 안다는 것은 곧 그가 이 관념들을 가지고서 여러 색들 중 빨간색을, 여러 별들 중 금성을 명확히 구분해낼 수 있다는 뜻이다.(NE, 197) 라이프니츠의 '판명한 관념과 모호한/혼란스러운 관념'의 구분은 데카르트의 그것에 비교적 가깝다. 그러나 여기에도 라이프니츠 고유의 뉘앙스가 부가된다. 데카르트에게 판명한 관념이란 분석 가능한 관념을 뜻하며, 모호한/혼란스러운 관념은 분석 불가능한 관념을 뜻한다. 예컨대 '총각'이라는 관념은 '결혼하지-않은-남자'로 분석 가능하지만, '뜨거움'은 더 이상 분석할 수가 없다. 이에 비해서 라이프니츠의 존재론에서 모든 존재자들은 분석 가능하다.[20] 그러나 무한한 분석은 신에게서만 가능하며, 따라서 여기에서 분석 가능/불가능은 분석의 주체, 시대적-장소적 맥락 등 여러 가지에 상관적으로 이해되어야 할 것이다. 아울러 라이프니츠는 한 관념이 끝까지 분석되었을 경우를 '적합한' 인식이라고 불렀고, 이 분석의 요소들을 한순간에 파악하는 경우를 '직관적' 인식이라고 불렀다. 물론 이런 인식은 신에게서만 가능하다. 인간은 알렉산드로스의 완전개념

---

20) 플라톤의 경우 아낭케는 그 자체로서 하나의 원인(eidos)이며, 이데아와 짝을 이루는 존재론적 원리이다. 즉, 아낭케는 형상 속에 포섭되어 순치되는 것이 아니라 어디까지나 형상의 타자로서 작동한다. 때문에 세계에는 분석 불가능한 것들도 있다. 반면 라이프니츠에게서 모나드들은 (적어도 신에 의해서) 완벽하게/무한히 분석된다. 이 점에서 그의 사유는 완벽한 가지성(intelligibility)의 철학이다.(그러나 현실적으로 인간에게 세계는 완벽하게 가지적이지 않다. 이 점이 함축하는 윤리학적/도덕철학적 함의는 뒤에서 다룬다.) 반면 플라톤에게서 아낭케의 작용은 세계의 환원 불가능한 한 측면이다.

을 일정 정도까지만 분석/인식할 수 있지만, 신은 그를 적합하게 또 직관적으로 분석/인식할 수 있다.(DM, §8)

관념의 기능은 사물들을 표상하는 데에 즉 표현하는 데에 있다.[21] 말하자면 관념들은 사물들의 그림이다. 하나의 그림이 어떤 사물을 표현하듯이, 관념들은 사물들을 표현한다. 그리고 관념을 언어화했을 때, 이 언어 또한 관념을, 또 결과적으로 사물을 표현한다. 이 장의 첫머리에서 개념화했던 표현주의를 우리는 라이프니츠에게서 보다 선명한 형태로 확인할 수 있다. 라이프니츠의 이런 표현주의는 데카르트 이원론에 대한 하나의 해결책을 제시한다. 데카르트에게서 정신과 물질 사이에는 어떤 인과관계가 성립한다. 이런 생각은 이미 스피노자를 비롯한 여러 인물들에 의해 날카롭게 비판되었거니와, 라이프니츠에게서 정신과 물질은 인과관계가 아니라 **표현관계**를 가진다. 정신과 물질은 인과적으로 일치하는 것이 아니라 표현적으로 일치한다. 스피노자는 정신을 신체의 관념이라고 보았다. 이 생각은 라이프니츠의 표현주의에 가깝다. 그러나 이런 생각의 아래에 깔려 있는 양자의 존재론적 기반은 다르다. 스피노자에게서 정신과 물질은 신＝자연의 동시적 표현이며, 양자의 일치는 이 동시 표현에 그 근거가 있다. 반면 라이프니츠에게서 정신과 물질(사실 양자 모두 모나드들이거니와)은 상이한 계열체들 사이의 일치/함께-펼쳐짐으로서의 표현인 것이다.

라이프니츠에게 인식이란 바로 관념의 이런 표현작용이거니와, 이 표현작용을 다시 언어로 표현한 것이 명제이다.(3장, 1절, '질의 과학'에 대한 논의에서 언급한 'représentation' 개념을 상기하자.) 따라서 그에게 참된 명제란 대상이 되는 모나드 계열체의 빈위들의 순서[22]를 그대로 잘 표현/표상한 명

---

21) 이미 논했듯이, 근대 철학 일반에서 표상이란 인식 주체가 대상을 지각해 마음속에 받아들이는 것 또는 그렇게 받아들인 결과물을 뜻하지만 라이프니츠는 지각 자체를 고유의 표현주의의 구도에서 이해한다. 결과적으로 라이프니츠의 사유 구도에서는 표상과 표현이 같은 것을 뜻하게 된다.

22) 라이프니츠에게 시간이란 '계기(succession)의 순서'이다. 시간 안에서 운동이 성립하는

제이다. 흥미로운 점은 라이프니츠에게서 "모든 분석명제는 참"(동일률)일 뿐만 아니라 "모든 참된 명제는 분석적"(충족이유율)이라는 점이다. 일반적으로 분석명제는 논리적 필연성에 입각해 연역되는 명제이다. 그래서 "총각은 결혼하지 않은 남자이다"라는 명제나 "$a^2-b^2=(a+b)(a-b)$" 같은 명제는 분석적이다. 하지만 "알래스카에는 순록이 있다"라는 명제는 종합명제이다. 과연 순록이 있는지 없는지는 가봐야 알 수 있기 때문이다. 종합명제는 논리적 필연성에 의해서가 아니라 사실적 우연성에 의해 지배된다. 하지만 라이프니츠의 경우 "카이사르가 루비콘 강을 건너다" 같은 종합명제/우연적 명제 또한 분석적이다. 왜일까? 라이프니츠에게는 모든 개체들이 하나의 개념 ── 그 개체에게만 해당하는 유일무이한 개념(내포는 무한하지만 외연은 1인 개념) ── 이기 때문이다. 따라서 카이사르의 빈위들을 모두 분석해내면 그에게서 '루비콘 강을 건너다'라는 빈위를 발견해낼 수 있고, 이것이 곧 "모든 참된 명제는 분석명제"라는 언표의 의미이다. 그러나 현실적으로 우리는 이렇게 무한한 분석을 통해서 세계를 완벽하게 이해할 수가 없다. 무한 분석은 오직 신에게서만 가능하다. 따라서 분석적이냐 종합적이냐는 사실상 유한 분석을 통해서도 인식 가능한가 아니면 무한 분석을 통해서만 인식 가능한가의 문제이다. 우리가 종합명제를 확인하기 위해 경험을 해봐야 하는 것은 그 명제가 분석적인 명제가 아니기 때문이 아니라 단지 무한한 분석을 요청하는 명제이기 때문일 뿐이다.

라이프니츠에게서는 이렇게 인간적 우연성이 신적 필연성으로 흡수되

───

것이 아니라 주기적 운동의 수로서 시간이 성립한다. 지속 안에서 반복이 일어나는 것이 아니라, 반복의 연속으로써 지속이 성립한다. 시간이 있어 시계가 그것을 재는 것이 아니라, 시계의 주기적 운동을 통해 시간이 성립한다. 라이프니츠에게서 관계가 실체에 내부화되듯이, 시간(과 공간) 또한 내부화된다. 따라서 모나드 계열체의 빈위들이 모두 함께-펼쳐지는 순서가 시간-전체라 할 수 있다. 유비와 제갈량의 만남은 양자의 공가능성을 함축한다. 그러나 이 공가능성은 또한 시간의 동시성을 함축한다. 따라서 라이프니츠에게서 유비와 제갈량의 만남은 시간이 빚어낸 우연의 드라마가 아니라, 양자가 공가능해야 바로 이 세계가 성립한다는 논리적 요청의 필연적 결과(동시성)이다.

어 이해된다. 그렇다면 그에게 우연성은 표피적인 의미만 있을 뿐인가? 라이프니츠에게 우연성이 보다 강한 뉘앙스를 띠는 경우는 한 세계 내에서보다는 오히려 가능세계들 사이에 있어서이다. 우연적 명제는 결국 가능세계에 따라서 그 진·위가 달라지는 명제라 할 수 있다. "이이는 이황의 리 개념을 비판했다"라는 명제는 어떤 가능세계들에서는 참이지만 또 다른 가능세계들에서는 거짓이다. 반면 필연적 명제는 어떤 가능세계에서도 항상 참인 명제이다. "a=b이고 b=c이면 a=c이다"라는 명제는 어느 가능세계에서나 참이다. 라이프니츠에게 '필연적 진리'란 여러 가능세계들을 관통해서 성립하는 관(貫)세계적 진리이지만, '우연적 진리'란 어떤 가능세계냐에 따라 그 진·위가 달라지는 진리라 할 수 있다. 필연적 진리의 부정은 모순을 함축하며 불가능하지만, 우연적 진리의 부정은 모순을 함축하지 않는다. 다만 두 경우가 하나의 세계 안에서 공가능하지 않을 뿐이다.

라이프니츠의 사유는 철저하게 동일성의 사유, 가지성/개념의 사유, 분석적 사유, 논리적 필연성의 사유이다. 그의 사유는 철저한 합리주의의 사유라 할 수 있다. 그러나 그는 나름대로의 방식대로 우연성을 사유하려 했고, 이는 그의 가능세계론과 뗄 수 없이 연관되어 있다. 이 점은 그의 실천철학에 관련해서도 중요한 함축을 띤다.

3절 신(神)에 대한 변론

라이프니츠 철학의 근본 목표는 기독교적 세계관과 가치를 부활시켜 분열에 빠진 유럽을 새롭게 통합하는 것이었다. 이 점에서 그가 창안한 '신정론(théodicée)' ─ 신의 정의에 대한 이론 ─ 은 그의 사유의 귀결을 이룬다. 그러나 라이프니츠에게 중요했던 것은 신의 정의만이 아니라 인간의 자유 확보를 통한 도덕의 정초이기도 했다. 더 정확히 말해, 라이프니츠 실천철학의 핵심은 신의 정의와 인간의 자유·도덕을 어떻게 **동시에** 긍정하고 조화시킬 것인가에 있었다.

§1. 결정론과 자유·도덕

라이프니츠 사유의 핵은 "모든 것/일에는 이유가 있다"는 것이다. 달리 말해, "이유 없이 일어나는 일은 없다(nihil fit sine ratione)". 그는 "왜 아무것도 존재하지 않는 것이 아니라 무엇인가가 존재하는가, 그리고 〔이 존재자들은〕 왜 다른 식으로가 아니라 바로 그런 식으로 존재하는가?"에 관련한 충분한 이유가 존재한다고 생각한다. 이 때문에 그의 사유는 때로 "초-합리주의"로 불리기도 한다. 그리고 이 모든 것에 대한 궁극의 설명 원리는 신이다. 라이프니츠의 세계는 충족이유율에 의해 지배되는 세계이고, 충족이유율의 궁극에는 신이 존재한다. 이 점에서 그의 세계는 결정론적 세계이기도 하다. 그러나 이 결정론은 근대 이후 각종 과학들에서 흔히 전제되는 인과적 결정론이 아니다. 모든 것은 신에 의해 결정되어 있다는 신학적 결정론인 것이다. 하지만 하나의 문제가 솟아오른다. 세계(들)의 모든 것이 어차피 신에 의해 다 결정되어 있는 것이라면, 도덕적인 책임이란 성립하지 않으리라는 점이다. 도덕적 책임이란 자유의지를 전제하기 때문이다.

히틀러가 유대인들을 수없이 죽인 것도, 일본의 731부대가 그 끔직한 마루타 실험들을 행한 것도 그들 속에 이미 결정되어 있는 빈위들이 펼쳐진 것뿐이라면, 거기에 무슨 도덕적 책임이 있겠는가? 아니 더 나아가, 세상에는 수많은 고통과 악이 창궐하고 있으므로 신이야말로 악한 존재가 아니겠는가. 이 모든 것의 궁극적 이유가 바로 신일진대, 신이야말로 참으로 극악한 존재가 아니고 무엇이란 말인가? 간단히 말해, 이 세계를 신이 만들었고 그 세계가 악한 것이라면 바로 그 작자인 신은 당연히 악한 존재인 것이다. 라이프니츠는 그의 사유가 잉태한(사실 기독교세계, 넓게는 일신교세계에서는 늘 논의되어온 문제이지만) 이 난제를 둘러싸고 새로운 형태의 변신론을 펼친다.

라이프니츠의 변신론은 철저하게 논리적인 사유를 통해서 전개된다. 논리와 이성이 아닌 어떤 방식을 끌어들여 어설프게 신을 정당화하는 길은 단호히 배제된다. 물론 이는 행하고 있는 것이 철학인 한 당연한 것이지만, 라이프니츠의 경우 그의 초-합리주의가 논의의 근간을 이루기에 더욱 두드러진다. 라이프니츠의 사유는 흔히 18세기 계몽사상 이전의, 계몽의 잣대로 볼 때 사변적이기 이를 데 없는 형이상학의 전형으로 이해되지만, 사실 그의 사유의 이런 성격은 이미 계몽사상을 선취하고 있는 것이었다. 오히려 흔히 계몽사상의 선구자로 간주되는 베일(1647~1706)이야말로, 이성으로 신을 변호하는 것은 한계를 가질 수밖에 없으며 차라리 비-이성적인 신앙을 통해 신에 다가가야 함을 역설했다는 점에서, 라이프니츠와 얄궂은 대조를 이룬다.

라이프니츠의 문제는 이것이다: 충족이유율을 근간으로 하는 **결정론적 세계**[23] 위에서 어떻게 인간의 자유와 도덕을 정초할 수 있을까? 이 문제는

---

23) 라이프니츠는 자신의 사유가 결정론이 아니라는 점을 충족이유율은 '우연적 진리'임을 강조함으로써 증명코자 했다.(DM, §13) 그러나 앞에서 보았듯이, 라이프니츠에게서 우연적 진리는 한 세계 내에서가 아니라 세계들 사이에서 성립한다. "[에우클레이데스 공간에서] 삼각형의 내각의 합은 2직각이다"라는 명제는 모든 가능세계에서 참인 명제 즉

결국 이 세계가 가능한 세계들 중 최선의 세계라는 생각에 연결된다. 인간의 자유와 도덕의 근거는 바로 최선의 세계에서 가장 잘 확보된다는 것이 라이프니츠의 생각이기 때문이다.

　라이프니츠는 앞에서 언급한, 신을 고발하고 신에게 소송을 거는 사유를 '숙명론'이라고 부르며, 자신의 사유를 이로부터 구분하고자 했다. 그는 『철학자의 고백』[24]에서 신은 죄의 이유일지 몰라도 작자는 아님을 지적한다. 신은 논리적 법칙에 따라서, 특히 공가능성의 법칙에 따라서 세계를 만들었다. 따라서 이 세계는 최선의 세계일지는 몰라도 완벽한 세계는 아니다. 전철 선로를 만들 때 어떨 때는 지상으로 가게 할 수 있지만 어떨 때는 지하를 뚫을 수밖에 없다. 어떨 때는 입구와 승강장의 거리를 짧게 할 수 있지만 어떨 때는 그렇게 하기가 어렵다. 어떤 지역은 환승역을 만들 수가 있지만 어떤 지역에서는 그것이 어려울 수 있다. 물론 전철에 관련되는 모든 측면들을 다 충족해서 완벽하게 만든다면, 즉 모든 전철역이 지상으로 되어 있고 입구와 승강장의 거리도 매우 가깝고, 모든 역에서 환승할 수 있고, 또 다른 모든 조건들도 완벽하도록 만들면 좋을 것이다. 그러나 이는 불가능하다. 논리적으로 어떤 하나를 선택하면 다른 어떤 것은 배제할 수밖에 없는 경우가 많기 때문이다. 산에 터널을 뚫으면 생태계가 파괴되지만 돌아가면 시간이 더 걸리고, 시간을 줄이려면 터널을 뚫을 수밖에 없다. 신조차도 터널을 뚫지 않으면서도 직선으로 가게 할 수는 없다. 신은 네로 황제가

필연적인 명제이다. "여포는 방천화극을 휘두른다"라는 명제는 그것이 참이 아닌 가능세계들이 존재한다는 점에서 우연적 진리이다. 그러나 이 명제가 참인 그런 세계 내에서 이 명제는 필연적으로 성립한다. 그 세계 내의 여포-모나드 내에는 "방천화극을 휘두르다"라는 빈위가 이미 잠재해 있었고, 그것은 필연적으로 펼쳐지기 때문이다. 한 세계 내의 모든 모나드들의 **모든** 빈위들은 필연적으로 존재하며/펼쳐지며, 따라서 모든 모나드들은 필연적으로 존재한다/펼쳐진다. 라이프니츠의 이런 필연성은 일반적인 '명제적 필연성(de dicto necessity)'이 아니라 독특한 형태의 '사물적 필연(de re necessity)' 이다.

24) 고트프리트 라이프니츠, 배선복 편역, 『철학자의 고백』, UUP, 2002.

광기를 부린 끝에 비참한 죽음을 맞이하지 않도록 만들 수도 있었고, 또 실제 그런 가능세계도 존재한다. 하지만 그럴 경우 신이 볼 때 꼭 필요했던 다른 여러 측면들에서 불공가능성이 생겨날 수밖에 없다. 신은 무한한 경우의 수들을 모두 고려해서 '최선의'(오해를 피해서 번역한다면 '최적화된'. 반복해서 말하게 되거니와, '낙천주의'나 '최선의' 같은 번역들이 라이프니츠에 대한 피상적 이해를 부추겼다.) 세계를 만들었을 뿐이다.[25] 그런데도 그 세계에서 죄/악이 생겨날 수밖에 없다면, 그것은 신의 능력조차도 한계를 가지기 때문이지 신이 그것을 의지하거나 의도한 것이 결코 아니다. 신은 죄/악의 이유일 뿐 그 작자는 아니다.

이전의 기독교신학에서도 자주 등장한 논리이지만, 라이프니츠는 이런 맥락에서 신의 "역사(役事)하심"은 항상 전체로써 이해되어야 함을 역설한다. 세계 전체는 '보편적 조화'를 보여주는 최선의 것이기에, 어떤 부분들에 비극과 악이 존재한다 해도 그것들을 전체의 관점에서 이해해야 한다는 것이다. 유다는 예수를 은화 30개에 팔아넘기는 악행을 저질렀지만, 그의 악행이 없었다면 예수의 대속 또한 없었을 것이다. 이 점에서 유다는 오히려 기독교의 성립에 큰 공헌을 한 것이다. 부분적으로 볼 때 유다의 행위는 악

---

25) 이 점에서 라이프니츠의 신은 스피노자의 신과는 물론이고 데카르트의 신과도 다르다. 데카르트의 신은 원하기만 하면 자연법칙들, 역사적 사건들은 물론이고 논리학적-수학적 법칙들조차도 바꿀 수 있는 '자유의지(libre arbitre)'를 가지고 있다. 그러나 라이프니츠가 볼 때 이런 신 개념은 신이 자의적으로 세계를 바꿀 수 있다고 보는, 나아가 자의적으로 가치를 바꿀 수 있다고 보는 위험천만한 생각이다. 신이 논리적-수학적 법칙들을 마구 바꾼다면, 세계는 엉망진창이 될 것이다. 신이 도덕적 가치를 마음대로 바꿀 수 있다면, 그는 정의로운 존재가 아니라 차라리 폭군이라 해야 할 것이다.* "신은 그 어떤 것도 이유 없이 의지하지 않는다." 좋은 조각가는 돌의 본성을 잘 살펴 최선의 조각을 하는 사람이지 제멋대로 조각하는 사람이 아니며, 좋은 재판관은 법조항을 최대한 지키면서 현명한 판결을 내리는 사람이지 법을 마구잡이로 고치는 사람이 아닌 것과도 같다. 그리고 신이 따르는 논리적 법칙들 중 특히 중요한 것이 바로 '공가능성'이라 할 수 있다.
*이럴 경우 신은 공포의 대상이 될 것이다. 그러나 라이프니츠는 스피노자와는 다른 구도에서 '신에의 사랑'을 역설한다.

이지만, 전체의 관점에서는 바로 그 악이 최선세계의 구성을 위한 필수적인 하나의 고리인 것이다.

> 당신들이 세계를 알기 시작한 지는 3일밖에 되지 않았습니다. 당신들은 바로 눈앞의 것들밖에 보지 못하면서, 〔세계에 관해〕 갖가지 불평거리들을 찾아냅니다. 세계를 알게 되기까지 좀 더 기다리고, 특히 (유기체들에서 볼 수 있듯이) 완전한 전체를 드러내주는 부분들을 잘 살펴보십시오. 거기에서 당신은 상상을 넘어서는 솜씨와 아름다움을 발견할 것입니다. 이로써, 우리가 알고 있지 못한 것들에조차도, 조물주의 지혜로움과 선함이 존재한다는 결론을 도출해냅시다.(ET, II, §194)

라이프니츠의 이런 식의 변신론은 많은 반론 나아가 반감에 부딪치게 된다. 신의 섭리가 구현되기 위해서 그 숱한 아이들이 단말마의 고통을 겪어야 하고, 계속 이어진 종교전쟁들, 그리고 제2차 세계대전, 베트남 전쟁, 관동 대지진, …… 등 헤아릴 수조차 없는 비극들을 겪어야 한다면, 그놈의 섭리라는 게, '위대한 조화'라는 게 도대체 뭐란 말인가! 이런 숱한 일들을 겪고서야 자신의 섭리를 구현할 수 있는 존재가 신이라면, 도대체 그런 무능한 신, 아니 극악한 사디스트인 신이 어떻게 신일 수 있단 말인가! 등등, 라이프니츠의 생각은 비판을 넘어서 비웃음 나아가 분노를 야기하기까지 했다.

§2. 자유의 조건들

이런 비판들과 성격이 다른, 당대에 제시된 흥미로운 반론들 중 하나는 이것이다: 만일 최선세계의 선택의 기초가 신의 자유의지가 아니라 객관적인 논리법칙들 ── 특히 공가능성 ── 에 있다면, 그리고 신이 이런 법칙들에 입각한 결과로서의 최선세계를 선택한다면, 아니 선택하지 않을 수가 없다면, 신이 하는 일이 대체 무엇이란 말인가? 신은 계산을 하고 그 결과를 선택하는 존재 이외의 존재가 아니게 되어버린다. 이런 비판에 입각할 때, 라이프니츠의 신은 창조주의 이미지보다는 컴퓨터 — 슈퍼컴퓨터 — 의 이미지를 띠게 되는 것 같다. 이에 대해 라이프니츠는 '형이상학적 필연성'과 '평형26)의 무차이' 사이에 '도덕적 필연성'을 배치함으로써 답한다.(ET, III, §349) 형이상학적 필연성은 절대적 필연성으로서, 그와 달리는 생각할 수 없는 필연이다. 그러나 신의 '선택'은 무한한 가능세계들 사이에서의 선택으로서, 형이상학적 필연성에 따른 것이 아니다.27) 평형의 무차이는 무수한 갈래들 사이에서 어떤 특정한 갈래를 선택할 아무런 이유가 없는 경우이다. 이 경우는 주사위를 던져서 결정할 때처럼 순수 우발성(hasard)에 입각한 선택이 이루어지는 경우이다. 그러나 신은 이렇게 자의적으로 현실세계를 선택하지 않았다. 신이 지금 이 현실세계를 선택한 것은 어디까지나 도덕적 필연성에 입각해서였다.28) 즉, 신은 어떤 것을 선택할 수밖에 없는 무능력 때문에 이 세계를 선택한 것도 아니고, 어떤 세계를 선택해도 상관없는 자의성에 입각해 이 세계를 선택한 것도 아니다. 신은 가

---

26) 여기에서의 평형(equilibrium)이란 뷔리당의 당나귀에서와 같은 상황을 뜻한다. 딱히 어느 쪽을 선택할 아무런 이유도 없기 때문에, 즉 어느 쪽을 선택해도 거기에는 의미 있는 차이가 없기 때문에, 만일 선택을 했다면 그 선택은 철저히 '랜덤'한 것이라 할 수 있는 상황이다.

27) 라이프니츠는 스피노자가 신에게서 "지성(판단)과 선택을 박탈"했다고 비판한다.(ET, III, §371) 라이프니츠의 사유 전체는 신에게 "지성과 선택"을 되돌려주려는 동기에 의해 추동되었다고 할 수 있다.

28) 라이프니츠는 자유의 조건을 ① 우연성, ② 자발성, ③ 지성으로 보았다. 우연성은 객관적 조건이다. 우연성이 존재하지 않는 곳에서는 선택이란 있을 수 없기 때문이다. 신은 가능세계들의 우연성을 놓고서 선택한 것이다. 때문에 그 선택의 기준은 형이상학적 필연성에 있는 것이 아니라, 마땅히 가장 좋은 세계를 자발적으로 선택할 신의 도덕적 필연성에 있는 것이다. 또, 신의 선택은 지성에 입각한 엄밀한 계산을 통해서 이루어지는 것이지 동전 던지기에서와 같은 자의성에 입각해(casually/randomly) 이루어진 것이 아니다. 이 또한 가장 좋은 것을 선택한다는 신의 도덕적 필연성에 따라 이루어진 것이다. 따라서 신의 도덕적 필연성은 곧 그의 자유에 다름 아니다.

장 위대한 존재라면 **마땅히/당연히**('이성의 의무'에 따라서) 가장 좋은 세계를 선택하리라는 도덕적 필연성에 따라 이 세계를 선택한 것이다. "도덕적 필연성은 신이 선택하지 않은 것들이 불가능하다는 것을 뜻하지 않는다." (ET, II, §231) 그리고 바로 이 점에 신의 자유로운 선택이 존재한다.

라이프니츠는 신에 대해 이렇게 변론을 펼쳤거니와, 이 세계가 이렇게 가능한 최선의 세계요 신의 정의가 실현된 세계라면, 여기에서 인간의 자유와 도덕은 어떻게 정당화되는가? 이 세계가 신의 정의가 실현된 세계라면, 그 안에는 도덕의 존재가 그리고 그 가능근거로서의 인간의 자유가 존재할 것이다. 하지만 라이프니츠의 세계는 결정론적인 세계이다. 그렇다면 그의 문제는 결국 그의 결정론적 존재론 위에서 어떻게 자유의 가능성을 인정하고 도덕을 정초할 수 있는가의 문제이다.

자유의 개념은 우연성, 자발성, 지성의 개념을 함축한다. 절대적 필연성이 존재하는 곳에서는 자유가 있을 수 없다. 또, 루크레티우스의 "클리나멘" 개념을 논하면서 언급했듯이(1권, 8장, 2절), 자유는 외적 우발성에 휘둘리는 것이 아니라 오히려 내적 필연성 즉 자발성에 입각해 이루어지는 행위에서 보장된다. 그리고 이 자발성은 단지 맹목적 의지 같은 것이 아니라 어디까지나 사태를 찬찬히 살피고 생각하고 선택하는 지성을 포함한 자발성이어야 한다. 그렇다면 인간에게는 이 우연성, 자발성, 지성을 포괄하는 자유의 가능성이 주어져 있는 것일까?

라이프니츠는 신이 창조한 이 세계가 결정론적이긴 하지만 우연성을 배제하지 않음을 주장한다. 우선 절대적 필연과 가설적/우연적 필연을 구분하는 것이 중요하다.[29] 절대적 필연은 모든 가능세계들에서 참이지만, 가설적 필연은 한 가능세계 내에 포함되는 필연이다. 전자는 우연성을 배제하지만, 후자는 우연성 내에서 성립하는 필연성이다. 신은 이 세계를 단 한 번에 만들었다. 여러 번에 걸쳐서가 아니라 태초에 단 한 번 만들었다는 의

---

29) 「코스트에게 보낸 서한」(1707년 12월 19일).

미와 이 단 한 번에 있어서도 유일무이한 단 한 회에 만들었다는 의미, 이 두 의미 모두에 있어. 거기에는 실험적으로 만들어본다든가, 이미 만든 세계를 경우에 따라 수선한다든가, 폐기하고 다시 만든다든가 하는 개념은 전혀 없다. 세계는 처음이자 마지막으로 그리고 단 한 번에 만들어진 것이다. 완벽한 계산에 의해서.[30] 그리고 신이 완벽하게 계산해서 최선의 세계를 선택한 것은 사실이지만, 지적했듯이 완벽한 계산이 세계의 완벽성을 뜻하지는 않는다. 완벽한 계산으로 최선의 전철을 만들었다고 해도, 거기에는 어쩔 수 없는 측면들이 함축되어 들어간다. 완벽한 계산을 통해 그것들을 최소화할 수는 있지만 결코 무화할 수는 없는 것이다. 전체가 조화로우려면 어떤 부분들은 반드시 그렇게 되어야 하는 것이다. 이런 형태의 필연이 곧 가설적 필연이다. 때문에 라이프니츠는 가설적 필연은 우연성을 배제하지 않는다는 점을 강조한다.

라이프니츠는 가설적 필연(이 세계가 내포하는 결정성)이 우연성을 배제하지 않는다는 이 사실로부터 우리가 자유롭다는 결론을 이끌어낸다. 설사 내 행위의 조건들이 전적으로 결정되어 있는 상황이라 해도, 두 행위 예컨대 떠남과 머묾 중의 어느 하나의 선택이 필연을 함축하지 않기 때문이다.[31] 다시 말해, 한 행위의 선택이 다른 하나의 선택과 모순관계를 이루지

---

30) 라이프니츠는 신이 때때로 세계를 수선한다는 뉴턴의 생각을 비판했다. 라이프니츠의 생각은 이슬람 순니파 신학의 원자론과 대척적이다. 1권에서 지적했듯이(9장, 3절), 이슬람 원자론은 세계를 철저하게 불연속적으로, 즉 공간적으로 또 시간적으로 원자화되어 있는 것으로 파악한다. 그리고 이 원자들이 어떻게 조합되어 특정한 세계가 되는가는 매 순간 신에 의해 결정된다. 이븐 루쉬드 등이 생각했던 것처럼 종이가 불에 타는 것이 양자 사이에 어떤 인과율이 있어서 그런 것은 아니다. 알-가잘리가 역설했듯이, 신이 양자를 이어준 것뿐이다. 신은 레고 놀이를 하는 아이처럼 매 순간 원자들을 특정한 방식으로 짜서 맞추는 것이다. 이 점에서 라이프니츠의 생각은 신이 완벽한 지성을 통해 세계를 태초에 한 번에 창조했다는 이븐 루쉬드의 사유를 잇고 있다.

31) 이 필연은 『티마이오스』에 등장하는 '어쩔 수 없는 것'으로서의 '아낭케'와 유사하다. 라이프니츠는 자신이 논하는 신이 플라톤의 데미우르고스와 격이 다른 존재라는 점을 강조하지만, 두 경우 모두 따라야 할 차원이 있고 거기에 '어쩔 수 없는' 어떤 것이 존재한다는 점에서 유사하다. 단, 라이프니츠에게서의 제약이 논리적인 것이라면(a=b,

않기 때문이다. 여기에 개입하는 필연이 있다면 그것은 가설적 필연뿐이며, 이는 모순을 함축하지 않는다. 라이프니츠는 이 우연성의 근거 위에서 인간의 자유를 주장한다. 물론 그는 우연성만으로 자유가 성립한다고 보지는 않는다. 절대적 모순 못지않게 절대적 무차이(평형의 무차이) 또한 자유를 주지 못하는데, 여기에는 지성이 결여되어 있는 것은 물론이고 진정한 의미에서의 자발성도 결여되어 있기 때문이다. 진정한 자발성은 맹목적 의지가 아니라, 신중한 숙고를 함축하기 때문이다. 더구나 모든 일에는 이유가 있다는 원리는 라이프니츠 사유의 시금석이다. 자유롭다는 것은 결정성이 없다는 것을 뜻하는 것이 아니라, 결정성이 자기 자신에게 있다는 것을 뜻한다. 자유로운 존재가 어떤 길을 선택하는 것은 그것을 선택 '할 수밖에 없어서'가 아니라 그것이 최선이라고 판단하기 때문이다.[32] 인간은 우연성이라는 존재론적 토대 위에서 자발성과 지성에 입각한 선택을 할 때 자유롭다.

그러나 라이프니츠의 이 논변은 성공적이지 않아 보인다. 라이프니츠의 사유체계에서 우연성은 가능세계들 사이에서 성립할 뿐 한 세계 내에서 성립하지 않는다. 우연성 개념은 정해져-있지-않은 길들 — 시간적 갈래들 — 을 전제한다. 라이프니츠에게서 이 갈래들은 상이한 가능세계들로서 존재할 뿐 이 세계 내에서 성립하지는 않는다. 따라서 자유를 가능케 하는 우연성 개념은 한 인간이 여러 가능세계들을 가로질러 살아갈 수 있음을

---

b = c로 만들었는데, 다른 곳에서는 a≠c로 만들 수 없다. 물론 신이 a와 c를 다르게 만들 수도 있겠지만, 그럴 경우 그것에 정합적으로 다른 부분들을 모두 고쳐야 한다.) 플라톤에게서의 제약은 코라에서 유래하는 물리적인 것이다.(코라는 이데아의 온전한 구현을 좌절시킨다.)

32) 라이프니츠의 이런 구별은 스피노자의 신 개념에 관련해서도 시사적이다. 어떤 사람들(예컨대 야코비)은 스피노자의 철학을 무신론이자 숙명론으로 해석했는데, 이것은 스피노자의 신을 '~수밖에 없어서'의 수준에서 파악한 것이다. 헤르더가 지적했듯이 이런 식의 스피노자 이해는 유대-기독교의 신 개념을 전제하고서 스피노자의 신 개념을 자의적으로 오해 나아가 부정한 것에 불과하며, 또 능산적 자연과 소산적 자연을 구분하지 못한 것이기도 하다.

전제하며, 물론 이는 (관세계적 동일성이 성립하느냐를 따질 것도 없이 그 이전에) 성립하지 않는다. 인간에게 의미 있는 자유와 도덕은 이 세계에서의 자유와 도덕이다. 라이프니츠에게서는 이런 자유와 도덕을 가능케 하는 우연성은 존재하지 않는다. 아울러 모나드에 내재되어 있는 '자발성'이란 결국 모나드의 욕동에 따라 그 빈위들이 펼쳐지는 것일 뿐이며, 근대 이후 전개된 주체철학들에서의 자발성과는 성격이 다를 수밖에 없다. 마지막으로 라이프니츠의 사유에서는 신이 지성을 통해 가능세계들을 가늠하는 것이지, 인간이 자신의 지성을 통해서 자신의 앞길을 선택할 수 있는 것이 아니다. 라이프니츠는 자신의 결정론적 세계를 전제하면서 그 위에서 자유와 도덕을 입증하려 했지만, 모나드들의 세계에서는 그런 자유와 도덕이 불가능하다.[33]

§3. 스피노자와 라이프니츠

라이프니츠의 사유체계에서 가능한 자유와 도덕은 차라리 이런 식으로 이해 가능하다. 모나드들의 구조와 생성이 신에 의해 이미 디자인되어 있다고 해도, 모나드들 자신은 그것을 충분히 인식하지 못한다. 인간은 세계의 결정성에 대해 무지하다. 그렇기 때문에 분명히 신에 의해 이미 모든 것이 결정되어 있음에도 불구하고, 무지한 인간에게는 이 세계가 우연적이고 비-결정론적이라고 할 수 있다. 따라서 인간은 자신이 모르는 부분에 대해서는 자신이 자유롭다고 가정하고 행동할 수밖에 없고 최대한 도덕적으로

---

33) 라이프니츠식의 자유·도덕 개념을 긍정적으로 살리려면, 그의 가능세계론이 내재적 가능세계론이 되어야 한다. 그리고 이 구도 위에서 '이접적 종합(synthèse disjonctive)'을 추구할 때 진정으로 우연성의 기초 위에서 자유(와 도덕)를 논할 수 있다. 내재적 가능세계론과 이접적 종합에 대해서는 (『무위인-되기』, 『아이온의 시간』에 수록될) 다른 글들에서 논했다.

행동할 수밖에 없다. 신에게는 결정되어 있겠지만, 인간은 의지로써 선택해야 하고 그 결과는 신에게 맡겨야 하는 것이다. 진인사(盡人事)하고 대천명(待天命)하는 것이라 하겠다. 이는 예정설에 대한 하나의 해석이라고도 할 수 있다.

이렇게 보는 한에서 라이프니츠의 사유는 스피노자의 그것과 묘한 대조를 이룬다. 양자는 두 가지 전제를 공유한다. ① 세계는 완전히 결정되어 있다. ② 인간은 이 결정성에 대해 무지하다. 그러나 양자에게서 이 '무지'의 존재론적-인식론적 위상은 대조적이다. 스피노자에게 이 무지는 타파해야 할 것이며, 무지의 타파는 곧 인간의 지성이 신의 지성에 점점 가까이 합체해가는 과정을 뜻한다. 어디에선가 탐구를 멈추고 딴 이야기를 하는 것은 '무지의 도피처'로 도망하는 것이다. 그리고 인간이 자유롭지 못한 것은 결국 그의 무지에서 연원하며, 무지를 타파해가는 과정은 곧 자유인이 되는 과정이기도 하다. 반면 라이프니츠에게 이 무지는 인간이 모나드를 무한히 분석할 수 없다는 한계에서 발생하며, 인간이 신의 뜻에 맡겨야 할 영역이다. 때문에 무지는 오히려 (부정적인 방식으로이긴 하지만) 인간에게 그 나름의 자유와 도덕을 추구할 수 있는 공간이 된다. 세계는 결정되어 있지만 그 결정에 대한 무지가 오히려 자유와 도덕의 여백을 준다고 할 수 있다. 물론 그 자유와 도덕이 과연 옳은 길이었던가는 인간으로서는 알 수 없으며 결국 신에 의해 판가름이 날 뿐이다. 두 사람의 이런 차이는 결국 양자가 설정하는 신 개념의 차이이며, 내재적 표현주의와 제작적 표현주의의 차이라 하겠다.

라이프니츠가 제시한 제작적 세계관은 어떤 면에서는 신과 피조물들이라는 중세적 맥락보다는 오히려 인간과 기계라는 현대적 맥락에 시사하는 바가 더 크다. 그것이 제작적 형이상학인 한에서 인간과 기계 사이에 존재하는 관계를 해명하는 데 많은 통찰들을 제공하고 있는 것이다. 라이프니츠는 데카르트의 기계론적 자연관을 극복하기 위해 많은 노력을 기울였으나, '기계'라는 개념이 기계공학적 수준에서 전자공학적 수준으로 달라진 오늘날 그가 생각한 자연은 오히려 디지털 시대의 첨단 기계들을 상기시킨다. 『접힘과 펼쳐짐』(3부)에서 논했거니와, 우리는 그의 빈위를 정보로, 계열체를 프로그램으로, 가능세계를 가상세계로, …… 봄으로써 많은 흥미로운 사실들과 개념들을 읽어낼 수 있다. 이때 우리는 '하이테크 시대의 모나드론'을, '디지털 모나돌로지'를 논할 수 있게 된다. 라이프니츠의 사유는 스피노자 이후에 등장했지만, 사실 그것은 (완전히 개조된) 중세적 사유이다. 이는 근대적 사유로의 위대한 발걸음을 내디딘 스피노자와 대조적이다. 그러나 다른 한편, 스피노자의 개념들이 거의 중세와 연속성을 띠고 있다면 라이프니츠의 개념들은 매우 참신한 근대적인, 아니 차라리 현대적인 개념들이다. 이 점에서 양자는 기이하게도 이중으로 엇갈린다.

스피노자는 근대라는 새로운 기운이 온 유럽을 덮고 있었을 때, 그러나 많은 지식인들이 여전히 상당 정도 중세적 정신에 머물러 있었을 때, 가장 중세적인 개념들과 논리들을 구사하면서 철저히 근대적인 사유를 펼쳤다. 라이프니츠는 중세적 세계가 무너져 내리고 있던 시대에 스피노자의 이 사유에 마주치고서 전율했으며, 그것에 대항해 가장 참신한 개념들과 논리들을 구사하면서 전통적 세계를 완전히 새로운 형태로 복원하고자 했다. 스피노자가 중세적인 부품들을 가지고서 근대적인 집을 지었다면, 라이프니츠는 근대적인(차라리 현대적인) 부품들을 가지고서 중세적인 집을 짓고자 했던 것이다. 우리는 전체적인 철학체계로는 스피노자의 길을 따르면서, 라이프니츠가 만들어낸 천재적인 부품들을 어떻게 선용할 것인가를 고민해야 할 것이다.

서구 철학에서 17세기는 위대한 자연철학과 형이상학의 시대였다. 그러나 18~19세기에는 이에 버금가는 자연철학이나 형이상학을 찾기 힘들다.

이 시대는 경험주의, 실증주의의 시대이고 계몽사상의 시대이다. 이 시대에 '형이상학'이라는 말은 대체적으로 경멸의 대상이었다. 라이프니츠는, 수학 등 다른 분야에서라면 몰라도, 그의 형이상학에서는 이런 경멸의 대상이 된 전형적인 경우였다. 서구에서 17세기의 형이상학 혁명에 버금가는 또 한 번의 위대한 형이상학의 시대는 20세기에 베르그송과 더불어 도래한다.

그러나 19세기에 이미 이 현대 형이상학으로 이행하는 중요한 길들이 마련되었다. 20세기의 새로운 형이상학 만개는 이 길들의 연장선상에서 가능했다고 해야 한다. 이 길들 중 특히 중요한 것으로 우리는 비-결정론의 도래를 들 수 있다. 스피노자와 라이프니츠의 형이상학을 비롯해 17세기의 주요 형이상학 체계들은 기본적으로 결정론의 형태를 띠었다. 이는 일차적으로는 기독교신학과의 연계성에서 기인했지만, 고전 역학적 세계상과의 연계성에서 기인하는 바도 컸다. 라이프니츠의 사유는 어떤 면에서는 중세적이었고(그것의 목적에 있어) 어떤 면에서는 현대적이었지만(그 독창적인 개념들에 있어), 어떤 면에서는 근대적이었는데, 이것은 그의 사유에도 고전 역학과 연계되는 결정론이 깊이 침윤해 있다는 점에서 그렇다. 사실 근대적인(그러면서도 동시에 중세적인) 결정론을 그만큼 극단적으로 보여주는 인물도 없다. 그러나 19세기에 서서히 비-결정론적 세계상이 도래하기 시작했고, 이 흐름은 철학사의 중요한 분기점을 마련하기에 이른다. 라이프니츠로부터 현대의 비-결정론적 형이상학(대표적으로 베르그송의 철학)으로 건너가는 과정을 이해하기 위해서는 이 흐름에 대한 이해가 필수적이다.

인과론적 비-결정론: 쿠르노 —— 근대적인 결정론의 절정은 라플라스(1749~1827)에게서 볼 수 있다. 이른바 '라플라스적 결정론'은 고전 역학적 세계관을 그 극한으로 외삽(外揷)했을 때 성립한다.

> 우리는 우주의 현재 상태가 그 이전 상태의 결과이며, 앞으로 있을 상태의 원인이라고 생각해야 한다. 어떤 주어진 순간에 자연을 움직이는 모든 힘과 자연을 이루는

항들의 모든 위치를 파악할 수 있는 지적인 존재가 있다고 가정해보자. 그의 지적인 능력이 이 정도 데이터를 충분히 분석할 수 있을 정도라고 하자. 그렇다면 그는 우주에서 가장 큰 천체들의 운동과 가장 가벼운 원자들의 운동을 하나의 식 속에 나타낼 수 있을 것이다. 불확실한 것은 아무것도 없을 것이며, 과거와 마찬가지로 미래가 그의 눈앞에 나타날 것이다.[34]

고전 역학적 세계관이 극에 달한 시대의 분위기를 잘 엿볼 수 있다.[35] 물론 이런 식의 결정론은 오늘날에는 거의 흥미를 끌지 못한다. 그러나 서구 근대 철학은 이런 결정론의 그림자를 온전히 떨쳐버리지 못했다. 18세기 계몽사상가들의 이중성(3부, 8장, 2절에서 논함) 역시 이런 맥락에서 이해할 수 있다.

근대 과학이 이룩한 성취 즉 자연에 대한 수학적-합리주의적 파악을 기본으로 하면서도, 우연에 대한 새로운 개념화를 통해 비-결정론적 철학을 결정적으로 모양 지은 인물은 쿠르노(1801~1877)이다. 쿠르노는 철학자이자, 수학자, 경제학자였다. 그는 우연론 등에서 존재론적 혁신을 이룸으로써 비-결정론적 존재론, 개연성의 인식론을 정초했고, 수학자로서 확률론을 체계화함으로써 현대 수학의 한 갈래를 다듬어냈다. 나아가 이 철학적-수학적 사유를 경제학에 적용함으로써 근대 경제학의 한 갈래를 진수했다.

---

34) 시몽 드 라플라스, 조재근 옮김, 『확률에 관한 철학적 시론』, 지만지, 2012, 28쪽. "어떤 주어진 순간에 자연을 움직이는 모든 힘과 자연을 이루는 항들의 모든 위치를 파악할 수 있는 지적인 존재"는 이후 '라플라스의 정령(démon de Laplace)'이라 불리게 된다. "démon"에는 수호신이라는 뜻도 있으므로, 이 라플라스의 정령은 모든 결정론자들의 수호신이라고도 할 수 있을 것이다.

35) 이런 결정론에는 바로 "전체가 주어져 있다"라는 전제가 깔려 있다. 전체가 주어져 있고, 인식 주체가 그것의 바깥에서 그것을 굽어볼 수 있다는 것이 전제되어야만, 완벽한 형태의 결정론을 주장할 수 있는 것이다. 뉴턴 등 근대 철학자들은 이런 굽어봄이 신에게만 가능하고, 인간은 신에게 가까이 감으로써만 그런 굽어봄의 경지에 도달한다고 생각했다. 이렇게 보면, 라플라스가 나폴레옹에게 했다는 대답은 단지 유신론/무신론의 문제가 아니라 앞의 두 전제가 이제 완비되었다는 자신감의 표현이었을지도 모르겠다.

수학, 철학, 경제학을 일관되게 가로지르면서 라이프니츠를 비판적으로 계승함으로서, 현대적인 사유의 한 대표적인 갈래를 제시했다는 점에서 그의 사유는 인상 깊다. 쿠르노만이 아니라 베르나르(1813~1878), 르누비에(1815~1903)를 비롯해 콩트 이후 등장한 많은 과학자들이 철학적 작업을 병행함으로써 특유의 인식론(과학철학) 전통을 이루게 된다.

쿠르노는 칸트처럼 인식은 현상계에 대해서 성립한다고 보았으나, 현상계의 질서는 우리가 발견해내는 것이지 구성해내는 것이 아니라고 보았다. 그러나 우리가 발견해낼 수 있는 질서는 늘 개연적이다.[36) 쿠르노의 인식론은 이렇게 존재론적인 맥락에서의 합리주의(이데아 차원의 인식을 포기한 합리주의)이지만, 사실 그의 인식론을 들여다보면 구성주의적 측면이 내장되어 있다. 그것은 우리에게 주어지는 데이터가 불완전하기 때문이다. 우리에게 주어지는 것은 불연속적인 데이터일 뿐이며, 그것들을 어떤 (연속성의 성격을 가진) 가설에 말하자면 녹여 넣어 통일할 수밖에 없다. 하지만 예컨대 7개의 점이 주어졌을 때 그것들을 이을 수 있는 방식이 여럿 있듯이, 데이터들을 설명해낼 수 있는 가설들은 여러 개가 있을 수 있다. 그리고 우리가 할 수 있는 것은 절대적으로 옳은 가설을 발견하는 것이 아니라 그중 가장 나은 가설을 선택하는 것이다. 이렇게 보면 쿠르노의 인식론에는 질서의 존재론적 객관성을 주장하는 측면과 그것을 발견하는 과정에서의 구성주의적 측면이 섞여 있다고 보아야 한다. 현상계에는 분명 질서가 존재하지만, 그것을 한정된 데이터로 파악할 수밖에 없는 우리는 그것들을 가장

---

36) "무지개는 하나의 현상이다. 관찰자의 현존은 [그 무지개의] 지각의 조건이다. 그 현상의 산출의 조건이 아닌 것이다. 인식의 이유일 뿐 존재의 이유가 아니다(ratio cognoscendi, non ratio essendi)."(E, I, §9) 칸트의 인식은 보편적이고 필연적이지만 어디까지나 주관적인 것인 데 반해, 쿠르노의 인식은 개연적이지만 객관적인 것이다. 쿠르노의 인식론은 흔히 '비판적 실재론' 또는 '비판적 합리주의'라고 불리며, 현대 인식론의 주요 갈래들 중 하나로 자리 잡게 된다.
E = Antoine-Augustin Cournot, *Essai sur les fondements de no connaissances et sur les caractères de la critique philosophique*, Vrin, 1851/1975.

잘 구성한 가설을 그 질서에 가까운 것으로 선택할 수밖에 없는 것이다.[37]

우리의 인식이 개연적일 수밖에 없는 것은 우리에게 주어지는 데이터에 이미 우연[38]이 개입해 있기 때문이다. 데이터는 항상 그것을 모으는 인간의 주관적 상황에 상관적이기 때문이다.[39] 그러나 쿠르노에게서 우연이란 이런 인식론적인 맥락만을 띠지는 않는다. 그에게 우연은 보다 존재론적인 맥락을 띠며,[40] 따라서 인식 주관의 맥락이 제아무리 완전해진다 해도 피할 수 없는 그 무엇으로서 이해된다. 쿠르노는 질서의 객관성을 믿었지만, 세계의 원융한 질서 같은 것은 단호하게 거부한다. 그에게 세계의 질서는 다원적이다. 확률론의 선구자인 라플라스도 우연을 중요하게 다루었지만, 그에게는 완벽한 고전 역학적 인과에 대한 믿음이 존재했다. 세계의 원융

---

37) 이와 반대의 구도로 생각할 수도 있다. 현상은 연속적이지만 우리의 분석적 이성은 그것을 불연속적인 조각/갈래로 나누어서 파악할 수밖에 없다는 것이다. 물은 연속적인 흐름이기에, 우리는 여러 종류의 컵들을 만들어서 그것을 떠낼 수밖에 없다. 이런 식의 사유 구도는 라슐리에(1832~1918)에 의해 제기되었으며(Jules Lachelier, *Du fondement de l'induction*, Fayard 1896/1993), 이 구도를 받아들여 심화시킨 인물이 바로 베르그송이다.

38) 수학자이기도 했던 쿠르노는 철학적 개념인 "contingence"보다는 수학적 개념인 "hazard"를 쓰고 있다. '아자르'라는 말은 십자군 병사들이 엘 아자르라는 성에서 주사위 놀이를 하는 과정에서 생겨났다고 하며, 이 일화는 이 개념에 묻어 있는 뉘앙스를 의미심장하게 시사해준다. 쿠르노에게서 수학적 확률론은 엄밀한 계산이 가능한 확률론이며, 이는 특히 ('대수의 법칙'에서 잘 볼 수 있듯이) 무한 개념의 활용과 밀접히 관련된다. 반면 철학적 확률론은 객관세계를 다루는 과학적 탐구들에 대한 인식론적 사유에서의 확률론으로서, 애초에 유한의 맥락에서 성립한다는 점에서 수학적 확률론과 다르다.

39) 이 상황을 극복하는 데에는 데이터의 확보를 강화하는 방향과 불완전한 데이터의 한계를 보완할 훌륭한 가설/이론을 사유하는 방향이 있다. 전자가 경험론적 방향이라면, 후자는 합리론적 방향이다. 오늘날 등장한 '빅데이터'는 바로 전자의 경향을 극대화하고 있는 경우이며, 이는 컴퓨터의 등장, 특히 최근의 클라우드 컴퓨팅의 등장을 통해 가능해졌다.

40) "흄은 '우연이란 무지, 다름 아닌 우리 자신이 그 원인인 무지일 뿐이다'라고 했고, 라플라스는 '개연성/확률(probabilité)이란 상대적인 것이다. 부분적으로는 우리의 인식에 따라, 부분적으로는 우리의 무지에 따라.'라고 했지만, 이는 정확한 이해가 아니다."(E, III, §36)

한 질서에 대한 믿음은 철학사를 관류하여 줄곧 내려온 철학소(哲學素)들 중 하나였다. 쿠르노는 이 철학소를 과감하게 깨트린다. 세계는 인과적이다. 그러나 무수히 많은 인과계열들이 존재한다. 그렇지 않다면, 경우에 따라서는 "어제 철수가 노래를 잘 못 불러서 한국 축구팀이 패했다", "이 장미꽃이 지나치게 붉어 국회가 해산되었다" 같은 이상한 인과도 성립할 것이다. 그러나 인과계열이 다원적임이 그것들의 상호 단절을 뜻하는 것은 아니다. 애초에는 독립적인 인과계열들이 경우에 따라 서로 교차할 수 있는 것이다. 그리고 그 교차점에서 우연이 발생한다. 쿠르노에게서 우연은 고대의 '아낭케'처럼 존재론적 원리로서 주어진 것은 아니지만, 인과계열들이 종종 교차하는 한 필연적으로 발생할 수밖에 없다. 쿠르노는 우연을 다음과 같이 개념화한다.

> 시간 속에서 무한한 인과계열들이 공존할 수 있다. 이는 곧 그것들이 교차할 수 있음을 뜻한다. 많은 사건들이 합류하는 곳에서 하나의 사건이 발생한다. (…) 하지만 이 사건은 또한 여러 인과계열들의 출발점이 되기도 한다. (…) 서로 독립적인 사건-계열들의 마주침이 낳은 사건을 우리는 우발적인(fortuit) 사건이라고 부르며, 또한 우연(hasard)의 결과라고 부른다.(E, III, §§29~30)

쿠르노의 구도에서 우연은 어디까지나 결정론적 인과계열들에서 파생되는 한 효과이다. 그러나 우연이 발생했을 때 인과계열들은 전철(轉轍)을 겪게 되며, 따라서 인과계열들의 배치가 달라진다. 이 점에서 우연은 이전 인과계열들의 종착점이기도 하지만, 또한 새로운 인과계열들의 출발점이기도 하다. 세계의 도처에서 우연들이 생성하며 그로써 인과계열들은 계속 재배치된다. 쿠르노의 세계는 세계의 모든 부분들에 있어 결정론적인 세계이지만, 우연의 작용을 통해 (결정론적 계열들의 전체인) 세계 전체는 계속 달라지는 비-결정론적 세계이기도 하다.

내재적-관계주의적 사유에로: 르누비에 —— 쿠르노와 더불어 논할 수 있는 또 한 사람은 르누비에(1815~1903)이다. 르누비에는 열렬한 공화파이자 사회주의자였다. 그는 1848년 이후 정계에서 활발히 활동을 폈으나, 루이 나폴레옹의 제2제정 시대(1852~1870)에 모든 정치활동을 금지당한다. 이 시대에 그는 그의 정치활동을 철학으로 승화시켜 방대하기 이를 데 없는 저작들을 써낸다. 칸트의 3대 비판서를 비판적으로 잇고 있는 『일반적 비판의 시론』[41]은 그 대표작이다. 루이 나폴레옹 정권이 파리 코뮌에 의해 무너진 후 르누비에는 다시 사회의 일선에서 활동하면서 프랑스 대혁명의 정신을 이어가고자 했다. 특히 그는 《철학적 비판》을 창간해 그의 비판철학을 이어갔다. 그의 사상은 퍼스, 제임스 등 프래그머티즘 철학자들에게도 큰 영향을 주었으며, 이들은 《철학적 비판》에 적극 참여해 활동했다.

르누비에는 자신의 철학을 구성하는 핵심을 무한주의와 대결하는 유한주의, 실체주의와 대결하는 관계주의, 인과적 결정론과 대결하는 자유의 철학으로 제시한다. 우선 그의 철학은 현실적 무한을 거부한다. 이 점에서 그의 사유는 중세 형이상학/신학은 물론 데카르트에서 헤겔에 이르기까지 전개된 무한의 형이상학을 비판한다. 서구 문명을 떠받쳐온 핵심적인 한 전통을 해체한 것이다. 그에게 무한이 존재한다면 그것은 어디까지나 잠재적 무한이다. 게다가 그에게 잠재적 무한은 "무한정/무제한(unlimited)"의 뜻이 아니라 어디까지나 "비-일정(indefinite)"을 뜻한다. 이는 그의 경험주의 및 상대주의적 탐구 방법의 귀결이라고도 할 수 있다. 유한주의라는 그의 사유는 칸트의 이율배반의 구조를 무너뜨린다. 3부의 9장에서 상세히 논할, 칸트의 첫 번째, 두 번째 이율배반은 다음과 같다.

---

41) 『일반적 비판의 시론(*Essais de critique générale*)』(1854~1869)은 5권으로 발행되었다. 1권은 논리학과 인식론을, 2권은 심리학과 형이상학/인성론을, 3권은 자연철학을, 4권과 5권은 역사철학을 다루고 있다. Charles Renouvier, *Essais de critique générale*, 4 vols., Nabu Press, 2010~2011. 여기에서는 밀로(1858~1918)의 해설에 의거해 논한다. Gaston Milhaud, *La philosophie de Charles Renouvier*, Ligaran, 2016.

병치에서의 이율배반	세계는 시간에서의 시초를 가지며, 공간에서도 한계를 가진다.
	세계에는 시초가 없으며, 공간에서도 한계를 가지지 않으며, 시간에서나 공간에서나 공히 무한하다.

분할에서의 이율배반	세계 내의 각각의 합성물은 단순한 부분들로 구성되어 있으며, 일반적으로 단순한 것 또는 단순한 것들의 합성물만이 존재한다.
	세계 내의 어떤 합성물도 단순한 부분들로 되어 있지 않고, 일반적으로 단순한 것 자체가 존재하지 않는다.

유한주의를 취하는 르누비에에게 이 두 이율배반은 성립하지 않으며, 오로지 각각의 첫 번째 명제(정립)만이 참이다. 독일 이념론자들이 칸트를 이어 형이상학을 새롭게 정초하고자 했다면, 르누비에는 콩트를 이어 칸트 이율배반에 남아 있는 형이상학에의 미련을 잘라버렸다고 할 수 있다. 이 유한주의에는 무한주의에 기대곤 했던 서구의 종교적-정치적 권력을 해체하려는 의도도 깃들어 있다고 해야 할 것이다.

또, 르누비에는 서구 철학사를 관류해온 실체주의를 해체한다. 이것은 곧 칸트 사유에서 중요한 역할을 한 물 자체를 배제함을 뜻하기도 한다. 르누비에는 실체주의를 거부하고 그 자리에 관계주의를 놓는다. 이는 또한 이론이성이 파악하는 기계론적 필연의 세계와 실천이성이 파악하는 목적론적 자유의 세계라는 이원론을 거부하는 것이기도 하다. 르누비에는 칸트의 것을 대신할 수 있는 범주론을 세웠거니와, 그 첫 번째 범주는 관계이다.[42] 논의를 마무리하는 마지막 범주는 인격성이며, 그의 사유는 때로 '인격주의'로 불리기도 한다. 르누비에는 자신의 관계주의를 '상대주의'로 명명하

---

[42] 이정우, 『개념-뿌리들』, 그린비, 2012, 1부, 7강.

기도 했다. 관계가 제1범주라면, 진리는 명제와 사물 자체의 일치를 통해서가 아니라 명제들 사이의 정합성을 통해 판가름난다고 보아야 한다. x의 의미는 x의 본질에 내재해 있는 것이 아니라, x가 타자들과 맺는 관계를 통해서 생성하기 때문이다. 르누비에의 이런 과학철학은 '전체론(holisme)'이라 불리기도 하며, 이 입장은 훗날 피에르 뒤엠에 의해 계승된다. 또 이 관점에는 모든 지식이 결국 가설적이고 규약적이라는 함축도 들어 있으며, 이 점은 훗날 앙리 푸앵카레에 의해 계승된다.

이 문제는 인과율의 문제, 결정론과 자유의 문제와도 관련된다. 쿠르노와 마찬가지로 르누비에 역시 라이프니츠의 '충족이유율'로 대변되는 보편적 인과율, 특히 기계론과 고전 역학에 의해 형성된 기계론적 인과율을 거부한다. 그러나 르누비에는 칸트처럼 결정론의 세계와 자유의 세계를 이원화하는 길을 비판한다. 그는 자유를 이 세계 내에서 성립하는 것으로서 파악할 수 있어야 한다고 보았다.[43] 르누비에는 흄의 인과율 비판이 인과율이라는 신화를 해체하는 데 중요한 역할을 했다고 보았다. 그리고 그는 쿠르노를 받아들여, 세계는 전일적인 인과율에 의해서가 아니라 인과계열들과 우연들에 의해서 직조되어 있다고 보았다. 그러나 우연과 자유는 다르다. 그는 세계가 우연으로 가득 차 있지만, 그 우연들은 단지 인과계열들의 파생물인 것이 아니라 인간 자유의 소산임을 역설했다. 인간의 자유로운 행위가 일으키는 변화가 인-과의 관점에서는 우연으로 나타나는 것이다. 이 문제는 후에 부트루에 의해 보다 정교하게 다루어진다. 아울러 르누비에는 결정론과 자유에 관련하여, ① 우리는 자유의 존재를 믿도록 결정되

---

43) 대조적인 입장을 푸앵카레에게서 볼 수 있다. 그는 칸트적인 이원론의 입장에 서서, "우리는 과학을 할 때 결정론자로서 추론하지 않을 수가 없는 것과 마찬가지로, 행위할 때는 자유로운 인간으로서 행위하지 않을 수가 없다"고 보았다.(Henri Poincaré, *Dernières pensées*, Flammarion, 1917, p. 246) 조심할 것은 푸앵카레가 존재론적 이원론을 주장하고 있는 것은 아니라는 점이다. 그는 인간적 삶의 심급들/맥락들에 따른 이원론을 주장하고 있을 뿐이다.

어 있다, ② 우리는 결정론을 믿도록 결정되어 있다, ③ 우리는 자유의지에 의해 결정론을 믿는다, ④ 우리는 자유롭게 자유의지의 존재를 믿는다라는 네 가지 경우의 수를 제시한 후, ①, ③은 자가당착일 뿐이며, ②는 인식행위에 깃들어 들어가는 의지의 작용을 배제한 것일 뿐임을 지적했다. 결국 ④만이 진리이다. 르누비에는 자신의 '자유의 철학'에 입각해서, 칸트의 세 번째, 네 번째 이율배반에서도 정립만이 참이라고 보았다.[44]

발생에서의 이율배반	자연법칙에 따른 인과율은 세계의 현상 전체가 그로부터 도출되는 유일한 것이 아니다. 현상 전체의 설명을 위해서는 또한 자유를 통한 다른 인과율의 도입이 필요하다.
	자유 같은 것은 존재하지 않으며, 세계에서는 오로지 자연법칙에 따라 모든 것이 일어난다.
실존의 의존성에서의 이율배반	세계에는 그것의 부분으로서든 그것의 원인으로서든 단적으로 필연적인 어떤 존재(Wesen)가 속한다.
	일반적으로 세계 내에도 또 세계 바깥에도 그것의 원인으로서 어떤 단적으로 필연적인 존재가 존재하는 일은 없다.

세계의 근간은 우연이다: 부트루 ── 쿠르노, 르누비에 이후 비-결정론적 철학의 전개에서 중요한 역할을 수행한 또 하나의 인물로서 부트루(1845~1921)를 들 수 있다. 부트루는 존재가 사유로 온전히 해소되지 않는, 사유보

---

44) 르누비에의 자유의 철학은 윌리엄 제임스를 비롯한 경험론적 형이상학자들에게 큰 영향을 주게 된다. 예컨대 윌리엄 제임스의 『근본적 경험론에 관한 시론』(정유경 옮김, 갈무리, 2018)을 보라.

다 더 풍부한 무엇이라고 보았다. 인간은 자연법칙을 통해서 자연의 심층을 파악하고자 하지만, 자연은 항상 그 이상이다. 칸트는 이 점을 물 자체와 현상의 구분을 통해서 역설했지만, 부트루의 구도는 칸트의 그것과 다르다. 칸트에게서 현상계의 주인공은 오성이다. 현상 자체는 그저 '잡다'일 뿐이며, 그것에 법칙성을 부여하는 것은 어디까지나 오성이다. 다만, 자연의 심층으로서의 물 자체는 현상과 구분되며 오성이 범접할 수 없는 차원으로 따로 분리된다. 부트루에게는 이런 식의 구분이 없다. 과학은 자연의 심층을 연구하고 파악한다. 자연법칙이 한계를 가지는 이유는 자연의 심층이 가려져 있기 때문이라기보다는 그것이 끝없는 생성이기 때문이다. 자연은 마치 아무리 양동이로 물을 퍼내도 새로운 물이 끝없이 솟아오르는 샘과도 같은 것이다. 따라서 이 구도는 플라톤의 것과도 다르다. 플라톤에게서 자연철학이 근사적인 인식밖에는 주지 못하는 것은 이데아의 영원함 때문이지만, 부트루의 경우는 오히려 자연이 절대 생성이기 때문인 것이다. 이 구도는 이후 베르그송, 메이에르송 등에게까지 이어진다. 부트루는 이렇게 말한다.

> 법칙이란 사실들의 물결이 흘러가는 하상(河床)이다. 사실들은 하상을 따라 흘러간다. 하지만 그 하상을 판 것은 바로 사실들이다. 그래서 논리학 공식들의 정언적 (impératif) 성격은, 실제상으로는(pratiquement) 정당화될 수 있겠지만, 결국 일종의 외관일 뿐인 것이다.[45]

이는 (4권, 1부, 1장에서 논할) "역학은 그 근본에 있어 논리학"이라는 니체의 간파와 비교해볼 만한 구절이다. 부트루에게 '사실'은 우연적인 것이다. 그것은 이렇게 될 수도 있었고 저렇게 될 수도 있었지만, 결과적으로 이렇게 되었다. 거기에는 필연적인 이유가 없다. 그러나 사실들이 우연적이라는

---

45) Émile Boutroux, *De la contingence des lois de la nature*, Félix Alcan, 1895, p. 39.

것이 그것들이 무질서하다는 것을 뜻하지는 않는다. 영희는 우연히 여성으로 태어났다. 그가 여성으로 태어난 데에는 딱히 필연적인 이유가 없다. 있다 해도 인간으로서는 그것을 알 수 없으며, 그래서 사람들은 "하늘의 뜻"이라고 말한다. 그러나 영희가 여성으로 태어난 데에 질서가 없는 것은 아니다. 분명 유전학적 더 넓게는 진화론적 원인이 있다. 원인이 없다기보다는 오히려 너무 많다고 해야 할 것이다. 물론 쿠르노에게서 보았듯이, 여기에서 우연이 작동한다. 그것도 매우 의미심장하게 작동한다. 그러나 이 우연은 법칙성을 전제한 한에서의 우연이다. 그것은 영희가 왜 하필 여성으로 태어났는가를 이해할 수 없게 만드는 "contingence"가 아니라, 인과법칙을 매우 복잡하게 만드는 "hasard"인 것이다.

쿠르노의 세계와 부트루의 세계는 표면상 유사하다. 양자 모두에게서 우연은 중요한 역할을 하며, 세계는 비-결정론적이다. 하지만 양자의 우연은 성격이 판이하다. 쿠르노의 우연은 합리주의 인식론의 틀 위에서 성립하는 우연이다. 원칙적으로 인간의 이성은 자연, 더 넓게는 세계의 이치를 파악할 수 있다. 다만 이 이치는 라이프니츠에게서처럼 총체적으로/원융하게 연결되어 있는('연속성의 원리') 연속체가 아니라 무수히 다양한 이치이며, 이 이치들의 교차점들에서 "hasard"가 생겨날 뿐이다. 그의 철학이 '비판적 합리주의'라고 불리는 이유가 여기에 있다. 부트루의 세계는 그 근원에 "contingence"을 장착하고 있다. 이 근원적 우연 위에서 질서가 성립한다. 인간은 그 질서의 파악을 점차 정교화해나갈 수 있겠지만, 궁극에 있어 세계의 우연적 생성은 어떤 합리주의적 틀도 비켜 간다. 여기에서 서구 존재론사에서 거대한 전환이 마련된다. 생성은 존재가 "타락"한 것도 아니고, 존재로 파악되지 않기 때문에 인식론적으로 저급한 것도 아니고, 합리적 본체를 싸고 있는 비-본질적인 현상/외관도 아니다. 존재는 무한한 생성의 장을 인간이 일정하게 한정해서 떠낸 것에 불과하며, 인식론적으로 합리화되지 않는 생성일수록 오히려 그만큼 더 심오한 것이고, 합리적 법칙성이라는 껍질 속의 생생한 본질인 것이다. 우리는 지금 전통 철학과 현대 철학이 갈라지는 시간의 지도리에 서 있다.

부트루는 이런 존재론적 전환을 이룬 후, 또 하나의 중요한 논리를 전개한다. 그에게 우연이란 분석적 이성이 파악하는 합리적 필연을 벗어나는 양상이다. 하지만 르누비에의 경우와 마찬가지로 그에게도 우연은 일의적인 것이 아니다. 여기에서 그는 우연에 존재론적 등급이 있다는 생각을 제시한다. 물리적 수준에서 "contingence"란 쿠르노가 생각한 "hasard"와 유사하다. 그것은 세계의 수학적 합리성을 무너뜨리는 존재론적 원리가 아니라 합리성을 매우 복잡하게 만드는 인식론적 원리이다. 그러나 생명의 수준으로 넘어갈 때, 우연은 다른 의미를 띤다. 물리적 수준에서 볼 때, 생명체들의 운동은 우연이다. 그것은 역학적 법칙을 벗어나는 어떤 요인일 뿐이다. 어떤 물체의 운동을 한 동물이 낚아채어버렸다면, 이는 그 역학계에서 발생한 우연이다. 그러나 그 동물의 입장에서 본다면, 그 물체를 낚아챈 것은 그의 자연발생성＝자발성에 기인한 것이다. 한 식물 종이 한 지역의 지질학적 구조에 영향을 끼쳤을 경우, 그것은 지질학적으로는 우연일 뿐이지만 식물학적으로는 자연발생에 의한 것이다. 생명계에서의 "contingence"는 단순한 "hasard"가 아니라 자발성이다. 나아가 인간 정신의 수준에 이르렀을 때, 우연은 '발생'하는 것이라기보다는 인간의 자유의지에 의해 '만들어지는' 것이다. 인간의 개입은 물리적 차원이나 생명적 차원에서 볼 때는 우연의 개입이지만, 인간 자신의 입장에서 볼 때는 그의 자유의지의 발로인 것이다. 이렇게 '우연'은 물리적 수준, 생명적 수준, 정신적 수준에서 모두 다른 존재론적 위상/의미를 가진다.[46] 물리적 필연을 벗

---

46) 이 설명은 부트루의 논지를 다소 간략화한 것이다. 부트루 자신은 이런 논리를 존재, 유, 물질, 물체, 생명체, 인간이라는 여섯 등급에 걸쳐 전개했다. 여기에서 존재와 유는 논리적인 차원이고, 물질, 물체, 생명체, 인간이 객관적 실재의 차원이다. 학문의 체계에서 존재는 존재론의, 유는 논리학의 영역이며, 물질은 수학과 역학, 물체는 물리학과 화학, 생명체는 생리학, 인간은 심리학과 사회학의 영역이다. 부트루의 존재론은 다음 구절에 특히 잘 명시되어 있다. "우리는 우주에서 서로 단계적으로 층을 이루고 있는 여러 세계들을 구분할 수 있다. 이들은 무(無)에 가깝다 할 순수 필연성, 질 없는 양의 세계를 기저로

어나는 우연은 물리적 수준에서는 "hasard"이고, 생명의 수준에서는 자발성이며, 정신의 수준에서는 자유인 것이다. 부트루의 철학은 이렇게 과학들에 대한 인식론적 분석에서 존재의 등급을 논하는 형이상학적 사변으로 이행한다.[47]

라이프니츠의 형이상학은 18세기 경험주의자들, 계몽사상가들에게 그리고 19세기 실증주의자들에게도 비웃음을 당했지만,[48] 사실 이들의 비웃음은 피상적인 것이었다. 라이프니츠 형이상학의 중핵을 무너뜨린 흐름은 바로 지금까지 논한 비결정론적 존재론의 형성과 전개였다. 그리고 이런 흐

해서 차례로 원인들의 세계, 사념들(notions)의 세계, 수학적 세계, 물리적 세계, 생명체들의 세계, 그리고 마지막으로 사유하는 세계이다./ 이 세계들 각각은 우선은, 마치 어떤 외적인 운명(fatalité)처럼, 아래층의 세계들에 긴밀하게 의존하며, 그것들로부터 그 존재와 법칙들을 취한다. 물질이 유적 동일성과 인과성 없이, 물체들이 물질 없이, 생명체들이 물리적 요인들(agents) 없이, 인간이 생명 없이 존재할 수 있겠는가?/ 하지만 존재의 주된 형식들에 대한 개념들을 비교 검토해볼 때, 우리는 필연성의 끈을 가지고서 상위의 형식들을 하위의 형식들에 이어붙일 수는 없음(하위의 층으로부터 상위의 층을 연역할 수는 없음)을 알게 된다."(Boutroux, *De la contingece des lois de la nature*, p. 132~133)

47) **부트루와 퍼스** —— 부트루와 퍼스(1839~1914)는 그들의 사유 전반에 걸쳐 공히 '우연'이 지배하는 세계를 그렸다. 그러나 양자의 구도에서 우연의 역할은 그 방향에서 대조적이다. 부트루의 경우 존재의 하위 형식일수록 우연의 역할이 약하다. 상위 형식으로 가면서 우연의 역할은 증가한다. 그러면서 우연의 성격 자체가 자발성, 자유로 바뀌어버린다. 퍼스의 경우 정확히 반대로, 존재의 하위 형식들에서 우연의 역할은 매우 강하다. 우주의 근저에는 "tychē"가 깔려 있다. 그러나 상위 형식들로 갈수록 우연의 역할은 점차 약해지며, 말하자면 점차 제압된다. 이는 퍼스가 생각하는 진화가 단순한 우연적 차원에서 신적 경지로 나아가는 다분히 목적론적인 것이라는 점과 상관적이다. 양자의 사유가 유사하면서도 우연을 다루는 방식은 반대 방향을 취하고 있는 것이다. 부트루에게서 우연은 논리적-물리적 필연으로부터의 거리에 입각해 개념화되었지만, 퍼스의 경우 정신적-신적 경지로부터의 거리에 입각해 개념화되었다.

48) 물론 18세기와 19세기에 라이프니츠의 철학이 이렇게 비웃음을 당하기만 한 것은 아니다. 그의 사유는 1부에서 논했던 힘의 과학과 질의 과학에 있어서는 물론이고, 포스트-칸트 철학자들에게도 큰 영향을 주었다. 이들에게 결정적인 영감을 준 것은 (4장 결론부에서 논했듯이) 스피노자였지만, 라이프니츠 역시 큰 영감을 주었다.

름은 베르그송에게서 절정에 달한다.

그러나 라이프니츠 사유는 20세기에 들어와 예기치 않았던 부활을 맞이하게 된다. 쿠튀라(1868~1914)와 러셀(1872~1970)이 라이프니츠의 논리적 사유의 힘에 주목해 그것을 새롭게 살려낸 이래, 그의 사유는 현대의 분석적-논리학적 사유를 위한 가장 풍부한 영감의 원천 중 하나로 역할을 해왔다. 특히 그의 사유에 기반한, 오늘날까지도 전개되고 있는 양상논리학, 가능세계론은 현대 철학이 가진 가장 강력한 사유 언어 중 하나라 해야 할 것이다. 다른 한편, 구조주의적 사유의 발흥은 스피노자와 더불어 라이프니츠를 현대 철학의 후견인으로서 다시 살려냈다. 미셸 세르의 『라이프니츠의 체계』와 들뢰즈의 『주름』을 비롯해 라이프니츠적 영감에 힘입은 걸작들이 속속 출간되면서 라이프니츠의 사유는 새로운 황금기를 맞이한 것이다.

라이프니츠의 철학이 가졌던 문제의식, 그리고 그의 사유 전체의 구도가 오늘날 의미를 가진다고 하기는 힘들 것이다. 그러나 그의 사유를 구성하고 있는 천재적인 부품들은 20세기에 결정적인 역할을 했고 우리의 시대에도 계속 그러할 것이다.

6장 기학적 표현주의

스피노자와 라이프니츠의 표현주의는 각각 내재성의 철학과 제작적 세계관의 형태를 띠고 있지만, 공히 형이상학적 표현주의이다. 두 경우 모두 표현의 궁극적 시발점-귀결점이 존재하기 때문이다. 스피노자의 존재론을 특징짓는 핵심은 모든 속성들이 불연속적이라는 것, 그럼에도 모든 속성들은 신을 동시에 표현한다는 점에 있다. 아울러 속성과 양태들 사이의 존재론적 차이 또한 중요하다. 라이프니츠의 경우 모든 모나드가 상호 표현하는 장대한 울림, 일원성에 핵심이 있고, 그 전체를 근거 짓는 초월적 신에 특징이 있다. 스피노자의 경우 신의 일원성이 체계 전체를 받치고 있지만, 속성들의 불연속성은 오히려 다원성을 내포하고 있다. 이 두 측면을 화해시키기 위해서는 동시적 표현이라는 존재론적 가설이 필수적으로 요청되었다. 반대로 라이프니츠의 경우 오히려 신이라는 존재를 접어둔다면 상호 표현되는 모나드들의 거대한 일원성의 세계를 보여준다. 스피노자에게서는 질들이 여러 부류로서 분리되어 있다면, 라이프니츠의 경우 모든 질들이 상호 표현되면서 다만 모나드들의 개체성에 의해 분절되어 있을 뿐이다. 양자에게서 일원성과 다원성, 내재성과 초월성은 묘하게 엇갈리고 있다. 그러나 양 철학이 표현주의 형이상학의 뛰어난 예를 보여주고 있음은 분명하다.

스피노자, 라이프니츠의 표현주의와 어깨를 나란히 할 수 있는 철학체계를 우리는 동북아의 기 일원론 철학에서 발견할 수 있다. 고대에 철학 전통을 진수한 세 문명 중 지중해세계의 이슬람, 그리고 아시아세계의 인도는 12~13세기 즈음에 그 전성기를 다하고 침체기에 들어서게 된다.[1] 유럽은 르네상스를 거쳐 근대에 이르러 새로운 철학적 사유들을 만개시키기에 이른다. 동북아의 경우 유럽처럼 극적인 변화를 겪지는 않았지만, 고대로부터 현대에 이르기까지 지속적으로 철학적 사유를 발전시켜온 문명이다. 기 일원론은 동북아 전통 — 특히 성리학 — 과의 연속성을 유지하는 한편 여러 측면에서 근대적이기도 한 사유를 시도한 대표적인 사유 갈래이다. 흥미로운 점은 이 양 전통이 극복하고자 한 상대가 서로 상반되는 형이상학이었다는 점이다. 스피노자와 라이프니츠가 극복하고자 한 것은 데카르트의 기계론적 형이상학이었다. 대조적으로 왕부지 등 기 일원론자들이 극복하고자 한 것은 오히려 리기 이원론이었다. 스피노자와 라이프니츠는 데카르트가 표백한 세계에 다시금 형이상학의 생기를 부활시키고자 했다. 반면에 기 일원론자들은 리기 이원론에서 형이상학적인 리를 제거하고자 했다. 이런 차이를 이해하는 것은 상당히 긴 논의를 필요로 하겠지만, '생명'이라는 차원에 대한 관심을 빼놓을 수 없을 것 같다. 스피노자와 라이프니츠가 데카르트가 제거한 생명의 차원을 복원하고자 했다면, 기 일원론자들은 생명으로서의 기를 틀짓던 리라는 격자를 벗겨내고자 한 것이다.

사실 기 일원론은 예전부터도 동북아 문명을 특징짓는 형이상학으로서 지속적으로 내려왔다. 그런 전통을 성리학적 맥락에서 처음으로 뚜렷이 개

---

1) 인도의 경우는 현대에 들어와 서구 철학과의 만남을 통해 전통을 새롭게 부활시키는 노력을 하게 된다. 이슬람의 경우는 철학적 사유가 이슬람교라는 종교에 의해 짓눌린 이후 (이븐 루쉬드의 저작들이 불태워진 이후) 아직도 부활하지 못하고 있다. 이는 이슬람세계의 변화를 위해서도 중차대한 문제라 할 것이다.

넘화한 인물은 장재(1020~1077)였다. 그러나 여기에서 논하려는 기 일원론은 장재에 이르기까지 사유되어온 전통적 기 일원론과 다르다. 서경덕(1489~1546), 왕부지(1619~1692), 대진(1724~1777), 최한기(1803~1879) 등으로 대변되는 근대적인 기 일원론은 주희(1130~1200)로 대변되는 리기(理氣) 이원론의 성리학 전통을 의식하고 그것과 대결하면서 전개된 기 일원론이기 때문이다. 그리고 이런 대결의식, 불연속성은 16세기의 서경덕으로부터, 17세기 왕부지, 18세기 대진을 거쳐, 19세기 최한기로 이행하면서 점점 커진다. 서경덕이 리기 이원론과의 대결의식이 아직은 첨예하지 않은 가운데 기 일원론을 전개했다면, 왕부지는 보다 첨예한 대결의식을 가지고서 주희와의 이론적 투쟁을 벌였다. 대진에 이르면 왕부지에게 여전히 남아 있던 주희의 그림자를 좀 더 단호하게 떨쳐버리려는 모습이 나타나며, 최한기에 이르러서는 성리학적 전통과 아예 멀어진 근대적 철학이 등장하게 된다. 따라서 기 일원론의 흐름을 파악하는 것은 동북아에서의 근대적 사유가 형성·발전되어가는 과정 — 적어도 그 한 갈래 — 을 세밀하게 음미할 수 있게 해준다. 이 장에서는 이들 중 특히 표현주의의 성격이 강한 사유를 전개했고, 시기상으로도 스피노자, 라이프니츠와 동시대에 활동한 왕부지를 중심으로 기 일원론의 표현주의를 논할 것이다.

1절 '기'의 표현으로서의 세계

왕부지의 문제의식은 내용상으로는 판이하지만 라이프니츠의 그것과 통하는 바가 있다. 두 사람 모두 자신들이 소중히 생각하는 전통이 붕괴되고 있음을 목도했고, 새로운 철학을 통해 과거의 그것을 새롭게 세우려는 열망을 가졌다. 왕부지의 경우 붕괴의 목도는 보다 심각하게 체험되었는데, 이는 라이프니츠가 체험한 것이 기독교세계 자체 내에서의 와해였다면 왕부지의 경우는 이민족 ── 그가 야만족이라고 생각했던 ── 에 의한 "중화세계" 자체의 멸망이었기 때문이다. 그의 내면에는 영원할 줄 알았던 존재의 와해, 그가 하찮다고 생각했던 것에 의한 위대한 것의 몰락, 급격히 흘러가는 변화에 의한 만물의 침식, 밀물처럼 밀려오는 새로운 문물 등에 대한 강렬한 감수성이 내재해 있다. 그는 이러한 흐름이 어쩔 수 없는 대세라는 점을 점점 인정하기에 이른다. 그러나 그가 중화세계의 정수라고 생각했던 가치, 즉 성리학은 결코 포기할 수 없는 삶의 중핵이었다. 따라서 왕부지의 물음은 이런 급변하는 현실을 인정하면서도 어떻게 그것을 성리학의 틀 안에 흡수할 수 있을까, 역으로 어떻게 성리학을 새롭게 함으로써 새로운 미래를 꿈꿀 것인가 하는 것이었다. 성리학자인 한 왕부지는 '본연'과 '원융'의 사유를 포기하지 못했다. 그는 세계의 질적 다양성과 변화, 새로운 문물과 바뀌어버린 현실 등을 적극적으로 사유하면서도 성리학의 굵은 끈을 놓지 않으려 했다.[2]

---

2) 왕부지의 이런 노력에는 아이러니한 면이 있다. 기 일원론의 등장은 16세기 이래 새롭게 등장한 타자들에 대한 긍정과 밀접한 관련이 있었기 때문이다. 그런데 크게 보면 이민족들 역시 이 타자들에 포함된다. 그렇다면 기 일원론은 선험적 리에 의해 재단되지 않은 기를 궁극의 존재론적 원리(생명)로서 공유하는 이민족에 대한 긍정을 함축한다. 그러나 왕부지의 사유에서, 타국인 청이 자국 명을 정복했다는 정치적 상황은 이런 존재론적 맥락을 덮어버리고, 그의 사유에 일정한 한계를 긋게 된다.

§1. '有'와 '物'의 철학

새로운 시대를 사유하려 했던 왕부지에게 '변(變)'/'동(動)'을 사유하는 것은 중요했다. 왕부지는 모든 것을 선험적인 리들의 원융한 체계로 이해하는 주자학으로써는 이런 변/동을 사유할 수 없다고 보았다. 그에게는 이런 흐름을 끌어안을 수 있는 보다 역동적인 개념이, 리의 체계에 갇히지 않고 자체로서 생(生)하는 원리가 필요했다. 서경덕, 황종희와 마찬가지로 그 또한 생성존재론을 사유의 기초로 삼았다.[3] 아울러 그에게는 '현(顯)'/'현(現)'을 사유하는 것 또한 중요했다. 보이지도 않고 들리지도 않는 '무'의 성격을 가진 원리들이 아니라 현실세계에 보다 직접적으로 드러나는 원리, '현미무간'의 성격 —— 원래부터 동북아 철학의 기본 원리이기는 했지만 —— 을 보다 분명하게 함축하는 원리를 요청한 것이다. 근대성의 기초 원리인 '가시성'은 왕부지에게서도 분명하게 나타난다. 마지막으로 그에게는 '실(實)'/'물(物)'을 사유하는 것이 중요했다. 고원하고 현현(玄玄)한 원리, 공소(空疎)한 원리가 아니라 사물들에 보다 밀접하게 주목하는 그런 사유를 요청한 것이다.[4] 이 또한 근대성의 주요 경향들 중 하나인 탈-형이상학의 경향을 뚜렷이 드러낸다.

변동, 현현, 실물 등 그의 사유를 추동한 이런 근대적인 사유 경향을 만족

---

3) 스피노자·라이프니츠의 경우와 마찬가지로 왕부지에게도 존재는 곧 생성이다. 역으로 말해 생성은 덧없는 것, 단순한 '환(幻)'이 아니라 굳건한 실재성이다. "의지할 수 있는 것, 그것은 '존재'이다. 지극히 항구적인 것, 그것은 '생성'이다."(夫可依者有也 至常者生也) 왕부지에게서도 존재=생성이라는 등식이 성립한다.

4) 그의 시대는 방이지의 『물리소지(物理小識)』, 이시진의 『본초강목(本草綱目)』, 서광계의 『농정전서(農政全書)』, 송응성의 『천공개물(天工開物)』 같은 자연과학적 성과들이 쏟아져 나온 시대이기도 하다. 아울러 마테오 리치 등 전도사들에 의해 서양 과학 관련 지식들도 유포되기 시작한 때이다. 서구에서와 마찬가지로 동북아에서도 이 시대는 내면에서의 깨달음이 아니라 외물에 대한 주목이 추구된 시대이다. 특히 송대 심괄의 자연과학이 주희의 사유에 영향을 주었듯이, (왕부지의 가까운 친우이기도 했던) 방이지의 자연과학('質測之學')의 많은 부분이 왕부지 사유에 흡수된다.

시켜줄 개념/원리는 무엇이었던가? 바로 '기'였다. 왕부지는 주자학의 리기 이원의 구도를 기 일원의 구도로 바꿈으로써 이런 방향으로 사유를 이끌어가고자 했다. 그러나 왕부지의 사유는 전통과의 불연속의 측면보다는 오히려 연속의 측면이 더 강하다. 라이프니츠는 지중해세계 전통과의 연속성이 매우 강하지만 그 사유 과정에서 참신한 근대적 개념들을 창조해내었다. 스피노자는 그 사유 양태에서는 여전히 중세 철학의 구도 하에 있었지만, 그 내용에서는 전통과의 혁명적인 단절을 만들어냈다. 이에 비해 왕부지는 여러 측면에서 새로운 사유를 개진했지만, 그 전체로서는 여전히 성리학의 테두리 내에서 사유했다. 나아가 그의 사유는 주희 사유의 극복을 겨냥했음에도 상당 부분 그 영향 하에 있었다. 이 점에서 그는 스피노자·라이프니츠와 마찬가지로 본격적인 근대적 사유 —— 실학(實學) —— 가 형성되기 시작하는 분기점에서 사유했다고 할 수 있으며, 상대적으로 전통과의 연속성을 보다 긴밀하게 유지했다고 할 수 있다.

왕부지는 장재의 기 일원론을 이어받았으며, 장재 자신은 가까이로는 주돈이(1017~1073)를 멀리로는 『주역』을 이어 그의 사유를 정립했다. 이 점에서 왕부지의 『장자정몽주』[5]와 역학 관련 저작들(『주역내전』, 『주역대상해』, 『주역패소』, 『주역외전』)[6]은 그의 형이상학/존재론의 근간을 이룬다고 볼 수 있다.

왕부지는 다른 유자들에 비해 불교사상에 대한 상당한 소양을 보유했다. 그러나 물론 그는 유교의 '유(有)'의 철학, 실재론을 견지했으며, 불교의 유심론 —— 심(心)을 근간으로 하는 동북아 불교의 존재론 —— 을 비판했다. 실·물을 중시하는 그에게 불교는 '심' 환원주의로 간주되었다. 그는 마음이 아니라 사물을 스승으로 삼았으며("以物爲師"), 도는 어디까지나 신

---

5) 王夫之, 『張子正蒙注』. 다음에 수록되어 있다. 『船山全書』, 第十二冊, 嶽麓書社, 1992.

6) 王夫之, 『周易內傳』, 『周易大象解』, 『周易稗疏』, 『周易外傳』. 다음에 수록되어 있다. 『船山全書』, 第一冊, 1988.

체에 의거해서 의미를 가진다고 보았다("卽身而道在"). 아울러 세계가 일정한 이법에 따라 조직되어 있다고 하는 성리학적 존재론에 입각해 불교의 '공(空)' 개념을 비판했다. 그러나 사실 '공' 개념은 세계의 연기(緣起) 법칙 ── 결과적으로는 철저한 생성존재론 ── 에 따른 관계적 생성을 말하는 것이지 무-법칙성을 말하는 것이 아니다. 문제의 핵심은 오히려 양자에서의 법칙 개념의 차이에 있다고 해야 할 것이다. 결국 왕부지는 불교의 현상주의에 비판의 초점을 맞춘 것이며, 불교가 현상적 차원에서의 존재와 무에 입각해 생성을 역설하는 것에 비판적이었다고 볼 수 있다. 그는 현상적 존재-무의 구도를 잠재성과 현실성의 구도로 전환한다. 무란 존재하지 않는다.("虛涵氣 氣充虛 無有所謂無者."『장자정몽주』,「태화」) 현상적 무(non-existence)는 단지 잠재성(virtuality)을 뜻할 뿐이다. 모든 것은 기에서 나오고 기로 돌아간다.[7] 사실 기 개념은 그 자체 생성존재론을 함축하고 있지만, 왕부지는 기의 실재성과 이법성을 강조함으로써 불교와 선을 긋는다.

이 때문에 왕부지는 왕수인(1472~1528)의 양명학을 불교의 아류쯤으로 폄하한다. 왕수인에게 철학의 근본 원리는 '심'이다. 그는 '리'라든가 '물(物)'을 객관적 실재로 보기보다는 이미 거기에 '심'이 투과되어 있을 때에 의미를 가질 수 있는 범주들로 보았다.("無心外之理 無心外之物") 그리고 모든 행위/삶은 이 심=양지에 입각해서 행할 때 참된 행위/삶이 되기에, 양지를 붙들고서 산다면 언제 어디서나 충실한 삶을 살 수 있다고 보았다.("致

---

7) "태허(太虛)에는 형(形)이 없으며, 이것이 기의 본연(本體)이다. 이 태허/기가 취산(聚散)하는 것은 변화의 객형(客形)일 따름이다. 또, 지극히 고요해 감(感)이 없는 것이 성(性)의 본연(淵源)이다. 의식과 지각이 존재하는 것은 사물들과의 접촉을 통한 객감(客感)일 뿐이다. 객형과 객감 그리고 무형과 무감, 오로지 세계의 본성을 터득한 이만이 이 양자를 하나로 여길 수 있다."(장재,『정몽』,「태화」) 만물의 생성이 기에 뿌리 두고 있음은 '신(神)'이고, 기가 만물로 화해감이 화(化)이다. 왕부지는 이 "神天德 化天道"라는 구절에 대해, "神天德"을 "인온하여 멈추지 않으니, 도탑게 화함의 뿌리"로, 그리고 "化天道"를 "사시·백물 각각이 그 질서(秩敍)를 바로 하니, 고금의 항구적인 도"로 풀이하고 있다. 이로써 '리일분수(理一分殊)'라는 본체론 위주의 개념화가 생성론 위주의 개념화로 전환된다.

吾心之良知於事事物物") 왕부지에게 이런 왕수인의 사상은 유식불교와 다름없는 것으로 이해되었다. 그리고 양명학의 이런 주관성과 자의성이 극에 달하면 이지(1527~1602) 같은 무뢰배가 나온다고 보았다. 이런 판단은 양명학 같은 주관적이고 비-실재론적인 사유의 창궐이 명조를 망하게 했다는 분노, 그리고 성리학의 엄숙주의를 많이 탈피하기는 했지만 어디까지나 성리학적 사대부의 가치를 몸에 지니고 있었던 그의 정체성에서 유래한다고 할 수 있다. 그러나 사실 왕부지는 '물'에만 몰두한 자연철학자가 아니라 '심' 등 형이상학적 원리들을 재사유함으로써 성리학의 전통을 새롭게 하고자 한 인물이었다. 불교와 양명학에 대한 비판에도 불구하고 그의 사유에는 불교적 요소('심'의 중요성)와 양명학적 요소들(마음의 주체성, 실천에의 의지 등)도 내재한다고 보아야 할 것이다.

왕부지는 도가사상에도 조예가 깊었으나(그는 『장자해(莊子解)』와 『장자통(莊子通)』을 썼다.) 노자와 장자에 대해 비판의 각을 세운다. 그에게 노자의 "有生於無"는 기＝유 앞에 무라는 공소한 원리를 놓는 것, 또 '현미무간'의 원리에 위배해 현상과 실재를 이원적으로 가르는 것으로 이해되었다. 나아가 역사의 방향을 되돌려 통나무 상태를 지향하는 복고주의 또한 강한 비판의 대상이 된다. 아울러, 이는 『덕도경』의 노자에 해당하는 비판이라 할 수 있거니와, 그에게 부드러움을 통해 강함을 이긴다는 노자적 정치철학은 법가적인 권모술수의 근간이 된 것으로 이해되었다. 이 점은 겸괘(謙卦, ䷞)에 대한 그의 해석에서 잘 나타난다.[8] 장자의 경우 '허(虛)'는 사실상 '기'

---

8) "노담(老聃)의 가르침이 그러하니, 이들은 사사로운 지혜를 가지고 천지와 귀신의 기미를 엿보고서 사람들의 일반적인 정서 속에 있는 호오에 의지하였다. 그래서 장차 확장하고 싶거든 움츠리고(『도덕경』, 36장), 그 지극한 부드러움으로써 천하의 가장 굳셈으로 재빠르게 달려간다. 이렇게 하여 자기가 물러나면 날수록 물(物)들은 그만큼 다가오니, 그들의 다가옴이 완전히 가득 차기를 기다렸다가 상황이 이제 더 이상 수용할 수 없게 되었을 때 일어나서 이들을 후려치면 아무도 그물망으로부터 벗어날 수가 없다고 한다. 그들은 이를 오묘한 도(道)의 귀결이라 여긴다. 겸손함에서 시작한 것이 이처럼 사나움으로 끝마치는 것이다. 그러므로 그것이 흘러가서는 병가의 음모술수와 신불해, 한비자의 흉

와 같다. 이 점에서 왕부지는 장자의 존재론에 대해서는 비교적 호의적이다. 그러나 짐작할 수 있듯이, 그는 장자에게서의 실천철학의 부재를 비난한다. 이는 "장자는 자연을 알았으나 인간을 몰랐다"라고 한 순자의 비판을 잇는 것이라 할 수 있다. 사대부적 정체성을 가졌던 왕부지는 '의(義)' 개념을 "物各得其所"라는 곽상(252~312)의 개념을 통해서 이해하기도 했는데, 이는 그가 장자에 대한 곽상의 그릇된 해석을 공유했음을 뜻한다. 불교에 대해서도 그렇듯이, 노장에 대한 왕부지의 해석이 정치한 것은 아니다. 그러나 그의 비판을 통해 두 사상의 차이가 어디에 있는지가 뚜렷이 드러나는 것은 분명하다.

§2. 장재에서 왕부지로

왕부지 기철학(기 일원론)의 출발점은 장재이다. 그는 장재야말로 "성인이 다시 나타난다 해도 그것〔장재의 기 일원의 철학〕을 바꿀 수는 없을" 사유를 창조한 인물이라고 보았다. 다만 이미 근대적 공기를 호흡하고 있던 왕부지는 장재의 철학을 좀 더 근대적인 형태로 재창조하고자 했다. 첫째, 왕부지는 장재의 기 일원론을 보다 내재화하고자 했다. 어떤 면에서 왕부지 존재론의 핵은 기보다는 오히려 음과 양에 있다. 기의 구체적인 논의는 사실상 음과 양에 대한 논의이며, 기는 그 존재론적 궁극으로서 놓이는 것뿐이기 때문이다.[9] 또, 왕부지는 장재의 철학을 보다 가시화하고자 했다. 때

악하고 잔인한 학설이 된다."(『주역내전』, 「겸」)

9) 이는 스피노자의 경우와 유사하다. 스피노자에게서도 신에 대한 구체적인 논의들은 결국 속성들에 대한 논의이기 때문이다. 신-실체의 구체적인 내용은 결국 속성-실체들이며, 양태들을 구체적으로 논할 때 중요한 것은 각각 해당하는 속성들이라고 할 수 있다. 그러나 스피노자의 속성과 왕부지의 음양은 크게 다르다. 속성들은 본성상 구분되지만 음양은 경향적으로 구분되며, 속성들은 상호 작용하지 않지만 음양은 반드시 함께 상관적으로 작용한다.

문에 그에게 형이상자인 '도(道)' 못지않게 형이하자인 '기(器)' 또한 중요했다. 당대의 새로운 문물들을 많이 섭취했던 왕부지에게 정적(靜寂)한 본체의 세계에 침잠하는 것은 이미 낡은 것으로 느껴졌다. '심'의 형이상적 차원은 '물'의 형이하적 차원의 토대 위에서 가능한 것으로 보았던 것이다. 나아가 그는 장재의 사유를 보다 현실화하고자 했다. 역사의 거대한 전환과 그 한가운데에서 움직이는 '세(勢)'의 역학을 눈앞에서 목도한 그는 기존 성리학의 복고주의로는 더 이상 시대에 대응할 수 없음을 절감했다. "오로지 세의 필연에 처해서만 리를 볼 수 있다(只在勢之必然處見理)"[10]라는 말에 왕부지의 관점이 뚜렷하게 드러나 있다.

그러나 왕부지의 기 일원론이 단지 장재의 철학을 보다 구체화한 것에 그치는 것은 아니다. 그의 사유는 기본적으로 주희의 리기 이원론과의 철학적 투쟁을 통해 전개된 것이기 때문이다. 왕부지가 장재를 발전시켜간 방향이 곧 주희를 극복해간 방향이라고 할 수 있다. 왕부지는 기의 배후에서 그것을 조직하는 초월적 원리는 없다고 강조한다. 태극은 단지 기의 잠재적 차원("陰陽之混合者")일 뿐이다. 기("太和絪縕之氣")는 자체의 잠재성의 차원 — 태화인온의 상태 — 으로부터 즉 음과 양이 혼효(混淆)된 상태로부터 현실화된다. 즉, 음과 양이 현실적으로 또 '상호침투적인 동적 상관성'을 통해(2권, 2장, 2절) 작동함으로써 만물이 생성해간다고 본 것이다. 이 점은 64괘의 생성을 오로지 건괘과 곤괘의 조합을 통해 내재적으로 설명하는 점에서도 잘 드러난다.[11] 동북아 철학의 일반적인 입장이기는 하지만, 체(體)와 용(用)의 일체도 더욱 강조된다. "덕이 체이고 공(功)이 용이다. 천하

---

10) 王夫之, 『讀四書大全說』, 「離婁上」, 卷九, 八. 다음에 수록되어 있다. 『船山全書』, 第六冊, 1991.
11) 건괘와 곤괘의 조합을 통해 괘들이 생성할 경우 한 괘는 12효로 구성된다. 왕부지는 12효를 가시의 괘와 비가시의 괘로 나누어, 보이는 괘 뒤에는 항상 그것의 대칭적 짝으로서 보이지 않는 괘가 존재한다고 보았다. 이 구도는 왕부지 역학 전반에 걸쳐 중요한 역할을 한다. 상세한 논의로는 김진근, 『왕부지의 주역철학』(예문서원, 1998), 2장 및 안재호, 『왕부지 철학』(문사철, 2011), 3장, 3절을 참조.

에 용이 없는 체도 없고, 체가 없는 용도 없다."(『독사서대전설』,「헌문 5」) 이런 존재론적 구도에서 왕부지는 주희의 사유를 보다 가시화·현실화하고자 했다. 왕부지는 이미 방이지 등에 의한 경험과학적 탐구를 잘 알고 있었고, 서양에서 도래한 망원경 등을 통해 천문 현상들을 관찰할 수 있었다. 왕부지는 장재의 천문학에서도 여전히 작동하고 있던 오행의 상응체계를 부정하고 보다 근대적인 천문학으로 나아갔으며, 소옹(1011~1077)식의 사변적 우주론이 이미 무용해졌음을 선언했다. 이는 동북아 사상사에서 특기할 만한 사실이며, 이 시대에 이미 전통적 세계관으로부터의 일탈이 시작되었음이 확인된다. 왕부지는 당대의 시대적 배경을 흡수하면서 기(器)의 차원에 대한 경험적 연구를 추구했고, 그로써 리의 선험적 체계로 기를 구성하고자 한 주자학을 기(氣)의 철학으로 전환하고자 한 것이다.

하지만 사실 기 일원론과 리기 이원론의 차이는 미묘하다. 기 일원론은 기, 즉 자체로써 생성존재론을 함축하는 개념을 최고 원리로 본다는 점에서 분명 기를 리에 복속시키는 리기 이원론과 다르다. 그러나 아무런 질서가 함축되지 않은 기 개념은 막연한 물질적(생명과 정신까지 포함한) 실체를 뜻할 뿐, 세계에 대한 어떤 설명력도 가지지 못한다. 아리스토텔레스가 '우시아'로서 결국 질료보다는 형상을 낙점한 사실에서 알 수 있듯이(1권, 7장, 3절), 어떤 형태의 설명/이해도 결국 어떤 규정성에 대한 설명/이해인 것이다. 질료는 늘 그런 규정성들 아래에 깔려 있는 그-무엇으로서 상정될 뿐이다. 더 아래의 질료/물질을 '파악했다'는 것 자체가 어떤 새로운 '규정성'을 발견했다는 것을 뜻한다. 물론 묘하게도 여러 층위에 걸친 그런 규정성들의 전체는 바로 그 질료/물질에 포함되어 있는 규정성들로 이해할 수밖에 없다는 점도 사실이다. 결국 기는 그 안에 무수한 리들을 내포하고 있는 것으로 이해될 때 의미를 가지는 것이다. 기로 세계를 설명한다는 것은 결국 어떤 리(들)로 설명한다는 것에 다름 아니다. 그런데 기가 리를 함축한다고 할 때, 리가 어떤 완성태로서 기 안에 들어 있다고 본다면 이는 결국 리기 이원론이 된다. 왜 그럴까? 그럴 경우 기는 결국 이 리에 따라서 조직되는 것일 뿐 자기조직화한다고 하기 힘들기 때문이다. 결국 세계를 실제 주재하는 것은 리가 되기 때문이다. 이 점에서 기 일원론과 리기 이원론의 차이가 도대체 어디에 있는 것인지 물어볼 수 있다.

이 때문에 사실상 중요한 점은 '리일분수', '본말일관(本末一貫)'의 존재론, 즉 원융의 존재론을 유지하는가의 여부에 있다고 해야 한다. 이 체계가 유지되는 한, 사실 기 일원이나 리기 이원이나 큰 차이가 없기 때문이다. 하나와 여럿이 유기적으로 통합된 세계의 추구는 개별 과학적 탐구로부터 형이상학으로의 일종의 비약을 내포한다. 즉, 형이상학의 구도는 이미 정립되어 있으며 개별 과학적 탐구는 다만 일종의 장식물로서 기능하는 데 그치는 것이다. 전통적 구도로부터 벗어나려면 '리일분수', '일본만수(一本萬殊)', '일실만분(一實萬分)'이라는 유기체적 구도 ── 이는 서양 중세의 '하이어라키'에 대응하는 동북아적 사유 구도라 할 수 있다(동북아의 궁궐과 서구의 고딕성당의 차이와 마찬가지로, 리일분수가 넓이의 이미지로 표현되고 있다면 하이어라키는 높이의 이미지로 표현되고 있다.) ── 에 대해 비판적 시각을 가져야만 했다. 그러나 그 사유의 여러 새로운 면모에도 불구하고, 왕부지는 이 구도 즉 원융의 구도를 여전히 유지했다. 그렇기 때문에 그의 기 일원론은 성리학의 테두리를 벗어나지 않았고, 또 그것이 그가 목표한 것도 아니라고 해야 할 것이다. 왕부지는 분명 기를 실체로 보고 리는 그것의 생성 과정에서 나타나는 조리에 불과하다고 보았지만, 원융의 구도를 유지하는 한 그 조리는 사실상 이미 원융한 구조를 함축하고 있는 것이다.[12] 역으로 만일 리의 이런 선험적 구도를 완전히 파기한다면 반드시 리일분수/일본만수라는 구도 또한 파기되어야 한다. 기는 우연성(contingency)의 양상을 띠고서 생성해가는 것으로 이해되어야 하며, 리는 그러한 생성에서 발견해낸

───

12) 물론 생성존재론을 기초로 하는 왕부지의 사유는 어디까지나 생성과 시간에 깊이 침윤된 원융 구도, '反者 道之動'의 구도를 담고 있다. 이 점은 예컨대 『주역외전』, 권2, 「복(復)」 등에 잘 나타나 있다.

법칙성, 오로지 사후적으로만 확인 가능한 법칙성이 되어야 한다. 그러나 왕부지는 이런 가능성은 거의 생각하지 않았다.[13] 사실 왕부지가 자신의 사유의 근간으로서 '기' 개념을 채택했을 때 '리' 역시 그 동반자로서 붙어 왔던 것이며, 더 핵심적으로는 원융의 형이상학이 거의 무의식적으로 따라 왔던 것이다.

§3. 음양의 이론

물론 리로부터 시작하는 주희 철학과 기로부터 시작하는 왕부지 철학이 같은 것은 아니다. 리의 부동성·선험성과 내면의 적연부동함을 중시하는 주희와 기의 역동성·실증성과 실·물의 객관성을 중시하는 왕부지 사이, "리가 없다면 천지도 없다"라고 한 주희와 "기가 리를 품고 있다(氣以函理)"라고 한 왕부지 사이에는 확실히 차이가 있다. 특히, 선례가 없던 것은 아니지만, 태극을 음양의 태화인온의 기로 해석하고서 논의의 초점을 음양/건곤에 맞춘 점에서 왕부지 사유의 내재성이 두드러진다. 앞에서도 지적했듯이, 그에게 세계 설명의 실질적인 주인공은 음양/건곤인 것이다.("陰

---

13) "생성이 영원성과 통일성을 자체 내에 갖고 있다면, 생성은 견고한 안심입명처가 될 것이다. (…) 왕선산의 신유가적 세계관에서는 생성에서 사물의 불변적 측면〔物理〕을 발견한다. 생성과 그 불변적 측면의 가능근거도 그 생성의 내부에서 발견된다. (…) 그러나 현대 신유가의 안이한 발상이 그렇듯이, 왕선산 역시 현상의 일면적 조화를 본질적 조화로 간주함으로써 세계의 부조화와 갈등을 비본질적인 것으로 도외시했다. 이런 의미에서 그의 세계관은 현실적 힘들의 투쟁과 섬뜩한 부조화를 부분적인 것으로 보고 세계를 전체적 관점에서 조망하는 조화와 통일성의 '형이상학'인 것이다."(이규성, 『왕선산, 생성의 철학』, 이화여자대학교출판부, 2001, 143~144쪽) 그러나 저자는 "물질의 운동을 강건한 힘과 유순한 힘〔음양/건곤〕의 상대적 '차이'에 의해 이해하려고 한 것은 자연과 인생사를 해명하는 데에 여전히 고려해볼 철학적 가치가 있는 것"으로 평가하면서, 그 이유로서 "현상의 통일적 안정과 분열이 그 내부적 힘들의 상호 작용의 장이 형성해낸 것이라면, 현상에 대한 이해는 힘들의 관계로 설명해야 할 것이기 때문"임을 들고 있다.

陽二氣充滿太虛 此外更無他物") 태극은 음양을 넘어선 어떤 실체가 아니라, 음양의 작동을 통해 드러나는 역동적인 조화 이외의 것이 아니다. 이로써 "태극이 양의(兩儀)를 낳는다"라는 오래된 관점도 파기된다.

왕부지는 음과 양은 항상 상보적임을 역설했고("分劑而可用爲會通"),[14] 음효/양효의 뒤에는 항상 그 상보적 존재로서 양효/음효가 잠존하는 것으로 보았다.

> 하여 건괘(乾, ䷀)는 순양이지만 음이 없는 것이 아니고, 곤괘(坤, ䷁)는 순음이지만 양이 없는 것이 아니다. 바로 태극[에 의한 상보성]이 존재하기 때문이다. 박괘(剝, ䷖)의 양효는 홀로가 아니고, 쾌괘(夬, ䷪)의 음효 또한 홀로가 아니며, 구괘(姤, ䷫)의 음효는 약하지 않고 복괘(復, ䷗)의 양효는 적지 않다. 변화하는 바[음과 양의 상보적 생성]가 없으면 태극 또한 없다. 괘는 8괘에서 이루어지고, 64괘에서 오고 가며, 384효에서 움직이고, 4096[64²]괘에서 끝나거니와, 이 모든 경우들에 태극이 존재하는 것이다.(『주역외전』, 「계사상전 11」)

'상호침투적인 동적 상관성'을 기본으로 하는 음과 양의 작용은 '一陰一陽', '一闔一闢', '一動一靜'의 이치에 따라 세계를 생성시켜간다. 우주 만물은 음양의 조화를 통해 순환적 율동의 생성을 지속한다.

음과 양에 대한 왕부지의 파악은 이중적이다. 서양에서의 근대적 사상들 전반이 그랬듯이, 왕부지의 경우에도 '정(靜)'보다 '동(動)'이 본래적이다. '정'은 '동'의 특별한 어떤 경우일 뿐이다. 이 점에서 그의 사유는 늘 '동'보

---

14) "음양은 천지에 충만해 있으며, 하늘과 땅 사이에는 오로지 음양이 있을 뿐이다. '일(一) ~, 일(一) ~'이라 함[일음일양, 일합일벽, 일동일정 등]은 음양이 서로 합하여[/감응하여] 이룸을 뜻하며, 바로 주지(主持)와 분제(分劑)를 뜻함이다."(『주역내전』, 「계사상전 5」) '주지'는 음과 양이 각각의 독자적 활동을 수행함을, '분제'는 그럼에도 양자가 '서로 합하여 이룸[相合以成]'을 뜻한다. 왕부지는 이를 '대변(大辨)'과 '지밀(至密)'로 개념화하기도 했다. "위대한 분리는 지극한 결합을 바탕으로 하고, 지극한 결합은 위대한 분리를 완성한다(大辨體其至密 而至密成其大辨)."(『주역외전』, 「태」)

302

다 '정'을 근본으로 생각했던 주돈이래의 전통에서 벗어난다. 사실 '기일원'이라는 출발점을 생각해본다면, 이는 당연한 귀결이기도 하다. 정과 음을 그리고 동과 양을 대응시킬 경우, 이는 양의 운동성(自彊不息, 推陳致新)을 보다 중시하는 관점이라고 할 수 있다. 하지만 다른 한편 왕부지는 양의 운동은 그 아래에서 음의 정지 ── 문자 그대로의 정지가 아니라 은은한 움직임 ── 가 그 운동성을 굳건히 받쳐줄 때 혼란된 생성이 아닐 수 있다는 점을 강조한다. 신체의 약한 기운을 북돋기 위해 양기를 보완하는 것이 아니라 오히려 음허(陰虛)를 치유하는 것도 이런 이유에서이다. 양과 음이 상보적이라는 것은 이런 맥락에서도 확인되지만, 지금의 경우 그 상보성은 비대칭적임에 주목할 수 있다. 그러나 전체적으로 볼 때 왕부지의 사유는 음의 통어보다는 양의 활력을 강조하는 근대적인 성격을 띠고 있다.

왕부지에게 생성이란 양생음성(陽生陰成)의 구도에서 이해된다. 양은 생하고 음은 성한다. 양은 동적으로 발산하면서 새로움, 차이를 만들어내지만, 음은 정적으로 수습하면서 양의 움직임이 망령되지 않도록 잡아준다. 그래서 세계는 태극무늬가 잘 보여주듯이 양과 음의 투쟁, 그러나 서로를 파괴하는 투쟁이 아니라 결과적으로 원융한 조화를 유지하게 만드는 상보적 투쟁이다. 따라서 태극은 음양에 존재론적으로 선행하는 차원이 아니라, 음양의 율동적 투쟁과 조화 그 자체이다. 그리고 만물은 바로 이런 율동적 투쟁의 결과들이다. 기가 스피노자의 신에 해당한다면, 음과 양의 작용은 스피노자의 속성들 ── 양자의 성격은 매우 다르지만 ── 에 해당하며, 만물은 양태에 해당한다. 기는 음과 양의 투쟁적 조화/조화적 투쟁으로 표현되며, 음양의 생성은 만물의 화생(化生)으로 표현된다. 따라서 이 모든 과정에서의 시간의 매듭들, 사건-특이성들은 매우 중요한 역할을 하며, 이는 자연만이 아니라 역사에 있어서도 그렇다. 이런 표현주의의 구도 하에서 주돈이래 내려온 '성(誠)' 개념도 보다 역동적인 방식으로 이해된다. '성'은 "신(神)의 본래적 존재이며, 기(氣)의 본래적 작용"으로서, 음양의 조화가 굳건하게 이어지도록 해주고 만물이 감응해 통하도록("感而通") 해주는 힘이다.(『장자정몽주』,「성명」) 이로써 세계는 '망(亡)'으로 빠지지 않고 그 원융한 "연비어약(鳶飛魚躍)"의 생성을 지속한다. 스피노자와 라이프니츠의 사유가 무한의 형이상학에 입각한 조화의 사유이듯이, 왕부지의 사유는 본연과 원융의 가치에 입각한 조화의 사유라 할 수 있다.[15]

왕부지의 이런 기 일원론은 장재가 구축했던 사유를 보다 풍부하고 근대적인 형태로 재창조한 것이었으며, 이후의 기 일원론은 이 왕부지의 사유를 기초로 전개된다.

---

15) 라이프니츠는 신유가 ── 그가 원시유가와 잘 구분하지 못했던 ── 의 세계관이 자신의 그것과 매우 유사하다고 보았지만(『라이프니츠가 만난 중국』), 왕부지와 가까운 것은 라이프니츠보다는 오히려 스피노자라 해야 할 것이다.

2절 사람의 마음

§1. 심(心), 성(性), 정(情)

기 일원의 철학에서 세계의 모든 사물들은 궁극의 실체인 기의 표현들이다. 따라서 만물은 일단 그 근원적 동질성을 통해서 연속적으로 파악된 연후에, 다시 그 차별성을 통해서 불연속적으로 파악된다. 대부분의 고전적인 사상가들이 그렇듯이, 장재 역시 인간이란 이 전체 구도에 있어 하늘(과 땅)과 나란히 일컬을 수 있는 존재라고 생각했다. "하늘과 사람이 용(用)을 달리하면 성(誠)이라 하기에 부족하고, 하늘과 사람이 지(知)를 달리하면 명(明)을 다하기에 부족하다."(『정몽』, 「성명」) 왕부지 역시 성리학자로서 하늘과 사람의 일치에 대한 믿음에 기초해 그의 인성론과 인식론을 펼쳤다. 그러나 그의 사유는 "性卽理"의 사유가 아니라 "性卽氣"의 사유이다. 인간의 '성'은 곧 '기'이다.

주돈이와 장재의 성리학 전통 이래 대부분의 인물들이 그랬듯이, 왕부지역시 사람의 마음에 대해서 심이 성과 정을 통괄하는 "심통성정(心統性情)"의 구도를 견지했다. 그러나 왕부지는 체와 용이 서로를 함축하는 "체용상함(體用相函)"의 사유를 단적으로 밀고 나갔고, 그로써 심과 성 그리고 정의 관계가 보다 일원적으로/연속적으로 파악되기에 이른다.

왕부지 역시 때로 "性卽理"라는 표현을 쓰지만, 그에게 리는 어디까지나 기/기질의 리이다.('質'이란 곧 구체화된 기이다.) 때문에 여기에서 성의 존재론적 위상은 큰 변화를 겪는다. '성'은 더 이상 정주학(程朱學)에서처럼 기를 초월한 도덕형이상학적 실재이기를 그치고, 어디까지나 기질이 띠고 있는 리의 위상을 가지게 된다. 왕부지가 어떤 곳에서는 "성이란 음양오행이 묘합(妙合)하고 응결하여 생겨나는 것"(『독서서대전설』, 「성경 1」)이라고, 현대인에게는 무척이나 '유물론적'으로 들리는 규정을 제시하는 것도 이런 맥락에서이다. 이렇게 볼 때, 왕부지에게서의 기질과 성의 관계를 생명과 인간 본성의 관계로서 규정하는 것이 적절해 보인다. "질이 기를 함축하기에 각인에게 생명이 있는 것이요, 기가 리를 함축하기에 각인이 그 본성을 가지게 되는 것이다."(『독서서대전설』, 「양화 1」) 사람에게는 기의 구체적 형태인 질이 갖추어져 있기에 그가 살아 있는 것이고, 기질에는 일정한 리가 갖추어져 있기에 그에게 일정한 본성이 주어져 있는 것이다. 결국 왕부지에게서는 인성이 생명을 초월해 있는 것이 아니라, 생명에 포함되어 있음을 알 수 있다. 이 대목에서 기 일원의 구도가 분명하게 드러나 있으며, 왕부지 사유가 기존 정주학과 어떻게 다른지가 뚜렷이 부각된다.[16]

그러나 여기에서 생명이란 인간의 생물학적 본성만을 뜻하는 것이 아니라, '인의예지'라는 도덕적 본성까지도 포함한 '성'이다. 동북아 철학사에서 '생명(生命)'은 한자어 그대로의 뉘앙스에서 이해되어야 한다.[17] 역으로 말해, 왕부지의 성은 '음식남녀'까지도 포함하는 성이며 식색(食色)을 솎아낸 도덕적 본성이 아니다. 요컨대 왕부지의 성은 인간의 도덕적 성과 신체적/생리적 성을 포괄하는 성이며, 여기에서 이 두 차원을 대립시키는 오래된 전통이 무너지게 된다. 인간은 인의예지라는 도덕적 측면과 식색이라는 신체적 성 양자를 모두 포괄하는, 이중체의 성격을 띤 본성을 가지는 존재

---

16) 이런 구도에 입각해 왕부지는 정주학의 '본연지성'과 '기질지성'이라는 이분법을 부정한다. 그에게는 기질의 성이 곧 본연의 성이다. 그리고 정주학에서의 기질지성은 이 본연지성＝기질지성의 '재(才)' — 개인적 차이 — 일 뿐이다.(『장자정몽주』, 「성명」)

17) 그러나 왕부지 사유에서는 '명' 개념 역시 기 일원의 구도에서 이해되어야 한다. 그에게서 '하늘의 명'은 종교적인 맥락에서의 개념이 아닌 것은 물론이고, 전통 형이상학의 맥락에서의 개념도 아니다. "천명에는 이치가 있을 뿐 마음은 없다."(『독통감론』, 「당덕종 30」) 그에게 '하늘'이란 '태화인온의 기'에 다름 아니고, 따라서 '하늘의 명'이란 태화인온의 기가 개별자들에게 분화되어 주어지는 것에 다름 아니다. 이렇게 주어져 각 존재자들이 결과적으로 가지게 되는 본성이 '성'이다. 그렇기에 왕부지에게서 '명'은 각인을 초월해 있는 어떤 절대적 명령이 아니다. 그것은 만물에 잠재적으로 '주어진 것'이며, 따라서 각인이 주체적 노력을 통해서 구체화하고 또 선한 방향으로 완성해나가야 할 무엇이다.

로서 이해되고 있는 것이다. "인의예지의 리〔성〕는 하우(下愚)에게도 없을 수가 없고, 성색취미(聲色臭味)의 리는 상지(上智)도 없앨 수가 없다."(『장자정몽주』,「성명」) 왕부지의 성 개념이 이러하기에, 그의 성은 생성으로부터 독립해 자존하는 영원부동의 실체가 아니다.("氣日生 故性亦日生") 인간이 태어나면서 잠재적으로 갖추게 되는 성은 보편적이지만, 그 성이 구체화되어가는 과정은 사람마다 다르다. 각인의 본질과 실존의 거리는 최소화되는 것이다. 여기에서 우리는 왕부지에게서는 '성'조차도 생성존재론의 구도 하에서 이해되고 있으며, 그의 사유가 '체용일원'의 사유임을 다시 한 번 확인하게 된다. 물론 성은 어디까지나 본성으로서 존재하며, 본질(주어져 지속되는 측면)이 실존(관계들을 통해서 변해가는 측면)으로 와해되어버리는 것은 아니다. 그럴 경우 '성' 개념 자체가 의미를 잃어버릴 것이다. 생성존재론의 구도에서 이해되지만 성은 어디까지나 성이기 때문이다. 결국 왕부지의 성을 베르그송의 '경향'[18]에 일정 정도 근접해가는 개념으로 이해할 수 있을 것이다. 뒤에서 논하겠지만 왕부지는 이미 인간과 역사에 대해 (넓은 의미에서의) 진화론적 관점을 가지고서 사유했다.

'성'을 안에 담고서 구체적인 삶을 살아가는 것은 '심(心)'이다. 성이 실체라면, 심은 주체이다. 성이 체라면, 심은 용이다. 성이 하늘로부터 품부받은 본성이라면, 심은 신체와 일체가 되어 실제 살아가는 삶 속에서 표현되는 성이다. 성은 태어나면서 갖추어지는 것이고, 심은 성을 구체화해 표현하는

---

18) 베르그송의 '경향'은 본질 개념과 생성 개념을 화해시킨 것으로 볼 수 있다. 이는 절대적 생성의 가운데에서 나타나는 본질인 동시에 본질을 연속적으로 변이시켜가는 생성이다. 왕부지에게서도 하늘=기로부터 주어진 선천적 성과 주체의 노력을 통해서 형성되어가는 후천적 성이 동시에 사유된다. 후천적 성은 '습(習)'을 통해서 형성되어가지만, 왕부지의 습관은 프랑스 유심론/정신주의(spiritualisme)에서처럼 생명의 대립항으로서가 아니라 오히려 생명을 구체화해나가는 능동적 과정으로서 이해된다. 그에게서 '습'은 곧 '습행(習行)'이다. "선천적인 성은 하늘이 이루는 것이고, 후천적인 성은 〔주체의 노력에 의한〕 습〔습행〕이 이루는 것이다."(『독사서대전설』,「등문공상 3」) 이 생각은 "性相近 習相遠"에 대한 왕부지식의 해석이기도 하다. 왕부지의 습행 개념은 안습재(1635~1704), 대진 등 청대 학자들에게로 이어진다.

것이라고 할 수 있다. 성이 없는 심은 어떤 일관성도 없이 흘러가는 경험적 존재일 뿐이며, 심이 없는 성은 그 실현의 구체적 장이 없는 추상적 존재일 뿐이다. 성과 심의 관계는 현대 철학에서의 선험적 주체와 경험적 주체의 관계와 유비적이라 할 수 있다. 그래서 왕부지에게 성은 천도이고 심은 인도이다. 사람의 마음은 다른 존재자들에 비해 월등한 감통(感通)의 능력을 가지며, 그로써 지각[19]을 확충·심화해갈 수 있다. 사람들이 같은 '성'을 부여받았으면서도 모두 다른 존재가 되는 것은 각자의 '심'을 통해서 이 '성'을 구체화해나가는 양태들이 다르기 때문이다.

왕부지는 사람의 마음이 가지는 힘을 '허령불매'의 개념으로써 파악한다.(『독사서대전설』,「고자상 19」) '허(虛)'는 "치우침이 없기에 치우칠 수 있음"을 뜻한다. 마음은 이미 결정되어 어떤 것으로서 고착된 것이 아니다. 그것은 사르트르적 뉘앙스에서 일종의 무이다. 바로 그렇기 때문에 그것은 그 어느 것이나 담을 수 있으며, 그 어느 곳으로나 향할 수 있다. '령(靈)'은 "깨우치는[覺] 바가 있기에, 선악을 불문하고 모두 깨우침"을 뜻한다. 그래서 마음은 감각하고 지각하고 생각하고 자각한다. 이 모두가 마음의 영묘함에 기인한다. 그리고 '불매(不昧)'는 "세세히 기억할 수 있음"을 뜻하며, 마음은 세세히 기억하기에 결코 어둡지 않다. 베르그송이 빼어나게 논구해주었듯이, 기억이야말로 우리의 존재 자체인 것이다. 마음은 채워져 있지 않기 때문에, 닫혀 있지 않기 때문에, 모든 것에 스스로를 열어가면서 담을 수 있다. 그로써 마음은, 올바르게건 그렇지 못하게건, 세계에 감응하고 사물들을 지각하고 지성으로써 사유한다. 그리고 마음의 행위는 시간 속에서 묻혀 사라지는 것이 아니라 기억을 통해 보존·생성되며, 그로써 끝없이 새로운 의미와 역사를 만들어간다. 이 점에서 마음은 '허령불매자'이다. 마음

---

19) 2권(10장, 2절)에서 이미 언급했듯이, 성리학에서의 '知覺'은 'perception'보다 훨씬 넓은 것을 뜻한다. 그것은 외적인 사물들을 인식해가는 것뿐만 아니라 내적 차원을 깨달아가는 것이기도 하고, 궁극적으로는 양자를 포괄해 세계 전체를 인식해가는 것이다. 지각은 근본적으로 '신기(神氣)'에 의해 가능하다고 할 수 있다.

의 이런 능력은 크게는 두 가지, 인식능력과 도덕능력으로 드러난다.

왕부지에게서 성과 심은 별개의 것이 아니다. 체용일원에 충실한 그의 사유에서 심은 개별자에게 구현된 성이 개별자의 삶, 즉 타자와의 관계를 통해서 일정한 상황들을 경(經)-험(驗)하면서 생성·표현되는 측면에 다름 아니다. 그러나 왕부지의 사유에서 더욱 특징적인 것은 정 또한 성과 연속적이라는 사실이다. 왕부지에게 정은 성과 대립하는 것이 아니라 성이 심을 통해 현실에서 나타나는 모습이다. 성과 정은 연속적이며 근원적으로는 하나이다. 앞에서 왕부지의 '성' 개념이 도덕적 성과 식색으로서의 성을 포괄한다고 했거니와, 이런 구도에서 벌써 성과 정이 불연속을 이룰 수는 없음을 짐작할 수 있었다. 성의 두 얼굴인 도덕성과 인욕은, 내용상은 다르지만, 스피노자의 연장-실체와 사유-실체가 그렇듯이 한 존재의 두 표현일 뿐이다. 때문에 왕부지가 추구하는 것은 "存天理去人慾"이 아니다. 왕부지의 천리에는 이미 존재론적으로 인욕이 내포되어 있기 때문이다. 오히려 인욕은 인성의 하부구조/형이하를 이루며, 상부구조/형이상인 도덕성은 이 하부구조의 토대 위에 존재한다고 보아야 한다. 역으로 말하면, 도덕성도 결국 구체적인 인욕의 장에서 표현될 수밖에 없다고 할 수 있다. "어떤 경우에도 사람을 떠나 하늘이 따로 존재하지 않으며, 어떤 경우에도 욕망을 떠나 이치[도덕성]가 따로 존재하지 않는다."[20]

왕부지는 체용상수(體用相須)의 구도 하에서 정(情)·욕(慾)·궁(躬)·리(利)의 차원을 부정하지 않았을 뿐만 아니라, 그 순기능을 역설하기도 했다. 이런 차원은 성(性)·천(天)·심(心)·공(公)의 차원과 연속적이며, 한 존재의 두 표현일 뿐이기 때문이다. 바로 그렇기 때문에 이 정이라는 하부구조가 건강하게 표현되어야지 상부구조인 성 또한 올바로 설 수 있다. 왕부지는 욕망을 개인적인 것으로 국한하지 않는다. 개인의 내면에 국한된 욕망이 아니라 '공욕(公欲)'의 차원이 한 인간을 사회적 존재로 만들어주며, 개인

---

20) 王夫之, 『思問錄』, 內篇. 다음에 수록되어 있다. 『船山全書』, 第十二冊, 1992.

적 욕망을 사회적 공욕의 차원에 맞추어가면서 한 인간이 완성되어가는 것이다. "천하의 공욕이 곧 '리'이다(天下之公欲卽理也)."(『장자정몽주』,「중정」) 이미 장재가 "악정자, 안연은 인(仁)을 욕망할 줄 알았다"라고 하면서 욕망 개념을 파격적으로 사용했거니와, 왕부지는 이에 관련해 "인이란 생명을 갖춘 존재자들의 리[生物之理]이며, (…) 인을 욕망할 줄 안다는 것은 곧 인에 뜻을 두는 것"이라고 부연한다. 이는 '인'을 '사랑'으로 풀이하는 것이며, 정주학에서의 형이상학적 개념화와는 크게 다른 것이다. 정/욕망은 그자체로서는 악이 아니다.

그러나 성의 차원이 인간에게 주어진, 하늘=기에서 연원한 본래적인 것[本然]이라면, 정의 차원은 구체적인 삶의 현장에서 다양한 관계들을 통해서 변해가는 차원이다. 그리고 이 변화의 와중에서 악이 생성한다. 왕부지에게서 악은 성-심-정을 연속적으로 관류하는 기질지성=본연지성 자체에 내재하는 것이 아니라, 현실의 차원에서 정이 생성하는 과정에서 생성하는 것이다. 현실적 상황들에 휩쓸려 다니는 과정에서 사욕(私慾)이 준동하게 되는 것이다. 그렇기 때문에 인욕이 천리의 기초이기는 하지만, 인욕의 한계는 천리에 의해 극복되어야 하는 것이다. "물(物)을 통어해가야지 그것에 의해 휘둘려서는 안 되는"(化物而不爲物化) 것이다.(『장자정몽주』,「신화」) 인욕은 천리의 필수적 조건이고, 천리는 인욕의 충분한 완성이다. 앞에서 언급했던 '습행'의 중요성이 여기에 있다. 잘못된 습성이 사욕을 고착화하며, 올바른 습행이 인간을 천리에 가까이 데려간다. 왕부지는 인욕을 긍정함으로써 정주학에서 벗어나지만, 그 한계의 극복을 역설함으로써 양명학(특히 좌파)과도 거리를 둔다.

§2. 인식과 도덕

사람의 마음은 인식의 능력과 도덕의 능력을 갖추고 있다고 했거니와, 그 구체적 내용은 무엇인가?

　사람의 인식 능력(知能)은 인간을 특별한 존재로 만들어준다. 사람의 마음은 자체에 갇히지 않고, 말하자면 사물들을 투과해 그것들의 법칙성과 의미를 읽어낸다. 그래서 왕부지도 인간의 지능[21]을 자체의 동일성을 유지하면서도 타자들을 뚫고 들어가 인식하는 '허령불매'한 존재, '신명(神明)'한 능력으로 특징짓는다.(『장자정몽주』, 「삼량」) 지능의 이런 능력은 감성, 분별력, 사려, 통찰력(情識意見) 등으로 분화되어 세밀하게 구사된다. 이로써 사람은 세상의 이치를 알 수 있는 것이다.

　인식의 등급에 대한 왕부지의 논의는 스피노자의 그것과 무척 유사하다. 왕부지는 강고한 실재론에 입각해 무엇보다도 '심'이 사·물에 다가가서(卽物), 현대식으로 말해 구체적인 데이터를 통해서 경험해야만 함을 강조한다. 이런 방식의 인식이 '견문'이다. 스피노자의 제1종 인식과 유사하나, 스피노자가 직접적 지각(imagination)을 통한 인식을 말한다면 왕부지의 '견문'은 '견'만이 아니라 '문'도 포함하기 때문에 더 넓은 개념이라고 할 수 있다. 그리스 철학에서의 'historia'에 가깝다고 하겠다. 왕부지는 이런 견문 없이 어떤 형이상학적 원리를 세우고 그것으로써 세계를 사변적으로 구성하는 것에 대해 강한 비판을 가한다. 이 점에서도 왕부지 사유의 근대성이 두드러진다. 그러나 왕부지는 견문 자체가 충분한 인식을 준다고 생각하지는 않았다. 여러 데이터들(法相)이 사람의 신묘한 마음에 의해 종합·구성되어야만(格物＝格物窮理) 수준 높은 인식이 이루어지는 것이다. "안의 것은 마음의 신(정신)이고 바깥의 것은 사물들의 법상(현상)이다. 법상은 신에 의하지 않고서는 의미를 가질 수 없고(不立), 신은 법상에 의하지 않고서는 실질적으로 기능할 수가 없다(不顯)."(『장자정몽주』, 「대심」) 이 수준

---

21) 동북아 문헌들에서 '지능' 개념은 '지각' 개념과 마찬가지로 오늘날의 지능 개념 — 예컨대 베르그송이 본능과 대비한 지능이라든가 '인공지능' 등에서의 지능 — 과는 뉘앙스를 크게 달리한다. 그리고 왕부지에게 '지'는 양의 성격을, '능'은 음의 성격을 띤다. 따라서 지는 인식에서의 '생'의 측면이고 능은 '성'의 측면이다.

의 인식이 스피노자의 제2종 인식(지성적 수준에서의 인식)이며, 칸트적 뉘앙스에서의 인식이며, 또한 방이지 등이 추구했던 '질측지학(質測之學)'이다.

그러나 왕부지는 질측지학, 즉 과학적 인식만으로 인식의 개념이 소진된다고 생각하지 않고, 스피노자의 제3종 인식('직관')에 해당하는 경지를 추구했다. 이 경지가 곧 '치지(致知)'이다. 주희는 격물(格物)을 강조했고 왕수인은 치지를 강조했지만, 왕부지는 격물과 치지를 보완관계로 보았다. 그러나 격물이 치지를 위한 것이지, 치지가 격물을 위한 것은 아니다. '완물상지(玩物喪志)'에 빠지지 않으려면 격물을 넘어서야 한다. 격물이 견문을 근거로 해서 종합·구성해가는 인식이라면, 치지는 사변(speculation)을 통해서 삶 전체를 사유하는 것이다. 격물을 통해서 지식을 쌓아간다 해도 세계의 인식에는 끝이 없다. 때문에 부분적인 지식이 아니라 세계 전체, 삶 전체를 통관(通貫)하려는 노력이 필요하다. 존재론적으로, 이는 '신기(神氣)'의 영묘함을 통해 '객감(客感)'의 한계를 초월해가는 것이다. 사변을 통해서 인식 주체는 제2종 인식의 한계를 넘어선다. 자공이 "저는 하나를 배우면 둘을 깨닫는데, 안회 형님은 하나를 배우면 열을 깨닫습니다"라 한 것이 바로 이런 사변에서의 차이를 두고 한 말이라고 할 수 있다.(『독사서대전설』, 「대학·성경 10」) 치지란 마음의 '전체대용(全體大用)'인 것이다.[22] 그러나 치지는 항상 격물과 순환관계를 이루어야 한다. 그렇지 않을 경우 주관적인 독단 — 부정적 뉘앙스에서의 '사변' — 에 빠지기 때문이다. 격물은 치지를 통해서 그 부분적 지식의 한계를 넘어서 가야 하고, 치지는 격물을 통해서 근거 있는 지식에 발을 디디고 있어야 하는 것이다.[23] 왕부지의 치지는 칸

---

[22] 그러나 치지는 바깥으로 끝까지 뻗어가는 것이 아니라 오히려 마음을, 특히 성(性)을 끝까지 성찰하는 것을 뜻한다. "무릇 리에 갖추어져 있는 모든 것은 성에 포함되어 있다. (…) 성을 궁구(窮究)할 수 있다면 사물들의 성 또한 궁구할 수 있다."(『장자정몽주』, 「성명」) 이 점에서 왕부지는 성리학의 전통에 충실하다.

[23] 이는 곧 '학(學)'과 '사(思)'의 관계이기도 하다. 공자가 이미 "學而不思則罔 思而不學則殆"라 했거니와, 경험적 학문에만 몰두하는 사람(純固之士)은 탄탄한 지식을 쌓아가지만 사유의 어느 한계를 돌파하지 못하고, 사변에만 몰두하는 사람(敏斷之士)은 객관성

트의 사변이성의 개념과 유사하다. 물론 그에게는 인식의 한계를 날카롭게 지적하고 물 자체의 불가지성을 역설하는 면은 없다. 이 점에서는 스피노자의 '직관'과 유사하다.

왕부지의 인식론은 정주학의 정관적(靜觀的) 성격을 벗어나 역동적 성격을 띠기에, 그에게서 '지'와 '행'은 분리된 것들로서 합쳐져야 하는 것이 아니라 애초에 떼어서 생각할 수가 없는 것으로서 이해된다. 사실 '기화(氣化)'의 형이상학에 입각해 생각할 경우, 모든 것이 오로지 행위를 전제해서만 성립한다는 것은 당연하다. 인식론적 맥락에 국한해 말한다면, 지식을 얻는 과정 자체가 이미 행위를 내포한다. '지'이지만 '행'은 아니라거나 '행'이지만 '지'는 아니라고 하는 것은 불가한 것이다. 왕부지는 이미 인간을 "homo faber"로 보았다. 그래서 그는 불가나 양명학은 물론 "'지'가 먼저이고 '행'이 나중이라는 것은 의심할 수 없다"라는 주희의 생각까지 비판하면서, 지 자체가 이미 행을 내포함을 역설했다. 무엇인가를 알아야만 행위할 수 있는 것이 아니다. 행위를 함으로써 비로소 알 수 있는 것이다. "걸어봐야만 길이 있음을 안다(行而後知有道)."(『사문록』, 내편) 물론 '행'에는 두 맥락이 있다. '지'의 전제가 되는 인식론적 행이 있고, 일반적으로 말하는 실천으로서의 행이 있다. 후자의 경우, 역으로 탄탄한 지식이 전제되어야만 올바른 행위를 할 수 있음 또한 사실이다.(주희의 초점은 오히려 여기에 있었다.) 인식론적 행위로써 지식을 얻지만, 지식이 토대가 되어야 도덕적 행위를 할 수 있는 것이다. 그리고 지식과 도덕적 행위 사이에는 일반적인 지식과는 다른 도덕적 지식이 매개되어야 한다.

인식이 사람의 마음의 한 위대한 측면이라면 또 하나의 위대한 측면은 바로 이 도덕적 지식을 얻어 도덕적으로 행위할 수 있다는 점에 있다. 앞에서 사람의 마음이 가지는 힘을 '허령불매'로 파악했거니와, 이 개념은 도덕적

이 결여되어 독단에 빠지기 쉽다. 이는 어느 정도 오늘날의 실증과학과 철학의 관계와, 또는 과학자들과 인문학자들의 관계와 유사하다 하겠다.

맥락에서도 중요하다.(『독서서대전설』, 「대학·성경 2」) 이 경우 '허'는 "사욕이 없음"을 뜻한다. 사욕이 없다는 것은 단순히 마음이 텅 비어 있음을 뜻하는 것이 아니라, 사사로운 욕심이 제거된 상태를 말한다. '령'은 "인생의 도리를 통찰하여 악한 구석이 없음"을 뜻한다. 왕부지는 이를 『상서』에서의 '령' 개념과 맹자의 '인술(仁術)'에 연결한다. 그리고 '불매'는 '처음과 끝'과 '겉과 안'이라는 두 가지 맥락을 담고 있으며, "처음에 얻은 것이 끝에 가서 흐려지는 일은 없으며, 또한 겉에서 얻은 것이 속에서 흐려지는 일도 없음"을 뜻한다. 결국 도덕적 마음은 사욕이 없고, 삶의 모든 것에 대해 선하며, 언제나 일관된 것이다. 현실의 인간은 인욕에 물들어 살아가지만, 그 아래에는 이러한 도덕적 마음이 항상 선험적으로 깔려 있다. 그래서 인간은 도덕적 존재가 될 수 있는 존재인 것이다. 도덕심에 대한 왕부지의 이런 해석은 결국 성리학적 도덕형이상학의 새로운 개념화라고 할 수 있다.

왕부지에게서 '치지'는 이미 인식론적 마음만이 아니라 도덕적 마음도 포괄한다. "마음의 전체대용"은 삶 전체에 대한 앎이기 때문에 거기에는 당연히 도덕적 맥락에서의 앎도 포함된다. 그것은 세계를 대상화해서 인식하는 차원이 아니라 그렇게 인식하는 인간이라는 존재의 모든 측면들까지도 포괄한 '전체대용'의 앎의 차원이다. 이 앎의 중핵을 이루는 것은 바로 '시비지심(是非之心)'이다. 무엇이 옳고 무엇이 그른지를 아는 것은 그 자체 이미 도덕적 '지(智)'인 것이다. 이 점에서 '시비지심'은 인식과 도덕의 공통집합, 인식의 끝이자 도덕의 시작이 되는 마음이라고 할 수 있다. 오늘날의 현실이 극명하게 보여주듯이, 무수한 지식들이 쌓여도 거기에 '시비지심'이 결여된 채 그것들이 돈과 권력, 감각적 쾌락을 위해 악용된다면 지식(오늘날의 과학기술)이란 결국 인간의 악업(惡業)일 뿐인 것이다. '학'은 '사'의 차원으로 확장되어야 하며, '격물'은 '치지'의 차원으로 완성되어가야 한다.[24] 이는 곧 'physica'의 차원이 'metaphysica'의 차원으로 나아가야 함을

---

24) 물론 도덕적 맥락에서도 학과 사, 격물과 치지는 순환적이다. 사/치지를 통해서 도덕적

뜻한다.

하지만 왕부지의 형이상학은 서구 중세에서와 같이 초월적 성격을 띠지 않는다. 스피노자에게서처럼 왕부지 역시 모든 것을 내재적으로 이해한다. 그리고 인식과 도덕도 이 내재적 형이상학, 기 일원 철학의 구도 내에서 이해된다고 할 수 있다. 인간의 빼어난 능력인 인식과 도덕도 결국 기의 어떤 차원, 즉 '신기'의 차원이 잠재적으로 함축하고 있는 능력인 것이다. "마음은 기에서 나오는 것이며, 인의의 마음 역시 청명지기(淸明之氣)에서 나오는 것이다."(『독사서대전설』,「고자상 18」)[25] 왕부지에게서 인의는 단지 윤리학적 의미만이 아니라 우주론적 의미를 띠거니와, 이는 인의 역시 기 일원의 구도 내에서 이해되고 있기 때문이라고 할 수 있다. 따라서 인의의 차원에 도달한다는 것은 윤리적인 인간이 되는 것을 넘어 궁극적으로는 우주의 이치와 합일되는 경지 ── 만물의 자애로운 감통과 합일하는 인의 경지와 만물의 올바른 질서에 합일하는 의의 경지 ── 에 도달하는 것이다.

차원을 확충해간다 해도, 그런 차원을 현실에서 구체적으로 실현해나가는 방식들은 학/격물에 의해 밑받침되는 것이기 때문이다.

25) 마찬가지로, '정'과 인욕에 관련해 이미 논했듯이, 악 또한 내재적이고 생성론적으로 이해된다. "하늘은 낳지〔生〕 않는 것이 불가능하다. 낳을 경우 필히 변·합(變合)의 과정을 겪게 되고, 이 과정을 통해서 때때로 불선한 것이 나타난다. 사람의 경우 역시 그 본성이 움직이지〔動〕 않는 것이 불가능하다. 움직일 경우 필히 정·재(情才)에 연관되지 않을 수가 없고, 이 과정을 통해서 선함의 온전함이 깨지지 않을 수가 없다."(『독사서대전설』,「고자상 2」)

3절 역사의 의미

스피노자·라이프니츠와 달리 왕부지의 철학에서 역사철학 — 역사형이상학 — 은 큰 비중을 차지한다. 스피노자는 자신의 사유를 철저하게 추상적이고 연역적인 방식으로 전개했다. 그의 '기하학적 방법'의 사유에는 역사가 끼어들 공간이 거의 없다. 라이프니츠의 경우 직업상 브룬슈비크 가문의 역사를 연구하는 과정에서 역사에 대한 일정한 논의와 관점을 만들어내기에 이르지만, 그의 철학의 기초는 역시 논리학이며 그의 사유 전체도 논리학적-존재론적 분석을 핵으로 한다. 이에 비해서 왕부지의 사유에서 역사철학은 큰 비중을 차지한다. 동북아세계의 거대한 변모를 겪으면서 살았던 그가 역사에 둔감할 수는 없었다.

§1. 역사의 형이상학적 기초

왕부지의 사유는 '기화'의 사유이다. 그의 이런 사유에서는 역사 역시 기화의 한 차원으로서 이해된다. 모든 것은 기의 생성이 빚어내는 것이며, 그의 이런 생성존재론이 역사철학에서 꽃피는 것은 어떤 면에서는 당연한 것이다. 역으로 그에게 역사철학은 그의 사유의 추상적 원리들을 구체화할 수 있는 장이기도 했다. 그리고 다른 각도에서 본다면, 역사철학은 또한 그의 사유의 문제점이 어디에 있는지를 드러내는 장소이기도 하다.

기화의 생성존재론은 시간을 그 중심축으로 한다. 왕부지에게 역사철학이 중요한 것은 그것이 생성존재론의 중심축인 시간에 관한 사유이기 때문이기도 하다. 기화는 시간의 면면한 흐름을 통해서 이루어지며, 왕부지는 훗날 베르그송, 후설, 제임스 등에 의해 이루어질 정교한 시간론을 예기하고 있었다. 현재와 과거, 미래는 세 시간이 아니라 시간의 세 차원이며, 과거는 현재로 이어지고 현재는 미래로 이어질 뿐만 아니라 현재는 과거를 음미하고 미래는 현재에 전망을 던진다. "뒤에 행하는 바는 필히 앞에 행한 것을 잇게 되고, 지금 행하는 바는 필히 이후 행할 것을 염두에 둔다."(『상서인의』, 「다방일」)[26] 왕부지의 이런 시간론이 그로 하여금 역사철학에 몰두하게 만들었다고 할 수 있다. 이는 곧 「계사전」의 "(一陰一陽之謂道) 繼之者善也 (成之者性也)"의 정신을 잇는 것이기도 하다. 동북아 문명은 역사와 전통, 문헌 전승 등에 특히 예민한 문명이거니와, 왕부지에게서도 역시 이런 정신이 두드러지게 나타났다.

역사는 인간이 만들어가는 것이지만, 인간은 하늘로부터 그 본성을 부여받았다. 이 점에서 역사의 의미는 성, 심, 정의 구도에 근간한다고 할 수 있다. 성이란 '주어진 것'이다. 그것은 하늘로부터 받는 것이며, 인간(넓게는 모든 개체들) 속에 들어온 기화의 이치이다. 기화란 동북아적 뉘앙스에서의 '생명'의 흐름이며, 모든 개별자들은 이 흐름 속에 내포되어 있는 이치의 구현체들이다. 그러나 '성'의 구체적 실현은 '심' ─ 추상적 본성이 아니라 신체를 갖추고서 타자들과의 관계들을 통해 활동하는 주체 ─ 이라는 터위에서 가능하다. 앞에서 언급했듯이, 성이 실체라면 심은 주체인 것이다. 철학사 내내 이어져온 문제들 중 하나는 '원리'의 구현 범위이다. 어떤 원리가 세계의 어느 구석에까지 미칠 수 있는가의 문제이다. 서양 중세의 맥락에서 말한다면, 신의 의지는 어디까지 미칠까? 카이사르가 살해당하는 것까지? 폼페이우스의 상 아래에서 죽는 것까지? 카이사르 살해에 참여한 인물들의 수까지? 카이사르에게 결정타로 작용한 칼이 누구의 칼이었는가 하는 것까지? 그 칼이 카이사르의 몸을 찌른 각도가 몇 도인가까지? 카이사르의 몸에서 나온 피가 몇 리터였는가 하는 것까지? 끝없이 물어볼 수 있을 것이다. 이것은 곧 우발성/우연을 어디까지 인정할 것인가의 문제이기도 하다. 스피노자와 라이프니츠는, 서로 전혀 다른 방식을 통해서였지만,

---

26) 王夫之,『尚書引義』,「多方一」. 다음에 수록되어 있다.『船山全書』, 第二冊.

그들이 생각한 이치가 세계에 예외 없이 적용된다고 생각했던 점에서 '초-합리주의자'들이었다. 왕부지의 경우는 어떤가? 왕부지는 세계의 본성('기화의 리')과 인간에게 내재된 그 본성('성')을 믿었으나, 이 본성이 실제 구현되어나가는 데에는 우발성이 기능한다고 생각했다.(역으로 말해, 스피노자와 라이프니츠는 역사에 둔감했기 때문에 강한 형태의 결정론을 주장한 것이다.) 이것은 앞에서 언급했던, 성이 심이라는 터에서 정으로써 표현되면서 성(개체의 성) 자체에도 일정 정도의 변화가 올 수 있다고 했던 것과 조응한다. 성-심-정이 연속적이기에, 정은 성의 표현이고 성은 정을 통해서 생성해간다. 역사철학적 맥락에서 본다면, 천리가 사람의 마음이라는 터에서 표현되는 과정에서 일정한 우발성이 작동한다고 할 수 있다. 관계의 생성이 우발성의 양상을 띠는 것이다.

이 점은 심이 '주체'라는 점과 연관된다. 심이 추구해야 할 근본 방향성과 가치는 성에 의해 주어지지만, 그 구체적 실현은 심을 통해서 이루어진다. 왕부지는 역사란 "하늘이 사람의 손을 빌려서" 이루어지는 것으로 규정한다. 인간이 서로 지지고 볶으면서, 서로 사랑하고 미워하고 싸우고 죽이면서 역사를 만들어가지만, 사실 그 모든 것이 하늘이 사람에게 준 어떤 근본적인 경향의 표현이며 궁극적으로 하늘의 뜻 — 물론 이 또한 기 일원론의 뉘앙스에서 이해되어야 한다 — 의 실현인 것이다. 사람들은 서로 각자의 본성과 욕망에 따라 살아가고 그로써 숱한 사건들이 역사를 수놓지만, 사실은 하늘의 거대한 기획에 자기도 모르게 동참하고 있는 것이다. 하늘은 사(私)의 손을 빌려서 공(公)을 실현한다고 할 수 있다.(『독통감론』, 「당숙종 1」)[27] 그러나 동시에 왕부지는 사람이 하늘의 꼭두각시가 아님을 강조한다. 인간은 천리에 주체적으로 참여해 그것을 실현한다. 아니 더 나아가 인간의 이런 실현이 아니라면 천리는 존재론적 맥락에서는 몰라도 역사적 맥락에서는 사실상 의미를 상실한다. 이 점에서 역사는 결국 인간이 만들어

---

27) 王夫之, 『讀通鑑論』, 「唐肅宗 1」. 다음에 수록되어 있다. 『船山全書』, 第十冊.

가는 것이다. 사람의 마음은 주체인 것이다. 이렇게 왕부지는 현대적 뉘앙스와는 다소 다르지만 역사에서의 인간-주체의 역할을 역설하기도 했다.

그렇다면 천리는 구체적으로 무엇인가? 다시 말해 인간의 성에 각인된 역사의 근본 방향성과 가치는 무엇인가? 그것은 간단히 말해 이화세계, 인문세계의 발전이다.[28] 왕부지는 문명/문화의 발달을 역사 발전의 기준으로 본다는 점에서 '진보사관'을 주창했다고 할 수 있다. 물론 이 진보사관은 예컨대 현대에 이르러 산업 발전과 민주주의 발전 사이에서 나타나는 첨예한 모순 같은 문제의식은 아직 싹트지 않은, 비교적 소박하고 직관적인 형태의 진보사관이다. 그러나 왕부지의 이런 역사철학은 동북아 철학사에 중요한 이정표를 새긴 것으로 평가할 수 있다. 예전의 역사철학은 대개 퇴보사관이거나 순환사관이었기 때문이다. '요순의 시대'는 늘 돌아가야할 이상향이었다. 왕부지는 이 오랜 상고주의의 전통을 벗어났으며,[29] 오히려 당우(唐虞) 이전 시대를 (오늘날 인류학자들의 서술을 연상시키는 방식으로) 극히 질박했던 시대, 인간이 "짐승과 거의 다를 바가 없었던" 시대로 묘사한다.(『독통감론』, 「당태종 8」) 이윽고 문명세계 — 중화세계 — 가 나타나고 자신의 시대까지 역사는 줄곧 발전해왔다는 것이다. 그러나 이런 역

28) 천리를 어떻게 알 수 있는가? 인정(人情)을 살피면 알 수 있다. 천리로부터 사람의 마음이 성립하지만, 역으로 사람의 마음을 살피면 천리를 알 수 있다. 여기에서 사람의 마음이란 결국 대다수의 인간, 즉 백성의 마음이다. 백성의 마음이 곧 천리의 표현인 것이다. "사람의 마음[백성의 소리]이 울려 퍼지는 것, 그것이 곧 하늘의 뜻[天秩]이 펼쳐-드러나는 것이다."(『독통감론』, 「송문제 11」)

29) 상고주의에 대한 이런 거부는 독자적인 역사철학을 전개한 장학성(1738~1801), 금문경학을 새롭게(한 제국에서와는 달리 청 제국 말기의 근대화의 맥락에서) 부활시킨 공자진(1792~1841), 위원(1794~1857)을 비롯한 청대 학자들에 의해 계승된다. 왕부지는 상고주의와 더불어 동북아세계를 줄곧 지배해왔던 '정통(正統)'의 개념 또한 해체했다. 그는 정통 개념은 추연의 사설(邪說)인 '오덕종시설'에 기반한 것이며, 대대로 혹세무민해온 것이라 비판했다. 역사란 오로지 '일리일합(一離一合)', '일치일란'일 뿐이다.(『독통감론』, 「제무제 7」) '방금운화(方今運化)'의 탐구를 역설한 최한기에 이르기까지(『기학』, I-1), 상고주의에 대한 비판은 동북아에서 근대성의 도래를 가장 분명하게 보여주는 지표들 중 하나이다.

사철학은 그의 형이상학과 배리된다. 그의 발전사관과 '一陰一陽之謂道'를 근간으로 하는 형이상학은 어떻게 양립할 수 있을까? 그는 역사 자체에 관해서도, 전통적인 오행설에 기반한 순환사관은 배격하지만, 줄곧 내려온 ('일음일양지위도'의 역사철학적 버전인) '일치일란(一治一亂)'의 구도를 이어받고 있다.[30] 그렇다면 문제를 다시 정식화해서, '일치일란'의 순환사관과 발전사관은 어떻게 양립할 수 있을까?

이에 관련해 그는 역사란 그저 단순히 직선적으로 발전하지는 않는다는 점을 논한다. 역사가 기화의 바깥에 있는 것이 아닌 한 그 또한 '일음일양지위도'라는 존재론적 근본 원리의 지배를 받는다. 그러나 우주와 달리 역사에는 어떤 차이, 기존의 질서에서 벗어나는 차이가 도래할 수 있다. 왕부지 사유에서의 이 대목이 바로 성리학적 원융의 세계에 어떤 열림이 도래하는 결정적인 순간이다. 역사는 천문학적 운동과 같은 닫힌 원환을 그리지 않는다. '일치일란'의 과정이 반복되지만 한번 반복될 때마다 어떤 새로움이, 차이가 도래하는 것이다. 결국 왕부지에게서 순환적 존재론과 발전사관의 결합은 나선형의 역사철학으로 귀결한다고 할 수 있다.

§2. 리(理)와 세(勢)

왕부지는 역사가 일치일란을 겪으면서도 조금씩 나선형적으로 발전하는 이치를 '리'와 '세'의 대결이라는 구도로 설명한다. 리는 인간에게 주어지는 성이며, 세는 성이 심의 터에서 발현될 때 드러나는 정의 차원이다. 리/성은 천리로서 주어지는 이념이지만, 정은 개별자들이 갖가지 상황들에서

---

30) "[역사의] 치란(治亂)의 순환은 음양동정[이라는 존재론적 원리]의 한 표현[幾]이다." (『사문록』, 외편) "천지의 낮과 밤[의 순환]을 아는 사람이야말로 [역사의] 이합(離合)의 까닭/이치에 대해 함께 논할 수 있는 사람이다."(『橫書』, 「離合第七」. 다음에 수록되어 있다. 『船山全書』, 第十二冊.)

관계 맺으면서 살아갈 때 드러나는 현실적 차원, 욕망의 차원이다. 그리고 이 정의 차원에는 악의 요소들이 끼어들게 되고, 그 때문에 이 차원은 리/성이 굴곡을 겪게 되는 차원이다. 이 차원은 역사적/정치적 맥락에서는 곧 '세'의 모습으로 나타난다. 이렇게 '리'(소이연, 소당연, 이념, 이상)와 '세'(추세, 상황, 현실)는 투쟁하게 되고, 이 투쟁이 곧 '일치일란'을 낳는다고 할 수 있다. 그러나 리와 세를 지나치게 이원론적으로 생각하는 것은 옳지 않다. 성과 정은 기본적으로 연속적이기 때문이다. 리와 세는 한 역사의 두 측면으로서("離勢無理 離理無勢"), 두 측면의 비율관계(rapport)에 따라 역사의 추이가 이루어진다.

'세'는 현실차원의 객관적 상황/얼개이다. 그것은 한 국면에서 나타나는 정치-군사적, 경제적, 사회적 상황 전체이다. 계기하는 세들은 역사의 계기들(moments)을 형성한다. 각 계기는 실증적으로 확인되는, 각 시대의 현실 자체이다. 중요한 것은 각 '세'의 역사철학적 의미이다. 이 의미를 확인할 수 있게 해주는 것이 이념 차원으로서의 '리'이다. 달리 말해, 각 시대의 세들은 그것이 리를 얼마만큼 구현하고 있는가에 따라 그 역사적 의미를 달리한다. 역사의 어떤 국면에서든 심지어 전쟁 등 대란의 국면들에서도 리가 없는 경우는 없다. 역사 역시 기화의 한 모습이며, 기화에는 항상 리가 동반되기 때문이다. 대란의 경우도 사실은 무수한 힘들이 엉켜 혼란으로 보일 뿐, 그 아래에서는 복잡한 역학관계가 작동하고 있는 것이다. 따라서 '정'의 차원이 '성'으로부터 얼마나 일탈했는가가 문제이듯이, 세 역시 리로부터 얼마나 일탈해 있는가에 따라 역사의 현실이 드러난다. 역으로 말한다면, 역사의 과정에서 리가 얼마나 구현되느냐가 각 시대의 역사철학적 의미를 결정한다고도 할 수 있다. 왕부지가 이를 역사의 근본 방향이라 믿었다는 점에서 그의 역사철학은 성리학적 당위성의 가치를 잇고 있다고 할 수 있다. "세가 리를 따르는 것이 리의 당연함이다(勢之順者卽理之當然者己)."(『독사서대전설』, 「이루상 7」) 그러나 반대로, 세에 기반하지 않는 리는 공허한 것에 불과하다. 결국 역사란 리에 의한 세의 이끎의 양상에 따라 일치일란을 반복하지만, 전체적으로는 리의 구현 방향으로 조금씩 나아가는 나선형 발전을 이룬다고 할 수 있다.

왕부지는 리와 세의 관련성을 '리성세(理成勢)'와 '성세리(成勢理)'의 개념쌍으로써 설명한다. 리가 세를 이루는 것, 인간-주체의 입장에서 표현하면 리로써 세를 이루는 것은 이념으로써 현실을 바꾸는 경우를 말한다. 반대로 세가 리를 이루는 것, 즉 세로써 리를 이루는 것은 현실로써 이념을 실현하는 것을 말한다. '리성세'의 경우 이념이 현실을 잘 파악해 그것을 이끌 수도 있지만, 현실을 도외시해 그것을 잘못 이끌 경우 실패해버린다. '세성리'의 경우 현실이 이념을 잘 뒷받침해줄 경우 이념의 실현이 가능해지지만, 그렇지 않을 경우 이념 실현을 방해해 실패에 이른다. 이렇게 역사는 기계적 필연성에 의해 진행되는 것이 아니라 여러 가능성들이 존재하는 장이며 때문에 매우 복잡한 과정을 겪는다. 또, 그렇기 때문에 인간은 단지 거대한 필연의 와류에 휩쓸려 가는 존재로 그치는 것이 아니라 역사의 리와 세를 자각하고 이화세계, 인문세계의 실현을 위해 실천할 수 있는 존재이다. 그런 존재가 마음을 가진 주체로서의 인간이다. 왕부지는 이런 관점에서 진보사관을 제시했던 것이다. 이 역사철학의 맥락에서 왕부지 사유는 스피노자, 라이프니츠 사유를 뛰어넘는다.

§3. 왕부지 역사철학의 한계: 중화중심주의

왕부지는 주 시대의 봉건제에 비해서 진 이래의 군현제가 더 발달된 형태의 정치제도라 생각했다. 이것은 그가 상대적으로 봉건제가 '사'의 가치에 의해 지배되는 체계라면 군현제는 '공'에 의해 지배되는 체계라 보았기 때문이다. 물론 군현제가 지나친 중앙집권제로 갈 때 이 또한 문제를 내포하게 된다. 봉건제의 폐단은 권력이 분산되는 데에 있고 군현제의 폐단은 권력이 집중되는 데에 있기 때문이다. 나아가 거대한 중국을 군현제로 완벽하게 통치하는 것은 거의 불가능했기에, 중앙집권이 강화되면 강화될수록 역설적으로 그 끄트머리(지방의 정치)에서의 폐단은 더 심해지는 현상이 나타나곤 했다. 때문에 황종희, 고염무 등은 지방 분권을 통해 군현제를 보완해야 한다고 보았고 왕부지 역시 유사한 입장을 취했다. 어쨌든 그는 진의 천하통일이 사특한 힘에 의한 통일이기는 했으나 봉건제의 폐단을 극복함으로써 천하에 질서를 가져온 진보였다고 평가한다.(『독통감론』, 「진시황 1」) 진이 일찍 무너진 후 등장한 한 제국은 군현제를 취하되 그것을 봉건제로 보완해 안정된 천하를 이루었다는 점에서 역시 역사의 진보를 이룬 것으로 평가한다. 왕부지는 한무제의 경략에 대해서도 하늘이 인간의 손을 빌려 한 일로 평가한다.(「한무제 15」) 그러나 이는 제국의 정복사업을 정당화하는 위험한 논리가 아닐 수 없다. 왕부지의 논리는 사실상 거대 권력이 작은 권력들을 정복했을 뿐인 것을 '리'의 실현으로서 정당화한 것에 불과하다. 왕부지의 중화중심주의는 여기에서 그 동일자의 논리를 강하게 드러낸다. 그리고 이는 그의 발전사관과 중화중심주의가 분리될 수 없는 하나를 이루고 있었던 데에서 결과했다고 해야 할 것이다.[31]

한이 무너진 이후 당이 들어서기까지 그사이에 지속된 위진남북조 시대 ― 보다 객관적으로 말하면 다국화 시대 ― 는 부정적인 평가를 받는다. 분권을 부정적으로 파악하고 중앙집권을 발전이라고 파악하는 왕부지에게 이 시대는 혼란의 시대에 불과했다. 그에게 이 시대는 "도적들과 오랑캐들"이 준동한 시대였다. 그래서 수대를 거쳐 당대가 다시 천하를 통일한 것이야말로 그에게는 역사의 커다란 발전으로서 이해되었다. 그는 당 제국이 한 제국을 능가했다고 평가한다.(「당 현종 19」) 여기에서도 우리는 그의 중화중심주의와 발전사관, 통일 지향을 확인할 수 있다. 2권(6장)에서 논했

---

31) 왕부지는 그의 중화중심주의를 존재론적-생물학적으로 실체화했으며, 이 때문에 청대 내내 그의 저작들은 금서가 되었다. 그러나 청이 쇠약해져 말기에 이르렀을 때 (중국번이 재간행한) 그의 저작들은 한인 지식인들의 열렬한 환영을 받게 된다.

듯이, 이 시대는 혼란스럽기도 했지만 또한 다원화된 세계에서 각종 사상과 문화가 꽃핀 시대이기도 했다. 아울러 이 시대는 동북아의 다양한 민족들이 복잡하게 얽히면서 역사를 만들어간 흥미진진한 시대이기도 했다. 그러나 왕부지는 이런 면들은 포착하지 못했다. 그에게는 동일자와 통일이 중요했고 타자들과 다원성은 부정적이었다.

『독통감론』은 오대십국에 관한 서술에서 중단되었거니와, 그가 했던 논의들을 외삽해보면 그가 이후의 역사를 어떻게 보았을지 어느 정도 가늠된다. 그에게 송과 명은 혼란을 잠재우고 통일된 세계를 세운 국가들로 평가되었을 것이며, 원과 청은 오랑캐들이 중원을 점령한 암흑기로 평가되었을 것이다. 실제 그는 "금〔청〕과 원 사람들이 〔중원을〕 도둑질했다"라고 말한다.(『독통감론』, 「수양제 8」) 그러나 원과 청은 중원을 평정한 통일국가들이었고, 이 때문에 중화민족이 아니라는 점과 대통일을 이루었다는 점 사이에 모순이 생겨난다. 그에게는 천하가 통일된 것이 '치'의 기준인데, 원과 청의 경우는 통일국가를 이루었음에도 '난'의 이미지로 보는 모순이 생겨나는 것이다. 왕부지는 역사에 대한 여러 새로운 안목들을 창안해내었지만, 동북아세계 전체를 넓고 공정하게 바라보는 시선에서는 그 한계를 노출하고 있다.[32]

어떤 점에서 왕부지의 중화중심주의와 조선에서의 소중화주의는 대척적인 듯 보이면서도 서로 통한다고 할 수 있다. 이 양 사조는 결국 청조를 인정하지 않으려는 두 가지 방식을 나누어 가졌던 것이다. 왕부지는 자신의 진보사관에 입각해 중화주의를 해체하는 데에까지 이르지 못하고, '중화'를 실체화함으로써 역사의 현실을 외면했다. 이에 반해 조선에서의 소중화주의 사상은 '중화'를 혈연적-지역적 실체화에서는 해방했지만[33] 문화

---

[32] 이후 청에서는 '중화'의 규준을 종족이 아니라 문화에 둠으로써, 유교 문화를 계승한 청 제국을 중화로 인정하는 갈래가 생겨난다. 그러나 한족중심주의는 여전히 지속되며, 20세기 초 장병린(장빙린, 1869~1936)의 '한족 혁명'과 강유위(캉유웨이, 1858~1927)의 '세계주의'의 대립이 상황을 잘 보여준다.

적 실체화에서는 해방하지 못했다. 그 결과 조선 지식인들은 '중화'의 실체화를 유지하면서 그 장소만을 조선으로 옮겨놓기에 이른다. 이는 스스로를 중화 문명의 계승자로 보는 입장이었다. 같은 시대 에도막부에서는 뒤늦게 주자학이 '가쿠몬(學問)'이라는 개념으로서 숭상되기 시작했다. 결국 동북아세계가 '중화'라는 꿈에서 깨어나는 데에는 외부의 강력한 충격이 있어야 했던 것이다.

4장과 5장의 결론 부분에서 스피노자와 라이프니츠의 형이상학이 내포하는 한계를, 특히 그 결정론의 측면에 초점을 맞추어 살펴보았다. 왕부지의 경우에도 유사한 논의를 할 수 있지만, 이 경우는 앞의 두 철학자와는 문제-틀을 달리한다. 왕부지 자신이 서구에서 볼 수 있는 바와 같은 결정론자가 아니었고('고전 역학'의 세계상의 출현은 '동양'과 '서양'을 근본적으로 갈라놓은 사건이라고 할 수 있다.), 게다가 왕부지가 극복하고자 한 전통이 17세기 서구 철학자들이 극복하고자 한 전통과 달랐기 때문이다. 그러나 17세기 형이상학자들에게 여전히 남아 있는 중세적 요소들을 비판하면서, 19세기에 본격적인 근대적 사유가 도래한 것은 동과 서에 공통적이다.

서구 철학사에서 스피노자와 라이프니츠가 그랬듯이, 왕부지도 전통과 근대의 경계에서 사유한 철학자였다. 그렇다면 동북아의 맥락에서 본격적인 근대성 ── 역사적으로 열거되는 현상들이 아니라 그것들을 가능케 한 존재론적 원리의 수준에서의 근대성 ── 은 어떻게 개념화될 수 있을까? 우리는 18세기 말~19세기 초에 활동한 다산(茶山) 정약용(1762~1836)의 경

---

33) 중화를 혈연, 지리, 문화라는 모든 점에서 강하게 규정했던 왕부지와 달리 황종희, 고염무는 중화의 기준을 문화로 보았다. 조선 지식인들의 논리도 이와 통한다.

학을 통해서 이 점을 짚어볼 수 있다. 정약용에게서 우리는 확고한 경험주의, 비결정론적 세계관, 그리고 무엇보다도 주체성과 자유라는 근대적 사유의 전형을 발견할 수 있다. 주희 → 왕부지 → 정약용으로 이어지는 사유-선을 따라가면서 동북아에서의 근대성의 형성과 확립을 가늠해볼 수 있는 것이다. 지금까지 주희와 왕부지의 차이에 주목해 논했다면 이제 주희-왕부지가 공유하는 것과 정약용 사이의 차이를 논해보자.

첫 번째 검토 대상은 '합리와 경험'이다. 철학사에서 근대성의 새벽은 인식의 새로운 길에 대한 성찰 즉 방법에 대한 성찰과 더불어 열렸다. 이런 과정은 담론사에서 반복되었으나 근대 초에 우리는 인식론사에서 두드러지게 높은 문턱을 발견한다. 근대 인식론은 근대 초에 새롭게 이루어진 과학적 성과에 대한 메타적 반성으로부터 발아한 것이 아니다. 근대에 새롭게 형성된 인식론적 장 안에서 근대 과학이 가능했던 것이다. 이 인식론적 장을 드러내는 것은 인식론에서의 근대를 드러내는 것이 아니라 근대 자체의 인식론적 근거를 드러내는 일이다. 인식론적 반성이 근대를 가능하게 했기 때문이다. 이 인식론적 반성은 중세의 사유가 함축하고 있던 형이상학적 전제들에 대해 회의하면서 이루어졌고, 때문에 형이상학과의 불가분한 관계를 통해서 가능했다.

근대적 사유는 전근대 사유를 가능하게 했던 형이상학적 원리들에 대한 급진적인 비판을 통해서 가능했다. 그렇다면 전근대 사유를 떠받치고 있던 형이상학의 근본 원리는 무엇인가? 우리는 전근대 형이상학(인식론 포함)의 밑뿌리에서 인식 주체의 동일성, 인식 객체의 동일성, 그리고 주체와 객체, 사유와 존재의 일치를 발견한다. 데카르트의 철학 역시 이런 토대 위에서 움직였다. 그에게 사유하는 주체는 'res cogitans'이다. 그것은 'res extensa'와 똑같이 '사물/실체(res)'일 뿐이다. 세계에 대한 탐구는 감성이 파악하는 감각적 성질들을 걷어버리고 두 실체의 일치가 이루어졌을 때 성립한다. 근대적 사유는 현상 저편과 감각 저편의 두 심층을 연결하는 이 끈, '자연의 빛'을 끊어버렸을 때 성립했다. 이런 과정은 칸트에게서 극적으로 나타난다. 그렇다면 근대적 사유의 전형을 칸트에게서 찾을 것인가? 칸트가 전 근대 사유에서의 '외관'을 '현상'으로 대체함으로써, 더 근본적으로는 존재 와 사유를 이어주던 끈을 끊어버림으로써 근대적 사유의 토대를 마련한 것 은 사실이다. 하지만 그는 현상을 주체에 의해 일정하게 구성되는 인식질료 로 파악함으로써 근대 사유의 또 하나의 핵심은 비켜 갔다. 19세기 사유의 '전반적인' 흐름은 객체의 가변성과 주체의 가변성 사이에서 성립하는 우 연을 그 핵으로 한다.[34]

우연을 기초로 한다는 것은 가변적 주체와 가변적 객체의 마주침을 통해 형성되는 것, 그 이전의 어떤 것도 전제로 하지 않은 채 이 마주침에 의해 생겨난 결과를 순수하게 주어진 것으로서, '사실'로서 받아들인다는 것을 뜻한다. 그것이 콩트가 생각한 '실증성'이다. 그런데 이러한 과정은 곧 경험 을 통해서 가능하다. 경험을 지탱하는 밑바탕은 가시성, 보다 넓게는 감성 이다. 이 감성을 통해 드러나는 소여들을 넓혀가고 그리고 그것을 가장 합 리적으로 서술하는 것이 근대적 학문의 전반적인 흐름이다. 그러므로 데카 르트의 코기토가 경험론에 의해 논박당하고, 라이프니츠의 아리스토텔레 스주의가 감각주의에 의해 논박당하고, 독일 이념론이 실증주의에 의해 논 박당한 것은 근대적 사유의 전반적인 흐름에 있어 필연적인 것이었다. 근 대 사유는 우연을 토대로 하는 경험의 사유이다. 그리고 경험의 한계는 끝

---

34) 하나의 예로서 임상의학(clinique)을 들 수 있다. 질의 과학을 논하면서 언급했듯이, 고 전 시대를 주도했던 의학의 토대는 질병분류학이었으며 이 분류학은 식물학의 계통학 과 거울 이미지를 형성했다. 나아가 이런 분류/계통학이 의학이나 식물학만이 아니라 경제학이나 언어학에서도 나란히 전개되었다는 사실은 개별 과학의 근저에서 작동하는 '에피스테메'를 선명하게 드러낸다. 근대 학문은 이 에피스테메가 와해되고 개별 과학 들이 자체의 '데이터'를 가지고서 탐구하기 시작했을 때 성립한다. 그리고 그 데이터들 의 양상은 '우연'이다.
여기에서 '전반적인'이라 한 것은 고전 역학과 그것의 연장선상에서 진행된 자연철학 (이 경우는 물리학), 수학, 철학의 흐름은 이런 흐름과 구분되는 면이 있기 때문이다. 이 점은 19세기 실증주의가 20세기에 새로운 합리주의에 의해 극복되면서 보다 분명해 진다.

없이 넓어지지만 결코 끝나지는 않으며, 때문에 인식에서의 유한성은 숙명적으로 받아들여진다. 그리고 경험주의/실증주의를 넘어서려는 현대 인식론이 바로 이 '주어진 것'에 대한 비판으로부터 시작되는 것 역시 조금도 우연이 아니다. 예컨대 바슐라르의 '새로운 합리주의'는 이 '주어진 것'에 대한 집요한 공격에 기반하고 있다.

　주자학은 리의 동일성과 '性卽理'의 구도에 입각해 있다. 리는 천지를 가능하게 하는 선험적인 차원이고, 천지와 분리될 수 있다는 점에서 초월적이다.[35] 경험적인 현실이 모두 기로 구성되어 있다 해도 기는 오로지 리의 마이너스적 차원에서만 존재한다. 진정한 인식은 기에 부딪쳐 생겨나는 경험을 넘어서는 데에서 성립한다. 그리고 이 리의 동일성에 선험적 자아, '心'의 알맹이로서의 '性'이 대응한다. 그것은 인의예지라는 도덕적 실체를 갖춘 본연의 성이다. 그리고 이 두 동일성이 다시 그것들 사이에 성립하는 동일성 즉 '性卽理'의 테제로서 맞물리게 된다. 그러나 리는 기에 가려져 있고 본연지성은 기질지성에 가려져 있다. 따라서 '性卽理'를 깨닫는 것은 곧 기를 정화해내는 것과도 같다. '存心'과 '窮理'가 일치하는 곳에 주자학의 오의(奧義)가 있다.

　그러나 왕부지처럼 기 일원론을 취할 경우, 리의 선험적 동일성은 전제되지 않는다. 리는 기가 움직여 질서를 창출해내는 과정, '生-成'의 과정을 통해 형성되는 질서에 불과하다. 리는 초월적이고 선험적인 동일성을 상실한다. 하지만 이미 지적했듯이, 왕부지가 '理一分殊'의 구도를 온전하게 탈피하지 못한 한, 그의 사유에서 리의 선험성은 여전히 작동하고 있다고 보아야 한다. 그리고 이것이 그가 당대의 타자성을 온전히 포용하지 못한 것의 한 이유라고도 할 수 있다. 동북아적 사유가 본격적으로 근대적 성격을 띠

---

35) "且如萬一山河大地都陷了 畢竟理却只在這裏"(『朱子語類』,「理氣上卷一」)라는 구절에서 우리는 생명계의 우발적 변화와는 상관없이 영원히 존재하는 고전 시대의 '표'를 떠올리게 된다.

328

게 되는 것은 이 선험적 동일성의 구도가 무너질 때이다. 성리학적 사유의 선험적 동일성은 곧 '本然'이다. 이 '본연'의 선험적 존재를 부정하는 지점이 본격적인 근대성의 문턱이다. 본연의 존재를 상정하고 그 본연의 존재가 인식과 도덕을 정초한 것은 동서의 사유에 공통된다. 우리는 생물학사에서도 아프리오리한 '표'를 전제했던 고전 시대의 자연사와 우연에 기초한 실증 과학으로서의 생물학이 성립한 19세기가 대립함을 볼 수 있으며, 이러한 변화는 대다수의 담론들에서 공통으로 확인된다. 본연을 상정하는 것은 모든 사물을 그 본연을 기준으로 존재론적으로 배열하고 가치론적으로 평가함을 뜻한다('가치-존재론'). 따라서 본연지성이 절대적 기준이라면 다양한 형태의 기질지성은 그 기준으로부터 각각 다른 거리에 떨어져 있는 현실적 존재이다. 때문에 근대성의 한 문턱은 바로 본연에 대한 거부, 그리고 현실적 존재에 대한 경험적 인식에 있다.

정약용은 바로 이 본연의 개념을 강력하게 부인한다. 그는 "본연의 성은 본래 같지 않다(本然之性原各不同)"라고 말한다.(『맹자요의』) 본연의 리와 현실적 기의 대립이라는 주자의 선험적 구도 및 '리일분수'에 대한 왕부지의 여전한 신뢰에 반(反)해서 정약용은 본래적 기를 제시한다. 정약용에서의 '본래'는 더 이상 선험적-절대적 기준으로서의 리가 아니라 현실의 기이다. 현실 자체가 본래가 된다. 현실과 본래의 일치는 근대성의 문턱을 넘어섰을 때 일정하게 나타나는 철학소(哲學素)이다. 선험적 구도를 취할 경우리는 만물에 보편적으로 부여되며, 기의 차이에 따라 사물들의 차이가 형성된다. 기가 개별화의 원리로서 작동한다. 그러나 경험적 구도를 취할 경우 기가 만물에 보편적인 것이 되고 리는 부정된다. 그 리를 대신해 개별화의 원리로서 작동하는 것은 이제 현실적 도의이다. 도의를 통해 인성과 물성이 구분된다. 기에 대한 인식은 주체가 그에 부딪침으로써 이루어진다. 따라서 인식은 경험적이며 유한하다. 객체의 동일성은 무너진다.

이에 상관적으로 주체의 동일성도 무너진다. '性'이 순수 기준으로서 존재할 때 도덕적 행위는 본래로 되돌아가려는 행위이다. 그러나 인간의 현실적 존재 즉 '心'을 본래로서 인식할 때, 인간의 도덕적 행위는 무엇에론가 나아가는 행위, 무엇인가를 만들어가는 행위로 변환된다. 성은 행위 이전에 존재하는 선험적 원리가 아니라 행위 후에 성립하는 결정체이다. 마음은 경험을 향해 열려 있는 경향성으로서 파악되며, 노력의 개념을 통해 특징지어진다.[36] 주자에게서 전형적으로 나타나는 중세적 합리주의이든 데카르트에게서 전형적으로 나타나는 근대적 합리주의이든, 합리주의는 경험의 안개를 걷어내면서 세계와 인간의 투명한 알맹이를 발견하는 것을 기본으로 하며, 나아가 '존재와 사유의 일치'라는 대전제 위에서 움직인다. 이전제는 주회로부터 상당히 벗어났던 왕부지의 사유를 여전히 지배한 원리이다. 정약용의 인식론적 정향은 단적으로 경험주의적이며, 우리는 그에게서 근대적인 '경험하는 주체'가 뚜렷이 나타나고 있음을 볼 수 있다.

이러한 성격은 그가 동북아 사유의 핵심 개념들을 감성적 언표들에로까지 끌고 내려오려 할 때 두드러지게 나타난다. 합리주의에서의 지시작용은 사물의 표면을 넘어 그 심층적 본질로 향하며, 특히 기호들의 논리적 정합성을 중시한다. 경험적 언어들은 산만하고 불투명한 것으로 간주된다. 합리주의는 이런 산만함과 불투명성을 조금씩 제거해나가면서 보다 추상적이고 심층적인 존재를 찾아간다. 그에 따라 언어 또한 추상화된다. 반대로 정약용은 이렇게 추상화된 언어들을 경험의 구체적 장으로 다시 환원한다.[37] 이것은 '仁'을 '人'과 '人'으로, '義'를 '善'과 '我'로, '禮'를 '示'와 '曲'과 '豆'로, '智'를 '知'와 '白'으로 환원해서 이해할 때 뚜렷이 드러난다. 이렇게 함으로써 정약용은 유자들의 언어를 구체적 사물들과 구체적 행위들에 맞닿은 지시작용적 의미론으로 되돌리려고 했다. 그리고 이런 경향은 모든 경험주의, 실증주의의 시초에 나타나는 공통된 현상이다.[38]

---

36) 멘 드 비랑이 여전히 중세적 기반 위에서 움직였던 데카르트의 사유를 극복하고자 했을 때 '노력' 개념이 핵심적 역할을 했다는 것을 상기할 필요가 있다. 후에 베르그송은 생명 진화의 내부에서 '노력'이라는 측면을 읽어내기에 이른다.

37) 예컨대 '理'에 대한 상세한 분석으로 『맹자요의』의 「고자 상」을 보라.

두 번째 검토 대상은 연속과 불연속이다. 중세와 근대 전체에 걸쳐 우리는 연속과 불연속 사이의 끝없는 긴장과 투쟁을 볼 수 있다. 전반적으로 볼 때 연속성은 불연속성에 의해 계속 무너져 내리곤 했다. 서구 철학의 경우, 르네상스적 연속성은 데카르트에 의해 끊어지고, 라이프니츠의 연속성은 칸트에 의해 끊어지고, 베르그송의 연속성은 바슐라르에 의해 끊어졌다. 이것은 연속성의 사유가 대개 형이상학의 형태를 띨 수밖에 없기 때문이기도 하다. 우리는 이러한 과정을 성리학과 정약용의 관계에서도 확인한다. 연속/불연속 문제는 근대성의 확립에 있어 건너뛸 수 없는 또 하나의 철학소이다.

연속성은 언제나 상대적이다. 거리의 가로수들은 서로 떨어져 있지만, '일정하게' 떨어져 있다는 점에서는 연속적이다. 본격적인 불연속은 이 일정함 자체가 무너질 때 성립한다. 신과 피조물 사이의 결코 넘볼 수 없는 거리에도 불구하고 최성기의 서구 중세를 지배한 생각인 세계의 연속성과 위계는 아리스토텔레스의 형이상학에 뿌리 두고 있다. 그래서 우리는 "자연적 사물들은 종의 누층적 위계에 따라 질서지어져 있다"라는 아퀴나스의 자연 이해에서 전형적인 위계적 사유를 발견한다. 무한소미분에 입각한 라이프니츠의 연속주의,[39] 지질학적 발견들에 토대를 두고서 "자연에는 비약이 없다"(라이엘)라고 했던 근대 과학자들의 신념에서 우리는 중세에서 근대로 이어지는 연속주의의 전형을 본다. 이런 연속주의에서 우리는 경험을 초월하는 총체적 앎에의 신념, 세계의 완벽한 합리적 질서의 응시, 그리고 무엇보다 위계적인 가치-존재론을 발견할 수 있다. 오랜 세월 속에서 다

---

38) 다만 다산의 이런 경험주의가 지향하는 궁극의 지점은 선험철학/비판철학이다. 그의 작업의 핵심 의미는 이런 인식론에 그치는 것이 아니라 이를 통해 육경사서를 온전히 새롭게 재편(내용적 재편)하는 것이었기 때문이다. 이 점에서 그의 작업은 오히려 동북아 사회를 떠받치고 있는 선험적 조건인 육경사서를 개작하는 데에 있었다고 해야 할 것이다.

39) 라이프니츠의 연속주의는 고중세적인 연속성에 내재해 있는 빈 틈들을 완전히 메운 완벽한 연속주의이다. 그것은 그에게서 무한소미분을 토대로 하는 무한 분석의 개념이 등장했기 때문이다.

양한 형태로 다듬어져온 연속주의에서 우리는 총체적 질서에 대한 인간의 믿음을 본다.

때문에 원융의 세계를 추구한 성리학에서 유사한 사유를 발견한다고 놀랄 이유는 없을 것이다. '天命之謂性'은 '性卽理'로 해석되며, 이로써 객체와 주체 사이에 끊어질 수 없는 끈이 이어진다. 사람과 하늘은 이어진다. 이 연속체의 두 존재론적 원리인 리와 기는 누층적 위계를 형성한다. 나아가 존재론과 인성론에서의 연속성은 도덕으로까지 확장된다. 이런 연속성은 사실 "一陰一陽之謂道 繼之者善也 成之者性也"(「계사전」)에 이미 함축되어 있던 구도이며, 성리학은 이 구도를 이어받아 발전시킨다. 이런 철학적 연속성은 나아가 개인과 사회 사이의 연속성을 정초한다. 예컨대 주희의 학문은 '物格'에서 시작해 '意誠', '心正'을 거쳐 '修身齊家治國平天下'에 이르는 연속적이고 일방향적인 사유이다. 주희로부터 많이 탈피했음에도, 이런 성리학의 구도는 왕부지에게도 여전히 남아 있다.

정약용의 사유에서 중세적 연속성은 무너지고 새로운 계열화가 탄생한다. 그의 지적 변화에서 이 점이 확인된다. 퇴율(退栗)의 구도 내에서 움직이던 그의 사유에서 리 개념은 점차 자취를 감춘다. 그리고 경험세계는 기질로써 설명된다. 다만 인간은 도의를 내포함으로써 여타 초목금수와 불연속을 이룬다. 선험적 구도를 취할 경우 리는 만물에 보편적으로 부여되며 기의 차이에 따라 사물들의 차이가 형성되지만, 경험적 구도를 취할 경우 기가 만물에 보편적인 것이 되고 인간만이 도의를 지니게 된다. 리의 연속성이 도의의 불연속성으로 바뀐 것이다. 다산에게서 불연속은 무엇보다도 초목금수와 인간 사이에 그어진다. 성리학에서 문제가 되는 분절은 리와 기 사이에 있다. 경험과 선험 사이에 선이 그어진다. 그러나 경험과 선험이 합쳐져 이루어지는 세계의 누층적 위계는 연속적이다. 다산에게서 '性'의 의미는 급변한다. 다산에게 성이란 본연의 무엇이 아니라 현실의 무엇이다. 현실 속에서 확인되는 대로의 각 존재의 본성일 뿐이다. 본연이라는 것이 있다면, 이 현실적인 성이 본연일 뿐이다. 따라서 모든 것은 기질에 입각해 논의된다. 인간과 초목금수도 일차적으로는 연속적이다. 세계를 구성하고 있는 기질의 차원을 공유하고 있기 때문이다. 그러나 인간만이 도의를 가짐으로써, 인간은 초목금수와 결정적인 불연속을 형성하게 된다. "人心者 氣質之所發也, 道心者 道義之所發也"(『맹자요의』)라는 구절은 이 점을 명확히 드러낸다.

세 번째로 검토할 문제는 이성과 욕망의 관계이다. 중세 사회는 안정성과 위계를 특징으로 한다. 서구의 경우 세계는 가치-존재론적으로 이해되어왔다. 모든 사물은 존재를 더 많이 또는 더 적게 함유함에 따라 위계적 서열을 형성한다. 중요한 것은 생명계에서 어느 정도 설득력이 있는 이 사유가 사회적 관계에 그대로 투영된다는 점이다. 라이프니츠의 모나드론과 성리학은 이런 성격을 공유한다. 위계적 사유를 가능하게 하는 조건은 이성이다. 이런 식의 합리주의는 근대 초기(고전 시대)에도 여전히 유지되었고 나아가 현대에 이르러서까지도 건재하지만, '전반적인' 근대성의 특징은 역시 이성중심주의로부터의 탈피에 있다. 이는 욕망하는 주체, 의지하는 주체의 발견을 포함한다. 그리고 이것은 자연스럽게 위계적 세계관의 붕괴를 함축한다. 욕망이나 의지에서는 등급보다는 방향이 중요하기 때문이다. "性이란 우리의 마음이 무엇인가로 기울어지는 경향이다." 여기에서 성은 성리학적 성이 아니라 현실적 본성이다. 모든 존재는 각자의 현실적 본성을 품고 있으며, 그 본성이란 다름 아닌 경향성 즉 '기호(嗜好)'이다.(『대학 강의』, 권2) 기호는 어떤 부동의 실체이기보다 타자에게로 기울어지는/끌리는 경향이다. 따라서 인간의 성/심은 늘 열려 있는 존재이다. 타자에로 열려 있는 것이다. 마음은 리처럼 자체 충족적이고 순수한 절대성이 아니다. 그것은 활동성이다.

욕망의 일차적인 성격은 타자에로의 기울어짐이다. 욕망은 주체가 가진 일차적인 속성으로서 자기 바깥으로 나와 타자에로 향하는 운동성이다. 그렇다면 "性者 吾心之所好也"라는 구절은 바로 인간의 성을 욕망으로서 규정하고 있는 것이다. 그런데 이 활동성은 일정한 방향성을 가진다. 일반적인 욕망론에서 욕망이 가지는 중요한 한 특성은 일정한 방향이 없다는 것이다. 그리고 평균적으로 말해 대부분의 욕망은 '飮食男女' 및 권세로 향한다. 그러나 정약용은 마음이 잠재적으로 움직여 가는 방향이 바로 인의라고 말한다. 그러나 이는 잠재적 경향이기에, 그 방향성이 실현되려면 일정한 노력이 필요하다. 멘 드 비랑 이래의 반성철학이 노력의 테마를 집요하게 발전시켜온 것에서도 볼 수 있듯이, 노력이란 두드러지게 근대적인 주제이다. 정약용에게서는 도의와 기질이 늘 갈등을 일으킨다.("人恒有二志相反而竝發者") 그에게 인간의 마음은 갈등의 장이며 따라서 인간을 서로 다른 존재로 만드는 것은 결국 노력이다.

갈등하는 존재, 노력하는 존재는 또한 선택하는 존재이다. 정약용에게서 초목금수와 인간 사이에 존재론적 분절이 그어지는 이유는 인간에게 자유와 선택이 있기 때문이다("人之於善惡皆能自作"). 만일 인간에게 '본연'이라는 것이 있다면, 바로 기질과 도의 사이의 끊임없는 갈등과 결국 도의를 향하는 마음, 그리고 자유, 선택, 책임이 있다는 것이다.

왕부지로부터 정약용으로의 이행은 서구에서 스피노자, 라이프니츠로부터 19세기 사유로의 이행과 나란히, '근대적' 사유의 만개를 보여준다.

지금까지 이 2부에서는 17세기에 이루어진 새로운 형이상학 체계들과 19세기에 이 체계들이 어떻게 계승되면서 또 극복되었는가를 논했다.

스피노자와 라이프니츠 그리고 왕부지(를 중심으로 한 기 일원론)의 사유는 공히 초기 근대가 이룩한 새로운 형태의 자연철학(physica)을 배경으로 해서 등장한 새로운 형태의 형이상학(metaphysica)이었다. 그리고 이들의 형이상학은 공히 표현주의의 형태를 띠었다.

이들은 모두 이전의 이원론적 사유체계 ── 스피노자·라이프니츠의 경우에는 데카르트의 이원론, 왕부지의 경우는 주희의 이원론 ── 를 논적으로 삼았다. 이들에 반(反)해 일원론적 표현주의 철학을 전개했던 것이다. 그러나 내용상으로 볼 때 이들 사유의 정향은 모두 다르다. 스피노자의 경우 핵심 논적은 단적으로 표현해 기존의 서양 문명 자체였다고 할 수 있다. 스피노자는 당대의 많은 철학자들과는 달리 자연철학의 세세한 문제들에는 관심을 두지 않았고, 새롭게 등장한 자연철학들의 성과를 흡수하는 것에 만족했다. 그의 눈길은 서양의 문명을 이끌어온 철학적 전통 전체를 겨냥했다. 그는 목적론적 존재론과 제작적 세계관, 인격신 개념과 성직자들의 기만, 인간중심주의와 무지한 자들의 미신 등, 중세인들뿐만 아니라 당대 최고의 철학자들도 벗어나지 못했던 전통을 과감히 해체하고 서양 문명을 완전히 새로운 정초 위에 다시 세우고자 했다. 서양 문명에서 스피노자의 이런 위대한 기획은 사실 아직도 실현되고 있지 못하며, 이 점에서 그의 철학은 오늘날까지도 계속 진행 중인 사유라고 해야 할 것이다. 스피노자는 이런 사유의 전개 과정에서 특히 그의 바로 앞에서 새로운 형이상학 체계를 제시했던 데카르트를 논박하는 데 많은 노력을 기울였다. 그리고 이 과정에서 '환원주의'와 '표현주의'의 대결이라는, 이후 철학사 전체를 이끌어 갈 핵심 논제들 중 하나를 정교한 형태로 제시했다.

라이프니츠의 경우, 역시 데카르트의 기계론적 자연철학과 이원론적 형이상학을 비판하면서 자신의 자연철학과 형이상학을 전개했다. 그는 힘과 질의 자연철학을 전개했고, 유심론적 모나드론을 전개했다. 그러나 사실 그가 마음 깊이 극복하고자 했던 철학자는 스피노자였다. 30년 전쟁 등으로 산산이 파편화된 유럽을 기독교적 가치로써 재건하고자 했던 그에게 서구 문명 자체를 아예 새로운 기반 위에 세우려 했던 스피노자의 사유는 거의 전율이 흐를 정도로 악마적인 것으로 느껴졌을 것이다. 이렇게 라이프니츠에게서 반(反)데카르트의 맥락과 반(反)스피노자의 맥락은 달랐지만, 이 이중의 투쟁의 결과가 지향한 곳은 일치했다. 그것은 곧 기독교적 가치를 배경으로 하는 제작적 세계관, 목적론적 세계관의 복원이었다. 그러나 라이프니츠가 고대적-중세적 세계를 단순 복원한 것은 물론 아니다. 그는 그만의 탁월한 논리학적 분석과 독창적인 개념들, 그리고 종합적인 안목을 통해서 아리스토텔레스에 버금가는 과학적-철학적 체계를 세울 수 있었다. 특히 이 과정에서 그가 보여준 논리적 분석의 빼어남은 오늘날의 관점에서 보아도 개념적 사유의 모범으로 평가할 수 있으며, 또 그가 제시하고 활용했던 개념들은 스피노자의 그것들보다도 오히려 독창적이고 흥미진진한 것들이다. 그의 시대로부터 수백 년이 지난 오늘날에도, 라이프니츠의 사유는 여전히 스피노자의 그것에 못지않게 현대 형이상학의 기초로 역할을 하고 있다.

왕부지는 라이프니츠와 유사한 문제의식을 품고 있었다. 그에게도 세계는 예전에 그가 알았고 살았던 중화세계가 무너지고 "오랑캐"가 점령해버린 기이한 곳으로서 다가왔다. 라이프니츠에게는 그가 되살리고자 한 유럽의 기독교세계가 여전히 존재했지만, '중화' 개념을 장소의 개념이 아니라 '민족'의 개념으로 보았던 왕부지에게 중화세계는 이미 되돌릴 수 없이 무너져버린 세계였다. 결국 그는 언젠가 도래할 새로운 중화세계를 위해 그의 방대한 사유를 전개했다고 할 수 있을 것이다. 이는 곧 성리학의 전통을 이으면서도 그것을 새로운 형태로 재건하는 것이었고, 이런 맥락에서 그는 기 일원의 사유를 전개하게 된다. 이 점에서 그의 사유는 전통과 보다 연속적이다. 스피노자는 전통적 개념들을 구사하면서 혁명적인 사유를 전개했고, 라이프니츠는 독창적인 개념들을 구사하면서 전통을 재구축하려 했다. 이에 비해 왕부지는 개념에서나 사상에서나 전통과 보다 연속적이었다. 그러나, 세 인물 모두 존재를 생성으로 파악했음에도, 왕부지는 생성에 주안점을 둔 점에서 스피노자, 라이프니츠보다 더 두드러졌다. 그 결과 그의 사유는 영원의 철학을 구축했던 스피노자의 사유나 논리학적 분석을 토대로 전개된 라이프니츠의 사유와는 달리 역사의 차원에 보다 큰 비중을 두게 된다. 그의 역사철학은 동일자의 사유와 중화중심주의를 벗어나지 못했지만, 근대적인 역사철학의 최초 형태로 평가할 만한 것이다.

세 철학자는 공히 중세적인 초월 철학에 맞서 내재적인 표현주의의 철학을 전개했다.[40] 그러나 세계의 궁극 원리를 상정했다는 점에서 이들의 표현주의는 형이상학적 표현주의라 할 수 있다. 그래서 다음 물음이 제기된다. 형이상학적 표현주의는 세계의 모든 것을 궁극 원리로 환원해 설명하는 것이 아닌가? 형이상학적 표현주의와 환원주의는 어떻게 다른가? 환원주의는 존재의 어떤 특정 면을 실재로 상정하며, 다른 면들을 모두 이 면으로 환원한다. 따라서 다른 면들은 비-실재이며, 이 특정 면의 가상들, 효과들에 불과하다. 반면 표현주의는 각 존재면들이 모두 각각의 실재성을 띤다. 그리고 그 면들은 서로 간에 표현의 관계를 맺는다. 음악과 e-메일의 예를 들었거니와, 각 존재면들은 그 실재성을 빼앗기지 않으면서도 서로 표현의 관계를 맺는다고 할 수 있다. 그러나 형이상학적 표현주의에서는 결국 이 모든 표현들을 포괄하는, 궁극적으로 볼 때 모든 표현들이 그것의 표현인 제1원리(신, 기)가 존재한다. 이 점에서 형이상학적 표현주의에는 환원주의적 측면이 포함되어 있다고 보아야 할 것이다. 이 경우 사유체계가 연역적 구조로 되어 있는가 귀납적 구조로 되어 있는가가 구분된다. 연역적 구조가 궁극 원리를 먼저 상정하고 그로부터 다양한 표현들을 논하는 것이라면, 귀납적 구조는 구체적인 표현들을 논하면서 존재면들을 조금씩 보다 포괄적인 지평으로 가져가는 것이다. 형이상학적 표현주의는 전자의 구조를 띠지만, 철학의 기본 정향이 '경험'에 놓이게 되는 근대 이후 표현주의의 흐름은 후자의 구도를 지향하게 된다.[41]

이런 환원주의의 측면은 스피노자·라이프니츠의 경우가 왕부지의 경우보다 더 크다고 볼 수 있다. 이는 이들의 양상론과 관련된다. 강한 결정론을 견지하는 스피노자·라이프니츠에게서는 신/속성들과 양태들이 그리고 창조주와 모나드들이 연속성을 유지한다. 이들에게 우연성이란 '현상'의 차

---

40) 엄밀하게 말하면, 라이프니츠에게서의 표현주의는 모나드들 사이에서만 성립한다. 신과 모나드들은 창조주와 피조물들의 관계에 놓이기 때문이다. 그러나 모나드들에 대한 라이프니츠의 설명은 분명히 표현주의 사유를 보여준다.

41) 예컨대 1960년대 이래 스피노자의 사유를 보다 경험주의적으로 독해하려는 시도들이 도래했다. 들뢰즈의 『스피노자와 표현의 문제』나 발리바르의 『스피노자와 정치』(진태원 옮김, 그린비, 2014) 등을 예로 들 수 있다.

원에서만 성립한다.(라이프니츠의 경우, 우연성은 가능세계들 사이에서 성립하며 가능세계론을 내재적인 형태로 변환할 경우 보다 현대적인 사유로 발전해나갈 소지를 담고 있다.) 그러나 왕부지의 경우는 다르다. 완전한 결정론을 부정했던 그에게서는 하늘/기와 현실의 차원 사이에 불연속이 존재한다. 왕부지에게서는 현실의 우발성과 인간의 주체성이 보다 분명하게 나타난다. 그리고 이는 특히 그의 역사철학에서 그렇다. 이 점에서 스피노자·라이프니츠가 자연과 역사의 차이에 주목하지 않은 고전적인 철학자들이라면, 왕부지의 경우 자연과 역사의 차이가 비교적 분명하게 나타나기 시작한다. 이렇게 본다면 자신이 속한 전통을 송두리째 전복하고 새로운 비전을 제시했다는 점에서는 스피노자가, 새로운 참신한 개념들과 과학적 성취를 이룩했다는 점에서는 라이프니츠가, '역사'와 '주체'라는 이후 철학적 사유의 중핵을 차지할 개념을 제시했다는 점에서는 왕부지가 보다 혁신적이었다고 할 수 있을 것이다.

이 형이상학자들에게서 '표현'의 의미는 조금씩 다르다. 스피노자의 경우, 표현은 신 → 속성 → 양태의 구도에서 이루어진다. 스피노자에게서 신이 속성들로, 다시 양태들로 '표현된다'는 것은 곧 제한된다는 것, 규정된다는 것을 뜻한다. 이 점에서 그의 신은 아낙시만드로스의 아페이론과 유사하다. 하지만 아낙시만드로스의 아페이론과 달리 스피노자의 신은 아무런 규정성도 없는 카오스가 아니라 오히려 무한한 규정성들을 잠재적으로 갖추고 있는 충만성이다. 신이 속성들로 표현되는 것은 이 충만성에 어떤 길이, 그러나 실체와 동외연적(同外延的)으로 난다는 것을 뜻한다. 그리고 각 길은 다시 구체적인 양태들로 제한/규정된다. 모든 규정은 다른 규정들에 대해서는 부정이지만 신에 대해서는 표현이다. 스피노자의 세계는 질적으로 빈약한 상태에서 새로운 질들이 끝없이 풍부하게 생성해 나오는 '진화'의 세계와 반대로, 절대적으로 존재하는 무한히 풍요로운 잠재성으로서의 '존재'가 계속 제한/규정되면서 여러 층위의 존재-면들로 '분화'되는 세계이다.

라이프니츠에게서 표현이란 '연결 또는 대응'을 뜻하며, 각 모나드에서의 관계들의 내부성 및 모나드들 사이의 공가능성을 함의한다. 이 표현 개념은 주름, 갈래, 울림이라는 중요한 성격을 띤다. 각각의 모나드는 무한한 빈위들[42]이 접혀 있는 주름이다. 그러나 각각의 모나드는 각각의 관점에 따라 고유하게 펼쳐지는 갈래들을 이룬다. 그리고 모나드들의 세계는 거대한 울림의 세계이다. 하나의 빈위는 그것과 상관적인 다른 빈위와 공명하고 결과적으로 모든 빈위들이 모든 빈위들과 공명하기 때문이다. 이렇게 라이프니츠의 표현 개념은 주름, 갈래, 울림이라는 성격을 띤, 모든 모나드들 사이에서 성립하는 상호 표현이다. 스피노자에게서 표현이 일방향적인 데 반해, 라이프니츠에게서 표현은 전방위적이다. 또, 스피노자의 세계에는 신, 속성, 양태의 존재론적 위계가 존재하지만, 라이프니츠의 세계에는 (모나드들의 종류에 따른 위계가 존재하기는 하지만) 전체적으로 볼 때 강고한 형태의 위계는 존재하지 않는다. 물론 보다 근본적인 수준에서, 스피노자의 사유가 내재적 세계라면 라이프니츠의 세계는 제작된 세계이다. 그럼에도 표현의 성격에 초점을 맞출 경우, 라이프니츠의 세계는 스피노자의 세계보다 더 개방적이고 역동적이다. 제작적 세계관을 걷어낸다면, 오늘날 라이프니츠의 표현론이 스피노자의 그것보다 길어낼 것이 더 많아 보인다.

왕부지에게서 표현이란 곧 기화의 과정이다. 기가 만물로 '화'하고 '생'하는 과정, 즉 '化生萬物'인 것이다. 기는 물질성, 생명성, 정신성을 모두 내함한다. 그리고 이런 기의 생성 즉 표현에 의해 만물이 화생한다. 이 점에서 왕부지의 구도는 스피노자의 그것에 가까우며, 라이프니츠의 제작적 세계관과는 구별된다. 그러나 왕부지의 사유는 스피노자의 사유와 결정적인 점에서 구분된다. 스피노자의 속성들은 외연적으로는 실체와 동일하면서 서로에 대해서는 철저하게 단절된 별개의 것들이다. 바로 그렇기 때문에

---

42) 빈위들이 연속적이기 때문에, 또 각 모나드가 세계 전체를 함축하기 때문에. 이 이중적 이유에서 무한한 빈위들.

상이한 속성들의 연관성(예컨대 몸과 마음의 연관성)을 설명하기 위해 동시적 표현의 개념이 필요했던 것이다. 그러나 기 일원론의 경우 세계에는 이런 굵직한 선들이 그어져 있지 않으며, 원칙적으로 모든 것은 기에 입각해 서로 '통(通)'한다. 만물은 기의 흐름/'생(生)'의 어떤 국면들인 것이다. 이런 흐름에 일정한 길이 있다면, 그것은 실체적 구분들이 아니라 양과 음이라는 경향적 구분에 의한 것일 뿐이다. 아울러 스피노자의 경우에 비해 실체＝기와 양태들＝물(物) 사이의 존재론적 거리가 훨씬 가깝다.[43] 스피노자의 경우와 마찬가지로 기 일원론에서도 역시 제한/규정을 통해 기가 물(物)로 화하지만, 후자의 경우 속성들의 매개 없이 기가 직접 제한/규정됨으로써(예컨대 목기, 화기, 토기, 금기, 수기) 실체와 현상이 현미무간을 이룬다고 할 수 있다. 아울러 언급했듯이 스피노자, 라이프니츠에 비해 기 일원론은 세계에서의 우연성과 인간의 주체성에 보다 많은 자리를 마련해준다.

그러나 기 일원론 역시 스피노자, 라이프니츠의 철학과 마찬가지로 형이상학적 표현주의의 성격을 띤다. 17세기의 형이상학적 체계들은 철학을 내재성의 지평으로 가져왔지만 공히 일원적 형이상학으로써 체계 전체를 갈무리하고 있음을 볼 수 있다. 이는 곧 경험의 과정을 건너뛰어 세계의 무수한 존재면들을 통합하는 궁극의 절대 존재면을 상정한 것이다. 이들 사유의 이런 사변적 성격은 이들이 중세와 근대 사이에 위치한 철학자들임을 시사해준다. 이런 이유 때문에 이들 이후의 철학자들은 사유의 지평을 보다 내재적으로 만들기를, 즉 경험에 **충실한** 사유를 전개하기를 원했다. 이는 곧 모든 존재면들을 포괄하는 절대 존재면에 대한 사변을 포기하고, 우리

---

43) 이는 중요한 함의를 띤다. 스피노자의 경우, 1종 인식과 2종 인식 사이의 엄연한 구분이 시사하듯이 사물의 본질과 현상 사이에는 큰 인식론적/존재론적 간격이 있다. 하지만 이런 간격이 매우 좁은 동북아 사유와 문화에서는 우리가 신체적 **훈련을 통해서** 기에, 우주의 본질에 다가설 수 있다는 믿음이 존재한다. 철학적 깨달음의 차원과 신체적 감응의 차원이 단절되어 있지 않은 것이다. 차 한 잔 마시는 데에도 도를 이야기하는 동북아 문화 특유의 풍경에는 이런 기 일원론적 믿음이 깔려 있다.

가 경험을 통해 확인할 수 있는 존재면 ─ 경험적 현실, 현상세계, 실증성 (positivité)의 세계 ─ 에 초점을 맞춘다는 것을 의미한다. 이제 철학사는 형이상학의 시대에서 경험주의/경험론의 시대로 움직이게 된다.

이런 경험주의적 지향은 이미 고전 시대에 영국 경험론이나 프랑스 계몽주의 철학자들에게서 나타나며, 이 흐름은 19세기에 이르러 콩트 이래의 실증주의에서 보다 강고한 형태를 띠게 된다. 19세기의 독창적인 과학자들, 철학자들이 종종 "형이상학자!"라는 비난을 들은 것도 바로 이런 맥락에서였다. 우리는 스피노자를 잇되 칸트로써 그 한계를 극복하고자 한 독일 고전 철학, 라이프니츠 사유의 계열학적 측면을 잇되 그 초-합리주의의 측면을 극복하고자 한 쿠르노 등의 사유, 그리고 왕부지 성리학을 잇되 그 중세성을 극복하고자 한 정약용 등의 노력에서 이 점을 공통적으로 확인할 수 있다. 이들의 사유는 단순한 경험주의/실증주의가 아니라, 스피노자, 라이프니츠, 왕부지를 19세기로 비판적으로 잇는 중후한 철학들임에도, 공통으로 이런 경험주의적 지향을 드러내고 있는 것이다.

하지만 경험에 충실하자는 것은 과연 무엇을 뜻할까? 그것은 곧 인간에게 나타난 차원에 충실함을 뜻한다. 형이상학을 부정한 경험론자들에게 이 차원에의 충실함이야말로 사유의 견실함을 뜻하는 것이며 '객관적인' 철학의 구축을 뜻한다. 하지만 이 차원은 사실 하나의 존재면일 뿐이다. 그것은 세계와 인식 '주체'가 만나는 곳에서 파열하는 어떤 한 면, 오히려 '주관적인' 존재면이다. 형이상학적 표현주의가 이 면을 포함한 모든 면들을 포괄하는 궁극의 존재면을 사유하고자 했다면, 경험론자들은 바로 이 가시성의 차원을 준거면(plane of reference)으로 삼은 것이다. 하지만 그것은 결국 하나의 존재면에 불과한 것이라 해야 할 것이다. 사유가 이 존재면에 충실해야 한다면 그것은 이 면이 인간이라는 인식 주체에게 주어진 어떤 조건이기 때문일 뿐이다. 그러나 근대의 철학자들은 이 조건을 존재론적으로 과장해서 이 차원을 다소 실체화하는 경향을 띠게 된다. 그래서 근대적 사유는 철학을 이 준거면으로 끌고 내려옴으로써 "공허한 사변"을 극복한 측면과 동시에 사유를 이 준거면 주위에만 옹기종기 모이게 만들어 형이상학의 상상력을 위축시켜버린 측면을 내포한다. 하지만 형이상학은 인간에게 주어진 원초적 욕망이고, 때문에 이런 경향에 맞서 다시금 17세기적인 사유를 복권하고자 하는 경향 또한 도래하게 된다. 현대 철학에서는 이렇게 철학을 경험의 존재면으로 당겨와 지각에 접지(接地)시키려는 흐름과 이에 맞서 형이상학을 (이런 시대의 요청에 응답하면서) 새로운 방식으로 펼쳐나가려는 흐름이 팽팽하게 맞서게 된다. 근대 이래 철학의 운명을 보여주는 것은 곧 형이상학의, 특히 표현주의 형이상학의 운명이다.

이런 맥락에서 우리는 근대성을 이으면서도 탈근대적 사유를 추구하는 철학의 기본 화두(들 중 하나)를 다음과 같이 정식화할 수 있다: 근대적 경험주의의 요청을 받아들여 경험적 사유를 추구하되, 지각 수준의 표피적인 경험을 넘어 과학, 예술, 정치 등을 포용할 수 있는, 형이상학적 갈망을 결코 포기하지 않는 사유의 구축. 나는 이런 흐름을 '경험론적 형이상학'이라고 부른다. 4권의 1부에서 다룰 '생성존재론'이 이런 사유의 한 전형이라고 할 수 있다. 이 생성존재론은 19세기에 형성된 비결정론적 세계관의 흐름을 보다 수준 높게 승화시킨 흐름이라고 할 수 있다.

다른 한편, 실증주의의 극복을 생성존재론과는 반대의 방향에서, 다시 말해 합리주의의 방향에서 행한 흐름도 있다. 이 흐름은 표피적인 경험주의의 흐름을 넘어서고자 한 점에서는 생성존재론과 문제의식을 함께하지만, 반대 방향으로 즉 플라톤적-수학적 합리주의를 현대적 형태로 재창조하려는 흐름이다. 근대적 경험주의를 넘어서려는 또 하나의 흐름인 이 현대 합리주의 사유를 우리는 4권의 2장에서 다룰 것이다. 근대적 사유를 넘어서려는 이 두 탈근대적 사유는 서로 반대의 정향을 띠고 있으며, 이 두 흐름을 차원 높게 종합하는 것이 오늘날의 철학에 주어진 한 화두이다.

지금까지 논의한 자연철학 및 형이상학의 흐름과 나란히, 다른 한편 근대의 철학은 또한 주체의 철학이라고 할 수 있다. 사실 이 점은 경험주의적 정향과 맞물려 있는데, 왜냐하면 경험이란 결국 주체가 하는 것이고 주체는 자신의 경험을 통해서 스스로를 만들어가는 존재이기 때문이다. 경험주의와 주체철학은 서로 맞물려 있다. 그리고 이런 주체철학은 근대적인 시민적 주체를 만들어간 정치적 주체의 철학이기도 했다. 우리는 이 내용을 이제 3부와 4부에서 다룰 것이다. 그리고 4권의 3부와 4부에서는 이 근대적인 주체를 넘어서고자 한 현대적인 주체의 사유들을 다룰 것이다.

3부

경험적인 것과
선험적인 것

7장 실학의 시대

임진왜란(1592~1598)은 동북아세계에 거대한 전환을 도래시켰다. 15세기 중엽 이래 이어져오던 전국시대를 끝내고 일본 천하를 통일한 도요토미 히데요시는 그 기세를 이어 조선과 명까지 정복하려는 야욕을 불태웠다. 이 전쟁은 결국 히데요시의 갑작스러운 죽음으로 막을 내렸지만 그 여파는 컸다. 일본의 경우 세키가하라 전투에서 승리한 도쿠가와 이에야스가 히데요시를 이었고, 히데요시와 상반된 품성의 소유자였던 그는 바깥으로는 나라의 문을 단속하고 안으로는 문민정치에 힘써 일본에 긴 안정을 가져왔다. 에도막부(1603~1868)는 역사상 비할 바를 찾기 힘든 긴 평화를 이어가게 된다. 전쟁의 참화를 겪은 당사자인 조선은 그러나 해체되지 않고 '재조산하(再造山河)'에 성공함으로써 동북아 역사상 가장 길었던 '500년 왕조'를 계속 이어간다. 조선과 거의 한 몸을 이루었던 명의 경우, 임진왜란 참전으로 인한 국력 소진의 여파를 이기지 못하고 끝내 멸망에 이르고 만다.(1644) 명을 멸망시킨 만주족은 청(淸)[1]을 세워 당 제국과 유사한, 그러

---

1) 명은 화기(火氣)의 국가였고 만주족은 화기를 극(克)했다는 의미에서 국호를 수기(水氣)

나 보다 위계적인 다민족 제국을 건설한다. 편의상 서기를 쓴다면, 이렇게 동북아의 17세기는 새롭게 들어선 청 제국, 후기에 접어든 조선, 그리고 전쟁의 시대를 끝낸 에도막부로 재편되기에 이른다.

이렇게 동북아세계가 전면적으로 재편되었음에도, 이 시대의 국가들을 지배한 철학사상은 놀랍게도 여전히 성리학이었다. 길고 긴 전란의 시대를 끝낸 에도막부는 국가를 안정되게 통치할 수 있는 통치철학으로서 성리학, 특히 주자학을 도입하게 된다. 이에야스를 도와 성리학적 일본을 구축한 후지와라 세이카(1561~1619)와 하야시 라잔(1583~1657)을 필두로 주자학이 일본의 국학으로서 정치와 문화를 지배하게 된다. 사실 일본에서 성리학은 그 수명이 짧았다. 한 세기도 채 못 되어 성리학을 비판하면서 여러 다른 사상들이 등장했기 때문이다. 하지만 에도막부 수립으로부터 거의 200년이 지난 '간세이'기에도(1790) 막부가 다른 학문들을 금하고 성리학을 정학(正學)으로 규정한 '이학금령(異學禁令)'을 제정한 것에서 알 수 있듯이, 에도막부는 그 전 기간에 걸쳐 주자학을 국학으로 삼았다. 에도 시대에 '가쿠몬(學問)'이란 넓게는 유교 좁게는 주자학을 뜻했다. 17세기 말에 이미 다른 사상들에 의해 압도되어버렸지만, 주자학이 비로소 그 현실적 힘을 잃어버린 것은 메이지 유신을 통해서였다.

조선을 도와 왜군과 싸우는 데 국력을 탕진한 명은 점차 기울어갔다. 명의 황제들은 대대로 무능할 뿐만 아니라 잔인하기도 했으며, 아예 조회에 나오지 않는 것이 예사였다. 환관이 권력을 장악했고 '동림당'과 '엄당'의 싸움이 밤낮을 가리지 않았다. 한 사람의 인간에게 초월적 권력이 부여되는 '왕조'라는 체제의 모순이 명 시대만큼 극단적으로 드러난 시대는 없었다. 게다가 유학적 실천의 중추 집단이 되어야 할 신사층(紳士層)은 오히려 백성의 등골을 빼먹는 도적떼가 되어 있었다. 반면 북방의 여진족은 누르하치 이래 점차 힘을 축적했고 마침내 홍타이지가 명을 무너뜨리고 청을

인 '청'으로 했다. 오행사상이 여전히 사람들의 뇌리를 지배했음을 알 수 있다.

건국하게 된다. 청은 특히 무려 61년(1661~1722) 동안 제위에 올랐던 강희제를 시작으로 옹정제(1722~1735 재위)를 거쳐 건륭제(1735~1796 재위)에 이르기까지의 시대에 치세를 이루었으며, 예를 볼 수 없을 정도의 강성하고 태평한 시대를 열었다.[2] 안정된 제국의 지속으로 인구가 너무 늘어나고 (전성기 때 이미 3억 명이 넘은 것으로 추정된다.) 여러 방면에서 국력이 기울기 시작하기 전까지 청은 강력한 제국을 구축했다. 그러나 강희제는 만주족으로서의 자신의 정체성을 고집하기보다는 오히려 (화이사상을 내포하고 있는) 성리학을 채택해 국학으로 삼았다. 성리학은 여전히 힘을 발휘했다. 명말에 이미 정주학에 반기를 든 양명학의 발달이라든가 소설의 탄생 등 새로운 경향들이 나타났고, 성리학은 관료들의 학문으로서만 지속되었었다. 그러나 청조가 정주학을 부활시킴으로써 이런 흐름은 억압되었고 여전히 정주학의 힘이 지속되기에 이른 것이다.

성리학에 의거해 만들어진 국가라고 해도 과언이 아니었던 조선의 경우, 전쟁 이후 새로운 철학을 모색하기보다는 오히려 주자학을 강화하는 방향으로 나아갔다. 임진왜란의 여파 속에서 인조반정(1623), 병자호란(1636)을 겪은 조선은 '오랑캐[兀良哈]'였던 여진족이 오히려 명을 정복하고 청을 세우자 큰 충격에 빠진다. 조선 지식인들에게 이는 단순한 정치-군사적 사건이 아니라 형이상학적/우주적 사건, 정확히는 반(反)우주적 사건이었다. 이런 맥락에서 그들은 자신들이야말로 중화의 문명 — 구체적으로는 명의 문명 — 을 보존하고 있는 유일의 문명이라고 생각했고, 이런 경향은 지식

---

2) 사실 전적으로 태평한 시대는 아니었다. 지주들과 소작농들의 격차가 심해서 항조(抗租)가 자주 일어났던 것이 사실이다. 청 제국은 강력했지만 (조선, 에도막부를 포함해 전통 사회가 대개 그랬듯이) 그 내부는 양분되어 있었다. 전반적으로 볼 때 청대는 한편으로 생산력이 크게 발전하고 (서구와의 교역 등을 통해) 국가가 장대해져갔지만 그에 따른 모순이 심해지고, 다른 한편 명말 이래 시민의식이 점차 강화되면서 국가에 대한 저항(1774년 청수교(淸水敎)의 난, 1787년 임상문의 난, 1794년 묘족의 난, 1796년 백련교도의 난 등)도 커져가던 시기였다. 때문에 청 제국은 외부에서 볼 때와 내부에서 볼 때 큰 차이가 드러나는 국가였고, 이런 모순은 19세기 이래 노골적으로 표면화되기에 이른다.

인들에게서만이 아니라 (만주족에게 구금되었다가 후에 왕이 되어 북벌을 준비한) 효종(1649~1659) 같은 인물에게서도 두드러지게 나타났다. 주자학 원리주의자였던 송시열(1607~1689)은 이런 문화적 중화주의/화이사상을 강력하게 주장했고, 이익(1681~1763) 같은 이는 한민족은 단군 시대에 이미 중화민족이었음을 주장하기도 했다. 이런 분위기에서 조선의 성리학은 쇠퇴하기는커녕 오히려 더욱더 강화되며, 그 과정에서 '인물성동이론(人物性同異論)'(2권, 11장, 3절)이나 '예송(禮訟)' 같은, 성리학을 배경으로 하는 이론적-실천적 논쟁들이 벌어지기에 이른다.

이렇게 동북아 3국에서 공히 성리학은 그 힘을 유지하게 된다. 하지만 어떤 철학이든 그것이 권력과 결부되어 지배사상이 되는 순간 철학으로서의 매력을 상실하기 시작한다는 것은 철학사 전체에 걸쳐 실증되는 사실이다. 동북아세계의 대격변기인 17세기에도 성리학은 여전히 그 힘을 잃지 않고 청 제국, 후기 조선, 에도막부를 지배했지만, 철학사의 흐름 자체는 이미 변하고 있었다. 동북아세계는 1,000년이 넘는 세월 동안 유·불·도 삼교가 정립하면서 서로 길항하는 역사를 이루었다. 따라서 이런 흐름으로 본다면 이 시대에는 성리학 — 바로 도가철학과 불가철학을 흡수함으로써 유가철학을 부흥시켰던 — 을 비판하면서 새로운 형태의(이번에는 역으로 성리학을 흡수한) 도가철학과 불가철학이 흥기할 차례였다. 하지만 그런 일은 일어나지 않았다. 물론 양자는 도교와 불교로서 즉 종교로서 여전히 중요한 위상을 점했고, 또 도교의 경우(때로는 불교 역시) 과거에 그랬듯이 근대에 들어와서도 민중항쟁의 사상적 배경으로서 여전히 중요한 역할을 했다. 그러나 철학으로서의 도가철학과 불가철학은 이 시대에 지배사상이었던 성리학을 논파하면서 새로운 사상적 경지를 열어나가는 역할을 하지 못했다. 다만 뒤에서 논하겠지만, 양 철학은 후에 민중사상의 흐름에서 중요한 원천의 역할을 수행하게 된다. 성리학을 비판하면서 새롭게 흥기한 것은 새로운 도가철학이나 불가철학이 아니라 유학 자체 내에서의 혁신적 흐름이었다. 새롭게 등장해서 동북아 근대를 수놓은 이 혁신적 유학의 흐름 전체를 우리는 '실학(實學)'이라고 부를 수 있다. 원래 '실학'이란 성리학이 불교를 비판하면서 스스로에게 부여했던 명칭이지만, 이제는 오히려 성리학을 '허학'으로 규정한 새로운 실학의 흐름이 도래한 것이다.

'실학'의 흐름은 성리학을 비판하면서도 동시에 유학의 핵심을 지키는 것이었다. 그렇다면 그것은 결국 본래의 유교로 회귀하는 것, 달리 말해 본래의 유교를 당대의 현실 속에서 새롭게 사유하고 실천하는 것 이외의 것이 될 수 없었다. 새롭게 사유한다는 것은 유학을 공자 본연의 정신으로 되돌리되 당대의 맥락에서 새롭게 이론화하는 것을 뜻하며, 새롭게 실천한다는 것은 유학이 원래 띠고 있었던 실천적 성격을 되찾아 당대 현실에서 실천한다는 것을 뜻했다. 전자는 '경학(經學)'의 측면이고 후자는 '경세학(經世學)'의 측면이다.

때문에 당대의 새로운 철학자들 — 편의상 '철학자들'이라 통칭하지만 사실 현대식으로 말하면 매우 다양한 분야들이 혼재해 있는 거대한 학문적 흐름이었다 — 은 성리학자들의 유학 쇄신과 정확히 반대 방향의 쇄신을 추구했다고 할 수 있다. 성리학자들의 유학 쇄신은 바로 도가사상과 불가사상을 흡수하면서 유가사상에 형이상학적 깊이를 부여하는 것이었다. 즉, 고대 유가에 결여되어 있던 도덕형이상학을 구축하는 것이었다. 반대로 실학자들의 유학 쇄신은 유가사상에서 도가적 요소와 불가적 요소를 솎아냄으로써, 성리학에서 도덕형이상학을 벗겨내고 유교 본연의 형태로 되돌리는 것이었다. 현실적인 맥락에서 본다면, 이는 곧 '팔고문(八股文)'에 얽매여 창조적 사유를 제한받았던 지식인들의 상황에서 벗어나려는 것이었으며, 과거시험의 문제가 실질적 문제(지금으로 말하자면 사회과학적 문제)가 아닌 도덕적 심성을 나아가서는 시적 감성을 위주로 하는 문제인 상황에 대한 거부이기도 했다.[3] 그리고 이들에게는 명대에 발달했던 양명학이란 사

---

3) 이런 맥락에서 명말에는 고증학의 선구로 일컬어지는 '고거학(考據學)'의 경향이 등장하게 된다. 이런 흐름과 아울러 이때 이미 소학(小學)을 중시하는 경향도 나타난다. '소증

실상 유학을 가장한 불교로서 역시 유학에서 벗겨내버려야 할 요소였다. 이들은 순수하고 실증적이고 실용적인 유학을 추구했다.

'실학'이란 특정한 어떤 사상 갈래를 가리키는 말이 아니다. 그것은 동북아 근대에 일어난 거대한 사상적-학문적 경향 전체를 가리키는 광범위한 맥락에서의 용어이다. 실학에서의 '실'은 특정한 대상/영역을 가리키는 명사가 아니라 이 새로운 학문의 성격을 가리키는 형용사이다. 따라서 실학이라는 넓은 범주에는 매우 다양한 사상들이 포함되어 있다. 이 갈래들을 어떻게 분절하고 어떻게 부르는가는 매우 복잡한 문제이고 때로 논쟁적인 문제이다. 나는 세밀한 사항들보다는 동북아세계의 변모와 사상사의 흐름 전체를 시야에 두고서 다음 세 가지(보다 상세히는 다섯 가지)로 분절했다. 첫째, 새로운 형태의 '경학'과 '경세학'. 좁은 의미에서의 '실학'은 이 흐름을 가리킨다. 둘째, 이러한 흐름과 궤를 같이하면서도 별도의 위상을 부여할 수 있는, 독자적인 철학사적 의미를 띤 흐름인 '기학'. 셋째, 새롭게 도래한 역사적 주체인 민중을 지향하면서 나타난, 그 자체 여러 형태를 띠었던 '민중사상'과 화이적 질서의 붕괴와 더불어 나타난, 마찬가지로 여러 형태를 띠었던 '민족사상'. 이는 '실학'이라는 말에 다소 어울리지 않는 흐름이라고도 할 수 있지만, '실'의 의미를 보다 넓게 성찰해본다면 역시 같은 흐름에 속한다고 볼 수 있다. 경학·경세학과 기학 그리고 민중·민족의 사상이라는 세 갈래의 철학사상들이 동북아 근대를 수놓았다.

(疏證)'의 시대가 시작된 것이다. 또, 진제(1541~1617) 같은 인물은 『시경』에 나타난 음운체계를 연구함으로써 고염무의 선구가 되었다. 사서에 눌렸던 오경이 다시 부각되기 시작한 것도 이때였다. 그리고 이 시기에 서양의 수학과 천문학, 지리학도 도입되기에 이른다. 특히 중요하게는, 철학사의 지도리들에서 중요한 역할을 하곤 했던 '비판(Kritik)'의 정신이 명대 후기에 팽배했다. 양명학, 특히 양명 좌파가 이 점을 잘 보여준다. 17세기의 고증학은 바로 이런 '인식론적 장'에서 배태되었다고 해야 할 것이다.

1절 경학과 경세학

유학은 경학과 경세학이라는 두 축으로 이루어진다. 즉, 이론철학으로서 유교 문헌들(좁게는 오경과 사서)을 연구하는 경학과 실천철학으로서 세상을 경륜(經綸)하고자 하는 경세학이 그 두 축이다. 따라서 유학의 쇄신이란 새로운 경학과 새로운 경세학의 수립을 뜻하며, 실학이란 결국 이 새로운 경학과 경세학을 뜻한다. 이 실학적 흐름은 거칠게 말해서 17세기에 성리학과의 연속적이면서도 불연속적인 관계 하에서 형성되었고, 18세기에 전성기를 맞아 꽃피었으며, 19세기에는 서양 철학의 흐름과 만나면서 큰 변모를 겪기에 이른다.[4] 이 흐름은 곧 근대적인 학문이, 그리고 근대적인 주체와 정치가 탄생하는 과정이었다.

§1. 실증적 사유의 형성과 전개

동북아 근대를 수놓은 실학적 경학의 흐름에 있어, 특히 청 제국에서 전개된 흐름은 흔히 '고증학(考證學)'이라 불린다.[5] 고증학이란 말 그대로

---

4) 어떤 사람들은 서양 철학의 영향 시점을 너무 일찍 잡는 것 같다. 16세기 이래 '서학'이 동북아 지식인들에게 꾸준히 영향을 주어오긴 했지만, 19세기 이전에는 선교사들에 의해 제한된 의미에서의 철학이 소개되었을 뿐이다. 특히 중요한 것은 이들이 소개한 서양 철학이 동시대의 철학이 아니라 대개 고중세의 철학이었다는 점이다. 서학이라는 흐름은 근대 동북아 철학의 전개에 영향을 준 여러 갈래들 중 하나였을 뿐이다. 동북아의 철학 전통이 본격적인 서양 철학을 수용하면서 거대한 전환을 겪게 되는 것은 19세기 말에서 20세기 초에 걸친 기간이었다고 보아야 한다. 동북아 철학자들이 서양 근대 철학을 접하게 된 것은 19세기 말에 들어와서였다. 그러나 서학의 자극이 동북아 근대 철학사의 전개에 영향을 준 주요 요소들 중 하나였음은 분명하다.

5) 때로 '고증학'이라는 말이 청대 학문 전체를 가리키기 위해 사용되고 있다. 그러나 이하에서 논하겠지만 청대 학문은 매우 다양한 분야들을 포함하며, '고증학'이란 이 여러 분

'고증'을 위주로 하는 학문이다. 성리학이 대체적으로 서양 철학의 사변적 '형이상학'에 대응한다면, 고증학은 경험주의적/실증주의적 '과학'에 대응한다. 사변으로부터 경험/실증으로의 전환은 근대성의 가장 핵심적인 인식론적 요소이다. 명청 교체기를 전후해서 고증학이 흥기한 데에는 여러 가지 맥락이 작용했다. 우선 유학의 흥기는 반드시 경학을 통해서, 즉 유교 경전에 대한 새로운 연구를 통해서 이루어져왔다는 점이다. 성리학 자체가 바로 이런 과정을 통해서 흥기했었다. 그러나 고증학자들은 유교를 도덕형이상학으로 탈바꿈시키려 했던 성리학자들과는 반대로 오히려 유교에 대한 형이상학적 해석들을 벗겨내려고 노력했다. '고증'이라는 말이 바로 이런 노력을 함축한다. 왕부지와 황종희, 그리고 특히 고염무 등의 사유가 이미 이런 흐름을 마련했다고 할 수 있다.

이런 경험주의적-실증주의적 정향은 어디에서 유래했는가? 두 가지 맥락, 위로부터의 맥락과 아래로부터의 맥락이 동시에 작용했던 것으로 보인다. 위로부터 볼 때, 역시 청조의 학문적 억압이 있었다는 점을 들 수 있다. 정복 왕조로서 만주족은 자신들의 입장에서 한족의 주류를 이루었던 지식인층을 통제하려 했다. 권력자들은 항상 학문은 지원해도 사상은 통제한다. 학문은 중성적인 것이고 자신들의 권력에 보탬이 되는 것이지만, 사상은 (때로 자신들이 이용할 가치가 있는 것들을 제외하면) 껄끄러운 것이기 때문이다. 이는 물론 오늘날에도 마찬가지이다. 국력에 도움이 되고 기업들에게도 부를 가져다주는 과학기술에는 천문학적인 돈이 투자되지만, 사상적인 분야들은 홀대받는 것은 이런 이유 때문이다. 그래서 권력자들은 과학기술자들은 우대하지만 사상가들의 경우 오히려 '블랙리스트'를 만들어 탄압하려 한다. '학문'과 '사상'은 다른 것이다. 그래서 인류의 역사는 금서의 역사, 사상서들에 대한 탄압의 역사이기도 하다. 청대 역시 마찬가지였다. 외래 정부인 청조 역시 여러 차례의 '문자옥(文字獄)'을 일으켜 반정부 지식인들

야들을 관통한 공통의 인식론/방법론이라고 보아야 할 것이다.

을 탄압했다. 그러나 다른 한편, 청조는 "순수 학문"에 해당하는 연구들에는 유례를 볼 수 없는 막대한 지원을 해줌으로써 저항적 지식인들을 내부로 끌어들여 순치(馴致)하고자 했다.

그러나 사실 명의 잔혹한, 더 정확히 말해 어처구니가 없는 탄압에 비한다면 청조의 탄압은 상대적으로 양반이었다. 강희제 등 몇몇 경우는 황제들인 동시에 상당 수준의 지식인들이기도 했다. 다른 한편 이미 지적했듯이, 청대 초기의 학문 정책은 단순한 억압이 아니라 보수적인 정주학을 부활시키는 것이기도 했다. 때문에 고증학의 흥기는 사상 외적 측면을 통해서만 설명될 수 있는 것이 아니다. 다시 말해 고증학의 발달은 단순히 청조의 억압 때문에 사상계가 움츠러든 데에서 기인한 것만은 아니었고, 그렇다고 청조의 적극적인 장려에 의한 것도 아니었다. 그것은 사상 내적인 흐름, 즉 성리학의 한계를 극복하려는 시대적 경향에 기인한 것이기도 했다. 그것은 근대성의 세계사적인 흐름과 궤를 같이하는 것이었다. 서구에서는 교회의 담론권력에 대항한 대학이라는 세속적인 담론의 장이 마련되고, 나아가 대학의 한계가 돌파되면서 새로운 형태의 교양계층, 지식인들이 나타났다. 그리고 이들은 새롭게 흥기한 상업자본주의의 지원을 받으면서 새로운 사유들을 쏟아냈다. 유사한 변화가 청조에서도 확인된다. 양쯔강 하류(강소성, 절강성, 안휘성)[6]에서의 경제적 발전과 지식인층의 흥기는 맥을 같이하는 것이었다. 이 지역의 지식인들은 서로 긴밀히 관계를 맺으면서 학술 네트워크를 이루었고, 과거의 문사-관료들과 성격을 달리하는, 현대적인 의미에서의 전문 학자들의 군을 이루었다. 인쇄술과 출판업의 발달, 거

---

6) 이 지역은 때로 '강남(江南)'이라고 불렸고, 여기에 모여 있던 지식인들은 예전에 남조의 지식인들이 그리고 그 후에는 남송 지식인들이 가졌던 정체성과 유사한 정체성을 가지고 있었다. 중국이 이미 정치-군사적으로 통일되었음에도 이들은 사상-문화적으로 강북의 청 제국에 맞섰다. 청 제국의 황제들과 강남 지식인들은 각각 정치적 권력과 사상/문화적 권력을 가지고서 힘겨루기를 계속했다.(양녠췬, 명청문화연구회 옮김, 『강남은 어디인가』, 글항아리, 2015)

대한 도서관〔藏書樓〕들의 건립, 각종 백과전서의 간행, 식자층의 비약적인 증가 등 다양한 형태의 물리적-사회적 인프라가 형성됨으로써 거대한 학술공동체가 형성되었다. 고증학의 흐름은 강남에서 이런 학술공동체들이 형성됨으로써 가능했던 것이다.[7]

고증학을 너무 갑작스럽게 나타난 흐름으로 묘사하는 것은 과장이다. '소학(小學)'의 활용은 유학자들에게 늘 있어온 경향이며, 청대 학문과 대조되는 송대 학문에서도 일정 정도로 그러했다. 실증하려는 정신, 경험적 확인에의 의지는 인간에게 주어진 한 본성이다. 다만 서구에서와 마찬가지로 이 정신은 근대적인 도시의 발달, 문화적 인프라의 발달, 독서층의 확대, 새로운 문화의 흥기 등과 더불어 더 크게 발양되었던 것이다. 이런 분위기에서 본격적인 고증학의 흐름은 특히 고염무, 염약거 등을 통해서 마련되었다.

고염무(1613~1682)는 "경학이 곧 리학"임을 주장함으로써 '리'는 송대 신유학자들의 형이상학에서가 아니라 고대 경전들에 대한 연구를 통해서 얻을 수 있음을 역설했다. 그는 사방을 돌아다니면서 역사지리학, 군사지리학 및 금석학의 자료들을 모으고 그것들을 활용해서 문헌 연구에 매진했다. 후대에 큰 영향을 준 『일지록(日知錄)』은 제목 자체가 그의 학문 방법을 잘 나타내고 있다. 고염무의 이런 학문 방법은 철학의 근본적인 개념들을 하나하나 정리해나가는 주희의 학문이나 인생의 의미심장한 체험들에 대해 제자들과 대화를 나누곤 했던 왕수인의 학문 방법과는 대조적이었으며 (고염무는 이런 학문 방식이 선불교의 영향을 받은 것이라고 생각해 비판했다.), 이내 고증학의 원형으로 자리 잡게 된다. 특히 고염무는 『시경』의 음운체계를

---

7) 벤저민 엘먼, 양휘웅 옮김, 『성리학에서 고증학으로』, 예문서원, 2004. 이 책의 원제는 "From Philosophy to Philology"이다. 하지만 이는 청대 학술의 핵심을 지시할 수 있는 적절한 제목은 아닌 듯하다. '고증학'은 청대 학술 전체가 아니라 그 인식론을 가리키는 말임을 지적했거니와, 청대 학술은 "from philosophy to philology"가 아니라 오히려 ('철학'이라는 말을 고전적인 넓은 의미로 쓰는 한에서) "from speculative philosophy to positive philosophy"로 특징지을 수 있다.

10가지 갈래로 나누어 행한 음운학 연구를 통해서 한자의 음운학적 연구에 기초를 놓았다. 그의 이런 음운학 연구는 이후 강영(1681~1762), 대진, 전대흔(1728~1804), 단옥재(1735~1815)를 비롯한 여러 학자들에게로 이어지게 되며,[8] 음운학이 고증학의 필수적인 요소로 자리 잡게 만든다.

염약거(1636~1704)의 『상서고문소증(尚書古文疏證)』은 일찍이 고증학의 예를 인상 깊게 보여준 대표적인 저작으로 손꼽힌다. 사실 『상서』를 둘러싼 논의 ─ 핵심적으로, 왜 고문 『상서』보다 금문 『상서』가 더 읽기 어려운가? ─ 는 유학의 역사 전체를 관류하는 문제이다. 그리고 송대에 이미 음성학 등을 활용한 고문 『상서』에 대한 비판적 연구가 진행되기도 했다. 이런 상서 연구의 흐름은 명 중기의 매작이 쓴 『고문상서고이(古文尚書考異)』 등으로 계속 이어졌다. 이 저작은 고증학의 선구로 꼽히기도 한다. 이어 본격적인 고증학적 방식의 연구를 통해 고문 『상서』가 위작임을 증명해낸 것이 『상서고문소증』이다. 염약거는 이 저작에서 공안국을 둘러싼 치밀한 연대학적 논증이라든가, 고문 『상서』에 시들이 인용된 것이나 순자가 『상서』를 인용한 것에 대한 통계학적 분석[9] 등 고증학적 연구의 패러다임을 선명하게 선보였다. 이후 이런 식의 연구는 혜동(1692~1758), 왕명성, 최술(1740~1816), 단옥재, 손성연(1753~1818), 정약용을 비롯해 여러 학자들에 의해서 계속 이어졌다. 어떤 면에서 동북아 문헌 연구의 역사는 곧 『상서』 연구의 역사이다. 이 점에서 고문 『상서』를 고증학적 방식으로 새롭게 조명한 염약거의 연구는 고증학의 흐름에 중요한 이정표를 새겼다고 할 수 있다.

고염무와 염약거의 작업은 고증학적 실학의 중요한 토대를 마련했다. 고

8) 전대흔은 음운학만이 아니라 금석학에서도 큰 족적을 남겼다. 그는 『입이사고이(卄二史考異)』에서 22사의 오류에 대한 꼼꼼한 금석학적 연구를 진행했다. 아울러 그는 왕명성(1722~1798)과 더불어 근대적인 역사학의 토대를 닦았다. 청대 학문은 다양한 분야들로 세분되어 연구되었으나, 전대흔은 종합적인 시각을 유지한, 당대를 대표하는 학자들 중 한 사람으로 평가되었다.

9) 염약거의 논증은 모기령(1623~1713), 만사동(1638~1702)을 비롯한 여러 학자들 사이에서 논쟁의 대상이 되기도 했다. 그러나 그 가치는 오늘날까지도 인정되고 있다.

염무의 음운학 연구는 하나의 인식론적 개혁, 방법론의 발명이 얼마나 큰 결실을 가져올 수 있는가를 잘 보여주는 예이다. 음운학의 새로운 방법을 발명해냄으로써 그의 연구는 이후 다양한 분야들에 적용되었고 그로써 매우 다채로운 성과들을 낳게 해주었다. 그리고 염약거의 고문 『상서』 연구는 하나의 과학적 연구가 얼마나 큰 사상사적 파급을 가져올 수 있는가를 잘 보여주는 예이다. 『상서』가 유학 전반에 대해 함축하고 있는 큰 의미를 생각해 본다면, 외관상 단지 한 저작의 판본에 대한 연구일 뿐인 이 저술이 긴 시간에 걸쳐 큰 사상사적 파문을 일으킬 수 있었던 이유를 이해할 수 있다. 17세기에 이루어진 이들의 연구는 18세기 고증학의 개화를 준비한 것이었다.

17세기만 해도 정주학과 복잡한 연관성을 맺고 있던 고증학의 흐름은 18세기에 이르면 보다 단호한 형태를 띠게 된다. 건륭제와 가경제(1796~1820 재위)의 시대에 활동했던 '건가학파(乾嘉學派)'는 고증학의 전성기를 만들어냈고, 성리학에 보다 강한 대립각을 세우게 된다. 예컨대 이 시대를 대표하는 철학자인 대진은 고증학의 성격을 보다 분명하게 천명했다. 그에 따르면 도를 밝히는 것은 문장이고, 문장을 이루는 것은 글자이다. 따라서 반드시 글자(字)를 분명하게 밝혀야만(때문에 대진은 어원학을 강조했다.) 비로소 문장(文)을 정확히 읽게 되고, 그래야만 도(道)를 올바로 밝혀낼 수 있는 것이다.[10] 대진 자신이 고증학적 바탕 위에서 『맹자자의소증(孟子字義疏證)』을 씀으로써 이런 학문관을 실천했다. 이 학문관은 그를 직접 이은 단옥재를 비롯해 건가학파에 속한 학자들의 공통된 입장이었다. 이들은 "증거가 없으면 믿지 않는다"(無徵不信)를 모토로 했다. 이런 흐름 속에서 다양한 인물들이 등장해 문헌학(좁은 의미), 목록학, 금석학, 어원학, 교감학, 연대학, 통계학, 고고학, 음성학, 문자학, 음운학, 훈고학(마지막 세 가지는 새로운 의미에서의 '소학'으로 이해되었다.) 등 여러 분야들을 정교한 형태로 발전시키기에 이른다.[11] 백과전서류나 사전류도 많이 편찬되어 『고금도서집

---

10) 임옥균, 『대진』, 성균관대학교출판부, 2000, 27쪽 이하.

성』, 『사고전서』 같은 어마어마한 규모의 백과사전·총서라든가 『강희자전』, 『설문해자주』 같은 사전들이 출간되기도 했다. 완원은 고증학의 성과들을 모아 편찬한 『황청경해(皇淸經解)』를 출간함으로써 고증학사를 정리했다.

정주학의 지배를 보다 강하게 받았던 조선에서도 18세기에 이르면 실학적 학문들이 전개되기에 이른다. 그중 성호 이익을 이은 이익학파는 실학의 선구를 이룬다고 평가된다. 그러나 주자학의 세례가 워낙 강했던 조선이었기에, 이익학파의 논의들에서도 나아가 그 이후에 이르기까지도 여전히 '리기'라는 구조가 강하게 작동하고 있음을 확인할 수 있다. 실학을 보다 적극적으로 전개한, 홍대용(1731~1783), 박지원(1737~1805), 박제가(1750~1805/1815) 등이 주도한 '북학파'는 청 고증학의 학풍을 적극적으로 수용하면서 새로운 사상들을 전개했다. 그러나 이들은 청의 고증학자들처럼 매우 세분된 전문 영역들을 맡아 연구하고 또 엄밀하게 주조된 인문과학적 방법론을 구사하지는 않았다. 이들이 시선을 맞춘 곳은 이런 실증주의적 개별 과학들보다는 당대 조선의 현실이었고 그것을 타파할 수 있는 철학, 사회과학, 문예론 등의 창안이었다. 이 점에서 이들은 개혁가의 면모가 강했고, 청의 고증학자들과 다른 성격을 띠었다. 이들은 고증학자들보다는 오히려 그 이전의 왕부지, 황종희, 고염무 등과 더 가까운 인물들이었다. 이들에

---

11) 서구의 근대 학문이 자연과학을 추동력으로 해서 전개된 것에 비해, 동북아의 근대 학문은 이렇게 인문과학*에 의해 추동되었다. 하지만, 이미 왕부지를 논하면서 당대 자연과학과의 연계성을 언급했거니와, 수학·천문학·지리학 등 자연과학적 연구도 이 시대 학문의 빼놓을 수 없는 한 요소라고 해야 한다. 매문정(1633~1721), 초순(1763~1820) 등이 이런 경향을 대표했으며, 대진, 전대흔, 완원(1764~1849) 등도 수학적-자연과학적 연구에 큰 비중을 두었다.
 * 오늘날 학문의 세계는 흔히 인문학과 과학(humanities and sciences)으로 양분되어 이해된다. 그러나 동북아 근대 학문은 인문학이나 과학 어느 하나에 잘 들어맞지 않는다. 그렇다고 사회과학이나 프랑스에서 사용하는 '인간과학(les sciences humaines)' 개념에 들어맞는 것도 아니다. 이 학문 전통을 '인문과학'이라는 말로 비교적 적절하게 가리킬 수 있다고 생각한다.

게서 '실'의 의미는 청의 고증학자들에게서와는 다소 뉘앙스를 달리했다고 할 수 있다.

일본의 경우 에도막부 전기는 말하자면 '직수입'된 학문인 주자학에 의해 지배되었지만, 조선에서와 같은 주자학의 심화는 없었다. 하야시 라잔 등은 주자를 거의 그대로 답습했으며, 야마자키 안사이 등은 주자학의 엄격주의를 오히려 더 극단화했다. 그러나 이미 17세기 후반에 반(反)주자학적인 여러 시도들이 이루어지게 되며,[12] 이런 시도들은 청과 조선에서의 실학적 흐름과 궤를 같이하는 것이었다. 이 반-주자학자들 역시 본래의 유교로 돌아가려는 '고학(古學)'의 입장을 취했으며, '고의학(古義學)', '고문사학(古文辭學)' 등을 통해서 주자학을 극복하고자 했다. 이런 구도는 근대 동북아 철학자들을 지배했던 기본적인 에피스테메였다고 할 수 있다.

실학의 이런 인문과학적 토대 위에서 이제 두 가지 핵심적인 논제가 형성된다. 그 하나는 근대적 주체의 개념화이고 다른 하나는 '예악형정(禮樂刑政)'에 기반한 객관적 사회 구조의 분석이다.

§2. 근대적 주체의 탄생

동북아 근대 사상의 고유한 성취들 중 하나는 근대적 주체 — 칸트의 '선험적 주체'와는 다른 형태의 근대적 주체 — 의 개념을 사유했다는 점에 있다. 그 구체적 내용에서는 철학자들마다 일정한 차이가 보이지만, 전체 흐름은 파악 가능하다. 주자학의 관점에서, 모든 존재자들과 마찬가지로 인간 역시 본연지성과 기질지성의 복합체이다. 모든 존재가 본연지성과 기질

---

12) 야마가 소코(1622~1685)의 『성교요록』(1666)은 이런 흐름을 상징하는 저작이다. 야마가 소코는 이 저작으로 인해 유배를 떠나게 되는데, 저간의 사정은 이 저작의 소서(小序)에서 볼 수 있다.(山鹿素行,「聖教要錄」,『山鹿素行』, 岩波書店, 1970, 8~9頁)

지성으로 되어 있기에, 조선조에서의 '인물성동이론'에 입각해 이해한다면 인물성 동론(同論)이라고 할 수 있다. 그렇다면 개별자들 또는 집단들의 차이는 어디에서 유래하는가? 리가 보편성과 동일성의 원리로서 아래에 깔리기 때문에 차이 개념의 무게는 결국 기에 걸리게 된다. 나아가 자연과 인간이, 더 세분해서는 모든 종들이 근원적으로는 연속적으로 이해되기 때문에 ('이일분수') 구체적인 불연속은 종들에 있어서보다는 더 세분된 단위들에서 중요해진다. 이런 구도에 '성 삼품'설이 성리학 내로 흡수되면서 역으로 인간 사이에는 기질에 따른 본성상의 차이가 인정되기에 이른다. 인간 전체를 일정한 위계('하이어라키')에 입각해 구분하게 된 것이다. 이는 "봉건사회"를 떠받치는 존재론적 구도로서 작동하게 된다. 근대 철학자들이 극복하고자 한 것이 바로 이런 구도, 즉 기질지성에 입각한 차별적 구도였다. 만물은 리의 도덕형이상학적 기반 위에서 살아가기에 이런 이론은 사물들에게 도덕형이상학적 평등을 부여한다. 하지만 기에 의한 차별화로 인해서 정치적으로는 이런 평등이 보장되지 않는다고 할 수 있다. 아니, 형이상학적인 추상적 평등을 대가로 구체적으로는 오히려 정치적 불평등을 강요받게 되는 것이다.

이 구도를 극복하려면 첫째, 인간세계에서의 평등성의 선험적 조건을 찾아야 했다. 둘째, 리라는 발판을 거둬냈을 때 드러나는 있는 그대로의, 살아가는 그대로의 인간의 모습 — 특히 감정과 욕망 — 에 대한 긍정이 확보되어야 했다. 셋째, 자신의 자유의지와 선택에 입각해 인생을 개척해가는 주체적 인간상의 정립이 요청되었다. 이것은 사회적 맥락에서 본다면, 주어진 틀에 따라 사는 존재가 아니라 합의에 의해 사회를 구성해가는 민주주의적 주체의 도래를 뜻한다.

'고의학'을 통해 사유를 전개한 이토 진사이(1627~1705)는 성리학의 틀로부터 '인정(人情)'을 해방하고 본래의 실천적인 유교를 회복하고자 했다. 그는 본래의 유교는 현실적인 실천을 위주로 한 학문이었음에도 성리학이 이를 도덕형이상학의 형태로 바꾸었다고 비판했다. 그는 이 과정에서의 결정적인 국면을 자연과 인간을 연속적으로 봄으로써 인간의 구체적 현실이 거대한 형이상학의 구도 안에서 희미해져버린 점에서 찾았다. 이 때문에 그는 자연과 인간 사이에 선을 긋고 인간 고유의 측면과 구체적인 실천에 무게중심을 두게 된다. "사람 바깥에 도가 없고, 도 바깥에 사람이 없다"라는 말로써 오랜 기간 성리학적 사유를 지배해온 '천도'라는 너울을 벗어버린 것이다.[13] 즉 천도라는 개념에서 도덕형이상학을 벗겨버리고 그것을 그저 자연("一元氣")[14]으로 파악함으로써 자연주의적 존재론, 기학적 세계관을 세운 위에서, 인간의 고유한 차원을 인정과 인(仁)＝사랑의 차원으로 새롭게 세우고자 한 것이다. 그것은 곧 "인간의 얼굴을 한" 유교라 하겠다.

진사이에게 도는 '인정'과 '일용(日用)'에 있다. 그는 성리학의 고원한 도덕형이상학을 비판하면서 도는 "인간 생활의 가깝고 낮은 곳으로 되돌아온 연후에라야 비로소 내용을 지니게 된다"고 지적했다.(『논어고의』, 「총론」) 일상에서 찾아낼 수 있는 도덕의 이치는 바로 맹자의 사단(四端)이다. 진사이는 인의예지(仁義禮智)를 성리학에서처럼 형이상학적으로 실체화하기보다 현실적 삶에 주어진 그대로의 형태로 받아들인 후 그것을 '확충'해나가는 길을 역설했다. 그중에서도 삶의 가장 근본적인 가치는 곧 '인'이다. 그리고 인은 사랑일 뿐이다. 사랑이야말로 도인 것이다. 때문에 진사이는 인의 핵심을 도덕형이상학적 실체로 보기보다는 가장 비근하고 일상적인 실천, 즉 '효제(孝悌)'에서 찾았다. 인이야말로 도이며, 그 근본은 효제인 것이다. 이는 곧 공자가 "인이 설마 멀리에 있겠느냐? 내가 인을 간절히 바란다면, 인은 바로 내게 와 있을 것이다"(「술이 30」)라 했던 것이나, 『중용』에서

---

13) 이토 진사이, 장원철 옮김, 『논어고의』, 「자한 30」, 소명출판, 2013. 진사이에게서 오상 (五常)은 인간을 통해 드러나는 것이고, 도란 인의예지 이외의 것이 아니다.(『동자문』, 최경열 옮김, 그린비, 2013, 39쪽) 그에게는 물론 천도와 지도도 존재하지만, 인간에게 문제가 되는 도는 어디까지나 인도인 것이다. 그러나 진사이는 인간을 자연에서 떼어내긴 했지만 '인도' 자체는 거의 실체화하고 있기 때문에, 인간의 길은 인간 자신이 만들어가는 것이라는 생각으로는 나아가지 않았다.

14) 伊藤仁齊, 『語孟字義』, 「天道」, 『伊藤仁齊·伊藤東涯』, 岩波書店, 1971, 14頁.

"도는 멀리 있지 않으니, 도를 실천한다면서 사람을 멀리한다면 그것은 도라 할 수가 없다"(13장)라고 한 것에 충실한 길이다. 진사이는 『논어고의』와 『맹자고의』를 통해서 성리학의 도덕형이상학적 해석을 벗겨버리고 공·맹의 사유를 일상적이고 실천적인 사유로서 새롭게, 사실상은 그 원래 형태로 복원하고자 한 것이다. 이런 정향은 근대 동북아 유학자들의 가장 일반적인 정향들 중 하나이다.

이런 사상은 고증학의 토대 위에서 성리학을 새로운 형태의 사유로 전환하고자 한 대진(1724~1777)에게서도 분명하게 나타난다. 대진은 본연지성과 기질지성을 나눔으로써 형이상학적 자아와 경험적 자아 사이에 날카로운 선을 그은 주희의 사유를 극복하고, 경험적 자아의 터 위에서 형이상학적 자아로 나아가는 길을 모색했다. 그에게는 기질지성이 곧 본연지성이다. 세계의 근원은 '기'이고 인간의 '성' 역시 당연히 기의 터 위에서 성립한다.[15] '성즉리'가 아니라 '성즉기'인 것이다. 인간에게 주어진 이 성을 대진은 '자연(自然)'으로 개념화했다. 따라서 이 개념은 노자적인 뉘앙스를 띤 것도 또 문화와 대립하는 물리세계의 뉘앙스를 띤 것도 아니다. 대진에게 '자연'이란 자연스러운 존재방식이다. 그것은 사물들이 생긴 그대로 살아가는 것을 뜻한다. 인간에 국한해 말한다면, 감정과 욕망을 가지고서 살아가는 그대로의 인간이 자연으로서의 인간이다. 대진이 볼 때 이 '자연'을 부정하고 제거할 이유는 어디에도 없다. 그러나 자연에는 항상 중정(中正)하지 못한 것들이 포함되어 있다. 대진은 자연에서 출발해 중정에 도달한 경지를 '필연(必然)'이라 부른다. 이는 곧 "마음 가는 데로 행해도 빗나가지 않는"(從心所欲不踰矩) 경지라 하겠다. 대진 역시 선철들의 가르침에 따라

---

15) "'성'이란 음양오행에서 나누어져서 '혈기'와 '심지(心地)'가 된 것으로, 만물을 구별하게 해주는 것이다. 일반적으로 태어난 이후에는 가지고 있는 일도 있고, 갖추고 있는 기능도 있고, 온전한 덕도 있는데, 모두 '성'을 근본으로 한다. 그러므로 『주역』에서도 '이루어진 것이 성'(成之者性也)이라고 했다."(대진, 임옥균 옮김, 『맹자자의소증』, 「성(性)」, 홍익출판사, 1999)

중정의 경지를 추구했지만, 그것은 자연스러운 사람됨(감정과 욕망)의 제거를 통해서가 아니라 그로부터 시작해 이루는 내재적인 성숙을 통해서 가능한 것으로 이해되었다.

이토 진사이에게서 자연과 인간은 불연속을 이룬다. 진사이는 자연을 접어두고서 인간적 세계에서의 삶을 역설했다. 그렇다면 도는 어디에서 오는가? 진사이는 형이상학을 거부하고서 '성'을 어디까지나 내재적으로 이해했기 때문에, 이 문제를 본격적으로 다루지는 못했다. 그의 사유는 기 일원론의 개념 위에서 전개되기 때문에 도 역시 기에서 오는 것으로 이해되고 있다. 그러나 그가 다룬 도는 이런 형이상학적 논의를 떠나서 어디까지나 사람이 사는 세상에서 사람이 따라야 할 도, 인간의 도였다. 대진 역시 리학을 거부하는 대신 기학의 토대 위에서 자신의 사유를 전개했다. 그러나 그에게서 자연과 인간은 연속적이다. 그에게서 인간적인 자연스러움은 바로 자연과 인간의 연속적인 측면이다. 인간의 세계는 별도로 이해되기보다는 기의 연속선상에서 이해된다. 진사이가 주희적 연속성으로부터 벗어나는 데 역점을 두었다면, 대진은 일원적 사유를 본격적으로 전개했다. 바로 이 때문에 그에게서는 도의 실체화가 진사이에게서보다는 더 약한 성격을 띤다. 그렇다면 당위는 어디에 기반하는가? 바로 중정의 개념에 기반한다. 하지만 이 중정이라는 기준은 어디로부터 오는가? 여기에서 대진은 천도를 긍정한다. "인도는 성에 근본하고 성은 천도에 근본한다."(『맹자자의소증』, 「도」) 천도가 인도에 내재한다. 그러나 그에게서는 이 천도 역시 기, 더 구체적으로는 음양오행일 뿐이다.("음양오행은 도의 실체이며, 혈기와 심지는 성의 실체이다." 「천도」) 결국 대진에게서는 당위 자체도 기에 근거한다고 할 수 있다. 대진의 기 일원론적 구도는 자연철학과 도덕철학의 연속성을 뚜렷이 드러내고 있다.

근대적 경학의 집대성을 통해 근대적 주체론을 정립했던 다산 정약용[16]

---

16) 다산 정약용은 '육경사서'의 모든 책들에 대한 주석을 씀으로써 동북아 근대 경학을 완

은 주희의 본연지성과 기질지성을 전복했다. 그에게 만물의 동질성은 기에 뿌리 둔다. 리가 밑에 깔리는 것이 아니라 보다 자연주의적이고 '유물론'적인 기가 아래에 깔리며, 그 위에서 리=본성에 의해 각 종들이 분절된다. 따라서 인물성 이론(異論)이다. 인간의 성은 인간 고유의 성이다. 그렇다면 이 인간 고유의 성은 어떤 것인가? 그것은 이황이 파악한 인간에게서 실체주의적인 색깔을 벗겨버린 것에 해당한다고 할 수 있다. 사람의 마음이란 인간의 본성에 내재해 있는 두 경향(嗜好)이 힘겨루기를 하고 있는 전장(戰場)이다. 인간은 현실적 상황(勢)에 따라 흔들리면서 쉽게 악에 떨어질 수 있는 존재이지만, 동시에 늘 이런 힘에 저항하면서 선을 지향한다. 베르그송은 생명을 "엔트로피의 사면을 거슬러 올라가려는 노력"이라 정의했거니와, 다산의 경우 인간의 선함이란 현실적 상황에 굴복하려는 악함의 사면을 거슬러 올라가려는 노력이라고 하겠다. 정약용은 인간의 본성을 이렇게 이해하면서도, 그것의 궁극적인 경향을 어디까지나 "덕을 좋아하고 악을 부끄러워하는 것"으로 정의함으로써 성선설의 편에 선다.[17]

그러나 인간이 선한 본성을 가졌다 해도 현실적 삶에서의 인간은 오히려 "악의 구렁텅이"로 빠지기가 훨씬 쉽다고 보았다는 점에서, 정약용은 성선론자이지만 낙관주의자는 아니다. 오히려 그렇기 때문에 그에게는 '노력',

성했다. 다산의 경학은 초인적인 방대함과 정치함을 갖춘, 동북아 경학사의 절정이다. 정약용의 저서들은 『정본 여유당전서(定本與猶堂全書)』(전37권, 사암, 2013)로 출간되어 있다.

17) 정약용은 인간의 성선을 성리학적 도덕형이상학이 아닌 근대적인 주체성 개념에 기반해 긍정했다. 『논어』, 「양화」의 "性相近也 習相遠也, 惟上知與下愚不移"에 관련한 주석에서 이 점이 분명히 드러난다. "천명지위성(天命之謂性)이란 하늘이 사람을 태어나게 했을 때 '허령본체(虛靈本體)' 가운데에 덕을 좋아하고 악을 부끄러워하는 성(性)(경향)을 부여한 것이지, 성을 일러 본체라고 말할 수 있는 것은 아니다. 성이란 기호(嗜好)와 염오(厭惡)로써 정의(名)를 세운 것이다."(『논어고금주』, 「양화 하」, 권9) 정약용은 인간이 다른 동물들과 달리 타고나는 핵심적 경향인 "樂善恥惡"은 악한 자들까지도 그들을 선하다고 칭찬하면 좋아한다는 사실에서 잘 드러난다고 보았다. 『맹자요의』, 「고자 상」에 특히 잘 서술되어 있다.(다음에서 이 대목을 분석했다. 이정우, 『전통, 근대, 탈근대』, 그린비, 2012)

'의지', 자신의 극복(克己)이 주요 화두가 된다. 정약용에게 인간 본성이란 살구 씨, 복숭아 씨가 살구와 복숭아 안에 들어 있듯이 마음 안에 들어 있는 것이 아니다. 즉, 실체로서 잠존해 있는 것이 아니다. 사람이 실제 선하게 행동할 때 비로소 성선이 발현되는 것이다. 인간 본성이란 그것이 구체적으로 활동하는 맥락에서만 비로소 현실적 의미를 가지는 것이며, '세'와 투쟁하는 과정에서만 실질적으로 존재한다고 할 수 있다. 내가 **행하는 것 그것이** 바로 나인 것이다. 이 점에서 정약용의 인간본성/주체 개념은 주자학적 실체주의를 벗어난 매우 역동적인 형태를 띤다. 하지만 인간의 선한 행위는 그 안에 그렇게 행동하려는 경향이 내재할 때에만 가능하다. 그렇지 않을 경우 그것은 마음에서 우러나오는 것이 아니라 그저 우연적인 것에 불과하게 되기 때문이다. 바로 이런 이유에서 정약용 역시 성선설을 견지하고 있으며, 주자와 그의 차이는 성선을 개념화하는 방식에 존재한다고 할 수 있다. 정약용에게 도덕적 주체성이란 리학적 실체주의를 통해서가 아니라 경향, 힘, 의지 등의 개념을 중심으로 하는 기학적 역동론에 의해 정초된다.

대진과 정약용은 진사이보다 더 내재적으로 도덕적 주체성을 개념화했다. 그리고 정약용은 이 주체성을 대진보다 더 역동적으로 개념화했다. 이러한 차이에도 불구하고 세 사람은 공히 동북아적인 형태의 근대적 주체성 개념을 제시했던 철학자들이다.

§3. '정치적인 것'의 발견

근대적 주체의 개념화와 더불어 근대 동북아 철학자들을 추동했던 또 하나의 중요한 논제는 '정치적인 것'[18]의 수립과 구체화에 있었다. 이것은 곧

---

18) 클로드 르포르에게서도 볼 수 있듯이(『19, 20세기 정치적인 것에 대한 시론』, 홍태영 옮김, 그린비, 2015), '정치적인 것(le politique)'과 '정치(la politique)'를 구분할 필요

정치철학을 형이상학에 종속시키기보다는 자체의 차원에서 전개하고자 한 흐름이다. 실학 시대의 철학자들은 정치철학을 성리학의 틀에서 끄집어내 보다 현실적이고 구체적인 방식으로 논하기를 원했다. 이 또한 본래의 유교로 돌아가려는 흐름의 일환이었다.

이 경세학적 흐름은 지금까지 논한 경학적 흐름과 동전의 양면을 이루었다. 주체와 제도는 한편으로 대립적이지만 다른 한편으로 상보적이다. 주체는 감정과 욕망을 통해서 계속 열려가는 존재이고 제도는 원칙과 규범을 통해 삶에 일정한 질서를 부여하려 한다. 이 점에서 양자는 대조된다. 하지만 감정과 욕망의 무제약적 분출은 결국 개인 자신들을 해치는 결과를 낳기에, 사람들은 더불어 살 수 있는 일정한 틀 즉 제도를 만들어가게 된다. 이때에만 사람들은 제도에 의해서 구속되는 것이 아니라 제도를 통해서 자신들의 자유, 성숙한 자유를 누릴 수 있다. 이 점에서 양자는 상보적이다. 그러나 이런 의미에서의 자유가 가능하려면 제도가 외부적으로 부여되는 것이 아니라 주체적으로 만들어가는 것이어야 한다. 결국 '정치적인 것'의 발견은 근대적 주체 — 스스로 삶의 정초를 찾아가는 선험적 주체(transcendental subject) — 의 형성, 집단적으로는 '시민사회'의 형성과 맞물려 있는 것임을 알 수 있다. 주체를 욕망과 감정으로 파악할 경우, 그리고 그것을 제어해온 천리가 부정/약화되었다고 할 때, 결국 인간이 기댈 곳은 ① 자신의 삶을 스스로 만들어갈 수 있는 이성, ② 내면에서 솟아나오는 양지(良知) 또는 선의지, 그리고 ③ 삶을 제어하는 동시에 활성화해줄 수 있는 제도적 장치라고 할 수 있다. 근대 동북아 철학자들이 구축하고자 한 것은 바로 이 세 가지 철학적 원리들에 상관적인 주체, 즉 이성적 주체, 도덕적

가 있다. '정치'란 현대식으로 말해 경제, 사회, 교육, 문화, 종교 등과 더불어 사회의 한 심급을 이루는 것이다. '정치적인 것'이란 한 사회의 성립 자체를 조건 짓는 권력 배분(empowerment)의 장(의 형성과 변환)으로 볼 수 있다. '정치적인 것의 발견'이란 근대 동북아 철학자들이 성리학적 총체성으로부터 벗어나 정치를 조건 짓고 있는 장을 새롭게 발견하고 사유함으로써 새로운 정치철학으로 나아간 과정을 뜻한다고 규정할 수 있다.

주체, 그리고 정치적 주체였다.

오규 소라이(1666~1728)는 그의 '고문사학'을 통해서, 사서보다 육경을 중시하고 경전의 말보다 그것이 가리키는 사·물을 중시하는 사유를 펼쳤다. 소라이 역시 진사이처럼 천도·지도보다 인도에 역점을 두었으나, 그가 생각한 인도는 진사이에게서와 같은 (여전히 도덕형이상학의 그림자를 안고 있는) 실체화된 윤리가 아니라 예·악·형·정으로 대변되는 정치의 세계였다. 비코와 마찬가지로 소라이 역시 인간이 알 수 있는 것은 인간 자신이 만든 것이라고 생각했으며, 정치적인 것을 정치적인 것 자체로서 다루어야 함을 역설했다.[19] 소라이는 불교와 성리학에 의해 전개된 마음의 철학을 비판적으로 보면서, 논의의 초점을 개인의 마음이 아니라 사회의 틀에 두고자 했다. 소라이에게 '도'는 어디까지나 보편적 의미에서의 '선왕(先王)의 도', 즉 '작위'의 세계로서의 예악형정에 다름 아니다.[20]

---

19) 흥미롭게도 소라이는 천도(와 지도)를 부정한 것이 아니라 오히려 종교적인 태도를 가지고서 대했다. 그는 주자학자들이 하늘을 합리적 이성으로써 개념화한 것을 질타하면서 하늘을 종교적/신비주의적으로 대한다.(荻生徂徠, 『弁名 下』,「天命帝鬼神 十七則」, 『荻生徂徠』, 日本思想大系, 岩波書店, 1973) 서양 철학을 논하면서, 종교와 대립하는 것은 오히려 경험주의자가 아니라 합리주의자임을 여러 차례 지적했다. 합리주의자는 '하늘'까지도 지성의 힘으로 이해하고자 하지만, 경험주의자는 인식을 경험의 영역에 국한하고 형이상학적 차원은 아예 종교의 차원으로 대체해버리는 경향을 보이는 것이다. 뉴턴 같은 인물에게서 그 전형을 볼 수 있었다. 동북아의 경우 주자학은 형이상학이었다. 때문에 인격신 등은 단적으로 부정된다. 하지만 주자학을 사변적인 것으로서 매도하면서 경험주의적 사유를 펼쳤던 오규 소라이나 정약용 등에게서는 오히려 하늘/상제를 종교적으로 숭상하는 측면이 나타나는 것을 확인할 수 있다.

20) "상고시대에 [문명을] 창조한 이들이 성인이다." "공자의 도는 곧 선왕의 도이다." "예악형정*을 떠나서 별도로 이른바 도라는 것은 있을 수 없다."(『弁道』, §§1~3) 소라이는 누구나 성인이 될 수 있다는 주자의 생각을 누구나 불성을 갖추고 있다는 불교사상의 변형으로 보았다. 이에 반해 소라이에게 성인은 인류에게 삶의 패러다임을 만들어준 상고시대의 문화영웅들로서, 우리가 그에 따를 수는 있어도 그가 될 수는 없는 존재들이다. "성인의 총명한 예지의 덕은 하늘에서 받았으니, 어찌 배워서 이를 수 있겠는가? (…) 성인의 네 가지 도, 즉 시서예악은 비유하자면 조물주가 꽃을 생겨나게 한 것과 같다."(『논어징』, 「학이 4」, 임옥균 옮김, 소명출판, 2010) 진사이가 사람의 길(인의예지)을 도덕형이상학적으로 실체화했다면, 소라이는 그것(시서예악형정)을 정치철학적으

소라이의 경세학은 근대적인 주체의 경세학이라고 볼 수 없다. 왜냐하면 그에게 예악형정의 패러다임은 이미 '선왕의 도'로서 주어져 있는(given) 것이지, 인간-주체가 만들어가는(making) 것이 아니기 때문이다. 그러나 소라이에게서 이 패러다임은 어디까지나 인간인 성인(聖人)의 작품이라는 사실이 중요하다. 소라이는 이 패러다임을 실체화했음에도, 아니 실체화했기 때문에 그것을 형이상학적 차원 — 서구적 의미가 아니라 성리학적 의미에서 — 에 연결하지 않았다. 다시 말해 그는 누구나 성인이 될 수 있다는 성리학의 입장을 거부하고 고대 성인들의 가르침을 하나의 패러다임으로 고착화한 것이다. 바로 그렇기 때문에 성리학적인 성인 개념과 소라이 정치철학에서의 성인 개념은 별개의 것으로 분리된다. 이 점에서 서구에서의 형이상학-신학과 정치학의 분리와는 그 구도가 다르다. 그에게 정치와 형이상학은 별개의 영역이었고, 정치는 어디까지나 인간인 성인들의 작품인 것이다. 하지만 다른 한편, 소라이는 이 패러다임을 저 멀리 추상적인 상고시대에서 찾았기 때문에, 그 구체적 내용에 관련해서는 개별적인 다원성을 인정할 수 있었다. 예컨대 소라이가 이 패러다임을 중국이나 한반도의 어떤 특정 왕조나 기존 특정 막부의 그것으로 잡았다면, 그 자신의 시대가 만들어갈 수 있는 도의 여백은 매우 좁았을 것이다. 그러나 소라이에게 선왕의 도는 추상적인 원칙론으로서 정립되어 있기 때문에, 바로 그만큼 자신의 시대와 장소(에도막부)에서 예의 패러다임을 만들어갈 수 있는 여백이 컸던 것이다.[21] 그의 사유가 한편으로 특정 패러다임을 실체화하고 있음에

로 실체화했다고 할 수 있다.

＊소라이는 맥락에 따라서는 시·서·예·악을 들기도 한다. 결국 핵은 예와 악(그중에서도 예)이다.

21) 실제 '예'의 구체적 맥락은 청, 조선, 에도막부에서 각각 달랐으며, 시대의 흐름에 따라서도 뉘앙스가 변해갔다. 청 제국에서의 예는 한인 지식인들이 만주족 정복자들에게 중화주의의 압박을 가했던 것이며(카이윙 초우, 양휘웅 옮김, 『예교주의』, 모노그래프, 2013, 96쪽 이하), 조선의 경우 주자학적 예학의 관철 문제였으며(예컨대 '예송'을 둘러싼 송시열과 윤휴의 대립), 일본의 경우 (아코 낭인 사건에서 다시 부활한 것과 같은) 전

도, 다른 한편 역설적으로 강한 '작위'의 구도를 띨 수 있었던 이유는 이런 맥락에서 이해할 수 있다.

소라이에게서 추상적인 선왕의 도와 도쿠가와막부라는 구체적인 정치체제 사이에 큰 여백이 있었던 것처럼, 다시 막부의 틀과 일본 사회의 구체적인 요소들 사이에도 큰 여백이 있었다. 소라이는 사회적 틀을 개인들에게 강요하기보다 어디까지나 '인정'에 따라서 사회의 틀이 만들어져야 한다고 보았다. 이 측면에서 진사이와 연결된다. 또, 소라이는 예컨대 성 삼품설 등에서와 같이 어떤 큰 틀로 사람들을 구획하기보다 각인의 개성/기질에 입각한 통치를 역설했다. 이 점에서도 근대적 시민사회의 기초 원리를 파악했다고 할 수 있다. 그러나 이 모두는 도쿠가와막부라는 틀을 넘어서는 절대 안 되었다. 그래서 소라이는 위의 주장들과는 대조적으로 오히려 도쿠가와막부의 중앙집권적 강화를 역설했다. 이 점에서 그의 사유는 도쿠가와막부의 안정과 점증하는 근대화의 경향 사이에서 최적화를 추구했다고 할 수 있다. 이는 특정 정체의 실체화 아래에서 그 내부의 유연화를 꾀한 전형적인 경우이다.

정치적인 것의 발견은 정약용에게서도 확인할 수 있다. 정약용은 동북아 세계를 지배해온 존재론적(중세적 뉘앙스에서) 구도인 상응체계를 단적으로 부정하지는 않았지만, 자연과 문화 사이에조차 이런 상응체계를 무반성적으로 적용하는 것에 대해 명시적으로 비판했다. 음양오행론이라는 형이상학적 구도를 정치와 문화에 그대로 적용하는 것은 큰 폐단을 낳는다고 보았던 것이다.[22] 예컨대 그는 장례를 치르는 데에도 음양오행설에 입각해

국시대적인 혼란을 잠재우려는 시도, '사(私)'에 대한 '공(公)'의 승리와 관련된 것이었다.(마루야마 마사오는 소라이학의 주요 의미를 이 '사에 대한 공의 승리'로 보았다. 『일본 정치사상사 연구』, 김석근 옮김, 한국사상사연구소, 1995, 221쪽 이하)

22) 동북아 사유가 세계를 총체적으로 개념화할 때 항상 그 수가 문제가 되었다. 특히 홀수와 짝수 사이의 구조적 차이가 문제가 된다. 다산의 시대에 이르러 전반적으로 5가 4로 대체되는 경향이 나타난다. 다산은 오행이 아니라 사기(四氣)를 주장하면서, 가장 근본적인 기는 天 · 地 · 水 · 火(乾坤坎離 사정괘에 해당)라 보았다. 동무 이제마는 사람의 체

날짜를 따져서 때를 놓치는 일이 잦았던 것을 지탄하고 있다. 진사이와 소라이에게서도 나타난 불연속성, 즉 하늘·땅의 길과 사람의 길 사이에 존재하는 엄연한 구별을 다산에게서도 발견할 수 있다. 물론 정치적인 것과 형이상학적인 것이 무관한 것은 아니다. 정치적인 것은 그 자체가 요구하는 형이상학적 기초 즉 인성론을 필요로 한다. 형이상학의 어떤 측면(세계에 대한 포괄적이고 추상적인 개념화)과의 불연속과 또 다른 측면(인간에 대한 존재론적 해명)과의 긴밀한 연계성을 동시에 보아야 한다. 이것은 주자학적 '리'는 버리되 전통적인 '기'는 살리는 문제와도 연관된다. 바로 이 때문에 새로운 정치철학은 새로운 인성론, 지금까지 논해온 근대적 주체에 기반했다고 보아야 한다. 다산이 분명하게 **인물성 이론**(異論)을 취한 것과 정치적인 것의 **독립**을 주창한 것이 밀접한 관련성을 띠는 것은 바로 이런 이유에서이다.

동북아 근대의 철학자들은 이렇게 넓게/철학적으로 말해 선험적 주체, 정치적 맥락에서 말해 시민적 주체의 개념화에 매진함으로써 사상사의 새로운 단계를 만들어냈다. 물론 왕조라는 삶의 양식 자체가 무너진 것은 아니었기에, 이들 사상의 현실화에는 일정한 한계가 가로놓여 있었다. 그러나 이들의 노력은 이후 동북아세계의 근대화에 소중한 밑거름이 된다.

질을 오행이 아니라 사상(四象)을 기준으로 분류했다.(『동의수세보원』) 그러나 혜강 최한기는 5이든 4이든 실체화할 수 없으며 모두 기의 양태들일 뿐인 것으로 보았다.(『운화측험』)

2절 근대 기학의 전개

근대 동북아 철학자들을 사로잡은 세 번째의 중요한 과제는 중세적 형이상학에서 탈피한 내재적인 형이상학의 구축이었다. 이런 형태의 형이상학의 추구는 근대적인 기학을 낳게 된다. '기'는 불교의 '공'이나 도교의 '허', '무'를 대신한 근대 유학의 '실'학적인 개념이었다. 이미 장재의 사유가 기학의 형태로 전개되었지만, 이 시대의 기학은 명대 이래 새롭게 전개된 과학적 맥락을 흡수한 근대적 기학이었다. 이 기학의 흐름은 왕부지를 비롯해 명대의 나흠순(1465~1547), 조선조의 서경덕 등 여러 인물들에 의해 전개되었지만, 그것의 보다 근대적인 형태는 특히 대진과 혜강(惠崗) 최한기(1803~1879)에게서 뚜렷하게 나타난다.

§1. 대진의 기학

왕부지에게서 그렇듯이, 대진에게 세계는 근본적으로 '기화'의 과정이다. 이 점에서 그의 사유는 전형적인 생성존재론이다. 나아가 그의 사유는 철저히 내재적이다. 이는 그가 태극을 기와 동일시했을 뿐만 아니라, 태극과 음기·양기 사이에 존재론적 층차를 두지 않았다는 사실에서 잘 나타난다. 그에게서는 음기와 양기의 일원적 측면, 양자가 맞물려 돌아가는 전체가 곧 태극이다. 이 점에 기 일원론의 구도가 분명히 나타난다. 때문에 대진에게 형이상자는 바로 기(氣)이고, 형이하자는 기(器)이다. 초월적인 리/도가 아니라 기가 형이상자이며, 음양이 오행으로 그리고 다시 개물(個物)로 구체화되면서[23] 형이하의 세계가 펼쳐진다. 세계의 근원, 통일성, 역동성

---

23) "오행인 수·화·목·금·토 같은 것은 질이 있어서 볼 수 있으니, 참으로 형이하이고 기

의 차원은 개물들 위가 아니라 그 아래에 있다. 대진의 이런 구도는 아낙시만드로스로부터 들뢰즈에 이르기까지 발전해온 '잠재성과 현실성' 철학의 구도와 같다.

대진에게서는 인간 역시 당연히 기학적 맥락에서 다루어지며, 이미 언급했듯이 그에게 인간의 본성이란 기에 부여되는 리＝본연지성이 아니라 어디까지나 기 자체에서 성립하는 기질지성이다. 본연지성을 걷어내고 기질지성만을 인정한 그에게 '성'이란 보편적 본성의 뉘앙스보다는 오히려 개별적 차이의 뉘앙스가 강하다. 정약용처럼 대진 역시 맹자에 근거해서 각종 사이의 차이를 강조한다.(「성」) '기'라는 보편성에 입각해 있지만, 방점은 오히려 종화(種化)된 각 기 사이의 차이에 있다고 볼 수 있다. 개인적인 본성/성격에서의 차이도 각자가 타고난 기에서의 차이로 이해된다. 성이란 곧 기의 특성인 것이다. 따라서 인간이 추구하는 가치 즉 선함(인의예지) 역시 기를 초월한 경지에서 성립하는 것이 아니라 혈기와 심지(몸과 마음)로서의 기질지성의 터 위에서 성립한다.[24] 대진에게서는 '마음' 역시 어디까지나 기의 바탕 위에서 이해되고 있는 것이다. 때문에 마음의 감정은 몸의 욕구와 연속선상에서 이해되며, 인의예지라는 도덕성 역시 기를 초월한 차원이 아니라 기의 중정의 경지에서 추구된다고 할 수 있다.

(器)이다. 오행의 기(氣)는 사람과 만물이 모두 그것을 부여받는다는 측면에서 본다면 곧 형이상이다.(『맹자자의소증』, 「천도 1」) "하늘의 도는 음양오행일 뿐이다. 사람과 만물의 성은 모두 도(＝음양오행)에서 나누어져 각각의 분수를 이룰 뿐이다."(「성」)

24) 여기에서 가장 어려운 문제는 기가 왜 그리고 어떻게 분화(分化)하는가이다. 이는 가장 중요한 존재론적 문제이지만, 대개 리를 다시 끌어들이는 수준을 넘어서지는 못했다. 앞에서 정약용이 기의 보편성을 깔고서 종들 사이에서의 본성상의 분리를 사유했음을 언급했지만, 이 경우에도 기를 분절해주는 개별화(이 경우 종화)의 원리는 결국 리이다. 이렇게 본다면 정약용은 주희-왕부지를 극복했음에도 (넓은 의미에서의) '리기'라는 개념적 구도 자체는 여전히 유지하고 있다. 그리고 이는 대진의 경우에도 마찬가지이다. 물론 이 과정에서 리가 본연으로서의 실체적 위상을 상실한다는 점이 중요하다.

§2. 최한기의 신기통(神氣通)

19세기에 근대적인 형태의 기학을 전개한 최한기의 사유는 동북아 전통 사유에 있어 최후최대의 경지를 보여준다.[23] 최한기는 당대에 이미 동북아 세계에 널리 퍼져가던 서구 과학의 성과들을 흡수하면서 새로운 형태의 기학을 전개했다. 그는 기학이 유형(有形)의 학문임을 강조한다. 그러나 기는 무형이다. 사물들/개별자들이 유형이며, 기는 그것들을 통관(通貫)하고 있는 무형의 원리인 것이다. 그럼에도 최한기는 기의 유형성을 역설하는데, 이는 물론 기 — 또는 '천(天)' — 를 도가철학의 허라든가 불가철학의 공, 성리학의 리 등에 대비하기 위해서였다고 보아야 한다. 기는 허/공/리에 대해서는 '유'이지만, 만물에 대해서는 '무'이다. 그럼에도 최한기가 기의 유형성을 역설하는 것은 역으로 그가 극복하고자 한 전통의 그림자가 그만큼 컸음을 뜻한다.[26] 때문에 최한기의 기 개념의 특색은 오히려 그가 이 개념과 연계하는 방계 개념들의 성격에서 잘 드러난다. 최한기에게 기의 짝을 이루는 개념들은 더 이상 리 등이 아니라 '질(質)'/'형질(形質)'(후자는 오늘날 생물학 용어로 쓰이고 있다.), '기(器)' 같은 개념들이다.

최한기는 인간은 천지의 기와 부모의 질을 받아서 태어난다고 말한다. (『신기통』, 서) 더 넓게 말해, 만물은 기의 보편성과 질의 개별성의 묘합(氣質)인 것이다. 기와 질 사이에 근본적인 불연속은 없다. 단지 기가 보편적, 생성적, 연속적 성격을 띤다면, 질/형질은 부분적, 고정적, 불연속적 성격을 띤다. 개별자들은 '질'인 존재이지만 어디까지나 '기'라는 근본 원리 위에

---

25) 최한기의 저작은 『증보 명남루총서(明南樓叢書)』(전5권, 성균관대학교 대동문화연구회, 2002)로 발간되어 있다. 한글본으로는 『기측체의(氣測體義)』(민족문화추진회, 2007), 『인정(仁政)』(민족문화추진회, 1980), 『기학(氣學)』(손병욱 옮김, 통나무, 2004), 『운화측험(運化測驗)』(이종란 옮김, 2014)이 있다.

26) 이 문제는 '표상 가능성'의 문제와 밀접한 관련을 가진다. 최한기는 이에 관련해 『기학』, II, §§85~86에서 흥미로운 논의를 펼친다.

서 존립하기에 끝없이 생성하고 또 서로 관계 맺을 수 있다.[27] 역의 방향에
서 말한다면, 최한기에게서 개별화의 원리는 어디까지나 내재적 지평에서
이해된다. 베르그송 등의 사유와 비교해볼 수 있으며, 최한기의 '신기'로부
터 베르그송의 '정신에너지'로의 이행은 존재론사의 중요한 문제이다. 기
전체는 운화지기(運化之氣)이며, 각 개체의 형질지기(形質之氣)에 내장된
본래의 기가 신기(神氣)이다. 이렇게 보면, 최한기에게서는 우주 만물이 모
두 기가 맥락에 따라서 변형된 것들에 불과하다고 할 수 있다. 아울러 기와
'器'의 관련성 또한 중요하다. 최한기는 기(氣)의 통(通)과 질 또는 기(器)
의 국(局)을 대비한다. 그의 사유는 "理通氣局"의 구도가 아니라 차라리 "氣
通(形)質局", "氣通器局"의 구도를 띤다고 할 수 있겠다.[28] 결국 기와 질(/형
질)의 관계, 기와 기(또는 기계)의 관계의 해명이 최한기 사유의 주요 구도이

---

27) 이런 점에서 최한기는 기와 질의 관계를 물과 얼음의 관계에 비유한다. "기가 응결하면
   질이 되고, 질이 융해되면 다시 기가 된다. 기를 비(물)에 비유하고 질을 얼음에 비유할
   수 있거니와, 비는 (…) 추위를 만나면 이런저런 얼음이 되어 질을 이루고 따뜻해져 녹
   으면 다시 물이 된다."(『추측록』, II, §38) 우주론적 맥락에서의 기는 '운화기'로 표현되
   며 '형질기'와 짝을 이루어 대조된다.(『운화측험』, I, §§4~5)

28) '기(器)' 개념은 이런 존재론적 의미로부터 기구 등을 뜻하는 매우 구체적인 의미에 걸
   쳐 널리 사용된다. 최한기에게는 기(氣)를 실증할 수 있는 여러 장치들 또한 중요했다.
   『운화측험』에서는(I, §3) 냉열기, 조습기, 기총(氣銃), 압축기, 옥형거(玉衡車), 화륜기
   (火輪器) 등 여러 기계들에 대해 상론하고 있다. 최한기가 "기학은 지극히 정묘(精妙)하
   되 증험(證驗)이 가능한 것"(『기학』, 서론)이라고 한 것은 다양한 방계 개념들 및 장치
   들을 통해 기를 실증할 수 있다고 보았기 때문이다. 현대적 감각으로 보면, 기 자체는 증
   험할 수 없으며 다른 개념들과 장치들을 통해 확증되어갈/가야 할 존재론적 가설이라고
   해야 할 것이다.
   그러나 다른 한편 이 철학사 2권에서 논했듯이(3장, 1절), 기는 극히 추상적인 존재이면
   서도 또한 우리가 직접 느낄 수 있는 이중성을 띠고 있다. 이것은 인간 자신이 기의 가장
   정묘한 체현자이며, 그렇기에 그 체현됨을 스스로 느낄 수 있는 존재이기 때문이다. 이
   렇게 보면, 기학이란 우리가 몸으로 직접 느끼지만(나아가 가꾸어나가고 또 바꾸어나가
   기까지 할 수 있지만) 설명하기는 힘든 차원을 방계 개념들 및 장치들을 통해 조금씩 실
   증해가는 학문이라고 할 수 있다. 이 점에서 기학은 일반적인 학문 개념에 속하기보다
   는 학문적 방식의 해명과 몸을 통한 터득 ── 장자를 논하면서 언급했던 기예(氣藝) ──
   이 함께 요청되는 분야라 할 수 있다.

다. 이렇게 본다면, 최한기의 기 개념은 그것이 유형의 원리임을 강조한 그 자신의 생각에도 불구하고 오히려 유형의 존재들 전체를 정초해준 '형이상'의 원리였다고 할 수 있다.

최한기의 사유는 이렇게 경험적 탐구를 기의 철학으로 종합·정초한 것이거니와, 이 점은 『신기통』의 도입부를 음미해봄으로써 특히 잘 알 수 있다.

> 하늘이 사람에게 내린 형체(形體)에는 숱한 기능들[用]이 갖추어져 있으니, 신기가 통하는 기계이다. 눈은 색을 비추어주는 거울이고, 귀는 소리를 울려주는 관이며, 코는 냄새를 맡게 해주는 통, 입은 [공기가] 출입할 수 있게 해주는 문, 손은 물건들을 잡을 수 있게 해주는 기구, 발은 돌아다닐 수 있게 해주는 바퀴로서, 이 모두가 한 몸에 구비되어 있으며 신기에 의해 주재되고 있다.

인간 신체의 기관들을 이렇게 직접적으로 기계로서 묘사하는 것은 동북아 전통 사유에서는 보기 힘든 장면이다. 이는 최한기가 받았던 서구 과학의 영향을 잘 보여준다.[29] 그러나 중요한 것은 이 모든 '기계'들이 신기에 의해 주재되고 있다는 점이다. 인간의 몸은 신기가 통하는 기계인 것이다. 역으로 말하면, 신기가 통하지 않으면 그것은 사람의 몸이 아니라는 뜻이다. 최한기에게 '신(神)'은 더 이상 "陰陽不測之謂神"으로 이해되는 신이 아니다. 그것은 분명 오묘한 이치이긴 하지만, 더 이상 단순히 신비로운 것이 아니라 구체적인 탐구의 대상인 것이다.(『기학』, II, §91) 탐구의 출발점은 바로 우리의 신체이다. 최한기는 개별 신체를 한편으로 기계적 장치들에 의해 '국한(局限)'되어 있는 존재로, 그러나 다른 한편으로 우주의 기를 내장하고 있기에 이 기의 무한한 역능[無限功用之德]에 참여할 수 있는 존재로

---

29) 최한기는 그의 저술에서 『해국도지(海國圖志)』, 『영환지략(瀛環志略)』, 『담천(談天)』, 『전체신론(全體新論)』, 『서의약론(西醫略論)』, 『내과신설(內科新說)』, 『부영신설(婦嬰新說)』, 『박물신편(博物新編)』 등 한문으로 번역된 서구 과학서를 다수 인용하고 있다.

이해한다. 그 결과 들음은 귀를 통해 이루어지지만 듣는 주체는 신기이며, 봄은 눈을 통해 이루어지지만 보는 주체는 신기가 된다. 그리고 들음과 봄이 서로 길이 다르지만 신기는 **오로지 하나인 것이다.**(『신기통』, I, §28) 기관들/기계들이 서로 유기적으로 작동할 뿐 아니라, 상이한 개체들이 이런 작용들을 주고받을 수 있는 것도 바로 이 때문이다. 국한된 존재들을 주재하고 또 그것들을 통일하고 있는 것이 신기라고 할 수 있다. 최한기에게서 과학과 형이상학이 어떻게 통합되고 있는지를 잘 보여준다.

신기 개념을 보다 미시적으로 파악할 때, 한 몸의 기계들은 각각의 신기에 의해 통일적으로 운행되며(눈의 신기, 귀의 신기 등), 이 신기들은 개별자의 신기-전체로 통일된다. 개별자들의 신기들 또한 통일된다. 사실 이는 "천지의 기"라는 표현을 썼을 때 이미 함축되어 있던 바였다. 각종 기들이 서로 '통'한다는 것은 최한기 존재론의 기초이다. 그 근간은 '신기'의 역능이다. 개별자가 자신의 한계/국한을 넘어서 "천하에 통해 일체를 이룰 수〔通天下爲一體〕" 있는 것은 바로 이 신기에 힘입어서이다. 최한기는 흔히 근대적 경험주의를 강하게 주장한 인물로 이해되지만, 사실 그의 사유에는 이런 전통적인 형이상학적 전제가 깔려 있다는 점에 주의할 필요가 있다. 근대적 경험주의에 충실하다면 이런 식의 명제는 생각할 수조차 없는 것이다. 최한기 사유의 중핵에는 '통함'의 개념이 자리 잡고 있다. 인간(넓게는 동물)이 외물과 '감응'해서 지각행위를 할 수 있고, 사람과 사람이 서로 '소통'해서 더불어 살 수 있고, 인간이 정신의 작용을 통해서 세계를 인식하고 변형해나갈 수 있는 등, 이 모든 것이 신기의 '통함'을 통해서 가능한 것이다.[30] 최한기의 근대적인 경험주의는 오히려 이런 "중세적"인 형이상학 위

---

30) 그러나 최한기가 '통'에 대한 직관을 단순하게 총체화한 것은 아니라는 점에도 주의해야 한다. 최한기가 '통'만을 단적으로 긍정하는 것이 아니라 '불통(不通)'에 대해서도 논한 것이 그 증좌이다.(『신기통』, I, §12, §22, §36 등) 가치나 실천의 면에서도 그의 철학이 무조건적인 보편성 지향의 성격을 띠고 있는 것은 아니다. 최한기는 천·지·인·물 모두가 하나의 동일한 신기의 조화라는 직관을 가지고 있지만, 구체적인 맥락들에서는

에서 성립한다고 해야 한다. 상이한 방식으로이긴 하지만, 이는 계몽사상의 연장선상에 있으면서도 절대자를 사유하고자 했던 독일 이념론자들에게서도 확인할 수 있는 점이다.

§3. 기학적 경험주의

이런 구도에 입각해, 최한기는 이상의 형이상학적 직관을 그 고유의 인식론, 즉 '경험(經驗)'/'견문(見聞)'과 '추측(推測)', '증험(證驗)'을 통해 면밀하게 탐구해간다. 최한기의 사유는 동북아에서 인식론을 파고든 보기 드문 경우이다.

경험은 지각과 관련되며, 지각이란 곧 신기를 통한 경험이라고 할 수 있다. 연관시켜 말한다면, 신기는 지각의 근간이다. 신기로써 구체적으로 경험해나가는 것 즉 지각하는 것이 중요하다. 이 점에서 성리학자들에게서도 그랬듯이 최한기에게서도 지각 개념은 영국 경험주의에서와 같은 지각 개념에 국한되지 않는다. 그의 인식론은 또한 '추측'과 '증험'(합하여 '측험')의 인식론, 즉 미루어-헤아림과 검증을-통한-확인의 인식론이다. 미루어-헤아림이란 사변이고, 검증을-통한-확인이란 실증이다. 추측과 증험의 상보성이 중요하다. 추측만 있고 증험이 없다면 주관과 상상(虛妄)에 빠지고, 증험(경험/견문)만 있고 추측이 없다면 현상의 테두리에 갇혀 정체해버릴 〔固滯〕 것이다. 그리고 증험에는 지식의 적용과 응용 즉 '변통(變通)'이 포함되기도 한다. 최한기는 이렇게 경험/견문만이 아니라 특히 추측과 증험, 변통을 통한 앎을 강조하거니와, 이는 **경험과 사변을 공히 중시하는 인식론**

지리적-문화적 다양성을 간과하지 않는다. 아울러 인식론적 맥락에서 최한기는 '형질통'과 '추측통'을 구분함으로써 지각의 차원과 인식/개념화의 차원을 분명하게 구분한다. 최한기에게는 총체적-연속적 직관과 부분적-불연속적 분석이 공존한다.

이라고 할 수 있다.

그렇다면 앎이란 무엇이 무엇을 아는 것인가? 사람의 마음〔心〕이 인·물(인정과 물리)의 이치〔理〕를 아는 것이다.(『추측록』, I, §21) 최한기는 성리학에서처럼 '리'를 실체화하고 나아가 그것에 도덕형이상학적 의미를 부여하는 것을 비판한다. 그에게서 '리'란 사물의 이치, 그 규정성, 법칙성이다. 인·물 자체는 기이지만, 그것을 인식한다는 것은 곧 그것의 리, 규정성, 법칙성을 인식하는 것이다. 그리고 그 인식의 주체는 사람의 마음이다. 인간의 신기란 결국 그의 마음인 것이다.

최한기의 사유에서 전통적인 형이상학과 근대적인 인식론의 맞물림은 매우 중요하다. 만일 그가 경험주의적 인식론만을 개진했다면, 그것은 근대적 인식론의 (세계철학사적 흐름으로 볼 때) 새삼스러운 강조가 되었을 것이며 기학 특유의 형이상학적 총체성과 웅혼함을 갖추지 못했을 것이다. 반대로 그가 형이상학적 기학만을 전개했다면 그의 사유는 장재 이래 전개되어온 기학적 흐름을 다소 확장한 것에 그쳤을 것이며 그 특유의 근대적인 인식론의 지평을 장착하지 못했을 것이다. 전통적인 형이상학적 통찰과 근대적인 인식론적 천착이 하나로 맞물려 있다는 점에 최한기 사유의 유니크함이 존재한다.

최한기 사유의 근본 지향은 기의 활동운화를 인식하고 그에 부합하는 방향으로 인류 문명을 이끌어가는 것이다.[31] 기의 본질적 속성은 활동운화 — 최한기는 종종 '운화'라고만 말한다 — 에서 찾을 수 있거니와, 총체적으로 말하면 '기'이고 그 속성으로 나누어 말하면 활·동·운·화이다. '활(活)'은 기란 살아 있는 존재, 생명임을, '동(動)'은 기가 사물들을 일으켜 활기차게 활동하게 만드는 존재임을, '운(運)'은 기가 '원시반종(原始反

---

31) 최한기의 시야에는 이미 '인류' 개념이 들어와 있었고, 그의 기본 지향은 보편성의 추구에 있었다. "기학의 공효(功效)는 천·지·인·물이 일통운화(一統運化)하는 데에 있다."(『기학』, II, §88)

終)', '반자도지동(反者道之動)'의 이치에 따라 끝없이 순환하는 존재임을, 그리고 '화(化)'는 기가 계속 적용되고 응용되어 새로운 차원으로 넓혀지는 존재임을 뜻한다. '활'은 생기(生氣)이고, '동'은 진작(振作)이며, '운'은 주선(周旋)이며, '화'는 변통이다.(『기학』, II, §84) 앞에서 논했던 '신기'란 결국 활동운화하는 마음에 다름 아니다. 신기로써 운화지기의 법칙들을 찾아내어 인식하고, 그것을 변통해 승순사무(承順事務)를 이루는 데에 기학의 목적이 있다.

최한기는 '운화' 개념을 그의 사유 전체를 관류하는 개념으로서 사용한다. 그는 다양한 형태의 운화를 구분하거니와, 운화의 범위에 관련해서는 개인의 '일신(一身)운화', 사회의 '통민(統民)운화', 자연의 '대기(大氣)운화'/'천지운화'를 구분한다. 하늘과 사람을 포괄하는 운화라는 뜻으로 '천인운화' 개념도 사용하며, 여기·지금 흐르고 있는 기라는 뜻으로 '방금(方今)운화'라는 개념도 사용한다. 나아가 여러 운화들의 인식이 이루어졌을 때 그것들을 변통하는 것이 중요하다. 이는 인식과 윤리, 과학과 사회의 관계의 문제라 할 수 있다. 기의 운행은 '동기(動機)', 즉 시간의 매듭들, 생성의 특이성들을 내포하며, 이 동기의 분포에 따라 운화는 복잡하고 역동적으로 흘러간다. 때문에 운화에 대한 일반적 인식을 구체적인 동기들의 분포에 주목하면서 세심히 적용·응용〔開物成務〕해나가야 한다.[32] "시간의 지도리를 따라 변통할 수 있는 것은 늘 인사(人事)·소통〔交接〕에서이다. 천기의 유행이나 토질의 차이는 사람의 힘이나 꾀로 어찌할 수가 없는 것이다."(『신기통』, III, §33) '氣'가 우리에게 '주어진 것'이라면, '器'는 우리가 '만들어가야 할 것'이다. 그리고 변통함에 있어서는 그 방향성과 의미가 특히 중요하다.(『기학』, II, §90) 최한기는 변통이 사욕이나 시류〔俗套〕에 사로잡혀

---

32) 이는 역학을 논하면서 일합일벽(一闔一闢)이 막힘 없이 이어지는 것을 '통(通)'이라 했던 것과 통한다.(2권, 2장, 2절) 변통이란 시간의 지도리들을, '문제(pro-blēma)'들을 뚫고 나가면서 '통함'을 이루어가는 것이다.

행해질 경우에 초래될 위험을 경고한다.

최한기는 이전의 정약용 등에 비해 오히려 상대적으로 객체중심적이다. 그에게는 하늘을 좇아 산다는 전통적인 정향이 두드러지게 나타난다. 이토 진사이 등 근대의 여러 철학자들이 하늘과 인간 사이의 간극을 사유하려 했지만, 최한기에게서는 오히려 그 연속성이 회복된다. 이 점에서도 그는 근대적 주체철학을 절대자의 사유로써 포괄하려 한 독일 이념론자들을 연상시킨다. 또, 그에게서는 내면보다 외면이 더 중요하다. 최한기는 '준(準)'/표준 개념을 자주 사용하거니와, 이 또한 그의 정신을 잘 드러내주는 표현이다. 최한기는 역학을 직접 다루지는 않았고 특히 주술적 경향들에 대해서는 준엄한 비판을 가하고 있지만, 그의 사유/개념에서는 역학의 사유/개념이 중요한 역할을 하고 있다. 하지만 문제의 핵심은 오히려 그에게서 하늘이란 결국 '기'이며, 하늘을 따른다는〔承順〕 것은 결국 '기'의 객관적 이치에 따라 살아야 한다는 것을 뜻한다는 점이다. 그리고 그가 말하는 '기'에서는 더 이상 도덕형이상학적 뉘앙스가 두드러지지 않는다.[33] '기'가 넓은 의미에서의 자연이라면, 그의 사유 전반은 자연주의적 성격을 띤다고 할 수 있다.

하지만 최한기는 주체를 객체로 환원하는 단순한 객관주의자는 아니다.

---

33) 이 점에서 그의 기철학은 전통적인 기철학, 예컨대 임성주(1711~1788)의 기철학과는 다르다. 스피노자에게서 정신-속성과 물질-속성이 동외연적(co-extensive)이듯이, 임성주의 기 개념은 리와 동외연적이다("理氣同實"). 그리고 최한기가 기를 무엇보다 "無限功用之德"으로 이해한 데 반해, 임성주는 그것을 "湛一淸虛之氣"로 이해한다. 임성주는 율곡의 기 개념을 잇되 '理通氣局' 개념을 넘어 기를 리와 완전히 동격으로 놓았으며, 기질지성을 곧 본연지성으로 보아 기 개념에 '마음'의 성격을 부여하기도 했다.(『녹문집』, 이상현 옮김, 한국고전번역원, 2015~16, 권5) 임성주의 기철학은 여전히 성리학적이다. 그러나 동시에 주의할 점은 그렇다고 최한기의 '기'가 오늘날의 '물질'이나 다른 어떤 개념들로 간단히 환원되는 개념이 아니라는 점이다. '기' 개념은 오늘날의 물질, 생명, 정신 개념을 모두 포괄하는 독자적인 개념이다. 최한기의 기 개념이 이전의 기 개념이 아니라는 점 못지않게 중요한 것은 그 개념이 근대의 어떤 범주로도 간단히 환원되지 않는 개념 ─ 이 측면에서는 오히려 전통의 의미론적 두께를 거의 그대로 보유하고 있는 개념 ─ 이라는 점이다.

'천인운화'라는 말 자체가 시사하듯이 그 역시 하늘과 사람의 분절을 당연한 것으로 여기고 있다. 세계 전체는 운화에 의해 흘러가지만, 그 흐름을 추측하고 또 변통하는 것은 인간이다. 추측은 객관적 인식의 측면이고 변통은 인간 주체의 적용 및 응용이다. 나아가 최한기는 기를 맥락에 따라서 여러 측면들로 분절해 말한다. '기' 개념은 이 여러 측면들을 모두 보듬을 수 있는 개념일 뿐이다. 따라서 특정한 개념 또는 관점을 놓고서 다른 모든 측면들을 그것에로 환원하는 것 —— 예컨대 최근에 유행하고 있는 조악한 생물학적 환원주의 —— 은 그의 의도가 아니다. '기'는 모든 형태의 특수한 기들을 포괄하는 개념일 뿐이며, 예컨대 신경중심주의 같은 환원주의는 최한기 기학의 맥락에서 볼 때 기를 어떤 편협한 틀에 넣어 질식시키는 것이다. 그의 사유는 사이비 존재론으로서의 과학주의/자연주의에 대한 해독제로서 의미를 갖는다고 할 수 있다.

§4. 기학적 정치철학

최한기 사유는 '기' 개념을 좁게 규정한 후에 모든 것을 그리로 밀어 넣는 사유가 아니며, 그렇다고 인간에게 예외적인 자리를 부여하는 선험적 주체의 철학도 아니다. 오히려 중요한 점은 그에게서는 '기'에 대한 인식 자체가 사회적인 성격을 띤다는 점이다. '기'의 인식을 통해서 타인과 함께 할 수 있다는 점만이 아니라, 인식 자체가 타인과 함께함으로써 가능하다는 점이 중요하다.(『기학』, II, §17) 운화가 먼저 있고 추측이 있다고 해야 하지만, 운화는 결국 추측을 통해서만 점차 드러난다. 그리고 추측은 개인이 하는 것이라기보다는 사회적인 협력을 통해서 가능하다. 바로 그렇기 때문에, 최한기는 객관주의자라거나 주관주의자라기보다는 차라리 객관과 주관이 사회에서 교차하고 통합됨을 통찰한 철학자라 할 수 있다. 여러 번 이야기했듯이, 철학사에는 개인의 내면과 저편의 초월이 단박에 연결되는 사유들이 종종 등장해왔다. 최한기의 사유는 이와 대척적이다. 그는 오히려 존재론적 실재와 인간 주체가 교차하는 곳, 즉 사회가 핵심임을 지적한다.

> 통민운화는 기학의 중심축이다. 일신운화는 통민운화에 준거할 때 그 나아감과 물러감이 있게 되고, 대기운화 역시 통민운화에 준거할 때 어긋나거나 넘치는 일이 없을 것이다. 일신운화가 통민운화에 준거하지 않을 경우 인도(人道)를 세우고 정교(政敎)를 행할 수가 없으며, 대기운화가 통민운화에 준거하지 않을 경우 표준을 세우고 범위를 정할 수가 없을 것이다. 따라서 통민운화가 그 방향성을 온전히 얻을 때 삶의 시작과 끝에 통달할 수 있으나, 그렇지 못할 경우 끝내 운화를 선용할 수가 없는 것이다.(『기학』, II, §97)

개인의 삶은 사회의 올바른 방향성에 합치할 때 비로소 윤리와 정치를 이루어갈 수 있으며, 그렇지 않을 경우 그 행위가 도대체 어디로 가야 할지를 알 수가 없다. 또한 과학기술에 의한 자연의 인식과 조작은 사회의 올바른 방향성에 합치할 때 비로소 인류를 위해 선용될 수가 있다. 그렇지 않을 경우 과학기술은 인류에게 오히려 재앙이 될 것이다. 결국 개인과 자연이라는 양극은 그 중간의 사회/역사에 올바로 합치할 때 진정한 가치를 가질 수 있고, 때문에 통민운화가 기학의 중심축이 된다.

그렇다면 최한기 사유의 귀결은 통민운화의 구체화에 있다고 해야 할 것이다. 최한기가 생각한 통민운화는 그 전체에서 볼 때 매우 거시적이다. 최한기에게는 '인류 보편성'에 대한 지향과 당대 서구 사유에서도 확인할 수 있는 발전사관이 분명한 형태로 개진되어 있다. 이 점에서 대진과 다르다. 대진의 경우 실재를 기화로 보면서도 '자연'으로서의 기화의 가장 발전된 상태는 곧 '필연' 즉 중정의 경지에 달한 것으로 보았기 때문이다. 또, 그는 존재론적으로는 기를 일차적인 실재로 보았지만 가치론적으로는 이 중정의 상태를 곧 리와 동일시했다. 이 점에서 고전적인 중(中)·화(和)의 가치에 충실했다. 반면 최한기에게는 사해동포주의에 입각한 '인류 공영'의 비전이 존재했다. 대진이 여전히 어떤 '평형'을 지향하는 전통의 사상가였다면, 최한기는 이미 '발전'을 지향하는 근대적인 사상가였다. 하지만 그의 실천철학은 다분히 추상적이고 안일한 것이었다. 당대 서구의 콩트, 스펜서 등의 사유와 마찬가지로 그의 사유는 거대 담론에 입각한 낙관주의로 차 있다고 할 수 있다. 최한기는 왕조체제 자체에 대해 근원적인 물음을 던지지 않았다. 그는 당대의 현실에 대해 놀랍도록 둔감했다. 이 점에서 그의 정치철학은 그의 형이상학과 인식론만큼 인상 깊지는 않다. 그는 당대 서구의 과학기술에는 집요한 관심을 가지고 그것을 흡수했으나, 정치철학에 대해서는 별다른 눈길을 주지 않고 있다.

그러나 이미 많은 시간이 흐른 현대의 시점에서 그의 실천철학을 폄하할 수만은 없다. 대부분의 사람들이 옛것을 고집하거나 변화하는 현실 앞에서 우왕좌왕하고 있을 때, 그는 비록 전통적인 유교의 테두리 내에서이긴 했지만 방대하고 체계적인 실천철학을 제시했다.[34] 그러나 시대는 너무 빨리 흘러갔고, 그의 사유는 결국 착점할 곳을 찾지 못했던 것이다.

최한기 사유의 핵은 신기 즉 '활동운화하는 마음'에 있다. 기 일원론자인 최한기에게서는 세계도 활동운화하는 기이고, 신기도 활동운화하는 기이다. 그러나 신기는 특별한 기, 즉 마음이라는 기이다. 최한기의 기 일원론은 '사람의 마음'을 화두로 사유해온 조선 철학사의 흐름과 이질적으로 보이지만, 사실은 그의 사유 역시 그러한 흐름 속에서 이루어졌다. 최한기는 조선의 전통 철학에 비해 객관주의적이고 외면적이지만, 결국 그에게서도 중요한 것은 기의 객관성에 토대를 두고 있으면서도 또 다른 차원을 형성

---

34) 그의 실천철학 역시 기학의 사유에 뿌리 내린 것이었다. 최한기는 인물을 등용할 때 사용해야 할 평가의 표준을 극히 세밀하게 구성했거니와(『인정』, VII, §14의 「四科列表」를 보라.), 평가 기준에서의 으뜸은 '기품(氣稟)'이다. 그의 실천철학은 '측인(測人)', '교인(教人)', '선인(選人)', '용인(用人)'으로 구성된 철두철미 사람에 관한 것으로서 '인치'를 핵심으로 하는 유교적 관점을 분명하게 드러내고 있으나, 그 철학적 기초는 역시 기학인 것이다.

하는 기, 기를 인식하고 그것에 작위할 수 있는 기, 즉 신기/마음이었던 것
이다. 신기 개념에는 앞에서 언급했던 최한기 사유의 이중성, 즉 중세적 존
재론과 근대적 인식론의 중첩이 핵심적으로 드러난다. 그가 생각한 주체는
우선은 경험/견문과 추측, 증험, 변통을 해나가는 근대적 인식 주체이지만,
그러한 행위를 확충해나갈 수 있는 그 능력 자체는 선험적-형이상학적 차
원인 '神氣'로서의 '사람의 마음'이다. 이 점에서 최한기의 주체는 근대적
실학 전반에서 볼 수 있는 경험적 주체를 넘어서는 선험적 주체이며, 더 나
아가 궁극적으로는 '존재와 사유의 일치'를 담보하고 있는 형이상학적 주
체인 것이다.

3절 민중사상과 민족사상

　근대 동북아 지식인들에게 절실했던 또 하나의 시대적 과제는 봉건사회의 한계를 돌파할 수 있는 새로운 형태의 민본주의를 창조해내는 것이었다. 이것은 결국 첫 번째 과제로서 논했던 근대적 주체의 개념화의 또 다른 측면이라고도 할 수 있다. 현대 민주주의를 사상적으로 예비한 이 '민중사상'은 근대적 '실'학의 또 다른 국면이다. 그러나 민중사상은 종종 민족사상과 착잡하게 얽혀 전개되기도 했다. 민족사상이 '화이질서'로부터의 탈주 또는 서구 제국주의에의 저항 운동이었다 할 때,[35] 이 화이질서, 제국주의가 또한 지배계급의 억압적 사상인 한에서, 그것은 민중사상과도 연계되었기 때문이다. 민족사상과 민중사상은 우선은 별도의 구분되는 사상적 갈래였으나, 동북아세계에서 양자는 흔히 결합되어 나타났다.

　그러나 민족사상의 맥락에서, 청 제국과 조선·일본에서의 민족주의 입장은 각각 달랐다. 청 제국의 경우 정복민족인 만주족과 피정복민족인 한족의 관계가 주요 문제였으나, 조선과 일본은 오랫동안 동북아 문명을 지배해온 중화중심주의로부터의 탈피가 문제였다. 아울러 전체적으로 문제는 이중적이었는데, 세 나라 모두 서양이라는 새로운 타자와의 마주침에 대응해야 했기 때문이다. 청 제국의 지식인들이 새 정복왕조와의 관계 및 서양과의 관계에서 어떻게 한족의 주체성을 보존·발양할 수 있을지 고민했다면, 조선과 일본의 지식인들은 중국 및 서양과의 관계에서 어떻게 각 민족의 주체성을 새롭게 정립할 것인가를 고민했다.

---

35)　'민족주의'는 여러 얼굴을 가지거니와, 그것이 세계사적으로 긍정적인 의미를 가지는 맥락은 곧 제국주의에 대한 저항이라는 맥락이다.(이 주제는 『전통, 근대, 탈근대』, 347~382쪽에서 다루었다.) 19세기 말~20세기 초 동북아에서 전개된 민족사상들은 서구 열강의 침입에 저항하려는 경향과 서구의 선진 문명을 배우려는 경향을 함께 가졌으며, 전체적으로 볼 때 전자의 흐름에서 후자의 흐름으로 이행했다고 할 수 있다.

§1. 태평천국이라는 꿈

청 제국에서의 민족사상은 앞에서 언급했듯이 청 황제와 한족 지식인들 사이의 갈등이라는 양상을 띠었으나, 제국의 번창은 이들을 순치해버리게 된다. 그러나 청 제국의 힘이 약화되고 세계사의 새로운 기운이 도래하자, 한족 지식인들 —— 주류에서 배제된 독서인들 —— 은 다시금 만주족 지배에 반기를 들기에 이른다. 그러나 늘 그렇듯이 이들 소수 독서인들을 뒷받침한 것은 청조 말기의 혼란기를 살아야 했던 민중의 거대한 힘이었다. 이 흐름은 20세기 중엽 태평천국의 난에서 절정에 달하는데, 이는 청조를 주적으로 하는 민족적 운동이자 민중적 운동이었다. 하지만 이 운동은 실패로 돌아갔고, 후에 등장한 것은 청조의 주류를 차지했던 한족 지식인들에 의한 서양 문명에의 대항 및 그것의 흡수였다. 이로써 20세기 말에는 순화된 형태의 민족사상이고 또 비-민중적 사상이기도 한 '중체서용(中體西用)'의 시대가 전개된다.

태평천국의 난은 '태평'이라는 말이 암시하듯이 동북아에서의 특히 중원에서의 오랜 흐름, 즉 코스모스의 유교와 함께 역사를 교직(交織)해온 카오스의 도교적 염원이 다시 한 번 역사의 표면으로 솟아오른 운동이었다. 그러나 '천국'이라는 말이 암시하듯이, 객가족(客家族) 출신인 홍수전이 일으킨 이 운동/국가(1851~1864)는 기독교를 근간으로 여기에 일정 정도의 사회주의와 민주주의의 요소를 도입한 운동이었다.[36] 그것은 예전의 도교 운

---

36) 홍수전이 자신이 꾼 꿈을 자신이 접한 기독교 계통의 서적과 어떻게 연결했는지는 조너선 스펜스, 『신의 아들』(양휘웅 옮김, 이산, 2006), 5장에 잘 서술되어 있다. 그는 꿈에서 본 금빛 수염의 노인을 야훼로, 자신을 격려하면서 싸우던 전사를 예수로, 그리고 훗날의 일이지만 자신이 물리친 요괴들을 바로 청조(清朝)로 "해석"/"유추"함으로써 새로운 삶에 들어서게 된다. 『서유기』의 상상력이 이단 기독교 신학으로 둔갑하는 이 기이한 과정은 사유의 역사에서 가장 어처구니없고 기상천외한 장면들 중 하나이다. 이 철학사 2권에서 동북아 사유의 특징으로서 '견강부회(牽强附會)'를 수차례 언급했거니와, 여기에서도 동북아인들(특히 중국인들)의 주특기인 견강부회(와 둔갑술)가 유감없이 발

동과는 다른 새로운 형태의 민중운동이었다. 그러나 사회주의, 민주주의의 요소는 단지 구호에 그쳤으며, 결국 태평천국이 지향한 것은 대대로 내려온 왕조적 권력이었다. 홍수전은 자신과 맥락을 같이했던 삼합회, 천지회와는 달리 반청복명(反淸復明)이 아니라 청 이후의 새로운 질서를 꿈꾸었으나, 그 꿈은 결국 전통적인 왕조의 틀을 한 치도 벗어나지 못한 것이었다. 이런 한계는 홍수전이 "홍천귀복(洪天貴福)"이라는 이름의 열다섯 살 난 아들에게 모든 것을 물려주려 했다는 사실에서 단적으로 드러난다. 홍수전은 여러모로 무함마드를 연상시키는 인물이지만, 무함마드와 달리 그는 군사 문제는 물론이고 정치 문제에도 관심을 두지 않았고 오로지 종교에만 몰두했다. 이 과정에서 생긴 여러 갈래의 내분은 결국 태평천국을 몰락시키게 된다. 태평천국의 난이 높은 사상적 기반 위에서 일어났다고는 볼 수 없지만,[37] 길게 보면 그것이 끼친 영향(청의 몰락, 서구 열강의 밀어닥침 등)은 매우 컸다.

홍수전은 청을 주적으로 삼았으면서도 중원/중국의 전통을 철저하게 부정했다. 그러나 이방의 낯선 종교인 기독교가 그러한 적대의 중심 역할을 하기는 어려웠고, 왕조적 가치를 한 치도 벗어나지 못했던 태평천국이 진정한 혁명을 이룰 수도 없었다. 홍수전 개인의 종교적 심취와 태평천국의 난이 갖는 역사적 의미는 서로 겉돌 수밖에 없었던 것이다. 황건적의 난이 실패함으로써 오히려 군벌들의 시대가 열렸듯이, 태평천국의 난이 실패함으로써 다시 기나긴 현대판 군벌들의 시대가 열리게 된다. 이 시대는 1949년 중화인민공화국의 수립에 의해 비로소 끝난다. 그러나 19세기 후반은, 아직 지방 군벌들의 위세는 강하지 못했고, 서태후와 손을 잡은 한인

휘되고 있다. 그리고 이 견강부회는 거대한 역사적 태풍을 몰고 오게 된다.
37) 처음부터 사상 자체의 맥락에서 출발한 것이 아닌, 어떤 '딴생각'을 품고서 그것을 그럴듯하게 정당화하기 위해 만들어진 사상은 대개 조잡하기 마련이다. 태평천국의 경우에도 이 점을 확인할 수 있다. 고대적 신 개념에 근간을 두면서도 그것을 어느 정도 추상화했던 기독교적 신 개념은 홍수전에 와서는 오히려 고대적 신의 이미지로 퇴행하고 있다.

관료들이 근대화 운동을 전개한 시대였다. 한인 관료들은 얄궂게도 같은 한인 민중의 세력을 진압함으로써 오히려 (이 민중 세력을 무너뜨리려 했던) 청조의 지배 세력으로 부상하게 된다.[38] 태평천국의 난은 민중사상의 성격과 민족사상의 성격을 동시에 띠고 있었다. 그러나 이 난의 실패는 오히려 한인 관료들과 군벌들을 시대의 주인공으로 만들어주었다. 다른 한편, 청조를 타도하려 했던 이 운동은 결과적으로 청조의 수명을 단축하게 되며 더 길게 보면 외세들이 중국으로 물밀듯이 들이닥치게 되는 결과를 낳았다. 그것은 여러모로 안타까운 결과를 낳은 역사실험이었으며, 인간의 무지와 환상, 어리석음, 맹신, 주관/자의성 등이 어디까지 갈 수 있는가를 보여준 기막힌 희비극이었다. 태평천국의 난은 홍수전 개인의 기상천외한 꿈 해석에서 시작해, 민중의 거대한 꿈으로 승화되어갈 듯했지만, 결국 허망하기 이를 데 없는 꿈으로 끝난, 한바탕 거대한 꿈이었다.

§2. 동학: 하늘로서의 사람의 마음

조선 지식인들의 경우, 이미 논했듯이 그들의 소중화 사상은 전통적인 중국중심주의로부터의 탈주로서 성립한 것이었다.[39] 이런 흐름은 두 갈래로

---

38) '얄궂게도'라고 했지만, 사실 이런 과정은 역사에서 자주 반복되어온 구도이다. 조선에서도 지배층(유교 지식인들)은 같은 조선 민중의 운동인 동학을 제압함으로써, 서구 열강에 친화적인 지배 세력으로서의 힘을 강화하게 된다. 일본의 경우는 다소 달라서, 도막(到幕) 세력이 무너뜨린 것은 민중운동이 아니라 좌막(佐幕) 세력이었다. 그러나 이 경우에도 서구 세력에 친화적인 신세력이 같은 일본인 집단인 구세력을 무너뜨린 점은 마찬가지이다.

39) 조선에서는 16세기에 이미 소중화 사상이 배태되었다. 명나라를 살펴볼 기회가 있었던 여러 인물들이 16세기 명의 실상을 보면서 경악했던 것이다. 게다가 이들이 볼 때 양명학 같은 새로운 사상은 사설(邪說)에 불과했다. 그러나 전체적으로 볼 때 16세기의 조선은 명에 대한 숭상이 극에 달한 곳이었다. 아동 교육용 교과서인 『동몽선습(童蒙先習)』 같은 저작에서 중국 중심의 세계관을 잘 볼 수 있다. 하지만 임진왜란(1592~1598)으

나타났다. 한편으로, 민족주의의 성격을 띤 흐름이 전개되었다. 이익 등은 조선이 기자 시대부터가 아니라 이미 단군 시대부터 중화 문명의 소유자임을 주장했으며, 변계량 등은 고유 사상으로서의 단군 사상을 강화했다. 오랜 기간 화이관에 젖어 있던 조선이었지만 이제 모화 사상을 강하게 비판하는 경향도 등장한다. 다른 한편, 서양으로부터 들어온 지식들을 흡수하면서 보다 상대주의적이고 보편주의적인 탈중화 사상들이 전개되기도 했다. 예컨대 홍대용은 '지원설(地圓說)'에 입각해 둥근 지구에서 중국만이 세계의 중심일 수 없음을 강조했으며, 이는 지리적 화이사상의 종말을 뜻하는 것이었다. 이렇게 조선에서의 탈중화/탈화이관의 흐름은 강렬한 민족주의의 성격을 띤 갈래와 근대화의 흐름을 탄 갈래로 전개된다. 이런 양 갈래 흐름은 서양 열강에 대해서도 같은 양상으로 나타났다.[40]

　　민족주의적 흐름에 속하면서도 또한 강렬한 민중사상적 성격을 띤 운동은 '동학(東學)'으로 나타났다. 동학의 창시자인 최제우(1824~1864)는, 기독교를 멋대로 개작하면서 왕조적 권력을 추구했던 홍수전과는 달리, '서학'과의 대결을 통해 새로운 '동학'을 세워 민중을 교화하고자 했다. 최제우는 그의 사유를 기 일원론의 토대 위에서 전개했다. 기 — 지기(至氣) — 는 정신/마음의 차원을 띨 수 있는 가능성의 기가 아니라, 애초에 정신/마음인 현실성의 기이다. 지기는 물질성과 연속을 이루는 정신성이 아니라 처음부터 정신성인 기, 신(神)의 차원을 띨 수 있는 것이 아니라 애초에 신인 기이다. 지극한 기는 "허령창창(虛靈蒼蒼)하여 모든 일에 간섭하지 아

로 명의 한계를 보고 병자호란(1636~1637)으로 청의 득세를 본 조선의 지식인들은 당혹감에 처하게 되며, 이로써 소중화 사상이 본격화되기에 이른다.

40)　앞에서 언급했듯이, 전반적으로 볼 때 조선에서도 저항의 맥락에서 근대화의 맥락으로 이행해갔다고 할 수 있다. 이 점은 예컨대, '위정척사(衛正斥邪)' 운동의 대표적 인물인 이항로(1792~1868)는 청과 서양을 모두 강하게 비판했지만, 그의 제자 고석로는 청에 대한 생각을 달리했으며, 다시 그의 제자 김구는 서양 문명에 대해서까지도 그의 스승과 의견을 달리하게 된 과정에서 분명하게 나타난다.(권오준, 『근대 이행기의 유림』, 돌베개, 2012, 1부)

니함이 없고 명령하지 아니함이 없으나, 모양이 있는 것 같되 형상하기 어렵고 들리는 듯하지만 보기는 어려워 역시 혼원한 한 기운[渾元之一氣]"이다.(『동경대전』, 「논학문」)[41] 최제우의 기는 자연철학적 기를 넘어 형이상학적 기라고 할 수 있고 더 나아가 종교적 성격의 기라고 할 수 있다.[42] 최제우의 이런 기 개념은 이황의 리 개념과 비교된다. 조선의 철학자들은 수백 년에 걸쳐 '사람의 마음'을 집요하게 성찰해왔다. 그러나 이황은 사람의 마음을 넘어 리 자체에 마음을 부여함으로써 독특한 경지를 열었다. 최제우는 리가 아니라 기에 (현실성으로서의) 마음을 부여함으로써 새로운 사유를 제시한 것이다.[43] 최제우에게 지기는 곧 천주(天主) = 하느님이다. 이렇게 본다면 최제우의 지기/천주 개념에는 동북아적인 "神" 개념과 서구적인

---

41) 동학 관련 문헌들은 『천도교 경전』(천도교중앙총부, 1997)에서 인용한다.

42) 이돈화(1884~1950)는 이 지기 개념을 생명으로 파악했다. 그리고 이 생명 개념을 베르그송적 뉘앙스에서의 진화론을 가미해 개념화했다. 이렇게 이해할 때 지기 = 생명이란 만물을 "하나의 연쇄 위에 세워져 있는 신(神)의 자기표현"으로 이해할 수 있게 해주는 스피노자적 개념일 뿐만 아니라, 각 개체/개별자가 우주와의 합일을 지향하면서 자신의 한계를 끝없이 타파해나갈 수 있는 정신적 에너지라는 베르그송적 개념이기도 하다. 아울러 이돈화는 이런 생명철학의 바탕 위에서 문화주의/교양주의 철학을 개진했다. 이돈화의 이런 '신생(新生)'의 철학, '생혼(生魂)'의 철학은 그의 『신인철학(新人哲學)』(천도교중앙총부, 1931/1968)에서 체계적으로 개진되었다.

지기가 "간섭하지 아니함이 없고 명령하지 아니함이 없으나"라 한 것은 지기에서 강한 인격성과 도덕성을 읽어냈음을 뜻한다. 최제우는 당대의 현실이 '천명을 돌아보지 않음[不顧天命]'에서 야기되었다고 보고, 지기에 천명의 뉘앙스를 부여했다. 아울러 인격성의 측면은 서학 = 천주교를 의식한 것으로 보인다. 그러나 동학에서 인격성은 지기 자체에 내재한 것이지 초월신의 성격이 아니다. 이돈화는 기독교를 유교, 불교와 더불어 이미 넘어서야 할 기존의 종교로 파악했으며, 거의 미신에 가까운 것으로 파악했다. 이돈화는 종교의 최후 형태는 (스피노자에게서 그 원형을 볼 수 있는) 범신론이라고 생각하고, 동학을 범신론적 실재론/실재론적 범신론으로 개념화했다.

43) 이 점에서 최제우의 기는 서경덕, 이이, 임성주, 최한기 등으로 이어져온 기철학의 흐름에서 특히 임성주의 기철학과 유사하다고 볼 수 있다. 임성주의 기 개념은 자연철학적 개념이라기보다는 처음부터 형이상학적-종교적 성격을 띤 개념이다. 최제우를 이은 최시형은 지기를 '일기(一氣)', '원기(元氣)'로 표현했으며, 이를 하느님 = 천주 및 마음과 동일시한다. 또는 삼자를 삼위일체의 구도로 파악한다.(『해월신사법설』, IV) 넓게 보면 동학은 동북아의 '심학'의 전통을 잇고 있다고 볼 수 있다.

"Deus" 개념이 함께 들어 있다고 볼 수 있다.

최제우는 그의 이런 형이상학을 인내천(人乃天)의 사상과 시천주(侍天主)의 사상을 통해 종교사상으로서 펼쳐나갔다. 그에게 지기는 곧 마음이고 또한 신이다. 이런 생각은 결국 사람의 마음을 우주의 기와 동일시하는 동시에 거기에 신성을 깃들게 하는 사유이다. 이런 구도에서 사람이 곧 하늘이 되며, 우리 모두는 마음=천주를 모시고 있다는 결론이 나온다. 이를 깨달을 경우 개체들 사이의 간극은 해소되고, 라이프니츠에게서처럼 한 개체 안에는 모든 개체들이 들어 있음을 깨닫게 된다. 동학의 이런 사유는 결국 새롭게 밀어닥친 서구적 근대 문명이 야기한 공포와 불안을 해소하고 원만한 화해를 추구한 것으로 볼 수 있다. 이 화해는 주관과 객관이라는 이분법과 그에 입각한 과학기술의 세계 조작이 야기한 자연과 인간의 괴리를 극복하려는 것이었다. 그리고 또한 근대 사회가 야기한 원자론적 개별자들, 산산이 흩어진 개인들 사이의 괴리를 극복하려는 것이었다. 인내천 사상을 통해 자연/하늘과 인간 사이의 연속성을 회복하고자 했고, 시천주 사상을 통해 공히 하느님을 내장하고 있는 개별자들이 하나-됨을 지향할 수 있는 근거를 마련코자 한 것이다.[44] 동학은 말기에 달한, 게다가 외부적 힘에 의해 시련기에 봉착한 조선의 선각자들이 일으킨 정신적 운동이었으며, 이후 일어난 유사한 성격의 제 종교의 원형이 되었다.

§3. '진'과 '선'에 대한 '미'의 우위

에도막부의 경우 자주 잇키(一揆)가 일어나긴 했지만 혁명이나 민란의

---

44) 그러나 자연이 자본주의와 과학기술에 의해 끝없이 훼손되고 사람들이 권력관계의 장에서 끝없이 원심분리되는 현실에서 이런 식의 정신적 '깨달음'만으로는 위대한 화해가 불가능하다. 때문에 이돈화는 1920년대 이래 동학을 통해서 '종교적 사회개조'를 추구하게 된다. 이 과정은 허수, 『이돈화 연구』(역사비평사, 2011)에 상론되어 있다.

수준이 아니라 단지 잠시의 그리고 작은 규모의 분규 수준에 그치곤 했다. 청 제국에서의 태평천국의 난이라든가 조선에서의 동학 운동에 버금가는 민족적-민중적 운동은 일어나지 않았다. 왕정복고와 근대화라는 두 얼굴을 가진 메이지 유신도 서구화를 추구한 지배층에 의한 것이지 민족주의적 성향의 하층 지식인들이나 민중에 의한 것이 아니었다. 대신 일본에서는 18세기에 순수 사상적 차원에서 모토오리 노리나가(1730~1801) 등에 의해 민족사상이 전개되었고, 메이지 유신 이후에는 나카에 초민(1847~1901) 등에 의한 민중사상('인권 운동')도 전개되기에 이른다.

이토 진사이는 기존 성리학을 비판하면서 '인정'을 핵으로 하는 본연의 유교로 회귀하고자 했다. 하지만 그에게서 유교적인 도는 여전히 실체화되어 있었다. 이에 반해 오규 소라이는 도 개념을 '작위' 개념으로 상대화함으로써 예악형정을 핵으로 하는 근대적 정치철학을 전개했다. 하지만 소라이에게서 성인의 창조에 의해 성립한 작위는, 이 말이 갖는 현대적 어감과는 대조적으로, 초월적 지위를 갖는 것으로 이해되었다. 이는 사실상 중화주의와 알게 모르게 연계되어 있는 생각이다. '성인들'은 모두 중화문명에서 배태된 존재들이기 때문이다. 노리나가가 타파하고자 했던 것은 바로 이 '중화주의＝가라고코로(漢意)'였다.[45] 노리나가는 일본 문화의 뿌리를 일본 자체에서 찾아야 한다고 보았고, 특히 『고지키(古事記)』야말로 '일본적 심성'의 원천을 이룬다고 보았다.[46] 그에게 소중한 것은 추상적인 하늘/천명, 리, 선악시비 등이 아니라 토착적인 신들을 비롯해 『고지키』에서 펼쳐지는 이야기들이다. 이는 곧 불교와 유교를 밀쳐내고 신도(神道)를 "순수하게" 다시 부활시키는 것이라고도 할 수 있다. 노리나가는 일본적인 경험

---

45) 本居宣長, 『玉勝間』, 一の巻, 二五. 다음 판본을 사용했다. 『本居宣長』, 岩波文庫, 1978.

46) 노리나가는 『日本書紀』가 "중국(漢國)의 마음을 가지고서 일본(皇國)의 마음을 서술하고 있기에" '아히카나'(마음/뜻과 일과 말(意, 事, 言)의 일치)가 이루어지고 있지 않다고 보았다. 상세한 논의로 神野志隆光, 『本居宣長 『古事記伝』を讀む 1』(講談社, 2010), 10장을 보라.

주의/실증주의에 충실한 인물이었지만, 그에게는『고지키』의 세계가 신화, 전설의 세계가 아니라 매우 구체적인 경험의 세계로 다가왔던 것이다. 이는 뉴턴을 비롯해 본 철학사에서 종종 만날 수 있었던, 경험주의로부터 초월로 건너뛰면서 막상 그 사이의 합리적 형이상학은 비판/부정하는 태도와 상통한다. 또 그는 역사적 변천에 둔감한 인물이 아니었지만, 일본의 정체성 자체는 항구적인 것이라고 보았다. 극단적 과거에의 경도는 극단적 미래에의 경도를 함축하는 법이다.

그러나 노리나가는 단지 이렇게 말하기만 해서는 선언적 표명에 그치게 됨을 알고 있었다. 일본 문화의 특색이 무엇인가를 밝혀야만 이런 주장에 실질적 내용이 깃들기 때문이다. 노리나가의 생각을 단적으로 말한다면 그것은 곧 '진'과 '선'에 대한 '미'의 우위이다. 즉, 철학적 진리나 도덕적/윤리적 가치에 대한 미학적 감성의 우위라 할 수 있다. 달리 말하면, 주지주의나 주의주의에 대한 주정주의의 우위라고도 할 수 있을 것이다. 그는 특히 일본적 미학/감성으로서 우타모노가타리(歌物語)의 핵심 정서인 '모노노아와레(物の哀れ)'를 이끌어내었다. 사물을 인식하거나 평가하기보다는 그저 있는 그대로 느끼려 하는 이 '哀れ'는 '寂'라든가 'いき', '幽玄'[47] 등과 더불어 일본의 대표적인 미학적 가치로서 자리 잡게 된다.[48] 하지만 중요한 것은 노리나가가 이 '미'를 '진'이나 '선'과 병치한 것이 아니라, 오히려 진과 선을 미로 환원하려 했다는 점이다. 벤야민식으로 생각해서, 이것은 문학의 정치화보다는 정치의 문학화와 유사한 것이라고 하겠다. 세계를 그저 있는 그대로 긍정하려는 태도, 즉 세계는 신들이 행하는 일이기에 인간인 우리가 알 수도 없고 또 바꿀 수도 없으며 그저 느낄/향유할 수 있을 뿐이

---

47) '寂'은 불교적인 맥락에서 형성된 개념으로서, 적광사(寂光寺)를 떠올리면 좋을 것이다. '이키(いき)'는 우리말로는 '멋' 정도로 번역할 수 있을 듯하다. 구키 슈조는 그의『이키의 구조』에서 이 개념을 정치하게 분석했다. '幽玄'은 글자가 잘 보여주듯이 도가적인 맥락을 띠고 있는 개념이다.

48) 田中久文,『日本美を哲学する』, 靑土社, 2016.

라는 태도, 결과적으로 인식, 윤리/정치를 미학화하려는 이런 관점이 얼마나 위험한 결과들을 가져올 수 있는지를 우리는 역사적으로 충분히 경험해왔다.

경세학과 경학, 기학과 더불어 민족사상과 민중사상은 근대 동북아 지식인들이 새로운 세계를 맞이하면서 새로운 세계 인식과 주체 정립을 모색한 시도였다. 이 과정을 통해서 근대적인 민족주체 및 민중주체가 형성되기에 이른다. 하지만 이 시기의 민중주체는 대개 민족주체에 흡수된 형태로서 강조되었다. 민족/국가를 넘어서는 보편적인 뉘앙스에서의 민중주체의 등장은 훗날의 일이다. 근대에 형성된 것은 청 제국과 서구 열강에 저항하려는 중국의 민족적 민중주체와 '중국' 및 서구 열강에 저항하려는 조선의 민족적 민중주체였다고 해야 한다. 상대적으로 일본에서는 이런 주체의 형성이 미약했다. 어쨌든 민족적 성격을 띤 이 민중사상의 흐름은 이후 펼쳐지는 역사의 거대한 동력이 된다.

동북아의 철학자들이 세계와 인간의 삶을 사유하기 시작했을 때, 그들은 자신들이 사유하는 궁극의 문제가 곧 '道'라고 생각했다. 그들은 '잃어버린 도를 찾아서' 사유했다. 잃어버린 도는 곧 잃어버리기 이전의 도, 본연의 도를 전제한다. 이 본연의 도를 '無'에서 찾은 사유와 '有'에서 찾은 사유가 등장함으로써, 동북아 사유는 이후 지속적으로 이원 구조를 띠게 된다.

공자는 그가 직면한 삶의 문제를 '잃어버림'의 개념을 통해서 파악했다. 그것은 곧 무가 유를 누름으로써, 유가 무에 의해 그 유임을 상실함으로써 도래한 사태이다. 공자에게 이 잃어버린 고향은 곧 주공이 세운 '有'의 세계, '文'의 세계였다. 공자에게는 이 '文' 이전의 세계는 무의 세계였다. 공자가 설파한 '仁'과 '文'은 그로써 유의 세계를 만들어나가야 할 근본이 었다.

노자는 공자와 사태를 반대로 파악했다. 노자에게 '잃어버림'은 유가 무를 누름으로써, 무가 유에 의해 그 무임을 상실함으로써 도래한 사태이다. 노자에게 삶의 고뇌는 유가 상실됨으로써 도래한 사태가 아니라 유가 도래한 결과 무가 상실됨으로써 도래한 사태이다. 노자에게서는 있는 것이 상실된 것이 아니라, 무엇인가가 있음으로써 곧 없음이 상실된 것이다. 그에게 덕, 인의, 예악, 법, 폭력 등은 이 무=도가 사라진 자리에 들어선 유들이었다. 이런 유 이전의 차원, 그것은 곧 그가 그리고 그를 이은 장자가 사유했던 '虛'의 차원이다. 유와 무의 대비는 '實'과 '虛'의 대비이기도 했다.

인류의 역사는 흔히 '문명의 발달'로 특징지어진다. 이는 곧 역사란 유의 역사였음을 뜻한다. 이것은 우연이 아니라 필연이다. 인간은 동물이기 때문이다. 공자는 이 점을 망각하지 않았기 때문에, '仁'과 '文'을 역설했을 것이다. 그러나 문명의 유는 공자가 생각한 유 아니었다. 다행히도 동북아의 역사에서 유/실이 폭주하지 않도록 밑에서 잡아준 것은 무/허였다. 문명이 "實其腹"의 과정이라면, 그 과정에서도 "虛其心"을 잊지 않도록 해준 것이다. 인간은 동물인 이상 '實'을 추구하지 않을 수 없다. 그러나 공자는 그 경향성을 '文'과 '仁'으로써 승화시켜야 함을 역설했던 것이고, 노자는 더 급진적으로 '虛'로써 그것을 무마해야 한다고 본 것이다. 인도로부터 '空'의 철학, 넓게는 노자처럼 '비움'의 철학을 설파한 불교가 전래되었을 때, 허의 철학은 더욱 큰 힘을 얻게 된다. 동북아 문명을 폭주로부터 잡아준 것은 마음[心]이라는 등불이었다.

유교가 스스로를 새롭게 해 주도적 사상이 되기 위해서는 바로 이 무/허를 어떤 식으로든 스스로의 내부에서 소화해 내장해야 했다. '無'가 '道'라면 '有'는 '氣'이다. 인간이라는 존재가 그 자연적 조건에 있어 문명을 세워 살아갈 수밖에 없는 존재, 지능을 통해 사물들을 변형하고 새로운 문물을 구축해나가지 않을 수 없는 존재라면, 중요한 것은 그 유, 기가 무, 도에 의해 통어되는 것이다. 유, 기의 세계를 추구하는 유교는 이 무, 도를 자체 내에 내장해야 했고, 이 도/무를 '理'로써 개념화했다. 새로운 유교 즉 성리학에서 기는 리로써 통어되어야 했던 것이다. 퇴계 이황이 리에 도덕형이상학적 함의를 부여하고자 했을 때, 그것을 성리학 내에서의 이론적 설득력 여부라는 맥락에서 따지는 것은 단견일 수 있다. 사실 그는 성리학의 본질, 성리학의 성립과 그 존재이유를 날카롭게 직관했던 것이다.

동북아 사회에 다양한 형태의 변화가 몰아치고 '有'의 새로운 방식들이 도래했을 때, '氣'가 그 안정성을 잃어버리고 폭주하기 시작했을 때, 성리학은 리로써 그것을 통어할 수가 없었다. 필요한 것은 기 자체를 사유하고 기 자체에 시대의 도를 내장시키는 작업이었다. 동북아의 근대는 서경덕, 왕부지, 대진, 최한기 등으로 이어지는 기학의 시대였다. 기의 결정적인 성격은 그것이 유의 역할을 할 수도 있고 무의 역할을 할 수도 있다는 점이다. 기는 도에 대해서는 유이지만 '物'에 대해서는 무이다. 기학은 성리학에 대해서는 '實'의 학문이지만, 사실은 '物'에 대해서는 '虛'의 학문인 것이다. 우리는 이 점을 최한기에게서 분명하게 보았다. 이들은 기라는 허로써 물이라는 실을 통어하고자 한 것이다. 그래서 기학에서 근대적인 것, 과학적인 것, '실용적인' 것을 찾는 것은 사실 피상적인 이해라고 할 수 있다. 적어도 지금 시점에서 되돌아볼 때, 기학이 근대적인 것이라면 그 근대적인 것은 서구의 그것의 모방이 아니라 오히려 그것의 극복으로서 이해되어야 하는 것이다.

이 점은 주체론에 관련해서도 확인할 수 있다. 인간을 주체로 보고, 주체의 의지, 선택, 책임을 강조했던 정약용의 사유는 끊임없이 비울 것을 역설했던 기존의 허의 사유가 아니라 근대적인 실의 사유이다. 그러나 그는 실의 학문, 통어되지 않는 기의 학문이 띨 수 있는 위험을 정확히 감지했다. 그 때문에 동물의 기와 인간의 기를 날카롭게 구분하고, 인간의 기에 도의로 향하는 경향성 — 새로운 뉘앙스에서의 '道' — 을 내장케 한 것이다. 다산의 주체는 어디까지나 도덕적 주체이다. 그리고 이 도덕적 주체가 선험적 주체가 되어 정치를 비롯한 '有'의 세계가 만들어져가야 함은 물론이다. 인물성 이론(異論)은 곧 정치적인 것이 성리학적 연속성에서 벗어나 새로운 주체의 가능근거 위에서 성립해야 함을 역설한 것이다.

동북아 근대성의 또 하나의 갈래, 즉 민중사상과 민족사상의 양상은 더 복잡하다. 민중사상과 민족사상은 동북아세계의 소수자로 존재했던 사람들, 국가들이 이전의 지배적 동일자의 그늘을 벗어나려는 사상들이었다. 이 점에서 이 사상들 역시 주체의 문제에 관련되며, '實'로서의 주체성을 추구한 흐름이었다. 민중사상이 왕조사회를 지배해온 신분 차별을 타파하고 민중의 주체성을 세우기 위한 흐름이었다면, 민족사상은 국제질서에서의 중심주의(서구 제국주의와 중화주의)를 타파하고 민족적 주체성을 세우기 위한 흐름이었다. 동학 같은 위대한 사상은 이런 흐름에서 배태될 수 있었다. 그러나 태평천국의 난이 어이없는 어리석음으로 점철되고, 훗날에는 일본 민족주의가 제국주의로 폭주하는 등, 이 흐름은 많은 부작용을 낳았다. 이는 최한기의 기학이나 정약용의 주체 이론 등과 달리, 이 흐름이 역사의 한가운데에서 진행된 것이기 때문이기도 하다. 사유 자체의 차원과 역사 속의 사유의 흐름은 같은 방식으로 진행될 수가 없는 것이다.

오늘날의 현대인들은 자생적 근대화를 위해 헌신했던 이들의 노력을 잊은 지 오래이다. 동북아에서 피어난 '有'/'實'에의 노력은 그것보다 더 강하고 억센 유/실의 흐름에 압도되어버렸다. 20세기에 형이상학이 부활했을 때, 어떤 동북아 철학자들이 오히려 다시 무/허를 부활해 자신들의 사유를 전개한 것도 이런 이유 때문일 것이다. 그러나 이 복고적인 형태의 무/허의 사유가 현실/현대를 소화해내지 못한다면, 달리 말해 근대의 성숙한 형태의 유/실의 사유를 현대적으로 포용하지 못한다면, 철학과 현실의 거리는 더욱더 멀어질 것이다.

8장 계몽의 시대

동북아세계에서 '실학'이 전개되던 시대에 유럽에서는 르네상스 시대에 마련된 새로운 사유의 기운들이 만개하기에 이른다. "천재들의 세기"인 17세기에 많은 독창적인 사유들을 탄생시킨 서구는 "이성의 세기", '계몽'의 세기인 18세기에 이르러서는 이 사상적 자원들을 보다 일반적인 지평에서의 역사로써 전개했고 19세기에 들어와서는 물질적 세계와 정치적 세계 모두에 있어 거대한 변혁으로 실현해나갔다. 이렇게 형성된 '근대성(모더니티)'은 자발적 수용의 형태로든 제국주의의 형태로든 서구를 넘어 전(全)세계적 흐름으로서 퍼져나갔다. 그리고 이 서구적 형태의 근대성이 동북아적 형태의 근대성을 압도함으로써, 평균적으로 말해서 오늘날까지도 현대인들의 삶의 환경을 형성하고 있다.

그러나 동북아의 실학적 흐름에서도 그랬듯이, 서구에서의 근대적 사유의 전개에서도 사실 몇 갈래의 이질적인 흐름들을 변별해볼 수 있다. 철학사적 맥락에서 특히 중요한 변별은 앞에서 보았던 자연철학·형이상학의 흐름과 경험주의의 흐름 사이의 그것이다. 두 흐름은 물론 서로 밀접하게 연관되면서 서구 근대성을 만들어갔지만, 철학적인 측면에서 상당히 다른 근간 위에 서 있다고 보아야 한다. 전자가 경험을 넘어서 세계의 존재론적 본질을 발견하는 데에 핵심이 있고 이 점에서 고대 자연철학자들과 플라톤·아리스토텔레스의 전통을 이은 흐름이었다면, 후자는 경험에서 출발하고자 했으며 이 점에서 소피스트들, 헬레니즘 철학자들의 전통을 이었다고 할 수 있다. 이런 경험주의적 정향은 이미 관찰, 실험, 조작을 중시했던 르네상스 시대의 문화에 의해 배태되었고, 프랜시스 베이컨 등에 의해 철학사상의 수준에서 표현되기도 했다. 그러나 이런 흐름을 본격적인 의미에서의 인식론적 수준에서 전개한 이들은 로크(1632~1704)와 그를 이은 경험주의 철학자들이다.[1]

그러나 경험 개념에의 천착이 인식론적 맥락만을 띤 것은 아니다. 그것은 르네상스 이래 이어져온 자아 탐구의 연장선상에 있으며, 또한 근대 시민사회의 형성 및 전개와 발맞추어 창안된 새로운 근대적 주체의 추구이기도 했다. '경험'에 초점을 맞춘다 함은 영혼을 실체로 보았던 오래된 전통을 벗어나 멀리로는 "pathei mathos"(겪음으로써 깨닫는다)의 가르침을 잇는 것이며, 가까이로는 "virtù"(덕/역능)의 흐름을 잇는 것이기도 했다. 사람의 '마음' ── 경험주의가 탐색한 우주는 바로 마음이라는 우주이다 ── 은 더 이상 어떤 자연철학적 실체('프네우마' 등)도 형이상학적 본질('프쉬케' 등)도 아니다. 이미 데카르트가 마음을 '코기토'로 파악했지만, 그에게서도 'res cogitans'는 'res extensa'와 마찬가지로 'res'였다. 'cogitans'와 'extensa'의 대립 이전에 양자 모두 'res'인 것이다. 그러나 '경험'은 초월적으로 또는 선험적으로 실체인 영혼/정신이 아니라 열린 가능성으로서의 마음이 시간을 종합해가면서(經) 겪고 깨닫는(驗) 것이다. 이제 서양의 사유 전통에서 인간은 본격적으로 '주체'로서 파악되기 시작한다. 그리고 이 주체야말로 시민사회의 정치적 주체를 만들어갈 주체이다.

---

1) 로크가 그의 인식론적 주저 『인간지성론』에서 하고자 한 작업은 "지식의 기원, 확실성, 범위를 탐구하는 것"이다. 그는 이를 위해 우선 관념에 대해 논하고, 이어 언어를 논한 후, 마지막에 지식에 관하여 논한다. 이런 논의 범위와 구도는 이후의 경험론자들에게 큰 영향을 끼친다.

1절 경험의 분석: '관념'의 이론

로크의 사유는 그 초점을 경험에 맞추고 경험을 구성하는 요소들을 상세하게 분석하고자 했다는 점에서 붓다의 철학함과 통한다. 정밀하게 일치하는 것은 아니지만, 오온(五蘊) 즉 색(色)·수(受)·상(想)·행(行)·식(識)은 각각 대상(object), 지각(perception), 감응(affection), 행동(action), 마음(mind)에 해당한다.[2] 분석의 구도는 곧 색/대상과 식/마음을 양극에 세우고 그 사이에서 수/지각, 상/감응, 행/행동을 분석하는 것이다. 이 구도는 로크와 붓다에 국한되지 않는, 철학사를 관류하는 일반적인 구도이다. 그러나 붓다 사유의 목적이 오온이 결국 공이라는 것(五蘊皆空)을 깨달아 해탈하는 데 있었다면, 로크의 사유는 '마음'이라는 우주의 구조와 기능을 탐색하고(인식론) 그 토대 위에서 새로운 정치를 위한 토대(정치철학)를 놓는 것, 궁극적으로는 근대적 인간상을 수립하는 것이었다. 붓다의 사유가 불교를 낳았다면, 로크의 사유는 경험주의 인식론·인성론과 자유주의 정치철학을 낳았다.

§1. 관념들의 분석

우주를 연구할 때 그것을 구성하는 가장 기본적인 요소들(예컨대 원자들)을 탐색의 출발점으로 삼듯이, 마음을 연구할 때에도 그것의 가장 기본적인 구성 요소들을 먼저 규정할 필요가 있다. 로크에게 우리 마음을 채우고

---

2) 대상을 물질(matter)로 놓고서 사유를 전개하는 경우도 있다. 이 경우는 대상세계를 이미 물질로 해석하고 있는 경우이다. 또, 마음을 의식(consciousness) 또는 주체(subject)로 놓고 사유를 전개하는 경우도 있다. 용어상의 이런 흐름에 따라 이 즈음부터는 영혼(soul/âme/Seele)이나 정신(spirit/esprit/Geist) 같은 개념들이 다분히 형이상학적 개념들의 뉘앙스를 띠게 된다.

있는 기본 요소들은 무엇인가? 바로 '관념들(ideas)'이다. 로크의 'idea'는 더 이상 '이데아'가 아니며, 단지 '관념'이다. 그러나 이 시대의 '관념'은 오늘날처럼 주관적이라는 뉘앙스를 띠고 있지 않으며, 또 "아이디어"를 뜻하지도 않는다. 근대적인 'idea'는 대상과 연결되어 있는 한에서의, '존재와 사유의 일치'가 유지되고 있는 한에서의 관념이다. 아울러 대상들의 분별(分別)과 관념들의 분별은 맞물려 있다. 이 일치의 수준은 17세기 형이상학자들의 (본유)관념, 영국 경험론자들의 관념, 그리고 훗날의 독일 이념론자들의 '이념'에 있어 각각 다르다. 경험주의에서 현상-주체의 장을 넘어 본질-이성을 관통하던 빛은 꺼진다. 빛은 현상-주체의 장에 국한되며, 존재로부터가 아니라 주체로부터 나온다. 그러나 마찬가지로 중요한 것은 근대적인 맥락에서의 '관념'은 반드시 대상과의 상응을 전제한 한에서의 관념이라는 점이다. "관념론"이라든가 "관념적"이라는 말에 붙어 있는, 실재세계와 맥이 닿지 않는 것, 누군가의 주관 내에서만 맴도는 것을 뜻하는 다분히 비난조의/경멸적인 뉘앙스는 19세기 중엽 정도에야 성립한다.[3] 다른 각도에서 본다면, 로크 등에게서 사유의 출발점은 지각이라는 점을 알 수 있다. 대상과 마음이 만나 지각이 이루어지고, 바로 그 결과로서 관념들이 생겨난다는 생각이다.[4] 영국 경험론에서 경험은 일차적으로 지각을 뜻한다. 지

---

[3] 이런 뉘앙스는 묘하게도 영국 경험론보다는 독일 이념론에 관련해 성립했다. 이는 전자에서는 인식 주체가 수동적으로 대상을 받아들이는 구도를 취하는 데 반해, 후자에서는 인식 주체가 능동적으로 대상을 구성하는 구도를 취하기 때문이다. 그러나 엄밀히 말하면, 영국 경험론이 다루는 차원은, '경험'이라는 말이 주는 객관주의적 이미지에도 불구하고, 어디까지나 관념들로 차 있는 마음이라는 우주라는 점에서 오히려 '관념론'이라는 개념이 어울린다. 반면 독일 이념론자들이 추구한 '이념'은, 뒤에서 상론하겠지만 17세기 형이상학자들에게서의 '관념(이데)'에 더 가까우며, 논자에 따라서는 오히려 그리스 철학에서의 형상(이데아, 에이도스)에 근접하기까지 한다. 이 점에서 이들의 사유는 오히려 관념론을 이념론으로 극복하고자 한 사유라 하겠다. 오늘날에도 '관념론'이라는 개념은 그 의미론적 넓이*가 매우 크다.

  * 한 개념이 뜻하는 바의 외연이 가지는 크기를 의미론적 넓이라고 부르자. 다른 곳에서 논했던 '의미론적 거리(깊이)'와 짝을 이루는 개념이라고 할 수 있다.

[4] 이런 구도는 바로 3장 1절에서 '질의 과학'을 논할 때 언급했던 '표상'의 구도이다. 경험

각을 통한 마음과 대상의 접촉, 그 결과로서 생겨나 마음을 채우는 관념들, 이 구도가 경험론적 사유의 기초이다. 경험론은 모든 것을 지각경험에 접지(接地)시키려 했다는 점에서 지각을 철학의 토대로 삼고자 했다고 할 수 있다.

지각이 반드시 외적 지각만을 뜻하지는 않는다. 인간은 외적 사물들만이 아니라 자기 마음속의 변화도 지각하기 때문이다. 모든 생명체들은 지각작용을 행하지만, 사실 이 내적 지각이야말로 인간의 인식론적 핵심이다. 로크의 경험 개념은 외적 지각과 내적 지각('반성')을 포괄하며, 모든 관념들은 경험에서 즉 내적-외적 지각에서 나온다. 하지만 로크가 말하고 싶은 것은 모든 내적 지각은 결국 외적 지각에 바탕해서 이루어진다는 점이다. 본래의 마음은 빈 서판과도 같은 것이다. 서판 위에 그려지는 모든 것은 외부에서 새겨지는 것이다. 모든 관념들의 기원은 외적 지각에 있다. '반성'은 어디까지나 이 일차적 지각의 결과들에 기반한다. 로크는 이런 이유에서 본유관념의 개념을 적극적으로 비판한다. 로크는 '본유관념'의 존재를 논파하는 데 『인간지성론』1권 전체를 바쳤다.[5] 그에 따르면 본유적 사변 원

주의에서 표상은 어디까지나 현상과 지각 주체 사이의 표상, 즉 대상의 표면과 주체의 표면 사이에서 성립한다. 경험주의는 본질과 이성을 이어주던 끈을 끊어버린다. 결국 로크 등에게서 '관념'들은 현대인에게 다가오는 뉘앙스 즉 마음의 심층에 존재하는 무엇이 아니라, 말하자면 마음의 표면에서(대상과 접촉하는 그 표면에서) 생겨나는 것들이다. 달리 말해, 로크에게서 관념과 지각물(知覺物)(지각의 결과, 예컨대 색, 촉감 등) 사이에는 종이 한 장만큼의 거리가 있을 뿐이다. 아니, 로크에게서 일차적인 의미에서의 관념이란 다름 아닌 지각물(percept)이라 해야 할 것이다. 그래서 로크는 "장미 냄새와 제비꽃 냄새는 둘 다 좋지만, 확실하게 구별되는 관념들"이라고 말한다.(『인간지성론』, 정병훈 외 옮김, 한길사, 2014, 2권, III, §2)
지각물과 관념이 거의 같다는 이 사실은 로크에게서 신체란 사물과 마음이 접하는 면, 사물들에 접한 결과를 지각물로서 마음에 전해주는 일종의 감광판(또는 등록기) 같은 것에 불과하다는 점을 함축한다. 이 점에서 신체에 대한 스피노자의 생각과 로크의 생각은 크게 다르다. 영국 경험주의자들의 신체는 두께가 없는 일종의 막이다.
5) 그러나 다른 한편 로크는 인식론의 또 다른 과제를 "회의주의의 게으름에 대한 치유"로 잡고 있다.(1부, I, §5) 이렇게 보면 로크의 인식론은 그가 독단이라고 생각했던 데카르트적 사유와 그 반대편에 위치한 회의주의라는 양극 사이에 서 있다고 할 수 있다. 이 점에

리들도 본유적 실천 원리들도 없으며, 신의 관념도 본유관념은 아니다. 하지만 잘 살펴보면, 그의 논거들은 당대에 미만한 허술하고 독단적인 종교적-신학적 논의들을 논파하는 데에는 성공적이었을지 몰라도 데카르트 등의 철학적 논변들을 논파하는 데에서는 대개 핵심을 비켜 가는 것들이었다. 예컨대 로크는 동일률, 모순율 등에 대해 "인류의 대부분이 그 명제들을 알지도 못한다"라든가 "어린아이나 백치는 그런 명제들에 대한 최소한의 이해나 생각도 지니고 있지 못하다" 등의 이유로 그 보편성을 거부하는데(1권, II, §3 이하), 이것은 논점을 비켜 간 것이라 아니할 수 없다. 그러나 본유관념의 거부는 일단 로크 경험주의의 성격을 분명히 한, 경험주의 인식론의 초석이라고 할 수 있다.

로크가 외적 지각만이 아닌 내적 지각, 즉 반성도 인정했다는 것이 중요하다. 이로써 그의 사유는 소피스트들 이래의 소박한 감각주의를 넘어선 철학적 풍부함을 갖출 수 있었기 때문이다. 아울러 그는 단순관념들만이 아니라 복합관념들을 사유함으로써 단순한 감각주의적 환원주의를 넘어 관념들에 대한 입체적 논의를 전개했다.[6] 단순관념들에는 하나의 감각을 통해 성립하는 관념들(눈에 의한 색, 귀에 의한 소리 등)도 있고, 여러 감각들을 통해 성립하는 관념들(공간, 연장, 모양, 운동, 정지 등)도 있으며, 생각과 의지처럼 반성에서 오는 관념들도 있다. 그리고 또한 감각과 반성이 함께 작용해 얻는 관념들(쾌와 불쾌, 힘(power), 존재, 단일성, 계기(繼起) 등)도 있다.

서 그의 인식론은 헬레니즘 시대의 '온건한 회의주의', '개연성의 인식론'에 가깝다. "우리가 할 일은 모든 사물을 아는 것이 아니라 우리의 행위와 관련된 것을 아는 것"이라는 그의 말이 이 점을 잘 드러내고 있다.

6) "우리의 모든 지식의 재료인 이 단순관념들은 위에서 언급한 두 가지 방식, 즉 감각과 반성으로써만 마음에 암시되고 제공된다. 일단 지성(understanding)에 이 단순관념들이 비축되며, 지성은 이것들을 거의 무한에 가깝도록 다양하게 반복하고 비교하고 결합하는 힘을 갖고 있어 임의로 새로운 복합관념들을 만들 수 있다."(2권, II, §2) 하지만 이미 강조했듯이 로크의 경험주의는 어디까지나 지각에 닻을 내리고 있기에, 그는 마음이 단순관념들을 "만들어내거나 없앨 수는 없다"고 강조한다.

나아가 인간의 마음은 여러 단순관념들을 하나로 합치거나, 그것들 사이에 관계를 설정하거나, 어떤 상위 개념으로 추상하거나 함으로써 복합관념들을 만들어낸다. 로크는 아름다움, 감사함, 인류, 군대, 우주 같은 관념들이 이런 관념들임을 적시한다. 로크는 모든 복합관념들은 결국 양태, 실체, 관계라는 세 범주로 분류된다고 보았다.(2권, XII, §3)

경험주의자인 로크는 실체보다도 양태를 먼저 그리고 더 자세히 논한다. "어떤 식으로 합성되어 있건 자체 안에 독자적인 존립의 가정은 포함하고 있지 않아서(자체로써 존재하는 것이 아니어서), 실체의 부속물들 또는 속성들로 생각되는 복합관념들"이 '양태'이다. 삼각형, 감사함, 살인 등을 예로 들 수 있다. 양태들에도 단순한 것들(예컨대 한 다스, 한 스코어)이 있고 복합적인 것들(아름다움, 절도)이 있다. 로크는 양태들로서 특히 철학적으로 중요한 관념들인 공간, 시간('지속'), 수, 운동·소리·색·맛, 생각, 쾌락과 고통, 힘에 대해 상세한 분석을 가한다. 로크는 혼합된 양태들에도 의무, 술에 취함, 거짓말 등 많은 것들이 있다고 보았으며, 특히 단순한 양태들인 운동, 생각, 힘이 다양한 혼합적인 양태들로 변양되어왔다고 보았다.

몇 가지만 살펴보자. 시공간에 관련해 로크는 경험주의자답게 대체로 상식적인 논의들을 전개하고 있거니와, 특히 데카르트와의 대비가 눈에 띈다. 이는 무엇보다도 "연장과 물체는 동일하지 않다"라는 테제로 나타난다. 연장과 물체를 동일시한 것이 바로 데카르트의 'res extensa' 개념이었기 때문이다. 순수 공간은 물체와 같은 고체성을 가지지 않으며, 부분들을 서로 분리할 수도 없고(공간의 한 부분은 단지 그것을 차지한 물체에 의해 구분될 뿐이다. 그리고 물체가 다른 곳으로 움직여도 해당 공간은 그대로 있을 뿐이며, 물체에 의해 만들어졌던 경계선 또한 사라져버린다.), 또 물체가 운동하는 것이지 공간 자체가 운동하는 것은 아니다. 이런 구도에 입각해 로크는 진공을 인정한다. 물체가 차지하고 있지 않은 순수 공간은 곧 진공이다. 로크는 이 순수 공간 그리고 시간이 무한하다고 보았는데, 이런 무한한 세계의 이미지는 이 시대에 이미 정착되어 있었다.[7] 로크의 논지는 어디까지나 상식적인 관찰이나 사고실험을 통해서 전개되지만, 그 전반적 귀결만을 놓고서 본다면 데카르트를 논박하면서 뉴턴에 가까운 시공간론을 제시했다고 볼 수 있다.

로크는 사유('생각')와 감정('정념')도 양태에 속한다고 보았다. 데카르트가 사유를 영혼의 본질로 본 데 비해 로크는 영혼의 작용으로 보는 쪽으로 기울었다. 사유작용은 기억/회상/상기, 관조, 몽상, 주의/주목, 몰두/심사숙고, 추리/추론, 판단, 의지/의욕, 지식, 그리고 어떤 면에서는 꿈/황홀경 등으로 변양된다. 감정 또한 양태이다. 로크는 쾌/쾌락과 불쾌/고통이 가장 기본적인 감정이라고 생각했다. 그리고 어떤 것이 쾌락을 증진하거나 고통을 감소시킬 경우 그것은 '좋은 것'이고, 쾌락을 감소시키거나 고통을 증진할 경우 '나쁜 것'이다. 즉, 어떤 사물이 좋은 것이냐 나쁜 것이냐를 판정하는 기준은 그것이 우리에게 쾌락을 주느냐 고통을 주느냐에 달려 있다. 로크에게서는 쾌락과 고통이야말로 모든 감정들의 중심축이다. "우리는 쾌락과 관련해서만 사랑하고 욕망하고 기뻐하고 희망하며, 고통에 관련해서만 증오하고 두려워하고 슬퍼한다." 욕망을 그리고 기쁨과 슬픔을 인간 감정의 핵으로 보고, 이후 사랑과 미움에서 출발해 감정론을 전개한 스피노자와 대조적이다. 경험주의자로서 로크는 인간의 본질은 문제 삼지 않고 쾌락과 고통(스피노자의 기쁨과 슬픔에 상응)이라는 즉물적인 현상에서 출발해, 사랑, 미움/증오, 욕구/욕망, 기쁨, 슬픔, 희망, 공포, 절망, 분노, 질투 등을 논해간다.

이미 상식적인 경험의 차원을 훌쩍 넘어서는 다양한 학문적-예술적 경험을 거친 현대의 독자들에게는 로크의 논의가 적지 않게 지루하게 다가온

---

7) 그러나 로크는 우리가 마음속에서 무한 공간이나 무한 시간을 표상할 수는 없다고, 즉 해당 심상을 그려볼 수는 없다고 보았다. 로크가 생각한 무한은 예컨대 수의 무한의 경우처럼 일정한 절차를 밟아서($n \rightarrow n+1$의 절차) 형성되는 무한(잠재적 무한)이었다. 그리고 바로 이 때문에 그는 "긍정적" 무한(현실적 무한)은 부정했다.(2권, XVII, §§13~14) 데카르트의 용어로 말해, 그는 'infini'가 아니라 'indéfini'(비-한정이 아니라 무한정의 의미에서)를 생각했다고 할 수 있다. 잠재적 무한(/가무한)과 현실적 무한(/실무한)의 문제는 이후 철학사와 수학사에서 중요한 문제를 형성하게 된다.

다. 사실 현대의 관점이 아니라 로크 당대에 눈길을 맞출 경우에도, 로크의 논의는 갈릴레오, 뉴턴의 과학적 성취나 데카르트, 스피노자, 라이프니츠의 형이상학적 사유에 비하면 밋밋하고 산만하기 그지없게 느껴진다. 게다가 그가 드는 예들 또한 체계적이지 않고, 더 중요하게는 수긍하기 어려운 경우들도 많다. 하지만 오히려 그렇기 때문에 그의 사유는 우리로 하여금 모든 이론들을 접어두고 스스로를 사물과 인간이 자연으로부터 주어진 그대로의 조건에서 만나는 원초적인 경험의 장에 놓아보도록 해준다는 의미를 띤다. 이 점에서 로크의 경험주의는 우리에게(4권 7장에서 논할) 현상학의 원형적 형태를 제공해준다고 할 수 있을 것이다.

두 번째로, "스스로 존속하며 구별되는 개체들을 표상하기 위해서 갖게 되는" 복합관념들이 실체이다. 예컨대 칙칙한 흰색, 일정한 무게, 딱딱함, 연성, 가용성 등의 관념들이 하나의 중심으로 귀속되어 결합될 때 '납'이라는 복합관념이 형성된다. 실체들에는 개별적인 것들(예컨대 한 사람의 군인)과 집합적인 것들(예컨대 군대)이 있다.

로크의 실체론에서 특히 흥미로운 곳은 아리스토텔레스와 대비되는 지점이다. 아리스토텔레스에게서 우리가 지각하는 성질들은 한 실체에 귀속되는/부대하는 것들("kata symbebēkos")이다. 실체들만이 "자체로써(kath' auto)" 존재하는 것들이다. 그의 철학 전체가 이 구도에 입각해 있다. 하지만 로크의 경험주의 입장에서 보면 우리가 진정 지각하는 것들은 성질들뿐이다. 그 성질들이 해당 실체에 부대하는 것들인가 여부는 간단히 말할 수 없다. 매끈매끈한 표면, 붉은색, 신 맛 등등의 성질들이 항상 함께 나타난다는 점에서 그것들을 보듬고 있는 그 어떤 것, 그것들 아래에 어떤 '기체' ── 아리스토텔레스의 'hypokeimenon' ── 같은 것이 깔려 있으려니 할 뿐이다. 하지만 우리는 단지 그것이 무엇인지 알 수 없으며, 단적으로 말하기는 힘든 그것("something-I-know-not-what")을 '사과'라는 말[8]로 가리킬 뿐인

---

8)   따라서 실체를 가리키는 말들은 이런 불완전한 앎을 내포한다. 흔히 말은 그 말이 가리

것이다. 현상의 저편에 그 현상들이 모방하는 원형인 'idea(이데아)'로부터 우리가 알 수는 없고 그저 하나의 'idea(관념)'로서 그것도 막연한 관념으로서 가질 뿐인 것으로서의 실체 관념으로의 이행, 이 이행은 고중세 철학의 사유문법과 근대 경험주의적 사유문법의 차이를 선명하게 드러낸다.[9]

셋째로, "하나의 관념과 다른 하나의 관념을 고려하고 비교하는 데에서 성립하는" 복합관념들이 '관계'이다. 여기에서도 로크는 상식적인 논의를 전개하면서, 원인과 결과, 동일성과 상이성 등의 여러 관계들을 논한다. 특히 로크는 동일성을 논하면서 '인격의 동일성'에 대해 상술하는데, 이 문제에 관련해서도 그는 고대적 본질주의에 현상주의를 맞세운다. 고대 철학자들이 인간의 '영혼(프쉬케)'의 동일성을 거의 당연한 것으로 믿었다면, 로크는 인격의 동일성을 이런 실체 개념으로 밑받침하기보다는, 어디까지나 '의식'이라는 현상에 근거한다는 점을 강조했다. 그리고 법적 책임이란 바로 이 의식으로서의 인격의 동일성을 전제한다는 것도 분명히 했다.[10] 이

키는 지시대상(referent)이 '존재한다'는 착각을 가져오며, 바로 이 때문에 말과 그것의 지시대상 사이의 의미론적(semantic) 연관성 — 의미론적 어긋남도 포함해서 — 이 매우 복잡한 문제들을 숨기고 있음을 알아야 한다.(3권, IX, §§12~17) 이 외에도 로크는 3권에서 언어의 잘못된 사용에서 유래하는 오류들을 다각도로 논한다. 왕충(王充)의 비판철학과 비교해서 읽어보는 것도 흥미로운 작업일 것이다.

9) 이런 맥락에서 로크는 데카르트와 대조적으로 '정신'이라는 것과 '물질'이라는 것도 실체라고 단언할 수 없다고 보았다. 사유와 감정 등등의 기체로서 정신이, 무게, 힘 등등의 기체로서 물질이 상정되는 것뿐이다. 그러나 다른 곳에서는(2권, XXVII, §2) 데카르트를 따라서 "우리는 세 가지 종류의 실체에 대한 관념을 가질 뿐이다. ① 신, ② 유한한 지적 존재, ③ 물체"라고 말하고 있기도 하다.

10) **로크 사유에서의 기억, 인격, 그리고 책임과 권리** — 의식의 지속은 필히 기억의 개념을 요청한다. 오늘날 생명과학과 철학의 교차로에서 논의되고 있는 가장 중요하고 흥미로운 개념들 중 하나인 기억 개념은 로크에게서 근대적인 형태를 띠고서 나타난다. 로크의 기억 개념은 훗날 베르그송의 그것에 비하면 다소 단순하지만("기억의 직무란 지금 필요하지만 잠들어 있는 관념들을 깨워 마음에 제공하는 일이다. 시의적절하게 바로 쓸 수 있는 관념을 갖는 것, 이것이 바로 우리가 창의성이라든지 이미지작용/상상 또는 능력의 민첩성이라고 부르는 것이다." 2권, X, §8), 기억을 의식의 중핵에 위치지었다는 점은 큰 의의를 가진다. 그러나 로크의 더 중요한 공헌은 기억 개념을 기반으로 추상적 인간 개념과

제 이 '의식'이라는 개념은 줄곧 근대 철학을 관류하게 된다. 인간의 동일성은 시간을 초월한 영혼의 동일성이 아니라, 앞에서도 언급했듯이 시간을 종합해가면서[經] 겪고 깨닫는[驗] 의식/주체의 정체성이 된 것이다.

로크는 관념들에 대한 논의[11]를 언어에 대한 논의에 연결한다. 언어의 가장 기본적인 기능은 어떤 사물(넓은 의미), 즉 그것의 지시대상을 가리키는 것이다. 앞에서 '표상' 개념을 언급했거니와, 언어는 바로 사물과 관념 사이에 놓인다. 실제 사과와 사과-관념 사이에 '사과'라는 말이 놓이며, 이 세 항이 서로 상응함으로써 표상이 성립한다. 따라서 이런 표상이 가장 혼란 없이 이루어지는 경우는 단순관념들에서이다. 관념이 복합적으로 되면 될수록 그것과 지시대상 그리고 그 사이의 말의 연관성도 복잡해지고 혼란스러워진다. 바로 이런 이유에서, 지금까지 지각을 통해 관념이 형성되고 다시 더 복잡한 관념들이 만들어지는 과정을 언급했거니와, 반대 방향으로 복잡한 관념들을 지각의 차원으로 끌고 내려와 확인하고 또 이 차원에서 성립하는 언어로 환원해 사유할 필요가 있는 것이다. 데카르트에게서 '단순한 것'의 의미를 확인했거니와(1장 2절), 데카르트와 대조적으로 로크에게서 이 '단순한 것'은 곧 지각의 현장 및 그 현장에서 형성되는 말들이라고 할 수 있다.

구체적인 '인격(person)' 개념을 구분했다는 점이다.(2권, XXVII) "의식이 이전의 행동이나 생각을 향해 과거로 확대될 수 있는 곳까지 인격의 동일성은 도달한다. 당시 존재했던 것은 지금과 같은 자아이고, 그 행동을 한 것은 지금 그것을 성찰하는 이 현재의 자아와 같은 자아이다"라는 말은 기억과 인격의 밀접한 연관성을 잘 드러낸다. 나아가 로크에게서 인격이란 행위와 소유의 주체로서, 정치철학적으로는 책임과 권리의 소재이다. "대지와 생명체들은 만인의 공유물이되, 자신의 인신(person)에 대해서는 각인이 소유권을 가진다. 그것에 대해 각자(各自) 이외의 누구도 권리를 가지고 있지 않다."(『통치론』, V, §27) 로크의 이런 개념화는 이후 근대적 시민주체의 형성에 지대한 영향을 주게 된다.
11) 이상의 논의와 더불어 로크는 관념들의 성격에 기준한 여러 구분들 — 명석한 관념과 애매한 관념 그리고 판명한 관념과 모호한 관념(이는 그 구도에서 데카르트의 구분을 따르고 있다.), 참된(real) 관념과 거짓된(fantastical) 관념, 적합한 관념과 부적합한 관념, 맞는 관념과 틀린 관념 — 을 제시하기도 한다.(2권, XXIX 이하)

결국 로크는 '제1종 지식'을 가장 낮은 단계의 인식으로 본 스피노자와 대조적으로 지각에 입각한 단순관념들에 기초하는 지식이야말로 가장 확실한 인식이라고 본 것이다. 흔히 말하는 '합리주의와 경험주의'의 대조가 선명하게 나타나는 대목이다. 로크는 관념이 사물 자체의 진상이 아니라 인간의 마음에 들어온 그것의 '표상'임을 깨닫고 있었지만, 합리주의 철학자들처럼 그 표상의 막을 뚫고서 사물의 진상에 다가갈 수는 없다고 보았다. 하지만 그렇다고 로크가 실재와 관념 사이에 차단막을 친 것은 아니다. 오히려 그는 "모든 단순관념들은 사물과 일치한다"고 확신했다.(4권, IV, §4) 그리고 이 단순관념들에 기초하는 한, 복합관념, 수학적 지식, 나아가 도덕적 지식까지도 근거 있는 것이라고 보았다. 단순관념들은 인간이 만들어낸 공상이 아니라 어디까지나 사물들 — 로크는 관념들을 중심으로 사유한 관념론자이지만, 존재론적으로는 사물들/세계의 실재성에 대해 추호도 의심하지 않는 실재론자였다 — 에 근거한 것이다. 비록 관념들이 사물들 그 자체 '이다'라고는 할 수 없지만 그것들의 어떤 측면들이며, 양자는 근본적으로 연속되어 있을 뿐만 아니라 서로 상응하고 있는 것이다. 이에 비해서 논증적 지식은 지각에 의거하지 않은 채 관념들 사이에서만 이루어진다는 점에서 오히려 확실성이 떨어지는 인식이다. 그리고 관념들이 매개되지 않는 직관적 지식은 우리의 자기의식이나 추상적인 원리들(동일률 등)에서만 성립한다. 이 점에서도 로크의 논증지와 직관지는 스피노자의 '제2종 지식', '제3종 지식' 개념과 대조적이다.

　　하지만 로크의 이런 경험주의 인식론은 당대 인식의 실제 과정들과 잘 맞지 않았다. 인식론의 대상은 실제 이루어지고 있는 인식행위들이다. 인식론의 대상은 특수한 인식행위들(물질을 연구하는 물리학, 언어를 연구하는 언어학, 국가를 연구하는 정치학 등등)의 대상들(물질, 언어, 국가 등등)이 아니라 바로 그 특수한 인식행위들 자체이다. 메타과학(meta-science)으로서의 인식론의 대상은 다름 아닌 다양한 과학들 자체인 것이다. 따라서 제반 과학들이 실제 진행되는 과정들 전체가 인식론의 '데이터'이다. 갈릴레오에 대해 논하면서(1장, 2절) 과학적 인식의 기본 구도를 논했거니와(물론 이는 전형일 뿐, 모든 학문적 행위들이 이 모델에 입각한 것은 아니다.), 이런 인식 구도와 로크의 인식론 사이에는 분명 괴리가 있다.[12] 사실 로크 자신도 이를 알고 있었으며, 그의 인식론을 이런 측면에서 보완하고자 했다. 하지만 그렇다고 그의 인식론의 입장이 바뀐 것은 아니다. 아울러, 전문적인 인식론의 맥락이 아니라 일반적인 역사적-문화적 맥락에서도, 경험주의자인 로크가 그의 시대를 벗어나지 못하고 있는 장면들이 도처에서 발견된다. 이 때문에 그의 사유에는 적지 않은 부정합성과 혼란스러움이 내재하게 된다.

'제1성질들(/본래적 성질들)'과 '제2성질들'의 구분이 그 전형적인 예이다. 제1성질들은 "물체가 어떤 상태에 놓이든 그것과 결코 분리될 수 없는 성질들"로서, 고체성, 연장, 모양, 운동과 정지, 수 등을 예로 들 수 있다. 이 제1성질들은 물체와 우리의 신체가 부딪침으로써 또는 (연장, 모양, 수, 운동 등의 경우는) 시각작용에 의해서 관념들로 산출된다. 이에 비해 제2성질들은 "물체 자체에는 존재하지 않지만 그것의 제1성질들에 의해 우리 안에 다양한 감각들을 산출하는 힘으로서는 존재하는 성질들"로서, 색깔, 소리, 맛 등을 예로 들 수 있다. 입자들은 다양한 운동과 모양, 크기, 수 등의 작용을 통해서 우리의 감각을 자극하고, 이로부터 제2성질들이 생겨난다. 데카르트가 물질-쪼가리들의 운동을 통해 맛을 설명한 것과 같은 구도이다.[13]

---

12) 근대 과학은 경험을 넘어서 수학적 심층을 읽어냈기에 성공했지만, 물론 그것을 가능케 한 또 하나의 조건은 실험이라는 점을 논했다. 그러나 '실험'은 우리가 지금 논하고 있는 '경험'과 다르다. 경험의 주인공은 어떤 주체이며, 그 주체가 시간을 종합하면서 얻는 'pathei mathos'를 핵으로 한다. 그리고 이것이 하나의 '이야기'로서 결실을 맺는다. 하지만 실험의 주인공은 이론이며(이론을 전제하지 않으면 실험은 무의미하다.), 반드시 반복적이어야 하며(하나의 실험은 언제 어디서나 같은 결과를 낳아야 한다.), 일정한 '장치'를 동원해서 이루어진다. 따라서 근대 과학에서 수학만이 아니라 실험이 핵심적 역할을 한다는 점을 인정한다 해도, 과학적 실험과 인간적/주체적 경험은 분명하게 구분된다.

13) 이 철학사에서 여러 차례 지적했듯이, 오로지 기하학적 성질들만을 가진 입자들이 어떤 식으로 결합된들 그로부터 다양한 질적 성질들이 나올 수 있겠는가 하는 물음이 제기될

그러나 이런 생각은 분명 그의 경험주의 인식론의 원칙과 불협화음을 일으키고 있다. 또, 그의 경험주의적 수학 개념과도 정합적이지 않다. 이런 구도를 유지하려면 그의 경험주의 인식론을 포기하거나 매우 크게 수정해야 할 것이며, 유지하지 않는다면 결국 우리가 인식할 수 있는 것이라곤 상식의 차원을 벗어나지 않는 시시한 '사실들'뿐이라는 결론이 나오게 되는 것이다.

§2. "esse est percipi."

버클리(1685~1753)는 로크 인식론의 이런 어중간한 성격이 탐탁하지 않았고, 그것을 극복해야만 한다고 생각했다. 그리고 그가 택한 방향은 지각의 막을 찢고서 본체로 나아가는 쪽이 아니라 로크가 지각 바깥에 남겨놓은 본체주의의 잔재 ── "something-I-know-not-what" 같은 거추장스러운 것 ── 를 깨끗이 잘라내는 쪽이었다. 이것은 곧 지각물들을 실재의 표상물로서 이해하기보다 실재 자체로서 이해하는 길이다. 따라서 버클리에게

수 있다. 지금의 맥락에서, 우리 신체의 객관적 성질들 역시 제1성질들뿐이라는 점을 고려하면 사태가 더욱 명료해진다. 그러나 서구 근대의 철학자들이 늘 그렇듯이, 이 핵심적인 문제를 로크는 신을 끌어들여 해결해버린다(즉, 회피해버린다). 그는 "신이 이 관념들〔제비꽃의 색이나 향기 등〕을 그것들과는 전혀 닮지 않은 〔입자들의〕 운동들에 부가했다고 생각하는 것은 불가능하지 않다. 마치 신이 고통 관념을 그것과는 전혀 닮지 않은 (우리 살을 자르는) 한 조각 금속의 운동에 부가했다고 생각하는 것이 불가능하지 않듯이 말이다."(2권, VIII, §13)라고 하면서, 두 종류의 성질들 사이에 존재하는 존재론적 간극을 신이 연결해준 것으로 처리하고 있다. 이에 비해 흄은 보다 경험주의자다운 입장을 취한다. "감관에서 유래하는 인상들의 궁극적 원인은 인간의 이성으로는 완전히 해명될 수 없으며, 그 인상이 대상으로부터 직접적으로 유래하는지 또는 정신의 창조력에 의해 산출되는지 또는 우리의 조물주로부터 유래하는지를 확실하게 결정하는 것은 영원히 불가능할 것이다. (…) 지각들이 참인가 거짓인가, 그리고 그것들이 자연을 정확하게 재현하는가 아니면 감관들의 기만일 뿐인가 등에 대해 우리는 그것들의 정합성에서 추정할 수 있을 뿐이다."(『인간 본성에 관한 논고 1』, 이준호 옮김, 서광사, 1994, III, §5. 이하 이 저작은 『인성론』으로 표기한다.)

서는 현상과 실재가 대립어가 아니다. 현상이 곧 실재이다. 버클리에게서도 지각물들은 곧 '관념'들이므로 결국 실재＝현상＝관념인 것이다.[14] 버클리를 실재론자라 한다면 그것은 고전적인 용법 — 현상을 넘어서는 실재를 긍정하는 전통적인 입장 — 을 뜻하기보다 현상을 실재로 간주하는 현상실재론을 뜻하며, 그를 관념론자라 한다면 그 또한 고전적인 용법 — 우리는 결국 관념의 차원에서 사유를 시작할 수밖에 없다는, 또는 더 나아가 우리가 인식하는 것은 결국 우리가 표상한 차원(관념의 차원)일 뿐이라는 입장 — 을 뜻하기보다는 관념들(지각물들)이 곧 실재라는 실재현상론을 뜻한다. 이 점을 염두에 두지 않으면, 그에 관련해 언급되는 실재론이라는 개념도 관념론이라는 개념도 공히 혼란스럽게 되어버린다.[15]

---

14) "(…) 이 탁자는 존재한다, 즉 나는 그것을 보고 느끼고 있다. (…) 냄새가 존재한다, 즉 〔누군가가〕 그 냄새를 맡고 있다. 어떤 소리가 존재한다, 즉 그것이 〔누군가에게〕 들린다. (…) 그것들의 esse(to be)는 percipi(to be perceived)이다."(T, §3)* 이런 생각은 이 존재물들이 그것들을 지각하는 마음을 떠나서는 존재물들이 아니라는 점을 함축한다. 그리고 그 역도 사실이다. 즉, 마음이 존재한다는 것은 곧 그것이 무엇인가를 지각한다는 것이다.(§98) '노에마'와 '노에시스'의 상관관계가 사물의 본질과 인간의 순수이성의 활동 사이에서가 아니라 지각의 차원에서 역설되고 있다. 이 구도는 현상학으로 이어진다.

  * T＝George Berkeley, *A Treatise Concerning the Principles of Human Knowledge*, Oxford Univ. Press, 1998.

  라이프니츠와 버클리에게서의 '물질' — 버클리의 이런 생각은 라이프니츠의 그것과 대조적이다. 라이프니츠가 지각물들조차도 궁극적으로는(신적 차원에서는) 분석 가능한 논리적 존재들로 환원하고자 했다면, 버클리는 지각을 초월하는 논리적 존재들조차도 사실상 지각물들로 환원해 이해할 수 있다고 주장하고 있는 것이다. 하지만 분석적인 것과 종합적인 것에 관련해 이렇게 대조적인 양자가 다른 측면에서는 묘하게도 겹친다. 양자 모두 물질의 실체성을 부정하고 세계를 정신적인 것으로서 파악했기에 말이다. 라이프니츠에게서 모나드들은 정신적인 것들이며, 버클리에게서 관념들의 원인은 곧 정신이다. 하지만 물질의 실재성의 부인은 라이프니츠와 버클리에게서 상이한 뉘앙스를 띤다. 라이프니츠에게서 물질은 모나드들이 무수히 모였을 때 나타나는 '현상'이다. 그러나 버클리에게서 물질은 이미지들이다. 물질은 이미지들 아래에 깔려 있는 것이 아니라, 이미지들을 "지탱하고(support)" 있는 것이 아니라(T, §§16~17) 우리가 감각하는 그대로의 이미지들이며, 그것들이 곧 실재이고 관념들이다.

15) 지각물들＝관념들은 물론 마음을 채우는 것들이며, 마음이란 바로 이것들의 터가 된다.

버클리는 "과연 제2성질들이 주관적인 것들일까?"라고 물었다. 다시 말해 "과연 제2성질들이 실재가 아니란 말인가?"라고 물은 것이다.[16] 하지만 거꾸로 볼 때, 이 물음은 또한 "제1성질들은 과연 그렇게 객관적인 것들인가?"라는 물음이 될 수 있다. 다시 말해 "과연 제1성질들이 실재가?"라는 물음이 된다. 이런 맥락에서, 철저한 현상론자였던 버클리가 근대 과학의 수학적-형이상학적 원리들에 대한 집요한 비판자였던 것은 우연이 아니다.

버클리는 시각론을 통해 자신의 논지를 뒷받침하고자 했다. 버클리는 어떤 대상의 거리, 크기, 위치를 기하학을 통해서 인식하는 합리주의적 설명에 대해 경험주의적 근거를 들어 논박한다. 뉴턴의 절대공간, 만유인력 등의 자연철학적 개념들이나 무한소미분 등의 수학적 개념들에 비판을 가했던 것도 같은 맥락이다.[17] 인식의 절대적 근거를 지각에 둔 이런 비판들은 현대 과학에 익숙한 사람에게는, 또 바슐라르의 '인식론적 단절' 개념을 익히 알고 있는 사람에게는 소박하다 못해 억지스럽게까지 느껴진다. 이것은 하나의 존재면을 절대화하는 사유가 가지는 문제점이며, 달리 말해 수학-존재면과 지각-존재면 사이의 역상에 대해 **입체적으로 사유하지 못한** 문제점이라고도 할 수 있다. 차라리 버클리 사유의 의미는 이런 설명들에 대한 비

따라서 버클리에게는 마음들과 지각물들이 세계의 전체이다. 여기에 유한한 마음들을 넘어서는 단 하나의 무한한 마음, 즉 모든 지각물들과 마음들이 그 안에 존재하는 무한한 마음이 곧 신이다. 세계란 곧 신의 지각물들인 것이다. 이렇게 보면 버클리의 사유는 데카르트의 세 실체를 일원화한 스피노자의 사유와 묘하게 닮았다. 물론 스피노자에게서의 신, 물질-속성, 정신-속성의 관계와 버클리에게서의 신, 지각물들, 유한한 마음들 사이의 관계는 판이하다(스피노자에게서는 속성들이 무한하다는 점도 포함해서).

16) 버클리의 이런 생각은 『하일라스와 필로누스가 나눈 세 편의 대화』(한석환 옮김, SSU Press, 2017), 89~91쪽에서 (논증되었다기보다는) 웅변적으로 표현되고 있다.

17) 버클리의 시각론은 『새로운 시각 이론에 관한 시론』(이재영 옮김, 아카넷, 2009)에서 볼 수 있다. 그리고 절대공간, 만유인력 등에 대한 비판은 『운동론(De Motu)』에서, 무한소미분에 대한 비판은 『해석학자(The Analyst)』에서 볼 수 있다(Berkeley, The Works of George Berkeley, Forgotten Books, 2012).

판에 있다기보다는, 그런 설명들을 절대화하는 (버클리의 사유와는 반대 방향에서의) 또 하나의 환원주의가 미처 포착하지 못한 원초적인 지각-존재면에 대한 흥미로운 여러 통찰들을 보여준다는 점에 있다고 해야 할 것이다.

버클리 자신은 크게 의식하지 못했지만, 『시각론』 등에 나타나는 신체의 역할이 그 하나의 예이다. 언급했듯이 근대 철학자들의 논변들에서 신체는 말하자면 지각물이 맺히는 감광판 또는 등록기/수용기의 역할을 할 뿐이다. 『순수이성 비판』에서 감성론에 할애된 쪽수와 논리학에 할애된 쪽수의 차이가 이런 불균형을 시각적으로 잘 보여준다. 아리스토텔레스에게서 그랬듯이 이들에게 인식에서의 신체의 차원은 어디까지나 자연철학의 문제이며, 인식론은 신체의 차원을 거쳐서 주어진 관념들을 다루는 것이었다. 하지만 지각의 차원에 집중할 때, 신체의 차원과 마음의 차원을 명쾌하게 갈라 논하기는 힘들다. 경험을 경험답게 보려 한 급진적 경험주의자인 버클리에게서 신체에 관한 일정한 통찰이 나타나는 것은 우연이 아닌 것이다. 사실 버클리 자신은 완고한 현상실재론자/관념론자였지만(그에게 모든 관념들은 마음속에 있으므로 사실 단적으로 말해 신체조차 마음속에 있는 셈이다.), 논변의 과정에서 자신도 모르게 신체적 지각의 차원에 주목했다고 할 수 있다. 이렇게 합리주의적 환원주의에 반기를 들면서 지각-존재면에 집요할 정도로 천착한 사유는 (버클리의 논의보다 훨씬 정교한) 괴테의 『색채론』에서도 볼 수 있다.[18] 사유의 이런 정향은 훗날 현상학에 의해 보다 심도 있게 개념화된다.

---

18) 괴테는 그의 '원현상(Urphänomen)' 개념을 통해 버클리적인 사유를 전개했다.(요한 볼프강 폰 괴테, 『색채론』, 장희창 옮김, 민음사, 2016) 아울러 원근법에 대한 현상학적 비판을 전개한 에른스트 마흐의 논의 역시 같은 맥락에서 음미해볼 수 있다.(Ernst Mach, *Populär-wissenschaftliche Vorlesungen*, Johann Ambrosius Barth, 1903, VI 및 *Die Analyse der Empfindungen und das Verhältnis des Physischen zum Psychischen*, G. Fischer, 1919) 데이비드 호크니의 예술적 노력 또한 이 사유-선을 잇고 있다.

§3. 경험주의에서 회의주의로

흄(1711~1776)은 지각된 세계는 실재/본체의 표면일 뿐이라는, 달리 말해 인간이 이 실재/본체에 대해 가지는 표상물일 뿐이라는 생각에 대한 버클리의 비판을 공유했다. 그리고 지각의 차원을 넘어서려는 갖가지 이론들을 독단주의로서 비판하는 논변들을 전개했다. 그 역시 뉴턴의 '중력', '원격 작용'을, 나아가 '힘' 개념조차도 비판했다. 특히 가장 유명하고 오늘날까지도 논의되고 있는 인과론에 대한 분석을 통해, 그는 결국 회의주의에 도달하게 된다.[19]

로크, 버클리와 마찬가지로 흄이 탐색하는 곳 역시 마음이라는 우주이다. 그리고 그에게서도 마음이란 관념들로 차 있는 곳이었다.[20] 원자론자들이 말하는 원자들이 공간 속에 그저 늘어서 있는 것이 아니라 서로 붙기도 하고 떨어지기도 하면서 생성해가듯이, 또 천체들이 중력으로써 서로를 잡아당기고 (현대 우주론에서 말하는 마이너스 중력 같은 것을 통해) 밀어내듯이, 관념들 역시 가만히 마음을 채우고 있는 것이 아니라 서로 붙고 떨어지면서 생성한다. 다시 말해 이미지작용/상상작용을 통해서 마음의 세계 즉 관념들의 세계는 극히 풍부하고 역동적인 곳으로 화한다. 특히 흄은 관념들이 서로 관계 맺는 과정에 초점을 맞추어 사유한 '관계'의 철학자이다. 그는 '유사성', '인접성' 그리고 '인과성'을 통해 일어나는 관념들 사이의 연합

---

19) 흄의 인과론은 『인성론』의 1권인 『오성에 관하여』와 『인간지성의 탐구(*An Enquiry Concerning Human Understanding*)』(Cambridge Univ. Press, 2007)(이하 'E')에서 주로 논의되고 있다.

20) 흄은 현재라는 시간에서 그리고 현존의 장이라는 공간에서 형성되는 생생한 관념들을 특히 '인상들'이라 불렀다. 관념들에는 이미 과거가 된 관념들('기억' 속의 관념들)이나 현실성을 갖추지 못한 관념들('허구'의 관념들) 그리고 비교적 추상적인 차원에서 성립하는 관념들(예컨대 수학적 관념들) 등 여러 종류들이 존재하지만, 이 모두는 궁극적으로 인상들에 기반해 형성되는 것들이다. 아울러 흄이 말하는 인상이란 인식론적인 감각자료들만 뜻하는 것이 아니라 정념들(passions)도 포함한다.

(association)에 주목했으며, 그러한 구도에 입각해 로크가 그랬듯이 마음의 주요한 범주들을 분석했다. 흄이 각별히 주목한 것은 철학자들이 논하는 범주들이 과연 그들이 주장하는 대로 객관성과 필연성을 담고 있는가 하는 것이었다. 여기에서 객관성이란 인과의 관념이 실재를 반영하는가 하는 것이고, 필연성은 관념들 사이의 관계들에 과연 필연적 연관성이 있는가 하는 것이다.

첫 번째 문제에 대해 흄은 불가지론/회의론의 입장을 취한다. 아니 이 문제는 사실 그의 문제가 아니었다고 해야 할 것이다. 마음/관념들에 논의를 집중하는 그의 철학의 성격 자체가 이 문제는 접어놓는다는 것을 뜻하기 때문이다. 초점은 두 번째 문제에 맞추어진다. 인과론은 전형적인 문제이다. 흄은 인과의 성립을 사건 A와 B가 선행과 후행으로서 반복될 때, 즉 AB, AB, AB, ……의 계열을 이룰 때 원인과 결과로서 성립한다고 보았다.[21] "비가 온다"는 사건과 "땅이 젖어 있다"는 사건이 반복적으로 계기할 때 인과가 성립한다. 반복은 시간의 불연속과 비-소멸을 함축한다. 비가 오는 사건의 반복은 비의 지속(계속 비가 내림)과 달리 시간의 불연속을 함축하며, 또한 동시에 그 사건의 비-소멸을 함축한다.(우주에서 비가 내리는 사건이 단한 번 일어난다면, 또는 어느 시점 이후부터는 다시는 일어나지 않는다면, 거기에는 반복이라는 것이 없다.) 특정한 사건들의 계기(succession)의 반복이 인과의 개

---

21) 이는 곧 시간의 비-대칭성이 인과관계의 주요 기준임을 함축한다. 시간의 비-대칭성이 인과적 비-대칭성(causal asymmetry)을 근거 짓는다. 하지만 고전 역학체계에서는 시간이 거꾸로 흐르는 것도 가능하다. 즉, 변수 t를 −t로 바꾸어도 방정식은 변화하지 않는다(변수들의 차수가 모두 2차이기 때문에). 이런 점을 고려해 어떤 현대 철학자들(예컨대 한스 라이헨바흐)은 흄과는 반대로 인과적 비대칭에 근거해 시간의 비-대칭을 근거 짓고자 한다.(Hans Reichenbach, *The Direction of Time*, Univ. of California Press, 1956) 이런 개념화에 따르면, "시간이 거꾸로 흐른다"는 것은 단지 인과적 비대칭이 깨진다는 것을 뜻할 뿐이다. 달리 말해, 시간이 가역적이라는 것은 시간이 뒤로 흘러간다는 것을 뜻하는 것이 아니라, 사건들의 한 계열에서 그 순서를 거꾸로 뒤집어놓더라도 그 과정의 관련되는 속성들이 바뀌지 않는다는 것을 뜻한다.(Joseph Rosen, *Symmetry in Science*, Springer, 1995, p. 141)

념이다. 흄의 문제는 이 계기에 어떤 필연성이 있는가 하는 것이다. 다각도의 분석을 통해(물론 원칙은 단 하나이다. 인상들을 규준으로 할 때, 그런 필연성이 근거가 있느냐 하는 것이다.) 흄은 "없다"고 결론 내린다. 이것은 곧 인과에 근거해 사유를 전개해온 전통적인 자연철학 및 형이상학과의 날카로운 단절을 함축한다. 그리고 확장해서 이야기하면, 모든 관계들은 외부적임을 함축한다. 우리는 "A 그리고 B"라고 말할 수 있을 뿐, "A 그러므로 B"라고 말할 수 없다.[22] 흄은 당구의 예를 든다.

> 예컨대 내가 하나의 당구공이 다른 당구공을 향해 똑바로 굴러가는 것을 보았다. 그리고 우연히 그 두 당구공의 접촉 또는 충돌에 의해 두 번째 공이 어떻게 움직이는가를 보았다고 하자. 내가 그 원인으로부터 백 가지의 상이한 사건들이 결과한다고 생각해서는 안 되는 것일까? 두 당구공이 그대로 정지해버리는 일은 있을 수 없는 것일까? 첫 번째 공이 직선으로 되돌아오거나 다른 공을 타고 올라갔다가 어떤 선/방향으로 떨어지지 말라는 법이 있는 걸까? 이런 모든 가정들은 자체로써 일관되고 충분히 개연적이다. 그렇다면 왜 그 사건들 중 어느 하나에 특권을 부여해야 하는 것일까? 그것이 다른 것들보다 더 일관되고 개연적인 것도 아닌데 말이다. 우리가 행하는 어떤 비-경험적인 추론(reasoning a priori)도 이런 특권의 근거를 제시할 수 없을 것이다.(E, IV, §10)

---

22) 관계의 외부성이라는 흄의 이 테제는 라이프니츠에게서 볼 수 있는 관계의 내부성과 대조적이다. 라이프니츠에게 안토니우스와 클레오파트라의 관계는 양자에 상호적으로 내재되어 있다. 하지만 흄에게 양자의 관계는 외부적이다. 모든 관계는 우연적이다(contingent).
흄의 생각은 일면 알-가잘리의 생각, 넓게 보면 이슬람교의 인과론과 통한다. 이슬람교는 만물을 원자들로 환원한 후 모든 관계를 신의 섭리로써 설명한다. 불이 나면 책상이 타는 것도 양자 사이에 인과관계가 있어서가 아니다. 불은 불의 원자들로, 책상은 책상의 원자들로 이루어져 있을 뿐이다. 양자 사이에 '연소하다'라는 관계가 성립하는 것은 오로지 신의 개입을 통해서이다. 이는 세계 자체 내의 인과를 철저하게 소멸시키고 모든 인과를 신에게 귀속시키려는 종교적 전략이다. 흄은 관계의 외부성을 주장하지만 물론 이슬람교의 이런 인과론으로 향하지는 않는다.

흄의 이 예는 억지스럽게 보인다. 당구공의 움직임들에는 모두 이유가 있기 때문이다. 공이 되돌아오는 것은 큐를 급하게 멈추었기 때문이고, 공이 두 번째 공 위로 타고 올라갔다가 떨어지는 것은 너무 아래를 쳤기 때문이다. 그리고 두 공이 갑자기 정지하는 경우는 있어본 적이 없다.(있었다면 대서특필되었을 것이다.) 따라서 플레이어가 공을 어떤 식으로 쳤는지를 알면, 당연히 다음에 공들이 어떻게 움직일지를 예측할 수 있다. 그리고 그런 예측이 가능하기 때문에 당구 경기가 성립하고, 잘 치는 사람도 있고 못 치는 사람도 있고, 다른 사람들이 못 보는 길을 브롬달 같은 당구 명인은 보는 것이다. 따라서 우리가 공을 일정한 방식으로 쳤을 때 뒤따르는 어느 한 움직임에 특권을 부여할 충분한 이유가 있다.

오히려 보다 적절한 예를 든다면, 공을 어떤 특정한 방식으로 쳤을 때 충분히 예측되는 결과가 나오지 않는 경우이다. 우리는 이렇게 공을 치면 저렇게 움직인다는 것을 무수히 보아왔을 뿐, 반드시 그렇게 움직인다는 것을 경험을 넘어서 주장할 수는 없다는 것이다. 흄의 이런 생각에 따르면, 아무리 오랫동안 해가 동쪽에서 떠왔어도 내일도 동쪽에서 뜰지 100퍼센트 확언하는 것은 불가능하다. 인과적 필연을 비-경험적으로 증명할 길은 없는 것이다. 경험을 통해서는, 귀납을 통해서는 결코 필연적인 명제에 도달할 수 없다. "바닷물은 짜다"라는 명제를 증명하기 위해 모든 바닷물을 마셔보는 것도 현실적으로 불가능하거니와, "백조의 색은 (이름 자체가 시사하듯이) 희다"라는 것을 당연한 것으로 믿어왔으나 어디에선가 다른 색의 백조가 나타날 가능성은 항상 열려 있는 것이다. 실제 호주에서 검은 백조가 발견되었다고 한다.[23] 이런 분석을 통해 흄은 기성 철학자들이 주장하는

---

23) 이 예는 하나의 흥미로운 논점을 내포하고 있다. 검은 백조를 왜 '백조'라고 하는 걸까? 한 새가 흑백조(黑白鳥)라고 하는 것은 형용모순 아닌가? 새롭게 발견된 새를 흑색임에도 백조라고 부르는 것은 이 새를 동정하는(identify) 기준을 그 털색으로 하지 않는다는 것을 전제로 하는 것이다. 어떤 다른 기준(예컨대 DNA)을 통해 동정한다는 것이 전제되기 때문에, 그 새의 색이 검음에도 불구하고 '검은 백조'라고 부르는 것이다. 원자

그 화려한 진리들은 대부분 받아들이기 어려운 것들이라는 결론을 내린다. 그리고 『인성론』 1권의 말미에서 토로하고 있듯이, 그 스스로가 자신이 내린 결론에 당혹해하고 우울해하기까지 했다. 때문에 그는 당구에 대한 철학적 성찰에 매진하기보다는 차라리 그냥 당구를 치는 것이 더 낫겠다고 생각하기에 이른다. 분명 이론상 당구에서의 인과는 필연적인 것이 아니지만, 어쨌든 지금까지 당구를 아무 문제 없이 쳐왔으니 말이다.[24] 하지만 이런 철학적 궁지가 그의 사유를 가로막을 수는 없었다. 오히려 이런 결론은 이후 그의 적극적인 사유가 전개되는 토대가 된다.

흄의 집요한 경험주의가 가져온 놀라운 결론들 중 또 하나는 우리의 '자아동일성(self-identity)'에 대한 것이다. 여기에서 흄이 부정하는 것은 전통적인 '영혼', 실체로서의 정신이지 구체적인 정신활동은 아니다. 불교식으로 말해, 흄이 거부하는 것은 아트만(我)이지 마음(心)이 아닌 것이다. 흄이 볼 때 우리의 마음을 구성하고 있는 것은 지각의 다발뿐이다. 지각들을 총체화하는, 아니 지각들 이전에 존재해 그것들을 담아내는 용기 같은 존재는 발견되지 않는다. "인간(사람의 마음)이란 다양한 지각들의 다발 또는 집합일 뿐"이다.(『인성론 1』, Ⅳ, §6) 『파이돈』에서 논의된 것과 같은, 보다 가까이로는 데카르트의 사유실체 같은 영혼의 동일성이란 존재하지 않으며, 존

(atom)의 예는 더욱 흥미롭다. 원자의 정의는 "결코 분할되지 않는 것"이다. 그런데 원자 이하의 입자들이 발견되면서 원자는 더 이상 분할되지 않는 것이 아니게 되었다. 하지만 이상하지 않은가? 만일 기존에 원자라고 불렸던 것이 더 분할된다는 사실을 알았다면, 그 새로 발견된 입자, 이제는 "결코 분할되지 않는 것"으로서 새롭게 등극한 입자를 원자라고 불러야 하지 않는가? 이 문제, 말과 사물/대상 사이의 지시의 문제, 의미론의 문제는 이후 줄곧 철학의 주요 문제로서 논의된다. 4권, 5장에서 퍼트넘, 크립키의 해결책을 논할 것이다.

24) 흄이 봉착한 이런 상황은 제논의 역설과 유사하다. 당구에 대한 철학적 분석과 당구 치는 것 자체 사이에는 아킬레우스와 거북의 경주에 대한 철학적 분석과 눈으로 보는 경주 자체 사이에 나타난 것과 같은 역설이 존재했던 것이다. 물론 양자의 맥락은 다르다. 제논은 어떤 존재론적 진리를 확고하게 주장하려는 과정에서 역설들을 제시한 것이지만, 흄이 부딪친 것은 철학적 사유와 현실적 삶 사이에서 성립하는 운명적인 역설이다. 깨어 있지만 우울한 사유냐 속 편하지만 멍청한 일상이냐, 그것이 문제로다.

재하는 것이라곤 이질적인 관념들의 역동적인 패치워크뿐인 것이다. 이는 '관계의 외부성'이라는 흄 사유의 기본 성격에서 도출되는 자연스러운 결론이라고 할 수 있을 것이다. 오로지 경험 = 지각에만 의거해 볼 때, 객관적 인과의 존재를 확신할 수 없듯이 자아동일성의 존재 또한 확신할 수 없다.

§4. 공감의 윤리학

그러나 고대의 회의론이 긴 시간 전개되는 과정에서 점차 완화된 회의주의, 개연성의 인식론의 방향으로 흘러갔듯이, 흄의 사유 역시 후기로 가면서 점차 완화된 회의주의의 성격을 띠게 된다. 흄은 『인성론』에서 『인간지성의 탐구』로 옮아가면서 자신의 회의주의를 누그러뜨린다. 오히려 "독단주의자"로 알려진 데카르트의 회의주의를 "회의주의자"로 알려진 흄이 완화된 회의주의로써 비판하는 흥미로운 장면을 볼 수 있다. 흄의 회의주의가 이런 방향으로 흘러간 것은 고대 회의론자들의 경우에서와 마찬가지로 그의 사유의 목적이 경험적 세계 너머로 나아가 자연철학적-형이상학적 진리를 발견하는 데 있기보다는 오히려 경험적 세계를 인식하는 데 있었기 때문이었고, 또 그 세계 안에서 살아가는 인간 자신을 이해하고 삶을 더 잘 영위하려는 열망에서 비롯했기 때문이었다.[25] 예컨대 그가 관심을 가진 것은 인과의 성립 그 자체보다는 세계를 인과적으로 보는 사람의 마음의 경향이었다. 그의 관심은 "x는 무엇인가?"라는 자연철학적-형이상학적 문제

---

25) "모든 학문이 인간의 본성과 어느 정도 관련되어 있고, 또 학문들 가운데 인간의 본성과 거리가 먼 것처럼 보이는 그런 학문들도 이런저런 경로를 거쳐 분명히 인간의 본성으로 되돌아온다. 심지어 수학과 자연철학 그리고 자연종교조차도 어느 정도 인간학에 의존하고 있다. (⋯) 어떤 방식으로든 우리가 숙지해야 할 만큼 중요하거나 인간의 정신을 증진하거나 빛낼 수 있는 모든 것이 논리학, 도덕, 비평, 그리고 정치학이라는 네 가지 학문에 거의 담겨 있다. (⋯) 단 한 번이라도 우리가 인간 본성을 꿰뚫어볼 수 있다면, 우리는 어디서나 손쉬운 승리를 기대할 수 있을 것이다."(『인성론』, 「서론」)

에 있는 것이 아니라, "사람들은 왜 x를 A라고 생각할까?"라는 인성론적-인식론적 문제에 있었다.[26] 그의 철학은 학문의 기초로서 인성론을 수립한 후, 그 위에서 윤리, 종교, 정치, 경제 등을 사유하는 데에 있었다.

그렇다면 흄이 파악한 인간적 삶의 기초는 무엇인가? 바로 '정념'이다. 당대 영국의 많은 지식인들이 인간을 정념, 감정(sentiment), 정서(emotion)에서 출발해 이해했고, 이런 인간관에 입각에 윤리학[27]과 정치철학, 사회과학을 전개했다.(18세기에 이르면 초보적인 형태의 사회과학적 사유가 형성된다.)[28] 스피노자에게서 이미 보았듯이, 지각은 우리에게 인식론적 질료만

---

26) 잘 알려져 있듯이, 인과의 분석을 통해 흄이 얻은 결론은 '습관'의 중요성이었다. "습관/관습은 인간의 삶을 이끌어주는 위대한 안내자이다. 습관만이 우리의 경험을 우리에게 유용한 것으로 만들어주며, 우리로 하여금 미래의 사건들도 과거의 사건들과 마찬가지로 이어질 것이라는 기대를 하게 해준다. 습관의 영향이 존재하지 않는다면, 우리는 감각들과 기억에 지금 즉각적으로 나타나 있는 것을 넘어서는 모든 것들에 대해 전적으로 무지할 것이다. 우리의 목적에 도달하기 위해 어떤 방식을 취해야 할지도 모를 것이고, 목표를 수행하기 위해 우리에게 주어진 능력을 사용할 줄도 모를 것이다. 우리의 모든 활동과 대부분의 이론적 사유 또한 사라질 것이다."(E, bk 1, V, §1)

27) 또는 도덕철학(moral philosophy)이라고 할 수 있다. 그러나 여기에서 '모럴'이라는 말은 칸트적 뉘앙스에서의 도덕 또는 동북아 철학적 뉘앙스에서의 '道德'이기보다는 (본 철학사 1권, 12장, 4절에서 논했던) 몽테뉴 이래 전개된 'mos'/'mores'(행동, 성격, 습관, 풍습, 관습, 행태)에 대한 사유를 뜻한다. 인식론적으로 본다면, 이때의 '모럴'이라는 말은 인간의 행동, 성격 등을 경험적으로 세세하게 관찰·서술하는 것을 뜻한다. 결국 영국 경험론 학문에서 'moral philosophy'는 스토아-기독교-칸트적 뉘앙스로 이해하면 곤란하며, 인간에 대한 세세한 관찰을 통해서 (선험적인 도덕철학이 아니라) 경험적인 윤리학을 전개하는 사유를 뜻한다.

28) 계몽주의 시대(18세기와 그 전후)의 영국 사상은 대체적으로 상업자본주의 시대의 귀족 계층과 부르주아 계층에 맞선, 소부르주아 계층을 포함한 시민 계층의 사상이었다. 이들은 지배계층의 비-인간성과 자신들의 인간성을 대비하기를 원했고, 이런 배경에서 정감(情感)의 인간형이 대두되었다고 할 수 있다. 허치슨의 윤리학은 이 점을 특히 잘 보여준다.(Francis Hutcheson, *A Short Introduction to Moral Philosophy*, Kessinger, 2010) 흄에게서 한 주체의 개별화의 원리는 곧 정념이다. 주위 상황에 감응하는 정념의 고유함이 곧 개별화의 원리라고 할 수 있다. 로크 이래의 경험론적 인간관의 전개는 소설들을 통해서도 나타났는데(당대는 '교양소설(Bildungsroman)'이 탄생한 시대였다.), 새뮤얼 리처드슨, 헨리 필딩, 로런스 스턴 등의 작품들이 이를 잘 보여준다.

을 주는 것이 아니라 쾌락과 고통, 스피노자의 용어로 기쁨과 슬픔이라는 근본적인 느낌을 준다. 경험론자인 흄은 스피노자와 달리 '욕망'이라는 인간의 본질을 사유하지는 않았으며, 어디까지나 지각의 장에서 발생하는 쾌락과 고통에 초점을 맞추었다.[29] 흄에게 삶의 기초는 신체, 감각, 지각, 정념, 쾌락과 고통, 행동 등이다. 이런 차원을 초월하는 존재들/개념들은 모두 이 지각의 차원에 기초해 이해할 수 있다.

로크와 마찬가지로 흄은 인식론에서 본유관념의 사유를 비판하고, 윤리의 문제에서도 초월적인 가치들의 존재를 부인한다. 그에게 윤리적 사유의 출발점은 합리주의적인 이성이 아니라 경험을 통해 드러나는 정념/감정/정서이다. 예컨대 어떤 살인 사건을 아무리 이성적으로 분석해보아도, 그것에 대한 사실들을 아무리 모아보아도, 거기에서 '나쁘다/악하다'라는 도덕적 거부감을 발견할 수는 없다. "자신의 가슴으로 그 행위를 되새기며 자신의 마음속에서 부인의 감정(거부감)을 발견할 때까지" 말이다.(『인성론 3』, I, §1) 윤리적 좋음/나쁨은 이성의 문제가 아니라 감정의 문제인 것이다. '도덕감정(moral sentiment)'이라는 특별한 감정이 윤리학적 사유의 출발점이다. 여기에서 이 감정이 이해관계를 떠나서 성립하는 감정이라는 점에 주의해야 한다. 누군가의 살해당함이 자신의 이해관계 때문에 슬픔/거부감을 가져온다면(예컨대 죽은 사람이 자신에게 거액의 빚을 진 사람이었을 경우), 그것은 윤리적 거부감정이 아니라 윤리 이외의 맥락에서의 거부감정일 터이기 때문이다. 살해당한 인물이 악랄한 고리대금업자였을 경우 그 사건을 기쁘게 느낄 수도 있는데, 오히려 이 경우는 윤리적인 승인이라 해야 할 것이다. 요컨대 도덕감정은 ① 단순한 즉물적인 감정이 아니라 어떤 행위/인격에 대한 판단이 가져오는 감정이며, ② 개인적인 이해관계에서 유래하는 감정이

---

29) 하지만 흄은 인간을 쾌락과 고통으로 환원하지는 않았다. 훗날 공리주의자들은 이런 환원주의를 취했는데, 흄의 시각에서 보면 이것은 인간이라는 존재의 풍부한 차원들을 소거하고 그를 빈약한 차원으로 축소하는 것이다. 밀이 기존의 공리주의를 개혁하고자 했을 때 그는 흄에 다시 가까이 간 것이다.

아니라 어디까지나 개인을 떠난 일반적인 가치의 맥락에서 생겨나는 감정이다.

도덕감정은 어떤 특별한 형태의 쾌락 또는 고통이다. 우리는 윤리적인 행위(보다 심층적으로는 인격)를 볼 때 좋은 도덕감정을 느끼고 비윤리적인 행위를 볼 때 나쁜 도덕감정을 느낀다. 따라서 선과 악, 더 적절히는 좋음과 나쁨은 우리가 좋은 도덕감정(도덕적 '승인')을 느끼느냐 나쁜 도덕감정(도덕적 '부인')을 느끼느냐에 달려 있다. 그렇다면 우리는 왜 어떤 행위/인격에 대해서는 도덕적 승인/쾌감을 느끼고 또 어떤 행위/인격에 대해서는 도덕적 부인/고통을 느끼는 것일까? 어떤 행위/인격을 좋은 것으로 또는 나쁜 것으로 만드는 핵심적인 규준(criterion)은 무엇일까? 바로 '유용성(utility)'이다. 물론 이때의 유용성 역시 즉물적인 유용성, 개인적 이해관계에서의 유용성이 아니라, 윤리적 판단에서의 유용성, 개인적 이해관계를 떠나 성립하는 유용성이다. 흄의 윤리학은 윤리적 좋음/나쁨을 인간의 감정적인 본성에 비추어 이해한다는 점에서 '자연주의' 윤리학이며, 윤리적 좋음/나쁨의 규준을 유용성으로 본다는 점에서 '공리주의' 윤리학이라고 할 수 있다.[30)]

하지만 개인적 이해관계를 넘어서 윤리적 판단은 어떻게 성립할 수 있을까? 경험주의 인식론에 충실하다면, 인간이란 주관적인 지각의 차원에서 살아갈 수밖에 없으며(지각/경험이란 결국 특정한 개인이 하는 것이다. 철수의 신체 기관들, 세포 등이 하는 것도 아니고 철수의 가족, 지역, 한국 등의 보편자가 하는 것도 아니고 철수라는 고유명을 가진 특정한 개인이 하는 것이다.) 윤리적 문제에서도 결국 개인적인 지각이 핵심이 될 수밖에 없다. 그럼에도 '윤리적 판단/도덕감정'이라는 것이 성립할 수 있는 이유를 흄은 '공감'/'동감'/'동정

---

30) 하지만 흄에게서 전자가 먼저라는 사실은 매우 중요하다. 흄에게서 공리의 개념은 반드시 인간의 감정적 본성(동정심, 자애심, 인간애)에 뿌리 두어야 하기 때문이다. 공리의 개념을 취하되 흄적인 자애심을 '사적인 것'으로서 빼버릴 때 엘베시우스, 벤담 이래의 환원주의적 '공리주의'가 성립한다.

(同情)' 또는 인간애('휴머니티')에서 찾았다. "현(絃)들이 똑같이 울릴 때, 한 현의 운동이 다른 현으로 전달되는 것처럼", 감정은 사람에서 사람으로 옮아간다는 사실이 핵심이다.(『인성론 3』, III, §1) 이는 스피노자가 지적한 점이기도 하다.(『에티카』, 3부, 명제 27 이하) 경험은 결국 한 개인이 하는 것이지만, 이 공감의 힘을 통해 개인은 자신의 경험의 외연을 넓힐 수 있다.[31] 보다 존재론적으로 말하면, '나'라고 하는 존재의 범위는 고착되어 있는 것이 아니라 유동적이다. "정확히 어디까지나 '나'일까?"라는 물음에 대답하기는 쉽지 않다. 이런 공감능력을 통해 인간은 개인적 이해관계를 넘어서 윤리적 판단을 할 수 있는 것이다. 하지만 경험주의자인 흄은 이 공감능력 자체도 지각의 차원을 중심으로 이해한다. 인간이란 자신과 신체적으로 가까운 것에 보다 큰 공감(또는 반감)을 느끼고 공간적 외연이 넓어질수록 공감의 힘은 점점 엷어진다는 것이다. 흄은 개인의 노력 여하에 따라서 공감의 힘을 더 키워나갈 수 있다고 보았다.[32] 인간이 가장 사랑하는 것은 자기 자신이지만, 그 자기 자신 즉 '나'의 범위를 노력을 통해 확장해갈 수 있다고 본 것이다. 그러한 확장의 정도가 곧 그 사람의 덕-있음의 정도라고 할 수 있다.[33]

---

31) 흄은 이 문제를 『도덕 원리의 탐구』(*An Enquiry Concerning the Principles of Morals*, Hackett, 1983)에서도 중요하게 다루고 있다.

32) 어떤 사람들은 공감의 힘을 통해 개인적 차원을 넘어설 것을 역설하면서도, 그 범위를 국가/민족에 제한하고 싶어 하기도 한다. 같은 자연, 언어, 문화 등을 영위하는 사람들 사이에서만 충분한 공감이 가능하다는 것이다. 이런 생각은 민족주의의 성격을 띠게 되며, 이런 종류의 공감이야말로 '자연스러운' 것이라고 본 에드먼드 버크 등이 대표적이다. 흄 역시 공감의 힘이 '인류애'의 차원으로까지 뻗어나가기는 힘들다고 보았다. 지각을 중심으로 사유하는 흄에게 생전 보지도 못한 사람들까지 포함한 '인류애' 같은 것은 너무 추상적인/공허한 것이었다.

33) 이러한 확장의 노력에서도 물론 상상력이 핵심적인 역할을 한다. "감각은 우리 자신의 신체를 벗어나 경험하도록 한 적이 결코 없으며, 그렇게 할 수도 없다. 단지 상상력을 통해서만 우리는 그가 느끼는 감각이 무엇인가에 관한 관념을 형성할 수 있다."(애덤 스미스, 김광수 옮김, 『도덕감정론』, 한길사, 2016, 88쪽) 이때의 상상 역시 '이미지작용'이라는 그 본래의 의미에서 이해될 필요가 있다.

흄의 사유가 가져온 가장 심오한 결과는 인간의 삶은 어떤 형이상학적 진리에 입각해서가 아니라 인간 자신의 본성에 대한 깨달음에 입각해서 영위될 수 있다는 점을 주장한 데 있다. 이 점에서 흄은 근대적인 '주체의 철학'을 본격적으로 진수한 인물이다. 그는 이론적 탐구를 통해 세계에 대한 어떤 "객관적인 진리"의 인식을 왜 포기해야 하는지를, 아니면 적어도 "진리"에 잔뜩 들어간 힘을 왜 빼야 하는지를 역설했다고 할 수 있다. 그리고 그로써 그는 사유의 무게중심을 자연철학/형이상학이 아니라 인간의 자기 이해 즉 인성론으로 옮기고자 했던 것이다. 하지만 흄의 이런 경험주의 정신은 인성론 자체 내에서도 다시 한 번 발휘된다. 흄은 사유의 무게중심을 인간 그 자신으로 옮겼을 뿐만 아니라, 인간 이해 자체를 실체론적 인간관에서 관계론적 인간관으로 옮긴 것이다. 즉, 형이상학 자체를 부정/축소한 동시에 인성에 깃들어 있던 형이상학을 또한 추방했던 것이다. '관계의 외부성'에 입각한 그의 경험주의는 철학의 역사에 중요한 한 이정표를 새겼다.

2절 계몽의 시대: 근대 문명의 향방

§1. 계몽의 정신

17세기 이래 영국에서 전개된 경험주의적 사유는 때로 '계몽주의'/'계몽사상'으로 일컬어지기도 하지만, 이 개념이 명시화되고 또 급진적으로 전개된 것은 특히 프랑스의 '계몽사상가들(philosophes)'에 의해서였다. 영국에 비해 상대적으로 구체제('앙시앵 레짐')가 견고하게 지속되고 있던 프랑스였기에, 그것을 무너뜨리려는 계몽사상가들의 사유와 실천 또한 매우 급진적이었다. 이들은 신분제/귀족정, 기독교, 플라톤적 형이상학으로 구성된 서구의 전통을 무너뜨리고 인류 문명에 새로운 빛을 비추고자 했다. '계몽(啓蒙)'은 "Lumières", "enlightenment", "Aufklärung" 같은 말들이 잘 보여주듯이 이성의 빛을 따르는 것이었다. 그것은 이성의 빛으로써 어두움/몽매함을 몰아내려는 운동이었다.[34] 이 흐름은 서구 문명 나아가 인류 문명의 중요한 한 축이 된다.

계몽사상가들은 우선 중세 이래 서구 문명의 근저를 이루어온 기독교를

---

34) 향후 모든 'encyclopédie'의 원형이 된 'Encyclopédie' 즉 『백과전서』(1751~1772)는 이 운동을 상징한다. 디드로(1713~1784)와 달랑베르(1717~1783)가 이 말을 썼을 때, 그것은 단지 '백과전서'만을 뜻하는 것이 아니라 '시민적 교양'(그리스의 'en kyklios paideia')을 함축했다. 이 총서는 계몽된 시민들이 마땅히 갖추어야 할 지식들의 총체를 담은 것이었다. 달랑베르가 쓴 서론(Jean-Baptiste d'Alembert, *Discours préliminaire de l'Encyclopédie*, Gonthier, 1965)의 말미에 이들이 생각한 이 총체의 구조가 도식되어 있다. 크게는 '기억' 능력에 입각한 '역사'와 '이성' 능력에 입각한 '철학'으로 대별되어 있으며, 다시 역사는 인간사와 자연사로 그리고 철학은 형이상학(과 신학, 영혼론), 논리학(과 인식론), 정치철학, 윤리학, 수학, 물리과학, 생명과학, 인문학으로 분류되어 있다. 19세기가 되면 형이상학, 논리학, 윤리학(과 정치철학)만이 '철학'으로 불리게 되고, 수학, 물리과학, 생명과학은 '자연과학'으로 분리된다. 그리고 정치철학이 분화되어 정치학, 경제학, 사회학 등의 '사회과학'이 대두하게 되고, 인문학이 보다 풍부해진다. 역사는 인문학으로 들어간다.

비판했다. 흄만 해도 기독교에 대해 완화된 회의주의 입장을 취했고 그 관습적 가치를 인정했지만,[34] 계몽사상가들의 비판은 보다 준엄했다. 볼테르(1694~1788)는 기독교가 저지른 숱한 우행과 폭력을 꾸짖으면서[36] 종교적 '관용'을 설파했으며, 이후 관용은 계몽적 가치의 주요한 항으로서 자리 잡게 된다. 인류의 역사가 숱한 우행과 폭력으로 점철되어 있지만, 지중해세계/유럽에서 종교를 둘러싸고서 벌어졌던 일들보다 더 처참한 일들은 보기 힘들다. 이것은 '일신교'라는 것이 띠고 있는 어떤 본질적 속성이라고도 할수 있고, 종교가 정치적 권력과 결탁한 결과이기도 하다. 기성의 종교적-정치적 권력에 대한 볼테르의 비판은 계몽주의 정신의 주요 이정표이다. 하지만 볼테르의 사상은 신, 예수(의 신성), 기독교 자체를 부정한 것이 아니라, 어디까지나 서구적-기독교적 테두리 안에서 기성 종교/권력의 문제점을 지적한 것뿐이다. 볼테르는 기본적으로 보수주의자였다. 이 점에서 보다급진적인 계몽사상은 '유물론(matérialisme)'에서 찾을 수 있다.

---

35) 흄에게는 이신론(理神論)에의 믿음도 나타난다.(『자연종교에 관한 대화』, 이태하 옮김, 나남, 2008) 흄의 종교철학에 관련해서 『인간지성의 탐구』, 10장에서 전개되는 기적론은 흥미롭다. 흄은 알-가잘리에게서 보았던(1권, 10장, 2절) 그리고 흄 당대에도 기독교 호교론자들이 내세우던 주장, 즉 기적이야말로 신이 마음만 먹으면 자연법칙을 바꿀 수 있음을 보여준다는 주장을 거부한다. 그런 주장은 경험으로 이해할 수도 있는 현상들을 논리적 비약을 통해 신학적 주장으로 끌고 가는 것이기 때문이다. 하지만 흄이 『인성론』에서 전개한 인과론 비판을 생각해보면, 흄의 세계에서 기적은 얼마든지 일어날 수 있다. 내일 태양이 동쪽에서 뜨리라는 법은 없기 때문이다. 때문에 흄의 인과론과 기적론은 모순되어 보이기도 한다. 하지만 양자가 단적으로 모순된 것은 아니다. 급진적인 인과론은 합리주의의 입장을 강하게 비판하려는 흄의 얼굴이고, 기적론은 경험과 상식, 관습을 중시하는 흄의 얼굴이기 때문이다.

36) 볼테르는 『관용론』(송기형·임미경 옮김, 한길사, 2001)에서 그리스, 로마, 중국 등에서의 종교적 관용과 기독교에서의 종교적 불관용을 대비하면서 이런 우행과 폭력을 고발하고 있다.(동북아의 다국화 시대가 '빛나는 암흑시대'일 수 있었던 것이 '종교전쟁의 부재' 때문이었음을 상기하자.) 그는 특히 로마가 '종교적 이유'에서 기독교를 박해했다는 주장을 다각도에서 논박한다. 『광신의 무덤』(고선일 옮김, 바오, 2019)에서는 유대교와 기독교의 역사를 짚어가면서 전면적으로 비판한다.

§2. 유물론의 시대

무신론을 주창한 유물론자들은 서구 문명을 떠받쳐온 가장 근본적인 개념인 유일신 자체를 부정했다. 그리고 예수의 신성이나 "성경"의 신성을 부정했다.[37] 아울러 서구의 전통을 그 근본에서 무너뜨리려 했다. 이 점에서 유물론자들은 계몽주의의 한 극점을 형성한다. 그러나 계몽사상이 철학적인 수준에서 전통을 보다 근본적으로 비판하려면, 전통을 떠받쳐온 형이상학 즉 플라톤적 형이상학을 대체할 수 있는 그 자체의 형이상학을 제시해야 했다. 그것이 유물론이었으며, 이는 곧 '물질'만이 유일 실재이며 다른 모든 존재들은 물질에서 파생된 것들이라는 주장이다. 헬레니즘-로마 시대의 에피쿠로스학파, 스토아학파가 유물론적 사유를 전개했고 르네상스 시대에 이 흐름이 부활했지만, 유물론이 보다 급진적인 형태를 취하면서 사회 전체에 거대한 파장을 일으킨 것은 계몽주의자들을 통해서였다.

그러나 '유물론'이라는 개념은 물질의 본질적 속성을 무엇으로 보느냐에 따라 매우 큰 의미론적 편차를 띠게 된다. 에피쿠로스학파와 스토아학파 사이의 큰 차이가 이미 이 점을 잘 보여주었다. 데카르트의 형이상학에서 신과 영혼을 배제하고 오로지 물질만을 취할 때, 즉 유물(唯物)을 주장하되 물질의 본질적 속성을 'res extensa'로 규정할 때, 가장 좁은 의미에서의 유물론 즉 '기계론적 유물론'이 성립한다. 하지만 기계론적 유물론을 주장할 경우에도, 물질에 'res extensa'만을 부여할 것인가 아니면 그 이상의 본질적 속성들(예컨대 힘, 질량 등)을 부여할 것인가가 문제가 된다. 3장에서 논했던 '힘의 과학'과 '질의 과학'이 등장하게 된 맥락들 중 하나도 이 점

---

37) 가령 돌바크는 예수에 관한 비판적 역사를 써서 그를 둘러싼 비합리적 이야기들을 벗겨내고자 했는데(Paul d'Holbach, *Histoire crttique de Jésus-Christ*, in *Oeuvres philosophiques complètes*, tome 2, Éditions Alive, 1999), 이는 최술이 공자에 대한 비판적 역사인 『수사고신록』(이재하 외 옮김, 한길사, 2009)을 쓴 것과 같은 맥락이라고 하겠다. 이는 곧 근대성을 특징짓는 '탈신화화(demythologization)'의 흐름이다.

에 있었다. 18세기 유물론은 기본적으로는 데카르트의 동물기계론을 인간 기계론으로 확장한 것이지만, 그 사이에 일어난 자연과학적 탐구 성과들이 각 사상가들에게 다양한 방식으로 흡수되었기 때문에 그 양상은 복잡하다. 요컨대 본질적 속성들(설명하는 것)을 어디까지 인정하고, 어디에서부터 본질적이지 않은 속성들(설명되는 것)로 간주할 것인가가 문제의 핵심이다. 만일 물질 자체가 이미 생명을 본질적으로 함축한다고 볼 경우, 즉 생명이 깃들어 있지 않은 물질 개념이란 추상에 불과하다고 볼 경우 '생기론적 유물론'이 성립한다고 할 수 있다. 전체적으로 볼 때, 계몽주의 시대의 유물론은 기계론적 유물론이 주류를 이루고 생기론적 유물론도 개진되는 형국을 띠었다.[38]

단적인 기계론적 유물론자인 라메트리(1709~1751)는 "인간이란 매우 복잡한 기계"라고 보았다.[39] 의사였던 그는 인간의 신체에 대한 여러 연구들, 특히 뇌에 대한 연구를 통해 전통 형이상학과 신학에서 논한 영혼 개념을 부정하고, 정신적 현상들은 물질적 운동으로 환원해서 설명할 수 있다고 보았다. 오늘날의 뇌과학적 환원주의, '신경중심주의'의 시조라 하겠다. 따라서 인간과 동물의 차이도 최소화된다. 인간의 "영혼"도 다른 동물들의 영혼도 모두 물질로 환원해 설명할 수 있다면, 그것들 사이에 근본적 차이는 없다는 이야기가 되기 때문이다. 자연은 제일적(齊一的)이며, 인간 역시 이런 제일성에서 예외가 아니다.[40] 인간이란 "매우 복잡한" 기계인 것이다. 이는

---

38) 물질에 본질적 속성으로서 생명을 부여할 경우, 결과적으로 근본 실재는 물질이 아니라 생명이라고 할 수 있다. 이 경우 이를 유물론이라 부르기보다는 차라리 물활론(物活論)이나 생기론(生氣論), 유기체철학 등으로 부르는 것이 나을 것이다. 어떤 사람들은 심지어 기 일원론을 유물론이라 칭하기도 하는데, 기 개념에는 물질, 생명만이 아니라 정신까지도 함축되어 있기 때문에, 이를 유물론이라고 함은 이 용어를 너무 남용하는 것이 되어버린다. 학문에 있어 한 용어의 적용 범위를 어디까지로 잡느냐는 가장 중요한 문제들 중 하나이다. 기 일원론은 기를 초월한 리를 인정하지 않는 사유라는 점에서 '내재적' 사유, 정신도 기라는 자연에 포섭해서 이해한다는 점에서 '자연주의적' 사유, 생명을 중심에 놓고 있다는 점에서 유기체적 사유라 불러야 할 것이다.

39) Julien La Mettrie, *L'Homme-machine*, Denoël, 1981, p. 147.

역으로 말하면, 물질들을 조합하면 생명체가 나올 수 있고, 생명체가 고도화되면 정신적 존재가 나올 수 있다는 생각이다.[41] 모든 현상적인 차이들은 물질의 조직화 수준에서의 차이일 뿐이다.(당대에 '조직화' 개념은 아직 정립되어 있지 않았으며, 라메트리가 생각한 '조직화'는 단지 물질들의 누층적인 조합 정도를 뜻했다.) 그리고 이 모든 과정/구조를 지배하는 것은 기계적 메커니즘이다.

하지만 이렇게 설명할 경우 '설명하는 것'과 '설명되는 것' 사이의 거리 — 이하 '설명의 거리' 또는 '인식론적 거리'라고 부르자('의미론적 거리'와 상관적이며, 존재면들 사이의 거리라고도 할 수 있다.) — 가 너무 멀어져버린다. 동북아의 기학을 논하면서(1장, 1절), 설명하는 것과 설명되는 것의 거리가 너무 가깝다는 것, 그래서 자연철학과 형이상학의 구분이 희미하다는 점을 지적했거니와, 라메트리의 경우는 그 반대로 (원자론을 논하면서 여러 번 지적했듯이) 설명하는 것과 설명되는 것의 그 먼 거리를 어떻게 메우느냐가 관건이다. 때문에 라메트리는 예컨대 인체에 "생기를 주는 미묘하고 놀라운 힘" 같은 것을 논하기도 하고, 또 인체는 "그 자신의 태엽을 스스로 감

---

40) 라메트리와 같은 사유의 궤적을 그렸던 돌바크는 사태를 다소 다른 각도에서, 즉 자연의 필연성/결정성에 초점을 맞추어 유사하게 주장한다. 자연은 철저히 필연에 의해 움직이며 '우연'은 공허한 개념에 불과하다. 인간의 정신도 마찬가지이다.(d'Holbach, *Système de la nature*, Fayard, 1990, tome 1, XI, p. 244~45) 돌바크는 우연을 무의미한 것으로 치부하고 있지만, 사실 그의 세계 전체가 우연에 기반한다는 사실을 망각하고 있다. 이런 식의 존재론은 세계의 부분들에 대해서는 완벽한 결정론을 주장하지만, 세계 전체에 대해서는 완벽한 우연/맹목성을 주장하고 있다고 할 수 있기 때문이다. 모든 사건들은 필연적인 이유에 따라 생겨나지만, 그 사건들 전체에는 어떤 이유도 없는 것이다. 돌바크 자신이 세계 전체의 '운명'(스토아적 'fatum=fatalité')이라고 부른 것은, 스토아학파에게는 '섭리'이지만 에피쿠로스적 유물론자인 그에게는 다름 아닌 '우연'인 것이다.

41) 여기에서 '나온다'는 것은 시간적/진화론적 맥락보다는 구조적 맥락에서의 산출을 말한다. 사실 라메트리에게 이 양 측면은 차이가 그렇게 큰 것은 아니었는데, 18세기 진화론은 진화의 시간을 지금에 비하면 극히 짧게 잡고 있었고 그래서 시간적 진화와 공간적(계통학적) 배열/구조 사이의 간극이 크지 않았기 때문이다. 라메트리가 고등 동물들을 교육하면 인간처럼 말하고 생각하게 되리라고 쉽게 생각했던 것도 이 때문이다.

는" 기계라고 말하기도 한다. 설명의 거리가 너무 멀어 설명하는 것과 설명되는 것 사이가 너무 휑하다 보니, 어느 순간 (때론 자기도 모르게) 그 거리를 메우려는 표현들이 등장한다고 하겠다. 라메트리 자신이 물질적 차원에서 생명적 차원으로의 도약이란 설명하기 매우 어려운 것이며, 자신도 그것을 알지 못한다고 말했다.[42] 이는 라메트리 당대가 생물학이 아직 개화하기 이전이기 때문이기도 했다. 그러나 라메트리의 철학은 자연과학적 지식들을 종합해서 세계, 인간, 나아가 문화에 대해서까지도 일관된 유물론적 설명을 시도하는 사유의 원형을 보여주었다는 점에서 중요하다. 오늘날의 발달한 생명과학을 토대로 라메트리적인 작업을 행하는 것은 현대 사상의 중요한 한 갈래를 형성한다.

하지만 라메트리식의 사유가 너무 조잡하게 보이는 것이 당대의 과학이 성숙하지 못했기 때문만은 아니다. 그의 사유에 내포되어 있는 인식론적 거리가 너무 쉽게, 너무 빈번한 논리적인 비약들을 통해서 메워지고 있기 때문이기도 하다. 과학적인 사실들을 잔뜩 모아놓았는데, 그 사실들로부터 도대체 어떻게 이러저러한 철학적 귀결들이 나오는지가 이해되지 않는 경우가 너무 많다는 것이다.[43] 이는 계몽시대 유물론자들에게서 자주 나타나

---

42) 이 문제를 적극적으로 다루려 한 인물은 디드로이다. 디드로는 『달랑베르의 꿈』(김계영 옮김, 한길사, 2006)에서 갖가지 우주론적 사변들을 제목 그대로 꿈처럼 펼친다. 디드로는 물질을 가지고서 생명을 설명하는 것과 물질에 본질적 속성으로서 생명을 부여하는 것 사이의 중대한 존재론적 차이에 둔감했지만, 전체적으로는 생기론적 유물론을 전개했다고 볼 수 있다. 심지어 그는 물질 자체에 사고능력과 감성능력을 부여하기도 했다.

43) 이런 문제점은 오늘날까지도 어떤 특정 과학을 말하자면 "뻥 튀겨서" 엄청난 철학적 결론들로 치닫는 과학자들(사이비 철학자들)의 담론들에서도 흔히 발견된다. 형이상학을 거부한다고(심지어 철학 자체를 거부한다고) 기세 좋게 나갔던 과학자가 어느 순간 자신의 과학적 성과들을 형이상학으로 둔갑시켜놓는 광경을 우리는 도처에서 발견하곤 한다. 어떤 특정 분야의 과학이 철학으로 발전해가려면 반드시 다음 세 조건을 만족시켜야 한다. 첫째, 우선 학문의 역사, 특히 철학의 역사에 대한 충분한 기초가 있어야 하고, 둘째, 그 과학과 다른 과학들의 연관성이 종합적으로 해명되어야 하며, 셋째, 이런 종합적 이해의 토대 위에서 정밀한 철학적 논변들(arguments)이 구축되어야 한다. 하지만 많은 사람들이 자신이 이룩한 특정 분야에서의 성과를 갑자기 뻥 튀겨서 마치 마술사처

432

는 문제점이다. 여기에 또 하나, 이들은 물질과 그것의 수학적 파악의 관계에서 나타나는 이율배반을 아직 충분히 감지하고 있지 못했다는 점도 문제이다.[44] 물질의 심층을 파 내려가면 갈수록 역설적으로 '물질성'(현상학적으로 지각하는 물질성)은 점점 증발되고 우리 앞에 나타나는 것은 고도의 수학적 구조이다. 그래서 유물론적 입장에서 시작해 물질을 연구해가던 어느 순간 연구자는 플라톤주의자가 되어 있는 자신을 발견하게 된다. 이것은 존재와 인식, 대상과 주체, 물질과 정신/이성 사이의 순환관계와 관련된다. (9장에서 이 문제를 자세하게 다룰 것이다.) 하지만 18세기 유물론자들은 기존 형이상학을 비난하면서 과학적/유물론적 탐구가 모든 것을 가져다주리라고 믿었을 뿐, 자신들의 그런 행위/작업이 함축하는 존재론적-인식론적 바탕에 대해서 깊이 성찰하지는 못했다.

§3. 유물론, 환원주의의 아이러니

우리는 특정 대상에 대해 어떤 과학적 법칙을 "발견했다"고 말한다. 하지만 그 법칙 자체가 일반적인 의미에서의 물리적인 존재일 리는 없다. 땅과

럼 철학적 결론들을 내리는 것이 오늘날 아예 일종의 유행이 되어버렸다. 그리고 다른 분야에 대해 무지한 과학자일수록 더욱더 이런 행태를 심하게 보이고, 흥미롭게도 보다 더 '엄밀하다'고 하는 분야에서 그에 비례해 이런 폐단이 더욱 크게 나타난다는 사실을 확인할 수 있다. 타자에 대한 무지가 자기에 대한 근거 없는 확신을 부추기는 것이다. 이런 식의 속류 유물론은 현대 철학이 극복해야 할 중요한 한 흐름이다. 이런 속류 유물론의 출발점이 곧 계몽주의 시대의 유물론자들에게서 나타났다고 할 수 있다.

44) 계몽사상가들은 수학의 인식론적-존재론적 위상에 대해서도 생각이 서로 달랐다. 달랑베르, 콩도르세 등은 수학의 중요성을 역설했지만, 볼테르, 디드로, 뷔퐁 등은 구체적인 실험의 중요성을 역설하면서 물리학이 수학화되는 것을 비판했다. 이는 18세기 물리학의 주요 소재였고 많은 사람들을 매료하기도 했던 빛, 열, 전기, 자기 등이 아직 수학화의 단계에 이르지 못했기 때문에 생긴 논쟁이기도 했다. 19세기에 이르러 이런 대상들은 본격적인 수학적 언어를 얻게 된다.

돌은 물리적 존재들이지만, 수학으로 표현되는 자유낙하 법칙 자체는 물리적인 존재가 아니라 오히려 인간의 머리에서 나온 정신적인 존재인 것이다. 이 자체도 물리적인 존재라고 한다면, 물리적인 존재가 물리적인 존재를 '안다'느니, 이 법칙이 '맞는다'느니 '틀리다'느니 하는 이야기들은 무의미한 것이 되어버린다. 물리적인 것이 물리적인 것에 그저 '작용'한 것에 불과하겠기에 말이다. 돌과 물이 서로 물리적으로 작용하듯이 대상과 정신/이성의 산물(개념, 법칙 등)이 물리적으로 작용한다는 것은 우스꽝스러운 생각이다.[45] 물론 자연법칙은 인간이 자신의 정신적 고안물을 대상에 일방적으로 투사한 것이 아니다. 그것을 검증하기 위한 특수한 장치들을 매개한 실험들을 통해 그 법칙은 잠정적으로 확증/반증된다. 이 점에서 어떤 측면에서는 '발견했다'고도 할 수 있다. 그러나 그 발견은 결국 발견자가, 주체가 하는 것이다. 계몽사상가들의 사유에서 가장 아이러니한 측면은

---

45) 물론 유물론자들은 사유, 법칙, 개념 등등도 예컨대 뇌의 시냅스의 작용이라고 반론할 수 있다. 하지만 설사 이런 전제 위에 선다 해도, ① 시냅스의 작용이라는 생리적 차원과 그것이 산출해낸 비-물질적 존재들은 존재론적 차원을 달리하는 것이며(예컨대 "a = b 이고 b = c이면, c = a이다"라는 논리적 법칙은 생물학적 메커니즘을 초월하는 차원에 존재한다.), ② 시냅스가 "이러이러하다"고 인식하는 내용 그 자체는 시냅스의 메커니즘이 아니라 비-물질적인 인식 내용이다. 시냅스가 인식하는 것이 아니라, 어떤 주체가 위를 가지고서 소화를 하고, 눈을 가지고서 보듯이, 시냅스를 가지고서 인식을 하는 것이다. ③ 만일 그들의 주장대로라면, 그 주장 자체도 그저 그들의 시냅스들이 그렇게 움직인 결과이므로 그것이 '진'이니 '위'니 따지는 것은 의미 없는 것이 되어버린다. 존은 그의 시냅스가 그렇게 움직여서 그런 주장을 하는 것이고, 헨리는 그의 시냅스가 그렇게 움직여서 그것에 반대하는 것일 뿐이다. 누가 맞는지 틀리는지가 무슨 의미를 가질 수 있겠는가. 결국 '존재'와 '인식'은 순환적이라고 할 수 있으며, 이 점을 무시하고 일방향적으로 생각할 때 유물론적 환원주의가 등장한다.
이 점은 반대로 유심론("모든 것은 결국 마음의 작용의 산물이다.")에 대해서도 똑같이 말할 수 있다. 허구/상상과 객관적 인식을 구분하지 못하면 곤란하다. 유물론적 환원주의든 유심론적 환원주의든 결국 존재와 인식의 순환구조와 그 역사적 변화 과정을 무시하면서 일방향적 사유를 하는 것은 마찬가지라고 하겠다. 어떤 형태의 환원주의이든 모든 형태의 환원주의는 인식을 단순화해버리는 생각이고, 궁극에는 자기가 지금 무슨 말을 하고 있는지도 깨닫지 못하는 자가당착에 봉착하게 된다.

이들이 '이성의 빛'을 통해서 세계를 인식하고 세상을 바꾸려 했으면서도, 오히려 이성을 생리적인 작용으로 환원하기 위해 애썼다는 점이다. 이성과 사유/학문에 대한 메타적 반성은 루소 이래 철학자들의 과제가 된다.

계몽사상가들의 이런 아이러니는 이들의 인성론과 인식론에서도 드러난다. 유물론의 관점에서 인간을 볼 때, 그 일차적인 특징은 감성(sensibilité)에 있다. 콩디야크(1714~1780)의 인식론은 '감각주의'로 특징지어지며, 그는 유명한 '입상(立象)'의 사유실험을 통해 급진적 경험주의 인식론을 전개했다.[46] 엘베시우스(1715~1771) 역시 모든 관념들은 오로지 감성에서만 산출된다고 보았고, "물리적[지각에 입각한] 감성과 기억"이라는 두 능력에만 의거해 사유를 전개하고자 했다.[47] 콩디야크의 제자인 카바니스(1757~1808) 역시 "이론은 관찰보다 멀리 가지 못한다. 그것은 관찰 자체일 뿐"[48] 임을 역설하면서 철저한 경험주의를 개진했다. 이 지점에서 계몽주의 철학은 영국 경험론과 합류한다. 계몽주의 철학자들은 로크가 "자연철학으로의 작은 일탈"이라고 불렀던, 그리고 버클리는 부정하고 흄은 유보했던 차원, 즉 사물 자체의 차원을 유물론적 자연철학/형이상학으로써 파악하고 그 기반 위에서 감각과 정념을 다루었다고 할 수 있다. 카바니스는 의학을 기초로 '인간과학'을 구축하고자 했으며, 최근에 생명과학을 기초로 인간과학을 구축하려는 시도의 뿌리를 이룬다.[49] 하지만 이론적 맥락에서 이

---

46) Étienne Condillac, *Essai sur l'origine des connaissances humaines*, Vrin, 2014. 디드로는 그의 『맹인에 관한 서한』(이은주 옮김, 지만지, 2016)에서 선천적 맹인인 14세 소년을 수술한 외과의사 체젤든(1688~1752)의 경험을 토대로 '몰리누의 문제'(촉각으로만 구체와 입방체를 구분하던 선천적 맹인이 수술로 개안했을 때 시각만으로 그것들을 구분할 수 있을 것인가)를 다루면서 역시 철저한 경험주의 입장을 천명하고 있다. 콩디야크는 같은 문제를 1부 6장에서 다루고 있다.

47) Claude Helvétius, *Helvétius: choix de textes et introduction*, Louis-Michaud, 1911, p. 41 ff.

48) Pierre Cabanis, *Cabanis: choix de textes et introduction*, Louis-Michaud, 1910, p. 67.

49) 하지만 그는 피넬(1745~1826), 비샤(1771~1802) 등과 더불어 파리 임상학파의 일원이었다. 그의 '임상의학'은 오늘날의 생명과학의 흐름과는 성격을 달리하며, 고전 시대의 '표상'의 에피스테메에 속한다.

들의 유물론과 '이성의 빛' 사이에 존재하는 간극을 지적했듯이, 인간을 유물론적으로 파악하려는 이런 시도는 이들의 실천과 잘 조응하지 못하는 듯하다. 인간의 사유작용이 생리적 변화일 뿐이라면 세상을 바꾸려는 이들의 의지도 그저 이들 신체의 어떤 변화의 결과일 뿐이 아닌가? 생각이라는 것이 뇌의 운동일 뿐이라면 이들의 생각도 그들 뇌의 운동 결과일 뿐이고 이들이 타파하고자 하는 앙시앵 레짐의 기득권자들의 생각도 그들 뇌의 운동 결과일 뿐이 아닌가? 누가 옳고 누가 그르다는 것이 무엇을 뜻할 수 있겠는가? 사람들의 행동이 물질들의 운동 결과일 뿐이라면 세상을 바꾸어'야 하는' 이유가 어디에 있겠는가? 탄압을 받으면서까지 자신들의 이성적 판단과 개혁의지를 포기하지 않고 투쟁했던 이들의 삶을 그들이 추구한 유물론 철학이 뒷받침해줄 수 있을까?[50]

---

50) 『에밀』(김중현 옮김, 한길사, 2011, 499~500쪽)에서 루소는 "한 철학자(디드로로 보임)가 내게 나무도 느끼며 바위도 생각한다고 말했"음을 언급하면서, 이를 비판한다. 물질은 단지 연장되어 있고 분할될 수 있는 존재일 뿐이라는 것이다. 또한 동시에 "현대 철학(유물론)은 인간은 전혀 사고하지 않는다는 것을 발견한 것처럼 보인다. (…) 자신들은 사고하지 않는다고 확신하고 있는 그들(유물론자들)이 어떻게 감히 느끼기는 한다고 주장하는가?"라고 말하면서, 이런 생각을 비판한다. 인간을 물질로 환원할 경우 인간은 결국 느낄 수 없을 뿐만 아니라 사고할 수도 없다는 것이다.* 하지만 루소는 전자의 경우와 후자의 경우 사이에 존재하는 차이는 간과하고 있다. 디드로의 경우(이른바 '생기론적 유물론') 물질 자체에 사고와 느낌을 부여하고 있기 때문에, 물질과 인간은 연속적이다. 그가 환원주의를 견지한다고 해도 문제는 생기지 않는다. 다만 도대체 물질이 어떻게 사고한다는 말인가 하고 반문을 제기할 수 있다. 기계론적 유물론자들의 경우에는 이런 문제가 생기지 않지만, 반대로 (위에서 지적했듯이) 그들처럼 생각할 경우 인간의 사고와 느낌은 결과적으로 아무것도 아닌 것이 되어버린다는 문제점이 발생한다.
* 루소가 사고보다 느낌을 더 상위의 능력으로 보고 있음에 주목하자. 루소에게서 'cogito'는 무엇보다도 우선 "나는 느낀다"이다. 하지만 이것이 루소가 이성을 감정의 하위 능력으로 보고 있음을 뜻하는 것은 아니다. 오히려 이성을 계몽사상가들처럼 합리성으로 보기보다 더 폭넓은 개념으로 보았음을 뜻한다. 루소는 "인간은 오직 이성의 빛 아래에서만 선을 행할 수 있다"고 보았다. 루소는 "건조한 이성"을 비판하면서, 이성에 신체의 옷을 입힐 것을, 이성의 언어를 가슴을 통해서 전달할 것을 요청했다. 그가 생각한 '이성의 빛'은 신체와 감정을 포용하는 빛이다. 이 점은 루소 교육론에서도 핵심적이며, 실러 등에 의해 계승된다.(프리드리히 실러, 윤선구 외 옮김, 『미적 교육론』, 대화문

그러나 헬레니즘-로마 시대의 철학자들에게서도 그랬듯이, 이들 사유의 맥락을 보다 넓은 시각으로 볼 필요가 있다. 예컨대 라메트리가 극단적인 환원주의적 사유를 전개한 것은 그 이전의 서구가, 특히 라메트리 자신의 입장에서 볼 때 프랑스의 앙시앵 레짐 사회가 억압적인 종교와 도덕에 지배당하고 있었기 때문이었다는 점을 놓치면 곤란하다. 이들의 근본 목적은 자연철학과 형이상학을 그 자체로서 추구하는 것이 아니라 앙시앵 레짐을 타파하고 새로운 세상을 만들 일종의 무기로서 추구한 것이었다고 해야 하지 않을까. 이 때문에 이들은 플라톤과 기독교로 대표되는 '전통'과 대극을 이루는 세계상을 구축하고자 한 것이다. 이렇게 본다면 이들의 이론적 약점에 초점을 맞추는 것은 이들 사유의 근본 성격을 망각하는 것일 수도 있다. 오히려 이들과 같은 실천의식을 상실해버리고 이미 왜소한 소시민이 되어버린 현대의 학자들은 이들의 꿈과 의지와 용기를 배워야 하지 않을까.

　계몽사상가들의 이론과 실천 사이의 간극을 넘어 계몽의 정신에 좀 더 어울리는 철학을 구축한 것은 루소와 그를 이은 철학자들이었다. 계몽주의의 흐름을 함께하면서도 루소(1712~1778)는 지금까지 논한 계몽사상가들과는 다른 사유의 궤적을 그렸다. 사회 개혁의 의지를 계몽사상가들과 함께하면서도 이들 사상가들의 자연 인식과 인간 인식에 동의할 수 없었던 루소는 새로운 자연관과 인간관을 제시함으로써 철학사의 이정표를 만들어냈다.

　루소가 생각한 자연은 갈릴레오와 데카르트 이래 서구 철학자들이 추구

화아카데미, 2015)

해온 관점과 대척적인 관점을 통해 이해된 자연이다. 루소는 자연을 '단순한 것', 가장 등질적이고 자기동일적인 요소들로 분해해서 설명하는 환원주의적 자연관을 지양하고, 자연을 전체로서, 유기적 존재로서 이해했다. 그에게 자연은 항상 전체로서의 자연이다. 따라서 그는 자연의 어떤 측면들을 양화해서 그것들 사이의 함수관계를 얻고자 하는 일에는 무관심했으며, 자연이 인간에게 드러내는 풍요로운 질들의 향유에 이끌렸다. 그에게 자연은 인간이 객관화/대상화하고 합리화 — 분석, 양화 — 하고 조작하는 존재가 아니라 우리가 '대(大)자연'이라고 부르는 위대한 존재였다. 더 나아가 그에게 자연은 신비하기까지 한 차원이며, 인간이 이 차원을 온전히 합리화할 수 있다는 것은 망상에 가까운 것이었다. 물론 루소가 자연의 엄혹함에 둔감한 것은 아니었고, 또 자연이 인간에게 주는 불평등을 외면했던 것도 아니다. 그러나 전체적으로 루소의 자연은 유기적이고 풍요로운 존재, 위대하며 신비하기까지 한 존재였다. 유럽의 화가들이 자연을 자체로서 그리기 시작한 것도 바로 이 즈음부터이다. 동북아 문명에서는 익숙한 것이었던 자연에 대한 이런 이해는 그것을 '제작된 것', '피조물', '기계' 등으로 이해했던 서구 전통에서는 오히려 낯선 것이었다. 루소의 이런 자연관은 이후 '낭만주의'적 자연관으로 이어지며, 계몽사상가들이 전개한 '합리주의'적 자연관과 대척을 이루게 된다.[51] 다소 일반화해 말한다면, 합리주의와 낭만주의는 이후 서구 사유의 두 축 — 오늘날의 '과학과 인문

---

51) 루소의 자연관은 얼핏 버클리의 그것(앞에서 언급했던 『하일라스와 필로누스가 나눈 세 편의 대화』에서의 자연관)과 상통하는 것으로 보이지만, 그의 자연관은 현상에 대한 단적인 존재론적 긍정의 방식이 아니라 당대 유물론자들의 자연관에 대한 비판을 통해서 성립했다고 할 수 있다. 이 내용은 『에밀』 4부에 들어 있는 「사부아 보좌신부의 신앙고백」에서 전개된다. 이 대목에서는, 낭만주의적-신비주의적으로 보이는 루소의 자연관이 인식론적으로는 회의주의적 면모를 띠고 있음을 볼 수 있다. 사실 양자는 동전의 양면이다. 아울러 루소의 자연관은 기독교의 세계관에 정면으로 도전한 것이었기에 예수회를 비롯한 기득권자들의 분노를 샀고, 이는 루소가 이후 도피생활을 하게 되는 계기가 된다.

학' — 으로서 계속 이어지게 된다.

위대한 자연이 인간에게 준 두 가지 보물이 있다. 자기에 대한 사랑 즉 자기애(amour de soi)와 타자에 대한 사랑 즉 자애심(慈愛心) — 맹자가 역설한 '不忍人之心' — 이다. 생명/삶에 대한 사랑이 자연이 인간에게 준 원초적 은총이다. 루소는 '원죄' 개념을 거부하면서, 삶의 근저에 자기애를 놓는다. 하지만 사회생활을 하는 과정에서 인간은 점차 변한다. 자기애는 이기심(amour propre)으로, 자애심은 경쟁심과 질투심으로 바뀌는 것이다. 삶은 점차 경쟁과 질시의 도가니로 화한다. 루소는 이 과정을 한 인간에게서만이 아니라 인류의 문명 전체에서도 확인한다. 때문에 그는 자연과 문명을 강렬하게 대비한다. "인간은 자유롭게 태어났다. 하지만 도처에서 사슬에 묶여 있다."[52] "창조주의 손에서는 모든 것이 선했으나, 인간의 손에 이르면 모든 것이 타락한다."(『에밀』, I) 루소는 『인간 불평등 기원론』에서 이 과정을 오늘날로 말해 인류학적인 방식으로 추적한다. 문명의 역사는 퇴락의 역사로 드러나고, 동물 및 미개인에 비한 인간의 타락상이 부각된다. 흔히 찬양되는 인간 고유의 능력이 그에게는 오히려 타락상의 원천이다.

이 특유한 게다가 거의 무제한인 능력〔스스로를 개선해가는 능력〕이 인간이 지닌 모든 불행의 원천이라는 것, 또한 시간의 힘으로써 인간을 이 평온하고 죄 없는 나날로 채워지는 그 원초적인 상태로부터 끌어내는 것이 이 능력이라는 것, 또 지식의 빛과 오류, 악덕과 미덕을 여러 세기에 걸쳐 발달시켜[53] 마침내는 인간을 자신과

---

52) 장-자크 루소, 최석기 옮김, 『사회계약론』, 동서문화사, 2016, I, §1. 여기에서 "자유롭게 태어났다"는 것은 인간의 자연상태가 자유로움에 있다는 것을 뜻한다. 이 점에서 자연상태에 대한 루소의 개념은 홉스의 그것("전쟁의 상태")과 대비적이다. 루소는 "그것에 대한 올바른 관념을 갖는 일이 우리의 현재 상태를 잘 판단하기 위해서 필요한 그런 상태"를 자연상태로 이해한다.(『인간 불평등 기원론』, 최석기 옮김, 동서문화사, 2016, 「서론」) 모호한 면은 있지만, 루소에게서 '자연상태'는 순수 논리적 구성물이라기보다 실제 태곳적 인간의 상태이다.

53) 이런 발달 과정에서 결정적인 지도리를 형성하는 것은 사유재산이다. 일찍이 로크가

자연에 대한 폭군으로 만들어버리는 것이야말로 바로 이 능력이라는 것, 이런 것들을 인정하지 않을 수 없다는 것은 우리에게 슬픈 일이다.(『인간 불평등 기원론』, I)

이런 타락의 결과 인간사회에서 불평등은 점차 심화되어왔으며, 지배와 억압, 폭력이 횡행하기에 이른 것이다. 루소는 이런 장면들이야말로 "바로 내가 우리 사회에서 보아온 것"이라고 말한다. 이런 사회에서

〔사람들은〕 자기의 이익을 위해선 실제의 자기와는 다른 것처럼 보여야만 했던 것이다. 자기의 실제 존재와 외적으로 드러나는 모습은 전혀 다른 두 가지 것이 되었다. 그리고 이 구별에서 〔사제들이나 귀족들에게서 볼 수 있는〕 엄숙한 겉치장과 기만적인 책략과 그것에 따르는 모든 악덕이 나왔다. (…) 중간층 역시 (…) 어떤 사람들에 대해서는 교활하고 비루해지며, 다른 사람들에 대해서는 횡포하고 냉혹하게 되며, (…) 참된 필요성에서가 아니라 타인 위에 서기 위해 저마다 재산을 늘리려는 열의가 결국 서로에게 해를 끼치려는 나쁜 경향을 불러일으키고, 또 한층 확실하게 성공을 거두기 위해 자주 친절한 가면을 쓰는 일이 있으므로 더욱더 위험한 숨은 질투심이 솟아오른다.(『인간 불평등 기원론』, II)

'사회'와 '법률'이라는 것은 기득권자들이 자신들의 기득권을 지키기 위해 만들어낸 것일 뿐이다. 결국 이 장치들은 약한 자에게는 새로운 멍에를, 강한 자에게는 새로운 힘을 부여함으로써 자연과 자유를 영원히 파괴해버렸다. "자연으로 돌아가라!"라는 루소의 외침에는 이런 현실에 대한 고발이 깃들어 있다.

하지만 이제 와서 자연으로 돌아갈 수는 없다. 루소 자신 이를 잘 알고 있

"사유(私有)가 없는 곳에서는 부정(不正)도 있을 수 없다"라고 했거니와(『인간지성론 4』, III, §18), 루소에게서도 바로 사유재산이 사람과 사람을 갈라놓는 결정적인 요인이다.(그에게서 '잉여가치'의 개념은 아직 뚜렷하지 않았다.) 그리고 농업과 야금술이 이 과정을 더욱 부채질했다.(『인간 불평등 기원론』, II)

다. 때문에 『인간 불평등 기원론』의 루소와 『사회계약론』의 루소는 다르다. 전자가 문명/사회를 강렬하게 성토하고 있다면, 후자는 어떻게 좋은 문명/사회를 구축할 것인가에 주력한다. 따라서 후자에서 사회와 법률은 단순한 부정의 대상이 아니라 비판적으로 발전시켜야 할 대상이 된다. 예컨대 전자에서 사유재산은 단적인 악의 뿌리이지만, 후자에서는 그것을 어떻게 정의롭게 만들 것인가가 화두가 된다. 하지만 후자에 이르러 자연이 사라지는 것은 아니다. 교육론인 『에밀』의 경우에서처럼 생생하게 현전하지는 않지만, 『사회계약론』에서도 자연은 플라톤에게서의 이데아와 같은 역할을 한다. 플라톤에게 중요한 것은 이데아계와 현상계의 구분만이 아니다. 그보다 더욱 중요한 것은 현상계 내에서 이데아를 더 잘 모방하고 있는 '에이콘'과 그렇지 못한 '판타스마'/'시뮬라크라'를 구분하는 것이다. 이것들 사이의 차이를 분명히 하는 기준으로서 이데아가 요청되는 것이다. 이 점은 이데아를 모방하는 정치가와 그렇지 못한 정치가를 구분하는 『정치가』에서 뚜렷이 확인된다. 루소에게서도 자연은 플라톤의 이데아처럼 좋은 사회 및 법률과 나쁜 사회 및 법률을 구분할 수 있게 해주는 기준으로서 엄존한다.[54] 본래적 자연, 인간의 본래적 본성(자기애, 자애심, 자유의지)에 보다 더 충실한 사회와 법률의 구축이 화두가 되는 것이다. 이것이 "자연으로 돌아가라!"라는 외침의 정확한 의미이다.

따라서 이미 사회와 법률의 상황에서 살고 있는 인간에게 요청되는 것은 어떻게 본래의 '자연적 자유'를 '이성적 자유'로 연착륙시킬 것인가이다. "좋은 사회제도란 인간에게서 가장 적절한 방식으로 자연성을 잃게 만들

---

54) 이 점은 칸트에 의해 계승된다. 칸트에게서도 이상적인 시민사회의 건설은 자연의 이념을 역사적으로 실현하는 것으로 이해된다. "인간은 거시적으로 인류사를 自然의 비밀스러운 계획, 곧 내적으로나 외적으로나 온전하게 구축된 헌법(Staatsverfassung) ─ 인류가 자신의 모든 잠재력을 남김 없이 펼칠 수 있게 해주는 유일한 조건 ─ 을 실현하려는 계획으로서 간주할 수 있다."(Immanuel Kant, *Idee zu einer Allgemeinen Geschichte in weltbürgerlicher Absicht*, Achter Satz, Holzinger, 1784, S. 18~19)

어, 그의 절대적인 존재를 제거하고 그 자리에 상대적인 존재를 주는 것, 그로써 '나'라는 자아를 공동체에 양도할 수 있게 해주는 제도이다."(『에밀』, I)

이는 이기심과 경쟁심, 제멋대로임(자유의지의 타락된 형태)으로 퇴락한 인간이 '일반의지(volonté générale)'를 통해서 공동체의 진정한 일원이 될 수 있게 하는 것이다.[55] 루소 사유의 이런 발전 과정에서 감정/느낌을 중시하던 그의 생각도 바뀌어, 이전에 부정적으로만 취급되던 법률과 국가가 중요한 위상을 차지하게 된다. 법률과 국가가 일반의지의 표현인 한에서 개인들은 이것들에 복종해야 하는 것이다. **자연적 자유라는 가치가 사회적 평등이라는 가치로 이행하게 된다.**[56]

그가 평생 존경했던 플라톤에게서와 마찬가지로, 루소에게서도 정치철

---

55) "구성원 하나하나를 그 모든 권리와 더불어(권리를 해치지 않은 채) 공동체 전체에 전면적으로 양도하는 것이다. (…) 사람마다 자신을 공동체 전체에 양도하는 것이지, 특정한 개인에게 양도하는 것이 아니다. (…) '우리는 저마다 신체와 모든 힘을 공동의 것으로 삼아 일반의지의 최고 지도 아래 둔다. 그리고 구성원 하나하나를 전체와 나누어질 수 없는 일부로서 받아들인다.' (…) 이 결합 행위는 곧바로 특정한 계약자 하나하나를 대신하여 하나의 정신적이고 집합적인 단체를 만들어낸다."(『사회계약론』, I, §6) 루소의 일반의지 개념에는 자유주의적 측면과 공동체주의적 측면이 미분화된 채 들어 있으나, 훗날 이 양자의 관계는 그리 간단치 않음이 드러난다. 또, 루소가 말하는 일반의지의 범위가 어디까지인가(특정한 집단인가, 민족 또는 국가인가, 인류 보편인가, 생명계 전체인가)가 중요한 문제로서 대두된다.

56) 루소의 '일반의지'와 나란히 '일반취향(goût général)' ─ 루소 자신은 이런 표현을 쓰지 않았지만 ─ 이 요청된다고 할 수 있다. 루소는 삶과 유리된 가상들을 끊임없이 만들어내고 사치, 방종, 환락의 온상이 되는 예술을 강도 높게 비판했으며, 자연과 유리되지 않는 그리고 윤리적-교육적인 예술의 함양을 강조했다. 루소의 예술철학은 플라톤이 『국가』에서 펼친 그것과 유사하다. 루소에게 중요한 것은 헛된 상상력에 몰두하면서 허망한 가상들을 양산해내는 귀족적-부르주아적 취향이 아니라 자연의 본래성에 그리고 민중의 현실에 밀착한 일반취향이었다.

하지만 이런 문화에 열광하는 것이 바로 민중/대중 자신들이라면 어찌할 것인가? 루소가 생각했던 "민중의 현실에 밀착한" 문화는 홀대받고, 얄궂게도 부르주아지가 기획한 문화상품들이 대중을 지배한다면 어찌할 것인가? 이것이 현대 문화의 근본 문제이다. 루소가 TV, 영화, 인터넷 게임, VR, 아이돌 등등이 넘쳐나고, 부르주아들이 이런 오락산업들을 통해 거대한 부를 축적하는 것을 본다면 아연실색할 것 같다.

학과 교육철학은 하나를 이룬다. 루소에게 교육의 목적은 한 인간을 정의로운 사회의 자유로운 시민으로 만드는 것이다. 무엇보다 중요한 것은 인간의 자연/본성에서 배태되는 자기애와 자애심이 이기심과 경쟁·질시로 퇴락하지 않도록 돕는 것이다. 이것은 『인간 불평등 기원론』에서 그렸던 인류 타락의 길을 거꾸로 거슬러 가는 것, 아니면 적어도 완화하는 것이라고 할 수 있다. 다시 말해 타인의 인정을 얻기 위해 끝없이 가상을 만들어내는 삶이 아니라, 자기애와 자애심이 기반이 되는 '자연스러운' 삶이 추구되는 것이다. 그리고 현실적으로 더욱 중요한 것은, 현존하는 사회를 정의로운 곳으로 만드는 것과 맞물리는 것으로서, 이기심과 경쟁심을 넘어 윤리적인 자율성과 사회적인 정의감을 갖추게 하는 것이다. 자기애와 자애심의 함양은 한 인간으로 하여금 이기심 및 경쟁심과 싸움으로써 자율성과 정의감을 키울 수 있게 해주는 것이다.

유물론자들과 루소는 이렇게 이론적으로는 서로 대립했지만, 앙시앵 레짐을 타파하고 새로운 세상을 만들고자 했던 점에서는 일치했다. 이들은 이성의 빛으로써 삶의 새로운 가능조건들을 구축하려 한 것이다. 그러나 이런 흐름을 적대하면서 기득권을 지키려는 사제들과 귀족들의 반격 또한 만만찮았다. 이들은 '신앙'과 '전통'을 내세워 계몽사상가들을 탄압했고, 양 세력의 투쟁은 수백 년을 이어가게 된다.

9장 선험적 주체의 철학

    18세기 말~19세기 초 풍운의 시대를 살았던 칸트(1724~1804)는 "우리는 지금 계몽된 시대에 살고 있는가?"라는 물음에 대해 "아니다. 그렇지만 우리는 계몽의 시대에 살고 있다"라고 답하고 있다. 이는 곧 반(反)계몽의 거대한 물결, 기득권 세력의 역습에도 불구하고 계몽에의 의지와 역사의 발전은 꺾일 수 없다는 그의 확신을 담고 있는 말이다. 칸트는 계몽을 이렇게 파악했다.

> 계몽이란 인간이 자신에게 책임지어져 있는 미성숙의 수준에서 벗어나는 것이다. 미성숙이란 타인의 인도 없이 자신의 지성을 사용하지 못하는 무능력이다. 이 미성숙은 그것의 원인이 지성의 부족에 있기보다는 타인의 인도 없이 자신의 지성을 사용하려는 결단과 용기가 없을 때 바로 자신의 책임이 된다. Sapere aude!(과감히 사유하라!) 네 자신의 지성을 사용할 용기를 가져라! 바로 이것이 계몽의 표어이다.[1]

---

1) Immanuel Kant, *Beantwortung der Frage: Was ist Aufklärung?*, Holzinger, 1784, S. 3.

과감히 사유한다는 것은 곧 기성의 각종 인식, 규범 등을 단순히 받아들이기보다 그것들을 조건 짓고 있는 근간을 들여다보는 것, 그 기초를 새롭게 사유해보는 것을 뜻한다. 이런 행위를 칸트는 '비판'이라고 부른다. 그에게 철학함이란 곧 비판이다. 우리가 영위하는 각종 학문, 사회적 규범, 문화적 판단 아래에는 그것들의 '가능성의 조건'이 깔려 있으며, 비판의 행위란 바로 이런 분야들의 내용들이 아니라 그 내용들을 조직하고 있는 틀, 기초 원리를 반성적으로 해명하는 행위 — 메타적으로 해명하는 행위 — 이다. 우리가 영위하는 활동들의 가능조건을 해명하는 이런 작업을 칸트는 '선험적' 작업이라고, 즉 경험에 앞서 그것을 가능케 하는 조건으로서 선재하는 차원을 드러내는 작업이라고 생각했다. 이 점에서 그의 철학은 곧 선험철학이다. 칸트는 이 가능성의 조건을 무엇보다 우선 인간 주체의 의식의 구조에서 찾았다. 이 점에서 그는 영국 경험론을 잇고 있다. 그러나 그는 인간 주체를 늘 보편적인 지평에서, '의식 일반'에서 사유하고자 했기에, 이 의식의 구조는 어떤 개인의 마음의 구조가 아니라 인류 보편의 그것을 뜻한다. 따라서 칸트의 선험철학은 보편적 지평에서 인간의 인식, 실천, 창작 등의 행위를 가능케 하는 조건들을 메타적으로 명료화하는 작업이라고 할 수 있다.

1절 과학과 형이상학: 새로운 정초

과감히 사유한다는 것, 삶의 근저를 메타적으로 해명한다는 것은 곧 인간이 자기 삶의 주체가 된다는 것을 함축한다. 지금까지 논해왔듯이, 근대의 철학은 인간이 스스로를 주체로서 세우고 주체로써 사유와 실천을 정초하고자 한 철학이었다. 그러나 이런 주체철학의 흐름에서 우리는 두 종류의 주체를 구분해낼 수 있다. '경험적 주체'와 '선험적 주체'를. 칸트의 선험철학은 바로 선험적 주체를 사유하려는 철학이다.

'주체'라는 개념은 대개는 경험적인 차원과 그것을 정초하는 선험적인 차원을 공히 함축한다. 그래서 경험적인 것과 선험적인 것 사이에서 날카로운 구분선을 찾는 것은 쉽지 않다. 주체는 사물들과 타인들을, 세계 전체를 객관적 상황으로 해서 그것을 겪어나간다. 즉, '經驗'한다. 그러나 이 경험은 객관이 주체에 그대로 새겨지는 수동적인 과정이 아니다. 주체의 경험은 일정한 선험적 조건을 전제하는 경험이다. 이 선험적 조건에 주안점을 두어 이해한 주체를 선험적 주체라 할 수 있다. 이런 맥락에서 경험적 주체와 선험적 주체는 구분되며, 이런 관계는 특히 영국 경험론자들과 칸트 사이의 차이를 통해 두드러지게 나타난다.

보다 인식론적으로 말해, 경험주의자들에게서 주체란 지각물들을 수용하는 존재인 데 비해, 칸트에게서는 자신의 의식의 틀을 대상에 투영해서 그 지각물들을 구성해내는 존재이다. 달리 말해, 주체는 대상을 그저 수용하는 것이 아니라 자신의 선험적 틀로써 그것을 구성해내는 것이다. 더 정확히 말해, 바로 그러한 구성을 통해서 '대상'이라는 것이 성립한다고 할 수 있다. 이 틀을 밝히는 것이 바로 선험철학이다. 물론 인식에는 객관의 수용과 주체의 구성이라는 두 계기가 항상 함께 작동한다. 별들의 움직임을 관찰해서 데이터를 모으는 행위는 수용이고, 일정한 이론적 틀로써 그것을 '종합'하는 것은 구성이다. 따라서 경험주의와 구성주의를 단적으로 대립시키는 것은 사태를 단순화하는 것이다. 그러나 사유의 성격과 무게중심에 따라, 우리는 기존의 경험주의와 칸트의 구성주의를 구분할 수 있다. 서구 근대 철학이 배태해낸 '합리주의', '경험주의', '구성주의' 인식론은, 그 순수한 형태들로서는 이미 극복되었다고 할 수 있지만, 오늘날에도 어떤 인식론적 논의에서든 반드시 등장하는 상항(常項)들이다.

§1. 감성, 오성, 사변이성

칸트의『순수이성 비판』은 바로 인식의 선험적 조건, 사물 인식에서 작동하는 '의식 일반'의 구조를 다루었다. 칸트에게 이 조건, 즉 인간의 인식능력에는 크게 감성과 오성 그리고 사변이성(순수이성)이 있다. 감성은 대상들을 지각해 주체의 마음에 인식질료＝'데이터'를 제공한다. 오성은 그것에 일정한 형식을 부여해 구성한다. 그리고 사변이성은 인식질료가 주어지지 않는, 즉 경험에 주어지지 않은 형이상학적 차원에 대해 사변한다. 감성은 지각(또는 '직관')하고, 오성은 개념화('구성')하며, 사변이성은 사변한다. 감성의 상관항은 객관적 사물들이고, 오성의 상관항은 감성이 제공한 인식질료이며, 사변이성의 상관항은 현상차원 저편의 본체의 세계('물 자체')이다. 칸트에게서 정당한 인식은 감성과 오성의 결합으로써 성립하며, 사변이성의 사변은 '인식'의 위상을 부여받지 못한다. 하지만 그는 사변이성에 그 나름의 임무를 부여함으로써, 형이상학을 부정하기보다는 갱신하고자 했다. 칸트는 감성을 인식의 필수 조건으로 봄으로써 일단 경험주의의 요청을 받아들이지만, '인식/지식'의 수준에 이르려면 거기에 반드시 오성의 구성작용이 가해져야 한다는 점을 역설함으로써 합리주의의 유산을 이어간다. 그리고 사변이성의 사변을 비판하면서도 그것에 나름대로의 역할을 부여함으로써 '도래할 형이상학'의 기초를 놓고자 한 것이다.(칸트 철학 전체를 놓고 볼 때 오히려 이 점이 핵심이다.) 결국 그는 감성과 오성의 결합 방식을 해명함으로써 과학적 인식의 근간을 밝히고자 했고, 오성을 넘어서고자 하는 사변이성의 한계와 의의를 해명함으로써 형이상학을 새롭게 정초하고자 한 것이다.

칸트의 이런 작업에서 '아프리오리한 종합판단', 즉 지각에 의존하지 않으면서도 우리의 인식을 확장해주는 판단을 찾는 것은 핵심적이다.[2] 왜 경험에 의존하지 않는 종합판단이 중요한가? 이런 판단들(수학적 정리들, 과학의 원리들, 형이상학적 명제들)은 경험에 의존하지 않기 때문에 지각에 근거하지 않는다.[3] 수학과 형이상학은 실험하지 않으며, 과학의 '원리'들 또한 실험의 문제가 아니다. 오히려 원리들에 입각해 실험이 이루어진다. 그러나 또한 이런 판단들은 "총각은 결혼하지 않은 남자이다" 같은 단순한 분석적 명제가 아니라 객관적 인식의 지평을 넓혀주는 판단들이다. 단순한 사실이나 정보를 알려주는 판단들이 아니라 인식의 **지평 자체를 넓혀주는** 판단들인 것이다. 칸트가 볼 때 라이프니츠는 지각의 차원까지도 개념화하고자 했고, 반대로 로크는 개념적 차원까지도 지각으로 환원해버렸다. 칸트는 개념의 차원과 지각의 차원을 날카롭게 구분하고, 경험으로부터 성립하는 판

---

2) 경험적인 것에 앞서 그것을 조건 짓는 '선험적'에 비해 '아프리오리(a priori)'는 경험에 무관한 즉 비-경험적인 것을 가리킨다. 아프리오리한 지식들로는 논리학, 수학 등과 같은 '형식과학'들을 들 수 있다. 자연과학, 사회과학, 인간과학 등은 경험적/실증적 학문들이며, 논리학, 수학 등은 아프리오리한 학문들이며, 철학은 메타적/선험적 학문이다.

3) 칸트는 직관(지각)과 순수직관(지각의 형식에 대한 지각)을 구분한다. 칸트에게 수학, 특히 기하학의 가능조건은 순수직관에 있다. 예컨대 기하학적 삼각형은 경험주의자들이 생각했던 것처럼 현실의 삼각형 모양들로부터 추상된 것도 아니고, 또 합리주의자들이 생각했던 것처럼 순수 분석적인 것도 아니다. 그것은 지각으로서의 직관과 구분되는 순수직관의 대상이다. 그렇기 때문에 기하학적 삼각형은 ① 경험에 대해 독립적인 아프리오리한 존재이며, 실제 그려진 모든 삼각형들을 초월해 그것들의 '파라데이그마'로서 존재한다. 그리고 ② 동시에 종합적인 존재이다. 즉, 순수하게 동일성에 입각한 개념적 연역의 대상이 아니라 실질적 지식 ─ 그 개념 자체에는 함축되어 있지 않은 지식 ─ 의 확대를 가져다주는 존재인 것이다.(KRV, B744~745/A716~717)* 요컨대 "삼각형의 내각의 합은 2직각이다"와 같은 명제는 순수 논리적으로 증명된다는 점에서 '아프리오리한' 판단이며, 기하학자들에 의해 '발견'된 정리라는 점에서 종합판단인 것이다.

*KRV = Kant, *Kritik der reinen Vernunft*, Suhrkamp, 2014.

단들이 아니라 경험을 가능케 하는 판단들의 발견이야말로 진정한 학문적 발전을 가져온다고 본 것이다. 이런 사유는 중세에는 '일반 존재론'으로서 수행되어왔으나, 칸트는 이를 '인식론'의 형태로 전환시켰다고 할 수 있다. 이는 곧 주체가 세계를 구성해나갈 때 동원하는 개념적 틀을 논하는 것이다. 칸트는 이 틀을 감성의 틀과 오성의 틀(과 사변이성의 틀)로 나누어 논한다.

　　감성을 인식의 조건으로 보는 경험주의 입장에 관련해, 칸트는 흄이 자신을 "독단의 잠에서 깨웠다"는 점을 수차례 언급한다. 그리고 여기에서 '독단'이란 곧 자신이 속해 있던 라이프니츠-볼프학파의 사유를 뜻한다. 칸트가『순수이성 비판』을 출간한 이후에 볼프주의자들과의 논전이 전개된다. 사실상 모든 참된 명제들을 분석명제로 본 라이프니츠와 분석명제와 종합명제를 날카롭게 구분했던 칸트의 대결이었다. 볼프주의 형이상학은 당대의 보수주의 정치와 연결되어 있었다. 경험적 현실에 충실하기보다 사변적인 체계의 구축에 기울어지는 철학과 특정한 사변체계를 권력의 정당화 도구로 사용하는 정치권력은 종종 결부된다. 앞에서(7장, 3절) 민중사상이 실학에서의 '실'의 또 하나의 의미일 수 있다고 했던 점을 떠올려보자. 결국이 논전은 반계몽적인 보수주의자들과 계몽의 정신을 이어가려는 칸트 사이의 정치적 투쟁이기도 했다. 그러나 다른 한편 칸트로서는 흄처럼 경험(지각)에만 호소해서는 곤란했다. 오성의 개념들이 경험'으로부터' 파생되는 것이 아니라, 오히려 우리가 그 개념들을 가지고서 경험'에로' 나아간다는 점이 칸트 사유의 요체였다. 이렇게 순수한 지성의 역할에 방점을 찍은 것[4]이 그에게서 볼 수 있는 17세기 합리주의의 유산이다.[5]

------

4) Kant, *Prolegomena zu einer jeden künftigen Metaphysik*, Holzinger, 1783, S. 9. 하지만 논의의 출발점은 오히려 감성론이다. 인식의 주인공은 오성이지만, 오성은 감성이 전제되어 있지 않으면 사변이성으로 빠져버리기 때문이다. "아마도 어떤 공통의 뿌리, 하지만 우리로서는 알 수 없는 하나의 뿌리에서 생겨난, 인식의 두 가지 뿌리가 존재한다. 감성과 오성이 그것이다. 감성에 의해 대상이 우리에게 주어지며, 오성에 의해서는 사유된다. 이제 감성이 대상이 주어질 수 있도록 하는 '조건'으로서의 아프리오리한 표상(형식)을 포함하는 한에서, 그것(감성)은 (생리적 작용으로서 자연철학에 속하는 것이 아니라) 선험철

그러나 이번에는 이런 합리주의적 경향에 대한 경험주의자들 나아가 회의주의자들의 반격이 일어났다. 칸트의 사유는 **경험적인 것**과 **선험적인 것**의 **맞물림**에 기초하고 있거니와, 볼프주의자들이 경험적인 것의 의의를 잘 흡수하지 못했다면 로크주의자들이나 회의주의자들은 선험적인 것의 의의를 잘 이해하지 못했다고 할 수 있다. 전자가 형이상학에 대한 인식론의 도전에 의미 있는 방식으로 응전하지 못해 시대에 뒤처졌다면, 후자는 심리학적인 것과 인식론적인 것을 구분하지 못해 칸트 철학의 의의를 충분히 간파하지 못했다고 할 수 있다. 칸트의 철학은 주관을 도외시하고 단순히 객관세계를 연구하는 기존의 형이상학도 아니고 주관 자체를 연구하는 개별 과학으로서의 심리학도 아니다. 그것은 객관과 주관의 **관계 맺음** 자체를 다루는 선험철학인 것이다. 요컨대 칸트의 사유는 독단주의와 회의주의의 사잇길을 걸어가고자 한 사유이다.

§2. 감성의 아프리오리한 형식: 공간과 시간

칸트에게서 지각은 인식질료를 수용하고 개념은 이것을 종합/구성하지만, 지각 단계 자체에서도 이미 구성 활동은 시작된다. 더 정확히 말해, 이

학에 속한다. 우리의 선험철학은 먼저 선험적 감성론을 다루어야 한다. 왜냐하면 대상이 주어질 수 있도록 해주는 조건(감성)이 그것을 사유할 수 있도록 해주는 조건(오성)보다 먼저 오는 것이기 때문이다."(KRV, B30/A16) 여기에서 "아마도 어떤 공통의 뿌리, 하지만 우리로서는 알 수 없는 하나의 뿌리에서 생겨난"이라는 구절은 두고두고 문제가 된다.

5) 데카르트에게서의 '관념(idée)'의 의미를 상기해보자. 데카르트와 칸트의 결정적 차이는 전자의 본유관념이 애초에 어떤 내용을 담고 있는 것이라면, 후자의 선험적 조건/의식구조는 내용이 빈 어떤 틀이라는 점이다. 이는 칸트에게서 경험주의가 왜 필수적으로 요청되는지를 알 수 있게 해준다. 이 틀이 채워지기 위해서는 외부의 실제하는 대상들에 의한 '촉발'이 필수적이기 때문이다. 칸트가 볼 때, 인식질료는 선험적 형식에 의해 구성되어야 비로소 인식 대상이 되며 선험적 형식은 외부의 인식질료에 의해 채워져야 비로소 인식 주체의 역할을 할 수 있다. 지각 없는 개념은 공허하고, 개념 없는 지각은 맹목적이다.

구성 활동을 통해 지각이 성립한다. 때문에 지각을 가능케 하는 우리 의식의 틀, 즉 감성이라는 선험적 조건을 밝히는 것이 일차적이다. 이 조건을 칸트는 '감성적 직관의 형식', '감성의 아프리오리한 형식'이라고 부른다. 그리고 이 형식은 곧 공간과 시간이다. 이 점에서 칸트의 공간·시간은 뉴턴의 그것처럼 '신의 감관'이 아니다. 칸트는 공간과 시간을 신에게서 빼앗아 인간 주체의 의식에 집어넣었다. 인간은 공간과 시간으로 구성된 세계를 지각하는 것이 아니라 공간과 시간을 가지고서 세계를 지각한다. 이 점에서 그의 시공간론은 또한 라이프니츠의 그것과도 다르다. 그에게서 '공존의 질서'와 '계기의 질서'는 객관적 사건들의 질서가 아니라 인간 의식의 질서이다. 공간론에서의 라이프니츠와 칸트의 차이는 분석판단과 종합판단의 구분이라는 맥락에서도 중요하다. 뒤에서 논할 '불일치 대칭물들'은 모든 참된 명제를 분석명제로 환원하려는, 그리고 '식별 불가능자 동일성의 원리'가 사물들 사이의 동일성 판별의 준거가 되는 라이프니츠의 틀에 대한 중요한 반론이 되기 때문이다. 그리고 칸트의 공간과 시간은 또한 경험론자들이 말하는 복합관념, 양태로서의 공간과 시간도 아니다. 지각물에서 공간과 시간이 구성되는 것이 아니라 공간과 시간의 틀에 입각해서 비로소 지각물들이 표상되는 것이기 때문이다.[6] 따라서 공간과 시간으로써 조직된 세계가 주체에게 수용되는 것이 아니다. 주체가 공간과 시간의 틀로써 세계를 표상하는 것이다.

---

6) 칸트는 버클리처럼 현상을 곧 실재로 보지 않는다. 현상이란 항상 무엇인가의 현상이다. 즉, 사물 자체(Ding an sich)와 그것이 인식 주체에 의해 표상된 것은 구분되어야 한다. 표상된 물 자체가 바로 '현상'이다. 그러나 ① 칸트의 '현상'은 고중세의 어떤 철학자들이 폄하했던 단순한 '외관'이 아니다. 그것은 어디까지나 물 자체의 현상이다. 이 점에서 물 자체와 현상은 연속적이다. ② 현상은 어디까지나 '감성의 아프리오리한 형식'을 통해 구성된 것이다. 즉, 현상이란 이미 인간의 인식-틀에 들어온 현상인 것이다. ③ 결과적으로 '현상'은 '물 자체'와 인식 주체가 맞물려 있는 차원, 물 자체의 현상이자 인식 주체의 현상인 이중체라고 할 수 있다. 이 측면은 훗날 후설과 메를로-퐁티의 현상학을 통해 새롭게 개념화된다.

칸트는 외적 감성(외감)과 내적 감성(내감)을 구분했으며, 공간을 외감의 형식으로 시간을 내감의 형식으로 파악했다. 칸트에게 공간과 시간은 실체나 속성이 아니라 감성의 형식이며, 관계의 성격을 띠지만 이 관계 또한 어디까지나 주체가 대상에 투영하는 관계이다. 공간은 유일하고 등질적이고 무한한 공간이다. 유일하다는 것은 개별 공간들이 유일공간의 조각들임을 뜻한다. 따라서 공간은 궁극적으로 연속적이다. 등질적이라는 것은 동위적(同位的/isotopic)이고 등방적(等方的/isotropic)임을 뜻한다. 달리 말해, 다질적이지 않다는 것 즉 비-동위적이고 비-등방적이지 않다는 것을 뜻한다. 그리고 무한하다는 것은 그것의 외연에 한계가 없다는 것을 뜻한다. 칸트는 이 공간이 3차원임을 확인하면서도, 그 이상의 차원이 발견될 가능성을 열어두었다. 칸트의 공간론은 전반적으로 볼 때 에우클레이데스 기하학을 모델로 구성되었다고 할 수 있다. 우리의 감성에는 유일하고 등질적이고 무한한 공간인 에우클레이데스적 공간이 장착되어 있고, 우리는 이 선험적 조건에 입각해 사물들을 공간적 조리를 갖춘 것들로서 지각한다고 본 것이다.

오늘날의 시점에서 돌아보면, 칸트의 공간론은 이전보다 훨씬 복잡하고 역동적인 공간론의 출발점을 형성한다. 칸트는 공간을 직관의 형식으로 봄으로써 개념적 분석으로 온전히 환원될 수 없다는 점을 드러내었다. 식별 불가능자 동일성의 원리에 입각해 동일한 것으로 간주할 수 있는 두 대상을 공간적으로 결코 합동시킬 수 없다는 사실, 즉 '불일치 대칭물'들(예컨대 세부적으로 완벽히 같다고 가정했을 때의 오른손과 왼손)의 존재는 개념 분석으로 환원되지 않는 공간의 개념화, 나아가 신체론과 장소론의 성립에 중요한 특이점을 형성한다.[7] 과학적 공간론과 인문학적 장소론 양자 모두에서

---

7) 이러한 불일치는 결국 신체 및 장소와의 관련성에서 이해되어야 하기 때문이다. 에드워드 케이시, 박성관 옮김, 『장소의 운명』, 에코리브르, 2016, 10장을 보라. '불일치 대칭물(incongruent counterparts)' 개념은 현대 토폴로지 및 자연과학에서는 '거울상체(enantiomorphs)', '손대칭성(chirality)'의 개념으로 화해 중요한 역할을 하고 있다. 참고

칸트는 결정적인 변곡점을 만들어냈다고 할 수 있다. 칸트는 감성의 선험적 형식을 고정적으로 파악했지만, 이후의 사상사는 인식 주체의 선험적 형식 자체도 변화해가는 것으로 보아야 한다는 점을 보여주었다.[8] 그 단초는 비-에우클레이데스 기하학의 발전이며, 칸트 공간론에 함축되어 있는 에우클레이데스적 공간은 보다 일반화된 공간, 특히 리만 공간의 특수한 한 경우(곡률이 0인 경우)임이 분명해진 점이 핵심이다. 이런 과정을 통해 칸트가 생각한 단일하고 등질적이고 무한한 공간은 리만(1826~1866)의 '다양체'로 대체된다.[9] 단일하고 무한하고 등질적인 칸트적 공간은 이렇게 ① 수학 및 물리과학의 맥락에서 보다 복잡하고 역동적인 공간으로 변해가고, ② 다른 한편으로는 인문학에서의 장소론으로서 발전해나간다.

칸트에게서 시간은 공간과 유비적으로 논의된다. 시간 역시 감성의 아프리오리한 형식이며, 단일하고 무한하며 등질적이다. 다만 공간이 3차원으로 되어 있다면, 시간은 1차원으로 되어 있다는 점이 다를 뿐이다. 이 때문에 칸트는 시간의 성격을 선(線)의 성격에 유비해서 논한다. 이렇게 시간을 공간에 유비해서 논하는 구도는 훗날 베르그송 등의 비판을 받게 된다. 이들에게 시간은 공간보다 훨씬 심오한 무엇이다. 그러나 칸트는 시간이 인간 경험의 근본적인 선험적 조건이라는 점을 분명히 함으로써, 이후 19세기 내내 나아가 20세기까지도 전개되는 시간의 철학들의 출발점을 이루었

로, 어떤 사람들은 두 불일치 대칭물이 뫼비우스의 띠에서는 일치(합동)하게 된다고 주장한다. 흔히 말하듯이, 물론 표상할 수는 없지만, 4차원을 통과한다면 분명 일치할 것이다.

8) 이 점을 인식 주체의 선험적 조건도 발생적으로 연구해야 한다는 점과 혼동하면 곤란하다. 칸트는 이런 발생적 연구(심리학적 연구, 신경과학적 연구 등)와 인식론적 연구 ― '사실의 문제(quid facti)'와 '권리의 문제(quid juris)' ― 를 분명하게 구분했기 때문이다. 여기에서의 변화란 인식의 역사 자체가 보여주는 변화를 뜻한다. 양자역학의 발달에 따른, 자연철학(물리학)의 기초 범주들에서의 변화를 예로 들 수 있다.

9) 칸트에게서 'Mannigfaltigkeit'는 단지 인식질료로서의 '잡다(雜多)'일 뿐이다. 리만은 이 개념을 존재론적으로 변혁했으며, 다양체(manifold) 개념으로서 새롭게 정식화한다. 이 개념은 현대 기하학으로는 물론이고 우주론(일반 상대성 이론 등)과 존재론(베르그송, 들뢰즈 등)으로 발전해나가면서 근현대 사상사에 지대한 영향을 주게 된다.

다. 그 이전에 영국 경험론자들이 경험의 시간적 성격을 밝힘으로써 중요한 공헌을 했지만, 이들에게는 여전히 시간을 경험의 조건이 아니라 경험의 대상이나 결과로 보는 경향이 남아 있었다. 칸트는 시간이야말로 선험적 주체의 근저에서 작동하는 것임을, 즉 주체적 경험의 선험적 조건이 시간임을 분명히 했다. 주체는 시간과 공간이라는 감성의 선험적 조건을 통해 세계를 지각하며, 이렇게 지각되는 차원이 '현상'을 이루고 이것을 넘어서는 "something-I-know-not-what"이 물 자체를 이룬다. 시간과 공간은 물 자체와 연속적인 현상을 구성한다는 점에서는 '경험적 실재성'을 띠지만, 그 현상은 어디까지나 이 선험적 형식들의 구성을 통해 표상된다는 점에서 '선험적 관념성'을 띤다.

§3. 오성의 범주들: 개념들

인식 주체는 이렇게 감성의 형식을 통해서 잡다를 받아들이거니와, 이제 오성은 이렇게 받아들인 표상물들을 본격적인 지식으로 구성한다.[10] 본격적인 지식으로 구성한다 함은 곧 이 인식질료를 판단에 의해 개념적 수준의 인식으로 구성한다는 것을 뜻하며, 이 구성의 형식에 대한 연구가 선험적 논리학이다. 칸트가 실제 다루는 내용은 오늘날의 감각으로는 논리학보다는 인식론에 해당한다. 여기에서 구성된다는 것은 곧 종합된다는 것을 뜻한다. '이 장미꽃은 붉다'라는 판단/명제는 '장미꽃'과 '붉은색'이라는 인

---

10) 칸트는 이 구조를 다음과 같이 정리하고 있다. "우리에게 우선 주어져야 하는 것은 순수 직관의 잡다이다. 두 번째는 구상력(構像力)에 의한 이 잡다의 종합이다. 그러나 아직 인식이 이루어진 단계는 아니다. 세 번째는 이 순수 종합에 통일성을 주면서 이 필연적인 종합적 통일성의 표상과 함께하는 개념들이다. 이 개념들은 우리의 오성에 근거하며, 우리 앞의 대상의 인식을 위해서 필수적인 것들이다."(B104~105/A78~79) 감성에 의해 잡다가 주어지면, 구상력은 이 잡다를 종합한다. 그리고 오성은 이런 종합 과정에 개념적 통일성을 줌으로써 인식을 이루어낸다.

식질료를 종합(Syn-thesis)하고 있는 것이다. 종합이 이루어지지 않은 개별 지각들은 단지 '잡다'에 그친다. 이런 판단/명제의 구조를 검토하는 것이 선험적 논리학의 출발점이다. 논리학은 항상 '참의 논리학'과 '거짓의 논리학'으로 나뉘어 연구되어왔으며, 칸트의 경우는 전자를 '분석론'으로 후자를 '변증론'으로 불렀다.[11] 분석론은 개념=범주의 분석론(아리스토텔레스의 범주론)과 원칙의 분석론(명제론과 추리론)으로 나뉘어 다루어진다. 개념의 분석론은 아리스토텔레스가 그랬듯이 판단의 유형들을 검토해서, 그로부터 '오성의 순수한 개념들' 즉 범주들을 연역하는 작업이다.[12] 칸트는 판단들을 분석함으로써 다음과 같은 범주표를 제시했다.

양

단일성
다수성
전체성

질	관계
실재성	실체와 우유(偶有)
부정성	원인과 결과
제한성	상호성[13]

---

11) '진리의 논리학'으로서의 분석론(Analytik)이 아리스토텔레스에게서의 범주론, 명제론, 분석론에 해당한다면, '가상의 논리학'으로서의 변증론(Dialektik)은 변증론과 소피스트 논박에 해당한다.(1권, 7장, 1절과 비교) 단, 아리스토텔레스에게서 변증론이 개연성의 논리학으로서 보다 긍정적으로 다루어지는 데 비해, 칸트에게서 변증론은 보다 명확하게 '오류추리론'을 뜻한다. 그리고 아리스토텔레스에게서 대립각(이미 무뎌진 대립각이지만)이 소피스트들에 대해 세워진다면, 칸트에게서 대립각은 당대 독일의 사변적 형이상학들에 대해 세워진다고 할 수 있다. 이 점에서 칸트의 오류추리론은 그의 정치철학과의 연계 하에 계몽사상의 맥락에서 읽을 수 있다.

12) 칸트에게서 '연역(Deduktion)'이란 증명/논증 또는 정당화를 뜻하며, 주로 범주들에 관련해 사용된다. '형이상학적 연역'은 범주들의 존재/성립에 대한 논증이며, '선험적 연역'은 범주들의 적용=구성작용 즉 범주들이 지각물=표상물에 적용되어 그것들을 종합·구성하는 작용에 대한 논증이다.

양상

가능-불가능
현존-부재
필연-우연[14)]

'개념의 분석론'의 중핵은 오성의 이 개념들＝범주들이 감성의 인식질
료에 어떻게 적용되어 인식이 성립하는가를 설명하는 대목, 즉 '권리의 문
제'를 다루는 '오성의 순수 개념의 연역' 부분이다. 칸트에게 종합은 '삼중
의 종합'이다.(A99~110)

1. 직관에서의 각지(覺知/Apprehension)의 종합
2. 구상력/기억에서의 재생의 종합
3. 개념/범주(화)에서의 재인(再認)의 종합

각지의 종합은 현재 주체를 촉발하는 잡다가 일정하게 시공간적으로 분
절됨으로써 이루어지는 종합이다. 세 공깃돌이 형성하는 삼각형이나 세 번
의 타종 소리를 각지하는 경우를 들 수 있다. 재생의 종합은 과거에 주체
가 각지했던 표상물들을 기억/구상해서 그것을 재생하는 종합이다.[15)] 주

---

13) 칸트는 관계 범주를 내속과 존속, 인과와 의존, 공속성(Gemeinschaft)으로 열거하면서,
   거기에 다시 '실체와 우유', '원인과 결과', '능동자와 수동자의 상호성'을 병기하고 있
   다. 여기에서는 번거로움을 피하기 위해 오늘날 보다 일반적으로 사용되는 후자의 표현
   들을 썼다.
14) 아리스토텔레스 범주론과 칸트 범주론 사이의 차이, 칸트 범주론의 특징들, 그리고 관계
   를 최고 범주로 놓고서 칸트 범주론을 변형한 르누비에와 아믈랭의 범주론에 대해서는
   『개념-뿌리들』(그린비, 2012), 7강에서 논했다. 특히 아리스토텔레스의 질 범주는 우리
   가 상식적으로 가지고 있는 질 범주(색, 감촉, 열 등등)이지만, 칸트의 질 범주는 이런 상
   식적 질들 사이의 차이를 고려하지 않고 다만 추상화된 하위 범주들(실재성, 부정성, 제
   한성)로만 되어 있다는 점이 중요하다.
15) 베르그송은 기억을 세 종류로 파악했다. 첫째는 습관-기억으로서 습관/반복을 통해 무

체는 과거의 삼각형이나 세 번의 타종 소리를 재생할 수 있다. 재인의 종합은 이런 표상물들을 미래에도 다시 알아볼 수 있도록 어떤 동일성을 갖추게 만드는, 의식 — '자기'의식 — 의 보다 심층적인 종합이다. 각지의 종합은 우리의 감관에 의해 이루어지고, 재생의 종합은 구상력에 의해 이루어지며, 재인의 종합은 통각(統覺/Apperzeption)에 의해 이루어진다. 물론 이는 순차적으로 이루어지는 과정이라기보다 연속적인 과정을 분석해놓은 것이다. 만일 주체에게 각지 능력이 존재하지 않는다면, 주체는 시공간적으로 좌표화되지 않은 잡다만을 표상할 것이다. 이 경우 세계는 혼란스럽게 표상된다. 주체에게 재생 능력이 존재하지 않는다면, 예컨대 세 번의 종소리를 각지했다 해도 계속 한 번의 종소리들만을 들을 수 있을 것이다. 진정한 '시간의 종합'이 이루어지려면 기억/구상에 의한 재생 능력이 전제되어야 한다. 아울러 근본적으로 이 모든 과정이 그 어떤 주체의 경험이므로, 통각 — '선험적 통각', 자기의식, 데카르트의 '코기토' — 이 전제되지 않는다면 미래의 경험을 포함해 진정한 의미에서의 '경험'은 불가능하다.

칸트의 이런 구도는 당대에 이루어진 자연철학의 실질적 성과와 흄에 의해 정립된 근대적인 회의주의 사이에서 성립했다. 칸트는 흄 사유의 논리적 설득력과 자연철학이 실제 보여준 성과를 조화시키기 위해서는 이러한 구성주의를 정립해야 한다고 본 것이다. 예컨대 흄이 지적했듯이 인과가 필연적인 이유를 객관적으로는 확인할 수 없으며, 결국 그 근거는 우리의 습관에서 찾을 수밖에 없다. 하지만 근대 자연철학은 연역적 학문의 성과를 실제 보여주었다. 당대 학문세계의 이런 전체 구도가 칸트를 우리 인식이 물 자체에는 도달할 수 없지만 현상들의 잡다에 머무는 것 또한 아니라는 생각으로 이끌었다. 인식 주체는 현상들의 잡다를 종합해서 필연적인,

---

의식에 쌓이는 기억이다. 둘째는 이미지-기억으로서 과거의 경험이 이미지로서 보존되는 경우이다. 마지막은 베르그송 특유의 개념으로서 순수기억이다. 여기에서 칸트가 말하는 기억은 두 번째 유형의 기억에 해당하며, 우리는 구상 즉 이미지를-그려봄(einbilden)을 통해서 이 기억을 활성화하게 된다.

그리고 이런 종합이 의식 일반에 의해 이루어진다는 점에서 보편적인 인식에 도달할 수 있다는 것이다.[16] 자연철학의 보편성과 필연성이 인정되지만, 그러한 인식은 오로지 현상계에 있어서만 성립한다는 점 또한 분명히 한 것이다. 습관에 의거해 인과를 논할 뿐인 주체는 경험적 주체이다. 그러나 자신의 선험적 조건들을 잡다에 투영해 그것을 보편적이고 필연적인 인식으로 구성해내는 주체는 **선험적 주체**이다. 칸트에 의해 경험적 주체로부터 선험적 주체로의 이행이 분명해졌다. 자기의식이기도 한 이 선험적 주체는 데카르트의 코기토를 새로운 차원에서 정립한 것이며, 이후의 철학사를 내내 지배하는 상항이 된다.

§4. 오성의 원리들: 원칙들

이제 이런 종합/구성에 입각해 앞에서 제시한 범주들이 실제 어떻게 작동하는지를 밝히는 작업이 '원칙의 분석론'이다. 원칙론이란 곧 오성의 범주들이 감성이 제공하는 인식질료에 어떻게 적용되는가, 역으로 말해 감성적 잡다가 오성의 범주들에 어떻게 귀속하는가를 판단하는 '판단력'에 대한 이론이고, 감성과 오성을 이어주는 구상력의 이론이기도 하다.[17] 원칙

---

16) "우리가 '자연'이라고 부르는, 현상들에서 확인되는 질서와 규칙성은 우리 자신이 〔자연*에〕 투여한(hineinbringen) 것이며, 애초에 우리가 그렇게 하지 않았다면 (…) 자연에서 찾아낼 수가 없는 것들이다. 왜냐하면 이 자연통일성은 현상들의 연합의 필연적인 통일성, 즉 경험에 좌우되지 않는 확실한 통일성이어야 하기 때문이다. 하지만 우리의 주체적 근거라는 본래적인 인식 원천에 그러한 아프리오리한 통일성이 포함되어 있지 않다면, 그리고 (…) 이 주관적 조건이 또한 객관적으로도 유효하지 않다면, 어떻게 경험과는 독립적으로 종합적 통일성을 수립할 수 있겠는가."(A125~126)
 * 앞의 자연은 질서와 규칙성의 총체로서 파악된 한에서의 자연이며, 뒤의 자연은 막연한 대상으로서의 자연이다. 즉, 앞의 자연은 자연법칙을 뜻한다.
17) 칸트에게 구상력(Einbildungskraft)이란 말 그대로 이미지(Bild)를 만들어내는 능력이다. 이는 오성과 감성을 연결해주는 능력으로서, 아리스토텔레스의 'phantasia' =

의 분석론은 감성과 오성의 연결 가능성을 논하는 도식론(Schematismus)과 오성의 체계(12범주)의 총체적인 작동 방식을 논하는 좁은 의미에서의 원칙론으로 나뉜다.

도식론: 도식론은 서로 이종적(異種的)인 감성과 오성을 관계 맺어주는 도식들을 논한다. 감성은 신체적인 것이고 오성은 정신적인 것이므로, 이는 신체와 정신의 관련성을 해명하는 문제와도 관련된다. 이 선험적 도식[18]은 한편으로 오성의 성격을 띠어야 하고, 다른 한편으로 감성의 성격을 띠어야 한다. 그래야만 감성과 오성의 매개자가 될 수 있기 때문이다. 아울러 도식론은 시간론과 직결된다. 감성과 오성을 연결한다는 것은 곧 시간상의 경험을 통해 기능하는 감성과 시간을 초월한 법칙성의 차원인 오성을 연결하는 것이기 때문이다. 예컨대 천문 현상들과 그것들에 대한 지각이 제

'imaginatio'를 잇고 있다. '동그라미'라는 개념을 실제 동그란 것(예컨대 쟁반의 테두리)에 잇기 위해서는 우선 마음속에서 동그라미 이미지를 그려야 한다. 칸트에게서 이 개념은 전통 철학자들에게서처럼(예컨대 스피노자의 'imaginatio') '지각'의 능력을 뜻하기도 하고, 영국 경험론자들에게서처럼 '상상'의 능력을 뜻하기도 한다. 구상력은 경험론자들에게서처럼 사물 쪽에서 주체 쪽으로 오는 과정이 아니라 오히려 주체 쪽에서 사물 쪽으로 가는 과정이라는 점이 중요하다. 즉, 감각을 통해 개념이 생기는 과정이 아니라 개념이 사물 쪽으로 나아가 자신을 사물에 이어주는 이미지를 획득하는 과정을 뜻한다.

18) 칸트는 도식(얼개)을 "한 개념에 해당 이미지를 부여하는 구상력의 일반적 절차"로 규정한다.(A140~141/B180) 내가 '고양이'의 개념을 가지고 있고 저기 걸어가는 어떤 것이 바로 이 범주에 속한다는 것을 판단하려면, 순수 개념인 '고양이'와 순수 이미지인 저기 저것을 연결해주는 매개자인 고양이-도식이 구상력에 의해 마음속에서 그려져야 한다는 것이다. 고양이의 도식은 현대적인 감각으로 말한다면 고양이의 스테레오타입이라고 할 수 있을 것이다. 고양이의 스테레오타입은 '고양이' 개념으로부터 개별 고양이들로 나아가는 첫 번째 단계라 할 수 있다. 기하학적 맥락에서 본다면, 예컨대 원의 순수 개념과 세계 내에 존재하는 경험적 원들(눈동자, 보름달 등등) 사이를 이어주는 도식은 곧 컴퍼스로 그린 원의 그림('다이어그램')일 것이다. 이 점에서, 칸트에게서의 '도식'은 플라톤에게서의 '파라데이그마'의 역할에 유비적이다(양자의 사유 구도는 전혀 다르지만).

공하는 인식질료는 시간적 존재이지만, 천문학 이론 자체는 시간을 넘어선 어떤 법칙성의 차원이다. 데이터와 이론이 연결된다는 것은 곧 시간적 감성과 무시간적 오성이 연결되는 것이며, 이 연결고리를 이루는 것이 곧 도식론이다. 이것은 요컨대 감성의 선험적 조건인 시간이 오성의 선험적 조건인 범주들과 맺는 관계를 밝히는 것이다. 칸트의 논의를 범주표에 맞추어 다음과 같이 정리해볼 수 있다.

양 범주의 도식

시간계열

수(Zahl)

질 범주의 도식	관계 범주의 도식
시간내용	시간순서
도(Grad)	지속
	계기
	동시존재

양상 범주의 도식

시간총괄

어느 때
지금
언제나

도식론을 시간계열, 시간내용, 시간순서, 시간총괄로 구분해볼 수 있다. 이는 각각의 범주가 **시간**에 따라 이루어지는 **경험**에 적용되는 과정에서 기능하는 것이기 때문이다.

칸트는 양 범주의 도식을 수(數)로 보았거니와, 이는 곧 시간계열을 이루는 셈을 양 범주가 구상화되는 방식으로 보았기 때문이다. 기하적인 맥락에서의 도식(예컨대 외연, 형태 등)도 생각해볼 수 있지만, 칸트는 시간의 축에서 문제를 보고 있기 때문에 대수적 셈을 들고 있다. 그리고 '셈'과 '잼'이 구분되거니와,[19] 잼의 경우는 공간적 동시성의 문제로 보았을 것이다. 관계 범주 및 양상 범주와 달리 양과 질에 대해서는 세 소범주에 대한 도식이 명기되지 않고 있다. 이는 셈이 당연히 하나, 여럿, 모두에 해당되기 때문일 것이다.

질 범주의 도식은 도(度) —— 정도 —— 로 제시되어 있거니와, 이는 특정 질(앞에서 말했듯이, 칸트에게서는 상이한 질들 사이의 차이는 문제시되지 않는다.)이 일정 시간대에 인식 주체의 직관을 채우는가 채우지 못하는가와 관련된다. 예컨대 특정한 시간대에 한 사과가 붉다면 그것을 바라보는 나의 직관에 붉은색이 채워지는 것이고, 푸른색 등등은 채워지지 않는 것이다. 그리고 그 사과가 푸른 사과로 대체된다면 직관의 시간내용은 달라진다. 실재성과 부정성은 이렇게 특정 시간대에 직관이 특정 내용(질)으로 채워지는가, 그 질을 지각하는가와 관련된다. 제한성의 경우는 논의되고 있지 않은데, 특정 시간대에 특정 질은 배제되는 경우를 생각해볼 수 있을 것이다. 칸트는 '도'가 자체의 양을 내포한다고 보았으며(그래서 '도'는 "질의 양"이다.),[20] 예컨대 어떤 그림의 붉은색이 점차 바래갈 경우 그 '도'는 0으로 향

---

19) '셈'과 '잼'은 각각 영어의 "count"와 "measure"에 해당한다. 셈은 불연속량에서 성립하지만, 잼은 연속량에서 성립한다. 즉, 잼=측정은 '정도(degree)'의 양상을 띤다. 질(예컨대 색, 뜨거움의 정도, 질감 등)은 셀 수가 없으며 (경우에 따라서) 잴 수만 있다. 미국인들의 나이는 '재는' 것이지만, 한국인들의 나이는 '세는' 것이다.

20) 질 범주에서 근본적인 것은 물론 질들 사이의 구분이다. 질의 양은 특정한 질의 양을 뜻하며, 예컨대 색과 촉감 사이에는 통약 가능한 양적 관계가 존재하지 않는다. 질 범주를 양 범주와 구분해야 하는 이유가 여기에 있다. 그리고 3장, 1절에서 논한 '질의 과학'의 존립 근거 또한 이 점에 있다. 하지만 이상하게도 칸트는 질 범주에서 질들 사이의 이질성은 언급하지 않고 애초부터 '도'라는 일의적 도식을 제시한다. 이것은 칸트가 색, 온도, 촉감, …… 등 무수한 질들(아리스토텔레스의 범주론을 논하면서, 질 범주는 특히 복잡한 하위 범주들을 함축함을 지적했다.)을 '도'라는 일원적 구도로 통일해서 논하고 있음을 함축한다. 아닌 게 아니라, 칸트는 아래에서 논할 원칙론에서 질 범주와 양 범주를 공히 '수학적 원칙들'로서 함께 논한다. 결국 칸트는 질을 양으로 환원하고자 한 근대 철

하며, 붉은색이 완전히 없어지면 그것의 '도'는 0이 된다. 칸트는 실재성에서의 채움과 부정성에서의 비움을 논했지만, 제한성의 경우는 특정한 시간대에 특정한 질의 무조건적인 0을 뜻한다고 보아야 할 것이다. 칸트는 이렇게 지각되는 '도'가 일정한 수로 표시될 수 있다고 보았으나, 이에 대해 의문이 제기될 수 있다.[21] 칸트의 이 '도' 개념은 '강도(intensity)' 개념으로서 이후 존재론의 주요 개념들 중 하나로서 줄곧 논의의 대상이 된다.

관계 범주의 도식은 이 범주가 시간순서를 이루면서 구상화되는 맥락에서 성립한다. 실체와 우유의 도식은 무엇인가가 '지속'되는 데에 있으며, 인과관계의 도식은 어떤 것들이 '계기'하는 데에 있으며, 상호성의 도식은 어떤 것들이 '동시에 존재'하는 데에 있다. 여기에서 지속은 우연적 속성들이 변함에도 실체성은 지속하는 경우를 뜻하며, 결국 한 존재자에 있어 변해가는 것들과 변하지 않는 것의 관계를 뜻한다고 할 수 있다. 계기의 경우, 칸트는 무엇이 계기하는 것인지에 대해 '실재', '여럿'이라고 다소 막연하게 표현하고 있다. 실체, 현상, 사건 등이 그 후보가 될 수 있을 것이며, 일반적으로 인과의 주체는 사건으로 이해된다. 동시존재(동시성)의 경우는 "일반적 법칙에 따른, 두 존재자의 규정들의 동시존재"를 가리킨다. 두 물체의 부딪침을 예로 들 수 있을 것이다.

학의 흐름에 합류하고 있다고 볼 수 있다. 다만 '외연량'에 의해 규정되는 양 범주와 '내포량'에 의해 규정되는 질 범주를 구분한 것뿐이다.

21) 베르그송은 도의 양('강도량')이란 결국 외연량의 사생아적 개념임을 지적하면서, "질의 양"이라는 칸트적 개념과 이를 이은 자연과학적 심리학을 비판한다. 그에 따르면, 외연량은 부분과 전체 사이의 깔끔한 관계(예컨대 세 $1m^2$의 합이 $3m^2$를 이루는 경우)를 통해 이루어지는 양이라면, 강도량은 이런 관계가 성립하지 않음에도(특히 감각의 경우에 이 점은 두드러진다. 두 번의 $10°$의 느낌을 합쳤다고 정확히 $20°$의 느낌이 되는 것이 아니다.) 외연량의 구도를 억지로 질적 현상에 투영한 것일 뿐이다. 외연량은 등질적이지만 강도량/내포량은 다질적이다. "$1+1=2$"와 같은 식의 연산이 가능한 것은 오직 등질공간에서뿐인 것이다. 그렇기 때문에 과학적/합리적/분석적 사유는 늘 이 등질공간을 모델로 해서 사유를 전개하기 마련이다. 이는 곧 시간을 공간으로 환원하려는 경향과도 관련되며, 베르그송은 칸트의 시공간론이 바로 이 점을 잘 보여준다고 본다. 칸트는 공간과 시간을 유비적으로 규정했지만, 베르그송에게 양자는 본질적으로 다른 것이다.

마지막 양상 범주의 경우, 어느 때, 지금, 언제나는 각각 어느 때인가는 존재하는 것, 지금 존재하는 것, 그리고 항상 존재하는 것으로 볼 수 있다. 가능성의 시간은 전체 시간의 어느 한 조각이고, 현실성의 시간은 시간의 지금이며, 필연성의 시간은 시간 전체이다. 하지만 사실 양상 범주는 애초에 그 개념 자체가 시간을 통해 정의되는 범주가 아닌가. '가능하다', '현실이다', '필연이다' 자체가 다름 아닌 어느 때 그렇다, 지금 그렇다. 항상 그렇다는 것을 뜻하기에 말이다. 칸트는 이 뜻풀이들이 다름 아니라 추상적인 범주＝개념을 일차 구상화한 것이라고 보았기 때문에, 이것들을 도식으로 들었을 것이다.

　　어떤 사람들은 도식론이 너무 엉성하며, 그 존재이유 또한 뚜렷하지 않다고 혹평했다. 하지만 설사 도식론의 구체적 내용이 허술하다고 해도 그 문제의식을 방기하는 것은 잘못이다. 이 대목을 방기하면 칸트적 구성주의 자체가 무너지기 때문이다. 경험주의자들에게서는 경험으로부터 개념이 형성되는 과정에 대한 의심이 거의 부재했다. 앞서도 지적했듯이 이들에게 관념과 지각물은 거의 같은 것을 뜻했으며, 복합 관념들이 곧 개념들의 역할을 했기 때문이다. 반면 칸트의 인식론은 감성의 차원과 오성의 차원을 가르면서 시작하기 때문에, 양자 사이의 연결고리를 분명히 하는 것이 필수적인 과제가 된다. 칸트는 개념의 차원과 지각의 차원이 이질적임을 분명히 했으며, 당대의 과학적 성과가 오히려 전자로부터 후자로 나아가는 방향을 취했기에 가능했음을 잘 알고 있었던 것이다. 근대 과학은 경험을 통해서가 아니라 경험을 '실험'으로 왜곡함으로써, 즉 개념/이론의 틀에 경험을 맞추어 넣음으로써 가능했던 것이다.[22] 이런 구도에서 칸트는 개념들로

---

22) 일반적으로 경험은 주관적이고 혼란스러운 데 비해 실험은 객관적이고 명료한 것으로 간주하면서, 과학에서 실험의 중요성을 강조하곤 한다. 하지만 실험이란 경험을 왜곡한 것일 뿐이다. 인간이 행하는 실제 경험이 아니라 이론적인 틀에 맞게 경험을 구겨 넣은 것에 불과한 것이다. 하지만 물리과학의 경우에는 이런 왜곡이 크게 문제가 되지 않는데, 물리적 차원은 인간의 경험에서 인간적 측면을 제거할수록 더 객관적인 인식에 가

464

부터 지각물들로 어떻게 나아가야 하는가라는 어려운 물음에 봉착했던 것이다. 이 점에서 도식론은 칸트 사유의 중핵에 존재하는 문제이다.

보다 넓은 철학사적 시각에서 볼 때, 칸트 인식론이 봉착했던 근본 문제는 흄에 의해 끊어져버린, 존재와 사유를 이어주던 끈을 어떻게 처리할 것인가 하는 것이었다. 플라톤 이래, 더 멀리로는 파르메니데스 이래 사물의 본질과 이성의 개념들은 서로를 이어주던 끈을 통해서 상응했다. 바로크 시대의 위대한 형이상학자들에게서도 여전히 이 끈, '자연의 빛'은 (벨라스케스의 〈시녀들〉을 관류하는 빛이 잘 보여주듯이) 존재와 사유를 굳건히 이어주었다. 흄에 이르러 이러한 일치는, 예컨대 지각의 차원에 나타난 두 현상과 '인과율'이라는 사물의 본질/충족이유율 사이의 연관성은 끊어져버렸다. 칸트는 흄의 이 구도를 받아들였고, 그에게서도 사물의 본질과 순수이성을 이어주던 끈은 끊어진다. 하지만 정확히 말해서 칸트에게서 이 끈은 끊어져버렸다기보다는 중간이 차단되었다고 해야 할 것이다. 앞에서 언급했듯이, 물 자체와 현상은 연속적이고 그때에만 현상은 단순한 외관/환영이 아니라 물 자체의 현상일 수 있다. 그리고 이미 언급했듯이, 바로 그렇기 때문에 칸트의 '현상'은 플라톤의 현상과는 다른 존재론적 위상을 갖는 것이다. 그러나 이 끈의 어느 지점에는 두터운 차단벽이 내려졌으며, 인식 주체는 더 이상 그 벽 안쪽으로는 들어갈 수가 없게 되었다.

하지만 칸트는 흄에 대항해서 이 존재와 사유의 일치를, 그러나 전통 형이상학과는 다른 방식으로 사유하고자 했다. 칸트에게서 이 일치는 더 이상 본질과 이성 사이에서의 일치가 아니라 현상과 이성 사이에서의 일치이

까이 갈 수 있기 때문이다.(양자역학과 상대성 이론은 이런 제거가 더 이상 문제가 아닐 수가 없게 되는 지점에서 탄생했다고 할 수 있다.) 그러나 이런 방법을 인간적 경험을 토대로 하는 생명과학, 인간과학에 적용할 때는 문제가 발생한다. 물리과학의 모델을 생명과학, 인간과학에 무반성적으로 투영하려 하는 데에 현대 학문의 인식론적 오류가 존재한다. 경험을 가장 경험답게 살리는 담론은 곧 인문학이다. 따라서 학문적 활동에서의 경험은 물리적 실험이라는 극에서 문학적(넓은 의미) 서술이라는 극 사이에 적절하게 분포되어야 할 것이다.

다. 보다 칸트다운 용어로, 직관에 주어진 표상과 오성의 범주 사이의 일치이다. 이 일치마저 부정될 경우 인식은 아예 포기해야 할 것이다. 표상 —— 앞에서 지적했듯이, 표상은 현상과 겹쳐져 있다(현상은 존재론적인 표상이고, 표상은 인식론적인 현상이다.) —— 은 물 자체와 차단되어 있으면서도 끊어져 있는 것은 아니기에, 현상/표상과 범주의 일치는 간접적으로는 물 자체와 범주의 일치이다. 물론 사실 이 일치는 간접적일 뿐만 아니라 자의적이기도 하다. 이 일치는 단적인 일치가 아니라 사실상 범주를 통한 '구성', 그것도 물 자체의 구성이 아니라 현상의 구성이기 때문이다. 하지만 물 자체-현상-이성을 잇는 끈은, 간접적일 뿐만 아니라 자의적이기까지 함에도, 결코 완전히 끊어진 것은 아니다. 어째서인가? 바로 서로 이종적인 표상과 범주가 도식들을 통해서 매개될 수 있기 때문이다. 여기에 칸트 도식론의 의의가 존재한다. 도식들을 통해 범주와 표상이 이어지고 다시 표상과 물 자체가 근저에서는 이어져 있기 때문에, 칸트에게서 존재와 사유를 잇는 끈은 두 번이나 크게 꺾이지만 끝내 완전히 끊어지지는 않는 것이다. 구상력과 도식이라는 매개자가 중요한 것은 이 때문이다.

원칙론: 이제 분석론을 완성하기 위해서는 오성의 범주들이 어떤 원칙에 따라 기능하는가를 분명히 해야 한다. 이것은 곧 아프리오리한 종합판단의 타당 조건과 범위를 탐사하는 일, 달리 말해 순수오성의 범위와 한계를 밝히는 일로서, "현상들의 종합에 있어 기능하는 통일성의 보편적 규칙"을 밝혀내는 작업이다. 칸트가 제시하는 원칙들은 다음과 같다.

양 범주의 원칙

직관의 공리

질 범주의 원칙	관계 범주의 원칙
지각의 예료	경험의 유추

양상 범주의 원칙

경험적 사유 일반의 요청

직관의 공리는 직관에 수학적 원칙이 적용됨을 뜻한다. 이 원칙은 다음과 같다. "모든 직관은 외연량이다." 칸트는 모든 직관이 공간적-시간적 외연량의 직관, 즉 부분들의 합으로써 전체가 이루어지는 외연의 논리에 지배받는 대상들의 직관이라고 생각한다. 넓이 $3m^2$인 탁자의 직관은 '$1m^2 \times 3$'의 외연량의 직관이다. 종소리 세 번의 직관은 '종소리 한 번$\times 3$'의 외연량의 직관이다. 양 범주는 수를 도식으로 해서 대상들에 적용된다. 그리고 이렇게 보는 한에서 과학이 성립한다. 칸트는 어떤 담론이든 그것이 수학화된 정도만큼만 과학이라고 생각했다.

지각의 예료(미리-가늠해보기)라는 원칙은 다음과 같다. "모든 직관에 있어 감각작용의 대상으로서의 현실적 대상(das Reale)은 내포량 즉 '도'이다."[23] 특정한 질, 예컨대 특정 색, 일정한 열, 어떤 따끔함 등등은 외연량으로서가 아니라 내포량=강도로서 확인된다. 외연량과 달리 내포량은 특정 강도량으로부터 강도=0 사이에 분포되는 '도'로서 파악된다. 여기에서 '예료(豫料/Antizipationen)'란 에피쿠로스가 'prolēpsis(preconception)'라 부른 것으로서, "경험적 인식에 속하는 것을 아프리오리하게 인식하고 규정할 수 있게 해주는 인식"을 뜻한다. 인간의 의식에는 질의 범주가 갖추어져 있고, 질 범주는 '도'를 도식으로 해서 대상에 적용된다.

---

23) 칸트는 양 범주의 원칙과 질 범주의 원칙을 수학적 원칙들로 간주했다. 양 범주의 원칙은 '직관'의 외연량, 즉 공간과 시간에서의 외연량에 관계된다. 다시 말해, 공간과 시간을 채우는 내용과 상관없다. 사과 세 개이든 배 세 개이든 외연량으로는 같은 3이며, 공부하는 한 시간이든 술 마시는 한 시간이든 똑같은 시간적 외연량을 가진다. 이에 비해 지각의 예료는 "감각작용의 대상으로서의 현실적 대상"에 관계된다. 즉, 구체적인 질들에 관계된다. 질들에 적용된 수학적 원칙이기에 이 경우는 내포량/강도량이 된다. 그러나 앞에서 지적했듯이, 외연량과 내포량은 공히 '양'이며 이 점에서 칸트는 두 범주를 모두 수학적 원칙들로 다루고 있는 것이다.

경험의 유추라는 원칙은 다음과 같다.[24] "경험은 오로지 여러 지각들의 필연적인 연합을 표상함으로써만 가능하다." 이 경험의 유추 원칙은 "모든 경험적 시간규정은 보편적인 시간규정의 규칙에 따라야 한다"는 점을 말하고 있다.(B220~221/A178) 이 보편적인 시간규정의 규칙에 해당하는 도식들은 지속, 계기, 동시성이다. 지속에 상응하는 법칙은 실체와 우유들의 관계에서 실체 동일성의 법칙을 뜻하며, 다음과 같이 정식화된다. "'현상들'의 모든 변화에 있어 '실체'는 지속하며, 자연에서 실체의 양은 증가하지도 감소하지도 않는다." 이 원칙은 모든 변화는 곧 어떤 '것'의 변화임을 말한다. 즉, 변화의 현상들에 실체적 동일성의 원칙을 적용해서 인식함을 뜻한다.[25] 계기에 상응하는 법칙은 원인과 결과의 관계에서 성립하는 인과법칙으로서, 다음과 같이 정식화된다. "모든 변화는 원인과 결과를 잇는 법칙에 따라 생겨난다." 이 명제는 존재론적 단언처럼 보이지만, 칸트가 뜻하는 바는 바로 이런 원칙을 현상에 적용함으로써 자연을 탐구할 수 있다는 것이다. 거듭 말하게 되지만, 칸트는 흄이 경험 '으로부터' 생겨나는 관습이라고 한 것을 경험 '에' 적용되는 원칙으로 바꾸고 있는 것이다. 동시성/동시존재에 상응하는 법칙은 실체들 사이의 상호성의 법칙으로서, 다음과 같이 정식화된다. "모든 실체는, 그것들이 공간에서 동시에 지각되는 한에서, 일관된 상호작용을 하는 것이다."[26]

---

24) 직관의 공리가 시공간의 외연량에 상관적이라면, 지각의 예료는 실제 현상들의 내포량에 상관적이다. 이에 비해 경험의 유추는 시간 속에서 생기(生起)하는 현상들로 논의를 넓힌다. 칸트는 앞의 두 원칙이 '수학적 원칙'이라면 뒤의 두 원칙은 '역학적 원칙'이라고 말한다. 칸트는 수학적 원칙들이 '구성적 원칙'인 데 비해, 경험의 유추와 경험적 사유 일반의 요청은 '규제적(regulativ) 원칙'임을 지적한다. 즉, 대상 자체에 대한 존재론적 원칙이 아니라 대상 인식을 위한 방법론적 원칙('패러다임')이라고 보았다. 이 점에서 수학과 자연철학에 대해 다른 태도를 취한 플라톤을 잇고 있다.

25) 그리스적 'ousia' 개념이 로마적 'substantia' 개념으로 변환된 것에 대해 논했거니와 (1권, 7장, 4절), 근대 자연과학에서 이 실체는 곧 '물질(Materie)'로서 이해된다. 칸트는 『자연과학의 형이상학적 기초원리』(김재호 옮김, 한길사, 2018)에서 물질로서의 실체를 논한다.

양상 범주의 원칙은 곧 '경험적 사유 일반의 요청/가정(Postulat)'이다. 이는 곧 앞의 세 원칙을 포괄할 수 있는('시간총괄') 양상론적 원칙들이다. 원칙들은 다음과 같다. "(직관과 개념들에 따른) 경험의 형식적 조건들과 일치하는 것은 가능적이다." "경험의 질료적 조건(지각)에 관련되는 것은 현실적이다." "경험의 보편적 조건에 따라 현실적인 것과의 관련성이 규정되는 것은 필연적이다(필연적으로 실존한다)." 경험의 형식적 조건들에 일치하지 않는 것은 불가능하다. 칸트에게 경험될 수 없는 것은 불가능한 것이다. 달리 말해, 경험의 형식적 조건들을 만족시키는 것들은 일단 가능하다고 할 수 있다. 그리고 형식적 조건들만이 아니라 질료적 조건, 즉 실제 지각됨이라는 조건을 만족시킬 때 그 지각물은 현실적이다. 그리고 현실성이 특정한 시간대만이 아니라 모든 시간대에, 즉 경험의 보편적 조건에 따라 성립할 때 필연성의 양상이 된다.

§5. 사변이성의 범주들: 이념들

칸트는 선험적 분석론에서 인간의 오성을 구성하고 있는 범주들이 감성의 표상들에 어떻게 적용되어 인식이 이루어지는가를 논했다. 이제 선험적 변증론은 인간의 사변이성이 감성의 표상들에 적용됨 없이 물 자체/본체계

---

26) 칸트는 동시성을 "모든 현존의 총괄"에 관련시키고 있으나(B162~163/A215~216), 이는 어려운 문제를 내포한다. 부산에 있는 철수의 현존과 서울에 있는 영희의 현존이 '동시적'이라는 것이 무슨 뜻인지는 간단한 문제가 아니다. 서울과 부산을 동시에 굽어보고 있는, 즉 두 도시가 그의 현존에 들어와 있는 그런 시선에서만 이 동시성이 간단히 성립하는 것이기 때문이다. 이는 곧 칸트에게서 '의식'이란 추상적인 '의식 일반'일 뿐이며, 그에게는 ── 사실 근대 철학자들 전반에게는 ── 아직 다른 주체들 즉 타인들의 존재가 주제화되어 있지 않다는 점을 뜻한다. 탈-근대의 철학들에서 타자/타인의 문제가 중핵을 차지하는 것은 이런 맥락에서 이해할 수 있다. 물리과학의 맥락에서 이는 공간적으로 멀리 떨어진, 나아가 서로 다른 속도로 이동하는 관찰자들의 문제로서, '상대성' 이론은 이 문제에 대한 응답이라고 할 수 있다.

를 사변하고자 할 때 어떤 문제점들이 생기는가를 논한다. 이는 곧 전통적인 오류추리론에 해당한다. 칸트의 인식론은 한편으로 당대의 과학적 인식활동을 정당화하고자 하지만, 다른 한편으로는 전통 형이상학을 논파하고자 한다. 이는 곧 어떤 특정한 지식에서의 가상(Schein/illusion)을 논파하는 작업이 아니라 인간이 선험적 수준에서 즉 원리적 수준에서 범하는 오류, '선험적 가상/착각'을 논파하는 작업이다. 과학적 맥락에서의 맞고 틀림과 철학적 맥락에서의 맞고 틀림은 전혀 다른 문제이다. 선험적 가상은 어떤 사실을 잘못 알았다든가 계산을 잘못 했다든가 판단을 잘못 내렸다든가 하는 문제가 아니라 인간이 자신의 이성을 사용하는 근본 원칙에 있어 빠지게 되는 가상의 문제이다. 분석론이 오성의 개념들을 논하고 그 개념들의 사용 즉 원칙들을 논했다면, 변증론은 사변이성의 이념들을 논하고 그 이념들의 사용 즉 사변이성의 추리들을 논한다.

앞에서도 논했듯이 'idea/idée/idea/Idee'(이데아/관념/이념)라는 개념은 서양 철학사 전체를 압축하고 있는 개념-뿌리들 중 하나이다. 칸트와 그의 후계자들은 그리스 철학의 '이데아', 17세기 형이상학자들과 영국 경험론자들의 '관념'을 이어 이 개념-뿌리의 세 번째 국면으로서의 '이념'을 논했다. 이후에 논하겠지만, 벤야민과 들뢰즈의 '이념'은 네 번째 국면을 가져온다.[27]

칸트는 플라톤에 대해 큰 존경의 염을 표하면서, 그의 이데아 개념을 상찬한다. 하지만 이데아론의 유의미성은 이론적 맥락보다는 실천적 맥락에서 두드러지는데, 왜냐하면 자연철학은 반드시 경험의 뒷받침을 요하지만 도덕철학은 경험의 차원을 넘어설 때에만 성립하기 때문이다.(이 점

---

27) 세분해서 이야기하면 전체가 다섯 국면이라고도 할 수 있다. 17세기 형이상학자들과 영국 경험론자들에게서의 'idée/idea' 개념은 다르기 때문이다. 전자에서는 동북아 사유의 맥락에서 '관(觀)' 개념이 가지는 뉘앙스가 들어 있지만, 후자에서의 '관'에는 이런 뉘앙스가 빠진다. 이로써 전통적인 구도에서의 '존재와 사유의 일치'가 무너지게 된다. 이 뉘앙스가 '독일 이념론'에서 다시 살아나 '이념'이 등장한다.

은 『실천이성 비판』에 이르러 본격적으로 논의된다.) 이론 철학에서 '이념'은 오성의 '개념'을 초월하는 곳에서 작동한다. 이 때문에 칸트는 붉은색을 이념이라고 부른 로크를 비웃는다.(하지만 이는 영어 'idea'와 독일어 'Idee'의 차이일 뿐이다. 로크가 독일인이었다면 그의 '관념'을 뜻하기 위해 'Idee'가 아니라 'Vorstellung'을 택했을 것이다.) 칸트의 이념은 17세기 형이상학자들의 '이데'와 유사하지만, 후자보다도 플라톤의 이데아에 더 가깝다. 다만 플라톤의 이데아가 인식 주체로부터 독립한 그 자체로써 존재하는 본질들이라면, 칸트의 이념은 이데아적 성격을 띠면서도("理") 동시에 인식 주체를 떠나서 존재할 수는 없는 것("念")이다.

이념의 이런 성격으로 말미암아, 이것은 부정적 형태로도 긍정적 형태로도 사용될 수 있다. 이념은 그 긍정적 형태에서 오성의 성과들을 조직하는 규제적 역할을 맡을 수 있다. 이념은 경험에 직접 적용될 수 없기 때문에 오성의 개념처럼 정당한 인식을 가져올 수 없지만, 오성의 개념들이 이룬 성과들을 보다 넓은 안목에서 메타적으로 조직하는 역할을 맡을 수 있는 것이다. 현대적으로 말해 이념의 작업 즉 철학은 개념들의 작업 즉 과학들의 성과 전체를 보다 상위의 통일적인 인식으로 조직해나가는 작업이라고 할 수 있다.[28] 이것이 긍정적인 측면에서의 이념의 역할이다. 하지만 이념이 자신의 규제적 성격을 망각하고 스스로에 구성적 성격을 부여해 경험을 직접 구성하려 할 때, 달리 말해 그 '개연적인/문제적인(problematisch)' 성격을 망각하고 '확연적인/필증적인(apodiktisch)' 것으로 자임할 때 문제가 생겨난다. 이념은 인식 주체를 떠나서 존재하는 것이 아니기에 인식 주체에 대

---

28) 오성/과학들의 작업은 각각의 영역들에 따라 제약되어 있다. 따라서 사변이성이 오성의 제약된 작업들을 조직해나간다는 것은 결국 '무제약자(das Unbedingte)'를 찾아가는 작업이라고 할 수 있다.(B380/A323) 이는 플라톤이 'hypothesis'들의 근저로 계속 내려가 최종적인 'Hypothesis'를 발견해야 한다고 했던 생각과 통한다.(『국가』, VI) 칸트의 후계자들(피히테, 셸링, 헤겔 등)은 이 무제약자를 '절대자'로 보고서 이념의 차원을 보다 적극적으로 사유하게 된다.

한 비판('분석론')을 토대로 사용되어야 한다. 그렇지 않을 때, 이념은 물 자체의 영역으로 날아올라 초월적인 사변을 펼치게 된다. 결국 칸트가 이념의 역할로서 논한 바는 형이상학의 역할에 다름 아니다.[29] 형이상학은 스스로가 경험을 직접 구성하고자 할 때 오류에 빠지지만, 경험을 직접 연구하는 과학들을 메타적으로 조직하는 규제적 역할을 맡을 때 의미를 가질 수 있는 것이다. 칸트는『자연과학의 형이상학적 기초원리』(1786)에서의 메타물리학이나『판단력 비판』에서의 메타생물학 등에서 이런 작업을 행하게 되며,『순수이성 비판』(1781)에서는 이념의 부정적인 사용을 집중적으로 논한다.

§6. 사변이성의 원리들: 오류추리, 이율배반, 이상

칸트는 이 부정적인 사용 즉 변증론적 추리를 세 가지로 파악한다. 영혼론에서의 '오류추리', 우주론에서의 '이율배반', 신학에서의 사변이성의 '이상'이 그것들이다. 서양 형이상학은 중세에 이르러 일반 존재론과 특수 존재론으로 정리되고, 특수 존재론에는 영혼론, 우주론, 신학이 배정된다. 결국 칸트는 중세 특수 형이상학의 세 분야인 영혼론, 우주론, 신학이 내포하는 변증론적 추리를 비판하고 있는 것이다. 칸트가 중세적 전통을 해체하면서 근대적 비판철학의 토대를 세우고 있음을 잘 드러내는 대목이다.

우선 영혼론에서의 오류추리(Paralogismus)는 범주론을 참조하되, 이 문제가 실체 개념에 상관적인 문제라는 점을 감안해 다음과 같이 제시된다.

---

29) 하지만 고대 그리스의 형이상학, 신학과 결부된 중세의 형이상학, 그리고 17세기 과학과 결부되어 있는 17세기 형이상학은 모두 그 성격이 다르다. 칸트에게서는 이 점이 고려되지 않고 있다. 전반적으로 칸트의 저작들에는 철학사적 교양이 결여되어 있다.

관계 범주에서의 오류추리

"영혼은 실체이다."

질 범주에서의 오류추리	양 범주에서의 오류추리
"영혼은 질적으로 단순하다(einfach)."	"영혼은 양적으로 단일성(Einheit)이다."

양상 범주에서의 오류추리

"영혼은 공간에서의 가능한 대상들과 관계 맺는다."

칸트의 비판은 결국 플라톤이 『파이돈』에서 전개한 것과 같은 영혼론을 겨냥하고 있는 것이다. 그도 그럴 것이 서양 철학사에서 전개된 영혼론이 대체적으로 플라톤의 논변들을 이어왔기 때문이다. 칸트는 특히 당대의 대표적인 라이프니츠-볼프주의자인 멘델스존의 『파이돈: 영혼불멸에 관하여』를 염두에 두었다고 한다. 첫 번째의 "영혼은 실체이다"라는 명제는 다음과 같은 추론에 입각해 있다.

오로지 주어/주체로서만 생각될 수 있는 것은 오로지 주어/주체로만 존재하며, 그것은 또한 실체이다.(대전제)

사유하는 존재(Wesen)는 그것이 오로지 사유하는 존재인 한에서 주어/주체로서만 생각될 수 있다.(소전제)

따라서 사유하는 존재는 오로지 주어/주체로서만, 즉 실체로서만 존재한다.(결론)[30]

---

30) 이 삼단논법은 2판의 것이고, 1판의 것은 다음과 같다. "우리 판단의 절대적 주어/주체로서 표상되는 것, 따라서 다른 것의 규정(술어)으로서는 사용될 수 없는 것은 실체이다.(대전제) 사유하는 존재(Wesen)로서의 나는 내 모든 가능한 판단들의 절대적 주어/주체이다.(대전제) 그리고 나 자신에 대한 이 표상은 어떤 다른 것의 술어로서는 사용될 수 없다.(소전제) 따라서 사유하는 존재(영혼)로서의 나는 실체다.(결론)"

칸트는 이 추론이 '매개념 다의성의 오류(sophisma figurae dictionis)'를 범하고 있음을 지적한다. '주어/주체'라는 매개념이 결론을 가능케 해주는 듯이 보이지만, 대전제의 주어/주체가 직관에 주어질 수 있는 것이라면 소전제의 주어/주체는 그렇지 못한 것이기 때문이다. 이 점에서 이 추리는 오류추리이며, 영혼 또는 사유하는 존재가 실체라는 것, 비물질적 존재라는 것을 증명하지 못한다. 칸트는 이 비판을 토대로 영혼의 질적 단순성(불멸성)과 양적 단일성(인격의 동일성) 그리고 물질과 대비적으로 이원성을 형성하는 정신적 실체(불사성)라는 추리를 차례차례 논파한다. 칸트가 보기에 영혼, 차라리 자아(Ich)는 "모든 개념들에 수반되는 의식일 뿐"이다.

> 이 자아/나 또는 그 또는 사유하는 것[cogito]을 통해 표상되는 것은 오로지 사유물(Gedanken)의 선험적 주체 =x일 뿐이다. 우리는 이것을 그것의 객어(客語)인 사유물들을 통해서만 인지할 수 있으며, 그것들을 떠나서는 그것에 관한 최소한의 개념조차도 가질 수 없다. 언제라도 그것에 관해 무엇인가 판단을 하려면 우선 그것에 대한 표상을 사용하지 않을 수 없기에, 우리는 항상 그 주위를 맴돌 수밖에 없다. 우리는 이런 불만족에서 벗어날 수가 없는바, 의식 자체란 어떤 특별한 대상을 식별해내는 표상이 아니라 (…) 다만 표상 일반의 형식일 뿐이기 때문이다. 우리가 무엇인가를 사유한다고 할 수 있는 것은 오로지 이것[표상 일반의 형식]에 입각해서일 뿐이다.(B404~405/A346)

간단히 말해, 칸트는 사유하는 존재를 실체가 아닌 기능/활동성으로 파악했다. 우리는 선험적 주체를 어떤 실체로서 발견/표상할 수 없으며, 다만 우리 자신이 선험적 주체로서 **활동**할 수 있을 뿐이다. 선험적 주체는 어떤 물(物)이 아니기에, 그것을 어떤 특정한 무엇으로서 규정하려고 하면 우리는 그 주위를 빙빙 돌 수 있을 뿐이다. 사실 어떤 면에서 칸트의 선험적 주체는 전통적인 실체적 영혼보다 더 형이상학적인(현대적인 뉘앙스에서) 존재이다. 그것은 "道可道非常道 名可名非常名"의 구도를 띠고 있으며, 그럼

에도 우리 자신이 바로 그것인 활동성, 주체인 것이다. 칸트는 영혼의 형이
상학을 주체의 형이상학으로 전환시켰으며, 인간의 주체성을 물화해 이해
하려는 전통 —— 영혼을 플라톤처럼 정신으로 보든 에피쿠로스처럼 물질로
보든, 이런 생각들은 공히 영혼을 물화해 보는 것이다 —— 을 종식하고 근대
적인 주체성 개념을 정립했다고 할 수 있다.[31]

   칸트가 논하는 두 번째 선험적 가상은 우주론에서의 '무제약자'의 추구
에서 나타난다. 그리고 이런 추구는 결국 이율배반(Antinomie)으로 귀착한
다. 영혼론에서의 오류추리가 정언적(categorical) 판단의 형식("S는 P이다")
에 입각해 있다면, 우주론에서의 이율배반은 가언적/가설적(hypothetical)
판단의 형식("만일 p이며, q이다")을 띤다. 제약자들의 전제, 그 전제의 전제,
……를 계속 거슬러 올라가 무제약자를 찾아가는 형식이라고 할 수 있다.
질 범주의 경우, 예컨대 개체에서 세포로, 세포에서 분자로, 분자에서 원자
로, 원자에서 소립자로, …… 계속 내려가 궁극의 입자를 찾으려는 과정을
예로 들 수 있다.(여기에서도 칸트적 질 범주의 특징을 재확인하게 된다.) 이제
우주론적 무제약자를 찾는 선험적 이념들의 표는 다음과 같다.

양 범주의 이념
모든 현상들의 주어진 전체의
병치(竝置)의 절대 완전성

질 범주의 이념	관계 범주의 이념
현상에서의 한 주어진 전체의	현상 일반의
분할의 절대 완전성	발생의 절대 완전성

---

31) 오늘날 지난 반세기에 걸쳐 대폭 발전해온 생명과학의 성과를 염두에 둔다면, 이 성과
   를 흡수하면서 근대적인 주체성 개념을 다시 사유하는 것이 중요한 주제이다. 특히 생
   명과학의 성과에 물화의 시각을 투영하는 속류 유물론이 난무하는 지금, 선험적 주체와
   생명과학의 최적화를 추구하는 것은 현시점에서 가장 중요한 철학적 테마들 중 하나라
   할 것이다.

양상 범주에서의 절대 완전성

현상에서의 가변적인 것의

실존의 의존성의 절대 완전성

이 선험적 이념들이 불러일으키는 이율배반은 각각 다음과 같다.

병치에서의
이율배반

세계는 시간에서의 시초를 가지며, 공간에서도 한계를 가진다.

세계에는 시초가 없으며, 공간에서도 한계를 가지지 않으며, 시간에서나 공간에서나 공허 무한하다.

분할에서의
이율배반

세계 내의 각각의 합성물은 단순한 부분들로 구성되어 있으며, 일반적으로 단순한 것 또는 단순한 것들의 합성물만이 존재한다.

세계 내의 어떤 합성물도 단순한 부분들로 되어 있지 않고, 일반적으로 단순한 것 자체가 존재하지 않는다.

발생에서의
이율배반

자연법칙에 따른 인과율은 세계의 현상 전체가 그로부터 도출되는 유일한 것이 아니다. 현상 전체를 설명하기 위해서는 또한 자유 발생에서의 이율배반을 통한 다른 인과율의 도입이 필요하다.

자유 같은 것은 존재하지 않으며, 세계에서는 오로지 자연법칙에 따라 모든 것이 일어난다.

실존의
의존성에서의
이율배반

세계에는 그것의 부분으로서든 그것의 원인으로서든 단적으로 필연적인 어떤 존재(Wesen)가 속한다.

일반적으로 세계 내에도 또 세계 바깥에도 그것의 원인으로서 어떤 단적으로 필연적인 존재가 존재하는 일은 없다.

양 범주의 경우, 전제에서 전제로 거슬러 올라간다는 것은 곧 공간과 시간의 시초로 거슬러 올라감을 뜻한다. 그래서 공간-조각들, 시간-조각들이 계속 병치됨으로써 확대되면서 시공의 극한으로 나아간다. 이는 곧 무한의 문제에 부딪치는 것을 뜻하며, 감성의 뒷받침을 받을 수 없는 이 과정은 결국 이율배반에 다다르게 된다. 왜 이율배반에 빠지는가? 감성의 뒷받침이 없는 상황에서 사변이성은 무제약자를 두 가지 방식으로 설정할 수밖에 없다. 하나는 제약자들의 계열 전체에서 성립하는 것으로 보는 것이고, 다른 하나는 제약자들의 끝(시초)에서 성립하는 것으로 보는 것이다.(KRV, B444~447/A417~419) 이는 곧 전통적으로 내려온 무한주의와 유한주의의 대비라 할 수 있다. 제국 로마 시대의 에피쿠로스주의와 유대-기독교의 대비를 떠올려보자.

칸트는 양 주장이 상대방을 귀류법을 통해 논파할 수 있음을 보여줌으로써, 결론적으로 이율배반이 성립함을 보인다. 제논은 영원부동의 일자의 테제를 논증하기 위해 이성과 감성 사이의 역설을 논했지만, 칸트는 두 테제 사이에서 성립하는 역설을 논한다.[32] 유한주의자는 말한다. 세계가 공간적으로 또 시간적으로 무한하다고 해보라. 지금 이전에 무한의 시간이 흘러왔어야 한다면, 어떻게 우리가 이렇게 '지금'에 도달해 있을 수 있겠는가? 여기 이전에 무한히 공간들이 병치되었어야 한다면, 어떻게 우리가 이처럼 '여기'에 도달해 있을 수 있겠는가? 태초를 전제해야만 일정한 시간이 흐른 후 우리가 지금 이렇게 존재할 수 있고, 우주의 끝을 전제해야만 그로부터의 일정한 거리의 여기에 우리가 이렇게 존재할 수 있지 않겠는가. 하지만 무한주의자는 말한다. 시간에 시초가 있다고 해보라. 그 시초는 세계라

---

32) 1권, 11장, 2절에서 논했듯이, 칸트의 이율배반은 아퀴나스의 이율배반과 대조적이다. 칸트는 "세계는 영원하다"라는 명제와 "세계는 창조되었다"라는 명제가 각각의 내부에서는 근거를 제시하지만 양자가 동시에 성립하지는 못한다는 점에서 이율배반을 형성한다고 본다. 아퀴나스의 경우에는 반대로 양자 각각은 논증 불가능하지만 서로간은 이율배반이 아니다.

는 것 자체가 없는 텅 빈 시간에서의 어느 시점일 터인데, 왜 하필 그 시점이 돌연 시초가 될 수 있었단 말인가? 세계 내에서의 어떤 시초는 이해할 수 있다, 하지만 세계 자체의 시초를 어떻게 이해할 것인가? "ex nihilo nihil fit"를 기억하라. 또, 공간에 한계가 있다고 해보라. 그 한계는 사물들이 존재하지 않는 텅 빈 공간의 어딘가일 터인데, 왜 하필 그곳이 한계가 된 것이며 (공간이란 직관의 비-경험적인 형식이거니와) 그 한계 내에서의 공간직관과 그 바깥에서의 공간직관의 관계는 어떻게 이해해야 할 것인가? 공간에 한계가 있다면, 완벽하게 이질적인 두 '공간'이 인접하게 되는 사태가 벌어지게 되는 것이다.[33]

질 범주의 핵심 테마는 궁극의 '단순한 것'의 존재 여부이며, 오늘날로 말해 '최종 이론'의 성립 여부와 관련된다. 이 경우 제약자들의 계열 전체에서 성립하는 것으로 보는 것은 궁극의 단순한 것이 없다는 입장이 되고, 제약자들의 끝(시초)에서 성립하는 것으로 보는 것은 그런 것이 있다는 입장이 된다. 현대적으로 설명해보자. 궁극의 입자가 없다고 해보라. 어떤 개체를 설명하려면, 그 이하의 존재단위들(entities)로 계속 내려가야 한다. 그런데 궁극의 입자가 없다면, 우리가 도달하는 곳은 여전히 설명해야 할 어떤 것(복합체)이거나 아니면 (양파 껍질을 다 깠을 때 아무것도 없듯이) 끝까지 가봐야 결국 무이다. 궁극의 입자가 있어야 그것에서 출발해 세계를 이해할 수 있는 것이다. 하지만 반대하는 사람들은 말한다. 공간은 무한 분할 가능

---

33) 앞에서 언급했듯이, 칸트의 공간 개념은 에우클레이데스적 공간을 전제하고 있다. 리만 다양체의 출현 이후 전개된 복잡한 공간론들을 염두에 둔다면(하나의 예로서, 야우·네이다스, 고중숙 옮김, 『휜, 비틀린, 꼬인 공간의 신비』, 경문사, 2013), 칸트식의 논증은 더 이상 유효하지 않다. 사실 칸트의 논증은 고래로부터 내려온 공간론의 테두리를 벗어나지 않는다. 하지만 공간이 무한한가 유한한가라는 논쟁 자체는 여전히 유효하며(현대의 공간론에서는 '무한하다', '유한하다'라는 개념을 어떻게 정의하느냐 자체가 문제가 된다.), 열린 문제라고 할 수 있다. 아울러 이런 수학적 공간론과 성격이 다른 공간론도 여럿 등장하게 된다. 시간의 경우는 더욱 복잡해서, 베르그송을 필두로 접근 방식 자체가 아예 다른 여러 시간론들이 전개되었다.

하다. 그런데 궁극의 입자란 결국 가장 작은 입자일 터, '궁극의'라는 수식어의 의미는 결국 공간적인 것이다. 그렇다면 아무리 작은 물체라 해도 그 이하로 자르지 못할 이유가 딱히 어디에 있겠는가? 만에 하나 그런 최소치에 도달했다고 해보자. 그 궁극의 단순한 것은 내부적인 부분들도 없을 것이고, 외부적인 규정들도 없을 것이다. 그것은 정의상/개념상 내부적 부분들을 가지지 않는다. 또, 궁극의 것들이 모여 더 큰 것들을 만들자면 그것들 사이에 관계가 성립해야 하는데, 그리고 모든 관계-맺음은 자기타자화(self-differing)를 함축하는데, 궁극의 단순한 것들 즉 완벽히 자족적인 것들이 어떻게 또 무엇 하러 이런 관계를 맺겠는가? 여기에서도 두 입장은 평행을 달린다.

관계 범주의 경우, 제약자들의 계열 전체에 서는 입장은 자유를 부정하는 것으로 귀착하고, 계열 끝에 서는 입장은 자유(절대적 자발성)를 긍정하는 것으로 귀착한다. 자유를 긍정하는 사람들은 말한다.[34] 일체를 인과에 의해서만 이해할 경우, 인과에는 끝이 없을 것이고 우리는 결국 무한소급에 빠질 것이다. '원인'에 목숨을 거는 사람들이 정작 원인들의 계열을 끝없이 거슬러갈 뿐 진짜 원인을 찾지 못한다는 것은 얄궂은 사실 아닌가. 인과계열의 시작점인 선험적 자유를 인정해야 하지 않겠는가. 반대하는 사람들은 말한다. 선험적 자유 운운하는 것은 비정합적인 생각이다. 다른 것들은 모두 인과로 생각하면서 갑자기 어느 지점에서 인과계열을 끊고서 자유 운운하는 것은 억지스러운 이야기에 불과한 것이다. 만에 하나 그런 자유가 있다고 해보자. 만일 그것이 자연의 법칙이 아니라 자유의 법칙을 형성한다고 한다면, 그 '법칙' 또한 인과 이외의 무엇이 될 수 있겠는가? 반대로 그것이 법칙성을 벗어나는 무질서한 차원이라면, 어떻게 삶을 이끌어갈 수

---

34) 칸트는 관계 범주에서 이율배반이 성립하는 경우는 '원인과 결과' 소범주에서만이라고 본다. 실체와 우유 소범주의 경우 우유들이 실체에 부대할 뿐 실체와 계열을 형성하는 것이 아니기 때문이다. 또, 상호성 소범주의 경우 물론 계열을 형성하지 않는다. 원인과 결과 소범주만이 계열을 형성하기에 이율배반론에서의 논의 주제가 된다.

있는 질서와 규칙을 정초할 수 있겠는가? 법칙적으로 존재한다는 것은 결국 자연법칙에 입각해 존재한다는 것이요, 비-법칙적으로 존재한다는 것은 결국 맹목적으로 존재한다는 것일 뿐이다.[35]

마지막으로 양상 범주의 경우, 계열 전체에 서는 입장은 단적으로 필연적인 존재를 부정하며, 계열 끝에 서는 입장은 그러한 존재를 긍정한다.[36] 후자에 입각할 때, 제약자들은 우연의 양상을 띠지만 무제약자는 필연성의 양상을 띠어야 한다. 칸트는 이 논변을 신 존재 증명에서의 '우주론적 논증'의 양상론 버전으로 이해한다. 우연적 사실들은 그와 달리 될 수도 있는데 하필이면 그렇게 된 것이다. 그리고 왜 하필이면 그렇게 되었을까를 거슬러 올라가면, 우리는 마침내 필연적인 존재 즉 무제약자를 만나게 되는 것이다. 그러나 반대의 입장에 설 경우, 다음과 같이 논한다. 앞의 주장처럼 절대필연의 무제약자가 존재한다면, 그것은 세계 내에 존재하거나 그 바깥에 존재한다. 세계 내에 존재하는 경우 그것은 두 가지 방식, 즉 ① 다른 것들의 원인이 되지만 그 자체는 원인을 가지지 않는 존재이거나 ② 계열의 부분들은 모두 우연적인데 계열 전체는 필연인 경우가 있다. 첫째 경우, 세 번째 이율배반을 논하면서 이미 언급했듯이 억지스러운 이야기가 된다. 둘째 경우, 이는 불가능하다.[37] 또, 무제약자가 세계 바깥에 존재한다고 할 경

---

35) 법칙성을 벗어나는 우연성이 자유의 근거일 수 없음은 본 철학사 1권(8장, 2절)에서 루크레티우스의 '클리나멘'을 논하면서 언급했다. 그리고 '법칙'은 결국 자연법칙(칸트에게서는 물리법칙)일 수밖에 없다는 주장은 이후 논파된다. 첫째, 칸트 이후 생명과학과 인간과학이 발달하면서 법칙은 법칙이되 물리법칙과는 전혀 다른 형태의 법칙들이 발견되어왔고, 둘째, 칸트 이후 더 적극적으로 인간 주체의 자유의 차원을 옹호한 여러 철학적 논변들이 전개되어왔다.

36) 칸트는 이 대목에서 가능성, 현실성, 필연성의 이율배반을 논하는 것이 아니라 오히려 우연성의 이율배반을 논한다. 가능성, 현실성, 필연성이 계열을 형성하지 않기 때문이다. 구키 슈조는 우연성을 정언적 우연, 가설적 우연, 이접적 우연으로 분류해 논하거니와(九鬼周造, 『偶然性の問題』, 岩波文庫, 2012), 이 중 계열의 구조를 띠는 것은 가설적 우연이다. 칸트가 여기에서 논하는 이율배반도 가설적 우연에서의 이율배반이다.

37) 우연의 뉘앙스를 달리 이해하면, 사실 꼭 불가능하지는 않다. 부분들에서는 우연으로 보이는 것이 사실은 필연일 수 있다. 다만 무수한 원인이 복합적으로 겹쳐 있기 때문에, 결

우 아예 세계 바깥에 존재하는 이 무제약자가 어떻게 세계의 원인이 될 수 있겠는가. 결국 양상론에서도 이율배반이 성립한다.

칸트는 시공간이 일정한 한계를 가지고 만물의 근본 요소가 존재하고 자유의 자발성이 존재하며 절대자가 존재한다는 생각은 형이상학의 성격을 띠는 데 비해, 시공간에는 한계가 없고 만물에는 근본 요소가 존재하지 않고 자유 같은 것은 환상이며 절대자는 존재하지 않는다는 생각은 경험주의의 성격을 띤다고 본다. 하지만 앞의 네 주장이 항상 붙어 다니고, 뒤의 네 주장이 항상 붙어 다닌다는 보장은 없을 듯하다. 예컨대 형이상학적 독단론자가 절대적 결정론을 주장하고 대조적으로 경험주의자가 자유를 인정하는 일이 얼마든지 있을 수 있다. 그리고 전자가 플라톤주의에 의해 대변되고 후자가 에피쿠로스주의에 의해 대변된다는 그의 지적에도 논의의 여지가 있다. 나아가 칸트 이래 두 세기가 지난 오늘날 이 8가지의 명제는 사실 서로 간에 훨씬 복잡한 연관성을 가진다고 보아야 하며, 우리는 앞으로의 논의에서 때때로 이 점들을 확인하게 될 것이다.

세 번째의 선험적 가상은 사변이성의 '이상(das Ideal)'이다. 칸트는 영혼론에서의 오류추리와 우주론에서의 이율배반에 이어 신학에서의 이상을 논한다. 오류추리가 정언적 판단의 형식을, 이율배반이 가설적 판단의 형식을 참조한다면, 이상은 이접적(disjunktiv) 판단의 형식을 참조한다. 선험적 가상으로서의 이상은 즉 개체적 이념이다. 그것은 가능한 모든 술어들의 전체가능성을 담지하는 존재이다. 나는 이 세상에 존재하고, 저 꽃은 붉으며, 세월호의 비극은 일어났다. 하지만 나는 존재하지 않을 수 있었고, 저

과적으로 우연으로 보일 뿐인 것이다. 이 경우 부분들에는 우연의 양상이 부여될 수 있지만, 그 전체는 오히려 필연이라고 해야 한다. 사실 이런 경우가 바로 스피노자의 철학이다.

아울러 칸트가 제시한 논변의 반대 경우도 생각해볼 수 있다. 즉, 부분들은 모두 필연이지만 전체는 우연인 경우이다. 이는 기계론에서 신이라는 작인을 제거할 경우 성립한다. 세계의 모든 것은 필연적으로 움직인다. 하지만 세계 그 자체에는 아무런 존재이유가 없다. 이것이 라메트리 등의 유물론적 세계에 함축되어 있는 양상론이다.

꽃은 푸를 수 있었으며, 세월호의 비극은 일어나지 않을 수도 있었다. 존재의 배면은 무이고, 그 총체가 전체가능성을 형성한다. 유한한 우리는 가능성 전체가 아니라 특수한 현실성을 살아가야 한다. 선험적 가상으로서의 이상은 전체가능성의 담지자를 상정하며, 이 담지자는 내용상 사람들이 '신(神)' —— 지금의 맥락에서는 유일신 —— 이라고 부르는 존재이다. 이 존재는 만물이 그에게서 나왔다는 점에서 모든 존재들과 그 배면의 무들을 보듬는 존재이다. 신학적 사변이성의 원리적인 탐구는 바로 이 존재의 존재함을 증명하는 데 바쳐진다. 따라서 이 맥락에서의 선험적 가상에 대한 비판은 '신 존재 증명'을 논파하는 것이다. 칸트는 신 존재 증명을 '존재론적 증명', '우주론적 증명', '자연신학적 증명'으로 파악하고, 이 증명들 각각을 비판한다.

존재론적 증명은 안셀무스에 의해 시도되었고, 이를 둘러싸고서 그와 가우닐로의 논쟁이 있었다.(1권, 11장) 칸트의 논변은 가우닐로의 것을 크게 벗어나지는 않는다. 안셀무스 논증의 요체는 실존하지 않는 신보다 실존하는 신이 더 완전하며, 따라서 신이 실존하지 않는다는 주장은 신이 최상의 존재라는 정의/개념 자체와 모순된다는 것이었다. 하지만 '실존한다'는 것은 가능차원에서의 술어들과 성격이 전혀 다른 술어이다. 가능차원에서라면 100개의 술어를 가진 신보다 101개의 술어를 가진 신이 더 완전한 존재일 것이다. 하지만 '실존한다'라는 술어는 가능성의 차원에서 상호 비교가 가능한 또 하나의 술어가 아니라, 가능성의 양상에서 현실성의 양상으로 아예 건너갔을 때에 성립하는 술어이다. 가능차원에서 3만 원은 2만 원보다 더 큰 돈이다. 하지만 가능차원에서의 3만 원보다 현실차원에서의 2만 원이 백배 낫다는 것은 어린아이들도 아는 사실이다. 어떤 것이 순수 개념의 차원에서 보다 더 완전한지 또는 덜 완전한지를 따지는 것과 그것이 실존하느냐를 따지는 것은 전혀 다른 문제이다. 안셀무스는 순수하게 개념 분석적인 방식으로 신의 실존을 증명하고자 했으나, 신의 실존을 증명하려면 순수 개념의 차원 바깥으로 나와야만 하는 것이다.

우주론적 증명은 네 번째 이율배반에서의 정립("세계에는 그것의 부분으로서든 그것의 원인으로서든 단적으로 필연적인 어떤 존재(Wesen)가 속한다.")과 연관된다. 이 증명은 존재론적 증명과는 달리, 순수 개념적 차원에서 전개되는 것이 아니라 경험의 차원에서 전개된다. 이 논변은 간단하다. 세계 내의 어떤 존재이든 그것이 필연적인 또는 절대적인 존재가 아닌 한 그것의 원인을 가지며, 그 원인 또한 그것의 원인을 가진다. 이렇게 인과연쇄가 끝나지 않는다면 세계는 우연적 존재일 뿐이게 되고, 현상계가 보여주는 질서를 근거 짓는 것은 불가능하게 된다. 따라서 어디에선가 인과연쇄가 끝나는 곳에서 모든 것의 원인이면서도 그 자신은 원인을 가지지 않는, 따라서 우연적이고 상대적이기보다 필연적이고 절대적인 존재가 있어야 한다. 이 존재를 우리는 바로 '신'이라 부른다. 앞의 정립에 관련해서도 논했듯이, 이 논변은 현상의 맥락에서 논변을 진행하다가 어느 순간 갑자기 초-현상의 차원으로 넘어가버리는 오류를 범하고 있다. 나아가 이 논변은 이 필연적 존재가 '가장 실재하는 존재(ens realissimum)'라는 논변으로 나아간다.(데카르트는 『성찰』에서 이 논변을 구사했다.) 이는 곧 '가치-존재론'의 구도이다. 칸트는 결국 우주론적 논변의 근저에는 존재론적 논변이 깔려 있으며(가장 필연적인 존재는 결국 가장 실재하는 존재이다.), 존재론적 논변은 이미 극복된 것임을 지적한다.

세 번째 신 존재 증명은 '자연신학적 증명'이다. 이 증명은 이 세계의 어떤 영역이 생명('합목적성')의 차원, 그리고 미(美)의 차원을 품고 있다는 점에 근거한다.('생명'과 '미'는 훗날 『판단력 비판』의 주제가 된다.) 자연이 이토록 생동감 있고 아름다운 것이거늘, 그것을 만든 이 없이 과연 이 생명과 미를 설명할 수 있겠는가? 이 세계는 어떤 위대한 존재에 의해 선한 의도 하에 만들어진 것임에 틀림없다. 이 존재가 바로 플라톤이 말하듯이 질료와 형상을 가지고서 세계를 제작한 '조물주', 나아가 여러 종교들에서 말하듯이 무로부터 이 세계를 창조한 '신'이 아니겠는가? 칸트는 이 논변에 일정 정도 공감을 표한다. 하지만 이런 논변은 결국 의인적인 것에 불과하다. 이런 주장은 인간적 기술의 이미지를 신적 기술이라는 이미지에 투영하고 있는 것이다. 그리고 잘 살펴보면 이 논변의 근저에는 우주론적 논변이 깔려 있고, 그 근저에는 다시 존재론적 논변이 깔려 있음을 알 수 있다.(KRV, B658/A630) 칸트는 신학적 증명은 결국 존재론적 증명으로 귀착한다고 보았고, 이 증명이 설득력이 없는 한 다른 증명들의 운명도 마찬가지라고 본 것이다. 결국 모든 형태의 사변이성의 이상, 신 존재 증명은 무위에 그친다.[38]

---

38) 칸트의 이율배반론은 '계몽'에 대한 그의 입장을 잘 드러낸다. 이 논의를 통해 우주, 영혼(의 자유), 신에 대해 사변을 늘어놓는 종교 및 형이상학의 전통에 비판을 가한다는 점에서 그는 분명 계몽사상가이다. 그러나 이율배반이 말하고 있는 바는 또한 그 반대의 주장들(신은 존재하지 않는다거나 자유란 허상이라는 식의 주장)도 마찬가지로 근거가 없다는 점에 있다. 이 점에서 그는 전통 종교 및 형이상학을 부정하면서 유물론을 제시한 프랑스 계몽사상가들과 다르다. 칸트가 볼 때 '유물론' 역시 독단적이기는 마찬가지이며, 사실상 또 하나의 형이상학인 것이다. 한 가지 흥미로운 물음은 이것이다: 그렇다면 칸트 이후의 유물론은 칸트를 설득할 수 있는 어떤 다른 근거를 얻었는가?

2절 도덕형이상학의 새로운 정초

§1. 도덕법칙과 자유

칸트는 이렇게 영혼, 우주, 신에 대한 사변이성의 논증들을 근거 부족으로 논파함으로써 전통 형이상학을 종식하고자 했고, 계몽시대의 비판정신을 매우 정교한 형태로 완성하고자 했다. 하지만 칸트 사유의 목적은 낡은 형이상학을 물리치는 것 못지않게 새로운 형이상학을 진수하는 것이기도 했다. 이것은 곧 ① 사변이성에 '규제적' 역할을 부여하고, ② 형이상학을 이론적 맥락에서 실천적 맥락으로 즉 '요청'의 맥락으로 변환하는 것이었다. 칸트는 사변이성의 긍정적 측면을 다음과 같이 말한다.

> 사변이성의 고유한 대상은 오성과 그것의 합목적적〔유효한〕사용에 있으며, 오성이 주어진 잡다에 통일성을 부여하듯이 사변이성 자신은 이념을 통해 개념들에 통일성을 부여한다. (…) 사변이성은 탁월하고 필수불가결한 규제적 기능을 갖는다. 이 기능은 곧 오성을 확실한 목표로 향하게 하고, 그 목표의 조망 하에 그것의 모든 규칙들의 방향선(方向線)들이 하나의 점으로 모이도록 하는 것이다. 이 점은, 비록 하나의 이념(허초점) 즉 가능한 경험의 한계 바깥에 있기에 오성의 개념들이 실제 그곳에서 나오지는 않는 점이로되, 그것들의 최대의 통일성과 폭을 만들어내는 역할을 한다. 이제 마치 거울에 비친 대상이 거울 저편〔허초점〕에 존재하는 것처럼 보이듯이, 마치 경험의 범위를 넘어서는 곳에 존재하는 물 자체로부터 방향선들이 곧장 우리에게 발사되는 듯한 착각이 일어난다. 하지만 (…) 만일 우리 눈앞에 주어진 대상들을 넘어 그 먼 저편에 놓여 있는 것들을 보고자 한다면, 다시 말해 오성이 각각의 주어진 경험을 넘어가 자신의 최대한의 가능성을 이룩하고자 한다면, 이런 착각조차도 꼭 필요하다고 하겠다.(KRV, B672~673/A644~645)

여기에 사변이성의 작업 즉 형이상학의 한계와 의의가 분명하게 나타나 있다. 결국 칸트가 생각한 오성과 사변이성의 관계는 오늘날의 제반 과학들과 형이상학의 관계와 같다고 할 수 있다. 그러나 사변이성이 탐사하는 선험적 가상들, 특히 영혼불멸, 자유, 신의 존재는 이런 이론적 의의만을 가지는 것이 아니다. 이론적 맥락에서 이 선험적 가상들은 독단이다. 물론 반대의 주장들 예컨대 무신론 또한 독단이다. 유신론과 무신론은 이론적 맥락에서 공히 독단이다. 하지만 우리가 실천적 맥락에서 사변이성의 규제적 기능을 사용한다면, 우리는 무신론이 아니라 유신론을 요청해야(postulieren) 한다는 것이다. 인간이 진정 자유로운지 이론적 방식으로 증명할 길은 없다. 하지만 도덕법칙의 존재는 우리로 하여금 자유(와 영혼불멸)를 긍정하도록 요청한다. 다시 말해 물 자체의 자리에 자유를, 그리고 영혼불멸, 신을 놓음으로써, 이 이념들을 통해서 "오성이 각각의 주어진 경험을 넘어가 자신의 최대한의 가능성을 이룩"하는 이론적 맥락에서만이 아니라 인간의 가치와 행위에 있어서도 그 최대한의 가능성을 실현할 수 있도록 해야 하는 것이다. 사변이성, 이념들, 선험적 가상들의 규제적 역할은 이렇게 이론적 맥락 — 과학적 성과들을 그 종합적이고 근본적인 극한으로 투사해가는 것 — 만이 아니라 실천적 맥락 — 자유, 영혼불멸, 신이라는 이념들에 입각해 인간다운 가치와 행위를 실현해가는 것 — 을 위해서도 필수적인 것이다.

> 그러나(사변이성의 이념일 뿐이지만) 자유는 사변이성의 모든 이념들 중에서 (…)
> 그 존재 가능성을 아프리오리하게 인식할 수 있는 유일한 이념인데, 왜냐하면 바로
> 그것이 도덕법칙의 조건이기 때문이다. 이에 비해 '신'과 '영혼불멸'은 도덕법칙의
> 조건들은 아니며, 이 도덕법칙에 의해 규정된 의지의 필연적인 대상(최고선)의 조
> 건, 달리 말해 사변이성의 실천적인 사용의 조건들이다. (…) 이 두 이념에 관해 우
> 리는 그 현실성은 물론 그 가능성에 대해서조차도 인식할(erkennen) 수 있다거나
> 파악할(einsehen) 수 있다고는 말할 수 없다. 하지만 그것들은 도덕적으로 규정된

의지를 그에 아프리오리하게 주어진 대상(최고선)에 적용할 수 있게 해주는 조건들이다. 따라서 그것들의 가능성은, 비록 이론적으로는 인식하고 파악할 수 없다고 해도, 이 실천적 조건에 있어서는 적용될(angenommen) 수 있고 또 적용되어야 하는 것이다.(KPV, A5~6)[39]

칸트는 도덕법칙의 존재로부터[40] 자유 —— '의지의 자유' —— 의 이념, 곧 계몽시대에 형성된 최고 가치들 중 하나인 '자율성'의 이념을 요청한다. 자유가 전제되지 않으면 도덕법칙은 의미를 상실한다. 자유롭지 않은 존재에게 도덕법칙을 명하는 것은 난센스이다. 칸트는 "너는 할 수 있다. 왜냐하면 너는 해야 하기 때문이다(Du kannst, denn du sollst)"라고 말한다. 너는 자유롭다. 왜냐하면 너는 도덕적 존재이기 때문이다. 거꾸로 말해, 너는 도덕적 존재이기에 분명 자유로운 존재일 것이다. 자유로운 의지가 지향하는 궁극의 가치는 최고선이다. 그리고 자유의지가 최고선으로 나아가게 해주는 두 조건은 바로 영혼불멸과 신인 것이다. 인간은 자유로운 존재이며, 자신의 영혼이 불멸한다는 것 그리고 신이 존재한다는 것을 요청함으로써 최고선을 지향할 수 있는 것이다. 이것이 '실천이성의 요청', 나아가 '실천이성의 우위'(KPV, B215~220)이다.[41]

---

39) KPV = Kant, *Kritik der praktischen Vernunft*, Suhrkamp, 2014.

40) 『실천이성 비판』이 도덕법칙의 존재로부터 논의를 전개한다면, 『도덕형이상학의 정초』에서는 선의지(善意志)의 존재로부터 논의가 전개된다. 칸트에게서 선의지는 도덕법칙에 따르려는, 다른 어떤 이유에서도 아니라 오로지 그것이 도덕법칙이기 때문에 따르려는 의지이기 때문에 여기에 심각한 부정합성은 없다. 하지만 도덕법칙의 존재를 우선시하고 그것을 따르려는 의지를 선의지로 보는 윤리학과 선의지를 우선시하고 그것의 지향점에 도덕법칙을 놓는 윤리학 사이에는 일정한 차이가 있다고 보아야 할 것이다.
칸트의 선의지는 왕수인의 '양지(良知)'와 달라서 '사상마련(事上磨鍊)'을 통해 깨달아가는 것이 아니라 보편적인 도덕법칙에 대한 순수한 존경으로써 발휘되는 것이다.

41) 실천이성의 우위는 곧 자연에 대한 자유의 우위를 함축한다. 이는 곧 자유는 자연에 힘을 가할 수 있어도 자연은 자유(선험적 자유)에 힘을 가할 수 없음을 뜻한다. 칸트에게서는 실천이성만이 진정으로 '입법적(立法的)'이다.

§2. 선의지와 정언명법

칸트 윤리학의 또 하나의 초석은 가언명법과 정언명법의 구분이다. 가언
명법은 한 개인의 '의지의 준칙'에 관련된다. 이 명법은 "~하려면, ~하라"
의 형식을 가진다. "출세하려면, 공부를 열심히 하라" 같은 것이 그 예이다.
이에 비해 정언명법은 일정한 가정이 없는 "~하라"의 형식을 띤다. "거짓
말하지 말라" 같은 것이 그 예이다. 정언명법은 보편적인 도덕법칙, 실천법
칙이다. 칸트는 후자야말로 본격적인 의미에서의 '윤리적'인 것이라고 본
다. 출세하기 위해 공부하거나, 칭찬을 받기 위해 봉사하거나, 미래를 준비
하기 위해 성실하게 일하는 것은 '윤리적인' 행위가 아니다. 그것은 인간의
자연적인 성향, 인욕에 따른 것일 뿐이다 심지어 칸트는 사랑의 감정에 따
라 타인에게 도움을 주는 것도 '윤리적인' 행위는 아니라고 말한다. 오히려
그다지 도와주고 싶지는 않지만 도덕법칙에 따라 살기 위해, 의무감에서
도와주는 것이 '윤리적인' 것이다. 전자의 경우는 훌륭하고 좋은 일이지만,
고유한 의미에서의 윤리적인 행위는 아니다. "불쌍한 사람을 도와주어라"라
는 도덕법칙에 따르는 것이 윤리적인 것이지, "불쌍한 사람을 도와주는 것
은 행복한 일이므로, 그런 사람이 있다면 도와주어라"라는 생각은 윤리적
인 것이 아니다. 때문에 칸트의 윤리학은 '행복'의 윤리학이 아니라 '의무'
의 윤리학으로 불린다. 의무의 윤리학은 인욕과 싸우면서 도덕법칙을 오로
지 그것이 도덕법칙이기 때문에 따르려는 선의지에 입각한 윤리학이다.[42]

---

42) '의무' 개념에 입각해 있는 칸트 윤리학의 이런 성격은 '행복' 개념에 입각해 있는 아리
스토텔레스 윤리학이나 '쾌락' 개념에 입각해 있는 공리주의 윤리학과 대조적이다. 아
리스토텔레스는 윤리적 문제들이란 인간의 이성적 측면과 비이성적 측면이 교집합을
형성하는 곳에서 생겨남을 날카롭게 지적했다.(1권, 7장, 5절) 그리고 이성에 기초한 목
적론에 입각해 행복을 추구하는 윤리학을 전개했다. 칸트의 윤리학은 아리스토텔레스,
스피노자 등으로 이어져온 이 행복의 윤리학에 반(反)해, 스토아학파, 기독교 등을 이어
의무("도덕법칙에 대한 존중으로 말미암아 행위하지 않을 수 없는 필연성")의 윤리학을
전개했다. 칸트 이후 공리주의는 다시 행복의 윤리학을 추구했으나, 이 윤리학은 아리스

칸트 윤리학의 이런 구도는 인식론에서의 경험주의와 구성주의의 구도와 상응한다. 가언명법은 경험주의적이다. "인간관계를 좋게 하려면, 처신을 잘하라"라는 가언명법은 경험적인 명법이다. 하지만 칸트 인식론에서 인식이 경험으로부터 오는 것이 아니듯이, 윤리학에서도 윤리는 경험으로부터 오는 것이 아니다. 경험은 주관적이고 우연적인 것이기 때문이다. 때문에 흄의 윤리학이 정념, 공감, 관습을 비롯한 경험적 원리들에 입각해 있다면, 칸트는 이런 경험주의적 사유로부터는 엄밀한 의미에서의 윤리가 불가능하다고 보았다. 인간관계를 좋게 하려고 처신을 잘하다 보면 비굴한 인간이 될 수도 있고, 또 누군가는 인간관계를 좋게 하기 위해 소신을 굽히느니 (좀 유별난 사람으로 손가락질 받는 한이 있어도) 세상과 타협하지 않고자 할 수도 있다. 윤리학이 보편적이고 필연적인 윤리를 제시하려면, 사실로부터 당위를 끌어내는 것이 아니라 당위를 가지고서 사실을 구성해야 하는 것이다. 이것은 곧 한 개인의 의지의 준칙으로부터 도덕법칙을 이끌어내는 것이 아니라(이것은 개인적이고 우연적인 것이다.), 오히려 개인적인 의지의 준칙이 보편적인 도덕법칙에 합치하도록 행위해야 함을 뜻한다. 이것은 이론철학적 구성주의에 상응하는 실천철학적 구성주의이다. 그래서 칸트는 '순수 실천이성의 근본 법칙'으로서 다음을 제시한다. "네 의지의 준칙이 항상 동시에 보편적인 입법[도덕법칙]의 원리로서도 유효할 수 있도록, 그렇게 행위하라."(KPV, A54)[43]

토텔레스, 스피노자 등의 형이상학을 거부하고 그 철학적 기초를 쾌락에 두었다. 벤담에게서 볼 수 있듯이(『도덕과 입법의 원칙에 관한 서론』, 강준호 옮김, 2018), 공리주의란 모든 행동의 옳고 그름을 그것이 쾌락을 증대시키는가 감소시키는가에 따라 판정하는 윤리학이다. 의무의 윤리학(옳고 그름의 윤리학)이 볼 때 행복의 윤리학(좋음과 나쁨의 윤리학)은 '윤리'라는 말의 진정한 차원에 미치지 못하는 것이다. 행복의 윤리학이 볼 때 의무의 윤리학은 '옳음과 그름'을 자의적으로 설정하는 것에 불과하다.

43) 칸트는 이 명제를 다음 두 명제로 달리 표현한다. "너 자신을 포함한 모든 인격에서의 인간성을 항상 동시에 목적으로 대우할 것이며, 결코 단순한 수단으로 이용하지 말라." "모든 이성적 존재는 그 준칙에 따라 항상 보편적인 목적의 왕국의 입법적 성원인 듯이 행위하라."

§3. 준칙의 역할

하지만 한 개인의 의지의 준칙[44]은 현상계에서 성립하는 것이고 보편적 도덕법칙은 본체계에서 성립하는 것이다. 앞에서 우리는 감성의 인식질료와 오성의 범주 사이의 일치 가능성을 찾기 위해 구상력의 '도식'이 도입되는 과정을 논했다. 같은 구도로, 이번에는 현상계와 본체계의 일치 가능성을 보장해줄 매개적 차원을 확보할 것이 요청된다. 각 의지의 준칙이 어떻게 "항상 동시에" 보편적인 도덕법칙의 원리로서도 "유효할 수 있도록" 할 것인가. 칸트는 이 매개자를 '전형(Typus)'이라 부른다. 어떤 것이 전형의 역할을 할 수 있을까? 칸트는 자연법칙이 그런 역할을 할 수 있다고 보았다. 이때의 자연법칙은 자연과학의 법칙들을 뜻하기보다는 차라리 동북아 사유에서의 '천리(天理)'에 해당한다. 경험적 세계에서 인욕에 사로잡히는 인간은 본체계에서의 천리에 따름으로써 도덕적 존재가 될 수 있다. 다산 정약용에게서처럼, 칸트의 사유에서도 이 두 차원은 서로 갈등한다. 그러나 칸트에게서 이 천리는 일원적으로 이해되기보다는 이원적으로 이해된다. 도덕법칙은 천리에서 실천적 측면에 해당한다. 칸트가 말하는 자연법칙은 현상계에서 오성에 의해 파악되는 자연법칙이 아니라 천리에서의 이론적 측면을 말한다. 이 이론적 측면에서의 천리가 경험계에서의 준칙과 본체계에서의 도덕법칙을 이어준다고 할 수 있다. 그래서 예컨대(GMS, BA53~57),[45] "삶이 더 이상 의미가 없다면 내 목숨을 끊는 것이 옳다"라는 준칙은 "생명은 자기보존을 본성으로 한다"라는 자연법칙을 매개로 "스스로의 목숨을 끊는 것은 옳지 않다"라는 도덕법칙에 연결된다. 그리고 "궁지에 몰릴 경우 갚지 못할 것을 뻔히 알면서도 돈을 빌릴 수 있다"라는 준칙은 "내

---

44) 또는 집단적인 준칙일 수도 있다. 특정 집단의 '에토스'(학자들의 에토스, 군인들의 에토스, 상인들의 에토스 등등)가 그 예이며, 일반 대중의 에토스들은 흔히 속담이나 격언의 형태로 나타난다. "오얏나무 아래에서 갓을 고쳐 쓰지 마라" 등등.

45) GMS = Kant, *Grundlegung zur Metaphysik der Sitten*, Suhrkamp, 2014.

가 남을 속인다면 남도 나를 속일 수 있다"라는 자연법칙을 매개로 "지킬 수 없는 약속은 하지 말라"라는 도덕법칙에 연결된다. 또, "내게 재능이 존재한다 해도 환경만 허락한다면 향락을 누리면서 사는 것이 낫다"라는 준칙은 "이성적 존재로서의 인간은 자신의 재능을 발휘하고자 하는 존재이다"라는 자연법칙을 매개로 "너의 재능을 썩히지 말고 펼쳐라"라는 도덕법칙에 연결된다. 또, "나 자신이 힘든 상황이라면 힘든 사람을 돕지 않아도 무방하지 않겠는가"라는 준칙은 "힘든 사람이라면 누구나 도움을 바란다"라는 자연법칙을 매개로 "힘겨워하는 타인을 도와주어라"라는 도덕법칙에 연결된다고 할 수 있다. 요컨대 각자가 자신의 준칙이 항상 동시에 도덕법칙과 일치하기를 바랄 때에만 윤리가 성립하며, 이런 일치는 자연법칙 = 천리를 매개로 할 때 가능하다.

이상과 같은 칸트의 인식론과 윤리학은 결국 '이성'에 대한 새로운 음미에 기초해 이루어졌다고 할 수 있다. 인식론과의 관계에서 볼 때, 칸트가 행한 이성 비판은 과학적 사유의 의의와 한계를 동시에 정립하려는 것이었다. 그것은 한편으로 당대까지 이루어진 과학적 사유를 정초하려는 것이었지만, 다른 한편으로 그것의 한계를 밝힘으로써 그 너머의 여지를 마련하려는 것이었다. 이 점에서 그는 한편으로 이성에 무제한의 권리를 부여했던 전기 계몽주의자들과도 다르고, 이성을 단적으로 비판했던 사람들 ── 신앙을 주장하려는 속셈을 품고서 이성을 비판했던 사람들(하만, 야코비 등) 그리고 도덕적 차원의 수립을 목적하지 않으면서 단적인 이성 비판을 진행하려 했던 회의주의자들 ── 과도 달랐다. 요컨대 칸트의 인식론은 계몽주의적 이성을 계승하면서도 비판하는 것이었다. 그것은 신앙주의자들이나 회의주의자들에 맞서 계몽적 이성을 계승하는 것이면서도, 또한 이 이성의 한계를 명확히 함으로써 현상 너머의 차원에 대한 형이상학적 사유의 가능성을 마련하려는 것이기도 했다. 그리고 이 가능성은 바로 도덕형이상학의 수립을 통해 현실화되기에 이른다.

형이상학과의 관계에서 볼 때, 칸트가 생각한 형이상학적 사유의 새로운 가능성을 펼치기 위해서는 기존에 이 '너머의 차원'에 관련해 펼쳐진 독단적 주장들과의 대결이 필수적이었다. 이 차원에 대한 형이상학적 사변들은 다양했다. 그리고 어떤 것들은 극단적으로 대립적이었다. 어떤 사람들은 이 차원에 '물질'을 놓기도 했고(유물론자들) 다른 사람들은 '신'을 놓기도 했다(유신론자들). 그러나 칸트가 보기에 이런 모든 주장들은 이성의 한계를 충분히 검토해보지 않은 채, 현상 너머에 대한 독단적 생각을 강변하는 것들에 불과했다. 칸트는 이 차원이 '인식'의 한계를 넘어선다는 점을 역설했다. 그렇다고 칸트가 이성 너머의 차원에 대해 비-이성주의적인 사유를 펼친 것(예컨대 쇼펜하우어처럼 이 너머를 '의지'로 보는 생각) 또한 아니다. 칸트는 이 너머에 대해서도 이성주의적으로 생각하고자 했다. 그렇다면 여기에서 중요한 것은 이성의 좁은 맥락과 넓은 맥락을 구분하는 것이다. 칸트에게서 과학적 이성 즉 오성과 사변이성을 구분하는 것이 매우 중요했던 것은 이 때문이다. 사변이성의 성격을 오성의 성격과 구분하지 않고서, 사변을 인식으로 착각함으로써 기존의 사변적 형이상학들이 성립했다는 것이 칸트의 판단이다. 칸트는 오성과 사변이성에 각각의 한계를 줌으로써(오성은 인식을 가져다주지만 본체계에 대해서는 인식할 수 없으며, 사변이성은 본체계를 사유하지만 그 사유는 엄밀한 의미에서의 '인식'은 아니다.), 본체계에 관련해 전혀 다른 성격의 사유를 펼쳤다. 바로 이 때문에, 그에게서는 오성과 사변이성의 구분에 못지않게 사변이성과 실천이성의 구분 또한 핵심적이다. 칸트의 눈길로 볼 때, 기존 사유들의 한계는 합리적 이성(오성), 사변이성, 실천이성을 구분하지 않은 채 논의를 전개한 데에 있는 것이다. 그리고 칸트는 '실천이성의 우위'에 대한 주장에서 시작해 그 특유의 윤리학/도덕철학을 펼쳤던 것이다.

3절 합목적성의 사유

하지만 칸트 사유는 중요한 문제를 남기게 된다. 데카르트의 이원론이 남긴 문제와 마찬가지로, 칸트에게서도 인식론과 도덕형이상학, 물질의 세계와 정신의 세계, 기계론의 세계와 목적론의 세계, 오성과 사변이성, 현상계와 본체계의 이원론은 '두 세계' 사이의 심각한 간극이라는 결과를 가져왔기 때문이다. "저 하늘의 빛나는 별과 내 마음속의 도덕률" 사이에 드리워진 저 깊은 심연을 보라! 이 때문에 칸트의 후계자들은 이 심연을 메움으로써 보다 일원적인 '체계'를 구축하려는 시도들을 전개하게 된다. 하지만 칸트 자신이야말로 이 문제와 처음으로 정면 대결한 철학자였다. 칸트는 그의 후계자들과는 달리 둘을 하나로 **통일**하는 길이 아니라 그 사이에 매개자를 둠으로써 양자를 **연결**하는 길을 택했다. 오히려 3원 구도를 만듦으로써 그의 사유 전체에 유기적 성격을 부여하고자 한 것이다.

§1. 판단력의 이론

그는 인식능력과 소망능력 사이에 쾌/불쾌의 능력(감정)을, 인식론과 도덕형이상학 사이에 생명철학(과 미학)을, 물질과 정신 사이에 생명(과 미)을, 자연과 자유 사이에 '합목적성(Zweckmäßigkeit)'을, 오성과 사변이성 사이에 '판단력'을, 현상계와 본체계 사이에 양자를 이어주는 역사의 차원을 설정해 자신의 사유체계에 통일성을 부여하고자 했다. 칸트는 이 제3의 차원을 도입할 필요성을 다음과 같이 말한다.

> 비록 감성적 차원으로서의 자연 개념과 초감성적 차원으로서의 자유 개념 사이에 메우기 힘든 간극이 드리워져 있다 해도, 그리고 (…) 자연으로부터 자유로 건너갈

수 있는 방법은 어디에도 없어 두 개념이 (…) 전적으로 구분되는 두 세계와 같다고 해도, 자유가 자연에 영향을 끼치는 것은 가능해야만 한다. 즉, 자유 개념은 그 입법적인 목적을 감성적 차원에서 실현해야 하며, 따라서 자연 개념 역시 (…) 자유의 법칙에 따라 자신 안에 실현되어야 할 목적들의 가능성과 일치하는 것으로 생각되어야 한다. 따라서 자연의 근저에 놓인 초감성적인 차원과 자유 개념이 실천적으로 내포하는 차원의 통일성의 근거가 존재해야만 한다. 이 근거에 대한 개념은, 비록 그것이 이론적으로나 실천적으로나 그 근거의 인식에 도달하지는 못하지만 (…), 한쪽의 원리들에 따르는 사유방식으로부터 다른 쪽의 원리들에 따르는 사유방식으로의 이행을 가능하게 해준다.(KU, II)[46]

판단력이란 특수와 보편의 관계를 파악하는 능력, 특수를 보편 아래에 포섭시키는 능력이다. 그것은 근본적으로 분류의 능력이며, 세계의 부분들을 관계망 하에서 파악하는 능력이다. 누군가가 음악을 학문에 포섭시키고 경제학을 예술에 포섭시킨다면, 그는 판단력이 없는 사람이다. 누군가 이 일은 재무부에 속하는 일이고 저 일은 총무부에 속하는 일임을 손쉽게 간파한다면, 그는 판단력이 좋은 사람이다. 판단력은 단지 이렇게 개별 경우에만 성립하는 것이 아니다. 범주가 넓어질수록, 관련되는 범주들이 많아질수록 판단은 더 복잡해진다. 하나의 목적을 성취하는 일은 판단력과 밀접한 관련을 가지는데, 흔히 하나의 목적의 성취는 여러 장들을 가로지르면서 그것들의 연계성을 정확히 파악할 것을 요구하기 때문이다. 특히 이전에 경험해보지 못한 일을 해내야 할 때, 가보지 않은 곳/목적에 도달해야 할 때 뛰어난 판단력이 요구된다.

칸트는 판단력을 '규정적 판단력'과 '반성적 판단력'으로 나눈다. 규정적 판단력은 보편이 이미 주어져 있을 때 어떤 특수를 이것에 정확히 포섭시키는 능력이다. 개, 고양이는 포유류에 속하고, 비둘기, 기러기는 조류에

---

46) KU＝Kant, *Kritik der Urteilskraft*, Suhrkamp, 2014.

속한다고 판단할 수 있는 것이 이 능력이다. 그런데 이런 보편이 존재하지 않았을 때 활동했던 철학자들(생물학자들)이 있었다면, 그들은 이런 생명체들의 분류를 두고서 고민했을 것이다. 반성적 판단력은 이렇게 기성의 보편이 주어져 있지 않은 상황에서, 어떤 특수들을 도대체 어떤 보편에 포섭시켜야 할지를 모색하는 판단력이다. 오늘날 사이보그, 안드로이드, 아바타, ……는 어떤 보편에 속하는 것일까? 외국인 노동자들, 난민들, 동성애자들, ……은 어떤 보편에 속하는 것일까? 특수들로부터 보편을 찾아간다는 것은 곧 각 특수가 다른 특수들과 어떤 연계성을 이루고 있는지를, 그 연계성이 현대식으로 말해 어떻게 **조직되어**(organized) 있는지 또는 **조성되어**(composed) 있는지를 파악하는 것이다. 우리가 어떤 객체에 대해 가지고 있는 개념은 이 객체의 활동 전반의 근거(그것의 "현실성의 근거")를 담고 있으며, 이런 한에서 그 개념은 '목적'이라고 불린다. 손이라는 객체가 띨 수 있는 "Wirklichkeit" 즉 현동성(現動性)/활동성 전반의 토대는 바로 그것의 목적 즉 '존재이유'인 것이다. 그리고 손은 그것의 목적에 부합해서, 즉 '합목적성'을 띠고서 활동한다. 단순한 물질적 존재가 아니라 조직된=유기적인 존재인 생명체 그리고 단순한 병치가 아니라 조성의 원리에 입각해 제작된 예술작품은 이런 합목적성을 잘 보여주는 두 예이다.(세 번째 예는 뒤에서 논할 역사이다.) 판단력은 바로 이런 합목적성의 원리를 통해 대상을 파악한다.[47]

---

47) 합목적성과 쾌/불쾌는 밀접한 관련을 가진다. 파편적으로 존재하는 부분들이 어떤 목적에 입각해 정합성, 조화, 균형, 완성, ……의 성격을 띨 때, 주체는 쾌감을 느끼기 때문이다. 오성이 인식능력과 연계되고 실천이성이 소망능력과 연계된다면, 판단력은 이렇게 쾌/불쾌의 능력과 연계된다.

§2. 합목적성

칸트는 합목적성을 어디까지나 규제적 원리로서 규정했다. "자연의 합목적성이라는 이 선험적 개념은 자연 개념도 아니요 자유 개념도 아니다. 왜냐하면 이 개념은 객체(자연)에 아무것도 부가하지 않으며, 단지 철저히 연관지어진 하나의 경험에 도달할 목적에서 자연의 대상들을 반성함에 있어 취해야 할 유일한 방식을 표시할 뿐이기 때문이다. 따라서 그것은 판단력의 주관적 원리, 즉 준칙인 것이다."(KU, V)[48] 하지만 판단력은 오성과 사변이성을 이어줌으로써 단순히 존재함과 어떤 의미/가치를 띠고서 존재함, 사실과 당위, 현상계와 본체계, 현실세계와 윤리/도덕의 세계를 연계할 수 있는 역할을 행한다는 점에서 중요하다. "자연의 <u>합목적성</u>이라는 개념을 통해 판단력은 자연 개념과 자유 개념을 매개하는 개념을, 즉 순수 이론적인 것에서 순수 실천적인 것으로, 이론적인 것에서의 합법칙성으로부터 실천적인 것에서의 궁극목적으로의 이행을 가능케 하는 개념을 제공한다."(KU, IX) 이렇게 본다면, 칸트 사유에서 자연과 자유를, 물질과 정신을 이어주는 판단력의 역할은 중차대한 것이 아닐 수 없다.

칸트는 합목적성의 미감적 표상과 논리적 표상을 구분하며, 전자가 대상에 대한 '취미판단'에 관련된다면 후자는 '목적론적 판단'에 관련된다.[49]

---

48) 그래서 이 준칙은 "자연은 최단 경로를 취한다", "자연에는 비약이 없다", 또는 '오컴의 면도날'과 같은 준칙들과 유사한 성격을 띤다. '최소작용의 법칙'에 대해서는 이바르 에클랑의 『가능한 최선의 세계』(박지훈 옮김, 필로소피, 2016)를 참조. 칸트의 용어를 쓰지는 않았지만, 에클랑 역시 이 법칙이 어디까지나 규제적 원리임을 주장한다. 규제적 원리는 "자연은 틀림없이 '로고스'에 의해 지배되리라"는 기대를 투영한 지평(Erwartungshorizont)이며, 오늘날의 용어로 '발견촉진적(heuristic)' 원리라고 할 수 있다.

49) "한 대상의 표상에 있어 단지 주관적인 것 즉 대상이 아니라 주체에 관여하는 것은 그 표상의 미감적 성질이며, 그에 반해 그 표상에 있어 대상의 규정(인식)에 도움을 주는 것 또는 사용될 수 있는 것은 그것의 논리적 유효성이다."(KU, VII) 여기에서 '미감적(ästhetisch)'은 『순수이성 비판』에서 '감성적'이라 번역했던 용어이며, 결국 『판단력 비판』은 『순수이성 비판』의 이분 구도를 그대로 따르고 있음을 확인할 수 있다.

전자가 주관적/형식적 합목적성을 쾌/불쾌의 감정에 입각해 판단하는 것이라면, 후자는 객관적/실재적 합목적성을 오성과 사변이성에 입각해 판단하는 것이다. 우리는 자연적 대상이든(저녁노을, 정교한 암석, 귀여운 강아지 등) 제작된 대상이든(웅장한 건물, 아름다운 음악, 인상 깊은 회화 등) 조직된 또는 조성된 대상들에서 쾌감(/불쾌감)을 느껴 미감적 판단을 하게 되고, 이를 실마리로 해서 더 나아가 자연 자체에 내재하는 합목적성에 대해 사유하게 된다. 그리고 이런 사유를 매개로 자연의 차원을 자유의 차원으로 이을 수 있게 된다. 일정 정도 『향연』을 상기시키는 구도이다. 칸트의 철학은 이렇게 자연철학, 인식론, 미학, 목적론(생명철학, 역사철학), 실천철학의 계서(sequence)를 이루고 있다. 현대식으로 말해 과학과 메타과학이 기초를 이루고, 미학을 통해 '사실'/'현상' 너머를 사유할 수 있는 실마리를 마련한 후, 형이상학(생명, 역사, 자유, 윤리의 사유)을 추구하는 구도라 할 수 있다.

과학은 "물의 화학식은 H_2O이다"와 같은 사실, 법칙을 발견하고, 인식론은 "하나의 대상과 하나의 명제가 '일치한다'는 것은 ~한 것을 의미한다"와 같은 메타적인 논의를 전개한다. 이것이 '인식'의 차원이다. 칸트의 사유는 이 과학적 인식의 차원을 근간으로 한다는 점에서, 그리고 그의 인식론을 통해 전통 형이상학을 비판한다는 점에서 계몽사상가들을 잇고 있다. 하지만 그는 과학적 인식을 절대시한다거나, 특정한 인식체계로 인간을 환원한다거나 하는 길로는 가지 않았다. 그에게 인식이란 어디까지나 선험적 주체가 하는 것이지 단순한 수동적 과정이 아닌 것이다. 나아가 인간이 물을 단지 하나의 사실, 하나의 법칙성을 통해서만 보는 것은 아니다. 호수의 물, 폭포수, 수돗물, 강물, ……은 과학적 인식에서는 모두 동일한(세부적인 차이들은 있겠지만) 것들이며, 하나의 '사실', '현상'일 뿐이다. 그러나 인간은 이 물'들'을 보면서 매우 상이한 감정들을 느끼며, 특히 어떤 경우에는 아름다움과 숭고함을 느낀다. 이런 미학적 차원을 통해 인간과 세계가 맺는 관계는 단지 사실, 현상, 메커니즘의 관계가 아니라 어떤 형이상학적 차원으로 진입한다. 그리고 이런 주관적 느낌의 차원에서 더 나아가 자연 자체에서, 특히 생명체에서 대(大)자연의 생명과 조화를 나아가 섭리까지도 읽어내곤 한다. 그리고 최종적으로는 자유와 목적의 세계, 윤리와 도덕의 세계, 정신의 세계에까지 이를 수 있는 존재가 선험적 주체로서의 인간인 것이다. 이 점에서 칸트의 인간은 고중세인들이 생각했듯이 외부적인 형이 상학적 원리들(운명, 섭리 등)에 지배당하는 존재도 아니고, 또 근대인들이 생각했듯이 단순한 자연적 존재, 물질적 존재도 아니다. 인식론의 맥락에서 형이상학을 날카롭게 비판한 칸트였지만, 적어도 규제적 맥락에서, 요청의 맥락에서 그는 새로운 형이상학, 선험적 주체를 근간으로 하는 형이상학을 진수한 것이다. 근대의 계몽주의적 사유의 흐름에서 칸트의 사유는 가장 종합적이고 균형 잡힌 사유로 평가할 수 있을 것이다. 칸트의 사유야말로 선험적 주체로써 근대 문명을 정초한, 철학사의 위대한 봉우리이다.

보론: 칸트와 헤르더 —— 칸트는 생명과학을 물리과학으로 환원하는 것을 분명하게 비판했으며, 생명과학의 기초 원리들을 개념적으로 수립했다. 생 명은 물질도 정신도 아닌, 양자 사이에 존재하고 양자를 이어주는 별도의 차원이다. 유기체들에서의 합목적성은 우선 내적 합목적성과 외적 합목적 성으로 나누어 생각할 수 있다. 내적 합목적성은 한 유기체의 부분들 사이 에서 성립하는 합목적성이며, 외적 합목적성은 (때로 환경도 포함해서) 유기 체들 사이에서 성립하는 합목적성이다. 칸트는 내적 합목적성에 대해서는 보다 적극적으로 긍정한다. 한 유기체의 부분들, 그 구조와 기능은 그 전체 에 입각해서만 충분히 이해될 수 있으며, 부분들은 일방향적인 인과관계가 아니라 상호적인 인과관계를 맺는다. 즉, 서로를 교호적(交互的)으로 산출 한다. 아울러 재생 현상을 비롯한 여러 현상들이 유기체와 무기체의 차이를 분명하게 보여준다. 유기체들은 자체 내에 '형성력(形成力/bildende Kraft)' 을 가진다.(KU, §65) 결정적인 것으로서, 유기체들은 무기물들에서는 볼 수 없는 생식과 유전을 통한 생명의 이어감을 보여준다. 유기체의 부분들은 기계론적으로 설명 가능하지만, 전체로서의 그것은 이런 목적론 없이 이해

하기 힘든 존재라 할 수 있다. 반면 외적 합목적성의 경우는 그것이 외형상 분명한 경우에조차도 단정하기 힘들다.[50] 외적 합목적성을 세계 전체에 적용할 경우, 우리는 아리스토텔레스적인 목적론적 체계에 도달하거나 일신교에서처럼 초월적 존재에 기반하는 목적론적 체계에 도달하게 된다.[51] 그러나 칸트는 이런 전통적인 목적론적 체계들에 대해서는 분명한 거부의 입장을 취한다. 이렇게 그는 외적 합목적성과 내적 합목적성의 '인식론적 위상'(바슐라르)을 분명하게 구분했으며, 내적 합목적성의 경우에도 합목적성의 원리를 어디까지나 규제적 원리로서만 인정했다.

칸트에 비해 헤르더는 목적론에 보다 높은 인식론적 위상을 부여한다. 칸트가 물질세계와 정신세계를 따로 연구한 후 그 간극을 메우기 위해 생명세계를 논했다면, 대조적으로 헤르더는 생명세계에서 출발해 물질세계와 정신세계를 논한다. 그가 볼 때 물질과 정신은 각각 생명에서 출발해 반대 방향으로 형성된 두 극에 불과하다. 생명의 고도화된 형태가 정신이고 저급한 형태가 물질일 뿐이다. 이런 구도에서 그는 기계론적 물질과 형이상학적 정신의 이원론을 논박했고, 아울러 또한 물질로의 환원주의 또는 유물론과 정신으로의 환원주의 또는 유심론을 동시에 논박하고자 했다. 이런 이유로 헤르더에게 생명이란 물질에서 정신으로 나아가게 해주는 원리가 아니게 되며, 오히려 그 자체가 궁극의 실재라는 위상을 띠게 된다. 따라서 생명의 특성들은 단지 규제적인 것들이 아니라 어디까지나 구성적인 것들이다. 그리고 생명체들의 목적론은 그 근저에 존재하는 유기체적 힘＝'생

---

50) 2권(6장, 3절)에서 인용한 왕필의 다음 구절을 다시 음미해보자. "천지가 짐승들을 위해 풀을 베풀지 않았으나 짐승들은 풀을 먹고, 인간을 위해 개를 베풀지 않았으나 인간은 개를 먹는다. 만물에 작위하지 않지만 만물은 각자가 소용되는 바에 들어맞으니, 어디에도 막힘이 없다." 왕필은 외적 목적론을 현상적으로 긍정하면서도, 거기에 본질적인 목적론은 없음을 말하고 있다.

51) 칸트는 이 밖에도 목적론을 깔고 있는 여러 형이상학 체계들을 열거하면서 그것들을 비판한다.(KU, §§72~73) 하지만 신의 존재에 대해서도 그랬듯이 목적론을 절대적으로 부정하는 입장 또한 독단임을 지적한다.(KU, §75)

기(生氣)'의 표현인 것이다.[52] 헤르더의 이런 사유에 입각할 경우, 칸트적인 이원론은 피상적인 것이 된다. 그것은 생명이 포괄하고 있는 두 극을 분리해버리는 우를 범하고 있는 것이다. 칸트는 헤르더의 이런 비판에 응해 『판단력 비판』을 저술했으며, 한편으로 합목적성의 규제적 성격을 분명히 함으로써 헤르더의 사유를 논박하고 다른 한편으로 두 세계를 연결하는 이 개념의 역할을 공고히 했던 것이다.[53] 그러나 헤르더의 생명철학은 칸트를 극복하고자 한 철학자들에게 지속적인 영향을 주게 된다.

인식론적인 맥락에서 볼 때, 칸트와 헤르더 사이의 대립은 결국 정당한 학문적 인식의 범위를 둘러싼 대립이라고 할 수 있다. 정당한 인식의 범위를 너무 좁게 잡는다면, 그것은 독단이 되어버린다. 반대로 너무 넓게 잡는다면 온갖 형태의 사설(私說)들 나아가 사설(邪說)들까지도 "진리" 운운하게 된다. 칸트는 계몽의 인물이지만 초기 계몽의 단순함을 넘어서 종합적이고 균형 잡힌 사유를 전개했다. 그러나 헤르더가 볼 때 그의 틀은 여전히 너무 좁았다. 반면 칸트가 볼 때 헤르더의 사유는, 비록 보수적인 반-계몽적인 사조들에 비해서는 이지적인 것이라 해도, 엄밀한 것으로 볼 수 없었다. 특

---

52) 칸트가 고전 역학의 패러다임을 견지한 데 비해, 헤르더는 당대의 (아직 충분히 성숙하지는 않았던) 화학, 생물학 등의 성과들을 자신의 저작들에 반영했다. 훗날 셸링과 헤겔은 이런 헤르더의 사유를 이어받아 보다 적극적인 자연철학을 전개하게 된다. 인식론적인 맥락에서도 헤르더는 '구성'이 아니라 '성찰(Besonnenheit)'을 제시했다.(『언어의 기원에 관하여』, 조경식 옮김, 한길사, 2003) 헤르더는 계몽사상에서의 자연의 대상화, 주관과 객관의 대립, 지시(reference)의 도구로서의 언어 개념 등을 비판하면서, '표현(Ausdruck)'과 '도야/교양(Bildung)'으로서의 인간의 삶과 문화를 역설했다. 헤르더야말로 오늘날 우리가 '인문학'이라고 부르는 사유의 한 출발점을 이룬다.

53) 칸트와 헤르더의 관계는 데카르트와 스피노자의 관계에 비견할 만하다. 앞에서 논했듯이(5장 결론부), 헤르더는 스피노자적인 표현주의, 생기론적 스피노자주의에 입각해 칸트의 이원론을 비판했던 것이다. 데카르트적 이원론을 잇는 이원론적 체계를 구축했던 칸트는 이런 비판에 직면해 그 사이를 메울 수 있는 제3의 차원을, 그러나 헤르더의 스피노자주의를 논박해가면서 정교화해야 했다고 할 수 있다. 데카르트에게서 물질과 정신이 그 상위의 제3의 존재인 신에 의해 통합된다면, 칸트의 경우 양자는 그 사이의 제3의 존재에 의해 통합된다고 할 수 있다.

히 양자에게서 '유비'가 차지하는 인식론적 위상이 첨예한 문제가 된다. 헤르더는 자신의 사유에서 '유비'를 적극적으로 활용했고, 칸트는 이 점에 대해 매우 비판적이었다. 플라톤과 메가라의 에우클레이데스 사이에 형성되었던 대립이 재현된 것이다. 칸트가 볼 때 헤르더는 인식의 기본적인 조건을 넘어 사변을 펼친 것이고, 헤르더가 볼 때 칸트는 그가 물리과학을 모델로 해서 만들어낸 인식의 조건을 생명, 역사 등 다른 차원들에까지 편협하게 강요하는 것이었다.[54] 유비의 문제는 이후에도 줄곧 문제가 된다.[55] 전체적으로 헤르더의 사유는, 칸트 사유의 엄정함에는 한참 미치지 못하는 것이었지만, 칸트 이후 그를 극복하려 한 사조들(낭만주의, 독일 이념론, 현상학과 해석학 등)을 맹아적으로 보여주는 것이었다. 칸트와 헤르더 사이에 서서 양자를 비교하는 것은 오늘날에도 흥미롭고 또 중요한 작업일 것이다.

보론: 칸트와 마이몬 —— 칸트는 감성과 오성 사이의 골을 메우기 위해 구상력에 입각한 선험적 도식의 역할을 논했다. 대조적으로 마이몬(1754~1800)은 감성과 오성을 이종적인 능력으로 보기보다는 하나의 동일한 인식 원천에서 유래하는 것으로 보았다. 하지만 그가 "우리로서는 알 수 없는 하나의 뿌리"를 찾아낸 것은 아니다. 그는 "모든 참된 명제는 분석적"이라고, 개별자들을 포함해 모든 것이 개념적이라고 설파한 라이프니츠의 존재

---

54) 헤르더는 계몽의 시대가 제시한 객관성과 보편성의 이념을 비판적으로 보았다. 그는 언어와 역사에 대한 연구를 통해서 모든 시대, 모든 문화는 각각의 가치를 가지고 있음을 강조했다. 자민족의 가치를 잣대로 타민족의 가치를 평가하는 것은 잘못이다. 계몽의 가치가 보편적이라고 믿는 것은 곧 18세기 유럽이라는 특수성을 추상적 보편성의 지평으로 투영하는 것에 불과하다. 헤르더는 칸트의 역사철학이 그 전형적인 예라고 보았다.(『인류의 교육을 위한 새로운 역사철학』, 안성찬 옮김, 한길사, 2011) 하지만 헤르더 자신의 역사철학(『인류의 역사철학에 대한 이념』, 강성호 옮김, 책세상, 2012) 또한 목적론적 사유에 입각한 유럽중심주의를 극복하지 못하고 있다.
55) 과학적 발견에 있어 유비/유추가 중요한 역할을 한 경우는 많지만, 특히 흥미로운 예로서 패러데이와 맥스웰에 의한 전자기학의 발달을 들 수 있다. 포브스·마혼, 『패러데이와 맥스웰』(박찬/박술 옮김, 반니, 2016), 특히 10장을 보라.

론을 이어받아 감성적인 것 역시 오성적인 것이라고, 다만 불완전하게 오성적인 것이라고 생각했다. 칸트에게 개념들이란 어디까지나 인간의 오성에 갖추어져 있는 것이며, 때문에 직관의 대상과 개념은 이종적인 것이다. 그래서 양자의 일치를 위해서는 제3의 매개자가 필요했다. 하지만 마이몬에게는 세계 자체가 개념적인 것이며, 직관의 대상은 이 개념적인 것이 인간의 의식에 나타난 것이다.[56] 따라서 마이몬에게서 현상과 물 자체는 불연속적이지 않다. 칸트에게서 우리가 보고 있는 직선(예컨대 어떤 막대기)이 "두 점 사이의 가장 짧은 선"이라는 개념과 일치하기 위해서는 작도한 직선 같은 매개자가 필요하지만, 마이몬에게 현실의 직선은 "두 점 사이의 가장 짧은 선"이라는 개념/본질이 감각적 차원에서 불완전하게 나타나 있는 것이다.[57] 본질과 현상의 관계는 실수와 유리수의 관계와 같다. 인간이 무한지성을 갖추고서 무한분석을 할 수 있다면, 우리는 현상 인식과 연속적으로 본질을 인식할 수 있을 것이다.

양자의 차이는 시공간에 대한 논의에서 두드러지게 부각된다. 칸트에게 시간과 공간은 '감성의 아프리오리한 형식들'이다. 반면 마이몬은, 공간을 '공존의 관계'로 시간을 '계기의 관계'로 규정한 라이프니츠를 이어받아, 공간을 "주어진 대상들 사이의 차이의 이미지", 즉 "객관적 차이를 표상하는 주관적인 방식"으로 또 시간을 "심적 상태들 사이의 차이의 이미지"로 파악한다.[58] 라이프니츠를 논하면서 "모든 차이는 개념적 차이"임을 언급

---

56) 마이몬은 감각적인 것을 개념적인 것으로 환원했다고 할 수 있다. 반대로 개념적인 것을 감각적인 것으로 환원할 경우 경험주의 나아가 회의주의로 향한다. 실제 마이몬의 반대편에서 경험주의 나아가 회의주의 입장에서 칸트를 비판한 흐름들도 나타났다. 마이몬 이후 전개된 주요 사유들은 마이몬을 이은 이념론적 경향(피히테, 셸링, 헤겔)이었지만, 이들 이후에는 다시 경험주의의 반격(콩트, 스펜서, 마흐 등)이 일어나게 된다. 그리고 이런 길항은 이후에도 계속된다. 인간이라는 존재가 몸을 통해 세계와 마주치는 한편 마음을 통해 개념적으로 사유하는 이원적 존재인 이상 이 문제는 피할 길 없는 문제기 때문이다.

57) Salomon Maimon, *Essay on Transcendental Philosophy*, trans. by A. Welchman et al., Continuum, pp. 94~96.

했다.(2장, 2절) 마이몬에게서도 시공에서의 차이는 '순수직관'이라는 별도의 직관의 대상이 아니라 어디까지나 개념적 분석의 대상이다. 그리고 모든 대상들은 시공간을 통해서 나타나므로 시공간은 모든 개념적 차이들이 현상할 수 있는 조건이다. 결국 마이몬에게서 시공간은 '감성의 아프리오리한 형식'이 아니라 차이생성 —— 개념적 차이생성 —— 의 선험적 이미지들, 더 적절하게는 **차이생성의 선험적 형식들**이라 할 수 있다. 이로써 마이몬의 선험철학은 선험적 주체를 핵으로 하는 선험철학이 아니라, 객관적 차이생성을 핵으로 하는 객관적 선험철학이 된다.[59]

---

58) 같은 책, pp. 197~198. 마이몬이 라이프니츠를 따라 "빈위들"(또는 사건들)을 언급하는 대신 칸트적 맥락을 따라 "심적 상태들"을 언급하고 있음에 주목하자. 마이몬의 논의에는 칸트를 수용하고 있는 대목들과 라이프니츠(와 스피노자)를 통해 그를 극복하려는 대목들이 공존한다.

59) 여기에서 '객관적'이라는 말은 매우 조심스럽게 이해되어야 한다. 마이몬은 칸트를 라이프니츠로 대체하려 한 것이 아니라 단지 보완하려 한 것이다. 마이몬에게 세계는 어디까지나 의식에 들어온 세계이다. 하지만 그에게 물 자체와 현상 사이의 불연속은 없다. 말하자면 물 자체도 우리 의식에 들어와 있다.* 이렇게 본다면, 물 자체라는 객관적 타자가 의식 바깥에 존재하는 칸트의 구도보다 오히려 마이몬의 구도가 더 철저하게 관념론적이다. 앞의 논의에서 나왔던 "이미지[표상]", "심적 상태들" 같은 표현들이 이 점을 잘 보여준다. 하지만 물 자체는 현상처럼 직접적으로 우리에게 나타나지는 않는다. 왜인가? 의식에 나타난 것들은 어디까지나 우리의 유한한 지성에, 그리고 일차적으로는 감성을 통해서 나타난 것들이기 때문이다. 우리는 감성을 넘어 지성을 통해 이 현상들 너머에서(바로 뒤에서) 물 자체의 세계, 즉 개념적인 차이생성의 세계를 발견해나갈 수 있다. 마이몬에게서 세계는 버클리에게서와는 달리 두 겹으로, 즉 물 자체 차원과 현상 차원으로 구분되어 이해된다. 현상적인 이미지들을 넘어 본질적인 개념들을 찾아내야 하는 것이다. 마이몬에게서는 이 본질의 차원이 '객관적인' 차원이다.

* 정확히 말하면 우리의 '의식'이 아니라 '무한지성'에 들어와 있다고 해야 한다. 마이몬은 버클리주의자가 아니다. 스피노자에게서처럼 마이몬에게서도 객관세계와 무한지성은 같은 외연을 가진다. 우리의 의식은 유한지성이다. 따라서 우리가 객관세계를 인식해가는 과정은 곧 우리가 자신의 유한한 지성을 무한지성에 일치시켜가는 과정 —— 끝나지 않을 과정 —— 이다. 마이몬은 한편으로는 스피노자의 구도를 취하면서도("우리의 정신은 참된 인식을 가질 때 신의 무한지성의 일부가 된다." 『에티카』, 2부, 정리 43의 주해), 다른 한편으로는 세계를 무한지성에 흡수시켜 오히려 칸트적 객관주의를 관념론적인 구도로 전환시키고 있다. 세계란 무한지성의 의식에 나타나 있는 전체 이외의 것이 아니다. 칸트에게서 지각이란 객관적 타자로서의 물 자체로부터 또는 물 자체와 인

그런데 마이몬에게 이 객관적이고 개념적인 차이생성을 분석할 수 있게 해주는 결정적인 언어는 바로 당대에 미적분을 거쳐 해석학으로 성숙하고 있었던 무한소미분이다. 라이프니츠의 모나드론이 그의 무한소미분과 표리일체를 이루고 있다는 사실이 이런 방향을 시사했다고 할 수 있다. 이런 구도는 마이몬에게 감각적 소여들의 원리(이념의 차원)를 미분적 생성의 차원으로 놓고, 감각적 소여들을 무한소들이 통합된 — 수학적으로 표현해 '적분'된 — 것들로 파악하게 해주었다. 무한소들(dx, dy, ……)의 비율관계 (마이몬은 그 전형적 형태로 $\frac{dy}{dx} = \frac{b}{a}$를 제시한다.)에 따라서[60] 소여들이 잡다로서 의식에 주어진다고 할 수 있다.[61] 따라서 인식 주체는 칸트가 개념적

식 주체의 마주침으로부터 생겨나는 것이지만(인식 주체가 하는 일은 어디까지나 이 객관적 지각내용에 형식을 부여하는 것이다.), 마이몬에게 지각이란 무한오성에 이미 들어와 있는 물 자체가 우리의 감성에 나타나는 것일 뿐이다. 마이몬의 이런 구도는 이후 피히테 이래의 이념론자들에게 심대한 영향을 준다.

60) 여기에서 무한소들 자체는 미결정성 또는 결정 불가능성의 성격을 띠지만 그것들의 관계는 결정 가능하게 된다는 사실이 핵심적인 역할을 한다. 칸트에게서도 관계가 중요하다는 것은 '실체와 우유' 범주가 관계 범주의 소범주에 들어 있다는 사실에서 극명하게 나타난다. 신, 자아, 세계의 동일성이 더 이상 확실하지 않은 것으로 간주되는 세계, 모든 것이 관계를 통해 생성하는 세계에서 인식 주체가 발견해낼 수 있는 동일성이 있다면, 그것은 곧 그 관계적 생성을 지배하는 법칙성이다. 게다가 칸트의 경우 법칙성들은 인식 주체가 발견해내는 것이라기보다는 구성해내는 것이다. 여기에 칸트 사유의 급진적인 면이 있다. 하지만 (라이프니츠를 기초로 하는) 마이몬의 경우 관계적 생성에서의 동일성인 법칙성이 그 자체 생성존재론의 방식으로 사유된다는 점이 중요하다. **법칙 자체도 생성의 형식으로서 성립한다.** 여기에 마이몬 사유의 급진성이 있다.

61) "대상들의 이 미분소들(differentials)〔dx, dy, ……〕이 이른바 본체계(noumena)이다. 그러나 이것들로부터 생성되어 나오는 대상들 자체는 현상계(phenomena)이다. 직관=0에 관련해 그러한 대상(어떤 대상이든) 자체의 미분소는 $dx = 0$, $dy = 0$, ……이다. 하지만 이것들의 비율관계*는 0이 아니며, 오히려 그것들로부터 생성되어 나오는 직관들에 있어** 결정된 형태로(determinately) 주어질 수 있다."(Maimon, *Essay on Transcendental Philosophy*, p. 21)

　*영어본에는 'relations'로 되어 있으나 A와 B의 관계 등이 아니라 dx와 dy의 관계 등을 가리키기 때문에 'rapports'가 적절하다.

　**마이몬의 서술 전반이 존재론적 맥락에서 이루어지고 있으나, "미분소들로부터 생성되어 나오는 '직관들'에 있어"라는 표현은 인식론적 맥락을 띠고 있다. 이는 앞에서도

인 것으로 결코 환원할 수 없다고 보았던 감각적인 것을 개념적인 것으로 환원해 인식할 수 있다. 이렇게 마이몬은 이념의 차원을 가지적으로 만들고자 하면서 플라톤의 구도로 회귀했지만, 그가 파악한 이념의 차원은 오히려 플라톤과는 정확히 반대로 무한소들의 생성의 차원이 된다. 물 자체/이념의 차원을 무한소들 사이의 차이생성의 차원으로 놓고서, 무한소들의 통합/적분을 통해(마이몬에게서는 아직 나타나지 않지만, 이 과정에서 특이성/특이점이 주요한 역할을 한다.) 유한한 사물들, 감각적 소여들을 무한지성의 차원으로 해소해가면서 설명하는 이 구도는 이후 베르그송과 들뢰즈의 사유에도 스며든다.[62]

보았듯이 마이몬의 존재론이 칸트 인식론의 용어들과 미묘하게 뒤섞여 있기 때문이다. 이 대목은 특히 라이프니츠의 미세지각론과 연계된다. 마이몬에게 개념적인 것과 감각적인 것은 이종적이지 않다. 개념적인 것/의식적인 것이 점차 미세화되면 감각적인 것/무의식적인 것으로 화해가고, 그 극한이 바로 무한소들/미분소들, 보다 인식론적으로 말해서 지각 불가능한 미세지각들인 것이다. 역으로, 미분소들로부터 규정된 대상들이 생성되어 나오는 존재론적 과정은 인식론의 맥락에서는 곧 무의식의 미세지각들이 적분되어 의식의 지각물들로 나오는 과정이기도 하다. 미분소들의 차원은 유한지성, 인간의 지성에는 들어와 있지 않지만, 무한지성, 무의식 차원에는 이미 들어와 있다. 그렇기 때문에 마이몬에게서는 물 자체의 차원도 무한지성 내에 이미 들어와 있는 것이고, 이런 의미에서의 무한지성='정신' 바깥에는 아무것도 없게 되는 것이다. 이 구도가 독일 이념론으로 이어진다.

62) 특히 들뢰즈는 『차이와 반복』(1968), 4장에서 마이몬과 (잘 알려지지 않은) 다른 여러 철학자들을 복권시키면서, 마이몬의 무한지성의 사유를 '문제적인 것(le problématique)'의 사유로 전환시킨다. 이 과정을 통해 칸트의 사유는 '잠재성의 철학'으로 새롭게 개념화된다.

4절 절대자의 사유

계몽정신의 가장 성숙한 표현인 칸트의 사유는 이후의 철학사에서 결정적인 이정표로 자리 잡게 된다. 하지만 그의 사유는 한 시대의 대단원이 아니라 오히려 이후 펼쳐질 장대한 사변의 시대를 연 서막이었다. 칸트 이후의 철학자들은 그의 넓은 이마 위로 올라가 더 먼 곳을 보고자 했다.

§1. 포스트-칸트 철학의 장

그 출발점은 이미 헤르더가 제시했던 방향, 즉 칸트의 3원 구도를 넘어 하나의 근본 원리에서 출발하는 철학체계를 구축하는 것이었다. 이 근본 원리, 사유의 출발점을 이들은 '무제약자', '절대자', '무한자' 또는 보다 전통적인 용어로 '신' 등으로 불렀다. '절대자'를 대표어로 쓴다면, 칸트 이후 전개된 이념론자들의 철학은 곧 절대자의 철학이라고 할 수 있다. 이렇게 본다면, 이 칸트의 후계자들은 그가 물 자체로 남겨놓은 빈자리에 절대자를 놓았던 것이며, 칸트에게서는 규제적 의미만을 띠었던 '이념'에 구성적 의미를 부여하려 했다고 할 수 있다. 이들의 이런 사유는 결국 3원 구도로 정교화된 데카르트적 사유를 스피노자적인 1원 구도로 체계화하려 한 것이었다. 여기에는 물론 인간의 이성(선험적 주체)이 절대자를 인식할 수 있다는 믿음이 깔려 있었으며, 이 점에서 이들은 계몽의 후손들이자 전통적인 형태의 형이상학을 전개한 마지막 인물들이었다. 이후 서구 철학의 굵직한 사유들은 이런 고전적인 이성주의를 벗어나지만, 칸트가 공백으로 남겨놓은 물 자체를 적극적으로 사유하려는 형이상학적 시도들은 이어진다. 쇼펜하우어 등은 물 자체의 자리에 '의지'를 놓음으로써 이성주의 철학과 각을 세우고, 이런 흐름은 현대 사유의 굵직한 한 갈래를 이루게 된다. 그러나 어떤 사람들은 이 자리에 '물질'을 놓았으며, 이런 유물론의 구도 역시 (자연과학을 포함한) 현대 철학의 주요 흐름을 이루게 된다. 그 외에도 '생명', '존재', '차이(생성)' 등 여러 후보들이 이 구도를 이어간다. 칸트 이후 철학사의 핵심 줄거리는 곧 칸트가 물 자체로 남겨놓은 자리에 특정한 형이상학적 가설(플라톤적 뉘앙스)을 놓고서 존재 전체를 새롭게 사유하고자 한 역사였다.[63]

'독일 관념론자들'이라 불리는[64] 피히테, 셸링, 헤겔은 이렇게 계몽의 시대를 잇고 있지만, 다른 한편으로는 계몽사상가들과는 판이한 성격의 사유를 전개한다. 17세기에 화려하게 꽃피었던, 그러나 18세기에 거부당했던 스피노자, 라이프니츠 등의 '무한의 형이상학'이 이들에 의해 다시금 생명력을 얻는다. 그러나 이미 계몽의 사유를 경험한 이 철학자들은 제1원리를 단적으로 제시할 경우 독단주의로 흐를 수 있음을 잘 알고 있었다. 제1원리는 다른 2차적 원리들 및 존재자들을 정초하는 원리이며, 따라서 세계 전체는 이 궁극 원리를 따라야 한다. 만일 부차적인 원리들이나 세계의 존재자들에게서 이 궁극 원리에 위배되는 것이 발견된다면, 이 원리는 '궁

---

63) 물론 이런 사유 구도를 거부하고 철학의 의미를 다른 각도에서 찾은 사조들도 존재한다. 우선, 내용은 모두 다르지만 근본적으로는 'meta-physica'의 전통을 잇고 있는 이 형이상학적 사유들과 달리, 어디까지나 경험에서 출발해 사유를 전개한 경험주의적 사조들이 존재한다. 아울러 철학의 의미를 좁은 의미에서의 '비판', 메타-과학에 한정한 사조들도 존재하고, 또 철학은 이론적인 학문이 아니라 어디까지나 세계를 변화시키려는 실천적/정치적 학문임을 역설한 사조들도 있다. 우리는 뒤에서 이런 흐름들을 각각 살펴보게 될 것이다.

64) 그러나 '독일 이념론자들'이 더 적절한 표현일 것이다. "Idealismus"에서의 "Idee"는 관념보다는 이념이기 때문이다. 이들에게 영국 경험론 이래의 용어로서의 '관념'을 가리키는 말은 'Vorstellung'이다. 이 개념은 때로 'representation'의 동의어로도 사용되지만, 독일 이념론자들에게서는 주로 주체와 객체 사이에서의 상응관계보다는 그런 상응관계를 통해서 우리 마음에 도래한 지각물, 심상(心像)을 가리키기 때문이다. 아울러 '대상(Gegenstand)'은 마음 앞에 도래한 것으로서의 "Vor-stellung"에 비해서 마음에 맞서서 객관적으로 존재하는 것으로서의 "Gegen-stand"의 뉘앙스를 띤다. 앞에서 논했던 삼중의 종합(직관에서의 각지, 구상에서의 재생, 개념화에서의 재인)이란 결국 주어진 '표상'들로부터 어떻게 '대상'을 구성해낼 것인가의 문제였다.

극의 원리'의 자격을 상실할 것이다. 예컨대 기독교 형이상학에서 '악의 문제'가 그토록 예민하게 다루어져온 것도 이 때문이다. 제1원리가 진정 궁극의 원리로서의 자격을 갖출 수 있으려면, 그것은 당연히 세계 전체를 모순(적어도 심각한 모순) 없이 이해할 수 있게 해주어야 하기 때문이다. 이것은 곧 스피노자의 연역적 구도를 보완해줄 귀납적 구도를 요청하는 것이었다. 부분들 사이에 존재하는 불일치, 모순을 넘어서는 차원을 발견하려는 노력을 계속할 때에야 궁극 원리를 발견할 수 있는 것이다. 바로 이 지점에서 'Dialektik＝변증법'이 요청된다. 이 변증법은 아리스토텔레스와 칸트의 'Dialektik＝변증론'이 아니라 바로 플라톤의 변증법이다. 칸트의 '이율배반'으로부터 헤겔 등의 '변증법'으로의 이행은 제논의 'paradoxa'로부터 플라톤의 'dialektikē'로의 이행을 창조적으로 반복한다. 이 변증법을 통해 독일 이념론자들은 스피노자의 사유를 보다 정교하고 역동적인 경지로 가져가려 했다.[65]

칸트 이후 철학자들을 추동한 또 하나의 중요한 힘은 만물이 서로 화해함으로써 이룰 수 있는 경지인 "hen kai pan(하나이자 전체)"에 대한 동경이었다. 이 점에서 이들의 철학은 '전체/총체성'의 철학 — '하나-됨의 철학(Vereinigungs-philosophie)'(횔덜린) — 이고, '체계'로서의 철학이었다. 근대성/근대사회가 어느 정도 형태를 갖추고서 드러난 세계는 모든 것이 분

---

65) 여기에서 정교하다는 것은 스피노자의 사유를 귀납적으로 추구함으로써 철학을 추상적 구도로서만 제시하기보다 존재의 여러 심급들에 대한 구체적 탐구들을 기반으로 전개한다는 것을 뜻하며, 역동적이라는 것은 스피노자처럼 철학을 객관주의적으로 제시하기보다 객관과 주관의 변증법을 통해서 구축해나간다는 것을 뜻한다. ① 전자의 측면은 이들의 사유가 스피노자 사후 150년이 더 지난 시점의 것이라는 점에서 당연하다고 할 수 있다. 이때는 이미 철학이 분화되어 자연과학과 철학으로 구분되어 있을 때이며, 사회과학도 초기의 형태를 갖추어가던 때이다. 이제 철학적 원리가 주어지고 그에 따라 개별 과학들이 탐구하는 것이 아니라, 개별 과학들의 여러 성과들을 철학이 종합하면서 철학적 문제들을 해결해나가는 시대가 된 것이다. ② 후자의 측면은 철학적으로 특히 중요하다. 이는 곧 이들에게 가장 위대한 두 철학자였던 스피노자와 칸트를 어떻게 통합할 것인가의 문제였다.

열된 세계였다. 자연과 인간이 분열되었고, 이제 자연은 'physis'가 아니라 '자원'의 성격을 띠게 된다. 인간과 인간도 분열되어 공동체가 아닌 원자화된 사회, '분업화한 사회'에서 살게 되고, 근대 사회는 경쟁의 힘으로 살아가는 이기적 개인들의 집합체가 되었다. 나아가 개인은 그 스스로와 분열되고, 자신이 자신에게조차 낯선 존재로 화하게 되었다('소외'). 모든 것이 분열된 이 '실향성'[66]의 세계에서 이들은 어떻게 '삶의 통일성'을 회복할수 있을까를 고민했다. 그래서 이들은 ① 자신으로부터의 소외를 극복하기위해 그리스적 '아레테' 개념을 이어받아 '자기실현'의 이상주의를 수립하고자 했고, ② 계몽주의가 빠진 유물론적이고 원자론적인 개인 개념을 극복하기 위해 사랑에 호소했다. 개개인들이 각자의 개별성을 넘어서는 것은 (칸트의 경우에서처럼) 개별성들을 넘어선 곳에 위치하는 보편적이고 추상적인 도덕법칙을 통해서가 아니라, 사랑을 통해서 각인들 사이의 타자성이 극복됨으로써 가능한 것이라고 보았다. 이들이 생각한 사랑은 묵자의 겸애보다는 공자의 인에 더 가까운 것이었다. ③ 그리고 또한 이런 이상을 정치적으로 현실화할 수 있는 방안으로서, "신성한 전체의 일원"을 이상으로 한고대적 공동체/공화정과 근대적인 자유주의 이념(개인의 인권, 자유 등)을 조화시킬 수 있는 대안들을 추구했다.[67] ④ 나아가 자연에 관련해서도 이들은 모든 것을 수량화해 역학적 법칙으로써 파악하려 한 계몽시대의 자연관을 극복하고, 루소를 따라 자연의 생기와 역동성을, 대자연의 섭리를 회복

---

66) '실향성(失鄕性/Heimatlosigkeit)'이 함축하는 고향은 곧 전성기의 그리스이다. 당대의 사상가들은 대개 그리스를 이상화했으며, 그리스적 이상주의, 특히 플라톤의 철학을 사유의 모델로 삼았다. 이 점에서 이들의 사유는 18세기 계몽사상과 구분되며, 이들이 지향한 것은 그리스적 전통과 근대적 계몽주의를 통합하는 것이었다. 스피노자(와 라이프니츠)의 부활 역시 유사한 맥락에서 이해할 수 있다.

67) 이 시대에 이르기까지의 '자유주의'는 이후 익숙하게 되는 '사회주의'의 대(對)개념으로서의 자유주의가 아니라, 이전부터 내려오는 중세적 가치들과 각을 세우면서 등장한 근대 정치철학의 흐름을 말한다. 따라서 이 시대 자유주의의 적은 사회주의가 아니라 기존의 귀족적-종교적 권력이었다. 이들이 현실적으로 추구했던 것은 계몽주의의 급진성을 보수주의적으로 완화한 입헌군주제적 정치체제였다.

하고자 했다.

　칸트 이후의 형이상학자들은 마이몬의 구도를 따라서 세계는 무한지성의 시선 내에 들어와 있는 것이며, 따라서 세계의 근저를 인식하는 것은 곧 유한지성이 무한지성으로 스스로를 넓혀나가는 과정이라고 보았다. 이런 구도는 경험주의나 칸트적 사유를 잇는 사람들에게는 주관/정신 차원과 객관/세계 차원의 심각한 혼동으로 보였지만, 포스트-칸트 사유를 이끌어간 주요 동력은 바로 이 구도에 있었다. 이 구도에 입각할 경우 물 자체 역시 무한지성의 테두리 내에 들어와 있는 것이며, 오성과 사변이성 사이의 날카로운 구분 역시 유한과 무한의 구도로 전환된다. 그리고 오성의 범주들에 머물기보다 사변이성의 이념들로 적극적으로 나아갈 경우, 이 이념들을 바로 그대로 세계 자체의 이념들(아리스토텔레스적인 '형상'들)로 간주할 수 있다. 사실 이 구도는 고중세를 지배한 '존재와 사유의 일치'에서 더 나아간 것이다. 그 일치가 애초에 (유한지성을 품고 있는) 무한지성 내에서 이루어지고 있기 때문이다. 이로써 칸트의 인식론적 구도는 독일 이념론자들의 형이상학적 구도로 전환된다. 세계를 "절대이성의 자기전개", '절대자의 자기반성"으로 보는 식의, 상식적으로는 이해되지 않는(그래서 반발의 대상이 되기도 하는) 이들의 사유는 이런 구도를 염두에 두어야만 이해할 수 있다. 유한지성은 무한지성이 못 된다. 하지만 그 사이에 날카로운 구분선은 없으며, 유한지성은 무한지성의 든든한 후원을 받으면서 점차 스스로를 무한지성, '신의 관점', '예지적 직관'의 차원으로 수렴시켜갈 수 있다. 이것은 곧 정신-속성이 주인공으로 등극한 스피노자주의이다.[68] 여기에서 우리는 인간

────

68) 이것은 스피노자 철학을 역동화한 측면이다. 다른 한 측면 즉 정교화의 측면에서 볼 경우, 신에서 출발해 연역적 구도로 사유를 전개한 스피노자와 달리 독일 이념론자들은 이 연역적 구도를 그 반대 구도 즉 감성에서 출발해 인식 주체의 잠재력을 온전히 드러내고 더 나아가 유한지성을 넘어 무한지성＝절대자＝'정신'의 차원으로까지 나아가는 귀납적 구도로 보완하고자 했다. 셸링의 『선험적 관념론의 체계』나 헤겔의 『정신현상학』이 그 대표적인 예이다. 여기에서 철학은 절대자의 자기반성이 된다. 선험적 주체는 자신의 범주들을 가지고서 세계를 파악하는 존재임을 넘어 세계의 궁극이자 무한지성

510

의 주체/이성이 거의 극한으로 위대한 뉘앙스를 부여받고 있는 장면을 목
도한다.[69]

§2. 칸트에서 피히테로

하지만 사유의 이런 정향이 구체화되는 방식은 철학자들마다 달랐다. 마
이몬, 라인홀트[70] 등이 그랬듯이, 피히테(1762~1814) 역시 칸트에 깊이 경
도되었으면서도 그의 비판철학이 그 잠재성을 충분히 밀고 나가지 않았다
는 느낌을 가지고 있었다. 하지만 마이몬과 라인홀트에 비해 피히테의 사
유는 근본적으로 실천적인 지향을 띠었다. 피히테는 라인홀트의 근원철학
이 그 '관계성의 철학'의 정신에 충실하지 못했다고 보고, 그의 '의식'을 보

인 절대자로 나아가는 존재로 격상된다.

69) 이런 구도는 최한기에게서 신기(神氣)를 부여받은 인간이 운화지기(運化之氣)의 차원
    을 인식해가고 나아가 그것과 합일해가는 과정과 유사하다고 할 수 있다. 경험주의자들
    → 칸트 → 포스트-칸트 형이상학자들로 이어지는 과정을 실학자들 → 정약용 → 최한
    기로 이어지는 과정과 비교해보는 것은 흥미로운 작업일 것이다.

70) 라인홀트(1753~1823)는 칸트가 기존 형이상학이 '존재', '사물', '대상' 등으로 소박
    하게 전제했던 것들이 인식 주체에 의해 어떻게 정립되는가를 밝힘으로써 인식론을
    '제1철학'으로 만들었다고 보았다. 하지만 그는 동시에 칸트의 선험철학이 심리학은
    아니라는 점 또한 강조했다. 이미 지적했듯이, 칸트의 철학은 주관과 객관의 관계 맺
    음 자체를 다루는 선험철학이다. 하지만 라인홀트는 칸트가 객관 자체와 주관 자체
    를 괄호 치고 그 사이에서 이 관계를 다루는 자신의 선험철학을 끝까지 밀고 나가
    지 못하고 "형이상학적 잔재들"을 남겼다고 비판하면서, 마이몬과 마찬가지로(하지
    만 내용상으로는 정반대로) 그의 철학을 일원화하는 방향을 취했다. 라인홀트의 '근
    원철학(Elemantarphilosophie)'은 의식으로써 모든 것을 근거 짓고자 하는 '현상학
    (Phänomenologie)'이며, 이것은 '의식에 직접 주어지는 것들'을 서술하기 위해 모든 형
    이상학적-과학적 지식들을 괄호 치는 것이었다. 바이저, 『이성의 운명』(이신철 옮김, 도
    서출판b, 2018), 8장에서 자세한 설명을 볼 수 있다.
    쇼펜하우어의 철학적 정향도 라인홀트의 그것과 가까웠다. 그 역시 주체로부터 객체를
    연역해가거나 객체로부터 주체를 연역해가는 것이 아니라, "의식의 최초 사실로서의 표
    상"을 출발점으로 하는 것이었다.(『의지와 표상으로서의 세계』)

다 능동적이고 실천적인 '자아'로 전환함으로써 자신의 사유를 시작한다. 아울러 마이몬의 무한지성이 피히테 사유의 중요한 추동력들 중 하나로서 역할을 했지만, 역시 피히테는 이런 발상을 보다 주체적이고 실천적인 사유로 이끌어가고자 했다. 칸트의 사유는 '그 자체로써'(주체 이전에, 주체와 무관하게) 존재하는 물 자체를 주체의 타자로서 전제하며, 물 자체로부터 오는 인식질료를 전제하지 않는 인식들에는 정당성을 부여하지 않았다. 이 인식론은 인식 주체에 의한 인식질료의 '구성'이라는 능동적 측면을 수립했지만, 그 능동성은 어디까지나 물 자체로부터 오는 인식질료의 수용이라는 수동성을 전제해서만 의미를 가지는 것이다. 피히테는 칸트의 이런 구도를 비판하면서 물 자체가 제거된 보다 주체적이고 능동적인/실천적인 "자유의 체계"를 수립하고자 한 것이다.

피히테 사유의 이런 정향에는 프랑스 대혁명이 지대한 영향을 끼쳤다. 피히테에게 대혁명은 일회적인 것, 우발적인 것이 아니요, 프랑스의 것만도 아니고, 정치적인 사건인 것만도 아니었다. 그것은 인류가 역사의 새로운 단계에, 즉 자유로써 인간의 삶을 새롭게 정초하는 단계에 접어들었음을 증험하는 역사철학적 사건이었다. 에드먼드 버크는 프랑스 대혁명을 비판적으로 분석했고, 버크의 이런 보수주의는 당시 독일 보수주의자들에게 큰 영향을 주었다.[71] 이런 흐름에 저항해 피히테는 칸트의 계몽사상을 이어받아 프랑스 대혁명의 자유정신을 철학화하고자 했다. 여기에서 '철학화'란 곧 자유를 제1원리로 삼는 철학인 '지식학/학문론(Wissenschaftslehre)'을 토대로 프랑스 대혁명 이래의 새로운 삶/역사를 정초하는 것을 뜻한다. 칸트의 '비판'은 이제 피히테를 통해 '체계'로 전환된다. 하지만 이 체계는 논리학적-수학적 체계가 아니라 어디까지나 **역사철학적 체계**이다. 피히테는 철학적 작업을 정신의 '입법자'의 그것이 아니라 정신의 '역사서술가'의 그것이라고 보았다.[72] 칸트로부터 피히테로의 이런 이행은 단순화해 말하면 논

---

71) 버크, 이태숙 옮김, 『프랑스혁명에 관한 성찰』, 한길사, 2017.

리학-수학적 철학으로부터 역사학적 철학으로의 이행, 공간의 철학으로부터 시간의 철학으로의 이행을 상징하며, 17~18세기의 철학으로부터 19세기의 철학으로의 이행을 대변한다고 할 수 있다. 피히테의 표면상 건조해 보이는 논변들 아래에서 우리는 이런 전체적 흐름을 읽어낼 수 있어야 한다.

§3. 자유로서의 자아

피히테가 학문과 역사의 제1원리로서 '자유로운 나'를 정립해가는 과정은 데카르트가 '사유하는 나'를 정립해가는 과정을 연상시킨다. 피히테는 "나는 자유롭다"라는 명제와 "나는 외부적 힘(또는 자연법칙)에 의해 결정되어 있다"라는 반(反)명제가 대립하는 모순된 상황에서 사유를 시작한다. 이것은 곧 칸트가 제시한 세 번째 이율배반에 부딪친 상황이다. 피히테는 한편으로 "직접적 자기의식에 있어서 나는 나에게 자유롭게 나타난다. 그러나 전체 자연에 대한 반성에 의해 나는 자유가 전적으로 불가능하다는 것을 발견한다. 전자는 후자 아래 포섭되어야 한다. 왜냐하면 전자 자체가 후자에 의해 설명될 수 있기 때문"이라고 말하면서도, 다른 한편으로는 "나는 (…) 나 자신을 무한하게 다양한 방식으로 표현할 수 있는 내적인 고유한 힘을 가졌으면 한다. 그리고 나는 그 나의 내적인 힘이 자신을 표현하는 바로 그 방식대로 자신을 표현하되, 외적 제약에 따라 자신을 표현하는 자연력과

---

72) "우리는 인간 정신의 입법자가 아니라 그것의 역사편찬자일 뿐이다. 물론 우리는 신문 기자가 아니라 실용적인 역사서술가이다."(요한 고틀리프 피히테, 이신철 옮김, 『학문론 또는 이른바 철학의 개념에 관하여』, 철학과현실사, 2005, 121~122쪽) 여기에서 '실용적인(pragmatisch)'이라는 표현은 철학이 역사를 초월해서가 아니라 역사와 함께하면서 이루어져야 한다는 것, 역사에서 철학적 의미를 읽어내고 또 역으로 철학으로써 역사를 정초해야 한다는 것을 의미한다.

는 달리 그것이 자신을 그렇게 표현한다는 것 이외의 다른 아무런 근거를 가지지 않고 단적으로 그렇게 표현하는 것이기를 바란다"라고 말한다. 결국 피히테의 물음은 "나는 자유롭고 자립적인가, 아니면 나 자신에 있어 아무것도 아니며 오로지 어떤 낯선 힘의 표현일 뿐인가?"[73]에 있다고 할 수 있다.

칸트는 이미 이 물음에 대해 이원론적인 해결책을 내놓은 바 있다. 하지만 피히테는 보다 일원론적이고 주체철학적인 길을 찾고자 한다. 이를 위해서는 칸트적 이원론의 주춧돌이라 할 수 있는 물 자체를 제거해야 하고, 동시에 칸트의 선험적 주체에 보다 큰 역능을 부여해야 한다. 칸트에게서 물 자체는 인식 불가능하거니와, 그것이 외부 대상들의 물 자체만은 아니다. 사유하는 인식 주체 자체의 본질 또한 물 자체이다. 따라서 외부 대상들에 관련해서만이 아니라 주체에 관련해서도 우리는 그 본질은 알 수 없고 현상만을 알 수 있다. 나는 나의 본질을 알 수 없으며 오로지 나의 현상만을 알 수 있다. 바로 이런 이유 때문에 칸트는 '분석론'에서 '선험적 주체'를 인식론적으로 제시했음에도 '변증론'('순수이성의 오류추리' 대목)에 이르러서는 실체로서의 자아동일성 개념을 비판했던 것이다. 칸트의 구도에서 객관과 주관이 겹쳐 있는 현실세계는 가지적이지만 객관의 저편과 주관의 이편, 즉 순수객관('물 자체')과 순수주관('선험적 주체=x')은 불가지의 세계이다. 아울러 선험적 주체는 대상화되지 않는다. 선험적 주체는 인식의 조건이며, 인식 대상이 아니라 오로지 인식 주체일 뿐이다. 피히테는 이 구도에서 현상 저편의 타자인 물 자체를 제거하고, 반대로 선험적 주체에는 존재론적 위상을 부여하고자 했다.

피히테가 볼 때 우리가 사물들의 성질로서 지각하는 것들은 결국 우리 의식의 상태를 지각하는 것이다. 어떤 '촉발'이 있는 것은 사실이지만, 그렇다고 내 의식의 지각물들이 내 의식 바깥의 무엇이라고는 할 수 없다. 아리스

---

73) 피히테, 한자경 옮김, 『인간의 사명』, 서광사, 1996, 36, 45, 50쪽.

토텔레스는 지각물들의 담지자를 '실체'라 생각했고, 로크는 "something-I-know-not-what"이라고 했지만, 왜 그런 담지자를 꼭 상정해야 하는가는 분명하지 않다. '사과'라는 말이 내가 그것에 연계시키는 모든 지각물들의 총화가 아니라 그 총화 뒤의 그것들의 담지자라고 생각해야 할 이유는 무엇인가? 그런 이유가 있다면 우리의 지성이 사물들을 근거율(충분이유율)을 가지고서 사유하기 때문일 것이다. 하지만 근거율은 어디에서 오는가? 근거율은 어디까지나 내 안에 있으며 그것으로써 나는 내 바깥으로 나간다고 피히테는 말한다. 칸트가 역설했듯이, 나는 이 근거율(선험적 조건)을 가지고서 나의 표상에 법칙을 부여한다. 하지만 피히테에게 진정으로 내 바깥에 존재하는 타자는 없다. 그 '바깥'이란 결국 내 의식 안에 들어와 있고 내 의식에 의해 구성된 것일 뿐이기 때문이다. "너는 사물에 대한 의식을 갖고 있는 것이 아니라, 오히려 단지 사물에 대한 의식에 대한 의식만을 가지고 있을 뿐이다. 그것은 (나에게 나타나지 않음에도 불구하고 존재해야만 하고, 또 그 자체 필연적인) 사물에 대한 의식의 (근거율을 매개로 하여 너의 실제적 의식으로부터 벗어남으로써 비로소 산출된) 의식일 뿐이다."[74]

요컨대 대상에 대한 의식은 곧 나에 의한 대상 표상의 산출에 대한 의식일 뿐이며, 단지 그 의식이 그런 것으로서 알려지지 않았을 뿐이다. 나는 이 산출 행위 자체를 의식하지는 못하며, 단지 사후적으로 반성함으로써 그것을 의식할 수 있다. 그래서 주체와 객체의 동일성이 곧 지성으로서의 나의 본질이다. 이것은 곧 대상과 주체가 결국 무한지성 안에 들어 있는 마이몬의 구도와 같다. 이 무한지성이 피히테에게서는 존재론적 위상을 부여받은 선험적 주체이다. 때문에 피히테는 주체와 객체 사이에 어떠한 끈도 필

---

74) 같은 책, 77쪽. 이는 피히테가, 불교에서 12경(안이비설신의와 색성향미촉법) 외에 다시 안식, 이식, 비식, 설식, 신식, 의식을 설정해 18계를 생각한 것으로부터 스피노자가 "관념들의 질서 및 연결은 사물들의 질서 및 연결과 같다"고 역설한 것을 거쳐 칸트가 감성, 구상력, 오성 외에 선험적 주체를 따로 언급한 것에 이르기까지 이어져온 사유의 끈을 잇고 있다는 점을 잘 보여준다.

요하지 않으며 '나 자신'의 본질이 곧 이 끈이라고 생각한다. 존재와 사유가 구분되고 그 사이에 일치의 끈이 요청되는 것이 아니다. 칸트에게서 이 끈은 (완전히 잘리지는 않는다 해도) 아예 막혀버리지만, 피히테에게서 그것은 이미 선험적 주체에게 갖추어져 있다. "나는 주체이며 객체이다. 그리고 이 주체-객체성, 앎의 자기 자신에로의 귀환이 곧 내가 자아라는 개념으로서 지시하는 것이다."[75] 피히테에게 객체는 주체(경험적 주체) 바깥에 있는 것이 아니라 주객을 동시에 근거 짓고 있는 주체(선험적 주체) 안에 있다. 예컨대 빛이 객관과 주관을 공히 관통하면서 양자를 관계 맺어주지만, 중요한 것은 그것이 내 바깥에 있는 것이 아니라 내 안에 있으며 "나 자신이 곧 빛"이라는 사실이다. 그러나 유한한 자아(경험적 주체)는 이 빛(선험적 주체)을 깨닫지 못하기 때문에, 대상을 자신의 바깥에 존재하는 것으로 착각한다. 따라서 철학의 길은 곧 경험적 자아의 한계를 벗어나 선험적 자아를 찾아가는 것, 절대자와의 합치를 꿈꾸는 것이다.

피히테는 자신이 도달한 이와 같은 자아, 즉 자기의식을 통한 자기반성의 행위 ── 사행(事行/Tathandlung) ── 를 통해 존립하는 자아를 자유로서의 자아로 파악했다. 피히테는 이 자유로서의 자아를 모든 학문을 정초하는 근본학인 '지식학'의 제1원리로 삼는다. 이것이 앞에서 말한, 선험적 주체에 존재론적 위상을 부여했다는 말의 뜻이다. 이로써 곧 데카르트의 '코기토'와 칸트의 '선험적 주체'는 피히테의 '자유로서의 자아' 또는 '사행으로서의 나'로 변형된다. 피히테는 이 '사행으로서의 나'가 전통 학문의 토대인 동일률, 모순율, 배중률보다 더 근본적인 것이며, 이 원리들을 정초해준다고

---

75) 같은 책, 89쪽. 피히테는 존재와 사유의 이런 일치(자아의 '사유'와 자아의 '존재'의 일치), 흄이나 칸트에게서 끊어지고 막혀버렸던 이 일치를 칸트의 '감성적 직관'과 대비되는 '예지적(叡智的) 직관(intellektuelle Anschauung)'이라 부른다. 성리학을 논하면서 (2권, 10장) "자연과 인간의 마음을 포괄하는 더 큰 마음(心)"에 대해 언급했다. 이렇게 마음이 말하자면 그의 몸을 뚫고 나가서 사물 속에 들어가는 것, 하지만 사실은 사물을 마음 ── 소옹이 말한, 개인의 자의식을 정화해낸 본래적 마음, 큰 마음 ── 속에 집어넣는 것이 '예지적 직관'이라 할 수 있다.

보았다. 이런 근본 원리들, 예컨대 동일률도 무엇인가를 '정립(定立)'할 수 있을 때에만 'A=A'라고 말할 수 있다. A에는 무엇이든 들어갈 수 있겠지만, 피히테는 이 무엇을 정립하는 '나는 사유한다(Ich denke)'가 전제되지 않는다면 이 명제는 성립할 수 없다고 생각한다. 다시 말해 A는 그것의 타자로서 사유하는 존재를 전제한다. 따라서 가장 근본적인 동일률은 사유되는 존재(정립되는 것)와 사유하는 존재(정립하는 것)가 일치할 때 성립한다. 그것은 곧 "무제약적이며 단적으로 타당한" '나=나'('자아=자아')라는 동일률이다.[76]

하지만 피히테는 '관계'야말로 절대적인 것이라고 보았으며, 칸트가 열어젖힌 이 관점을 끝까지 밀고 나가려 했다. 이런 맥락에서 그는 자신의 이 구도를 다음과 같이 3단계로 구체화한다.

1) 자아는 스스로를 정립한다.
2) 자아에는 비아(非我)가 반(反)-정립된다.
3) 자아는 가분적(可分的) 자아에 가분적 비아를 반-정립한다.

---

76) "나는 정립되어 있는데, 왜냐하면 내가 나를 정립했기 때문이다. 나는 내가 있기 때문에 있다. 그러므로 논리학은 다음과 같이 말한다. 만약 A가 있다면 A는 있다. 학문론(지식학)은 다음과 같이 말한다. A(이러한 규정된 A=나)가 있기 때문에 A는 있다."(피히테, 『학문론 또는 이른바 철학의 개념에 관하여』, 105쪽)
피히테에게서 자아는 절대적인 것으로까지 고양된다. "자기 자신을 존재하는 것으로서 정립한다는 점에서만 그 존재(본질)가 성립하는 그런 것은 곧 절대적 주체로서의 자아이다."(『전체 지식론의 기초』, 한자경 옮김, 서광사, 1996, 22쪽) 피히테가 "자기 자신을 존재하는 것으로서 정립한다는 점에서만 그 존재(본질)가 성립하는 그런 것"으로 표현한 것은 스피노자가 "존재를 그 본질로 하는 것"이라 표현한 것과 같은 뜻이다. 그리고 스피노자에게서 이런 존재는 바로 신이다. 이렇게 본다면 피히테에게서 자아는 신과 동일시되고 있음을 확인할 수 있다. 물론 사행적 자아는 의식적-개인적 자아가 아니라 무의식적-선험적 자아이지만, 사행적 자아와 개인적 자아 사이에 단절이 없다는 점에서, 피히테의 사유는 선험적 주체로서의 인간이 그 절대성으로까지 고양되어가는 사유라 할 수 있다. 그리고 그 근저에는 인류가 프랑스 대혁명을 통해서 역사의 정점, 자아의식/자각의 정점에 달했다는 생각이 깔려 있다.

칸트에게서 선험적 주체는 모든 인식 행위에 동반되지만 그 자체는 인식되지 않는 존재이다. 하지만 피히테는 칸트가 선험적 주체를 논한 것 자체가 그것을 인식한 것임을 지적한다. 주체는 선험적 주체를 "볼 수" 있다. 이로부터 피히테는 그의 '사행' 개념을 제시한 것이다. 이는 니시다 기타로의 표현으로 한다면 "자기가 자기 안에서 자기를 보는" 행위, 즉 '자각'의 행위이다. 피히테에게서는 이것이 자아의 자기정립이다. 보다 넓은 시각에서 본다면, 이것은 인류가 프랑스 대혁명을 통해서 자기를, '인간의 사명'을 자각하는 것을 뜻한다고 볼 수 있다.[77] 피히테의 자각은 이렇게 존재론적-인식론적 자각만이 아니라 역사철학적 자각을 뜻하기도 한다. 피히테에게 철학의 제1원리는 바로 이 자아의 자기정립이다.

'나=나'라는 동일성은 추상적인 논리적 동일성이나 죽어 있는 물리적/기계적 동일성을 뜻하지 않는다. 그것은 생명과 정신이 깃든 동일성으로서, 차이생성을 겪으면서도 스스로의 동일성을 상실하지 않는 '자아'이다. 그렇기 때문에 그것은 자기차이성을 내포하며, 따라서 자기가 아닌 것으로서의 비아를 내포한다. 비아를 내포하지 않는 동일성은 추상적-기계적 동일성일 뿐이다. 피히테, 셸링, 헤겔에게서 자주 등장하는 '자기에로의 복귀'라는 표현이 이 점을 함축한다. '나=나'는 비아의 반-정립을 매개로 자아를 정립한다.[78] 이로써 자아와 비아는 서로를 제한한다. 자아는 비아/세계

---

77) 프랑스 대혁명에서 중차대한 역사철학적 의미를 읽어냈던 피히테였지만, 나폴레옹의 등장과 그의 유럽 정복 시도에 직면해서는 독일의 위기를 구하려는 열정적인 교육운동을 벌이게 된다.『독일 국민에게 고함』(1807)에는 민족주의적 발상들이 다수 등장하거니와, 이 즈음부터 민족주의는 세계사를 관류하는 한 사조로서 작동하게 된다.『독일 국민에게 고함』이 독일 국민 전체에게 외치는 피히테의 호소를 담고 있다면,『학자의 사명에 관한 몇 차례의 강의』와 『학자의 본질에 관한 열 차례의 강의』는 당대의 독일 학자들에게 던지는 그의 요청들을 담고 있다.

78) "비아는 자아 안에(동일한 의식 안에) 비아가 대립될 수 있을 자아가 정립되어 있는 한에서만 정립될 수 있다. 그러므로 비아는 동일한 의식 안에 정립되어야 한다. 따라서 비아가 정립되어야 하는 한, 자아 역시 그 안에 정립되어야 한다."(피히테,『전체 지식론의 기초』, 33쪽)

에 부딪치면서 제한되고 세계 역시 자아에 의해 제한된다. 하지만 이는 상호 부정도 아니며, 나아가 무조건적인 대립도 아니다.[79] 가분적 자아와 가분적 비아의 역동적 관계일 뿐이다. 그리고 논변의 핵심은 가분적 자아에 가분적 비아를 반-정립하는 것은 결국 자아라는 사실이다. 자아는 가분적 비아를 매개해 자신(가분적 자아)을 정립한다. 자아는 세계를 겪어나가면서도 결국 자기에로 복귀하는 생명/정신인 것이다. 이것이 곧 그가 세우고자 한 '자유의 체계'이다. 피히테에게 자유의 체계란 바로 이러한 자아의 오뒤세이아이다.

피히테에게 인간의 모든 이론적이고 실천적인 활동은 이러한 자아의 오뒤세이아를 기초로 해서 이루어진다. 이론적 활동이란 결국 '표상'의 문제이며, 지식학은 칸트의 구성주의를 이어 이 표상의 행위를 보다 능동적이고 주체적으로 정초하고자 한다. 하지만 이론적 활동에서의 이런 능동성과 주체성이 이미 함축하고 있듯이, 피히테에게 지식학의 역점은 실천적인 것에 놓인다. 그에게 중요한 것은 주어진 것의 따라-그림(Nachbild)이 아니라 산출될 것의 앞서-그림(Vorbild)이기 때문이다.[80] 현대식으로 말해, 피히테가 추구하는 것은 주어진 세계를 표상하는 것, 정보를 얻는 것이 아니라 앞으로 올 세계를 위해 실천하는 것, 현세계를 변화시키는 것에 있는 것이다. 이런 철학적 기초 위에서 피히테는 당대에 풍운의 시대를 맞이한 독일의 현실을 개혁하기 위해 치열한 노력을 전개했다.

---

79) "어떤 것을 제한한다는 것은 그것의 실재성을 부정성에 의해 전부 지양하는 것이 아니라 오직 부분적으로만 지양한다는 것을 의미한다. (…) 자아와 비아는 가분적으로 정립된다."(피히테, 『전체 지식론의 기초』, 36쪽) "자아는 부분적으로는 자신을 규정하고 또 부분적으로는 긍정한다./ 그러나 그 둘은 하나이며 동일한 것으로서 생각되어야 한다. (…) 자아가 규정되는 한, 자아는 자신을 규정하면서 자신을 정립하고, 자아가 자신을 규정하는 한 자아는 규정되면서 자신을 정립한다."(61~62쪽)

80) 피히테, 『인간의 사명』, 120쪽. "너의 사명은 단순한 지식이 아니라 너의 지식에 따른 행함(Tun)이다. (…) 너는 행위하기 위해 존재한다. 너의 행위가, 오직 너의 행위만이 너의 가치를 규정하는 것이다."(118쪽) 요컨대 네가 행하는 것, 그것이 바로 너이다(You *are* what you *do*).

§4. 셸링 '자연철학'의 구도

셸링(1775~1854)은 피히테의 영향을 받아 사유를 시작했지만, 그의 사유가 주체성과 활동성을 크게 고양한 반면 객체성에 대한 인식은 소홀히 했다고 생각했다. 하지만 이것이 셸링이 칸트적 물 자체를 부활시키려 했음을 뜻하지는 않는다. 셸링도 피히테처럼 물 자체를 부정했다. 다만 그는 주체에서 객체로 가는 길만이 아니라 객체에서 주체로 가는 길도 탐구해야 하며, 궁극적으로는 두 길이 한 길의 두 방향임을 증명해야 한다고 보았다. 셸링은 참신한 자연철학을 전개함으로써 칸트 이후 사유의 전개에 또 하나의 이정표를 새긴다.

칸트에게서 자연은 두 얼굴을 띤다. 한편으로 그것은 인간 주체가 그 본질을 온전히 알 수는 없는 자족적인 '객체'이다(물 자체로서의 자연). 다른 한편 적어도 인간 주체에게 드러난, 현상으로서의 자연은 그 자체로써 존립하는 무엇이 아니라 인간 주체에 의해 구성되는 인식질료일 뿐이다. 칸트는 물 자체로서의 자연은 인간 바깥의 타자로서 이해하는 반면, 현상으로서의 자연은 어디까지나 인간의 의식에 거두어져 요리되는 재료로서 이해한 것이다. 반면 피히테의 경우 자연은 어디까지나 궁극적으로 자아로 거두어져야 할 비아이다. 그것은 인간의 활동＝사행이 이루어지는 터일 뿐이다. 피히테에게 자연이란 자아의 '사행'을 통해서만 그 존재감을 드러내는 것이며, 어디까지나 자아에 의해 '비-아'로서 정립(반-정립)되는 것에 불과하다. 쉽게 말해, 피히테에게 자연이란 어디까지나 인간/자아의 삶이 그곳에서 이루어지는 배경에 불과하다. 하지만 셸링은 인간이 끊임없이 부딪쳐야 하는 이 객체, 의식적 자아와 대비되는 무의식적 자연을 **자체로서 탐구**하고자 했다.[81] 나아가 중요한 것은 셸링에게 자연이란 단지 자아에게 부딪쳐

---

81) 물론 셸링의 자연철학은 구체적인 자연과학이 아니라 어디까지나 자연과학에 대한 메타 이론을 뜻한다. 당대에 이미 자연과학적 작업과 철학적 작업은 구분되고 있었다. 셸

오는 물질성인 것만이 아니라는 점이다. 자연은 궁극적으로 이념적인 것이다.[82] 자연의 본질은 이념들이고, 표면상 다양한 방식의 물질성으로서 다가오는 자연은 인식 주체에 의한 본질 파악을 통해 궁극적으로는 이념들로서 파악되며, 현상들은 궁극적으로는 이념들로 해소된다. 물론 물질을 통한 이 이념의 구체적 표현 과정이 존재하지 않는다면 자연은 우리가 지각하는 저 자연이 될 수 없다는 것 또한 엄연한 사실이다.[83]

자연을 연구한다는 것은 현상적인 물질성을 뚫고서 그 본질/이념을 인식해내는 것을 뜻한다. 셸링의 다음 지적은 오늘날의 과학(특히 수학적 과학들)에 있어서도 거의 참이다.

링에게 핵심적인 물음은 "우리 바깥의 세계가, 자연과 그것에 대한 경험이 어떻게 가능한가?" 하는 것이다.(IPN, 9) IPN = Friedrich Schelling, *Ideen zu einer Philosophie der Natur*, Hoffenberg Sonderausgabe, 1797/2016. 따라서 그의 자연철학은 그 출발에서부터 선험철학과 맞물려 있었다고 할 수 있다. 그의 자연철학은 오늘날로 말하면 오히려 인식론/과학철학에 해당한다. 이는 헤겔의 경우도 마찬가지이다. 이들의 자연철학은 데카르트의 기계론과 뉴턴의 역학으로 상징되는 고전 시대의 패러다임을 종식하고 새로운 패러다임을 제시했으며, 19세기에 전개될 자연과학의 밑그림 역할을 하게 된다.

82) 이미 지적했듯이, 독일 이념론자들에게서의 'Idee'는 영국 경험론자들=관념론자들에게서의 'idea = Vorstellung'이 아니다. 이들에게서 이념들은 인간 개개인의 마음에 형성된 관념들이 아니라, 무한지성='절대이성=정신'을 채우고 있는 내용이기 때문이다. (스피노자 등 '합리주의자들'의 'idées'는 양자의 사이에 위치한다고 볼 수 있다.) 이들의 이념들은 아리스토텔레스의 형상(idea/eidos)들과 가장 가깝다. 하지만 고대 철학이 인간의 마음에서 독립해 그 자체로써 존재하는 즉자적 형상들을 전제하고 인간의 마음=영혼이 그것들을 '발견한다'고 생각했던 반면, 이들의 이념들은 어디까지나 '정신' ── 개개인의 정신이 아니라 무한지성=절대이성 즉 절대자(이들에게 세계는 이 무한지성 안에 흡수되어 이해됨을 다시 한 번 상기하자.) ── 을 채우고 있는 것이다. 이 점만 염두에 둔다면 셸링과 헤겔의 이념(개념, 본질)은 아리스토텔레스의 형상과 유사한 역할을 한다고 볼 수 있다.

83) "철학의 첫걸음, 그것 없이는 철학의 세계에 결코 들어갈 수 없는 조건, 그것은 곧 **절대적으로 이념적인 것은 곧 절대적으로 현실적인 것**이라는 사실"이다. 하지만 이념적인 것이 없다면 "감각적이고 제약된 리얼리티(현상세계)만이 존재할 뿐, 절대적이고 무제약적인 리얼리티(실재로서의 자연)는 존재할 수 없다."(IPN, 49)

모든 자연과학의 필연적인 경향은 또한 자연으로부터 지성으로 향해 간다는 점이다. 자연현상들에 이론을 투여하려는 노력의 근저에 있는 것은 바로 이 경향 이외의 것이 아니다. 자연과학의 최고의 완성은 모든 자연법칙들을 직관과 사유의 법칙들로 완전히 정신화(Vergeistigung)하는 것이리라. 이때 현상들(질료적인 것)은 완전히 사라져야 하고, 오로지 법칙들(형상적인 것)만이 남는다. (…) 자연에 대한 완성된 이론은 그로써 자연 전체가 하나의 지성으로 해소되는 바의 것이다.(STI, 10~11)[84]

여기에서 우리는 플라톤 이래 내려온 서양 합리(合理)주의 사유가 극에 이르렀음을 확인할 수 있으며(세계의 궁극은 로고스＝理이다.), 동시에 고중세 합리주의와는 구분되는 근대적 선험적 주체의 사유가 극에 이르렀음도 확인할 수 있다.(세계는 인간— 경험적 주체가 아니라 선험적 주체— 의 로고스＝理의 눈길 아래 훤히 드러나 있다.) 이런 과학상은 오늘날까지도 이어지고 있다.

개별 영역에 관련해, 우선 셸링은 19세기의 물리과학이 추구해갈 탐구의 전체 이미지를 제시했다. 고전 시대를 지배했던 물리과학은 '물질'과 '힘'에 대한 것이기보다는 차라리 '물체'와 '공간'에 대한 것이었다. '중력' 개념이 일정한 역할을 했지만, 전반적으로는 물리의 심층에 접근한 것이 아니라 물체의 공간 이동에 초점을 맞춘 기하학적 연구를 중핵으로 한 것이었다. 라이프니츠의 'vis viva' 같은 개념은 예외적인 것이었고 선구적인 것

84) STI = Schelling, *System des transzendentalen Idealismus*, Felix Meiner, 1800/2000. 하지만 이로부터 셸링 자연철학의 경지가 수학적 체계나 플라톤적 이데아계와 같은 것이라고 속단하면 곤란하다. 셸링이 생각하는 이념들의 세계는 그것들이 역동적으로 관계 맺음으로써 생성해가는 세계이기 때문이다. 물론 수학적 세계도 이런 모습을 띨 수 있으며 (셸링이 파동방정식을 보았다면 무척 좋아했을 것 같다.), 플라톤에게서도 이데아들 사이의 'koinōnia'가 매우 중요한 역할을 하지만, 셸링이 추구한 경지는 훨씬 역동적인 곳이며, 그가 실재적인 것과 이념적인 것의 공통의 근원을 '역능(Potenz)', 즉 스피노자의 'potentia'라 칭하고 있는 점에서도 그의 생성존재론적 정향을 읽어낼 수 있다.

이었다.[85] 19세기 물리과학은 물질과 힘 자체에 육박해 자연의 심층에서 전기, 자기, 빛, 열을 비롯한 새로운 존재자들을 이끌어냈다. 19세기 물리과학의 혁명은 존재론적 성격의 혁명이었다. 이미 칸트는 우주를 가득 채우고 있는 물질을 인력과 척력이 끊임없이 상호 작용하는 '역동적 장'으로 파악했지만,[86] 그의 사유는 전체적으로 고전 역학의 테두리 내에 있었다. 셸링은 칸트적 '장' 개념에서 더 나아가 우주의 근원적 힘을 상정해, ① 이 근원적 힘은 전기, 자기, …… 등 여러 형태로 나타나며, ② 따라서 전기, 자기 등은 결국 상호 전환되는 하나의 힘임을 강조했다. 우주를 가득 채우고 있는 근원적인 힘은 현대식으로 말해 물질=에네르기이며, 이 물질=에네르기는 상황에 따라 다른 형태들(예컨대 일, 열 등)로 나타나고 이 다른 형태들은 상호 전환 가능하다는 새로운 자연상을 제시한 것이다. 이로써 물리과학의 시선은 물체와 공간이 아니라 물질, 에네르기, 장(場)에 두어지게 된다.

셸링의 이런 자연상은 19세기 물리과학을 이끌어가는 기본 이념으로 작동했다. 에네르기 개념의 탄생이라는 맥락에서 본다면 이는 마이어(1814~1878)에 의해 과학적으로 구체화되었고, 줄(1818~1889) 등의 실험 그리고 헬름홀츠(1821~1894)의 이론적 작업을 통해서 실현되어갔다. 이로써 물리과학의 확고한 기초 원리, 즉 '에네르기 보존의 법칙'이 자리 잡게 된다.[87]

---

85) 19세기에 이르러, 물리적 자연은 뉴턴 역학체계로 이해된 추상적이고 명료한 세계보다 훨씬 복잡한 무엇이라는 사실을 깨닫게 되었다. 가적분계(可積分系)는 오히려 자연의 매우 특수한 경우라 할 수 있다. 인과에 관련해서도, 아주 특수한 경우를 제외하고는 하나의 사건이 뒤이어 발생하는 사건의 유일한 원인으로 작용하게 되는 연속적이고 명료한 '인과관계 사슬' 같은 것은 존재하지 않는다는 점이 분명해졌다. 아울러 고전 시대 자연철학자들은 자연을 시계에 비유했지만, 이 시계는 영구기관이 아니라는 사실이 드러나게 되었다. 물체와 공간에 초점을 맞추었던 자연관은 물질과 힘에 기반하는 자연을 특정한 국면에서 추상해낸 것일 뿐이다.

86) 칸트의 『자연과학의 형이상학적 기초원리』에서 동역학을 다룬 2부를 참조하라.

87) 이후 열역학 제2법칙('엔트로피의 법칙')이 발견되어, 현대 열역학의 체계가 다듬어지게 된다. 그리고 열역학은 볼츠만 등의 통계역학을 통해 보다 정교화된다. 잭 호키키안은 『무질서의 과학』(전대호·전광수 옮김 철학과현실사, 2004)에서 이 법칙들의 여러 함축을 현대 문명의 성격과 관련시켜 논한다.

전기와 자기(와 빛 등) 연구라는 맥락에서는 외르스테드(1777~1851) 등이 셸링의 영향을 받았고, 이후 패러데이(1791~1867), 맥스웰(1831~1879)을 비롯한 뛰어난 물리과학자들을 통해 구체화되어갔다. 전기, 자기, 빛이 '파동'의 개념으로 통일되고, 당시 점차 정교해지던 해석학의 성과들(푸리에 급수 등)을 통해 엄밀한 수학화를 획득해갔다. 에네르기, 파동 등의 새로운 개념들과 해석학이라는 정교한 수학적 언어를 통해 (과거에 직관적이고 사변적으로만 논해져온) 자연의 '조화'와 '율동'이 과학적으로 구체화되어간 이 과정은 사유의 역사에서 유난히 가슴 뛰는 한 장면이 아닐 수 없다. 이로써 물리세계에 대한 우리의 인식은 환골탈태를 이루게 된다.

셸링은 생명과학에 관련해서도 중요한 철학적 이정표를 마련했다. 고전시대에 생명과학은 물리과학과 구분되지 않았으며, 예컨대 '조직화' 같은 개념도 물리적인 것과 생명적인 것을 변별해주는 기준이 아니라 단지 물질들이 보다 더 복잡하게 얽힌 것 정도로 이해되었다. 따라서 동물, 식물, 광물은 나란히 병치되었다. 하지만 이미 칸트는 『판단력 비판』에서, 어디까지나 '규제적'이라는 조건을 달긴 했지만 19세기에 (물리과학과 구분되는) 생명과학이 추구할 이념들을 논했다. 이에 비해 헤르더를 이은 셸링(과 헤겔)은 칸트보다 더욱 적극적으로, 즉 보다 구성적으로 생명과학의 특성을 강조했으며, 물리과학에서의 그의 통찰과 정합적으로 생명의 세계 또한 유기적으로(통일적이고 역동적으로) 파악했다.[88] 이런 이념에 부합해, 이후 생명과학은 '조직화의 도안' 개념을 통한 유기체 차원의 개념화(유기물과 무기물의 이분법은 '생물학'이라는 새로운 과학을 탄생시켰다. 기계론을 통해 근대 물리과

---

88) 여기에서 '통일적'이란 생명세계 전체를 유기적인 관계성의 총체로 파악했음을 뜻하고, '역동적'이란 부분들의 갈등과 투쟁을 단순한 파괴가 아니라 더 높은 질서를 탄생시켜가는 변증법적 과정으로 보았음을 뜻한다.(IPN, 33 이하) 셸링의 자연철학에는 오늘날로 말해 '자기조직화' 개념을 비롯해 다양한 시사점들이 들어 있다. 셸링의 자연철학은 『자연철학 체계의 제1기획』(1799), 『자연철학 체계의 기획 서설』(1799)로 성숙해갔다. (셸링, 한자경 옮김, 『자연철학의 이념』, 서광사, 1999)

학이 정초되었듯이, 생기론을 통해 근대 생명과학이 정초되기에 이른다.), 세포의
발견에서 정점을 이루는 생명의 미시 단위들의 발견(더 근본적으로, 미시단
위들과 거시단위들 사이의 변증법), 생명의 세계에서 이루어지는 놀라운 화학
적 조화와 율동, 후성설의 승리로 귀착한 유전 메커니즘의 해명, 진화론을
통한 생명 및 생명체의 새로운 이해[89] 등으로 이어진다. 이 과정은 물리과
학에서의 사유혁명에 못지않게 심대한 사유혁명, 존재론적 혁명이라 할 수
있다.

§5. 동일철학의 체계

셸링은 이렇게 19세기 자연과학의 초입에 서서 중요한 자연철학적 성과
를 이룸으로써, 피히테의 주관주의를 극복했다. 하지만 이번에는 거꾸로 이
런 객체성의 사유를 보완할 주체성의 사유가 요청되었다. 자아로부터 자연
으로 나아갔던, 자연으로써 자아를 설명했던 셸링은 이번에는 그 인식론적
판본, 즉 자연으로부터 자아로 나아가는, 자아로써 자연을 설명하는 철학
을, '선험철학'을 추구하게 된다. 셸링은 피히테적 주관주의를 넘어서기 위
해 자연철학으로 나아갔지만, 다시 이 자연철학의 역상(逆像)으로서 선험
철학을 구축했다.[90] 이런 과정을 통해 그가 도달한 곳은 바로 '동일철학'
이었다. 이것은 자연철학과 선험철학이 양과 음의 관계를 맺으면서 태극의
구도를 이룬 것과도 같았다.(본 철학사, 2권, 3장의 그림 참조) 여기에서 '자연

---

89) 뒤의 두 가지 즉 유전 메커니즘의 발견과 진화론(다윈 진화론)은 셸링과는 간접적인 관
   계만을 가진다고 해야 할 것이다. 이 두 사유 갈래는 셸링적 패러다임을 벗어나는 담론
   으로서, 니체와 베르그송에 이르러 그 존재론적 의미가 온전하게 해명된다.
90) 연대기적 맥락에서 본다면, 양자는 늘 함께 추구되어왔다고 해야 할 것이다. "나는 항상
   자연철학과 선험철학이라 불렸던 두 체계를 철학하는 태도의 양 극이라고 생각해왔다."
   (셸링, 권기환 옮김, 『나의 철학체계의 서술』, 누멘, 2010, 14쪽)

과 자유'라는 칸트적 이원세계가 일원세계('이원적 일원', '불일이불이')의 구도로 전환되고 있다.

셸링에게 자연은 근본적으로 생명, '능산적 자연'이다. 그것은 '자기', '전기', '화학작용'이라는 물질 차원에서 '감각능력', '운동능력', 그리고 특히 '형성충동(Bildungsbetrieb)'이라는 생명 차원을 거쳐 마침내 '정신'/'자기의식'/'자유'의 차원에 도달하는 '무의식 → 의식'의 과정이다.[91] 선험철학은 오히려 자기의식에서 출발해 '의식 → 무의식'의 방향으로 나아간다.[92] 선험철학은 인류가 정신의 수준에 도달한 이후, 자신이 걸어온 역사(자연사까지 포함) 전체를 되돌아보면서 그것을 음미해보는 과정이라고도 할 수 있다. 이 점에서 『선험철학의 체계』(1800)에서의 셸링의 출발점은 피히테적인 자기의식의 사행인 '나=나'이지만, 그 전체 구도는 피히테와 다르다. 논의의 핵심은 자아의식이 촉발(자아의식의 입장에서 보면 어떤 한정)을 통해 물질성을 감각하는 것 즉 '원초적 감각'에서 출발해 그 후 '산출적 직관', '반성'을 거쳐 '절대적 의지활동'에 이르는 과정을 그리는 데에 있다. 사실 이런 논의 과정에서 방금 언급한 자연철학과 선험철학의 깔끔한 대칭구도는 무너지게 되지만,[93] 현실적인 것과 이념적인 것의 동일성이라는 구

---

91) 셸링은 이 과정을 'Potenzierung'(역능 상승)이라 부른다. 수학적 맥락에서 본다면 이는 곧 멱(冪)의 상승(거듭제곱의 차수가 올라가는 것)을 함축한다. 현대적 맥락에서는 'potentialisation'(포텐셜 상승)이라 할 수 있고, 그 역은 'dépotentialisation'(포텐셜 하강)이라 할 수 있다. '포텐셜' 개념은 후에 과학적 용어로서 사용되며, 또 시몽동, 들뢰즈 등의 존재론에서도 중요한 역할을 하게 된다. 이 과정은 그 어떤 외적 힘에 의한 것도 아닌, 오로지 자연 자체의 자기계층화(self-layerization)에 의한 것이다. 그리고 그 결과, 자연과 정신은 어디까지나 연속적으로 이해되며("자연은 가시적인 정신이고 정신은 비가시적인 자연이다.") 자유가 자연에 내재적으로 생성하는 것으로 이해되고 있다는 점이 중요하다. 칸트의 이원론 및 피히테의 자아철학과 비교해볼 수 있다.

92) "자연은 무의식에서 시작해 의식으로 끝나며, 산출작용(능산적 자연)은 합목적적이지 않지만 산출물(소산적 자연)은 합목적적이다. 반면 활동하는 '나'는 (⋯) 의식과 더불어 (주관적으로) 시작하며, 무의식으로 즉 객관적으로 끝난다. '나'는 산출과정의 측면에서는 의식적이지만, 산출물의 측면에서는 무의식적이다."(STI, 283)

93) 자연철학과 선험철학의 대칭성이 분명해지려면, 원칙적으로 논의는 자아의식 → 사회/

도가 셸링 동일철학의 논의 전체를 떠받치고 있는 것은 분명하다.

추상적인 인식론의 구도를 구상적인 시각 이론의 구도와 유비해볼 때 셸링의 동일철학을 보다 분명하게 이해할 수 있다. 엠페도클레스, 데모크리토스를 비롯한 인물들의 '유물론적' 설명에 따르면, 시각의 작동은 대상으로부터 그것의 이미지('판타지아')가 떨어져 나와 우리의 눈으로 들어오는 것이다. 이는 로크 등의 경험주의 인식론과 유비적이다. 이에 비해서 칸트는 대상이라는 초점과 주체라는 초점, 이 두 가지 초점을 통해 사유한다. 우리 눈에서 나오는 빛이 대상으로부터 오는 이미지로 나아가 그것을 말하자면 잡아내 옴으로써 시각작용이 이루어지는 플라톤의 구도에서처럼, 칸트에게서 인식이란 주체로부터 유래하는 선험적 틀이 대상으로부터 유래하는 현상들로 나아가 그것들을 잡아내 오는(종합-구성하는) 구도를 취한다. 이에 비해 피히테의 경우 자아로부터 나오는 광원이 대상세계 자체를 비추어, 애초에 자아 안에 잠재적으로 들어와 있던(그렇게 상정된) 세계에 자아의 빛을 비추어 현실적으로 드러나게 하는 구도라 할 수 있다. 셸링은 피히테에서 출발했지만 객관세계의 엄존이라는 이론적 요청(실재론의 요청)에 충실하고자 함으로써 전체 구도에서 오히려 다시 칸트에 근접한다. 그러나 애초에 포스트-칸트주의의 출발점이었던 일원적 사유의 지향을 버릴 수는 없다. 어떤 길이 가능할까? 바로 대상으로부터 와서 주체로 들어오는 빛과 주체로부터 나와 대상으로 향하는 빛을 하나의 동일한 빛의 두 모습으로 생각하는 길이다. 이것을 존재론적으로 전환해 생각해보면, 결국 결론은

역사 → 생명 → 물질/우주로 나아가야 하지만 실제로는 이런 순서로 논의가 진행되지 않는다. 오히려 거꾸로 의식의 인식 수준이 점차 (넓어진다기보다는) 높아지면서 그 인식 대상 자체도 점차 고급 영역으로 나아가는 구도 — 자기의식의 역사 — 로 논의가 전개된다.(이런 논의 구도는 7년 후에 나오게 될 헤겔의 『정신현상학』에 의해 계승된다.) 전체적으로 볼 때 『선험적 관념론의 체계』는 칸트의 3대 비판서를 한 권에 응축해서 다시 쓴 것이라고 할 수 있다. 주목할 점은 칸트에게서 이론철학과 실천철학을 이어주는 다리의 역할을 하는 목적론과 예술철학이 셸링에게서는 오히려 자기의식의 완성 단계로서 다루어진다는 것이다.

정신-속성과 물질-속성을 유일 실체를 '동시에 표현하는' 두 속성으로 보는 스피노자의 구도인 것이다.(셸링에게서도 스피노자의 속성은 두 개로 축소된다.) 이것이 셸링의 동일철학의 구도이다.

동일철학의 분명한 표현은 『나의 철학체계의 서술』(1801)에 나타나 있다. 하지만 동일철학은 스피노자주의자로서 셸링이 그때까지 탐구해온 자연철학과 선험철학에 이미 들어있던 원리 ─ 물질속성과 정신속성의 근원적 동일성 ─ 를 보다 뚜렷이 정식화한 것이라고 해야 할 것이다. 오히려 새로운 점은 이 즈음부터 1800년대 내내 셸링이 그의 동일철학을 예술철학으로써 구체화해나갔다는 점에 있다. 그리고 이 맥락에서 셸링의 사유는 당대의 주요 사조들 중 하나인 낭만주의와 합류한다.

셸링에게서 예술이란 자연과 정신, 의식과 무-의식의 통일성을 미적으로 표현하는 것이다.[94] 이 표현행위는 자연에서의 산출력('능상적 자연')에 연속적인 예술적 산출력을 통해 가능해지며, 근본적으로는 역능＝포텐츠의 자기계층화 과정에 상응해서 작동하는 구상력을 통해 가능해진다. 자연은 근원적 힘으로서의 포텐츠가 상이한 형태의 힘들로 분화되어 자기계층화되는 과정이며, 이 과정을 통해서 각종 존재자들이 개별화된다. 이 구도는 셸링의 예술철학으로 이어지며, 구상력을 통한 작품들의 개별화 ─ 형상화 (configuration) ─ 라는 개념이 핵심 역할을 한다. 이 점에서 셸링의 구상력 개념은 칸트의 그것을 벗어나 오늘날의 개념에 근접한다. 그것은 무엇보다도 우선 "대립하는 것들을 통일하는 힘"이다. 예술의 핵심이 '조성'에 있다

---

94) "예술작품은 의식적 행위와 무-의식적 행위의 동일성을 비추어준다(객관화/구체화해서 보여준다). 하지만 양자 사이의 대립은 무한한 대립이며, (예술작품에서는) 자유의 어떤 개입도 없이 지양된다(aufgehoben). 따라서 예술작품의 근본 특성은 무-의식적인 무한에 있다. 그의 작품에서 예술가는 그가 명시적인 의도를 가지고서 포함시킨 것 말고도, 어떤 유한한 오성도 온전히 전개할 수 없을 무한을 마치 본능에 따른 것처럼 표현하는 것 같다."(STI, 290) 셸링은 고대적인 "enthousiasmos"의 전통을 근대적인 천재론 (『판단력 비판』, §46 이하)을 이어받아 개념화하고 있다. 셸링의 예술철학은 당대의 낭만주의 사조와 공명한다.

고 볼 경우, 셸링적 맥락에서 볼 때 이 개념은 그 말이 풍기는 공간적 이미지에서가 아니라 바로 구상력의 작동에서 이해되어야 할 것이다. 최고도의 구상력을 발휘하는 예술을 통해서 선험철학을 구성하고 있는 '자기의식의 역사'가 완성된다고 할 수 있다.[95]

---

95) "대립하는 것들을 통일하는 힘"으로서의 구상력은 자기의식의 역사 매 단계에서 작용한다. 이 과정은 때로 지적 직관의 단계로서 서술되기도 하는데, '근원적 직관'에서 '산출적 직관'으로 이행한 지적 직관은 최종적으로는 '미적 직관'에서 완성된다. 이것은 곧 앞에서 언급한 '포텐츠'의 자기계층화 과정에 상응한다. 직관, 포텐츠의 전개는 결국 자기의식의 역사이며, 이 역사의 매 단계에서 구상력은 변증법적 힘으로서 작용하고 있는 것이다.

5절 이념적인 것과 현실적인 것

헤겔(1770~1831)은 셸링의 이런 동일철학에 동의하지 않았으며, 그것이 낭만주의적 직관을 통해 "모든 소가 검게 보이는" 무차별의 세계만을 제시할 뿐이라고 비판한다. 헤겔은 자신의 시대를 고중세적인 가치가 계몽사상에 의해 타파되었으나, 이제 오히려 계몽의 불길이 남긴 폐허 위에서 오갈 데 없이 공허함만을 추스르는 시대로 파악했다. 하지만 그는 이러한 공허를 극복하기 위해 셸링, 노발리스, 슐레겔 형제, 야코비, 슐라이어마허 등이 행했던 낭만주의적 또는 신앙주의적 외침에는 찬동하지 않았다. 그는 서구 근대적 정신의 한 정점이라 할 『정신현상학』(1807)에서, 그 자신 많은 영향을 받았고 또 그 영향의 흔적을 이후에도 간직했던 낭만주의에 단호한 고별 선언을 하기에 이른다.[96] 중요한 것은 "실체성을 그리고 존재의 순수성을 철학을 통해서 다시 세우는 것"이다.[97]

---

96) 헤겔 자신이 낭만주의에서 적지 않은 영향을 받았지만, 『정신현상학』 서문에서 이 흐름과 명시적으로 결별한다. "[낭만주의자들이나 신앙주의자들이 설파하는] 아름다움, 성스러움, 영원함, 종교, 그리고 사랑은 달려들어 물고픈 욕망을 일깨우려는 미끼에 불과하다. 개념이 아니라 황홀함이, 사태의 차분하게 나아가는 필연성이 아니라 들끓는 열광이 실체의 풍요로움을 유지하고 지속적으로 확장해주는 길이라는 것이다."(PG, 13)* 하지만 "세계사에서 그 어떤 위대한 것도 열정(Leidenschaft) 없이 성취되지는 않는다"(『역사철학 강의』, 『세계사의 철학』) 같은 구절에서 볼 수 있듯이, 그의 핏속에는 늘 낭만주의의 맥놀이가 뛰고 있었다.
   *PG = Georg Hegel, *Phänomenologie des Geistes*, Meiner, 2015.
97) 여기에서 "실체성"은 형이상학적 이념/사유/가치를 뜻하며, "존재의 순수성"은 이상화된 고대 그리스에 있어 '신성한 전체와의 합일'이 이루어진 맑은 상태를 뜻한다. 헤겔은 이런 전통적 이상을 되살리려 한다는 점에서 전기 계몽사상과 다르지만, 그 되살림은 낭만주의적-신앙주의적인 방식이 아니라 어디까지나 "철학을 통해서" 가능하다고 믿었다는 점에서 반(反)계몽적 흐름에도 동참하지 않는다. 전통과 근대를 통합하려는 그의 사유 정향은 라이프니츠의 그것을 잇고 있다.
   『철학 요강』(1817/1830)의 서론적 논의(E, §§19~78)*에서는 철학적 사유의 역사를 형이상학, 경험주의, 직관주의로 정리하면서, 직관주의에 대한 비판을 이어가고 있다.

§1. 매개하는 사유

혜겔이 '직관지'의 한계를 비판하면서 대안으로서 제시한 것은 '매개지'
이다. 진리란 천재적인 직관 같은 아리송하고 들뜬 것을 통해서가 아니라,
개념적 규정들의 과정을 건너뜀으로써가 아니라, 논리적으로 사유의 계단
을 한 단계 한 단계 성실하게 밟아 올라감으로써, 진리의 단계들 ── 계기들
(Momente) ── 을 하나하나씩 매개해나감으로써 가능한 것이다. "정신의 힘
은 오로지 그것이 [객관적으로] 드러난 그만큼만 큰 것이며, 오로지 그 전개
에 있어 기꺼이 쓰고 또 지우기를 계속하는[98] 그만큼만 깊은 것이다."(PG,
14) 이 과정은 곧 '부정의 부정'의 과정이다. 수학에서와는 달리, 부정의 부
정은 원점으로의 되돌아옴을 뜻하는 것이 아니다. 혜겔 사유에서의 부정은
단순한 부정이 아니라 변증법적 운동의 매개고리로서의 '규정된 부정'('규
정된 무')이다. 규정된 부정들의 운동을 통해서만, 단적인 대립을 넘어 부정
의 부정을 통한 운동, 대립/모순을 지양하는 운동 ── '변증법'의 운동 ──
을 통해서만 진리에 다가갈 수 있다. 인식 주체는 이미 가지고 있던 인식에
집착하기보다는 그것을 부정함으로써 스스로의 한계를 타파하고 새로움,
낯선 경지로 나아간다. 하지만 단순한 부정은 단절 이외의 것을 가져다주
지 않는다. 주체는 부정을 다시 부정해 자기에로 복귀함으로써 인식을 성
숙시켜 나아가는 것이다. 이것이 매개의 의미이다. 혜겔에게서 인식이란 이
렇게 규정들, 계기들을 매개하는 부정의 부정의 과정이다.

인식/학문에 대한 혜겔의 이런 구도는 그가 세계를 이해하는 이하와 같

---

* E = Hegel, *Enzyklopädie der philosophischen Wissenschaften im Grundrisse*, Meiner, 2015.
98) "sich auszubreiten und sich zu verlieren getraut"는 직역하면 "기꺼이 스스로를 넓히고
또 스스로를 잃어버리기를 감행하는"으로 할 수 있다. 어떤 비-논리적 방식을 통해 단
박에 "진리"를 획득했노라고 허장성세를 부리는 태도를 비판하면서, 사유를 확장하고
또 자기 오류에 직면해서는 다시 거두는 과정을 계속함으로써만 진리에 도달할 수 있음
을 뜻하는 구절이다.

은 전체 구도의 인식론적 버전이다. 한 존재자가 타자들과의 역동적 관계 없이 자체로서만 존재하는 맥락을 헤겔은 그 존재자의 '즉자(卽自/an sich)' 라고 말한다. 이러한 즉자존재의 극단적인 형태는 곧 파르메니데스의 일 자이다. 하지만 스피노자의 경우에서처럼, 절대자는 단순한 즉자존재가 아니라 무한히 자기차이화하면서 스스로를 전개/표현하는 위대한 생명이 다. 헤겔이 동일철학에 대해 제기하는 핵심적인 비판은 타자성/타자존재 (Anderssein)의 배제이다. 이 비판이 정당한가는 자체로서 논의해봐야 하겠 지만, 헤겔이 주장하고자 하는 바는 분명하다. 동일자(예컨대 한 인간)가 단 지 즉자적으로 존재하지 않고 타자들과의 관계를 통해서 역동적으로 자기 차이화하는 대자(對自/für-sich)로서 존재=생성하려면, 그것은 반드시 타자 성을, 타자존재들을 매개해야만 한다는 것이다. 대타존재(Für-anders-sein) 의 단계를 거쳐 자기에로 복귀하는 과정을 통해서만 한 존재자는 '동일성과 차이(생성)의 동일성'으로서의 생명일 수 있는 것이다. 이 과정이 곧 앞에서 말한 매개의 과정이다.[99] 즉자존재-대타존재-대자존재의 과정을 통해 즉 자대자존재의 수준에 도달하는 이런 변증법적 운동, 단순한 즉자가 대자를 거쳐 새로운 즉자('구체적 보편')로 화해가는 이런 운동을 통해서 전체가 성 립한다. 그리고 "진리는 곧 전체이다". 절대자는 캄캄한 밤과 같은 단순한 동일자가 아니라 이런 역동적 전체로서의 진리인 것이다. 헤겔에게 절대자 는 (절대)정신이다. 세계는 '정신(Geist)'의 자기전개로 이해된다.[100] 이 자

---

99) 이런 매개의 과정은 언어의 문제와 밀접히 관련된다.(『정신현상학』의 '정신'장에서 언어 문제가 의미심장하게 다루어진다.) 헤겔은 당대의 "말로 할 수 없는 것"을 역설하는 반(反)지성주의적 경향을 비판하면서, 진정한 인식/학문은 반드시 공개적인 언어를 통해서 표현되어야 함을 강조한다. 이런 과정은 다름 아닌, 즉자적 동일자로서가 아니라 타자들과의 관계를 통해서 대자적 존재로서 생성해가야 함을 함축한다. 이것은 곧 플라톤적 'dialegesthai'의 정신을 잇는 것이다. 아울러 헤겔에게서는 개별성과 보편성 사이에 다층적으로 존재하는 특수성(Besonderheit)의 역할이 매우 중요하다. 보편성과 개별성을 직접 잇는 것이 아니라 그 사이에 여러 겹으로 존재하는 특수성들을 매개해가는 것이 진리로 향하는 진정한 길인 것이다. 헤겔에게 매개란 결국 특수성(들)의 매개를 뜻한다.

기전개를 이끌어가는 원동력이 바로 이런 변증법적 과정인 것이다.

부정의 부정을 통해 좀 더 높은 경지로 나아가는 과정을 그리는 헤겔의 세계는 목적론적 세계이다. 헤겔이 '정신'이라는 용어를 채택한 것에서도 알 수 있듯이, 그가 파악하는 세계는 넓게는 생명 좁게는 주체의 성격을 띠고 있다. 스피노자에게 경도된 헤겔이지만, 그는 또한 칸트와 피히테의 주체철학을 잇고자 한다. 이 정향에 입각해 그는 진리란 단지 실체일 뿐만 아니라 또한 주체여야 한다고 역설한다.

> 살아 있는 실체는, 오로지 그것이 스스로를 정립하는 운동인 한에서, 또는 타자화를 매개하는 가운데에서도 스스로임을 놓지 않는 존재인 한에서, 진정으로 주체인 존재 또는 달리 말해 진정으로 현실적인/현동적인 존재이다. 주체로서의 실체는 순수하게 단적인 부정성이며, 바로 그렇기에 단순한/미분화된 것의 이분(二分) 과정이자 대립자들을 낳는 이중화 과정이다. 하지만 이렇게 생기해서 서로 맞서는 다자(多者)는 다시금 부정된다. 살아 있는 실체는 근원적인 일자 자체 또는 매개되지 않은 일자가 아니라 바로 이렇게 〔부정의 부정을 통해서〕 자기에로 복귀하는 동일자 또는 타자에서 스스로를 되비추어-봄이다. 그것은 자체로써의 생성이며, 자신의 종점을 자신의 목표로 전제하고 그것〔종점〕을 자신의 출발점으로 삼는〔목적론적인〕 원환이며, 따라서 오직 실현됨으로써만 그리고 그것이 내포하는 목적에 의해서만 현실적이 되는 것이다.(PG, 18)

---

100) 자기전개하지 않는 절대자＝(절대)정신은 무(無)이다. 그것은 그저 제1원리로서 상정된 막연한 어떤 것, 하나의 말일 뿐이다. 헤겔은 이전 철학자들의 절대자 개념이 이런 정적 절대자 개념임을 비판하면서 변증법적 운동을 역설한다. 이 운동의 기본 구조는 즉자-대자-즉자대자이며(헤겔 자신은 '정-반-합'이라는 용어는 사용하지 않았다.), 이는 멀리로는 신플라톤학파의 '삼위일체'에서 유래했고 칸트의 범주론에도 일정 정도 함축되어 있었다(예컨대 질의 범주에서 실재성-부정성-제한성의 경우). 이후 이 3원의 생성구조는 피히테에 의해 '정립-반정립-종합'으로 보다 분명하게 표현되었다. 셸링의 사유 역시 자체로서의 자연과 정신, 각각 상대의 부정으로서의 정신과 자연, 그리고 양자의 통일로서의 동일자라는 구도로 이해할 수 있다. 이러한 3원적 생성구조는 헤겔의 논리학에서 극에 달한다.

헤겔은 인식 주체가 이런 진리의 경지를 찾아가는 과정, 궁극적으로는 '정신'의 오뒤세이아를 '정신현상학'으로써 그려낸다.[101] 이 과정은 경험주의에서 출발하되, 경험할 수 있는 것과 없는 것을 가른 칸트의 경계선을 넘어, 결국 플라톤적인 인식론에 도달한다. 하지만 플라톤과 달리 헤겔은 '가지적인 것'과 '감각적인 것' 그리고 이에 상응하는 이성과 감각을 단적으로 대비하기보다는, 인식론적 구도를 여러 겹으로 복수화한다. 그리고 인식의 과정을 이 여러 겹의 수준을 통과해가는, 그래서 주체와 객체가 서로 점점 높은 수준에서 상응해가는 역동적인 과정으로서 그린다. 가장 감각적인 차원('감각적 확신')에서 출발해, 점차 높은 경지(대상 측에서는 그것의 보다 심층적인 모습들, 주체 측에서는 점점 절대지에 가까이 가는 인식 수준들)로 단계를 밟아 마침내 '절대지'로까지 올라가는 아나바시스의 과정이라고 할 수 있다. 정신은 의식, 자기의식, 이성, 정신의 단계로 현상한다.

---

101) 앞의 "단지 실체일 뿐만 아니라 주체여야 한다"라는 테제와 맞물려, 스피노자와 헤겔의 또 하나의 결정적인 차이는 전자가 존재론적 맥락에서 목적론을 배격하는 데 반해 후자는 철저하게 목적론적이라는 점이다. 이 점은 잘 알려진 "이성적인 것은 현실적이고, 현실적인 것은 이성적"이라는 구절의 이해와도 관련된다. 여기에서 '이성적'은 일상적 의미에서의 "이성적"을 뜻하기보다 "이유가 있는"을 뜻한다. 따라서 헤겔은 예컨대 전쟁이나 기아가 이성적이라는 것을 말하는 것이 아니라 거기에는 반드시 이유가 있다는 것을 말하고 있는 것이다. 이 점에서 헤겔이 고통과 악으로 가득 찬 이 세상을 긍정했다는 것은 오해이다. 하지만 더욱 중요한 점은 헤겔에게서 이 '이유'는 반드시 **목적론적 맥락에서의 이유**라는 점이며, 나아가 개별 사항들의 각 이유가 파편적으로 존재하는 것이 아니라 궁극적으로는 '정신'의 자기전개라는 **큰 그림을 전제하는 이유들**이라는 점이다. 그의 유명한 '이성의 간지'는 이 구도를 뜻한다.(E, §209) 따라서 큰 그림에서 볼 때, 헤겔의 사유가 세계 전체를 이성적인 것으로 본다는 점은 분명하다. 이 점은 예컨대 그가 한 강의에서 "우리의 역사 고찰은 신의 존재를 정당화하는 변신론"(『역사철학 강의』, 서론)임을 표명하고 있는 대목에서 여실히 드러난다. 결국 헤겔 사유는 아우구스티누스의 구도를 잇고 있는 것이다.

§2. '정신'의 오뒤세이아

I. 의식은 감각적 확신, 지각, 오성의 단계와 이에 상응하는 (지금 여기에서의) 이것, 사물, 힘의 세 단계를 밟아 현상한다. 감각적 확신과 지각을 하나로 보면, 이 구도는 결국 일반적으로 논하는 경험과 이성(오성)의 관계, 지각과 이론, 감각자료('센스 데이터')와 수학적 법칙의 관계에 대한 헤겔식의 논의라고 할 수 있다.[102]

1. 감각적 확신은 바로 앞에 있는 어떤 것, '이것'에 대한 확신이다. '지금, 여기'에 무엇인가가 존재한다는 확신이 감각적 확신이다. 인식 주체는 바로 앞의 어떤 나무를 감각할 수도 있고, 어떤 건물을 감각할 수도 있다. 하지만 감각적 확신의 내용은 수시로 변한다. 나무를 보고 있던 내가 뒤로 돌아서면 집을 보게 된다. '이것'은 방금 전에는 나무였지만 이제는 집이다. "이것은 나무다"는 바로 거기에서 그때는 참이었지만 여기에서 이제는 거짓이 되었고, 지금 여기에서는 "이것은 집이다"가 참이 되었다. 이 점에서 감각적 확신의 진리는 '일반적인 것'이다. 시간과 공간에 따라 바뀌는 감각적 확신들은 결국 '이것'이라는 일반성을 그 진리로 삼고 있기 때문이다. 헤겔에게서 일반적인 것/보편적인 것은 단지 외연적인 의미('개'는 바둑이, 멍멍이, 해피, ……에 대해 일반성이고, 개, 고양이, 소, ……의 일반성은 '포유류'이다.)만을 띠지 않는다. 그것은 사유를 움직이게 만드는, 개념의 자기전개를 가능케 하는 원리이다. 인식 주체는 일반성을 통해서, 그 변증법적 과정을

---

102) 헤겔이 감각적 확신의 '이것'과 지각의 '지각물'을 구분한 것은, 정확히 일치하는 것은 아니지만, 흄이 인상과 관념을 구분한 것, 칸트가 잡다와 표상물을 구분한 것에 대응한다. 이것, 인상, 잡다는 인식 주체의 개입이 있기 이전의 원초적 촉발의 단계이다. 이 단계에서 인식 주체에게 연주장은 칸딘스키의 〈즉흥〉처럼 보이고, 무도회장은 이우환의 〈바람으로부터〉처럼 보일 것이다. 실제 인지기능이 파괴된 환자들에게 세계는 이런 식으로 보인다고 한다. 여기에 인식 주체의 틀이 개입했을 때 관념, 표상물, 지각물('사물')이 성립한다. 칸트는 이런 성립을 가능하게 하는 '감성의 아프리오리한 형식'을 시간과 공간으로 보았던 것이다.

통해서 사유를 전개하게 된다. 다시 이 일반성은 언어를 통해서 그리고 타자를 통해서 가능케 된다. "개", "포유류"라는 언어의 일반성을 통해 인식 주체는 주관적인/개인적인 감각적 확신을 넘어 나아갈 수 있다. 아울러 나의 '이것'과 너의 '이것', 나의 '지금, 여기'와 그의 '지금, 여기'가 다르다는 사실에 대한 깨달음을 통해 사유는 즉자적 나를 넘어 일반성을 향해 나아갈 수 있다. 즉자-대자-즉자대자의 변증법적 운동이 가능케 되는 것이다.

2. 이런 운동을 통해 이제 인식 주체('정신')는 단순한 감각적 확신에서 '사물'에 대한 '지각'의 수준으로 나아간다. 사물은 불연속적인 성질들의 집합체로서 나타난다. 한 장미꽃의 성질들인 특정한 색, 모양, 냄새 등은 각각 통약 불가능한 것들이다. 하지만 이 모든 성질들은 어디까지나 이 장미꽃에 속하는 것들이다. 그것들은 서로를 부정하면서도 서로 뗄 수 없는 관계를 맺으면서 장미꽃을 장미꽃으로 만들어준다. 플라톤의 경우 각 성질들은 자체의 이데아(붉은색의 이데아 등)에 관여하며, 이 장미꽃은 그것에 관련되는 이데아들의 특정한 'koinōnia'가 이 하나의 질료에 구현된 것이다. 유물론자들에게 이 성질들은 모두 그 물질의 여러 발현태들이며, 이 사실이 그것들의 배타성과 통일성을 설명해준다. 하지만 사물에 관련하여, 헤겔의 사유는 특정 질료와 형상이 결합해서, 오로지 그렇게 결합해서 갖가지 규정성들이 성립하는 아리스토텔레스의 구도를 따른다. 성질들은 서로 통약 불가능하고 서로의 '결여'들이지만, 그 각각이 각각에 대해서 "그 또한" 그 장미꽃에 속하며, 이렇게 각 성질들은 "감각적 일반성, 즉 〔그것들의〕 존재와 〔그것들 사이의〕 부정의 무매개적인 통일성"(PG, 73)을 통해서 성립한다고 할 수 있다. 이 인식 수준, 즉 사물에 대한 지각의 수준을 통해 인식 주체는 이제 '경험'의 차원으로 들어서게 되지만, 아직 이 단계의 경험만으로는 주관적인/상대적인 인식, 가변적인 인식에 머물 수밖에 없다. 학문적 수준으로 나아가려면, 한편으로 사물들에 대한 단편적인 경험이 아니라 그것들의 전체적인 관계-망을 인식해야 하고 다른 한편으로 현상으로 나타난 사물들의 근저에서 그것들의 보다 심층적인 본질(들)을 읽어내야 한다. 헤겔

은 이런 수준의 인식을 '오성'의 인식으로 보았으며, 이 단계에서 파악하게 되는 사물들의 심층/본질을 '힘(Kraft)'으로 보았다.

3. 오성의 수준에서 세계를 파악했을 때, 세계는 무수한 힘들(중력, 전기력, 자기력, 화학적 친화력, 유기체의 응집력, ……)의 장이다. 헤겔은 힘을, 인력과 척력의 운동을 통해 파악한 칸트와 달리 접힘과 펼쳐짐의 운동을 통해 파악했다. 힘은 현상으로 발현되기도 하고 사물 내부에 온축되기도 한다.[103] 헤겔은 이 힘을 '생명', '영혼', '혈기'라 부르기도 한다. 그리고 힘은 "물질 전개(펼쳐짐)의 매체"이고, 이 전개에 통일된 질서를 부여한다.(PG, 85) 이렇게 드러나는 질서를 파악할 때 '법칙'(자연법칙 등)이 성립한다. 이 질서는 '이것'이나 '사물'과는 존재론적 위상을 달리하는 차원이며, 비감각적 차원이기에 맹인과 맹인 아닌 사람의 차이가 없어지는 세계이다. 하지만 헤겔은 이 세계는 초현실적 세계가 아니며, 어디까지나 현상과 연속적인 세계라는 점을 강조한다. 이는 곧 본질과 현상을 연속적인 것으로 파악한 것이다.[104] 이것은 달리 말해 법칙들은 어디까지나 현상의 질서일 뿐이라는 아리스토텔레스적 관점이기도 하다. 따라서 법칙은 초-현실적 차원을 밝히는 것이

---

103) 이것은 라이프니츠의 본래적 힘과 파생적 힘의 구별(3장, 1절)을 이어받은 것이다. 헤겔은 또한 능동적 힘과 수동적 힘을 구별함으로써, 라이프니츠의 4원 구도를 그대로 이어받고 있다.(PG, 86) 헤겔은 힘이 이렇게 이중화(Verdoppelung in zwey Kräfte)의 방식으로 작동함을 그리고 그 근원적 통일성을 동시에 강조한다.

104) 헤겔이 '이성'장의 '탐구하는 이성'(과학)에 대한 논의를 시종일관 "내면은 외면으로 표현된다"라는 원리에 입각해 전개하는 것도 이 때문이며, 이 점은 『철학 요강: 논리학』, 「본질론」의 '현상' 대목에서도 강조되고 있다.(E, §131) "현상은 본질에 존재하지 않는 그 어떤 것도 나타내지 않으며, 본질에는 현상으로 나타나지 않는 그 어떤 것도 존재하지 않는다."(§139) 또, 『논리의 학: 본질론』의 '자기-내-반성으로서의 본질'에서의 가상(Schein)에 대한 논의에서도 유사한 논점을 찾을 수 있다. 본질은 가상들 저편에 존재하는 동일자가 아니라 가상들의 펼쳐짐 이외의 것이 아니다. 헤겔에게서는 가상들의 기체(hypokeimenon)가 따로 존재하지 않는 것이다. 관련하여, 헤겔의 'Wirklichkeit' 역시 이미 현실화되어 나타난 차원이 아니라 본질과 현상을 잇는 현실화의 과정을 뜻한다. 이 점은 이 대목이 왜 관계론(실체성-관계, 인과성-관계, 상호성-관계)으로 되어 있는가를 이해할 수 있게 해준다.

아니라 어디까지나 현상의 생성에서 드러나는 본질의 차원을 밝히는 것이다. 그러나 현상의 생성은 거의 무한하며, 때문에 다양한 특수 법칙들이 성립하게 된다. 그래서 과학자들은 보다 추상도가 높은 법칙들을 추구한다. 그러나 일반성이 높은 법칙들은 보다 구체적인 법칙들과 매끈하게 연결되지 못하며, 때문에 과학적 탐구는 구체적인 경험적 법칙들과 (이상으로서만 존재하는) 세계의 가장 일반적인 법칙 사이에서 움직이게 된다.[105]

II. 이제 의식은 감각, 지각, 오성의 단계를 거치면서 대상들을 인식하는 과정에서 문득 그렇게 인식하고 있는 자기 자신에게로 눈길을 돌리게 된다. 이것은 곧 대상에 대한 '관조'에서 자신의 삶(생명, 행위)에 대한 '자각'으로의 전회를 뜻한다. 대상에 대한 앎을 추구하면서 자신을 잊어버렸던 정신은 스스로에게로 눈길을 돌림으로써 자신의 삶을 자각하게 되는 것이다.

1. 헤겔은 생(生)에 대한 최초의 자기의식이 '욕구'와 더불어 생성한다고 본다. 자기의식의 최초의 형태는 자기가 하나의 생명체라는 것에 대한 자각이다. 생명체는 사물을 인식의 대상으로서 관조하는 것이 아니라 자신의 생존의 대상으로서 '욕구'한다. 생명체로서의 주체에게 바나나, 돼지는 식물학, 동물학의 대상이 아니라 먹거리일 뿐이다. 자신의 생존을 위해서 부정/파괴해서 자신의 배 속에 집어넣어야 하는 대상인 것이다. 주체는 자신이 생존투쟁의 광대한 장에 떨어져 있는 것을 자각하게 되고, 생존투쟁과 욕구를 통해서 자연에 있어 다른 동물들과는 구분되는 자신의 위치를 깨닫게 된다. 자기의식적 주체는 방대한 환경 속에서 숱한 관계들을 통해 이산

---

105) 여기에서 '가장 일반적인 법칙'은 물리학의 법칙을 뜻하는 것이 아니다. 그것은 다양한 자연과학은 물론 사회과학, 인간과학의 모든 과학적 법칙들을 합친, 사실상 상상이 되지 않는 어떤 궁극의 법칙을 뜻한다. 현대의 어떤 물리학자들이나 어떤 철학자들(물리주의자들)은 물리학에서의 어떤 근본적인 법칙이 발견되면, 나머지 모두가 그것으로 설명된다고 주장한다. 하지만 물리학은 어떤 특정한 개념들, 수학들, 실험들을 전제로 해서 성립하는 '개별 과학'이며, 거기에서 어떤 일반성 높은 법칙이 발견되면 다른 모든 것들이 그것으로써 설명된다고 보는 것은 (단순한 외연적 사고에 입각한) 심각한 착각이다.

(離散), 분열을 겪지만, 동시에 생명체로서 자기를 보존하기 위해 그 차이생
성을 소화해서 자신의 동일성 — 추상적 동일성이 아니라 생성해가는 동
일성 — 을 되찾아야 한다. 이런 '동일성과 차이의 동일성'을 통해 주체는
한 생명체로서 타자들과 관계하면서 생성한다. 주체의 이런 원심적 경향과
구심적 경향의 변증법적 과정은 대상을 재창출하고 또 욕구 자체도 재창출
하는, 주체와 세계의 나선형적인 생성을 이룬다.

　중요한 것은 주체의 이런 생성이 가능하려면, 그 주체는 단순한 개인이
아니라 유적 존재(Gattungswesen)여야 한다는 점이다. 하지만 헤겔은 이 차
원을 칸트의 '의식 일반' 같은 추상적이고 집합적인 주체로서 다루지 않는
다. 헤겔은 인간 유를 단지 등질적인 집합체로서가 아니라 개인과 개인의
복잡다단한 관계가 매개된 존재로서 다룬다. 이미 피히테가 이러한 통찰을
제시한 바 있지만, 헤겔은 '타인'의 문제를 본격적인 철학의 수준에서 다룬
최초의 사상가이다. 이것은 곧 자기의식과 자기의식의 부딪침의 문제이다.
인간의 자아는 그 자체로써 정립되는 것이 아니다. 주체는 즉자와 대자의
관계만이 아니라 대자와 대자의 관계를 통해서 비로소 온전히 정립된다.
즉자적 주체는 다른 대자(타인)에 의해서 부정되며, 이런 부정을 다시 부
정하면서 스스로에로 복귀함으로써 비로소 대자적 존재로서 정립된다. 내
가 생각하는 나는 타인과의 관계를 통해서 파괴되며, 그런 파괴와 복구의
과정을 통해서 비로소 단지 내가 생각하는 나만은 아닌 나가 정립되는 것
이다. 이것은 앞에서 언급한 인식론적 구도의 인성론적 버전이라고 하겠
다. 이런 과정을 통해서 주체가 사물(넓은 의미)을 대할 때의 '욕구'가 아니
라 주체가 다른 주체를 대할 때의 '욕망'이 성립한다. 주체/정신은 조금씩
"'나'가 '우리'이고 '우리'가 '나'라는" 경험을 쌓아가게 된다.(PG, 108)

　하지만 이것이 그저 단순히 개인과 인류의 화해를 설파한 것은 아니다.
오히려 최초의 자기의식의 정립은 지배와 예속의 변증법에서 시작된다.
'나'라는 것이 이중화와 복귀의 과정을 통해서만 진정으로 성립하는 존재
라 할 때, 그 과정은 곧 '인정'의 과정이다. 주체와 주체는 서로 인정을 요

구하며, 그러한 '인정 투쟁'을 통해서 '나'들의 상호관계는 비로소 가능해진다. 하지만 이런 성공적인 상호 인정에 다다르지 못할 때 주체와 주체는 '생사를 건 투쟁'에 들어선다. 아니, 헤겔은 인류사의 최초 상태를 이런 생사를 건 투쟁을 통한 지배와 예속의 관계가 생성한 장면에서 찾는다.[106] 각자 순수한 대자존재이기를 고집하는 두 주체 사이에서 생사를 건 투쟁이 벌어지며, 그 결과 승자와 패자가 갈린다. 하지만 승자는 패자를 죽일 수 없는데, 그럴 경우 자신을 인정해줄 존재를 잃게 되기 때문이다. 인간이란 돌멩이, 장미, 사슴에 의해 인정받을 수가 없다. 인간은 오로지 다른 인간에 의해서만 인정받을 수 있다. 때문에 승자는 패자를 죽이기보다는 자신을 인정하면서 자신에게 종사하는 존재로 만든다. 이로써 주인과 노예가 성립한다. 주인과 노예가 갈리고 인정받기만 하는 자와 인정하기만 하는 자가 갈리는 것이다. 주인은 자유/지배를 얻고 노예는 부자유/예속에 떨어진다. 이제 주인은 사물들에 직접 관여할 필요가 없으며, 사물과 자신 사이에 노예를 매개시킨다. 노예는 사물을 직접 다루면서 주인에게 봉사한다. 주인은 사물에의 예속에서 해방되어 인간적 자유를 누리지만, 노예는 노동해야 하며 사물에 예속된다.

하지만 시간이 흐르면서 이런 관계는 역전된다. 주인은 노예를 통해서만 사물들과 관여하기에 점차 노예에 종속되어가며, 더 이상 생사를 건 투쟁에서 승리했을 때의 정기를 유지하지 못하고 향락에 빠진다. 반면 노예는 사물들을 직접 가공하면서 점차 자기의식을 가다듬어가게 되며, 그 과정에서 기술을 익히고 생각을 가다듬게 된다.

이렇게 되면 이제 노예의 의식이 자립적 의식의 진리가 된다. 하지만 이 노예적 의

---

106) "인간이란 최초의 투쟁과 더불어 탄생했으며, 역사는 주인과 노예의 출현으로 종결되고야 마는 최초의 투쟁으로 시작된다고 말할 수 있을 것이다. (…) 역사란 전투적 주인과 노동하는 노예 사이의 상호 작용의 역사이다."(알렉상드르 코제브, 설헌영 옮김, 『역사와 현실변증법』, 한벗, 1981, 81쪽)

식은 우선은 자기의식의 진리로서가 아니라 소외된(außer sich) 의식으로서[아직 자각하지 못한 의식으로서] 나타난다. 하지만 지배의 본질이 그것이 지향했던 바와 는 반대로 전도되었듯이 예속의 본질 또한 그 전개 과정에서 오히려 그것의 직접적 현존과는 반대의 방향으로 나아가며, 하여 후자는 자체-내-온축된 의식 자체가 됨 으로써[자각하고 저력을 쌓음으로써] 스스로를 참된 자립성으로 전도시키는 것이 다.(PG, 114)

이렇게 노예가 자각하게 되는 것은 '노동'을 통해서이다. 노예는 주인에 게서 오는 죽음에의 공포에 전전긍긍하면서 그에게 봉사하는 비루한 생존 을 이어가지만, 노동을 통해서 사물을 터득하게 되고 현실을 개척해가는 힘을 기르게 된다. 그리고 이 힘을 통해서, 이전에 자신이 지금의 주인과의 투쟁에서 패함으로써 잃어버렸던 것 즉 '자유'를 찾아 일어서게 된다. 이렇 게 헤겔은 자기의식과 자기의식이 부딪쳐 생성하는 변증법적 드라마를 그 려주고 있다. 헤겔의 이 논의는 인간의 역사란 곧 자유 쟁취의 역사라고 본 그의 역사철학과 결부되어 있다. 인간의 역사는 곧 자기의식적 존재자들(주 체들)의 역사이며, 이 역사를 지배하는 존재론은 곧 '주인과 노예의 변증법' 인 것이다.[107]

노예가 공포와 봉사라는 자신의 현실과 자유에의 희구라는 자신의 이상 사이에 존재하는 간극을 메우기 위해서 고안해내는 것이 곧 '사상'이다. 이 단계에서 노예의 자기의식은 직접적인 행동의 차원에 머무르지 않고 개념 적 사유의 수준으로 고양된다. 즉, 인간은 개념적 사유를 통해 생명의 차원

---

107) 헤겔에게서 주인과 노예의 관계는 개인과 개인의 관계에서도 성립하고 또 집단과 집 단의 관계에서도 성립하지만(예컨대『헤이카 모노가타리』에서 볼 수 있는 다이라노 기요모리와 미나모토노 요리토모의 관계), 그가 주로 염두에 두고 있는 것은 지배계층 과 피지배계층의 관계이다. 따라서 '주인'과 '노예'라는 말은 넓은 의미에서 이해되어 야 한다. 춘추전국시대에 귀족 계층과 사(士) 계층 사이에서 벌어진 일은 지금의 논지 를 잘 보여주는 예이다.

(동물의 차원)을 넘어 본격적인 인간의 차원에 들어서게 되는 것이다. 노예라는 현실에서 자유라는 이상을 꿈꾼 사상들로서 헤겔은 스토아주의, 회의주의, 기독교사상을 들고 있다. 이 사상들은 모두 로마 시대에 등장했던 사상들로서, 헤겔은 로마라는 주인(특히 황제라는 주인) 아래에서 자유를 꿈꾼 사상들에 주목한다.

2. 헤겔은 스토아철학을 현실 자체(생명의 차원)를 개혁하려는 의지와 행위 없이 오로지 사상의 세계 자체를 고양시키는 것으로 만족하는 사조, 삶의 저급한 것들에 얽매이지 않으면서 사유의 자유만을 추구하는 사조로 특징짓는다. 그렇기 때문에 이들이 제시하는 개념들에는 구체적인 내용이 없고, 이들이 추구한 자유는 그저 추상적인 자유일 뿐이라는 것이다. 이것은 스토아철학이 로마적 질서를 부정하지 않았다는 점을 지적하는 것으로 보인다. 헤겔이 스토아적 사유의 한계를 넘어선 경우로 들고 있는 것은 회의주의이다. 그가 이렇게 보는 이유는 회의주의가 스토아학파처럼 기성세계의 부정을 사유로써만 행하는 데 그치지 않고, 직접 기성세계를 부정하는 행위로 나선 것으로 보기 때문이다. 헤겔의 지적에서 특히 의미심장한 대목은 회의주의가 "주인의 요구로써 제시되는 도덕법칙"(로마법)과 "학문인 척하는 추상적인 사유"(스토아철학)에 반기를 듦으로써 기성세계를 부정했다는 지적이다.[108] 하지만 헤겔은 이 과정에서 회의주의가 보편적인 부정(회의주의의 원칙적 입장)과 구체적인 상황들에서의 제약들이라는 이율배반에 빠졌음을 지적한다. 이것은 곧 로마적 기성세계에 대한 부정에 있어 원

---

108) 그러나 이 논지는 철학사적 사실에 그다지 부합하지 않는 듯하다. 회의주의자들은 어디까지나 '안심(安心)'을 추구했고, 또 회의의 과정에서 (헤겔도 지적하고 있는 바의) 한계에 빠져 온건한 회의주의(사실상 조심스러운 경험주의)로 방향을 선회했을 뿐이다. 다만 원로원에서 카르네아데스가 했던 연설 정도가 로마적 가치에의 저항으로 해석될 여지를 보여준다(1권, 8장). 철학적 기반은 달랐지만, (헤겔이 누락한) 에피쿠로스학파, 신플라톤주의도 역시 안심을 추구했다. 오히려, 비록 로마의 테두리를 벗어나지는 못했지만, 현실과 맞붙어 싸움으로써 로마를 그나마 (좋은 뉘앙스에서) 로마답게 만들려 애썼던 사람들은 거의 스토아철학자들이었다.

리적인 이상과 구체적인 현실 사이의 괴리가 존재했다는 점을 뜻한다. 스토아학파든 회의주의학파든 모두 이런 괴리를 안고 있으며, 사실 이런 괴리는 양 학파만이 아니라 자기의식이라는 이 존재 자체가 안고 있는 괴리라고 해야 할 것이다.[109] 헤겔은 이런 해소되지 않는 괴리를 안고 살아가는 의식을 '불행한 의식'이라고 부른다.

초연한 자유와 얽매인 현실 — 불변자와 가변자, 보편자와 개별자 — 사이에서 괴리를 느끼는 불행한 의식의 개념은 이후 헤겔의 논의 전반을 관류하는 주제이며, 자기의식 → 이성 → 정신의 과정은 바로 이 불행한 의식이 극복되어가는 과정, 절대정신이 그 진면목을 점차 드러내는 과정에 다름 아니다.[110] 헤겔은 이 과정을 세 단계로 파악한다. 이 세 단계는 사실상 유대교에서 기독교로 그리고 근대 시민사회로 이행해간 (서구적 정체성을 전제하는) 역사철학에 다름 아니다. 이렇게 논리적 순서를 역사적 순서에 일치시켜서 논하는 그의 사유, 결국 실제 역사를 '절대정신의 자기전개'로 보는 그의 구도는 그를 둘러싼 비판적 논의들의 진원지가 된다.

첫 번째 단계에서 불변자와 가변자는 불연속을 이루며, 불변자는 가변자 위에 군림한다. 가변자/개별자는 불변자를 숭앙하며 또 두려워한다.[111] 헤

---

109) 하지만 스토아학파에서의 괴리와 회의주의에서의 괴리는 성격이 상반된다고 보아야 한다. 스토아학파에서의 괴리는 세계의 필연적 섭리를 현실이 쫓아가지 못한다는 점에서의 괴리이지만, 회의주의에서의 괴리는 현실이 전반적으로 부정된 상태에서 다시 현실에 발을 디디지 않을 수가 없다는 점에서의 괴리이기 때문이다. 따라서 헤겔이 놓치고 있는 점은 스토아학파와 회의주의에서 '불변자'와 '가변자'가 거꾸로 되어 있다는 점이다.

110) 이 구도를 장자를 논하면서 제시했던 '존재론적 달걀'(2권, 5장)과 비교해볼 수 있다. 인간은 자기의식 단계에서 비로소 스스로를 큰 원에서 불거져 나온 작은 원으로 자각한다. 그리고 두 원 사이의 괴리를 깨달으면서 불행한 의식에 빠진다. 하지만 인간은 가변자/개별자의 한계를 극복하고 불변자/보편자와 화해함으로써 다시금 달걀 전체, 즉 '정신'과 화해하게 되는 것이다. 장자와 구분되는 헤겔의 특징은 이 과정을 인류 역사의 과정과 일치시켜 논한다는 점에 있다.

111) 정치적인 면에서도 헤겔은 "유대인들의 경우, 이들은 모든 것을 재산으로서가 아니라 빌린 것으로서만 점유했기에(「레위기」, XXV, §33) 아무런 자유와 권리를 갖지 않았

겔은 기독교의 의미를 유대교의 이런 대립구조를 넘어 불변자가 가변자로 현현함으로써 양자 사이의 단순 대립을 극복한 점에서 찾는다. 불변자가 가변자의 차원으로 내려옴으로써(예수의 육화), 이제 불변자는 가변자 내에서 만날 수 있는 존재가 되고 가변자는 자신의 안에서 불변자를 발견할 수 있는 것이다. 이런 도약은 세 단계로 이루어지는데, 즉 가변자가 자신의 안에서 개체화된 불변인 신/예수를 발견하기는 하지만 그와 자신의 관계를 파악하지 못하고 오로지 심정적인 숭앙의 대상으로만 대하는 천진난만한 의식의 단계, 자기와 불변자의 내재적 관계를 깨닫고 있으면서도 현실/생명의 장(욕망, 노동, 향유)에서의 자기감정을 벗어나지 못하고 심지어는 불변자에 대한 신앙까지도 자기감정으로 물들이는 현실적인 의식의 단계, 마지막으로 자신 안에서 불변자를 발견할 뿐만 아니라 자기 자신이 바로 그 불변자의 한 국면 — 그러나 불변자 전체를 자체 내에 응축하고 있는 국면 — 임을 깨닫고 불변자('정신')의 차원으로 스스로를 넓혀나가 그에 일치해가는 즉 "신성한 전체의 일원"이 되는 단계이다.[112]

하지만 단순한 신앙심이나 신앙과 현실 사이에서 방황하는 단계를 넘어 세 번째 단계로 나아간다 해도, 가변자가 제3자(교회)를 매개해서만 불변자와 관계 맺는다면, 이는 진정으로 '정신' = 절대자와 합일해가는 것이 아니

고, 그들은 국민으로서는 모두 아무것도 아니었"음을 지적한다. "그리스인들은 모두 자유롭고 자립적이었기 때문에 평등해야 했다. 유대인들은 모두 자립능력이 없었기 때문에 평등해야 했다."(『기독교의 정신과 그 운명』, 조홍길 옮김, 철학과현실사, 2013, 41쪽) 헤겔은 유대인들을 포함해 "동양" 전체를 이런 시각에서 보았고, 이런 시각은 이후 비판/비난의 대상이 된다. 『정신현상학』에서는 그리스인들에 대한 평가가 다소 하향 조정된다.

112) 헤겔은 신이 인간세계로 내려와 신성과 인간성이 합일하는 경지를 보여주었다는 점에서 기독교사상의 의의를 찾는다.(PG, 404~405) 이에 비하면 예수라는 개인의 존재에는 큰 의미를 두지 않는다. 예수이든 누구든 그것은 중요한 문제가 아닌 것이다. 반(反)계몽의 흐름에 합류하는 헤겔의 이런 해석은 그것과 반대로 기독교의 초월적-신학적 잔재는 물리치면서 인간 예수의 역사적 의의를 부각하는 독해와 대조적이라고 할 수 있다. 물론 오늘날 우리에게 요청되는 것은 후자의 독해이다.

다. 선험적 주체로서 절대자에 합일해가는 단계가 되어야만 비로소 중세 기독교 사회를 넘어 근대로, 특히 독일 이념론의 단계로 진입하게 되는 것이다. 헤겔은 이 단계를 '이성'장과 '정신'장에서 서술한다. '의식'장이 인식에 초점을 맞춘 논의이고 '자기의식'장이 삶 전체에 초점을 맞춘 논의였듯이, '이성'장과 '정신'장도 같은 관계에 놓인다. 헤겔은 앎의 차원과 삶의 차원을 교차배어법으로 논하고 있는 것이다.

III. 이성은 '의식'과 '자기의식'을, 대상의식과 자기의식을 통합한 수준에서 세계를 인식해나가는 정신이다. 이성은 자신이 대상들에서 발견하는 법칙들이 사실상 이성 자신이라는 것, 세계란 이념들/개념들의 총체라는 것을 깨닫는다. 이것이 곧 '이념론'의 입장이다.

이제야 묘[예수의 묘]는 자신의 진리를 상실하고 또 현실성[113]을 말살하려는 시도[내세를 꿈꾸기] 자체가 말살됨으로써 의식의 개별성[가변자]이 절대자[불변자]

---

113) 앞에서도 언급했듯이, 헤겔에게서 현실적인 것/현실성은 현실로서 나타나 있는 세계가 아니라(이것은 맥락에 따라서 '현상', '가상', '현존재', '실존' 등으로 개념화된다.) 현실-화(化)의 운동을 가리킨다. 따라서 앞에서 논했던 테제도, 나타나 있는 세계 그대로가 이성적이라는(목적론적 맥락에서 이유를 가진다) 뜻이 아니라, 세계가 생성해 가는 과정 전체가 이성적임을 그리고 이성적인 것(목적론적 이유가 있는 것)은 현실로 생성해 온다는 것을 뜻한다. 따라서 이 테제를 풀어서 번역하면, "이유가 있는 것이라면 반드시 현실화되고, 현실로서 생성하고 있는 일들에는 반드시 어떤 [목적론적] 이유가 있는 법이다"로 할 수 있다. 후절도 의미심장하지만, 전절은 더욱 의미심장하다. 세계에 내재해 있는 이유(/이념/목적)는 이유 자체로서만 잠재하는 것이 아니라 어떤 시점에서는 반드시 현실화된다는 것이다. 그렇지 않다면 '정신'의 자기전개는 끊어져버리게 될 것이다.

헤겔에게서 이 목적론적 이유란 기독교적 맥락에서 신의 '말씀(로고스)'이다. "이념적인 것은 현실적"이라는 명제는 곧 신의 말씀이 말씀 자체로서만 존재하는 것이 아니라 천지창조를 통해서 현실화되었음을 뜻한다. 계몽시대 유물론자들에 의해 '물질'이 신을 대체했지만, 이제 새삼스럽게 다시 신이 복권되고 있다. 서양 철학사에서는 이렇게 '물질'과 '신'의 대결과 길항이 이어져왔다. 오늘날 (특히 미국에서) 한편으로 도킨스 등의 DNA주의나 진화론주의로 대변되는 유물론과 다른 한편으로 여전히 존속하는 유대-기독교 근본주의 사이의 대립을 생각해보자.

임이 밝혀진 이상, 이제 자기의식은 처음으로 세계를 그 자신의 새롭게 현실성을 띠게 된 세계로서 발견하기에 이른다.[114] (…) 이성이란 자신이 곧 실재 전체임을 확신하는 의식이며, 이것이 바로 이념론이 자신의 개념(자신이 무엇인가)을 표현하는 방식이다.(PG, 132~133)

하지만 이 원리가 칸트의 구성주의에서처럼 불완전하게 표명되어서도 안 되고, 피히테의 주관적 이념론이나 셸링의 동일철학에서처럼 단적이고 직관적으로만 표명되어서도 안 된다는 것이 헤겔의 입장이다. 칸트는 세계의 법칙성이 사실은 인간의 범주들에서 유래하는 것에 다름 아님을 밝혔으나, 물 자체와 선험적 주체를 맞세움으로써 주객 이원성을 극복하지 못했다. 헤겔은 범주들을 존재론화해 세계 자체의 이념들로서 파악하고자 한다. 피히테와 셸링은 이념론의 원리를 공고히 했지만, 부정의 운동을 매개하지 못함으로써 사유를 직관의 수준에 머물게 했다.[115] 헤겔이 감각적 확신에서 지각, 오성의 단계, 그리고 다시 (역사철학적 맥락 ─ 세계정신(Weltgeist)의 자기전개 ─ 을 함축하고서) 자기의식의 여러 단계를 논의한 이후에야 비로소 이 원리를 천명하는 것은 바로 진리란 개념적 부정/매개의 지난한 과정을 통해서만 드러난다는 그 자신의 원리에 충실하고자 했기 때문이다.

이성에 의한 이념들의 파악은 ① 객관세계를 탐구하는 이성, ② 자신을 강변하는 이성, ③ 자신을 구현하는 이성의 단계로 진행된다.

1. 자연을 탐구하는 이성은 감각, 지각, 오성의 단계를 넘어 합리적인 과

---

114) 이것은 역사적으로 볼 때 중세 기독교 세계를 끝내고 근대적인 세계("새롭게 현실성을 띠게 된 세계")로 진입하게 되었음을 뜻한다. 독일어에서 근대를 'Neuzeit'라고 하는 것에 조응한다. 넓게는 1500년 이후, 좁게는 1880년 이후를 가리킨다.

115) 하지만 칸트의 눈길에서 본다면, 헤겔의 이런 시도는 단지 규제적일 뿐인 이념들을 실체화하는 것으로 보일 것이다. "칸트냐 헤겔이냐?"의 물음은 지금도 여전히 살아 있는 물음이다. 또, 피히테와 셸링 두 사람의 토대 위에서 헤겔의 사유가 선다는 점이 소홀히 되어서는 안 될 것이다. 게다가 뒤에서 논하겠지만, 셸링은 동일철학 이후 헤겔과는 다른 길을 걸어간다.

학의 수준에 도달한 이성이다. 이는 ① 자연의 이념들을 탐구하는 과학들(물리과학과 생명과학), ② 정신(좁은 의미)의 이념들을 탐구하는 과학들(논리학과 심리학), ③ 자연과 정신의 관계에 관련된 이념들을 탐구하는 과학들(관상학과 골상학)로 삼분된다. 근대적 이성의 경지를 논하면서, 묘하게도 헤겔은 흔히 근대 과학의 성취로 일컬어지는 수학적 과학(그 궁극의 지향은 앞에서 인용한 셸링의 글에 잘 나타나 있다.)이 아니라 대체로 앞에서 우리가 '질의 과학'이라고 불렀던 것들에 초점을 맞추고 있다.[116] 과학을 수학, 천문학, 물리학, 화학, 생물학, 사회학의 위계로 파악한 콩트적 관점[117]과는 달리, 헤겔에게서는 인간의 과학, 동물의 과학, 식물의 과학, 무기물의 과학이라는 위계가 성립한다. 즉, 무기물에 무엇인가가 덧붙여져 유기물이 되고 이런 과정의 끝에서 인간이 성립하는 것이 아니라, 인간에게서 무엇인가를 덜어낼 때 동물이 성립하고 이런 과정의 끝에서 무기물이 성립하는 것이다. 이런 구도는 근대 과학에 대한 일반적인 관점과 대조적이다. 이것은 물론 수학적 학문이 사물의 본질을 파악하는 학문이 아니라 그것을 양적 차원으로 추상해 파악하는 학문이라는 그의 아리스토텔레스주의에 입각한 것이다.[118] 따라서 헤겔에게서는 유기체가 무기체보다 더 '법칙적'인데, 왜냐하면 그에게 법칙은 곧 질적 법칙이기 때문이다. 무기물은 질들이 엉켜 있어 오히려 질적 규정성들과 그것들 사이의 유기적 법칙들이 빈약하게만 성립한다고 해야 할 것이다. 헤겔의 이런 관점은 근대 과학 전반의 흐름에

---

116) 헤겔에게서 '탐구(Beobachtung)'는 오늘날의 과학적 연구('리서치')의 뉘앙스를 띤다. 하지만 헤겔은 이 말을 '관찰'이라는 뜻으로도 쓰고 있다. 이 용어의 이런 이중성은 바로 이 대목에서의 헤겔의 논의가 띠고 있는 성격과도 관련됨을 알 수 있다. 헤겔의 질의 과학은 처음부터 끝까지 (앞에서도 지적했던) "내면은 외면으로 표현된다"라는 원리에 입각해 진행된다.

117) Auguste Comte, *Philosophie des sciences*, PUF, 1974.

118) 하지만 헤겔이 수학적 학문을 단지 홀대하기만 한 것은 아니다. 『철학 요강』의 2권('자연철학')에서 과학들에 관련한 가치론적 위계는 여전히 유지되지만, 물리과학이 차지하는 기초적인 위상에 보다 큰 의미가 부여된다. 그리고 헤겔 자신 『행성궤도론』(박병기 옮김, 책세상, 2003)를 써서 물리과학에 공헌하기도 했다.

역행하는 것이었지만, 바로 그렇기 때문에 오늘날의 맥락에서 흥미로운 시사점들을 품고 있기도 하다.

2. 타인/세상을 알아가는 이성은 자연을 인식하려는 이성이 아니라 타인, 사회, 세상을 인식하려는 이성이다. 이 이성은 '불행한 의식'을 넘어 절대자에 합일해가는 선험적 주체의 최초의 국면 또는 그 전단계라고 할 수 있다. 이 최초의 국면에서 이성적 자기의식은 이러한 합일이 자기 개인으로써는 불가능하며 오로지 타인들과의 관계를 통해서만, 사회적 차원에서만 가능하다는 것을 아프게 깨닫게 된다. 이것은 개인의지는 일반의지에 스스로를 합치시킴으로써만 오히려 개인의지로서 자체의 의미를 가지게 된다는 루소의 가르침을 잇는 것이기도 하다.

개인이 타인과 맺는 가장 무매개적인 관계는 '쾌락'의 관계이다. 이때 자기실현적 이성은 타자와 관계를 맺지만 그것은 즉물적인 관계에 그치며, 개인은 타자를 자신의 쾌락을 위한 대상으로 생각한다. 이런 쾌락은 밑 빠진 독처럼 정기(精氣)를 소진시키고, 개인을 무기력한 반복 상태에 빠트린다. 개인은 이런 과정을 자신을 덮쳐오는 세상의 거대한 '필연성'으로서 (그 자신의 입장에서는 '운명'으로서) 받아들이면서 기진맥진한다. 한 단계 더 나아간 개인은 자신의 쾌락을 즉물적으로 쫓아 다니기보다 자신의 (라캉적 뉘앙스에서의) '욕망'(자신의 "심정의 법칙")을 세상에 구현하는 것에서 쾌락을 찾는다. 따라서 이 개인에게는 타자(세상)가 자신의 욕망이 구현될 수 있는 터로 인식된다. 하지만 불변자와 개별자가 합치하는 경지를 찾지 못한 이 개인은 객관성과 보편성에 개의치 않고 자신의 욕망을 세상의 욕망과 동일시하기 때문에, 결국 세상과 자신 사이의 괴리의 늪에 빠져버린다. 세상에 자신의 욕망을 심으려던 이 개인은 오히려 세상으로부터 소외되어버리고, 결국 자신의 욕망을 혐오하게 되는 지경에 다다라 '착란'에 빠지게 된다.[119] 그런데 모든 개인이 이렇게 자신의 욕망을 세상에 구현한답

---

119) 그런데 이런 개인이 강력한 권력을 가질 경우, 이들은 그 권력에 기대어 자신의 욕망을

시고 설칠 때, 만인에 대한 만인의 투쟁이 벌어지며, 질시와 반목으로 일그러진 세상이 시끄럽게 굴러간다. 헤겔은 세상의 이런 모습을 '세상의 와류 (Weltlauf)'라고 부른다. 세 번째 단계의 개인은 이 세상의 와류를 부정하는 개인이거니와, 이 개인은 자신의 욕구, 욕망을 넘어 참된 세상을 꿈꾼다. 하지만 이 개인은 이번에는 오히려 개별자의 차원을 부정하고 보편자 — 하지만 사실은 자신의 신념일 뿐인 주관적 보편자 — 의 차원에서 세상을 인식하는 개인이다. 그에게 세상은 자신의 신념대로 되어야 할 곳이며, 타자는 그러한 신념에 못 미치는 현실로서 인식된다. 이 "덕의 기사"는 "인류의 지선(至善)과 인간성의 억압에 대한, 선을 위한 희생정신과 재능의 탕진에 대한" 과시적인 언사들을 늘어놓지만, 추상적 보편성으로써 개별자들을 부정코자 하는 이런 덕성은 이미 무수한 욕망들의 평형을 이루고 있는 세상의 흐름을 참지 못하고 개탄에 빠진다.[120]

헤겔은 이렇게 불변자와의 합일을 이루어내지 못하면서 개별자 자신의 욕구, 욕망, 신념에만 충실하고자 하는 개인들은 결국 세계를 자신의 쾌락의 대상으로, 자신의 욕망을 투영하는 장소로, 자신의 신념대로 바꾸어야 할 곳으로서만 인식함을 지적한다. 그 결과 이들은 필연성/운명, 착란/소외, 좌절/개탄에 빠지게 되는 것이다. 이런 한계를 돌파한 경지가 곧 "즉자-대자적으로 실재하는 개별성"의 경지이다. 이 이성이 곧 탐구하는 이성, 자신을 강변하려는 이성에 이어 나타나는, 이성의 마지막 단계인 자기를 구현하는 이성이다.

3. 자기를 구현하는 이성은 그저 무사심하게 세계를 탐구하는 이성과 주

세상에 강요함으로써 세상을 무척이나 힘겹게 만든다. 종교권력을 가진 사제들이나 정치권력을 가진 폭군들이 그 예이다. 이들이 구현한 질서 또한 애초에 개인적 욕망에 얼룩진 것이기에 오래가지 못하고 허무하게 스러져버린다.

120) "〔추상적 보편성의 역설에 그치는〕 덕의 전사는 전투의 와중에서도 자신의 칼에 흠집하나 안 내는 데에 온통 신경을 쓰는 존재이며, 사실 애초에 전투를 시작한 것 자체가자신의 무기를 보호하기 위한 것이었을 뿐인 그런 존재이다."(PG, 211) 이런 덕의 전사의 의식은 뒤에서 논할 '아름다운 영혼'과 유사하다.

관적으로 자신을 강변하려는 이성을 지양한 이성으로서, 자신을 어떤 근거 있는 형태로 구현할 수 있는 이성이다. 탐구하는 이성은 객관세계를 단지 표상하는 이성이며, 자기를 강변하는 이성은 자기 주관(쾌락, 욕망, 신념)을 세상에 강변하려는 이성이었다. 이제 이 자신을 구현하는 이성은 이 양자를 지양한 이성이며, 자신의 재능 발휘를 통해 실제 작품들로 구현해내는 이성이다. 학자와 예술가를 대표로 하는 이 이성은 자신의 이념들이 곧 절대자의 이념들임을 깨달은 이성("스스로를 자각하게 된 범주")이며, 여기에서 존재와 의식 사이, 불변자와 가변자 사이, 보편자와 개별자 사이의, 주어지는 것과 만들어가는 것 사이의 간극이 해소되기 시작한다.[121] 이로써 '불행한 의식'은 '성실한 의식'으로 고양된다. 여기에서 불변자는 가변자의 불변자가 되고(불변자가 자각의 수준에서 인식되는 것은 이성적 가변자에 의해서뿐이므로), 가변자는 불변자의 가변자가 된다(가변자는 불변자에 합일해 들어감으로써만 진리에 다가설 수 있으므로). 우리는 이런 단계에서의 불변자와 가변자의 관계를 '표현'이라고 부를 수 있을 것이다. 불변자는 가변자를 통해서 표현되고, 가변자는 불변자에 합일해 들어감으로써 스스로를 표현한다.

IV. 하지만 의식이 사물을 지각함에 있어 '착각'에 빠질 수 있듯이, 자기를 구현하는 이성은 '기만'에 빠질 수 있다. 자기를 구현하는 이성은 자신의 세계(예컨대 화가의 경우, 그리려는 목적, 그림을 위한 수단, 그 결과물로서의 작품)를 구축하는 점에서는 불변자와 가변자의 훌륭한 합일을 이루지만, 이 수직-축이 아니라 수평-축 즉 다른 자기의식과는 그러한 합일을 이루지 못한다. 학자와 예술가들은 자신의 성취에는 훌륭하지만, 그들 사이에서는 오히려 의식하고 경쟁하고 질시하고 험담하는 기만적 관계를 형성한다. 이들

---

121) "의식은 자신의 창작 행위(That)에서 자신의 개념을 경험한다. (…) [존재와 창작 행위 사이에서의] 이런 통일성이야말로 참된 작품(Werk)이다. 이것이야말로 개별 행위의 우연성이 상황, 수단, 맥락에 따라 발생하는 일반적인 사상(事象)과는 구분되는, 스스로를 관철해나가면서 지속적으로 경험되는 사상 자체(die Sache selbst)인 것이다." (PG, 223)

은 자신의 분야/전공이 타 분야/전공보다 더 훌륭한 것임을 강변하고 각 분야/전공 내에서 다시 자신이 더 훌륭하다고 강변함으로써, 결국 경쟁과 질시의 도가니에 빠진다. 헤겔은 이런 세계를 "정신적인 동물의 왕국"이라고 표현한다. 설사 '나'는 훌륭할지 몰라도 '우리'는 존재하지 않는, 정확히 말해 작은 우리들(우리 출신학교, 우리 분야/전공, 우리 학파 등등)만이 존재하는 이런 단계를 넘어 정신의 보다 진정한 모습이 드러나는 단계는 곧 진정한 '우리'가 성립하는 곳, 그래서 앞에서 언급했던 "내가 곧 우리요, 우리가 곧 나"인 단계이다. 이 단계에서만 비로소 의식 → 자기의식 → 이성을 거쳐 '정신'의 차원에 들어서게 된다. 헤겔에게서 '정신'의 진면목은 개인에게서가 아니라 사회적이고 역사적인 차원에서만 드러난다.

> 실체로서의 그리고 보편적이고 자기동일적이며 불변인 본질로서의 '정신'은 만인의 행동을 가능케 하는 항구적인 근거이자 출발점이며 (모든 자기의식의 사유된 즉자로서) 목적이자 목표이다. 이 실체는 또한 만인의 행위(das Thun Aller und Jeder)를 통해서 만인의 통일성과 평등성으로서 산출된 보편적인 작품이며, 따라서 대자존재이고, 자기(das Selbst)이며, 〔행동이 아닌〕 행위인 것이다. 실체로서의 '정신'은 부동의 정의로운 자기동일성이다. 하지만 대자존재로서의 '정신'은 스스로를 바쳐 헌신하는 자비로운 본질이며, 그 품 안에서 각자는 각자의 것을 얻고 때로는 공동의 것을 무너뜨리면서까지 자신들의 몫을 취하곤 한다. 〔'정신'의〕 이러한 분화와 개별화는 바로 만인의 행위·자기의 계기이지만, 또한 이 계기야말로 실체의 생기이자 영혼이고 실현된 보편적 본질이다.[122] 바로 이런 연유로 실체는

----

122) '정신'이 분화되고 개별화됨으로써 만인의 행위 및 자기의 계기가 마련되지만, 역으로 이런 계기가 없다면 '정신'은 생기, 영혼, 실현이 없는 추상적 보편자일 뿐임을 말한다. 헤겔의 이런 생각은 '도(道)'에 대한 왕필의 사유(2권, 6장)를 연상시킨다. "무릇 사물이 태어나고 일이 이루어지는 것은 반드시 무형·무명으로부터이다. 하여 형태 없고 이름 없는 것이야말로 만물의 근본이다. (…) 하여 만물의 종주(宗主)로서 천지를 포용하니, 그로부터 말미암지 않은 바는 없다. (…) 뜨거우면 차가울 수가 없고, 궁음이면 상음일 수가 없다. 형체에는 구분이 있고, 소리에도 구획이 있기 때문이다. 하여 일정

〔단순히 해체되는 것이 아니라〕 자체-내적으로 분화하는 존재일 수 있으며, 죽어
있는 본질이 아니라 살아서 움직이는 본질일 수 있는 것이다.(PG, 239)

헤겔은 이런 '정신'의 표현 과정을 '인륜성', '교양', '도덕성'의 순서로
논하며,[123] 이 과정을 실제 역사에서 표현되어온 것으로 논한다.

1. 인간은 개인으로서 태어나는 것이 아니라 특정 공동체의 일원으로
서 태어난다. 예컨대 그는 이름을 가지기 전에 이미 성(姓)을 가지고, 신체
를 가지기 전에 이미 그것이 살아가야 할 장소를 가진다. 한 공동체의 관습
(Sitte)이 그에게서 '우리'를 형성하는 일차적인 관건이다. 이 점에서 헤겔은
"'정신'이 직접적인 참된 형태[124]로 나타나는 것이 곧 한 민족의 인륜적인
생활"이라고 말한다. 이런 자연발생적인 '우리'가 가지는 공동체성이 바로
'인륜성(Sittlichkeit)'이다.[125] 헤겔은 이 인륜성이 활짝 피어난, 이상에 가

한 형태로 나타난 것은 큰 형태가 아니요, 일정한 소리로 나타난 것은 큰 소리가 아니
다. 그러나 사상(四象)이 형태를 띠지 않는다면 큰 형태가 드러날 길이 없고, 오음이 소
리를 내지 않으면 큰 소리가 울릴 길이 없다."(『노자지략』)

123) 하지만 헤겔은 『철학 요강』과 『법철학』(임석진 옮김, 한길사, 2008)에서는 인륜성을
도덕성의 뒤에 놓고 있다. 『정신현상학』이 제목 그대로 '정신'의 현상학이고 '정신'은
곧 인간 정신에서 완성되므로, 사회적 관습의 세계인 인륜성보다 고도의 정신세계인
도덕성이 뒤에 놓였지만, '객관정신'을 다룬 『철학 요강』과 『법철학』의 경우 내적 완
성도가 높은 도덕성보다 오히려 객관정신의 세계인 인륜성이 뒤에 놓인다고 할 수 있
다. 또 하나, 그리스의 폴리스들을 대상으로 논한 『정신현상학』이 가족(oikos)과 국가
(polis)라는 2항의 구도를 띠었다면 『철학 요강』과 『법철학』에서는 제3항으로서 시민
사회가 등장한다는 점도 핵심적이다.

124) 여기에서 '참된 형태'라는 표현은, 지금까지 논해온 '정신'은 어디까지나 그것의 한 측
면을 추상해서 논한 것임에 비해(헤겔에게 '추상'이란 전체＝진리의 어떤 부분/측면
을 떼어내서 논하는 것을 뜻한다.), 지금부터 논하는 것은 '정신'의 진짜 모습 즉 역사세
계임을 뜻한다. 헤겔에게 정신은 역사세계에서 비로소 그 참모습을 드러낸다. 헤겔 철
학의 핵은 그의 역사형이상학에 있다.

125) 헤겔은 인륜성을 어디까지나 그리스(와 로마)를 대상으로 다룬다. 그에게 역사의 축은
그리스 → 근대 유럽으로 이어지는 선을 따라 형성된다. 서구 외의 지역들은 그리스의
전사로서 다루어진다. 그리고 자신이 살던 프러시아(넓게는 독일 민족)에서 역사가 완
성되고, 자기 자신에게서 철학이 완성된다고 보았다. 헤겔의 이런 역사관은 많은 비판

까운 공동체를 이룩한 곳을 그리스로 보았다. 젊은 시절 횔덜린, 괴테, 실러 등과 더불어 그리스 예찬자였던 헤겔[126]은 『정신현상학』에 이르러서는 이 공동체에 대해 보다 차분한 분석과 평가를 행한다.

인륜적 세계는 두 축으로 구성된다. 하나의 축은 신들의 법칙과 인간의 법칙 즉 가족과 국가이며, 다른 하나의 축은 여자와 남자이다. 그리고 국가와 남자가 한 초점을 이루고, 가족과 여자가 한 초점을 이룬다. 양자는 각각 인간의 법칙과 신의 법칙의 현실태로서 현현한다. 가족의 삶은 남자와 여자의 결혼, 자식의 출산, 가족생활의 향유, 부모의 죽음 등으로 이루어진다. 한 인간이 한 가족 그리고 보다 넓게는 한 민족의 성원이 된다는 것은 고독한 한 남자/여자의 상태를 넘어 사랑과 우애와 헌신의 차원에서 살아갈 수 있다는 것을 뜻하며, 나아가 그의 죽음이 그저 미생물들의 먹잇감이 되는 한 시신이 되는 데 그치지 않고 한 공동체의 선조/조상이 될 수 있게 해줌을 의미한다. 후자의 측면은 한 공동체의 의미가 삶에 못지않게 아니 그 이상으로 죽음에 있음을 뜻한다. 죽음이란 "개인 스스로가 공동체를 위해 떠맡는 마지막의 그리고 최고의 노동"이며, 시신의 매장은 바로 "완전한 신적인 법칙이자 적극적인 인륜적 행동"으로서 "가족에게 맡겨진 최후의 의무"이다.(PG, 244~245)[127] 헤겔은 사적 영역인 가족이 아니라 공적 영역인 국가에서 인륜성이 보다 온전히 실현된다고 보았지만, 국가를 구성하는 가족들(더 내려가 개별자들로서의 남자와 여자)이 그것을 떠받쳐주지 않는다면 국가는 추상적인 보편자로 그친다고 보았다. 국가의 핵심적인 의무는 그 사

나아가 비난을 샀다.

126) 잘 알려져 있듯이 헤겔 역사형이상학의 기본 테제는 "역사란 인간의 자유를 향한 기나긴 여정"이라는 테제이며, 헤겔이 그리스에 열광한 것은 그리스적 인륜성에서 자유가 처음으로 뚜렷한 모습을 드러냈다고 보았기 때문이다.

127) 헤겔은 제사에 대해서는 논의하고 있지 않지만, 매장보다 더 본질적인 것은 제사라 해야 할 것이다. 제사에 비하면 매장은 단지 한 절차일 뿐이다. 제사를 통해서 생명의 연속성과 가족/민족의 동일성이 이어질 수 있기 때문이다. 유교가 제사를 특히 중시한 것은 이 때문이다.

회의 정의를 지키는 것이다. 그리고 국가는 그 동일성을 전쟁을 통해서 유지한다. 한 국가가 내포하는 내적 한계를 외적인 전쟁을 통해서 극복해간다고 본 것이다.[128] 이 점에서 국가는 가족들에 대해 억압적인 면을 띠지만, 가족들을 외침에서 보호해주는 것 또한 사실이다. 결국 인륜성의 두 축인 국가와 가족은 상호 보완적이다.

앞에서의 인식론적 논의들에서는 한 개인의 행위를 추상적으로 논했지만, 인륜성에 있어 한 행위는 항상 가족과 국가라는 두 공동체-축의 맥락에서 의미를 띠게 된다. 헤겔은 그리스세계가 띠었던 한계를 시민적 주체의 개념이 아직 성숙하지 못했던 점에서 찾았다. 또, '오이코스'와 '폴리스' 사이의 유기적 연대성에도 한계가 있었다. 때문에 한 개인은 국가-인륜성이나 가족-인륜성에 맹목적으로 따르는 불완전한 주체였던 것이다. 이런 구도에서 때로 두 인륜성 사이에 갈등이 빚어지기도 했는데,『안티고네』는 이런 경우를 전형적으로 보여주는 비극이다. 그리스세계는 이런 한계로 말미암아 로마에 의해 멸망하게 된다. 로마세계는 '법에 의한 지배'를 확립했다는 점에서, 법적 보호를 받는 개인을 가능케 했다는 의의를 띤다. 그러나 공동체정신이 결여된 이 세계에서 개인들은 단지 뿔뿔이 흩어져 운동하는 원자들일 뿐이며, 추상적 평등을 누리고 있을 뿐이다. 게다가 이 원자들을 통제하려면 매우 강력한 힘이 필요하고, 이 세계의 지배자(황제)가 신으로 격상될 때 로마세계는 한계에 달한다. 이런 상황에서 (앞에서 보았듯이) 스토아철학, 회의주의, 기독교 등의 불행한 의식의 사상들이 등장하게 되고, 정신의 역사는 이 불행한 의식을 해소해야 하는 과제를 안게 되는 것이다.

2. 상당한 시간이 흐른 후 이 해소의 과정을 추체험하면서 '정신'의 역사

---

128) "전쟁이란 특수한 것에 깃들인 이념의 요소가 그 권리를 획득하고 현실로 화하는 요소이다. (⋯) 국민의 윤리적 건전성은 온갖 유한한 생활조건에 유착되지 않는 냉정을 유지하는 데서 제대로 보존되는데, 이는 마치 바람의 움직임이 바닷물이 썩지 않도록 막아주는 것과도 같다. 오래도록 바람이 불지 않으면 바다가 부패하듯이, 지속적인 평화나 심지어 영구적인 평화는 국민을 부패시킨다."(『법철학』, §324)

를 되돌아보는 것, 쓰고 또 지우는 부정의 부정의 과정을 자기화/터득하는 것이 곧 '교양/도야'이다. 역사적 맥락에서 볼 때, 교양이란 곧 원자적 개인들이 거대한 힘에 의해 형식적으로 통합되어 있는 로마적 세계, 차안과 피안이 균열된 중세적인/기독교적인 세계, 정치적 권력과 경제적 부에서의 차별이 압도하는 앙시앵 레짐이 극복되는 과정을 내면화한 주체의 경지를 뜻한다. 교양을 갖춘 개인은 **역사를** 이해한 주체이다. 이런 주체만이 원자적인 로마적 세계나 이원론적인 기독교적 세계, 차별적인 앙시앵 레짐의 세계로 다시 떨어지지 않을 수 있다. 요컨대 교양을 갖춘 개인은 근대 세계의 주체적 개인이다. 그리고 주체는 교양/도야에 입각해 세상으로 나아간다. 한 주체에게 세상은 곧 낯설어짐(疎外/Entfremdung)의 장소이다. 타자들과의 이 낯섦의 관계를 극복하기 위해서는 원자로서의 자신의 껍질을 깨야 한다. 즉, 자기를 자기에게서 역(逆)소외시켜야 한다. 자신을 외화(外化/Entäußerung)해야 하는 것이다. 이 외화를 가능케 하는 힘이 곧 교양이다. 달리 말해, 인간은 교양을 통해서 아집의 껍질을 깨고 타자들과 보다 긍정적인 관계를 맺어나갈 수 있는 것이다. 그런데 이미 '이성'장에서 우리는 세상으로 나가는 개인의 모습들을 보았다. 따라서 여기에서의 개인은 이제 **교양을 갖추고서**[129) 세상으로 나가는 자기의식을 뜻한다. 이 개인은 자기도야의 수준을 터득하고서, 정확히 말해 터득해가면서 세상과 싸워나가는 주체이다. 이 주체는 원자화된 근대 세계에서 살아가는 주체, 교양의 힘으로 스스로를 외화하고 그로써 세상과 싸우면서 세상을 만들어가는 주체인 것이다.

---

129) 사실 독일어 'Bildung'은 일반적인 의미에서의 교양을 뜻하기보다 자기도야의 과정, 말 그대로 자기를 만드는/세우는 과정을 뜻한다. 그것은 책이나 그림, 음악 등등을 풍부히 경험해 풍요로운 내면을 쌓는다는 뜻에 그치지 않는다. 괴테의 『빌헬름 마이스터의 수업시대』가 잘 보여주듯이 교양을 갖추고서 세상에 나간다기보다는 세상에 나가서 싸우는 과정 자체가 교양을 성숙시키는 과정이라고 해야 할 것이다. 어떤 의미에서 『정신현상학』은 철학적인 성장소설이라고 할 수 있다.

이러한 주체는 바로 헤겔의 시대 즉 계몽시대의 주체이다. 헤겔은 18세기에 이루어진 계몽사상과 프랑스 대혁명의 성취에서 마침내 역사의 선험적 주체로서의 모습 —— 자유의 모습 —— 을 드러낸 '정신'을 보았다. 나폴레옹의 출현에 맞닥뜨려 열렬한 민족주의자가 된 피히테와는 달리, 헤겔은 (말년에 다소 보수화되긴 하지만) 역사의 새로운 전개에 대한 열광을 평생 간직했다. 하지만 헤겔이 계몽사상과 프랑스 대혁명에 단지 열광하기만 한 것은 아니었다. 그는 계몽사상이 기존의 낡은 사상들과 앙시앵 레짐을 몰아낸 것을 평가하면서도, 그것이 내포하는 철학적 조야함(감각주의, 유물론 등)을 비판한다. 라이프니츠가 그랬듯이 그 역시 전통과 현대를 조화시키고자 했으며, 계몽사상이 단적으로 부정했던 전통(헬레니즘과 헤브라이즘)을 근대성과 조화시키고자 했다. 헤겔은 전기 계몽주의의 극단적 측면들을 비판하면서 전개된 루소, 사회주의자들 등의 후기 계몽주의의 연장선상에서 사유했던 것이다. 특히 기독교적 전통과 계몽사상의 대결 —— 헤겔에게는 신앙주의의 독단성과 맹목성 못지않게 계몽사상의 파괴성과 자의성도 비판의 대상이 된다 —— 은 헤겔 시대의 핵심적 논제였기에, 그는 '정신'장에서 이에 대한 상세한 분석을 가한다.

프랑스 대혁명에 대해서도 헤겔은 찬양 일변도로 가기보다 그 한계에도 주목한다. 헤겔은 프랑스 대혁명에 이르러 비로소 인류는 절대적 자유에 이르렀고, "자유의 의식이 걸어온 여정" 즉 세계사가 그 절정에 달했다고 평가한다. 하지만 인류의 절대적 자유라는 개념은 위대해 보이지만 사실 허점을 내포한 개념이다. 실제 이 자유를 현실에 구현하려면 다양한 제도적 장치들이 필요하고, '인류'가 아니라 어떤 특정한 사람들이 실질적으로 이 구현을 맡아야 하기 때문이다. 이런 과정은 필연적으로 자유를 절대적이지 못한 것으로 만들며, 이는 '인류의 절대적 자유' 같은 개념이 세계사 전체를 굽어보면서 말할 수 있을지는 몰라도 실제 구현할 수 있는 개념이 아니기 때문이다. 그런데 이런 구체성이 결여된 채 이 개념에 열광함으로써, 게다가 특정한 개인들이 이 개념을 자기화함으로써 공포정치가 도래하게 된다. 결국 절대적 자유는 죽음에의 공포를 도래시키고, 기요틴에서 그저 물 한 모금 들이켜고선 사람의 목을 손쉽게 잘라버리는 지경에 달하는 것이다.

절대적 자유의 상태란 인식론적으로 인간의 의식에 모든 것이 환하게 드러나 있는 세계이다. 물 자체의 장막이 거두어지고 계몽적 이성의 빛 아래에 만물이 밝게 비추어지고 있는 경지이다. 그리고 목적론적으로 보면 이 상태는 곧 만물이 목적론적으로 연계되어 있는 상태이다. 그런데 이 목적론적 계열들의 끝은 어디인가? 바로 인간이다. 이 세계는 곧 모든 것이 '유용성'으로서 인간을 위해서 존재하는 세계이다. 초목산수를 비롯해 모든 것은 인간을 위해 유용한 것들로서 존재한다. 하지만 인간이 마침내 세계를 정복하고 절대적 자유가 도래한 듯한 이 유용성의 세계에서 반전이 일어난다. 모든 것이 유용성에 의해 가치평가되는 이 세계에서 급기야 인간 자신이 유용성의 잣대에 의해 평가되는 일이 벌어지게 된다. 모든 개인이 유용성 — "사람들이 모든 힘과 재능을 바쳐야 할 가장 큰 우상"(실러) — 의 톱니바퀴의 하나로서만 인정되는 전체주의적 구조가 도래하는 것이다. 이 세계는 모든 사람들이 상호 승인 하에서 "各任其性"에 충실할 뿐 그 전체에 대해서는 아무도 묻지 않는 세계이다. 그리고 이런 세계가 공포정치에 의해 주관될 때 사람들의 목은 "그저 배추 꽁다리가 잘려 내버려지듯이" 간단히 잘리게 된다. 요컨대 절대적 자유와 절대적 유용성의 세계는 개인의 주체성이 인정되지 않는 세계가 되어버린다.

3. '정신'의 새로운 단계는 이런 역사의 교훈을 흡수함으로써, 다시 말해 개인적 주체성이 확보되지 않는 절대적 자유는 결국 죽음에의 공포를 낳을 뿐이라는 점을 새김으로써 가능해진다. 이 단계는 곧 '도덕성'의 단계, 곧 개인-주체가 자신의 개인적 주체성을 상실하지 않으면서도 역사의 장에 참여해 책임 있게 행위하는 단계이다. 이런 주체의 핵심을 헤겔은 '양심'에서 찾는다. '양심'에 대한 헤겔의 강조는 '법칙'에 대한 칸트의 강조와 대조를 이룬다. 양심을 가진 개인은 자기 행위의 근거/정당성을 자신 바깥에서

구하지 않고, 오로지 자기확신에서 구할 뿐이다. 이런 개인/'나'는 자신이 처한 역사적 상황의 한가운데에서 자유로운 결단에 입각해 행위함으로써 스스로 역사 발전에 참여할 수 있는 개인이다. 물론 왕수인에 관한 논의에서도 강조했듯이(2권, 12장) '자가준칙'에는 위험성도 따른다. 때문에 앞에서 인식에 관련해서 언급했듯이 실천에 관련해서도, 타인들과의 관계에 있어서의 상호 승인은 핵심적이다.[130] 이때에만 개인의 자기확신과 역사적 실천은 일치할 수 있다. 그리고 이때에만 불행한 의식은 극복될 수 있는 것이다.

헤겔은 이 점을 분명히 하기 위해서 양심 안에 내재해 있는 대립각, 즉 '행위하는 의식'과 '아름다운 영혼' 사이의 대립각을 논한다. 행위하는 의식은 현실 참여를 '의무'로 여기는 의식이다. 이 의식은 그의 행위의 뿌리인 자신의 양심, 자기확신이 보편적인 지평에서 인정받기를 희망한다. 하지만 자기확신과 실제 행위가 완벽하게 일치하기를 바라는 것은 진흙탕 같은 현실에서 행위하면서 몸에 진흙 한 점 묻히지 않겠다는 것과 같은 것이다. 때문에 더럽혀진 양심을 움켜쥐고 행위해야 하는 의식은 '양심의 가책'에 시달리거나, "나는 오로지 내 양심과 의무에 따라 행위한다"라면서 위선을 떨게 되지 않을 수 없다. 양심의 다른 한 축인 '아름다운 영혼'은 자신의 양심에 결코 이렇게 진흙('악')을 묻힐 수는 없다고 생각하는 의식이다. 이 의식은 스스로는 진흙으로 더럽혀지지 않기 위해 행위하지 않으면서, 오히려 행위하는 의식에 대해서는 진흙이 묻었다고 비난하는 모순된 모습을 보인다. 아름다운 영혼이 티없이 아름다운 것은 단지 그것이 행위를 거부하기

---

130) 앞에서도 언급했듯이, 상호 승인에는 언어가 핵심적인 역할을 한다. "여기에서 우리는 다시 정신의 현존재(das Deseyn des Geistes)로서의 언어를 만나게 된다. 언어란 타인을 위해 존재하는 자기의식이며, 이 자기의식은 〔말하는 이와 듣는 이 사이에〕 직접 현존하는 것이자 보편적인 것으로서 존재한다. (…) 언어는 직접 타인들에게 흘러들어가 그들의 자기의식이 되기도 한다. (…) 양심의 언어의 내용은 스스로를 본질로서 인식하는 자기이다. 이런 자기만이 〔진정한 의미에서의〕 언어를 발하며, 이런 발화야말로 행위의 참된 현실성이고 행동에 있어 유효한 것이다."(PG, 351)

때문일 뿐인 것이다. 아름다운 영혼은 행위하는 의식이 "말로만" 정의로운 척하면서 사실은 악을 범한다고 비난하지만, 사실 그 자신도 "말로만" 아름다운 경지를 설파하고 있을 뿐이다. 아름다운 영혼에게 행위는 보이지 않고 진흙만이 보이는 것은 시종에게 영웅이 보이지 않고 밥 먹고 똥 싸는 개인만이 보이는 것과 같은 이치이다.("시종에게 영웅이 보이지 않는 것은 영웅이 영웅이 아니기 때문이 아니라 시종이 시종이기 때문이다.") 양심 속에서는 이렇게 행위하는 의식과 아름다운 영혼이 대립각을 세운다. 악을 범하는 한이 있어도 행위할 것이냐 아니면 행위를 포기하더라도 순수한 양심을 지킬 것이냐, 이것이 문제로다.

이런 상황을 타개해나갈 수 있는 쪽은 아름다운 영혼보다는 행위하는 의식이다. 아름다운 영혼은 자신의 동일성만을 고집할 뿐이지만, 행위하는 의식은 (앞에서는 인식에 관련해 말했거니와) 끝없이 쓰고 지우고 또 쓰면서 스스로를 변증법적으로 단련해나갈 수 있기 때문이다. 도덕은 이런 과정을 통해서만 점차 발전해나갈 수 있다. 이런 발전을 위해서는 반드시 행위하는 의식과 아름다운 영혼으로 분열되었던 자기의식이 통일되어야 한다. 이런 통일은 행위하는 의식에 묻어 있는 진흙을 더럽다 하지 않고 씻어주고 닦아주는 아름다운 영혼과 이런 용서와 화해의 대화를 통해 더욱 성숙해진 행위하는 의식이 가져올 수 있는 통일이다. "둘로 갈라진 내가 그 대립 상태를 떨쳐버릴 수 있게 해주는 화해의 말 '괜찮아'(das versöhnende JA)는 스스로로서 머물 수 있고 또 온전한 외화와 내화의 과정에서 자기확신을 유지하는 이원적 '나'들의 현존재이다."(PG, 362) 이것이 자연발생성이라는 한계를 띤 고중세의 인륜성과 절대자유가 일으키는 모순을 떠안게 되는 근세의 교양의 단계를 넘어, 헤겔이 지향하는 도덕성의 단계에 이른 정신의 모습이다. 그리고 이런 수준에서 행위하고 사유하는 주체야말로 역사를 창조해나가는 주체, 절대자에 실제 근접해 가는 선험적 주체이다.

§3. 개념의 자기전개

헤겔은 이렇게 '정신'의 오뒤세이아를 따라가는 아나바시스의 길을 밟아 올라갔거니와, 이제 그 여정의 종착지에서 얻은 지('절대지')인 최고의 원리 (들)로부터 현실을 향해 카타바시스의 길을 밟아 내려온다. 이 카타바시스 의 길이 그의 '철학 체계'로서, 『철학 요강』은 그 전체를 요약해 보여준다.

논리학(일반 존재론), 자연철학, 정신철학은 오늘날로 말해 철학, 자연과 학, 사회과학을 포괄하는 헤겔의 철학체계 전체를 보여준다.[131]

I. 헤겔의 논리학은 내용상 존재론으로서, 종교적 맥락에서 볼 경우 유 대-기독교 전통에서 말하는 신의 "로고스(말씀)"를 탐구한다. 신은 로고스

---

131) 『철학요강』의 논리학은 헤겔의 또 하나의 걸작인 『논리의 학(*Wissenschaft der Logik*)』 (1812~1816)을 축약한 것이다. 그리고 정신철학은 『법철학 요강』(1821) 및 강의록들 (『미학 강의』, 『역사철학 강의』, 『종교철학 강의』, 『철학사 강의』)로 구체화된다.

로써 자연과 인간 정신을 창조했다. 논리학은 바로 이 로고스, 신의 섭리의 차원이 무엇인가를 밝히는 작업이다. "논리학은 순수 이성의 체계로서, 순수 사유의 왕국으로서 이해되어야 한다. (…) 논리학의 내용은 자연과 유한 정신(인간의 정신)을 창조하기 이전의, 그 영원한 본질에 있어서의 신의 **표현**이다."(WL, 34)[132] 보다 헤겔적으로 말해, 실체＝주체의 매개적 운동은 곧 '개념의 자기전개'로서 나타난다. 실체＝주체를 채우고 있는 내용, 즉 그 계기들이 다름 아니라 개념들/이념들이기 때문이다. 따라서 개념의 자기전개를 파악하는 것은 곧 실체＝주체로서의 '정신의 자기전개'를 파악하는 것이기도 하다. 헤겔의 논리학이 곧 그의 형이상학/존재론인 이유가 여기에 있다. 자연철학과 정신철학은 이렇게 신의 표현이 이루어진 두 영역을 다룬다. 헤겔 논리학의 전체 구조는 다음과 같다.

존재론 {
  질(존재, 현존재, 대자존재)
  양(순수량, 한정량, 강도량)
  적도(適度)
}

본질론 {
  실존의 근거로서의 본질(순수 반성규정, 실존, 사물)[133]
  현상(현상세계, 내용과 형식, 관계)
  현실성(실체성-관계, 인과성-관계, 상호성-관계)
}

개념론 {
  주관적 개념(개념 자체, 판단, 추론)
  객관적 개념(기계론, 화학론, 목적론)
  이념(생명, 인식, 절대이념)
}

---

132) WL = Hegel, *Wissenschaft der Logik*, 1812~1816, Meiner, 2015.
133) 『철학 요강』에는 "실존의 근거로서의 본질(das Wesen als Grund der Existenz)"로 되어 있고, 『논리의 학』에서는 "자체-내-반사로서의 본질(das Wesen als Reflexion in ihm selbst)"로 되어 있다.

1. 존재론은 존재하는 것들을 다루며, 존재하는 것들은 질로서 또는 양으로서 또는 적도로서 존재한다. 헤겔은 칸트의 네 범주들 중 질과 양을 여기에 배치하고, 양자가 지양된 제3의 범주로서 적도를 배치한다. ① 질의 범주는 막연히/오로지 존재할 뿐 그 어떤 것으로서도 규정되어 있지 않은, 따라서 무와 마찬가지인 '존재', 특정한 시공간적('Da') 규정을 띤, 그리고 모든 규정은 부정이므로 타자들과 부정('~가 아님')의 관계를 맺는 '현존재', 그리고 타자들에 대(對)해서 또 자기에 대해서 존재함으로써 역동적인 ('부정의 부정') 관계의 수준에 들어서는 '대자존재'를 포함한다. 이는 느슨하게나마 감각적 확신, 지각, 오성·자기의식에 상응한다. ② 양의 범주에는 우선 서로 모순되지 않는 연속량과 불연속량으로 이해되는 '순수량'이 있다.[134] 순수량의 터 위에서 일정한 페라스('limit')가 주어질 때 '한정량(Quantum)'이 성립한다. 순수량이 하나와 여럿이 지양되는 일반적인 형식이라면, 한정량은 하나의 수로서 고착되어 타자가 될 수 없는, 또는 타자와 부정의 관계를 맺는 수이다. 3은 2도 아니고 4도 아니다. 이 점에서 순수량과 한정량의 관계는 질 범주에서의 존재와 현존재의 관계와 유사하다. '강도량'='도'[135]는 외연량과 대비된다. 이 점에서 '내포량'이라고도 할 수 있다. 강도량/내포량은 외연적으로 분할할 수 없는, 또는 분할할 경우 그 본성이 변해버리는 양이다. ③ 마지막 '적도/한도(Maß)' 범주는 질과 양이 지양된 것이며, "질적 한정량" 또는 "현존재 또는 질과 결부된 한정량"이다.

---

134) 연속량(3)과 불연속량(1+1+1)이 모순되지 않음은 예컨대 $-\frac{1}{3}+\frac{1}{5}-\frac{1}{7}+\frac{1}{9}-\cdots=\frac{\pi}{4}$ 같은 해석학적 공식(이 경우는 라이프니츠의 π 공식)에서 잘 나타난다. 헤겔은 연속량과 불연속량은 한 양을 전체로서 볼 것인가 단위들의 합으로 볼 것인가의 차이가 있을 뿐이며, 따라서 연속의 관점으로만 보는 것과 불연속의 관점으로만 보는 것은 일면적이라고 보았다. 그리고 이 점에 입각해 칸트의 세 번째 이율배반은 해소된다고 보았다. 하지만 이것이 진정한 해결책인가에 대해서는 이론들이 있다.

135) 칸트에게서 '도(度)'는 질 범주의 도식이었다. 예컨대 '붉음'이라는 개념과 저 장미의 붉음을 이어주는 도식은 붉음의 정도인 것이다. 칸트는 '도'가 "질의 양"이라고 했거니와, 헤겔이 이 '도'를 양의 세 번째 소범주 자리에 놓은 것은 그것이 양이면서도 동시에 질적 측면이 있어 단순한 외연적 분할이 가능하지 않은 양이기 때문이다.

때문에 이 양은 추상적인 양이 아니라 특정한 존재자에 결부된 양이다. 장미꽃의 잎이 하나면 그것은 장미꽃이라 하기 어렵고, 강물의 점도가 너무 커지면 그 강은 흐르지 못하게 될 것이며, 어떤 사람의 키가 10m이면 그 사람은 사회생활에 큰 어려움을 겪을 것이다. 'Gift'라는 말이 잘 보여주듯이, 약의 양을 잘못 조절하면 독이 되어버린다. 이 점에서 적도는 사물들의 본질과도 관련되며, 이런 맥락에서 이제 논의는 존재론으로부터 본질론으로 넘어간다.

2. 존재론이 평면적이고 정태적이라면, 본질론은 입체적이고 동태적이다. 입체적이라 함은 존재론에서처럼 개별화된 범주들이 병치되는 데 그치지 않고 '관계'를 통해서 연계됨을 뜻하고,[136] 동태적이라 함은 범주들이 관계들의 매개를 통해 계속 생성해감을 뜻한다. 존재론에서 부정은 병치된 각각에서 성립하는 부정일 뿐이지만, 본질론에서는 부정의 부정을 통해 생성을 일으키는 매개의 역할을 한다. 세 번째 범주인 '현실성'/'현동성'에 칸트가 제시했던 관계 범주들이 놓이는 것도 이 때문이다. ① 실존의 근거로서의 본질 범주는 우선 '순수한 반성규정들'[137]에 입각해 확인되는 자기동

---

136) 헤겔이 이 대목에서 'Reflection' 개념을 자주 사용하는 것도 이 때문이다. 이 용어는 범주들이 서로를 비추어 드러내준다는 '반사'의 의미와 그런 관계들이 개념적 차원에서 이해·정리된다는 '반성'의 의미를 동시에 담고 있다.

137) **동일성, 구분, 근거** —— 순수한 반성규정들로는 동일성과 구분/차이 그리고 양자의 통일성인 근거가 있다. 헤겔 사유에서 세 개념은 중요하다. ① 셸링의 동일철학을 비판한 헤겔이었지만, 그에게서도 동일성은 핵심이다. 헤겔은 동일철학을 부정한 것이 아니라 완성했다고 할 수 있다. 헤겔의 사유는 그 전체로서 볼 때 '정신'의 동일성의 철학이며, 세부적으로도 각 존재자의 동일성을 중시하는 철학이다. 전체적으로 아리스토텔레스와 유사하다. ② 그러나 헤겔이 생각하는 동일성은 구분(Untershied)을 배제한 추상적 동일성이 아니라 여러 구분들로 표현되는 구체적 동일성이다. 그렇다고 아리스토텔레스에게서처럼 구분들 아래에 별도의 동일성이 존재하는 것은 아니다. 구분들을 떠난 동일성은 '무'이다. 구분들의 표현 전체가 곧 동일성이다. "본질은 자기관계적인(sich auf sich beziehende) 부정성인 한에서, 따라서 스스로가 스스로를 추동하는 한에서, 순수 동일성이며 자체-내 가상이다. 따라서 그것은 본질적으로 구분/차이의 규정을 내포한다."(E, §116) ③ 근거는 동일성과 구분의 통일이다. 라이프니츠의 충족이유율＝충족근거율에서처럼, 동일성과 구분들은 '내적 복수성', '구체적 보편'에서 통일된다.

일성이다. 그리고 '실존'은 본질의 생성의 한 국면, 타자들과 상관적으로 현현하는 국면이다. 그것은 "자체-내 반사/반성과 타자에-있어서의 반사/반성의 직접적 통일"이다.(E, §123) 그리고 다시 근거와 실존이 적절히 엮인 전개로서 '사물'이 세 번째의 소범주를 형성한다. ② 현상 범주는 '현상세계', '내용과 형식', '관계'의 세 소범주로 이루어진다. 현상세계는 스피노자식으로 말해 유한양태들이 펼쳐지는 총체이다. 내용과 형식은 현상들의 내용과 형식을 뜻하며, 내용을 떠난 형식도 형식을 떠난 내용도 존재할 수 없음을, 나아가 양자는 서로의 다른 얼굴임이 강조된다. '관계'의 중요성은 변증법 자체가 관계의 생성을 전제한다는 점에서 일차 드러났거니와, 부정·매개·지양의 운동을 통해서 전개되는 현상세계의 생성은 곧 본질의 표현인 'Wirklichkeit'에 직결된다. ③ 현실성/현동성에 대해서는 이미 여러 번 언급했거니와, 그것의 세 소범주는 우리에게 익숙한 '실체성-관계', '인과성-관계', '상호성-관계'이다.

3. 개념론은 존재론과 본질론을 정초하면서 헤겔 논리학을 완성한다. 개념은 "존재와 본질의 진리"이며, "존재와 본질은 양자의 근거인 개념으로 환귀(還歸)하기" 때문이다.(E, §159) ① '개념 자체', '판단', '추리'를 소범주로 가지는 주관적 개념론은 바로 아리스토텔레스가 정립한 형식논리학이다. 헤겔은 형식논리학을 개념의 가장 정적이고 즉자적인 수준으로 위치 짓고 있는 것이다. ② 객관적 개념론은 객관세계의 개념론이다. '기계론', '화학론', '목적론'은 얼핏 자연철학의 원리들처럼 보이지만, 자연과 역사를 포괄한 객관세계를 인식하는 일반적인 논리적 범주들(인식의 패러다임들)이다. 여기에서 화학론은 대상들의 질적 차이를 전제하고서 그것들 사이의 상관성을 다룬다는 점에서 대상들을 등질적인 방식으로 다루는 기계론과는 변별된다. ③ 이념은 참된 개념이며, 플라톤의 이데아와 거의 유사하다. 특정 존재자의 진리는 곧 그것의 이념이다. 그러나 헤겔의 이념들은 플라톤에게서처럼 공간적인/논리적인 'koinōnia'의 관계만을 맺는 것이 아니라 변증법적인 역동적 관계를 맺는다. 플라톤의 수학적 존재론과 헤겔의

역사적 존재론은 대비된다. 이념이 '과정'이고 또 '주체성'인 이유가 여기에 있다.(E, §215) 이념은 또한 거기에서 유한한 관점들, 이분법들(주관과 객관, 신체와 정신 등등)이 해소되는 경지이기도 하다. 주관적 개념론이 '존재와 사유의 일치'를 도외시하고서 주관의 형식에만 초점을 맞추었다면, 객관적 개념론은 대상세계에만 몰두할 뿐 그 사유가 '정신'의 국면임을 깨닫지 못한다. 이에 비해 이념에서는 이런 부분성이 모두 해소된다. 이념은 '생명'이고 '인식'이며, 궁극적으로는 양자가 통합된 '절대자'(절대이념)이다.

헤겔의 논리학은 플라톤과 아리스토텔레스의 이데아론(형상들의 사유)을 변증법적으로 역동화한 것이고, 서구 기독교문명의 '로고스'를 수준 높게 개념화한 것이다. 그리고 이 순수 존재/사유의 차원은 자연과 역사라는 두 구체적 차원에 구현된다.

II. 헤겔에게서 자연은 이념의 소외된 형태이다.[138] 전통적인 형이상학에서 이념은 물질에 '구현'된다. 이념이 먼저 존재하고 그 후에 그것이 물질에 구현된다는 것은 고중세적 '형상철학(Idealismus)'의 공통분모이다. 헤겔은 이 흐름의 연장선상에 있다. 그러나 내재적인 사유를 추구하는 헤겔에게서 이념은 물질에 구현되는 것이 아니라 물질로 소외(자기소외)된다. 이념이 자신에게 타자인 바깥으로, 비-이념성의 장소로 스스로 나가는 'Entäußerung'이 곧 소외이다. 이 때문에 헤겔의 자연철학은 기존의 이념론들과 성격을 달리한다. 오히려 물질로 '타락'한다는 생각이 더 강하게 남아 있다. '역학'은 우선 자연과학의 선험적 조건인 시간과 공간을 다루고,

---

138) 헤겔의 기독교사상에서 자연은 신이 스스로를 소외시켜 만들어낸, 신의 타자존재이다. 이는 곧 "신이 모든 것을 충족한 것, 부족함이 없는 것이라면, 어떻게 해서 신은 전적으로 동일하지 않은 것이 되기로 결단하였는가?"라는 기독교 신학의 문제에 대한 답이기도 하다. "신적 이념은 주체성과 정신이 되기 위해 이 타자를 자신 바깥으로 내보냈다가 자신 안으로 되가져오기로 결단하는 바로 그러한 것이다. 자연철학은 자체가 이러한 귀환의 길들 중 하나이다. 왜냐하면 자연철학은 자연과 정신의 분열을 지양하고 정신이 자연에서 자신의 본질을 인식할 수 있도록 해주는 것이기 때문이다. 이것이 전체에서 차지하는 자연의 지위이다."(『자연철학』, 박병기 옮김, 나남, 2008, 48~49쪽)

그 후 지상의 역학과 천상의 역학을 원리론의 맥락에서 다룬다. 두 번째 부분인 '물리과학'(또는 '자연학')에서는 물리학과 화학의 대상들을 구체적으로 다룬다. 세 번째 부분인 유기체 물리과학(또는 '유기체 자연학')에서는 지질학, 식물학, 동물학을 다룬다. 헤겔의 자연철학은 그 성격에 있어 갈릴레오 이래의 자연철학의 흐름과 달리 고중세적 맥락을 띠고 있다. 그리고 그것이 19세기 벽두에 등장한 셸링의 자연철학에 비해 상당한 시간이 흐른 후에 나왔다는 점을 감안한다면, 그 내용에 있어서도 셸링의 그것처럼 인상적이지 않다. 그러나 부분적으로는 셸링의 것보다 더 발전되어 있고 또 흥미로운 대목들도 적지 않다. 셸링과 헤겔의 자연철학은 19세기 자연과학의 사변적 선구로서 가치를 가진다고 할 수 있다.

III. 헤겔 철학체계의 세 번째 부분은 정신철학이다. 로고스는 자연으로 자기-소외한 이후 다시 자신으로 돌아온다. 이런 자기에로의 회귀의 결정적인 매듭이 곧 인간의 정신이다. 인간의 단계에서 '情神'은 다시 '정신'으로 돌아오기 시작해 본래의 모습인 로고스로 화한다. '주관정신'은 바로 인간의 정신을 다루며, 자연에서 벗어나 인간 정신의 차원으로 들어서는 단계인 영혼을 다루는 '인간학', 인간이 의식을 갖추고서 진리를 찾아 아나바시스의 계단을 올라가는 '정신현상학'(바로 앞에서 논했던 『정신현상학』의 내용이다.), 그리고 인간 정신의 능력을 다루는 '심리학'이 있다. 이 심리학은 19세기에 성립한 실증적 심리학을 뜻하는 것이 아니라 내용상 인식론/인성론에 해당한다. '객관정신'은 인간 주체의 정신에 근거해 이루어지는 정신문화, 인간 고유의 영역/차원을 다룬다. 그 세 소범주는 '법', '도덕성', '인륜성'이다. 이 내용은 헤겔이 『법철학』에서 상세히 다룬 것이다. 마지막 '절대정신'은 '정신'이 인간 정신을 통해서 마침내 그 온전한 모습을 드러내는 경지로서, 그 세 구체적 영역은 '예술', '종교', '철학(학문)'으로 나타난다. 여기에서 인간 정신은 마침내 '정신'과 합일하기에 이른다.

❖ ❖ ❖

헤겔의 이런 철학체계는 이성으로써 세계를 인식하고 역사를 창조해나 가고자 한 계몽적인 근대정신의 완성판이라고 할 수 있으며, 선험적 주체 의 사변이 도달한 무비(無比)의 경지를 보여준다. 하지만 모든 것을 삼원 구 도에 쓸어 담아 추상적 개념들로 정리해놓은 이 체계에 대해 회의적인 시 선을 던지는 인물들도 많았다. 사실 이후 전개되는 19세기의 거의 모든 철 학사상들은 반(反)헤겔적 구도를 띠고 있다고 해도 과언이 아닐 것이다. 그 러나 헤겔의 체계에 처음으로 강력한 비판의 시선을 던진 것은 다름 아닌 헤겔 자신이 극복하고자 했던 체계의 구축자인 셸링이었다. 헤겔은 셸링의 동일철학을 비판하면서 그것의 한계를 뛰어넘는 철학 체계를 구축할 수 있 었다. 하지만 헤겔이 동일철학에서 시작해 그것을 보다 뛰어난 형태로 완 성해나가고 있을 때, 얄궂게도 셸링 자신은 바로 동일성의 철학 자체를 파 기하고 비-동일성의 철학을 전개하고 있었다. 헤겔이 셸링이 차려놓은 베 이스캠프를 넘어 드디어 산의 정상에 올라가고 있을 때, 셸링 자신은 이미 다른 산을 오르고 있었던 것이다. 튀빙겐의 학창 시절부터 절친했던 두 친 구는 이렇게 갈수록 점점 멀어져갔다.

셸링은 헤겔의 로고스형이상학, '동일성과 차이의 동일성'의 형이상학에 반(反)해 탈-로고스의 형이상학, '동일성과 차이의 차이'의 형이상학을 전 개하게 된다. 그리고 아예 형이상학의 바깥으로, '독일 이념론'의 장 바깥으 로 나아가게 된다. 이런 사유 과정의 출발점은 자유의 문제였다.

자연과 자유! 데카르트가 'res extensa'와 'res cogitans'를 날카롭게 구분 한('실체적 구분') 이래 이 문제는 줄곧 철학적 사유의 핵심에 위치했다. 칸 트는 데카르트를 이어 물질세계=자연과 정신세계=자유의 이분법을 새 롭게 개념화하고, 그 사이에 생명세계로 다리를 놓음으로써 삼원적 세계 를 제시했다. 헤르더는 생명세계를 출발점으로 물질세계와 정신세계를 재 구성함으로써 칸트의 구도를 극복하고자 했지만, 삼원 구도 자체는 사라지지 않았다. 반면 셸링은 스피노자를 이어 절대자의 표현으로서의 정신＝자연이라는 동일철학을 개념화했다. 이로써 칸트적 다원성과 불연속성을 극복하고 일원적인 세계를 제시했던 것이다. 그러나 이 체계에서 자유는 어디에 위치해 있는 것일까? 자유를 자연에서 독립시키기보다 자연＝자유의 일원적 구조를 취할 경우, 자연은 주관화되고 자유는 부정되는 것은 아닐까? 일원적 체계의 동일성 내에서 자연도 자유도 각각의 동일성을 상실해버리는 것이 아닐까? 셸링은 이 문제를 파고들면서 자신의 동일철학의 테두리를 벗어나게 된다.

범신론 내에서는 자유가 불가능하다는 슐레겔에 응답하면서, 셸링은 스피노자 철학을 환골탈태시키고자 했다.[139] 'Deus sive Natura'에서의 'sive' ＝'즉(即)'은 존재론적으로 흥미로운 용어이다. 'A 즉 B'는 A와 B가 같음을 의미하지만, 또한 구분됨을 의미한다. '즉'은 동일성과 차이를 동시에 함축한다. 신은 '자연'과 동일하지만 또한 구분된다. 셸링은 신에게서 신과 자연을 구분하고, 이 '不一而不二'의 존재를 밝은 면과 어두운 면이 공존하는 존재로서 파악한다.[140] 셸링의 사유는 "전능하고 지선한 신이 만든 이 세계에 왜 악이 창궐할까?"라는 오래된 신학적 물음에, 신 자체 내에서 그 소이(所以)를 찾고 있다는 점에서 독특하다. 이것은 스피노자에게서 물질-속성이 신의 무한한 속성들에, 그것도 인간이 알 수 있는 두 속성 중 하나로 포함된다는 생각만큼 아니 그 이상으로 획기적이라고 할 수 있다. 악은 단순

---

139) 하지만 스피노자에 대한 셸링의 이해 수준은 헤겔의 경우와 마찬가지로 그다지 높지는 않다. 게다가 적어도 철학사적 맥락에서 본다면, 셸링은 스피노자주의에서 유신론으로 오히려 후퇴했다고도 볼 수 있다. 다만 스피노자의 범신론 — 만물에 신이 내재한다는 생각이 아니라 만물이 신에 내재한다는 생각 — 은 숙명론이 아니며 단지 결정론이라는 지적은 음미해볼 만하다.

140) 만일 어두운 면을 악신/악마로까지 본다면, 이 구도는 이신론(二神論)을 일신론으로, 말하자면 압축한 것이 된다. 일신교와 다신교가 보기보다 가까운 반면 양자와 대비되는 것이 오히려 이신교이다.(1권, 9장) 그런데 셸링의 구도는, 물론 셸링은 이런 지경으로까지 가지는 않지만, 두 대조적인 신을 '불일이불이'로 압축한 독특한 구도라 할 수 있다.

히 선의 '부재/결여'도 아니고, 선신과 대립하는 악신 또는 물질에서 유래하는 것도 아니다. 전자에서는 악의 구체성이 사라져버리고, 후자는 (셸링의 입장에서 보면) 이원적 구도로 돌아가는 것이기 때문이다. 요컨대 악 역시 신에게서, 정확히 말해 신의 두 측면 중 하나에서 유래한다는 것이다. 선과 자유를 악과 자연/필연과 대립시키기보다 일원적인 사유를 추구한 셸링에게서 이렇게 악을 신-즉-자연에서의 '자연'에 귀속시키는 것은 중요했다.[141] 그때에만 일원적 체계 내에서 악이 이해되고, 악의 실재성과 구체성이 전제되어야 인간의 자유 — 선과 악 사이에서의 선택의 자유 — 도 설명되기 때문이다.

인간이 선과 악 사이에서 고뇌하는 존재라면, 그 근거는 신에게서 찾아야 한다. 그렇지 않을 경우 창조주인 신과 피조물인 인간 사이에 단절이 생기기 때문이다. 그렇다면 창조주와 인간의 관계는 무엇인가? 셸링은 당시의 눈길로 볼 때는 놀랍게도, 피조물들의 근원은 일단 신 쪽이 아닌 자연 쪽에 있다고 보았다. 피조물들은 자연의 '맹목적인 의지'(충동)에서 유래한다. 물론 창조된 세계의 질서는 이 맹목적인 의지가 신적 지성에 의해 다스려졌기 때문에 가능했다고 해야 한다. 자연은 신에 의해 통어된다. 여기에서 우리는 셸링이 코스모스에 의한 카오스의 정복, 페라스에 의한 아페이론의 극복이라는 그리스적 사유 구도를 가져오고 있음을 알 수 있다. 하지만 셸링은, 이데아가 코라에 새겨져도 코라가 온전히 복속된 것은 아니듯이, 코스모스 아래에는 항상 카오스가, 지성으로 온전히 환원되지 않는 잔여가 남는다고 말한다.(WmF, 32)[142] 그렇기 때문에 모든 피조물들은 신적 뿌리

---

141) "이미 태초의 창조와 더불어 악이 성립해서 근거('자연')의 대자적-활동(Für-sich-wirken)을 통해서 결국 보편적인 원리로까지 고양되기에, 악으로 향하는 인간의 자연적 경향은 우선 이로써 설명되는 것으로 보인다. 왜냐하면 일단 피조물 내의 개별의지(Eigenwille)의 각성을 통해 야기되는 힘의 무질서는 (인간의) 탄생과 더불어 그에게 전달되기 때문이다."(Schelling, *Über das Wesen der menschlichen Freiheit*, Meiner, 2011, S. 53) 이하 'WmF'이라 약함.

142) 이 잔여("der nie aufgehende Rest")의 존재는 이후 서구 철학사의 향방을 결정한 핵심

와 자연적 뿌리를 함께 가지며, 자체 내에 남아 있는 어두운 충동의 힘에 늘 자기도 모르게 이끌린다. 이것이 악의 기원이다. 이 점에서 셸링에게서 각 피조물이 가지는 '자기성(Selbstheit)'은 루소의 '자기애'와 대조적이다.

하지만 이런 이중성이 현실적으로 나타나는 것은 정신적 존재인, 그래서 이런 이중성을 스스로 의식하는 인간에게서이다. 신-즉-자연에서 유지되었던 '즉'의 통일성은 인간에 이르러서는 '또는'으로 균열된다.[143] 인간은 선 또는 악 사이에서 고뇌하며, 따라서 천사 같은 존재가 될 수도 있고 짐승으로 전락할 수도 있는 존재, 어두움와 빛을 함께 내장하고 있는 존재이다. 플라톤 등 그리스 철학자들에게서 나타나는 'dynamis'로서의 인간, 이중체로서의 인간의 이미지라 하겠다. 그래서 인간의 자유는 그 자신 안에 내재하는 악의 가능성과 맞물려 있다. 마치 절벽 위에 서 있는 인간의 내면에서 미지의 목소리가 "뛰어내려!"라고 외치는 것처럼, 마치 거대한 소용돌이 옆을 항해하는 인간에게 "이리~들어와~"라는 유혹의 노랫소리가 들리는 것처럼. '자연'에서 유래하지만 결국 인간 자신에 의해서만 현실화되는 이런 악을 셸링은 '근본 악'이라고 부른다. 자유는 이 근본 악과 맞물려 있다. 결국 셸링이 생각한 이런 자유는 그가 독특하게 재구성한 형이상학적 체계[144] 내에서의 자유 개념이다. 셸링은 관념론적 자유 개념을 비판하고 자유를 실재성에 있어서 파악하고자 했지만, 그가 전제하는 실재성이란 결국 유대-기독교적 일신교의 테두리를 벗어나는 것은 아니다. 그러나 신 자체

적인 분기점들 중 하나이다. 니체와 베르그송의 생성존재론, 현대 인식론에서의 '비-합리적인 것(l'irrationnel)'의 역할, 라캉에게서의 실재계의 존재를 비롯해 19세기 이래 서구 철학사를 수놓은 많은 사유들이 이와 연관된다.

143) "신에게서는 분할될 수 없는 이런 통일성이 인간에게서는 분리될 수 있는 것이어야 한다. ― 바로 이것이 선과 악의 가능성이다."(WmF, 36)

144) 셸링은 『인간적 자유의 본질에 관하여』(1809)에서 던져놓은 형이상학의 구도를 이후 『세계시대(Weltalter)』(1811~1815) 및 '신화철학', '계시철학'을 다룬 강의들에서 발전시킨다.(1842년, 1854년에 각각 강의록으로 출간됨) 여기에서 셸링은 신화적-종교적 성격의 형이상학을 전개한다. 이광모, 『기로에 선 이성: 셸링 철학』(용의 숲, 2016), 309쪽 이하에 그 전체적 흐름이 논의되고 있다.

를 이중체로 파악한 것을 필두로 셸링의 논변들에 여러 흥미로운 논점들이 존재하는 것이 사실이며, 헤겔과 비교했을 때 독일 이념론의 로고스-형이상학, 동일성-형이상학에 어떤 의미심장한 균열이 도래한 것도 분명하다.

셸링은 말년에 이르러 형이상학적 사변 자체에 회의를 느낀 듯하다. 그는 (헤겔을 겨냥해) 개념으로만 하는 철학, 거대한 체계 구축이 보여주는 건축미는 있을지언정 현실성이 결여된 철학을 '부정철학/소극철학'이라 칭하고, 이에 대비적으로 '긍정철학/적극철학/실증철학'을 제시한다. 셸링이 "negativ"에 대립시켜 제시한 이 "positiv"라는 개념/가치는 19세기 철학, 나아가 19세기 문명 전체를 특징짓는다고 해도 과언이 아닐 정도의 위상을 갖는다.[145] 셸링은 독일 이념론에 의해 전개되어 온 사변철학을 경험론적 정향으로 되돌리려 했으며, 적극철학을 통해 '실존'과 '현실성'을 사유하고자 했다. 하지만 주의할 것은 셸링이 추구한 것은 어디까지나 그때까지 행해온 형이상학적 사유를 경험론적 정향에 입각해 계속하는 것이지, 이전의 경험주의나 유물론으로 회귀하려는 것이 아니라는 점이다. 그에게 역사란 절대적으로 자유로운 신의 계시로서 이해되며(그가 말년에 '신화'와 '계시'에 대해 강의한 것도 이런 맥락에서이다.), 이 점에서 그의 사유에는 중세적 형이상학과 근대적 경험주의가 겹쳐져 있다고 할 수 있다. 앞에서 혜강 최한기에게서 이런 성격의 사유를 보았다. 우리는 경험론적 정향 위에서 형이상학적 차원을 사유코자 하는 이런 사유를 '경험론적 형이상학'이라고 부를 수 있다.[146] 셸링 이후에는 아니 셸링 시대의 후반기에 이미 형이상학 자체

---

145) '실증적'이라는 뉘앙스에서의 이 개념은 '실증주의(positivisme)'의 기반이 된다. 그러나 이 개념은 멘 드 비랑과 콩트에게서 달리 파악된다. 콩트에게 '실증적'이란 바깥에서 인식 주체에게 부딪쳐 오는, 인식 주체를 촉발하는 객관성인 반면, 드 비랑에게 실증성이란 주체 내에서 동적이고 자발적인 노력(effort moteur, volontaire)을 통해서 발견되는 것이다. 이 대비는 이후 서구 철학사를 지속적으로 관류한다.

146) '경험론적 형이상학'은 일종의 형용모순처럼 들린다. 하지만 이것은 우리가 '경험'이라는 개념을 이미 실증과학들에서 추구하는 경험('실험')으로 이해하기 때문에 그런 것일 뿐이다. 앞에서 지적했듯이(9장, 1절, 각주 22), 과학적 탐구를 위해서는 경험을

가 폐기되고 오랫동안 실증주의가 지속된다.[147] 그러나 이런 흐름의 한계에서 형이상학이 20세기에 부활했을 때 그 형이상학은 바로 경험론적 형이상학이었다. 셸링의 후기 철학은 전통적인 형태를 띤 마지막 형이상학인 동시에, 현대 형이상학으로 내디딘 첫발자국이라고 할 수 있다.

헤겔과 셸링의 갈라섬은 철학사적으로 중요한 사건이다. 동일성의 형이상학을 웅장한 체계로서 완성하고 선험적 주체를 절대자의 경지로까지 끌어올린 헤겔과 비-동일성의 철학을 진수하고 인간 주체의 실존을 사유하고자 한 셸링이 갈라지는 지점은 형이상학의 중요한 분기점을 형성한다. 우리는 지금 근대성과 탈근대성이 갈라지는 철학사의 지도리 위에 서 있다.

인간이 경험에 입각해 삶을 살아가고 경험을 토대로 사유한다는 것은 자명한 사실로 보인다. 그러나 '경험'이란 경험하는 주체의 지각구조와 인식 패러다임에 따라 구성되는 것이다. "있는 그대로의" 경험이 어떤 것인지를 말하기는 쉽지 않다. 인간은 자신에게 주어진 지각구조에 따라 세계를 만난다.[148] 또, 누구나 자신이 속해 있는 인식 패러다임에 입각해 대상을 경험한다. 동북아인들에게 보름달은 풍요와 자비의 상징이지만, 서구인들에

왜곡하고 조작해야 한다. 여기에서 우리는 왜 현대의 경험론적 형이상학이 '경험'을 새롭게 사유하는 데 그토록 전념했는가를 이해할 수 있다. 베르그송, 후설, 제임스, 화이트헤드, 니시다 기타로 등이 사유하고자 했던 '경험'은 바로 과학적 '실험'이 아니라 새롭게 사유된 맥락에서의 '경험'인 것이다.

147) 만년의 셸링은 베를린대학교에서 강의를 계속했고, 수강생들 중에는 키르케고르, 부르크하르트, 훔볼트, 엥겔스 등 훗날의 사상사를 장식할 인물들도 있었다. 하지만 셸링의 강의는 이미 시대에 뒤떨어진 것이었고, 대부분의 수강생들이 실망을 표하거나 심한 악평을 남기기까지 했다고 한다. 시대는 이미 형이상학적 사변의 시대가 아니었다.

148) 이것은 다른 종(種)들의 경우도 마찬가지이며, 그래서 종의 수만큼 많은 '세계'가 존재한다고 해야 할 것이다. 물론 이것이 무수한 '세계' — 환경세계(Umwelt) — 가 라이프니츠의 가능세계들처럼 따로따로 존재한다는 것을 뜻하지는 않는다. 환경세계들은 다양한 방식으로 분리되기도 하고 교차되기도 한다. 윅스퀼은 떡갈나무 등 다양한 예를 통해 이 점을 입체적으로 보여주었다.(야콥 폰 윅스퀼, 정지은 옮김,『동물들의 세계와 인간의 세계』, 도서출판b, 2012)

게는 뱀파이어나 드라큘라를 떠올리게 하는 불길한 것이다.

인식의 발달이 처음에는 단순한 경험의 수준에서 출발했으나 점차 개념적 수준으로 발달해갔다는 생각은 아마 원시시대로부터 진행된 선사(先史)에서는 맞을지도 모른다. 하지만 철학사만 놓고 본다면, 본격적인 수준의 철학적 사유는 오히려 경험의 세계를 넘어서는 수준을 생각하기 시작하면서 출발했다고 할 수 있다. 일상적인 경험의 참됨에 회의를 느끼고 '인식론적 단절'을 통해서, 적어도 '부분단절'을 통해서 세계 인식의 철학적 수준으로 나아간 것이다. 때문에 철학의 역사는 경험으로부터 가장 멀리 떨어져 있는 것('아르케')의 사유에서 시작되었다고 할 수 있다. 철학사의 출발점에는 이런 인식론적 단절이 놓여 있다. 물론 이 점은 그리스 철학, 인도 철학, 동북아 철학에서 각각 다른 양태로 나타났다. 그리스 철학과 인도 철학이 말하자면 존재론적 열병을 앓았고 그에 대한 치유의 과정에서 높은 존재론적 사유들을 전개했던 반면, 동북아 철학은 '現象'에 대한 강한 긍정에서 출발했기 때문이다. 하지만 동북아 철학사의 초기에 등장한 '天', '道', '氣' 등의 개념들 역시 일상적 현상으로부터의 부분단절을 통해 등장했던 개념들이다.

자연, 동식물, 사람들, 사물들과 직접적인 관계를 맺으면서, 예술, 기술, 종교, 정치경제 등을 발전시키면서 문명과 문화를 이루어온 인류는 어느 순간 삶의 직접적인 지평을 갑자기 훌쩍 도약해서 '아르케'를, 그리고 도약의 정도는 덜하지만 브라흐만, 도를 찾기 시작한 것이다. 행이든 불행이든, 이것은 인류사의 결정적인 순간이었다. 어느 순간 인류는 '세계'라는 것 전체에 거리를 두고서, 그것을 대상화해 표상하기 시작했던 것이다. 인류의 모든 행과 불행은 이 결정적 순간과 어떤 식으로든 연관성을 갖는다고 할 수 있을 것이다. 삶과 죽음 그리고 운명에 대한 근원적인 이해 또한 바로 이 결정적 순간, 철학의 원(原)사건과 연계되어 있다. 철학적 존재로서의 인간이 탄생한 이 사건과.

이런 도약은 그리스, 인도, 동북아에서 공히 상고시대의 거대권력이 무너진 혼란스럽고 자유로운 상황에서 도래했다. 지하 감옥에 갇혔던 사람이 지상으로 풀려났을 때 지상을 살필 겨를도 없이 갑작스럽게 저 높은 곳의 태양을 보게 된 것처럼, 철학자들의 마음속에 켜진 로고스＝이성의 빛은 그들로 하여금 돌연 저 먼 곳을 응시하게 만든 것이다. 이 이성의 빛의 다른 이름은 '존재와 사유의 일치'이다. '파르메니데스'라는 서명을 달고 있는 이 일치는 신체와 그 상관물로서의 세계, 나타나 있는 세계('現象'의 세계)를 건너뛰어 인간의 이성과 존재의 본질을 통(通)하게 해주는 빛이었다.

지중해세계에서 이 빛은 소피스트들을 비롯해 간간이 등장한 차단막들을 뚫고서 유지·보수되어갔다. 르네상스를 지나 근세에 이르는 과정에서, 이 빛은 오히려 더 강렬해진다. 17세기는 과학적 빛(데카르트, 뉴턴 등의 광학), 예술적 빛(벨라스케스, 렘브란트 등의 회화)만이 아니라 종종 '무한'이라는 이름으로 불렸던 형이상학적 빛이 지배한 시대였다. 근세 자연철학과 형이상학('무한의 형이상학')의 길을 환하게 비추어준 것은 바로 이 '자연의 빛'이었다. 동북아의 경우, 성리학은 이 빛에 인도된 대표적인 사유였다. 인간의 도덕적 마음(性)과 하늘의 형이상학적 본성(理)을 일치시켜준 '性卽理'라는 도덕형이상학적 원리는 성리학적 가치의 원천이었다. 이보다 덜 이지적인 형태이긴 하지만, 힌두교의 뿌리인 우파니샤드 또한 저 근원적인 브라흐만과 내 안의 아트만 사이의 일치('범아일여')에 기반했다.(이 전통에 대립해 경험주의를 표방했던 불교가 동북아에 들어와서는 오히려 성리학의 한 추동력이 되었다는 점은 흥미롭다. 이는 '空' 개념의 다면적인 의미와도 연관된다.)

이 빛을 현상-경험의 차원에 국한하고자 한, 그래서 존재론적 초월을 포기하는 대신 인식론적 확실성을 추구하고자 한 경험주의는 사실상 형이상학과 길항하면서 철학사 내내 지속해왔다. 그러나 양자 사이에서 무게중심의 이동이 분명하게 나타난 것은 바로 '근대성'의 도래와 더불어서이다. 역으로 말해, 이 무게중심의 이동, 형이상학으로부터 인식론으로의 대전환은 근대성을 떠받친 핵심적인 철학적 기초로 작동했다. 경험은 인간이 하는 것이다. 물리적인 대상들의 접촉은 작용을 하는 것뿐이고, 생명체가 물리적 대상과 또는 다른 생명체들과 마주치는 것은 반응을 하는 것이다. 인간이 물리적 대상, 다른 생명체들, 그리고 다른 인간들(과 그들이 만들어놓은 모든 것들)과 마주치는 것은 단순한 물리적 작용이나 생물학적 반응을 넘어 인간적 경험을 이룬다. 인간이 경험을 할 수 있는 것은 그가 주체이기 때문이다. 이제 사유의 중심축은 주체에 놓이며, '세계'는 어디까지나 주체에 상관적인 것으로 이해된다. 근대성은 바로 이 경험주의, 주체철학을 그 근간으로 한다. 그러나 이런 전환이 일어나는 구체적인 양태들은 다양했다.

성리학이 유·불·도 삼교를 종합한 사유체계를 세울 수 있었던 원동력은 그것이 무, 공, 허 등 불교와 도교가 사유했던 형이상학적 차원 —— 지중해세계의 형이상학과는 반대의 성격을 띠었던 형이상학 —— 을 자체 내에 내장할 수 있었기 때문이다. 세계를 리·기의 구도로 파악한다는 것은 만물이 리·기를 둘러싼 원융의 세계를 이루고 있고, 리·기라는 본연이 만물을 원융의 상태로 보듬고 있음을 뜻한다. 그러나 어머니의 품과도 같은 이 본연은 묘하게도 무이다. 기는 만물이 거기서 나오고 또 그리로 돌아가는 원천이다. 따라서 기는 만물의 그 어느 것도 아니고 아니어야 한다. 특정한 물(物)이 되는 순간 그것은 이미 규정된 기이지 기 자체가 아니다. 기는 모든 것인 동시에 그 자신은 아무것도 아닌 것이다. 그러나 기는 'no-thingness'이되 'nothing-ness'인 것은 아니다. 그것은 만물에 대해 무이지만 리에 대해서는 유이다. 아무것도 아니되 유인 기의 가능조건은 리이다. 기는 만물에 대해서는 무이지만 리에 대해서는 유이고, 리는 절대 무이다. "萬物生於有 有生於無"라는 노자의 존재론은 성리학의 근간에 놓여 있다. 그러나 이 절대 무는 지중해세계의 무가 아니라 이법으로서의 태극의 무이다. 플라톤에게서 절대 무는 사유할 수조차 없는 것이며, 상대 무는 만물 저편이 아니라 타자를 뜻할 뿐이다.(『소피스트』) 성리학의 무는 만물 내에서의 타자도 또 사유 불가능한 절대 무도 아니다. 그것은 만물의 이법으로서 기능하는 태극, 이법들의 원융한 본연의 세계, 오히려 플라톤의 이데아계에 상응한다. 유사한 존재론적 역할을 하는 두 종류의 차원이 각각 절대 무와 절대 유로 대조적으로 파악되고 있음이 흥미롭다. 그 차이는 생성, 변화, 운동 등을 어떻게 이해할 것인가의 문제에서 시작해 많은 차이들을 도래시켰다.

근대성의 인식론적 핵심 요소인 경험주의는 주체의 경험 바깥의 차원을 부정하거나 최소한 유보하려는 태도에 기초한다. 이제 철학자들의 빛은 주체와 존재를 이어주는 '존재의 빛', '자연의 빛'이 아니다. 빛은 주체로부터 방사(放射)된다. 그리고 그 빛은 주체로부터 멀어지면서 점차 희미해진다. '존재'는 어둠에 싸여 있는 저편이다. 그곳으로부터 오던 빛은 꺼졌다. 존재와 사유를 일치시켜주던 끈은 끊어진 것이다. 이전에 만물은 리와 기에 의해 원융하게 통일되어 있었다. 하지만 이 차원은 희미해졌다. 이제 만물은 주체에서 방사되는 빛에 의해 그 통일성을 부여받게 된다. 형이상학적 표현주의에서 표현의 숱한 존재면들 중 준거-면은 초월적 실재였다. 이제 **모든 존재면들은 주체−존재면으로 번역되어 이해되고 주체−존재면으로 환원되어 가치가 부여된다.** 이제 학문은 만물 너머의 리기가 아니라 만물 자체를 탐구하게 된다. 이런 구도에서 각종 형태(문헌학, 목록학, 금석학, 어원학, 교감학, 연대학, 통계학, 고고학, 음성학, 문자학, 음운학, 훈고학 등)로 전개되었던 것이 '실학'이며, 이 구도 자체를 철학적인 수준에서, 즉 선험적 주체의 정립을 지향하면서 본격적으로 개진한 것이 대진의 고증학 방법론, 이토 진사이 등 일본 반-주자학자들의 고학, 고의학, 고문사학, 그리고 결정적으로는 정약용의 경학이다. 정약용의 거대한 경학의 세계는 주자학에서 벗어나 근대적 사유를 정립하고자 한 기념비적 업적이다. 그의 경학은 17~18세기에 전개된 실학적 성과들을 메타적으로 정초한 결정적인 작업이며, 서구에서 이루어진 칸트의 비판철학에 상응한다.

경험과 주체의 상호연관성을 언급했거니와, 경험의 차원에 대한 이런 새로운 이해는 곧 주체에 대한 새로운 이해와 맞물린 것이었다. 만물을 원융하게 보듬었던 리기의 차원이 거두어질 때 만물의 가치('당위')를 묶어주던 일원적 구도 또한 무너진다. 이때 문제는 본연으로서 상정되었던 차원과 경험차원 사이의 관계를 재설정하는 것이다. 리기를 완전히 거두어내면 만물의 가치는 총체적으로 파편화된다. 이것은 도덕적/윤리적 정향이 매우 강한 동북아 철학자들 대부분이 받아들일 수 없는 결과이다. 만일 리의 유기적 체계라는 본연·원융의 구도를 유지한다면 이토 진사이, 대진, 정약용 등이 철학화하려 했던 인정, 감정, 욕망, 의지, 기호/경향 등으로 이해된 근대적 주체성을 개념화할 수가 없다. 여기에서 논의의 중심에 서게 되는 것은 곧 '기'이다. 한편으로 기는 리의 주물을 벗어던진다. 기는 리의 체계라는 틀을 벗어던지고 자체의 차원에서 탐구되기 시작한다. 다른 한편, 기는 만물에 대해 무의 역할을 하면서 만물의 가치를 정초해주는 '자연'으로서의 역할을 행한다. 바로 이런 구도에서 근대 동북아의 많은 철학자들이 리기의 구도에서 기의 구도로 이행한 것이다. 이토 진사이의 경우처럼 자연과 천도 사이에 간극이 있는 경우든, 대진이나 정약용의 경우처럼 자연과 작위를 연속시켜 본 경우든, 이들은 기학적 토대 위에서 새로운 삶을 설계했던 것이다.

그러나 이들에게 기는 그 자체로서의 탐구 대상이 아니었다. 대진 등에게서 기에 대한 일정 수준의 탐구를 찾아볼 수 있지만, 이들에게 중요했던 것은 기를 자연적 배경으로 설정함으로써 인성론과 실천철학의 새로운 형태를 창조해내는 것이었기 때문이다. 그러나 최한기의 철학적 정향은 달랐다. 최한기는 서구의 근대적 과학을 흡수해 경험/견문, 추측, 증험, 변통의 근대적인 인식론을 수립했지만, 더 근본적으로는 그러한 인식을 '신기통(神氣通)'의 사유로써 다시 한 단계 심층적인 차원에서 정초함으로써 (표면적인 분위기와는 달리) 오히려 동북아 사유에서 줄곧 내려온 천·지·인의 연속성을 새롭게 개념화하고 있기 때문이다. 물론 역으로 말해, 이러한 연속성을 가능케 하는 것은 이제 리의 도덕형이상학이 아니라 기의 자연철학이다. 최한기는 '통'의 사유를 통해 '존재와 사유의 일치'를 되찾고, 기학의 위대한 전통 속에 근대성을 녹여 넣었다. 그는 조선조 철학자들의, 더 멀리 갈 경우 여래장사상의 도래 이래의 극동 철학의 근본 화두인 '사람의 마음'을 '신기'로서 파악하고, 한편으로 우주와 마음의 '통'을 다른 한편으로 신체와 마음의 '통'을 사유함으로써 그것에 새로운 존재론적 뉘앙스를 부여했다. 그러나 최한기 사유의 귀결점은 연속적이고 장대한 기학의 구축에 있지 않다. '일신운화'로 '통민운화'와 '천지운화'를 환원하거나 역으로 천지운화로 일신운화와 통민운화를 환원하기보다 오히려 통민운화를 중심에 놓고서 일신운화와 천지운화를 교차시키는 대목에서, 우리는 그의 사유가 지향한 것이 무엇인가를 분명히 볼 수 있다. 그리고 이 구도는 한편으로는 극단적 개인주의가 다른 한편으로는 속류 유물론이 유행하는 오늘날의 맥락에서도 무척이나 시사적이다. 최한기의 사유는 이렇게 근대적 인식론을 장착한 새로운 기학의 세계를 펼치되, 그 가치론적 귀결점을 통민운화에서 찾음으로써, 형이상학적이면서도 실천적인 근대적 사유의 정점을 보여준다.

우리는 이렇게 ① 전통 형이상학을 거부한 경험적 탐구들의 전개, ② 이러한 각종 탐구의 인식론적 정초로서 선험적 주체의 개념화, ③ 근대적 주체를 흡수하면서도 전통 철학을 새로운 형태로 재창조하려는 형이상학적 고투라는 과정을 유럽의 근대 철학사에서도 매우 유사한 형태로 발견하게 된다.

그러나 유럽에서의 경험적 연구는 인문과학이 아니라 자연과학을 중심으로 이루어졌다. 그리고 고전 역학의 경우 그 존재론은 경험주의가 아니라 오히려 플라톤 이래의 합리주의, 더 정확히는 합리주의와 실험적 방법의 결합을 통해 가능했다. 서구적인 근대성의 출발점에는 이렇게 순수 경험적 연구를 넘어서는 합리주의의 유산이 뚜렷하게 각인되어 있다. 본격적인 경험주의 인식론을 시작했던 로크에게서 과학과 인식론의 관계를 둘러싼 일정한 혼란이 야기된 것은 이런 점에서 보면 필연적이었다. 그는 표상의 막을 찢고서 사물의 진상에 다가설 수 있다고 보지 않았다. 아니, 그에게 관념과 지각물은 너무나도 가까워서 굳이 그런 도약을 필요로 하지도 않았다. 그럼에도 그가 제1성질과 제2성질을 구분한 것, 그리고 자연철학으로의 "작은 일탈"을 시도한 것은 서구 근대 철학에서 나타난 인식론적 분열증의 뚜렷한 징후에 다름 아니다. 그가 제비꽃의 입자들과 그것의 색이나 향기 사이에 나타난 간극을 신에 호소해 해결하고자 한 것, "신이 고통 관념을 그것과는 전혀 닮지 않은 (우리 살을 자르는) 한 조각 금속의 운동에 부가했다고 생각하는 것이 불가능하지 않듯이"라고 말하는 대목은 마치 이런 인식론적 분열증을 인상 깊게 그린 상징화처럼 다가오지 않는가. 보는(지각하는) 나와 아는 나 사이에서 생겨난 인식론적 분열증, 근세 유럽의 철학자들이 이 간극을 치유해달라고 호소할 수 있는 곳은 역시 신이었다.

계몽의 시대가 도래하고 철학적 문제의 해결을 위해 신에게 읍소하는 행태가 더 이상은 허용되지 않는 인식론적 장이 도래했을 때, 어색하게 붙어 있던 보는 것과 아는 것이 아예 갈라서서 각자의 길을 간 것은 필연적인 과정이었을 것이다. 보는 것에 닻을 내린 버클리, 흄 등의 사유가 걸어간 길과 아는 것에 닻을 내린, 하지만 이번에는 'ideal'한 것이 아니라 'material'한 것에 닻을 내린 유물론자들이 걸어간 길은 그래서 좀체 만날 것 같지 않았다. 과학과 수학을 둘러싼 달랑베르, 콩도르세 등과 볼테르, 디드로, 뷔퐁 등의 대립 또한 이런 맥락에서 유발된 논쟁이었다. 우리가 '경험적인 것'과 '선험적인 것'의 구분, 그리고 선험적인 것(과정으로서의 '經驗'적인 것에 앞서 존재하는 차원, 시간 속에서의 경험이 아니라 [논리적으로] 시간 바깥에서 그런 시간을 가능케 하는 차원으로서의 '先驗'적인 것)을 주인공으로 하는 결합 내지 중첩이라는 사유 구도의 중요성을 깨닫게 되는 것은 바로 이 지점에서이다. 보는 나와 아는 나가 수직적으로 배치되고, 후자가 전자를 정초하게 되었을 때 서구 인식론의 한 경지가 마련된 것이다. 이것은 "pathei mathos"로부터 로크가 열어젖힌 "經-驗"에 이르기까지 이어져온 인간의 자기이해의 역사에 대한 칸트의 응답이기도 하다. 시간의 지평에서 신체를 통해 이루어지는 경험을 '인식'으로 승화시키는 것, 그것은 곧 선험적 주체로서의 우리의 주체성인 것이다. 시간과 초-시간이, 신체와 정신이, 타자와의 마주침과 그 마주침의 주체적 소화가 이렇게 수준 높게 개념화된다.

그러나 하나의 구조물이 붕괴하는 것은 늘 그 연결고리에서이듯이, 칸트가 만들어놓은 그 연결고리는 결코 완전치가 않았다.(완전할 수 있을까?) 로크가 신에 호소함으로써 넘어가고자 했던 바로 그 연결고리, 그것이 함축하는 예민함은 결코 사라지지 않았다. 칸트의 사유에서 '구상력'이 천재성의 표징으로서 상찬되는 동시에 지적 함정이라는 의구심을 달고 다녔던 것은 바로 이 때문이었다. 삼중의 종합이 다루어지는 '오성의 순수 개념의 연역' 부분이 바로 문제의 장소이다. 늘 그렇듯이, 삼중의 구조라면 문제가 되는 것은 가운데의 것일 터이다. 지각 수준에서의 종합과 개념 수준에서의 종합보다는 바로 이 두 수준의 종합이 이루어지는 곳, 여기에서 구상력은 내 눈앞에 보이는 것과 내 마음에 들어 있는 것을 마법처럼 연결해야 한다. 이를 위해서 칸트는 우선 본질과의 연속성을 포기하는 대신 현상과의 연속성을 확보한다. 이로써 존재와 사유의 끈이 끊어지지만(더 정확히 말해, 차단되지만), 현상-존재와 주체가 이어지고 주체가 이 현상-장에 '입법자'로서 군림하게 된다. 하지만 문제는 이 입법자가 아니라 입법자와 국민을 연결해주는 행정부의 활동이다. 이 행정부가 "아마도 어떤 공통의 뿌리, 하지만 우리로서는 알 수 없는 하나의 뿌리에서 생겨난" 것으로서의 구상력이다. 그러나 칸트가 서술한 것은 행정부로서의 구상력이지 그 뿌리가 아니다. 칸트는 주체와 객체의 연결고리가 작동하는 방식을 서술한 것이지, 그 "공통의 뿌리"를 파악한 것은 아니다. 칸트에게 이를 밝히는 것은 사변이성의 월권이며, 그에게 중요했던 것은 오히려 도덕형이상학의 새로운 정초였다. 그에게서 인식은 반드시 경험에 근거해야 하는 것이었지만, 실천은 오히려 경험을 넘어섬으로써만 성립하는 것이었기 때문이다.

문제는 경험 저편으로 나아가 공통의 뿌리를 밝히는 것이 아니라 경험 이편에 무게중심을 두고서, 한편으로 인식 전반을 메타적으로 조직하고(사변이성에 규제적 역할을 부여하는 것) 다른 한편으로 도덕형이상학을 진수하는 것이었다(형이상학을 이론적 맥락에서 실천적 맥락으로 즉 주체의 '요청의' 맥락으로 변환하는 것). 칸트가 사유한 '선험적 주체'의 핵심이 드러나는 곳이 바로 이곳이다. 그의 이런 작업을 통해서 선험적 주체는 단순한 지식들의 집적체가 아니라 세계에 대한 총체적인, 적어도 거시적인 인식을 가질 수 있는 존재이자, 동시에 (어떤 사변적인 근거가 아니라) 주체 자신의 요청으로써 자유와 도덕을 스스로에게서 정초하는 존재로서 정립되기에 이른 것이다. 칸트의 사유야말로 근대적인 주체의 철학, 즉 인식의 메타적 종합을 추구하면서 스스로를 도덕형이상학의 기반으로 세우는 선험적 주체의 철학을 굳건히 정초한 이정표이다. 그것은 동북아의 경우 다산 정약용의 경학에서 볼 수 있는 주체철학과 조응하는 근대적 주체철학의 지적 금자탑이었다.

하지만 이후의 철학자들(헤르더, 마이몬, 피히테, 셸링, 헤겔)이 볼 때, 칸트의 사유는 인식과 실천의 두 차원을 갈라놓은 후 그 사이에 목적론을 삽입해 연결해놓은 불완전한 사유였다. 이들은 구상력과 같은 약한 고리를 없애기 위해 여러 형태의 일원적 사유를 전개한다. 따라서 포스트-칸트 철학자들의 카르토그라피를 파악하는 핵심적인 준거는 이들이 설정한 일원적 원리의 위치와 성격을 가늠해보는 것이다.

헤르더는 물질과 정신을 나눈 후 그 사이에 생명이라는 가교를 설치하기보다는 생명을 출발점으로 놓고 그 정화를 정신으로 그리고 그 퇴락을 물질로 놓음으로써 칸트와 대립각을 세웠다. 마이몬은 감각적인 것을 개념적인 것의 그림자로 봄으로써 칸트의 사유를 새로운 라이프니츠주의를 통해 재구성하고자 했다. 그 맞은편에서는 경험주의와 회의주의가 반대 방향의 환원주의를 개진했다. 이런 방향의 사유는 칸트가 인식론적 맥락에서 제시했던 '무제약자'를 아예 형이상학적 '절대자'로 실체화한 이념론자들에게서 절정에 달한다. 여기에서 오성과 사변이성 사이의 날카로운 인식론적 구분은 무한과 유한의 구분으로 전환되고, 유한지성(사유의 로고스)은 무한지성(존재의 로고스)의 격려를 받으면서 그에 접근해가는 존재로 자리 잡는다. 헤라클레이토스에게서 확인할 수 있었듯이, 인간의 로고스는 우주의 로고스의 한 부분, 그러나 그 전체를 알아보는/인식하는 특권적인 부분이다. 정신-속성이 주인공으로 등장하는 이 스피노자주의는 신으로부터 연역되는 철학이 아니라 감성에서 시작해 절대자로까지 나아가는 지적 오뒤세이아의 철학이다. 셸링의 『선험적 관념론의 체계』 그리고 특히 헤겔의 『정신

현상학』은 이 여정을 장대하게 그리고 있다. 그것은 '신기'를 부여받은 인간이 우주의 '운화기기'를 찾아 지적 여행을 수행하는 최한기 기학의 세계와 상통한다. 그러나 최한기에게서 주인공은 어디까지나 '신기'이듯이, 이들에게서도 사실 주인공은 절대자가 아니라 그 절대자를 찾아가는 주체, 즉 형이상학적 존재로 격상된 선험적 주체이다.

피히테에게 철학의 원점은 존재가 아니라 '자아'이다. 'fortuna'와 투쟁하면서 스스로를 실현하는 'virtù'의 위대한 전통을 되살리며, 피히테는 '사유하는 자아'가 아니라 '자유로운 자아', '실천하는 자아'를 사유했다. 그는 이 자아에 단지 심리학적 주체성, 인식론적 주체성에 그치지 않는, 형이상학적 주체성을, '선험적 주체=x'가 아니라 무한지성, 자유로서의 자아, 절대적 주체로서의 자아, 예지적 직관의 주체성을 부여했다. 주관에서 객관으로 가는 피히테 사유의 일방향성을 객관에서 주관으로 가는 자연철학으로 보완하고자 했음에도, 셸링의 사유 역시 양 방향의 궁극적 동일성을 강조하는 일원적인(이원적 일원) 동일철학이다. 실재적인 것과 이념적인 것의 스피노자자적인 동일성이 핵심인 것이다. 구체적인 세계 이해에서, 존재에서의 층들의 구분을 어떤 초월적 존재의 도입을 통해서가 아니라 역능상승과 역능하강을 통해 설명하는 그의 구도는 이런 일원성을 잘 보여준다. 그에게 모든 차이는 궁극적 동일성의 자기-계층화인 것이다. 그리고 바로 이런 일원적 구조 내에서 칸트 사유의 약한 고리였던 구상력이 새로운 방식으로 이해된다. 즉, 대립적인 것들을 조화시키는 예술적 조성의 능력이 구상력의 역할을 대신하고, (피히테가 마련한) 예지적 직관의 경지를 최고조로 고양하는 것이다. 헤겔은 셸링의 이런 낭만주의에 각을 세우면서 사유를 시작했지만, 감각적 확신에서 출발해 절대지에 이르는『정신현상학』과 존재론에서 출발해 자연철학, 정신철학으로 나아가는『철학 요강』의 구도는 결국 셸링의 동일철학을 보다 구체적이고 장대하게 완성한 것이다. 그리고 절대자/정신의 일원성은 그에게서 보다 공고하게 된다. 이들의 사유는 17세기 '무한의 형이상학'을 잇고 있지만, 이미 지적했듯이 그 사실상의 주인공은 절대자의 비호를 받는 선험적 주체이다. 근대적인 주체는 이제 형이상학적 위상을 부여받기에 이르렀고, 특히 헤겔에게서 잘 나타나듯이 실제 역사의 의미이자 목적으로서 자리 잡게 된 것이다.

이미 지적했듯이, 경험적 연구(주로 자연과학)를 진행한 과학자들로부터 이런 활동을 '주체'를 중심으로 정초하고자 한 경험주의자들과 칸트의 비판철학, 그리고 이런 토대 위에서 마침내 근대적인 형태의 형이상학을 새롭게 창조해낸 독일 이념론자들의 사유 과정은 흥미롭게도 경험적 연구(주로 인문과학)를 활발하게 전개한 실학자들로부터 그러한 내용을 역시 주체에 대한 새로운 사유들을 통해 정초한 정약용 등의 비판철학, 그리고 여기에서 더 나아가 근대적 과학과 인식론을 장착하면서도 궁극적으로 신기통의 형이상학을 전개한 최한기의 사유 과정과 (세부적인 차이들을 접어둔다면) 유사하다. 그러나 근대 서구 인식론은 동시대 동북아의 인식론보다 훨씬 역동적이고 치밀하다. 그 이유는 어디에 있을까?

동북아의 경우 근대 학문은 인문과학에서 출발했다. 그것은 구체적인 경험을 기반으로 사물들과 문헌들을 탐구하는 경험주의적 학문이었다. 그리고 이 학문의 정초로서 새로운 근대적인 주체의 개념화가 있었고, 최한기에 이르러서는 이 주체를 신기를 내포한 형이상학적 주체로까지 고양했다. 이런 과정은 대체적으로 연속적인 과정이다. 그러나 서구의 경우 수학적 물리학이라는 합리주의적 과학과 근대의 새로운 흐름으로 나타난 경험주의 사이에 인식론적 분열증이 있었다. 우리는 로크에게서 이런 분열증을 확인할 수 있었고 다양한 갈래의 모색들을 거쳐 칸트에 의해 이 분열증이 치유되는 과정을 보았다. 그리고 칸트 사유에 존재하는 다원성을 극복하려 한 일원성의 사유들이 이어졌다. 서구 철학은 이렇게 인식론적 분열증을 앓고 그것을 치유하는 과정에서 뛰어난 성과들을 얻을 수 있었던 것이다. 그런데 우리는 이런 장면을 이미 본 바 있다. 바로 고대 그리스에서의 존재론적 분열증과 그 치유 과정이 그것이다. 그리스에서 존재론적 분열증을 앓으면서 그 치유 과정에서 무비의 존재론적 사유들을 쏟아냈던 서구 철학은 이번에는 근대에 이르러 인식론적 분열증을 앓으면서 그 치유 과정을 통해 오늘날까지도 영향을 끼치고 있는 여러 인식론적 패러다임들을 낳을 수 있었던 것이다. 이 과정은 'pathei mathos'의 진리를 다시 한 번 음미케 하는 사실이 아닐 수 없다.

　근대 철학의 핵심에는 동북아와 서구에서 공히 다듬어져온 이 경험적 주체, 선험적 주체, 그리고 형이상학적 경지로까지 고양된 선험적 주체의 개념이 존재한다. 하지만 근대적 주체의 이 모습은 사실 전체의 절반만을 보여줄 뿐이다. 근대적 주체의 나머지 절반의 모습을 보려면, 이제 우리가 논의의 편의상 접어놓았던 그림의 반쪽을 펴보아야 한다. 그래야만 근대성의 카르토그라피 전체의 모습이 드러나게 된다.

4부

시민적 주체와 근대 정치철학

고대 그리스 문명이 인류에게 선사한 두 가지 중요한 선물은 민주주의와 철학(학문)이었다. 민주주의는 사람과 사람의 관계를 새롭게 했고, 철학은 세계와 인간의 관계를 새롭게 했다. 하지만 그리스에서 민주주의와 철학은 불화를 겪었다. 철학은 소피스트들에 의해 진정성을 상실했고, 민주주의는 우중의 정치로 전락했다. 그리고 소피스트들에 의해 농락당하던 대중은 그르상티망(앙심)의 화살을 얄궂게도 소크라테스를 향해 쏘았다. 철학과 민주주의는 서로를 배반했다.

　이에 반해 서구의 근대는 민주주의와 철학이 전무후무하게 서로를 강화해주면서 창조적인 역사를 만들어낸 시대이다. 철학은 '전통'과 구분되는 '근대적인' 사유들을 창조해냄으로써 세상을 바꾸어나갔고, 민주주의는 철학에 그 존재이유를 부여함으로써 사유의 원동력으로 작용했다. 사유와 현실이, 철학과 역사가 이토록 강렬한 상생을 이루어낸 경우는 달리 없다. 따라서 이 시대의 정치와 철학의 교차로들, 바로 정치철학들을 정확히 이해하는 것은 지금 우리가 살고 있는 세상을 끌어가고 있는 정치적 문법을 이해하는 데, 그것의 의의와 한계를 정확히 파악하는 데에 필수적이다.

인간사회의 가장 중요한, 적어도 가장 기초적인 요소는 정치이다. 그리고 정치의 본질은 권력 배분이고, 그 핵심적인 가치는 정의(正義)이다. 정의란 올바른 권력 배분 이외의 다른 것이 아니기 때문이다. 따라서 정치철학의 대상은 권력 배분이며, 그 목적은 정의 개념을 정립하는 것이다.

전통적 권력 배분의 가장 일반적인 형태는 왕정이다. 우리가 근대 이전의 사람들을 상상할 때 흔히 떠올리는 것은 왕과 왕족, 귀족, 관료, 백성, (서양의 경우) 사제 등이다. 다시 말해, 전통 세계의 기본적인 이미지는 왕조('다이너스티')의 이미지이다. 이 점에서 서구(지중해세계의 서북쪽)는 정치적으로 독특한 지역이다. 고대의 그리스와 로마도 또 중세 유럽도 왕조가 아닌, 특이한 구조를 가진 사회였기 때문이다. 그리스의 민주정도, 로마의 공화정도, 중세의 이원적 권력구조도 공히 왕조가 아니었다.* 오히려 서구에서 본격적인 형태의 왕정이 등장한 것은 중세가 무너진 이후의 16세기였다.** 서구에서 전형적인 형태의 왕정이 존재했던 시기는 16~18세기의 3세기라고 할 수 있다.

이 시대는 신분제의 시대였으며, 왕족·귀족의 권력과 사제들의 권력이 양대 권력을 형성했다. 이 점에서 중세적 구도가 개별 국가 단위로 이어졌다고 할 수 있다. 그러나 이 시대에 정치적으로 새로운 변화들, 그중에서도 특히 '제3신분'의 등장이 있었다. 기존의 지배층과 피지배층 사이에 제3의

---

* 그리스의 민주정은 1인 1표에 입각한 현대 민주주의와는 달리 1데모스(家) 1표에 입각한 가장(家長)민주주의였다.(이때의 '家'는 물론 대가족, 때로는 한 마을 전체를 가리킨다.) 로마의 공화정은 거족(巨族)들이 중심이 된 공화정이었다. 그리고 중세 유럽은 황제권력과 교황권력, 즉 정치권력과 종교권력이 거의 대등한 힘의 균형을 유지한 이원적 세계였다.

** 물론 그 전에도 '왕'이라는 명칭과 그에 해당하는 인물들은 존재했다. 그러나 이 왕들은 ① 황제와 교황이라는 이원적 최고 권력을 전제한 한에서의 왕들이었으며(적지 않은 경우 이들은 교황의 허락을 받아 결혼했다.), ② 본격적인 의미에서의 왕들이라기보다는 영주들의 피라미드로 구성된 봉건적 구조에서의 비교적 큰 영주들을 뜻했다. 서구에서 본격적인 왕정은 프랑스, 스페인, 영국 등에서 강력한 왕들이 동시에 등장했던 16세기에 도래했다고 해야 한다.

세력이 등장한 것은 향후에 전개될 역사 변화의 단초이다. 이 세력은 상업 자본주의를 통해 부를 축적해가던 신흥 부르주아지와 새로운 지식/사상을 통해서 기성 세계를 변화시키려 한 지식층=독서층을 그 두 핵으로 했다.*

재산과 지식의 위력은 기존 세계를 서서히 무너뜨리게 된다. 근대 서구의 정치철학은 바로 이 지식인 세력(the intellectuals)에 의해 창조되었다. 그리고 그 궁극의 의미는 곧 새로운 정치적 주체, 즉 정치적 맥락에서의 선험적 주체인 근대적 시민주체의 탄생이었다.

---

* '부르주아지'는 당대에는 '시(市)'에서 사는 사람들을 뜻했고, 따라서 농민들에 대비되는 상공업 종사자들만이 아니라 도시를 거점으로 삼고 활동하는 사람들 전체를 뜻했다. 19세기 이래의 '부르주아지'(생산수단을 소유한 계층)와는 다른 뉘앙스를 띤 말로서, '시민'을 뜻했다. 이 시대에 부르주아지=시민의 대립어는 프롤레타리아트가 아니라 농민들이었다. 따라서 오늘날 '국민'과 거의 동의어로 사용되는 '시민'과도 뉘앙스가 다르다. 혼동을 피하기 위해 부르주아지, 지식층을 포함한 새로운 세력 전체를 가리킬 때는 '시민계층' 또는 '시민사회'(당대에 '국가'와 '시민사회'는 아직 분명하게 구분되어 사용되지 않았지만)를 사용할 것이고, '부르주아지'는 19세기적인 맥락에서 사용할 것이다. 근대의 정치적 주체를 시민계층/시민사회로 잡는 것은 이 말을 문자 그대로의 의미에서 이해하는 한 편파적인 것일 수 있다. 지방 귀족들과 농민들의 역할 또한 여전히 중요했기 때문이다. 하지만 근대의 대부분의 정치철학들은 도시의 산물들이었다. 흄이 말했듯이, "도시야말로 문인들의 진정한 무대"였다. 파리가 없는 디드로, 제네바가 없는 루소, 쾨니히스베르크가 없는 칸트를 상상할 수 있겠는가. 이 점에서 철학사를 다루는 본 저작에서는 시민사회에 초점을 맞추어도 문제가 없을 것이다.

10장 시민적 주체의 탄생

정치의 본질이 권력 배분인 한, 그것은 또한 각 권력에 대한 정당화이기도 하다. 다시 말해, 권력 배분이란 곧 이름-자리의 배분이며[1] 각 이름-자리가 왜 특정인에게 할당되는지가 정당화되어야 한다. 인간사회는 자연법칙에 의해서가 아니라 사회법칙에 의해 지배되며, 동물적인 싸움을 통해서가 아니라 정치적인 정당화를 통해서 전개된다. 전쟁 등 동물적인 상황은 이 정치적 구조가 깨질 때 발생하며, 사실 전쟁조차도 순수 물리적 과정이 아니라 어디까지나 사회적 과정이다. 사회/문화를 자연으로 환원하려는 모든 사유는 그릇된 사유이다.[2] 인간은 정치적 동물이며, 정치의 본질인 권력 배분은 곧 이름-자리들의 구조와 그것들의 정당화를 둘러싼 투쟁을 함축한다.

---

1) 이는 곧 각 개인(또는 집단)을 특정한 술어적 주체로 배정하는 것이기도 하다. "철수는 공무원이다", "영희는 회사원이다", "앙드레는 사장이다", "미치코는 신입사원이다" 등 등. '술어적 주체'에 대해서는 이정우, 『주체란 무엇인가』(그린비, 2009)에서 논했다.
2) 물론 이것이 인간사회는 자연과 완전한 불연속을 이룬다는 것을 뜻하는 것은 아니다. 어떤 형태로든 인간도 자연 특히 생명의 거대한 흐름 속에 있다. 따라서 중요한 것은 자연과 인간을 단순히 연속시키는 것도 단적으로 분할하는 것도 아니며, 양자 사이의 분절(articulation)-선을 정확히 파악하는 것이다.

전통 사회에서의 이름-자리들은 '신분'의 구조를 형성했고, 그 정당화는 각 사회를 지배하는 종교적-형이상학적 담론을 통해서 이루어졌다. 전통 사회의 권력 배분에서 일차적인 것은 곧 '왕'의 이름-자리였고, 이 왕이라는 위(位)를 정당화하는 것이 종교적-형이상학적 정치철학의 주요 작업들 중 하나였다. 서구 고전 시대에 이렇게 '왕의 자리'를 정당화해준 정치철학이 곧 '왕권신수설'이다.[3] 왕권신수설은 위로는 황제권력과 교황권력에서 독립한 왕이라는 존재를 선포하고, 아래로는 영주들과 왕 사이의 절대적인 간격을 강조했다. 그래서 이런 흐름은 위로는 황제라는 존재를 소멸시키고 교황이라는 존재를 정치의 심급에서 사회문화의 심급으로 옮아가게 만들었으며, 아래로는 영주들이 소멸되고 도시들이 국가로 통합되어[4] 귀족들과 대(大)관료들이 지배하는 세계를 도래시켰다. 이렇게 왕을 중심으로 귀족들과 대관료들의 새로운 피라미드가 형성됨으로써, 지배계급 자체 내에서 다양한 형태의 새로운 알력들이 생겨나게 된다.[5] 아울러 이 시대에 새롭게 등장한 제3세력('시민' 세력)은 종종 왕과 손을 잡고서, 그 사이의 귀족 세력을 압착해 들어갔고, 더 길게 보면 '왕권'으로 대표되는 고전 시대의

3) 대표적으로 장 보댕(1530~1596)의 『국가론』(양승휘 옮김, 책세상, 2005)을 들 수 있다. 사실 보댕의 목적은 왕권의 신수(神授)를 강조하려 한 것이 아니라 오히려 왕권의 신성함을 강조하는 데에 있었다. 그는 왕권 강화를 통해 종교적 혼란을 잠재울 수 있기를 원했다.(1572년에 성 바르톨로메오 축일 대학살 사건이 있었다.) 그리고 그는 왕권 자체에 대해서도 일정한 제한을 둠으로써 법치, 시민사회 등을 사유할 수 있는 가능성을 열었다.
4) 과거 사람들의 장소적 정체성은 국가가 아니라 도시, 그 전에는 마을이었다. '마을'이야말로 본래의 장소적 정체성이었고, 각인의 성(姓) 자체가 마을의 이름인 경우가 많았다. 레오나르도 다빈치는 빈치 마을의 레오나르도이고, 잔다르크는 아르크 마을의 잔이다. 그 후 도시가 발달하면서 도시민들의 정체성은 각 도시로 화했고, 16세기 이후 국가 단위가 중심이 되면서 서서히 국가를 중심으로 하는 장소적 정체성이 생겨나게 된다. 잉글랜드의 톰, 프랑스의 앙리, 스페인의 호세 등등.
5) 제2신분이었지만 왕족이 아니었던 법복귀족(法服貴族)들은 왕족과 알력을 빚었고 결국 '프롱드의 난'을 일으키게 된다. 아울러 지방 귀족들도 중앙정부에 대한 강한 불만을 터뜨리게 된다. 이 싸움에서 왕당파가 승리함으로써 부르봉 왕가가 확립된다. 부르봉 왕가는 오스트리아의 합스부르크 왕가와 더불어 대표적인 왕실을 형성한다.

질서 자체에 도전하기에 이른다.

한 사회의 권력 배분은 복잡하기 이를 데 없으나, 각 시대에는 그 시대를 특징짓는 대립이 존재한다. 고전 시대에 권력 배분을 둘러싸고 벌어진 숱한 대립들을 단순화해서 볼 경우, 우리는 이 시대를 '왕당파'와 '공화파'의 대결로 특징지을 수 있다. 물론 우리가 '하나'로 간주하는, 그래서 하나의 이름을 붙여 가리키는 것들은 대개 다시 그 안에 이질적인 '여럿'을 내포한다. 그래서 하나 안의 여럿을 다시 잘 구별해서 보는 것이야말로 정확한 사고를 위한 필수 조건이다.(『필레보스』) 왕당파 내에도 그리고 특히 공화파 내에는 사실 숱한 세력들이 공존하고 있었다. 그리고 오늘날의 시점에서 이후의 역사 전체를 조감해보면, 공화파의 주축 세력이 귀족들에서 '시민' 세력으로 그리고 다시 민중 세력으로 이행해간 것이 근대사의 전체 흐름이었다.[6] 이 과정은 곧 근대적인 형태의 정치적 주체, 즉 시민적 주체의 형성 과정에 다름 아니다. 근대 정치철학은 바로 이 시민적 주체의 형성을 기반으로 성립한 담론이며, 역으로 근대적 시민적 주체는 바로 이런 사상적 토대에서 형성되었다.

---

6) 민중 세력은 아직 권력 배분의 주체가 되지 못했지만, 도처에서 불붙은 농민항쟁은 그 자체가 기성 권력 배분에 대한 투쟁이었다고 할 수 있다. 16세기 독일의 농민전쟁은 그 전형적인 예이다. 엥겔스는 이 항쟁을 최초의 사회주의 혁명으로 평가한다. 17세기가 되면 민중의 동향/생각은 그때그때 짧막한 '팸플릿'들로 만들어져 쏟아져 나오게 된다. 이후 정치의 역사는 곧 팸플릿의 역사이기도 하며, 팸플릿을 비롯한 시사 문건들(포스터, 신문 기사, "찌라시", 대자보 등)은 전문 사상서와 함께 정치적 사유의 두 언어적 축을 형성하게 된다. 이 중 특히 수평파의 보다 급진적인 무리였던 '디거스'의 공산주의를 대변한 윈스턴리의 「자유의 법」은 이후 이어질 다양한 형태의 공산주의, 넓게는 사회주의 강령의 원형을 보여준다.

1절 권력 배분의 새로운 논리: 계약

16세기에 형성되어 고전 시대에 뚜렷해진 군주제 내에서 새로운 권력 배분을 사유한 인물들 중 홉스(1588~1679)는 그 첫머리에 놓인다. 그것은 첫째, 사유 양식에 있어 그가 근대적인 정치철학의 한 유형을 분명하게 보여주는 담론을 전개했기 때문이고 둘째, 내용에 있어 왕권에 중점을 두면서도 공화정으로 나아갈 수 있는 사상적 단초들을 보여준 과도기적인 인물이었기 때문이다. 전자는 합리주의적 유물론이라 할 수 있는 철학적 사유이고, 후자는 '사회계약론'이라 불리는 정치철학적 사유이다.[7]

§1. 합리적 개인들과 사회계약

17세기 영국은 1588년 무적함대를 무너뜨린 이후 대서양세계의 패권을 잡고, 전국 규모의 유통망을 통해 '국부(國富)'를 쌓기 시작한다. 영국 자체 내에서의 정치적 갈등들은 영국 바깥에서의 이런 성공을 배경으로 한다. 외부 문제에 전력할 때에는 내부 투쟁에 전념할 겨를이 없기 때문이다. 스튜어트 왕조가 지배한 이 시대는 왕당파과 공화파(의회파)가 끊임없이 격돌한 시대였고, 특히 1642~1651년은 내전의 시대였다. 영국의 파란은 1688년의 명예혁명을 통해 진정되고, 다음 해「권리장전」의 발표로 의회민주주의가 뿌리를 내린다. 홉스가 『리바이어던』을 저술했을 때가 바로 내전기였고, 이 시대의 상황은 이 저작에 짙게 반영되어 있다. 『리바이어던』이

---

7) 홉스는 『시민론』(1642), 『물체론』(1655), 『인간론』(1958) 3부작에서 자신의 철학적 사유를 전개했다. 그의 정치철학을 핵심적으로 보여주는 저작들은 『법의 기초』(1650), 그리고 그의 사유 전반을 종합하고 있는 주저인 『리바이어던』이다.

강력한 왕권을 주장한 저서였기에 왕당파의 정치철학서라고 할 수 있겠지만, 사정은 복잡하다. 중세에 신의 존재를 증명하겠다는 행위 자체가 이미 기성 세계에 대한 도전이었듯이, 사실 왕권을 정당화하겠다는 시도 자체가 왕권을 당연한 것으로 간주하지 않음을 함축하기에 말이다. 왕당파가 홉스의 사상을 마뜩잖게 생각한 것도 이 때문이다. 반면 의회파에게는 절대왕정을 주장한 그의 정치철학이 수구적인 시도에 불과한 것으로서 받아들여졌다. 절대왕정의 '정당화'라는 그의 시도는 이렇게 양파 모두에게서 공격받았다. 하지만 합리주의적 유물론에 기초한 그의 사회계약론 정치철학은 근대 정치철학의 효시로 평가받기에 손색이 없는 것이었다. 홉스는 베이컨의 제자였지만, 그의 사유를 지배한 것은 흐로티위스, 갈릴레오, 데카르트 등이 추구했던 합리주의와 기계론이었다. 그러나 그의 사유 전체를 특징짓는 것은 유물론이고,[8] 그의 정치철학을 핵심적으로 근거 짓는 것은 그의 인성론/'심리학'이었다고 할 수 있다.

홉스는 정치를 자연에 기반해 설명하려 했다는 점에서 플라톤 이래의 전통 위에 서 있다. 하지만 그가 생각한 '퓌지스'의 뉘앙스는 플라톤적 전통과는 대조적인 것이었다. 그가 생각한 'kata physin'은 당대까지 지배적이었던 아리스토텔레스의 목적론적 맥락이 아니라 당대의 갈릴레오-데카르트적 맥락을 띠었다. 그 핵심은 '물질'과 '운동'이었고, 홉스에게서 운동이란 어디까지나 'phora'='(loco)motion'이었다. 이것은 자연법에 관련해서도 마찬가지이다. 홉스에게 자연법은 거의 자연법칙일 뿐이다. 그가 생각한 자연법은 오늘날의 사회과학에서 한 인간이 "합리적으로 행동한다"고 가

---

8) 하지만 홉스는 대부분의 경우 정치철학자로서만 읽힌다. 그 이유는 ① 그가 자신의 유물론을 정교화하기 위해 시도한 여러 자연철학적 논의들이 그다지 인상적이지 않았기 때문이고, ② 그의 사유를 일급의 형이상학 — 유물론도 형이상학의 일종이다 — 으로 보기에는 한계가 많았기 때문이다. 사실 홉스의 사유는 철학의 여러 분야들을 포괄하는 대(大)체계임에도, 그의 이론철학보다는 실천철학이 주된 관심사가 되어온 것은 이런 이유 때문이다.

정할 때의 그런 인간의 자연/본성에 가깝다. 홉스에게서 'human nature'의 개념은 그 인문학적 함의를 거의 박탈당한다. 그의 사유체계에서 모든 것은 물질의 운동이 띠는 인과관계에 기반하는 것이다. 하지만 홉스에게서 물리학 → 심리학 → 정치학으로 이행하는 과정이 정말 연역적/통합적인 것은 아니다. 홉스적 합리주의와 통합과학은 실질적 성과로서보다는 학문의 이념으로서 의미를 갖는다. 그리고 이런 불연속성은 지금도 메워지고 있지 않고, 또 조악한 방식으로 메워져서도 안 된다. 실질적으로 그의 정치철학의 기초가 되는 것은 『리바이어던』의 1부에서 전개되는 그의 인성론이다. 잘 알려져 있듯이, 홉스가 생각하는 '자연상태'의 인간은 악하고 비참한 존재이며 그로부터 사회상태/국가, 그것도 절대왕정[9]의 필요성이 도출된다.

> 인간은 그들 모두를 위압하는 공통의 권력이 존재하지 않는 곳에서는 전쟁상태에 들어가게 된다는 것이다. 이 전쟁은 만인에 대한 만인의 투쟁이다. (…) (이런 세상에서는) 끊임없는 공포와 생사의 갈림길에서 인간의 삶은 고독하고 가난하고 험악하고 잔인하고 그나마 짧다. (…) 두려워할 만한 공통의 권력이 존재하지 않는 곳에서 인간의 삶이 어떠할 것인가 하는 것은 평화로운 국가생활을 하다가 내란에 빠져들곤 했던 인간의 역사를 살펴보는 것으로도 족할 것이다.(『리바이어던』, XIII)

홉스에게 인간 본성의 핵심은 "죽음에 이르러서만 비로소 잦아드는, 권력에 대한 꺼지지 않는 욕망"에 있다. 따라서 "인간은 인간에 대해 늑대"일

---

9) 홉스는 '한 사람(one Man)' 또는 '한 합의체(one Assembly)'라고 표현했기에, 그가 오로지 절대왕정만을 염두에 둔 것은 아니다. 게다가 "Assembly"는 의회를 뜻하기도 한다. 오히려 홉스에게서 핵심은 지배자의 수가 하나이든 여럿이든 압도적인 힘으로 개인들의 이익을 보장해줄 '국가(Commonwealth/Civitas)'라는 존재의 성립이다. 이 리바이어던의 출현으로 주권자(sovereign)와 신민들(subjects)이 나뉘게 된다. 당대의 역사적 배경 전체를 놓고 볼 때 이 '국가'란 분명 실질적으로는 절대왕정을 의미한다고 볼 수 있다. 하지만 홉스의 정치철학이 그리고 있는 리바이어던과 당대 현실에서의 절대왕정 사이에는 일정한 간극이 있다.

수밖에 없다. 이에 근거해 자연상태가 설정되고, 그것의 대비항으로서 사회 상태/국가가 제시된다.[10] 플라톤의 『국가』(2권)에서 전개되는 소피스트들의 정치철학을 근대적인 방식으로 잇고 있다고 할 수 있다.[11]

> 천성적으로 자유를 사랑하고 타인을 지배하기를 좋아하는 인간이 국가에 의한 구속을 스스로에게 부과하는 궁극적 원인과 목적과 의도는 자기보존과 그로 인한 만족스러운 삶에 대한 통찰[계산]에 있다. 다시 말하면, 비참한 전쟁상태로부터 벗어나고 싶기 때문이다. 전쟁은 (…) 인간 본래의 정념들로부터 필연적으로 발생하는 것이다. 그러므로 보이지 않는 어떤 힘이 있어서 인간이 그 힘을 두려워하고, 처벌에 대한 공포 때문에 각자가 체결한 신의계약들을 이행하고, (…) 여러 자연법들을 준수하지 않는 한, 전쟁은 피할 수 없는 것이다.(『리바이어던』, XVII)

주목할 점은 플라톤의 논의 구도가 정의와 부정의를 둘러싸고 전개된 것에 비해, 홉스의 이론적 장치에서 자연상태 즉 "만인에 대한 만인의 투쟁"

---

10) '자연상태'라는 가설은 논리적 맥락과 역사적 맥락을 모두 가질 수 있다. 논리적 맥락에서 볼 때, 그것은 현재 한 사회를 지배하고 있는 법과 제도를 모두 벗겨버렸을 때 나타나는 적나라한 인간세계를 뜻한다. 갈릴레오는 마찰이 전혀 없는 진공상태에서의 물체 운동을 상정해 논하고, 그 후에 현실의 여러 변수들을 넣어 논의를 진행했다. 자연상태란 이런 사고실험의 대상이라고 할 수 있다. 다른 한편 이 가설은 역사적 가설이라고도 볼 수 있는데, 실제 법과 제도가 아직 등장하지 않은 인류의 초기를 가리킬 수도 있고 또 역사시대로 이미 접어든 경우 기성의 법과 제도가 와해된 상태('무정부 상태')를 가리킬 수도 있다. 홉스 이래의 사회계약론자들의 저작들에서는 이 두 맥락이 다소 오락가락하는 것을 볼 수 있으며, 또 역사적 맥락에서의 논의들은 아직 튼튼한 역사학적-사회과학적 토대를 갖추고 있지 못함을 확인할 수 있다. 기본적으로는 논리적 가설로 보는 것이 좋을 것이다.

11) 핵심은 다음과 같다. "본래 부정의를 행하는 것이 좋은 것이요 그것을 당하는 것은 나쁜 것이지만, 그걸 당함으로써 입는 나쁨이 그걸 행함으로써 얻는 좋음보다도 월등하게 크다. 결국 사람들은 서로에게 정의롭지 못한 짓을 가하기도 하고 또 당하기도 하면서 두 경우 모두를 겪기 마련이다. 그런데 자신이 부정의를 가하기만 하고 타인에게 당하지는 않으리라는 보장은 누구에게도 없다. 그래서 사람들은 차라리 서로 부정의를 가하거나 당하지 말자고 약정을 맺는 것이 낫다는 결론에 달한 것이다."(『국가』, II, 358e~359a)

이 벌어지는 상태에서는 정의도 부정의도 존재하지 않는다는 점이다. 그렇다면 이런 상태의 인간들이 어떻게 사회상태를 생각하고 계약으로 나아갈 수 있을까? 홉스는 바로 이 점 때문에 그의 인간관과는 얼핏 모순되어 보이게도 모든 인간은 '합리적'이라고 가정하지 않을 수 없었다. 그러나 이때의 합리성이란 그리스적 뉘앙스에서의 이성('로고스')과는 판이한, 철저하게 개인의 이익을 목적으로 사태를 면밀히 계산할 수 있는 능력을 뜻한다. 한마디로 홉스의 인간은 악하지만 합리적인, 합리적이지만 악한 존재이다. 홉스 철학의 의미는 절대왕정의 옹호라는 그 표면상의 주장이 아니라, 바로 이 철저한 '개인주의(individualism)', 합리적으로 계산해서 자신의 이익을 추구하는 개인이라는 개념을 제시한 점에 있다.[12] 개인들이 계약을 통해 자신들의 주권을 '양도'한다면, 거기에는 그 어떤 다른 이유도 없다. 오로지 그것이 자신에게 이익이 되리라는 철저한 계산의 결과일 뿐인 것이다.

하지만 그가 결과적으로 구성해낸 국가의 모습은 그의 이 개인주의와 모순된 것이 아닐 수 없다. 일단 개개인의 권리의 '양도'를 통해 성립한 홉스의 리바이어던에서 모든 안전과 번영은 전적으로 국가의 몫이며, 개개인들에게 외적인 방식으로만 가능한 것이 된다. 개개인의 집합은 다중(multitudo)일 뿐이며, 국가라는 끈이 없다면 이 다중은 그저 무질서하게 흩어져 있는 구슬들에 불과한 존재들이다. 여기에는 오직 국가가 외적으로 부여하는 정치만이 있을 뿐, 개개인들의 내적인 힘을 통해서 그들 사이에서 성립하는 정치는 존재할 수 없다. 홉스의 세계에서는 국가와 다중이 있을 뿐, 개개인들이 서로간의 관계를 통해서 형성하는 '사회'라는 것은 존재하지 않는다. 따라서 국가의 법과 시민사회 고유의 도덕, 관습, 문화 차원들 사이의 구분도 의미를 가지지 못한다.[13] 국가라는 주물과 그것이 형태를

---

12) 홉스가 생각한 합리적 '나'는 데카르트가 생각한 합리적 '나'와는 크게 다르다. 르네상스 시대에 시작된 '나'의 탐구는 다양한 '나'의 개념을 등장시켰거니와, 홉스는 또 하나의 '나' 개념을 제시한 것이다. 오늘날의 '현대인'을 특징짓는 데에 홉스적인 '나'는 큰 비중을 차지한다.

찍어낼 때 사용되는 재료로서의 다중이라는 구도를 극복하고서 시민사회의 자율성, 시민사회라는 고유한 차원을 창조해낸 것이 근대적 정치의 가장 핵심적인 성취라는 점을 감안한다면, 홉스의 정치철학은 오히려 전근대적인, 아니 전근대보다 더 후퇴한 그 무엇이라고까지 해야 할 것이다. 이렇게 그 이론적 구성 과정에서 전제되는 강렬한 개인주의와 그 구성 결과에서 나타나는 강렬한 반-개인주의가 드러내는 모순이야말로 홉스 정치철학의 핵심적인 한계라 할 수 있다.

생각해보면 홉스의 사회계약에서 개개인이 얻게 되는 것은 결국 "비참한 전쟁상태"에서 벗어나는 것뿐이다. 그런데 이것은 따지고 보면, 다름이 아니라 홉스가 애초에 상정했던 자연상태가 너무나도 비참한 그 무엇이기 때문이다. 자연상태를 너무나도 악몽 같은 상황으로서 상정했기에 그 악몽으로부터 벗어나는 것만으로도 감지덕지하게 느껴졌지만, 계약을 끝내고 나서 정신을 차리고 보면 얻은 것이라곤 비참한 전쟁상태에서 벗어났다는 것뿐이다. 물론 홉스의 세계에서는 바로 그것이야말로 천금과도 같은 것이지만 말이다.[14] 하지만 이 정치철학으로써는 근대적 주체의 개념화, 한 공동체의 '예화'로서의 개인들이 아니라 '사회'를 형성해 스스로 공동체를 만들

---

13) 이것은 종교에 관련해서도 중대한 함의를 띤다. 이 주장은 바로 중세로부터 이어져온 이원적 권력구도를 끝장내려는 주장이기 때문이다. 국가와 시민들 사이에는 국가에 버금가는 그 어떤 권력도 존재해서는 안 된다. 따라서 종교적 단체들도 이런저런 단체들 중 하나일 뿐 그 이상의 존재는 아니다. 이는 지중해세계에서 일어난 심대한 변화이다.

14) 하지만 홉스에게는 결정적인 하나의 출구가 존재하는데, 그것은 바로 시민들의 저항권이다. 군주와의 계약은 어디까지나 '계약'일 뿐이다. 계약은 약속(핵심적인 것은 군주가 시민들의 안전을 보장한다는 점이다.)을 지키지 않으면 파기될 수도 있는 것이고, 재계약할 수도 있는 것이다. 홉스에게서 정치적 관계는 종교적-형이상학적 담론에 의해 뒷받침되는 실체적인 것이 아니었다. 바로 이 점에 홉스 사유의 급진적인 면이 있다. 하지만 이 점을 인정한다 해도, 홉스에게서는 국가와 시민들이라는 사회상태와 국가 부재와 다중이라는 자연상태 사이에서 오락가락하는 것 이외의 딱히 다른 길은 없다. 다만 다중에게 안전(과 번영)을 보장할 수 있다면 사실 군주(/지배층)가 구체적으로 어떤 존재이든 상관없다는 점이 홉스 정치철학의 중요한 측면이고, 따라서 지배층을 갈아치울 수 있는 길은 항상 열려 있는 것이다.

어가는 주체의 개념화에는 부응할 수가 없었다.

§2. 다중의 역량과 시민사회

홉스의 한계를 넘어, 외적인 계약만이 아니라 개개인들의 내적인 힘을 통해서 그리고 그들 위의 절대권력이 아니라 그들 사이의 관계-맺음을 통해서 근대적인 민주정을 만들어갈 가능성을 사유한 인물이 스피노자이다.

앞에서 스피노자에게서는 개체의 본질이 사유되었다는 것, 그러나 그가 사유한 개체적 본질은 고정된 동일성이 아니라 하이케이타스, 즉 고유한 활동성이라는 점을 논했다.(4장, 1절) 활동이란 타자들과의 관계를 통해 변해감을 뜻하기 때문에, '고유한' 활동성은 곧 한 개체가 띠는 **경향성**으로 이해할 수 있다. '경향'이란 시간을 내포한 본질이자 본질을 포함하는 시간이기 때문이다. 개체의 본질은 어떤 점(이나 원)과 같은 동일성이 아니라 오히려 일정한 경향성을 띠면서 나아가는 선과 같은 것이다.[15] 그리고 이 선의 각 점들은 다른 선(들)과 교차한다. 이 교차들을 통해서 개체들은 변양되는 것이다. 이런 계열학적 구도에서 중요한 것은 개체의 활동성이 활동역량의

---

15) 스피노자 정치철학의 중요한 한 특성은 한 개체의 '역량'과 그의 '자연권'이 일치한다는 점이다. 역량과 자연권은 공히 '~할 수 있음'을 가리키지만 개념적으로는 구분된다. 전자가 사실의 뉘앙스를 띤다면 후자는 당위의 뉘앙스를 띠기 때문이다. 자연권이 맥락에 따라서 '천부인권'으로 번역된다는 점을 생각하면 차이가 보다 분명해진다. 그러나 스피노자에게서는 이런 이분법이 존재하지 않는다. 유한양태들은 신의 표현이며, 그 표현의 핵심은 곧 각 개체들의 활동역량이다. 그 활동역량은 곧 신=자연에게서 유래한 것이며 따라서 그대로 그것이 자연권이다. 각 개체들은 그 활동역량만큼의 권리를 신=자연으로부터 부여받은 것이다. "자연권이라는 말로 나는 자연의 법칙들 (…), 즉 자연의 역능 이외의 것을 뜻하지 않는다. (…) 어떤 사람이 그의 본성(/자연)의 법칙들에 근거해서 실행하는 모든 것은 전적으로 그의 자연권에 따라 실행하는 것이며, 그가 자연 한가운데에서 행사하는 이 권리는 그의 역량(역능의 정도)에 의해 측정된다."(『정치론』, II, §4) 따라서 각 개체는 그 역량만큼의 자연권을 가진다고 할 수 있다.

증감에 따라 수동성이나 능동성을 띠게 된다는 점이다.[16] 그로써 다양한 감정상의 변화 및 타자들과의 관계가 생성한다. 이 과정에서 개체들은 인정 투쟁, 권력 배분의 장 속으로 들어가게 되며, 그 극한은 바로 홉스가 말한 "만인에 대한 만인의 투쟁"이 벌어지는 상황이다. 그러나 스피노자는 홉스와 달리 인간이 내부적인 방식으로 그런 갈등을 해소해나갈 수 있다고 보았다.(그 단초들 중 하나가 홉스에게서는 별다른 역할을 하지 않는 '가족'이라는 존재단위이다.) 여기에서 인정욕과 권력에의 의지가 '정도'의 문제라는 점은 핵심적이다. 스피노자에게서 인정욕은 그대로 갈등과 싸움으로 화하는 것이 아니라 그 정도가 심해질 때 야욕과 투쟁을 불러온다. 따라서 자연상태에서 그대로 국가로 넘어가는 것이 아니라 그 사이에 윤리적 해결들의 장이 존재할 수 있다.(이때 능동적 욕망/기쁨이 주요한 역할을 한다. 『에티카』, 3부, 정리 58, 59) 국가는 윤리적 차원에서 문제가 해소되지 않고 심각해질 때 요청되는 것이다.[17] 이것은 곧 개인들과 국가 사이에 시민사회라는 장을 설정하는 문제와도 관련된다. 정치철학의 구도는 2중 구도가 아니라 3중 구도가 된다.

스피노자는 개인들이 수직적인 계약을 통해서만 안전과 번영을 누릴 수 있다고 보지 않았다. 수평적인 전이, 연합, 동일시, 모방, ……을 통해 두 사람이, 나아가 여러 사람이 마치 패치워크를 짜나가듯이 관계망을 형성해갈 수 있는 것이다. 이때 'multitudo'는 단지 무질서하게 흩어져 있는 다중이 아니라 일종의 질적 다양체로서의 다중(多衆)일 수 있다.[18] 여기에서 중

---

16) 이 능동성과 수동성이 정치철학의 맥락에서는 '자신의 권리 하에(sui juris)' 존재하는 독립성과 '타인의 권리 하에(sui alterius)' 존재하는 의존성의 개념 쌍으로 전환된다. 스피노자는 『신학-정치론』(16장), 『에티카』(4부, 정리 37의 주해 2 등)에서 사회계약론의 윤곽을 제시했지만, 『정치론』에서는 이 독립성과 의존성이라는 새로운 개념 쌍에 입각해 사회계약론을 전개한다.(II, §§9~11)
17) 물론 이것이 윤리적 방식으로 문제들이 해결되고 정치까지는 가지 않을 수 있음을 함축하지는 않는다. 아래에서 논하겠지만, 스피노자는 문제가 심각해지는 것이 거의 필연이라고 보았기 때문이다.

요한 것은 앞에서 논했듯이(4장, 4절), 서로 동류인 인간에게 있어, "각자가 스스로를 사랑하는 것"과 "서로에게 유익한 존재가 되는 것"이 모순되지 않는다는 사실이다. 때문에 스피노자에게서는 홉스에게서처럼 "인간은 인간에게 늑대"가 아니라 "인간에게 인간만큼 유익한 존재는 없다". 공동체의 존재가 요청되는 것은 오히려 이런 맥락에서이다. 그래서 인식론에서 이미지 수준과 개념 수준이 구분되듯이, 감정론에서 수동적 정념과 능동적 정념이 구분되듯이, 유비적으로 다시 자연상태와 사회상태('문명상태')의 구분이 요청된다. 이미지 수준의 인식에서 개념 수준의 인식으로, 수동적 정념에서 능동적 정념으로 나아가는 것이 중요하듯이, 자연상태에서 사회상태로 나아가는 것이 중요하다. 왜일까? 인간은 정념에 사로잡히고 맹목적인 욕망에 휘둘리는 존재이다. 인간은 다른 동물들보다 고등한 존재이기에 그만큼 더 위험한 존재이다. 그래서 인간은 다른 인간에게 특히 두려운 존재이다. 하지만 두 사람이 힘을 합하면, 그들의 역량은 배가되고 따라서 그들의 자연권 또한 배가된다. 따라서

> 사람들이 하나의 일반적인 법률 아래에서 살고 그들이 마치 한 사람인 마냥 존재하는 경우를 생각해보자. 각자는 다른 사람들이 더 많은 역량을 발휘하는 그만큼 더 작은 권리를 발휘할 것이다. 따라서 각자는, 모두에게 있어 그리고 모두를 위해서 (en tout et pour tout) 일반 법칙이 그에게 허락하는 권리의 본성 가운데에서 자신의 역량/권리를 발휘할 것이다. 각자는 정확히 자신에게 부여된 그러한 범위 바깥에서는, 만장일치에서 나온 그 어떤 법령에 대해서도 따를 의무가 있다.(『정치론』, II, §16)

---

18) 단순한 다자가 아니라 다양체로서의 다자 개념은 베르그송, 들뢰즈 등에 의해 정교화되었다. 특히 실천철학적 맥락에서의 다양체론은 들뢰즈와 가타리의 『천의 고원』에서 전개되었다. 스피노자의 다중 개념에 대한 현대적 해석으로는 네그리의 『야생적 별종』(윤수종 옮김, 푸른숲, 1997) 및 앞에서 언급했던 발리바르의 『스피노자와 정치』(진태원 옮김, 그린비, 2014)를 보라.

이렇게 다중의 **역량**에 입각해 정의된 권리가 곧 정치적 권위 즉 **주권**이다. 이 정치적 권위에 근거해서 실제 공동체를 이끌어갈 협의체가 요청된다. 이 협의체를 모두가 이끌어갈 때 민주정이 성립하며, 일부가 이끌어갈 때 귀족정이, 한 사람이 이끌어갈 때 군주정이 성립한다. 여기에서 우리는 오늘날 당연한 것으로 받아들여지고 있는 근대적 정치철학의 원리가 처음으로 명확히 표명되고 있는 현장을 목도하게 된다. 스피노자는, 그의 동갑내기 철학자인 로크와 더불어, 근대 정치철학의 기초 원리를 확고하게 정립했다.

홉스의 경우와 달리 스피노자에게서는 다중의 역량이 일차적인 실재이다. 그리고 다중의 역량은 사회계약이 성립했다고 해서 '양도'되는 것이 아니라 국가권력의 실체로서 항상 그 아래에서 활동한다. 홉스의 경우 개별 권력들의 양도를 통해 초월적 국가권력이 탄생하고, 국가가 계약을 어기지 않는 한 권력의 초월성은 유지된다. 이 점에서 홉스의 정치철학이 분자적 차이생성보다 몰적 동일성에 주안점을 둔다면, 스피노자의 중점은 어디까지나 분자적 차이생성에 있다.[19] 몰적 동일성은 어디까지나 분자적 차이생성의 터 위에서 형성되고 변환되는 것이다. 달리 말해, 분자적 차이생성은 그 어떤 몰적 동일성에도 온전히 갇히지 않고 항상 그것들을 초과해서 생성한다는 것이다. 이 점은 사실 그의 존재론에 애초에 함축되어 있는 바이기도 하다. 이 점에서 스피노자가 민주주의로 경도된 것은 필연적이었다.[20]

그러나 비록 스피노자가 민주주의를 지향했다 해도, 사실 이 정치체에

---

19) 분자적 차이생성(différentiation moléculaire)과 몰적 동일성(identité molaire)은 들뢰즈와 가타리의 용어법에 기반한 구분이다.

20) 스피노자의 이런 입장은 시민사회가 자체의 성숙을 통해서('시민적 덕성') 정치를 이끌어가야 한다는 공화주의의 입장과도 통한다. 마키아벨리가 로마 공화정 연구를 통해 이런 정치사상을 전개했고, 홉스와 동시대에 (크롬웰 정권을 위해서) 『오세아나』(1656)를 출간했던 해링턴 역시 공화주의를 전개했다. 권력 배분에서의 균형, 법에 의한 통치, 시민들의 정치 참여에 의한 권력 순환 등이 공화주의의 주요 주장이다. 이런 흐름은 몽테스키외 등으로 이어진다. 이 공화주의 전통은 주권의 '양도'와 개인의 '소유권'을 핵으로 하는 홉스, 로크 등의 자유주의 전통과 갈래를 달리한다.

대한 그의 시각은 이중적이다. 홉스의 경우 통치는 권력자에게 일임되기에 다중의 역량이 문제가 되지 않지만, 스피노자의 경우 민중의 역량이라는 실재가 정치의 중심이다. 때문에 문자 그대로 다중의 "역량이 부족할 때"한 국가는 근본적인 한계에 봉착하게 된다. 다중이 권력의 원천이 된다는 것은 또한 다중에게 일정한 자격이 요구된다는 것을 함축하기 때문이다. 불행하게도 다중은 이미지의 수준에서 살아가고, 정념에 휘둘리는 존재이기에 진정으로 민주주의를 실현해나가는 데 한계를 내보인다. "지금까지 발생한 숱한 잔혹한 폭동과 전쟁의 주요 원인은 다중의 변덕이었다." 이런 문제의식은 이후 여러 사상가들에게서 지속적으로 나타나게 되지만,[21] 근본적으로 문제가 되기 시작한 것은 본격적인 현대에 들어와서이다. 근대사 전체의 흐름을 볼 때의 핵심은 형식적/법적 민주주의를 확립해가는 과정인 것이다. 스피노자는 근대 정치철학의 초입에서 수백 년 후에나 본격화될 '대중민주주의'의 문제점을 이미 날카롭게 응시했던 것이다. 현대식으로 말해 민주주의의 위대함과 대중사회의 비루함이라고 대조할 수 있는 이 이중성은 스피노자 정치철학의 심장부에 들어 있다.[22] 우리는 후에(4권, 12장) 이 문제를 자세히 논할 것이다.

§3. 자유주의 정치철학의 탄생

근대 서양 정치철학에 특히 큰 영향을 미친 로크는 스피노자와 달리 개

---

21) 알렉시스 드 토크빌의『미국의 민주주의』(임효선·박지동 옮김, 한길사, 2003)는 그중 유명한 예이다.

22) 아쉽게도 스피노자는 이 주제를 체계적으로 발전시키지 못했는데,『정치론』이 군주정과 귀족정을 논한 후 민주정을 논하는 바로 그 도입부에서 중지되었기 때문이다. 이 대목이 완성되었더라면 서구 정치철학의 역사는 우리가 아는 그것과 적지 않게 달라졌을 것이다.

인의 소유권을 핵심에 놓는 정치철학, 그리고 홉스와 달리 대의제를 중심으로 하는 정치철학을 펼쳤다. 그의 사유는 영·미 근대 정치의 기초에 자리잡게 된다.

로크에게서 자연권의 기초는 사유재산이다. 로크는 그 자신이 확립한 경험적 주체 개념에 입각해 정치적 주체를 사유했다. 인식론적 맥락에서 주체적 경험은 곧 인식이다. 이에 비해 정치철학적 맥락에서의 주체적 경험은 바로 **노동**이다. 전자의 주인공이 마음이라면 후자의 주인공은 몸이다. 노동이란 한 주체가 자연을 가공해 변형하고, 그 변형을 통해 그 자신도 변형되는 과정이다.[23) 이때 가공된 대상은 곧 그 노동주체의 '소유'가 되며("노동가치설"), 그 소유를 통해서 주체는 그 자신의 고유한 것으로서 'property'를 가지게 된다. 노동은 이렇게 한 주체 고유의 'property'를 생성시키는데, 노동 이전에 한 개인이 천부인권으로서 소유하고 있는 것은 생명과 자유이므로 결국 한 개인의 'property'는 그의 생명, 자유, 재산을 뜻한다. 다만 내전의 시대를 살았던 홉스에게 생명이 가장 소중했다면, 명예혁명의 시대를 살았던 로크에게는 재산이 가장 중요했다. 로크의 사유에서는 사유재산을 가지고서 사회계약을 하는 것이지 사회계약을 통해서 사유재산이 분배

---

23) "떡갈나무 밑에서 자신이 주운 도토리나 숲속의 나무에서 딴 사과를 섭취한 사람은 확실히 그것들을 그 자신의 것으로 수취한 사람이다. (…) 언제부터 그것들은 그의 것이 되었을까? (…) 그가 그것들을 처음으로 주워 모을 때 그의 것이 되지 않았다면, 그 밖의 다른 어떤 행위도 그것들을 그의 것으로 만들 수 없었을 것이라는 점은 분명하다. 그러한 노동이야말로 그것들과 공유물 간의 구별을 가져온다. 노동이 만물의 공통된 어머니인 자연보다 더 많은 무엇을 그것들에 첨가한 것이다. (…) 나 자신의 것인 노동이 그것들을 원래의 공유상태에서 제거함으로써 나의 소유권을 그것들에 설정한다."(『통치론』, 강정인·문지영 옮김, 나남, 1996, V, §28) 이 시대 대부분의 사람들처럼 로크 역시 자연은 신에 의해 창조된 것이고 무한한 것이라고 생각했다. 그리고 그가 생각한 노동은 매우 단순한 것이었다. 아울러 로크의 이런 상정(想定)은 그가 자연상태를 홉스와는 전혀 달리 비교적 평화로운 상황으로 설정하고 있음을 함축한다. 물론 자연상태에서도 여러 가지 문제들(삶의 불확실성, 위험 등)이 생겨나기 마련이며, 로크 역시 인간다운 삶을 위해서는 필히 사회계약이 요청된다고 보았다.(X, §132 이하)

되는 것이 아니다.[24) 생명, 자유만이 아니라 사유재산 또한 자연권인 것이다. 스피노자에게서의 자연권은 한 주체의 '존재' 즉 내적인 역량이지만, 로크에게서는 그의 '가진 것' 즉 외적인 소유이다. 이것은 형이상학자인 스피노자와 경험주의자인 로크의 차이이기도 하다. 그러나 경험주의자인 로크가 당대 현실을 상세히 관찰하기보다는 원시적인 상황을 상정해 논의를 전개한 것은 묘하게 느껴진다.『통치론』의 저자 로크는 자신이『인간지성론』의 저자라는 사실을 잊고 있는 것 같다.[25) 로크 정치철학의 이런 정향은 영국 중산층에게 유리했는데, 사유재산을 절대시하는 것은 곧 위로는 권력자들의 강제적 탈취를 부정하는 것이고 아래로는 하층민들의 무력 도발을 부정하는 것이었기 때문이다. 로크의 저작이 18세기 이래 본격화되는 '자유주의' 정치철학의 성경이 된 것은 바로 사유재산에 대한 이런 절대시 때문이라고 할 수 있다.

로크는 명확한 방식으로는 아니지만 시민사회/정치사회 즉 국가로부터 정부를 구분했고, 전자가 사회계약을 통해 일차적으로 성립하는 공동체라면 후자는 다시 그 위에서 성립되는 협의체라고 생각했다. 이 점은 스피노자와 통하는 대목이다. 하지만 지적했듯이 로크에게 일차적인 것은 사유재산이며, 또 그에게는 스피노자에게서 볼 수 있는 다중이라는 존재에 대한 성찰도 보이지 않는다. 홉스에 비교할 경우, 로크는 군주제가 아니라 의회 중심주의를 제시했다고 할 수 있다. 그는 입법부와 행정부를 구분하고 양자의 역할 분담과 상호 견제를 생각했지만, 그 중심은 결국 입법부여야 한다고 보았다. 하지만 로크가 생각한 정부는 어디까지나 기존의 사회 세력

---

24) "사람들이 사회에 들어가는 커다란 목적은 그들의 재산을 평온하고 안전하게 향유하는 것이며, 이를 달성하기 위한 주요한 도구와 수단이 사회에서 확립된 법률이다."(『통치론』, XI, §134)

25) 로크 자신 이 점을 의식해서『통치론』, VIII, §100 이하에서 두 가지 반론, 즉 자연상태의 실재에 관련한 반론과 인간은 애초에 특정한 정부 내에서 태어난다는 반론에 대해 길게 답하고 있다. 로크는 여러 역사를 끌어들여 이 반론들에 답하고 있으나, 상당 부분은 역사라기보다는 상상이라고 해야 할 것 같다.

들을 조정하는 기관일 뿐, 현실에 적극적으로 개입하는 기관은 아니다. 이 것은 생명, 자유만이 아니라 오히려 사유재산에 무게중심을 두는 그의 전제가 함축하는 입장이라고 할 수 있다. 정부는 기존의 권력 배분을 근본적으로는 건드리면 안 되며, 어디까지나 그것에서 생겨나는 알력들을 조정할 수 있을 뿐이다. 아울러 로크에게서는 아직 여론과 선거에 의해 주기적으로 정부를 교체해간다는 생각은 등장하지 않는다. 이는 곧 일단 사회계약이 이루어지면, 통치자(통치계층)가 심각한 잘못을 저지르지 않는 한 그대로 유지되어야 한다는 홉스적인 생각의 잔영이라고 할 수 있다. 하지만 로크에게서 실체는 어디까지나 시민사회/국가이고 정부는 그 터 위에서만 성립하는 협의체라는 사실에는 변함이 없다. 이 때문에 그는 정부에 대한 시민사회의 저항권을 주장했고, 합법적이지 않은 정부는 언제라도 해체될 수 있음을 강조했다.(XIX, §211 이하) 로크의 정치철학은 이후 근대 정치철학 및 정치 자체에 큰 영향을 주게 된다.

§4. 일반의지의 사회계약

로크를 이어 사회계약론을 완성한 인물은 루소이다. 루소는 새로운 자연관과 인간관을 제시함으로써 기존의 계몽사상에 선을 그었고, 생명/삶에 대한 사유에 기초한 사상을 펼쳤다. 특히 그는 무구한 본래의 인간과 문명에 찌든 근대인을 대비하면서 "자연으로 돌아가라"라고 외쳤다. 인간을 자연으로부터 멀어지게 만든, 자기애로부터 멀어져 이기심으로 떨어지게 만든 주범은 『에밀』에서는 경쟁과 질시이고, 『인간 불평등 기원론』에서는 사유재산이다. 사유재산은 인간을 본연의 공동체성에서, 우애와 협동에 기반한 소박한 삶에서 멀어지게 만든다.[26] 이 점에서 루소의 정치철학은 사유

---

26) 루소의 이런 생각은 18세기 프랑스에서 내내 지속된 '공산주의(communisme)'의 흐름

재산을 개인의 개인-됨의 기초로 놓은 로크의 그것과 대비된다. 사태를 다소 단순화해 말한다면, 로크의 합리적 개인주의와 루소의 낭만적 공동체주의는 이후 내내 대립하게 된다. 루소는 계몽사상가들과 대립했는데, 이 역시 유사한 맥락에서이다. 하지만 루소는 『사회계약론』(1762)으로 넘어가면서, 문명/사회를 성토하기보다는 어떻게 좋은 문명/사회를 구축할 것인가를 적극적으로 사유하게 된다. 이제 사유재산을 단적인 악의 뿌리로서 성토하기보다는 어떻게 그것의 분배를 조금이라도 더 정의롭게 만들 수 있을까가 화두가 된다. 자연적 자유라는 가치가 사회적 평등이라는 가치로 이행하게 된다.

루소에게 사회계약은 개인들 모두가 동등한 자격에서 참가하는 계약이며, 예외 없이 모두가 동의해야만 성립하는 계약이다. 특히 중요한 것은 각자의 권리의 양도는 특정 개인이나 집단이 아니라 오로지 전체에 대해 이루어지는 것이기에, 각자의 입장에서 잃는 것보다는 얻는 것이 더 많다는 사실이다. 루소는 사회계약을 이렇게 정의한다. "우리는 저마다 자신의 신체와 모든 힘을 공동의 것으로 만들어, 일반의지라는 최고 지휘권 아래에 둔다. 그리고 우리 모두는 각 구성원을 전체와 불가분의 일부로 받아들인다."(『사회계약론』, I, §6) 루소는 사회계약론을 전개했지만 자연법/자연권 개념에 대해서는 비판적이었으며, 결국 법적 주권보다는 민중 전체의 의지, '민중의 뜻'을 중시한 그의 사유는 홉스와 로크보다는 스피노자에 더 가깝다고 할 수 있다. 루소를 통해서 현대적 민주주의의 교두보가 마련되며, 현실에서도 이 사상은 거대한 영향을 끼치게 된다.[27] 하지만 그는 민중 개념

과 상통한다. 루소가 공산주의를 다소 막연하게 제시했고 이후에는 사회계약론으로 나아갔다면, 마블리((1709~1785) 등의 공산주의자들은 보다 적극적인 공산주의를 전개했고, 1796년에는 바뵈프(1760~1797)에 의한 공산주의 혁명이 분출하기도 했다. 이후 '공산주의'는 역사의 흐름에서 그 뉘앙스가 바뀌어가면서 오늘날까지 지속되고 있다.

27) 루소가 민중을 역사의 주체로 만들고자 사상적 분투를 전개할 바로 그 즈음 민중을 개체군(population) ── 인간 개체군 ── 으로 다루는 기법들이, 즉 민중을 객체/대상으로 분석하고 조작하는 기법들 또한 개발된다. 케네(1694~1774), 모오(1745~1794), 쥐

을 너무 추상적으로/일반화해서 이해했고, 또 스피노자에게서 볼 수 있는 비판적 시각도 거의 부재했다. 루소는 (계몽사상가들을 포함해) 지배층과 이성에는 무조건 적대감을 표했고 민중과 감정에 대해서는 무조건 찬양을 발했는데, 이는 어느 정도 프랑스 사회에서의 그 자신의 '입장'을 반영한 것이었고 그의 사유에 여러 한계를 가져왔다. 그러나 근대 정치철학의 흐름에서 그의 사상은 결정적인 지도리들 중의 하나였다.

민중의 뜻에 무게중심을 둔 루소였기에, 사실 그의 사상에 가장 부합하는 정치는 곧 고대 그리스나 르네상스 시대 이탈리아의 도시국가들, 가까이로는 네덜란드의 도시국가들이었다. 따라서 그가 살던 시대의 왕정과 그가 꿈꾼 도시국가적 삶(법에 의해 다스려지는 공화국.『사회계약론』, II, §6) 사이에는 괴리가 있었다. 베르사유 궁전에서 모든 일이 이루어지는 프랑스의 앙시앵 레짐이야말로 그의 사상과는 대척점에 있는 현실이었다. 그가 제네바에서 안식을 느끼고, 제네바를 찬양한 것도 이 때문이었다. 루소는 국가의 인간이 아니라 도시의 인간이었고, 그에게 인간은 말 그대로의 의미에서 '市民(citoyen)'이어야 했다. 이 때문에 루소는 정부를 인정하긴 했지만

스밀히(1707~1767) 등은 인구통계학 같은 새로운 기법들을 활용해 인간 개체군을 통계적으로 다루고 그 출생률과 사망률, 건강상태, 남녀 성비, 주거 분포, 가족 구성 등 등을 분석해 조절하고 통제하는 지식-권력을 세운다.* 푸코는 이 권력을 '생명권력(biopouvoir)'이라 불렀다.(『성의 역사 1』, 이규현 옮김, 나남, 2017, 5장) 이 생명권력은 당대에 본격화되고 있던 국민국가 및 자본주의라는 틀과 결합해 인류사 전체의 향방에 지대한 영향을 끼치게 된다. 민중/인간이 역사와 민주주의의 주체로서 새롭게 탄생하던 바로 그 시대에 생명권력의 분석, 조작, 조절, 통제의 대상으로서의 대중/인간도 함께 태어났던 것이다. 이제 인간의 역사는 이 두 얼굴의 인간의 얽히고설킨 이야기로서 전개된다.

*칸트는 사망, 출생, 혼인 등이 인간의 자유의지에 입각한, 예측이 어려운 사항들처럼 보이지만 통계 자료들을 보면 이 또한 "기상 변동의 경우처럼 자연법칙에 부합해" 발생한다는 점을 지적했다.(Kant, *Idee zu einer allgemeinen Geschichte in weltbürglicher Absicht*, Grin Publishing, 2009) 쥐스밀히는 이런 규칙성을 "신의 질서(die göttliche Ordnung)"라고 불렀다. 하지만 이 "신의 질서"는 이내 국가의 관리 대상이 되고, 급기야는 자본주의적 상품화의 대상이 되기에 이른다.(이언 해킹, 정혜경 옮김, 『우연을 길들이다』, 바다출판사, 2012)

그 최소화를 주장했고, 인민이 실질적으로 정치에 참여하는 체제를 지향했다. 루소가 '애국심'을 강조한 것도 이런 맥락에서이며, 그가 말한 애국심은 19세기 이래의 민족주의적 애국심이라기보다는 말하자면 애시심(愛市心)이라고 부를 수 있을 것이었다. 하지만 역사는 루소의 생각과는 반대로 진행되었는데, 이후 왕정이 그대로 국민국가로 전환하면서 국민국가 체제가 오늘날까지 이어지고 있기 때문이다. 하지만 오늘날 국가들과는 다른 결을 형성하는, 도시들을 포함한 다양한 형태의 공동체들을 염두에 둘 때, 시민적 주체의 탄생을 개념화한 루소의 일반의지 사상은 여전한 가치를 띠고 있다.

보론: 국제관계의 두 모델 —— 루소처럼 도시국가를 이상으로 할 때, 냉정한 국제관계에서 작은 도시/국가가 큰 국가를 이길 수 없다는 문제가 생긴다. 몽테스키외도 작은 공화국은 외세에 의해 망하고, 큰 공화국은 내부에 의해 망한다고 하지 않았던가.(『법의 정신』, IX, §1) 루소는 이 점을 심각하게 고려하지 않았다. 과연 국민국가 체제가 점점 굳어지면서 국제관계에서의 갈등 해소는 첨예한 문제가 된다. 이것은 곧 국가들 사이에서의 권력 배분의 문제이다. 이 배분이 잘되어 국제사회가 화(和)를 유지할 때 평화의 상태가 되지만, 그렇지 못할 때 각종 분쟁이 생겨나고 마침내 전쟁이 발발한다. 유럽에서 근대적인 국민국가의 형태들이 뚜렷이 정착하기 시작할 때, 칸트와 헤겔은 국제 평화로 갈 수 있는 두 유형의 길을 제시했다.

칸트의 평화론은 '영구평화론'이라 불리며, 이는 그가 말년에 쓴 저작인 『영구평화론』(1796)[28]에서 유래한다. 이 책은 칸트가 프랑스와 독일 사이의 전쟁과 그 후에 이어진 평화조약을 보고서, 진정한 평화, 영구평화는 그와 같은 식으로는 불가능하다고 판단해 그 대안으로서 저술한 책이다. 책이라고는 하지만 매우 얇은데, 사실 이 책은 그 자체가 바로 조약, 즉 칸트

---

28) 칸트, 이한구 옮김, 『영구평화론』, 서광사, 2008.

가 영구평화를 위해서는 바로 이렇게 조약을 맺어야 한다고 생각해서 작성한 조약문이기 때문이다.

영구평화론은 우선 두 가지 전제조건을 깔고 있다. 하나는 각 국가가 공화국이어야 한다는 것이다. 당대만 해도 이는 상당히 무거운 조건이었다. 두 번째 조건은 각 국가의 시민이 계몽된 시민이어야 한다는 것이다. 칸트는 「계몽이란 무엇인가」에서 당대를 계몽이 이루어진 것은 아니지만 이루어지고 있고 또 이루어질 수 있는 시대로 파악했다. 칸트는 발전사관을 토대로 이 두 조건에 대해 어느 정도까지는 낙관했다. 이런 전제들 위에서 이하 서문, 6조의 예비조항, 3조의 확정조항(또는 실천조항), 2조의 추가조항, 부록이 전개된다.

여섯 개의 예비조항들은 다음과 같다. ① "장차 전쟁의 화근이 될 수 있는 내용을 암암리에 유보한 채로 맺은 어떤 평화조약도 결코 평화조약으로 간주되어서는 안 된다." 춘추전국시대의 회맹(會盟)들이 그저 세(勢)의 역학에 따라 이루어지는 잠정적인 평화일 뿐이었던 것을 상기하면 되겠다. ② "어떤 크고 작은 독립국가도 상속, 교환, 매매, 혹은 증여에 의해서 다른 국가의 소유로 전락할 수 없다." 국가란 결코 상업의 대상이 되어서는 안 된다는 뜻이다. ③ "상비군은 조만간 폐기되어야 한다." ④ "국가 간의 대외적 분쟁과 관련해서, 어떠한 국채도 발행되어서는 안 된다." 경제적 불균형이 전쟁을 일으키는 주요 요인이기 때문이다. ⑤ "어떠한 국가도 다른 국가의 체제와 통치에 폭력으로 간섭해서는 안 된다." ⑥ "어떠한 국가도 다른 나라와의 전쟁 동안에 장래의 평화 시기에 상호 신뢰를 불가능하게 할 것이 틀림없는 적대 행위, 예컨대 암살자나 독살자의 고용, 항복 조항의 파기, 적국에서의 반역 선동을 해서는 안 된다." 뒤따르는 확정조항(/실천조항)은 다음과 같다. ① "모든 국가의 시민적 정치체제는 공화정이어야 한다." ② "국제법은 자유로운 국가들의 연방체제에 기초하지 않으면 안 된다." ③ "세계 시민법은 보편적 우호의 조건들에 국한되어야 한다."

이상이 영구평화론의 핵심이거니와, 바로 이런 칸트의 사상에 따라서

'국제연맹(Völkerbund)'이라든가 '세계공화국(Weltrepublik)', '최상위법으로서의 국제법(Völkerrecht)' 같은 이념들이 형성되었다. 그리고 이런 이념들은 한스 켈젠 등 여러 인물들의 노력으로 현실화하기 시작했고, 이 흐름은 국제연맹(LN)을 거쳐 오늘날의 국제연합(UN)에 이르기까지 이어지고 있다.

그러나 오늘날 UN이 보여주는 한계들에서 알 수 있듯이, 칸트적 이상은 냉엄한 국제정치의 장에서 실현되기가 매우 어렵다. 칸트의 영구평화론은 **단일성**(지금의 맥락에서는 각 국가의 단일성)과 **보편성**을 직접 잇는 형태를 띠고 있거니와, 진정한 의미에서의 보편성의 수립은 여전히 요원한 일이라 하겠다. 칸트적 이상주의와 다른 형태의 세계평화론을 제시한 인물은 헤겔이다. 헤겔은 "여기가 로도스다. 여기에서 뛰어라"라는 말로써 현실주의를 표방한다. 또, "여기에 장미가 있다. 여기에서 춤추어라"라는 말로써 이성("장미")이 현실 속에서 작동한다는 것, 이성적인 것은 현실적이고 현실적인 것은 이성적이라는 점을 강조한다. 다른 맥락에서 볼 때, 이는 보다 고양된 차원으로 이행하기 위해서는 반드시 보다 낮은 차원으로부터의 단계적 이행이, 부정과 모순을 통한 '매개'가 있어야 한다는 것, 분열과 혼돈의 차원으로부터 통합과 질서의 차원으로 이행하기 위해서는 반드시 그 중간 단계들(특수성)을 거쳐야 한다는 것이다. 우리의 맥락에서 이는 곧 국가로부터 세계공화국으로 나아가는 것이 아니라, 그 중간 단계들의 통합을 보다 구체적으로 다루어야 함을 뜻한다.

헤겔이 볼 때 사회계약론은 원자론을 모델로 하고 있다. 개인이라는 원자들의 집합으로부터 계약을 통해 국가의 탄생으로 나아가는, 기계론적 조합을 모델로 한 사유이다. 개별성의 조합으로써 전체성을 설명하는 방식이다. 그러나 헤겔은 개인과 국가 사이에서 반드시 가족과 시민사회를 다루어야 함을 역설한다. 또 헤겔은 개별 국가들과 세계공화국의 보편성을 곧바로 잇는 칸트적 이상주의를 비판하면서 그 사이에 존재하는 **헤게모니**의 문제를 다루어야 한다고 보았다. 개별성(국가들)과 보편성 사이에 특수성을 반드시 매개해야 한다는 생각이다.

　라이프니츠의 사유가 그렇듯이, 헤겔의 사유도 분열과 혼돈을 통합과 조화로 극복해가는 사유이다. '변증법'은 바로 그러한 과정을 지탱하는 논리라고 할 수 있다. 지금의 맥락에서는 개인으로부터 세계공화국까지 그 사이의 특수성/일반성들을 매개하면서 논의할 필요가 있다. 우선 개인은 외로운, 방황하는 존재이다. 그러나 개인과 개인(남과 여)이 만나 가족을 이룰때 새로운 '하나'/총체성이 도래하며 여기에서 조화와 안정이 성립한다. 그러나 가족이라는 특수성을 벗어나 보다 넓은 일반성 즉 사회로 나아갈 경우, 거기에는 다시 경쟁과 질시의 세계가 기다리고 있다. 시민사회란 각종 지역, 직업, "출신", …… 등이 착종된 다원성과 욕망의 세계이다. 그리고 이 세계를 지배하는 가장 기본적인 원리는 '경쟁'이며, 그 심리적 결과로서의 '질시'이다. 이 시민사회에 질서를 부여하는 것은 법과 도덕이지만, 법과 도덕은 가족에게서 느끼는 진실된 사랑이 아니라 추상적이고 메마른 형식이다. 때문에 사회는 "총성 없는 전쟁터"와도 같은 곳이고, 최소한의 법과 도덕만이 추구되는 이기심의 장소이다. 현대에 있어 이 시민사회는 자본주의에 의해 지배되는 곳이라고 할 수 있고, 전 세계적으로 본다면 '세계시장(World Market)'이 지배하는 곳이다. 헤겔은 개인들이 가족으로 '지양'되면서 새로운 총체성이 도래하듯이, 시민사회의 이런 다원성과 경쟁, 질시, 욕망에 새로운 통합과 조화를 가져오는 것이 바로 국가라고 보았다. 국가라는 새로운 '하나', 새로운 총체성에서 시민사회의 이기심은 극복되고 새로운 가치가 도래한다.

　그러나 이번에도 역시 국가에서 이루어진 통합과 조화는 국가 바깥으로 나갈 때 깨져버린다. 이른바 '냉혹한 국제질서'의 세계로 들어갈 경우 다시금 분열과 혼돈 나아가 정쟁과 전쟁으로 치닫는 현실이 기다리고 있다. 그렇다면 예상되는 논의는 개인들이 가족으로 지양되었듯이, 시민사회의 다원성이 국가로 지양되었듯이, 이번에는 다시 한 번 국가들이 세계공화국으로 지양되는 길일 것이다. 이것은 다름 아닌 칸트의 길이다. 그러나 헤겔은 이 길을 부정한다. 그는 자신의 논리를 단순 확장하기보다는, 국제적 관계에서는 그런 식의 통합과 조화가 불가능하다고 판단한다. 그 대신 그는 한 시대에는 '시대정신(Zeitgeist)'을 담지하는 하나의 국가가 (현대식으로 말해) 헤게모니를 통해 세계사를 주도한다고 보았다. 시대정신을 담지하는 세계사의 주인공(들)이 차례로 바뀐다는 것이다. 오늘날의 G2(미국과 중국), 또는 어떤 사람들이 말하는 "미국에서 중국으로" 등의 이야기들이 이런 관점을 함축한다고 할 수 있다.

앞에서 UN의 한계를 말했거니와, 여기에서도 역시 헤게모니를 장악한 국가가 과연 시대정신을 담지할 수 있는가 하는 물음이 제기된다. 아니, 그 이전에 '시대정신'이라는 개념은 단순히 현실적 힘을 이야기하는 것인가, 아니면 시대를 이끌어갈 자격을 뜻하는 것인가? 전자의 경우, 이는 현실을 서술하는 개념은 될 수 있어도 세계평화론을 위한 당위적 논의는 될 수 없다. 후자의 경우, 현실과 당위 사이의 거대한 괴리를 어찌할 것인가?

결국 보편성의 축으로 논해도, 또 헤게모니의 축으로 논해도 세계평화란 쉽지가 않은 무엇이라 하겠다. 그렇다면 제3의 축은 존재하는가? 또는 두 축을 결합할 구체적인 방법이 존재하는가? 아니면 아예 다른 어떤 사유의 틀을 창조해낼 수 있는가? 세계평화를 둘러싼 오늘날의 국제정치학적 논의는 이런 문제들에 봉착해 있다고 하겠다. 그리고 그 아래에는 개별성에서 보편성에 이르기까지 다양한 형태의 존재론적 분절의 문제에 어떻게 접근할 것인가라는 철학적 문제가 깔려 있다.

2절 계몽의 정치철학

홉스 이래 전개된 사회계약설은 왕권신수설을 무너뜨리고 근대적인 정치철학의 시대를 열었다. 이런 이론적 노력들과 맞물려 유럽 사회는 서서히 왕정에서 국민국가로 이행하게 된다. 사회계약설은 일종의 논리적인 장치에 입각해 전개된 정치철학이며, 때문에 내용은 많이 달라졌지만 고래로부터 내려온 자연법사상을 잇고 있다고 볼 수 있다. 그러나 18세기 계몽사상이 전개되면서 자연법사상은 도전받기에 이르고 '논리적 구성'에 의한 학문보다는 '역사적 사실'에 입각한 학문이 보다 각광받게 된다. 이 과정은 곧 정치철학이라는 큰 분야가 여러 사회과학들로 분화되는 과정이기도 했으며, 이를 통해 정치학, 경제학, 사회학 등 여러 분야들이 철학에서 독립해 새로운 학문들로서 성립한다. 또한 이 과정은 역사학이 새로운 관심과 주목을 받게 된 과정이기도 했으며, 이를 통해 역사철학이라는 새로운 관점이 태어나기도 했다. 그러나 이 시대는 계몽의 시대였다. 학문의 세계가 다변화되었다 해도, 그렇게 성립한 세계는 오늘날과 같이 지적 세계가 분열된 곳은 아니었다. 루소는 언어학자였고, 스미스는 도덕철학자였으며, 칸트는 천문학자였다. 이 시대의 학자들은 '계몽'이라는 공통의 장에서 활동한 지식인-사상가들이었다.

고전적인 자연법사상을 무너뜨린 대표적 인물은 흄이었다. 흄은 경험주의 인식론을 끝까지 밀어붙임으로써 기존의 철학자들이 전제하던 보편성과 필연성을 회의에 부쳤다. 나아가 그는 자아의 동일성에도 치명적인 타격을 가했다. 그가 볼 때 인간을 보다 일차적으로 지배하는 것은 이성이 아니라 정념이다. 하지만 흄은 이런 폐허 위에 습관/관습이라는 구축물을 남겨놓았고, 완화된 회의주의에 입각해 윤리, 종교 등을 다시 세웠다. 흄의 경험주의는 자연철학과 형이상학의 맥락에서는 그다지 매력적이지 않았다. 이후의 자연과학의 역사가 보여주듯이, 특히 훗날 바슐라르의 과학철학에서 볼 수 있듯이, 과학의 발달은 경험주의와는 다른 철학의 기반 위에서 가능했기 때문이다. 그러나 보다 일상적이고 사회적인 맥락에서 그의 사유가 끼친 영향은 매우 컸다. 역사의 세계는 자연의 세계와는 판이하기 때문이다. 흄의 경험주의에 비추어볼 때 자연법칙만이 아니라 자연법 또한 비판의 대상이 되지 않을 수 없었다. 그 결과 정치철학은 기존의 계약론적 구도를 버리고 경험주의적 관점을 취하지 않을 수 없게 된다. 이런 경험주의적 정치철학은 특히 계몽사상의 맥락에서 전개된다.

§1. 정치의 경험적 연구

여전히 전제정치가 이루어지던 프랑스의 맥락에서 경험주의적 연구를 통해 계몽의 정치철학을 펼친 대표적인 인물은 몽테스키외(1689~1755)이다. 몽테스키외는 대체로 논리적이고 개념적인 사유를 펼친 계약론자들과는 달리 다양한 지역의 다양한 환경, 사회, 정체 등을 연구하고, 그 경험적 연구의 토대 위에서 '법의 정신'을 밝히고자 했다. 사실 몽테스키외의 많은 연구들이 ('지리상의 발견' 이래 쏟아져 나온) 여행기들에 의존한 것이었고, 오늘날의 시각에서 『법의 정신』[29]은 허술한 구석이 많다는 느낌을 주기도 한다. 그러나 이 시대에 아직은 사회과학의 정교한 기법들이 개발되지 않았다는 점, 몽테스키외는 오늘날 같으면 사회과학의 모든 분야가 협동해서 해야 할 만큼의 방대한 범위의 탐구를 혼자서 행했다는 점을 염두에 두어야 할 것이다. 다양한 문화들을 경험한 사람들은 흔히 상대주의적인 시각을 가지게 된다. 몽테스키외 역시 여러 환경, 사회, 문화, 정체 등을 연구하는 과정에서 상대주의적 시각을 갖게 된다.[30] 하지만 그가 자연법사상을

---

29) 샤를 몽테스키외, 하재홍 옮김, 『법의 정신』, 동서문화사, 2016.
30) 이 점은 그가 기독교를 다른 지역의 종교들과 평등한 방식으로 다룬 점에서 두드러지게

버린 것은 아니다. 오히려 그는 고래의 자연법과 다양한 실정법을 함께 고려하면서 하나와 여럿, 추상과 구체, 이론적 원리와 경험적 데이터를 대결시키고 조화시키려 했다고 해야 할 것이다. 『법의 정신』은 방대한 실증적 연구들로 이루어져 있지만, 그 연구들에 혼을 불어넣고 있는 것은 자연법에 대한 그의 일관된 입장이다.[31]

이런 대결과 화해의 구조에서 특히 중요한 것은 환경과 자유의 관계이다. 몽테스키외의 사유에서 **환경**과 **자유**의 투쟁은 르네상스 이래 철학자들이 사유해온 'fortuna vs. virtù'의 구도를 잇고 있다. 이것은 주어진 것과 만들어가야 하는 것, 객체성과 주체성, 인식과 실천의 투쟁과 화해라는, 철학의 영원한 주제이기도 하다. 몽테스키외가 평생 추구한 것은 앙시앵 레짐의 억압 속에서 배태된 그의 '자유(liberté)'의 사상이었지만,[32] 그는 환경에 따라 그 구체적 구현 — 정체/법 — 은 달라질 수 있고 또 달라져야 한다는 사실을 잊지 않았다. 아울러 몽테스키외는 **시민적 덕성**과 **정체의 구조**를 동시에 중시함으로써, 전통적인 정치철학적 가치와 근대적인 사회과학적 인식을 조화시켰다. 몽테스키외는 다양한 정체들을 연구하면서 올바른 정체에 대해 계속 탐구했고, 올바른 정치는 시민적 덕성만으로는 가능하지 않으며 정체의 객관적인 구조가 어떤 것인가에 달려 있다는 결론에 이른다.

확인된다. 지금으로서는 당연한 것이겠지만, 몽테스키외 당대에만 해도 이는 파격적인 것이었으며 종교권력의 분노를 살 만했다. 몽테스키외, 볼테르 등 계몽사상가들의 이런 계몽에도 불구하고, 19세기 이래의 제국주의자들은 오히려 서구중심주의에 입각해 타 문화에 기독교를 강요하게 된다.

31) 몽테스키외는 "실정법이 명하거나 금하는 것 이외에는 정의도 부정의도 존재하지 않는다고 하는 것은 원이 그려지기 전에는 반지름들이 같지 않았다고 말하는 것과 같다"라고 함으로써(I, §1), 자연법이 실정법들의 선험적 조건임을 분명히 한다.

32) "국가 즉 법이 존재하는 사회에서는, 자유란 바라는 것을 행할 수 있고 바라지 않는 것을 강제당하지 않는 데에 있다. (…) 자유란 법이 허용하는 모든 일을 할 수 있는 권리이다. 그러므로 만일 어떤 시민이 법이 금하는 바를 행할 수 있다면 다른 시민도 역시 마찬가지로 그럴 가능성을 가지게 될 터이므로, [법이 금하는 바를 행한] 그는 자유를 잃게 될 것이다."(XI, §3)

하지만 그는 플라톤 이래 민주정/공화정의 핵심적인 가치들 중 하나인 시민적 덕성을 부정하지 않았으며, 정체의 구조와 시민적 덕성 양자 모두가 중요하다는 사실을 잊지 않았다. 법치(法治)와 인치(人治) — 지금의 맥락에서는 시민적 덕성이라는 뜻에서의 인치 — 가 모두 중요한 것이다.

몽테스키외의 정치철학에서 가장 널리 알려져 있는 대목은 삼권분립의 이론이다. 그에게 권력기관들의 상호 견제는 견실한 정체의 핵심 조건이다. "권력을 가진 자들은 한결같이 그것을 남용하기 마련"이기에(XI, §4), 몽테스키외는 "일시적 또는 항구적인 법률을 정하고, 또 이미 정해진 법률을 수정 또는 폐지하는" 입법권, "강화나 선전포고를 행하고, 대사를 교환하고, 안전을 보장하고, 침략을 예방하는" 집행권, 그리고 "죄를 처벌하고 개인의 소송을 심판하는" 재판권이라는 삼권의 분립과 삼자 사이의 상호 견제를 주장했다.(XI, §6) 몽테스키외의 삼권분립은 현대의 시각에서 보면 불완전한 것이었는데, 특히 입법권을 의회가 아니라 군주나 집정관에게 부여한 점이 그렇다. 아울러 그가 생각한 공화정은 귀족정과 민주정을 아우르는 개념이었다. 의회민주주의는 그 후 루소에 의해 분명하게 표명된다. 그러나 몽테스키외의 '법의 정신'은 계몽적 정치철학의 깃발을 높이 들어 올린 이정표적인 사상이었다.

§2. 유물론과 공리주의

몽테스키외 이래 프랑스에서는 앙시앵 레짐을 타파하고 새로운 정체로 나아가려는 시도들이 이어졌고, 특히 『법의 정신』이 출간된 1748년에서 루소의 『사회계약론』이 출간된 1762년 사이에 무수한 사상들과 저작들이 쏟아져 나왔다. 『백과전서』는 1751년부터 출간되기 시작했고, 계몽사상가들의 이런 노력을 통해 프랑스 민중은 점차 '의식화'를 겪게 된다. 18세기가 흔히 '이성의 시대'라 불리는 것도 이런 맥락에서 이해해야 할 것이다. 이 시기의 유물론자들, 경제사상가들, 사회주의자들(/공산주의자들)은 계몽적 정치철학의 세 갈래를 만들어냈다.

유물론자들은 앙시앵 레짐을 뒷받침했던, 정확히 말한다면 앙시앵 레짐이 그들의 권력 유지를 위해 이용했던 서구 전통 형이상학을 무너뜨리기위해 급진적인 유물론을 전개했다. 그러나 앞에서 논했듯이, 세상을 바꾸려는 이들의 의지와 그것을 뒷받침하기 위해 고구(考究)해낸 그들의 철학사상 사이에는 간극이 있었다. 이들은 과거의 형이상학적 가치들을 걷어내고 인간을 보다 간명하게 파악하고자 했는데, 그들의 인간관은 그 말의 두 가지 의미 모두에서 'simple'한 것이었다. 그것은 간명하기도 했지만 또한 단순하기도 했다. 이렇게 파악된 인간은 곧 쾌락을 추구하고 고통을 제거하려는 존재이다. 앞에서 흄과의 관련 하에서 언급했거니와, 이런 인간관 위에서 구축된 윤리학은 바로 공리주의 윤리학이다. 따라서 모든 관념들은 오로지 감성에서만 산출된다고 보고 "감성과 기억"이라는 두 능력에만 의거해 사유를 전개하고자 한 엘베시우스가 공리주의 윤리학을 탄생시킨 것은 우연이 아니다. "최대 다수의 최대 행복"을 추구한 엘베시우스의 공리주의는 이후 벤담 등에 의해 계승되며, 19세기 이래 대표적인 윤리학설 중 하나로서 지속되고 있다.[33]

§3. 경제학의 탄생

유물론, 공리주의와 궤를 같이하면서 등장한 또 하나의 중요한 갈래는 경

---

[33] 벤담적인 공리주의의 특징들, 즉 철저하게 단순화된 인간 개념과 가치 개념('유용성'), 계산 가능성을 추구하는 방법론, 효율성의 의미로 축소된 합리성이라는 가치, 자본주의적 생산성의 숭배 등은 특히 그가 꿈꾸었던 '파놉티콘'에서 잘 드러난다.(『파놉티콘』, 신건수 옮김, 책세상, 2007) 푸코는 벤담의 파놉티콘에서 근대적인 권력의 핵심을 읽어냈다.(『광기의 역사』 및 특히 『감시와 처벌』)

제사상이다. 18세기는 여러 사회과학이 철학과 구분되기 시작한 시대이거 니와, 특히 경제학 — 당시의 용어로 정치경제학 — 은 기존의 정치철학이 전제해온 차원과는 다른 어떤 차원(entity)을 발견하고 그것을 탐구할 새로 운 방법들을 만들어냈다. 경제학이라는 새로운 과학의 탄생은 또한 시민사 회의 탄생과 연계된다. 경제학은 국가에 대한 일괄적인 정치철학적 사유로 부터 시민사회를 움직이는 동력의 어떤 새로운 측면을 분리해서 사유할 수 있었기 때문이다. 이 새로운 차원이란 곧 그 자체로써 성립하는 시장과 그 것을 움직이는 경제법칙의 차원이다. 과거에 시장/경제란 정치라는 독립변 수에 따라 움직이는 종속변수였다. 경제학은 별도의 '과목'이 아니라 정치 철학에 포함되는 한 '주제'였다. 그러나 근대적인 시장체제가 형성되고 그 체제의 메커니즘이 마치 자연과학의 메커니즘처럼 그 자체로 성립하는 것 이라는 점에 생각이 미치자, 경제법칙을 자체로서 파악하려는 흐름이 나타 나게 된다.

프랑수아 케네(1694~1774)는 이런 경제법칙이 제대로 작동하려면 정부 가 시장에 간섭하기보다는 내버려두어야("laisser faire") 함을 역설함으로써 이 차원의 독자성을 강조했다. 아울러 그의 결정적인 공헌은 경제란 생산 과 유통의 문제임을 분명히 한 점에 있다. 케네에게 경제란 단지 주어진 어 떤 구조가 아니라 노동을 통한 **생산**의 문제이다. 또, 의사였던 그는 경제를 정적인 가격 체계의 문제가 아니라 "마치 혈액이 순환하는" 것과도 같은 유 **통**의 문제로 보았다. 경제 문제를 계통학('부의 분석')에서 끄집어내어 새로 운 문제로 만든 케네의 작업은 경제사상에서의 매우 중요한 진전이었다. 하지만 케네의 경제학은 'physiocratie'라는 말이 보여주듯이 여전히 '자연' 개념에 근간하는 이론이었고(중농주의라든가 "레세 페르" 같은 주장들은 그 당 연한 귀결이었다.), 이 점에서 전-근대적 경제학이었다.[34] 근대적 경제학이

---

34) 애덤 스미스는 『국부론』(유인호 옮김, 동서문화사, 2009)의 4부 9장에서 이 문제를 다 룬다. "수공업자, 제조업자, 상인의 노동이 사회의 실질 수입을 증가시키지 않는다는 주

되려면 무엇보다 상업을 통한 이윤 취득, 나아가 공업을 통한 즉 (넓은 의미에서의) 노동을 통한 부 창출, 근대적인 형태의 분업 체계, 경제와 국제정치의 복잡한 관계, 시장의 고유한 메커니즘 등에 대한 과학적 분석으로 나아가야 했다. 이런 과학화의 문턱을 넘어 경제학을 하나의 독자적 학문으로서 확립한 인물이 스미스(1723~1790)이다.[35] 그가 『국부론』(1776)의 1부에서 행한 분업, 화폐, 상품, 가격, 노동, 임금, 자산, 이윤, 생산력, 계층, 분배 등에 대한 개념화는 이후에 전개될 경제사상의 흐름에 결정적인 기초를 제공했다.

스미스는 『도덕감정론』에서 논했던 문제, 즉 개인들의 이기적 행동이 어떻게 사회를 와해하기보다는 오히려 그것을 활성화해나가는가의 문제를 『국부론』에서는 경제의 맥락에서 논한다. 스미스의 도덕철학은 스피노자 윤리학의 세속화된 버전이거니와, 그의 경제학은 그것을 더욱 세속화해 일상적인 경제생활의 맥락에서 전개한 것이라 할 수 있다. 스미스는 오늘날 우리가 '이상적인 시장'이라고 부르는 상황을 수요와 공급, 경쟁과 가격에 대한 (오늘날까지도 기초 경제학에서 배우는) 이론을 통해 설명한다.(1부, 7장) 시장의 이런 '조절'에 대한 개념화는 사실 스미스의 시대만 해도 현실에 잘 부합하는 것이었다. 조절 개념을 통한 경제의 이해는 캉티용과 흄의 '가격-정화(正貨)' 이론에서도 확인할 수 있다. 나아가 스미스는 시장이 단지 평형을 유지하는 데 그치지 않고 점점 확장해갈 수 있게 해주는 조건을 찾

장은 어떤 상정에 입각하더라도 부적절한 것으로 생각된다."(708쪽) 특히 스미스는 상업자본주의 시대를 산 인물답게 무역, 국제정치, 중상주의에 대해 상당량의 지면을 할애해 설명한다.(4부, 6~8장) 이때는 이미 유럽이 각지에 식민지를 만들고 있던 때이고, 식민지에 대한 스미스의 (매우 긴) 논의는 이후 제국주의에도 스며 들어가게 된다. 스미스는 노예제도는 폐지되어야 한다고 주장했는데, 그 핵심적인 논거는 '비용 절감'이었다.

35) 그러나 스미스의 정치경제학을 그의 사상 전체에서 분리해 이해하는 것은 잘못이다. 스미스는 도덕철학자이자 정치경제학자였고, 나아가 법학자이자 문예비평가이기도 했다. 그는 전형적인 계몽사상가였다. 그의 경제사상을 이해하기 위해서는 무엇보다도 도덕철학에 대한 이해가 선행되어야 하고, 또한 경제와 정치(국제정치 포함), 법, 역사의 연관성을 종합적으로 이해해야 한다.

았다. 이 과정에서 그는 '자본'을 찾아냈다. 과거의 부는 주로 소비되는 것이었다. 역사는 귀족들의 사치 이야기로 가득 차 있다. 스미스는 건강한 부는 소비되는 것이 아니라 축적되는 것임을 강조했다. 하지만 오로지 축적되기만 하는 부 또한 병든 부이다. 부는 '투자'되어야 한다. 이런 부야말로 바로 '자본'이며, 바로 자본으로서의 부야말로 시장에서의 (훗날의 표현으로) '확대재생산'을 가능케 하는 원천인 것이다.(2부, 3장) 자본의 본질은 투자와 확대재생산에 있다.

자본 및 축적 개념은 노동 및 임금 개념과 맞물려 있다. 세 가지 탈영토화(토지의 탈영토화, 노동의 탈영토화, 화폐의 탈영토화)에 대해 논했거니와(1권, 12장), 스미스는 노동을 일종의 상품으로 본 최초의 인물들 중 한 사람이다. 그가 노동과 임금에 관련해 어떤 조절/평형의 구조 및 과정을 찾아낸 것(1부, 10장)도 이런 바탕 위에서였다. 당시는 노동의 질적 차이가 크지 않았고 산업혁명도 일어나지 않았던 시대였기에, 비교적 간단한 계산으로도 이런 조절을 보여줄 수 있었다. 자본의 축적이 임금 상승을 가져오고, 임금 상승은 인구 증가로 이어지며, 결국 인구 증가는 임금 하락을 가져온다는 것이다. 결과적으로 자본의 축적이 이어진다. 스미스에게는 마르크스처럼 노동자들을 역사의 주체로 본다든가 하는 시각은 없었다. 이는 양자의 차이라기보다는 양자가 살았던 시대의 차이라 해야 할 것이다. 또, 스미스는 당대의 자본가 계급이 얼마나 조악한 인간들인가를 잘 알고 있었고 그들이 "도저히 인류의 지도자가 아니며, 또 그렇게 되어서도 안 된다"라고 비판했다.[36] 전체적으로 스미스의 사유세계는 전형적인 계몽사상가의 그것이었다. 그는 18세기적인 이성주의를 그리고 일정 정도 낙관주의 — 말하자면

---

36) 하지만 스미스는 시장에 대한 정부의 간섭을 비판했기 때문에 오히려 자본가들의 환호를 받았고, 이 때문에 지금도 보수적 경제학자의 이미지를 띠고 있다. 스미스에게 정치의 역할은 시장에 간섭하는 것이 아니라, 시장으로 해결되지 않는 문제들을 맡는 것이었다. 스미스는 자본가나 노동자의 입장을 취하지 않았고, 그의 저작 제목 그대로 '국부(國富)'의 입장에서, 굳이 말한다면 소비자의 입장에서 논했다고 할 수 있다.

세속화된 예정조화설 ─ 를 견지했다.[37] 요컨대 그것은 산업혁명 이전의 정치경제학이었다. 스미스는 분업의 확산과 기술 혁신에 의한 경제 변동에 대해서는 아직 사유할 수가 없었다.

§4. 사회주의의 꿈

계몽적 정치철학의 또 하나의 주요 갈래는 사회주의 정치철학의 흐름이다. 사회가 거대한 변혁기에 처할 때 사람들은 새로이 유토피아를 꿈꾼다.[38] 이 시대는 유토피아에의 꿈이 사회주의의 형태로 분출했던 시대이

---

37) 반세기가 지난 후 계몽시대를 지배한 이런 조절/평형의 개념과 낙관주의에 찬물을 끼얹은 것은 맬서스(1766~1834)였다.(『인구론』, 이서행 옮김, 동서문화사, 2016) 리카도(1772~1823) 역시 이윤율 저하에 대한 논의에 입각해 비관주의를 펼쳤다.(『정치경제학과 과세의 원리에 대하여』, 권기철 옮김, 책세상, 2016) 맬서스 인구론은 이후에 등장할, 볼츠만 등의 엔트로피 이론이라든가 바이스만의 생식질 이론을 비롯해 특정한 과학적 성과에 입각해 음울한 미래상을 그리는 담론의 효시이다. 리카도의 경제학은 스미스를 포함해 계몽사상가들을 지배했던 '인류의 진보'라는 꿈이 산산조각 나고 '인류'란 사실 서로 으르렁대는 여러 집단들(리카도의 맥락에서는 특히 지주 계층과 자본가 계층)의 단순한 총칭일 뿐이라는 사실이 명확히 드러난 후에 성립한 최초의 본격적인 경제학이다. 맬서스가 인류 전체의 비극적인 향방에 대해 고뇌했다면, 리카도는 지주들만 득을 보고 자본가들은 다람쥐 쳇바퀴를 돌릴 수밖에 없는 현실 ─ 단순한 시대적 상황이 아니라 경제학적 구조/법칙 ─ 에 비관했다. 다소 다른 맥락에서이지만, 헨리 조지(1839~1897)의 『진보와 빈곤』(김윤상 옮김, 비봉출판사, 2018)도 지대에 대한 비판을 핵으로 하고 있다.
38) "처음에는 아직 낡은 형태의 생산수단에 의해 지배받고 있는 듯한 새로운 형태의 생산(마르크스)에 새로운 것과 낡은 것이 철저하게 상호 침투하고 있는 집단의식 속의 이미지들이 상응하고 있다. 이런 이미지들이 소망이미지들(Wunschbilder)이며, 이것들 속에서 집단은 사회적 생산물의 미숙함과 사회적 생산질서의 결함을 지양하는 동시에 명료화하려고 한다. 이와 더불어 이런 소망이미지들에는 시대에 뒤처진 것과 단절하려는 단호한 의지가 나타나 있다. 그러나 이러한 경향은 새로운 것에서 자극받아 이미지를 만들어내는 판타지가 사실은 지나간 근원적인 것과 이어져 있다는 것을 분명하게 해준다. 어느 시대든 다음 시대를 여러 가지 이미지들을 통해 떠올려볼 수 있도록 해주는 꿈속에서 그다음 시대는 원-역사(Urgeschichte)의 요소 즉 계급 없는 사회의 요소들과 단단

기도 하다. 유토피아적 사회주의를 꿈꾼 열혈남아였던 로버트 오언(1771~1858)은 사업가로서 성공한 것에 만족하지 않고, 자신의 역량을 쏟아부어 이상향을 구축하고자 했다. 그 이상향은 이후 등장할 마을공동체, 협동조합, 노동조합, 대안공간 등의 효시이다. 그의 기획은 대부분 실패했다. 그는 인간이라는 존재를 너무 단순하게 생각했다. 일찍이 순자가 갈파했듯이, 인간이란 이익을 두고서 다툴 수밖에 없고, 서로를 질시하면서 이기려 하고, 감각과 무지, 어리석음에 휘둘리는 존재이다. 오언은 인간의 이런 측면을 너무 고려하지 않았다. 하지만 그가 위대한 역사적 업적을 이룰 수 있었던 것은 바로 이렇게 인간을 냉정하게 파악하지 못했기 때문이었다. 인간에 대한 환상을 가졌기 때문에, 인간을 너무 순진하게 생각했기 때문에 그는 냉소주의, 염세주의에 빠지지 않고 생동감 있는 실천을 이어갈 수 있었던 것이다. '꿈'은 양면적이다. 그것은 환상이기에 우리를 어리석은 오류에 빠지게 하지만, 또 환상이기에 현실에 주저앉기보다 더 먼 곳으로 나아갈 수 있는 힘을 우리에게 준다. 꿈은 꿈처럼 허망한 것이기도 하고 꿈처럼 희망찬 것이기도 하다. 오언은 꿈을 꾼 사람이었기에 많은 실패를 했지만, 그 꿈을 통해 이후 모든 형태의 사회주의자들이 꿈꾸는 비전을 우리에게 남길 수 있었다.

위촉오(魏蜀吳) 시대에 관련해 언급했듯이(2권, 6장), 이전에 볼 수 없었던 새로운 세상의 도래는 또한 이전에 볼 수 없었던 새로운 유형의 인물들/특이존재들을 배태해낸다. 18세기는 새로운 유형의 인물들, 즉 혁명가들, 사회개혁가들이 쏟아져 나온 시대였다. 이들이야말로 근현대사를 수놓은 '영웅'들이었다. 프랑스에서도 생시몽(1760~1825), 푸리에(1772~1837), 프루동

히 결합되어 나타난다. 집단의 무의식 속에 보존되어 있는 그러한 사회에 대한 경험은 새로운 것과 철저하게 교차하는 가운데 유토피아를 낳는데, 이 유토피아는 오래도록 길이 남을 건축물에서 한순간의 유행에 이르기까지 삶의 무수한 배치들(Konfigurationen) 속에서 흔적을 남겨왔다."(Walter Benjamin, *Passagenwerk*, Gesammelte Schriften, V-1, Suhrkamp, 1982, S. 46~47)

(1809~1865) 같은 유토피아적 사회주의자들이 세상을 바꾸기 위해 분투했다. 이들 역시 기존의 질서를 부정하면서 사회주의적 유토피아를 구상하고 또 실천했다. 프루동의 『소유란 무엇인가』(1840)는 소유의 폐지를 논리정연하게 주장하기도 했다.[39] 아울러 이런 흐름과 발을 맞추어, 사회주의와 다소 내용을 달리하긴 하지만 같은 결을 띤 여러 사상들과 실천들이 전개되었다. 드 구주(1748~1793)와 울스턴크래프트(1759~1797)가 제시한 여성 인권에 대한 주장[40]을 비롯해, 다양한 형태의 인권사상들이 사회의 여기저기에서 솟아올랐다. 18세기를 통해서 서구는 전통 사회로부터 근대 사회로 이행하게 된다.

유물론자들과 경제사상가들 그리고 사회주의자들은 격변의 시대를 맞이해 매우 상이한 성격의 담론들을 펼쳤다. 유물론자들은 사회사상가이기 이전에 자연철학자들이었고, 그들의 형이상학적 사유[41]를 토대로 해서 사회 개혁을 추구했다. 이 점에서 이들은 겉모습과는 달리 매우 고전적인 유형의 철학자들이었다. 최초의 근대적 사회과학자들이라 할 수 있을 경제사상가들의 경우, 자연철학 및 형이상학의 차원과 역사·사회·정치의 차원이 분명하게 구분된다. 이들은 자연과학자들의 경우와 마찬가지로 세계의 어

---

39) 프루동이 "각자의 능력에 따라 각자의 몫을, 각자의 성취에 따라 각자의 능력을"(생시몽), "각자의 자본, 각자의 노동, 각자의 재능에 따라 각자의 몫을"(푸리에)이라는 두 명제를 논박하는 대목(『소유란 무엇인가』, 이용재 옮김, 아카넷, 2015, 185쪽 이하)은, 프루동의 일방적인 관점에서이긴 하지만 세 사람의 차이를 음미해보는 데 도움을 준다. 다만, 프루동은 말년에 입장을 바꾼다.

40) 드 구주의 사상은 『여성의 권리 선언』(소술기 옮김, 동굴디자인, 2019)에서 볼 수 있고, 울스턴크래프트의 사상은 『여성의 권리 옹호』(문수현 옮김, 책세상, 2011)에서 볼 수 있다.

41) 때로 형이상학과 유물론을 대립시키는 것을 볼 수 있지만, 철학적으로 엄밀히 말해 유물론은 형이상학의 한 갈래이다. 그러나 18세기 유물론자들은 유물론을 형이상학과 대비되는 "과학적" 이론이라고 생각했다. "과학적"이라는 말의 이런 뉘앙스는 마르크스주의에도 스며 들어간다.

떤 특정 영역의 법칙을 발견하고자 했다. 이들에게서 인간은 객체화되며, 단적으로 말해 법칙/함수에 대입되는 하나의 값/예화가 된다. 이들이 다룬 것은 '인간 개체군'이며, 오늘날의 멀리 떨어진 시각에서 보면 생명정치를 위한 과학적 기초를 제공했다고 할 수 있다. 사회주의자들은 이 두 집단과 공히 구분된다. 이들은 이 세계가 근원적으로 어떤 것인지, 또는 사회라는 차원은 과연 어떤 법칙들로 돌아가는지에 관심을 둔 것이 아니라, 이 주어진 사회/삶을 어떻게 바꾸어나갈까에 몰두했다. 이들은 인간을 주체화하고자 했으며 이들에게 중요한 것은 'information'이 아니라 'transformation'이었다. 첫 번째 유형의 사람들은 현실의 인식과 꿈의 실천을 겸해서 행했지만, 그 인식이 다소 일방적이었다. 두 번째 사람들은 현실 인식을 꿈의 매개 없이 그대로 미래로 외삽(外揷)했다. 세 번째 유형의 사람들은 그 말의 두 가지 모두의 뉘앙스에서 꿈을 꾸고 또 그 꿈을 실천하고자 했다. 과연 어떤 길이 지식인이 걸어가야 할 길일까?

3절 역사철학의 만개(滿開)

사회의 이런 거대한 변화는 철학자들로 하여금 역사에 대한 깊은 사색에 젖게 했다. 역사의 상세한 탐구가 아니라 "'인류의 역사'란 도대체 어떤 의미를 가지는 것일까?"라는 역사철학/역사형이상학적 물음을 던지게 된 것이다. 이후 '역사'는 줄곧 사상가들의 화두가 된다.

§1. 진보사관의 탄생

튀르고(1727~1781)는 "인간 정신의 계속되는 진보"를 확신했으며, 법칙성에 갇혀 있는 자연을 시간과 더불어 계속 진전해가는 역사와 대비했다.[42] 자연은 단지 순환할 뿐이지만, 역사는 선대의 성취가 후대로 이어지면서 다시 새로운 성취를 쌓아간다. 콩도르세(1743~1794)는 튀르고의 진보사관을 구체화해, 인류의 역사를 열 단계로 나누었다. 그중 아홉 번째 단계가 데카르트에서 프랑스 대혁명에 이르는 유럽 근대의 단계이고, 열 번째 단계는 아직 오지 않은 미래의 단계이다. 콩도르세는 인류의 진보에 대해 낙관했다. 물론 콩도르세의 역사철학은 역사가 직선을 그리면서 진보한다고 보는 단순한 것이 아니었다. 비샤에게서 죽음의 힘과 삶의 힘이 투쟁하듯이, 콩도르세의 역사에서는 진보의 힘과 퇴보의 힘이 투쟁한다. 그러나 죽음의 그림자가 서서히 다가오는 와중에서 쓰였음에도, 아니 어쩌면 바로 그랬기 때문에 그의 『인간 정신의 진보에 관한 역사적 개요』(1793)[43]는 궁

---

42) Anne Robert Jacques Turgot, "Discours sur les progrès successifs de l'esprit humain", 1750. www.institutcoppet.org에서 볼 수 있다.

43) Marquis de Condorcet, *Esquisse d'un tableau historique des progrès de l'esprit humain*, Flammarion, 1998.

극적으로 인간 정신의 진보에 대한 강한 신념으로 가득 차 있다. 그는 미래의 태양은 "이성 외에는 어떤 주인도 인정하지 않는 자유인의 세계"만을 비출 것이라고 보았다. 그 시간이 왔을 때, "폭군과 노예, 성직자들과 그들의 어리석고 위선적인 도구에 지나지 않는 종교의 신자들"은 역사에서만 또는 무대 위에서만 볼 수 있게 될 것이다. 콩도르세에게 그리고 다른 많은 사람들에게도, 프랑스 대혁명은 18세기 계몽사상가들이 사유하고 실천해온 역사적 비전이 마침내 현실로서 도래한 사건으로 다가왔던 것이다.

§2. 보수주의의 논리

계몽주의적 '이성'을 토대로 '혁명'을 통해 당대 사회를 근본적으로 바꾸려 한 콩도르세 등의 역사철학과는 대조적인 역사철학을 버크(1729~1797) 등에게서 발견할 수 있다.[44] 버크에게 인간은 흄이 갈파했듯이 이성적 존재가 아니라 정념적 존재이다. 중요한 것은 형이상학적-수학적 이성으로 낯설고 거창한 그림을 그려 그에 맞추어 현실을 급진적으로 바꾸는 것이 아니라, 경험주의적 인간관에 입각해 기존 질서를 바꾸어나갈 수 있는 현실적인 길들을 모색하는 것이다. 흄에게서 그렇듯이, 버크에게서도 사회란 혁명적으로 뒤집어엎을 수 있는 차원이 아니라 해당 사회의 '전통'을 통해 단단히 형성되어 있는 '관습'을 필요한 만큼 조금씩 보수해나가야 하는 차원인 것이다. 이것이 그가 프랑스 대혁명을 부정적으로 바라본 이유이다. 또 하나, 흄의 윤리학을 논하면서 언급했듯이 "인류에 대한 사랑" 같은 표현은 거창하지만 속 빈 강정 같은 것이다. 유의미한 공감은 직접적인 경험에 의해 뒷받침되는 공감이기 때문이다. 버크는 묵자보다는 공자의 길

---

44) 유벌 레빈은 『에드먼드 버크와 토머스 페인의 위대한 논쟁』(조미현 옮김, 에코리브르, 2016)에서 버크 사상을 페인의 그것과 대조해 논한다.

을 따르고 있는 것이다. 따라서 이론상 보편사가 중요할지 몰라도, 실제 내용이 있는 역사란 결국 동일한 지역, 언어, 관습, 문화 등을 가진 한 민족/국가의 역사라고 해야 한다. '전통'이란 결국 이런 구체적 동질성을 갖춘 집단의 전통인 것이다. 버크가 인도의 전통을 파괴한 동인도회사의 '나봅'(나왑)들을 규탄한 것은 계몽주의적 맥락에서가 아니라 오히려 이런 반(反)계몽주의적 맥락에서였다. 계몽주의가 (계몽주의자들이 원했건 원하지 않았건) 제국주의의 배경이 되고, 반-계몽주의가 (적어도 버크에게서는) 반-제국주의적 입장을 취하게 만든 것은 사상사의 굴곡에 관해 많은 생각을 하게 만든다. 어쨌든 이런 사유의 연장선상에서 이제 '민족'이라는 개념은 근현대사 전체를 관류하는 또 하나의 중요한 개념으로 작동하기 시작한다.

버크 보수주의의 한 문제점은 정부와 시민사회를 분명하게 구분하지 않고, 정부와 국가를 거의 동일시한 점에 있다. 따라서 버크에게 정부를 전복하려는 시도는 곧 국가를 전복하려는 시도로 비칠 수밖에 없었고, 이것이 그로 하여금 프랑스 대혁명의 의미를 충분히 알아보지 못하게 만들었다. 스피노자가 논했듯이, 일차적인 실재는 어디까지나 다중의 역량이다. 국가권력의 실체로서 시민사회는 항상 그 아래에서 존재=생성하고 있으며, 국가의 몰적 동일성을 즉 지금의 맥락에서 본다면 정부를 전복한다고 해서 시민사회의 분자적 차이생성이 파괴되는 것이 아닌 것이다. 오히려 몰적 동일성의 전복은, 그 전복이 정치적 정당성을 갖추고 있는 한에서, 바로 분자적 차이생성이 요청하는 바라고 해야 한다. 이 점에서 버크에게서 전통과 혁명은 홉스에게서의 '절대권력 아니면 무정부상태'라는 이분법과 유사한 이분법을 형성하고 있다. 그러나 버크의 입장에서 말한다면, 그에게 국가란 단지 어떤 행정체계가 아니었다. 그것은 바로 전통, 즉 긴 시간에 걸쳐 내려온 역사적이고 종교적이고 문화적인 공동체 전체였던 것이다. 그에게서는 종교와 정치가, 형이상학과 역사가 구분되지 않았다. 결국 그는 우선 부분들을 정확히 구분한 후에 전체를 사유하지 않고, 구분이 채 되지 않은 전체에 너무 집착했던 것이다. 미래의 보편성에 대한 계몽주의자들의 열정과 과거의 특수성에 대한 버크의 열정의 대조가 무척 흥미롭다.

§3. 보편적 세계사를 향해

이런 식의 대조는 칸트와 헤겔 사이의 대조로 이어진다. 칸트에게 역사의 차원은 생명의 차원이나 예술의 차원처럼 '판단력 비판'의 영역에 속한다.[45] 그것은 이념이 현실에서 실현되고 현실이 이념성을 띠게 되는 차원이다. 이런 이유로 칸트에게서 역사는 생명이 인간에게 준 소질(素質)에서 실마리를 잡는다. 생명은 합목적성의 세계이며, 따라서 인간을 포함한 모든 생명체들은 생명(넓게는 자연)이 준 소질을 그것의 목적/이념으로 삼아 그것을 실현하게 된다. 인간이라는 존재에게 자연이 준 소질을 칸트는 이성 그리고 (이성에 기초하는) 의지의 자유로 보았다. 이성과 자유는 독일 이념론 전체를 관류하는 가치이다. 그런데 인간에게 주어진 이런 소질이 개인의 힘으로 발휘되는 데에는 명백한 한계가 있으며, 그러한 소질의 개화는 유적 존재로서의 인간에게서 진정으로 발휘된다. 이는 개인과 인류의 공간적 관계만이 아니라, 한 세대와 인류사 전체의 시간적 관계도 뜻한다. 선대의 업적들이 후대로 이어지면서 인류의 소질은 좀 더 활짝 전개되어나가기 때문이다. 칸트는 이렇게 계몽사상가들의 인간관과 진보사관을 잇고 있다.

하지만 콩도르세에게서도 그랬듯이, 칸트에게서도 이 과정이 단순한 것으로 그려지고 있는 것은 물론 아니다. 유적 존재로서의 인간이 서로 사랑하고 협력해서 위대한 역사를 만들어가는 것이 아니다. 오히려 인간과 인간은 서로를 이기기 위해서 끝없이 각종 형태의 싸움을 벌인다. 사회란 '경쟁과 질시의 도가니'인 것이다. 그러면서도 한 인간이 오로지 사회 속에서

---

45) 칸트의 역사철학은 특히 앞에서 인용한 「세계시민적 관점에서 본 보편사의 이념」에 잘 나타나 있다. 관련 글들은 『칸트의 역사철학』(이한구 편역, 서광사, 2009)에서 볼 수 있다.

만 자신의 소질과 욕망을 실현할 수 있다는 것 또한 사실이다. 칸트는 이 역
설적인 구조를 '반(反)사회적 사회성'이라고 표현한다.(제4명제) 바로 이런
구조가 역사를 발전케 한다. 한 개인은 자기 자신의 명예욕, 지배욕, 소유욕
에 사로잡혀 분투하지만, 그런 경쟁과 분투가 결과적으로는 그에게 잠재되
어 있던 인간적 소질을 펼칠 수 있게 해주기 때문이다. 그렇지 않다면 그의
잠재력은 나태와 안일의 시간 속에서 그대로 사장되어버릴 것이다. 그리
고 앞에서 생명권력을 논하면서 언급한 바 있듯이, 칸트는 미시적 차원에
서 무질서한 것처럼 보이는 경우도 거시적 차원에서 보면 질서 있는 것일
수 있음을 역설한다. 어떤 분야에서 A와 B가 서로를 이기기 위한 분투의 시
간을 이어간다면, 그 분야는 바로 이들의 이런 경쟁을 통해서 발전할 수 있
는 것이다. 사회는 개개인의 질시와 알력으로 얼룩져 있지만, 그 과정을 통
해서 역사는 점점 더 발전해간다는 것이 칸트의 논리이다. 이것은 앞에서
보았던 스피노자-스미스의 논리를 역사철학 분야에 응용한 것이라고도 할
수 있다.

그렇다면 이런 발전은 구체적으로 어디를 향하는가? 역으로 말해, 역사
가 어디를 향해 갈 때 그것이 발전한다고 말할 수 있는가? 이것은 곧 자연
이 인간에게 심어준 근본 소질은 어떤 것인가의 문제이기도 하다. 칸트는
그것을 "법이 지배하는 시민사회"로 파악한다. 역사는 인간의 자유가 실현
되는 장이지만, 어디까지나 법의 제한을 통해서 실현되어야 한다. 법이 지
배하는 자유로운 시민사회야말로 자연이 인간에게 준 핵심적인 잠재력이
라는 것이 칸트의 통찰이다. 하지만 한 공동체/국가에서 설사 이런 경지에
도달한다 해도, 국제정치적 갈등은 그 성과를 한순간에 산산조각 낼 수도
있다. 때문에 법이 지배하는 자유로운 시민사회는 국제정치적 안정을 전제
한다. 이것이 앞에서 논했던 '국제연맹', 보편적인 세계시민적 공동체가 요청
되는 이유이다. 그리고 이런 공동체의 최대 적은 물론 전쟁이므로, 이런 경
지로 나아가기 위해서 필수적으로 요청되는 것이 '영구평화론'이라고 할
수 있다. 칸트가 자신의 시대를 계몽된 시대는 아니지만 계몽의 시대로 본

것은 바로 인류가 지그재그를 그리면서도 결국 이런 방향으로 나아가고 있다는 확신을 표현한 것이다. 그런 상태에 어느 정도 도달한다면, 인류는 비로소 과거를 되돌아보면서 비록 사연 많고 굴곡진 역사였지만 자연이 인간에게 준 소질을 충분히 발현할 수 있었던 과정으로서 '보편적 세계사'를 쓸 수 있을 것이다.

§4. 역사 속의 이성

헤겔 역시 칸트처럼 그의 역사철학을 생명철학의 토대 위에 세웠다. 데카르트 이래 서구 사유는 기본적으로 논리학적-수학적 사유양태를 근간으로 전개되었다. 고대로부터 그랬거니와 역사는 철학과 대비되었고, 또 근대에 이르러 과학과 대비되었다. 철학자들은 "인간은 ……"이라고 말하지만, 역사학자들은 "카이사르는 ……"이라고 말한다. 이런 대립은 계몽주의와 반(反)계몽주의 사이에서도 재현된다. 수학적 지성으로 무장한 계몽주의에 대해 헤르더 등 후기 계몽주의적 사유를 펼친 인물들은 역사를 강조했다. 그들에게 역사의 구체성, 다원성/상대성, 비결정성은 결코 수학적-형이상학적 틀로 재단할 수 없는 것이었다. 헤겔의 사유는, 스승 플라톤에 비해 생성하는 세계를 존재론적으로 긍정하면서도 그를 따라 철학적 탐구를 어디까지나 그 본질적 측면에 맞추었던 아리스토텔레스의 사유와 유사하다. 그는 계몽주의에 반해 역사라는 장을 중시하면서도(다소 강하게 표현해, 그의 사유 전반이 역사를 모델로 해서 형성되었다고도 할 수 있다.), 또한 역사의 구체성, 다원성/상대성, 비결정성을 넘어 그 근저의 법칙성과 목적성을 찾으려 했기 때문이다. 그래서 그는 역사를 합리적으로 파악하려 했지만, 그때의 합리성은 수학적 합리성이 아니라 역사 고유의 합리성이었다. 헤겔 사유의 이런 구도를 간단히 말하면 '역사 속의 이성'이라고 할 수 있다.

헤겔에게 역사는 생성이지만 그 근저는 이념들의 펼쳐짐이 지배하고 있다. 이는 아리스토텔레스적인 목적론을 깔고 있거니와, 아리스토텔레스 목적론이 보기와 달리 공간적인, 순환적인 사유 구도를 띠고 있다면 헤겔은 보다 본격적으로 시간적 펼쳐짐으로서의 역사의 장에서 이 목적론적 형상 철학을 새롭게 사유하고 있다. 그리고 물론 그 전개의 논리는 문명의 형성과 분화 그리고 통일이라는 변증법의 논리이다. 또 이 목적론은 기독교 신학을 배경으로 깔고 있지만, 그것은 내재화된 섭리 개념을 근간으로 하며 잘 알려져 있듯이 국가를 삶의 근본적인 가치로 본다. 결정적으로, 기독교적 퇴보사관과는 달리 그의 역사철학은 전형적인 근대적 진보사관이다. 역사는 자유를 향한 여정인 것이다. 동양에서는 한 사람만 자유로웠고, 그리스에서는 일부 사람만 자유로웠지만, 게르만적 세계에서는 모든 사람이 자유롭다는 그의 주장이 이를 단적으로 보여준다. 물론 칸트의 경우도 그렇듯이 헤겔의 경우도 신적 섭리가 실현되는 이 과정은 간단하지 않다. 반-사회적 사회성에 해당하는 헤겔의 논리는 곧 '이성의 간지'이다. 이 논리 역시 스미스-칸트의 경우처럼 개별적 경우들의 차원과 전체의 차원은 달리 움직인다고 말한다. 역사를 살아가는 개개인은 자신의 정념과 욕망에 따라 행위하지만, 역사 전체는 그러한 행위들을 매개로 해서 오히려 이성의 실현을 이루어나간다는 논리이다. 소크라테스에서 나폴레옹에 이르는 '세계사적 개인'의 경우 분명 보다 차원 높은 존재들임이 분명하지만, 이들 또한 섭리 실현의 바둑돌, 다만 매우 중요한 특이점들에 놓이는 바둑돌들일 뿐이다.

역사를 칸트보다 형이상학적인 방식으로 파악한 그였기에, 그리고 반-계몽의 흐름을 반대하면서 계몽의 정신을 이어가고자 한 그였기에, 근대성에 대한 헤겔의 주장은 칸트의 그것보다 더욱 강한 어조로 펼쳐진다. "태양이 하늘에 있고 혹성이 그 둘레를 돌게 된 이래, 인간이 머리 즉 사상으로 서고 사상에 따라서 현실을 구축하는 일은 없었다. 누스(이성)가 세계를 지배한다고 처음으로 말한 것은 아낙사고라스였지만, 이제 비로소 인류는 사상이 정신적 현실을 지배해야 한다고 인식하기에 이른 것이다. 여기에는 그야말로 빛나는 일출이 있다. 사고하는 모든 사람들이 이 시대를 함께 축복하고 있다. 신과 세계의 현실적인 화해가 지금 비로소 찾아온 것처럼 고귀한 감동이 시대를 지배하고 정신의 열광이 세계를 비추기 시작한다."[46] 다만 앞에서 보았듯이, 헤겔은 국제정치에서는 이런 식의 결론을 내리지 않는다. 하지만 이것은 암암리에 유럽의 헤게모니를 전제한 것이기도 하다. 그는 당대의 유럽이 시대정신을 담지하고 있으며, 자신의 시대가 근대성이 완성되고 있는 시대라 보았던 것이다.

헤겔식의 진보사관은 역사를 그것을 살아가는 사람들의 안에서 보기보다 멀리 떨어져 바깥에서 조감하는 시각이다. 그것은 전형적인 사후적 사유이며, 조감하는 사람이 전지적 작가 시점에서 전체의 흐름을 '정리'해서 줄거리를 만들어내는 시각이다. 이 점에서 헤겔의 관점은 많은 비판적 논의의 대상이 된다. 그에게서 세계에 창궐하는 악들은 신의 선한 섭리가 실현되는 변증법적 과정에서 나타나는 '반(反)'의 계기들일 뿐이다. 그렇다면 731부대의 만행이나 아우슈비츠의 잔학함에 희생된 사람들도 모두 "하느님의 역사(役事)하심"을 위한 소모품들에 불과한 것이다. 나아가 논리적으로, 만일 역사가 이런 것이라면 그것이 자유가 실현되는 투쟁적인 과정이라는 생각이 어떻게 성립할 수 있는가? 도대체 이 자유는 인간의 자유인가? 그렇다면 누구의 자유인가? 이런 문제들을 둘러싼 논쟁은 헤겔 이후의 역사철학을 흥미롭게 만들었다.

여러 의미에서 헤겔의 역사철학은 서구의 근대성을 전형적으로 보여주는 사유이며, 19세기 전반에 걸쳐, 나아가 20세기에 이르러서까지도 지대한 영향력을 행사했다. 콩트, 스펜서, 마르크스와 엥겔스 등 역사(또는 "진화")를 화두로 했던 인물들은 헤겔을 비판적으로 보면서도 그의 사상을 상당 정도 내면화했던 인물들이다. 반면 니체 등 여러 철학자들은 헤겔의 역사철학을 비판하면서 탈-근대적 사유의 교두보를 마련하게 된다. '역사'를

___
46) 헤겔, 『역사철학 강의』, 426쪽.

보는 이런 시각의 차이는 근대성과 탈-근대성을 분리하는 핵심적인 갈림 길이다.

　근세에 들어와 서구에서 이루어진 정치철학적 사유들은 오늘날 우리 삶에 지대한 영향을 끼치고 있다. 오늘날 우리가 영위하고 있는 정치적 삶의 기본 형태는 서구에서 주조된 정치철학을 근간으로 하고 있다. 그렇다면 긴 세월 동안 철학적 사유의 끈을 이어온 다른 전통에서는 왜 정치적 사유가 발전하지 못했을까? 왜 서구에서만 정치철학의 비약적 발전이 가능했는가?

　이슬람과 인도의 경우 그 사회를 지배해온 것은 종교이다. 종교가 사회의 다른 심급들을 지배할 때, 정치적 사유는 꽃피지 못한다. 해당 종교의 강고함의 정도에 따라서 과학, 예술 등 다른 심급들은 피어날 수 있지만, 사상과 정치는 억눌릴 수밖에 없다. 사상과 정치는 '다른 세상'을 꿈꾸는 것이기 때문이다. 이슬람과 인도는 근대에 이르러서도, 심지어 지금까지도 종교라는 심급이 다른 심급들을 지배하고 있는 문명이다. 이 지역에서 정치철학이 발달하지 않은 이유는 본질적으로 이 점에 있다. 근대에 이르러 많은 사상적-문화적 개혁운동과 외세에의 저항운동이 있었고 그와 더불어 다양한 사상적 흐름이 나타났음에도, 이런 경험이 뚜렷한 형태의 정치철학으로 정립된 경우는 드문 것이다. 후대의 인물이기는 하지만, 그 스스로가 정치적 투사였으면서도 그 철학은 종교사상의 성격을 띠었던 오로빈도 같은 인물에게서 이 점이 특히 선명하게 드러난다. 이들은 정치의 문제도 종교의 문제로 흡수해서 사유하고 있는 것이다. 전통의 무게에 짓눌려 맥없이 길게 늘어진 오스만 제국, 무굴 제국에서 정치철학이 흥성(興盛)하기는 어려웠고, 또 그랬기 때문에 이 제국들은 새로운 길을 찾지 못한 것이다.[47]

동북아의 경우는 다소 양상이 다르다. 동북아의 철학은 애초에 정치철학에서 사유를 시작했고 그런 전통을 이어왔다. 이는 근대에 들어와서도 마찬가지였다. '정치적인 것의 발견'은 동북아 근대 철학의 주요 요소들 중 하나였다. 그러나 이 지역에서도 정치철학은 그다지 크게 흥기하지 못했다. 이는 무엇보다도 '왕조'라는 정체 아래에서의 정치철학은 한계가 있을 수밖에 없었기 때문이었다. 청조에서 지식인들은 조정에 의해 순치되어 고증학에만 몰두했다. 일본에서는 막부를 뒤흔들 어떤 흐름도 일어나지 않았다. 다양한 정치사상들이 흥기한 것은 후기의 조선에서였다. 그중에는 왕조 자체에 저항한 경우도 있었다. 그러나 이 사상들은 좀체로 현실에서의 착지점을 찾지 못했다. 이 지역에서 전면적인 변화가 나타나기 시작한 것은 역시 서구 제국주의와 마주쳤을 때였다.

이에 비해서 서구에서는 다양한 형태의 정치철학들이 고안되고 실험될 수 있는 여건이 형성되었다. 우선 큰 왕조들이 일정한 간격을 두고서 병립했던 다른 지역들과는 달리, 서구에서는 작은 국가들이 다원적 세계를 형성하고 있었다. 중세적인 통일성 — 가톨릭에 의한 통일성 — 이 약화하기 시작하면서 이런 경향은 더욱 뚜렷해진다. 다원적이면서 서로가 무관할 수 없는 이런 상황은 권력 배분을 둘러싼 복잡한 갈등을 배태할 수밖에 없었고, 이탈리아 도시국가들을 필두로 각종 정치적 담론들이 성행하게 되었다. 아울러 이 지역에서는 이전에 존재하지 않았던 새로운 정치적 세력 — '제3신분' — 이 등장해 기존 권력과 투쟁을 개시함으로써 정치적인 것의 사유를 요청하는 역동적인 세계가 형성되었다. 기존의 정치권력(귀족 세력)과 종교권력(사제 세력)에 제3세력이 얽히면서 보다 역동적인 정치철학이 요청된 것이다.

---

47) 그러나 현대에 들어와서는 이슬람에서도 또 인도에서도 다양한 형태의 정치적 운동들, 사상들이 펼쳐졌다. 이런 흐름들은 21세기에 새로운 형태의 정치철학이 흥기할 수 있는 잠재력을 띠고 있다.

이런 역사적 상황과 더불어 또 하나 필수적인 것은 정치를 정치철학의 수준에서 사유할 수 있는 학문적 토대의 형성이었다. 정치철학은 단독으로 성립하지 않는다. 존재론, 인식론, 윤리학 등 철학의 다른 분야들과의 일정한 관계 아래서 성립할 수 있다. 서구의 정치철학은 르네상스 이래 전개된 서구 철학 일반의 장 안에서 배태될 수 있었다. 홉스는 갈릴레오의 연구를 본받아 정치철학을 전개했고, 스피노자와 로크는 그들 자신 당대의 대표적인 철학자들이었다. 계몽의 시대를 이끌어간 많은 사상가들은 대개 과학자이자 철학자이자 정치 활동가였다. 이런 전체적인 철학적 장에서 정치철학도 발달했던 것이다.

근대 초의 서구 철학자들이 각을 세웠던 것은 종교권력이었다. 우리에게 익숙한 '우파', '좌파' 같은 개념들은 존재하지 않았다. 이들의 일차적인 숙제는 정치 자체에 고유한 위상을 부여하는 것, 정치를 종교로부터 독립시키는 것이었다. 이 시대의 'liberal'은 바로 이런 뉘앙스를 띠었다. 이윽고 근대 정치철학이 본격화되면서, 특히 소유권을 핵에 놓는 자유주의 정치철학이 조금씩 모양새를 갖추어갔다. 소유권의 강조는 시민계층＝부르주아지를 위로는 귀족들과 사제들의 탈취로부터 아래로는 농민들, 노동자들의 항거로부터 막아주는 것이었다. 이런 배경에서, 고전 시대의 시민혁명과 정치철학은 새로운 계층으로서의 시민계층＝부르주아지의 혁명과 철학이었다. 이 과정은 정치와 철학이 손을 잡고 이룩한 가장 위대한 역사적 경지들 중 하나였다. 오늘날에도 우리는 이 시대에 형성된 개념들과 원리들의 많은 부분들을 기초로 정치적 삶을 영위하고 있다.

그러나 19세기에 이르면 상황은 달라진다. 이미 왕정은 종식되었고 귀족 계층은 무너졌다. 종교권력은 시민사회로 이전되었다. 그리고 세상은 부르주아 계급 — 이제는 달라진 뉘앙스에서, 즉 시민계층 일반이 아니라 유산 계급, 더 정확히 말해 생산 수단을 소유한 계급 — 이 힘을 쓰는 곳으로 바뀌었다. 이제 이들은 기득권에 항거하는 자들이 아니라 기득권자들이다. 그러자 이제 이 새로운 기득권자들에 항거하는 계층, 네 번째의 계층이 등장한다. 이 계층은 이전의 시민계층처럼 넓은 범위의 계층이 아니라 노동자라는 계층이다. 투쟁의 역사는 다시 시작된다.

　이제 정치철학의 앞에는 두 가지의 길이 놓여 있다. 자유주의 정치철학을 견지하면서 새롭게 도래한 이 갈등 구조를 해결하려는 길, 그리고 이전에 시민계층과 손을 맞잡고서 자유주의 정치철학을 흥기시켰듯이 이번에는 노동자 계층과 손을 맞잡고서 반(反)자유주의 정치철학을 모색하는 길이.

11장 자유냐 평등이냐

프랑스 대혁명의 기치에는 자유, 평등, 박애의 정신이 새겨져 있다. 박애라는 기독교 정신을 접어놓는다면, 자유와 평등은 대혁명이 배태한 보편적인 정신이다. 그러나 시간이 흐르면서, 특히 자본주의의 폐해가 두드러지게 나타나면서 이 두 가치를 묶고 있던 끈이 점점 풀리게 된다. 양자는 분명 상보적이다. 사회는 평등해야 하지만, 평등의 이름으로 개개인의 자유가 억압된다면 그 평등은 지지될 수 없다. 또, 불평등한 상황에서 그 불평등을 겪는 사람들이 자유로울 수는 없다. 루소도 지적했듯이 평등의 조건 위에서만 자유도 존속할 수 있기 때문이다.(『사회계약론』, II, §11) 양자가 상보적이라는 것은 개념적으로는 분명하다. 하지만 현실 정치에서 어느 쪽에 무게중심을 두느냐가 처음에 생각했던 것보다 훨씬 심각한 문제라는 점이 점차 인식되면서, 이제 정치철학은 자유에 중점을 두는 '자유주의'와 평등에 중점을 두는 '사회주의'라는 양 진영으로 나뉘게 된다.[1] 물론 이전에도 이런

---

1) 자유주의-사회주의의 축과 더불어 민족주의-보편주의의 축 또한 근대 정치철학의 핵심축으로서 작동한다. 사회주의는 명시적으로 보편주의와 짝을 이룬다. 사유의 중핵에 특

용어는 사용되었고 또 양자의 입장 차이도 인식되지 않았던 것은 아니다. 그러나 양자가 서로를 의식하면서 첨예하게 대립하게 된 것은 자유와 평등 사이의 대립적 성격이 명확하게 드러나게 되었을 때(19세기 전반)였다. 그리고 두 진영의 이런 대립각은 이미 정치철학의 구도 자체가 바뀌어버린 오늘날까지도 여전히 남아 있다.

무엇이 이런 대립성을 예리한 수준에서 드러내었을까? 산업자본주의가 등장하고 자본에 의한 폐해와 노동자들의 참혹한 현실이 분명하게 드러났을 때, 그리고 이런 사회문제에 대해 명백히 상이한 두 해법(물론 상세하게는 많은 해법들)이 제시되었을 때이다. 자본주의를 인정하면서 즉 사적 소유를 사회의 토대에 두면서 그 폐해를 수정해나가고자 한 자유주의 정치철학과 자본주의 타도를 목표로 삼은 사회주의 정치철학이 대립한 것이다. 정치철학의 이 구도는 특히 19세기 중엽에서 20세기 중엽까지 첨예하게 이어졌다.

정 국가나 지역이 아니라 계급이 놓이기 때문이다. 자유주의의 경우는, 이 개념의 내포가 계속 변해가기도 하거니와, 표면상 보편주의와 짝을 이루는 듯이 보여도 그 끈은 매우 허술하다. 아울러 사회주의 또한 그 본래의 입장과는 달리 민족주의와 수시로 결합하게 된다. 대체로 보편주의는 이상태로서 역할을 해온 반면, 현실적으로는 민족주의가 힘을 발휘해왔다고 할 수 있다.

1절 자본주의의 '진화'와 자유주의

자본주의에 윤리학적 기초를 부여하려 했던 대표적인 사조는 공리주의이다. 공리주의는 산업혁명으로 동력을 얻은 자본주의와 근대 문명의 추동력이 된 과학기술을 토대로, 사회를 가장 안전하고 **효율적**으로 통치하려는 윤리학적-정치철학적 기획이다. 다시 말해, 그것은 본궤도에 오른 (이미 제국주의의 형태를 띠기 시작한) 자본주의의 힘을 바탕으로, 세계를 양화하고 분석해 조작 가능한 것으로 파악할 수 있게 해준 과학기술의 힘을 통해서, 사회의 기본 구조를 안정되게 유지하는 한편 가장 효율적인 방식으로 사회 문제들을 해결하고자 하는 실천철학이다. 그것은 빅토리아 시대(1837~1901)의 영국 사회와 '19세기의 수도' 파리를 배경으로 한 철학이라고 할 수 있다.

§1. 쾌락의 윤리학

벤담(1748~1832)은 전통 형이상학이 논해온 도덕형이상학적 원리들은 물론이고, 고전적인 영국 경험론자들이 논했던 도덕감정이나 행동의 동기, 공감 등의 원리들까지도 비판했다.[2] 그의 관점은 초월적이고 외면적인 관점이다. 한 쌍의 남녀가 사랑하고 결혼하고 아기를 낳아 기르는 것은 철학자들이 의미부여하는 형이상학적 과정이기도 하고, 문학자들이 묘사하는 인간적(경험적) 과정이기도 하다. 남자와 여자, 아이에게는 그 모두가 내재적이고 내면적인 과정이다. 그러나 위에서 그리고 바깥에서 볼 때, 그 과정은 가정 하나가 탄생하고 인구가 한 명 늘어난 과정일 뿐이다. 두 관점은 전

---

2) 제러미 벤담, 강준호 옮김, 『도덕과 입법의 원칙에 대한 서론』, 아카넷, 2013, II.

혀 다르다. 벤담은 초월적이고 외면적인 관점을 확립하고, 그 원리를 '공리'의 원리 또는 '최대 행복의 원리'라고 불렀다. 어떤 행동이 쾌락을 증진하고 고통을 감소시켰는가 아니면 쾌락을 감소시키고 고통을 증가시켰느냐가 공리의 증가와 감소를 판단하는 기준이다. 벤담은 이 원리를 개인에 대해서만이 아니라 정부 등의 집단에 대해서도 동일하게 적용했다. 물론 이 원리는 행복과 불행은 쾌락과 고통으로 환원된다는 점을 전제한다. 벤담은 이 원리를 흄에게 귀속시켰지만, 그것은 흄의 윤리학을 하나의 극단으로 축소한 것이었다.

"행복"에 대한 이런 초월적이고 외면적인 파악이 가능하려면, 우선 인간이라는 존재를 추상하고 등질화해야 한다. 개인들이 내재적-내면적으로 가지는 각이(各異)함을 추상해내고, 각 개인을 동질적인 단위로 만들어 사회 전체를 등질화해야 하는 것이다. 이것은 곧 쾌락을 양화해서 계산하는 문제이다. 앞에서 언급했듯이, 근대성의 한 축은 양화에 있으며 자본주의의 양화, 과학기술의 양화는 맥을 같이한다. 이 점은 인간을 "쾌락기계"로 본 에지워스(1845~1926), 생존 경쟁을 "기쁨과 고통의 미적분학"이라고 부른 제번스(1835~1882) 같은 경제학자들에게서 잘 볼 수 있다. 하지만 대개의 경우 이런 시도들은 서툰 은유에 그쳤으며, 벤담에게서도 실제로 양화된 쾌락을 볼 수는 없다. 대상에 따라서는 양화라는 것 자체가 그 대상의 왜곡이지만, 이 경우는 그렇게 왜곡된 양화조차도 어려웠던 것이다. 『도덕과 입법의 원칙에 대한 서론』은 양화를 원칙으로 내세우면서도, 실제 내용은 질적 분류로 채워져 있다. 그가 측정의 기준으로 제시한 쾌락의 강도, 지속성, 확실성/불확실성, 근접성/원격성 등은 측정이 곤란한 것들이기 때문이다. 공리주의를 떠받친 이론적 기초는 오히려 영국 경험론에서 제임스 밀로 이어진 연합주의 심리학('관념 연합설')이었다.

벤담의 공리주의 정치철학은 법가적인 성격을 띠고 있다. 단, 그것은 왕이라는 존재를 전제하지 않는 법가적 정치철학이다. 지배계층이 어떻게 피지배계층을 가장 **효율적으로** 관리할 수 있는가에 초점을 맞춘 정치철학이라고 할 수 있다. 이를 위해서는, 법가가 유가철학의 인간관과 도가철학의 형이상학을 파기하거나 변형했듯이, 전통적인 도덕형이상학과 인성론을 파기하고 인간을 철저하게 외면화, 등질화, 양화할 필요가 있었다. 그리고 파놉티콘에서 볼 수 있듯이, 피지배자가 지배자의 시선 아래 완전히 투명하게 파악되어야 했다. 그것은 산업혁명이 야기한 혼란을 가장 효과적으로 잠재우고, 자본과 과학기술을 중심으로 세계를 재편해 사회의 안정과 번영을 꾀하고자 한 사상이었다.

§2. 자연적 필연성과 역사적 가능성

영국 사회가 풍요의 시대로 접어든 때 활동했던 밀(1806~1873)은 기본적으로는 공리주의를 이어가면서도, 현대식으로 말해 그것을 "인간의 얼굴을 한" 공리주의로 재구성하고자 했다. 그 철학적 핵심은 쾌락의 양화를 거부한 점에 있다. 양화는 단위의 설정과 측정되는 것을 그 단위의 배수(倍數)로 규정한다. 따라서 상이한 존재들의 차이는 이 배수에서의 차이에 근거한다. 이런 양화의 원형은 바로 화폐이다. 화폐는 통약 불가능한 것들을 억지로 통약 가능하게 만들며, 쾌락의 양화라는 개념에 깔려 있는 것도 이런 생각이다. 배부른 돼지와 배고픈 인간, 그리고 배부른 얼간이와 배고픈 소크라테스는 통약 불가능하다. 배부름과 배고픔은 양적 비교를 허하며, 적절한 측정 장치가 개발된다면 배수로 측정 가능하다. 배고픔과 배부름은 양적 정도의 문제이며, 따라서 그 밑바탕에는 기하학적 공간의 비교라는 표상이 깔려 있다. 그러나 돼지와 인간, 그리고 얼간이와 소크라테스는 측정상의 정도를 허하는 같은 공간에 놓일 수 없으며, 이들 사이에는 질적 불연속이 가로놓여 있다. 양적 공리주의는 이런 통약 불가능성을 거의 문제 삼지 않았고, 문제 삼지 않음으로써만 "인간과학"임을 자처할 수 있었다. 밀은 이 점을 통박함으로써 공리주의를 새롭게 할 수 있었다.[3]

밀은 자신의 이 윤리학을 정치철학적 논의를 통해 구체화하고자 했다. 밀이 전개한 사상은 오늘날 흔히 '자유민주주의'라 부르는 정치철학의 초석을 이루게 된다. 밀의 정치철학은 "어떻게 개인의 독립성과 사회적 통제를 적절히 조정할 것인가?"의 문제에 초점을 맞춘다.[4] 그리고 이 물음에 대한 그의 핵심적인 대답은 "개인은 그의 행위가 그 자신을 제외한 어떤 사람의 이익과도 관련되지 않는 한, 그의 행위에 대해 사회에 책임을 지지 않는다"라는 격률에서 확인할 수 있다.[5] 밀은 이런 개인주의에 입각해 "각 사람의 행복은 그 사람에 대해서 선이요, 따라서 일반적 행복은 모든 사람의 총체에 대해서 선"이라고 생각했다.(『공리주의』, IV, §3) 하지만 이는 인간사를 단순히 산술적 합으로 생각한 것에 불과하며 밀 자신 이를 인정하게 된다. 이것은 곧 개인들 사이의 질적 차이와 갈등적 관계에 좀 더 세심히 주목해야 함을 뜻한다. 밀은 이런 차이와 갈등이 해소되기 위해서는 무엇보다 사상의 자유와 언론출판의 자유, 그리고 사람들 사이의 다양한 대화와 토론이 필요하다고 보았다. 인간이란 불완전하지만 자신의 실수를 교정해갈 수 있는 존재이며, 열린 토론을 통해서 잘못된 의견과 관행은 점차 '사실'과 '논증'에 굴복하게 된다는 것이 그의 낙관적인 생각이었다. 이런 이유에서 그

---

3) 하지만 밀은 이 '질적'이라는 개념을 정교화하지는 못했다. 그는 "공리주의 도덕을 위한 감정의 자연스러운 기초"를 언급하면서, "인간이 지니고 있는 사회적 감정(social feeling)이 이런 굳건한 기초가 된다"라고 말한다. 그리고 "사회적 감정이란 주변의 다른 사람들과 하나가 되고자 하는 열망인데, 이것은 이미 인간 본성 속에서 강력한 원리로 작동하고 있으며, 다행스럽게도 굳이 인위적으로 가르치지 않더라도 문명이 발전하면서 그에 비례해 점점 강해진다"라고 말한다.(『공리주의』, 서병훈 옮김, 책세상, 2018, 74쪽) 이는 그가 생각하는 '질적' 차이란 결국 당대 영국의 통념 —— 빅토리아적 통념 —— 이었음을 보여준다. 다만, 밀의 이런 입장에는 그가 심혈을 기울여 연구한 귀납논리가 암암리에 전제되고 있다. 만일 그렇다면, 사회적 맥락에서의 귀납이란 사실상 통념의 추수 이상의 것이 못 된다는 것을 뜻할 것이다.

4) 밀, 권기돈 옮김, 『자유론』, 펭귄클래식코리아, 2015, 75쪽.

5) 이와 짝을 이루는 격률은 다음과 같다. "타인들의 이익에 해를 끼치는 행위들에 대해 개인은 책임이 있으며, 사회가 사회적 처벌이나 법적 처벌이 사회 보호를 위해 필요하다는 의견을 가질 경우 둘 중 한 가지 처벌을 받을 수 있다."(『자유론』, 208쪽)

는, 어떤 사람이 반(反)기독교적 견해를 표명했다고 해서 투옥을 당한 당시의 사건이라든가 신앙을 가지고 있지 않은 사람들은 법정에서 증언할 수 없다는 당시의 법규를 날카롭게 비판했다. 이런 사건, 법규 등에 "동의하는 사람들은 역사에 크게 무지한 것이니, 왜냐하면 모든 시대의 불신자들은 대부분 탁월한 위엄과 명예를 가진 사람들이었다는 것이 역사적 사실이기 때문이다."(『자유론』, 111쪽) 밀의 자유론은 공리주의의 테두리 내에서 자유주의의 격을 한껏 높인 선량한 '영국 신사'의 철학이었다.[6]

밀은 말년으로 갈수록 당대 현실이 배태하고 있는 모순들에 보다 예리하게 주목하게 되었고, 사회주의에 상당히 접근해갔다. 대작 『정치경제학 원리』[7]에서 밀은 생산의 필연성과 분배의 가능성을 논함으로써, 앞에서 언급했던 경제사상가 유형의 사유와 사회주의자 유형의 사유가 어떻게 결합할 수 있는가를 보여주었다. 밀은 '경제 법칙'은 생산의 영역에서 성립한다고 보았다. 자연과 상관적으로 이루어지는 생산의 차원은 필연적 법칙의 지배를 받을 수밖에 없다. 하지만 분배는 자연과 인간의 관계가 아니라 인간과 인간의 관계에 상관적이다. 그것은 필연성의 양상이 아니라 가능성의 양상을 띠며, 사실차원이 아니라 당위차원의 문제이다. 요컨대 생산이 **자연적 필연성**의 문제라면 분배는 **역사적 가능성**의 문제인 것이다. 리카도 등 경제사상가들은 경제법칙의 필연이라는 늪에 빠져 그 사실로부터 당위를 즉각적으로 연역해냈다. 하지만 생산과 분배 사이에는 굵은 분절선이 존재하는 것이며, 거기에서 연역의 선은 크게 꺾이고 또 꺾여야 한다. 그리스의 금언이 말했듯이, "주어진 것을 선용하는 것", 우리 삶에서 주어지는 것과 만들

---

6) 『여성의 종속』(서병훈 옮김, 책세상, 2018)은 그의 이런 면모를 잘 보여주는 저작들 중 하나이다. 하지만 밀은 무조건적인 평등을 주장하지는 않았다. 밀은 원칙적인 평등주의 위에서 자격에 따른 차별화를 주장했다. 정치적 판단 능력에서 명백히 질적 차이를 보여주는 두 사람이 똑같이 한 표를 행사하는 것은 잘못이라는 것이다.(『대의정부론』, 서병훈 옮김, 아카넷, 2012) 밀의 이런 주장은 근대성을 특징짓는 '**등질화**'를 거부하는 생각으로서 중요한 의미를 가진다.

7) 밀, 박동천 옮김, 『정치경제학 원리』, 전4권, 나남, 2010.

어가는 것을 잘 결합하는 것보다 중요한 것은 없다.[8]

하지만 밀은 급진적인 사회주의로는 나아가지 않았다. 이것은 그의 사유의 최상위에 존재하는 개념/가치가 바로 자유였기 때문이다. 밀은 자본주의의 폐해를 극복하기 위해 사회주의 혁명을 수행하려면 반드시 고도의 권력 집중이 필요하게 되고, 그 결과 개인의 자유가 억압되리라는 것을 날카롭게 통찰했다. 그리고 그는 특히 사회주의 국가에서는 각인의 개성이 용납되기 힘들 것이라는 점도 정확히 예상했다. 그러나 그로 하여금 끝내 자유주의자의 입장을 포기하지 않게 만든 것은 사회주의 혁명에 대한 의구심보다는 자본주의의 완성에 대한 믿음이었다. 그는 자본주의가 많은 문제점들에도 불구하고 멀지 않은 장래에 정상상태(正常狀態)에 도달할 것이며, 다름 아닌 바로 그 시점이 사회주의가 시작되는 시점이라고 보았다. 사회주의 실현의 전제 조건은 바로 자본주의의 완성인 것이다.

§3. 실증주의와 공리주의

스펜서(1820~1903)는 이런 빅토리아적 낙천주의에 진화론이라는 후광을 그려 넣었다. 스펜서는 생명의 '진화'라는 과거와 당대 과학기술의 발달이라는 현재를 연결해서 그의 세계관을 짠 후, 그것을 미래로 투사해 낙관적인 미래상을 그렸다. 스펜서는 전체적으로는 영겁회귀의 세계관을 가졌지만, 그의 사유가 초점을 맞춘 것은 어디까지나 진화였다. 그리고 라마르

---

8) 밀의 이런 문제의식은 오늘날까지도 유효하다. 국부의 크기를 중시하는 사람들은 기업을 도와서 일단 국가의 파이를 키워야 한다고 주장한다. 어쨌든 파이가 커야 각인에게 돌아갈 것도 많지 않겠느냐는 것이다. 복지를 강조하는 사람들은 파이가 커져 봤자 그것 대부분을 가져가는 것은 재벌들일 뿐임을 지적한다. 부의 불평등은 오히려 심화되고 있는 것이다. 결국 두 측면의 최적화가 문제가 된다. 그러나 밀도 강조하듯이, 방점은 분배에 찍혀야 한다. 생산은 필연의 차원이지만 분배는 가능의 차원이며, 바로 그렇기 때문에 우리 스스로가 만들어갈 여지를 담고 있기 때문이다.

크의 진화론에 기반했기에,[9] 그에게서 '진화'란 (오늘날 대중매체에서 그렇게 사용되고 있듯이) '진보'와 거의 같은 것을 뜻했다. 진화/진보는 동질성의 상태에서 이질성의 상태로의 이행, 즉 새로운 존재형태들(forms of being)의 계속적인 발명으로 이해되었다. 생명의 차원을 포함한 이런 진보사관을 뒷받침해준 것은 당대 과학기술의 눈부신 발달이었다. 기차의 발명은 물리적 차원(신체의 이동)에서의 혁명을 가져왔고, 전신의 발명은 정보적 차원(언어의 이동)에서의 혁명을 가져왔다. 스펜서는 당대 과학을 물리학, 생물학, 심리학, 사회학으로 대별하고 그것들을 진화철학의 구도에 맞추어 종합하고자 했다. 그에게 철학은 제 과학의 종합이었다. 그러나 그의 종합은 제 과학의 발전 순서와 그 해당 영역들의 존재론적 관계를 혼동한 것이었다. "물리학 → 생물학 → 심리학 → 사회학"식의 환원주의, 일방향적 인과론, 발생적 오류가 그의 사유 전반을 관통하고 있다. 엄밀하지 못한 진화 개념에 입각할 경우 이런 철학적 오류로 빠지는 것은 순식간이다. 그러나 빅토리아 시대에 스펜서의 이런 구도는 무척이나 매력적이었고, 라마르크보다 엄밀한 형태의 진화론을 펼쳤던 다윈조차도 그에게 찬사를 던졌을 정도였다.(오히려 니체는 그를 노골적으로 비웃었다.) 스펜서는 이런 진화론의 토대 위에서 공리주의를 이어가고자 했으며, 더 진화한 것이 더 선한 것이요 더 선하다는 것은 곧 더 진화했다는 것을 뜻한다고 생각했다. '진화'에 대한 그의 낙

---

9) 라마르크의 구도를 취할 경우 생겨나는 중요한 문제는 인류가 이전에 성취한 역사와 문화가 별도의 존재론적 장으로서 인정되기보다 생물학적 장으로 흡수되어버린다는 점이다. 획득형질이 유전될 경우, 역사와 문화에서의 객관적 성취들이 생물학적으로 유전되는 차원이 되어버리는 것이다. 그러나 역사와 문화는 생물학적 차원에 흡수되는 것이 아니라 그것과는 명확히 구별되는 객관적 장으로서 엄존한다. 이것은 언어의 문제에서도 마찬가지이다. 언어를 가능케 하는 메커니즘이 생물학적 기원을 가질지는 몰라도, 이미 형성되어 역사와 문화의 장에서 축적된 언어는 생물학적 차원 바깥에 엄존하며, 인간은 유전을 통해 이어받는 잠재력보다는 사회적 삶을 살아가면서 현실화하는 잠재력을 통해 비로소 언어를 획득해가는 것이다. 라마르크식으로 생각할 경우 이 객관적 장의 별도의 존재론적 위상을 과소평가하게 되고, 환원주의나 (물리학 → 생물학 → 심리학 → 사회학 식의) 일방향적 인과론 또는 발생적 오류(genetic fallacy)에 빠지게 된다.

관적인 생각을 이보다 더 강렬하게 드러내는 대목도 없을 것이다. 그는 공리주의에 우주론적 뉘앙스를 부여하고자 한 것이다.

공리주의의 이런 흐름과 나란히 실증주의 역시 산업(자본주의)과 과학기술의 발달을 진보사관의 근거로 삼아, 과학기술을 통한 세계 인식과 산업 발달을 기반으로 한 사회 개조의 청사진을 그리고자 했다. 콩트(1798~1857)는 인식에서의 진화론(신학적 단계, 형이상학적 단계, 실증적 단계)에 입각해, 당대를 '실증성(positivité)'에 입각한 과학적 사유가 확립되는 시대로 파악했다. 칸트에게 '현상'은 의식의 틀을 통해 구성될 때 비로소 '경험'의 차원에 진입하는 인식질료, '잡다'이다. 그러나 콩트는 현상/실증성에 존재론적 지위를 부여하고자 했고, (과거의 형이상학자들처럼) 현상을 넘어 그 원인을 발견하려고 한 것이 아니라 현상의 법칙 ── 현상들 사이에 존재하는 불변의 관계 ── 을 발견하고자 했다.[10] 이런 실증주의에 입각해 그는 예컨대 빛에 대한 입자설이나 파동설 같은 "형이상학"을 일체 거부했다. 이런 콩트의 정신은 19세기 전반을 관류했다. 볼츠만으로 하여금 마흐의 실증주

---

10) Comte, *Philosophie des sciences*, pp. 15~17. 콩트의 이런 정신은 브렌타노, 후설 등의 현상학적 사유에도 영향을 주었다. 그러나 실증주의와 현상학 사이에는 본질적인 차이가 있다. 스펜서처럼 콩트 역시 과학의 발달 순서(수학, 천문학, 물리학, 화학, 생물학, 사회학)를 즉 "실증과학들의 위계"를 그 해당 영역들의 **존재론적 위계**와 동일시해버렸다.(다만, 콩트는 이 위계에서 뒤의 것은 앞의 것을 전제하지만 그것으로 환원되지는 않음을 역설했다.) 반면 현상학은 이런 위계를 단호하게 거부하고 현상 자체에 충실하고자 했다는 점에서, 19세기적 실증주의와는 결을 달리한다.
콩트의 실증주의는 당대의 형이상학 특히 멘 드 비랑에게서 연원하는 유심론/정신주의(spiritualisme)와 대조를 이루었다. 전자는 외적 현상들의 관찰을 통해 사회과학, 인간과학을 구축하고 그 위에서 공리주의와 상통하는 가치론을 전개한 데 비해, 후자는 인간 내면에 대한 세심한 성찰을 통해 당시 갈수록 물화(物化)되어가던 인간의 생명, 의지, 자유를 형이상학적으로 구원하고자 했다. 그러나 앞에서도 지적했듯이, 사실 두 흐름은 실증정신을 공유한다고 보아야 한다. 다만 양자는 '실증성'을 반대 방향에서 즉 전자는 외면에서 후자는 내면에서 찾았고, 그 방향의 차이에서 양자의 심대한 철학적 차이가 유래한 것이다. 이것은 앞에서도 언급했던, 인간을 바깥에서 보는 시각과 안에서 보는 시각 사이의 심대한 차이이다. 이런 차이는 근현대 사회와 사유를 지속적으로 관류해왔으며, 오늘날에도 '과학'과 '인문학'의 차이로서 지속되고 있다.

의라는 벽에 부딪치게 만든 것도 이런 흐름이었다. 그러나 뒤돌아보면, 이런 인식론은 19세기 과학의 흐름 전반을 역류하는 것이었다. 오히려, 사변적이고 추상적인 형태였지만 셸링의 자연철학이야말로 19세기 과학 전반의 흐름을 날카롭게 예견한 것이었다. 콩트의 실증정신은 자연과학보다는 오히려 당시 본격화되고 있던 사회과학, 인간과학의 흐름에 큰 영향을 주게 된다. 심리학, 사회학 등 당시 형성되고 있던 과학들은 콩트의 철학을 기반으로 체계화되고, 인간 심리, 종교, 예술, 사회 등 기존에 과학적 탐구 영역과는 구분되던 영역들도 이제 실증과학적으로 연구되기 시작한다.[11]

콩트가 실증성을 강조했다고 해서, 단지 현상들의 관찰로 인식이 이루어진다고 본 것은 아니다. 관찰은 이미 이론을 전제한다. 단편적인 관찰들은 아무런 과학적 의미를 가지지 못한다. 관찰은 항상 이미 성립되어 있는 법칙들에 입각해 이루어진다. 반대로 법칙들은 새로운 관찰을 통해서 언제라도 수정될 수 있다. 그리고 실증적 탐구에서 실험은 특히 중요하다. 실험의 핵심은 "제안된 각 조건 하에서 잘 정의된 일정한 변화를 도입함으로써, 현상 자체에서의 해당 변이를 직접적으로 음미하는 데에 있다."[12] 콩트는 주저 『실증철학 강의』에서 제 과학을 분류했을 뿐만 아니라, 각 과학에서의 관찰과 실험을 상세히 분석했다. 콩트의 이 대작을 아리스토텔레스의 철학 체계와 비교해보는 것은 고대 학문의 체계와 근대 학문의 체계를 비교해볼 수 있는 기회를 제공한다. 아울러 그는 비교에도 중요한 방법론적 역할을 부여했다. 비교는 생물학과 사회학에서 특히 중심적인 역할을 한다. 그리고 비교는 지식의 분류와 체계화에도 필수적인 방법이라고 할 수 있다.

콩트에게서 철학적 사유는 객관에서 주관으로 진행되기도 하고 주관에

---

11) 구키 슈조, 이정우 옮김, 『프랑스 철학 강의』, 교보문고, 1992, 139~172쪽에서 콩트의 영향 하에 실증주의적 연구를 진행한 과학철학, 심리학, 사회학의 성과들을 볼 수 있다.

12) Comte, *Philosophie des sciences*, p. 163. 베르나르는 실험에 대한 세심한 논의를 남겼다. Claude Bernard, *Introduction à l'étude de la médecine expérimentale*, Flammarion, 1865/ 2013.

서 객관으로 진행되기도 한다. 전자는 인식의 맥락에서이고, 후자는 실천의 맥락에서이다. 콩트 자신이 창시한 '사회학'은 이 두 방향의 운동에서 중요한 매듭이 된다. 콩트는 사회학을 사회정학과 사회동학으로 나누고 양자를 모두 중시했는데, 이것은 실천적 맥락에서는 사회의 기존 질서와 미래를 향한 진보를 동시에 중시한 것과 관련된다. 진보가 없는 질서는 반동상태로 귀결되고, 질서가 없는 진보는 단순한 무정부상태에 불과하다고 본 것이다. 콩트의 이런 생각은 19세기 프랑스에서 전개된 혁명과 반(反)혁명의 밀고 밀리는 과정 ── 1789년의 대혁명과 1794년 이래의 반동, 1830년 7월 혁명과 루이 필립 시대의 반동, 1848년 2월 혁명과 루이 나폴레옹의 반동 ── 을 겪으면서 내린 결론이라고 할 수 있다. 콩트는 "실증주의만이 '진보가 무정부 상태에 있는 한 질서는 반동적인 것으로 남게 될 것'이라는 명백한 법칙에 근거하는 모순을 설명하고 그것에 종지부를 찍을 수 있다"라고 본 것이다.[13] 콩트는 이렇게 자신의 실증철학을 역사의 흐름과 합체시켜 전개했지만, 그의 주된 영향은 역사에서보다는 심리학, 사회학 등 여러 사회과학과 인간과학에서 나타났다. 이것은 그의 사유가 역사의 근저에 직접 육박하기보다는 제 과학에 대한, 나아가 학문 전체에 대한 철학적 재-정초를 통해 시대와 맞서려 했기 때문이다. 이 점에서 그의 사유의 초점은 인류의 물질적 삶에서의 진보, 그리고 특히 과학기술의 진보에 대한 믿음을 축으로 했다고 할 수 있다.

---

13) 콩트, 김점석 옮김, 『실증철학 서설』, 한길사, 2005, 105쪽.

2절 혁명의 시대와 공산주의

역사의 윗부분에 보다 중점을 두었던 콩트의 이런 시각과는 달리, 역사의 생생한 근저를 들여다보고 그 질곡을 정면으로 돌파하려고 했던 인물은 마르크스(1818~1883)였다.[14] 마르크스는 앞에서 계몽주의적 정치사상의 세 요소로 들었던 유물론적 형이상학, 경제사상, 정치철학을 한 몸에 구비한 인물이었다. 철학자로서 마르크스는 계몽사상가들의 유물론과 구분되는 '사적(史的) 유물론'을 세웠고, 경제사상가로서는 자본주의에 대한 날카로운 분석인 '자본론'을 제시했으며, 정치철학자로서는 이후 역사를 이끌어 갈 한 축인 '공산주의(또는 '과학적 사회주의')'를 활성화했다.

§1. 노동자들의 소외와 해방

마르크스는 혁명의 시대인 19세기의 한가운데에서 활동하면서 역사의 새로운 동력/주체로서 프롤레타리아트(무산계급/노동자계급)에 주목했다. 그는 자신이 살고 있는 시대가 부르주아지와 프롤레타리아트라는 양대 계급의 대립 구도가 선명해지고 있는 시대라는 점을 다른 인물들보다 더 예민하게 간파했다. 때문에 당시 뒤늦게 계몽사상을 펼치던 독일 사상가들이 헤겔의 형이상학과 독일 종교의 비판에 몰두했다면, 이제는 "진리의 피안이 사라진 뒤에, 차안의 진리를 확립하는 것이 역사의 임무"라고 본 것이

---

14) 물론 콩트 역시 자신의 과학적 철학이 노동자, 여성 등에게 스며 들어가 사회의 근저에서 작동하기를 희망했다. 이 점은 『실증철학 서설』의 3부와 4부에 잘 나타나 있다. 아울러 그는 자신의 실증철학이 예술 및 종교와 괴리되어 있다고 보지 않았으며, 후일에는 '인류교'를 창시하기도 했다. 그러나 그의 말년의 이런 노력은 그다지 많은 공감을 이끌어내지 못했다.

다.[15) 마르크스에게 이 차안의 진리는 순수 이론이 아니라 현실에서 작동하는 힘이어야 했다. 그러나 동시에 이 힘은 즉물적인 것이 아니라 어디까지나 이론의 토대 위에서 작동해야 했다. 대중을 사로잡을 수 있을 때 이론은 물질적 힘으로 화한다. 이것은 곧 철학과 프롤레타리아트의 관계의 문제이다.

> 철학이 프롤레타리아트 속에서 그 물질적 무기를 발견하듯이, 프롤레타리아트는 철학 속에서 자신의 정신적 무기를 발견한다. 그리고 사상의 번개가 이 소박한 인민적 지반 속으로 깊숙이 내리꽂히자마자 독일인들의 인간으로의 해방은 성취될 것이다. (…) 이 해방의 머리는 철학이요, 그 심장은 프롤레타리아트이다. 프롤레타리아트의 지양 없이 철학은 자기를 실현할 수 없으며, 철학의 실현 없이 프롤레타리아트는 자신을 지양할 수 없다.(『헤겔 법철학의 비판을 위하여』, I, 15)

1789년 인류는 피히테가 말했던 것처럼 "자유로써 인간의 삶을 새롭게 정초하는" 단계에 접어든 듯했다. 사람들은 해방된 미래를 꿈꾸었다. 하지만 회의는 춤만 추고 해방에의 꿈은 계속 좌절되기만 했다. 계속되는 좌절은 사람들의 가슴에 깊은 상처만을 안겨주었다.(가슴을 갈기갈기 찢어놓는 것 같은, 베토벤의 마지막 사중주들을 떠올려 보자.) 유럽사에 또 하나의 획을 그은 1830년 혁명 역시 1794년 이래의 이런 반동적 흐름에 저항해 일어났지만 결국 부르주아 혁명으로 끝남으로써 상황은 거의 나아지지 않았다.[16) 마

---

15) "인간의 자기소외의 신성한 형태가 폭로된 뒤에, 그 신성하지 않은 형태들 속의 자기소외를 폭로하는 것은 무엇보다도 바로 역사에 봉사하는 철학의 임무이다. 이리하여 천상의 비판은 지상의 비판으로, 종교의 비판은 법의 비판으로, 신학의 비판은 정치의 비판으로 전환된다."(카를 마르크스, 최인호 외 옮김, 「헤겔 법철학의 비판을 위하여」, 『칼 맑스/프리드리히 엥겔스 저작 선집 1』, 박종철출판사, 1997, 2쪽) 이하 이 선집에서 인용할 경우 글의 제목, 선집의 권수, 쪽수를 병기한다.

16) "(전통적인) 부르봉 치하에서는 대토지 소유가 성직자 및 종복들을 거느리며 지배했고, 오를레앙 치하(1830~1848년의 루이-필립 시대)에서는 대금융, 대공업, 즉 자본이 변

르크스가 본격적인 활동을 시작한 1840년대에도 여전히 프롤레타리아트는 공장노동의 족쇄에 묶인 채 비참하기 이를 데 없는 생활을 영위하고 있었고, 마르크스는 당대 프롤레타리아트의 이런 상황을 '소외' 개념을 통해 파악했다.[17] 그는 국민경제학자들이 외면해온, 노동자들이 겪는 이 소외를 3중의 것으로 파악한다.(『1844년의 경제학-철학 초고』, I, 74~80) 노동자는 우선 자신의 생산물로부터 소외된다. 노동의 생산물은 노동자의 신체적 고투로부터 생겨난 것이지만, 노동자 자신은 그것을 향유할 수 없다. 그가 더 좋은 생산물을 만들어낼수록 오히려 그의 소외는 더 커진다. 또, 소외는 생산활동 자체에서도 일어난다. 노동자에게 그의 활동은 노동의 보람이나 성취감과는 동떨어진, 그저 그의 에네르기를 고갈시키고 그의 신체를 기계들에 예속시키는 고역일 뿐이다. 노동활동은 그에게 전적으로 외적인 무엇일 뿐이다. 나아가 노동자는 자신의 유로부터도 소외된다. 인간의 노동은 사회적인 것이다. 유적 존재로서의 인간[18]의 노동은 그의 작품이고, 그것을 통해

<hr />

호사, 교수, 웅변가를 거느리며 지배했다. 정통 왕정은 토지 영주들에 의한 세습 지배의 정치적 표현이었으며, 7월 왕정은 부르주아적 벼락출세자들이 찬탈한 지배의 정치적 표현이었을 뿐이다."(마르크스, 『루이 보나파르트의 브뤼메르 18일』, I, 315)

17) 소외의 개념은 헤겔에게서 유래한다. 아울러 마르크스의 소외론은 포이어바흐, 헤스의 영향을 받은 것이기도 하다. 마르크스와 엥겔스가 역사를 '계급'들 사이의 투쟁 과정으로 본 것에 비해, 헤스는 역사를 '인종'/'민족'들 사이의 투쟁 과정으로 보았다. 앞에서 언급했듯이 자유주의-사회주의의 축과 보편주의-민족주의의 축은 복잡한 관련을 맺지만, 대체적으로 사회주의는 보편주의의 입장을 취한다. 이런 맥락에서 마르크스와 엥겔스는 헤스를 강도 높게 공격했다. 하지만 자유주의-사회주의의 축은 근대에 이르러 도래한 축이며, 이전의 역사를 살펴볼 때 오히려 헤스가 설정한 축이 더 주요한 역할을 했다고 보아야 한다. 나아가 이후의 역사에서도 두 축(과 다른 여러 축들)은 공히 근현대사의 주요한 동인으로 작동해왔다. 마르크스와 엥겔스의 비판은 헤스의 인종/민족에 대한 논의가 그 자체 특정 인종/민족(독일 민족)의 입장에서 이루어지고 있다는 것에 대한 비판이기도 하지만(『독일 이데올로기』, 김대웅 옮김, 두레, 2015, 2권), 더 중요하게는 사실의 맥락에서보다는 당위의 맥락에서 제시된 것이라 해야 할 것이다. 이렇게 당위의 축을 무엇으로 해야 하는가를 둘러싼 투쟁 자체가 근현대사의 중요한 투쟁으로 자리매김된다. 이는 곧 당대의 주요 모순(들)이 무엇인가를 둘러싼, '관심'을 둘러싼 투쟁이라고 할 수 있다.

인간은 사회적으로 인정받는다. 하지만 노동자의 노동은 인간적인 활동이 아니라 다른 동물들에서와 같은 단순한 활동으로 전락하며, 사회적 의미와 인정을 거의 부여받지 못한다. 이렇게 노동자들은 자신의 노동의 산물로부터, 노동의 활동으로부터, 그리고 타인들의 인정으로부터 3중으로 소외당한다.[19] 마르크스는 철학을 순수 사변으로부터 이런 현실의 장으로 끌고 내려가고자 했고, 동시에 점차 자신의 주체성을 자각해가고 또 조금씩 단결해가고 있던 노동자들에게 철학적 의식을 심어주고자 했다.

§2. 이론적 투쟁

마르크스와 그의 평생의 동지인 엥겔스의 작업은 우선 헤겔 및 그를 비판하면서 등장한 철학자들, 마르크스와 엥겔스 자신들에게도 큰 영향을 준 청년 헤겔주의자들/헤겔 좌파(헤스, 슈트라우스, 바우어, 슈티르너, 포이어바흐 등)와의 이론적 투쟁을 통해 자신들의 철학적 사유를 구축하는 것이었다. 이들은 헤겔의 형이상학을 비판하면서 반(反)기독교적 사상을 전개했으나,

---

18) "우리는 생활 속에서 개체와 교섭하고, 학문 속에서 유(Gattung)와 교섭한다. 그러나 자기 자신의 유나 자기의 본질(Wesen)을 사고의 대상으로 하는 존재만이 다른 사물 또는 존재를 그들의 본질적인 성격에 따라서 사고의 대상으로 삼을 수가 있다."(포이어바흐, 강대석 옮김, 『기독교의 본질』, 한길사, 2016, 62쪽)

19) '소외' 개념과 더불어 '물화(Verdinglichung)' 개념도 후대에 큰 영향을 미치게 된다. "노동생산물들 사이의 가치관계 또는 이를 표상하는 상품형태는 (…) 인간 자신들의 일정한 <u>사회적 관계</u>일 뿐이지만, 사람들 눈에는 그것이 <u>물체들 사이의 물리적 관계</u>라는 환상적인(착시의) 형태를 취하게 된다. (…) 나는 이를 물신숭배(Fetischismus)('물신(Warenfetisch)'에 대한 숭배)라 부른다."(『자본 1』, 강신준 옮김, 도서출판 길, 2008, 135쪽) 이러한 과정이 물화의 과정이다. 물화 개념은 『자본』의 초고인 『정치경제학 비판 요강』(일명 '그룬트리세')에 보다 자세히 논의되어 있으며, 이후에는 특히 루카치에 의해 보다 상세히 전개된다.(『역사와 계급의식』, 조만영 옮김, 지만지, 2015) 이 개념들은 현대 철학의 주요 주제인 '권력과 주체화/복종'의 문제로 이어진다. 발리바르의 『마르크스의 철학』(배세진 옮김, 오월의봄, 2018) 3장을 보라.

마르크스와 엥겔스는 그러한 과정을 통해 "진리의 피안이 사라진" 것을 인정하면서도, "차안의 진리를 확립하는 것"을 지향함으로써 이들의 한계를 넘어서고자 했다. 또, 마르크스와 엥겔스는 프랑스 사회주의자들, 특히 자신들에게 큰 영향을 준 프루동과의 이론적 투쟁을 통해 자신들의 입장을 분명히 하고자 했다. 아울러, 후년에 이르러 이들은 스미스, 리카도 등 영국 경제학자들과의 이론적 투쟁을 통해 자본주의에 대한 자신들 고유의 경제 사상을 수립하고자 했다. 두 사람의 이론적 투쟁은 이렇게 독일의 철학자들, 프랑스의 계몽사상가들/혁명가들, 영국의 정치경제학자들과의 3중의 투쟁이라는 입체적 구조를 띠었다.

마르크스와 엥겔스는 『신성가족』, 『독일 이데올로기』, 『철학의 빈곤』 등과 같은 저작들을 통해 기존 사상가들과의 이론적 투쟁을 전개했거니와, 특히 포이어바흐와의 그리고 프루동과의 대결이 중요하다. 포이어바흐(1804~1872)는 칸트 이래 전개된 주체철학의 흐름을 완성했다. 인식론에서의 코페르니쿠스적 전회는 주체철학의 이정표였다. 하지만 칸트는 도덕형이상학의 영역을 별도로 설정함으로써, 그가 버렸던 과거의 유산을 "뒷문으로"(니체) 되가져왔다. 피히테, 셸링, 헤겔은 각자의 방식으로 칸트의 이원론을 일원론으로 전환했으나, 여전히 기독교 형이상학의 그림자 아래에 있었다. 포이어바흐는 기존 철학자들이 설정했던 도덕형이상학적 가치들, 종교적 가치들을 인간 ─ 개인으로서의 인간이 아니라 '유적 존재'로서의 인간 ─ 에 온전히 귀속시켰다. 그에게 "신학의 비밀(진리)은 인간학이다". 신학이 말하는 바는 사실상 인간이 스스로의 이상화된 모습에 대해 말하는 바이다. "주체가 본질적으로, 필연적으로 관계하는 대상은 그 주체 자신의 대상화된 본질과 다름없다."[20] 대상이란 사실 그것을 대상화하는 인간 자신의 어떤 모습이다. 신이 인간의 절대적 본질이라기보다는, 오히려 인간 자신의 절대적 본질이 신이다.

---

20) 포이어바흐, 『기독교의 본질』, 65쪽.

신에 대한 의식은 인간의 자의식이며, 신의 인식은 인간의 자기인식이다. 그대는 신으로부터 인간을 인식하며, 그리고 다시 인간으로부터 신을 인식한다. 인간과 신은 동일하다. 인간에게 신인 것은 인간의 정신(Geist)이고 영혼(Seele)이며, 인간의 정신, 영혼, 마음은 인간의 신이다. 신은 인간의 내면이 나타난 것이며, 인간 자체가 표현된 것이다. 종교는 인간의 숨겨진 보물이 장엄하게 밝혀지는 것이며, 인간의 가장 내적인 사상이 공연되는 것이며, 사람의 비밀이 공공연하게 고백되는 것이다.[21]

어린 아기 철수는 "나는 ~"이라고 하지 않고 "철수는 ~"이라고 말한다. 마찬가지로 인류가 아직 유아였을 때, 그는 자신의 본질을 바깥으로 투영해 자신의 그림자로서 신이라는 타자를 만들어낸다. 그리고 성년이 되어서야 그 타자가 자신의 이상(理想)임을 깨닫게 된다. 포이어바흐는 계몽의 시대에 이르러 이제 인류는 성인이 되었으며, 그가 바깥에 투영하는 갖가지 것들이 결국 자신의 어떤 모습들이라는 점을 깨닫게 되었다고 보았다. 신은 갖가지 훌륭한 술어들을 완비한 존재로 표상된다. 하지만 그러한 술어들은 인간 자신의 술어들일 뿐이다. 그런데 그 술어들을 개인이 완비할 수는 없다. 음악가는 독창적인 멜로디를 창조해낼 수 있는 능력을, 사상가는 뛰어난 사상을 전개할 수 있는 능력을, 의사는 고통에 신음하는 사람들을 치료해줄 수 있는 능력을, …… 가지고 있지만, 한 사람이 이 모두를 구비할 수는 없다. 따라서 신에게 붙는 술어들을 사실상 완비하고 있는 존재, 그것은 바로 '유'로서의 인류이다. 신이란 인류 전체의 위대한 술어들을 그 바깥에 투영함으로써 만들어진 존재인 것이다. 포이어바흐는 이런 논리를 기반으로 기독교를 해체하고, 칸트의 코페르니쿠스적 전회를, 근대적인 '주체철학'을 완성했다.

마르크스는 포이어바흐가 종교적 소외에 대한 논의에서 출발해 종교적 세계를 그것의 세속적 기초로 해소했다고 보았다. 그러나 마르크스는 "세

---

21) 같은 책, 76쪽.

속적 기초가 자기 자신으로부터 떨어져 나와서 위로 올라가 구름 속에 하나의 자립적인 영역으로 스스로를 고정한다는 사실은 이러한 세속적 기초의 자기분열과 자기모순(계급투쟁)으로부터만 설명될 수 있다"라는 점을 지적한다.(「포이어바흐에 관한 테제 4」, I, 186) 포이어바흐는 유물론적 주체의 철학으로 나아가는 길을 닦았다. 기존의 철학사에서 관념론적 주체철학이나 유물론적 비-주체철학만을 보았던 마르크스에게 이 길은 중요했다. 하지만 포이어바흐는 유물론을 제시했으면서도 그것을 단지 '감성'의 측면에서만 파악했고, 주체철학을 제시했으면서도 그것을 단지 '관조'의 측면에서만 파악했다. 마르크스는 유물론적 주체를 실천적 주체로서, 나아가 혁명적 주체로서 파악하고자 했다.

> 포이어바흐는 종교적 본질을 인간적 본질로 해소한다. 그러나 인간적 본질은 개별 인간에 임(臨)해 있는 추상물이 아니다. 그 현동성에서의 인간적 본질은 사회적 관계들의 앙상블이다.
> 이 현동적 본질의 비판으로까지 나아가지 않은 포이어바흐는 두 가지 한계에 봉착한다. ① 역사적 과정으로부터 동떨어진 채 종교적 심정을 그것 자체로써 고정하고, 추상적인(고립된) 개별 인간을 전제하는 것. ② 그래서 〔인간적〕 본질은 오로지 '유'로서만, 내적이고 말없는 일반성 즉 다중을 자연적으로 묶고 있는 일반성으로서만 파악되는 것.(「포이어바흐에 관한 테제 6」, I, 186~188)

마르크스에게 인간적 본질은 각 개인에게 내재해 있는 추상물로서의 유가 아니다. 역으로 말해, 개인들은 유의 예화들이 아니다. 인간적 본질은 그 현동성에서, 즉 역사적 과정에서 이해되어야 한다. 이렇게 이해된 인간적 본질은 곧 '사회적 관계의 앙상블'이다. 사실 포이어바흐 역시 인간의 유적 존재를 간단히 하나의 동질적 본질로서 파악했던 것은 아니다. 유적 존재(인간적 본질)의 통일성은 그 안의 수많은 술어들의 상보성을 통해서만 확보된다. 포이어바흐의 '본질' 개념은 구분을 배제한 추상적 동일성을 비판했던 헤겔(9장, 각주 137)을 이미 매개하고 있다. 그러나 앞의 인용문에는 이 비판의 한계를 지적하는 핵심적인 논거가 들어 있다. 포이어바흐는 신학의 진리는 인간학이라는 점을 드러냈지만, 그 인간학적 본질을 그것의 현동성에서 즉 역사적 과정에서 파악하지 못했다는 점이다. 마르크스에게 한 개인은 어떤 '주어진' 본질에 의해 정의되지 않는다. 그는 그가 '무엇을 행하는가' 그리고 그것을 '어떻게 행하는가'에 의해 정의된다. 그리고 이 행함은 어떤 추상공간에서 이루어지는 것이 아니라 역사 속에서 이루어진다. 예컨대 '지각'은 막연한 의미에서의 '세계'에서 이루어지는 것이 아니라 역사의 과정에서 형성되고 변환되는 세계에서 이루어진다.[22] 그리고 마르크스에게서 이런 (역사에서의 이성이 아니라) 역사에서의 행위는 무엇보다도 우선 물질적 행위, 즉 경제행위를 뜻한다. 인간의 다른 행위들('상부구조')은 바로 이런 구체적인 물질적 행위('하부구조')의 토대 위에서 성립하는 것이다. 이런 구도는 '사적 유물론'이라는 마르크스주의의 핵심에 위치한다.

이런 구도에 입각할 때, 인간의 본질은 사회적 관계들의 앙상블에 존재한다. 인간과 인간의 관계는 더 이상 주어진 이름-자리들의 고착된 체제로서만 설명되지 않는다. 모든 것을 역사적 지평에서 사유하는 생성존재론에서 모든 x는 dx이다. 'Verhältnis(rapport)'는 고정된 이름-자리들의 관계(Beziehung = relation)가 아니라 생성하는 주체들의 역동적인 비율관계이다.[23] 그러나 마르크스에게서 이런 구도는 그 고유의 의미연관성을 갖는

---

22) "거의 모든 과실수가 그러하듯 벚나무는 알다시피 겨우 몇 세기 전에야 비로소 상업을 통하여 우리의 지역에 심어진 것으로, 어떤 특정한 시대의 어떤 특정한 사회의 이러한 행동을 통해서야 비로소 포이어바흐의 감각적 확실성에 주어졌다."(『독일 이데올로기』, I, 205)

23) 다른 저작들에서 언급했듯이, 이런 성격의 관계는 '계열들' 사이의 관계라는 형태를 띤다. 그리고 생성하는 계열들이 수렴, 발산, 연동, 교차, ……의 과정을 통해 형성하는 망이 곧 '사회적 관계의 앙상블'이다. 마르크스가 현대에 활동했다면 아마 '다양체' 또는 '배치'라는 용어를 썼을 것이다.

다. 비율이란 곧 계급을 뜻하고, 역동적인 비율관계란 곧 **계급투쟁**을 뜻하는 것이다. 각 시대의 계급투쟁은 해당 시대의 생산관계를 둘러싸고 벌어진다. 사적 유물론의 맥락에서 계급들 사이의 관계란 곧 생산관계이기 때문이다. 역사란 특정한 생산양식 하에서 특정한 생산관계를 맺고 있는 계급들 사이의 투쟁의 과정이다. 그러나 이 점은 소외가 더 이상 견딜 수 없는 상태에 달할 때 뚜렷하게 드러난다. 생산력과 교통(Verkehr)이 일정 수준에 달했을 때, 모순이 극에 달할 때 보편적 지평에서의 계급투쟁도 선명한 형태로 나타나는 것이다. 마르크스는 바로 당대 부르주아 사회가 이런 사회라고 생각했고, 자신의 시대야말로 사회주의와 공산주의가 사적 유물론과 계급투쟁을 새로운 단계로 실현해나갈 수 있고 또 실현해나가야 하는 시대라고 파악했다.

그러나 그는 기존 사상가들 중 그가 특히 경도되었던 프루동의 사상을 철학으로서도 경제학으로서도 실망스럽다고 평가했다. 그의 헤겔 변증법 활용은 서툰 것이었고, 경제사상과 공산주의를 통합하려던 그의 시도는 양자를 넘어선 것이 아니라 양자 그 어디에도 미치지 못하는 것으로 그쳤다는 것이다. 그가 보기에 프루동은 "자본과 노동 사이에서, 정치경제학과 공산주의 사이에서 끊임없이 동요하는 소부르주아에 불과하다."(『철학의 빈곤』, I, 288) 다소 거친 이 비판은 프루동에 대해서보다는 마르크스 자신에 대해서 보다 많은 것을 알려준다. 즉, 이즈음(1846~1847) 마르크스가 지향했던 것은 바로 헤겔 변증법에 기초해서 정치경제학과 공산주의를 개혁하고 통합하는 것이었음을. 다른 한편, 마르크스는 프루동의 사상이 앞에서 언급했던 "실천적 주체, 나아가 혁명적 주체"의 개념화에 실패했으며, 혁명의 시대인 당대에 부합하는 이론을 창출해내지 못했다고 판단했다.

§3. 부르주아지와 프롤레타리아트

1848년은 유럽 역사의 중요한 한 특이점을 이룬다. 1789년 혁명, 1830년 혁명에 이어, 또 하나의 거대한 혁명이 유럽을 휩쓸었다. 이 혁명의 전야에 마르크스와 엥겔스는 「공산당 선언」을 통해 시대정신을 가시화했다.

> 지금까지의 모든 사회의 역사는 계급투쟁의 역사였다. (…) 그럼에도 불구하고 우리 시대, 부르주아지의 시대는 계급 대립을 단순화했다는 점에서 특이하다. 사회 전체가 두 개의 커다란 적대적 진영으로, 서로 직접 대립하는 두 개의 커다란 계급들로 더욱더 분열되고 있다. 부르주아지와 프롤레타리아트로.(「공산당 선언」, I, 400~401)

마르크스와 엥겔스가 파악한 당대는 이원적 계급 대립이 매우 두드러진 모양새를 띤 시대이고, 그 두 계급은 부르주아지와 프롤레타리아트였다. 1830년 혁명이 부르주아지가 프롤레타리아트를 들러리로 삼아 귀족을 타도한 혁명이었다면, 이제 당대에는 전선(戰線)이 부르주아지와 프롤레타리아트 사이에 그어지게 되었다는 것이 이들의 시대 파악이다.

부르주아지는 세계를 통째로 바꾸어놓았다. 세계는 물질적 환경이 송두리째 바뀌고, 전통적 문화들이 어디론가 증발해버리고, 국가/민족들 사이의 경계가 무너지고, '세계시장'에 의해 장악된 곳, 모든 것이 상품과 화폐에 의해 돌아가는 곳이 되었다. 이 새로운 세계는 부르주아지를 위한 세계이다. 이제 국가는 "부르주아 계급 전체의 공동 업무를 처리하는 위원회일 뿐"이고, 의사, 법률가, 성직자, 시인, 학자들은 부르주아지의 "유급 임금노동자로" 전락했다. 하지만 마르크스는 자신의 시대에 이르러 부르주아지의 이런 득세에 먹구름이 끼었다고 판단한다. 첫째로는 과잉생산에 의한 상업 공황의 도래로서, 이는 부르주아지가 봉건주의를 타도할 때 쓴 무기들이 이제 얄궂게도 부르주아지 자신들을 겨누게 되었음을 뜻한다. 그러나 「공산당 선언」이 핵심적으로 부각하고 있는 것은 프롤레타리아트라는 집단이다.

> 그런데 부르주아지는 자신에 죽음을 가져올 무기들만을 벼려낸 것이 아니다. 그
> 들은 이 무기들을 쓸 사람들도 만들어내었다. 바로 현대의 노동자들, 프롤레타리아
> 들을.(「공산당 선언」, I, 406)

프롤레타리아는 가진 게 몸밖에 없기에 자신의 노동력을 상품으로 내다 팔 수밖에 없다. 점증하는 분업과 기계화는 그의 노동의 질(성취감)을 점점 하락시키고 (극단적으로 단순화된) 그의 노동의 양(시간)만을 잡아 늘린다. 막다른 골목에 처한 프롤레타리아들은 처음에는 개별적으로 또는 소집단 의 형태로 투쟁하지만, 점차 자신들의 동질성을 깨닫고 연대를 통해 계급 으로, 정당으로 결집하게 된다. 마르크스와 엥겔스가 볼 때, 부르주아지에 대립하고 있는 모든 계급들 중에서 오직 프롤레타리아트만이 참으로 혁명 적인 계급이다. 이 계급은 처음에는 일국적 차원에서 움직이지만 점차 보 편적인 지평으로 나아간다. "부르주아지의 몰락과 프롤레타리아트의 승리 는 공히 불가피하다."(「공산당 선언」, I, 412) 하지만 이 불가피함은 자연적 인 과의 필연성을 뜻하는 것이 아니라 역사적 과정의 방향성을 뜻한다. 때문 에 프롤레타리아트를 하나의 계급으로 결속하고, 이들의 힘으로써 부르주 아지의 지배체제를 전복하고, 이들이 정치권력을 장악할 수 있도록 이끌어 가는 것이 핵심 과제이다. 이러한 과제를 수행할 주체들이 바로 공산주의 자들, 이들의 연합체인 공산당이다.

공산당과 프롤레타리아트가 추구하는 목표는 "부르주아적 소유의 폐지" 이다. 부르주아적 소유의 아래에는 자본과 임노동 사이의 모순이 존재하 며, 이 모순의 핵심은 곧 '착취'에 있다. 공산주의는 사적 소유의 무조건적 인 폐지가 아니라, 바로 착취에 기반하는 이 부르주아적 소유의 폐지를 주 장한다. "프롤레타리아트는 자신들의 정치적 지배를 이용하며 부르주아지 로부터 모든 자본을 차례차례 빼앗고, 모든 생산 도구들을 국가의 수중에

즉 지배계급으로 조직된 프롤레타리아트의 수중에 집중시키며, 가능한 한 신속히 생산력의 양을 증대하게 될 것이다."(「공산당 선언」, I, 420) 마르크스와 엥겔스는 프롤레타리아트의 지배가 이루어진다는 것은 곧 낡은 생산관계들이 폐기된다는 것을 뜻함을 역설했다. 그러나 중요한 것은 이것이 단지 생산관계의 교체만을 뜻하는 것은 아니라는 사실이다. 절대 다수인 프롤레타리아트의 독재가 이루어진다는 것은 계급 대립의 존립 조건들 및 계급 일반 자체가 폐기됨을 뜻하기 때문이다. 그리고 종국에는 지배라는 것 자체도 폐기될 것이다. 이 모든 것은 무엇보다도 우선 프롤레타리아들이 자신들을 조건 짓고 있는 각종 테두리들을 벗어나 보편적 지평에서의 프롤레타리아트로 연합할 것을 전제한다. 그렇기 때문에 마르크스와 엥겔스는 "만국의 프롤레타리아들이여, 단결하라!"라고 외쳤다.

이들의 꿈이 실현되기라도 하듯이, 1830년에는 부르주아지에게 이용당하기만 했던 프롤레타리아트가 「공산당 선언」이 발표된 직후인 1848년 2월에 혁명의 주체(들 중 하나)가 되어 루이 필립 정권을 무너뜨렸다. 하지만 역사는 마르크스와 엥겔스가 예언한 대로 진행되지 않았다. 프랑스는 프롤레타리아트 독재로 향하는 사회주의 공화국이 아니라 보나파르트의 패러디로서의 루이의 제국으로 화한 것이다. 역사의 이런 배신에 맞닥뜨려 마르크스와 엥겔스는 역사 연구에 몰두하게 된다. 마르크스의 『프랑스에서의 계급투쟁: 1848~1850』(1850), 『루이 보나파르트의 브뤼메르 18일』 (1852), 엥겔스의 『독일 농민전쟁』(1850), 『독일에서의 혁명과 반혁명』 (1952) 등이 그 결실들이다.

1848년 혁명은 매우 다양한 집단들(왕조적 반정부파, 공화파 부르주아지, 민주주의 공화파 소부르주아지, 사회민주주의적 노동자들, 그리고 수공업자들, 농민들을 비롯한 다른 다양한 집단들)이 단지 루이 필립 정부를 전복한다는 공통의 목적을 통해 집결했던 혁명이었다. 부르주아지의 목표는 유산계급의 지배권을 확대하고 금융귀족의 전횡을 무너뜨리는 것이었다. 프롤레타리아트의 목표는 공화제였고 그들은 이를 '사회공화국'이라 불렀다. 이 혼란의 시대에 농민들과 소부르주아들이 프롤레타리아트에 등을 돌렸다. "주어진 정세와 관계들"이, 왕부지가 말한 '세(勢)'가 이들에게 불리하게 돌아간 것이다. 부르주아지는 부르주아공화제를 수립했고 프롤레타리아트는 이에 대항해 싸웠지만 실패했다.[24] 프롤레타리아트는 계속 싸워나갔지만, 부르주아지는 "소유, 가족, 종교, 질서!"를 외치면서 이들을 짓밟았다. 하지만 이런 과정을 통해서 마침내 프롤레타리아트는 역사적 주체로서 형태를 갖추게 되고, 역사의 전선은 '군주제 vs. 부르주아공화국'으로부터 '부르주아공화국 vs. 프롤레타리아공화국'으로 옮아가게 된다. 하지만 이 과정은 뜻하지 않은 인물의 등장으로 굴곡을 겪게 되는데, 루이 나폴레옹의 등장이 오히려 제정(帝政)으로의 회귀라는 어이없는 결과를 가져왔던 것이다. 마르크스는 이 역사의 굴곡에서 반복의 문제를 보았다. 역사는 무의식적인 반복 또는 의식적인 반복(모방)의 과정이다.

> 헤겔은 어디에선가, 모든 거대한 세계사적 사건들과 인물들은 말하자면 두 번 나타난다고 지적하고 있다. 그는 다음과 같이 덧붙이는 것을 잊었다: 한 번은 비극으로, 다른 한 번은 소극(笑劇)으로. 당통 대신에 코시디에르, (…), 삼촌 대신에 조카. 브뤼메르 18일의 재판이 연출되는 상황 역시 이와 동일한 희화이다!
>
> 인간은 자기 자신의 역사를 만든다. 그러나 자기 마음대로, 즉 자신이 선택한 상황 하에서 만드는 것이 아니라 이미 존재하는, 주어진, 물려받은 상황 하에서 만든다. 모든 죽은 세대들의 전통은 마치 꿈속의 악마처럼 살아 있는 세대들의 머리를 짓누른다. (…) 그들〔살아 있는 세대들〕은 노심초사하며 과거의 망령들을 주문으로 불러내어 자신에게 봉사케 하고, 그들에게서 이름과 전투 구호와 의상을 빌린다.(『루이 보나파르트의 브뤼메르 18일』, II, 287)

---

24) "금융귀족, 산업부르주아지, 중간층, 소부르주아들, 군대, 기동방위대로 조직된 룸펜프롤레타리아트, 지식인들, 성직자들, 농촌 주민 등이 부르주아 공화제를 지지했다. 파리 프롤레타리아트를 지지한 것은 자기 자신 이외에 아무도 없었다."(『루이 보나파르트의 브뤼메르 18일』, II, 295)

마르크스는 루이 보나파르트의 등장을 역사에서의 패러디로 보았다. 차이를 동반하지 않는 반복이란 없다. 그러나 역사에서의 차이는, 항상 엔트로피가 증가하는 방향으로 차이가 생성되는 물리계에서와는 달리, 진보의 방향으로 생성할 수도 있고 퇴보의 방향으로 생성할 수도 있다. 마르크스에게서 진보의 규준은 물론 자유와 해방이다. 1848년 혁명의 실패는 역사에 있어 퇴보적 반복의 전형적인 예이다. 약 반세기 전의 데물랭, 당통, 로베스피에르, 생-쥐스트, 나폴레옹 등은 앙시앵 레짐을 일소하는 데 중요한 역할들을 했다. 하지만 1848년 이후에는 이들의 패러디들만이 난무했다. 이 상황에서 대중은 나폴레옹에 대한 추억에 사로잡혔고, 그의 패러디인 그의 조카가 기회를 잡기에 이른다.[25] 세(勢)가 리(理)를 농락했던 것이다. 마르크스는 이 저작 전체에 걸쳐 이 과정을 상세하게 분석한다.

그러나 리를 잊지 않는 것, 그것을 향한 투쟁의 불씨를 이어나가는 것, 퇴락된 반복이 준 교훈을 밑거름 삼아 역전된 미래를 준비하는 것이 중요하다. "2월 혁명이 표면상의 동요 이상이 되려면, [혁명의 실패를 통해 얻은] 이 학습과 경험들은 정규적인, 말하자면 학칙에 따른 발전 속에서 이 혁명에 선행되었어야 했다. 사회는 지금 그 출발점 뒤로 물러서 있는 듯하다. 사실상 사회는 혁명적 출발점을, 요컨대 그 아래에서만 현대의 혁명이 진지한 것으로 되는 상황, 관계들, 조건들을 이제 비로소 만들어내야 한다."(II, 291)

---

25) "1848~1851년에는 (…) 낡은 혁명의 유령만이 배회했다. 혁명을 통해서 가속적 운동량을 얻은 줄로 믿고 있던 한 민족 전체가 갑자기 자신이 사망해버린 시대로 되돌아가 있음을 발견한다. (…) 프랑스인들은 그들이 혁명을 하는 한, 12월 10일의 선거[루이 나폴레옹의 대통령 선출이 이루어진 선거]가 증명하고 있듯이 나폴레옹의 추억을 벗어던질 수 없었다. 그들은 혁명의 위험으로부터 벗어나서 이집트의 고기 냄비로 되돌아가기를 갈망하였다. 그리고 1851년 12월 2일[루이 보나파르트가 황제로 즉위한 날]이 그 대답이었다."(『루이 보나파르트의 브뤼메르 18일』, II, 289~290) 이런 식의 과정은 일찍이 플라톤이 간파했던 바이고(1권, 6장, 2절), 이후로도 근현대사에서 계속 반복된다. 한국 현대사에서의 이명박, 박근혜 정권의 등장도 유사한 맥락에서 이해할 수 있으며, 나는 이 문제를 『진보의 새로운 조건들』(인간사랑, 2012)에서 다룬 바 있다.

§4. '자본'의 분석

이 상황, 관계들, 조건들을 만들어내기 위해서는 자본주의 사회가 작동하는 메커니즘을 좀 더 과학적으로 분석해낼 필요가 있었다. 때문에 이후 마르크스는 정치경제학 연구에 몰두한다. 1848년을 전후해 저술된 그의 철학적-역사학적 저작들과 그가 남은 생애 내내 몰두한 경제학서 『자본』(1867년에 1권 출간) 사이에는 큰 차이가 있다. 후자에서는, 간간히 터져 나오는 작은 여진(餘震)들을 접어둔다면, 이전 저작들의 열띤 어조가 사라지고 냉정한 과학적 분석이 전개된다. 하지만 주의할 것은 이 '과학'("science"가 아니라 "Wissenschaft")은 어디까지나 변증법, 특히 헤겔의 변증법을 뜻한다는 사실이다. 다른 저자들이 헤겔을 "사변적인" 형이상학자로, "죽은 개"로 취급할 때, 마르크스는 자신이 이 위대한 사상가의 제자임을 공공연히 천명했다.[26] 요컨대 『자본』은 변증법적 사유를 경제의 영역까지 확장한 저작이며, 역으로 말해 경제학에 변증법적 사유를 도입한 저작이다. 그 의미는 매우 크다. 이는 근대 철학의 한 축인 변증법이 보다 넓은 맥락을 띠게 되었음을 뜻하고, 경제학이 익명적이고 형식적인 분석에 함몰되지 않을 수 있는 길이 열렸음을 뜻하기 때문이다.

『자본』에는 사적 유물론과 계급투쟁론이 표면상으로 뚜렷이 나타나지는 않는다. 그러나 생산양식과 생산관계를 중심으로 하는 사적 유물론 그리고 유산계급과 무산계급의 투쟁인 계급투쟁이라는 마르크스주의의 두 축은 이 책의 저변에 깔려 있다. 표면상으로 뚜렷이 나타나는 것은 상품이다.

---

26) "헤겔에게서 변증법은 비록 신비화되긴 했지만 그렇다고 이 때문에 그가 변증법의 일반적 운동 형태를 포괄적이고 의식적인 방식으로 서술하는 데 실패한 것은 전혀 아니었다. 단지 변증법이 그에게서는 거꾸로 서 있었을 뿐이었다. 그의 변증법에서 신비화된 외피 속에 감추어진 합리적인 핵심을 찾아내려면, 우리는 그것을 다시 뒤집어야 한다." (마르크스, 강신준 옮김, 『자본 1』, 도서출판 길, 2008, 61쪽) 마르크스가 『자본』의 초고로서 썼던 『정치경제학 비판 요강』(김호균 옮김, 그린비, 2007)에는 헤겔과의 연관성이 보다 분명하게 나타나 있다.

상품이 생산되고 유통·교환되고 소비되는 메커니즘이, 더 정확히는 이 메커니즘을 자본이 좌우하는 체제가 자본주의이다. 상품은 화폐를 통해 매겨지는 가격(실체적으로는 가치)을 가지고 있으며, 이 가격은 이 상품에 투입된 노동과 자본에 의해 결정된다. 즉, 상품의 뒤에는 그것을 생산한 노동자와 자본가가 있다. 생산수단을 소유하지 못한 노동자들은 자신의 노동력을 팔아 생존에 필요한 임금을 받고, 생산수단을 소유한 자본가는 노동자들의 노동력을 매개로 해서 이윤을 챙기고 그것을 자본으로 만들어 다시 투자한다('확대재생산'). 이것이 자본주의의 세계이다. 이 자본주의 체제에서 마르크스가 주목하는 것은 곧 잉여가치 착취의 메커니즘이다.[27] 노동자의 노동력을 산 자본가가 노동자에게는 생존임금만을 지불하고 그 이상의 이윤을 챙기는 이 메커니즘은 자본주의 안에서 사는 사람들이라면 자연스럽게 터득하게 되는 메커니즘이다. 마르크스는 이 메커니즘을 다소 장황하다 싶을 정도로 치밀하게 분석해서 그 심층의 작동 방식을 설명한다. 오늘날 시대가 많이 바뀌었음에도 잉여가치의 착취는 자본주의의 기초 메커니즘으로서 여전히 작동하고 있다.

전통 사회에서 부(富)는 '투자'의 대상이 아니었다. 기본적으로 소비의 대상이었다. 전통 사회에서도 부를 투자해서 불린다는 개념은 존재했지만 부의 존재이유 자체가 투자는 아니었다. 자본의 존재이유는 확대재생산을 통한 계속적인 새로운 투자에 있다. 이것이 가능하려면 잉여가치가 자본으로 계속 전화되어야 한다.[28] 이런 과정에서 자본가의 발목을 잡는 것은 곧 임금이다. 앞에서 보았듯이, 스미스, 리카도, 맬서스 등은 이 문제를 인구의

---

27) 잉여가치론과 착취의 메커니즘은 『자본』 전체를 일관하는 주제이지만 특히 1권에서 집중적으로 논의된다.

28) "자본주의적 생산의 모든 특징은 선대된 자본가치의 증식에 의해 규정된다. 따라서 첫째 특징으로서, 가능한 한 많은 잉여가치의 생산에 의해 규정된다. 그러나 그것의 두 번째 특징은 자본의 생산, 즉 잉여가치의 자본으로의 전화에 의해 규정된다. (…) 자본의 부단한 증대는 자본가가 자본을 유지할 수 있는 조건이 된다."(『자본 2』, II, §2)

문제와 연관해 논했다. 하지만 마르크스는 이는 방향을 크게 잘못 잡은 것이라고 보았다. 문제의 핵심은 자본가와 노동자 사이에 설치되는 기계들에 있다. 자본가들은 새로운 기계를 도입해 총임금을 떨어뜨리려 하고, 실업자들은 늘어난다. 하지만 이는 자본가가 자기 무덤을 파는 격이다. 잉여가치 창출의 원천은 노동자인데 노동자들을 내쫓을 경우 잉여가치 또한 하락할 것이기 때문이다.(물론 우리는 잉여가치의 창출이 거의 전적으로 노동자들의 실제 육체노동을 통해 가능했던 시대를 염두에 두어야 한다.) 이것이 '이윤율의 경향적 저하'이다.[29] 게다가 이런 과정을 통해서 실업률이 증가하게 되면 소비 역시 감소한다. 자본가들은 감소하는 잉여가치를 벌충하기 위해 새로운 기계를 구입해 열심히 돌리지만, 막상 그렇게 생산된 상품을 소비할 사람들은 줄어든다. 노동자들은 굶어 죽어가는데, 상품은 창고에서 썩어간다. 과잉생산과 과소소비의 악순환이 계속되는 것이다. 이렇게 저하의 사이클이 수차례 돌아가고 나면 결국 도래하는 것이 '공황'이다. 마르크스는, 거대 기업들이 나타나 중소 기업들을 흡수하면서 이런 공황을 타개해나가겠지만, 공황은 주기적으로 계속되며 반복될 때마다 더욱 심각해질 것으로 보았다. 밀은 경제의 문제점을 정치가 치유해나갈 수 있는 가능성을 사유했다. 하지만 마르크스는 기성의 정치 자체를 비관적으로 생각했고, 이런 가능성을 일축했다. 마르크스는 자본주의를 윤리적으로 비판하기보다는 (리카도가 그랬듯이) 과학적으로 예측하고자 했거니와, 그의 예측은 무척이나 비관적인 결말로 끝난다. 게다가 그 결말 이후에 대한 이야기는 『자본』에서

---

29) "일반 이윤율의 점진적인 하락 경향은 사회적 노동생산력의 끊임없는 발전에 대한 자본주의적 생산양식의 고유한 한 표현일 뿐이다. (…) 사용되는 살아 있는 노동의 양이 그것에 의해 움직여지는 대상화된 노동〔생산적으로 소비되는 생산수단〕의 양에 비해 계속 감소하기 때문에〔잉여가치를 착취할 부분이 점차 줄어들기 때문에〕, 이 살아 있는 노동 때문에 지불되지 않고 잉여가치로 대상화되는 부분도 사용된 총자본가치의 크기에 비해 점차 그 비율이 감소할 것이 분명하다. 그런데 사용된 총자본가치에 대한 잉여가치의 비율이 곧 이윤율이기 때문에, 이윤율은 분명 계속 하락할 수밖에 없다."(『자본 3』, XIII)

다루어지지도 않는다.[30]

마르크스에게 미래의 가능성은 자본주의 자체에는 아예 존재하지 않으며, 위로부터의 사회개혁에도 그다지 존재하지 않는다. 길은 하나밖에 없다. 그것은 이 자본주의의 진행 과정에서 쫓겨나고 짓밟힌 프롤레타리아트의 결집과 혁명이다. 그로써 프롤레타리아트 독재가 이루어지고, 마침내는 공산주의 사회가 도래할 때에만 이 질곡은 타개된다. 이를 위해 핵심적인 것은 결국 앞에서 언급한 정치의 역할을 프롤레타리아트가 수행하는 것이다. 그렇기 때문에 마르크스는 경제학 연구와 나란히 '국제노동자협회'(이른바 '제1인터내셔널', 1864년 결성)를 결성해 활발한 정치활동을 펼쳤고, "정치권력을 전취하는 것은 따라서 이제 노동자 계급의 커다란 의무"라고 역설했다.[31] 이런 노력은 현실적으로는 성공하지 못했지만, 이로써 공산주의 혁명에로의 첫발을 내딛기에 이른 것이다. 마르크스는 1883년에 세상을 뜨지만, 그의 평생의 동지인 엥겔스를 필두로 수많은 사람들이 그의 사유를 따라 역사를 만들어가게 된다.

---

30) 마르크스의 독창적인 경제학이 예측했던 많은 것들이 그 후의 역사에서 실제 일어났다. 그러나 자본주의 자체는 아직까지도 붕괴하고 있지 않은데, 그렇다면 그 이유가 무엇인지를 해명하는 것이 중요한 경제학적 문제가 된다. 한 가지, 붕괴하지 않았다는 것을 성공했다는 것과 혼동하면 곤란하다. 무엇인가가 '살아남았다'는 것을 '성공'의 규준으로 삼는 것은 진화론적인 저질 논리이기 때문이다.

31) 마르크스, 「국제노동자협회 발기문」, III, 12. 마르크스의 이런 역설은 비록 일시적이기는 했지만 특히 파리 코뮌에서 거의 이상적인 형태로 구현되기에 이른다. 파리 코뮌에 대한 마르크스의 분석은 『프랑스에서의 내전』(IV, 1~92)에서 전개된다. 이 책이 파리 코뮌에 대해 가지는 관계는 『루이 보나파르트의 브뤼메르 18일』이 1848년 2월 혁명에 대해 가지는 관계와 같다. 파리 코뮌 이후에도 혁명은 계속된다. 이렇게 사회주의 혁명은 번번이 좌절되면서도 계속 다시 일어나는 과정을 통해서 세계를 점차 바꾸어놓게 된다. 엥겔스가 헤겔의 변증법에 부여한 의미도 바로 이런 역동적 과정의 개념화였다.(『포이어바흐와 독일 고전 철학의 종말』, VI, 245~246)

❖ ❖ ❖

이 장의 서두에서 언급했듯이, 서구의 '근대 철학'과 '시민적 주체'는 서로가 서로를 가능하게 하면서 새로운 세상을 도래케 했다. 중세에 형성되어 절대왕정 시대까지 이어진 귀족들과 사제들의 권력을 무너뜨리면서 시민이 주체가 되는 근대 세계가 도래한 것이다. 홉스, 스피노자, 로크 등에 의해 마련되고 흄, 스미스, 계몽사상가들, 루소, 칸트, 헤겔 등으로 이어진 근대 정치철학은 이런 시대의 반영이었고 또 그것을 가능케 한 정신적 힘이었다. 이들의 이런 사유는 한편으로 공리주의자들과 실증주의자들에 의해 계승되어 자유주의 정치철학과 자본주의 경제를 통해 점차 근현대 사회의 주도적 현실로 자리 잡게 된다. 그러나 마르크스는 바로 이 '시민'이라는 개념이 진실을 숨기고 있다고 봄으로써 정치철학의 새로운 지도리를 도래케 한 것이다. 이 진실은 물론 '계급'이라는 진실이다. 마르크스와 엥겔스에게 계급은 명확히 이원적 구도를 띠었고, 이는 「공산당 선언」에서 지적하고 있듯이 이들의 시대야말로 계급의 구조가 부르주아지와 프롤레타리아트의 뚜렷한 이원성을 띠게 된 시대였기 때문이다. 이런 구도에 입각해 프롤레타리아트 혁명을 꾀했던 이들의 변증법적 모험은 공리주의-실증주의와 각을 세우면서 이후 100년이 넘는 세월에 걸쳐 세계사를 움직이게 된다.

경험주의와 합리주의 등과 같은 개념 쌍들과 마찬가지로, 자유주의-자본주의와 사회주의-공산주의라는 개념 쌍도 오늘날 그 순정한 형태로는 의미를 가지기 힘들다. 지난 100년 이상의 세월을 거치면서 두 개념 모두 많은 변화를 겪어왔기 때문이다. 자유주의로서는 자본주의의 모순에 대한 점증하는 비판과 저항을 순치하기 위해서 사회주의를 일정 정도 도입하지 않을 수가 없었다. 비스마르크 정권은 점증하는 마르크스주의자들에 대처하기 위해 먼저 나서서 일정한 사회주의적 정책을 실시했는데, 이런 과정을 통해서 오늘날의 '복지국가' 개념이 탄생하게 된다. 미국에서 발생한 심각한 공황은 사회주의적 정신을 장착한 케인즈의 개혁을 통해서 극복되고,

20세기 중엽에는 미국 자본주의의 전성기가 도래하기에 이른다. 반면 사회주의 국가들에서는 당장 공산주의로 이행하지 못하고, 우선은 현실적인 노선을 채택할 수밖에 없었다. 이들은 불평등의 극복이 함께 가난한 평등을 뜻하지는 않는다는 점을 모르지 않았다. 레닌은 신경제정책(NEP)을 통해서 소련 공업을 활성화하고자 했고(스탈린은 이를 극한으로 밀어붙였다.), 중화인민공화국 역시 과도기로서 자본주의적 경제 정책들을 실시할 수밖에 없었다. 자유주의와 사회주의 사이의 적대에 있어 이념과 실제는 많이 달랐다.

지난 100년 이상의 세월에 걸쳐 (자유주의 정치철학으로 뒷받침되는) 자본주의 사회의 모순 — 여기에는 많은 경우 제국주의라는 맥락이 겹쳐져 있었다 — 과 싸우면서 사회주의적(/공산주의적) 이상을 추구한 인물들[32]의 진정성과 희생은 감동적인 것이었고, 본 철학사에서 여러 번 언급했던 '특이존재'들의 또 하나의 인상 깊은 예를 보여준다. 그러나 이런 운동이 막상 하나의 국가로서 귀결되었을 때 나타난 것은 얄궂게도 독재국가, 부패국가, 왕조국가였다. 사회주의 운동은 자본주의 내에서 그것과 투쟁해나갈 때 오히려 그 순수한 형태가 드러난다는 것, 사회주의 '국가'가 되는 순간 그것은 본래의 이상과 멀어진다는 것을 지난 세기의 숱한 경험들이 확증해주는 것 같다.[33] 반면 자본주의는 숱한 위기를 겪으면서도 스스로를 계속 '업그레이드'하면서 지금까지 이어져오고 있다. 그러나 이런 외형적인 성공 아래에는 그 체제 — 특히 국가독점 자본주의의 체제 — 가 압살한, 노동자들을 필두로 한 숱한 사람들의 고통과 죽음이 깔려 있다. 자본주의가 내포하는 본질적 모순('착취')은 변할 수가 없는 것이다. 그리고 이런 모순을 감

---

32) 여기에는 아나키스트들도 포함되어야 할 것이다. 아나키스트들과 사회주의자들 사이의 근본적인 차이는 전자가 국가권력을 끝내 부정하는 데 비해, 후자는 적어도 매개적으로는 사회주의 국가를 추구한다는 점이다.
33) 이 점은 인간의 본성 자체와 관련되는 문제이다. 이에 관련해서는 사르트르를 논할 때 (4권, 7장, 3절) 자세히 논의하게 될 것이다.

싸는 한 자유주의는 극복되어야 할 이데올로기임이 분명하다. 결국 사회주의의 어떤 구체적 형태가 유의미한지가 문제의 초점이라 하겠다. 어쨌든 자유주의-자본주의도 사회주의-공산주의도 역사의 흐름 속에서 많은 변형을 겪었다고 할 수 있다. 그렇지만 오늘날에도 경험주의와 합리주의라는 개념 쌍이 그 기초적 의미를 완전히 상실한 것은 아니듯이, 이 개념 쌍들도 그리고 그 근저에 깔려 있는 '자유냐 평등이냐'의 문제도 여전히 그 기초적인 의미를 보존하고 있다.

근대적 정치철학의 구도를 보다 복잡하게 만든 것은 이 자유주의-사회주의 축과는 다른 축, 즉 보편주의-민족주의의 축이었다. 문제의 핵심은 민족주의이다. 사회주의/공산주의 계열의 사유는 적어도 원칙적으로는 보편주의의 입장을 취했으며, 이 때문에 개별 국가/민족을 넘어서는 보편적 지평의 안목을 유지했다. 그러나 소련과 중국의 갈등이라든가 소련의 폴란드 침공 등에서 볼 수 있듯이, '만국'이라는 원칙은 '일국'이라는 현실에 의해 종종 무너져내렸다. 자유주의/자본주의의 경우 이 보편주의-민족주의라는 축은 상대적으로 예민한 것이 아니었다. 이 체제의 경우 가장 신성한 것은 소유권이기 때문에, 이것에 도움이 된다면 보편주의든 민족주의든 상관이 없기 때문이다. 그러나 근대의 정치체제가 국민국가인 이상, 그리고 많은 경우 국민국가가 민족국가인 이상 방점은 민족주의에 찍힐 수밖에 없다. 결국 사회주의와 자유주의가 대립하는 전선(戰線)에 민족주의가 어지러이 착종되는 구도가 형성된다.

그러나 여기에서 민족주의를 단순한 다원성으로 파악하는 것은 큰 오류이다. 서구 열강의 민족주의와 피정복 민족들의 민족주의는 판이한 성격의 것이었기 때문이다. 시대는 '제국주의'로 치닫고, 유럽 열강의 정복의 민족주의와 피압박 민족들의 저항의 민족주의는 민족들의 다원성을 넘어 또 하나의 거대한 전선을 형성했다. 여기에 다시 민족주의가 국가사회주의(Staatssozialismus, 특히 Nationalsozialismus = 나치스)의 형태를 띠면서 시대는 급기야 '파시즘'의 시대로 흘러간다. 그리고 제국주의와 파시즘이 중첩되면서 전 세계는 거대한 전쟁의 소용돌이에 휘말린다.

19세기 이래 세계사의 향방과 정치철학의 맥락은 이런 구도로 흘러가거니와, 19세기 후반에 이르러 이제 수천 년의 세월을 '왕조'의 형태로 삶을 영위해온 아시아 제국(諸國)은 이런 흐름과 마주치면서 자의로든 타의로든 '국민국가'로의 거대한 전환을 경험하게 된다.

12장 왕조에서 국민국가로

서구 열강에 의한 '서세동점'의 시대가 시작되기 이전, 비-유럽 국가들 역시 자체의 근대화 과정을 겪고 있었다. 13세기 몽골의 세계 정복 그리고 이후의 '팍스 몽골리카'(13세기 말~14세기)와 '대여행의 시대'는 '세계사의 탄생'을 가져왔고(이 시대에 처음으로 세계지도가 제작되었고, 또 세계사가 저술된다.), 이후 유럽이 시작한 '대항해 시대'는 본격적인 전지구적 삶을 도래시켰다.[1] 왕조국가의 형태를 띠었던 유라시아의 비-서구 국가들에서 진행되던 자생적 근대화의 흐름은 서구에서 시작된 이 거대한 속도의 흐름에 휩싸여버리게 된다. 이로써 '근대화=서구화'의 시대가 도래한다. 이 '근대화=서구화'에는 제국주의의 측면과 '서구 문물(文物)'에 대한 비-서구 지역의 인정이 섞여 있다. 이 과정은 매우 강력했고, 결과적으로 어떤 과정을

---

1) 2권에서도 지적했듯이, 비슷한 시대에 이루어진 정화의 "대원정"과 유럽의 대항해는 성격이 전혀 달랐다. 16세기 이래 오스만 투르크, 무굴 제국, 명(과 청) 왕조 등 큰 왕조들 대부분이 내륙 지향의 국가들이었던 데 반해, 14세기 팍스 몽골리카 시대에 가난하고 외딴 섬과도 같았던 유럽만이 지중해를 넘어 더 큰 바다로 나아갔다. 이 사실이 세계사의 향방을 결정적으로 바꾸게 된다.

거쳐서였건 왕조국가에서 국민국가로 이행하는 것이 보편적인 흐름이 되었다. 그러나 일정한 시간이 지나면서 제국주의에 대한 민족주의의 저항이라는 맥락에서든, '서구 문물' 자체에 대한 사상적-문화적 회의에서든 '근대화＝서구화'에 대한 저항이 발생하게 되고, 서구화의 물결과 민족주의적 물결이 복잡한 관련성을 맺게 된다. 아울러 서구에 대한 이해가 심화되면서 서구 자체 내에 존재하는 정치적-사상적 결들 사이의 차이에 대한 인식이 형성되고, 특히 자유주의와 사회주의의 대립이 비-서구에서도 각각의 맥락에서 재현된다.

매우 복잡한 이 과정은 대체적으로 ① 각 왕조국가에서의 자생적 근대화의 전개, ② 서구와의 마주침, 갈등을 거치면서 '근대화＝서구화'의 흐름에 동참, ③ '근대화＝서구화'에 대한 회의에 따른 민족주의적 경향의 도래, ④ 자유주의와 사회주의의 대립 전선 형성이라는 형태를 띠었다. 다른 하나의 가능성, 즉 서구화가 아닌 다른 형태의 보편주의를 생각하는 것은 서구 제국주의 시대에는 떠올리기 어려운 것이었다. 결국 세계사의 흐름은 서구 제국주의가 확대되는 전체적 상황에서 민족주의(서구화에 대한 저항), 자유주의(서구를 보편적 표준으로 수용), 사회주의(서구를 수용하되 자유주의와 대립각을 세우면서 사회주의를 지향)가 대표적인 정치사상/이데올로기로서 대립하는 형국을 띠었다고 할 수 있다. 물론 이것은 전체적인 그림이며, 복잡·미묘하기 이를 데 없는 역사를 단순화한 것이다. 그 구체적 과정은 지역마다 크게 달랐다.

1절 이슬람에서의 전통과 근대

이슬람은 근세의 초입인 16세기 전후에 세계사를 주도하는 강력한 세력으로 군림한다. 로마처럼 아나톨리아의 작은 지역에서 출발해 거대 왕조를 이룬 오스만 제국(1299~1922), 이란의 시아파 왕조인 사파비 제국(1501~1736), 그리고 인도의 이슬람 왕조인 무굴 제국(1526~1857)의 3대 이슬람 제국이 전성기를 맞게 된다. 이슬람의 세력은 동남아시아에까지도 퍼진다. 그러나 이슬람세계의 주역은 더 이상 아랍인들이 아니라 투르크-몽골계였고, 이 제국들은 본래의 이슬람 정신과는 다소 거리가 있는 근세적 절대왕정들이었다.

§1. 사파비 왕조의 근대화 진통

아랍인들에 의해 정복되었으나 문화적으로는 그들을 정복했던 페르시아의 전통은 그 후로도 이어졌다. 이란 지역의 정복자들은 아랍 이후에도 투르크, 몽골, 티무르 등 계속 바뀌어갔지만, 그때마다 이들은 페르시아-이슬람 문화에 정복당했다. 사상과 문화의 위대함이 바다라면, 정치-군사적 부침은 그 표면에서 일렁거리는 파도들에 불과했던 것이다. 이렇게 면면히 이어져온 페르시아적 이슬람의 정체성 위에서 마침내 새롭게 세워진 이란 왕조가 사파비 왕조이다. 사파비 왕조를 세운 샤 이스마일은 오스만 왕조와 각을 세우기 위해 왕조를 폭력적으로 시아파 왕조로 만들었고, 순니파 왕조인 오스만과 대립했다. 사파비 왕조는 17세기에 들어서서 르네상스를 맞이했고, 수도인 이스파한을 중심으로 세밀화를 비롯해 각종 문화를 꽃피웠다.

사파비 왕조의 시아파는 12이맘파였다. 사파비 왕조는 강제로 시아파가 된 곳이기에 그 종교적 사상과 실천에서 작위적인 면이 많았다. 이 시대에 시아파의 철학적 기초를 다지고 본연의 종교적 차원을 굳건히 한 인물이 물라 사드라(1571/2~1640)이다. 물라 사드라가 시아파 이슬람에서 차지하는 위상은 유대교에서 마이모니데스가 차지하는 위상에 버금간다고도할 수 있을 것이다. 물라 사드라는 시아파 고유의 신비주의 전통과 (이븐 루쉬드 이후 쇠락하긴 했지만) 이슬람세계에서 면면히 내려온 철학('팔사파')의지성('이르판')을 통합해야 한다고 생각했다. 일찍이 페르시아-이란 지역이 배출한 두 걸출한 철학자는 이븐 시나와 수흐라와르디였다. 그리고 이들의 철학은 '동방철학', '빛의 철학'이었다.(1권, 10장) 물라 사드라는 이들의 전통을 이어받아 페르시아적 철학을 새롭게 재건했으며, 이 빛의 철학에 다른 이슬람 전통들을 광범위하게 종합했다. 일찍이 이븐 시나가 본질과 실존을 구분했거니와, 그는 이슬람 철학을 본질주의에서 실존주의로 전환시키고("실존이 본질에 앞선다.") 흔히 '초월적 신지학(theosophy)'으로 불리는 그의 철학체계를 세웠다. 어용학자가 된 다른 물라들과 달리 물라 사드라는 시아파 이슬람에 새로운 철학적 생명력을 불어넣었고, 그의 영향력은 오늘날에 이르기까지 페르시아-이란 전통에 면면히 내려오고 있다.[2]

페르시아는 이후 카자르 왕조(1779~1925) 시대를 맞게 되고, 영국과 러시아에 시달리는 와중에 근대화를 추진하기도 했다. 그러나, 1906년 헌법과 의회의 성립을 비롯해 형식적인 면에서 일정한 성과를 거두긴 했지만, 전체적으로 여의치 않았다. 오랫동안 강고해진 사회적-문화적 근저에서의변화 없이 왕조에 의해 위로부터 이루어진 근대화에는 한계가 있을 수밖에없었다. 이후 등장한 팔레비 왕조(1925~1979) 또한 다르지 않았다. 1935년국호를 '페르시아'에서 '이란'으로 바꾸면서까지 근대 국민국가를 지향했지만, 체질은 여전히 왕조 체질이었다. 팔레비 왕조는 '이슬람'이라는 정체

---

2) 브리검영대학의 '이슬람 번역 총서'에 물라 사드라의 *The Elixir of the Gnostics*(2002)와 *Metaphysical Penetrations*(2014)가 번역되어 있다.

성 자체를 극복하려 했고, 페르시아-이란은 이슬람이 탄생하기 전부터 전해 내려온 또 다른 전통임을 역설했다. 애초에 아랍에서 출발했던 종교인 이슬람이라는 그림자를 벗어나, 고대적 전통을 되살리면서 새로운 국민국가로서 출발하고 싶었던 것이다. 그러나 이는 근저에서 왕조권력의 유지를 지향하려 한 것뿐이었고, 더 근본적으로 이슬람을 부정한 것은 심각한 실책이었다. 1,500년 가까이 이란 지역의 정체성으로 자리 잡은 이슬람을 위에서 인위적으로 부정할 수 있다고 생각한 것은 경솔하기 짝이 없는 발상이었던 것이다. 팔레비 왕조가 "이슬람 혁명"(1979)을 통해 무너지는 것은 시간문제였다. 그리고 이슬람 혁명의 주역인 호메이니가 물라 사드라의 영향을 받은 인물이라는 점 또한 시사적이다. 이란의 사유는 지금도 이슬람적 전통과 근대성 사이에서 고심하고 있지만, 새로운 물라 사드라는 아직 보이지 않는다.

1453년 메메트 2세의 콘스탄티노플 정복은 오스만 투르크의 전성기를 열었고, 그 힘은 서구로 하여금 동쪽으로 갈 길이 막혀 서쪽만을 바라보게 만들 정도였다.[3] 16세기에는 술레이만 1세의 길고 강대한 통치(1520~1566)가 이어지고, 오스만 투르크의 수도 이스탄불은 이슬람권의 중심이 된다. 오스만 제국은 북부 아프리카와 서남아시아(의 서부) 그리고 동부 유럽에 걸친 방대한 영토를 지배한, 역사상 가장 거대한 제국들 중 하나였다. 순니파의 오스만 투르크와 시아파의 사파비 왕조는 수없이 격돌했고, 서구 기독교세계에서와 마찬가지로 끝도 없는 종교전쟁을 벌였다. 일신교의 세

---

[3] 이후 비잔티움의 종교 전통은 러시아로 이어지게 된다. 러시아 정교회가 비잔티움 정교회를 이어갔고, 러시아 황제는 스스로를 비잔티움 제국 황제('카이사르')를 이은 존재('차르')로 자리매김한다. 이렇게 보면, 발칸 반도에서 동유럽으로 올라가 러시아로 이어지는 문화권은 서구와도 구분되고 이슬람과도 구분되는 독자의 문화적 권역을 형성했음을 알 수 있다.

아울러 오스만 투르크 때문에(물론 이것이 유일한 이유는 아니지만) 서쪽에서 길을 찾아야 했던 서구가 얄궂게도 바로 이 때문에 '대항해 시대'를 열고 근대 문명의 주인공으로 발돋움할 수 있었다는 것은 널리 알려진 사실이다.

계는 종교전쟁의 세계이다. 17세기 이슬람세계는 여전히 화려했지만, 이런 종교전쟁이 지속되는 한편 사상-문화적으로도 점차 쇠퇴의 징후들이 나타나기 시작한 시대였다. 사파비 왕조에서의 물라들과 마찬가지로 절대왕정이라는 구조 아래에서 울라마(이슬람 신학자)들도 어용학자들에 다름없었다. 이들은 철학을 등한시하고 권력에 밀착해 있는 법학에만 몰두했다. 이런 상황에서, 서구에서 계몽사상이 한창이던 18세기에 이슬람세계에서도 서구와는 다른 뉘앙스에서의 계몽사상이 전개되었다. 서구와는 정확히 반대로, 이 계몽사상은 전통의 거부가 아니라 전통으로의 회귀를 외쳤다.

이란 이슬람에서 물라 사드라의 역할이 핵심적이었다면, 오스만 이슬람에서는 와하비즘과 네오수피즘이 핵심적이었다. 과격한 형태의 근본주의를 주장한 알 와합(1703~1792)과 그를 따르는 와하비들은 오로지 『쿠란』과 『하디스』만을 따를 것을 외쳤고, 이 와하비즘의 영향력은 특히 사우디아라비아 등에서 지금까지도 건재하다.[4] 와하비즘의 이 종교적 순수주의에는 또한 인종적-문화적 순수주의, 즉 그동안 아랍인들을 밀어내고 이슬람세계의 두 주인공으로 역할을 했던 페르시아인들, 투르크인들과 이슬람의 주인공을 다투려 한 아랍인들의 지향도 함께 들어 있다. 이집트의 무슬림 형제단 등도 와하비즘의 영향 하에 결성되었다. 이 '이슬람 근본주의'[5]에는

---

4) 와하비즘을 열렬히 받아들인 것이 다름 아닌 사우디 가문이었고, 이 가문에 의해 세워진 나라가 사우디아라비아이다. 참고로, 사우디 가문의 숙적인 하심 가문은 영국의 그림자 안에서 요르단과 이라크를 세우게 된다. 그리고 시리아와 레바논이 프랑스의 그림자 안에서 성립한다. 오스만 제국은 지금의 터키로 축소되어 이어지고, 레바논 아래쪽에서는 이스라엘과 팔레스타인의 불행한 관계가 시작된다. 이런 과정을 통해서 오늘날의 서남아시아('중동')의 모양새가 잡히게 되거니와, 애초에 이 모양새는 이슬람인들 자신이 아니라 유럽이라는 외세가 만들어낸 것이라는 점에 비극의 씨앗이 있다. 특히 시리아, 요르단, 레바논, 팔레스타인은 역사적-문화적으로 원래 쉬리아 — 대(大)쉬리아 — 라는 하나의 권역이었던 곳을 유럽이 자신들의 편의에 따라 멋대로 분할해놓은 곳들이다.(오늘날의 시리아 내전 — 사실상 '내전'이라고 할 수 없지만 — 의 씨앗도 이때 뿌려진 것이다.) 여기에 이질적인 유대인 국가인 이스라엘이 팔레스타인에 밀고 들어옴으로써 사태는 더욱 복잡해졌다.

5) 이 용어는 현대의 용법을 과거에 투사한 것이며, 현대의 근본주의는 오히려 기독교에서

그것과 분명하게 구분되는 사조인 '아랍 민족주의'가 겹쳐져 있었던 것이다.[6] 알제리, 리비아 등 북아프리카에서 번성했던 네오수피즘은 이븐 이드리스(1780~1836), 알 사누시(1787~1859) 등에 의해 주도되었으며, 이들은 수피 정신을 새롭게 하고자 했다. 그러나 네오수피즘은 "신과의 합일" 같은 위험한 주장은 포기하고, 예언자 정신과의 합일을 최고의 경지로 상정했다. 그리고 유럽의 종교개혁에서와 유사하게, 울라마들의 신학이 아니라 신도 개개인의 영적 깨달음을 역설했다. 와하비도 순수 철학학파가 아니라 전사들, 그것도 막강한 전사들이었거니와, 네오수피스트들 역시 전사들로서 북아프리카에서 세를 넓히던 서구 제국주의 국가들에 맞서 강렬한 투쟁을 벌이기도 했다.[7]

사파비 왕조에서 사회 저변의 사상적-문화적 개혁과 왕조에 의한 위로부터의 근대화가 결을 달리하면서 진행되었듯이, 오스만 왕조에서도 와하비즘, 네오수피즘 등의 흐름(전통으로의 회귀)과 대조적인 근대화가 추진되었다. '탄지마트'라 불리는 이 개혁은 그러나 사파비 왕조에서와 마찬가지로 왕조의 체질을 버리지 못한 채 국민국가의 형식을 받아들이려 한 시도였다. 그리고 오스만 제국은 너무나도 거대했다. 북아프리카, 이집트, (아라비아반도를 제외한) 메소포타미아, 아나톨리아, 발칸 반도를 포괄하는 대제국이었다. 인위적으로 국민국가를 지향하기에는 민족적-문화적 다양성이 너무나도 컸다. 지방 권력들도 난립했다. 게다가 왕조가 시도한 근대화의

출발한다. 20세기 초 미국의 보수주의자들이 "『성경』 말씀"에는 오류가 있을 수 없다면서 학교에서 진화론을 가르치는 교사들을 법정에 고소하고, 이후 *The Fundamentals* 라는 책자를 만들어 배포한 데에서 유래한다. '근본주의'(/ '원리주의')는 유대-기독교 원리주의에서 유래한 것이다. 그러나 이는 단지 유래의 문제만은 아니다. 현대 세계는 겉으로는 이슬람 근본주의(정확히는 이슬람주의) 때문에 시끄러운 것처럼 보이지만, 사실 잘 보이지 않게 세계를 주무르고 있는 것은 유대-기독교 근본주의이기 때문이다.

6) 다음을 참조하라. Anwar Horoon, *History of Saudi Arabia and Wahabism*, XLIBRIS, 2014.
7) 다음을 참조하라. Knut S. Vikor, *Sufi and Scholar on the Desert Edge*, Northwestern Univ. Press, 1995.

과정은 결국 서구 열강의 지배 아래에 들어가는 과정이기도 했다. 18세기에 이미 완연한 쇠락세에 접어든 오스만 투르크가 1922년까지 지속되었다는 사실이 오히려 신기하다 하겠다. 오스만이 멸망한 후, 거대한 제국은 산산조각 나고 오스만 투르크를 직접 이은 터키는 아나톨리아 반도만을 차지하게 된다. 이란과 달리 터키는 매우 강력하게 '근대화＝서구화'를 지향했고, 스스로를 유럽의 일원으로 만들려 노력했다. 그러나 아무리 이슬람 '국가'를 유럽화해도, 이슬람'교'를 기독교로 바꿀 수는 없었다. 유구한 전통과 서구에서 시작된 근대화의 물결 사이에서 어떤 조합을 취하는가는 이슬람 국가들의 공통된 숙제가 된다.

§2. 전통과 근대성의 알력

원리주의(/근본주의)는 우리를 철학사의 출발점으로 되돌아가 생각하게 만든다. 원리/근본은 곧 '아르케'이다. 아르케는 형식상 '뿌리'를 의미한다. 물라 사드라의 초월적 신지론이나 와하비즘, 네오수피즘 등은, 그 구체적인 면들에서의 차이에도 불구하고 모두 이슬람 '본연'으로 돌아감을 근간으로 한다. 그것은 뿌리, 돌아감, 그 하나, 전통/역사 등의 개념들에 근간을 두고 있다. 내용상 아르케는 어떤 근원적인 하나, 모든 것을 주재하는 하나를 뜻하며, 따라서 원리주의는 바로 이 하나로의 '귀일(歸一)'을 근간으로 한다. 그러나 중요한 것은 그런 하나가 존재한다는 것은 어디까지나 '믿음'이라는 점, 또한 그 하나에 대한 표상들은 다양하다는 점이다. 각자의 표상에 대한 확신이 강하면 강할수록, 그 표상들의 신봉자들 사이에서는 적대가 형성된다. 이것은 이슬람만의 문제가 아니라 일신교라는 것 자체의 근본 문제이다. 이 때문에 지중해세계는 늘 종교전쟁에 시달려야 했다. 여기에 서구/근대성이라는 타자가 새로이 도래함으로써 이슬람세계는 더욱 혼란스러울 수밖에 없었다. 전통 자체 내에 존재하는 착잡함에 '근대화＝서구화'

의 흐름이 다시 착종되었던 것이다.

여기에 서구의 영향에 있어서도 자유주의와 사회주의는 서로 결이 다른 두 흐름이었다. 자유주의는 그 어떤 가치도 개인의 기본 권리(특히 소유)를 침해할 수는 없다는 점을 기초로 한다. 이는 이론상으로는 이슬람 문명과 융합할 수 없는 것이었다. 하지만 이런 사상적 알맹이를 뺀, 근대의 자유주의 국가들이 이룬 문물(정확히 말해 '文'을 뺀 '物')은 이슬람에 필요한 것이었다. 하지만 이 경우에도, 문제는 이 문물을 받아들이는 과정에서 이슬람이 서구의 그림자 안으로 들어갈 수밖에 없었다는 것이다. 사회주의는 자유주의와 달리 일종의 공동체주의이다. 그러나 이 공동체는 특정 지역, 언어, 문화의 공동체주의가 아니라 보편적 차원의 계급을 기준으로 하는, 특정한 계급의 공동체주의이다. 이 역시 이슬람과는 상용할 수 없는 사상이다. 앞에서 말했던 '당위의 축' 자체가 다른 것이다. 사회주의가 이슬람에서 일정한 힘을 발휘하기는 했지만, 명확히 한계가 있었다.[8] 과학기술 같은 중성적인 것은 큰 문제가 되지 않았지만(물론 과학기술은 다른 심급들과 연계되어 있기 때문에 맥락에 따라서는 중요하고 심각한 문제가 될 수 있다.), 서구의 정치와 사상을 이슬람화해 받아들이는 것은 쉽지 않았다. 이슬람에서는 지금도 여전히 전통과 근대화가 융화를 이루지 못하고 있다. 오늘날에 이르러

---

[8] 얄궂게도 이 지역에서 사회주의가 힘을 발휘한 것은 이스라엘의 경우였다. 오늘날 이스라엘이 풍기는 분위기와는 걸맞지 않게, 이 국가의 건국을 주도했던 것은 사회주의자들이었다. 이는 민족주의, 유대근본주의를 고수하는 한 유대인들이 새로이 나라를 가지는 것은 불가능하다는 것을 깨달은 지도자들이 이와 당위의 축을 달리하는 사회주의를 채택했기 때문이다. 물론 지금 이스라엘을 떠받치고 있는 것은 유대원리주의이다. 사회주의는 그저 한때의 방편이었던 것이다.

아랍 민족주의를 최고조에 올려놓았던 이집트의 나세르는 이집트와 시리아의 통합이 실패로 돌아가자 "아랍 사회주의"를 제창하기도 했으나, 여기에서도 사회주의는 부차적인 방편 이상의 의미를 띠지는 못했다. 아랍 민족주의가 쇠퇴하고 다시 이슬람주의가 힘을 얻게 된다. 하지만 이때 나타난 '이슬람주의'는 '이슬람 근본주의'와 성격이 다르다. 이슬람 근본주의가 적어도 그 근간에서는 이슬람의 근본으로 돌아가자는 종교운동이라면, 이슬람주의는 보다 정치적인 나아가 군사적인 흐름이기 때문이다.

서 사태는 더욱 복잡해졌는데, 프랑스에서 출발한 탈-근대 사유의 흐름은 오히려 서구의 근대성을 비판하면서 전개되었으며, 구체적인 차이들을 접어둔다면 모든 형태의 아르케들을 비판적으로 바라보는 아나키즘의 경향, 탈-중심의 경향을 띠고 있기 때문이다. 그것은 다양한 형태의 아르케들을 둘러싸고 벌어진 지금까지의 역사 그 자체를 도마 위에 올려놓는 사상(의 여러 갈래들)이다. 전통 내에서의 다양성과 갈등, 서구 사유의 여러 상이한 결들이 형성하는 매우 복잡한 장에서, 이슬람은 근대성을 (탈-근대성으로써가 아니라) 전통 —— 그러나 여러 갈래로 분열된, 또 경우에 따라서는 변질되기도 한 전통 —— 으로의 회귀로써 극복하고자 한다.

2절 인도에서의 전통과 근대

§1. 힌두교와 이슬람교

현장법사가 인도를 찾았던 7세기에 불교는 이미 쇠퇴해가고 있었다. 이즈음부터의 인도에서는 서구의 경우와 형태가 다르긴 하지만 넓은 의미에서의 봉건주의적 삶이 이어졌으며, 잦은 전쟁에도 역사의 거대한 소용돌이 같은 것은 거의 없는 시간이 이어졌다. 본래 다원적인 인도 문명이었기에, '인도'라는 개념 자체도 희박했다. 데칸 고원으로 가로막혀 있어 북부와 남부가 다분히 별개의 세계를 이루었다고도 할 수 있다. 다만 힌두교라는 종교가 이 다원성에 어떤 통일성을 부여했다. 이렇게 구심점이 없는 인도를 11세기 이래 서쪽에서 흥기한 (투르크 계통의) 이슬람 세력이 공격하기 시작하자 그 힘을 막을 수는 없었다. 13세기부터 인도의 지배계층은 이슬람이 되었다. 그러나 힌두교는 이슬람교에 정복당하지 않았고 또 이슬람교가 힌두교에 흡수되지도 않았기 때문에, 지배층의 이슬람교와 피지배층의 힌두교가 갈등하면서 공존하는 시대가 이어진다.

이후 16세기에는 자신의 아버지는 티무르의 후손이고 어머니는 칭기즈칸의 후손이라고 주장한 바부르가 등장해, 사파비 제국, 오스만 제국과 나란히 세 번째의 이슬람 제국인 무굴 왕조를 세운다. 투르크-몽골계 전사들이 아래로 내려와 이슬람 지역을 점령했을 때, 그들은 대개의 경우 이슬람화되는 과정을 겪었다. 무굴 제국 역시 이슬람 국가였다. 거대한 통일제국이었기에(다만 무굴 제국이 인도 전체를 통일한 것은 아니었고, 남쪽에는 힌두교 국가들이 존재했다.), 이슬람교와 힌두교의 관계는 예전보다 더 예민할 수밖에 없었다. 때문에 아크바르 대제(1566~1605 재위)처럼 양교의 화합을 추구한 인물이 등극했을 때는 평화로웠으나, 아우랑제브(1658~1707 재위)처럼 제국을 완전히 이슬람화하려 한 군주의 시대에는 갈등이 고조될 수밖에 없었다.

이런 관계 변화는 시크교의 변질을 통해서도 잘 나타난다. 이슬람교와 힌두교를 통합하려 한 구루 나나크(1469~1539)는 알라와 라마가 사실은 한 존재이며 단지 이름이 달리 붙여진 것일 뿐임을 역설했다. 앞에서 언급했듯이, 하나의 신에 대한 표상들은 여러 가지이다. 나나크는 바로 이 구조를 근거로 시크교를 창안할 수 있었다. 이것은 인도의 주요 논리들 중 하나가 바로 (이미 『우파니샤드』에서 등장했던) '화(化)'의 논리였기에 생각해낼 수 있었던 교리이다.[9] 동일성의 논리에 입각할 경우 이는 어불성설이지만, 화의 논리에 입각할 때 알라와 라마가 하나의 같은 신이라는 것을 이해하기는 어렵지 않았다.[10] 시크교는 인도에서 크게 발달한다. 그러나 아우랑제브의 통치기처럼 강제로 이슬람교화를 밀어붙인 상황에서 시크교는 점차 순수 종교단체가 아니라 군사집단으로 화했고, 제국과 충돌하기에 이른다.

§2. 현대 인도의 탄생

오스만 제국과 비슷하게 무굴 제국 역시 18세기에 들어서면 쇠퇴의 길을 걷기 시작한다. 17세기에 제국은 점차 인도에 진출했던 서구 열강들(포르투갈, 네덜란드, 영국, 프랑스)의 각축장이 되어갔고, 최후의 승자는 영국이었다. 처음에 비교적 우호적인 관계를 맺으면서 단지 상업적 교류를 추구했던 인도와 영국은 플라시 전투(1757)를 기점으로 적대적인 관계로 돌아섰다. 이

---

9) 이미 『우파니샤드』에서 브라흐만을 파악하는 방식이 그러했다. 플로티노스의 일자가 그렇듯이, 인간은 브라흐만을 온전히 인식하지 못한다. 브라흐만은 어느 한 표상체계로 소진되지 않는다. 그러나 스피노자의 신=자연이 속성들로 표현되듯이, 브라흐만은 '사트(존재)', '시트(진리)', '아난다(환희)'로 스스로를 표현한다.

10) 나나크는 이 '화'의 논리에 입각해 만민평등사상 등 의미 있는 가르침들을 펼쳤다. 시크교의 핵심은 『그란트 사힙』에 집대성되어 있다. *Shri Guru Granth Sahib*, 4 vols., Forgotten Books, 2008.

제 양자의 관계는 제국과 식민지의 관계로 바뀐다. 영국은 갖가지 방법을 동원해 인도를 수탈하기 시작했고, 나중에는 기독교, 영어 등 자신들의 문화에 인도인들을 동화시키고자 했다. 물론 공리주의의 영향을 강하게 받은 총독들이 비교적 선정을 편 경우도 있었고 인도를 영국에 아예 흡수하려한 총독들도 있는 등, 각 시기의 총독의 성향에 따라 변화가 있었다. 이 때문에 대부분의 비-유럽 지역들에서와 마찬가지로 인도에서도 '식민지 근대화'를 둘러싼 역사학적 논쟁이 존재한다. 그러나 총독들의 성향에 따라 시대가 좌우된다는 사실 자체가 인도의 상황을 말해준다고 하겠다. 이 과정에서 전통과 '근대화=서구화' 사이에서 많은 갈등들이 발생한다. 특히 세포이의 난(1857)을 기점으로 영국은 동인도회사를 폐지하고 인도를 직접 통치하기 시작한다.

인도인들에게서도 변화가 나타났다. 이 엄청난 사건을 계기로 각각의 개별 입장만을 생각하던 인도인들이 비로소 '인도'라는 하나의 존재론적 단위를 의식하기 시작한 것이다. 그때까지 이들에게 '인도'란 하나의 국가가 아니라 수많은 국가들이 난립해 있는 거대한 대륙(아대륙)일 뿐이었다. 다만 힌두교가 이 아대륙 전체의 유일한 공통분모였던 것이다. 그러나 이제 이들은 '인도'와 '인도인'이라는 개념을 조금씩 의식하게 된다. 이런 변화는 유럽 문화를 공부하고 이 '근대성'과 자신들의 '전통'을 비교해 바라볼 수 있는 능력을 갖추게 된 새로운 지식층의 형성과 더불어 본격적으로 개념화되기 시작했고, 이들은 '인도'라는 것에 대해서 사유하고 저술하기 시작했다. 이런 흐름은 우선은 종교운동의 형태로 나타났고, 람 모한 로이(1772~1833)를 비롯한 종교개혁가들이 등장해 힌두교를 부활시키고 사회의 저변을 바꾸어나가고자 했다. 이를 인도 근본주의라 할 수 있거니와, 이 근본주의는 이슬람 근본주의와 성격이 매우 다르다. 이슬람 근본주의가 이슬람에 섞여 들어온 타자들 즉 '잡(雜)것들'을 모두 솎아내고 본래의 순수함을 되찾고자 한 배타적 성격의 근본주의라면, 인도 근본주의는 일찍이 구루 나나크가 설파했던 '化'의 논리에 입각해 오히려 모든 종교들이 궁극적 진리에 대한 상이한 표현들일 뿐임을 역설했던 것이다. 물론 이것이 '인도' 근본주의인 이상 이들에게 핵심적 존재면은 힌두교이지만, 다른 모든 존재면들도 힌두교가 추구하는 진리의 어떤 다른 버전들이라는 생각을 통해 타자들을 포용하는 논리였다. 이런 철학적 차이는 양 문명에서의 종교개혁의 성격도 판이하게 만들었다. 이슬람 근본주의는 시간이 갈수록 이슬람주의로 과격화해간 반면, 인도 근본주의는 어디까지나 종교적-사회적 차원에서의 개혁으로 전개되었던 것이다. 이런 흐름은 간디, 타고르 등으로 이어진다.

§3. 인도에서의 정치와 철학

힌두교에 근간을 두면서도 이를 근현대의 맥락에서 새롭게 표현해야 하는 과제를 철학적 수준에서 성취한 인물이 오로빈도 고슈(1872~1950)이다. 영국의 직접 통치 이래 영국 제국주의에 투쟁하는 각종 흐름들이 전개되었거니와, 대체로 온건파, 급진파, 과격파의 흐름으로 전개되었다. 급진파의 대표적 인물들 중 한 사람인 오로빈도는 정치적 투사로서 그리고 철학자로서 현대 인도의 형성에 큰 족적을 남겼다.[11] 샹카라, 라마누자의 위대한 전통을 이어 오로빈도, 그리고 라다크리슈난(1889~1975) 등 많은 현대 인도의 철학자들은 베단타철학을 인도 철학의 정수로 보고 연구했다. 오로빈도는 샹카라의 가현설을 비판하면서 라마누자의 전변설을 받아 발전시켰으며, 이는 곧 '아바타라', '多中一 一中多', '화'의 논리 등 인도 사유의 면면한 전통을 현대에 이어받은 것이라 할 수 있다. 그러나 묘하게도, 생의 전반을 정치적 투사로 살았던 오로빈도는 그 체험을 정치철학으로 승화

---

11) 정치 투사로서의 오로빈도의 모습은 그의 『유쾌한 감옥』(김상준 옮김, 사회평론, 2011)에서 볼 수 있다. 오로빈도 철학의 핵심은 다음 저작들에서 볼 수 있다. Aurobindo, *Synthesis of Yoga*, Lotus Press, 1990. *The Life Divine*, Lotus Press, 1990.

시키지는 않았다. 정치로부터 철학으로, 말하자면 '돌아선' 것이다. 사실 인도인들에게 정치와 철학은 거의 양자택일의 문제나 마찬가지였다. 철학을 한다는 것은 정치의 세계를 떠나는 것이었기 때문이다. 이 때문에 인도에는 정치철학이라는 것이 거의 부재한다. 넓은 의미에서의 정치사상은 찾을 수 있고, 또 (예컨대 간디에게서처럼) 정치와 종교가 결합된 경우도 찾을 수 있지만, 정치와 철학이 결합한 정치철학은 찾기 힘든 것이다.

   이것은 이슬람의 경우도 마찬가지이다. 왜 동북아와 서구에 비해, 이슬람과 인도에는 정치철학이 거의 부재할까? 정치철학은 정치와 너무 가까울 때도 또 너무 멀 때도 성립하지 않는다. 너무 가까울 경우 그것은 정치 자체가 되거나, 느슨한 의미에서의 정치사상에 그친다.[12] 와하비즘이라든가 인도 독립운동 시절 나타났던 여러 정치사상들에서 그 예를 볼 수 있다. 반면 물라 사드라, 오로빈도 등의 사유는 형이상학이지 정치철학이 아니다. 이슬람 전통에서는 법학이 정치철학의 역할을 대신했고, 인도 전통에서 철학자들은 단적으로 표현해 사회의 바깥에 존재했다.(불승들이 불가촉천민들과 더불어, 그러나 반대의 방향에서 호모 사케르라고 했던 것을 기억하자. 2권, 7장, 결론) 정치철학은 '정치'철학이기에 생생한 정치적 장과 불연속이어서는 안 되며, 정치'철학'이기에 고도의 존재론적-인식론적 사유를 포함해야 한다. 이 두 조건을 충족할 때에만 정치철학이라는 것이 성립한다. 여기에서 소크라테스에 대해 논했던 바(1권, 5장 결론)를 떠올려보자. 정치와 비-정치의 경계선에서 살아간, 정치를 한 것이 아니라 정치를 정초하고자 한, 그저 정치적 입장을 밝히거나 당장의 시사적 상황에 대처한 것이 아니라 'ti esti?'의

---

12) 사상과 철학 사이에 날카로운 선을 그을 수 있는 것은 아니지만, 사상들 중에서 '철학'이라는 말을 붙일 수 있으려면, 거기에 반드시 고도의 존재론과 인식론이 체계적으로 개진되어 있어야 한다.
"그친다"고 했지만, 정치사상이 정치철학에 비해 의미가 떨어진다는 뜻은 아니다. 오히려 현실적인 맥락에서 정치사상이 정치철학보다 더 큰 역할을 할 수 있으며, 또 대개의 경우 실제 그렇다.

물음을 통해 정치의 가능조건을 탐색한 그의 사유는 정치적 사유가 무엇인지를 잘 보여준다. 이슬람과 인도의 철학자들은 정치를 떠나서만 철학을 할 수 있거나 철학을 떠나서만 정치를 할 수 있었기 때문에, 이 전통들에서 이런 식의 경계의 사유는 잘 보이지 않는 것이다.

이에 비해서 오랜 세월 정치철학의 전통을 이어온, 아니 정치철학으로부터 철학적 사유를 시작했던 동북아에서 근대적 정치철학들이 다수 전개된 것은 우연이 아닐 것이다.

3절 동북아에서의 전통과 근대

인도와 이슬람의 경우와 달리, 동북아는 여러 곡절들이 있었음에도 불구하고 서구 문물을 대폭 받아들여 근현대를 만들어왔다. 이 지역에서는 인도와 이슬람의 경우만큼 서구화에 대한 알레르기가 일어나지 않았으며, 지금도 전통과 현대(서구적 현대)가 큰 무리 없이 섞여 있다. 그리고 철학적인 면에서도 전통보다 오히려 서구적 사유의 비중이 더 크며, 전통과 서구적 근대 사이에서 여러 복합적인 대안들을 모색하고 있다. 철학의 측면에서, 오늘날 동북아는 유럽, 미국과 더불어 세 꼭지점의 하나를 차지하고 있다. 인도, 이슬람과 거의 유사한 역사의 시련을 겪었으면서도, 철학(과 다른 여러 분야들)에서 이런 차이를 빚어낸 이유는 어디에 있을까?

첫째, 대략 12~13세기에 철학적 전통이 고갈되어버린 이슬람과 인도의 경우와 달리,[13] 동북아는 철학적 사유의 전통이 끊김 없이 지속되어왔다.

---

13) 이슬람교라는 종교의 힘이 여전히 거대한 이슬람의 경우, 철학적 사유는 아직까지도 살아나지 못하고 있다. 마르크스주의나 후기구조주의, 포스트모더니즘 등 비판적인 사유들은 이슬람 대학에서 통제당하고 있다. 그리고 애초에 이슬람에서 '괄사파'란 그리스 철학을 뜻했고, 이슬람 사상 전체를 놓고 볼 때 종교적 사유를 다듬는 도구로서의 성격이 강했다고 할 수 있다. 이슬람에서 철학이 되살아난다면, 그것은 필히 외부의 수혈을 고유한 전통에 넣어 재창조함으로써만 가능할 것이다. 이에 반해 인도의 철학은, 샹카라, 라마누자 이래 긴 공백이 있었음에도 현대에 들어와 오로빈도, 라다크리슈난 등에 의해 새롭게 생명을 부여받고 있다. 그러나 인도의 철학은 힌두교라는 강한 동일성의 자장 속에 들어 있으며, 이 자장에 과감하게 타자들을 받아들여 새로운 경지로 나아가지 않는 한 이 동일성을 재생산하는 이상으로 나아가기 힘들다고 할 수 있다.

이 점은 중국 철학에 대해서도 마찬가지로 말할 수 있다. 현대 중국의 철학은, 자체의 전통에 대한 연구는 물론 화려하지만, 철학 전반의 입체성과 역동성은 일본과 한국에 비해 못하다. 이것은 역설적으로 중국이 위대한 전통을 보유하고 있는 반면, 한국과 일본의 전통은 그렇지 못했기 때문이다. 위대한 전통이 얄궂게도 그 동일성에의 집착을 불러일으킴으로써 철학의 입체적이고 역동적인 발전을 제약하고 있는 것이다. 역으로 동북아에서 문화적 후발 주자이자 철학적 전통이 빈약한 일본은 외부 사유들을 열심히 흡수하고 이제는 그 토대 위에서 세계 최고 수준의 철학을 전개하고 있다. 이런 사실들은 전

혼돈의 시대였던 다국화 시대에도 '빛나는 암흑시대'를 이루었고, 몽골에 의해 정복되었을 때도 철학적으로는 아무런 동요가 없었으며, 성리학 시대가 저문 이후에도 양명학을 거쳐 근대적인 실학의 전통을 계속 이어갔다. 서구에서 새로운 학문들이 들어왔을 때, 그것을 소화하고 그것과 대결할 수 있는 지적 저력이 단절 없이 이어져왔던 것이다. 둘째, 특히 중요한 것으로서, 동북아 사유세계는 이미 **다원성**을 경험했고 그 다원성의 **통합**까지도 경험했던 전통이다. 한 제국 이래 유교가 중심을 이루었다 해도 동북아세계는 언제나 사상적 다원성을 유지했고, 게다가 이미 일찍이 불교라는 이질적인 타자를 자체 내에 흡수해 발전시킨 경험을 보유한 것이다. 이런 다원성에 다시, 이 다원성을 성리학이라는 사유를 통해 통합해본 경험까지도 존재했다. 다원성의 경험과 그 통합이라는 경험까지 갖춘 사유의 저력이 있었기에, 서구 사유를 만났을 때에도 그것을 소화해낼 수 있었던 것이다. 이런 차이는 동북아 철학이 근현대에 이르러서도 많은 사유들을 배출할 수 있는 조건이 되었다. 아울러 동북아 철학은 근현대에 들어와서도 다수의 정치철학들을 배출할 수 있었다. 그 이유는 어디에 있을까? 동북아 철학 자체가 정치철학에서 출발했다고 했거니와, 그 이후를 보아도 동북아 문명은 '문사-관료들'의 문명을 지속해왔다. 다시 말해 철학과 정치가 결합되어 있는 문명인 것이다. 이 전통은 곧 '문(文)'을 중시하면서 동시에 또한 정치적 현실과의 연계성을 중시하는 전통으로서, 결과적으로 정치에 대한 '문' 즉 정치철학을 다수 배출해내는 결과를 낳았다고 할 수 있다. 여기에 더해, 동북아 문명에서는 종교가 정치와 철학을 압도하는 경우가 존재하지 않았다. 동북아 문명에서 종교는 단적으로 말해 사적인 영역일 뿐이며, 대규모의 종교전쟁 같은 것이 발생한 적도 없다. 이 또한 정치철학이 발달할 수 있는 조건들 중 하나였다.

동북아 3국은 서양이라는 타자와 마주치면서 본격적으로 근대적인 정치

통과 현대, 동일성과 타자성에 대해 여러 가지를 생각하게 한다.

적 사유를 전개했고, 그 과정은 몇 가지의 사유-축에 따라 이루어졌다. 첫째, 서양이라는 타자에게 자신을 열 것인가 아니면 닫아버릴 것인가의 문제였다. 개·쇄(開鎖)의 문제. 역사의 흐름에 따라 대세는 개방으로 기울었는데, 이는 이들이 개방을 선택했기 때문이기도 했지만 상당 부분은 그렇게 하지 않을 수 없었기 때문이었다. 두 번째 축은 만일 서양이라는 타자를 받아들일 수밖에 없다면, 도대체 어떻게 받아들일 것인가 하는 점이었다. 동·서(東西)의 문제. 이 문제는 대체적으로 세 단계를 밟게 된다. 처음에 어디까지나 동양에 중심을 두고서 서양이라는 타자를 선택적으로 받아들이고자 한 단계, 그러나 서양의 표피적 수용이 띠는 한계에 직면해 동양을 아예 서양화하자는, 즉 '근대화=서구화'를 추구하는 단계, 그리고 시간이 가면서 서양 그 자체가 내포하고 있는 한계에 눈뜨면서 다시 동과 서를 어떻게 조합할 것인가를 고민하게 되는 단계. 세 번째 축은 새로운 시대를 헤쳐나가는 지배층의 입장과 피지배층의 입장 사이의 문제였다. 상·하(上下)의 문제. 이는 앞에서 논했던 민중사상들과 지배계층의 관계의 문제이다.

§1. 중국에서의 전통과 근대성

청 제국의 경우, 그 학문적 기조는 고증학이었다. 청대 고증학은 방대하고 정교한 학문적 탐구를 이어갔고, 인문과학의 화려한 성과를 이루었다. 하지만 그 과정에서 성리학에 존재했던 웅대한 철학적 성찰과 삶의 근저를 비판적으로 들여다보는 정치적 사유는 고갈된 것이 사실이다. 고증학이 "'실(實)의 이념을 제창하여 발전했지만, 결국 '실'에 이르지 못하고 쇠락했다"라는 량치차오(양계초)의 지적은 매우 적절하다. 인식론적 '실'을 추구하는 과정에서 실천철학적 '실'을 상실한 것이다. 이렇게 본다면, 청 제국이 사양길에 접어들고 19세기 중반의 아편전쟁으로 중국인들이 강렬한 위기의식을 가지게 되어서야[14] 비로소 정치철학적 사유들이 봇물처럼 쏟아져 나온 것도 이상할 것이 없다 하겠다. 중국에 들어선 국가들은 항상 세계의 중심이었다. 설사 타자가 들어온다 해도 그것은 결국 중국의 문물에 동화되는('漢化') 과정을 피할 수 없었다. 하지만 이번에 마주친 타자는 전혀 달랐다. 중국인들은 처음으로 자신들보다 우월해 보이는 존재에 맞닥뜨린 것이다. 그 위기감은 극히 컸다. 중국의 지식인들은 이 위기를 극복하려는 의지를 통해 그들의 정치철학을 전개했다.

아편전쟁의 와중에 일어난 태평천국의 난은 앞에서 보았듯이 의미 있는 철학적 기초 위에서 성립했다고 보기 힘들다. 그러나 그것이 시대에 대한 민중의 분노와 청조에 대한 한족의 원한을 담고 있다는 점은 분명했다. 얄궂게도 이 난은 청조에 한인 관료들이 득세하게 되는 계기가 된다. 쩡궈판(증국번)과 리훙장(이홍장)으로 대변되는 한인 관료들은 태평천국의 난을 진압한 공로로 권세를 얻은 후, 즉 상·하 문제에서 '하'를 누른 후, 만주족 왕조의 비호 하에 정치를 이끌게 된다. 이 세력은 개·쇄 문제에서 완고파를 누르고 중국의 문을 열어, '양무(洋務)운동'을 통해 서구를 배우는 쪽으로 방향을 잡았다. 그러나 이 서구화는 단지 기술을 비롯한 표피적인 것들의 서구화일 뿐, 서구 문명을 떠받치는 정치적 구조와 그 아래에서 작동하는 학문적-철학적 기초는 인식하지 못한 것이었다. 그것은 "서구에게 배워 우리 스스로를 바꾸어나가자"의 수준이 아니라 단순히 "오랑캐에게 배워서 오랑캐를 제압하자(師夷制夷)"(위원)의 수준에 그쳤다. 그리고 양무운동의 이런 한계는 청일전쟁(1894~1895)의 패배를 통해 적나라하게 드러나게 된다.[15]

---

14) 이 전쟁의 패배로 중국은 세상이 "一統垂裳之勢'에서 '列國竝立之勢'로"(캉유웨이=강유위) 변했음을 인정하지 않을 수 없었다. 쉽게 말해, 이제 중국은 근대 세계에 있어 "one of them"이 된 것이다. 세계를 지배하는 논리는 더 이상 '화이(華夷)'의 논리가 아니라 '만국공법(萬國公法)'의 논리이다.

15) 리훙장의 성취와 한계에 대한 량치차오의 분석 및 평가는 『리훙장 평전』(박희성·문세나 옮김, 프리스마, 2013)에서 볼 수 있다. 량치차오는 리훙장이 자국에 헌신하는 마음과 정치적 수완은 어느 정도 갖추고 있었으나, 당대를 분명하게 인식할 수 있는 학식이

692

양무운동을 떠받친 철학이 '중체서용론(中體西用論)'이다. 이는 전통의 '체'를 그대로 유지하면서 거기에 서구의 '용'을 수용하려는 입장이었다. 그러나 이 이론은 전통의 체를 비판적으로 극복하는 단계로 나아가지 못했다는 점에서, 그리고 서구를 그저 용의 수준에서만 받아들이려 했다는 점에서 한계를 띨 수밖에 없었다. 중국의 체에 내포되어 있는 한계가 극복되는 동시에 서구의 용을 넘어 체까지도 소화해내야 진정한 개혁이 가능했던 것이다.[16] 이런 본격적인 개혁은 양무파와 각을 세운 캉유웨이, 량치차오, 옌푸(엄복), 탄스퉁(담사동) 등 변법파에 의해 비로소 개진된다. 변법파는 봉건적 전통을 포기하지 못하는 양무파의 개혁으로는 중국을 바꿀 수 없다고 보았다.[17]

캉유웨이(1858~1927)와 량치차오(1873~1929)는 양무파의 한계를 논파하면서, 대체적으로 서구의 계몽주의에 해당하는, 구체적으로는 영국 공리주의의 주장들에 가까운 사상을 펼쳤다. 캉유웨이는 성리학과 고증학의 비실천성을 비판한 공양학파의 금문경학을 이어, 유교를 본래의 실천적인 학문으로 되살리고자 했다. 그리고 공자의 '탁고개제(託古改制)' 정신을 이어 공자의 이름을 빌어 자신의 개혁사상을 전개했다.[18] 나아가 그는 발표하지는 않았지만, 『예기』, 「예운(禮運)」의 대동(大同)·소강(小康)론을 끄집어내 (서구의 유토피아 사상도 참조해서) 중국식 유토피아 사상을 전개하기도 했다.[19] 캉유웨이가 근대화를 부르짖으면서도 마음 깊은 곳에서는 전통에

부족해 실패했다고 평가한다.

16) 청일전쟁의 패배와 무술변법 시기(1895~1898)를 거친 후에 나온 장지동의 『권학편』 (송민재 옮김, 산지니, 2017)에서는 서구의 기술만이 아니라 행정까지도 수용하자는 입장이 전개된다. 하지만 그 이상으로는 나아가지 못했으며, 여전히 봉건적인 중체에 집착했다.

17) 탄스퉁은 "나날이 새로워지는 것을 일러 성덕이라 한다("日新之謂盛德")."(「繫辭傳上」)라는 구절을 역설하면서, "현재 세상에 살면서도 구체제를 지키려는 촌스러운 놈들[양무파]은 무엇을 근거로 개처럼 으르렁거리며 '체제개혁(變法)은 가당치 않다'고 하는가?"라고 질타한다.(『인학』, 임형석 옮김, 소명출판, 2016, 102쪽)

18) 이 점은 그의 방대한 『공자개제고』(김동민 역주, 세창출판사, 2013)에 잘 나타나 있다.

의 향수를 품고 있었던 데 반해, 그의 제자 량치차오는 (서구의 실상을 체험한 말년에는 다소 입장의 변화를 겪게 되지만) 이미 이런 향수에서 멀리 떨어져 근대화로 내달은 인물이다. 이 점은 공자를 둘러싼 캉유웨이와 량치차오의 차이에서도 읽어낼 수 있다. 량치차오는 캉유웨이와 함께 무술정변을 통해 집권한 후 변법을 실시하려 했으나, 이들의 시도는 "100일 천하"로 끝나고 그는 일본으로 망명해 오랫동안 그곳에서 활동한다. 이 점은 그가 보다 분명한 '근대화=서구화'를 주장하게 된 배경들 중 하나이다. 량치차오는 삶의 단위를 국민국가에서 찾았으며, 국가들 사이의 관계는 (옌푸가 역설했던) 사회진화론을 통해서 파악했다.[20] 따라서 그는 중국이 기존의 '천하' 관념을 버리고 확고한 하나의 국민국가로서 새롭게 구성되어야 한다고 보았고, 이를 위해서 중국인들을 근대적인 '국민'으로 재탄생시켜야 한다고 보았다. 그는 개인을 국가에 복속시켜 생각했으며, 중국인들이 '공덕(公德)'을 갖춘 국민으로서 중국을 위해 살아야 한다고(그리고 그것이 그들에게 영생을 준다고) 역설했다. 어떤 행위이든 "국가에 유익하면 선이고 무익하면 악"인 것이다. 그럴 때에만 중국은 자연도태를 겪지 않을 수 있다고 본 것이다.[21]

19) 캉유웨이가 꿈꾼 유토피아는 남녀차별을 비롯한 8가지의 봉건적 차별상들이 타파된 세계이다.(『대동서』, 이성애 옮김, 을유출판사, 2006) 캉유웨이의 유토피아 사상에는 불교적인 색채도 짙지만, 그 근본에는 유교적 유토피아 상이 깔려 있다.

20) 량치차오의 정치사상은 그의 『신민설』(이혜경 옮김, 서울대학교출판문화원, 2014)에 특히 잘 나타나 있다. 스펜서가 공리주의에 진화론적 후광을 씌웠듯이, 옌푸는 변법파에 진화론적 기초를 부여하고자 했다. 그는 1898년에 헉슬리의 *Evolution and Ethics*(『진화와 윤리』, 김기윤 옮김, 지만지, 2016)를 『천연론(天演論)』으로 번역해 출간하면서(『천연론』, 양일모 옮김, 소명출판, 2008), 헉슬리의 스펜서 비판을 재비판함으로써 '자연도태'와 '적자생존'의 사상을 펼쳤다. 여기에서 자연과 역사는 연속적으로 파악되며, 비과학적인 진화론이 역사에 투영됨으로써 사회진화론이라는 부박한 담론이 유행하기에 이른다. 자연과 역사를 구분하지 못하고 생물학적 은유를 남용해 인간과 역사를 바라볼 때, 즉 집단을 하나의 개체=생명체로 은유할 때, 분자적 차이생성을 무시하고 몰적 동일성을 밀어붙일 때 생존, 팽창, 경쟁, 파괴, 죽음 같은 범주들이 작동하기 시작한다. 특히 20세기 전반은 이런 섣부른 은유들에 의해 시달리게 된다.

21) **량치차오와 장빙린(장병린)=장타이옌(장태염)** ── 양자는 모든 면에서 흥미롭게 대조된다. 량치차오가 스승을 이어받아 금문경학을 토대로 했다면, 장빙린은 고문경학을 토대로

변법파의 실패는 이론적으로는 사회과학적 구체성의 결여 때문이었고, 실천적으로는 그 사유의 현실적 착지점(변혁의 주체)을 찾지 못했기 때문이었다. 다시 말해 이들은 자본주의와 제국주의에 대한 비판적 인식을 가지고 있지 않았고, 공리주의와 실증주의의 한계를 명확히 간파해내지도 못했다. 오히려 량치차오 등은 자본주의와 제국주의가 내포하고 있는 폭력적인 이데올로기(인종주의, 힘의 논리 등)를 상당 부분 내면화했다고 해야 할 것이다. 또 하나 핵심적인 것은 이들이 역사의 주체로서의 민중과의 연대성을 결여한 채 위로부터의 개혁만을 시도했다는 점이다. 그럼에도 이들의 급진적 주장들은 중국을 근본적으로 변화시키는 기점이 되었고, 청조는 뒤늦게 이를 깨닫고 각종 개혁을 시도하기에 이른다. 그러나 이미 때는 늦었고, 결국 변법파를 잇되 보다 분명한 정치적 강령과 민중의 지지를 확보한 쑨원(손문) 등의 신해혁명(1911~1912)으로 청조가 무너지고 중화민국이 들어서게 된다. 왕조에서 국민국가로의 이행이 이루어진 것이다.

그러나 비-유럽 국가들이 유럽을 받아들여 국민국가로 이행했을 때, 하나의 문제가 공통으로 나타난다. 어떤 유럽인가? 유럽의 어떤 면을 수용할 것인가? 특히 19세기에 뚜렷해진 자유주의와 사회주의의 대립은 국민국가로서 새로운 역사를 시작한 대부분의 국가들이 부딪치게 되는 문제였다.[22]

했다. 량치차오가 중국이라는 국민국가에 초점을 맞추었다면, 장빙린은 한족이라는 민족/종족에 대한 위험한 집착에 몰두했다. 량치차오가 스펜서식의 사회진화론에 기반했다면, 장빙린은 진화에 대한 이런 일방향적 이해를 논파했다. 그에게 진화는 선과 쾌락의 진화이기만 한 것이 아니라 (헉슬리도 말했듯이) 악과 고통의 진화이기도 했다. 량치차오가 입헌군주제를 추진했다면, 장빙린은 대의제를 강도 높게 비판하면서 보다 급진적인 공화제를 주장했다. 그 궁극의 지향에서 량치차오가 국가주의자라면, 장빙린은 아나키스트이며 (불교적인 맥락에서의) '무'의 세계를 꿈꾸었다.(김영진, 『불교와 무의 근대』, 그린비, 2012) 강한 종족주의만 제거한다면, 장빙린의 생각에는 오늘날의 관점에서 흥미로운 구석들이 많다.

[22] 동북아 3국에서 공히, 마르크스주의적 사회주의가 본격화되기 이전에(사실 마르크스주의가 본격화되려면 우선 자본주의가 발달하고 그 과정에서 프롤레타리아트가 뚜렷이 모습을 드러내야 한다.), 아나키즘이 새로운 시대를 열었다. 아나키즘과 공산주의는 처음에 함께 나아갔으나 결국 그 차이를 드러내게 되고, 결국 공산주의가 사회주의의 대

여기에 설사 형식상 서구화를 겪었다 해도, '근대화＝서구화'의 흐름과 그에(특히 제국주의라는 맥락에) 맞서는 민족주의적 흐름의 대립은 그 후로도 여전히 이어졌다. 비-유럽 국가들은 공히 이 복잡한 이념적 장 속에서 20세기를 맞이하게 된다. 20세기에 벌어진 그 숱한 참혹한 비극들은 19세기 후반에 뿌려진 이 대립들에서 연원한다. 중국은 중화민국의 성립(1911)에서 중화인민공화국의 성립(1949)에 이르는 기간에 다시 한 번 긴 내전에 접어든다.

§2. 조선에서의 전통과 근대성

조선의 경우, '실학'의 성격이 중국의 경우와는 다소 달랐다. 조선은 16세기에, 나아가 17세기까지도 성리학의 전성기를 누렸으며, 주자학적 동일성이 강고하게 군림했다. 그러나 임진왜란(1592~1598)과 병자호란(1636) 이후 조선은 점점 내리막길을 걸어갔고, 청 제국처럼 비판적 지식인들을 순치할 수 있는 길도 존재하지 않았다. 결국 한편으로는 여전히 주자학적 질서를 고수하면서(조선은 19세기까지도 주자학의 나라였다.) 왕조의 상층부에 군림했던 지식인들과 이런 기득권에 도전한 중하층 지식인들 사이에 뚜렷한 분열이 나타나게 된다. 이런 구조는 자연히 후자로 하여금 고증학에만 몰두하기보다 정치적 사유를 전개하도록 만들었다. 실학의 학풍을 연 반계 유형원(1622~1673), 성호 이익 등은 형이상학의 맥락에서는 여전히 성리학적 논의를 전개했지만('인물성동이론' 등), 정치철학에서는 중국의 고증학자들에게서는 보기 힘든 급진적인 사상들을 펼쳤다.[23] 이들은 동북

표적 형태로서 역할을 하게 된다.

23) 그렇다고 이들이 이론상으로는 성리학에 머물고 실천상으로는 급진적 정치사상을 개진한 분열된 사유를 전개했다고는 볼 수 없다. 이들의 성리학적 논변은 그 정치철학을 위한 이론적 포석이었기 때문이다. 구한말 철학의 양상이 매우 복잡하긴 하지만, 대체적

아 문명에서 늘 핵심을 차지했던 토지 배분의 문제, 그리고 권력 배분의 핵심적 장치였던 과거제 등에 대한 급진적 제안들을 제시했고, 사농공상 차별의 폐지라는, 당대 기준으로는 과격한 주장도 제시했다. 이 점은 북학파에 이르러 더욱 두드러진다. 이름이 시사하듯이 청 제국의 문물을 배워 근대적 사상들을 펼쳤지만, 이들은 청 제국의 지식인들처럼 과학적 연구에만 몰두한 것이 아니라 조선의 모순을 붙들고 다양하고 급진적인 정치적 대안들을 모색했다. 이런 흐름은 다산 정약용과 혜강 최한기 그리고 개화파에게까지 이어진다.[24]

전체적으로 볼 때 조선의 지식인들은 서구의 계몽사상가들에 버금가는 방대하고 급진적인 사상들을 펼쳤으며, 이는 인문과학에만 몰두했던 중국의 지식인들과 다분히 보수적인 세계에 갇혀 있던 일본의 지식인들에 비교해볼 때 두드러진 규모와 활력을 갖춘 것이었다. 중국 지식인들은 고증학에 몰두했고, 때문에 아편전쟁 이후에야 마치 잠에서 깨어난 사람들처럼 정치사상을 봇물처럼 쏟아냈다. 일본의 지식인들 역시 엄하고 안정적인 에도막부 안에 갇혀 전체적으로 활기가 떨어져 있다가, 막말(幕末)에 이르러서 갑자기 활화산처럼 타올랐던 것이다. 하지만 실제 정치의 과정에서 조선의 모순은 갈수록 심해졌으며, 이후에도 몰락을 거듭해 결국은 일본의 식민지로 전락하기에 이른다. 사상사에서의 두드러진 성취, 활력과 현실 역사에서의 두드러진 몰락 사이의 저 기묘한 대조를 보라! 이것은 곧 조선에 있어 사상/철학과 실제 정치/현실 사이에 파인 어떤 깊은 골을 시사한다.

으로 리 중심의 사유들과 기 중심의 사유들이 그 실천철학적 지향에서도 갈라지는 것을 확인할 수 있다. 리·기 논쟁은 순수한 그리고 철 지난 형이상학적 논쟁이 아니라, 여전히 한 철학자의 근본 정향을 좌우하는 중차대한 문제였던 것이다. 그래서 조선 말기에 실학을 통해서 이런 성리학적 문제-장이 사라졌다고 또는 여전히 존재했지만 구태의연한 행태일 뿐이었다고 생각하는 것은 피상적인 시선이라고 해야 한다.

24) 정약용은 그의 방대한 경학 저술들을 통해 동북아 사유의 대전환을 이룩했거니와, 실천철학의 면에서도 역시 방대한 3대 저작(『목민심서』,『흠흠신서』,『경세유표』)을 통해 정치, 법, 사회, 경제에 걸친 개혁사상을 전개했다.

사상가들에게는 현실적 권력이 주어지지 않았고, 권력자들에게는 사상이 없었다. 이 괴리가 조선의 비극이었다.

구한말에 이르러서도 상층부의 지식인들은 성리학적 동일성을 놓지 않으려 했으며, 그들의 동일성을 흔들 수 있는 타자=서구를 배척하고자 했다. 이항로 등 이 보수 세력은 새삼스럽게 기에 대한 리의 우위를 역설하면서 '위정척사(衛正斥邪)'의 사상을 펼쳤다. 이 보수적 입장은 느슨하게나마 외세에 대해 강한 반감을 가지고 있던 보수적 농민층의 지지를 받았다. 그러나 시대를 보는 시야가 점차 넓어지면서 유학적 정체성을 버리지 않으면서도 시대를 흡수해 나아가려 한 지식인들도 등장하게 된다. 이들은 조선 유학 최후의 가능성을 실험한 마지막 선비들이었다. 박은식(1859~1925)은 이런 지식인의 전형을 보여준다. 처음에 주자학적 위정척사의 입장에서 출발했고(그는 이항로의 제자에게 주자학을 배웠다.) 동학혁명이나 문명개화의 흐름을 적대시했던 그는 40세에 독립협회에 참여해 활동한 것을 기점으로 시대의 거시적 흐름을 인식하고 개화·자강의 길로 들어선다. 하지만 유학자로서의 정체성을 버리지 않은 그는 이 개화자강에의 길을 어디까지나 양명학으로써 정초하고자 했다. 문제는 비-유럽 국가들에서 개화자강의 흐름은 십중팔구 사회진화론과 민족주의를 기반으로 한다는 점이다.[25] 때문에 박은식의 사유에는 양명학과 사회진화론, 민족주의가 착잡하게 얽혀 있다. 양명학으로 갱신된 유학과 (사회진화론과 민족주의에 입각한) 개화자강의 사상이 묘하게 공존하고 있는 것이다.[26] 박은식에게서 시대적 흐름의 한

---

25) 진화론에서 중요한 문제들 중 하나, 아마 가장 중요한 문제는 진화의 단위를 무엇으로 할 것인가이다. 개체인가 종인가 아니면 개체군인가, 그도 아니라면 유전자인가, DNA인가, 아니면 다른 어떤 것인가? 사회진화론은 진화의 단위를 민족 또는 국가로 잡고 있기 때문에 필연적으로 민족주의와 결합된다. 무엇이 진화하는가의 물음에 사회진화론은 민족이 진화한다고 답한다. 민족과 국가가 일치하지 않을 때 다시 문제가 복잡해진다.

26) 박은식의 유교론은 대표적으로 「유교구신론」(1909)에서 볼 수 있다. 박은식의 왕수인 이해는 『왕양명실기』(1910)(이종란 옮김, 한길사, 2010)에서 볼 수 있다. 『한국통사』(1915)와 『한국독립운동지혈사』(1920)는 민족사학의 기점으로 간주되는 저작들이다.

특이점을 볼 수 있다.

그러나 '근대화=서구화'의 흐름은 외적으로든=강제적으로든(제국주의) 내적으로든(서구 문물에의 매료) 점차 대세로 자리 잡게 된다. 이런 흐름에서도 그 수용 양상은 매우 복잡했다. 사회의 최상층부에 자리 잡고 있는 왕족(대원군, 고종, 민비 일가 등), 그리고 김홍집, 김윤식, 어윤중을 비롯한 시무관료들은 각자의 이해타산에 입각해서 그리고 기존의 질서를 해치지 않는 범위 내에서 서구화를 시도했다. 이 시무관료들의 이념은 훗날 '동도서기(東道西器)'로 불리게 된다. 구체적인 차이점들을 접어두고 본다면, 중국의 '중체서용' 및 일본의 '화혼양재(和魂洋才)'와 유사하다.[27] 그러나 당대의 권력 구조, 넓게는 조선의 사회 구조 전반을 바꾸고자 했던 개화파는 동도서기론에 만족할 수 없었다. 이들은 결국 1884년 거사를 일으키지만('갑신정변'), 상황도 녹록지 않았고 게다가 외세(일본)에 의존했던 이 정변은

박은식과 요시다 쇼인 — 지젝은 들뢰즈에 관한 책(『신체 없는 기관』)에서 들뢰즈의 『의미의 논리』를 상찬하고 『안티오이디푸스』, 『천의 고원』을 (마치 들뢰즈가 가타리를 잘못 만나 신세를 망친 것처럼 논하면서) 맹공하고 있다. 이는 전자가 정신분석학을 주요한 참조점으로 삼는 데 반해 후자가 그것을 단적으로 비판하고 있기 때문이다. 하지만 이는 정확히 무엇이 중요한 것인지를 잘못 파악하고 있는 것이다.(들뢰즈는 "정말 중요한 것은 무엇이 정말 중요한 것인지를 파악하는 것이다"라 했다.) 지젝은 '정신분석학'에 대한 애정에 눈이 멀어, 그의 실천철학에 훨씬 밀접하게 관련되는 책은 『안티오이디푸스』, 『천의 고원』이지 『의미의 논리』가 아니라는 사실을 깨닫지 못하고 있는 것이다. 우리는 이와 유사한 관계를 박은식이 요시다 쇼인 등을 상찬한 대목에서도 확인할 수 있다. 요시다 쇼인과 일본 양명학을 논하면서, 양명학의 자가준칙이 위험한 것일 수 있음을 논했거니와(2권, 12장의 결론), 요시다 쇼인은 (아래에서 논하겠지만) 일본에 의한 동아시아 침략의 사상적 원점이기에 말이다. 박은식이 자신의 양명학과 내용상 대립하는 요시다 쇼인의 양명학을 '양명학'이라는 **명칭상/분류상**의 동일성에 현혹되어 상찬한 것은 유난히 얄궂게 다가온다.

27) 동도서기론은 연암 박지원의 손자인 박규수(1807~1877) 등에 의해 틀이 잡혔다. 북학파와 개화파를 이어준 그는 김옥균(1851~1894)을 비롯한 개화파 인사들의 스승이다. 스승의 시대로부터 제자의 시대로 건너가면서 동도서기론이 급진 개화론으로 바뀌었음을 확인할 수 있다. 박규수와 뜻을 같이한 유흥기(유대치, 1831~1884?)는 한의사였고, 오경석(1831~1897)은 역관이었다. 그러나 앞에서 사상과 현실의 괴리를 언급했거니와, 이 시대에 이르러서도 조선 왕조는 이런 중간층 선각자들의 생각을 받아들이지 않았다.

'3일 천하'로 끝난다. 살아남은 개화파는 10년 후 (비록 일본 제국주의를 등에 업은 것이기는 했지만) 김옥균이 꿈꾸었던 '경장(更張)'을 뒤늦게나마 시도하게 된다('갑오개혁'). 개화파의 꿈과 실천이 무망하게 끝난 것은 아니었던 것이다.[28] 이후 개화자강의 운동은 계속되어 마침내 조선은 1897년에 '대한제국'이라는 국민국가로 이행하게 된다. 하지만 내적 분열과 외적 압력을 극복하지 못한 대한제국은 결국 일본 제국주의의 식민지로 전락하고 만다.

개화와 자강의 시대를 떠받친 이데올로기는 사회진화론이었다. 개화파의 사유에도 이 이데올로기는 짙게 스며들어 있었다. 그러나 시간이 흐르면서 사회진화론이 제국주의와 민족주의에 대해 띠고 있는 상이한 함의가 분명해진다. 사회진화론에 내포되어 있는 제국주의 논리를 분명히 파악하지 못한 인물들은 '적자생존'이라는 논리를 내면화했고, (진화의 근저에는 우연이 깃들어 있음에도) '근대화=서구화'를 목적론적 형태의 필연으로서 받아들였다. 그리고 이 필연은 어느 사이엔가 당위가 되어버린다. "그렇게 될 수밖에 없다, 따라서 당연히 그렇게 해야만 한다." 이런 방향으로 사회진화론을 내면화한 인물들은 일본 제국주의에 둔감할 수밖에 없었고("일본은 우리보다 더 '진화'한 우수한 민족이며, 따라서 열등한 우리는 당연히 일본을 부지런히 따라잡아야 한다."), 따라서 '동양주의' 같은 음흉한 이데올로기에 빠지기도 했다. 식민지 시대가 마감된 이후에 이런 이데올로기가 '사후적'으로 전개된 것이 '식민지 근대화론'이다. 하지만 사회진화론에 내포되어 있는 제국주의 논리를 분명하게 간파한 인물들은 생존경쟁의 단위가 민족/국가라는 점을 깨닫고, 강렬한 형태의 민족주의를 지향하게 된다. 전자의 길은 보편성과 역사목적론을 추구하는 과정에서 제국주의의 흐름 속으로 들어갔

---

28) 삶과 사상에서 다른 개화파들과 다소 결을 달리하긴 했지만, 『서유견문』 등 여러 저작들을 씀으로써 당대 문명개화론의 의의와 한계를 엿볼 수 있게 해주는 인물은 유길준이다. 흥미롭게도 과거에 대해서 문명개화론자의 역할을 한 유길준은 미래에 대해서는 오히려 보수주의 흐름의 원류로서 역할을 하게 된다. 이는 그의 선진적인 자유민주주의 사상이 동시에 보수적인 유교적 국가주의와 굳게 결부되어 있었기 때문이다.

고, 후자의 길은 이 논리를 비판하면서 민족/국가를 삶의 최고 단위로서 설정하게 된다. 오늘날 탈-근대적 시각에서 볼 때 제국주의와 민족주의는 공히 극복의 대상이지만, 이 시대의 맥락에서 양자 사이의 선택은 핵심적이었음을 잊지 말아야 한다. 우리는 근대성의 한 극(edge)에 서 있다. 구한말의 주요 단체였던 신민회 역시 이 점을 둘러싸고서 분열을 겪었으며, 사회진화론에 대한 이 두 관점의 갈라섬은 이 시대의 사상적인 카르토그라피에서 핵심적인 특이점이었다. 전자를 선택한 인물들과 후자를 선택한 인물들은 서로 다른 길을 걸어간다.

제1차 세계대전은 사회진화론과 민족주의의 문제점을 간파해낼 수 있게 해준 주요 사건이었다. 민족/국가들 사이의 우승열패라는 질주는 세계 전체가 무사할 때 의미를 가진다. 세계대전이라는 초유의 경험을 통해 사람들은 사회진화론과 민족주의의 폭주가 그 누구의 승리도 패배도 아닌 공멸(共滅)로 귀착할 수 있다는 점을 깨닫게 된다. 자본주의·제국주의·사회진화론의 폐해("우수하다는 것, 즉 더 '진화'했다는 것은 우리가 따라야 할 훌륭한 경지를 이루었다는 것이 아니라, 타자를 파괴하면서 폭주하는 한 마리의 맹금이 된다는 것이 아닌가?")를 깨달은 일부 지식인들은 그 대안으로서 사회주의의 방향으로 선회한다. 민중이 주체가 되어 일어난 1917년의 러시아혁명, 그리고 1919년의 3·1운동은 앞에서 언급한 '당위의 축'을 민족/국가에서 계급/계층으로 바꾸어 보게 했다. 신채호(1880~1936)가 그 두드러진 예이다. 그 역시 사회진화론과 민족주의에 경도되었던 인물로서, 1910년대까지만 해도 이렇게 말했다.

> 이 세계는 약육강식하는 주먹의 권리(拳權利)의 세계라. 입으로 인의를 말하며 손으로 포검(砲劒)을 만드는 고로 만국평화회의 내면에 전란의 고동이 잠복하였으며, 동양평화창도자의 배후에 살인의 이기(利器)를 가졌나니. 하물며 우리의 자국도 보전치 못한 놈으로 박애를 말하며 세계를 돌아봄이 어찌 치인치상(癡人癡想)이 아닌가."[29]

그러나 1925년에 쓴 글에서는 오히려 "아아, 크로포트킨의 「청년에게 고하노라」의 세계를 맞자"라고 하고 있는 것이다.[30] 낯설 뿐만 아니라 위협적이기도 한, 게다가 여럿인 타자들과 마주쳐 동일성의 고집(위정척사론), 동일성의 유지와 타자성의 도입(동도서기론), 타자성의 적극적인 도입을 통한 동일성의 변화(문명개화론) 나아가 강화(민족주의)를 거쳐간 조선의 지식인들은 이 단계에서 기존의 동일성과는 전혀 다른 형태의 존재론적 분절에 마주치게 된 것이다.[31] 중국과 마찬가지로 조선도 자본주의, 자유주의와 제국주의, 그리고 아나키즘, 공산주의, 사회주의가 어지러이 얽힌 정치적 장에 들어서게 된다. 철학사적으로 볼 때, 시대는 변증법의 모험의 시대로 들어선 것이다.

강한 민족주의의 성격을 띠되 사회진화론과는 판이한 사상 경향을 민중적인 형태의 종교사상들에서 찾을 수 있다. 지금까지 논한 흐름이 사회의 상층부와 중층부에서 전개된 정치사상들이었다면, 사회의 중층부와 하층부에서는 종교사상들이 이 험난한 시대를 맞아 다양하게 꽃피었다. 앞에서 논한 동학이 그 출발점을 이루며, 그 후에도 여러 종교적 흐름들이 나타났다. 대표적으로 대종교는 대종(大倧)＝단군(檀君)의 신화에 기반하는 종교/사상으로서, 이슬람 근본주의, 유대-기독교 근본주의, 인도 근본주의 등에 따라 말한다면 한민족 근본주의 사상이라 할 수 있다. 근본주의란 한결같이 위기의 시대를 맞아 그 돌파구로서 자민족의 근본＝뿌리로 돌아가 새

---

29) 신채호, 「도덕」, 『단재 신채호 전집』, 한국독립운동사연구소, 2008, 7권, 365쪽.
30) 신채호, 「낭객(浪客)의 신년만필」, 『단재 신채호 전집』, 6권, 202쪽. 크로포트킨의 상호부조론(『만물은 서로 돕는다』, 김영범 옮김, 르네상스, 2005)은 동북아 아나키스트들에게 심대한 영향을 끼친다.
31) 하지만 이것이 아나키즘의 일반화를 뜻하는 것은 아니다. 나아가 아나키즘으로 선회한 인물들에게서 민족주의가 소멸했음을 뜻하는 것 또한 아니다. 특히 일제의 식민지로 전락한 조선에서 활동한 아나키스트들의 경우, 민족주의와 아나키즘을 어떻게 조화시킬 것인가는 핵심적인 화두였다. 예컨대 신채호에게 아나키즘은 이상이었지만 그 이상을 추구하기 위해 넘어야 할 목전의 문제는 민족 해방이었다. 그래서 『공산당 선언』에 해당하는 그의 글이 『아나키즘 선언』이 아니라 『조선혁명 선언』이어야 했던 것이다.

롭게 역사를 시작하려 한 운동이다. 현실/국가에 만족하지 못한 사상가들이 국가라는 지평 너머의 근본=뿌리를 찾아내고, 그 근본에 기대어 국가/현실을 개조하려 한 운동들이라 할 수 있다.[32] 대종교 역시 망국의 위기에 직면한 조선인들의 사상이었다. 동학과 대종교는 넓게 보아 하나를 이룬다고 할 수 있지만, 몇 가지 점에서 구분되기도 한다. 첫째, 동학은 특정한 창시자, 교주를 가진 하나의 단일한 종교이다. 반면 대종교는 한민족 근본주의라는 의식을 공유하는 여러 결의 인물들/사상들에 의해 느슨하게 형성된 사상적 흐름이라고 할 수 있다. 둘째, 동학은 단일 종교로서 최제우가 직접 쓴 『동경대전』, 『용담유사』 등의 경전을 가진다. 그러나 대종교는 멀리 신화적 인물인 단군을 기반으로 하며, 따라서 예전부터 내려오던, 저자나 저작 연대가 뚜렷하지 않은 『천부경(天符經)』, 『삼일신고(三一神誥)』 등을 경전으로 한다.[33] 셋째, 동학이 유·불·도 이후로 나아가면서 여기에 서학까지 포함해 새로운 종합을 꾀한 사상이라면, 대종교는 오히려 유·불·도 이전으로 거슬러 올라가 단군신화라는 뿌리를 찾았다는 점에서 대조적이다.[34] 넷째, 이미 언급했듯이 동학에는 뚜렷한 정치사상이 존재하지 않았

---

32) 본 철학사의 여러 곳에서 자연과 역사라는 현실을 건너뛰어 인간의 내면과 초월이 직접 연결되는 경우들을 보았다. 근본주의는 이 경우와 논리적 구조를 같이한다. 현실 저편의 초월적 뿌리와 현실 이편의 주체들이 직접 이어진다. 그러나 방향이 반대라는 점에 주의하자. 전자의 경우가 이편의 내면이 저편의 초월을 만나 그곳으로 건너가버리는 경우라면, 후자의 경우는 오히려 저편의 초월이 이편으로 건너오게 하는 경우이기 때문이다. 그렇기 때문에 전자가 종교가 정치를 극복하는 형태라면, 후자는 정치가 종교를 요청하는 형태가 되는 것이다. 후자가 종교의 성격을 띠기는 하지만 그 근저에서 정치사상인 이유가 여기에 있다.

33) 이기, 서일 등과 함께 대종교를 창시해 시대와 싸웠고 후에 자결로써 일제에 저항한 (1916) 나철이 『삼일신고』를 풀이한 『신리대전(神理大全)』(1911)에서 대종교의 골격을 볼 수 있다. 그리고 『천부경』을 '내선외왕(內仙外王)'의 구도로 해석한 전병훈의 『정신철학통편』(1919)은 이후 이어지는 『천부경』 연구의 초석이 되었다.

34) 물론 동학도 새로운 종합의 과정에서 토착 사상을 주요 촉매로 삼았고 또 대종교는 토착 사상을 현대화하는 과정에서 유·불·도와 서학을 매개했기에, 양자가 내용상 상반된다고는 할 수 없다. 아울러 동학과 대종교 외에도 유사한 성격을 띤 여러 민족종교들이 이 시대에 탄생한다.

지만, 대종교 계통의 인물들은 실학자들을 이어 여러 구체적인 정치사상들을 전개했다. 하나 더 지적한다면, 동학이 보다 기층적인 민중의 수준에서 전개된 운동이었다면, 대종교는 (물론 기층 민중과의 연속성이 존재했지만) 상대적으로 지식층에 속하는 인물들을 중심으로 전개된 운동이었다.[35]

§3. 일본에서의 전통과 근대성

일본의 경우, 중국이나 조선에 비해 순탄한 근대화의 길을 걷게 된다. 이는 에도막부가 나가사키를 열어 선별적으로나마 외부 문물을 지속적으로 수용했기 때문이기도 하고('난학' 등), 사쓰마 번(藩) 등 일찍부터 서구 열강과 접촉한 지역에서 '문명개화'의 흐름이 진행되고 있었기 때문이기도 하다. 좌막파(막부군)와 도막파(반막부·신정부군) 사이의 칼부림 나아가 전쟁 등 얼마간의 큰 진통을 겪기는 했지만,[36] 결국 오쿠보 도시미치, 이토 히로부미, 야마가타 아리모토 등 메이지 관료들에 의한 '근대화=서구화'(메이지 유신)는 성공적이었다. 메이지 시무관료들은 리홍장 등 중국 관료들이

---

35) 지금은 쇠퇴했지만 당대에 대종교는 매우 광범위한 종교운동이었으며, 1950년까지만 해도 신도수가 무려 60만 명을 헤아렸다고 한다. 이는 대종교가 위기의 시대에 등장한 한민족 근본주의였기 때문이기도 했고, 순수 종교로서만이 아니라 항일투쟁의 정신적 구심점 역할을 했기 때문이기도 했다. 그러나 일제는 독립운동의 정신적 구심점인 대종교를 가혹하게 탄압했고, 그 과정에서 대종교는 큰 타격을 입는다. 그리고 다시 해방 후에는 미군정이 한민족 근본주의는 "신화"이고 유대-기독교 근본주의는 "진리"라는 제국주의적 논리로써 대종교를 핍박했고, 환인-하느님은 신화 심지어 미신이고 여호와-하느님은 진리라는 이 우스꽝스러운 강변이 무지몽매한 대중에게 급속하게 내면화된다. 이런 과정을 통해 해방 후 한국에서 대종교는 기독교로 대치되기에 이른다.
36) 이 내부적 진통은 중국이나 조선보다 훨씬 더 컸는데, 이는 중국과 조선이 중앙집권적인 국가였던 데 반해 일본은 지방분권적인 국가였기 때문이다. 두 번 사이의 동맹일 뿐인 삿초 동맹이 그렇게 큰 의미를 가지는 것 등도 이런 맥락에서 이해할 수 있다. 여기에 권력의 초점이 쇼군과 천황 둘이었다는 점 또한 중요하게 작용했다. 권력의 구조가 복잡했기에 새로운 권력의 탄생 과정도 그만큼 난산일 수밖에 없었다.

나 김홍집 등 조선 관료들에 비해 여건도 좋았고 능력도 뛰어났다. 이들은 동북아 지역의 구석에 박혀 있던 후진 지역이었던 일본을 단숨에 동아시아 지역 전체의 맹주로 만들어놓았다. 그것은 유리시아 대륙의 서쪽 구석에 박혀 있던 유럽이 일약 근대 문명의 주인공으로 솟아오른 것을 연상케 한다. 중국, 조선의 시무관료들에 대비되는 메이지 관료들의 뛰어남은 결국 일본이 청일전쟁, 러일전쟁에서 승리하고 조선을 병합한 사건에서 뚜렷이 증명된다. 그러나 익히 알고 있듯이, 일본의 이런 '성공'은 사회진화론과 민족주의적 관점에서의 성공일지는 몰라도, 사회주의적 관점이나 인류 보편의 관점에서는 몹시도 불행한 것이었다.

 그렇다면 일본이 동아시아에 저지른 만행은 사상과 현실의 괴리, 지식인들과 시무관료들 사이의 괴리에서 연원한 것일까? 시무관료들이 지식인들의 사상을 받아들이지 않았기 때문일까? 아니면 근대화에 성공한 일본이 자신감에 넘쳐 그때부터 제국주의라는 삿된 유혹에 빠져든 것일까? 그렇지 않다는 데에 문제의 핵심이 있다. 반세기가 넘는 시간에 걸쳐 일본이 취한 제국주의적 행보는 사실 일본 지식인들에 의해 뒷받침된 것이었다는 점에 사상사적 비극이 있다. 여기에는 일본이 살아남으려면 나아가 번영하려면 동아시아 제국을 제압 내지 지배해야 한다는 기본 구도가 놓여 있다. 거꾸로 말해, 조선을 그 출발점으로 하는 동아시아 제국의 제압/지배는 일본의 생존/번영의 필수 조건이라고 인식한 데에 문제의 핵심이 있었던 것이다. 일본은 근대화에 성공한 후에 타국들을 침범한 것도 아니고, 원래의 계획에 없었던 전쟁을 특정한 정황 하에서 벌일 수밖에 없었던 것도 아니다. 근대화의 프로그램 자체 내에 이미 그러한 침범이 필수 요건으로서 내장되어 있었던 것이다. 이 점은 일본 근대화의 사상적 원점이라고 할 요시다 쇼인(1830~1859)에게서 뚜렷이 발견된다. 요시다 쇼인 자신은 아직 젊은 나이에 막부에 희생되지만, 쇼카손주쿠에서 그에게 배운 제자들이 이후 메이지 유신을 이끈 주역이었다는 점을 감안할 때 사태는 더욱 분명해진다. 요시다 쇼인은 그의 「유수록」[37]에서 이렇게 말한다.

에조치[홋카이도]를 개간하고 캄차카, 오호츠크를 탈취하고, 류큐[오키나와]도 점령해 그 영주들을 에도로 불러들여야 한다. 또 옛날과 마찬가지로,[38] 조선이 일본에 공납을 바치도록 하고, 북쪽으로는 만주 땅을 얻고 남쪽으로는 타이완, 루손[필리핀]을 손에 넣어, 일본의 진취적인 기상을 보여줘야 한다. (…) 오스트레일리아는 여러 국가가 앞다퉈 얻으려고 한다. 만약 일본이 이곳을 손에 넣으면 분명히 큰 이익이 될 것이다. 조선은 옛날에 일본에 속해 있었지만 지금은 거들먹거리고 있다. 원래대로 되돌려놓을 필요가 있다.

섬뜩한 것은 오스트레일리아를 제외하면, 이후 일본이 실제 행한 제국주의 침략이 이 요시다의 청사진과 정확히 일치한다는 사실이다. 다만 아직은 청 제국을 만만히 보기가 어려웠던지, 이 리스트에 청 제국은 빠져 있다. 요컨대 동아시아 정복은 일본의 근대화 프로그램 청사진에 애초부터 내장되어 있었던 것이다.[39]

이런 흐름은 요시다 쇼인을 이어 일본 근대화의 주도적 사상가로 활동

---

37) 吉田松陰,「幽囚錄」,『吉田松陰著作選』, 奈良本 辰也, 講談社, 2013.

38) 이것은『일본서기』에 등장하는, 진구황후가 한반도를 점령하고 이후 삼한이 일본에 조공을 바쳤다는 이야기를 가리킨다. 이 기사는 역사 기록으로서 하등의 가치가 없는 허구임에도, 요시다 쇼인은 이 기사를 끌어대 정한론(征韓論)을 주장하고 있는 것이다. 요시다는 이 기사로써 조선 침략을 정당화한 도요토미 히데요시를 "선각자"로 치켜세운다.* 허구와 사실을 구분하지 못할 때, 또는 (1권에서 서구 일신교에 관련해서도 논했듯이) 특정 기록을 맹신할 때 어떤 비극이 태어나는가를 요시다 쇼인의 경우가 잘 보여준다.
　　* 도요토미처럼 이 허구(지금으로 말하면 '가짜 뉴스')를 이용한 자도 있었지만, 사실 에도막부가 들어선 후 일본의 지식인들은 조선을 (조선 지식인들이 명을 숭상한 정도는 아니었을지라도) 철학적 선진국으로서 숭상했다. 막말에 특히 요시다 쇼인에 이르러 이런 불행한 관계의 싹이 튼 것이다.

39) 2권(12장의 결론)에서 언급했듯이, 양명학의 자가준칙은 양날의 검이다. 우국지사의 뜻을 품고 조국에 목숨을 바친, 그리고 일본 근대화의 주역들을 길러낸 요시다 쇼인의 성취와 그의 사상이 품고 있는, 이후 동아시아를 비극으로 몰아넣고 그 여앙(餘殃)을 오늘날까지도 남기고 있는(아베 신조 등은 모두 요시다 쇼인 숭배자들이다.) 위험성은 결국 동전의 양면이었던 것이다.

한 후쿠자와 유키치(1835~1901)에게서도 다시 한 번 확인된다. 일본 사상사에서 '근대화＝서구화' 운동의 화신과도 같은 후쿠자와는 유교 —— 학문으로서의 유학보다는 사회제도로서의 유교 —— 에 의해 지배된 에도막부의 전통을 철저히 탈피해 일본을 근대 국민국가로 전환하려 한 '계몽사상가'였다. 그는 인류 문명에 대한, 역사에 대한 목적론적 진화론에 투철했으며,[40] 선진 서구 문명을 따라잡는 것을 일본이 가야 할 길로 제시했다. 그러나 그는 기존 화혼양재론의 테두리를 벗어나 있었다. 이는 그가 "동양의 정신, 서양의 물질" 같은 단순한 이분법에 매몰되지 않고, 서양에서 진정으로 배워야 할 것은 곧 그 정신('知'와 '德')이라고 생각했음을 뜻한다. 그러나 그는 '근대화＝서구화'의 논리를 끝까지 일관되게 주장하지는 않았는데, 이는 그가 '근대화＝서구화'라는 역사목적론을 주장하면서도 일본 민족주의에 기울어지는 것을 스스로 막을 수가 없었기 때문이다. 이 점은 그가 민권과 국권을 동시에 강조하다가[41] 끝내 국권에 기울어진 점에서 분명하게 나타난다. 민권이라는 근대성의 보편적인 가치보다는 결국 일본이라는 국가의 가치에 경도되기에 이른 것이다. 그는 당대 나카에 초민 등에 의해 일어난 민권 요구를 비난하면서, 민권의 신장보다는 국가의 안정과 통일성을 역설했다. 그에게는 국가의 독립이야말로 목적이며, 국민의 문명화는 그 수단이었던 것이다.

그러나 그가 민족주의/국가주의에 그친 것은 아니다. 국가주의와 사회진화론이 결합할 때 필연적으로 결과하는 것이 호전적인 제국주의이다. 후쿠자와 역시 요시다 쇼인의 전철을 밟아, 다시 진구황후의 허구를 들고 나오면서 정한론을 주장하고 나아가 이 이데올로기를 국민의 내면에 심어야 한

---

40) 福澤諭吉, 『文明論之槪略』, ちくま文庫, 2013, 3~4章. 후쿠자와의 생각은 "문명에는 앞선 것과 뒤선 것이 있을 것이고, 앞선 것은 뒤선 것을 다스리고[制] 뒤선 것은 앞선 것에 다스림을 받는 것이 도리이다"(346쪽)라는 말에 잘 나타나 있다.

41) 후쿠자와는 『學問のすすめ』(岩波文庫, 1872/2019)에서 개개인의 독립심("独立の気力")을 역설하면서, "일신이 독립해 일국이 독립하는 일"을 논한다.(33~39쪽)

다고 역설한다.[42] 이런 이데올로기는 처음에는 먼저 문명개화한 일본이 조선, 중국을 개화시켜주어야 한다는 구도를 띠었으나(이는 스스로를 위한 것이면서 마치 남을 위한 것인 양 너스레를 떠는 "오타메고카시(お為ごかし)"의 전형적인 예라 하겠다.), 이후에는 조선, 중국이 옆에 있는 것도 창피한 것이며 일본은 아예 '탈아입구'를 추구해야 한다는 주장으로 나아간다. 그는 "불행한 것은 근린에 지나와 조선이 있다는 사실"이며, "악우를 가까이 하는 사람은 함께 악명을 면할 수 없다"고 일갈한다.[43] 동양맹주론에서 아예 탈아입구론으로 전환한 것이다. 마침내, 서양 제국주의가 아시아를 대했던 것과 같은 방식으로 조선, 중국을 대해야 한다는 주장에 이른 것이다.[44] 결국 후쿠자와는 초기에는 일정 정도 민권을 생각했고 대외정책에서도 맹주론을 주장했으나 후기로 갈수록 국권 위주와 제국주의로 빠져 들어갔다고 할 수 있다. 19세기 후반에 마련된 이런 사상적-정치적 흐름은 일본으로 하여금 1894년의 청일전쟁 이래 반세기를 폭주하게 만들었고, 1945년의 비극에 이르러서야 겨우 그 폭주가 멈추게 되는 것이다.

후쿠자와의 사상에서 매우 모순된 측면은 그 천황 절대주의이다. 사실 이는 메이지 유신 자체 내에 내장되어 있는 모순이었다. 한편으로 근대성을 추구하면서 다른 한편으로 중세적 개념인 천황제를 부활시킨 것은 결국 천황이라는 이름-자리를 텅 빈 기표로 설정함으로써, 이 무로서의 중심을 정치에 활용하려 한 전략이었다. 후쿠자와는 『문명론의 개략』에서만 해도 국체를 몸에, 천황을 눈에 비유하면서, 궁극적으로는 국체야말로 나라의 근본이라고 생각했다.[45] 그러나 후기에 이르러 그는 천황제를 적극적으로 밀고

---

42) 福澤諭吉, 『通俗民權論』, 全集, II, 124〜125頁.

43) 全集, II, 40〜42頁.

44) 나중에 후쿠자와는 청 제국을 배제하고 조선에 대해서는 다시 お為ごかし의 입장을 취한다. 이는 청일전쟁을 배경으로 청을 적대시하면서(그는 청일전쟁을 "문명과 야만의 전쟁"으로 파악했다.) 조선을 대청의 교두보로 삼고자 한 것이다.

45) 福澤諭吉, 『文明論之槪略』, 63〜65頁.

나가, 천황을 절대시함으로써 일본의 모든 심급들이 천황을 중심으로 이루어져야 함을 역설했다.[46] 가장 근대적일 것을 주문하면서 또한 가장 중세적인 제도를 절대화하고 있는 것이다. 하지만 사실 이는 모순이라기보다는 필연이라고 하는 것이 더 정확할 수 있다. 빗나간 근대성의 한 귀결로서의 제국주의는 필히 황제라는 개념을 요청한다. 일본의 천황은 제국주의의 필수 요소로서 요청될 수밖에 없었다. 후쿠자와는 계몽사상가로서 근대 일본을 사상적으로 일으켜 세운 사상가이지만, 결국 근대성의 한계를 간파해내어 탈-근대적 사유로 나아가지 못하고 근대성의 말류의 심연으로 빠져 들어간 것이다. 근대성의 '후발 주자'라는 피해의식의 함정에 빠져 끝내 천황 절대주의자이자 제국주의자로 귀착한 데에 후쿠자와의 비극이 있다.

그러나 일본 근대의 정치사상이 이렇게 일본 역사의 흐름과 일치해 흘러갔다고만 생각하는 것은 잘못이다. 이런 흐름과 대결하면서 오히려 안으로는 민권사상을 밖으로는 평화사상을 전개한 흐름도 존재한다. 후쿠자와 유키치와 동시대를 호흡하면서 그와 각을 세웠던 나카에 초민(1847~1901)이 대표적이다. 나카에 초민은 1881년, '메이지 14년의 위기' 시대, 즉 일본의 근대화를 밀어붙이면서 국권으로 민권을 내리누르던 메이지 관료들에 대한 저항운동이 터져 나온 시대에 민권운동의 대표적 인물로서 활동하기 시작한다. 이 시대에 《동양자유신문》을 통해 나카에는 '인간적 자유'와 '군민공치(君民共治)'를 주장했고, 그 구체적인 정치적 결실로서 헌법 제정과 지방 분권을 촉구했다. 아울러 그는 국제관계에서 사회진화론자들이나 민족주의자들과는 달리 평화외교를 주장했다. 그는 1882년(메이지 15년)에 출간한, 『사회계약론』의 번역서인 『민약역해(民約譯解)』에서 자신의 이런 사상

---

46) 『全集』, VI, 254, 265頁. 후쿠자와의 천황론은 이른바 '상징천황론'의 원형으로도 간주된다. 천황은 정치를 초월한 존재이며, 그 존엄성으로 말미암아 국민을 통일하는 구심점의 역할을 하는 존재인 것이다. 그러나 결정적인 문제점은 바로 이런 천황이라는 존재에게 군의 통솔권을 맡겨야 한다는 주장에 있다. 이것은 모순되는 주장일 뿐만 아니라, 그 후의 역사를 돌이켜보면 무척이나 비극적인 생각이었다.

을 루소에 대한 비판적 역해를 통해서 구체화한다.[47] 초민은 루소를 번역하되 단순 번역이 아니라 그를 탈-맥락화해 일본적 맥락으로 변환했으며(예컨대 '주권자'는 '君'으로, 주권자 전체는 '人民'으로, '시민'은 '士'로, '신민'은 '臣'으로 번역하고 있다.), 또 거기에 자신의 사상도 투여해 이 책을 번역서 이상의 사상서로 만들었다. 예컨대 'république'를 이전에는 '공화정'으로 번역했으나 여기에서는 '자치정'으로 번역해 의미를 보다 명확히 하고, 내용상으로도 보다 진일보한 관점을 제시하고 있다. '자유' 개념도 초민에 의해 일본 사회에 소개된다.

초민은 세 사람 — 서구인으로서 '근대화=서구화'를 주장하는 양학신사(洋學紳士), 제국주의를 강변하는 사무라이 풍의 호걸군(豪傑君), 이상('無何有之鄉')을 품고 있지만 일단은 현실적인 대안을 모색해야 한다고 주장하는 남해선생(南海先生) — 의 정담(鼎談)을 다룬 『삼취인경륜문답』[48]에서 '군민공치'론을 구체화한다. 그는 위로부터 내려받는 '은사(恩賜)의 민권'과 아래로부터 만들어 올라가는 '회복(回復)의 민권'을 구분하면서, 회복의 민권이 이상이지만 현실적으로는 은사의 민권을 추구해야 함을 역설한다. 이는 입헌정을 건너뛰어 전제정에서 민주정으로 가는 것은 "진화의 도리"가 아니기 때문이다.[49] 이를 일본적 맥락에서 이해한다면, 천황이 국민

---

47) 일본 학자들/사상가들에 의한 서구 문헌 번역은 그리스어로부터 (쉬리아어, 페르시아어를 거쳐 특히) 아랍어로의 번역(그리고 다시 라틴어로의 번역), 그리고 인도 문헌들의 한문 번역과 더불어, 철학사상 가장 위대한 번역 사업으로 손꼽을 수 있다. 루소의 『사회계약론』은 동아시아에서 가장 많이 번역된 저작들 중 하나이다.

48) 中江兆民, 『三醉人經綸問答』, 岩波文庫, 1887/2018. 양학신사가 서구의 철학자를 모델로 한다면, 호걸군은 사이고 다카모리 같은 사무라이를 모델로 하지 않았나 싶다. 초민 자신과 가까운 인물은 장자풍의 남해선생이다. 그러나 초민에게는 양학신사의 모습이나 호걸군의 모습도 있었다. 결국 양학신사가 초민의 이상이라면 남해선생은 그의 현실이며(입헌제가 봄이고 현자이고 보살이라면, 민주제는 여름이고 성인이고 여래인 것이다.), 호걸군은 그의 내면에 여전히 남아 있는 사회진화론/국가주의의 잔재(대제국으로서의 일본이라는 꿈)를 의미한다고 볼 수 있다.

49) 여기에서의 '進化'는 사회진화론적 맥락에서보다는 글자 그대로 이해할 필요가 있다. 양학신사는 진화의 도리를 마치 자연과학의 법칙처럼 강하게 제시하며, 역사의 일직선

에게 민권을 내려줘야 한다는 뜻이다. 초민은 이렇게 내려받은 민권을 기초로 사상교육 등을 통해 민권이 점차 성숙해간다면 실질적으로 (영국이나 프랑스 수준의) 회복의 민권에 도달할 수 있으리라고 보았다. 다시 말해 자유를 기초로 하는 입헌제로부터 자유와 평등을 기초로 하는 민주제로 이행할 수 있다고 본 것이다. 그리고 천황과 국민 사이에 상·하 양원을 설치해 정치를 수행할 것과 특히 중요하게는 외국과 평화외교를 해야 함을 주장한다. 민권의 주장과 평화외교론, 이 두 핵심에서 초민의 사유는 후쿠자와의 사유와 대비된다. 초민은 이런 이론적 근거 위에서 헌법 제정, 국회 설치, 선거제도 도입 등 입헌정을 위한 다양한 노력을 기울인다.

그러나 일본은 초민의 길이 아니라 후쿠자와의 길을 따라 제국주의에 일로매진하고, 청일전쟁을 이어 1905년 러일전쟁 등 전쟁의 길을 걸어간다. 이때는 동아시아 국가들에게도 시련의 계절이었지만, 일본 국민들에게도 억압과 수탈의 시대였다. 이 상황에서 초민의 제자 고토쿠 슈스이(1871~1911)와 손제자 오스키 사카에(1885~1923)는 동아시아 최초의 체계적인 아나키즘 사상을 전개하기 시작한다. 본래 사회주의자였던 고토쿠 슈스이는 그의 『20세기의 괴물 제국주의』(1901)에서 일본 제국주의를 포함한 모든 형태의 제국주의에 준열한 비판을 가했다. 그가 볼 때 제국주의는 군국주의와 애국심의 혼합물이었다. 군국주의가 애국심을 이용해 영토 확장에 나선 것이 제국주의인 것이다.

아아, 구미의 19세기 문명이란 한편으로는 격렬한 자유경쟁이 인심을 점차 냉혹무정하게 만들고, 다른 한편으로는 차원 높이(高尚にして) 정의로 충만한 이상과 신앙을 온 누리에 펼친 문명이기도 했다. 우리 문명의 전도(일본의 미래)는 분명 오싹

적인 발전을 주장한다. 하지만 남해선생은 역사의 구체성과 각 지역의 고유성을 논하면서, (일본의 상황을 전제한) 보다 현실적인 대안들을 논한다. 초민은 양학신사의 관점이 옳은 것이고 남해선생의 길은 현실적 차선책이라는 뉘앙스로 논의를 전개하지만, 오늘날의 눈길로 볼 때는 남해선생의 진화론이 진화에 대한 더 정확한 이해라 하겠다.

하게 느낄 만한 것이 아니겠는가. 그래서 앞을 못 보는 정치가들이나 이름 얻기를 탐하는 모험가들, 호시탐탐〔전쟁특수로〕횡재를 엿보는 자본가들은 이런 상황을 간파하고서는 이렇게 소리 지른다. 사방의 바깥을 보라! 무시무시한 적들이 쳐들어온다! 국민들이여, 우리끼리 싸우지 말고 국가를 위해 단결하지 않으면 안 된다! 하고 말이다. 그들은 사실 개인들 사이의 증오심을 외적의 쪽으로 돌림으로써 자신들이 몰래 품고 있는 야심을 채우고자 할 따름이다. 그리고 이에 응하지 않는 자들에 대해서는 애국자가 아니라는 등, 국적(國賊)이라는 등 책임을 뒤집어씌우는 것이다. 우리는 알지 않으면 안 된다. 이른바 제국주의의 유행이란 실은 이런 수작들에서 시작된다는 것을. 이른바 국민의 애국심, 달리 말해 동물적 천성을 도발함으로써 시작된 것이다.[50]

동아시아 지식인들은 처음에는 사회주의와 아나키즘을 날카롭게 구분할 필요를 느끼지 못했다. 고토쿠 슈스이 또한 사회주의자로서 활동을 시작했다. 그러나 당을 중심으로 그리고 특정 계급의 조직화를 통해 (적어도 잠정적으로는) 프롤레타리아트 독재에 입각한 국가를 구축하려는 사회주의와 그 어떤 형태의 아르케도 거부하는 아나키즘은 계속해서 함께 갈 수는 없었다. 고토쿠 슈스이는 1905년 감옥 생활을 통해서, 특히 크로포트킨의 독서를 통해서 확고한 형태의 아나키스트가 된다.("나는 마르크스주의자로서 투옥되었으나 아나키스트가 되어 출옥했다.") 그는 아나키즘을 생디칼리즘과 결합한 아나코-생디칼리즘 운동을 전개했으며, 사회 상부에서의 권력 탈취라는 방법이 아니라 노동자들을 중심으로 한 민중의 직접행동이라는 방법을 역설했다. 아울러 그는 아나키즘 운동을 일본 자체 내에서만이 아니라 동아시아 전반으로 확장하고자 했으며, 동아시아의 혁명가들이 서로 연대해야 한다는 그의 메시지는 중국 아나키스트들과 한국 아나키스트들에게도 심대한 영향을 미치게 된다. 앞에서 언급한 중국과 한국의 아나키스트들은

---

50) 幸德秋水, 『帝國主義』, 未知谷, 2010, 26~27頁.

대부분 고토쿠 슈스이의 영향을 받았던 인물들이다.

고토쿠 슈스이는 천황제를 비판함으로써 일본의 가장 예민한 부분을 건드렸다. 이는 천황 절대주의로 치달은 후쿠자와 유키치와 대극의 길을 간 것이다. 그는 결국 천황 암살을 어설프게 계획한 젊은 아나키스트들에 연루되어 사형 언도를 받게 된다. 그러나 그가 천황을 암살하려 한 어떤 증거도 없으며, 그의 기질상 그런 일을 꾸몄을 개연성도 작다. 일본 정부와 일부 지식인들은 일본이 근대화되었노라고, 그래서 동아시아의 맹주가 되어야 한다고 주장했지만, 그들이 엉터리 재판을 행했을 뿐 아니라 선고 후 며칠 만에 사형집행을 해버린 일은 '근대화'와는 한참 거리가 먼 것이었다. 이런 일본 정부의 작태 한가운데에서, 대조적으로 고토쿠 슈스이는 차분한 변론, 부드러운 언동으로 시종 의연하게 일관했다. 그의 이런 마지막 모습은 많은 사람들에게 감동을 주었고, 오스키 사카에 등 젊은 아나키스트들이 그의 뜻을 이어가게 된다.

일본에서 요시다 쇼인, 후쿠자와 유키치의 길과 나카에 초민, 고토쿠 슈스이의 길, 그리고 이 두 길이 오늘날 일본에서 띠고 있는 사회적 위상은 근대성의 빛과 그늘, 근대 철학의 성취와 한계를 상징적으로 보여주는 예이다.

근대의 정치철학은 한편으로 개개인이 **시민적 주체**가 되는 세계를 구상했지만, 다른 한편으로 그들을 근대적인 국민국가의 **국민**으로 만들려는 시도이기도 했다. 이런 맥락에서 우리는 근대 정치철학의 흐름에서 몇 가지의 핵심적인 갈라짐을 확인할 수 있다.

1. **다중의 역량**에 기초한 스피노자의 정치철학과 소유권 중심의 로크의 정

치철학. 소유권을 토대로 할 때, 사회는 소유권의 계층적 위계에 입각해 이해된다. 이때 국가의 지배적 권력은 실질적으로 소유권과 일치하게 된다. 반면 스피노자의 경우, 사회 상층부에서의 권력 구조는 어디까지나 분자적 차이생성의 터 위에서 성립하는 것이며 다중의 역량이 최후의 심급이다.

2. 시민적 주체를 추구하는 선험적 주체의 정치철학과 생명정치를 통한 국민/주민 경영의 정치철학.[51] 이 두 흐름은 계몽사상의 두 얼굴이며, 이 두 얼굴은 칸트에게서 분명한 형태로 나타난다. 칸트는 계몽의 정신을 이어가고자 한 주체철학의 화신인 동시에, 근대적인 생명정치의 발상을 뚜렷하게 제시한 인물이기도 하다. 근대성이라는 장 내에서 생명정치는 결국 국가의 소관이 될 수밖에 없으며, 이는 곧 국가주의를 떠받치는 장치로서 기능하게 된다.

3. 자본주의를 제어하려는 목적을 띠고서 자유주의 사상을 이어간 공리주의와 자본주의를 타도하려는 목적을 띠고서 자유주의를 극복하고자 한 사회주의. 자본주의가 민족주의/국가주의와 결합하고 거기에 사회진화론이 가세했을 때, 세계사는 필연적으로 제국주의로 치닫게 된다. 반(反)자본주의를 추구한 사회주의와 반국가주의를 추구한 아나키즘은 제국주의와 대립하게 된다.

후쿠자와 유키치의 사상이야말로 근대성의 양면을 압축적으로 보여준다. 전기 후쿠자와 사상은 서구 계몽사상의 연장선상에서 이루어졌다. 그것은 신분제 타파를 시작으로 인간 개개인을 근대적인 시민적 주체로 만들려는 사상이었고, 일본 근대화에 지대한 공헌을 했다.

후쿠자와의 정치철학은 처음에는 다중의 역량과 시민적 주체를 긍정하

---

51) 'subject'는 본래 '신민'을 뜻했지만, 근대 철학에서 '주체'로 화한다. 그러나 근대 생명정치의 맥락에서 'subject'는 다시 '국민', '주민'으로 화한다.

고 이 가치를 국가주의적 가치와 조화시키려 했다. 그러나 그는 결국 국가주의와 사회진화론으로 빠져 들어갔고, 급기야 요시다 쇼인을 잇는 제국주의를 주장하기에 이른 것이다. 이렇게 본다면 후쿠자와는 근대성의 성취를 함께하는 길로부터 근대성의 문제점이 분출하는 길로 이행했던 것이다. 그에게서 우리는 근대 정치철학이 제국주의로 치닫는 과정을 압축적으로 읽을 수 있다. 그리고 이 과정의 끝에서 그와 대척을 이루면서 반-제국주의 사상을 전개한 나카에 초민과 고토쿠 슈스이를 발견할 수 있다.

그러나 주목할 만한 것은 오늘날 일본에서 요시다 쇼인, 후쿠자와 유키치의 계열이 받는 사회적 대접과 나카에 초민, 고토쿠 슈스이가 받는 대접의 대조적인 모습이다. 전자는 국부와도 같이 떠받들어지고 있으며, 대중문화(만화, TV 드라마 등) 차원에서까지도 사회 전반에 그 모습을 드러내고 있다. 국가적 차원에서 이들을 존숭하고 있는 것이다. 대조적으로 후자는 지식층, 그나마도 극소수의 비판적 지식층의 관심 대상일 뿐이다. 정부의 전략을 통한 홍보의 차원에서만이 아니라 지식과 교양의 차원 자체 내에서도 이런 차이가 두드러지는 것이다. 오늘날 일본의 서점에서 고토쿠 슈스이의 책을 구하는 것은 쉽지가 않다. 천황제가 존속하고 있는 오늘날의 일본에서 고토쿠 슈스이는 사실상 지금까지도 '대역죄인'인 것이다. 일본에서 국가주의, 제국주의, 사회진화론은 극복된 역사가 아니다. 지금도 살아서 작동하고 있는 이데올로기들인 것이다.

그러나 사실 일본의 경우가 이런 흐름을 두드러지게 보여주는 것일 뿐, 전지구적 차원에서도 상황은 다르지 않다. 지금도 국제정치, 경제경영 등의 영역은 이런 이데올로기들로 점철되어 있다. 철학의 차원에서는 근대성을 넘어 탈근대성에 대한 논의가 지난 한 세기 동안 진행되어왔지만, 그리고 일정 정도의 사회적 변화를 이끌어내기도 했지만, 우리가 살고 있는 세상 전반은 여전히 근대성의 말류에서 분출한 국가주의, 제국주의, 사회진화론에 의해 지배되고 있는 것이다. 지난 세기 내내 진행된 사회주의 실험이 실패로 돌아간 오늘날 이런 추세는 더욱더 심해지고 있다. 이것은 근대 문명이 다중의 역량, 시민적 주체, 자본주의 타도의 길을 개척해왔음에도, 여전히 소유권, 국민/주민, 자본주의 제어의 길이 현실을 지배하고 있음을 뜻한다. 철학과 현실 사이에는 아직도 먼 거리가 가로놓여 있다.

 현실의 이런 문제점은 근대 철학 자체 내에 그 뿌리를 갖고 있는 것일까, 아니면 근대의 현실이 근대의 철학을 배반한 것일까? 후쿠자와를 통해서 두드러지게 나타나는 역사철학은 결국 사회진화론에 의해 뒷받침된 근대 특유의 목적론적 발전사관이다. 후쿠자와가 서구를 이상으로 생각했던 점에서도 알 수 있듯이, 이 발전사관은 서구가 이룩한 문물의 상태를 미래로 외삽했을 때 얻어지는 사관이다. 이것은 곧 19세기 중엽에 모양새를 갖추게 된 서구 문명의 어떤 양태를 문명의 이상태로 가는 도정으로 파악했음을 뜻한다. 이런 시각은 바로 헤겔의 역사철학에서 뚜렷하게 나타났던 발전사관이다(그 자신은 자신의 시대에 이미 이 이상에 도달했다고 생각했지만). 19세기 초의 이 역사철학이 19세기 말의 의사-과학적인 담론인 사회진화론으로 이어지고 있다. 그러나 우리는 이 과정에서 무언가 큰 변화가 일어났다는 사실을 놓쳐서는 안 된다. 관건이 되는 것은 이제 더 이상 모순된 것들의 '변증법적 지양'이 아니라 그것들의 생존경쟁을 통한 '적자생존'/'자연도태'가 되는 것이다. 한 생명체의 (자손을 남기는 것을 포함해서) **생존** 여부가 그것의 **성공** 여부가 되는, 생물학의 테두리 내에서는 의미 있을 수 있는 이 관점이 인간의 차원으로까지 투사됨으로써, 인간의 다른 차원들이 망각된 채 생존 여부로 인생에서의 성공 여부가 판가름 날 때, 그 결론은 인간의 모든 생각, 감정, 행동이 결국 생존으로 이어질 때에만 가치를 부여받는다는 것이다. 이 부박(浮薄)한 논리에 따라 삶은 생존경쟁, 약육강식, 적자생존, 자연도태의 패러다임으로 이해되기 시작한 것이다. 근대 이래 사상사의 가장 큰 비극들 중 하나는 자연과학에서 성립하는 패러다임을 인간/사회에 덮어씌워온 것이었다. 18세기에는 물리학적 범주를 무차별 적용함으로써 조잡한 기계론적 유물론이 흥기했고, 19세기에는 진화론을 무차별 적용함으로써 사회진화론이 나왔던 것이다. 이런 작태는 사회생물학이니 복잡계 사회과학이니 '신경 ~'이니 하는 담론들을 통해 지금도 계속되고 있다.

이런 시각이 보다 심각한 상황을 불러오게 되는 것은 '진화의 단위'를 국가로 잡았을 때이다. 앞에서 강조했듯이, 진화론에서 일차적으로 중요한 것은 진화의 단위를 무엇으로 잡는가이다. 개인들 사이의 경쟁과 질시는 우리의 삶을 한없이 피곤하게 만들지만, 거대한 사회적 비극을 불러오지는 않는다. 그러나 국가들 사이의 생존경쟁과 무력도발은 크나큰 참상을 불러오는 것이다. 19세기에 본격화된 민족주의와 국가주의 그리고 19세기 말에 불어닥친 사회진화론의 바람, 이 두 흐름이 결합되었을 때 전 세계가 본격적인 제국주의의 시대를 맞이하게 되는 것은 필연적이었다. 그러나 이런 현상적 흐름 아래에는 보다 근본적인 측면, 근대성의 가장 서늘한 측면이 가로놓여 있다. 그 하나는 국가주의를 떠받친 중요한 장치인 **생명정치**이고, 다른 하나는 계몽주의를 떠받친 핵심 가치들 중 하나인 **허구적인 보편주의** (또는 목적론적 발전사관)이다. 생명정치는 인간 개개인을 대상화하고 통계적으로 수량화하고 조작하는 길을 터놓았고, 이는 국가라는 것을 점점 괴물 같은 존재로 만들었다. 허구적인 보편주의는 서구 중심의 가치를 목적론적으로 절대화함으로써 역사를 획일화했고, 헤겔에게서 전형을 볼 수 있는 이런 역사형이상학은 제국주의의 철학적 기초로서 작동하게 된다. 이런 생명정치와 허구적 보편주의의 토대 위에서 국가주의, 사회진화론, 제국주의가 흥성했던 것이다.

그러나 근대성의 이런 타락의 근저를 들여다볼 때, 우리는 이것이 정치철학 자체의 문제가 아니라 근대 철학의 심층에 깃들어 있는 존재론과 인식론의 문제점에 뿌리 두고 있음을 발견하게 된다. 이는 곧 인간의 개념 및 인간과 세계의 관계에 대한 개념의 문제이다. 때문에 19세기 말, 20세기 초에 활동했던 철학자들에게 주어진 시대적 과제는 근대성의 현실적인 폐해를 극복하는 것만이 아니라 근대성의 심층에 존재하는 존재론과 인식론을 근본적으로 극복해낼 수 있는 사유의 창출이었다.

맺는 말

　근대의 자연철학과 형이상학은 데카르트의 기계론을 그 주요 출발점으로 하면서 그 한계를 극복해갔다. 그러나 전체적으로 볼 때 근대 철학에는 등질화, 결정론, 일방향적 인과론, 환원주의, 발생적 오류 같은 측면들이 내장되어 있었다. 19세기가 되면 이런 한계들에 대한 인식이 어느 정도 등장하거니와, 현대의 탈근대적 철학들의 주요 과제는 근대 철학을 이으면서도 이런 한계들을 극복해나가는 것이었다. 20세기의 철학은 '형이상학의 부활'로 특징지어지며, 이 새로운 형이상학은 근대의 인식론과 형이상학에 내장되어 있는 이런 문제점들과 대결하면서 펼쳐진다.

　우리는 이런 형이상학적 흐름에서 두 갈래의 상반된 흐름을 발견하게 된다. 그 하나는 근대 형이상학의 여러 폐단들을 극복하고서 세계를 그 다질성과 우연성에서 파악하고, 단순화되지 않은 인과론, 반(反)환원주의, 반(反)진화론의 관점에서 접근해 들어간 '생성존재론'의 흐름이다. 다른 한 갈래는 전통적인 합리주의에 보다 공명하면서도, 그러나 근대적 경험주의, 실증주의의 편협함을 넘어 보다 세련되고 고도로 수학적이기도 한 새로운 유형의 합리주의적 인식론과 형이상학의 흐름이다. 우리는 이론적 철학에서의 탈근대적 흐름에서 이 두 상반된 계열을 발견할 수 있다. 4권의 1, 2부는 이 내용을 다룬다.

근대 철학의 빛나는 성취는 인간을 주체로서 우뚝 세운 것과 그러한 철학적 기반 위에서 근대적 시민(넓은 의미)이 주체가 되는 정치철학을 수립한 점에 있다. 그러나 그 귀결은 결국 비-유럽 국가들을 침탈하는 제국주의였다. 중요한 것은 이 귀결을 단지 철학과 현실의 괴리로 간주하기보다 근대 철학 자체에 어떤 결함이 숨어 있었던 것으로 파악하는 것이다. 현대의 인간존재론과 정치철학은 근대 철학에 숨어 있던 문제점들을 읽어내면서 근대적 주체와는 다른 새로운 뉘앙스에서의 주체 개념과 비-동일성의 철학, 타자의 철학, 소수자의 철학 등을 창조해냈다. 그리고 이런 성과들은 오늘날의 현실('포스트모던 사회')과 대결하면서 이어지고 있다. 우리는 4권(3, 4부)으로 논의를 이어가 이 현대적 주체론과 정치철학을 근대의 그것과 대비하면서 음미해볼 것이다.

참고 문헌

괴테, 요한 볼프강 폰, 장희창 옮김, 『색채론』, 민음사, 2003

_____, 안삼환 옮김, 『빌헬름 마이스터의 수업시대』, 전 2권, 민음사, 1999

_____, 전영애 옮김, 『파우스트』, 전 2권, 도서출판 길, 2019

구키 슈조, 이정우 옮김, 『프랑스 철학 강의』, 교보문고, 1992

권오준, 『근대 이행기의 유럽』, 돌베개, 2012

김문용, 「홍대용의 실학사상에 관한 연구」, 1995

김영진, 『불교와 무의 근대』, 그린비, 2012

김진근, 『왕부지의 주역철학』, 예문서원, 1998

다마지오, 안토니오, 임지원 옮김, 『스피노자의 뇌』, 사이언스북스, 2007

다윈, 찰스, 송철용 옮김, 『종의 기원』, 동서문화사, 2011

대진, 임옥균 옮김, 『맹자자의소증』, 홍익출판사, 1999

데 파도바, 토마스, 박규호 옮김, 『라이프니츠, 뉴턴 그리고 시간의 발명』, 은행나무, 2016

드 구주, 소솔기 옮김, 『여성의 권리 선언』, 동굴디자인, 2019

들뢰즈, 질, 이정우 옮김, 『의미의 논리』, 한길사, 1999

_____, 이진경 외 옮김, 『스피노자와 표현의 문제』, 인간사랑, 2003

_____, 박기순 옮김, 『스피노자의 철학』, 민음사, 2001

라이프니츠, 고트프리트 빌헬름, 배선복 편역, 『철학자의 고백』, UUP, 2002

_____, 이동희 편역, 『라이프니츠가 만난 중국』, 이학사, 2003

라플라스, 피에르 시몽, 조재근 옮김, 『확률에 대한 철학적 시론』, 지만지, 2012

량치차오, 박희성·문세나 옮김, 『리훙장 평전』, 프리스마, 2013

레빈, 유발, 조미현 옮김, 『에드먼드 버크와 토머스 페인의 위대한 논쟁』, 에코리브르, 2016

로크, 존, 정병훈·이재영·양선숙 옮김, 『인간지성론』, 한길사, 2014

루소, 장-자크, 최석기 옮김, 『인간 불평등 기원론』, 동서문화사, 2016

_____, 최석기 옮김, 『사회계약론』, 동서문화사, 2016

_____, 김중현 옮김, 『에밀』, 한길사, 2011

루카치, 죄르지, 조만영 옮김, 『역사와 계급의식』, 지만지, 2015

르포르, 클로드, 홍태영 옮김, 『19, 20세기 정치적인 것에 대한 시론』, 그린비, 2015

리카도, 데이비드, 권기철 옮김, 『정치경제학과 과세의 원리에 대하여』, 책세상, 2016

리케르트, 하인리히, 이상엽 옮김, 『문화과학과 자연과학』, 책세상, 2007

마루야마 마사오, 김석근 옮김, 『일본 정치사상사 연구』, 한국사상사연구소, 1995

마르크스, 카를, 최인호 외 옮김, 『칼 맑스/프리드리히 엥겔스 저작 선집』, 전 6권, 박종철 출판사, 1997

_____, 강신준 옮김, 『자본』, 도서출판 길, 2008

_____, 김호균 옮김, 『정치경제학 비판 요강』, 그린비, 2007

마슈레, 피에르, 진태원 옮김, 『헤겔 또는 스피노자』, 그린비, 2010

마주르, 조지프, 권혜승 옮김, 『수학기호의 역사』, 반니, 2017

마트롱, 알렉상드르, 김문수·김은주 옮김, 『스피노자 철학에서 개인과 공동체』, 그린비, 2008

마흐, 에른스트, 고인석 옮김, 『역학의 발달: 역사적-비판적 고찰』, 한길사, 2014

맬서스, 토머스 로버트, 이서행 옮김, 『인구론』, 동서문화사, 2016

밀, 존 스튜어트, 박동천 옮김, 『정치경제학 원리』, 전 4권, 나남, 2010

바슐라르, 가스통, 이가림 옮김, 『물과 꿈』, 문예출판사, 1980

_____, 이가림 옮김, 『순간의 미학』, 영언문화사, 2002

바이저, 프레더릭, 이신철 옮김, 『이성의 운명』, 도서출판b, 2018

박세무 외, 성백효 역주, 『동몽선습』, 전통문화연구회, 2006

박은식, 이종란 옮김, 『왕양명실기』, 한길사, 2010

박제철, 『라이프니츠의 형이상학』, 서강대학교출판부, 2003

박홍규, 『소은 박홍규 전집』, 전 5권, 민음사, 1995~2007

발리바르, 에티엔, 진태원 옮김, 『스피노자와 정치』, 그린비, 2014

_____, 배세진 옮김, 『마르크스의 철학』, 오월의봄, 2018

버크, 에드먼드, 김동훈 옮김, 『숭고와 아름다움의 관념의 기원에 대한 철학적 탐구』, 마티, 2019

버클리, 조지, 한석환 옮김, 『하일라스와 필로누스가 나눈 세 편의 대화』, SSU Press, 2017

베이컨, 프랜시스, 진석용 옮김, 『신기관』, 한길사, 2001

벤담, 제러미, 강준호 옮김, 『도덕과 입법의 원칙에 관한 서론』, 아카넷, 2018

_____, 신건수 옮김, 『파놉티콘』, 책세상, 2007

보댕, 장, 양승휘 옮김, 『국가론』, 책세상, 2005

볼, 필립, 김지선 옮김, 『형태학』, 전3권, 사이언스북스, 2014

볼츠만, 루트비히, 이성열 옮김, 『기체론 강의』, 아카넷, 2017

볼테르, 송기형·임미경 옮김, 『관용론』, 한길사, 2001

_____, 고선일 옮김, 『광신의 무덤』, 바오, 2019

셸링, 프리드리히, 심철민 옮김, 『조형미술과 자연의 관계』, 책세상, 2014

_____, 한자경 옮김, 『자연철학의 이념』, 서광사, 1999

_____, 권기환 옮김, 『나의 철학체계의 서술』, 누멘, 2010

쇼펜하우어, 아르투어, 홍성광 옮김, 『의지와 표상으로서의 세계』, 을유문화사, 2019

_____, 김미영 옮김, 『도덕의 기초에 관하여』, 책세상, 2016

슐라이어마허, 프리드리히, 최신한 옮김, 『종교론』, 대한기독교서회, 2002

스미스, 애덤, 유인호 옮김, 『국부론』, 동서문화사, 2009

스펜스, 조너선, 양휘웅 옮김, 『신의 아들』, 이산, 2006

신채호, 『단재 신채호 전집』, 한국독립운동사연구소, 2008

실러, 프리드리히, 윤선구 외 옮김, 『미적 교육론』, 대화문화아카데미, 2015

안재호, 『왕부지 철학』, 문사철, 2011

야마모토 요시타카, 이영기 옮김, 『과학의 탄생』, 동아시아, 2005

야우, 상퉁·네이다스, 스티브, 고중숙 옮김, 『휜, 비틀린, 꼬인 공간의 신비』, 경문사, 2013

양녠췬, 명청문화연구회 옮김, 『강남은 어디인가』, 글항아리, 2015

에클랑, 이바르, 박지훈 옮김, 『가능한 최선의 세계』, 필로소픽, 2016

엘먼, 벤저민, 양휘웅 옮김, 『성리학에서 고증학으로』, 예문서원, 2008

옌푸, 양일모 옮김, 『천연론』, 소명출판, 2008

오규 소라이, 임옥균 외 옮김, 『논어징』, 소명출판, 2010

오로빈도, 고슈, 김상준 옮김, 『유쾌한 감옥』, 사회평론, 2011

왕부지, 김진근 옮김, 『주역내전』, 학고재, 2014

울스턴크래프트, 메리, 문수현 옮김, 『여성의 권리 옹호』, 책세상, 2011

윅스퀼, 야콥 폰, 정지은 옮김, 『동물들의 세계와 인간의 세계』, 도서출판b, 2012

이광모, 『기로에 선 이성: 셸링 철학』, 용의 숲, 2016

이규성, 『왕선산, 생성의 철학』, 이화여자대학교 출판부, 2001

이돈화, 『新人哲學』(천도교중앙총부, 1931/1968)

이븐 할둔, 김호동 옮김, 『역사 서설』, 까치, 2003

이정우, 『주체란 무엇인가』, 그린비, 2009

_____, 『접힘과 펼쳐짐』, 그린비, 2011

_____, 『개념-뿌리들』, 그린비, 2012

이토 진사이, 장원철 옮김, 『논어고의』, 소명출판, 2013

_____, 최경열 옮김, 『동자문』, 그린비, 2013

임성주, 이상현 옮김, 『녹문집』, 한국고전번역원, 2015~16

임옥균, 『대진』, 성균관대학교출판부, 2000

장지동, 송민재 옮김, 『권학편』, 산지니, 2017

정약용, 『정본 여유당전서』, 사암, 2013

제임스, 윌리엄, 정유경 옮김, 『근본적 경험론에 관한 시론』, 갈무리, 2018

_____, 김재영 옮김, 『종교적 경험의 다양성』, 한길사, 2000

조지, 헨리, 김윤상 옮김, 『진보와 빈곤』, 비봉출판사, 2016

최술, 이재하 외 옮김, 『수사고신록』, 한길사, 2009

최한기, 민족문화추진회 공역, 『기측체의』, 1979~1980

_____, 민족문화추진회 공역, 『인정』, 1980~1982

_____, 손병욱 역주, 『기학』, 2013

_____, 이종란 옮김, 『운화측험』, 한길사, 2014

카시러, 에른스트, 박완규 옮김, 『문화과학의 논리』, 길, 2007

_____, 최명관 옮김, 『인간이란 무엇인가』, 창, 2008

_____, 오향미 옮김, 『인문학의 구조 내에서 상징형식 개념 외』, 책세상, 2009

카이윙 초우, 양휘웅 옮김, 『예교주의』, 모노그래프, 2013

캉유웨이, 김동민 역주, 『공자개제고』, 세창출판사, 2013

_____, 이성애 옮김, 『대동서』, 을유출판사, 2006

캔델, 에릭·스콰이어, 래리, 전대호 옮김, 『기억의 비밀』, 해나무, 2016

케이시, 에드워드, 박성관 옮김, 『장소의 운명』, 에코리브르, 2016

코제브, 알렉상드르, 설헌영 옮김, 『역사와 현실변증법』, 한벗, 1981

콩트, 오귀스트, 김점석 옮김, 『실증철학 서설』, 한길사, 2005

크로포트킨, 표트르 알렉세예비치, 김영범 옮김, 『만물은 서로 돕는다』, 르네상스, 2005

키케로, 마르쿠스 툴리우스, 강대진 옮김, 『신들의 본성에 관하여』, 나남, 2012

탄스퉁, 임형석 옮김, 『인학』, 소명출판, 2016

토크빌, 알렉시스 드, 임효선·박지동 옮김, 『미국의 민주주의』, 한길사, 2003

포브스, 낸시·마혼, 배질, 박찬/박술 옮김, 『패러데이와 맥스웰』, 반니, 2016

포이어바흐, 루트비히, 강대석 옮김, 『기독교의 본질』, 한길사, 2016

푸앵카레, 앙리, 이정우·이규원 옮김, 『과학과 가설』, 에피스테메, 2014

푸코, 미셸, 이규현 옮김, 『광기의 역사』, 나남, 2003

_____, 이규현 옮김, 『말과 사물』, 민음사, 2012

_____, 이정우 옮김, 『지식의 고고학』, 민음사, 1994

_____, 오생근 옮김, 『감시와 처벌』, 나남, 1994

_____, 이규현 옮김, 『성의 역사 1』, 나남, 2017

프레게, 고틀로프, 전응주 옮김, 『개념 표기』, 이제이북스, 2015

프루동, 피에르 조제프, 이용재 옮김, 『소유란 무엇인가』, 아카넷, 2015

피히테, 요한 고틀리프, 이신철 옮김, 『학문론 또는 이른바 철학의 개념에 관하여』, 철학과현실사, 2005

_____, 한자경 옮김, 『전체 지식론의 기초』, 서광사, 1996

_____, 서정혁 옮김, 『학자의 사명에 관한 몇 차례의 강의』, 책세상, 2002

_____, 서정혁 옮김, 『학자의 본질에 관한 열 차례의 강의』, 책세상, 2017

_____, 한자경 옮김, 『인간의 사명』, 서광사, 1996

_____, 박희철 옮김, 『독일 국민에게 고함』, 동서문화사, 2016

하이데거, 마르틴, 박찬국 옮김, 『니체』, 전 2권, 도서출판 길, 2010~2012

해킹, 이언, 정혜경 옮김, 『우연을 길들이다』, 바다출판사, 2012

허수, 『이돈화 연구』, 역사비평사, 2011

헉슬리, 토머스, 김기윤 옮김, 『진화와 윤리』, 지만지, 2016

헤겔, 게오르크 빌헬름 프리드리히, 임석진 옮김, 『역사 속의 이성』, 지식산업사, 1992

_____, 박병기 옮김, 『행성궤도론』, 책세상, 2003

_____, 임석진 옮김, 『법철학』, 한길사, 2008

_____, 박병기 옮김, 『자연철학』, 나남, 2008

_____, 권기철 옮김, 『역사철학 강의』, 동서문화사, 2016

헤르더, 요한 고틀리프 폰, 강성호 옮김, 『인류의 역사철학에 대한 이념』, 책세상, 2012

호키키안, 잭, 전대호·전광수 옮김, 『무질서의 과학』, 철학과현실사, 2004

홉스, 토머스, 진석용 옮김, 『리바이어던』, 나남, 2013

황종희, 김덕균 옮김, 『명이대방록』, 한길사, 2000

흄, 데이비드, 이준호 옮김, 『인간 본성에 관한 논고』, 서광사, 1994

_____, 이태하 옮김, 『자연종교에 관한 대화』, 나남, 2008

힐베르트, 다비드·포센, 슈테판 콘, 정경훈 옮김, 『기하학과 상상력』, 살림MATH, 2012

幸德秋水, 『帝國主義』, 未知谷, 2010

九鬼周造, 『偶然性の問題』, 岩波文庫, 2015

中江兆民, 『三醉人經綸問答』, 岩波文庫, 2018

西川アサキ, 『魂と体, 脳』, 講談社, 2011

田中久文, 『日本美を哲学する』, 青土社, 2016

本居宣長, 『本居宣長』, 岩波文庫, 1978

山鹿素行, 『山鹿素行』, 岩波書店, 1970

徐敬德, 河承賢 校注, 『花潭集校注』, 上海古籍出版社, 2012

石田梅岩, 『石門心學』, 岩波書店, 1971

神野志隆光, 『本居宣長 『古事記伝』を讀む』, 講談社, 2010

楊家駱 主編, 『太平天國文獻彙編』, 鼎文書局, 1973

荻生徂徠, 『荻生徂徠』, 岩波書店, 1973

王夫之, 『船山全書』, 第十二冊, 嶽麓書社, 1992

吉田松陰, 『吉田松陰著作選』, 奈良本 辰也, 講談社, 2013

伊藤仁齋, 『語孟字義』, 『伊藤仁齋·伊藤東涯』, 岩波書店, 1971

崔漢綺, 『增補明南樓叢書』, 全5卷, 成均館大學校大同文化研究會, 2002

福澤諭吉, 『學問のすすめ』, 岩波文庫, 1872/2019

_____, 『文明論之槪略』, ちくま文庫, 1875/2013

Agrippa, Henry Cornelius, *Three Books of the Occult Philosophy or Magic*, Book One: Natural Magic, CreateSpace Independent Publishing Platform, 2016

Aurobindo, *Synthesis of Yoga*, Lotus Press, 1990

_____, *The Life Divine*, Lotus Press, 1990

Berkeley, Georges, *A Treatise Concerning the Principles of Human Knowledge*, Oxford Univ. Press, 1998

_____, *The Works of George Berkeley*, Forgotten Books, 2012

Bernard, Claude, *Introduction à l'étude de la médecine expérimentale*, Flammarion, 2013

Boyle, Robert, *Selected Philosophical Papers of Robert Boyle*, Hackett Publishing Company, 1991

Boutroux, Émile, *De la contingence des lois de la nature*, 2ᵉ éd. Félix Alcan, 1895

Cabanis, Pierre Jean Georges, *Cabanis: choix de textes et introduction*, par Georges Poyet, Louis-Michaud, 1910

Comte, Auguste, *Philosophie des sciences*, textes choisis par Jean Laubier, Presses Universitaire de France, 1974

Condillac, Étienne Bonnot de, *Essai sur l'origine des connaissances humaines*, Librairie Vrin, 2014

Condorcet, Marquis de, *Esquisse d'un tableau historique des progrès de l'esprit humain*, Flammarion, 1998

Cournot, Antoine Augustin, *Essai sur les fondements de no connaissances et sur les caractères de la critique philosophique*, Librairie philosophique J. Vrin, 1975

d'Alembert, Jean Le Rond, *Discours préliminaire de l'Encyclopédie*, Éditions Gonthier, 1965

Darwin, Charles, *The Portable Darwin*, Penguin Classics, 1993

Dee, John, *The Mathematical Preface to* Elements of Geometry *of Euclid of Megara*, CreateSpace Independent Publishing Platform, 2014

Descartes, René, *Oeuvres et Lettres*, Gallimard, 1953

d'Holbach, Paul-Henri Thiry, *Système de la nature*, Fayard, 1990

_____, *Oeuvres philosophiques complètes*, tome 2, Éditions Alive, 1999

Fichte, Johann Gottlieb, *Grundlage der gesamten Wissenschaftslehre*, Felix Meiner, 1997

Galilei, Galileo, *The Essential Galileo*, ed. and trans. by Maurice Finocchiaro, Hackett Publishing Com., 2008

Gassendi, Pierre, *The Selected Works of Pierre Gassendi*, ed. by Craig B. Brush, Johnson Reprint Corp., 1972

Hegel, Georg Wilhelm Friedrich, *Phänomenologie des Geistes*, Felix Meiner, 2015

_____, *Wissenschaft der Logik*, Felix Meiner, 2015

_____, *Enzyklopädie der philosophischen Wissenschaften im Grundrisse*, Felix Meiner, 2015

Helvétius, Claude Adrien, *Helvétius: choix de textes et introduction*, par J. B. Séverac, Louis-Michaud, 1911

Hooke, Robert, *Lectures and Collections*, London, 1678

Horoon, Anwar, *History of Saudi Arabia and Wahabism*, XLIBRIS, 2014.

Hume, David, *An Enquiry Concerning Human Understanding*, edited by S. Buckle, Cambridge Univ. Press, 2007

_____, *An Enquiry Concerning the Principles of Morals*, Hackett Publishing, 1983

Hutcheson, Francis, *A Short Introduction to Moral Philosophy*, Kessinger Publishing, 2010

Kant, Immanuel, *Prolegomena zu einer jeden künftigen Metaphysik*, Holzinger, 1783

_____, *Idee zu einer Allgemeinen Geschichte in weltbürgerlicher Absicht*, Holzinger, 1784

_____, *Beantwortung der Frage: Was ist Aufklärung?*, Holzinger, 1784

_____, *Kritik der reinen Vernunft*, Suhrkamp, 2014

_____, *Kritik der praktishen Vernunft*, Suhrkamp, 2014

_____, *Grundlegung zur Metaphysik der Sitten*, Suhrkamp, 2014

_____, *Kritik der Urteilskraft*, Suhrkamp, 2014

_____, *Metaphysische Anfangsgründe der Naturwissenschaft*, Felix Meiner, 1997

Lagrange, Joseph Louis, *Mécanique analytique*, troisième édition, Mallet-Bachelier, 1853

Lamarck, Jean-Baptiste, *Philosophie zoologique*, Union générale d'éditions, 1968

Le Mettrie, Julien Offroy de, *L'Homme-machine*, Édition Denoë/Gonthier, 1981

Lavoisier, Antoine, *Traité élémentaire de chimie*, FB Editions, 1789

Leibniz, Gottfried Wilhelm, *Leibniz: Philosophical Essays*, trans. by Roger Ariew and Daniel Garber, Hackett, 1989

_____, *Discours de métaphysique et autres textes*, par Christiane Frémont, Ed. Flammarion, 2011

_____, *Nouveaux essais sur l'entendement humain*, chronologie, bibliographie, introduction et notes par Jacques Brunschwig, Ed. de, Flammarion, 1990.

_____, *Essais de théodicée*, Chronologie et introduction par J. Brunschwig, Ed. de Flammarion, 1969

_____, *Principes de la Nature et de la grâce fondés en raison, Principes de la Philosophie ou Monadologie*, publiés par André Robinet, PUF, 2001

Leibniz, G. W. & Clarke, Samuel, *Correspendence*, ed. by Roger Ariew, Hackett Publishing Company, 2000

Maimon, Salomon, *Essay on Transcendental Philosophy*, trans. by A. Welchman et al., Continuum, 2010

Maimonides, Moses, Le Guide des égarés, Édition Verdier, 2012

Mendelssohn, Moses, *Metaphysische Schriften*, Felix Meiner, 2014

Mill, John Stuart, *A System of Logic, Ratiocinative and inductive*, Franklin Classics, 2018

Mulla Sadra, *The Elixir of the Gnostics*, trans. by W. Chittick, Brigham Young University, 2002

_____, *Metaphysical Penetrations*, trans. by S. H. Nasr, Brigham Young University, 2014

Guru Nanak et al., *Shri Guru Granth Sahib*, 4 vols., Forgotten Books, 2008

Newton, Isaac, *Opticks*, Dover Publications, 2012

_____, *The Principia*, trans. by Bernard Cohen et al., University of California Press, 2016

Paracelsus, *Les sept livres de l'archidoxe magique*, Editions Bussière, 1983

Poincaré, Henri, *La valeur de la science*, Editions Flammarion, 2011

_____, *Dernières pensées*, Editions Flammarion, 1917

Porta, John Baptista, *Natural Magic*, Kessinger Publishing, 2010

Reichenbach, Hans, *The Direction of Time*, Univ. of California Press, 1956

Renouvier, Charles, *Essais de critique générale*, 4 vols., Nabu Press, 2010~2011

Salmon, Wesley, *Zeno's Paradoxes*, Hackett Publishing Company, 2001

Schelling, Friedrich Wilhelm Joseph, *Ideen zu einer Philosophie der Natur*, Hofenberg Sonderausgabe, 2016

_____, *System der transzendentalen Idealismus*, Felix Meiner, 2000

_____, *Über das Wesen der menschlichen Freiheit*, Felix Meiner, 2011

Serres, Michel, *Le système de Leibniz*, Presses universitaires de France, 1968

Spinoza, Benedictus; *Oeuvres complètes*, traduit par Roland Callois et al., Gallimard, 1995

_____, *Éthique*, traduit par Robert Misrahi, PUF, 1990

_____, *Éthique*, présenté et traduit par Bernard Pautrat, Éd. de Seuil, 1999

_____, *Tractatus de Intellectus Emendatione*(*Traité de la réforme de l'entendement*), par Bernard Rousset, Librairie J. Vrin, 1992

Turgot, "Discours sur les progrès successifs de l'esprit humain"(1750), www. institutcoppet.org

Vikor, Knut S., *Sufi and Scholar on the Desert Edge*, Northwestern Univ. Press, 1995.

인물 찾아보기

순자(荀子)＝순경(荀卿) 107, 297, 357, 624
슐레겔, 프리드리히(Friedrich Schlegel) 530,
568
스미스, 애덤(Adam Smith) 30, 72, 615, 620～
623, 631, 633, 655, 666, 669
스코투스, 둔스(Duns Scotus) 247
스펜서, 허버트(Herbert Spencer) 502, 634,
646, 647, 694, 695
스피노자, 바뤼흐(Baruch Spinoza) 73, 82,
83, 85, 86, 92, 110, 111, 113, 125, 126,
130, 171, 173, 175～242, 246～248, 251,
255, 256, 258～260, 266, 268, 271～275,
287～291, 293, 294, 297, 303, 304, 309,
311～313, 315～318, 322, 325, 334～341,
381, 391, 403, 406, 407, 410, 414, 422,
423, 425, 460, 481, 488, 489, 500, 503,
506～510, 515, 517, 521, 522, 528, 532～
534, 564, 568, 581, 582, 600～604, 606,
608, 609, 621, 629, 631, 637, 669, 684,
713, 714
시몽동, 질베르(Gilbert Simondon) 526
신채호(申采浩) 701, 702
실러, 프리드리히 폰(Friedrich von Schiller)
436, 553, 557
심괄(沈括) 293

| ㅇ |

아그리파 폰 메테스하임(Henry Cornelius
Agrippa) 36
아르키메데스(Archimedes) 53, 71, 78
아리스토텔레스(Aristoteles) 38, 39, 41～52,
54, 58, 61, 71, 73, 83, 96, 102, 105～108,
110, 116, 119, 126, 129, 135, 136, 150,
155, 166, 176, 183, 193, 194, 239, 243,
244, 247, 257, 299, 327, 331, 335, 400,
407, 415, 456, 457, 459, 462, 488, 489,
499, 508, 510, 515, 521, 536, 547, 563～

565, 595, 632, 633, 649
아믈랭, 옥타브(Octave Hamelin) 457
아퀴나스, 토마스(Thomas Aquinas) 192, 331,
477
안습재(顔習齋) 307
알-아샤리(Al-Ashari) 108
야마가 소코(山鹿素行) 360
야마자키 안사이(山崎闇齋) 360
에피쿠로스(Epikuros) 108, 113, 429, 467, 475,
481, 542
에우클레이데스(Eukleides) 41, 53, 96, 142,
143, 453, 454, 478, 501
에지워스, 프랜시스(Francis Edgeworth) 642
엘베시우스, 클로드 아드리앵(Claude Adrien
Helvétius) 424, 435, 619
엥겔스, 프리드리히(Friedrich Engels) 113,
593, 634, 653～655, 660～662, 668, 669
염약거(閻若璩) 356～358
옌푸(嚴復) 693, 694
오규 소라이(荻生徂徠) 368～370, 393
오렘, 니콜(Nicole Oresme) 51
오로빈도 고슈(Awrobindo Ghosh) 635, 686,
687, 689
오스키 사카에(大杉榮) 711, 713
오언, 로버트(Robert Owen) 624
오컴, 윌리엄(William of Ockham) 40, 247,
496
완원(阮元) 359
왕명성(王鳴盛) 357
왕부지(王夫之)＝왕선산(王船山) 26, 111, 112,
190, 290～326, 328～330, 332, 334, 336～
339, 341, 354, 359, 372, 373, 397, 663
왕수인(王守仁)＝왕양명(王陽明) 295, 296, 312,
356, 487
왕충(王充) 408
왕필(王弼) 499, 551
외르스테드, 한스 크리스티안(Hans Christian
Örsted) 524

개념 찾아보기